《中国货币政策执行报告》增刊

2015年
中国区域金融运行报告

中国人民银行货币政策分析小组

中国金融出版社

责任编辑：吕冠华
责任校对：潘　洁
责任印制：程　颖

图书在版编目(CIP)数据

2015年中国区域金融运行报告(2015 Nian Zhongguo Quyu Jinrong Yunxing Baogao)/中国人民银行货币政策分析小组编.—北京：中国金融出版社，2016.12

ISBN 978-7-5049-8715-0

Ⅰ.①2… Ⅱ.①中… Ⅲ.①区域金融—研究报告—中国—2015 Ⅳ.①F832.7

中国版本图书馆CIP数据核字(2016)第228728号

出版
发行　中国金融出版社

社址　北京市丰台区益泽路2号
市场开发部　(010)63266347，63805472，63439533 (传真)
网上书店　http://www.chinafph.com　(010)63286832，63365686 (传真)
读者服务部　(010)66070833，62568380
邮编　100071
经销　新华书店
印刷　北京侨友印刷有限公司
装订　平阳装订厂
尺寸　210毫米×285毫米
印张　37.5
字数　978千
版次　2016年12月第1版
印次　2016年12月第1次印刷
定价　218.00元
ISBN 978-7-5049-8715-0/F. 8275

本书执笔人

负责人： 易　纲　张晓慧

总　纂： 李　波　温信祥

统　稿： 李　斌　张　蓓

参与此项工作（以姓氏笔画为序）： 王秀丽　付竞卉　李文喆　吴恒宇　郑志丹　谢光启　彭立峰　董忆伟　管　化　黎　齐　穆争社

主报告执笔： 中国人民银行货币政策分析小组

中国人民银行重庆营业管理部货币政策分析小组

分报告执笔： 中国人民银行上海总部，各分行、营业管理部、省会（首府）城市中心支行，深圳市中心支行货币政策分析小组

目　录

《2015年中国区域金融运行报告》主报告

表

图

《2015年中国区域金融运行报告》分报告

《2015年中国区域金融运行报告》主报告

内容摘要

2015年，世界经济复苏总体乏力，主要经济体增长态势进一步分化，国际金融市场震荡加剧；国内经济下行压力较大，供求的结构性矛盾突出。面对复杂严峻的国内外形势，各地区按照党中央、国务院统一部署，主动适应经济发展“新常态”，坚持把握好稳增长与调结构之间的平衡，深入推进结构性改革，扎实推动“大众创业、万众创新”，优化产业结构，推进简政放权，有效释放市场活力，努力促进经济保持持续健康发展。总体上看，各地区经济运行平稳，结构调整取得积极进展：东部、中部、西部和东北地区生产总值加权平均增长率较上年略有回落，全年东部、中部、西部和东北地区生产总值加权平均增长率分别为8.0%、8.2%、8.6%和4.6%，整体来看，仍在合理区间；在现代服务业快速发展的带动下，各地区第三产业增加值比重均较上年有所提高；互联网创新成果与各行各业融合加深。分地区经济发展呈现出一定的板块轮动特征：东部地区率先发展，经济发展的质量和效益较高，投资、消费增速相对平稳，地区生产总值占全国比重进一步提升，第三产业增加值占比率先超过50%；中西部地区承接东部地区制造业产业转移取得较大进展，第二产业增加值增速高于各地区平均水平，地区生产总值增速总体继续领先；东北地区经济结构调整和转型压力依然较大。

根据党中央、国务院的统一部署，中国人民银行主动适应经济发展“新常态”，坚持稳中求进的总基调，继续实施稳健的货币政策，保持灵活适度、适时预调微调，为经济结构调整和转型升级创造适宜的货币金融条件。各地区金融业认真贯彻落实稳健的货币政策，金融服务实体经济的效能持续提升。各地区贷款平稳增长，多数地区资金运用呈现长期化特征；投向结构进一步优化，贷款行业集中度继续下降，产能过剩行业贷款增速放缓，高耗能产业贷款余额同比下降，对消费领域、高技术产业、现代服务业、薄弱环节和民生领域的支持力度加大，全国832个贫困县人民币贷款增速高于各项贷款增速平均水平，东部地区消费贷款增速较上年较大幅度提高。企业债券融资在社会融资规模增量中占比再创新高，东部地区债券融资占其社会融资规模增量比重上升较快，各地区委托贷款、信托贷款和未贴现银行承兑汇票占比进一步下降。企业融资成本降低，人民币贷款利率下降，民间借贷利率延续上年下行趋势。

各地区金融业运行总体稳健，区域金融改革继续推进。银行业平稳发展，中西部和东北地区银行业资产规模占全国比重进一步提高。地方法人银行业机构快速成长，城市商业银行和农村金融机构资产增速高于银行业平均水平。面对不良资产上升压力，商业银行普遍加大了资本补充、拨备计提和不良贷款处置力度，各地区商业银行加权平均资本充足率和流动性比率有所上升，东部地区法人机构资本充足率上升较多。利率市场化取得关键进展，存款利率上限放开，各地区分层有序、差异化竞争的存款定价格局进一步显现，市场化利率形成、传导和调控机制建设取得进展。存款保险制度平稳实施，实现对全国3 000多家吸收存款的银行业金融机构全覆盖。各地区证券业机构资产管理规模、“新三板”挂牌公司数量和筹资额大幅增长；保险业保费收入增速进一步提高，经营效益提升，费率市场化等改革创新加快推进。互联网金融主要业态快速发展，互联网企业多渠道进入金融领域，传统金融机构加快互联网布局。

四个自贸区[①]和五个国家级金融综合改革试验区[②]在跨境人民币业务、财富管理、农村金融服务和沿边地区对外经贸往来便利化等方面开展了有益探索，形成了一批可复制、可推广的经验。各地区金融生态环境进一步优化，中小企业和农村信用体系建设全面推进；中西部地区支付业务占比上升；金融消费纠纷解决机制多元化；金融协作沟通机制更趋完善，部分地区妥善化解金融风险，重建当地金融生态的有益经验值得借鉴。

2016年，供给侧结构性改革的全面推进，“大众创业、万众创新”、“互联网+”、“一带一路”、京津冀协同发展、长江经济带、自由贸易区等国家战略的加速布局，将进一步激发市场活力和发展潜力，为各地区经济社会发展带来新机遇。经济长期向好的基本面没有变，经济韧性好、潜力足、回旋余地大的基本特征没有变。但也要看到，国际经济环境依然复杂多变，增长动能不足，国内经济增速换挡、结构调整阵痛等因素相互交织，经济下行压力仍然存在，区域发展仍面临一些问题和矛盾：部分地区经济对房地产和基建投资的依赖较大，内生增长动力尚待增强；新旧动能转换不畅，结构性产能过剩问题较为严重；债务水平较快上升，经济金融领域的风险暴露增多；人口、资源、环境约束凸显，生态保护和环境治理的压力较大。各地区牢固树立创新、协调、绿色、开放、共享的发展理念，以区域发展总体战略为基础，塑造要素有序自由流动、主体功能约束有效、基本公共服务均等、资源环境可承载的区域协调发展新格局。

2016年，各地区金融业将继续贯彻落实稳健的货币政策，保持货币信贷总量与社会融资规模合理增长，为区域经济发展和供给侧结构性改革营造中性适度的货币金融环境。进一步盘活存量、优化增量，改善社会融资结构和信贷投向结构，支持实体经济“去产能、去库存、去杠杆、降成本、补短板”。进一步深化金融改革，充分发挥市场在资源配置中的决定性作用，提高金融运行效率和服务实体经济的能力。加强风险监测预警、动态排查风险隐患，坚决守住不发生系统性、区域性金融风险的底线。

①指中国（上海）自由贸易试验区、中国（广东）自由贸易试验区、中国（天津）自由贸易试验区、中国（福建）自由贸易试验区。

②指浙江省温州市金融综合改革试验区、珠三角金融改革创新综合试验区、福建省泉州市金融服务实体经济综合改革试验区、云南广西沿边金融综合改革试验区、青岛市财富管理金融综合改革试验区。

第一部分 区域金融运行情况

2015年，面对复杂严峻的国际、国内形势，全国各地区[①]金融业全面贯彻党中央、国务院决策部署，坚持稳中求进的工作总基调，主动适应经济发展新常态，持续加大支持国民经济结构调整和转型升级力度，助推“十二五”规划圆满收官。全年各地区金融运行总体平稳，各项改革创新加快推进，社会融资规模平稳较快增长，信贷结构继续优化，直接融资占比上升，地区间金融发展更趋均衡，金融生态环境不断改善。

一、各地区银行业

银行业金融机构平稳发展。2015年年末，全国各地区银行业金融机构网点共计22.1万个、从业人员379.0万人、资产总额为174.2万亿元[②]，同比分别增长1.4%、1.8%和12.6%。分地区看，中部、西部和东北地区银行业金融机构发展加快，从业人员和资产规模占全国的比例同比均有所提高，东部地区两项指标占比同比分别下降1.0个和0.7个百分点（见表1）。分省份看，北京、江苏、上海、浙江、广东5省（直辖市）银行业资产规模占全国的40.9%；福建、贵州、海南、西藏和北京5省（自治区、直辖市）银行业资产总额增速超过20%。

表1 2015年年末银行业金融机构地区分布

单位：%

	营业网点			法人机构个数占比
	机构个数占比	从业人数占比	资产总额占比	
东部	39.9	44.2	57.7	34.8
中部	23.6	21.1	15.6	24.9
西部	26.8	23.9	19.4	31.1
东北	9.7	10.8	7.3	9.2
合计	100.0	100.0	100.0	100.0

注：1. 各地区金融机构营业网点不包括国家开发银行和政策性银行、大型商业银行、股份制商业银行等金融机构总部数据。

2. 部分数据因四舍五入的原因，存在与分项合计不等的情况（下同）。

数据来源：中国人民银行上海总部、各分行、营业管理部、省会（首府）城市中心支行。

地方法人银行业机构快速增长，西部地区城市商业银行规模增长较快，东北地区农村金融机构发展速度领先。2015年年末，全国城市商业银行资产总额为22.5万亿元，同比增长22.7%，高于银行业平均增速10.1个百分点。其中，西部地区城市商业银行资产总额增速领先，高于全国城市商业银行资产平均增速4.3个百分点。青岛银行、锦州银行、郑州银行等中小银行业金融机构在香港上市。2015年年末，全国农村金融机构[③]资产总额为25.5万亿元，同比增长17.0%，高于银行业平均增速4.4个百分点。其中，东北地区农村金融机构资产总额增速快于其他地区，高于全国农村金融机构资产平均增速7.1个百分点，西藏、海南、青海、吉林、广东、安徽、黑龙江、天津、福建、北京、贵州11省（自治区、直辖市）农村金融机构资产总额增速超过20%。

①全国各地区包括东部地区、中部地区、西部地区和东北地区。东部地区10个省（直辖市），包括北京、天津、河北、上海、江苏、浙江、福建、山东、广东和海南；中部地区6个省，包括山西、安徽、江西、河南、湖北和湖南；西部地区12个省（自治区、直辖市），包括内蒙古、广西、重庆、四川、贵州、云南、西藏、陕西、甘肃、青海、宁夏和新疆；东北地区3个省，包括辽宁、吉林和黑龙江。

②全国各地区银行业金融机构包括国家开发银行和政策性银行、大型商业银行、股份制商业银行、城市商业银行、农村商业银行、农村合作银行、农村信用社、新型农村金融机构、邮政储蓄银行、外资银行和非银行金融机构。各地区金融机构汇总数据不包括大型商业银行、股份制商业银行、国家开发银行和政策性银行金融机构总部的相关数据。根据中国银行业监督管理委员会统计，2015年末银行业资产总额为199.3万亿元（本外币合计）。

③农村金融机构包括农村商业银行、农村合作银行、农村信用社和新型农村金融机构（新型农村金融机构包括村镇银行、贷款公司和农村资金互助社）。

外资银行稳步发展，东部地区是主要集聚区域。2015年年末，全国共有法人外资银行52家，入驻27个省（自治区、直辖市）；机构网点总数1 006个，较上年年末减少2个；资产总额为2.7万亿元，同比下降1.8%。从地区分布看，外资银行仍然主要集中在东部地区，其中，上海法人外资银行数量、外资银行资产总额分别占全国的42.3%和47.7%。

（一）各地区存款平稳增长，存款结构有所变化

中部、西部和东北地区本外币存款增速有所加快。2015年年末，全国本外币存款余额为139.8万亿元[①]，同比增长12.4%，增速比上年略低0.2个百分点。分地区看，年末东部地区本外币存款余额同比增长11.8%，较上年下降0.3个百分点（见图1），但东部地区仍然是全国银行体系存款的主要来源，在全国本外币存款余额中的占比为58.7%（见表4）。中部和西部地区存款余额同比分别增长13.1%和13.4%，增速较上年分别上升2.2个和2.5个百分点，存款余额占全国的比重继续提升，较上年年末分别上升0.1个和0.2个百分点。东北地区存款余额同比增长10.7%，较上年提高1.9个百分点，但存款余额占全国比重较上年年末下降0.1个百分点。

各地区住户存款增速触底回升，非银行业金融机构存款[②]大幅增加，非金融企业存款增长普遍加快。住户存款和非银行业金融机构存款增长受股市波动的影响较大。上半年股市交易活跃，住户存款增速下行，非银行业金融机构存款增长较快。下半年股市进入调整期后，住户存款增速触底回升，非银行业金融机构存款受稳定市场措施影响，在阶段性快速增长后逐步回稳。年末，全国人民币住户存款余额同比增长8.7%，增速与上年年末基本持平。人民币非银行业金融机构存款余额增速明显高于存款增速平均水平。分地区看，各地区人民币住户存款增势有所分化，东北地区增速同比上升0.2个百分点，中部地区增速与上年持平，东部和西部地区增速同比均回落1.1个百分点。各地区非银行业金融机构存款均较上年大幅增加，东部、中部、西部和东北地区人民币非银行业金融机构存款余额同比分别增长56.6%、61.0%、95.4%和43.3%（见表2）。受地方政府债券发行和房地产销售回升等因素的影响，全国绝大多数省份非金融企业人民币存款增速较上年均有较大幅度上升。年末，东部、中部、西部和东北地区非金融企业人民币存款余额增速同比分别上升8.8个、11.1个、7.0个和11.4个百分点。

表2　2015年年末各地区金融机构人民币存贷款余额增速

单位：%

	东部	中部	西部	东北	全国
人民币各项存款	11.8	13.0	13.3	10.7	12.1
其中：住户存款	6.0	11.3	9.7	9.1	8.0
非金融企业存款	12.5	15.5	13.3	11.2	12.7
非银行业金融机构存款	56.6	61.0	95.4	43.3	56.3
人民币各项贷款	12.2	15.9	15.2	15.8	13.6
其中：短期贷款	6.3	9.3	7.0	20.0	7.7
中长期贷款	13.6	17.1	16.1	8.8	14.3
票据融资	50.7	78.7	80.9	85.0	57.2
其中：消费贷款	32.6	24.2	15.6	15.4	25.5

注：各地区存贷款汇总数据不含全国性商业银行总行直存直贷数据。
数据来源：中国人民银行上海总部、各分行、营业管理部、省会（首府）城市中心支行。

外币存款增速先升后降，中部、西部和东北地区外币存款增速较快。第一季度，美元指数持续走高，市场持有美元资产意愿增强，带动外币存款增速走高；第二季度人民币兑美元汇率逐步企稳回升，外币存款增速略有回落；下半年，受人民币汇率变动、贸易融资派生存款下降等因素的影响，外币存款增速下降较快，年末余额为6 272亿美元，同比增长3.2%。分地区看，中部、西部和东北地区外币存款增速均领先东部地区，但由于东部地区经济外向程度高，外币存款余额占全国的比重仍然达81.3%（见表4）。

①全国金融机构本外币、人民币以及外币各项存贷款数据包含各商业银行总行直存直贷数据，与各省份加总数据不一致。
②因存贷款统计口径调整，自2015年起，非银行业金融机构存款被纳入各项存款统计，拆放非银行业金融机构款项被纳入各项贷款统计。

表3　2015年年末各地区金融机构本外币存贷款余额结构

单位：%

	东部	中部	西部	东北	全国
	本外币存贷款余额结构				
人民币存款占比	96.4	99.1	98.7	98.5	97.4
外币存款占比	3.6	0.9	1.3	1.5	2.6
人民币贷款占比	94.1	96.4	96.2	96.7	95.5
外币贷款占比	5.9	3.6	3.8	3.3	4.5
	本外币存款余额结构				
住户存款占比	34.7	51.3	44.9	52.5	40.4
非金融企业存款占比	34.3	28.3	29.8	25.5	31.9
其他存款占比	31.0	20.4	25.2	21.9	18.6
	本外币贷款余额结构				
短期贷款占比	37.5	35.5	28.2	40.7	35.5
中长期贷款占比	53.5	58.3	65.8	52.7	56.8
票据融资占比	4.8	4.6	4.1	5.6	4.7
其他贷款占比	4.3	1.6	1.9	1.1	3.1

注：各地区存贷款汇总数据不含全国性商业银行总行直存直贷数据。

数据来源：中国人民银行上海总部、各分行、营业管理部、省会（首府）城市中心支行。

表4　2015年年末各地区金融机构本外币存贷款余额地区分布

单位：%

	东部	中部	西部	东北	全国
本外币各项存款	58.7	15.9	18.9	6.5	100.0
其中：住户存款	50.4	20.2	21.0	8.5	100.0
非金融企业存款	63.1	14.1	17.7	5.2	100.0
其中：外币存款	81.3	5.5	9.5	3.7	100.0
本外币各项贷款	55.9	15.9	20.9	7.3	100.0
其中：短期贷款	59.1	15.9	16.6	8.4	100.0
中长期贷款	52.7	16.3	24.2	6.8	100.0
其中：外币贷款	76.2	6.8	12.1	4.9	100.0

注：各地区存贷款汇总数据不含全国性商业银行总行直存直贷数据。

数据来源：中国人民银行上海总部、各分行、营业管理部、省会（首府）城市中心支行。

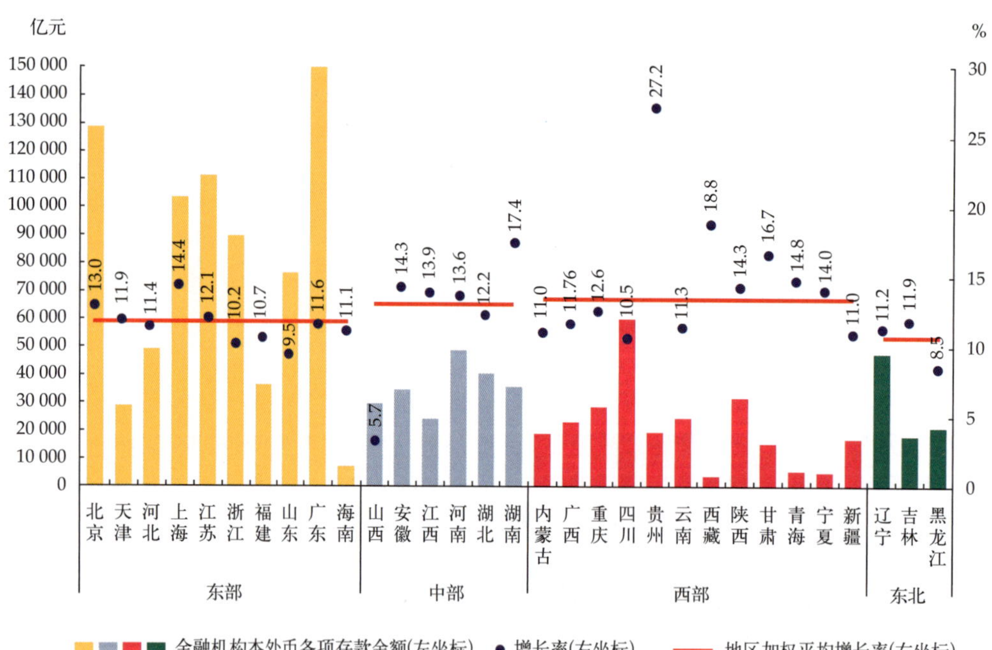

数据来源：中国人民银行上海总部、各分行、营业管理部、省会（首府）城市中心支行。

图1　2015年年末各地区金融机构本外币各项存款余额及增长率

（二）各地区贷款增长总体平稳，信贷结构进一步优化

各地区本外币贷款增势有所分化。2015年年末，全国本外币贷款余额为99.3万亿元，同比增长13.4%，增速与上年年末基本持平。分地区看，年末中部和东北地区本外币各项贷款余额同比分别增长15.7%和14.9%，比上年年末分别上升0.2个和1.2个百分点；东部和西部地区同比分别增长11.0%和14.8%，比上年年末分别下降0.2个和2.0个百分点。分省份看，西藏、甘肃、海南、贵州、黑龙江、吉林本外币贷款增速分列前六位，且均超过20%（见图2）。

外币贷款余额同比下降。上半年全国外币贷款保持增势，7月末达到年内最高点9 368亿美元；8月后，受境内外利差收窄等因素的影响，外币贷款余额下降，全年减少502亿美元，年末余额为8 303亿美元，同比下降5.8%。分地区看，中部、西部和东北地区外币贷款占比分别较上年上升1.0个、0.3个和0.1个百分点，但77.2%的外币贷款仍然集中在东部地区。

各地区贷款投放节奏较为均衡。2015年各季度新增人民币贷款占全年新增人民币贷款的比重分别为28.3%、26.0%、23.4%和22.3%，基本适应实体经济的资金需求节奏。分地区看，东部、中部、西部和东北地区上半年新增人民币贷款占本地区全年新增人民币贷款的比重分别为67.7%、58.9%、59.9%和49.0%，总体处于合理区间。

多数地区信贷资金运用呈长期化特点，信贷资金的区域投向有所改善。东部、中部和西部地区新增中长期贷款分别是本地区新增短期贷款的5.2倍、3.0倍和5.7倍，东北地区则受投资放缓、产业结构深度调整影响，实体经济对中长期资金的需求下降，新增中长期贷款仅相当于短期贷款增量的七成。从本外币贷款余额的地区分布看，东部地区由于贷款增速慢于其他地区，贷款余额占全国的比重较上年下降0.9个百分点，其他地区占全国的比重均有不同程度上升，显示信贷资金的区域投向有所改善。

东部地区消费贷款增长较快。2015年，受住房消费、汽车消费等的拉动，住户消费贷款增长加快。年末，全国本外币住户消费贷款余额同比

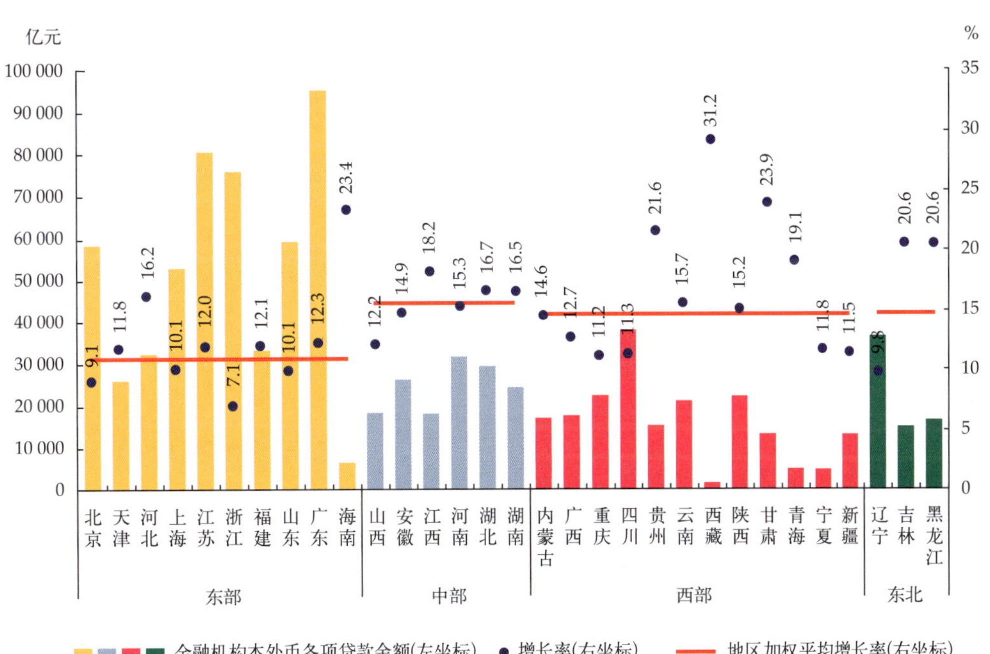

图2　2015年年末各地区金融机构本外币各项贷款余额及增长率

增长23.3%，增速同比上升4.9个百分点。东部地区由于住房消费旺盛，个人购房贷款增长较快，年末人民币住户消费贷款余额同比增长32.6%，较上年年末上升22.6个百分点，中西部和东北地区房地产去库存压力相对较大，住户消费贷款余额增速同比有所回落，但总体仍处于较高水平。

各地区贷款投向的行业结构进一步优化。一是贷款行业集中度继续下降。年末，各地区前五大行业人民币贷款余额占各项贷款余额的比重为47.5%，同比下降1.9个百分点，东部、中部、西部和东北地区较上年年末分别下降1.6个、2.7个、2.1个和1.9个百分点。二是产能过剩行业中长期贷款增速进一步放缓。年末，各地区产能过剩行业人民币中长期贷款余额同比增长1.5%，增速同比下降2.4个百分点，其中，钢铁业、水泥和平板玻璃等建材业中长期贷款余额同比分别下降10.0%和14.7%。山西严控产能过剩行业贷款，采矿业贷款增速同比回落10.6个百分点。三是高耗能行业贷款占比继续下行。年末，各地区六大高耗能行业中长期贷款余额占全部中长期贷款余额的比重为8.0%，同比下降0.7个百分点，东部、中部、西部和东北地区占比分别下降0.2个、0.8个、1.5个和0.7个百分点。四是房地产贷款结构优化。年末，剔除保障性住房开发贷款的房产开发贷款余额同比增长2.7%，增速同比下降近10个百分点；个人购房贷款余额同比增长23.2%，增速同比上升5.7个百分点。五是对高技术产业、文化产业、现代服务业等结构调整重点领域的支持力度加大。北京中资银行文化创意产业人民币贷款余额同比增速达31.9%，江苏服务业贷款余额在各行业贷款余额中占比超过六成。

各地区银行业金融机构着力盘活存量、用好增量，持续加大对国民经济薄弱环节支持力度。一方面，积极创新产品和服务，支持小微企业、“三农”加快发展。广东创建“数据库+服务网”模式，山东创推主办银行制度和银税互动机制，服务中小微企业融资效果较好。山西设立企业资金链应急转贷资金，为中小企业接续贷款41亿元。天津财政出资60亿元，为中小微企业贷款提供风险补偿。重庆、福建、黑龙江等多个省（市）推动“两权”抵押贷款创新，推出单独抵押、组合抵押、组合担保、反担保等多种模式。年末，全国人民币小微企业贷款余额同比增长13.9%，增速比同期大型和中型企业贷款增速分别高2.7个和5.3个百分点；本外币涉农贷款余额为26.4万亿元，同比增长11.7%，占各项贷款比重的27.8%。另一方面，强化社会责任意识，加大民生领域、扶贫领域金融资源投入。各地区因地制宜，加快金融扶贫机制创新、制度创新、产品创新。广西田东将农村金融改革和扶贫开发工作紧密结合，首创田东金融精准扶贫模式。青海率先建立扶贫开发金融服务主办行制度。年末，全国832个贫困县人民币贷款余额为4.2万亿元，同比增长18.2%，高出全国人民币各项贷款增速3.9个百分点。民生领域贷款（包括下岗失业人员小额担保贷款、劳动密集型小企业贴息贷款、助学贷款和保障性住房开发贷款）保持快速增长，东部、中部、西部和东北地区民生领域贷款余额同比分别增长44.4%、65.4%、59.8%和50.4%。

（三）存款利率市场化取得关键进展，贷款利率明显下降

利率市场化改革取得关键进展，存款利率浮动上限逐步放开，各地区银行业金融机构存款定价呈现有序化、差异化特征。结合存贷款基准利率下调，2015年3月、5月，中国人民银行先后将人民币存款利率浮动区间的上限由基准利率的1.2倍扩大到1.3倍、1.5倍。8月，放开1年期以上（不含1年期）定期存款利率浮动上限。10月，对商业银行和农村合作金融机构等不再设置存款利率浮动上限，标志着利率管制基本放开。各地区加快成立省级市场利率定价自律机制，有效维护区域市场定价秩序，各地区金融机构存款定价分层有序、差异化竞争的格局基本形成。各地区地方法人金融机构积极适应利率市场化改革环境，强化主动负债意识，全年发行同业存单1.8万亿元，占全国发行总额的34.6%。

各地区人民币贷款利率明显下降。2015年，

中国人民银行综合运用多种政策工具保持银行体系流动性合理充裕，5次下调人民币存贷款基准利率，公开市场逆回购操作利率9次下行，引导金融机构贷款利率明显下降，12月全国非金融企业及其他部门贷款加权平均利率为5.27%，同比下降1.51个百分点。分地区看，东部、中部、西部和东北地区12月贷款加权平均利率分别为5.24%、6.22%、5.62%和5.46%，同比分别下降1.39个、1.04个、1.44个和1.90个百分点。

执行下浮利率的人民币贷款占比上升，东部地区下浮利率贷款占比最高。2015年12月，一般贷款中执行下浮利率的贷款占比为21.45%，同比上升8.34个百分点；执行基准、上浮利率的贷款占比分别为18.6%和59.95%，同比分别下降1.04个和7.3个百分点。分地区看，东部地区执行下浮利率的贷款占比最高，为15.8%；东北地区执行基准利率的贷款占比最高，为24.1%；中部地区执行上浮利率的贷款占比最高，为73.7%（见表5）。分省份看，全国有29个省（自治区、直辖市）下浮利率的贷款比重较上年上升，其中，北京、上海两地由于信贷市场竞争激烈、市场主体议价能力较强，执行下浮利率的贷款占比分别为46.5%和34.3%。

外币存贷款利率小幅波动。在国际金融市场利率波动、境内外币资金供求变化等因素的综合作用下，外币存贷款利率呈小幅波动。2015年12月，活期、3个月以内大额美元存款加权平均利率比上年12月分别上升0.02个和下降0.08个百分点；3个月以内、3个月（含）~6个月美元贷款加权平均利率比上年12月分别下降0.64个和0.42个百分点。

表5 2015年各地区人民币贷款发生额占比利率区间分布

单位：%

		东部	中部	西部	东北	全国
合计		100.0	100.0	100.0	100.0	100.0
下浮		15.8	8.9	10.6	11.7	13.7
基准		16.1	17.4	21.2	24.0	17.6
上浮	小计	68.1	73.7	68.2	64.3	68.7
	(1.0，1.1]	17.1	15.5	14.9	14.7	16.3
	(1.1，1.3]	24.7	18.3	16.5	17.5	21.9
	(1.3，1.5]	11.5	14.2	14.0	11.5	12.3
	(1.5，2.0]	10.0	16.7	16.3	12.8	12.2
	2.0以上	4.8	8.9	6.5	7.7	5.9

注：各地区存贷款汇总数据不含全国性商业银行总行直存直贷数据。
数据来源：中国人民银行上海总部、各分行、营业管理部、省会（首府）城市中心支行。

民间借贷利率保持下行。2015年12月，温州民间融资综合利率指数为18.65%，较上年同期下降1.03个百分点。2015年，浙江、山西、江西和广西民间借贷监测利率同比分别下降2.2个、1.7个、1.5个和1.2个百分点，其中，浙江民间借贷监测利率连续四年下降。

专栏1 金融机构的利率定价行为与利率传导

利率市场化改革的核心是建立健全与市场相适应的利率形成与调控机制，充分发挥市场在资源配置中的决定性作用。2015年10月，中国人民银行宣布取消存款利率浮动上限，标志着利率管制基本放开。配合利率管制的逐步放开，中国人民银行和相关部门着力培育市场基准利率体系，上海银行间同业拆借利率（Shibor）、国债收益率曲线和贷款基础利率（LPR）等正逐步成为金融产品定价的基础。与此同时，中国人民银行通过改革再贷款（再贴现）利率形成机制、存款准备金利率制度、完善公开市场操作机制以及创设常备借贷便利（SLF）、中期借贷便利（MLF）等，不断完善中央银行利率调控体系，更加注重稳定短端利率，增强操作的规则性和透明度，央行对市场利率的调控和引导能力逐步增强。

央行的利率传导机制可以分为三个阶段：一是短期政策利率到短期货币市场利率的传导，两者之差反映流动性溢价；二是短期货币市场利率到中长期国债利率的传导，两者之差主要反映期限溢价；三是中长期国债利率到中长期贷款利率的传导，两者的差反映信用风险溢价。实证检验发现，当前央行公开市场操作利率对于货币市场利率的引导作用不断提升，且能够在不同市场、不同品种和不同期限的利率之间传导。但研究也发现，央行操作利率在经由货币市场、债券市场向信贷市场传导过程中，效应有所下降。这与多方面因素有关，其中，作为中介的金融机构是利率传导的重要一环，其定价机制的市场化程度是影响传导机制是否顺畅的关键之一。

金融机构等市场主体自主定价能力提升，但机构之间定价能力存在差异、机构内部不同部门定价存在分割，一定程度上影响了利率传导。调研显示，目前绝大部分金融机构均建立了利率定价管理的相关制度，确立了定价的决策、执行和监督检查等组织架构，大部分机构建立了贷款定价系统，部分机构还建立了内部资金转移定价（FTP）系统，能够考虑资金成本、风险、市场环境、同业竞争、客户综合贡献度等因素，按照收益覆盖成本的原则自主确定利率水平。但一些阻碍利率有效传导的因素仍然存在。一是部分机构没有实行全额资金管理，利率定价存在多头管理和内部分割，尚未对所有业务建立统一的内部资金转移定价（FTP）机制，金融机构通常根据央行存贷款基准利率调整人民币存贷款的FTP，同业拆借、外汇等业务的FTP则跟随Shibor、Libor、国债收益率，不同的定价基准使得金融机构难以准确计量资金成本和利率风险敞口。二是部分机构缺乏科学的存贷款定价模型，虽然大部分机构开发了贷款定价系统，但从部分中、西部省份的调研情况看，仅有1/3的机构系统可以支持差异化、精细化定价。三是县域中小机构贷款定价能力不足，由于县域金融在很大程度上仍是卖方市场，金融机构风险管理能力不足，传统的经验型定价模式占主导，定价技术较为滞后，精细化水平尚待提高。

“十三五”规划纲要明确提出，推动货币政策调控框架由数量型为主向价格型为主转变。下一阶段，中国人民银行将继续以健全市场化利率形成、传导和调控机制为核心，深入推进利率市场化改革。着力培育市场基准利率和收益率曲线，不断健全市场化的利率形成机制，完善央行政策利率体系，增强利率调控能力，督促金融机构提高利率定价能力。金融机构应健全内控制度，增强自主合理定价能力和风险管理水平，转变经营发展理念，打破内部分割，更好地适应利率市场化改革环境，进一步疏通利率传导机制。

（四）存款保险制度平稳推出，银行业金融机构改革取得新进展

存款保险制度平稳推出。自2015年5月1日《存款保险条例》施行以来，各地区有序组织吸收存款的银行业金融机构办理投保手续并缴纳保费，实现对全国3 000多家吸收存款的银行业金融机构全覆盖。最高偿付限额确定为人民币50万元，客户覆盖率达99.63%，远高于国际平均水平。总体上看，各方对存款保险制度的反映积极正面，大中小银行存款格局保持稳定，银行业金融机构经营秩序正常。存款保险制度的正式实施，有利于完善金融安全网、加强对存款人的保护，有助于创造公平竞争和稳健经营的环境、推动形成市场化的风险防范和处置机制。

银行业金融机构改革加快推进。2015年，开发性、政策性金融机构改革取得突破性进展。国家开发银行和中国进出口银行改革实施总体方案获批，改革方案要求的资本金补充工作顺利完成。大型商业银行改革继续推进。中国农业银行“三农金融事业部”深化改革范围扩大至全国。交通银行深化改革方案获得国务院批准。中国邮政储蓄银行股权多元化工作进展顺利。商业银行市场化经营能力持续提升。一方面，经营管理体系进一步优化，事业部制、专营部门制、子公司

制改革取得明显进展。中信银行与百度合作成立百信银行，兴业银行设立兴业数字金融服务股份有限公司，浦发银行、光大银行两家银行先后宣布分拆理财业务并设立子公司进行运营。另一方面，商业银行顺应实体经济多元化、多层次资金需求，综合运用债权和股权融资方式，增加有效资金供给。北京银行、江苏银行等推出投贷联动产品，为中小企业提供低成本、长期限融资。重庆成立800亿元战略性新兴产业股权投资基金，其中，银行资金占比超过六成。

农村信用社可持续发展能力增强。2015年，农村信用社产权制度改革继续稳步推进。截至年末，全国共组建以县（市）为单位的统一法人农村信用社1 299家、农村商业银行859家、农村合作银行71家。安徽在全国率先完成农村商业银行改制。全国最后一家未与农业银行脱钩、未纳入省联社行业管理的县级农村信用社——河北蠡县农村信用社成功改制成立农村商业银行。

各地区新型农村机构保持快速发展势头。2015年年末，全国村镇银行、农村资金互助社、贷款公司、小额贷款公司总数达11 893家，较上年末增长17.7%。东部地区村镇银行和贷款公司占全国比重最高，分别为34.1%和40.1%，西部地区农村资金互助社和小额贷款公司占全国比重较大，分别为31.3%和35.1%（见表6）。

表6 2015年年末各地区新型农村机构分布

单位：%

	东部	中部	西部	东北	全国
村镇银行	34.1	29.2	26.4	10.3	100.0
贷款公司	40.1	13.3	33.3	13.3	100.0
农村资金互助社	27.1	20.8	31.3	20.8	100.0
小额贷款公司	28.1	20.5	35.1	16.3	100.0

数据来源：中国人民银行上海总部、各分行、营业管理部、省会（首府）城市中心支行。

民营金融机构平稳运行。截至2015年年末，全国开业5家民营银行、7家民营金融租赁公司、33家民营企业集团财务公司和2家民营消费金融公司。深圳前海微众银行、温州民商银行、天津金城银行、上海华瑞银行和浙江网商银行5家民营银行细化市场定位，积极发展差异化特色业务，经营总体平稳，年末资产、负债规模分别为794亿元、651亿元。

（五）商业银行积极应对不良资产上升压力，地方法人金融机构运营总体稳定

银行业不良贷款暴露增多，各地区银行业金融机构积极应对风险压力。2015年，受宏观经济下行压力加大、结构调整走向深入影响，年末全国商业银行[①]不良贷款率为1.67%，同比上升0.42个百分点。分地区看，东部、中部和西部地区不良贷款率分别较上年提高0.06个、0.67个和0.75个百分点；东北地区较上年下降0.29个百分点，但仍大幅高于各地区平均水平。为有效应对不良贷款压力，商业银行普遍加大了资本补充、拨备计提和不良贷款处置力度。全年商业银行新增资本约1.8万亿元，其中，超过九成为核心一级资本。年末，商业银行加权平均资本充足率和流动性比率分别为13.45%和48.01%，同比分别上升0.27个和1.57个百分点，贷款损失准备金达2.31万亿元，同比增加3 537亿元。各地区积极探索建立地方资产管理公司，提升不良资产处置效率。截至2015年年末，全国共成立地方资产管理公司18家，逐渐成为四大资产管理公司不良资产处置业务的有益补充。如江苏资产管理公司业务延伸至省内13个城市的71家银行机构，成立以来累计受让不良资产超过300亿元。浙江浙商资产管理公司业务已覆盖全省，累计收购不良资产包300多个，涉及不良资产超过500亿元。受计提拨备和不良资产处置影响，银行业利润增长放缓，年末，各地区商业银行全年累计实现净利润1.59万亿元，同比增长2.4%，增速同比下降7.3个百分点；平均资产利润率1.10%，同比下降0.13个百分点。

①包括大型商业银行、股份制商业银行、城市商业银行、农村商业银行和外资银行。

表7　2015年各地区地方法人金融机构部分运营指标

单位：%

	2015年比2014年平均增减				
	东部	中部	西部	东北	全国
资本充足率	1.27	-0.59	0.14	-2.18	0.42
流动性比率	8.38	1.30	4.57	10.96	5.76
资产利润率	0.06	-0.55	-0.23	-0.14	-0.17

注：各地区存贷款汇总数据不含全国性商业银行总行直存直贷数据。
数据来源:中国人民银行上海总部、各分行、营业管理部、省会（首府）城市中心支行，中国人民银行工作人员计算。

地方法人金融机构运营总体稳定，东部地区的法人金融机构的资本充足率上升较多。2015年，各地区地方法人金融机构资本充足率同比上升0.42个百分点（见表7），资产利润率同比小幅下降0.17个百分点。分地区看，东部地区的地方法人金融机构资本补充力度较大，资本充足率同比上升较多，东北地区的资本充足率由于不良贷款处置原因同比下降较多；除东部地区的资产利润率同比上升外，其他地区均略有下降。各地区的地方法人金融机构流动性总体充裕，流动性比率明显提高，其中，东北地区的升幅最大，同比上升10.96个百分点。分省份看，吉林、辽宁、海南等省的地方法人金融机构积极处置历史包袱，运营稳健性有所增强。

专栏2　促进银行业健康发展　加大对实体经济的支持力度

银行体系在我国社会融资活动中发挥着基础性、主导型作用。2015年，由银行体系直接提供的本外币贷款占全部社会融资规模的七成。保持银行业可持续发展，对保持社会融资的可持续性具有重要意义。近年来，随着经济下行压力加大，转型“阵痛”等因素交织，实体经济有效需求不足、银行传统盈利模式受到挑战，利润增长放缓；加之银行体系信贷风险暴露增多，对资本形成较大程度侵蚀，内源性资本补充难度提高。同时，直接融资渠道利用不充分，外源性资本补充效率的提升也面临瓶颈。这对银行保持可持续发展，进而保障对实体经济融资的可持续性形成一定制约。

一是实体经济有效需求不足及竞争加剧挤压银行利润空间。目前中国经济周期性问题和结构性矛盾交织，经济下行压力加大，实体经济的有效资金需求总体有所下降，银行利息收入增速放缓。另外，金融改革创新带来银行转型升级短期“阵痛”，利率市场化改革、直接融资发展、互联网金融创新等使银行面临的市场竞争压力加大，利差呈现趋势性收窄。面对挑战，商业银行加大业务转型力度，积极开拓中间业务，降低对利差收入的依赖。但总体上看，银行业利润增长明显放缓。2015年，各地区地方法人银行资产利润率平均下降0.17个百分点。分地区看，中部、西部和东北地区均出现下降，其中，中部地区降幅最大；东部地区由于新兴产业快速成长，新增利润点较多，同时金融市场环境更为成熟，银行适应市场变化的能力更强，银行资产利润率有所上升。

二是资产质量下行侵蚀银行资本。近年来，随着部分企业信贷风险逐步暴露，银行贷款质量有所下降。2015年，各地区地方法人金融机构平均不良贷款率较上年上升0.27个百分点。不良资产的增加导致银行坏账准备提高，对资本充足水平形成压力，从而影响贷款投放。分地区看，东北地区地方法人银行不良贷款率明显高于全国平均水平，中部和西部地区不良贷款率上升幅度较大，信贷投放面临的“风险”约束更强；东部地区得益于地方资产管理公司等新型不良资产处置渠道较为健全，不良资产处置效率相对较高，不良贷款率仅小幅提高0.06个百分点。

三是直接融资渠道利用不充分影响银行资本补充。当前，银行外源性资本补充渠道主要包含首次公开发行股票、定向增发、发行优先股和发行二级资本债等方式，但运用程度总体较为有限。从股票市场募资渠道看，2015年，在沪深两市和“新三板”定向增发以及发行优先股方式募集资金的地方法人银行共有6家，在香港联交所首次公开发行股票募集资金的地方法人银行共3家；从债券市场募资渠道看，2015年，全国共有52家地方法人银行发行二级资本债，募资额超过3 000亿元，但发行机构数量占全部地方法人银行比重仅为1.3%。分地区看，东部和中部地区银行直接融资渠道利用相对较多，对信贷投放形成良好助力。在股票市场募资的银行中仅1家来自东部地区之外；在债券市场募资的银行中，东部和中部地区机构数量占比分别约为40%和30%。

面对新形势、新挑战，一方面，需要银行业找准自身定位，加快转型升级，提高对实体经济的服务水平。银行业机构应根据自身资源优势，积极发展中间业务，优化收入结构，拓展利润来源，改善资金供给能力。同时，充分发挥人才及信息优势，将融资、融信、融智有机结合，加大产品和服务创新力度，积极向客户提供综合性融资解决方案，提升金融支持实体经济的效率。另一方面，宜加快完善支持融资可持续发展的配套政策体系。支持银行创新不良贷款处置方式，发展不良贷款处置相关的各类中介机构，适当放宽专业从事不良资产处置的资产管理公司的准入限制，推动不良贷款处置专业化。打造良好的司法、信用环境，严厉打击恶意逃废银行债务的行为，优化银行不良贷款处置环境。加快多层次资本市场建设，支持银行发行优先股、次级债及二级资本债等资本补充工具。建立健全相关机制和平台，为中小金融机构、农村金融机构补充资本、股权转让创造更为便捷有利的条件。

二、各地区证券业

2015年证券期货市场交易活跃，A股市场筹资额增长较快。证券业机构加快发展，资产管理规模快速增长。资本市场改革继续推进，信息披露、新股发行等基础性制度不断完善。“新三板”挂牌公司数量快速增长，服务实体经济能力有效提升。

（一）“新三板”市场快速发展，股票市场剧烈波动

“新三板”挂牌公司数量快速增加，东部地区上市公司数量居首。2015年年末，“新三板”挂牌公司总数5 129家，新增3 557家，总股本和总市值同比分别增长349.5%和435.4%。分省份看，“新三板”挂牌公司数量在100家以上的有北京、江苏、上海、浙江等12省（市），合计占比65.6%。年末，境内上市公司（A、B股）总数2 827家，较上年年末增加214家，其中，中小企业板和创业板上市公司数分别较上年年末增加44家和86家。东部地区上市公司数量最多，占全国的比重为66.1%（见表8），其中，广东、浙江、江苏、北京、上海五省（市）上市公司数量均超过200家。

表8　2015年年末各地区证券业分布

单位：%

	东部	中部	西部	东北	全国
总部设在辖内的证券公司数	69.6	9.6	16.0	4.8	100.0
总部设在辖内的基金公司数	98.0	0.0	2.0	0.0	100.0
总部设在辖内的期货公司数	73.3	10.0	10.7	6.0	100.0
年末境内上市公司数	66.1	14.3	14.3	5.3	100.0
年末境外上市公司数	72.9	14.3	4.8	8.0	100.0
当年国内股票(A股)筹资额	66.7	10.3	18.6	4.4	100.0
当年发行H股筹资额	76.1	14.2	4.3	5.4	100.0
当年国内债券筹资额	64.4	15.2	16.9	3.6	100.0
其中：短期融资券筹资额	76.7	7.9	13.0	2.4	100.0
中期票据筹资额	57.2	16.6	18.4	7.8	100.0

数据来源：各省（自治区、直辖市）证监局，中国人民银行工作人员计算。

市场筹资额增长较快，东部和东北地区筹资额占比上升。2015年各类企业和金融机构在境内外股票市场上通过发行、增发、配股、权证行权等方式累计筹资1.1万亿元，同比增长60.4%，其中，A股筹资8 518亿元，同比增长75.9%。“新三板”挂牌公司全年实现股票融资1 216.2亿元，同比增长820.7%。分地区看，东部、东北地区A 股

筹资额占全国比重较上年分别上升2.7个和0.4个百分点，中部和西部地区占比较上年分别下降2.2个和0.9个百分点。

股票市场波动较大。2015年上半年，股票市场指数快速上行，沪指一度超过5 000点，投资者杠杆上升较快。6月中旬以来，市场波动增大，出现了较大幅度下跌。为避免发生系统性风险，相关部门综合施策，市场指数在触底后有所回升，市场杠杆水平明显下降，功能逐渐恢复。全年沪、深股市累计成交255.6万亿元，日均成交1万亿元，同比增长245.2%。2015年末，沪、深股市流通市值41.6万亿元，同比增长31.7%。

（二）证券业机构加快发展，资产管理规模快速增长

证券业机构加快发展，在东部地区集聚特征明显。2015年年末，全国各地区共有证券公司125家，年末总资产为6.4万亿元，净资产为1.5万亿元，同比分别增长57%和58%；具有公募牌照的资产管理机构112家，其中，基金管理公司101家，公募基金管理规模8.4万亿元，同比增长85%；150家期货公司总资产为932.2亿元（不含客户权益），同比增长30%，净资本为600.4亿元[①]；已登记私募基金管理机构2.5万家，基金认缴规模5.1万亿元，同比增长138%。分地区看，东部地区的证券公司、基金公司、期货公司数量分别占全国的69.6%、98.0%和73.3%，其中，上海的基金公司、期货公司数量均列全国首位，分别占全国的44.6%和20.7%。广东的证券公司数量居全国首位，占全国的20%。

资产管理规模快速增长。2015年年末，基金管理公司及其子公司、证券公司、期货公司、私募基金管理机构资产管理业务总规模约38.2万亿元，同比增长86.3%。其中，基金管理公司及其子公司专户业务规模、证券公司资产管理业务规模、期货公司资产管理业务规模和私募基金管理机构资产管理规模同比分别增长114.3%、49.6%、737.2%和144.6%[②]。

（三）股指期货成交活跃，期货市场创新加快

2015年，受股指期货交易旺盛的带动，全国期货市场累计成交量、成交额同比分别增长42.8%和89.8%，再创历史新高。中国金融期货交易所、上海期货交易所、大连商品交易所、郑州商品交易所累计成交金额同比分别增长154.7%、0.5%、1.1%、33.3%，分别占全国的75.4%、11.5%、7.6%、5.6%。从交易产品看，股指期货成交活跃，商品期货交易平稳增长。全年沪深300股指期货成交量为2.77亿手，成交额为341.9万亿元，同比分别增长27.9%和109.6%；20多个商品期货品种的成交量稳步上升，铜、螺纹钢、铁矿石、白糖、豆粕、天胶等期货品种的成交量较大；黄金期货成交量同比增长6.1%，成交额同比略增。

期货市场创新加快。2015年，期货市场新增锡和镍等2个商品期货，10年期国债期货、上证50和中证500股指期货3个金融期货品种，以及首个股票期权上证50ETF，全市场期货期权品种总数达到52个。期货公司风险管理子公司试点业务发展较快，通过期现结合的“交易商”模式，服务中小微和涉农企业效果较好。期货公司上市取得突破，鲁证期货、弘业期货成功赴港上市，创元期货、永安期货正式挂牌“新三板”[③]。

（四）证券市场基础性制度不断完善，资本市场改革深入推进

2015年，证券市场基础性制度不断完善。一是新股发行制度作出较大改进。取消新股申购预缴款，突出信息披露要求和中介机构责任，并建立了摊薄即期回报补偿和先行赔付的投资者保护制度等配套机制。二是信息披露制度不断完善。深交所在国内首次引入早间信息披露制度，上交所对“PE+上市公司”模式下的信息披露作出规

①数据来源：中国期货业协会。
②数据来源：中国证券投资基金业协会。
③数据来源：中国期货业协会。

范，中国证券投资基金业协会对私募基金管理人实施分类公示。三是融资融券业务更加规范。《证券公司融资融券业务管理办法》修订，建立起融资融券业务逆周期调节机制。

资本市场改革深入推进。资本市场双向开放提速，内地与香港基金产品实现互认，人民币合格境外机构投资者（RQFII）试点范围扩大至16个国家和地区，上海证券交易所、德意志交易所集团、中国金融期货交易所出资成立中欧国际交易所，打造离岸人民币证券产品交易平台。区域性股权市场发展定位进一步明确，2015年年末，全国设立区域性股权市场37家，同比增加2家；挂牌股份公司3 375家，同比增长53.4%；展示企业4.2万家，同比增长2倍；累计为企业实现融资4 331.6亿元，同比增长近3倍。分省份看，山东齐鲁股权交易中心挂牌、托管和展示企业分别达611家、763家和4 500家，累计融资接近200亿元；重庆股份转让中心新设中小企业股权报价系统（孵化板），助推企业在“新三板”挂牌和主板上市取得积极进展；河南中原股权交易中心正式成立，挂牌企业达237家。

三、各地区保险业

2015年，保险业各项业务发展加快，经济补偿和民生保障功能增强，重点领域和关键环节改革深入推进，服务经济社会发展效能持续提升。

（一）保险业发展势头强劲，行业实力不断增强

保险业机构快速发展。2015年年末，全国保险法人公司和分支机构分别有182家和1 723家，较上年分别增加4家和138家，保险法人公司和分支机构地区分布占比基本稳定（见表9）。保险业总资产保持较快增长，年末资产总额为12.4万亿元，同比增长21.7%；净资产为1.6万亿元，同比增长21.4%。经营效益大幅提升，全年保险资金运用实现收益7 803.6亿元，同比增长45.6%，平均投资收益率为7.56%，创2008年国际金融危机以来的新高。保险公司全年共发行次级债、资本补充债券700亿元，资本实力进一步增强。中国保险市场排名全球第3位，对国际保险市场增长贡献度居全球首位。

保费收入较快增长，东部、中部和西部地区保费收入增速加快。2015年，保险业实现保费收入（指原保费收入，下同）2.4万亿元，同比增长20%，增速较上年提高2.5个百分点。分地区看，东部、中部、西部和东北地区的保费收入同比分别增长18.8%、22.7%、20.9%和23.2%，增速分别较上年提高1.2个、提高6.1个、提高5.6个和下降2.0个百分点。分省份看，广东、江苏、山东、浙江、北京、四川、河南、河北、上海9省（市）保费收入超过千亿元，合计占全国的比重达到58.8%。

表9 2015年年末各地区保险业分布

单位：%

项目	东部	中部	西部	东北	全国
总部设在辖内的保险公司数	86.8	4.4	4.9	3.9	100.0
其中：财产险经营主体	74.6	8.5	9.9	7.0	100.0
人身险经营主体	92.5	2.5	2.5	2.5	100.0
保险公司分支机构数	45.7	19.6	23.8	10.9	100.0
其中：财产险公司分支机构	44.9	18.5	26.1	10.5	100.0
人身险公司分支机构	46.3	21.0	21.3	11.4	100.0
保费收入	53.7	19.1	19.1	8.1	100.0
其中：财产险保费收入	54.2	17.9	21.3	6.6	100.0
人身险保费收入	53.5	19.6	18.0	8.9	100.0
各类赔款给付	54.2	18.9	19.3	7.6	100.0

数据来源：各省（自治区、直辖市）保监局，中国人民银行工作人员计算。

（二）人身险业务增长较快，财产险业务增势趋缓

人身险业务快速增长，中部和西部地区的收入增速上升较快。2015年，全国人身险保费收入1.6万亿元，同比增长25.0%，较上年提高6.6个百分点。分地区看，东部、中部、西部和东北地区的人身险保费收入同比分别增长22.3%、25.4%、25.7%和29.6%，其中，西部地区的增速上升最快，较上年提高11.6个百分点，东北地区则较上年回落2.0个百分点。分省份看，广东、江苏、山东和北京4省（直辖市）的人身险保费收入突破千亿元，合计占全国的比重为33.8%。

财产险业务增势趋缓，中部和西部地区收入比重提高。2015年，全国财产险保费收入为8 423.3亿元，同比增长11.7%，较上年下降4.3个百分点。分地区看，东部、中部、西部和东北地区的财产险保费收入同比分别增长12.3%、17.1%、13.4%和8.8%，较上年分别下降3.3个、0.2个、3.8个和3.9个百分点。中部和西部地区的财产险保费收入占全部保费收入的比重较上年分别提升0.6个和0.1个百分点，东部和东北地区则分别下降0.4个和0.3个百分点。分省份看，广东、江苏、浙江和山东4省的财产险保费收入超过500亿元，合计占全国的比重为35.2%。

农业保险条款全面升级，拓宽保险责任、提高保障水平和赔付标准、降低保险费率并简化理赔流程，有效服务“三农”发展。全年实现农业保险保费收入374.9亿元，同比增长15.1%，增速较上年提高8.8个百分点，参保农户2.3亿户次，提供风险保障近2万亿元。农产品价格保险试点扩展到26个省份（自治区、直辖市），承保农作物增加到18种。农房保险已覆盖所有省市，参保农房9 358万间，提供风险保障1.4万亿元。新疆出台了农业保险改革试点方案，推出了全国首单棉花低温气象指数保险，农业保险保费收入居全国首位。内蒙古首次试点开办草原牧区牛、羊天气指数保险，为20万只肉羊提供风险保障。

（三）保险赔款给付支出保持较快增长，经济补偿和民生保障功能增强

2015年，保险业原保险赔款给付支出8 674.1亿元，同比增长20.2%，增速较上年提高4个百分点。其中，财产险赔付4 194.2亿元，同比增长10.7%；人身险赔付4 479.9亿元，同比增长30.7%。分地区看，东部、中部、西部和东北地区各类赔付同比分别增长24.5%、23.7%、19.2%和19.7%，其中，东部、中部和东北地区增速较上年分别提高8.1个、9.4个和7.0个百分点，西部地区增速较上年下降0.3个百分点。2015年，在重大灾害事故中，保险业积极履行赔付责任，对宁波“灿鸿”和“杜鹃”台风、广东“彩虹”台风以及“东方之星”事件分别赔付8 000万元、7.5亿元和7 380.6万元。大病保险实现全国31个省份全覆盖。

（四）保险密度持续上升，保险深度继续提高

2015年，全国保险密度①为1 766.5元/人，较上年提高287.2元。分地区看，东部、东北、中西部的保险密度逐次递减，中部和西部地区的保险密度基本相当。分省份看，北京、上海和浙江依旧位居前3位，其中，北京和上海的保险密度大幅领先其他省份。2015年，全国保险深度②为3.59%，较上年提高0.41个百分点。分地区看，东部、东北、西部和中部地区的保险深度逐级递减，全国26个省份的保险深度在2%～4%，北京、上海和山西的保险深度分别为6.3%、4.5%和4.4%，位居全国前三位。

（五）制度建设进一步完善，保险业创新步伐加快

2015年，保险业各项改革加快推进，政策红利持续释放。一是费率市场化改革加快。取消万能险最低保证利率限制，分红险预定利率上限放开，人身险费率实现完全市场化。黑龙江等18个地区商业车险改革试点稳步推进。二是完善互联网保险监管，出台《互联网保险业务监管暂行办法》。三是资金运用市场化改革深化，股债结合、资产支持计划、保险私募基金等产品加快发展。四是中国第二代偿付能力监管制度体系发布并进入实施过渡期，建立保险公司资产配置审慎性监管制度和再保险登记制度，促进保险业稳健运行。

各地区保险业创新步伐加快。云南、四川相

①保险密度是指一国（地区）的人均保费收入。

②保险深度是指一国（地区）全部保费收入与该国（地区）生产总值的比率。

继启动地方巨灾保险试点，全国首只巨灾债券在北美成功发行。建立首台(套)重大技术装备保险补偿机制，为装备制造企业提供风险保障164亿元。老年人住房反向抵押养老保险试点实质性启动，武汉成功签订全国首单业务。上海航运保险产品注册制改革正式实施。中国保险投资基金组建成立，首批资金投向海外“一带一路”项目。上海保险交易所获批筹建。

四、资金流向和融资结构

（一）银行间市场交易量大幅增长，北京仍然是主要的资金融出地

各地区的银行间市场交易量快速增长。2015年，银行间市场累计成交608.8万亿元，同比增长101.3%，增速较上年上升72.8个百分点。分地区看，东部、中部、西部和东北地区的交易量同比分别增长104.5%、94.0%、107.4%和124.2%。分省份看，北京、广东、上海、江苏和浙江5省（直辖市）的交易量合计超过全国的71.7%；贵州、江西和重庆3省（直辖市）的交易量增速位居全国前三，同比分别增长323.3%、201.6%和187.6%。

由于作为资金主要净融出[①]方的大型商业银行总部集中于北京，区域间资金流向总体继续呈现由北京向其他省（自治区、直辖市）流动的态势（见图3）。2015年，北京地区净融出资金195.7万亿元，同比增加118.7万亿元，是最大的资金融出地区。广东、上海、江苏、山东和吉林居资金净融入前5位，合计净融入资金107.4万亿元。从资金净融出（净融入）状态看，与上年相比，天津、新疆、海南和西藏由净融出转为净融入；甘肃、浙江由净融入转为净融出。

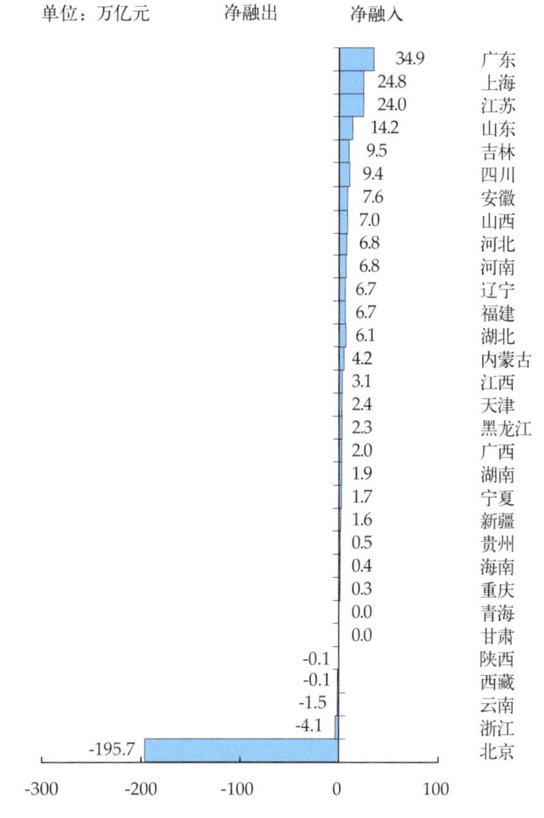

数据来源：中国外汇交易中心。

图3　2015年货币市场资金净融入（净融出）情况

（二）票据融资快速增长，贴现利率大幅下行

票据承兑业务小幅增长，东部和西部地区的发生额占比上升。2015年，企业累计签发商业汇票22.4万亿元，同比增长1.3%。其中，电子商业汇票承兑金额同比增长88.4%；中小型企业签发的银行承兑汇票金额约占企业累计签发商业汇票的2/3。期末商业汇票未到期金额10.4万亿元，同比增长5.4%，集中在制造业、批发和零售业。分地区看，各地区银行承兑汇票累计发生额占比有所变化，东部和西部地区的银行承兑汇票累计发生额占比较上年分别提高5.3个和0.4个百分点，中部和东北地区的占比较上年分别下降5.2个和0.4个百分点。从余额增速看，除中部地区的银行承兑汇票余额的增速较上年有所下降外，其他地区的增速均较上年有所提高。

票据融资快速增长，东部、西部和东北地区

①指银行间市场上同业拆借、质押式回购、买断式回购和现券买卖交易形成的资金净融入或净融出。

发生额占比提高。2015年，金融机构累计贴现102.1万亿元，同比增长68.2%，其中，电子商业汇票贴现3.7万亿元，同比增长148.8%；期末贴现余额为4.6万亿元，同比增长56.9%。在企业贷款需求下降、银行体系流动性充裕和票据业务单位利润贡献较高的背景下，全年票据融资余额增长较快，年末比年初增加1.7万亿元，同比多增7 062亿元，占全年人民币新增贷款的14.5%；票据融资余额占各项贷款的比重为4.9%，同比上升1.3个百分点。分地区看，东部、西部和东北地区的贴现累计发生额占比较上年分别提高1.2个、1.4个和2.0个百分点，中部地区下降4.6个百分点（见表10）。分省份看，广东、浙江、江苏、上海等9省（直辖市）贴现累计发生额合计超过全国总量的70%。

表10　2015年年末票据业务地区分布

单位：%

	东部	中部	西部	东北	全国
银行承兑汇票承兑余额	62.2	14.6	16.6	6.6	100.0
银行承兑汇票承兑累计发生额	62.0	14.7	16.8	6.5	100.0
票据贴现余额	57.5	14.1	21.0	7.4	100.0
票据贴现累计发生额	65.6	10.1	15.0	9.3	100.0

数据来源：中国人民银行上海总部、各分行、营业管理部、省会（首府）城市中心支行。

票据市场利率大幅下行。2015年，受银行体系流动性总量合理充裕、货币市场利率持续下降，以及央行再贴现利率引导作用有效发挥等因素的推动，票据市场利率总体波动下行。2015年12月，票据融资加权平均利率为3.33%，同比下降2.34个百分点。

（三）社会融资规模总体适度，直接融资占比上升

社会融资规模总体适度，东部和东北地区社会融资规模占比上升。2015年年末，全国社会融资规模存量为138.1万亿元，同比增长12.4%，初步统计，全年社会融资规模增量为15.4万亿元，比上年少4 675亿元，主要是受外币贷款减少，以及委托贷款、信托贷款和未贴现银行承兑汇票等下降的影响，同时，由于地方政府债券未包含在社会融资规模统计范围内，存量政府债务置换也减少了社会融资规模。分地区看，东部和东北地区的社会融资规模增量在全国社会融资规模增量中的占比分别为53.4%和7.4%（见表11），分别较上年上升3.0个和0.3个百分点；中部和西部地区的社会融资规模增量占比分别为16.2%和23%，分别较上年下降1.6个和1.7个百分点。分省份看，北京、广东和江苏3省（直辖市）社会融资规模增量均超过1万亿元，居全国前3位。

表11　2015年各地区社会融资规模地区分布

单位：%

	东部	中部	西部	东北	合计
地区社会融资规模	53.9	16.3	22.3	7.5	100.0
其中：人民币贷款	49.1	19.0	23.5	8.4	100.0
外币贷款(折合人民币)	79.3	7.4	7.6	5.7	100.0
委托贷款	51.8	17.6	20.4	10.2	100.0
信托贷款	314.0	-278.1	249.1	-185.0	100.0
未贴现的银行承兑汇票	37.1	24.5	34.6	3.8	100.0
企业债券	66.4	12.3	17.5	3.8	100.0
非金融企业境内股票融资	68.9	10.8	14.8	5.5	100.0

注：地区社会融资规模不含各金融机构总部（总行）提供的社会融资规模。
数据来源：中国人民银行、发展改革委、中国证监会、中国保监会、中央结算公司和中国银行间市场交易商协会等，中国人民银行工作人员计算。

直接融资占比上升，东部地区发展较快。2015年，企业债券和非金融企业境内股票融资占同期社会融资规模增量的24.0%，创历史最高水平，比上年提高6.7个百分点。分地区看，东部地区的直接融资发展较快，企业债券和非金融企业境内股票融资合计占其社会融资规模增量的30.3%，分别高出中部、西部和东北地区12.4个、14.0个和16.7个百分点（见表12）。债券融资服务实体经济的能力进一步凸显。2015年，企业债券融资占社会融资规模增量比重较上年提高3.8个百分点，占比增幅高出非金融企业境内股票融资1.6个百分点。全年全国债券市场共发行各类债券22.3万亿元，同比增长87.5%。其中，银行间债券市场发行债券21万亿元，同比增长81.3%。各地区融资工具创新力度不断加大。天津成功发行全国首单

保障房中期票据，为棚户区改造提供资金支持。重庆发行全国首单县级平台企业中期票据。内蒙古注册全国首只探矿权确认资产的债务融资工具。湖北成功发行全国首单公募项目收益票据。

委托贷款、信托贷款和未贴现银行承兑汇票融资下降，中部和东北地区降幅较大。2015年，受实体经济结构调整、监管部门加强监管等因素的影响，以委托贷款、信托贷款和未贴现银行承兑汇票方式合计融资5 776亿元，比上年少1.99万亿元，在同期社会融资规模增量中的占比较上年下降12.5个百分点。分地区看，各地区的融资量在社会融资规模增量中占比均不同程度下降，其中，中部和东北地区的降幅较大，占比分别较上年下降22.8个和15.7个百分点（见表12）。

表12 2015年各地区社会融资规模结构分布

单位：%

	东部	中部	西部	东北	全国
人民币贷款	65.9	83.9	76.1	81.2	72.2
外币贷款（折合人民币）	-6.6	-2.0	-1.5	-3.4	-4.5
委托贷款	10.1	11.4	9.6	14.3	10.5
信托贷款	1.5	-4.5	2.9	-6.5	0.3
未贴现的银行承兑汇票	-4.7	-10.2	-10.5	-3.4	-6.8
企业债券	23.6	14.5	15.1	9.7	19.2
非金融企业境内股票融资	6.7	3.5	3.4	3.9	5.2
其他	3.4	3.5	4.9	4.2	3.8
合计	100.0	100.0	100.0	100.0	100.0

数据来源：中国人民银行、发展改革委、中国证监会、中国保监会、中央结算公司和银行间市场交易商协会等，中国人民银行工作人员计算。

五、金融改革创新

（一）互联网金融快速发展，行业监管体系加快完善

互联网金融主要业态快速发展。一是第三方支付业务高速增长。2015年年末，全国共有第三方支付机构268家，主要集中在北京、上海、广东、浙江和江苏，合计占比约五成，全年累计发生网络支付业务821.45亿笔，金额为49.48万亿元，同比分别增长119.5%和100.2%。二是P2P网络借贷平台数量持续增加。据不完全统计[①]，2015年年末，全国共有P2P平台2 595家，较上年年末增加1 020家。但部分平台信息披露和风险提示不到位，部分业务游走于灰色地带甚至涉嫌非法集资，运营商自身的经营管理能力有待提高，信用违约事件时有发生，问题平台数量增长较快。三是互联网保险快速发展。2015年年末，互联网保险保费收入达2 234亿元，在保险业总保费收入中占比上升至9.2%。其中，互联网人身险保费收入达1 465.6亿元，较上年增长4.2倍[②]。

互联网金融行业监管体系加快完善。2015年7月，中国人民银行等十部委联合发布《关于促进互联网金融健康发展的指导意见》，确立了互联网金融主要业态的监管职责分工和基本业务规则。相关配套监管规则加快出台，中国人民银行发布《非银行支付机构网络支付业务管理办法》，明确第三方支付业务边界，强调回归支付结算基本功能，两家违规机构被依法吊销支付业务许可证。保监会出台《互联网保险业务监管暂行办法》，银监会发布《网络借贷信息中介机构业务活动管理暂行办法（征求意见稿）》，证监会制定股权众筹融资试点监管规则，引导互联网金融行业走向法制化、规范化、阳光化。

互联网企业多渠道进入金融领域。2015年，国内主要大型互联网企业依托大数据、低成本等优势，为客户提供大数据量化资产管理产品、金融云计算等多元化金融产品和服务。芝麻信用、腾讯征信等8家机构获准开展个人征信业务。首个基于互联网消费金融的资产证券化项目在深交所挂牌。

传统金融机构加快互联网布局。2015年年末，已有超过30家商业银行成立直销银行，通过搭建电商交易平台，构建资金流、信息流和物流闭环。证券机构积极探索互联网创新路径，互联网财富管理、互联网借贷等业务有序开展。国内主要保险公司均自建网络销售平台。同时，金融机构与互联网企业加强合作，延伸服务触角，北

①数据来源：网贷之家。

②数据来源：中国保险行业协会。

京银行推出京医通项目，泰康人寿等7家机构开展保险产品网上销售。

（二）自贸区金融改革深入推进，区域金融改革步伐加快

4个自贸区金融改革不断深化。上海自贸区出台“金改40条”，启动分账核算业务境外融资、外币业务以及跨境同业存单等创新业务，率先建立现代跨境金融安全网，实现各类跨境金融风险监测全覆盖。广东自贸区提出金融支持自贸区建设30项措施，支持深圳前海拓展跨境人民币贷款业务，支持区内企业赴港发行人民币债券，开展支付机构跨境外汇支付业务试点。福建自贸区推出扩大人民币跨境使用22项创新业务，开展自贸区外汇管理试点，支持区内企业（不含金融机构）外债资金实行意愿结汇、简化经常项目外汇收支手续、加强跨境资金流动风险防控。天津自贸区实施6条11项措施支持扩大人民币跨境使用，深化资本项目可兑换、外债宏观审慎管理改革，拓宽租赁业投融资渠道，打造京津冀高水平对外开放平台。

5个国家级金融综合改革试验区取得新进展。温州金融改革试验区成立全国首家农业财险互助社，探索丰富涉农保险产品与层级。广东珠三角金融改革创新综合试验区将跨境人民币贷款试点范围拓展至广州南沙、珠海横琴，推动粤港澳金融基础设施互联互通，跨境支付工具创新取得新进展。福建泉州金融服务实体经济综合改革试验区成立福建海峡金融资产交易中心，交易额稳步增长，制订专项实施方案，支持泉州作为“中国制造2025”首个地方试点建设。青岛财富管理金融综合改革试验区在全国首次将合格境内有限合伙人（QDLP）境外投资范围拓展到境外一级市场投资并购和有监管的大宗商品交易市场，推动财富全球配置；完善多层次财富管理机构体系，国内第一家产融结合消费金融公司、第一家港资债务管理公司等新型财富管理机构落户，11家银行机构总部在青岛设立私人银行，2015年年末管理资产达到723亿元，同比增长46.5%，形成业态优势。云南沿边金融综合改革试验区成立全国首个中缅货币兑换中心和外籍人员金融消费权益保护站。广西沿边金融综合改革试验区跨境人民币结算取得突破，人民币成为广西第一大跨境支付货币，广西—东南亚人民币循环圈初见雏形。

（三）跨境人民币业务深入发展，创新业务稳步推进

跨境贸易和投资人民币结算业务平稳增长，东部地区结算额占比居首。2015年，银行累计办理跨境贸易人民币结算业务7.2万亿元，同比增长10.4%；累计办理人民币跨境直接投资结算金额2.3万亿元，同比增长97.8%。分地区看，跨境人民币业务主要集中在东部地区，各项结算额占比均超过80%（见表13）。分省份看，广东、上海跨境人民币结算额超过2万亿元，北京跨境人民币结算额超过1万亿元，三地占全国结算额的比重超59%。河南、重庆跨境贸易人民币结算额增长较快，同比分别增长1.6倍和70.5%。天津、上海、山东、广东、海南人民币跨境直接投资结算额同比均实现倍增。

表13　2015年各地区跨境人民币业务分布

单位：%

	东部	中部	西部	东北	全国
跨境人民币结算额	86.2	4.6	7.1	2.1	100.0
其中：					
经常项下结算额	84.4	5.4	8.3	1.9	100.0
资本项下结算额	89.4	3.4	5.0	2.2	100.0
其中：直接投资额	91.6	3.4	3.1	1.9	100.0
其他投资额	81.0	6.1	12.8	0.1	100.0

数据来源：中国人民银行上海总部、各分行、营业管理部、省会（首府）城市中心支行，中国人民银行工作人员计算。结算额为当年实际收付的发生额。

2015年年末，全国共有15个地区开展了跨境人民币创新业务试点。个人货物贸易和服务贸易跨境人民币结算、跨国企业集团跨境双向人民币资金池和经常项下跨境人民币集中收付、跨境电子商务人民币结算业务等创新业务已推广至全国。企业境外发行人民币债券实现零的突破，天

津生态城企业在新加坡发行人民币债券10亿元；昆山深化两岸产业合作试验区获准开展区内台资企业向台湾地区银行借入跨境人民币贷款业务试点，已签订借款协议3.7亿元；中新政府间第三个合作项目落户重庆，相关跨境人民币创新业务即将开展；广西沿边金融综合改革试验区企业累计从东盟国家的银行借入人民币资金55.6亿元；青岛财富管理金融综合改革试验区企业累计从韩国的银行借入人民币资金超过26亿元；中哈霍尔果斯国际边境合作中心人民币创新业务全面开展。

（四）金融业加快“引进走出”，积极服务“一带一路”国家战略

金融机构加快海外布局，2015年年末，共有9家中资银行在“一带一路”沿线24个国家设立了56家一级分支机构，同时，来自20个“一带一路”国家的56家商业银行在华设立了7家子行、18家分行以及42家代表处。中国进出口银行在“一带一路”沿线国家贷款余额超过5 200亿元人民币；国家开发银行在“一带一路”沿线国家累计承诺贷款近1 900亿美元，累计发放贷款约1 556亿美元，涵盖能源、矿产、交通基础设施、产能合作等领域；中国银行向哈萨克斯坦发放首笔坚戈贷款，成为首家叙做中国与“一带一路”沿线国家本币互换协议项下外币贷款业务的银行。丝路基金不断推进实质性项目投资，服务“一带一路”建设开局良好。

六、金融生态环境建设

2015年，全国各地区金融生态环境建设的深度和广度进一步拓展，征信及社会信用体系建设稳步推进，支付结算体系更为便捷、高效，金融消费权益保护更加有力，金融协作沟通机制更趋深化。

（一）征信及社会信用体系建设稳步推进

征信监管制度进一步完善。2015年，《征信机构监管指引》颁布实施，细化和补充了《征信业管理条例》和《征信机构管理办法》的监管规定；按照内外资统一管理原则，明确外商投资征信机构管理措施。征信市场快速发展，市场主体进一步丰富，多层次、全方位的征信市场逐步形成。

征信服务实体经济成效明显。2015年年末，金融信用信息基础数据库累计收录8.8亿自然人、2 120万户企业及其他组织，全年分别提供个人、企业信用报告查询6.3亿次和8 819万次（见图4），防范信贷风险作用进一步增强。小微机构互联网接入服务平台试点不断扩大，小微机构接入数量显著增长。应收账款融资服务平台业务量实现新突破，促成融资交易金额达1.4万亿元，有效缓解了中小企业融资难。

两类机构信用评级工作全面推广。2015年4月，中国人民银行印发《关于全面推广小额贷款公司和融资性担保公司信用评级工作的通知》，将两类机构信用评级工作由16个试点地区推广至全国，促进两类机构健康发展，带动银贷、银担合作深化。

社会信用体系建设取得新进展。一是多项基础工作取得突破。统一社会信用代码制度开始实施，“信用中国”网站开通运行，中国人民银行与国家发展改革委、工商总局等38个部门签署《失信企业协同监管和联合惩戒合作备忘录》，守信联合激励和失信联合惩戒机制建设在多个行业全面发力。二是地方信用建设扎实推进。天津、河北、福建、宁夏出台《社会信用体系建设

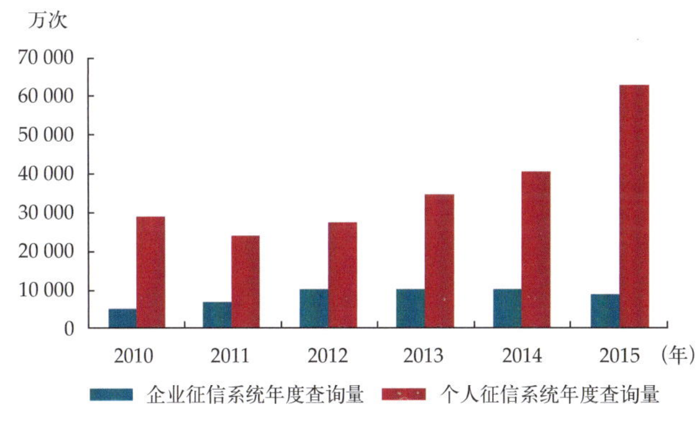

数据来源：中国人民银行。

图4　2010~2015年企业和个人信用信息基础数据库年度查询情况

规划》，青岛、南京、沈阳等11个城市开展社会信用体系建设示范城市创建。三是中小企业和农村信用体系建设全面推进。2015年9月，中国人民银行印发《关于全面推进中小企业和农村信用体系建设的意见》，以试验区建设经验为基础，全面推进中小（微）企业和农村信用体系建设。2015年11月，中国人民银行印发《中小企业信用信息指标》和《农户信用信息指标》，推动中小企业和农户信用信息采集的标准化、规范化。

（二）支付结算体系更加便捷高效

第二代支付系统全面铺开，中部和西部地区支付业务占比上升。2015年，人民币跨境支付系统（一期）投入运行，第二代支付系统推广至全国，兼顾大额与小额支付、人民币国内与国外支付的支付体系日益完善。2015年，全国大额支付系统处理业务笔数及金额同比分别增长10.7%和25.8%，小额支付系统处理业务笔数及金额同比分别增长27.8%和13%。其中，东部地区业务处理笔数和金额占比均超五成，但较上年有所下降，中部、西部地区占比有所上升（见表14）。

表14　2015年各地区支付体系建设情况

单位：%

	东部	中部	西部	东北	全国
当年大额支付系统业务处理笔数	62.2	17.6	15.6	4.6	100.0
当年大额支付系统业务处理金额	69.4	12.2	12.4	6.0	100.0
当年小额支付系统业务处理笔数	58.7	18.7	19.3	3.4	100.0
当年小额支付系统业务处理金额	65.0	14.2	18.0	2.7	100.0

数据来源：中国人民银行上海总部、各分行、营业管理部、省会（首府）城市中心支行，中国人民银行工作人员计算。

非现金支付环境进一步优化。互联网和移动通信技术广泛应用，非现金支付工具不断丰富，带动传统的票据、银行卡支付向互联网支付、移动支付等新兴电子支付方式转变。非现金支付深入公共服务、零售、医疗、教育、投资理财等社会公众服务领域。支付行业法规制度环境趋于完善，金融机构、特许清算机构和非银行支付机构平等协同发展，支付服务市场更具活力。2015年，全国共办理非现金支付业务943.2亿笔，金额为3 448.9万亿元。银行业金融机构共发生电子支付业务1 052.3亿笔，金额2 506.2万亿元，其中，移动支付业务138.4亿笔，金额108.2万亿元，同比分别增长205.9%和379.1%。

农村支付基础设施建设不断深化。2015年年末，全国41 036家农村合作金融机构网点接入央行农信银支付清算系统，农村地区助农取款服务点覆盖全国九成以上村级行政区。2015年，全国助农取款服务点办理取款业务2.4亿笔，金额达1 000亿元。各地在农村支付体系建设领域进行了大量有益探索，重庆开展全国首个农村支付服务环境建设综合试点。浙江打造农村“一公里”金融和电商服务圈，助农服务业务量同比增长1倍。河南探索“惠民支付+农村电商”融合发展。海南探索构建“支付+民生”、“支付+信贷”等普惠金融服务模式。云南成为全国首个NRA账户放开存取款功能试点省份。

金融IC卡进入规模化应用阶段。贵州金融IC卡在交通、医疗、旅游等公共服务领域应用全面推开。重庆首次推出中超联赛金融IC卡实名制电子票。广东首发具有小额支付电子钱包功能的智能手环。安徽完成可信服务管理（TSM）平台建设。

（三）金融消费权益保护更加有力

金融消费权益保护基础设施进一步完善。国务院发布《关于加强金融消费者权益保护工作的指导意见》，形成多方分工负责、涵盖银证保及其他金融领域的消费者权益保护长效机制。中国人民银行金融消费权益保护信息管理系统全面上线，金融机构开展投诉分类标准应用试点，投诉处置效率大幅提升。“12363金融消费权益保护咨询投诉电话”顺畅运行。

各地金融消费权益保护工作机制更为健全。一方面，纠纷解决机制多元化。黑龙江成立金融争议调解仲裁中心，设立黑龙江省金融争议人民调解委员会和哈尔滨仲裁委员会金融仲裁庭。陕西金融消费纠纷调解中心正式挂牌成立。广东、湖北、山东等地建立金融消费纠纷非诉解决机构，矛盾纠纷化解渠道有效拓宽。另一方面，金融知识宣传教育常态化。金融知识“进高校、进社区、进乡镇”宣传活动在全国范围开展，金融消费者维权的意识和能力增强。多地逐步推开金融消费权益保护评估工作。深圳运用“互联网+”思维拓展宣传阵地，推出“金融公益”微信公众号。江西在县、乡、村三级试点建设“12363”农村服务点，消除农村金融消费维权盲区。

（四）金融协作沟通机制更趋深化

一是防风险守底线合力进一步加强。央行、监管部门围绕重点行业和领域的潜在金融风险，对金融机构联合开展风险压力测试。多部门联合开展打击利用离岸公司和地下钱庄转移赃款专项行动，有效维护金融市场秩序。二是金融生态环境评估向纵深发展。江苏深化“金融生态县”创建工作，首次对金融生态环境存在突出问题、金融生态创建工作推进不力的地区发出风险警示和督办通知书。湖南连续八年开展金融生态评估工作，继续推进金融安全区创建。贵州将金融生态环境测评范围由县域层面扩大至市州层面。三是多方参与的金融稳定体制机制更为完善。福建完善金融案件专业化审判机制。重庆出台P2P网络借贷管理政策。

专栏3　风险化解和金融生态重建——温州视角

温州民营经济发达，民间资金充裕，民间金融活跃，但一定程度上也存在经济转型升级滞后、产业“脱实向虚”、企业高杠杆及过度投资等问题，累积了经济、金融风险。2011年下半年，在遭遇经济下行的大环境下，温州发生区域性金融风波，对信用环境和金融秩序形成一定冲击，当地银行业形成了较多不良资产。四年多来，地方政府、金融管理部门、银行系统和司法部门群策群力，采取多种措施控制和处置金融风险，重建区域金融生态环境，取得了积极进展。

一是建立困难企业帮扶常态机制。温州市、县两级和风险集中的重点镇（街）成立机构，按照“区别对待、分类化解”的原则，根据企业风险高低，确定“帮、保、关”三类企业，通过“转续、分担、盘活、重塑、增信”等差别化措施处置不同风险性质企业。同时，设立应急转贷资金，为企业提供短期偿贷周转，减少企业资金链断裂与担保链风险事件，抑制短期民间高利贷。截至2015年年末，全市设立15亿元应急转贷资金，累计使用6 900多笔，受益企业2 000多家。

二是整合资源处置不良贷款。对于已形成的坏账，商业银行综合运用清收、核销、上划、打包转让等方式，并用好呆账核销政策，加大不良贷款处置力度。2011年9月至2015年末，全市银行机构累计处置不良贷款1 224亿元，其中，出售给资产管理公司占比40.1%、不良核销23.5%、现金清收18.5%、上划给上级行10.9%，其他方式7%。2015年处置不良贷款约400亿元，占全省总量的1/5。

三是完善金融案件的审判执行工作。建立“市场导向、司法主导、简易审理、执破结合”的审判机制，专设金融审判庭、破产审判庭，按照“有保有破”的原则，差异化处置破产企业。压缩审理周期、开展企业破产简易程序试点，建立移送破产和并案审理机制，大大提高了司法处置效率。2015年，温州两级法院共受理企业破产案件233件，占浙江破产案件受理数的37.6%；审结161件，占浙江破产案件审结数的51.6%；确认破产债权额64.46亿元。

四是合力打击逃废债和重建信用体系。温州由金融办、经信委牵头，抽调人民银行、法院、公安等机构人员，组建金融风险处置办，搭建起政银企联动的企业风险联防共帮处置全覆盖组织体系。同时，温州金融、司法等部门积极整合资源重塑信用体系。将人民银行征信信息与法院、公安等部门信息共享，开展“构建诚信、惩戒失信”专项行动，发布规制逃废债行为的十大典型案例，2015年，在市级媒体曝光178个失信对象。政府设立信保基金、推广信用保证保险，以政府和金融机构的信用为企业增信。

经过四年多努力，尽管温州经济金融尚未完全走出困境，但总体处于企稳、筑底阶段，信贷投放从低位回升，不良贷款连续两年“双降”。同时应当看到，应急转贷、贷款平移等方式只能以时间换空间，并未从根本上化解担保链风险；企业去杠杆和银行防风险压力叠加以后，新增贷款主要投向住房按揭和政府背景项目；企业人格混同、案件刑民交叉、针对破产企业的特殊税收制度缺失等制约了司法渠道发挥更大作用；社会惩戒机制尚不健全，逃废债行为仍然时有发生。当前温州化解风险、重建金融生态环境所面临的问题，具有一定的普遍性，必须综合施策、多措并举，才能强基固本、标本兼治。

一是完善风险企业帮扶处置机制。建立风险企业破产保护暂缓追诉制度，避免承担代偿责任的担保企业因破产企业在审理期间被银行司法追诉而被动倒闭，同时强化“缓冲期”内对企业的约束，防止担保企业非法转移资产，最大限度地化解担保链风险。

二是完善金融风险司法处置制度。出台推进司法破产的配套措施，在职工安置中的社保医保，重整中的股权变更、税款缴纳、不动产处置等方面给予支持。同时，修改破产企业资产处置涉税法律制度，出台企业破产程序中特殊税收规则；加快个人破产立法和实施，先建立企业家（企业投资人）破产制度，再扩大到其他自然人。

三是加强政府增信，优化信贷投向结构。建立政策性担保机构或担保基金，充实资金实力，合理确定担保费率，发挥财政资金杠杆撬动作用，引导信贷资金更多投向小微企业、“三农”等经济发展薄弱环节。

四是加快重构区域信用环境。保持对逃废债的高压打击态势。完善失信企业和个人黑名单制度，限制失信企业的信贷行为，限制失信企业法定代表人、失信个人的高消费活动和经营活动，提高逃废债行为成本，为经济转型发展创造良好的金融生态环境。

进一步反思温州金融风险的演变历程和处置经验，未来促进区域金融稳健运行，金融生态环境不断优化还应重点处理好以下几个关系：一是金融和实体经济的关系。着力避免产业“脱实向虚”，要把目光聚集到实体产业发展上，只有实体产业基础牢固，金融风险才能真正化解、有效消除。二是正规金融与民间金融的关系。引导正规金融提高对实体经济的金融服务水平，同时适度打开民间资本投资渠道，增进金融市场活力。解决产业中发展的融资问题，最终需要依靠正规金融的发展。三是金融创新与秩序规范的关系。引导金融创新向有序、合规发展，做到创新和规则的统一，在保障创新活力的同时，避免发生系统性、区域性风险。

第二部分　区域经济运行情况

2015年，中国经济总体运行在合理区间，结构调整取得积极进展。投资结构优化，消费对经济增长的贡献率显著上升；农业生产保持平稳，工业转型升级步伐加快，第三产业增加值比重首次超过50%。区域发展呈现出板块轮动特征，东部地区深入实施创新驱动战略，新兴产业和现代服务业快速成长，经济发展的质量、效益较高；中西部地区加快承接产业转移、推动内陆开放，实现追赶发展，与东部地区的差距不断缩小；东北地区的农业基础地位较为稳固，但经济结构调整和转型压力依然较大。2015年，东部、中部、西部和东北地区分别实现地区生产总值37.3万亿元、14.7万亿元、14.6万亿元和5.8万亿元，地区生产总值加权平均增长率分别为8.0% 、8.2%、8.6% 和4.6%，分别比上年回落0.2个、0.7个、0.5个和1.3个百分点（见表15）。东部地区生产总值占比有所上升，较上年提高0.3个百分点。

表15　2015年各地区生产总值比重和增长率

单位：%

	占比		加权平均增长率	
		比上年增减		比上年增减
东部	51.5	0.3	8.0	-0.2
中部	20.3	0.0	8.2	-0.7
西部	20.1	-0.1	8.6	-0.5
东北	8.1	-0.4	4.6	-1.3

数据来源：《中国统计摘要》，中国人民银行工作人员计算。

一、消费、投资、净出口和政府支出

2015年，最终消费、资本形成和净出口对国内生产总值的贡献率分别为60.9%、41.7%和-2.6%。消费对经济增长的贡献率较上年提升11.3个百分点。

（一）居民收入差距进一步缩小，新兴领域消费快速增长

2015年，在社会就业稳中有增、惠民政策力度不断加大、社会公共服务投入持续增加等有利因素的推动下，各地区城乡居民收入稳步增长。全年城镇居民人均可支配收入和农村居民人均可支配收入分别为31 195元和11 422元，扣除价格因素，分别实际增长6.6%和7.5%。城乡居民收入倍差为2.73，连续六年缩小。

表16　2015年各地区城镇居民人均可支配收入

单位：元、%

	城镇居民人均可支配收入		各地区与东部之比	
		加权平均增长率		比上年增减
东部	39 538.5	8.3	100.0	—
中部	26 830.3	8.4	67.9	0.0
西部	26 194.0	9.4	66.2	0.5
东北	27 105.2	7.1	68.6	-1.3

数据来源：《中国统计摘要》，中国人民银行工作人员计算。

表17　2015年各地区农村居民人均可支配收入

单位：元、%

	农村居民人均可支配收入		各地区与东部之比	
		加权平均增长率		比上年增减
东部	17 259.3	9.0	100.0	—
中部	10 897.2	9.0	63.1	0.0
西部	9 068.8	9.6	52.5	0.1
东北	11 507.4	6.3	66.7	-2.2

数据来源：《中国统计摘要》，中国人民银行工作人员计算。

专栏4　完善货币政策工具　为经济结构调整创造适宜条件

2015年以来，在经济结构调整和转型升级的大背景下，根据党中央、国务院的统一部署，中国人民银行主动适应经济发展“新常态”，坚持稳中求进的总基调，继续实施稳健的货币政策，创新运用各类货币政策工具，在保持总量稳定，为结构调整营造适宜的货币金融环境的同时，通过适度“精准滴灌”，加大对重点领域和薄弱环节的支持力度。

一、综合运用多种货币政策工具，为经济结构调整创造适宜条件

一是普降和定向降准相结合调整存款准备金率。2015年以来，通过“普降+定向降准”方式，五次调整存款准备金率，累计普遍下调存款准备金率2.5个百分点，同时累计额外定向下调金融机构存款准备金率0.5个百分点至6.5个百分点，突出支持“三农”和小微企业发展、支持重大水利工程和基础设施建设、促进企业生产和居民消费的结构性政策导向，享受定向降准政策的机构合计占比超过98%。

二是完善宏观审慎政策框架。2015年，中国人民银行继续加强宏观审慎管理，进一步完善差别准备金动态调整机制，结合涉农、小微企业信贷投向、资本充足率高低、风险内控状况、机构新设、区域发展五大“元素”，对差别准备金动态调整机制的有关政策参数进行调整，引导金融机构根据实际需求安排贷款投放节奏，将更多的信贷资源配置到小微企业、“三农”以及中西部、欠发达地区等重点领域和薄弱环节。2015年年末，将差别准备金动态调整机制进一步“升级”为宏观审慎评估体系，建立了更加全面、更有弹性的宏观审慎政策框架。

三是发挥再贷款、再贴现等工具的信贷结构引导功能。中国人民银行运用信贷政策支持再贷款、再贴现引导金融机构加大对“三农”、小微企业等经济重点领域和薄弱环节的信贷支持。2015年年末，全国支农、支小再贷款和再贴现余额分别为1 962亿元、752亿元和1 305亿元，其中，西部地区支农和支小再贷款余额占比分别为55.4%和38.4%。各地探索创新再贷款、再贴现运用方式，提高对结构调整的支持效能。四川、江苏等地遴选重点支持企业、项目和领域，专项匹配再贷款额度，增强支持的精准性；陕西、贵州等地鼓励金融机构依托再贷款资金和自有资金，创新信贷产品，提升再贷款对涉农和小微贷款发放的撬动作用；广东优选结算优势大、供应链辐射能力强的财务公司作为再贴现支持对象，辐射支持供应链上下游中小微企业，扩大再贴现工具的影响面。为支持重大基础设施建设和棚户区改造等民生领域发展，中国人民银行将抵押补充贷款（PSL）支持对象扩充至所有开发性和政策性金融机构。2015年，共发放抵押补充贷款6 981亿元，年末抵押补充贷款余额为10 812亿元。

二、货币政策在支持经济结构调整方面发挥了积极作用

一是增强对经济发展重点领域的信贷支持。各地区中长期贷款相对较快增长。据调查，2015年，各地区基础设施类贷款增加18 477.9亿元，同比多增1 290.4亿元。年末，高技术产业中长期贷款和文化产业中长期贷款余额增速分别达到15.4%和26.9%，远高于各项贷款增速。

二是“三农”、小微企业信贷投放稳定增长。2015年年末，人民币小微企业贷款余额为17.4 万亿元，同比增长13.9%，增速比同期大型和中型企业贷款增速分别高2.7个和5.3个百分点；金融机构本外币涉农贷款余额26.4万亿元，同比增长11.7%，占各项贷款的比重为27.8%。其中，地方法人金融机构年末涉农和小微企业贷款余额增速分别达到12.5%和22.9%。

三是居民消费信贷支持力度提高。2015年年末，本外币住户消费贷款余额为19.0万亿元，同比增长23.3%，高于各项贷款增速9.9个百分点；在各项贷款中的比重为19.1%，较上年提高1.4个百分点。其中，个人购房贷款是增长的主要领域。全年人民币个人住房贷款新增2.7万亿元，占人民币住户消费贷款增量的69.2%。

四是对中西部地区的信贷倾斜加大。2015年，中、西部地区贷款余额同比分别增长15.4%和14.9%，分别高于东部地区4.3个和3.8个百分点。2015年年末，西部地区第一、第二、第三产业贷款余额分别增长8.1%、5.8%和20.2%，分别高于东部地区2.9个、3.4个和7.7个百分点。

货币政策本质上是总量政策，主要作用在于总需求管理。适度的总需求管理，有利于为经济结构调整拓展时间和空间。下一步，为更好地服务于经济结构调整，在继续灵活使用各类货币政策工具、保持总量稳定并引导改善信贷结构的同时，应加快推进经济结构调整和改革，进一步发挥财政政策等的作用，优化财政资金投入方式和结构，增强对金融资金和社会资本的撬动功能和结构导向效应；放宽市场准入，加快构建与微观主体融资需求相对称的、有序竞争的中小金融机构体系，完善与结构调整相适应的金融组织体系。

东部和西部地区城镇居民收入差距有所缩小。2015年，西部地区城镇居民人均可支配收入26 194元，是东部地区的66.2%，较上年提高0.5个百分点（见表16）。西部地区有8个省份城镇居民收入增速高于全国，其中，西藏、新疆、青海、贵州4个省份增速进入全国前5位。

西部地区农村居民人均可支配收入增速相对较快。2015年，东部地区农村居民人均可支配收入为17 259.3元，中部、西部、东北地区农村居民人均可支配收入水平分别是东部地区的63.1%、52.5%和66.7%（见表17）。西部地区农村居民收入增速继续保持全国领先，全国增速前5位的省份分别为西藏、贵州、重庆、云南、甘肃，均为西部省份。农村居民人均可支配收入过万元的省份由上年的15个增加至21个，集中在东部地区，其中，上海、浙江、北京农村居民人均可支配收入超过2万元。

各地区农村居民消费倾向高于城镇居民消费倾向的幅度持续扩大。2015年，各地区农村居民消费倾向为82.1%，比城镇居民高12.6个百分点，幅度连续六年扩大。分地区看，西部和东北地区城镇居民消费倾向最高，中部地区最低；西部地区农村居民消费倾向最高，东北地区最低（见图5）；与上年相比，各地区城镇居民消费倾向继续下滑；各地区农村居民消费倾向均有所上升。

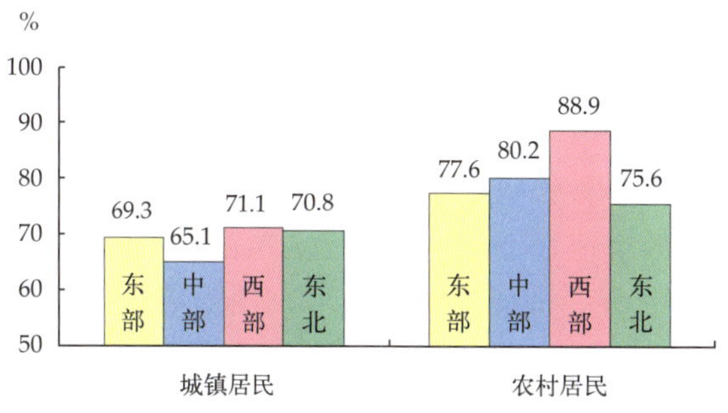

数据来源：《中国统计摘要》，中国人民银行工作人员计算。

图5 2015年各地区居民平均消费倾向

消费保持平稳增长，中部和西部地区消费增速较快。2015年，在国家一系列扩内需、促消费宏观调控措施的积极作用下，消费增长总体平稳，城乡消费结构继续改善。全国社会消费品零售总额首次突破30万亿元，同比增长10.7%。其中，乡村消费品零售额同比增长11.8%，高于城镇1.3个百分点。分地区看，东部地区对全国消费增长的贡献作用突出，中西部地区的消费发展呈现良好态势。2015年，东部地区的社会消费品零售总额占全国比重继续保持在50%以上；中部、西部地区社会消费品零售总额加权平均增长率分别高于东部地区1.7个、0.8个百分点，零售额占全

表18　2015年各地区社会消费品零售总额比重和增长率

单位：%

	占比		加权平均增长率	
		比上年增减		比上年增减
东部	51.7	-0.1	9.8	-1.8
中部	20.8	0.2	11.5	-1.1
西部	18.4	0.1	10.6	-1.8
东北	9.1	-0.1	8.4	-3.7

数据来源：《中国统计摘要》，中国人民银行工作人员计算。

国比重分别较上年提高0.2个、0.1个百分点（见表18）。分省份看，广东、山东、江苏3省社会消费品零售总额居全国前3位，其中，广东成为社会消费品零售总额首个突破3万亿元的省份。

新兴领域消费增长较快。随着城乡居民收入水平的稳步提高，以及商品供给品种、数量的增多和质量、结构的优化，以信息、文化娱乐、旅游休闲、绿色环保等新兴领域消费为代表的个性化、多样化消费渐成主流。2015年，全国限额以上通讯器材销售增长29.3%，高于社会消费品零售总额增速18.6个百分点；全国电影票房收入达440.7亿元，同比增长近50%；国内旅游突破40亿人次，旅游收入超过3万亿元；新能源汽车销量增长3.4倍。同时，随着信息技术的进步和网络覆盖范围的扩大，尤其是国家对农村地区网络建设的支持力度不断加大，网络商业模式异军突起，对消费优化升级的支撑作用不断凸显。2015年，全国网上零售额同比增长33.3%，其中，虚拟类、服务类等非实物商品零售额增长42.4%，在网上零售额中占比16.4%。各地区新兴领域消费持续活跃。福建、湖北、安徽、贵州网上零售额增速超过60%；山东信息消费额增长30%以上；海南娱乐业营业收入是上年的2倍。

（二）固定资产投资增速回落，投资结构有所优化

固定资产投资增速放缓。2015年，全社会固定资产投资为56.2万亿元，同比增长9.8%，扣除价格因素，实际增长11.8%。名义增速和实际增速分别较上年回落5.5个和2.9个百分点。其中，固定资产投资（不含农户）55.2万亿元，同比增长10.0%，扣除价格因素实际增长12.0%，实际增速比上年回落3.1个百分点。分地区看，东部、中部和西部地区固定资产投资（不含农户）增速分别为12.4%、15.2%和8.7%；东北地区投资出现负增长，固定资产投资（不含农户）较上年下降11.1%，其中，西部地区各省份分化较为明显，固定资产投资(不含农户)增速全国前5位和后5位的省份中，西部地区分别占3位和2位。

投资结构有所优化。2015年，全国第三产业固定资产投资（不含农户）同比增长10.6%，占全部固定资产投资（不含农户）的比重为56.6%，比第二产业占比高16个百分点。高新技术产业投资快速增长，增速高于全部投资7个百分点。高耗能行业投资明显放缓，钢铁、水泥、电解铝、平板玻璃、船舶五大产能严重过剩行业投资同比下降。

表19　2015年各地区固定资产投资（不含农户）比重和增长率

单位：%

	占比	加权平均增长率
东部	41.7	12.4
中部	25.7	15.2
西部	25.2	8.7
东北	7.3	-11.1

数据来源：国家统计局，中国人民银行工作人员计算。

各地区大力推动政府和社会资本合作（PPP）项目，民间投资实现平稳增长。2015年，国家深入推进投融资体制改革，大力推广政府和社会资本合作（PPP）模式，激发社会投资动力和活力，形成民间投资的良好环境。2015年，全国民间固定资产投资35.4万亿元，同比增长10.1%，占固定资产投资（不含农户）的比重为64.2%，均与上年基本持平。分地区看，东部和中部地区民间投资增长较快，同比分别增长13.5%和16.6%，占各地区固定资产投资（不含农户）的比重分别为66.4%和71.2%。分省份看，各地推广PPP模式取得一定成效。山东PPP项目签约数量在全国较为领先，支撑民间投资占全部投资比重高于80%；安徽37个PPP项目有序推进，拉动民间投资贡献率上升10.8

个百分点；重庆2 600亿元PPP项目陆续实施，带动民间投资增长19.3%。

（三）对外贸易呈现放缓，企业“走出去”步伐加快

进出口贸易“双下降”，各地贸易结构调整取得积极进展。2015年，在全球经济复苏缓慢，主要大宗商品价格大幅下跌和中国经济进入“新常态”的背景下，全国进出口总值为24.57万亿元，同比下降7%。其中，出口14.13万亿元，同比下降1.8%；进口10.45万亿元，同比下降13.2%。分地区看，东部、中部、西部和东北地区进出口总额（按美元计）增速较上年均不同程度回落（见表20、表21）。面对复杂严峻的局面，全国各省份加快调整贸易结构，推动外贸发展呈现积极变化。一是对“一带一路”沿线国家和新兴市场贸易表现较好。海南与“一带一路”沿线国家和地区贸易额占全省外贸总值的比重达48.3%；天津对东盟国家出口比重提高4.7个百分点。二是民营企业对外贸易显示活力。福建和上海民营企业出口占比分别达57.2%和20%。三是新兴贸易业态快速发展。浙江跨境电商出口额增长34.7%；广东免税品贸易、租赁贸易、保税物流贸易等新兴贸易业态进出口同比增长1.1倍。四是中西部省份内陆开放建设取得成效。广西边境小额贸易快速发展，带动进出口增长26.4%；湖北依托东部地区转移产业，机电产品和高技术产品出口增速平均超过20%；重庆“渝新欧”铁路开行班列翻番，货物运输量占中欧铁路西线的80%以上。

贸易顺差总体继续扩大，东北地区延续逆差

表20 2015年各地区出口额比重和增长率

单位：%

	占比		加权平均增长率	
		比上年增减		比上年增减
东部	81.5	1.1	-1.5	-6.0
中部	7.3	0.5	5.2	-10.1
西部	8.4	-0.8	-8.7	-33.3
东北	2.8	-0.7	-19.0	-13.0

注：按美元计算。
数据来源：海关总署，中国人民银行工作人员计算。

表21 2015年各地区进口额比重和增长率

单位：%

	占比		加权平均增长率	
		比上年增减		比上年增减
东部	84.5	0.0	-13.3	-12.2
中部	5.3	0.7	1.9	-7.9
西部	5.9	-0.1	-3.5	-25.5
东北	4.3	-0.7	-24.5	-31.1

注：按美元计算。
数据来源：海关总署，中国人民银行工作人员计算。

态势。2015年，全国贸易顺差为3.68万亿元，较上年扩大1.33万亿元。分地区看，东部、中部和西部地区分别实现贸易顺差26 875亿元、4 753亿元和5 712亿元；东北地区继续呈现逆差状态，全年贸易逆差571亿元。分省份看，贸易顺差前5位省份均为东部地区省份；北京因人口、消费集聚，商贸流通业发达和工业企业逐步向天津、河北转移等因素，外贸延续逆差特征（见图6）。

“引进来”稳步推进，利用外资增速回升，中部地区增速继续保持领先。2015年，全国实际利用外商直接投资金额1 262.7亿美元，增速较上年回升4.1个百分点。利用外资结构进一步优化，服务业实际利用外资771.8亿美元，占比61.1%，较上年提高5.7个百分点。外资并购交易日趋活跃，并购在实际利用外资中所占比重较上年提升7.8个百分点。自由贸易试验区引资聚集效应明显，上海自贸试验区合同外资金额超350亿美元，占全市比重接近60%，广东、天津、福建自贸试验区利用外资大幅增长。分地区看，中部地区利用外资增速继续领先全国（见表22），部分西部省份利用外资快速增长，实际利用外商直接投资金额增速全国前5位省份中，西部地区占3位，其中，宁夏、广西实际利用外商直接投资金额增速超过50%。

各地区企业“走出去”步伐加快，对外投资快速增长。2015年，在“一带一路”战略的引领下，国际产能合作稳步推进，全国对外非金融类直接投资1 180.2亿美元，同比增长14.7%，连续十三年增长。其中，与“一带一路”沿线国家新签合同金额926.4亿美元，占同期对外承包工程新

数据来源：《中国经济景气月报》。

图6　2015年各省份进出口差额

表22　2015年各地区实际利用外商直接投资金额比重和增长率

单位：%

	占比		加权平均增长率	
		比上年增减		比上年增减
东部	59.2	4.3	5.3	1.3
中部	24.2	-7.0	10.4	-3.2
西部	11.6	0.6	5.3	0.1
东北	5.0	-7.8	-1.1	1.3

数据来源：各省（自治区、直辖市）《国民经济和社会发展统计公报》，中国人民银行工作人员计算。

签合同额的44%，实际完成投资同比增长18.2%。从投资类型看，并购交易较快发展，全年企业共实施海外并购项目593个，累计交易金额401亿美元(包括境外融资)，几乎涉及国民经济的所有行业。其中，地方企业占并购金额的75.6%。从投资行业看，布局结构更趋优化，信息传输、软件和信息技术服务业投资较上年增长2.4倍，制造业投资增长105.9%。各地区积极开展对外合作。福建对印度尼西亚、柬埔寨、老挝等海上丝绸之路沿线国家投资备案项目48个，对外投资额增长2.7倍；河北钢铁、基建等领域对外投资步伐加快，带动对外投资总额增长80.8%，促进富余产能境外转移；吉林备案设立境外企业和机构93家，协议投资额同比增长117.2%；安徽对外投资增长1.1倍，其中，对“一带一路”沿线国家投资额占比超过40%；重庆对“一带一路”沿线国家实际投资额增长319.7%；新疆对外直接投资增长41.8%，主要投向能源开采业和互联网业。

（四）财政收入延续放缓趋势，财政支出“惠民生”保障有力

财政收入增速回落，东部地区收入增长相对较快。2015年，受全国经济增速换挡、房地产市场调整、减税降费范围扩大等因素综合影响，全国财政收入为15.2万亿元，同比增长8.4%，增速较上年回落0.2个百分点；地方财政收入为8.3万亿元，同比增长9.4%，较上年回落0.5个百分点。分地区看，东部地区财政收入增速保持领先地位，占全国地方财政收入的比重进一步上升；中部、西部、东北地区财政收入占比均有所下降，其中东北地区财政收入增速回落幅度较大（见表23）。分省份看，地方财政收入最高的5个省份均来自东部地区，其中，前4位省份收入均超过5 000亿元。地方财政收入增速前3位的省份分别为湖北、江西和上海，增速均高于13%。

财税体制改革深入贯彻落实。为鼓励社会资本投资和促进大众创业、万众创新，全年通过扩大结构性减税范围，实行普遍性降费，共减免企业税收3 000亿元以上；进一步扩大“营改增”试点行业范围，截至2015年年末，592万户试点企业累计获得6 412亿元税收减免；自2014年年末财政部与中国人民银行联合出台《地方国库现金管理试点办法》以来，截至2015年年末，全国6省市试

表23 2015年各地区财政收入和财政支出情况

单位：%

	地方本级财政收入				地方本级财政支出			
	占比		加权平均增长率		占比		加权平均增长率	
		比上年增减		比上年增减		比上年增减		比上年增减
东部	56.0	2.2	10.9	-0.2	42.2	2.5	22.7	13.8
中部	17.8	0.0	10.3	-1.9	21.1	-0.3	14.8	6.0
西部	20.7	-0.2	8.4	-2.4	28.9	-1.1	12.3	3.2
东北	5.5	-2.1	-17.8	-16.5	7.8	-1.0	5.3	4.3

注：地方本级财政收入不含中央税收返还和补助收入。地方本级财政支出不含上解中央支出。

数据来源：《中国统计摘要》，中国人民银行工作人员计算。

点地区累计完成地方国库现金管理商业银行定期存款操作32期，金额7 118亿元，可获利息收入99亿元。各地区有效落实《关于加强地方政府性债务管理的意见》，加快建设规范地方政府举债机制，全年发行地方政府债券置换存量债务3.2万亿元，降低利息负担约2 000亿元，减轻地方政府偿债压力。

财政支出进一步向民生领域倾斜，东部地区支出增速最高。2015年，全国财政支出为17.6万亿元，同比增长15.8%，较上年提高7.5个百分点。地方财政支出为15万亿元，同比增长16.3%，较上年提高8.5个百分点。从财政支出结构看，交通运输、医疗卫生与计划生育、社会保障和就业、农林水等支出增长较快，支出增速分别较财政支出高4.5个、3.9个、3.7个和3.7个百分点；农林水、城乡社区事务、社会保障和就业支出占财政支出的比重分别较上年提高0.6个、0.6个和0.3个百分点。分地区看，各地区财政支出增速均较上年有所上升。其中，东部地区财政支出增速最快，占全国地方财政支出的比重最高（见表23）。分省份看，财政支出增速超过20%的省份也均集中在东部地区。广东教育、社会保障和就业支出占比69.7%；北京、福建城乡社区、节能环保等支出增速均高于30%。

二、产出和供给

2015年，全国三次产业平稳发展，转型升级步伐加快。各地区第三产业比重继续提高，东部、中部、西部和东北地区第三产业比重分别较上年提高2.0个、2.7个、2.3个和3.2个百分点，其中，东部地区第三产业比重超过50%；中部和西部地区第二产业增速较快，分别比各地区平均水平高0.6个和1.6个百分点；东北地区第一产业占比较上年提高0.2个百分点（见图7）。

（一）粮食产量“十二连增”，农业现代化建设步伐加快

各地区农业生产稳定增长。2015年，全国气候条件总体良好，农业生产条件适宜，各地区农业生产增加值保持平稳增长。分地区看，东部、中部、西部和东北地区农业增加值增速分别为3.1%、4.0%、4.7%和4.6%，占全国的比重分别为34.5%、26.1%、28.5%和10.9%（见表24）。分省份看，山东、河南、江苏、四川、河北、广东、湖南、湖北8省农业增加值超过3 000亿元，贵州、江苏和重庆农业增加值增速居全国前3位。

农业再获丰收，粮食产量实现“十二连增”。2015年，各地区粮食播种面积保持稳定，全年粮食产量达到6.2亿吨，连续十二年保持增长。稻谷、小麦、玉米等主要粮食作物的自给率超过98%，依靠国内生产确保国家粮食安全的能力显著增强。畜牧业生产平稳，全年肉类产量8 625万吨，较上年小幅下降0.9%。棉花、油料、糖料等主要经济作物保持较高产量水平，区域布局向新疆、内蒙古、广东、广西、海南和云南等优势产区集聚的趋势明显。

农业现代化建设步伐显著加快。2015年，各地区深入推动农业生产经营方式转变，现代农业发展基础不断夯实。一是农业基础设施建设加快推进。辽宁设施农业面积达1 120万亩；山西完成841万亩低产田改造和高标准农田建设，新增农业实灌面积587万亩。二是农业机械化水平不断提高，黑龙江耕种收综合机械化水平达92.5%；湖南水稻耕种收综合机械化率比上年提升3.3个百分点。三是农业科技进步加快。安徽农业生产科技进步贡献率由上年的52%提高到60%。

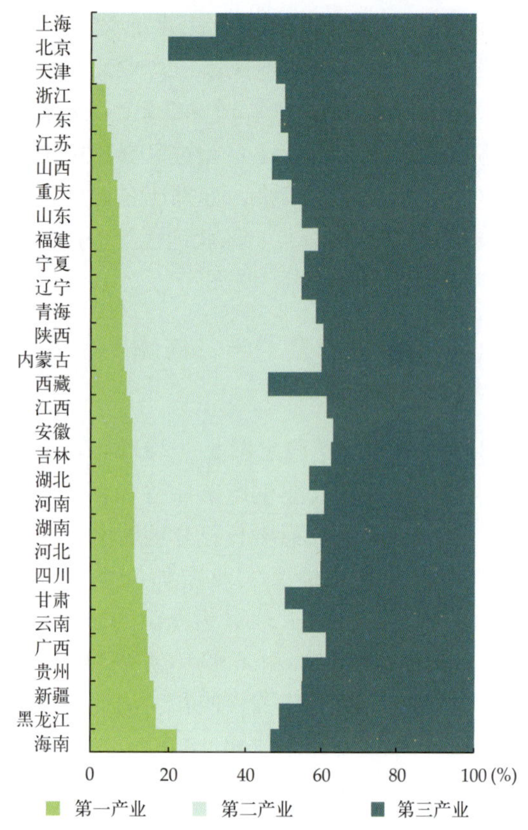

数据来源：《中国统计摘要》，中国人民银行工作人员计算。

图7 2015年各省份三次产业结构

表24 2015年三次产业的地区分布和各地区三次产业的比重、增长率

单位：%

	东部	中部	西部	东北	地区合计
三次产业的地区分布					
第一产业	34.5	26.1	28.5	10.9	100.0
第二产业	50.1	21.5	20.5	7.9	100.0
第三产业	55.9	18.2	18.2	7.7	100.0
各地区三次产业的比重					
第一产业	5.6	10.8	11.9	11.4	8.4
第二产业	43.6	47.4	45.5	43.9	44.8
第三产业	50.8	41.8	42.5	44.7	46.8
地区生产总值	100.0	100.0	100.0	100.0	100.0
各地区三次产业的增长率					
第一产业	3.1	4.0	4.7	4.6	4.0
第二产业	6.8	7.5	8.5	1.8	6.9
第三产业	9.8	10.6	9.9	8.3	9.9
地区生产总值	8.0	8.2	8.6	4.6	7.9

注：表中数据均以三次产业增加值当年价格计算。

数据来源：《中国统计摘要》，中国人民银行工作人员计算。

农村改革力度显著加大。《深化农村改革综合性实施方案》印发，允许经营性用途的存量农村集体建设用地与国有建设用地享有同等权利，可以出让、租赁、入股；推进农村集体资产股份合作制改革，支持将农村经营性资产折股量化到本集体经济组织成员，赋予农民对集体资产更多权能。《国务院关于开展农村承包土地经营权和农民住房财产权抵押贷款试点的指导意见》出台，支持盘活农村存量资产，提高农村土地资源利用效率。两项试点共覆盖278个县级行政区，约占全国县域行政区域的9.7%。受惠于改革措施，土地经营权有序流转，农村土地经营规模化程度提高，山东95.7%的村（社区）完成承包地确权登记颁证工作；黑龙江农村土地流转和规模经营面积达6 897万亩和6 389万亩；新型农业生产经营主体快速涌现，湖北新增新型农业经营主体2万家；安徽新增农民专业合作社1.3万个、家庭农场1.5万个。同时，国家适时调整完善农业补贴政策，在全国范围内安排20%的农资综合补贴资金用于支持粮食适度规模经营，重点向专业大户、家庭农场和农民合作社倾斜。

（二）工业经济稳中趋缓，转型升级稳步推进

工业增速继续放缓，区域间产业转移步伐加快。2015年，受市场需求不足和产业结构调整深入推进等因素影响，全年规模以上工业增加值增长6.1%，较上年下降2.2个百分点。分地区看，东部、中部、西部和东北地区工业增加值增速均呈现下降，但中部和西部地区增速仍相对较快（见表25）。分省份看，在工业增加值增速高于全国平均水平的21个省份中，中西部地区占16个。区域间产业转移明显加快。河南积极承接上海产业转移，2015年共对接299个项目，总投资2 670亿元，涵盖电子信息、汽车及零部件、精细化工等产业。长江经济带沿线的江西、湖北和湖南承接东部地区服务外包产业转移，离岸服务外包执行金额同比分别增长37%、33.8%和26.6%，增速远高于全国平均水平。

表25　2015年各地区工业增加值比重和增长率

单位：%

	占比		加权平均增长率	
		比上年增减		比上年增减
东部	51.0	1.4	6.6	-2.0
中部	21.1	-0.9	7.7	-2.4
西部	19.0	-0.7	8.0	-2.2
东北	7.9	-0.6	-0.9	-5.8

数据来源：《中国统计摘要》、《中国经济景气月报》，中国人民银行工作人员计算。

工业企业效益下降，东部和中部地区的效益水平相对较高。2015年，全国规模以上工业企业利润呈现负增长，全年实现利润6.4万亿元，同比下降2.3%。部分转型升级较快的行业利润仍保持良好增势。2015年，全国高技术制造业、消费品制造业和装备制造业利润增速分别为8.9%、7.0%和4.0%。分省份看，东部和中部地区省份实现利润总额较多，利润总额居全国前5位的省份均为东部和中部地区省份。2015年，全国工业企业平均销售利润率为5.8%，较上年下降0.1个百分点。分省份看，东部和中部地区省份仍保持领先。销售利润率高于全国平均水平的13个省份中，东部和中部地区共占9个；西部地区省份呈现一定分化，销售利润率居全国前5位的省份中西部地区占两个，但全国排名在后5位的省份中西部地区占4个，其中，受资源型和能源型产品价格大幅下跌的影响，山西、甘肃销售利润率均跌入负区间。

工业转型升级稳步推进，新兴产业对各地区工业增长的贡献增强。2015年，全国工业生产结构继续呈现积极变化，高技术产业增加值占全国规模以上工业增加值的比重较上年提高1.2个百分点；装备制造业工业增加值占比超过30%，成为比重最大的行业；六大高耗能行业及其上游采矿业工业增加值比重延续下行趋势，分别较上年下降0.6个和2.4个百分点，工业经济发展过度依赖资源的状况正得到改善。技术进步成为工业增长的重要动力来源，一些新兴工业品释放增长潜力，成为新的增长点。2015年，全国新能源汽车产量同比增长161.2%，工业机器人、智能手机产量分别增长21.7%和11.3%，光电子器件、城市轨道车辆、安全自动化监控设备等产品产量也均实现两位数快速增长。各地区布局推动新兴产业取得积极进展。浙江新能源产业增加值同比增长17.1%；重庆电子核心部件、机器人及智能装备、页岩气等十大新兴产业对工业产值增长贡献率达30%；贵州以大数据为引领，实现计算机、通信和其他电子设备制造业增加值增长102%。

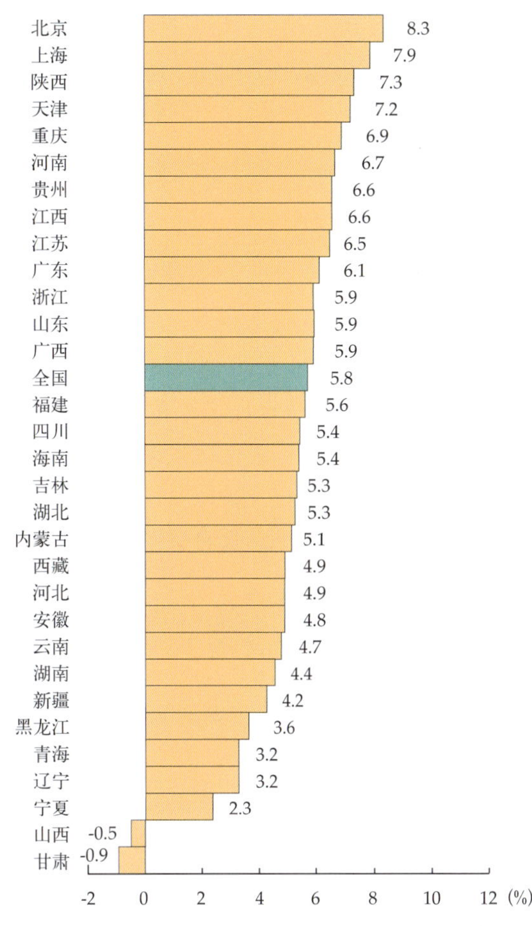

数据来源：《中国经济景气月报》，中国人民银行工作人员计算。

图8　2015年各省份工业企业平均销售利润率

（三）第三产业比重过半，发展基础不断夯实

第三产业占比首次超过50%，东部地区省份的发展程度较高。2015年，第三产业增加值增长

8.3%，增速分别高出第一、第二产业4.4个和2.3个百分点；占国内生产总值的比重为50.5%，比上年提高2.4个百分点。分地区看，东部、中部、西部和东北地区的第三产业增加值加权平均增长率分别为9.8%、10.6%、9.9%和8.3%。分省份看，8个省份的第三产业比重超过50%，主要集中于东部地区。其中，北京的第三产业增加值占比接近80%。

各地区创新政策支持举措，支持第三产业转型升级。2015年，国家先后出台《国务院办公厅关于加快发展生活性服务业促进消费结构升级的指导意见》等指导性文件，各地区根据中央部署，因地制宜，出台有针对性的支持政策，推动当地第三产业发展提质增效。广东依托自贸区，推动与先进制造业相配套的生产性服务业加快发展；北京颁布《北京市促进文化创意产业发展的若干政策》，放宽投融资政策限制，鼓励非公有资本及海外资本进入文化创意产业，支持符合条件的文化创意企业改制上市；山东全面推动17个服务业转型升级，并按照成熟一个、出台一个、落实一个的要求出台行业的转型升级实施方案；浙江出台《浙江省人民政府关于加快特色小镇规划建设的指导意见》，通过资源整合、项目组合、功能集合，创建首批37个特色小镇，聚集健康、旅游、时尚、金融等产业，成为浙江创新发展优势的新载体；贵州实施服务业“十百千”工程，促进服务业规模壮大、水平提升和转型升级。

专栏5　转型升级背景下的板块轮动与地区发展

近年来，中国经济发展进入“新常态”，区域经济增长呈现出板块轮动的特征。东部地区率先进行经济结构调整和转型升级，消费的拉动作用不断增强，新兴产业和现代服务业发展取得成效，经济增速较为平稳，经济发展的质量和效益较高。中西部地区加快承接产业转移，实现追赶发展，近五年经济增速总体高于东部地区，地区生产总值占全国的比重持续提升，与东部地区的整体差距有所缩小。其中，部分省份结构调整步伐较快，发展势头更好。如2015年西部省份重庆、贵州经济增速领先全国；安徽近五年经济平均增速位居中部地区首位。这些地区经济发展的经验，尤其是部分中西部省份在加快发展方式转变中的典型做法对于各地区深入推进经济结构调整和转型升级具有一定借鉴意义。

一是准确把握市场趋势，增强产业布局的前瞻性。如2008年国际金融危机后，重庆准确把握国内产能发展形势及市场需求变化，对钢铁、煤炭等产能没有大干快上，而是实施严格控制，钢铁、煤炭产量每年保持在600万吨和4 000万吨左右。由于过剩产能行业占比小，“十二五”期间，重庆规模以上工业增加值和企业利润增速始终保持全国前列。同时，当传统笔记本电脑产业开始下行时，重庆及时利用笔记本电脑产业培养的人才、技术、产能等溢出效应，转型发展电子核心部件和手机产业，很大程度上弥补了产能下滑的缺口。在汽车等产业逐步迈向鼎盛期时，充分考虑产业的生命周期，及时布局物联网、页岩气、机器人等十大战略性新兴产业，强化发展的接续性。

二是因地制宜，高质量承接产业转移。如安徽皖江城市带承接产业转移示范区建设在产业发展、园区开发、基础设施、环境保护等7个方面联动规划，促进城市带资源共享、优势统筹、联合承接，引进了一批高端产业和牵动性强的龙头企业。2015年，皖江城市带示范区生产总值同比增长9.6%，高于全省0.9个百分点；引进亿元以上省外投资项目到位资金增长14.3%，拉动全省增幅9.3个百分点，战略性新兴产业产值占到全省的76.5%。重庆创新实施垂直整合模式，推动电子信息产业形成了五大品牌商、六大整机商、860家零部件厂商的产业集群配套均衡发展，并同步发展物流运输、销售结算等生产性服务业，把加工贸易的“微笑曲线”大部分留在本地。

三是注重错位竞争，大力培育新兴产业。如贵州依靠当地气候环境优良、电力价格低、西南地区重要经济走廊等优势，确定发展大数据为引领的电子信息产业。先后制定了《关于加快大数据产业发展应用若干政策的意见》、《贵州省大数据产业发展应用规划纲要(2014～2020年)》等政策规划，通过发展大数据核心业态、关联业态和衍生业态三类业态，扩大产业总量。引进中国电信、中国移动和中国联通在贵州建设数据中心，催生互联网金融、网络新媒体、导航服务、电子商务、呼叫中心等一批新兴业态。建成全国首个数据交易机构——贵阳大数据交易所，交易额突破6 000万元。推动大数据产业与三次产业融合发展，带动三次产业转型升级。2015年，贵州省大数据信息产业规模总量增长37.7%，电子商务交易额增长41%，计算机、通信和其他电子设备制造业增加值增长102.0%。重点行业数字化研发设计工具普及率达40.5%，关键工序数控化率达23.4%，分别提高4.8个和3.4个百分点。

四是突出科技创新和政府引导，推动传统产业改造升级。如安徽设立产业转型升级基金，省级技术改造专项资金由每年的8 000万元扩大至5亿元，每年滚动实施1 000项亿元以上重大技改项目，“十二五”期间完成技改2.2万亿，全面提升企业产品技术、工艺装备和能效环保水平。重庆长安、力帆等汽车企业通过市场导向的技术和产品创新，实现单车价值提高5 000元以上，SUV新品等高附加值车型产销两旺，支撑重庆工业稳定发展。

五是推动制度创新，激发经济活力。如重庆改革投融资体制，转变财政资金使用方式，创设一批股权投资基金，滚动实施2 600亿元PPP项目，激活了民间投资，提高了投资资金保障能力。完成农村集体资产量化确权，以农民工为主体实现农民转为城市户籍429万人，在全国较早探索开展了农村土地承包经营权、农村居民房屋及林权抵押贷款和城乡建设用地指标增减挂钩交易试点（即“地票”交易），城乡资源要素流动更为顺畅。

上述地区的经验为各地区推进经济结构调整和转型升级提供了有益的参考。但也要看到，经济结构调整和转型升级不是一蹴而就的，需妥善解决制约经济发展的一些深层次矛盾和问题。一是新兴产业发展的动力问题。新兴产业的发展依赖于创新引领作用的发挥，部分地区科技基础相对薄弱，人才队伍建设滞后，产业发展的进程面临制约。未来在鼓励企业加大科研投入的同时，需积极吸引、整合高校和科研机构资源，加强高端人才培养，为产业核心技术突破提供才智支持。二是政府和市场的定位问题。政府在产业的布局和培育阶段可起到引导作用，但产业的发展最终需要依靠市场的力量。需进一步厘清政府和市场的边界，让市场在资源配置中发挥决定性作用，充分释放市场活力。三是区域内部发展的协调性问题。部分地区资源型城市占比较高，城市产业结构单一，转型升级难度较大。需进一步加大区域内部的统筹发展力度，充分发挥区域内其他地区优势上游关联产业的辐射带动作用，同时探索发挥资源型城市比较优势，优化发展路径，提高区域整体发展的平衡性。

三、生态文明建设

各地区认真落实国家有关环保政策方针，围绕节能降耗、节能减排，推动资源节约型经济加快发展。2015年，全年能源消费总量43亿吨标准煤，同比仅增长0.9%，为1998年以来的最低增速。其中，煤炭消费量下降3.7%，水电、风电、核电、天然气等清洁能源消费量占能源消费总量的比重上升0.9个百分点至17.9%。全国单位GDP能耗、单位GDP电耗、规模以上工业单位增加值能耗分别较上年下降5.6%、6.0%、8.4%，均为2005年实现节能降耗约束性管理以来的最大降幅。

各地区环境治理力度加大。上海出台水污染防治行动计划，完成建成区直排污染源截污纳管，城镇污水处理率达到91%；天津加快推进“四清一绿”行动，妥善应对重污染天气，PM2.5平均浓度同比下降15.7%；吉林启动向海湿地移民试点，抓好河湖连通等重点工程，湿地面积增加600平方公里；浙江推动“五水共治”行动，整治黑臭河446公里，全省I～III类水质断面占比提高至72.9%；湖南加强以长株潭为重点的大气污染防治，大气污染重点整治项目完成率达99%。

“绿色金融”创新发展，助推各地区生态建设。2015年，21家主要银行机构绿色信贷项目贷款余额7.01万亿元，同比增长16.4%。分省份看，黑龙江节能环保产业贷款余额增长21.5%；贵州736个节能环保项目获得信贷支持，涵盖绿色农业林业开发、绿色建筑、绿色交通等领域；浙江推动排污权抵押贷款发展，全省排污权抵押贷款余额同比增长39.2%。排污权交易在全国深入开展。重庆成立资源与环境交易所，形成统一的废气、污水、垃圾等排污权有偿使用和交易平台，实现交易额1.2亿元。融资渠道不断丰富，绿色金融体系建设加快。绿色丝绸之路股权投资基金启动；银行间债券市场启动绿色金融债发行工作；新疆金风科技公司在境外发行中资企业首单绿色债券3亿美元；农业银行成功在伦敦发行以人民币、美元双币计价的绿色债券10亿美元；上证180碳效率指数正式发布，聚焦上市公司碳排放，引导资金流向低碳高效产业。

值得注意的是，现阶段各地区环境污染治理仍面临不少挑战。空气污染问题较为突出，74个新标准第一阶段监测实施城市中，仅有11个城市环境空气质量达标，达标率不足20%。空气质量达标天数不足50%的8个城市中，6个属于京津冀区域。部分地区水污染问题值得关注。2015年海河流域劣V类水质占比高于地表水平均水平30.2个百分点，辽河流域劣V类水质占比较上年提高7.2个百分点；国土资源部设定的202个城市的5 118个地下水水质监测点中，水质为较差和极差级的监测点合计占比为61.3%。

四、价格和劳动力成本

各地区居民消费价格温和上涨。2015年居民消费价格同比上涨1.4%，涨幅比上年回落0.6个百分点。分地区看，东部、中部、西部和东北地区涨幅分别为1.5%、1.3%、1.5%和1.4%（见图9），与上年相比，各地区涨幅均略有回落。

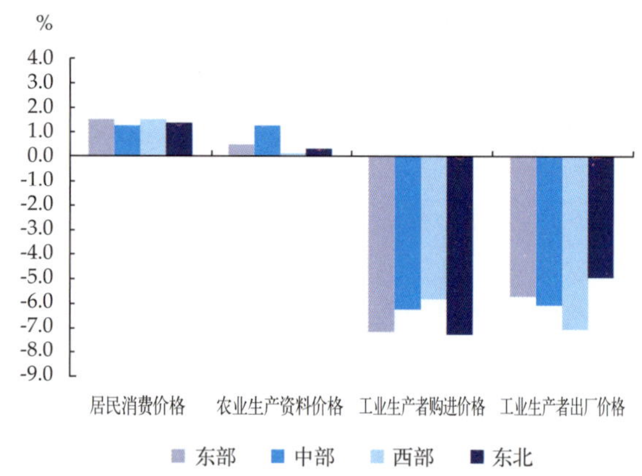

数据来源：《中国经济景气月报》，中国人民银行工作人员计算。

图9 2015年各地区各类价格同比涨幅

各地区生产价格低位运行。在大宗商品价格低位徘徊等因素影响下，工业生产者出厂价格与购进价格降幅有所扩大。2015年，工业生产者出厂价格同比下降5.2%，降幅较上年扩大3.3个百分点。东部、中部、西部和东北地区工业生产者出厂价格同比分别下降5.7%、6.1%、7.0%和4.9%。全国工业生产者购进价格同比下降6.1%，降幅较上年扩大3.9个百分点。东部、中部、西部和东北地区工业生产者购进价格同比分别下降7.2%、6.2%、5.8%和7.2%。分省份看，各省份工业生产者购进价格和工业生产者出厂价格均下降。12个省份工业生产者出厂价格降幅大于工业生产者购进价格降幅。

农产品生产价格、农业生产资料价格恢复上

涨。2015年，农产品生产价格和农业生产资料价格同比分别上涨1.7%和0.4%，扭转了上年的小幅下降态势。分地区看，东部、中部、西部和东北地区农业生产资料价格分别上涨0.5%、1.2%、0.2%和0.3%。

东部和西部地区就业人员工资增长较快，上调最低工资标准的省份增多。2015年，各地区城镇非私营单位和私营单位就业人员年平均工资同比分别增长10.1%和8.8%，分别较上年提高0.6个和下降2.5个百分点。私营单位就业人员年平均工资是非私营单位的64.5%，较上年下降0.1个百分点。分地区看，西部地区非私营单位就业人员年平均工资增长最快，中部地区年平均工资增速略有回落；东部地区私营单位就业人员年平均工资增速领先，各地区年平均工资增速均有所放缓（见表26、表27）。全国有27个省（自治区、直辖市）上调最低工资标准，较上年增加8个，最低工资标准平均增幅14.2%，较上年提高0.1个百分点。

表26 2015年各地区城镇非私营单位就业人员年平均工资

单位：万元、%

	平均工资		加权平均增长率	
		比上年增减		比上年增减
全国	6.2	0.6	10.1	0.6
东部	7.1	0.7	9.9	0.2
中部	5.1	0.4	8.6	-0.8
西部	5.7	0.6	11.9	2.9
东北	5.1	0.5	9.8	2.7

数据来源：国家统计局，中国人民银行工作人员计算。

表27 2015年各地区城镇私营单位就业人员年平均工资

单位：万元、%

	平均工资		加权平均增长率	
		比上年增减		比上年增减
全国	4.0	0.4	8.8	-2.5
东部	4.3	0.3	9.0	-2.2
中部	3.3	0.3	8.2	-3.3
西部	3.6	0.2	8.1	-2.7
东北	3.2	0.1	5.3	-1.0

数据来源：国家统计局，中国人民银行工作人员计算。

各地区积极推动水、电、气等资源性产品价格改革。新疆在博州、昌吉、哈密、吐鲁番、巴州5个地州推行“立体式”水价综合改革，对超定额用水实行累进加价制度。吉林鼓励有条件的电力用户与发电企业直接交易，自愿协商确定价格。北京首次实施区域差别化天然气和热力价格政策，引导产业有序调整转移。

五、主要行业发展

（一）房地产市场有所企稳，保障性安居工程建设加快推进

2015年，多项房地产市场调控政策陆续出台，通过降低房贷首付比例、减免税费等措施，积极支持居民家庭合理住房需求。在此背景下，全国商品房销售呈现回暖趋势，价格上涨城市个数增多，房地产贷款增速回升，但房地产开发投资仍延续放缓趋势。保障性安居工程建设进一步加快，金融支持保障性住房建设力度继续提升。

各地区房价有所企稳，一线城市房价较快增长。2015年12月，在全国70个大中城市中，新建商品住房价格同比上涨城市21个，比1月增加20个。不同城市之间房价变动出现分化，一线城市涨幅平均为两位数；三线城市总体仍处于下降区间，但降幅普遍较上年有所收窄（见图10）。

商品房销售呈现回暖态势，东部地区销售增速较高。2015年，全国房地产销售面积为12.8亿平方米，同比增长6.5%，比上年提高14.1个百分点。商品房销售额为8.7万亿元，同比增长14.4%，比上年提高20.7个百分点。其中，商品住宅销售面积和销售额占比分别达87.5%和83.4%。分地区看，东部、中部和西部地区商品房销售面积同比分别增长14.1%、9.2%和4.0%；东北地区仍呈现负增长。

房地产开发投资增速放缓。2015年，全国房地产开发投资完成额为9.6万亿元，同比增长1.0%，较上年下降9.5个百分点。分地区看，东部、中部和西部地区房地产开发投资增速分别为4.3%、4.4%和1.3%；东北地区房地产开发投资同比下降28.2%（见表28）。

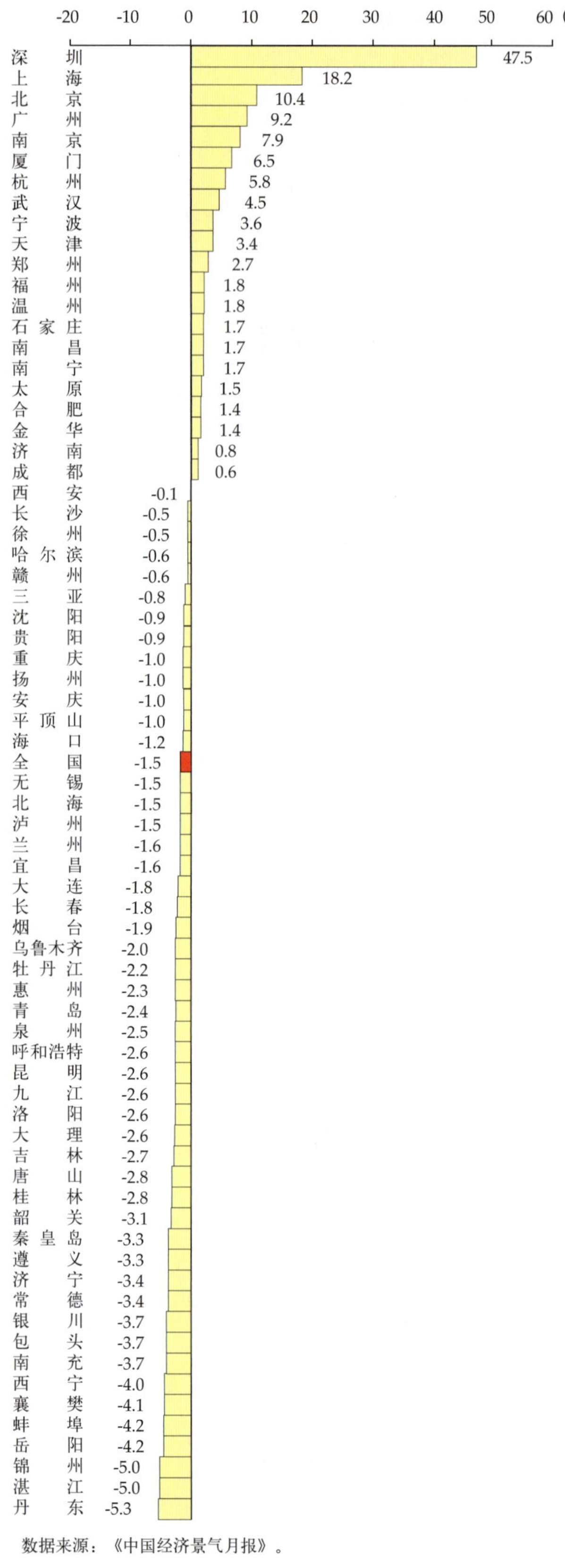

数据来源：《中国经济景气月报》。

图10　2015年12月70个大中城市新建商品住宅销售价格同比涨幅

表28　2015年各地区房地产开发投资比重和增长率

单位：%

	占比	加权平均增长率
东部	51.8	4.3
中部	19.9	4.4
西部	22.6	1.3
东北	5.7	-28.5

数据来源：国家统计局，中国人民银行工作人员计算。

2015年，全国房地产开发企业到位资金为12.5万亿元，同比增长2.6%，2014年同比下降0.1%。其中，国内贷款和个人按揭贷款合计3.7万亿元，同比增长5.7%，占房地产到位资金的29.5%，比上年提高0.9个百分点；自筹资金和定金及预收款为8.2万亿元，与上年基本持平，占房地产到位资金的65.1%，比上年下降1.0个百分点。

房地产贷款增速回升。截至2015年年末，全国主要金融机构（含外资）房地产贷款余额为21.0万亿元，同比增长21.0%，比上年提高2.1个百分点。房地产贷款余额占各项贷款余额的22.4%，比上年提高1.1个百分点。其中，个人住房贷款余额为13.1万亿元，同比增长23.9%，比上年提高6.3个百分点；住房开发贷款余额为3.9万亿元，同比增长18.6%，比上年下降5.7个百分点。分地区看，中部和西部地区房地产贷款增速领先，但较上年略有放缓；东部地区房地产贷款增长加快。2015年，中部和西部地区房地产贷款增速分别为26.9%和22.0%，分别较上年回落4.3个和3.4个百分点；东部地区房地产贷款同比增长16.6%，较上年提高3.1个百分点；东北地区同比增长16.6%，增速与上年持平（见表29）。

保障性安居工程建设进度加快，金融支持保障性住房建设力度继续提升。2015年，全国新开工保障性安居工程783万套，基本建成772万套，分别较上年增长5.8%和51.1%。保障性安居工程贷款快速增长。截至2015年年末，全国保障性住房开发贷款余额为1.8万亿元，同比增长59.5%，高出住房开发贷款增速40.9个百分点。利用住房公积金贷款支持保障性住房建设试点工作稳步推进。

截至2015年年末，已有84个城市的369个保障房建设项目通过贷款审批，并按进度发放贷款840.3亿元。开发性金融对棚户区改造的支持力度加大。2015年，国家开发银行发放棚改贷款7 509亿元，为上年发放额的1.8倍。各地区传统融资渠道持续巩固，创新融资方式不断涌现。北京保障性安居工程信贷支持有力，全年新发放贷款为上年的2倍；湖南多地组建棚改基金，定向支持当地棚户区改造项目；广东、湖北、贵州等地采用政府购买服务模式支持棚户区改造，有效提升银行授信规模，促进贷款加快投放。

表29　2015年各地区房地产贷款比重和增长率

单位：%

	占比		加权平均增长率	
		比上年增减		比上年增减
东部	50.3	-8.3	17.8	3.1
中部	16.7	1.5	26.9	-4.3
西部	20.4	0.9	22.0	-3.4
东北	12.5	5.8	16.6	0.0

数据来源：中国人民银行。

（二）现代服务业发展提速，对经济增长拉动力增强

现代服务业是以现代科学技术特别是信息网络技术为主要支撑，建立在新的商业模式、服务方式和管理方法基础上的服务产业，既包括随着技术发展而产生的新兴服务业态，也包括运用现代技术改造和提升后的传统服务业。发展现代服务业，是中国培育和构建新的经济增长动力的必由之路，也是推动和实现经济结构调整升级的必然选择。“十二五”期间，各地区因地制宜，改革创新，推动现代服务业快速发展，在促进经济平稳增长、改善人民生活水平等方面发挥了重要作用。

一方面，以电子商务、金融服务、现代物流、信息技术服务为代表的生产性现代服务业对经济的支撑作用明显增强。一是电子商务快速增长。依托互联网平台的信息和技术优势，以阿里巴巴、京东为代表的电子商务企业迅速崛起，引领整个社会消费形态发生巨大变化。“十二五”期间，全国电子商务交易额年均增长超过35%，网络零售额年均增长超过50%，交易总量位居世界第一。二是现代金融服务业加快发展。“十二五”期间，金融总量快速增长，互联网金融、科技金融等金融创新加强，对经济增长的贡献持续加大。2015年金融业增加值为5.7万亿元，总量较2010年实现翻番。三是现代物流业发展提速。2015年年末，全国高铁里程占世界高铁总里程的60%以上，位居世界第一，海运船队运力规模位居世界第三，沿海规模以上港口外贸货物吞吐量占全球比重超过1/3，综合运输服务能力大幅提升。四是互联网移动信息技术服务面显著扩大。2015年全国互联网上网人数6.88亿人，比2010年增加2.31亿人，互联网普及率达到50.3%，比2010年提高16个百分点。各地区因地制宜，发挥特色优势，推动生产性现代服务业加快发展。例如，北京利用首都金融资源优势，推动现代金融服务发展成效明显，金融业对经济增长的贡献率位居各行业之首；广东积极利用电子商务平台促进进出口增长，2015年跨境电子商务进出口额同比增长3.6倍；天津以滨海新区为龙头，打造高效、绿色、现代化的物流服务网络，服务京津冀协同发展，港口货物吞吐量位居北方港口前列。

另一方面，以现代旅游、养老服务为代表的生活性现代服务业，对满足人民群众高层次需求的能力不断提升。一是旅游业持续快速发展。“十二五”期间，旅游消费快速增加，国内游客年均增长超过15%，国内和国际旅游收入年均增长分别超过30%和25%。二是卫生和养老服务业基础设施得到明显改善。截至2015年年末，全国共有医疗卫生机构99万个，医疗卫生机构床位708万张，分别比2010年年末增加5万个和271万张；养老床位数达670万张，比2010年增长70.2%。各地区在发展生活性现代服务业方面的创新步伐加快。例如，浙江构筑旅游产业集群，加强旅游业与经济社会的融合发展，扩大旅游多元消费，完善旅游公共服务，推动旅游业转型升级，2015年

旅游业增加值占全省国民生产总值的6.7%，成为浙江服务业的龙头产业和经济重要支柱。江苏坚持政府引导和社会参与、养老服务和医疗卫生、居家养老和机构养老、硬件建设和软件建设相结合"四个结合"，2015年，城市社区日间照料中心覆盖率达到100%，农村日间照料中心覆盖率超过50%。

金融创新步伐加快，对现代服务业支持力度增强。一是对现代服务业的信贷投入明显加大。"十二五"期间，全国服务业贷款余额实现翻番，其中，信息传输、软件和信息技术服务业、租赁和商务服务业贷款年均增速分别达到13.5%和17%。二是金融机构适应现代服务业发展的产品和服务创新增多。例如，广东银行业针对科技型服务业企业成长周期不同阶段的发展特点，为企业提供全生命周期的科技金融综合服务方案；天津银行业推广供应链融资业务，帮助物流企业拓展业务范围、增强盈利能力，支持商贸企业盘活存量资产、扩大经营规模；黑龙江银行业针对文化实体企业"轻资产、重智力"的情况，创新"广告收费权质押贷"、"联保贷"等业务。三是现代服务业融资渠道不断拓宽。2015年累计有417家现代服务业企业在银行间债券市场发行1 138只非金融企业债务融资工具，实现融资11 736亿元，比2010年增长363.7%。

在取得成绩的同时也应看到，当前现代服务业仍存在整体发展水平不高、产业比重较低、科技和人才等要素竞争力不强等问题。"十三五"期间，要积极推进供给侧结构性改革，不断优化政策环境，加快完善资金支持体系，激发市场主体投资经营活力，促进现代服务业迈向中高端水平。

（三）"互联网+"取得积极进展，互联网与各行业加速融合

在中国经济发展进入"新常态"的背景下，深入推进"互联网+"行动，推动技术进步、效率提升和组织变革，提升实体经济创新力和生产力，是党中央、国务院与时俱进作出的重大决策。对11个省市的专题调研和1 481家企业的问卷调查①显示，2015年以来，"互联网+"行动取得显著进展，在驱动创业创新、助推经济转型升级和促进就业方面发挥了日益重要的作用。

"互联网+"进入快速发展阶段，与各行各业加速融合。"互联网+"的核心是把互联网的创新成果与经济社会各领域进行深度融合，形成以互联网为基础设施和创新要素的经济社会发展新形态、新模式。2015年7月，国务院出台《关于积极推进"互联网+"行动的指导意见》，明确了"互联网+"的发展方向和目标要求。各地区认真落实国家决策部署，推动"互联网+"进入快速发展阶段。

一是"互联网+服务业"，催生新业态、新模式。在互联网技术和商业模式创新的推动下，零售、批发物流、餐饮娱乐、交通旅游、医疗教育等服务性行业都正被互联网化，线上线下加速融合，不仅提升了服务业的发展水平和效率，而且激发了巨大的网络消费和网络服务需求，电子商务等大批新兴行业和新型业态迅猛发展。2015年，全国网络零售交易额为3.9万亿元，同比增长33.3%，其中，实物商品网上零售额为3.2万亿元，同比增长31.6%，占社会消费品零售总额的10.8%，辽宁、天津、湖北、宁夏等11个省份网络零售额增速超过40%。跨境电商成为新的增长点，如中国（杭州）跨境电子商务综合试验区基于"互联网+"，链接金融、物流、第三方综合服务平台等，促进杭州跨境电商规模从2014年的不足2 000万美元快速增至2015年的34.6亿美元。对各地区企业调查显示，"互联网+电子商务"的商业模式，正在重构企业的贸易链、价值链，近80%的样本企业反映2015年的网络渠道营业额较以前年度提升；69.6%的服务业企业已开展网络销

①调查省市为北京、天津、浙江、山东、广东、安徽、河南、四川、贵州、新疆、深圳。从企业分布看，东部、中部和西部地区分别占57.1%、16.2%和26.7%；农业、制造业、服务业和其他分别占20.3%、45.7%、26.5%和7.5%；大型、中型、小型和微型企业分别占16.5%、30.4%、40.3%和12.8%；国有或国有控股企业、集体企业、民营企业和"三资企业"分别占12.9%、3.1%、80.4%和3.6%。

售，比农业和制造业企业分别高出11.2个和6.8个百分点，27%的服务业企业网络渠道营业额占营业额的比重高于50%，比全部样本企业高5.4个百分点。

二是“互联网+制造业、农业”促进传统行业转型升级。在“互联网+制造业”方面，各地区以智能制造、大规模个性化定制、网络化协同制造等为切入点，积极推进互联网与传统制造业相互融合，基于互联网的协同制造新模式正在形成，制造业数字化、网络化、智能化水平得到提升。如广东、天津等地加快数字化智能工厂建设，推行定制化生产；浙江智能化成套装备开发和产品智能制造加速发展，2015年全省智能制造装备产量增长20.7%，装备数控化率和机器联网率分别为42%和20%。在“互联网+现代农业”方面，各地区探索利用互联网提升农业生产、管理和销售，如贵州、新疆出台相关政策，推进物联网、云计算、数字技术等应用于农业生产。阿里巴巴集团启动“千县万村计划”农村战略，截至2015年年末已进驻全国20多个省份，在12 000个农村设置了村级淘宝服务站点。调查显示，50.4%的企业已实现内部管理的互联网化，40.2%的企业已实现供应链的互联网化，32.5%的企业已实现客户个性化定制，约一半的企业通过“互联网+”企业生产成本得到降低，四成企业创新能力得到明显提升。

三是“互联网+创业创新、普惠金融”，助推大众创业、万众创新。2015年以来，以“互联网+”为载体的创业创新热潮日益高涨，“互联网+”成为大众创业、万众创新的重要领域，2015年，全国各地区新登记注册企业增长21.6%，平均每天新增1.2万户，各类创业集聚区、小微企业创业基地、服务平台不断涌现，对稳就业、促升级发挥了突出作用。同时，“互联网+普惠金融”快速发展，有力助推了创业创新。一方面，传统金融机构创新互联网金融平台。如工商银行率先发布e-ICBC互联网金融战略，农业银行推出全功能“三农”电子商务平台“E农管家”；深圳微众银行、浙江网商银行依托互联网分别向66万户和超过50万户客户提供贷款服务。另一方面，包括P2P网贷、众筹融资、互联网支付、互联网基金销售、互联网保险、电商小贷、互联网金融投资等在内的互联网金融，发挥交易成本低、效率高、覆盖广等优势，在支持小微企业、初创型企业融资方面产生了积极作用。

四是“互联网+基础支撑”，以互联网为核心的信息经济快速发展。截至2015年年末，中国已建成全球最大规模的宽带通信网络，互联网宽带接入端口数量达到4.7亿个，移动通信实现从3G突破到4G同步的跨越，TD-LTE成为4G国际两大主流标准之一。互联网经济走在全球前列，4家互联网企业进入了全球互联网上市公司按市值排名的前十位。信息消费迅速扩大，移动互联网、物联网、云计算、大数据等新业态已经成为发展的新引擎，2015年，全国信息技术业服务实现收入2.2万亿元，同比增长18.4%，增速比上年提高1.7个百分点，吉林、福建、甘肃、重庆等11个省份信息技术业服务收入增速超过20%；全国移动宽带用户（3G/4G）在移动用户中的渗透率达到60.1%，比上年提高14.8个百分点，8M以上宽带用户占比达69.9%，光纤接入用户占宽带用户的比重突破50%。

总体看，2015年以来，推进“互联网+”的氛围空前浓厚，但也要看到，当前加快推进“互联网+”还存在不少问题和制约。一是互联网与各领域融合发展不平衡，消费、服务领域“互联网+”进展总体快于生产制造领域，如电子商务、物流等在世界范围内已处于引领地位，而在人工智能、现代农业、绿色生态等其他一些层面，“互联网+”总体还处于起步发展阶段。二是基础设施有待提升，近几年，中国网络基础设施发展较快，但与发达经济体相比仍有差距，下一步实施“互联网+”仍需大量的资源和基础设施加以支撑。三是国际技术标准制定参与程度亟待提高，企业参与国际标准制定的进程滞后，不利于深入了解国际技术发展前沿，“互联网+”发展的主动性也会受到制约。四是支持政策措施有待完善和落地，目前各级政府政策多以指导性的实施意见为主，企业希望能够获得更有针对性的产业、财税和金融政策支持。五是推进过程中的安全和风险问题日益突出，“互联网+”浪潮催生了以互联网为载体的创业创新，但也可能带来通讯可靠性、个人隐私保护等方面的问题和挑战。下阶段，推进“互联网+”发展，用“互联网+”助推中国经济保持中高速增长、迈向中高端水平，既需要市场驱动，强化创新，也需要政策助力，把握好其服务实体经济的正确方向，确保发展的安全、规范和有序。

六、主要经济圈发展

2015年，面对错综复杂的国际形势和国内经济结构调整过程中出现的下行压力，长三角、珠三角、京津冀经济圈①着力加大改革力度，加快实施创新驱动战略，区域经济保持平稳增长，新增长动力逐步成型，区域合作交流深入推进，辐射带动作用有效发挥，区域经济社会发展的活力和潜力不断提升。

经济保持平稳增长。2015年，长三角、珠三角、京津冀经济圈实现地区生产总值26.9万亿元，加权平均增长率为7.8%，高出全国平均增速0.9个百分点。从产业结构看，服务业对经济的支持作用凸显，三大经济圈第三产业增加值比重和增速均高于全国平均水平。从需求结构看，投资有效发挥了对经济增长的稳定作用，三大经济圈投资占比均有所上升。

表30　2015年三大经济圈产业结构

单位：%

	长三角	珠三角	京津冀	全国
	产业结构			
第一产业	4.3	1.8	5.5	9.0
第二产业	43.3	43.6	38.4	40.5
第三产业	52.4	54.6	56.1	50.5
	增长率			
第一产业	2.4	8.2	2.0	3.9
第二产业	6.4	9.8	5.7	6.0
第三产业	10.2	9.8	9.4	8.3

数据来源：国家统计局、相关省（自治区、直辖市）统计局，中国人民银行工作人员计算。

自主创新步伐加快，新增长动能不断凝聚。长三角地区深入推进创新驱动战略，促进“互联网+”与传统制造业融合发展，互联网、信息技术服务等新兴经济业态持续活跃，高附加值、高技术含量的工业产品快速增长。珠三角地区启动国家自主创新示范区建设，积极推进生产智能化、“互联网+”和云计算等高新技术行动计划，加大对机器人和智能装备、3D打印、新能源汽车等战略性新兴产业的投入，先进制造业发展格局逐步成型。京津冀地区加快打造跨京津冀科技创新园区链，全面创新改革试验区建设取得成效。

区域合作深入推进，引领带动作用不断增强。长三角地区召开2015年长三角合作与发展联席会议，提出推进长三角城市群建设、加强科技

表31　2015年三大经济圈主要经济指标

单位：%

	长三角	珠三角	京津冀	全国
	占全国比重			
地区生产总值	20.4	9.2	10.2	100.0
固定资产投资	14.3	3.6	9.2	100.0
社会消费品零售额	18.5	7.5	7.4	100.0
地方财政收入	12.1	8.8	7.3	100.0
实际利用外资	47.3	20.3	32.9	100.0
进出口贸易	34.0	24.7	12.3	100.0
进口总额	31.7	21.6	20.6	100.0
出口总额	35.7	27.0	6.1	100.0
	增长率			
地区生产总值	8.1	7.4	7.4	6.9
固定资产投资	11.0	14.3	10.1	9.8
社会消费品零售额	10.1	9.6	9.3	10.6
地方财政收入	10.9	14.3	10.8	5.8
实际利用外资	-3.0	3.1	18.8	6.4
进出口总额	-2.9	-4.2	-20.4	-7.0

数据来源：国家统计局、相关省（自治区、直辖市）统计局，中国人民银行工作人员计算。

①长三角经济圈指上海市、江苏省和浙江省；珠三角经济圈指广东省的9个地级市，分别是广州市、深圳市、珠海市、佛山市、惠州市、肇庆市、江门市、中山市和东莞市；京津冀经济圈指北京市、天津市和河北省。

和产业合作等五方面意见建议；上海自贸区海关监管服务新政经由长江沿线51个海关特殊监管区试运行后向全国推广，跨境人民币创新业务在全国推广实施，全面带动提升全国各地区开放型经济水平。珠三角地区积极参与实施粤东西北地区振兴发展战略，完善城市之间的对口帮扶机制，推进区域经济协调发展，支持粤东西北地区产业转型升级。《京津冀协同发展规划纲要》出台，京津冀地区发展战略顶层设计完成。北京有序疏解非首都功能，运用目录引导、资金奖励、差别化价格等市场手段引导企业主动调整退出，天津和河北积极承接北京产业转移；交通一体化建设提速，《京津冀协同发展交通一体化规划》出台，三地公交实现互联互通试运行。

第三部分 区域经济与金融展望

2016年是全面建成小康社会决胜阶段的开局之年，也是推进结构性改革的攻坚之年。供给侧结构性改革的全面推进，“去产能、去库存、去杠杆、降成本、补短板”五大任务的落地实施，“一带一路”、京津冀协同发展、长江经济带、自由贸易区等国家战略的加速布局，将增大各地区经济发展的韧性、潜力和回旋余地。但也应看到，当前中国面临的外部发展环境仍然严峻复杂，世界经济仍处于国际金融危机后的深度调整期，主要经济板块间分化、动荡格局延续，经济复苏存在不稳定、不确定因素。国内经济结构性矛盾依然突出，经济回升对房地产和基建投资的依赖较大，内生增长动力尚待增强；结构性产能过剩问题较为严重，一些新兴领域增长潜力释放不足；债务水平较快上升，经济金融领域的风险暴露增多，区域经济结构调整和发展方式转变的任务仍然艰巨。

2016年，各地区应深入贯彻区域发展总体战略，继续统筹实施“四大板块”和“三个支撑带”战略组合[①]，找准区域优势，明确发展定位，坚持优势互补、互利共赢，调整优化经济结构和空间结构，加快实现创新驱动发展转型，发挥新兴产业引领作用，促进传统产业升级和有序梯度转移，提升开放型经济水平，增加公共产品和服务供给，加强生态环境保护和治理，塑造要素有序自由流动、主体功能约束有效、基本公共服务均等、资源环境可承载的区域协调发展新格局。

东部地区拥有良好的区位优势和产业优势，转型升级发展潜力巨大，在新技术、新产业和扩大国际合作方面将不断取得新突破。京津冀协同发展加强深度融合，改革红利将不断释放。长三角经济圈深化改革创新力度，将推动区域经济金融一体化进程。珠三角经济圈加快推进创新驱动发展战略，区域合作将取得新进展。自由贸易试验区建设的推进，形成一批可复制、可推广的制度创新成果，改革、开放的带动效应将日益增强。但是部分地区也面临着新旧动能转换不畅、产能过剩问题突出、财政收支矛盾加剧、资源环境约束凸显等问题。东部地区应加快提升科技创新能力，加快构筑现代产业新体系，推动互联网与其他产业深度融合发展，实现经济结构优化升级和增长方式转变。提高土地、能源利用效率，保护生态环境，加快建设资源节约型、环境友好型社会，提高东部地区发展的整体性、平衡性、可持续性。

依托新型城镇化“两横三纵”战略[②]，中部地区作为全国重要的粮食生产基地、能源原材料基地、现代装备制造及高技术产业基地和综合交通枢纽，其优势将得到不断发挥，在研发转化、新兴产业培育、扩大消费和城镇化建设投资等方面将继续为经济增长加码。但是部分地区也面临产业结构固化、创新驱动能力较弱、城镇化水平低，工业去产能压力较大等挑战。中部地区应立足于资源和劳动力优势，进一步完善农业生产基地和能源原材料基地建设，积极抓好农产品加工转化和资源深度开发，发展壮大现代农业基地。依托产业基础和比较优势，建立城市群产业协调发展机制，联手打造优势产业集群，有序推进跨

①“四大板块”战略指在西部地区开工建设一批综合交通、能源、水利、生态、民生等重大项目，落实好全面振兴东北地区等老工业基地政策措施，加快中部地区综合交通枢纽和网络等建设，支持东部地区率先发展，加大对革命老区、民族地区、边疆地区、贫困地区支持力度，完善差别化的区域发展政策。“三大支撑带”战略指推进“一带一路”建设、京津冀协同发展和长江经济带建设。

②指以陆桥通道、沿长江通道为两条横轴，以沿海、京哈京广、包昆通道为三条纵轴，以主要城市群地区为支撑，以轴线上其他城市化地区和城市为重要组成的城市化战略格局。

区域产业转移与承接，加快产业转型升级，构建具有区域特色的现代产业体系，加快中部地区全面崛起。

随着西部大开发战略的深入实施，“一带一路”国家战略的加快推进，西部地区拥有不断完善的投资环境和发展条件，未来将在提升基础设施水平、培育消费新热点、发展壮大优势产业、促进向西开放等方面拉动经济增长。但也要看到农业产业化水平不高、工业结构同质化突出、服务业发展不平衡、对资源开发依赖较大、生态环境保护压力大等问题。西部地区应继续推进基础设施建设，加快完善铁路、公路骨架网络，推动重大水利工程建设，着力解决西部地区交通和水利两块“短板”问题。推进生态环境保护修复和生态文明试点示范，积极改善农村人居环境，推动形成全方位、多层次的生态文明示范建设格局。推进产业结构调整，提升能源、矿产资源和特色农畜产品深加工能力，大力发展特色优势产业、文化旅游服务业。充分发挥区域比较优势，促进西部地区的资源、区位、市场、劳动力等优势转化为经济优势。

在国家老工业基地振兴战略和“一带一路”战略实施，中韩自由贸易协定取得实质性进展等利好因素的刺激下，东北地区经济发展将开拓更大空间，将在提高产业投资质量、培育新兴产业、推进东北亚区域一体化等方面培育增长新动力。但作为老工业基地，仍面临非公有制经济发展不充分、高技术产业和现代服务业比重较低、资源枯竭型城市可持续发展能力较弱等问题。东北地区应加快产业结构调整和国有企业改革，提升企业自主创新能力，提高重大装备国产化水平和国际竞争力。加强东北亚区域能源合作，建设国家能源保障基地。发展现代物流业，打造东北地区综合物流体系。深入挖掘哈大和沿海经济带一级轴线的发展优势，促进二级轴线集聚发展，形成“三纵五横”的空间发展格局①，实现东北地区的全面振兴。

2016年，各地区金融业要继续贯彻落实稳健的货币政策，保持货币信贷和社会融资规模合理增长，为区域经济发展和供给侧结构性改革营造中性适度的货币金融环境。进一步盘活存量、优化增量，改善社会融资结构和信贷投向结构，认真落实“去产能、去库存、去杠杆、降成本、补短板”各项任务部署，更有力地支持区域经济转型升级。加大对制造强国建设的支持力度，继续做好产业结构战略性调整的金融服务。加大对创业创新、科技、文化、信息消费、战略性新兴产业、现代服务业等重点领域的金融支持。改进和完善对“三农”和小微企业的金融服务，健全扶贫工作机制，加大对贫困地区的信贷投放。将金融支持化解产能过剩矛盾的各项政策落到实处，积极发展绿色金融。配合国家区域发展政策，继续做好京津冀协同发展、长江经济带、“一带一路”等建设金融支持工作。完善宏观审慎政策框架，加强风险监测预警、动态排查风险隐患，做好各种情景下的应对预案，有效防范和化解金融风险，促进区域经济金融平稳健康可持续发展。

东部地区金融改革创新富有成效，金融基础设施相对完善，金融资源配置效率将逐步提高。近年来，东部地区金融业机构体系不断健全，银行、证券、保险等机构协同发展，新型金融机构稳步壮大，金融要素市场建设取得新突破。金融对外开放进一步扩大，跨境人民币业务发展迅速。区域金融改革深入实施，四大自贸区金融改革取得新进展，四个国家级金融改革试验区各项改革措施稳步推进，服务实体经济功能日益增强。但也应看到，区域内金融混业经营趋势明显，部分创新产品可能带来跨行业、跨市场的风险隐患。东部地区要进一步加强金融机构和业务体系建设，推动金融业对外开放。加快金融改革创新，大力发展直接融资，集聚更多金融要素资源。继续加大对高科技产业、文化产业和战略新兴产业发展的支持，大力发展绿色信贷，支持节能减排和淘汰落后产能，全面改进和完善对小微

①指以哈大经济带、东部通道沿线、齐齐哈尔至赤峰沿线为纵轴，以沿海经济带、绥芬河至满洲里、珲春至阿尔山、丹东至霍林河、锦州至锡林浩特为横轴的空间发展格局。

企业、“三农”的金融服务。不断提升金融管理水平，切实防范化解金融风险。

随着中部地区金融改革的推进，金融生态环境持续改善，金融业发展活力不断增强。但与东部地区相比，中部地区金融总量与经济总量不匹配，资金吸纳能力不足，金融发展有待加快，金融结构和效率也需进一步优化和提升。中部地区要切实做好金融管理，提升“调结构、转方式、促升级”支持水平。加大金融创新力度，大力发展科技金融、航运金融、物流金融、金融后台服务。加快推进武汉城市圈、环长株潭城市群、环鄱阳湖城市群金融协同发展。建立健全金融扶贫工作机制，大力发展普惠金融，提高涉农、小微等普惠金融覆盖面和渗透度。建立金融风险监测指标体系和金融安全立体防护网，促进中部地区经济金融健康发展。

近年来，西部地区金融规模持续扩大，金融服务实体经济效率逐步提高。各项金融改革稳步推进，在跨境人民币业务创新、金融基础实施建设方面取得实效。但西部地区金融总量和经济金融化程度仍相对偏低，金融服务发展不均衡，金融环境建设方面滞后于东部地区。西部地区要充分利用中央支持新一轮西部大开发战略、“一带一路”建设等金融政策，加快自身发展。完善地方金融体系，优化金融机构网点布局。加快金融改革创新，促进资本市场发展，拓宽企业融资渠道。引导更多金融资本、社会资本投向重点领域和“三农”、小微企业、贫困地区等薄弱环节、民生领域。加大向西开放力度，加快推进沿边金融综合改革，带动沿边地区整体发展。完善金融风险排查和处置机制，切实防范和化解金融风险，维护区域金融稳定。

在“一带一路”战略实施、东北亚区域合作深入开展的背景下，东北地区金融业在规模增长、结构调整、创新优化等方面取得积极进展，但与东部地区相比还存在一定差距。东北地区要继续改善金融生态环境，完善金融体系，提高金融支持实体经济的质量和效益。鼓励政策性金融、商业性金融探索支持东北振兴的有效模式。发挥沿海和沿边经济带优势，增强金融创新活力，提高对涉农经济、工业经济和对外合作的服务能力。

中国人民银行重庆营业管理部货币政策分析小组

负责人：白鹤祥　宋　军

统　稿：古　旻　王　红　刘松涛

执　笔：李　响　吴恒宇　黎　齐　刘　炼　邓翊平　罗　杰　董晓亮　王　睿　纪宝林　汪慧敏
李高亮　孔文佳　廖　旭　谭　朋

提供材料的还有：刘科星　岑　露　蒲于滨　韩淑媛　卜醉瑶　唐　梅　沈　略　李　雯

专栏、行业及经济圈部分执笔人（排名不分先后）：

中国人民银行南京分行货币政策分析小组　李晓斌
中国人民银行沈阳分行货币政策分析小组　陈宁波
中国人民银行杭州中心支行货币政策分析小组　胡小军　周宇晨
中国人民银行济南分行货币政策分析小组　曹妹娟　孙　健
中国人民银行重庆营业管理部货币政策分析小组　汪慧敏　吴恒宇
中国人民银行上海总部货币政策分析小组　李冀申
中国人民银行营业管理部货币政策分析小组　童怡华　吕潇潇
中国人民银行广州分行货币政策分析小组　汤克明

2015年各地区主要经济金融指标比较表

2015年各地区主要经济指标比较表(I)

地区	地区生产总值(亿元)				固定资产投资额(不含农户)(亿元)		社会消费品零售总额(亿元)	外贸进出口(亿美元)				实际使用外商直接投资金额(万美元)	地方财政收支(亿元)		
		第一产业	第二产业	第三产业		房地产开发投资		总额	进口	出口	差额(出口－进口)		差额(收入－支出)	财政收入	财政支出
北　京	22 968.6	140.2	4 526.4	18 301.9	7 446.0	4 177.0	10 338.0	19 839.8	16 444.3	3 395.5	-13 048.9	1 300 000.0	-1 027.5	4 723.9	5 751.4
天　津	16 538.2	208.8	7 688.7	8 640.7	11 814.6	1 871.5	5 257.3	7 097.4	3 922.2	3 175.2	-747.0	2 113 400.0	-566.0	2 667.0	3 233.0
河　北	29 806.1	3 439.5	14 388.0	11 978.7	28 905.7	4 285.3	12 990.7	3 192.4	1 150.3	2 042.1	891.7	618 000.0	-2 944.7	2 648.5	5 593.2
山　西	12 802.6	788.1	5 224.3	6 790.2	13 744.6	1 494.9	6 033.7	914.0	390.7	523.3	132.7	287 000.0	-1 801.2	1 642.2	3 443.4
内蒙古	18 032.8	1 618.7	9 200.6	7 213.5	13 529.2	1 081.1	6 107.7	790.4	440.1	350.3	-89.9	337 000.0	-2 329.9	1 963.5	4 293.4
辽　宁	28 743.4	2 384.0	13 382.6	12 976.8	17 640.4	3 558.6	12 787.2	5 951.3	2 807.8	3 143.5	335.7	519 000.0	-2 336.2	2 125.6	4 461.8
吉　林	14 274.1	1 596.3	7 337.1	5 340.8	12 508.6	924.2	6 651.9	1 176.2	887.5	288.6	-598.9	212 700.0	-1 987.8	1 229.3	3 217.1
黑龙江	15 083.7	2 633.5	4 798.1	7 652.1	9 884.3	992.1	7 640.2	1 300.2	803.8	496.3	-307.5	544 875.0	-2 856.9	1 165.2	4 022.1
上　海	24 965.0	109.8	7 940.7	16 914.5	6 349.4	3 468.9	10 131.5	27 907.5	15 741.9	12 165.6	-3 576.4	1 845 900.0	-672.1	5 519.5	6 191.6
江　苏	70 116.4	3 987.9	32 043.6	34 084.8	45 905.2	8 153.7	25 876.8	33 870.5	12 848.5	21 022.0	8173.5	2 427 000.0	-1 652.9	8 028.6	9 681.5
浙　江	42 886.5	1 832.8	19 707.1	21 346.6	26 664.7	7 111.9	19 784.7	21 562.2	4 392.0	17 170.2	12 778.2	1 696 024.0	-1 836.1	4 809.5	6 645.6
安　徽	22 005.6	2 456.7	11 342.3	8 206.6	23 803.9	4 424.9	8 908.0	2 983.2	974.8	2 008.3	1 033.5	1 362 000.0	-2 779.0	2 454.2	5 233.2
福　建	25 979.8	2 117.7	13 218.7	10 643.5	20 974.0	4 469.6	10 505.9	10 511.0	3 497.8	7 013.2	3 515.5	768 400.0	-1 451.7	2 544.1	3 995.8
江　西	16 723.8	1 773.0	8 487.3	6 463.5	16 993.9	1 520.1	5 925.5	2 632.8	580.6	2 052.2	1 471.6	947 300.0	-2 254.4	2 165.5	4 419.9
山　东	63 002.3	4 979.1	29 485.9	28 537.4	47 381.5	5 892.2	27 761.4	15 018.6	6 065.6	8 953.0	2 887.3	1 630 000.0	-2 720.6	5 529.3	8 249.9
河　南	37 010.3	4 209.6	18 189.4	14 611.3	34 951.3	4 818.9	15 740.4	4 600.2	1 916.2	2 684.0	767.9	1 608 600.0	-3 796.9	3 009.6	6 806.5
湖　北	29 550.2	3 309.8	13 503.6	12 736.8	26 086.4	4 249.2	14 003.2	2 838.4	1 021.7	1 816.8	795.1	894 800.0	-3 088.8	3 005.4	6 094.2
湖　南	29 047.2	3 331.6	12 955.4	12 760.2	24 324.2	2 613.7	12 024.0	1 823.3	635.5	1 187.9	552.4	1 156 000.0	-3 141.5	2 515.8	5 657.3
广　东	72 812.6	3 344.8	32 511.5	36 956.2	29 950.5	8 538.5	31 517.6	63 554.5	23 574.6	39 979.9	16 405.3	2 687 500.0	-3 436.9	9 364.8	12 801.6
广　西	16 803.1	2 566.0	7 694.7	6 542.4	15 654.9	1 909.1	6 348.1	3 190.3	1 450.4	1 739.9	289.4	172 200.0	-2 554.3	1 515.1	4 069.4
海　南	3 702.8	855.8	875.1	1 971.8	3 355.4	1 704.0	1 325.1	868.6	636.3	232.4	-403.9	200 567.0	-613.8	627.7	1 241.5
重　庆	15 719.7	1 150.2	7 071.8	7 497.8	14 208.2	3 751.3	6 424.0	4 615.5	1 198.5	3 417.0	2 218.6	377 000.0	-1 638.7	2 155.1	3 793.8
四　川	30 103.1	3 677.3	14 293.2	12 132.6	24 965.6	4 813.0	13 877.7	3 190.2	1 133.8	2 056.5	922.7	1 006 600.0	-4 157.5	3 349.2	7 506.7
贵　州	10 502.6	1 640.6	4 146.9	4 715.0	10 676.7	2 205.1	3 283.0	761.2	142.7	618.6	475.9	252 400.0	-2 426.9	1 503.3	3 930.2
云　南	13 717.9	2 055.7	5 492.8	6 169.4	13 069.4	2 669.0	5 103.2	1 522.3	491.6	1 030.7	539.0	299 000.0	-2 904.8	1 808.1	4 712.9
西　藏	1 026.4	96.9	376.2	553.3	1 295.7	50.0	408.5	56.6	20.3	36.2	15.9	6 997.0	-1 246.8	137.1	1 383.9
陕　西	18 171.9	1 597.6	9 360.3	7 213.9	18 231.0	2 494.3	6 578.1	1 895.7	977.1	918.5	-58.6	462 100.0	-2 315.7	2 059.9	4 375.5
甘　肃	6 790.3	954.5	2 494.8	3 341.0	8 626.6	768.1	2 907.2	496.8	135.5	361.3	225.7	11 000.0	-2 220.7	743.9	2 964.6
青　海	2 417.1	208.9	1 207.3	1 000.8	3 144.2	336.0	691.0	119.9	18.1	101.8	83.6	5 500.0	-1 238.3	267.1	1 505.4
宁　夏	2 911.8	238.5	1 379.0	1 294.3	3 426.4	663.6	789.6	234.4	50.3	184.1	133.8	18 600.0	-764.5	373.7	1 138.2
新　疆	9 324.8	1 559.1	3 565.0	4 200.7	10 525.4	998.9	2 606.0	1 225.3	134.7	1 090.5	955.8	45 000.0	-2 473.3	1 331.0	3 804.3

数据来源:《中国统计摘要》，各省、自治区、直辖市《国民经济和社会发展统计公报》及统计局。

2015年各地区主要经济指标比较表(II)

地区	地区生产总值同比增长(%)				规模以上工业增加值同比增长(%)	固定资产投资(不含农户)同比增长(%)		社会消费品零售总额同比增长(%)	外贸进出口同比增长(%)			实际使用外商直接投资金额同比增长(%)	地方财政收支同比增长(%)		各类价格指数同比增长(%)			
		第一产业	第二产业	第三产业			房地产开发投资		总额	进口	出口		收入	支出	居民消费价格指数	农业生产资料价格指数	工业生产者购进价格指数	工业生产者出厂价格指数
北 京	6.9	-9.6	3.3	8.1	1.0	8.3	12.4	7.3	-22.2	-24.2	-11.3	43.8	12.3	24.9	1.8	—	-6.3	-3.1
天 津	9.3	2.5	9.2	9.6	9.3	12.6	10.1	10.7	-13.7	-21.5	-1.7	12.0	11.6	12.0	1.7	—	-7.6	-9.7
河 北	6.8	2.5	4.7	11.2	4.4	10.6	5.6	9.4	-13.2	-22.5	-6.9	-3.1	8.3	22.4	0.9	-0.2	-9.7	-10.9
山 西	3.1	1.0	-1.1	9.8	-2.8	14.5	6.5	5.5	-8.4	-12.8	-4.7	2.8	-9.8	11.2	0.6	-0.4	-6.9	-12.3
内蒙古	7.7	3.0	8.0	8.1	8.6	0.1	-21.1	8.0	-11.6	-12.2	-10.8	-15.4	6.5	12.2	1.1	-1.3	-4.1	-6.0
辽 宁	3.0	3.8	-0.2	7.1	-4.8	-27.8	-32.9	7.7	-15.1	-17.3	-13.0	-13.5	-33.4	-9.1	1.4	-0.5	-6.5	-6.1
吉 林	6.5	4.7	5.6	8.3	5.3	12.6	-10.3	9.3	-27.6	-30.1	-18.7	8.2	2.2	10.4	1.7	0.2	-3.4	-4.7
黑龙江	5.7	5.2	1.4	10.4	0.4	3.6	-25.1	8.9	-45.6	-39.3	-53.4	7.1	-10.4	17.1	1.1	1.3	-11.8	-4.0
上 海	6.9	-13.2	1.2	10.6	0.2	5.6	8.2	8.1	-2.6	0.5	-5.7	1.6	13.3	19.5	2.4	-	-9.4	-3.9
江 苏	8.5	3.2	8.4	9.3	8.3	10.5	-1.1	10.3	-2.2	-5.7	0.1	-13.8	11.0	14.3	1.7	-0.4	-7.9	-4.7
浙 江	8.0	1.5	5.4	11.3	4.4	13.2	-2.1	8.8	-1.1	-12.5	2.3	7.4	8.7	21.1	1.4	0.9	-5.5	-3.6
安 徽	8.7	4.2	8.5	10.6	8.6	12.0	2.0	12.0	-1.3	-10.3	3.8	10.4	10.6	12.1	1.3	1.6	-6.5	-6.1
福 建	9.0	3.7	8.7	10.3	8.7	17.4	-2.1	12.4	-3.5	-11.0	0.6	8.0	7.7	20.8	1.7	1.4	-3.9	-3.0
江 西	9.1	3.9	9.4	10.0	9.2	16.0	14.9	11.4	0.3	-11.7	4.3	11.6	15.1	13.8	1.5	1.4	-6.4	-6.3
山 东	8.0	4.1	7.4	9.6	7.5	13.9	1.3	10.6	-11.7	-25.3	0.7	7.3	10.0	14.9	1.2	-0.7	-5.0	-4.8
河 南	8.3	4.4	8.0	10.5	8.6	16.5	10.1	12.4	15.3	21.9	11.0	7.8	9.9	12.9	1.3	0.3	-4.6	-4.6
湖 北	8.9	4.5	8.3	10.7	8.6	16.2	6.7	12.3	7.3	1.4	11.0	12.9	17.1	23.5	1.5	0.4	-7.2	-3.3
湖 南	8.6	3.6	7.4	11.2	7.8	18.4	-9.4	12.1	-3.8	-5.1	-3.1	12.7	11.1	13.3	1.4	4.1	-5.5	-3.7
广 东	8.0	3.4	6.8	9.7	7.2	15.9	11.8	10.1	-3.9	-10.8	0.7	0.0	12.0	40.1	1.5	1.2	-4.7	-3.2
广 西	8.1	4.0	8.1	9.7	7.9	17.8	3.8	10.0	28.1	45.6	16.4	72.0	6.5	17.1	1.5	0.9	-4.3	-3.0
海 南	7.8	5.3	6.5	9.6	5.1	10.4	19.0	8.2	-10.8	-9.5	-14.4	6.2	8.7	10.6	1.0	1.6	-11.5	-10.2
重 庆	11.0	4.7	11.3	11.5	10.8	17.0	3.3	12.5	-21.3	-39.1	-12.3	-10.9	12.1	14.8	1.3	-	-2.9	-2.8
四 川	7.9	3.7	7.8	9.4	7.9	10.2	9.9	12.0	-26.0	-27.2	-25.3	-2.8	7.9	10.5	1.5	1.5	-3.3	-3.6
贵 州	10.7	6.5	11.4	11.1	9.9	21.6	0.8	11.8	14.9	69.0	7.0	22.2	10.0	10.9	1.8	3.1	-2.5	-3.9
云 南	8.7	5.9	8.6	9.6	6.7	13.0	-6.2	10.2	-16.3	-26.0	-10.7	10.4	6.5	6.2	1.9	1.1	-3.1	-5.1
西 藏	11.0	3.9	15.7	8.9	14.6	21.2	-5.5	12.0	-59.2	114.4	-71.9	-55.9	7.8	15.3	2.0	-0.3		-6.8
陕 西	8.0	5.1	7.3	9.6	7.0	8.3	2.8	10.8	12.8	18.4	7.4	10.6	12.1	10.4	1.0	0.6	-4.8	-9.2
甘 肃	8.1	5.4	7.4	9.7	6.8	11.2	6.5	9.0	-6.3	-33.3	10.5	10.0	10.6	16.7	1.6	-1.4	-13.0	-13.0
青 海	8.2	5.1	8.4	8.6	7.6	12.7	9.0	11.3	13.6	-50.0	46.8	10.0	-1.1	11.7	2.6	0.8	-2.3	-6.9
宁 夏	8.0	4.6	8.5	7.9	7.8	10.7	-3.2	7.1	-29.8	-27.9	-30.3	100.0	12.0	13.8	1.1	-1.3	-7.9	-6.3
新 疆	8.8	5.8	6.9	12.7	5.2	10.1	-1.6	7.0	-27.9	-47.7	-24.4	8.5	3.8	14.7	0.6	-1.4	-15.7	-17.6

数据来源:《中国统计摘要》，各省、自治区、直辖市《国民经济和社会发展统计公报》及统计局。

2015年全国70个大中城市新建商品住宅销售价格指数同比增长(I)

单位：%

地区	1月	2月	3月	4月	5月	6月	7月	8月	9月	10月	11月	12月
北　京	-4.0	-4.5	-4.7	-4.0	-2.9	-1.4	1.2	3.7	5.9	8.1	9.6	10.4
天　津	-4.1	-4.6	-4.7	-4.7	-4.5	-3.5	-2.5	-1.2	0.3	1.4	2.2	3.4
石家庄	-4.0	-4.8	-4.8	-4.5	-3.8	-3.7	-2.5	-0.8	0.6	1.0	1.5	1.7
太　原	-4.8	-5.4	-5.5	-5.4	-5.4	-4.9	-3.2	-2.0	-0.5	0.2	0.9	1.5
呼和浩特	-6.1	-7.4	-7.5	-8.0	-8.3	-8.5	-7.6	-6.0	-4.9	-4.7	-3.6	-2.6
沈　阳	-8.4	-9.2	-9.8	-9.9	-9.7	-8.4	-6.6	-4.8	-3.8	-2.9	-1.8	-0.9
大　连	-7.3	-7.9	-8.6	-8.6	-8.6	-8.2	-6.7	-5.3	-4.6	-4.0	-2.8	-1.8
长　春	-4.5	-5.1	-5.7	-6.4	-6.7	-6.2	-5.4	-4.3	-3.1	-2.6	-2.2	-1.8
哈尔滨	-4.9	-5.4	-5.9	-5.7	-5.7	-5.7	-4.7	-4.2	-3.1	-1.5	-1.2	-0.6
上　海	-4.9	-5.5	-5.9	-5.5	-2.8	0.2	3.6	6.5	9.7	12.7	15.4	18.2
南　京	-3.1	-3.6	-4.0	-4.1	-4.0	-3.0	-1.0	1.5	3.2	5.1	6.5	7.9
杭　州	-10.5	-10.8	-11.2	-10.3	-8.5	-5.6	-2.4	0.3	2.1	3.2	4.3	5.8
宁　波	-6.2	-6.8	-6.9	-6.6	-5.4	-3.3	-1.2	0.1	1.0	1.8	2.9	3.6
合　肥	-2.6	-3.4	-3.8	-4.0	-3.8	-3.3	-2.2	-1.5	-0.4	0.2	0.7	1.4
福　州	-6.6	-7.6	-8.0	-8.1	-8.1	-7.1	-5.4	-4.2	-2.1	-0.8	0.6	1.8
厦　门	0.8	0.0	-0.4	-0.6	-0.7	-0.5	-0.3	0.1	1.1	2.9	4.6	6.5
南　昌	-5.6	-6.5	-6.8	-6.8	-6.4	-5.7	-4.9	-3.3	-1.8	-0.1	0.7	1.7
济　南	-4.7	-5.3	-5.9	-6.0	-5.3	-4.6	-3.6	-2.1	-1.2	-0.4	0.2	0.8
青　岛	-7.7	-8.7	-9.3	-9.7	-9.8	-9.2	-7.9	-6.9	-5.6	-4.3	-3.5	-2.4
郑　州	-0.7	-1.3	-1.6	-1.8	-2.1	-1.6	-1.2	-0.1	1.3	1.9	2.3	2.7
武　汉	-4.7	-5.0	-5.3	-5.1	-5.0	-4.2	-2.1	0.3	1.8	2.6	3.7	4.5
长　沙	-7.7	-8.5	-8.7	-8.9	-8.7	-7.9	-6.4	-5.1	-3.9	-2.5	-1.6	-0.5
广　州	-5.4	-6.1	-6.5	-6.2	4.8	-2.8	-0.3	2.0	4.9	7.1	8.2	9.2
深　圳	-1.4	-1.4	-0.9	0.7	7.7	15.9	24.0	31.8	38.3	40.5	44.6	47.5
南　宁	-5.2	-6.0	-6.1	-5.8	-6.0	-4.9	-3.8	-2.3	-0.8	0.1	0.8	1.7
海　口	-5.7	-6.3	-6.1	-6.5	-6.5	-6.0	-5.1	-4.2	-3.1	-2.2	-2.0	-1.2
重　庆	-6.1	-6.9	-7.5	-7.8	-7.8	-7.0	-5.9	-4.6	-2.8	-2.1	-1.7	-1.0
成　都	-5.5	-6.4	-7.1	-7.4	-6.9	-6.2	-4.8	-3.3	-2.1	-0.9	0.2	0.6
贵　阳	-3.5	-4.2	-4.1	-4.6	-5.0	-5.1	-4.4	-2.7	-1.9	-1.4	-1.1	-0.9
昆　明	-5.4	-6.0	-6.3	-6.8	-7.1	-6.6	-6.0	-5.3	-4.5	-3.9	-3.4	-2.6
西　安	-4.8	-5.6	-6.0	-6.6	-6.4	-6.4	-5.6	-4.0	-2.9	-1.8	-0.8	-0.1
兰　州	-3.5	-4.2	-4.4	-5.1	-5.0	-4.7	-4.3	-4.0	-3.0	-2.3	-2.0	-1.6
西　宁	-3.8	-4.5	-4.9	-5.3	-5.7	-6.3	-7.0	-6.0	-5.0	-4.3	-3.9	-4.0
银　川	-4.0	-4.8	-5.7	-6.4	-6.8	-7.2	-6.8	-5.5	-4.9	-4.7	-3.6	-3.7
乌鲁木齐	-4.5	-5.2	-6.1	-6.4	-6.4	-6.1	-5.5	-4.4	-3.7	-3.3	-2.4	-2.0

2015年全国70个大中城市新建商品住宅销售价格指数同比增长(II)

单位：%

地区	1月	2月	3月	4月	5月	6月	7月	8月	9月	10月	11月	12月
唐　山	-4.4	-4.7	-5.1	-5.4	-5.5	-5.4	-5.2	-4.4	-3.8	-2.6	-2.6	-2.8
秦皇岛	-6.2	-6.9	-7.3	-8.1	-8.1	-7.9	-7.4	-6.5	-5.7	-4.2	-3.5	-3.3
包　头	-7.5	-8.5	-8.7	-9.0	-8.9	-8.6	-7.7	-6.1	-5.5	-5.0	-4.2	-3.7
丹　东	-8.0	-8.7	-9.1	-9.5	-9.7	-9.4	-8.9	-8.7	-7.2	-6.2	-5.0	-5.3
锦　州	-7.0	-8.4	-8.6	-9.1	-8.9	-8.4	-8.8	-8.0	-6.9	-5.8	-5.3	-5.0
吉　林	-5.0	-5.6	-5.9	-6.2	-6.0	-5.5	-4.9	-4.3	-3.1	-2.6	-2.5	-2.7
牡丹江	-3.2	-3.3	-3.5	-3.8	-3.8	-3.8	-4.0	-3.4	-3.0	-2.6	-2.5	-2.2
无　锡	-5.7	-6.3	-6.5	-6.4	-5.5	-4.6	-4.2	-3.4	-2.7	-2.3	-1.4	-1.5
扬　州	-6.1	-6.8	-7.2	-7.4	-7.5	-7.3	-5.6	-4.0	-3.3	-2.0	-1.7	-1.0
徐　州	-4.8	-5.5	-5.5	-5.4	-4.7	-4.5	-4.4	-2.8	-1.8	-1.3	-0.6	-0.5
温　州	-3.9	-4.3	-4.3	-3.6	-3.4	-2.6	-2.3	-2.1	-1.2	-0.1	0.8	1.8
金　华	-5.6	-6.6	-6.9	-6.2	-5.4	-4.6	-3.7	-1.7	-0.8	0.1	0.6	1.4
蚌　埠	-6.6	-7.5	-8.4	-8.7	-8.6	-8.4	-8.4	-7.8	-6.4	-4.8	-4.3	-4.2
安　庆	-6.5	-6.7	-6.7	-6.7	-6.4	-6.2	-5.0	-4.2	-2.9	-2.3	-1.4	-1.0
泉　州	-8.0	-9.2	-9.4	-9.6	-9.6	-8.8	-7.7	-6.7	-5.3	-4.3	-3.1	-2.5
九　江	-5.8	-6.2	-6.6	-6.9	-6.4	-6.0	-5.2	-4.5	-3.7	-3.4	-3.3	-2.6
赣　州	-5.9	-6.1	-6.4	-6.2	-6.4	-5.8	-4.6	-2.7	-1.8	-1.4	-1.0	-0.6
烟　台	-5.9	-6.7	-7.1	-7.5	-7.7	-7.4	-6.8	-5.5	-4.5	-4.0	-2.8	-1.9
济　宁	-3.7	-4.0	-4.4	-4.8	-5.3	-5.1	-5.2	-4.8	-3.9	-3.7	-3.5	-3.4
洛　阳	-5.2	-6.3	-6.7	-7.1	-7.3	-6.2	-5.5	-4.5	-3.8	-3.3	-3.1	-2.6
平顶山	-5.0	-5.5	-5.9	-6.3	-6.5	-6.0	-4.9	-4.0	-3.0	-2.3	-1.7	-1.0
宜　昌	-5.4	-5.7	-5.9	-6.4	-6.5	-6.1	-5.4	-4.5	-3.5	-3.0	-1.8	-1.6
襄　阳	-5.6	-6.7	-7.1	-7.8	-7.5	-7.1	-6.2	-5.6	-5.0	-5.1	-4.5	-4.1
岳　阳	-4.4	-5.4	-5.8	-6.2	-6.6	-7.1	-6.7	-5.8	-5.3	-5.6	-4.7	-4.2
常　德	-4.6	-5.7	-5.9	-6.7	-6.6	-6.4	-5.6	-4.8	-4.0	-3.5	-3.0	-3.4
惠　州	-6.0	-7.2	-8.4	-8.6	-8.8	-8.8	-8.2	-6.3	-4.6	-3.4	-2.8	-2.3
湛　江	-5.8	-7.4	-8.4	-8.9	-9.4	-9.8	-9.7	-8.6	-7.4	-6.5	-5.6	-5.0
韶　关	-8.2	-8.8	-9.1	-9.6	-9.5	-9.0	-7.8	-6.8	-6.2	-5.0	-3.8	-3.1
桂　林	-8.1	-9.1	-9.6	-9.8	-10.1	-9.3	-8.2	-6.9	-5.5	-4.6	-3.3	-2.8
北　海	-5.5	-6.0	-6.4	-6.9	-7.1	-6.8	-6.3	-4.5	-3.0	-2.6	-1.8	-1.5
三　亚	-4.9	-5.4	-5.9	-6.2	-6.5	-6.4	-4.0	-3.2	-2.8	-2.2	-1.9	-0.8
泸　州	-7.9	-8.2	-8.7	-9.4	-9.8	-9.4	-7.8	-6.7	-4.0	-3.1	-2.9	-1.5
南　充	-5.9	-6.7	-7.5	-7.9	-8.4	-8.3	-7.7	-6.7	-5.9	-4.6	-3.9	-3.7
遵　义	-4.6	-5.3	-5.9	-6.4	-6.5	-6.5	-5.9	-4.5	-4.1	-3.6	-3.3	-3.3
大　理	-4.1	-4.6	-4.8	-5.5	-5.7	-5.8	-5.9	-5.1	-4.4	-3.8	-3.1	-2.6

注：从2011年1月起，国家统计局开始实施《住宅销售价格统计调查方案》，对数据来源渠道、指标设置、计算方法等影响价格指数计算的主要因素都进行了调整。

数据来源：国家统计局网站。

2015年年末各省、自治区、直辖市主要存贷款指标

地区	本外币						人民币							
	金融机构各项存款		金融机构各项贷款				金融机构各项存款				金融机构各项贷款			
	余额（亿元）	比年初（亿元）	余额（亿元）			比年初（亿元）	余额（亿元）			比年初（亿元）	余额（亿元）			比年初（亿元）
				短期	中长期			储蓄存款	单位存款			个人消费贷款	房地产贷款	
北京	128 573.0	15 248.7	58 559.4	17 907.0	33 671.3	4 822.1	123 767.4	26 740.6	43 861.7	15 328.3	50 559.5	8 915.9	11 635.6	5 021.2
天津	28 149.4	2 969.1	25 994.7	6 762.1	14 452.5	2 664.9	27 145.9	8 743.8	12 888.6	2 787.0	24 500.9	2 803.2	4 785.5	2 678.9
河北	48 927.6	5 108.3	32 608.5	12 527.8	17 903.5	4 556.2	48 550.9	29 116.7	11 558.9	5 041.4	32 151.4	6 066.9	7 116.9	4 557.6
山西	28 641.4	1 544.7	18 574.8	7 535.0	9 496.2	2 015.0	28 346.1	15 675.9	6 962.2	1 413.3	18 458.7	1 370.6	1 370.1	2 026.6
内蒙古	18 172.2	1 661.2	17 264.3	6 798.6	9 628.1	2 191.0	18 077.6	8 999.4	4 959.6	1 641.3	17 140.7	2 034.7	2 609.4	2 186.6
辽宁	47 758.2	4 811.6	36 282.8	13 669.4	20 319.3	3 244.2	46 843.5	23 701.0	12 739.3	4 817.1	34 734.6	4 768.2	7 514.3	3 469.1
吉林	18 683.8	2 046.4	15 308.8	6 123.3	8 425.8	2 609.4	18 499.6	9 543.8	4 859.9	1 988.7	15 203.1	2 216.9	15 203.1	2611.7
黑龙江	21 429.8	1 696.2	16 644.9	7 982.9	7 189.1	2 841.0	21 218.9	12 439.8	4 085.2	1 655.4	16 241.9	2 216.4	2 615.7	2 817.7
上海	103 760.6	13 328.8	53 387.2	14 182.3	30 416.8	4 880.6	98 266.5	22 473.8	34 634.7	12 409.9	48 090.8	10 751.6	14 769.3	4 751.6
江苏	111 329.9	12 012.5	81 169.7	32 294.7	43 256.5	8 669.2	107 873.0	40 563.0	38 933.3	11 766.8	78 866.3	15 471.8	20 572.7	9 285.1
浙江	90 301.6	8 704.7	76 466.3	40 254.9	31 641.7	4 957.5	87 393.3	34 218.6	29 364.9	7 899.4	74 070.2	13 760.0	13 768.9	5 356.0
安徽	34 826.2	4 461.7	26 144.4	8 515.5	15 477.1	3 389.7	34 482.9	17 015.3	10 268.4	4 392.1	25 489.0	5 649.0	7 258.5	3 400.8
福建	36 845.5	3 650.0	33 694.4	12 861.0	18 873.3	3 638.2	35 576.1	13 931.2	11 981.8	3 514.6	32 133.0	8 830.5	9 026.8	3710.3
江西	25 043.0	3 053.9	18 561.1	7 347.3	10 329.7	2 863.3	24 785.1	12 389.7	6 693.4	3 013.7	18 348.0	3 947.1	4 771.4	2 881.0
山东	76 795.5	6 935.6	59 063.3	28 192.5	26 168.8	5 382.5	74 524.2	37 320.0	22 717.8	6 703.2	55 437.0	9 572.5	11 516.5	5 359.7
河南	48 282.1	5 833.2	31 798.6	14 021.9	16 474.7	4 212.1	47 629.9	26 048.5	13 293.7	5 737.9	31 432.6	5 961.6	7 246.6	4 201.3
湖北	41 345.9	4 511.5	29 514.6	8 896.2	18 291.1	4 217.0	40 896.5	19 566.1	12 079.6	4 405.3	28 338.9	5 128.2	7 726.6	4 091.2
湖南	36 220.6	5 438.8	24 221.9	6 569.9	16 674.9	3 438.2	36 009.1	18 726.3	9 746.0	5 412.7	23 738.6	4 353.7	5 458.6	3 381.6
广东	160 388.2	17 231.8	95 661.1	30 072.6	58 053.4	10 472.5	153 551.8	54 238.3	43 998.6	16 403.2	89 289.3	21 616.9	6 999.4	11 165.4
广西	22 793.5	2 406.8	18 119.3	4 774.0	12 406.1	2 048.3	22 567.0	11 392.2	6 220.0	2 401.1	17 656.8	3 811.8	4 396.3	2 071.3
海南	7 637.3	1 024.3	6 650.7	1 057.6	5 374.7	1 259.1	7 518.8	2 974.9	2 416.6	970.3	5 689.0	654.1	1 599.3	1 004.7
重庆	28 778.8	3 303.2	22 955.2	5 960.6	15 523.6	2 315.0	28 094.4	12 207.3	9 999.2	3 279.3	22 393.9	5 827.9	7 496.8	2 372.9
四川	60 117.7	5 795.4	38 704.0	10 909.9	26 274.1	3 927.0	59 184.8	28 575.9	15 524.5	5 525.7	38 011.8	7 701.8	9 654.8	4 106.9
贵州	19 537.1	4 182.5	15 121.0	3 162.8	11 680.5	2 682.8	19 438.6	7 394.9	6 795.7	4 128.2	15 051.9	2 514.1	3 299.0	2 683.4
云南	25 204.6	2 610.5	21 243.2	6 226.0	13 485.7	2 598.4	25 064.2	10 737.6	6 888.9	2 639.2	20 879.1	3 186.0	3 883.4	2 591.8
西藏	3 671.2	581.2	2 124.5	333.3	1 619.7	505.0	3 663.9	653.6	629.4	580.8	2 120.3	126.8	100.9	501.6
陕西	32 685.3	4 082.6	22 096.8	5 482.6	15 355.2	2 912.6	32 415.2	15 412.3	9 737.4	3 997.0	21 760.6	3 344.7	4 845.3	2 913.2
甘肃	16 299.5	2 329.7	13 728.9	4 662.3	8 066.6	2 651.1	16 141.2	7 776.8	5 163.1	2 209.4	13 292.2	1 106.4	1 580.1	2 608.5
青海	5 228.0	677.7	5 124.1	932.3	3 659.0	820.7	5 212.8	1 716.8	1 632.8	674.1	4 988.0	233.3	649.0	816.3
宁夏	4 823.0	600.3	5 150.3	1 801.1	3 025.2	542.0	4 805.2	2 357.7	1 244.6	602.3	5 117.8	575.6	952.7	539.3
新疆	17 822.1	1 780.8	13 651.0	4 090.0	7 653.7	1 405.4	17 123.9	6 791.6	5 316.8	1 708.6	13 041.0	1 559.5	1 804.5	1 362.0

数据来源：中国人民银行各分行、营业管理部、省会（首府）城市中心支行。

《2015年中国区域金融运行报告》分报告

2015年北京市金融运行报告

中国人民银行营业管理部货币政策分析小组

[内容摘要] 2015年，北京市深入贯彻党的十八大、十八届三中、四中、五中全会、中央经济工作会议和习近平总书记系列讲话精神，坚持稳中求进，加快推进稳增长、调结构、惠民生、防风险工作。面对复杂多变的国内外经济金融环境，全市经济运行平稳向好，结构调整深入推进，较好地完成了年度目标和"十二五"规划目标任务。

中国人民银行营业管理部继续贯彻执行稳健的货币政策，北京市金融体系平稳运行，流动性处于较充裕水平，资金供给功能进一步加强，社会融资规模显著增加，实体经济融资成本下降，金融体系对重点领域、薄弱环节、特色产业的信贷支持持续增加。

2016年，北京市继续开展去产能、去库存、去杠杆、降成本、补短板工作，积极推进供给侧改革。中国人民银行营业管理部将认真贯彻稳健的货币政策，为稳增长、调结构、惠民生创造中性适度的货币信贷环境。及时传导各项金融改革政策要求，有效落实各项信贷政策，积极服务于非首都功能疏解、京津冀协同发展等重大国家战略。

一、金融运行情况

2015年，北京市金融运行整体平稳，信贷增速保持较快水平，信贷结构持续优化，金融机构改革继续稳步推进，金融服务水平显著提高，金融生态环境建设取得新成效。

（一）银行业运行平稳，信贷保持较快增速

1. 银行业金融机构平稳发展，收益水平进一步提高。2015年，北京市银行业金融机构资产规模增速缓中趋稳，同比增长13.5%，增速同比下降2.1个百分点；实现利润同比增长9.6%，同比上升4.5个百分点；银行业金融机构数量快速增加，年末机构网点总数同比增长5.5%；法人金融机构数量同比增长38.6%（见表1）。银行支付业务快速发展，年末银行卡发卡量累计达到1.98亿张，全年新增1 300万张。

表1　2015年北京市银行业金融机构情况

机构类别	营业网点			法人机构（个）
	机构个数（个）	从业人数（人）	资产总额（亿元）	
一、大型商业银行	1 811	52 711	76 672	0
二、国家开发银行和政策性银行	18	928	16 549	0
三、股份制商业银行	911	23 003	42 648	0
四、城市商业银行	350	10 487	19 246	1
五、城市信用社	—	—	—	—
六、小型农村金融机构	694	8 913	6 286	1
七、财务公司	70	4 404	22 838	70
八、信托公司	11	2 474	864	11
九、邮政储蓄银行	568	3 080	4 052	0
十、外资银行	121	4 575	3 224	9
十一、新型农村金融机构	37	731	196	11
十二、其他	12	3 778	4 028	12
合　计	4 603	115 084	196 601	115

注：营业网点机构数据不包括国家开发银行和政策性银行、大型商业银行、股份制银行金融机构总部；大型商业银行包括中国工商银行、中国农业银行、中国银行、中国建设银行和交通银行；小型农村金融机构指农村商业银行；新型农村金融机构包括村镇银行、贷款公司和农村资金互助社；"其他"包含金融租赁公司、汽车金融公司、货币经纪公司、消费金融公司等。

数据来源：中国人民银行营业管理部、北京银监局、北京市金融工作局。

2. 人民币存款增速先升后降，外币存款增速回落。2015年年末，北京市金融机构本外币各项存款余额同比增长13%，比全国高0.6个百分点，比2014年低2.7个百分点。北京市金融机构人民币存款余额同比增长13.7%，比全国高1.3个百分点，比2014年低2个百分点（见图1），全年呈现先升后降走势，增速自1月的12.3%升至7月的

20.2%后回落；比年初新增额为近五年同期最高。2015年以来，随着存款偏离度监管要求的强化，存款季末冲高的趋势明显减弱。外币存款受汇率波动影响前升后降。2015年年末，北京市金融机构外币存款余额同比减少7.3%，2014年同期为增长16.1%。

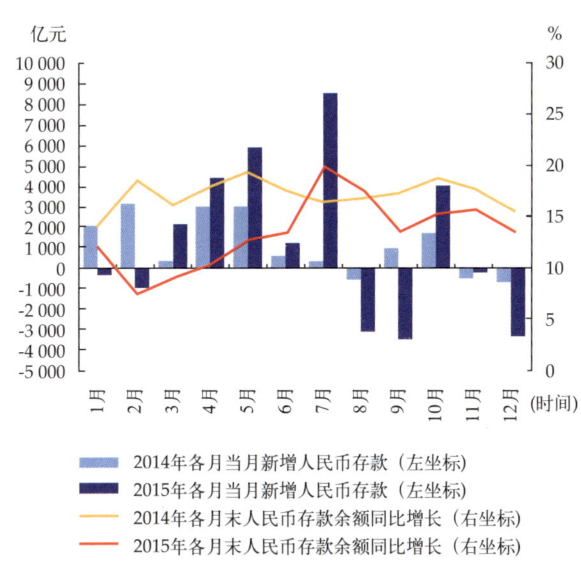

数据来源：中国人民银行营业管理部。

图1　2014～2015年北京市金融机构人民币存款增长变化

3. 本外币贷款继续保持较高增速，重点领域和薄弱环节金融支持进一步加强。2015年年末，北京市金融机构本外币贷款余额同比增长9.1%，比全国低4.3个百分点，比2014年高1.1个百分点。其中，人民币贷款余额同比增长11.2%，比全国低3.1个百分点，比2014年年末高3.7个百分点（见图2、图3）。2015年年末，北京市金融机构外币贷款余额同比减少8.1%，为近四年同期首次负增长，2014年同期为增长10.6%。

金融持续为重点领域和薄弱环节提供有效支持。2015年年末，北京市中资银行文化创意产业、高新技术产业人民币贷款余额同比分别增长31.9%、5.6%。金融机构小微企业人民币贷款余额同比增长21.5%，比大型企业和中型企业人民币贷款余额同比增速分别高7.4个和11.7个百分点；本外币涉农贷款余额同比增长2.5%。

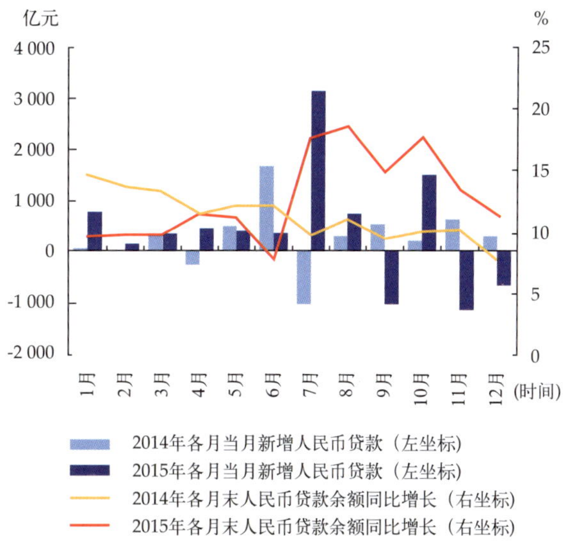

数据来源：中国人民银行营业管理部。

图2　2014～2015年北京市金融机构人民币贷款增长变化

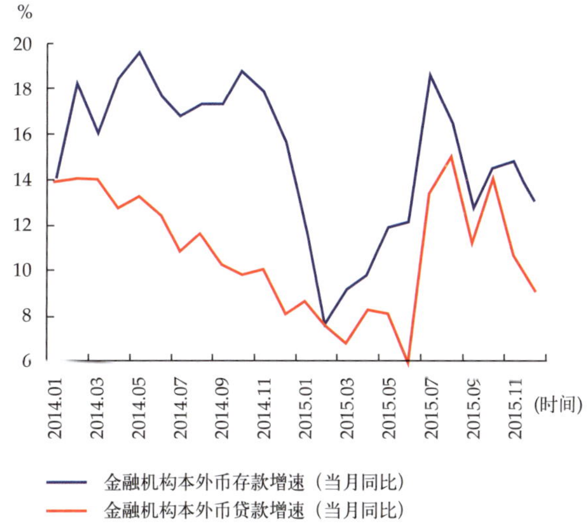

数据来源：中国人民银行营业管理部。

图3　2014～2015年北京市金融机构本外币存、贷款增速变化

4. 理财产品整体保持较快增长。2015年年末，北京地区银行理财产品存续1.6万只，本外币资金余额合计26 549.8亿元，同比增长51.8%，比本外币各项存款余额增速高38.8个百分点。2015年全年北京市银行理财产品累计募集资金占全国比重9.8%，与上年基本持平。

5. 人民币存贷款利率平稳下行，外币存贷款利率波动加大。2015年，人民币一般贷款加权平

表2　2015年北京市金融机构人民币贷款各利率区间占比

单位：%

月份		1月	2月	3月	4月	5月	6月
合计		100.0	100.0	100.0	100.0	100.0	100.0
下浮		39.2	32.3	36.3	38.1	35.5	52.1
基准		20.4	27.0	25.8	24.2	21.4	17.4
上浮	小计	40.4	40.7	37.9	37.7	43.1	30.5
	(1.0，1.1]	13.6	13.3	13.5	13.0	10.7	9.6
	(1.1，1.3]	12.3	11.6	10.4	10.8	15.4	8.9
	(1.3，1.5]	8.0	8.8	7.7	5.8	6.5	5.3
	(1.5，2.0]	5.0	5.4	5.3	6.5	7.3	4.6
	2.0以上	1.5	1.6	1.0	1.6	3.2	2.1
月份		7月	8月	9月	10月	11月	12月
合计		100.0	100.0	100.0	100.0	100.0	100.0
下浮		43.3	49.7	42.8	46.3	50.5	61.6
基准		21.0	16.6	21.1	20.3	19.4	12.8
上浮	小计	35.7	33.7	36.1	33.4	30.1	25.6
	(1.0，1.1]	11.9	8.1	10.2	8.7	6.6	6.8
	(1.1，1.3]	9.6	12.1	10.5	8.4	8.2	7.2
	(1.3，1.5]	4.9	4.9	4.6	5.1	4.0	3.4
	(1.5，2.0]	6.3	6.0	7.4	7.7	7.5	5.5
	2.0以上	3.0	2.6	3.4	3.5	3.8	2.7

数据来源：中国人民银行营业管理部。

均利率水平在5.5%上下80个基点幅度内波动运行，较上年下降明显。全年金融机构执行下浮利率的人民币贷款占比较2014年明显上升，年末升至五年来最高点（见表2）。人民币存款利率总体较为平稳，定期存款利率处于低位。受人民币汇率贬值压力增大、进出口贸易不景气及监管考核等影响，外币存贷款利率波动加大（见图4）。

6. 银行类金融机构改革继续深入推进，金融服务水平不断提升。2015年，国家开发银行北京市分行大力支持首都棚户区改造项目建设，积极服务京津冀协同发展、非首都功能疏解工作及“行政副中心”建设。中国进出口银行北京分行加大对辖区进出口和企业“走出去”的支持力度。中国农业发展银行北京市分行充分发挥政策性银行职能，积极服务“三农”、支持首都新农村及水利设施建设。两家地方主要中资法人银行盈利水平进一步提高，风险防范能力增强。新设

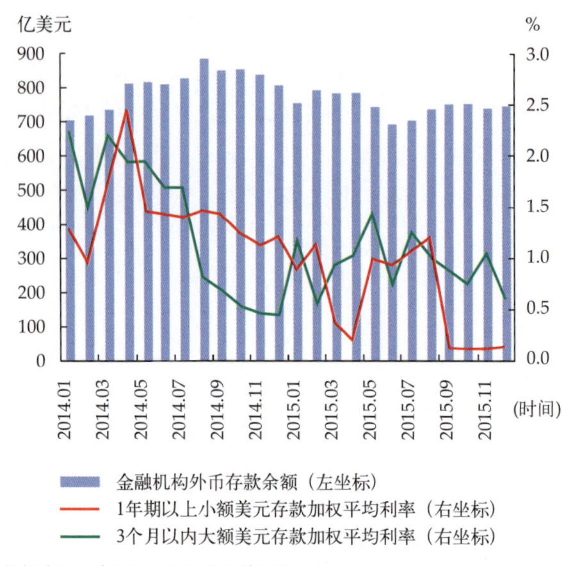

数据来源：中国人民银行营业管理部。

图4　2014～2015年北京市金融机构外币存款余额及外币存款利率

1家村镇银行和5家小额贷款公司，金融服务“三农”能力增强。

7. 不良贷款率保持低位，风险抵御能力较强。2015年年末，辖内银行业金融机构不良贷款率为0.7%，同比上升0.2个百分点。2015年年末，辖内法人银行类金融机构拨备覆盖率289.9%，远高于150%的监管要求；资本充足率为13.7%，比年初上升0.5个百分点；贷款损失准备充足率为451.1%，维持高位，信用风险抵补能力较强。

8.跨境人民币业务规模进一步扩大。2015年，北京地区62家银行办理跨境人民币结算1.2万亿元，同比增加979亿元；业务笔数为9.3万笔，同比增加2.2万笔。2015年年末，跨境人民币收付涉及的国家和地区已达187个。2015年，北京地区银行办理人民币外商直接投资人民币结算3 659.7亿元，同比增长88.8%。已有45家跨国企业集团开立人民币双向资金池专用账户，归集跨境收入合计435.2亿元，银行已与境外77个国家和地区的403家银行建立了代理行关系，为境外机构开立人民币结算账户751个。北京地区银行与境外银行间的融资余额达到2万亿元。

专栏1　商业银行积极应对利率市场化改革　不断完善利率定价机制

一、商业银行利率定价机制现状

（一）定价策略差异化

中资银行在借鉴国际经验的基础上，主要采用包括成本加成定价法、价格领导定价法、客户盈利分析定价法和基于风险调整资本收益率的贷款定价法（RAROC）等方法进行贷款定价。中资大中型银行占有较高的市场份额，同时建设了比较完备的贷款定价管理系统和内部评级体系，普遍采用以成本加成法为基础、辅以客户综合贡献度、RAROC计算的综合定价模型。中资小型银行主要采用市场跟随策略（价格领导定价法），其利率定价参照大中型商业银行，并在盈亏平衡基础上进行浮动。

（二）市场利率影响趋于明显

在实际贷款定价过程中，由于存贷款基准利率之间存在稳定利差且变动具有同步性，商业银行基于锁定利差、规避利率风险的考虑，以及银行、企业在多年业务实践中形成的相对固定的定价与核算习惯，贷款定价仍主要以央行贷款基准利率为定价基准并进行适当浮动。随着存款利率上限的逐步放开和信贷市场与资金市场之间的联动不断增强，商业银行负债中市场资金来源占比逐渐提高，市场利率对资产成本的影响逐渐加大，对信贷定价的影响也越来越明显。

（三）内部资金转移定价收益率曲线逐步完善

中资银行内部资金转移定价收益率曲线一般有两条：一是针对非市场化产品（主要指人民币存贷款业务），主要依据央行存贷款基准利率、本行发展战略、资产负债结构调整需要等拟合构建；二是针对市场化产品（主要是指同业业务、票据等业务），主要依据上海银行间同业拆放利率、短期回购利率、国债收益率等市场利率拟合构建。随着基于市场利率定价的主动负债在总体负债中占比持续提高，部分中资银行着手构建单一以市场利率为基础的内部资金转移定价收益率曲线。外资商业银行的内部资金转移定价收益率曲线主要参考上海银行间同业拆放利率、短期回购利率、国债收益率等市场利率，并辅以法定和超额准备金率利率、缴存准备金、市场利率掉期等指标综合确定。除部分产品以存贷款基准利率为基准外，主要以市场利率加点方式进行产品报价。

二、商业银行完善利率定价机制的探索和创新

（一）应用市场化定价基准

作为取消贷款利率管制的必要技术性准备，人民银行推出了贷款基础利率（LPR）作为商业银行新的贷款利率定价参考基准。部分银行已着手改造定价系统，修订定价制度和合同文本，并推出以LPR为定价基准的贷款，贷款定价方式从在央行基准利率基础上进行上下浮动调整为在LPR基础上加减点，并通过客户范围、业务范围的不断扩大来提高LPR的社会影响力和认知度。

（二）探索存款利率差异化定价

存款利率浮动区间放开后，商业银行存款利率自主定价空间进一步扩大，存款差异化和精细化定价更显重要性。国有商业银行和部分股份制商业银行开始尝试开发存款定价模型，即对客户便利性需求、投资需求、借贷需求等进行归类，探索客户行为分析和客户利率敏感度分析。城市商业银行和农村金融机构研究制定了存款利率定价管理制度，明确了存款定价组织架构和职责分工，初步形成了基于存款挂牌利率、存款实际利率等多层次的存款利率定价体系。

（三）探索建立期限溢价曲线

在货币政策工具从数量型主导向价格型主导的转变过程中，商业银行的定价基准也将发生转变，未来将采用短端浮动利率加点的定价

方式。对此，部分商业银行探索研究期限溢价测算，并建立期限溢价曲线，以期应对更高频率的价格调整，并按照客户偏好的期限品种，对每笔存贷款进行精细定价。

（四）探索运用利率风险缓释工具

利率市场化后，不同品种基准利率调整幅度可能不尽一致，且资金流动和利率变动将趋于频繁，不确定性加大，利率风险和流动性风险管理难度增大。多数银行丰富了利率风险计量手段，部分银行积极融入金融衍生品市场，参与利率衍生品交易，通过利率互换、利率掉期以及资产组合等方式缓释和对冲利率风险。

（二）证券业改革力度加大，“新三板”融资功能凸显

1. 证券机构资产规模稳步增长，市场活跃度显著提高。2015年，辖内法人证券公司18家，较上年减少1家（见表3）。法人证券资产总额为8 390.8亿元，同比增长59.5%；法人基金公司为17家，年末净值为1.7万亿元，同比增长97.3%；2015年股票市场大幅震荡，证券市场保持较高活跃度，辖内法人证券公司市场交易额为68.7万亿元，同比增长135.7%，全年实现净利润326.8亿元，同比增长142.1%。

2. 期货公司稳步发展，成交规模大幅增长。北京地区期货公司20家，与上年持平，年末总资产为619亿元，同比增长1%。受国际大宗商品价格持续走低和股票市场剧烈波动影响，北京辖区商品期货和金融期货市场受到一定影响，但随着原油期货和上证50ETF等重要期货品种上市，以及期货公司平稳转型，北京地区期货公司呈稳步发展态势并朝国际化方向迈进。

3. “新三板”挂牌公司数量迅猛增长，融资功能进一步凸显。2015年年末，北京地区境内上市公司264家，较上年增加29家。累计募集资金1 738.5亿元，同比增长31.3%，其中，中小板累计募集资金212亿元，同比增长103.7%，创业板累计募集资金345.8亿元，同比增长137.3%。2015年北京地区H股上市公司65家，非H股海外上市公司9家，B股上市公司1家（数据来自Wind资讯）。2015年，北京辖内“新三板”挂牌公司共763家，较上年年末增加401家，累计融资442.4亿元，同比增长441.8%，“新三板”融资功能进一步凸显，有效缓解了辖内中小企业融资难问题。

表3　2015年北京市证券业基本情况

项目	数量
总部设在辖内的证券公司数（家）	18
总部设在辖内的基金公司数（家）	25
总部设在辖内的期货公司数（家）	20
年末国内上市公司数（家）	264
当年国内股票（A股）筹资（亿元）	1 739
当年发行H股筹资（亿元）	—
当年国内债券筹资（亿元）	7 180
其中：短期融资券筹资额（亿元）	1 950
中期票据筹资额（亿元）	2 830

注：当年国内股票（A股）筹资额是指非金融企业境内股票融资。
数据来源：中国人民银行营业管理部、北京证监局。

（三）保险业保持平稳较快发展态势，社会服务功能进一步增强

1. 保险行业保持平稳较快发展。2015年年末，北京地区共有保险总公司45家，较年初增加4家，保险分公司97家，较年初增加7家（见表4）。在京保险公司总资产较上年年末增长27.1%。原保险保费收入为1 403.9亿元，同比增长16.3%；累计赔付支出506.6亿元，同比增长24.4%。其中，在京外资财产险公司14家，较2014年增加1家；保费收入为15.4亿元，同比下降5.5%；市场份额为4.3%，同比下降0.7个百分点。外资人身险公司24家，同比增加2家；保费收入为180.3亿元，同比增长23.7%；市场份额为17.3%，同比上升0.7个百分点。

2. 社会服务功能进一步增强。2015年，北京地区保险深度为6.3%，同比上升0.6个百分点；保险密度为6 501.9元/人，同比增加842.6元/人。北京市保险业协会推出了机动车交通事故在线处理

系统手机客户端，助力北京治理交通拥堵；开展住房养老试点改革，共有12个家庭签约“老年人住房反向抵押养老保险”；农业险产品体系进一步完善，7家政策性农业保险经营主体服务覆盖北京13个区县以及首农集团等龙头企业，实现保费收入5.7亿元，同比增长27.1%；赔款支出为4.5亿元，同比增长8.2%。

3. 保险市场秩序继续好转。2015年，北京地区加强人身保险销售从业人员销售资质分类管理，全年共有3.1万人获得分红险和万能险销售资质，1 064人获得投连险和变额年金险销售资质。出台《关于进一步加强人身保险产品销售管理的通知》，首次明确销售保单利益不确定的人身保险产品和保险公司召开产品说明会时须全程录音或录像的监管要求和违规惩处措施。2015年，北京市保险业消费者投诉974件，同比下降81.1%。

4. 费率改革为保险产品创新提供政策支持。在2013年8月普通型人身险完成费率改革后，万能型人身险产品、分红型人身险费率分别于2015年2月和2015年10月完成市场化费率改革，普通型、万能型人身险产品已呈现产品供给丰富、产品价格回落和业务快速增长的态势。另外，商业机动车险市场化改革也将于2016年在全国范围内实施，为产品创新提供了基础。

表4　2015年北京市保险业基本情况

项目	数量
总部设在辖内的保险公司数（家）	55
其中：财产险经营主体（家）	16
人身险经营主体（家）	29
保险公司分支机构（家）	97
其中：财产险公司分支机构（家）	41
人身险公司分支机构（家）	56
保费收入（中外资，亿元）	1 404
其中：财产险保费收入（中外资，亿元）	345
人身险保费收入（中外资，亿元）	1 059
各类赔款给付（中外资，亿元）	507
保险密度（元/人）	6 502
保险深度（%）	6

数据来源：中国保监会官方网站、北京保监局。

（四）债券融资大幅增加，货币市场交易活跃，金融创新不断加快

1. 企业债券净融资占比大幅增加，人民币贷款占比继续下降，外币贷款负增长。2015年，北京地区社会融资规模为15 368.9亿元，其中，人民币贷款增加4 594.9亿元，占地区社会融资规模的比重为29.9%，比2014年同期低7.7个百分点；外币贷款减少1 161.2亿元；委托贷款、信托贷款和未贴现银行承兑汇票合计增加3 289.7亿元，占地区社会融资规模的21.4%，与2014年基本持平；北京地区企业债券净融资为7 179.9亿元，同比大幅增加3 863亿元，占地区社会融资规模的比重为46.7%，比2014年同期高21个百分点；全年企业股票发行额超过1 190.5亿元，同比增加290.1亿元（见图5）。

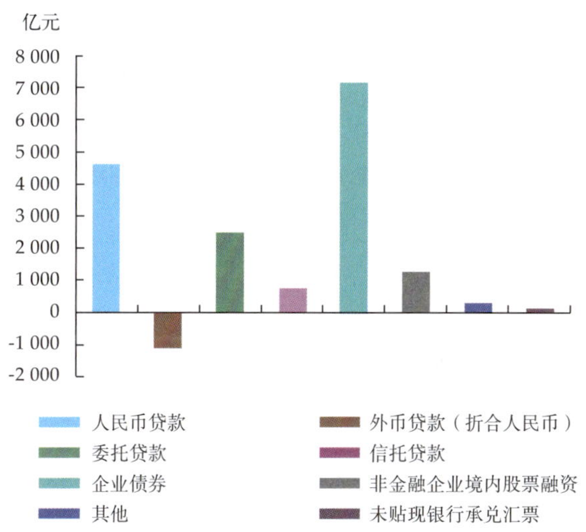

数据来源：中国人民银行营业管理部。

图5　2015年北京地区社会融资规模分布结构

2. 货币市场交易活跃，债券回购增势迅猛，货币市场利率大幅下降。2015年，北京地区金融机构同业拆借和债券回购累计成交444.4万亿元，同比增长126.5%，其中，债券回购成交381万亿元，同比增长133.2%。2015年，人民银行加强价格型货币政策工具运用，引导货币市场利率大幅下降，信用拆借、质押式回购和买断式回购平均利率比2014年分别下降99.9个、102.9个和100.7个基点。

3. 票据市场运行平稳，票据贴现大幅增长，回购式转贴现明显回落。2015年，北京市金融机构累计签发银行承兑汇票同比增长6.9%，累计贴现票据金额同比增长111.9%，回购式转贴现累计转入票据金额同比下降44.2%。2015年年末，银行承兑汇票余额同比增长17.6%，票据贴现余额同比增长25.7%，回购式转贴现转入余额同比下降43.3%。北京地区票据贴现利率震荡走低（见表5、表6）。

表5　2015年北京市金融机构票据业务量统计

单位：亿元

季度	银行承兑汇票承兑		贴现			
			银行承兑汇票		商业承兑汇票	
	余额	累计发生额	余额	累计发生额	余额	累计发生额
1	2 536	1 482	1 774	9 631	149	345
2	2 960	3 414	2 025	29 805	138	777
3	3 078	4 938	2 581	43 350	184	1 101
4	3 110	6 654	2 353	57 743	173	1 461

数据来源：中国人民银行营业管理部。

表6　2015年北京市金融机构票据贴现、转贴现利率

单位：%

季度	贴现		转贴现	
	银行承兑汇票	商业承兑汇票	票据买断	票据回购
1	4.9515	6.2069	5.1190	5.3074
2	3.8694	5.6226	2.8212	4.1313
3	4.3407	5.0074	3.3807	3.5242
4	3.1791	4.6699	3.5164	3.1650

数据来源：中国人民银行营业管理部。

4. 政府债务置换工作稳步推进。2015年，北京市共安排两批地方政府债券置换存量债务，总额度1 006亿元，其中，一般债券592.2亿元、专项债券413.8亿元。2015年，新增债券额度172亿元，其中，一般债券142亿元、专项债券30亿元。安排置换的存量债务包括2015年到期的市区政府债务和部分高融资成本项目的债务本金。按区域分布，市级、区级置换债券额度分别为315.7亿元、690.3亿元，新增债券市级、区级额度分别为95亿元、77亿元。债券发行方式分为定向发行和公开招标发行，额度分别为462.7亿元、716.1亿元。

5. 金融市场创新不断推进，资产管理业务发展迅速。2015年年末，北京地区银行理财产品存续1.6万只，本外币资金余额合计2.7万亿元，同比增长51.8%。受证券市场异常波动影响，银行理财产品减少了股票及其他股权投资类资产的配置，现金及其他存款类资产占比上升。

（五）金融生态环境持续优化，各项工作取得积极成效

首都金融生态环境建设稳步推进。中国人民银行中关村国家自主创新示范区中心支行（国家外汇管理局中关村国家自主创新示范区中心支局）于2015年3月2日正式履职，致力打造国家科技金融新标杆。组建北京市科技金融专业委员会，开展金融支持创业创新、文化金融特色支行评选等专项活动，召开中国文化金融创新峰会，科技金融、文化金融服务体系进一步健全。在中关村核心区开展全国首批外债宏观审慎管理外汇改革试点，积极组织中关村境外并购外汇管理试点，优化跨国公司外汇资金集中运营管理政策，首都贸易投资便利化程度升级。大力推进普惠金融，上线运行北京地区金融消费权益保护信息管理系统，金融消费权益保护工作全面推进。有序开展全额清分情况专项检查，从银行柜台、公安、海关三个方面推进“假币防火墙”建设，净化首都人民币流通环境。在全国率先实现海关加入财税库银横向联网。制定企业征信机构监管实施细则，培育并规范征信市场。组织开展反假币、征信、国库、支付系统、移动金融等专题宣传，提高社会公众的金融意识。牵头开展北京地区打击利用离岸公司和地下钱庄转移赃款专项行动，严厉打击各类制贩假币、洗钱、银行卡犯罪、非法集资以及外汇违法违规行为，有力维护首都金融市场秩序。

二、经济运行情况

2015年，面对错综复杂的外部环境和改革发展的艰巨任务，北京市积极适应经济发展“新常态”，配合供给侧结构性改革，加快转变发展方

式，大力推进京津冀协同发展，有序疏解非首都功能，加快培育“高精尖”经济结构，着力统筹稳增长、促改革、调结构、惠民生、防风险等各项工作，首都经济保持了平稳健康发展的良好态势。初步核算，2015年全市实现地区生产总值22 968.6亿元，按可比价格计算，同比增长6.9%（见图6）。

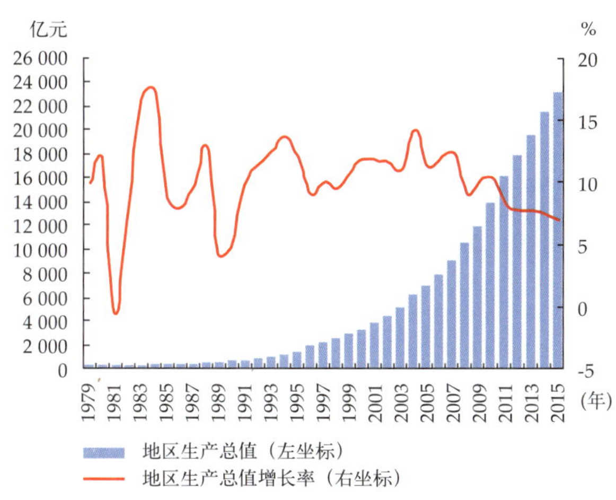

数据来源：北京市统计局。

图6　1979~2015年北京市地区生产总值及其增长率

（一）三大需求协调发展，经济在新常态下平稳运行

2015年，国内外市场环境与支撑首都经济高速增长的要素条件发生了明显改变。在这一背景下，北京市主动适应经济发展“新常态”，促进新兴产业发展，对冲经济下行压力，积极扩大内需，弥补外需不足，引导经济在合理区间平稳运行。第一至第四季度的地区生产总值累计同比增速分别为6.8%、7.0%、6.7%和6.9%，全年地区生产总值增速比上年回落0.4个百分点。从三大需求看，北京市投资稳步增长，消费增速平稳，进出口规模略有收缩。

1. 投资低位回升，投资结构有所优化。2015年，全年完成全社会固定资产投资7 990.9亿元，同比增长5.7%（见图7），增速比上年回落1.8个百分点。从结构看，民间投资为投资增长注入了新的活力，增长25.8%，占全社会投资的比重为41.2%。房地产开发投资保持平稳，增长8.1%。基础设施投资增长7.7%，其中，交通领域、公共服务业、能源领域占比较高。首都功能核心区、城市功能拓展区、城市发展新区等各功能区投资稳步增长。分产业看，三大产业完成投资增速分别为-32.2%、-5.5%和7.8%，投资结构进一步优化。

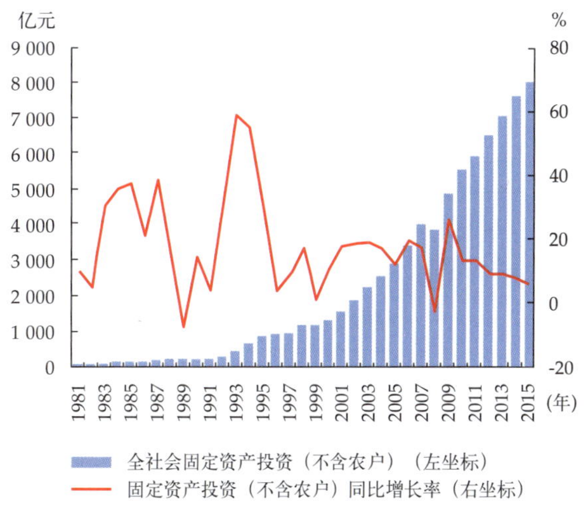

数据来源：北京市统计局。

图7　1981~2015年北京市固定资产投资（不含农户）及其增长率

2. 居民收入稳步增加，消费结构进一步升级。2015年，全市城乡居民收入增长总体稳定，居民人均可支配收入同比增长8.9%。其中，城镇居民人均可支配收入同比增长20.4%；农村居民人均可支配收入同比增长9.0%。全年实现市场消费总额18 646亿元，比上年增长8.7%。其中，服务性消费额8 308亿元，增长10.5%；社会消费品零售总额10 338亿元，增长7.3%（见图8）。消费结构进一步升级。限额以上批发和零售企业中，汽车类、通讯器材类、中西药品类、文化办公用品类、家用电器和音像器材类实现零售额同比增速分别为-4.7%、31.1%、5.6%、10.4%和15.6%，限额以上批发和零售企业实现网上零售额2 016.9亿元，增长40.2%，占全市社会消费品零售总额的比重达到19.5%，拉动全市零售额增长6个百分点，是零售额增长的主要带动力。

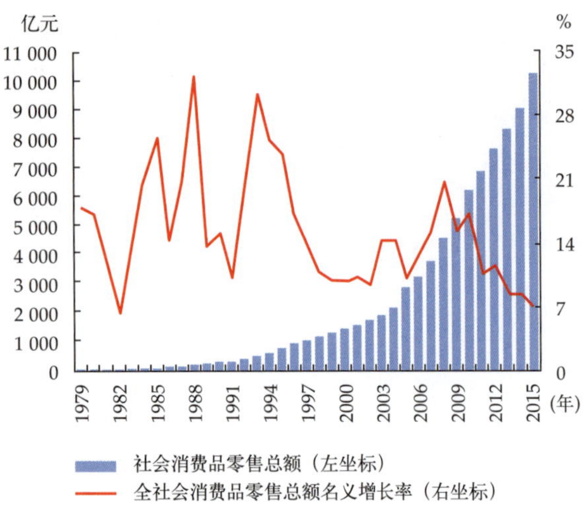

数据来源：北京市统计局。

图8　1979～2015年北京市社会消费品零售总额及其增长率

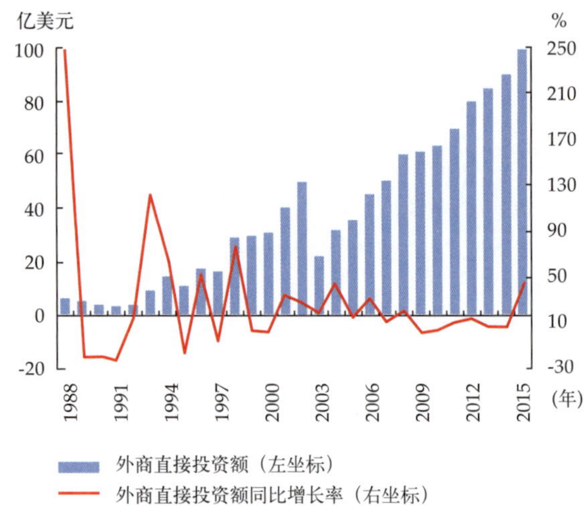

数据来源：北京市统计局。

图10　1988～2015年北京市外商直接投资额及其增长率

3. 进出口有所下降，外商直接投资持续增长。受世界经济复苏乏力的影响，北京地区进出口规模有所收缩。2015年，北京地区进出口总额同比下降23.1%。其中，进口同比下降25%，出口同比下降12.3%（见图9）。外商直接投资额130亿美元，同比增长43.8%，连续十四年实现增长（见图10）。作为全国首个服务业扩大开放综合试点城市，北京市科学技术服务、互联网和信息服务、文化教育服务、金融服务、商务和旅游服务、健康医疗服务六大领域服务业获得外资青睐，外商直接投资额95.5亿美元，增长62.5%，占全市吸收外资总量的73.5%。

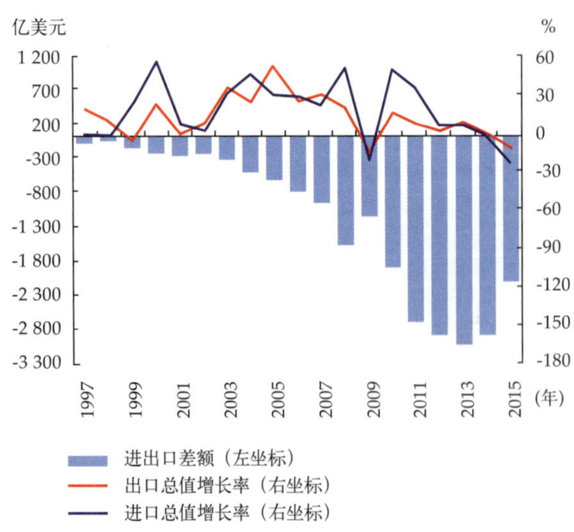

数据来源：北京市统计局。

图9　1997～2015年北京市外贸进出口变动情况

（二）产业结构调整深入推进，经济运行质量进一步提升

2015年，北京市持续促进产业结构优化升级，第一、第二、第三产业增加值同比增速分别为-9.6%、3.3%和8.1%。

1. 传统农业继续收缩，都市型农业稳步发展。2015年，北京市积极推进农业调结构、转方式、发展高效节水农业。传统农业规模进一步收缩，产量下降。农林牧渔业总产值368.2亿元，同比下降12.3%。粮食播种面积减少，粮食总产量下降2%。符合城市功能定位的观光休闲农业等都市型农业稳步发展。全年观光园实现收入同比增长5.6%；民俗游实现收入同比增长14.2%；设施农业实现收入增长8.2%。

2. 工业生产缓中趋稳，企业利润有所提升。2015年，全市实现工业增加值3 662.9亿元，比上年增长1%，其中，规模以上工业增加值增长1.0%。重点行业中，汽车制造业增加值增长8.3%，计算机、通信和其他电子设备制造业增加值增长7.3%，医药制造业增加值增长7.2%。与此同时，产业结构进一步优化升级，高技术制造业、现代制造业、战略性新兴产业增加值分别增长6.7%、6.3%和1.1%。2015年，全市规模以上工业企业经济效益综合指数为303.3，比上年提高2.8个点，实现利润1 580.3亿元，比上年增长6.0%（见图11）。

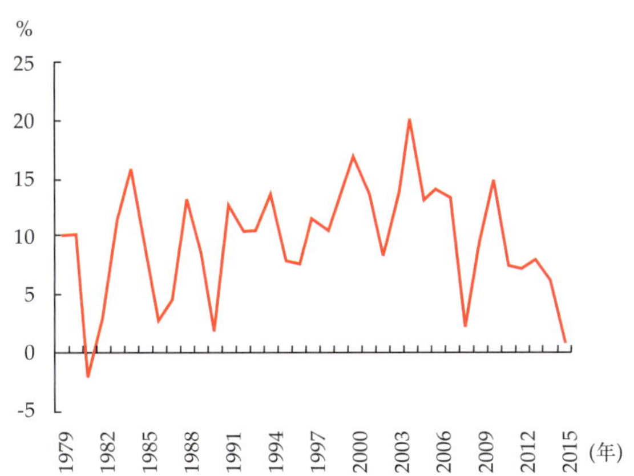

数据来源：北京市统计局。

图11　1979～2015年北京市规模以上工业增加值同比增长率

3. 服务业增势平稳，产业结构优化。2015年，北京市服务业发展向好。其中，金融、信息、科技服务业等优势行业增长较快。金融业增长18.1%；信息传输、软件和信息技术服务业增长12%；科学研究和技术服务业增长14.1%。此外，公共服务业虽规模较小，但增势较好。其中，卫生和社会工作增加值增长13.7%，水利、环境和公共设施管理业增加值增长13.3%，教育增加值增长11.8%。

（三）价格涨幅基本稳定，工业生产者价格持续下降

1. 居民消费价格稳定，消费结构转变。2015年,全市居民消费价格总水平同比上涨1.8%，涨幅比上年提高0.2个百分点。八大类商品和服务项目价格“七升一降”：食品类价格上涨1.6%，烟酒及用品类上涨2%，衣着类上涨3.6%，家庭设备用品及维修服务类下降0.1%，医疗保健和个人用品类上涨0.2%，交通和通信类上涨2.8%，娱乐教育文化用品及服务类上涨0.8%，居住类上涨2.6%。与2014年食品类价格大幅增长不同，衣着类、交通和通信类以及居住类上涨较快，这体现了居民消费结构的变化，同时也表明随着房地产市场的逐渐回暖，居住类价格增速回升（见图12）。

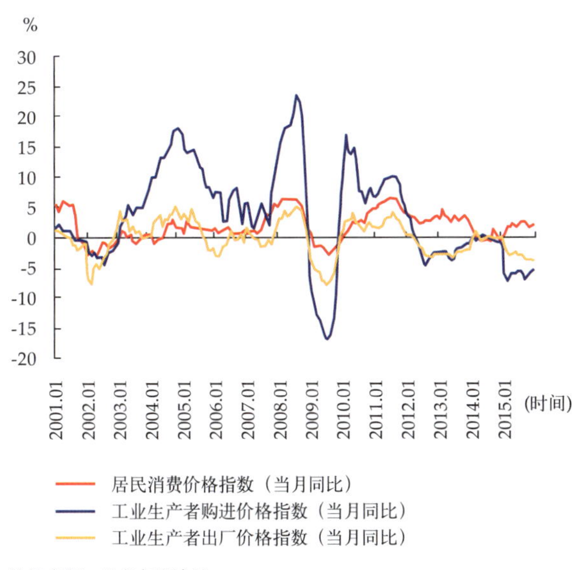

数据来源：北京市统计局。

图12　2001～2015年北京市居民消费价格和生产者价格变动趋势

2. 工业生产价格进一步回落，降幅有所增加。2015年，北京市工业生产者出厂和购进价格延续了2014年的回落态势，工业生产者出厂价格指数同比下降3.1%，降幅比上年扩大2.2个百分点，低于全国2.8个百分点。工业生产者购进价格指数同比下降6.3%，降幅比上年提高5.1个百分点，降幅低于全国0.5个百分点（见图12）。

3. 劳动力成本增长平稳，社会保障水平进一步提高。2015年，北京市居民人均工资性收入为30 241元，同比增长9.7%，其中，城镇居民人均工资性收入为32 568元，同比增长9.8%；农村居民人均工资性收入为15 491元，同比增长8.6%。就业形势保持稳定，城镇新增就业42.63万人，比上年减少0.02万人，城镇登记失业率为1.39%。社会保障水平进一步提高，六项社会保险待遇标准联动调整：企业退休职工基本养老金人均平均增幅10%左右；城乡居民基础养老金、福利养老金增幅分别为

9.3%和10%；伤残津贴增幅9.8%；失业保险金增长10.3%；企业最低工资标准增幅10.3%。

4. 资源性产品价格改革继续深化，利用价格杠杆促进资源节约。差别电价政策逐步完善，对限制类、淘汰类企业执行更严格的差别电价，从原来的每千瓦时加价0.3元和0.1元，提高额度到0.5元和0.2元。单位能耗超过限额标准1倍以上或以内，将分别比照淘汰类或限制类加价标准执行。2015年4月1日起管道天然气非居民销售价格统一上调0.13元/立方米，相应的调整供热价格和热力出厂价。2015年11月20日降低非居民用天然气门站价格，规定城六区非居民气价每立方米降低0.62元，郊区非居民气价每立方米降低0.86元。这是北京市首次实施区域差别化资源能源价格政策，通过价格差异引导产业有序调整转移，促进区域协调发展。

（四）财政收支平稳增长，财政支出结构进一步优化

2015年，北京市财政收入保持平稳较快增长态势。地方公共财政预算收入为4 723.9亿元，比上年同口径增长12.3%，财政收入运行保持在合理区间。从收入结构看，增值税、营业税、企业所得税、个人所得税四大主体税种分别增长10.7%、11.0%、11.9%和24.7%。全年地方公共财政预算支出为5 751.4亿元，增长27.1%。公共服务重点领域投入力度加大，其中，用于城乡社区、节能环保、交通运输、社会保障和就业的支出分别增长77.9%、42.1%、37.8%和37.6%（见图13）。

（五）生态建设大力推进，非首都功能疏解有序推进

2015年，北京市全面提升生态文明建设。在

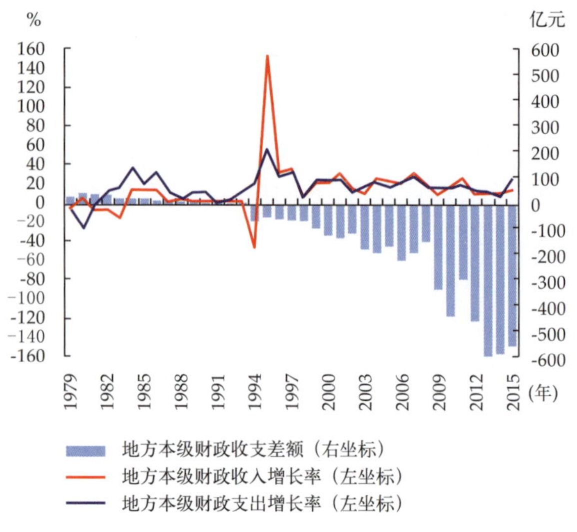

数据来源：北京市统计局。

图13 1979～2015年北京市财政收支状况

节能环保方面，北京市利用再生水量9.5亿立方米，占到全市用水总量的1/4，超过地表水，成为了全市稳定的“第二水源”。污水治理不断推进，城镇污水处理率为87%，比上年提高0.9个百分点。垃圾无害化处理率提高，根据垃圾清运量计算的生活垃圾无害化处理率为99.8%，比上年提高0.2个百分点。在大气污染防治方面，北京市细颗粒物（PM2.5）和可吸入颗粒物（PM10）年均浓度值分别比上年下降6.2%和12.3%。二氧化氮和二氧化硫年均浓度值分别比上年下降11.8%和38.1%。北京市林木绿化率达到59%，比上年提高0.6个百分点。森林覆盖率达到41.6%，比上年提高0.6个百分点。城市绿化覆盖率达到48%，比上年提高0.6个百分点。在产业调整方面，坚持北京非首都功能有序疏解，修订发布2015年版新增产业的禁止和限制目录，全市禁限比例由32%提高至55%。共关停退出一般制造业和污染企业326家，撤并清退150家相关市场。

专栏2 人民银行中关村中心支行以创新树立区域金融新标杆

为顺应“新常态”背景下国家创新驱动发展战略要求，发挥中关村在全国创新发展中的示范引领作用，满足示范区内多样化的金融服务需求和金融监管要求，2015年3月，中国人民银行中关村国家自主创新示范区中心支行正式履职。这是人民银行成立的首家跨行政区域

的功能性地市中心支行。

一、创新履职方式和管理模式，突出功能性职能定位

中关村中心支行突破人民银行和外汇局现有建立在行政区域基础上的业务系统、制度办法、统计框架、监管对象，在业务开展、科室设置、人员管理上立足于功能性职能定位，一人多岗、一岗多责。内部管理上依托营业管理部，实行集约化管理，突出对外履职。创新人才培养机制和考核体系，搭建内部导师制、行内专业知识培训制、行外专家培训制等复合培训机制，将专业能力和成果作为人才评价的重要标准，建立以业绩和成果为核心，由品德、知识、能力为要素构成的人才评价标准体系。

二、围绕科技金融工作主线，促进科技与金融深度融合

（一）实施先行先试政策，打破科技企业跨境投融资瓶颈

外债宏观审慎管理政策落地中关村核心区以来，中关村中心支行通过积极宣传、优化流程、创新模式、优化升级、密切监测、及时反馈等多种手段确保政策执行效果。全年为44家试点企业办理67笔外债试点业务，金额合计20.43亿美元，参与试点业务企业一年可节约财务成本合计超过3亿元人民币。试点政策在拓宽企业资金来源、降低融资成本、改善投融资环境等方面起到了积极作用，提升了国际竞争力与地区软实力。

（二）以专营机构评估工作为抓手，推动科技金融专业化发展

中关村中心支行首次在中关村示范区探索开展科技金融专营机构评估工作，并以此为抓手，构建科技金融工作长效机制。制订了评估方案，设定了定量、定性和外部评价三类指标。2015年度，16家银行的47家专营机构参与首次评估，12家专营机构被评为A档。

（三）创新金融服务模式，打造良好的科技金融生态环境

寓管理于服务，不断提升金融服务的精细化和专业化水平。通过建立驻点培训机制、考核通报机制、定期约谈机制等，加强对辖内银行机构的业务指导；实行人民币和外汇柜台综合柜员制，通过一口接入、统一办理，实现柜台业务一站式服务，切实提高了服务效率，较好地发挥了央行金融服务的一线窗口作用。以核心企业为突破口，组织推动央企集团使用应收账款融资服务平台，盘活科技型中小企业应收账款等动产资源。推动园区信用环境建设，采取多种方式积极推动政府相关部门在行政管理中使用信用报告等征信产品，举办各类征信宣传活动，普及征信知识，提升信用意识，打造良好的信用环境。

（四）拓展科技金融视野，探索综合化的科技金融监测机制

中关村中心支行率先构建包括“跨行政区划的中微观金融统计监测框架”、“征信数据应用监测”、“科技金融专项监测和季度监测”、“本外币一体化监测”等在内的多维度综合化的科技金融监测体系，准确、全面、及时掌握中关村示范区内科技金融发展状况。

三、示范带动作用显著，优质科技金融资源进一步聚集

中关村中心支行自履职以来，已成为中关村示范区金融聚集新标杆，引导区域内金融资源聚集、促进辖区内金融机构整合升级。农业银行调整中关村地区机构设置，设立了中关村分行；华夏银行和兴业银行分别设立中关村管理部；中国银行调整其中关村支行的管辖范围，并在支行内部增设贸易金融部，统筹协调示范区相关业务；北京银行设立小巨人创客中心，为创新创业者提供多方位支持；另有多家银行表示，计划在中关村示范区内设立科技金融特色支行。中关村中心支行的履职，有助于推动示范区内金融机构科技金融组织、机制和产品创新，拓宽适合科技创新发展的多元化融资渠道。

（六）主要行业分析

1. 自住和改善性住房需求释放带动北京市房地产市场回暖。房地产开发投资同比增速逐月回落，开发企业资金来源压力缓解。2015年，北京市完成房地产开发投资同比增长8.1%，比2014年下降4.2个百分点，房地产开发投资同比增速整体呈逐月下降态势；占全社会固定资产投资的比重为52.9%，比2014年提高1.2个百分点。房地产开发企业项目到位资金同比增长8.2%，2014年为减少7.8%；其中，金融贷款同比减少5.6%，定金及预收款、自筹资金同比分别增长0.8%、20%。

商品住房未来供给指标均有所下降，保障性住房建设任务超额完成。2015年，商品房新开工面积同比增加11.5%，其中，住宅新开工面积同比减少8%；商品房竣工面积同比减少13.8%，其中，住宅竣工面积同比减少23.6%；累计出让居住用地规划建筑面积同比减少4.1%，土地购置面积同比减少41.9%。2015年，保障性住房新开工10.8万套，竣工8.2万套，完成投资713.1亿元，分别完成全年计划任务的103.3%、102%、111.4%； 2015年年末，北京共出让自住型商品住房用地60宗，规划建筑面积570万平方米，可建设约6万套自住房。

商品房销售额、销售面积同比由负转正，待售面积略有增长。2015年，商品房销售额同比增长28.4%，2014年减少22.4%；其中，住宅销售额同比增长19.5%，2014年减少13.6%。商品房销售面积同比增长6.6%，2014年为同比减少23.3%；其中，住宅销售面积同比减少1.2%，降幅比2014年缩小15.1个百分点。2015年年末，商品房待售面积同比增长5%，其中，住宅待售面积同比增长0.3%。8月北京市进一步严格通州区住房限购政策，政策出台后效果明显，市场恢复常态（见图14）。

商品住房价格稳中有升，租金水平涨幅放缓。2015年，在一系列信贷和财税政策的支持下，居民家庭购买自住型、改善型住房的需求不断释放，商品住房成交量大幅回升，价格稳中有升。国家统计局公布的房价指数显示，北京市新建商品住房、二手住房价格环比从3月开始由负转正，连续9个月上涨，同比分别从7月、5月开始由负转正。住房平均租金同比上涨4.4%，比2014年回落0.4个百分点（见图15）。

房地产贷款同比增速保持较快增长。2015年年末，北京市金融机构本外币房地产贷款同比增长18%，比2014年提高11.8个百分点。房地产开发贷款同比增长8.9%，2014年为下降1.4%，同比增

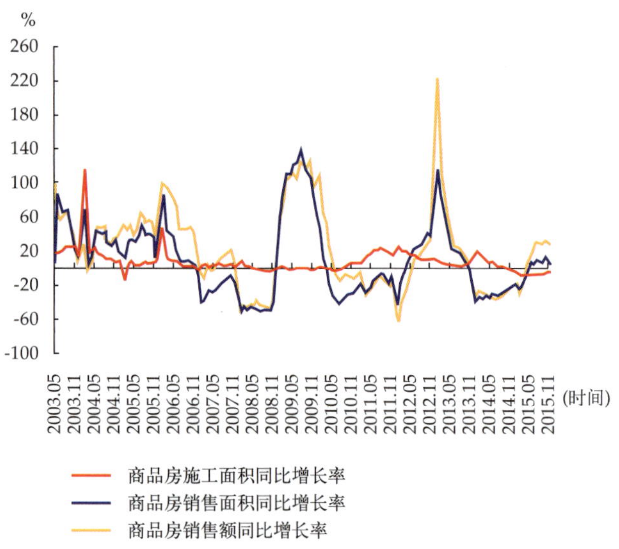

数据来源：北京市统计局。

图14　2003～2015年北京市商品房施工和销售变动趋势

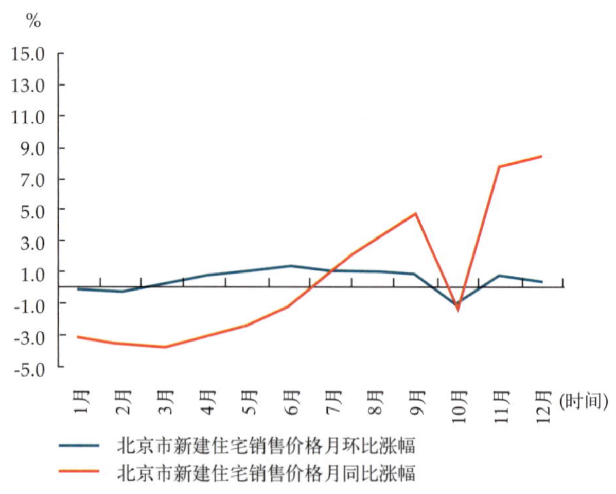

数据来源：北京市统计局。

图15　2015年北京市新建住宅销售价格变动趋势

速自2015年2月以来持续正增长。个人住房贷款余额同比增长30.3%，比2014年提高19个百分点；受住房成交活跃及信贷条件相对宽松的影响，个人住房贷款持续快速增长。2015年，辖内中资银行累计发放保障性安居工程贷款是2014年的2倍；人民银行通过抵押补充贷款支持国家开发银行加大棚户区改造贷款投放力度取得积极成效。

2. 文化创意产业作为北京市支柱产业的地位进一步巩固。2015年，在宏观经济下行压力持续加大的背景下，文化创意产业增加值仍然实现8.7%的同比增速，占地区生产总值的比重为13.4%，比上年提高0.2个百分点。2015年年末，北京市中资银行文化创意产业人民币贷款余额948.4亿元，同比增长31.9%；全年累计发放1 014.9亿元，同比增长23.3%。

3. 北京市建设全国科技创新中心迈向新征程。2015年，北京市高技术产业增加值同比增长9.3%，占地区生产总值的比重为22.6%，比上年提高0.4个百分点。规模以上高技术制造业工业增加值同比增长6.7%，占规模以上工业增加值的比重达到21.3%，比2014年提高0.5个百分点。全年新创办科技型企业突破4万家，累计超过36万家；其中，国家高新技术企业突破1.2万家，数量继续居全国首位。中关村国家自主创新示范区2015年实现总收入4万亿元，“十二五”期间年均复合增长率超过20%。全市科技金融服务水平持续提升，科技金融服务体系不断完善。2015年年末，北京市中资银行高新技术产业人民币贷款余额2 819.0亿元，同比增长5.6%；科技型上市企业总数达281家，“新三板”挂牌企业累计763家；天使投资、创业投资（VC）等的投资案例数和投资金额均居全国前列。

三、预测与展望

2016年是“十三五”规划的开局之年，也是北京市落实首都城市战略定位，推进结构性改革攻坚之年。

总体看，2016年北京市经济发展面临不少困难和挑战，但也有许多有利条件。从国际环境看，世界经济仍将处于深度调整期，环境依然复杂多变。发达国家经济温和复苏有助于稳定我国出口，大宗商品价格回落有利于降低我国进口成本，但美、欧、日等主要发达经济体货币政策分化加剧，未来全球经济和金融市场动荡的可能性加大，而国际政策博弈的日趋加剧也会对我国对外贸易产生较大影响。从国内环境看，虽然新旧经济增长动力切换尚需时日，市场需求总体偏弱，下行压力仍然较大，但我国经济长期向好的基本面没有改变，全面推进改革必将释放新的发展活力，为首都经济发展提供有力支撑。

从自身发展看，北京市作为现代化国际大都市，发展优势更加明显、前景更加广阔，转型升级发展潜力巨大。围绕“十三五”规划战略部署，北京市将深入落实首都城市战略定位、推进京津冀协同发展、加强生态建设、加快创新驱动发展、提升城市治理能力、增进民生福祉。根据规划，2016年北京市重点工程建设将迎来新的发展阶段，通州行政副中心、新机场项目、高速公路及轨道交通工程等一批突出首都城市战略定位、推动京津冀协同发展的战略项目的落地为首都经济发展提供了有利的外部保障；中关村国家自主创新示范区发挥首都科技智力优势，广泛吸引、集聚国内外高层次人才，提高自主创新能力，为首都经济发展提供了强大的内生性支持；以金融业为代表的首都现代服务业已经颇具规模，在全市国民经济中所占的比重越来越高，随着相关改革开放措施的进一步推进，现代服务业将为首都经济提供新的增长支撑点。

从需求动力看，作为“十三五”开局之年，规划中重大建设项目将逐步启动，项目储备较为丰富，全市良好的财政状况和较为丰富的金融资源也能够提供资金支持，2016年北京市固定资产投资将继续保持较高水平。消费方面，居民收入增加使得消费稳定增长的基础更加坚实，在扩大服务型消费供给的基础上，社区消费、电商消费等新兴消费模式和旅游、休闲、文化、养老医疗等消费热点将持续升温。对外贸易方面，随着服务业扩大开放综合试点工作的全面推进和《北京市参与建设丝绸之路经济带和21世纪海上丝绸之路的实施方案》出台，预期外贸进出口形势将好于2015年。

从金融运行情况看，2016年北京市金融业发展环境将进一步优化，各类金融机构在京发展空间将明显扩大，金融市场配置资源的功能将得到增强；首都良好的经济基础，将有利于地区社会融资规模保持适度增长，满足首都经济发展的合理资金需求；在信贷政策引导下，首都金融业将继续加大对高科技产业、文化产业和战略新兴产业发展的支持，大力发展绿色信贷，支持节能减排和淘汰落后产能，全面改进和完善对小微企业、"三农"的金融服务，严格落实差别化住房信贷政策，推动房地产市场健康发展。

2016年，中国人民银行营业管理部将全面学习贯彻中央经济工作会议精神，认真落实人民银行工作会议各项部署，积极适应经济发展"新常态"，坚持稳中求进的工作总基调，紧紧围绕结构性改革五大任务，认真贯彻落实稳健的货币政策，引导资金更多投向实体经济，切实防范和化解金融风险，着力提升金融服务水平，促进首都经济金融更高质量、更有效率、更加公平、更可持续发展。

中国人民银行营业管理部货币政策分析小组

总　纂：周学东　严宝玉

统　稿：魏海滨　张　丹

执　笔：邓凯宏　王　凯　刘文权　李艳丽　赵晓英　王　瑞　孙　丹　苏乃芳　盖　静　李　淼
张向军　吕潇潇　童怡华　王新宇　单　方　卢　静　张英男　周　翔　朱　睿

提供材料的还有：李海辉　周　丹　黄美娟　唐　均　张　煜　李晓闻

附录

（一）2015年北京市经济金融大事记

3月2日，中国人民银行中关村国家自主创新示范区中心支行（国家外汇管理局中关村国家自主创新示范区中心支局）正式履职。

4月3日，北京地区市场利率定价自律机制正式成立，发布市场利率定价自律机制工作指引和自律公约。

5月21日，国务院批复同意在北京市开展服务业扩大开放综合试点。

6月1日，北京外汇管理部正式在北京辖区实施直接投资外汇登记、外汇资本金意愿结汇两项改革。

7月11日，中共北京市委第十一届委员会第七次全体会议正式明确在通州建设北京市行政副中心。

9月15日，京津冀三地签署《京津冀协同发展金融服务战略合作框架协议》。

10月29日至11月1日，第四届金融街论坛暨第十一届北京国际金融博览会在北京展览馆举行。

11月25日，《中共北京市委关于制订北京市国民经济和社会发展第十三个五年计划的建议》经市委十一届八次全会审议通过。

12月8日，北京文化产权交易中心正式上线。

12月28日，全国首个并购空间载体“中关村并购资本中心”正式揭牌成立。

（二）2015年北京市主要经济金融指标

表1　2015年北京市主要存贷款指标

		1月	2月	3月	4月	5月	6月	7月	8月	9月	10月	11月	12月
本外币	金融机构各项存款余额（亿元）	112 767.1	112 021.3	114 155.5	118 618.4	124 362.7	125 294.0	133 920.1	131 241.1	127 901.8	132 002.5	131 813.4	128 573.0
	其中：住户存款	25 768.1	26 079.0	26 269.4	26 149.0	25 821.5	26 216.4	26 429.3	26 505.5	26 977.8	26 764.4	26 789.6	27 703.9
	非金融企业存款	41 037.4	39 927.1	40 503.9	41 038.0	41 620.4	42 589.3	43 068.5	44 481.2	43 658.8	42 988.5	44 399.2	46 337.0
	各项存款余额比上月增加（亿元）	-557.2	-745.7	2 134.1	4 462.9	5 744.3	931.3	8 626.1	-2 679.1	-3 339.3	4 100.7	-189.1	-3 240.5
	金融机构各项存款同比增长（%）	12.1	7.7	9.2	9.7	11.9	12.2	18.6	16.4	12.6	14.5	14.8	13.0
	金融机构各项贷款余额（亿元）	54 293.7	54 360.1	54 604.4	55 107.0	55 560.9	55 872.5	59 006.6	60 089.8	58 626.2	60 011.3	58 914.7	58 559.4
	其中：短期	17 778.3	17 748.6	17 984.6	18 083.7	18 173.7	17 932.1	17 926.9	17 818.1	17 340.6	17 268.0	17 391.3	17 907.0
	中长期	31 257.4	31 366.4	31 479.9	31 620.5	31 926.5	32 324.2	32 284.0	32 927.2	33 214.0	33 129.7	33 297.4	33 671.3
	票据融资	1 866.2	1 896.0	1 778.3	1 758.0	1 792.3	1 989.4	2 242.4	2 529.2	2 589.7	2 656.5	2 532.3	2 379.0
	各项贷款余额比上月增加（亿元）	556.4	66.4	244.3	502.7	453.9	311.6	3 134.1	1 083.2	-1 463.7	1 385.1	-1 096.5	-355.3
	其中：短期	101.8	-29.7	236.0	99.0	90.0	-241.6	-5.2	-108.8	-477.5	-72.6	123.2	515.7
	中长期	392.2	109.0	113.5	140.5	306.0	397.8	-40.3	643.3	286.8	-84.3	167.7	373.9
	票据融资	11.8	29.9	-117.7	-20.3	34.3	197.1	253.0	286.8	60.6	66.8	-124.2	-153.3
	金融机构各项贷款同比增长（%）	8.6	7.6	6.8	8.3	8.1	5.6	13.3	15.0	11.3	14.0	10.7	9.1
	其中：短期	27.9	25.2	25.5	25.0	24.5	20.0	20.8	21.2	15.5	14.5	16.3	19.0
	中长期	19.9	19.4	18.7	18.7	19.2	19.9	19.3	20.7	21.1	19.9	18.3	19.0
	票据融资	82.8	93.9	70.0	57.6	36.2	55.4	57.3	57.1	55.1	63.2	40.2	28.3
	建筑业贷款余额（亿元）	1 752.2	1 758.2	1 679.3	1 755.9	1 777.9	1 765.8	1 766.2	1 754.3	1 702.2	1 693.1	1 637.7	1 550.6
	房地产业贷款余额（亿元）	5 259.7	5 327.0	5 319.2	5 308.2	5 397.9	5 587.9	5 632.2	5 680.2	5 704.4	5 640.2	5 669.0	5 607.2
	建筑业贷款同比增长（%）	15.8	13.5	5.1	7.7	5.1	2.8	0.3	0.1	-1.8	-3.9	-5.7	-6.0
	房地产业贷款同比增长（%）	5.8	5.8	4.1	4.1	5.1	8.7	8.9	9.9	8.5	7.1	6.0	6.3
人民币	金融机构各项存款余额（亿元）	108 147.8	107 145.5	109 317.5	113 805.5	119 818.4	121 051.6	129 603.6	126 526.9	123 115.0	127 213.1	127 095.6	123 767.4
	其中：住户存款	25 037.7	25 327.7	25 507.1	25 383.0	25 066.2	25 460.1	25 649.7	25 648.1	26 112.4	25 896.7	25 906.4	26 740.6
	非金融企业存款	38 188.5	36 930.5	37 568.7	38 252.2	39 152.3	40 373.9	40 807.9	41 982.3	41 102.8	40 405.2	41 812.0	43 861.7
	各项存款余额比上月增加（亿元）	-291.3	-1 002.4	2 172.0	4 488.0	6 012.9	1 233.2	8 552.0	-3 076.8	-3 411.9	4 098.1	-117.5	-3 328.2
	其中：住户存款	-268.4	290.0	179.4	-124.1	-316.8	393.9	189.6	-1.6	464.3	-215.8	9.7	834.2
	非金融企业存款	-200.4	-1 258.0	638.3	683.4	900.1	1 221.6	434.0	1 174.4	-879.5	-697.6	1 406.8	2 049.7
	各项存款同比增长（%）	12.3	7.6	9.3	10.4	12.9	13.4	20.2	18.0	13.7	15.6	16.0	13.7
	其中：住户存款	0.0	2.3	0.1	2.0	0.1	-3.3	0.4	0.8	0.1	0.3	1.5	0.7
	非金融企业存款	14.3	7.2	5.3	7.9	10.6	5.7	11.8	14.4	10.4	10.9	14.4	15.9
	金融机构各项贷款余额（亿元）	46 334.7	46 449.2	46 774.2	47 233.6	47 633.7	48 023.7	51 158.2	51 894.6	50 872.1	52 388.3	51 221.0	50 559.5
	其中：个人消费贷款	7 381.9	7 460.3	7 540.1	7 632.3	7 752.8	7 905.1	8 083.8	8 253.7	8 460.6	8 568.3	8 743.0	8 915.9
	票据融资	1 866.2	1 896.0	1 778.3	1 758.0	1 792.3	1 989.4	2 242.4	2 529.2	2 589.7	2 656.5	2 532.3	2 379.0
	各项贷款余额比上月增加（亿元）	796.4	114.5	325.0	459.4	400.1	390.0	3 134.5	736.3	-1 022.5	1 516.2	-1 167.3	-661.4
	其中：个人消费贷款	180.8	78.5	79.8	92.3	120.4	152.3	178.7	169.9	206.9	107.7	174.7	172.9
	票据融资	11.8	29.9	-117.7	-20.3	34.3	197.1	253.0	286.8	60.6	66.8	-124.2	-153.3
	金融机构各项贷款同比增长（%）	9.5	9.8	9.6	11.4	11.1	7.8	17.5	18.5	14.7	17.6	13.4	11.2
	其中：个人消费贷款	16.3	16.7	16.4	16.2	16.5	17.1	18.7	20.0	21.9	22.7	23.8	23.8
	票据融资	82.8	93.9	70.0	57.6	36.2	55.4	57.3	57.1	55.1	63.2	40.2	28.3
外币	金融机构外币存款余额（亿美元）	752.7	793.1	787.7	787.2	742.6	693.9	705.6	737.8	752.5	754.3	737.6	740.1
	金融机构外币存款同比增长（%）	7.1	10.1	6.7	-3.2	-9.3	-14.3	-14.8	-16.8	-11.9	-11.6	-12.9	-7.3
	金融机构外币贷款余额（亿美元）	1 296.9	1 286.9	1 274.8	1 287.8	1 295.4	1 283.8	1 283.0	1 282.7	1 218.9	1 200.6	1 202.9	1 232.0
	金融机构外币贷款同比增长（%）	2.8	-4.4	-7.4	-6.8	-6.1	-5.5	-7.3	-6.5	-9.8	-8.5	-8.5	-8.1

数据来源：中国人民银行营业管理部。

表2　2001～2015年北京市各类价格指数

单位：%

年/月	居民消费价格指数		农业生产资料价格指数		工业生产者购进价格指数		工业生产者出厂价格指数	
	当月同比	累计同比	当月同比	累计同比	当月同比	累计同比	当月同比	累计同比
2001	—	3.1	—	2.0	—	0.5	—	-0.6
2002	—	-1.8	—	-7.6	—	-2.9	—	-3.4
2003	—	0.2	—	2.4	—	4.7	—	1.5
2004	—	1.0	—	6.2	—	14.2	—	3.0
2005	—	1.5	—	2.9	—	11.4	—	1.3
2006	—	0.9	—	-0.9	—	5.5	—	-0.9
2007	—	2.4	—	14.4	—	5.0	—	-0.3
2008	—	5.1	—	12.3	—	15.8	—	3.3
2009	—	-1.5	—	-1.7	—	-11.4	—	-5.6
2010	—	2.4	—	6.5	—	10.5	—	2.2
2011	—	5.6	—	10.7	—	8.4	—	2.3
2012	—	3.3	—	4.7	—	-1.3	—	-1.6
2013	—	3.3	—	4.7	—	-2.2	—	-2.6
2014	—	1.6	—	-0.3	—	-1.2	—	-0.9
2015	—	1.8	—	—	—	-6.3	—	-3.1
2014　1	1.2	3.3	—	—	-0.1	-1.2	-0.2	-1.9
2	0.1	2.5	—	—	-0.4	-1.4	0.9	-1.5
3	-0.2	2.4	-1.1	-1.1	0.0	-1.4	0.3	-1.3
4	-0.4	2.2	—	—	-0.2	-1.3	-0.4	-1.2
5	-0.3	2.2	—	—	0.2	-1.1	-0.5	-1.1
6	-0.2	2.2	2.1	1.0	0.0	-0.9	-0.2	-1.0
7	0.0	2.1	—	—	0.1	-0.7	-0.1	-0.9
8	-0.3	2.0	—	—	-0.2	-0.6	-0.1	-0.9
9	1.0	1.9	-0.3	0.6	-0.5	-0.7	-0.1	-0.9
10	-0.2	1.8	—	—	-0.8	-0.8	-0.2	-0.9
11	-0.1	1.7	—	—	-0.9	-1.0	-0.1	-0.9
12	0.1	1.6	0.2	-0.3	-1.0	-1.2	-0.1	-0.9
2015　1	0.4	0.4			-5.7	-5.7	-1.7	-1.7
2	1.7	1.0			-7.3	-6.5	-2.8	-2.3
3	1.6	1.2			-6.7	-6.6	-3.1	-2.5
4	2.0	1.4			-6.4	-6.5	-3.0	-2.7
5	1.8	1.5			-6.3	-6.5	-2.5	-2.6
6	1.7	1.5			-5.9	-6.4	-2.8	-2.6
7	2.3	1.6			-5.9	-6.3	-3.0	-2.7
8	2.6	1.7			-6.4	-6.3	-3.4	-2.8
9	2.3	1.8			-6.9	-6.4	-3.6	-2.9
10	1.9	1.8			-6.4	-6.4	-3.7	-3.0
11	1.9	1.8			-5.9	-6.3	-3.8	-3.0
12	2.0	1.8			-5.6	-6.3	-4.2	-3.1

数据来源：北京市统计局。

表3 2015年北京市主要经济指标

	1月	2月	3月	4月	5月	6月	7月	8月	9月	10月	11月	12月
绝对值（自年初累计）												
地区生产总值（亿元）	—	—	4 773.5	—	—	10 578.3	—	—	16 002.4	—	—	22 968.6
第一产业	—	—	19.0	—	—	55.6	—	—	98.8	—	—	140.2
第二产业	—	—	937.8	—	—	1 964.9	—	—	2 985.4	—	—	4 526.0
第三产业	—	—	3 816.7	—	—	8 557.8	—	—	12 918.2	—	—	18 302.0
工业增加值（亿元）	—	—	806.2	—	—	1 655.4	—	—	2 479.2	—	—	3 662.9
固定资产投资（亿元）	—	541.2	1 140.4	1 670.0	2 300.3	3 166.7	3 841.7	4 513.3	5 465.7	6 313.6	7 119.7	7 990.9
房地产开发投资	—	319.3	681.9	978.3	1 273.5	1 808.3	2 215.8	2 561.9	3 070.1	3 511.4	3 873.1	4 226.3
社会消费品零售总额（亿元）	—	1 601.1	2 383.4	3 160.8	3 955.0	4 795.8	5 656.7	6 503.6	7 399.7	8 370.6	9 334.8	10 338.0
外贸进出口总额（亿元）	1 828	3 174	4 789	6 461	8 003	9 751	11 506	13 014	14 839	16 362	17 945	19 838
进口	1 526	2 609	4 001	5 418	6 689	8 165	9 678	10 943	12 476	13 706	14 947	16 443
出口	302	566	788	1 043	1 314	1 587	1 828	2 071	2 363	2 656	2 999	3 395
进出口差额(出口－进口)	-1 224	-2 043	-3 213	-4 376	-5 374	-6 578	-7 849	-8 873	-10 112	-11 051	-11 948	-13 047
外商实际直接投资（万美元）	459 000	491 000	544 000	836 000	875 000	1 150 000	1 187 000	1 212 000	1 237 000	1 268 000	1 275 000	1 300 000
地方财政收支差额（亿元）	378.7	471.6	218.4	307.2	376.4	174.4	361.5	324.2	154.2	323.8	-234.4	-554.3
地方财政收入	683.7	961.1	1 259.6	1 789.8	2 214.8	2 542.8	3 095.1	3 399.2	3 691.2	4 202.0	4 452.2	4 723.9
地方财政支出	305.0	489.5	1 041.2	1 482.6	1 838.4	2 368.4	2 733.6	3 075.0	3 537.0	3 878.2	4 686.6	5 278.2
城镇登记失业率(%)(季度)	—	—	—	—	—	—	—	—	—	—	—	—
同比累计增长率（%）												
地区生产总值	—	—	6.8	—	—	7.0	—	—	6.7	—	—	6.9
第一产业	—	—	-0.6	—	—	-16.5	—	—	-8.2	—	—	-9.6
第二产业	—	—	5.6	—	—	4.3	—	—	2.4	—	—	3.3
第三产业	—	—	7.2	—	—	7.9	—	—	8.1	—	—	8.1
工业增加值	—	4.1	4.3	3.2	2.7	2.6	1.2	0.8	0.2	0.5	1.1	1.0
固定资产投资	—	0.6	3.1	3.3	4.2	5.3	5.0	2.6	4.7	5.3	7.1	5.7
房地产开发投资	—	31.0	26.8	22.6	22.3	19.1	18.3	13.3	10.4	10.6	11.3	8.1
社会消费品零售总额	—	7.8	6.6	6.0	5.7	6.0	6.1	6.0	6.3	6.7	6.9	7.3
外贸进出口总额	-25.0	-28.7	-28.1	-27.4	-27.4	-25.1	-24.0	-23.9	-23.3	-23.6	-23.5	-22.3
进口	-27.0	-32.8	-30.8	-29.7	-29.4	-26.9	-25.2	-25.1	-24.4	-24.9	-25.1	-24.2
出口	-13.3	-1.0	-10.7	-12.3	-14.6	-14.0	-16.7	-17.3	-17.1	-16.3	-14.1	-11.3
外商实际直接投资（万美元）	420.0	190.0	110.0	140.0	99.3	120.0	92.9	71.6	57.3	54.2	46.3	43.8
地方财政收入	13.9	12.1	16.5	17.3	18.6	16.5	18.8	19.3	81.8	13.5	12.7	12.3
地方财政支出	1.3	2.5	2.1	15.2	21.6	14.9	19.1	17.8	16.2	14.6	27.6	24.9

数据来源：北京市统计局。

2015年天津市金融运行报告

中国人民银行天津分行货币政策分析小组

[内容摘要] 2015年，面对错综复杂的经济环境和持续的下行压力，天津市主动适应经济发展“新常态”，抢抓五大战略机遇，积极应对各种挑战，全市经济运行总体平稳，质量效益稳步提升，经济结构持续优化，发展活力不断增强，在转型调整中实现新的发展。

全市金融业认真贯彻落实稳健货币政策的要求，加快金融改革创新步伐，大力支持天津自贸区建设，努力提升服务实体经济的能力和水平，全市金融运行平稳，银行业金融机构稳健运行，金融市场健康发展，金融生态环境持续优化，为经济发展营造了良好的金融环境。

2016年，天津将全面贯彻落实党的十八大、十八届三中、四中、五中全会和中央经济工作会议精神，以提高发展质量和效益为中心，以改革创新为动力，增后劲，补短板，促均衡，上水平。全市金融业将认真执行稳健的货币政策，继续优化信贷结构，进一步加快金融改革创新步伐，全力维护地区金融安全与稳定，更加有效地满足经济社会发展需求。

一、金融运行情况

2015年，天津市金融业认真贯彻落实稳健的货币政策，坚持金融创新与风险防范并重，进一步构建和谐、良好的金融发展环境，为天津经济社会发展和国计民生提供了优质、多样的金融服务。

（一）银行业整体较为稳健

1. 资产、负债增速回升。2015年年末，天津市银行业金融机构资产总额为4.5万亿元，同比增速较上年提高5.8个百分点；负债总额为4.3万亿元，同比增速较上年提高6.1个百分点。不良贷款继续“双升”，不良贷款余额为412.0亿元，比年初增加176.3亿元；不良贷款率为1.49%，较年初提高0.53个百分点。银行业地方法人金融机构进一步壮大，金城银行成为国内首批5家民营银行试点之一，年内金融租赁公司、财务公司、汽车金融公司数量均有增加。

2. 存款多增较多。2015年年末，本外币各项存款余额为28 149.4亿元，同比增长11.9%，比上年明显上升，比年初增加2 969.1亿元，同比多增1 552.3亿元。从存款结构看，非金融企业存款和非银行业金融机构存款多增较多，而广义政府存款在财政性存款下降的影响下，同比少增。非银行业金融机构存款增速明显高于其他类型存款。

表1　2015年天津市银行业金融机构情况

机构类别	营业网点			法人机构（个）
	机构个数（个）	从业人数（人）	资产总额（亿元）	
一、大型商业银行	1 234	28 843	11 731.6	0
二、国家开发银行和政策性银行	13	515	3 317.5	0
三、股份制商业银行	315	10 942	9 788.9	1
四、城市商业银行	320	7 914	8 281.5	1
五、小型农村金融机构	587	8 564	3 816.7	2
六、财务公司	5	174	313.4	4
七、信托公司	2	302	87.6	2
八、邮政储蓄银行	416	2 667	951.3	0
九、外资银行	56	1 415	869.2	1
十、新型农村金融机构	80	1 285	285.5	18
十一、其他	11	1 563	5 462.8	10
合　计	3 039	64 184	44 905.9	39

注：营业网点不包括国家开发银行和政策性银行、大型商业银行、股份制银行等金融机构总部数据；大型商业银行包括中国工商银行、中国农业银行、中国银行、中国建设银行和交通银行；小型农村金融机构包括农村商业银行；新型农村金融机构包括村镇银行、贷款公司；“其他”包含金融租赁公司、汽车金融公司、中德住房储蓄银行、金城银行。
数据来源：中国人民银行天津分行、天津银监局。

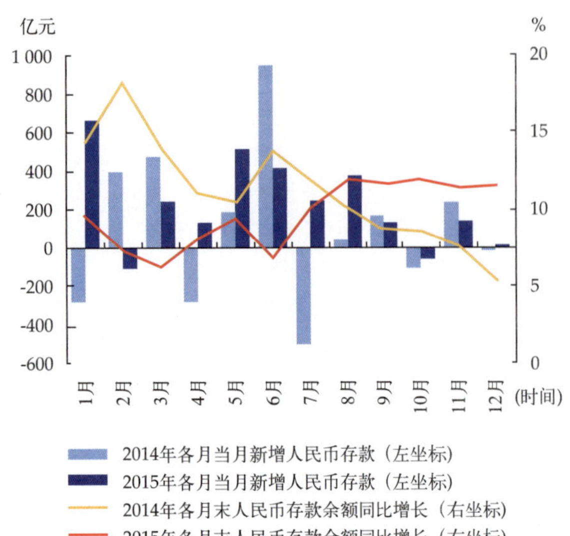

数据来源：中国人民银行天津分行。

图1　2014～2015年天津市金融机构人民币存款增长变化

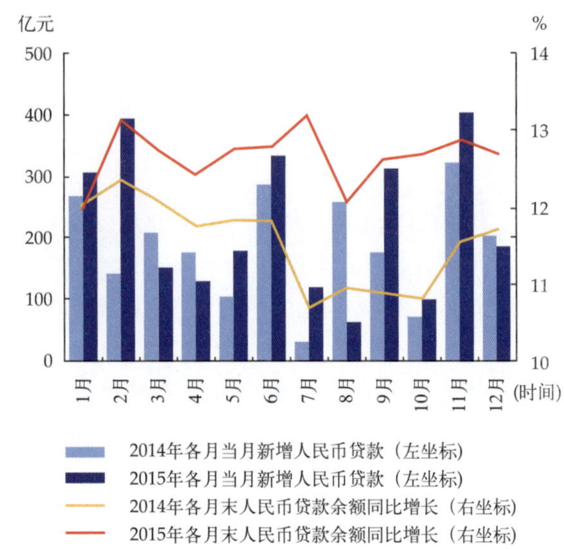

数据来源：中国人民银行天津分行。

图2　2014～2015年天津市金融机构人民币贷款增长变化

3. 贷款平稳增长。2015年年末，本外币各项贷款余额为25 994.7亿元，同比增长11.8%，比上年有所回升，比年初增加2 664.9亿元，同比多增306.2亿元。住户贷款、非金融企业及机关团体贷款均同比多增，而非银行业金融机构贷款比年初下降。其中，非金融企业及机关团体贷款项下的票据融资同比增长37.4%，增速比上年加快。从期限看，短期贷款同比少增，而中长期贷款同比多增393.4亿元。

信贷投向重点突出。累计发放项目贷款2 159.2亿元，同比多发放39.8亿元。小微企业贷款比年初增加718.2亿元，同比多增274.3亿元。消费贷款比年初增加512.8亿元，同比多增249.6亿元。涉农贷款同比增长14.1%，高于贷款平均增速2.3个百分点。保障性住房开发贷款同比增长36.4%，高于房地产贷款增速16.7个百分点。

外币贷款有所减少。受人民币贬值预期及外贸经济等因素影响，2015年年末，外币贷款余额230.0亿美元，增速为-6.6%，比年初下降16.4亿美元，而上年是增加16.0亿美元。其中，短期贷款下降20.6亿美元，中长期贷款下降6.6亿美元，融资租赁有所增加。

4. 存、贷款利率下行。2015年，受五次下调存、贷款基准利率等利率市场化调控政策影响，天津市金融机构人民币一般贷款加权平均利率为5.73%，比上年下降0.93个百分点。其中，1月利率水平最高，11月利率水平最低；全部贷款中，执行下浮利率贷款占比增加，执行基准利率和上浮利率贷款占比减少。人民币存款加权平均利率呈现平稳下行之势，11月下降至年度最低点。

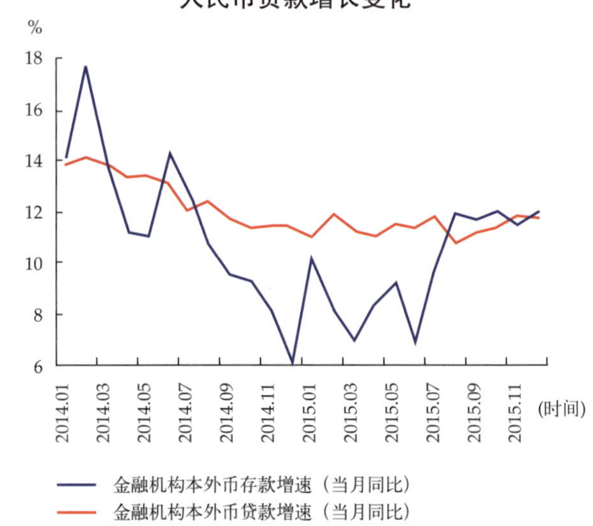

数据来源：中国人民银行天津分行。

图3　2014～2015年天津市金融机构本外币存、贷款增速变化

表2 2015年天津市金融机构人民币贷款各利率区间占比

单位：%

月份		1月	2月	3月	4月	5月	6月
	合计	100.0	100.0	100.0	100.0	100.0	100.0
	下浮	9.7	8.5	12.4	12.7	15.5	19.8
	基准	22.3	25.8	23.1	23.4	24.6	22.8
上浮	小计	68.1	65.7	64.5	63.8	59.9	57.3
	(1.0，1.1]	33.0	34.1	29.4	30.0	26.0	29.7
	(1.1，1.3]	27.0	22.5	26.5	26.3	22.6	18.3
	(1.3，1.5]	6.9	8.0	6.4	5.5	7.9	5.9
	(1.5，2.0]	0.5	0.9	1.3	1.0	2.2	2.6
	2.0以上	0.8	0.3	0.8	1.0	1.2	0.9
月份		7月	8月	9月	10月	11月	12月
	合计	100.0	100.0	100.0	100.0	100.0	100.0
	下浮	13.1	14.2	14.9	16.4	15.5	18.9
	基准	18.0	24.5	28.3	30.5	22.8	31.8
上浮	小计	68.9	61.3	56.8	53.1	61.7	49.3
	(1.0，1.1]	26.3	25.8	25.7	20.3	31.9	18.9
	(1.1，1.3]	26.1	21.2	19.1	18.6	16.4	19.1
	(1.3，1.5]	10.2	9.0	7.2	9.2	8.8	5.5
	(1.5，2.0]	5.3	4.1	4.3	4.5	3.8	3.8
	2.0以上	1.0	1.1	0.6	0.6	0.8	1.9

数据来源：中国人民银行天津分行。

5. 银行业金融机构体制改革稳步推进。大型银行不断健全制度体系，内控和风险管理日趋精细化，组织架构调整突出发展重点。例如，有效发挥内委会监督审议平台作用，实行穿透式管理；提升重点客户授信业务发起层级，逐渐建立客户分层营销体系。中小银行创新推出很多特色产品，产品创新密切贴合形势。例如，推出“小额快捷通——小微企业连续贷”产品，设计了“天津滨海高新技术产业开发区科技型中小企业信用贷款风险补偿机制项下融资模板”。

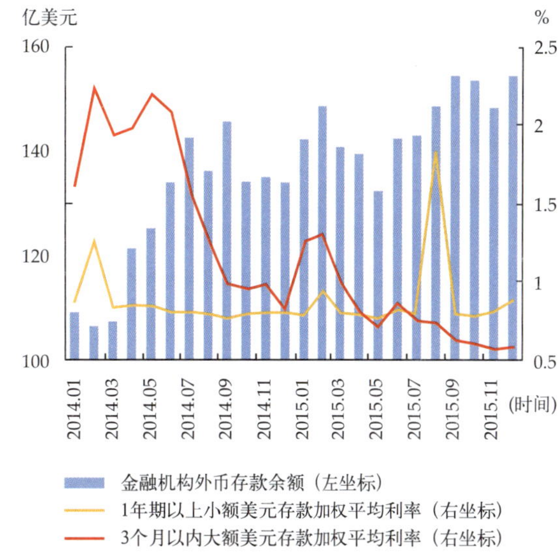

数据来源：中国人民银行天津分行。

图4 2014～2015年天津市金融机构外币存款余额及外币存款利率

专栏1 中小微企业贷款风险补偿机制有效推进

2015年年初天津市制定中小微企业贷款风险补偿机制，由市、区县两级财政筹措60亿元，向金融机构对中小微企业发放的贷款提供风险补偿，为中小微企业融资创造了良好的环境。

一、搭建完备的管理构架和系统平台推进补偿机制

（一）多层级多部门联动发挥合力提供制度保障。天津市组织成立以市领导任组长的中小微企业贷款风险补偿金管理领导小组，市金融局等13个部门为领导小组成员单位。其中，市金融局、市财政局、人民银行天津分行、天津银监局和天津保监局5个部门组成领导小组办公室，抽调专人组成工作组，履行领导小组办公室日常办公职能。同时，建立了区县和金融机构工作机制，各区县政府和相关金融机构也成立各自工作组，主要领导任组长，明确联络人与市级工作组对接。

（二）搭建信息平台创造便利和规范的信息流转机制。开通了“天津市融资信息网”和“天津市中小微企业风险补偿金贷款备案系统”。各区县将企业基本信息和融资需求信息上传至“天津市融资信息网”，合作金融机构将中小微企业贷款备案信息上传至“天津市中

小微企业风险补偿金贷款备案系统”，作为接受补偿的依据。

二、细化规则引导金融机构投向重点领域和薄弱环节

（一）补偿范围倾向融资难问题比较突出的中小微企业。中小微企业贷款风险补偿机制的补偿范围主要包括，金融机构自2015年1月1日起向中小微企业发放的流动资金贷款和技术改造类项目贷款，以及向个体工商户和小微企业主发放的个人经营性贷款。重点支持合作金融机构向无抵押、无质押、无担保的中小微企业发放的信用贷款，以及向未曾取得贷款的中小微企业发放的首笔贷款。

（二）差异化补偿比例突出重点支持领域。风险补偿金补偿比例为合作金融机构中小微企业贷款本金按法定程序核销额的50%。为引导金融机构更精准发力，服务全市重点领域和产业，天津市将金融机构2015年12月1日后对高新技术企业中的中小企业、科技小巨人企业的信用贷款（含知识产权质押贷款），出口型外贸中小企业的信用贷款（含出口信保融资、出口退税账户质押贷款、订单融资、应收账款融资和知识产权质押贷款），涉农中小微企业的信用贷款（含农村土地承包经营权、林权、农业设施抵质押贷款）风险补偿比例提高至70%。

三、金融机构服务中小微企业的“质”与“量”齐升

（一）中小微企业贷款保持快速增长。2015年年末，天津市中小微型企业本外币贷款余额12 073.7亿元，占全部企业贷款余额的57.5%。新增贷款1 130.9亿元，增量占全部企业贷款的63.3%。全年累计在金融局备案的中小微企业和个人经营性贷款共136 745笔，金额为10 532.9亿元。其中，首笔贷款41 514笔，金额为3 053.9亿元；信用贷款35 039笔，金额为1 823.8亿元。

（二）金融机构产品和服务创新不断深化。许多金融机构优化了自身的产品设计和服务流程，例如，“法人按揭”等产品实现快速审批，围绕产业园区、孵化器等批量开展中小微业务；“年审制”贷款产品，解决小微企业流动资金贷款“倒贷难”问题；1+N供应链、政采贷等产品，开辟了中小微企业融资审批“绿色通道”。

6. 跨境人民币业务保持较快增长。2015年，全市办理跨境人民币结算业务3 111.0亿元，同比增长30.8%，占全年银行代客跨境收支总额的25.7%，较上年增加6.2个百分点。共有4 017余家企业办理跨境人民币业务，同比增长54.1%。已与130个国家和地区发生跨境人民币结算业务往来。天津生态城10余家企业与6家新加坡的银行机构签订了跨境人民币贷款意向协议。天津生态城企业在新加坡成功发行人民币债券，是全国首只以境内企业为主体在新加坡发行的人民币债券。

（二）证券期货市场稳步发展

2015年，法人证券公司发展加快，基金公司实力不断增强，期货公司业务发展稳定，上市公司市值稳步增长，“新三板”挂牌公司92家，比年初增加51家。

1. 法人证券公司发展迅速，盈利能力明显提升。2015年年末，法人证券公司总资产同比增长96.7%，总负债同比增长80.6%。全年实现净利润同比增长99%。

2. 基金管理公司规模不断扩大，管理能力进一步提高。2015年年末，法人基金管理公司总资产和净资产分别同比增长47.1%和336%。管理基金总数比上年增加30只。

3. 期货公司资产规模稳步增长，业务发展稳定。2015年年末，天津市法人期货公司总资产同比增长46.3%，全年代理交易量同比增加1 801.7万手。但受期货市场价格竞争激烈的影响，部分公司业务手续费下降，持续亏损。

4. 上市公司市值稳步增长，融资能力有所增

强。2015年年末，天津市境内上市公司总市值为6 221.4亿元，同比增长16.9%；流通市值为5 351.0亿元，同比增长18.3%。全年上市公司融资总额同比增长63.6%。

表3　2015年天津市证券业基本情况

项目	数量
总部设在辖内的证券公司数（家）	1
总部设在辖内的基金公司数（家）	1
总部设在辖内的期货公司数（家）	6
年末国内上市公司数（家）	42
当年国内股票（A股）筹资（亿元）	129.4
当年发行H股筹资（亿元）	0
当年国内债券筹资（亿元）	1 596.7
其中：短期融资券筹资额（亿元）	394.9
中期票据筹资额（亿元）	926.7

数据来源：天津证监局、中国人民银行天津分行。

（三）保险业发展态势良好

2015年，天津市保险公司总资产为1 556.9亿元，同比增长13.6%；保险从业人员为6.36万人，同比增长27.9%，服务社会和经济的作用进一步增强。

1. 财产险公司企业财产保险赔付明显提高。积极办理“8·12”事故赔付，全年财产险公司赔款支出68.0亿元，同比增长11.0%，比上年提高8.7个百分点，其中，企业财产保险赔款支出同比增长137.2%，比上年提高110.1个百分点。

表4　2015年天津市保险业基本情况

项目	数量
总部设在辖内的保险公司数（家）	6
其中：财产险经营主体（家）	2
人身险经营主体（家）	4
保险公司分支机构（家）	61
其中：财产险公司分支机构（家）	26
人身险公司分支机构（家）	35
保费收入（中外资，亿元）	398.4
其中：财产险保费收入（中外资，亿元）	120.3
人身险保费收入（中外资，亿元）	278.1
各类赔款给付（中外资，亿元）	139.5
保险密度（元/人）	2 575.0
保险深度（%）	2.4

数据来源：天津保监局、中国人民银行天津分行。

2. 人身险公司产品结构调整效果显著。2015年，普通寿险实现保费收入126.3亿元，占人身险公司保费收入的45.9%，比上年提高13.3个百分点。分红保险实现保费收入107.9亿元，占人身险公司保费收入的39.2%，比上年下降11.5个百分点。银邮代理渠道实现保费收入122.1亿元，同比增长65.8%。

3. 法人机构偿付能力充足。2015年年末，6家法人保险公司偿付能力充足率分别为171.7%、213.6%、276.0%、296.6%、359.8%和4 444.1%。6家法人保险公司中，5家盈利，其中，2家扭亏为盈；1家亏损。

（四）金融市场健康发展

2015年，天津市金融市场总体运行平稳。直接融资占比上升，货币市场利率总体下行，票据融资保持稳定。

1. 社会融资规模平稳增长。2015年天津市社会融资规模为4 473.8亿元，比上年少345.3亿元。其中，直接融资占比较上年提高1.4个百分点。表外业务增长放缓，银行业金融机构表外融资同比少增532.1亿元。其中，信托贷款同比多增，而委托贷款和未贴现银行承兑汇票均不同程度少增。全年非金融企业债券融资工具发行金额为1 321.6亿元，较上年增加0.3%。2015年，天津在全国银

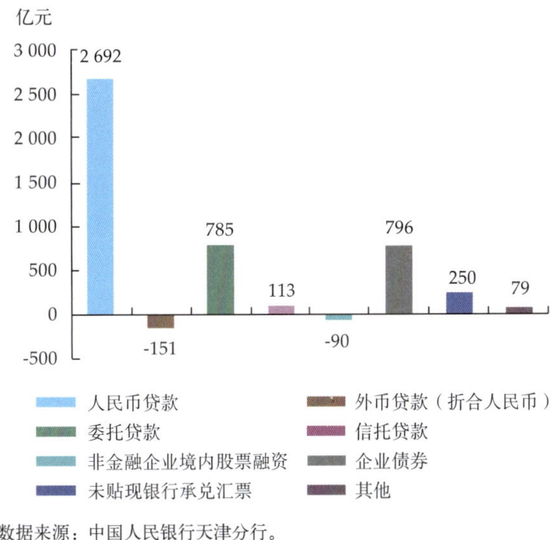

数据来源：中国人民银行天津分行。

图5　2015年天津市社会融资规模分布结构

行间市场发行三单永续票据；成功发行全国首单保障房中期票据。

2. 货币市场交易仍以短期为主，利率有所下降。2015年天津市银行间同业拆借市场累计完成信用拆借1 926笔，同比下降7.9%；累计金额为8 552.8亿元，同比上升37.1%；净融入资金7 202.7亿元，同比增加1.3倍。债券回购交易量继续迅猛增长，累计成交量同比增加1.3倍。

从期限看，市场交易仍以短期为主。隔夜和7天拆借占全部拆借成交金额的86.9%。从价格看，利率均有所降低。从业务分布看，资金集中度有所下降。

3. 票据融资保持稳定。2015年，天津市银行承兑汇票承兑累计发生额为10 199.2亿元，季度间业务量较为均衡；票据贴现累计发生额为5 170.3亿元，占银行承兑汇票承兑累计发生额的50.7%。

表5 2015年天津市金融机构票据业务量统计

单位：亿元

季度	银行承兑汇票承兑		贴现			
			银行承兑汇票		商业承兑汇票	
	余额	累计发生额	余额	累计发生额	余额	累计发生额
1	4 911.0	2 388.8	566.3	1 063.4	25.2	133.5
2	5 393.9	5 412.6	681.0	2 426.8	37.9	235.8
3	5 558.2	7 994.2	854.9	3 553.2	38.2	315.1
4	5 325.7	10 199.2	770.4	4 744.8	51.5	425.4

数据来源：中国人民银行天津分行。

表6 2015年天津市金融机构票据贴现、转贴现利率

单位：%

季度	贴现		转贴现	
	银行承兑汇票	商业承兑汇票	票据买断	票据回购
1	5.47	6.74	5.09	5.17
2	4.08	6.22	3.71	3.69
3	4.06	5.94	4.03	3.48
4	3.40	4.14	4.12	3.26

数据来源：中国人民银行天津分行。

专栏2 天津自贸区金融改革稳步推进

2015年12月9日，中国人民银行正式发布天津自贸区“金改30条”。经国家外汇管理局批复，12月18日，国家外汇管理局天津市分局发布落实“金改30条”的首个实施细则。

自贸区挂牌至2015年年末，自贸区内主体累计新开立人民币银行结算账户11 539个，外汇账户1 715个；跨境收支（含跨境人民币业务）为280.2亿美元，分别占全市和滨海新区跨境收支的19.1%和66.9%，其中，跨境收入128.4亿美元、跨境支出151.8亿美元；结售汇120.8亿美元，其中，结汇43.2亿美元，售汇77.6亿美元；跨境人民币结算业务721.6亿元人民币，分别占全市和滨海新区跨境人民币收支的27.8%和41.5%，其中，跨境收入为404.9亿元人民币、跨境支出为316.7亿元人民币。

目前已有八项创新业务成功办理：一是跨境双向人民币资金池业务，截至2015年年末，天津地区银行为自贸区内企业办理跨境双向人民币资金池业务，成功归集资金171亿元人民币。二是自贸区内A类企业货物贸易收入无需开立待核查账户业务，截至2015年年末，天津地区银行为自贸区内A类企业办理货物贸易收入业务2 846笔，金额为9.2亿美元，均未经过待核查账户。三是直接投资外汇登记下放银行办理，截至2015年年末，天津地区银行为自贸区内企业直接办理外商直接投资（FDI）项下登记157笔，注册资本为87.5亿美元，FDI变更、注销登记25笔，涉及金额4亿美元；境外投资（ODI）登记30笔，协议投资额为107.3亿美元。四是外商投资企业外汇资本金实行意愿结汇，截至2015年年末，自贸试验区企业共办理外汇资本金意愿结汇31笔，金额合计6 390.2万美元。五是外债意愿结汇业务，截至2015年末，自贸试验区企业共办理外债资金意愿结汇业务4笔，金额为5 479.6万美元。六是融资租赁收取外币租金，截至2015年年末，融资租赁类公司境内融资租赁业务收取外币租金28笔，金额为4 631.1万美元。七是为境外机构办理人民币与外汇衍生产品交易业务，截至2015年年末，注册在区内的银行为境外机构办理外汇衍生品交易金额8.2亿美元。八是支持京津冀协同发展，2014年9月，华夏银行在北京、天津、石家庄正式推出京津冀协同卡，持卡人可享受在京津冀部分地区华夏银行网点柜台及ATM办理存款、取款、转账业务均不收取手续费等优惠政策。“金改30条”落地后，市场主体将享受到更加高效、便捷的支付结算、异地存取、信用担保等业务同城化综合金融服务。

（五）金融生态环境建设成效显著

2015年，天津市多措并举，全面推进金融生态环境建设。印发《天津市社会信用体系建设规划（2014～2020年）》。开展基层社会信用环境建设工作综合评价考核、民营中小企业信息征集及评定工作，向金融机构公布86家民营企业信用评价等级A类名单，发布446户农民合作社信用评价名单，推动征信及诚信文化校园普及。全市19家小额贷款公司和融资性担保公司试点接入金融信用信息基础数据库。个人信用报告互联网查询服务需求激增，天津市全年查询量达32万笔。建设完成天津市中小微企业及农村信用信息系统，收录626户中小微企业、342户农民专业合作社信用信息。

天津市支付体系建设进一步完善。大小额支付系统仍占支付清算各系统的主体地位，同城票据清算量进一步萎缩，电子化支付方式的替代作用逐步显现，票据及银行卡等非现金支付工具平稳发展。全市支付机构业务发展迅速，支付机构收单业务清算额已基本与传统银行业平分银行卡受理市场。

金融消费权益保护成效显著。2015年，金融消费权益信息管理系统在全市73家银行业金融机构全面上线运行。目前，已经构建起“12363”投诉电话、12363@126.com投诉邮箱、金融消费权益保护信息管理系统等多维度的金融消费权益保护基础设施。

二、经济运行情况

2015年，天津市主动适应经济发展“新常态”，坚持稳中求进、改革创新，抢抓五大战略机遇，全市经济运行总体平稳，实现生产总值16 538.2亿元，是2010年的1.8倍，人均生产总值超过1.7万美元。生产总值同比增长9.3%，较上年回落0.7个百分点。

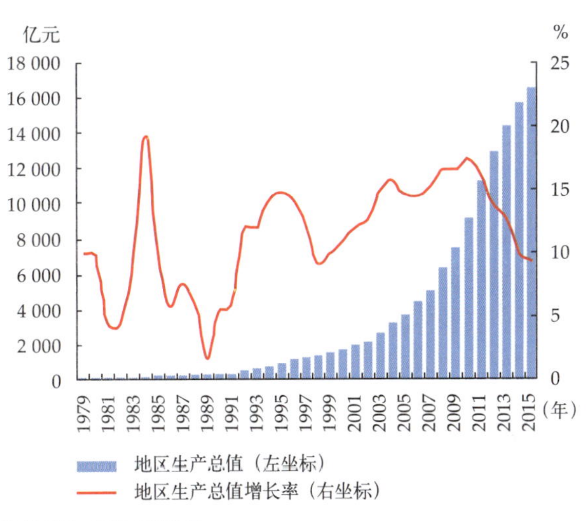

数据来源：天津市统计局。

图6　1979～2015年天津市地区生产总值及其增长率

（一）经济增长动力结构持续优化

2015年，天津市经济稳的态势没有改变，好的因素不断累积。投资结构进一步优化，消费升级趋势明显。

1. 投资总量稳步增加，结构进一步优化。2015年，天津市全社会固定资产投资规模进一步扩大，全年完成投资13 065.9亿元，较2010年翻了一番；整个“十二五”期间完成投资是“十一五”期间投资总量的2.7倍。2015年全年完成投资同比增长12.1%，较上年年末下滑3.6个百分点。

投资增长仍以第三产业拉动为主。2015年，全市城镇固定资产投资中，第三产业投资7 163.9亿元，增长18.1%，比上年提高2.7个百分点。三次产业投资占城镇投资的比重分别为0.8%、41.2%和58.0%；第三产业投资对城镇投资增长的贡献率为81.9%，高于第二产业65.5个百分点，高于第一产业80.4个百分点。其中，第三产业中的卫生、信息、批发零售等服务业投资增长较快，分别增长66.1%、41.4%和39.7%。

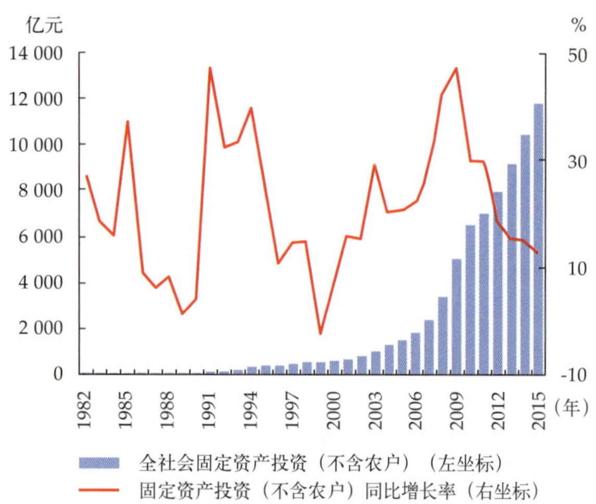

注：图中2011年以前为全社会固定资产投资数据，2011年（含）以后为固定资产投资（不含农户）数据。
数据来源：天津市统计局、《中国经济景气月报》。

图7　1982～2015年天津市固定资产投资及其增长率

实体投资为城镇投资的主要领域。2015年，实体投资7 846.5亿元，增长10.6%，占城镇投资的63.5%；其中，战略性新兴产业投资365.3亿元，增长15.3%，主要投向新能源、新材料、新一代信息技术、高端装备制造等领域。公共产品和服务投入力度加大，基础设施投资2 634.2亿元，增长20.0%，占城镇投资的21.3%，比上年提高1.3个百分点。

到位资金稳步增长。2015年，天津市城镇投资实际到位资金14 630.3亿元，同比增长11.8%，增幅较上年上升0.6个百分点。其中，来自国内贷款2 257.8亿元，同比增长7.1%，较上年同期提高13.1个百分点；自筹资金9 097.1亿元，同比增长16.2%，占本年实际到位资金合计的62.2%，较上年提高2.4个百分点。

2. 居民收入稳定增加，消费升级趋势明显。20项增收措施全面落实，企业养老金实现十一连增，最低工资标准进一步提高。2015年，城镇常住居民人均可支配收入为34 101元，增长8.2%；农村常住居民人均可支配收入为18 482元，增长8.6%。农村居民收入增长快于城镇居民，城乡居民收入差距进一步缩小。

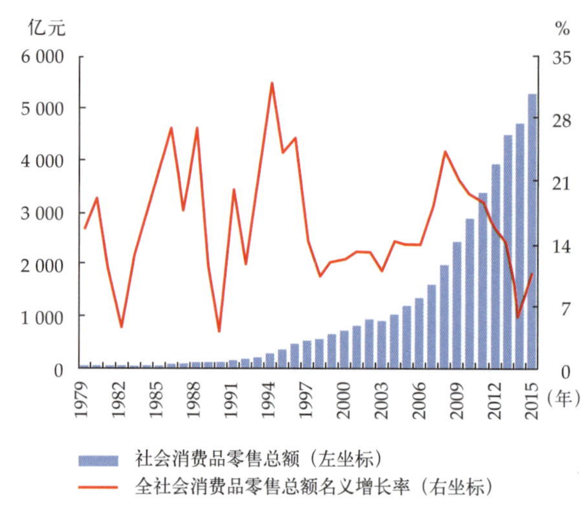

数据来源：天津市统计局。

图8　1979～2015年天津市社会消费品零售总额及其增长率

消费升级趋势明显。2015年，社会消费品零售总额为5 245.7亿元，增长10.7%，比上年加快4.7个百分点。一是宽带和移动互联网提速降费刺激信息消费。二是房地产销售趋好和家居家装更新换代带动相关消费升温。三是文化娱乐、休闲旅游成为新的消费热点。四是大众餐饮消费稳中有升。

3. 外贸进出口同比下降，贸易逆差收窄。2015年，天津外贸进出口总额为1 143.5亿美元，同比下降14.6%，其中，出口511.8亿美元、进口631.6亿美元，同比分别下降2.7%和22.3%，贸易逆差为119.8亿美元，同比减少58.3%。传统市场除对欧盟出口同比增长4.3%外，对美国、韩国、日本出口分别同比下降18.6%、19.8%和10.0%。随着“一带一路”建设的不断深入，天津对沿线国家出口保持快速增长，对东盟出口同比增长28.0%，占全市出口比重上升4.7个百分点。

政策红利初步释放，外商投资保持增长。2015年，天津自由贸易试验区挂牌运营，制度创新全面展开，外商投资稳步增长。天津市新批外商投资企业1 035家，合同外资金额为313.6亿美元，同比增长37.4%，实际直接利用外资金额为211.3亿美元，同比增长12.0%。

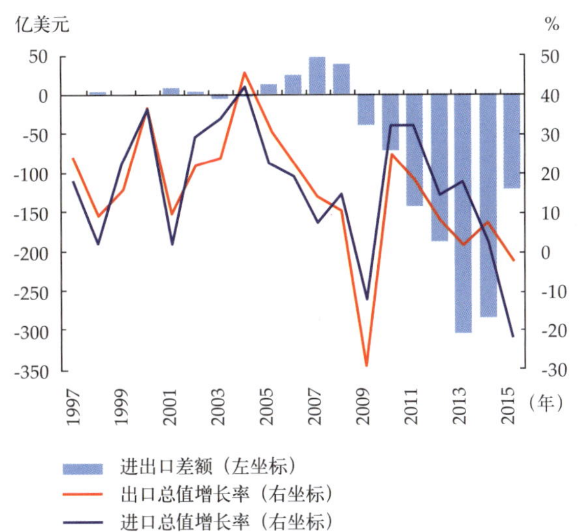

数据来源：天津市统计局。

图9　1997～2015年天津市外贸进出口变动情况

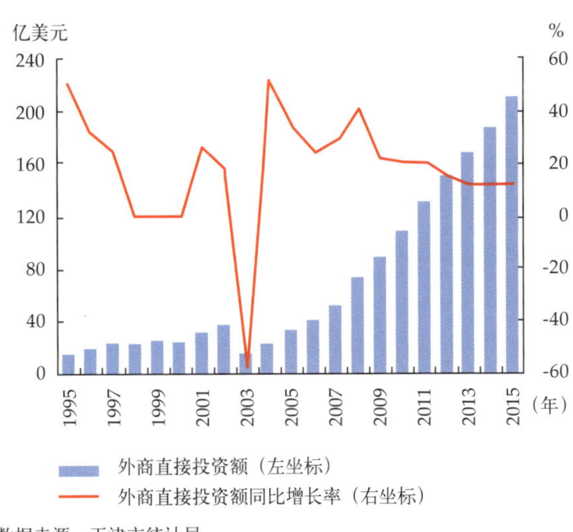

数据来源：天津市统计局。

图10　1995～2015年天津市外商直接投资额及其增长率

（二）产业结构调整取得新突破

2015年，三次产业增加值占全市总产出比重分别为1.3%、46.7%和52.0%，第三产业占比首次超过第二产业，“三二一”产业结构形成。

1. 现代都市型农业发展加快。农业种养殖结构进一步调整，放心菜基地面积达到42.6万亩，观光农业、生态农业成为新亮点。2015年，粮食总产量为181.8万吨，增长3.3%；猪肉产量为29.2万吨，禽蛋产量为20.2万吨，牛奶产量为68.0万吨，蔬菜产量超过460万吨。

2. 工业结构调整继续深化。2015年，全市规模以上工业实现增加值增长9.3%，完成工业总产值28 016.8亿元，增长0.3%。优势产业发展平稳。优势产业完成工业增加值占全市工业的87.9%，同比增长9.4%，拉动全市工业增长8.2个百分点。其中，航空航天、汽车、生物医药、新能源、新材料和环保六个产业合计增加值占全市工业的20.4%，对全市工业增长贡献率为25.5%，拉动工业增长2.4个百分点。此外，装备制造业和消费品制造业比重不断提升，两个产业合计拉动全市工

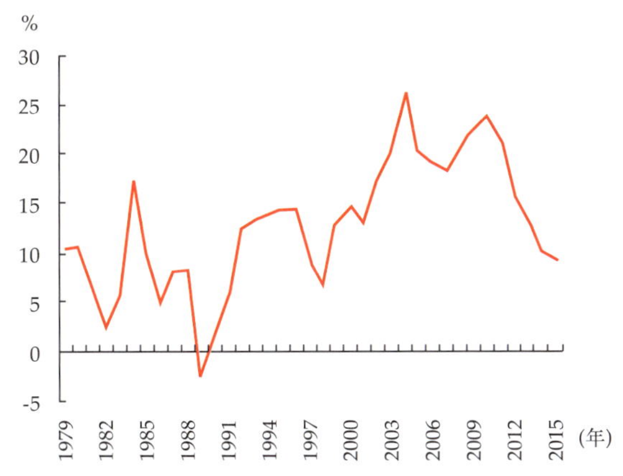

数据来源：天津市统计局。

图11　1979～2015年天津市规模以上工业增加值同比增长率

业增长3.8个百分点。

中小微企业发展势头较好。2015年，在“一助两促”活动带动下，全市规模以上工业中，中小微企业工业增加值增长18.6%，快于规模以上工业9.3个百分点。中小微企业实现工业增加值占全市工业的47.6%，拉动全市工业增长7.9个百分点，对全市工业增长的贡献率为85.0%。中小微企业商品销售额增长15.5%，快于限额以上销售额7.8个百分点。

企业效益相对平稳。2015年，规模以上工业企业利润总额下降2.2%，在39个行业大类中，37个行业盈利，28个行业利润增长。

3. 服务业主导地位初步确立。2015年，服务业增加值占全市生产总值的比重首次超过50%，经济发展由工业主导向服务业主导转变。现代物流快速发展，机场旅客吞吐量达到1 431.4万人次，较上年增加224.1万人次，同比增长18.6%；邮电业务量为321.8亿元，较上年增加77亿元，同比增长32.1%。旅游市场繁荣活跃，共接待国际旅游人数326万人次，同比增长10.1%。楼宇经济稳步增长，全市税收超亿元楼宇达到170座。

（三）价格水平继续回落

1. 居民消费价格基本稳定。2015年，天津市居民消费价格指数累计增长1.7%，高于全国平均水平0.3个百分点，涨幅较2014年下降0.2个百分点。从构成居民消费价格的八大类商品变化来看，呈“六升二降”格局。食品价格依然是推动消费价格指数上涨的主要因素，但影响力明显减弱，服务价格上涨的影响较为明显。

2. 工业生产者出厂价格和购进价格指数延续2012年以来的负增长态势，且降幅进一步扩大。2015年，天津市工业生产者购进价格同比下降7.6%，降幅比上年同期增加4.7个百分点。工业生产者出厂价格同比下降9.7%，降幅比上年增加6个百分点。在39个工业行业大类中，29个行业出厂价格下降，其中，石油开采、石油加工、黑色冶金等重点行业价格分别下降46.1%、24.7%和16.6%。

3. 劳动力成本持续上升。2015年，天津市从业人员人均劳动报酬为78 053元，比上年增长9.6%。其中，民营经济单位从业人员平均工资为53 545元。另外，从2015年4月1日起，天津市最低工资标准调整为每月1 850元、每小时10.6元。

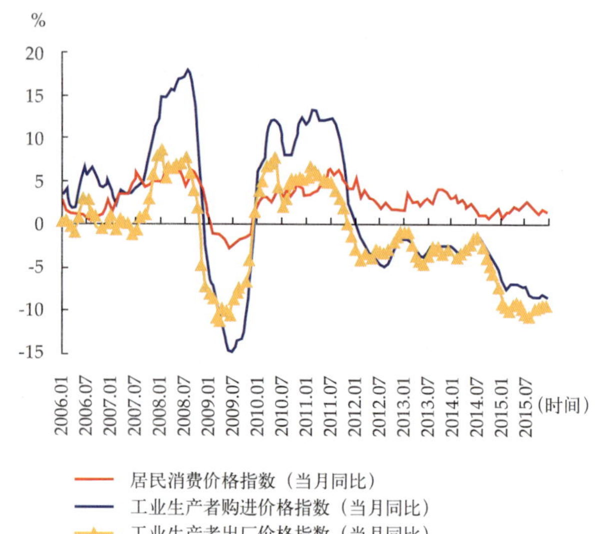

数据来源：天津市统计局。

图12　2006～2015年天津市居民消费价格和生产者价格变动趋势

4. 资源性产品价格改革持续推进。2015年，天津市的油价经历了12次调整。在水、电、天然气价格方面，天津全面实施阶梯价格制度。

（四）民生领域支出力度加大

2015年，一般公共预算收入为2 667.0亿元，增长11.6%；一般公共预算支出为3 231.4亿元，增长12%。

从收入结构看，2015年实现税收收入1 577.9亿元，增长6.1%，占一般公共预算收入的59.2%。从纳税主体看，服务业税收为1 039.3亿元，比重达到65.9%；民营经济税收为1 255.2亿元，比重达到79.5%。从主体税种看，增值税为252.0亿元，下降0.3%；营业税为501.4亿元，增长4.8%；企业所得税为259.9亿元，增长10.7%。

从支出结构看，民生领域投入力度不断加大。2015年，城乡社区事务支出为927.8亿元，增长12.6%，高出一般公共预算支出0.6个百分点；教育和社会保障就业分别支出507.5亿元和314.8亿

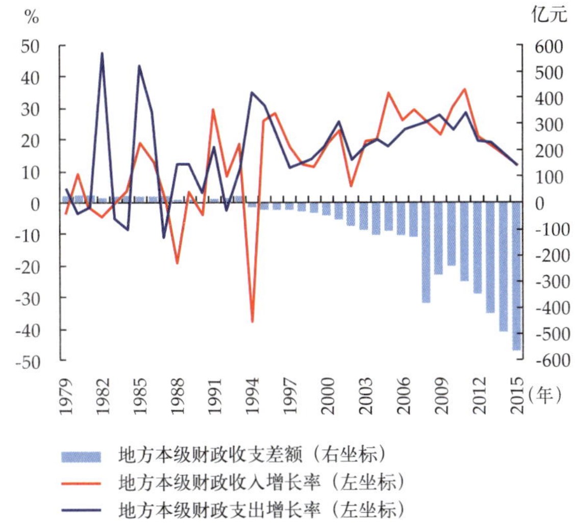

数据来源：天津市统计局。

图13　1979～2015年天津市财政收支状况

元，分别增长12.5%和21.3%，分别高出一般公共预算支出0.5个和9.3个百分点。

（五）节能降耗不断深化

天津积极提高环境保护和治理力度，2015年，规模以上工业综合能耗下降5.2%，万元工业增加值能耗下降13.2%，降幅分别比上年扩大3.3个和2.3个百分点。能源消费结构进一步改善，关停陈塘庄热电厂，规模以上工业煤炭消费量比上年减少520万吨，天然气占一次能源消费量的9.5%，比上年提高3.6个百分点。“四清一绿”行动加快推进，妥善应对重污染天气，据市环保局监测数据显示，PM2.5平均浓度下降15.7%。

全市金融机构也将“绿色银行”作为中长期业务发展目标，如一家商业银行建立信贷退出机制，对不符合节能环保要求的客户和项目实施主动信贷退出，并实施“环保一票否决”，对于环保不达标的企业不予信贷支持；另一家商业银行推出节能减排贷款产品，对符合绿色金融要求的项目提供专项贷款规模支持，并给予比传统信贷更加便捷的审批路径。

（六）房地产市场平稳发展

2015年，天津市房地产市场保持了平稳健康的发展态势。

1. 房地产开发投资增幅放缓，资金来源中利用外资规模下降。2015年，天津市房地产开发累计投资同比增长10.1%，较上年降低4.8个百分点。房地产开发企业资金来源合计4 234.4亿元，同比增长13.6%，其中，国内贷款同比增长16.8%，利用外资同比下降9.0%。

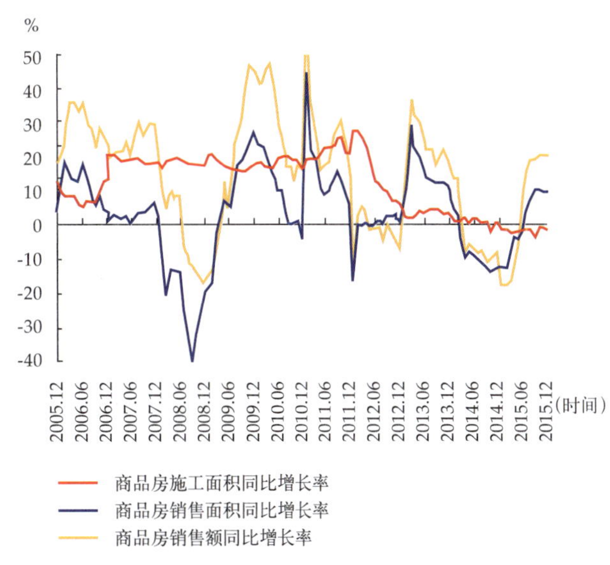

数据来源：天津市统计局。

图14　2005～2015年天津市商品房施工和销售变动趋势

2. 土地供应总量减少，住宅用地成交规模下降。2015年，天津市土地供应总量为1 124.1万平方米，同比下降11.6%。其中，住宅用地出让面积同比下降28.0%，商服用地出让面积同比增长8.5%，保障房用地供应面积同比下降4.1%。同时，房屋累计施工、竣工和新开工面积同比增幅分别较上年减少了1.3个、5.0个和0.1个百分点。

3. 房地产市场销售整体呈现回升态势。2015年，天津市房屋销售面积为3 060.7万平方米，同比增长27.0%。其中，现房及期房累计销售面积同比增长9.8%，二手房累计销售面积同比增长61.7%。

4. 房地产价格上升。2015年，天津市商品住宅销售价格自3月开始逐月回升，全年呈现“前跌后高”、稳步增长的态势。其中，新建商品和二手住宅销售价格环比指数除1月、2月外，全年其他月份均出现环比上涨，平均增速分别为0.27%和0.32%；新建住宅销售价格同比指数则自10月之后出现环比上涨。

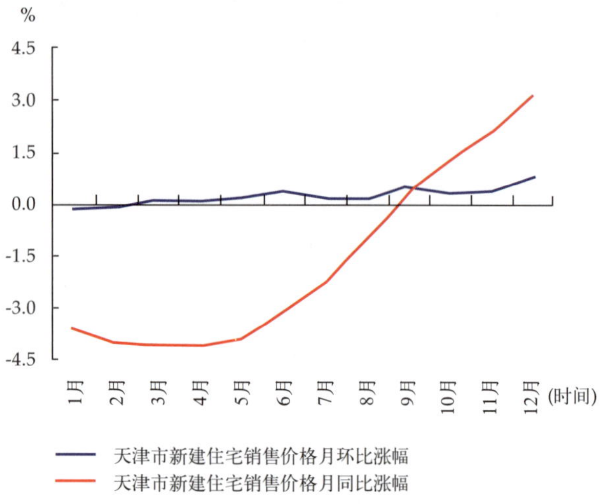

数据来源：天津市统计局。

图15　2015年天津市新建住宅销售价格变动趋势

5. 房地产贷款余额保持增长。2015年年末，天津市房地产贷款余额为4 785.5亿元，同比增长19.7%，较上年增幅高3.2个百分点。其中，住房开发贷款同比增长17.4%，较上年增幅低13.8个百分点；个人住房贷款同比增长22.4%，较上年增幅高8.8个百分点。

三、预测与展望

2016年是全面实施“十三五”规划的开局之年，我国面临的外部发展环境仍然严峻复杂，世界经济还在深度调整，实现复苏的整体动力仍然不足。我国经济进入中高速增长、结构优化、动力转换的“新常态”，发展的内涵和条件已发生深刻变化。在此背景下，天津市将加快提升科技创新能力、加快构筑现代产业新体系、加快打造引才聚才新高地，提高发展的整体性、平衡性、可持续性，推动京津冀协同发展和城乡统筹发展，推进开放发展，着力构建改革开放新优势。

从金融运行看，2016年天津市金融业仍会保持稳健运行态势，社会融资总量适度增长，金融支持实体经济、中小微企业和产业结构调整的力度进一步增强。天津市将继续加快金融改革创新，巩固扩大融资租赁、商业保理、互联网金融等新型业态优势，大力发展直接融资，集聚更多金融要素资源，切实防范金融风险，基本建成金融创新运营示范区。同时，继续落实金融支持自贸区建设政策，完善中小微企业贷款风险补偿机制，推进企业上市和直接融资，金融支持京津冀协同发展取得实质进展。

中国人民银行天津分行货币政策分析小组
总　纂：周振海　苏东海　杨红员
统　稿：张永春　贾　科
执　笔：魏昆利　郝慧刚　张成祥
提供材料的还有：侯玉玲　钟　辉　周中明　刘　冬　苗润雨　李晓迟　杨彩丽　张旭东　李稳立　李　萌　寇霭婷　刘亚楼　安瑞萍　李　师　于　琦　冀志芳　于海欢　刘西鸣　赵建斌

附录

（一）2015年天津市经济金融大事记

从1月1日起，建立实施中小微企业贷款风险补偿机制，解决中小微企业融资难、融资贵问题。

4月21日，中国(天津)自由贸易试验区正式挂牌成立。

4月27日，国内首批5家民营银行试点之一的天津金城银行正式对外营业。

6月17日至18日，第九届中国企业国际融资洽谈会在天津举办。

7月15日，天津市政府出台关于当前促投资、稳增长的33条措施，加大改革力度。

8月18日，天津渤海钢铁集团旗下天联成国际贸易股份有限公司成功在天津OTC股份转让平台成长板挂牌，成为首家登陆天津滨海柜台交易市场(天津OTC)的国有企业。

9月，天津获批成为第8家具备保税进口业务资格的跨境电子商务服务试点城市。

11月13日，《天津市金融改革创新三年行动计划(2016~2018年)》正式印发。按照计划，天津将利用三年左右时间，初步建成金融机构聚集、金融业态丰富、金融市场活跃、金融人才汇集、金融服务完备、金融生态友好、金融监管到位、辐射功能突出、引领作用明显的金融创新运营示范区。

12月11日，《中国人民银行关于金融支持中国（天津）自由贸易试验区建设的指导意见》正式发布。

12月28日，出台中小微企业贷款风险补偿机制“新十条”。

(二)2015年天津市主要经济金融指标

表1　2015年天津市主要存贷款指标

		1月	2月	3月	4月	5月	6月	7月	8月	9月	10月	11月	12月
本外币	金融机构各项存款余额(亿元)	25 893.1	25 831.2	26 024.4	26 145.6	26 602.6	27 087.0	27 326.6	27 884.2	28 050.8	27 963.6	28 076.4	28 149.4
	其中:住户存款	8 470.2	8 789.9	8 817.6	8 669.6	8 586.5	8 779.5	8 678.7	8 743.8	8 807.6	8 737.3	8 753.5	8 877.2
	非金融企业存款	12 641.8	12 536.1	12 563.9	12 759.3	13 136.4	13 400.1	13 157.0	13 506.7	13 484.8	13 580.8	13 733.5	13 689.6
	各项存款余额比上月增加(亿元)	714.4	-61.9	193.3	121.1	457.1	484.4	239.6	446.5	166.6	-87.2	112.8	73.0
	金融机构各项存款同比增长(%)	10.2	8.3	6.9	8.3	9.2	6.8	9.7	11.9	11.7	12.1	11.5	11.9
	金融机构各项贷款余额(亿元)	23 636.3	24 028.0	24 174.7	24 299.0	24 501.2	24 836.4	24 933.4	25 032.7	25 304.1	25 397.1	25 810.5	25 994.7
	其中:短期	6 668.4	6 834.8	6 845.3	6 821.4	6 871.8	6 917.6	6 847.2	6 788.6	6 780.0	6 787.0	6 802.4	6 762.1
	中长期	13 103.6	13 308.6	13 461.7	13 523.8	13 605.3	13 777.1	13 809.0	13 713.2	13 969.3	13 992.2	14 207.3	14 452.5
	票据融资	1 010.0	970.7	934.1	993.9	1 010.0	1 095.3	1 247.0	1 449.4	1 353.9	1 359.2	1 436.5	1 326.9
	各项贷款余额比上月增加(亿元)	306.6	391.7	146.7	124.3	202.2	335.2	97.0	99.3	271.4	93.0	413.4	184.2
	其中:短期	-19.2	166.4	10.5	-23.9	50.4	45.8	-70.4	-58.6	-8.6	7.0	15.4	-40.3
	中长期	265.8	205.0	153.1	62.2	81.5	171.8	31.8	-95.8	256.2	22.8	215.2	245.1
	票据融资	44.0	-39.3	-36.6	59.8	16.1	85.3	151.7	202.4	-95.5	5.4	77.2	-109.5
	金融机构各项贷款同比增长(%)	11.0	11.9	11.3	11.1	11.5	11.4	11.7	10.8	11.2	11.4	11.8	11.8
	其中:短期	3.8	4.9	2.9	4.2	4.5	3.2	3.8	1.9	1.1	3.0	3.9	2.8
	中长期	10.7	11.5	11.9	11.3	11.6	11.7	12.0	10.4	11.4	11.0	11.6	12.6
	票据融资	37.2	38.3	40.8	34.8	33.4	46.0	49.2	61.8	53.3	49.2	36.6	37.4
	建筑业贷款余额(亿元)	990.8	1 046.2	1 070.7	1 081.4	1 132.6	1 145.7	1 120.8	1 101.8	1 104.1	1 089.8	1 084.0	1 051.4
	房地产业贷款余额(亿元)	1 748.5	1 781.7	1 811.7	1 801.2	1 837.2	1 925.2	1 899.3	1 865.9	1 860.1	1 861.4	1 891.3	1 934.1
	建筑业贷款同比增长(%)	13.3	18.1	18.9	18.4	22.0	23.4	20.1	17.8	16.2	15.2	14.3	9.5
	房地产业贷款同比增长(%)	17.1	16.8	17.4	13.1	15.2	20.4	20.0	15.2	13.4	11.1	12.8	13.2
人民币	金融机构各项存款余额(亿元)	25 021.0	24 916.3	25 158.7	25 291.6	25 794.4	26 214.7	26 452.8	26 934.3	27 066.3	26 988.2	27 127.7	27 145.9
	其中:住户存款	8 372.2	8 688.0	8 712.6	8 564.0	8 481.8	8 674.0	8 569.1	8 624.0	8 686.8	8 616.7	8 630.2	8 743.8
	非金融企业存款	11 983.1	11 842.5	11 872.4	12 080.3	12 505.6	12 702.6	12 459.2	12 751.0	12 685.6	12 792.0	12 969.9	12 888.6
	各项存款余额比上月增加(亿元)	663.6	-104.7	242.4	132.9	502.8	420.3	238.1	370.4	132.0	-78.1	139.5	18.2
	其中:住户存款	-6.1	315.8	24.6	-148.6	-82.2	192.2	-105.0	37.7	62.7	-70.1	13.5	113.6
	非金融企业存款	255.2	-140.6	29.9	207.9	425.3	197.0	-243.3	209.4	-65.4	106.4	177.9	-81.4
	各项存款同比增长(%)	9.6	7.3	6.2	8.1	9.4	6.9	10.1	11.9	11.7	11.9	11.4	11.6
	其中:住户存款	1.7	6.8	3.6	5.2	3.9	1.0	3.7	5.1	3.3	4.1	4.5	3.6
	非金融企业存款	12.2	8.5	4.4	5.7	8.5	6.4	7.4	10.0	9.7	11.3	10.9	9.7
	金融机构各项贷款余额(亿元)	22 129.0	22 521.5	22 673.7	22 803.5	22 984.1	23 316.6	23 438.5	23 497.9	23 809.2	23 909.2	24 312.8	24 500.9
	其中:个人消费贷款	2 325.5	2 343.5	2 365.5	2 385.8	2 415.8	2 485.3	2 531.5	2 575.6	2 648.8	2 666.9	2 720.7	2 803.2
	票据融资	1 010.0	970.7	934.1	993.9	1 010.0	1 095.3	1 247.0	1 449.4	1 353.9	1 359.2	1 436.5	1 326.9
	各项贷款余额比上月增加(亿元)	307.0	392.4	152.2	129.8	180.7	332.4	121.9	59.4	311.3	100.0	403.6	188.1
	其中:个人消费贷款	35.0	18.1	22.0	20.3	30.0	69.5	46.3	44.0	73.2	18.1	53.8	82.5
	票据融资	44.0	-39.3	-36.6	59.8	16.1	85.3	151.7	202.4	-95.5	5.4	77.2	-109.5
	金融机构各项贷款同比增长(%)	12.0	13.2	12.7	12.5	12.8	12.8	13.2	12.1	12.6	12.7	12.9	12.7
	其中:个人消费贷款	13.1	13.7	13.9	13.3	13.4	15.0	16.1	17.4	19.6	20.0	21.3	22.4
	票据融资	37.2	38.3	40.8	34.8	33.4	46.0	49.2	61.8	53.3	49.2	36.6	37.4
外币	金融机构外币存款余额(亿美元)	142.1	148.8	141.0	139.7	132.1	142.7	142.8	148.7	154.8	153.6	148.3	154.5
	金融机构外币存款同比增长(%)	30.1	40.4	31.3	15.3	5.4	6.3	0.3	8.9	6.2	14.3	9.4	15.1
	金融机构外币贷款余额(亿美元)	245.6	245.1	244.4	244.6	247.9	248.6	244.4	240.2	235.0	234.3	234.2	230.0
	金融机构外币贷款同比增长(%)	-2.1	-4.9	-6.7	-6.0	-4.3	-6.2	-6.2	-9.2	-10.7	-8.7	-6.9	-6.6

数据来源:《天津市金融统计月报》。

表2 2001～2015年天津市各类价格指数

单位：%

年/月	居民消费价格指数		农业生产资料价格指数		工业生产者购进价格指数		工业生产者出厂价格指数	
	当月同比	累计同比	当月同比	累计同比	当月同比	累计同比	当月同比	累计同比
2001	—	1.2	—	—	—	-1.2	—	-4.1
2002	—	-0.4	—	—	—	-4.1	—	-4.2
2003	—	1	—	—	—	8.7	—	2.5
2004	—	2.3	—	—	—	15.4	—	4.1
2005	—	1.5	—	—	—	4.9	—	0.1
2006	—	1.5	—	—	—	4.7	—	0.6
2007	—	4.2	—	—	—	5.7	—	1.5
2008	—	5.4	—	—	—	12.9	—	4.1
2009	—	-1.0	—	—	—	-9.8	—	-7.5
2010	—	3.5	—	—	—	10.0	—	5.1
2011	—	4.9	—	—	—	9.8	—	3.8
2012	—	2.7	—	—	—	-3.0	—	-3.0
2013	—	3.1	—	—	—	-2.6	—	-3.0
2014	—	1.9	—	—	—	-2.9	—	-3.7
2015	—	1.7	—	—	—	-7.6	—	-9.7
2014 1	3.4	3.4	—	—	-2.7	-2.7	-3.5	-3.5
2	2.4	2.9	—	—	-3.2	-2.9	-3.9	-3.7
3	2.9	2.9	—	—	-3.4	-3.1	-3.5	-3.7
4	1.9	2.6	—	—	-3.0	-3.1	-3.1	-3.5
5	2.4	2.6	—	—	-2.5	-3.0	-2.5	-3.3
6	1.9	2.5	—	—	-1.8	-2.8	-1.9	-3.1
7	1.3	2.3	—	—	-1.3	-2.6	-1.6	-2.9
8	1.3	2.2	—	—	-1.8	-2.5	-2.7	-2.8
9	1.0	2.1	—	—	-2.7	-2.5	-4.1	-3.0
10	0.7	1.9	—	—	-3.2	-2.6	-4.7	-3.1
11	1.2	1.9	—	—	-4.2	-2.7	-5.7	-3.4
12	1.8	1.9	—	—	-5.1	-2.9	-7.0	-3.7
2015 1	0.7	0.7	—	—	-6.6	-6.6	-9.3	-9.3
2	1.3	1.0	—	—	-7.4	-7.0	-9.7	-9.5
3	1.4	1.2	—	—	-7.0	-7.0	-9.9	-9.6
4	2.0	1.4	—	—	-7.0	-7.0	-9.5	-9.6
5	1.8	1.4	—	—	-6.9	-7.0	-9.2	-9.5
6	1.9	1.5	—	—	-7.1	-7.0	-9.4	-9.5
7	2.4	1.6	—	—	-7.2	-7.1	-10.2	-9.6
8	2.5	1.8	—	—	-8.2	-7.2	-10.7	-9.7
9	1.6	1.7	—	—	-8.4	-7.4	-10.0	-9.8
10	1.3	1.7	—	—	-8.5	-7.5	-9.7	-9.8
11	1.7	1.7	—	—	-8.2	-7.6	-9.4	-9.7
12	1.4	1.7	—	—	-8.3	-7.6	-9.3	-9.7

数据来源：《天津统计月报》。

表3　2015年天津市主要经济指标

	1月	2月	3月	4月	5月	6月	7月	8月	9月	10月	11月	12月
绝对值（自年初累计）												
地区生产总值(亿元)	—	—	3 709.0	—	—	7 884.0	—	—	12 321.0	—	—	16 538.2
第一产业	—	—	22.9	—	—	89.1	—	—	138.6	—	—	210.5
第二产业	—	—	1 805.0	—	—	3 723.7	—	—	5 797.1	—	—	7 723.6
第三产业	—	—	1 881.1	—	—	4 071.3	—	—	6 385.3	—	—	8 604.1
固定资产投资(亿元)	—	901.5	2 012.6	3 361.1	4 661.2	6 388.1	7 519.0	8 530.3	9 687.1	10 558.0	11 300.6	11 814.6
房地产开发投资	—	119.2	344.6	540.1	753.1	1 039.7	1 187.3	1 336.0	1 508.5	1 623.9	1 730.5	1 871.5
社会消费品零售总额(亿元)	—	815.3	1 221.5	1 630.7	2 065.4	2 483.3	2 918.0	3 381.0	3 832.7	4 320.0	4 771.5	5 245.7
外贸进出口总额(亿元)	659.9	1 188.7	1 747.1	2 379.9	2 928.0	3 519.8	4 123.1	4 643.9	5 301.6	5 871.8	6 465.7	7 097.4
进口	341.8	626.1	944.1	1 296.3	1 587.9	1 921.6	2 271.2	2 564.0	2 925.6	3 231.6	3 569.4	3 922.2
出口	318.2	562.6	803.0	1 083.6	1 340.1	1 598.2	1 851.9	2 079.9	2 375.9	2 640.3	2 896.3	3 175.2
进出口差额(出口−进口)	-23.6	-63.5	-141.2	-212.8	-247.8	-323.4	-419.3	-484.1	-549.7	-591.3	-673.1	-747.0
外商实际直接投资(亿美元)	16.4	33.6	63.7	79.4	96.6	120.7	128.2	140.8	157.8	171.8	189.8	211.3
地方财政收支差额(亿元)	63.1	57.2	32.5	70.1	13.8	-81.5	-96.8	-124.1	-179.8	-330.7	-366.7	-564.4
地方财政收入	258.6	427.6	626.2	870.4	1 083.9	1 352.7	1 582.0	1 757.9	1 977.2	2 238.8	2 420.0	2 667.0
地方财政支出	195.6	370.4	593.8	800.3	1 070.1	1 434.2	1 678.8	1 882.0	2 157.0	2 569.4	2 786.7	3 231.4
城镇登记失业率(%)（季度）	—	—	3.5	—	—	3.5	—	—	3.5	—	—	3.5
同比累计增长率（%）												
地区生产总值	—	—	9.3	—	—	9.4	—	—	9.4	—	—	9.3
第一产业	—	—	2.4	—	—	2.0	—	—	2.5	—	—	2.5
第二产业	—	—	9.3	—	—	9.4	—	—	9.3	—	—	9.2
第三产业	—	—	9.4	—	—	9.6	—	—	9.7	—	—	9.6
工业增加值	—	9.7	9.4	9.4	9.5	9.5	9.6	9.4	9.4	9.3	9.3	9.3
固定资产投资	—	13.6	13.6	13.3	13.2	13.2	13.4	13.3	13.3	13.0	12.8	12.6
房地产开发投资	—	14.8	13.6	11.7	10.8	10.2	10.7	10.8	10.8	11.8	10.9	10.1
社会消费品零售总额	—	10.8	10.5	10.5	10.5	10.8	10.9	10.9	10.9	10.7	10.7	10.7
外贸进出口总额	-4.6	-0.1	-7.5	-10.0	-12.2	-11.6	-13.1	-14.9	-14.4	-14.4	-13.8	-13.7
进口	-18.0	-15.8	-20.6	-21.8	-23.4	-21.9	-22.8	-24.2	-23.2	-23.1	-21.8	-21.5
出口	15.8	26.1	14.8	9.9	6.2	5.1	2.7	0.3	-0.4	-0.7	-1.5	-1.7
外商实际直接投资	12.1	10.3	10.5	11.5	11.1	11.8	11.6	10.5	11.3	11.1	11.6	12.0
地方财政收入	11.0	11.1	11.5	11.5	11.5	11.6	11.6	11.6	11.6	11.6	11.6	11.6
地方财政支出	11.2	11.4	15.1	15.2	15.1	16.1	16.0	16.2	16.3	27.7	23.2	12.0

数据来源：《天津统计月报》、《中国经济景气月报》。

2015年河北省金融运行报告

中国人民银行石家庄中心支行货币政策分析小组

[内容摘要] 2015年，河北省经济运行总体平稳，化解过剩产能和结构调整取得新进展，第二产业占地区生产总值的比重降至50%以下，单位地区生产总值能耗明显下降，服务业对经济增长的贡献率高于工业，装备制造业增幅高于钢铁行业，物价低位平稳运行，京津冀协同发展实现良好开局。全省金融运行总体平稳，贷款增速适度加快，信贷结构进一步优化，利率市场化平稳推进，贷款利率明显下行，金融市场平稳发展，金融生态环境不断改善，较好地匹配了结构调整与转型升级的需要。

2016年，河北省将全面贯彻创新、协调、绿色、开放、共享的发展理念，适应引领“新常态”，大力推进供给侧结构性改革，加快发展动能转换和质量效益提升，统筹稳增长、促协同、调结构、治污染、抓改革、攻脱贫、惠民生、防风险等，确保“十三五”开好局。金融业将继续贯彻落实稳健的货币政策，保持货币信贷和社会融资合理增长，优化融资结构和信贷结构，降低实体经济融资成本，为结构调整和转型升级营造适宜的货币金融环境。

一、金融运行情况

2015年，河北省人民银行各分支机构认真贯彻落实稳健的货币政策，适时适度做好预调微调，信贷结构不断优化，市场利率有效下行，金融改革不断推进，金融生态环境不断优化，为经济结构调整和转型升级营造了良好的货币金融环境。

（一）银行业稳健运行，支持实体经济力度加大

1. 银行业稳步发展，机构体系不断完善。2015年年末，河北省银行业金融机构资产总额逼近5.9万亿元，同比增长11.2%，从业人员达到17.1万人，增加5 300余人，法人机构为240个，营业网点为11 446个（见表1）。其中，城市商业银行资产总额突破1万亿元，比上年度增长40%，占全省银行业资产总额的比重上升3.6个百分点。2015年年末，全省已开业农村商业银行25家、新型农村金融机构68家；新增1家金融租赁公司。初步形成了类别多元、功能互补、覆盖城乡的银行业组织体系。

表1　2015年河北省银行业金融机构情况

机构类别	营业网点			法人机构（个）
	机构个数（个）	从业人数（人）	资产总额（亿元）	
一、大型商业银行	3 292	77 696	24 303.8	0
二、国家开发银行和政策性银行	164	3 611	3 863.3	0
三、股份制商业银行	456	9 617	4 712.8	0
四、城市商业银行	1 034	19 825	10 413.4	11
五、小型农村金融机构	4 876	47 915	11 506.5	152
六、财务公司	6	187	444.3	6
七、信托公司	1	197	48.5	1
八、邮政储蓄银行	1 461	9 500	2 902.4	0
九、外资银行	1	56	31.9	0
十、新型农村金融机构	153	2 471	268.9	68
十一、其他	2	127	218.9	2
合　计	11 446	171 202	58 714.7	240

注：营业网点不包括国家开发银行和政策性银行、大型商业银行、股份制银行等金融机构总部数据；大型商业银行包括中国工商银行、中国农业银行、中国银行、中国建设银行和交通银行；小型农村金融机构包括农村商业银行、农村合作银行和农村信用社；新型农村金融机构包括村镇银行、贷款公司、农村资金互助社；“其他”包含金融租赁公司、汽车金融公司、货币经纪公司、消费金融公司等。

数据来源：河北银监局。

2. 各项存款小幅多增，波动性继续减弱。2015年年末，河北省本外币各项存款余额为4.89万亿元，同比增长11.4%，人民币各项存款余额

为4.86万亿元，同比增长11.4%，增速比上年年末提高0.6个百分点；比年初增加5 041.4亿元，同比多增807.8亿元。分季度看，存款增速小幅波动，第一至第四季度末存款增速分别为9.3%、10.9%、12.7%和11.4%（见图1）。从存款主体来看，住户存款增长11.4%，非金融企业存款同比增长17.0%，政府存款增长3.5%，非银行业金融机构存款增长7.3%，住户存款和非金融企业存款分别占到各项存款新增额的60.1%和34.1%。2015年年末，河北省外汇存款余额为58亿美元，比年初增加7.4亿美元，同比增长14.7%。

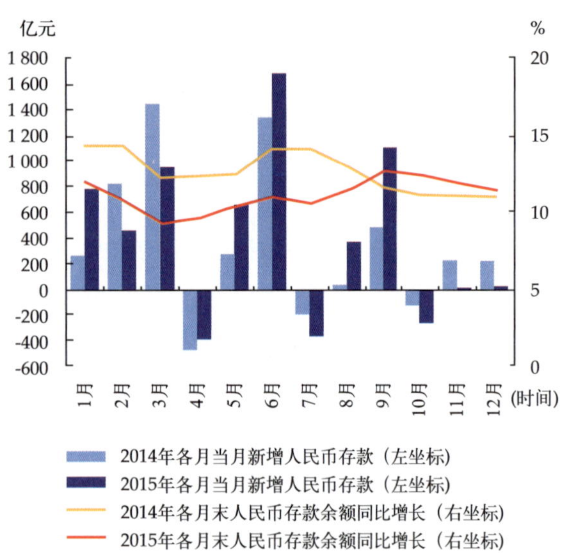

数据来源：中国人民银行石家庄中心支行。

图1　2014～2015年河北省金融机构人民币存款增长变化

3. 贷款增速稳中有升，结构继续优化。2015年年末，河北省金融机构本外币贷款余额达到3.26万亿元，同比增长16.2%，人民币各项贷款余额达到3.2万亿元，同比增长16.5%，增速比上年年末提高1.4个百分点，比年初增加4 557.6亿元，同比多增1 042.3亿元（见图2、图3）。第一至第四季度各项贷款分别增加1 293.3亿元、1 080.4亿元、1 147.0亿元和1 036.9亿元，投放较为均衡（见图2）。受美联储加息预期影响，外币贷款同比下降6.1%，比年初减少4.5亿美元。

从人民币贷款期限结构看，中长期贷款较快增长。截至2015年年末，中长期贷款余额为17 729.1亿元，同比增长18.3%，增速同比提高0.6个百分点，高于全部贷款增速1.8个百分点，比年初增加2738.5亿元，同比多增489.0亿元。从行业来看，服务业贷款增速加快。服务业贷款同比增长14.1%，高于全部行业贷款增速2.9个百分点。服务业贷款余额占各行业贷款余额的比重达到55.7%，上升1.5个百分点。

对薄弱环节的信贷支持力度进一步增强。小微企业贷款快速增长。2015年年末，小微企业贷款同比增长20%，高于各项贷款增速4个百分点，小微企业贷款占全部企业贷款的比重达到41%，占比上升1个百分点。贫困地区贷款快速增长。2015年年末，贫困县贷款余额同比增长18.7%，高于全省贷款增速2.5个百分点，其中，环首都扶贫攻坚示范区（9县）贷款余额同比增长25.2%。

支农支小再贷款稳步增长，全年累计发放支农再贷款53.5亿元，支小再贷款12亿元。第四季度，使用支农再贷款发放的涉农贷款加权利率较其自有资金发放的贷款加权利率低4.76个百分点，使用支小再贷款发放的涉农贷款加权利率较其自有资金发放的贷款加权利率低1.57个百分点。

继续推进小额票据贴现工作，支持小微企业融资。截至2015年年末，已建立19家小额票据贴

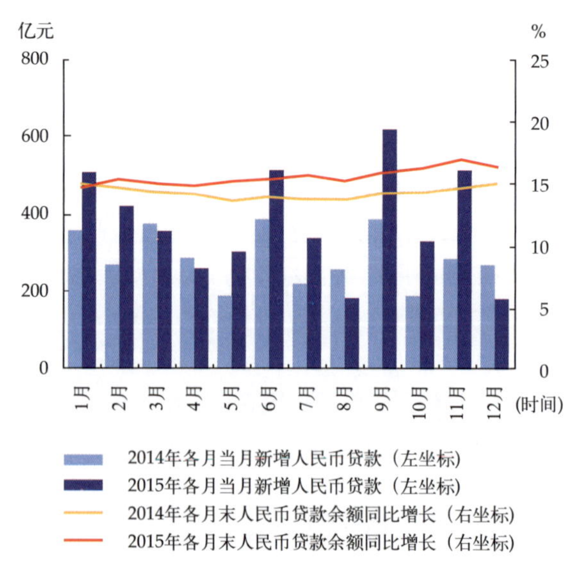

数据来源：中国人民银行石家庄中心支行。

图2　2014～2015年河北省金融机构人民币贷款增长变化

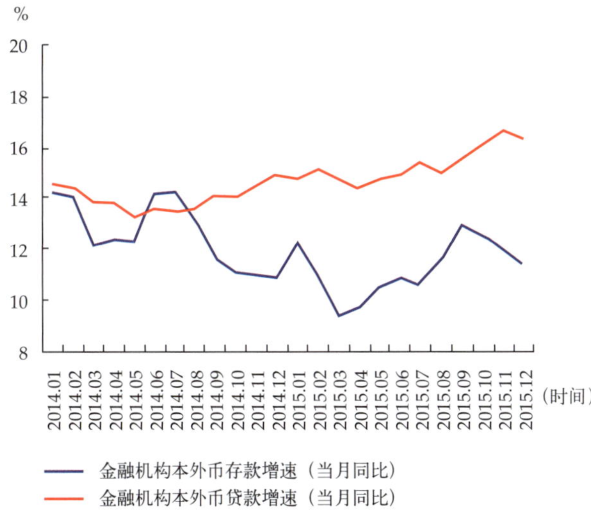

数据来源：中国人民银行石家庄中心支行。

图3　2014～2015年河北省金融机构本外币存、贷款增速变化

表2　2015年河北省金融机构人民币贷款各利率区间占比

单位：%

月份		1月	2月	3月	4月	5月	6月
	合计	100.0	100.0	100.0	100.0	100.0	100.0
	下浮	2.3	2.8	3.1	6.2	6.7	7.4
	基准	20.1	21.4	22.1	15.4	12.8	14.2
上浮	小计	77.5	75.8	74.7	78.4	80.5	78.4
	(1.0，1.1]	16.9	17.4	17.7	15.5	14.4	17.5
	(1.1，1.3]	19.5	17.5	15.9	17.8	19.2	19.9
	(1.3，1.5]	15.2	13.3	14.9	13.5	12.2	11.1
	(1.5，2.0]	17.8	19.3	15.1	18.2	18.0	17.9
	2.0以上	8.2	8.4	11.2	13.5	16.8	11.9
月份		7月	8月	9月	10月	11月	12月
	合计	100.0	100.0	100.0	100.0	100.0	100.0
	下浮	6.6	5.2	6.5	6.5	7.2	8.1
	基准	11.6	11.8	19.8	12.6	18.0	15.1
上浮	小计	81.8	83.0	73.7	80.9	74.9	76.8
	(1.0，1.1]	18.0	16.6	16.7	18.1	16.3	16.5
	(1.1，1.3]	18.3	15.3	16.3	16.0	15.3	14.8
	(1.3，1.5]	12.3	17.0	8.5	14.2	10.8	10.6
	(1.5，2.0]	18.6	18.6	16.9	17.4	16.0	16.5
	2.0以上	14.7	15.6	15.2	15.2	16.5	18.4

数据来源：中国人民银行石家庄中心支行。

现分中心，实现全省设区市全覆盖，并向重点县特别是贫困县推进；共为1 000多家小微企业办理贴现业务2.6万笔，累计贴现近200亿元，是上一年度的2.3倍。

4. 市场利率明显下行，利率市场化改革加快推进。2015年，在降息政策的引导作用下，河北省人民币一般贷款加权平均利率降至自2008年以来的最低水平，其中，第一、第二、第三、第四季度分别为7.65%、7.46%、7.10%、6.71%，逐季度下行。2015年12月，河北省金融机构发放的人民币贷款中，实行下浮利率的贷款占比较年初上升5.7个百分点（见表2）。美元大额存款加权平均利率较年初下降1.11个百分点（见图4）。利率市场化改革加快推进，河北省市场利率定价自律机制正式成立，制定了利率定价自律公约，维护全省市场利率定价秩序。存款利率管制放开后，分层有序、市场化、差异化的定价格局初步形成。存单发行有序推进，2015年年末，全省同业存单余额为172.5亿元，大额存单余额为414亿元，拓宽了金融机构负债资金来源，增强了金融支持实体经济的能力。

5. 银行业金融机构改革稳步推进。中国农业银行河北省分行“三农金融事业部”管理体制全

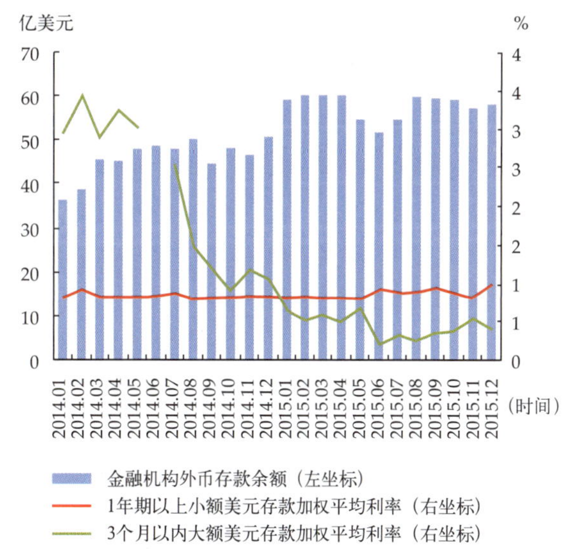

数据来源：中国人民银行石家庄中心支行。

图4　2014～2015年河北省金融机构外币存款余额及外币存款利率

面落地，涉农服务水平进一步提升，截至2015年年末，县域各项贷款余额达到1 408.8亿元，较年初增加246.5亿元。张家口市商业银行成功更名为张家口银行，至此，河北省11家城市商业银行全部完成更名。河北省农村信用联社改革加快推进。河北省农村信用联社衡水、石家庄、沧州区域审计中心挂牌运转，农村信用联社管理体制进一步理顺。农村信用社改制工作稳步推进，截至2015年年末，全省已开业农村商业银行25家，筹建中4家，已开业股份制信用社47家，筹建中6家。2015年，蠡县农村信用社成功改制农村商业银行，历史遗留风险得到化解。

6. 银行盈利能力有所下降，风险暴露有所增加。2015年，全省银行业金融机构资产利润率同比下降0.21个百分点，净息差同比下降0.34个百分点，而成本收入比率同比上升0.42个百分点。盈利能力下降的同时，风险有所上升。2015年年末，全省金融机构不良贷款余额比年初增加192.5亿元，不良贷款率为2.08%，较年初上升0.35个百分点。关注类贷款上升较多，关注类贷款率达到4.63%，较年初上升0.52个百分点。同时，受经济下行、去产能等的影响，企业信用违约、民间借贷、非法集资等领域的风险暴露有所增加。

7. 跨境人民币业务积极助力涉外经济发展。2015年，在经济下行、外贸下滑的严峻挑战下，河北省人民银行各分支机构着力提升跨境金融服务的针对性，组织银企对接，提升服务水平，建立了“河北省跨国企业集团跨境双向人民币资金池业务备案工作制度”，提高备案效率，积极推动跨境双向人民币资金池业务开展。尽管受国际大宗商品价格持续走弱、产能过剩等因素影响，经常项下跨境人民币收支下降，使得2015年全省跨境人民币收支同比下降了4%，但资本项下跨境人民币收支逆势上升，达到323亿元，同比增幅高达62%，其中，直接投资收支137亿元，同比增长39%。跨境人民币业务在支持全省外贸稳增长、促进产能境外转移、提升企业国际化经营水平等方面发挥了重要作用。

专栏1　全力以赴助力脱贫攻坚　点面结合支持贫困地区发展

近年来，中国人民银行石家庄中心支行始终将扶贫作为一项重点工作来抓，积极出政策、定方案、建制度，推动金融机构加大投入、创新服务，狠抓精准扶贫，点面结合支持贫困地区优先发展，取得了一定的成效，2015年《金融时报》先后五期对河北省金融扶贫相关工作进行了宣传报道。

一、保投入，引导金融资源向贫困地区倾斜。为加大金融资源向贫困地区倾斜力度，促进财政政策、金融政策、产业政策的有效衔接，支持贫困地区加快发展，中国人民银行石家庄中心支行先后制定了《关于进一步做好环首都扶贫攻坚示范区及阜平县金融服务工作的意见》、《关于做好河北省扶贫开发金融服务工作的实施意见》等多项措施意见。在继续增加支农、支小再贷款额度的基础上，加大对贫困地区支农再贷款限额调剂力度，加强投向监测和评估，确保央行资金真正用于“三农”、小微；对涉农和小微票据优先办理再贴现，提高政策导向力。2015年，全省累计办理再贴现194.7亿元，较上年增加30.4亿元，其中，涉农和小微企业票据占比均超过60%。

二、搭平台，建立金融扶贫合作机制。为进一步做好金融扶贫工作，中国人民银行石家庄中心支行建立并畅通了行内各部门、政府相关部门以及跨区域的交流合作机制。一是充分整合行内资源，组织14个处室成立了中国人民银行石家庄中心支行金融支持扶贫开发工作小组，二是依托河北省金融支持新农村建设工作专业委员会建立了多部门参加的金融扶贫工作平台，三是牵头成立了燕山—太行山特困地区扶贫开发金融服务联动协调工作小组，建立了跨省合作机制。通过召开例会、专题座谈会等方式发挥部门合力，促进政策落实。

三、抓精准，发挥示范带动作用。扶贫开发贵在精准、重在精准。中国人民银行石家庄中心支行与河北省金融办等相关部门联合推动阜平创建金融扶贫示范县，已显现出阶段性成效，初步建立了县乡村三级金融服务网络、农业保险全面铺开、助农取款服务点覆盖全部行政村。为解决建档立卡贫困户贷款难、做大做强扶贫特色优势产业，与河北省扶贫办等联合推进金融扶贫富民工程，通过设立风险补偿金等措施，提高建档立卡贫困户贷款的可获得性。

四、建制度，支持现代农业发展。河北省贫困地区大多具有相似的资源禀赋以及产业特点，主要还是以农业产业为主。中国人民银行石家庄中心支行抓住这一特点，在全省县域实施新型农业经营主体“主办行”制度，积极支持现代农业发展。2014年以来，先后印发多项意见，鼓励和引导金融机构提供差别化、精细化、更具特色的金融服务，大力支持特色农业产业带、现代农业园区及休闲旅游农业等新业态的发展。截至2015年年末，全省12 610家新型农业经营主体获得了金融支持，其中，获得信贷支持的有11 036家，累计发放贷款544.9亿元。对增强县域经济发展后劲、带动贫困群众增收，发挥了良好的作用。

五、推创新，探索金融扶贫新路径。很多金融产品“移植”到贫困地区后，往往出现“水土不服”的现象，开展效果并不理想。为解决这一问题，中国人民银行石家庄中心支行积极引导金融机构针对贫困地区的金融需求，不断加大产品和服务创新力度，探索开展金融扶贫新模式，引导金融机构创设了“农户创业贷”、“龙头企业+基地+专业合作社+农户”等贷款模式。截至2015年年末，全省共推广农村金融产品和服务方式创新56个，贷款余额达1 149.5亿元。

六、做宣传，切实提升金融意识。中国人民银行石家庄中心支行积极构建金融知识宣教长效机制，通过制作面向农村地区的金融知识宣传手册、开展金融知识集中宣传等活动，加大对农村地区金融知识的宣传普及。同时，与河北省扶贫办、河北省委农工部等联合制作了金融扶贫公益宣传片，在河北卫视、经济、农民等频道播放，不仅宣传普及了金融知识，而且面向贫困地区推出一批有特色、有效果、可复制、易推广的金融扶贫典型做法，为金融扶贫营造了良好的舆论氛围。

（二）证券业效益成倍提升，期货业发展依然面临挑战

1. 证券机构数量增加，经营效益成倍提升。截至2015年年末，河北省共有法人证券公司1家（见表3），证券投资咨询公司1家，证券分公司17家，证券营业部219家。2015年，投资者账户数量继续增加。证券账户数728.6万户、A股日均开户数量超过3万户，同比分别增长48.3%和47.8%。证券市场活跃度显著上升，实现证券交易额7.5万亿元，同比增长186.6%，创历史新高。2015年，河北省证券经营机构营业收入75.7亿元，同比增长130.2%；累计净利润36.4亿元，同比增长219.9%。

2. 期货机构经营略有好转，但未来发展依然面临挑战。截至2015年年末，河北省共有法人期货公司1家，期货营业部36家，交割（厂）库33家。2015年，在河北省36家期货营业部中，仍有七成期货营业部亏损，与上年持平。主要经营指标略有好转。期货营业部全年营业收入和手续费收入分别为9 514.5万元和7 934.5万元，同比分别增长6.9%和0.3%；净亏744.7万元，同比少亏损1.4%。

3. 上市公司直接融资大幅提高。截至2015年年末，河北省上市公司共计53家，较上年增加3家。其中，主板上市公司33家、中小板10家、创业板10家。河北省11个地市均有上市公司，其中，石家庄

以15家居全省首位。2015年，河北省辖区上市公司直接融资总额403.3亿元，较上年度增加2倍。截至2015年年末，河北省“新三板”挂牌家数达到98家，同比增加75家。截至2015年年末，全省共有46家企业在境外上市，累计实现融资463.9亿元。

表3　2015年河北省证券业基本情况

项目	数量
总部设在辖内的证券公司数（家）	1
总部设在辖内的基金公司数（家）	0
总部设在辖内的期货公司数（家）	1
年末国内上市公司数（家）	53
当年国内股票（A股）筹资（亿元）	204.7
当年发行H股筹资（亿元）	13.6
当年国内债券筹资（亿元）	516.5
其中：短期融资券筹资额（亿元）	121.7
中期票据筹资额（亿元）	171.6

注：当年国内股票（A股）筹资额是指非金融企业境内股票融资。

数据来源：河北证监局、中国人民银行石家庄中心支行。

（三）保险业加快发展，服务民生能力不断提高

1. 分支机构数量增加，保费收入较快增长。2015年年末，河北省共有法人保险公司1家，省级分公司61家，分支机构4 501家，较上年增加321家（见表4）。2015年，河北省保险业累计实现原保险保费收入1 163.1亿元，同比增长24.8%，增速较上年同期上升13.5个百分点。其中，财产保险和人身保险业务原保险保费收入分别增长12.0%和32.8%。

2. 保险保障能力不断增强，保险深度超过全国水平。2015年，河北省保险业累计赔付支出461.9亿元，同比增长16.9%。2015年，河北省保险密度为1 570.8元/人，较上年度增加304.3元/人，保险深度达到3.9%，超出全国水平0.3个百分点。出口信用保险支持全省外贸出口规模88.4亿美元，惠及 2 850家企业。2015年，全省农业保险参保农户1 304.5万户（次），提供风险保障金额639.6亿元，支付赔款17.2亿元，受益农户239.5万户（次）。2015年，大病保险已覆盖全省城乡居民5 809万人，实现全省全覆盖，保费基金达到17.5亿元，实际赔付11.5亿元，受益21万人（次）。

表4　2015年河北省保险业基本情况

项目	数量
总部设在辖内的保险公司数（家）	1
其中：财产险经营主体（家）	1
人身险经营主体（家）	0
保险公司分支机构（家）	61
其中：财产险公司分支机构（家）	26
人身险公司分支机构（家）	35
保费收入（中外资，亿元）	1 163.1
其中：财产险保费收入（中外资，亿元）	399.5
人身险保费收入（中外资，亿元）	763.6
各类赔款给付（中外资，亿元）	461.9
保险密度（元/人）	1 570.8
保险深度（%）	3.9

数据来源：河北保监局。

（四）社会融资规模结构呈现新变化，金融市场平稳发展

1. 人民币贷款和股票融资占社会融资规模的比重上升。2015年，河北省全年社会融资规模为4 763.6亿元，同比下降298.7亿元（按可比口径）。其中，人民币贷款占同期社会融资规模的95.9%，同比上升26.4个百分点；委托贷款占比为0.6%，同比下降10.6个百分点；未贴现的银行承兑汇票占比为-13.5%，同比下降10.7个百分点；企业债券占比为10.8%，同比下降1.3个百分点；非金融企业境内股票融资占比为4.3%，同比上升1.8个百分点（见图5）。

2015年，全省银行间市场债务融资业务发展势头良好，全省企业共募集资金740.6亿元，同比增长29.6%。中国人民银行石家庄中心支行联合北京市金融工作局、天津市银行业协会、河北省金融工作办公室以及曹妃甸区政府共同举办了金融协同共建曹妃甸示范区融资培训对接会，建立了“金融支持曹妃甸发展联席会议制度”，举办了融资培训对接会，指导38家金融机构与曹妃甸区政府签署了金融合作备忘录。

2. 货币市场交易活跃，市场交易利率下行。2015年，河北省同业拆借市场交易活跃。全年累

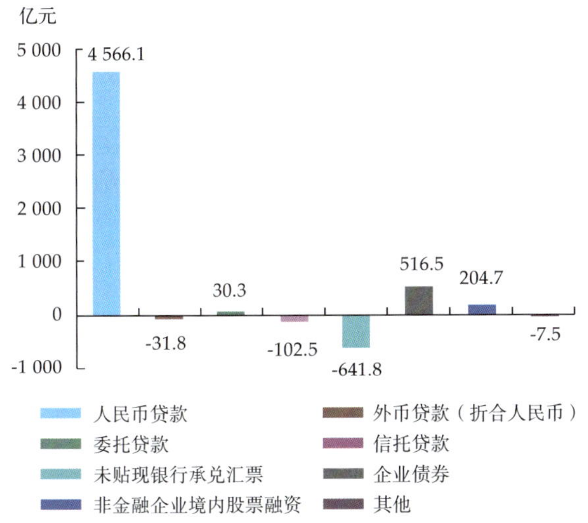

数据来源：中国人民银行石家庄中心支行。

图5　2015年河北省社会融资规模分布结构

计发生856笔拆借交易，较2014年增加348笔；拆借发生额合计1 548亿元，较2014年增加425亿元。资金拆入与拆出基本平衡，净拆出2.1亿元。从期限看，拆出、拆入业务多集中于7天以内，合计占比超过90%。其中，隔夜拆出627.6亿元，拆出7天的为102.9亿元；隔夜拆入421.2亿元，拆入7天的为267.6亿元。从利率看，受存贷款基准利率下调与市场流动性充裕影响，同业拆借市场利率较2014年大幅度下降，拆出利率同比下降约150个基点，拆入利率同比下降约55个基点。

3. 商业汇票签发量增速放缓，票据贴现业务出现爆发式增长。2015年，全省累计签发商业汇票8 995.6亿元，同比增加198.6亿元，增幅2.25%，全省累计办理票据贴现业务32 086亿元，同比增加16 089亿元，增幅超过100%（见表5）。票据贴现和转贴现利率明显下行（见表6），2015年12月，河北省金融机构票据贴现加权平均利率3.25%，同比下降2.35个百分点；转贴现加权平均利率3.19%，同比下降2.33个百分点。

表5　2015年河北省金融机构票据业务量统计

单位：亿元

季度	银行承兑汇票承兑		贴现			
			银行承兑汇票		商业承兑汇票	
	余额	累计发生额	余额	累计发生额	余额	累计发生额
1	4 396.0	2 577.9	1 109.2	4 643.1	27.4	48.4
2	4 832.0	4 785.3	1 294.6	12 675.2	29.4	262.3
3	4 835.3	6 945.4	1 567.3	20 406.2	73.4	464.9
4	4 485.9	8 972.1	1 818.4	31 007.0	100.8	1 078.9

数据来源：中国人民银行石家庄中心支行。

表6　2015年河北省金融机构票据贴现、转贴现利率

单位：%

季度	贴现		转贴现	
	银行承兑汇票	商业承兑汇票	票据买断	票据回购
1	5.27	6.69	5.39	5.37
2	4.20	6.71	3.98	3.90
3	3.71	5.53	3.58	3.50
4	3.27	4.49	3.27	3.20

数据来源：中国人民银行石家庄中心支行。

（五）金融生态环境不断优化，金融基础设施更趋完善

征信系统日益健全。截至2015年年末，中国人民银行企业和个人征信系统已收入河北省40.5万户企业和2 922.6万位自然人信用信息，提供征信业务查询1 105.2万笔，同比增长41%。信用体系试验区建设成效显现。全省设立13个农村信用体系试验区。张家口、廊坊和唐山三个小微企业信用体系试验区分别带动小微企业贷款391亿元、179亿元和185亿元，为小微企业赢得金融支持发挥了桥梁作用。截至2015年年末，河北省累计为5.7万户小微企业建立信用档案，其中，超过1万户小微企业获得信贷支持，累计获得贷款6 043亿元；累计为1 227万户农户建立信用档案，其中，265万户农户获得信贷支持，累计获得贷款1 847亿元。2015年，河北省出台《河北省社会信用体系建设规划（2014～2020）》，加快河北省信用信息共享平台建设，发放河北省首批企业征信机构备案证，举办“6·14信用记录关爱日”等大型宣传活动，公布首批22家失信企业黑名单，出台联合惩戒措施，通过形成“一处失信，处处受限”的联合惩戒合力，公众信用意识不断提高，诚实守信的社会氛围正在形成。

2015年，河北省实现了第二代支付系统的全省推广，提高了银行资金结算效率。截至2015年年末，河北辖内大小额支付系统参与者共计8 729家。大额实时支付系统安全稳定运行，业务量呈稳步增长态势。全年共处理往来业务5 867.7万笔，金额为101.1万亿元，同比分别增长7.7%和28.9%。小额批量支付系统业务量大幅攀升，金额有所下降。全年共处理往来业务15 132.5万笔，同比增长53.7%；金额为17 199.3亿元，同比降低4.1%。全国支票影像交换系统业务量及金额双双下降。全年共处理往来业务64.7万笔，金额为566.9亿元，同比分别下降40.8%和10.0%。网上支付跨行清算系统业务量迅速上升。全年共处理往来业务1 285.8万笔，金额为1 195.6亿元，同比分别增长118.1%和76.6%。

加强金融消费者权益保护。健全完善规章制度和工作机制，加强金融消费权益保护监督检查，强化金融知识宣传教育，抓好金融消费咨询投诉受理处理，切实保护金融消费者合法权益，健全金融消费者咨询投诉受理处理机制，推广应用金融消费权益保护信息管理系统，强化“12363”金融消费权益保护咨询投诉电话管理，强化金融知识宣传教育，增强社会公众风险意识，深入开展了金融知识进农村、进校园、进社区、进机关、进军营等宣传活动，帮助广大金融消费者丰富金融知识、了解金融风险、增强维权意识。2015年，全省累计发放宣传资料730余万份，发送公益短信1 000余万条，受众600余万人，媒体报道8 000余次，取得了良好的宣传效果。

二、经济运行情况

2015年，河北省经济运行总体平稳，结构调整取得新成效，居民收入稳定增长，物价低位平稳。2015年，全省地区生产总值达到2.98万亿元，同比增长6.8%（见图6），其中，第一产业增加值为3 439.4亿元，增长2.5%；第二产业增加值为14 388.0亿元，增长4.7%；第三产业增加值为1 1978.7亿元，增长11.2%，第二产业占地区生产总值的比重降至50%以下。

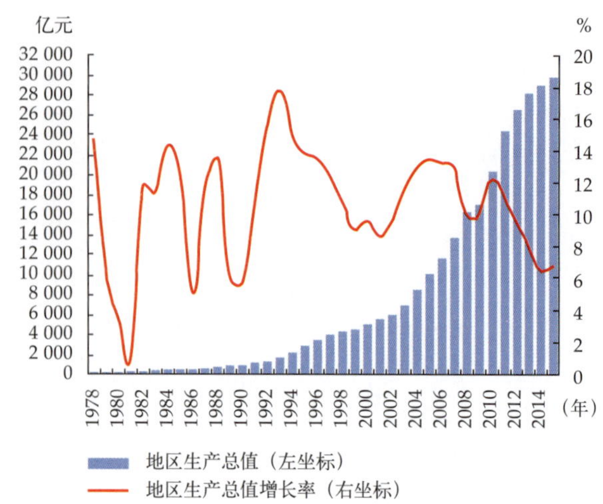

数据来源：河北省统计局。

图6　1978～2015年河北省地区生产总值及其增长率

（一）投资和消费增速趋缓，境外投资较快增长

1. 固定资产投资平稳增长。全年固定资产投资（不含农户）为28 905.7亿元，比上年增长10.6%，增速比上年度回落3个百分点（见图7）。其中，第一、第二、第三产业投资分别增长35.4%、12.3%和6.5%。城市基础设施建设投资较快增长，完成投资5 769.8亿元，增长15.1%。民间投资完成22 769.4亿元，增长8.5%。房地产开发完成投资4 285.3亿元，增长5.6%。

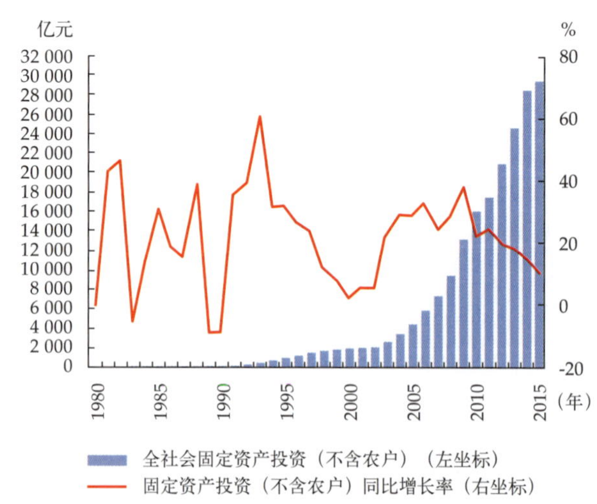

数据来源：河北省统计局。

图7　1980～2015年河北省固定资产投资（不含农户）及其增长率

2. 消费品市场平稳增长。社会消费品零售额为12 934.7亿元，比上年增长9.4%（见图8），增速比上年度回落3个百分点。乡村市场增速快于城镇，城镇消费品零售额为10 069.4亿元，增长9.3%；乡村消费品零售额为2 865.2亿元，增长9.8%。

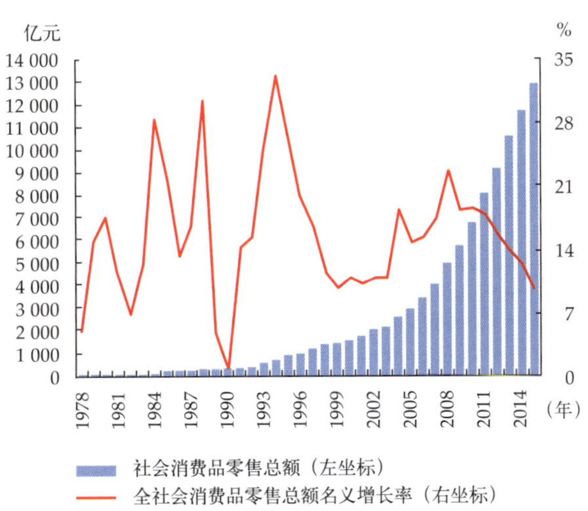

数据来源：河北省统计局。

图8　1978～2015年河北省社会消费品零售总额及其增长率

3. 外贸进出口额下降。2015年，河北省外贸进出口完成514.8亿美元，较上年下降14.2%。其中，出口329.4亿美元，下降7.8%；进口185.4亿美元，下降23.6%（见图9）。贸易顺差为144亿美元，扩大24.7%。进出口额下降的主要原因是主要进出口商品价格下跌：一是钢材出口均价下跌29.1%，拉低全省出口增速11.4个百分点；二是铁矿石、大豆和煤进口均价分别下跌40.6%、30.1%和23.3%，拉低全省进口增速31.6个百分点。

实际利用外资平稳增长。2015年，河北省实际利用外资73.7亿美元，比上年增长5.1%（见图10）。其中，外商直接投资61.8亿美元，下降3.1%。在外商直接投资中，第三产业投资较快增长，完成投资18.1亿美元，增长17.7%；占全省外商直接投资的29.3%，比上年提高5.1个百分点。2015年，河北省对外投资总额达到30.6亿美元，增长80.8%，其中，钢铁、基建等公司海外投资步伐显著加快，促进了过剩产能的境外转移。

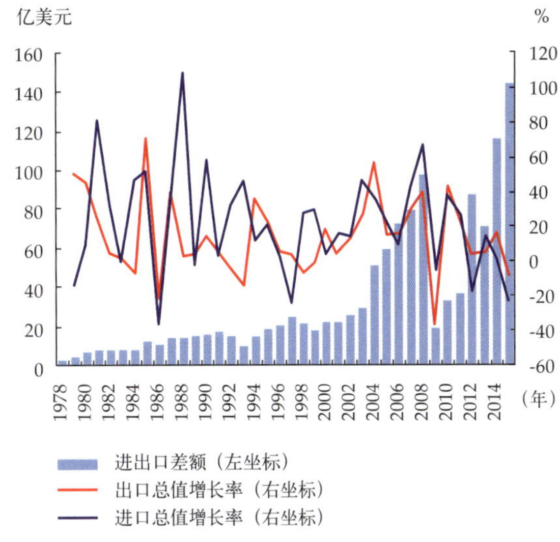

数据来源：河北省统计局。

图9　1978～2015年河北省外贸进出口变动情况

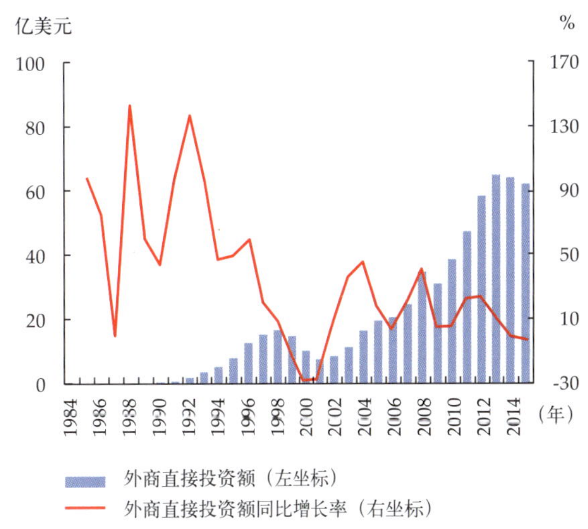

数据来源：河北省统计局。

图10　1984～2015年河北省外商直接投资额及其增长率

（二）三次产业平稳发展，产业结构优化

1. 农业经济总体平稳。农林牧渔业增加值为3 578.7亿元，比上年增长2.7%。粮食作物播种面积639.2万公顷，同比增长1.0%；粮食总产量3 363.8万吨，比上年增长0.1%；新增有效灌溉面积8.4万公顷，新增节水灌溉面积16.2万公顷。

2. 工业生产平稳增长。规模以上工业增加值为11 244.7亿元，同比增长4.4%（见图11）。分企业规模看，大型企业增加值下降4.4%，中型企业增加值增长6.6%，小型企业增加值增长12.8%。分行业来看，装备制造业、电子信息产业、化学原料和化学制品制造业分别增长7%、13.2%和7%，明显快于全省规模以上工业增速。

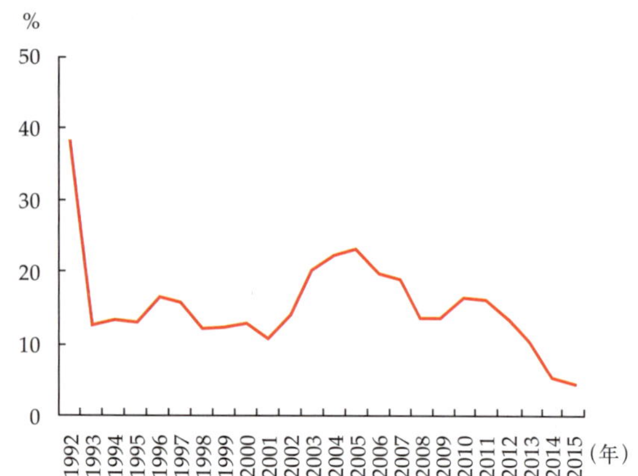

数据来源：河北省统计局。

图11　1992～2015年河北省规模以上工业增加值同比增长率

3. 服务业增速进一步加快。全年服务业完成增加值11 978.7亿元，比上年增长11.2%，增速同比提高1.5个百分点，速度快于全省地区生产总值4.4个百分点。其中，金融业增加值为1 554.0亿元，增长15.9%。第三产业占地区生产总值的比重达到39.9%，比上年提升了2.9个百分点。

（三）居民消费价格低位平稳，工业生产者价格降幅继续扩大

全年居民消费价格同比上涨0.9%，涨幅同比回落0.8个百分点。其中，城市上涨1.1%，农村上涨0.5%。分类别看，八大类商品及服务价格"六升二降"。其中，食品上涨0.8%，衣着上涨3.1%，家庭设备用品及维修服务上涨1.0%，医疗保健和个人用品上涨2.7%，娱乐教育文化用品及服务上涨1.1%，烟酒上涨1.7%，居住下降0.1%，交通和通信下降1.7%。全年工业生产者出厂价格

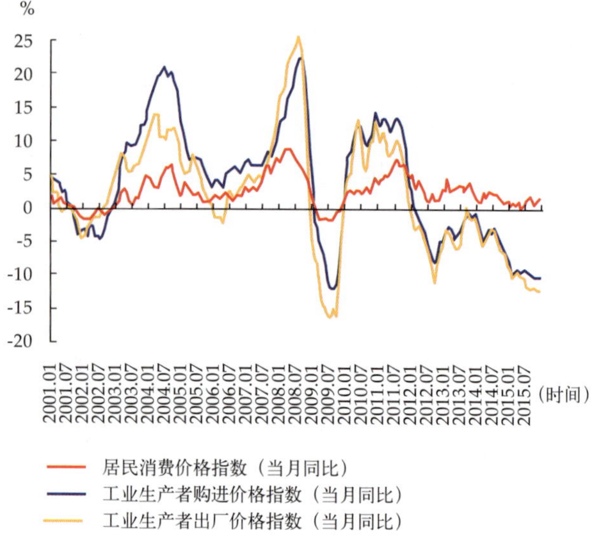

数据来源：河北省统计局。

图12　2001～2015年河北省居民消费价格和生产者价格变动趋势

下降10.9%，降幅同比扩大6.1个百分点；工业生产者购进价格下降9.7%，降幅同比扩大5.3个百分点（见图12）。

（四）财政收入保持平稳增长，公共预算支出增速加快

2015年，全省财政收入保持平稳增长，全部财政收入跨过4 000亿元大关，达到4 047.7亿元，比2014年增收284亿元，增长7.5%，增速同比上升4.1个百分点（见图13）。

财政预算支出增速加快，全省一般公共预算支出完成5 675.3亿元，比上年增长22.4%，提高15.9个百分点。民生保障水平不断提高，全省民生支出完成4597.7亿元，比上年增长25%，高于一般公共预算支出增幅2.6个百分点，占一般公共预算支出的81%。

2015年，河北省发行政府债券1 420亿元，其中，置换债券1 185亿元，置换了存量高息债务，节约成本约43亿元；新增债券235亿元，直接为重点项目建设低息融资，节约成本约7亿元，综合测算，每年可节约政府融资成本约50亿元。

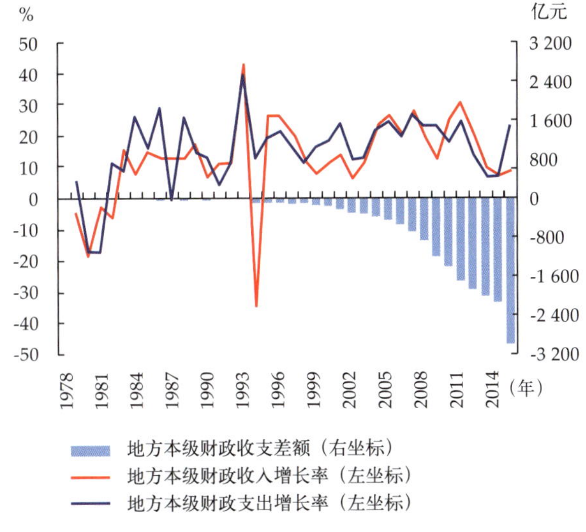

数据来源：河北省财政厅。

图13　1978～2015年河北省财政收支状况

（五）化解过剩产能取得突破，节能降耗取得新成效

截至2015年年末，全省累计压减炼铁产能3 391万吨、炼钢4 106万吨、水泥6 231万吨、煤炭2 700万吨、平板玻璃3 717万重量箱。钢铁水泥等六大高耗能行业增加值占规模以上工业比重较2010年下降10个百分点，全省单位地区生产总值能耗累计下降23%以上。2015年，全省规模以上工业能耗2.03亿吨标准煤，同比下降1.88%，已连续两年下降。单位工业增加值能耗1.64吨标准煤/万元，同比下降6.0%，超过年度下降4.2%的调控目标。全年完成造林面积34.3万公顷，森林覆盖率达到31%，自然保护区达到46个。

2015年，由中国金融学会绿色金融专业委员会主办、河北省金融学会承办的“绿色金融与治霾产业峰会”在石家庄召开，促进了金融业与雾霾治理产业、环保技术项目的交流对接，为引导社会资本投资绿色产业，推动经济绿色化转型发挥了积极的促进作用。

专栏2　河北省蠡县农村信用社改革圆满完成

自20世纪90年代农村金融体制改革以来，河北省蠡县农村信用社是全国唯一尚未理顺管理体制的区域群体性金融机构，直到2014年仍未纳入农村信用社管理体系，也是河北省金融体制改革的历史遗留问题。二十多年来，蠡县农村信用社在行业管理上基本处于真空状态，国家历次改革的政策红利均未享受，经营状况差，历史包袱较重，内控管理缺失，风险问题十分突出。近年来，为解决蠡县农村信用社历史遗留问题，国务院办公厅、河北省人民政府以及监管部门、中国农业银行等都做了大量的协调工作，因风险积聚日久，各种底数不清，解决起来涉及改革发展稳定多个领域，难度太大，特别是在拆借资金和历年亏损的补偿问题上，未能达成共识而未果。这一问题久拖不决不但严重影响了当地经济发展，同时各类风险、矛盾日益聚集，发生区域性金融风险的“燃点”极低。

2012年，中国人民银行总行领导先后两次深入河北调研，研究解决对策。2013年3月，中国人民银行牵头，会签河北省人民政府、财政部、银监会、中国农业银行向国务院呈报了《关于化解蠡县农村信用社风险问题的请示》（银发〔2013〕55号）。2013年11月，中国人民银行再次会签河北省人民政府、财政部、银监会上报了《关于报请国务院同意河北省蠡县农村信用社风险化解实施方案的请示》（银发〔2013〕281号）。

按照国务院批复的方案，2014年年初以来，在中国人民银行指导协调下，在财政部、银监会、中国农业银行的支持下，河北省委、省政府高度重视，合力推进，现已顺利完成接管托管、清产核资、撤销代办站、理顺管理体制、对接科技信息系统、增资扩股、建立地方共管基金、不良资产置换、豁免拆借债务、弥补信用社员工“五险一金”等全部改革工作。2015年9月2日，河北蠡州北银农村商业银行股份有限公司挂牌营业，此举标志着蠡县农村信用社改革全面完成。

目前，经过增资扩股、国家和地方政府联合救助，引进北京银行作为战略投资者，蠡州北银农村商业银行涅槃重生，重新焕发生机，已发展成为资本充足、法人治理健全、各项指标良好、整体抗风险能力显著提高的新型农村金融机构。

（六）房地产市场发展总体平稳，区域分化较为明显

1. 房地产开发投资增速回落。2015年，全省房地产开发投资完成4 285亿元，同比增长5.6%，增速比上年度回落12.2个百分点。全省房地产开发施工面积同比下降3.8%，新开工面积同比下降12.4%。分地区看，区域分化明显，11个设区市中有6个市的房地产开发投资实现增长，排在前三位的分别为：廊坊同比增长28.5%、衡水同比增长21%、张家口同比增长20%；5个设区市房地产开发投资有所下降。

2. 待售面积依然较大。2015年，全省商品房待售面积为2 180万平方米，增长6.7%，库存总量依然偏大。2016年，河北省房地产市场仍将以去库存为主基调，但不同城市去化压力显著分化，保定、廊坊等环京津区域及省会石家庄由于潜在需求大，消化库存预计较为迅速；唐山、邯郸、秦皇岛等城市由于早期开发力度较大但需求相对不足，库存去化压力相对显著。

3. 销售市场有所回暖，环京津地区房地产市场活跃。2015年，全省商品房销售面积为5 854万平方米，同比增长2.6%，回升了2.1个百分点（见图14）。其中，商品住宅销售面积为5 161万平方米，同比增长2.9%。受“京津冀协同发展”、“申奥成功”等因素的影响，廊坊、保定、张家口等市房地产市场活跃，呈现量价齐升态势，尤其是崇礼、燕郊、固安、涿州等成为热点地区。

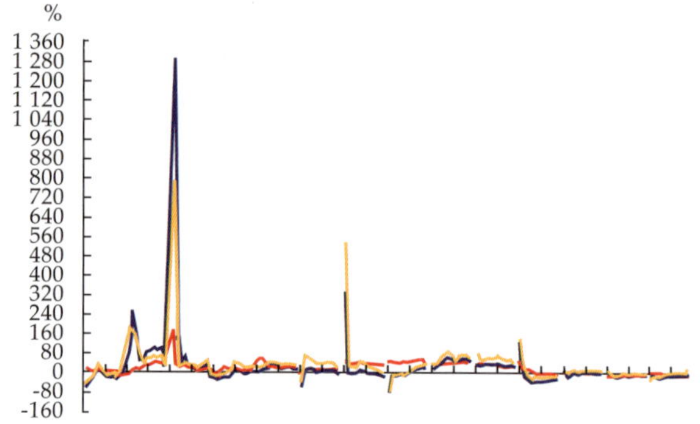

数据来源：河北省统计局。

图14　2002～2015年河北省商品房施工和销售变动趋势

4. 房地产贷款余额较快增长。2015年年末，全省房地产贷款余额为7 117亿元，同比增长26.9%，其中，廊坊、石家庄、保定占全省房地产新增贷款的一半以上。截至2015年年末，全省房地产开发贷款余额为1 629亿元，同比增长19.4%，其中，国家开发银行河北省分行新增房地产开发贷款295亿元，主要投向保障房开发建设。2015年年末，全省个人住房贷款余额为5 135亿元，同比增长31%，其中，廊坊、保定、石家庄增速居前。

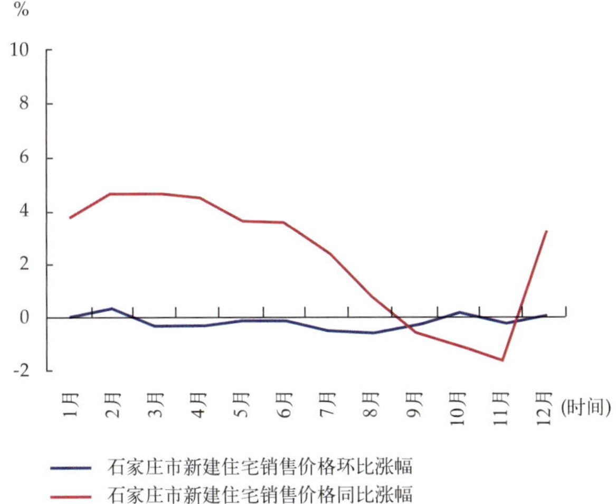

数据来源：河北省统计局。

图15 2015年石家庄市新建住宅销售价格变动趋势

（七）协同发展呈现新局面

2015年，河北省以交通一体化、生态环保、产业升级转移为重点，大力实施京津冀协同发展重大国家战略。在交通方面，打通10条连接京津的“断头路”、“瓶颈路”，津保城际铁路建成通车，北京新机场、京张高铁开工建设，京津冀城际铁路投资公司组建运营，交通“一卡通”启动实施。全省铁路营运里程、高速公路通车里程和港口通过能力均跃居全国第2位。在生态方面，三地环保部门签署了《京津冀区域环保率先突破合作框架协议》，使区域生态环境信息共享、大气污染联防联控取得成效。在产业方面，曹妃甸协同发展示范区、北京新机场临空经济区等共建园区扎实推进，北京现代第四工厂等一批重大项目落户河北。北京中关村科技园与河北省多地共建的一批创新平台加快建设。教育、医疗、旅游、养老等公共服务领域合作不断深化，全省250多家二级以上医疗机构与京津开展合作，京津冀手机漫游费全面取消，海关实现通关一体化。北京携手张家口成功获得2022年冬奥会举办权，为协同发展带来了新的机遇。

三、预测与展望

河北省已经进入转型升级的关键期，当前面临着新旧动能转换不快、产能过剩问题突出、创新能力不强、财政收支矛盾加剧、资源环境约束凸显等问题，这将使2016年经济增长继续承压。但在创新、协调、绿色、开放、共享的发展理念指引下，通过大力推进供给侧结构性改革、深入促进京津冀协同发展、不断释放改革红利，历经转型阵痛之后，河北有望实现更加健康可持续的发展。预计2016年全省经济仍将延续低速平稳增长态势，经济结构将更加优化，居民消费价格涨幅在2%左右。

2016年是“十三五”开局之年，河北省人民银行各分支机构将主动适应经济发展“新常态”，坚持稳中求进工作总基调，贯彻落实好稳健的货币政策，保持灵活适度，适时预调微调，加强和改善宏观审慎管理，做好与河北省供给侧结构性改革相关的总需求管理，着力疏通政策传导，改善融资结构和信贷结构，支持经济发展新旧动能的转换，切实防范化解各类金融风险，提高金融服务实体经济效率，为全省结构调整和转型升级营造适宜的货币金融环境。

中国人民银行石家庄中心支行货币政策分析小组

总　纂：陈建华　王彦青　李晶玲

统　稿：郑雪然　杜文忠　王建中　李　博　高宏业　温振华

执　笔：张皓阳　高东胜

提供材料的还有：薛秀丽　尚　楠　尹　洁　李婕琼　鲍文改　岳岐峰　岳永丽　任珍珍　范宪忠　李福贵　应　明　高晨红　郑晓美　靳凤菊　杜彦尊　李　媛　王　超　郄江辉　刘　圣　李建令　孙刚强　耿艳辉　辛垚森

附录

（一）2015年河北省经济金融大事记

2月9日，中国人民银行石家庄中心支行与河北省发展和改革委员会共同发布了《河北省信用体系建设规划（2014~2020）》，成为河北省社会信用体系建设的纲领性文件。

6月30日，中国人民银行石家庄中心支行联合北京市金融工作局、天津市银行业协会、河北省金融工作办公室以及曹妃甸区政府共同举办了金融协同共建曹妃甸示范区融资培训对接会，38家金融机构与曹妃甸区政府签署合作备忘录。

8月19日，河北省金融工作座谈会在北戴河召开，专题研究金融支持和服务实体经济发展问题，省委书记赵克志主持会议并讲话，省委副书记、省长张庆伟出席会议并讲话。

8月31日，蠡州北银农村商业银行开业，标志着蠡县农村信用社风险化解工作圆满完成。

11月25日，河北省地方金融监管局正式挂牌成立，至此，省本级建立了省政府负总责、地方金融监管局为主体、有关部门分工合作的监督管理体系。

12月24日，河北省资产管理有限公司成立，是河北省内唯一一家具有金融不良资产批量收购处置业务资质的地方资产管理公司。

12月29日，冀银金融租赁有限公司正式开业，河北省金融租赁行业再添新丁。

2015年，中国人民银行石家庄中心支行指导成立了河北省市场利率定价自律委员会，自律委员会制定并发布了《河北省市场利率定价自律公约》，助力全省利率市场化改革平稳推进。

（二）2015年河北省主要经济金融指标

表1　2015年河北省主要存贷款指标

		1月	2月	3月	4月	5月	6月	7月	8月	9月	10月	11月	12月
本外币	金融机构各项存款余额（亿元）	44 653.1	45 113.6	46 071.4	45 677.8	46 315.1	47 980.8	47 628.2	48 062.9	49 161.2	48 890.9	48 890.0	48 927.6
	其中：住户存款	26 617.2	27 830.0	28 141.8	27 798.4	27 777.6	28 282.8	28 246.5	28 450.5	28 866.8	28 733.7	28 878.2	29 220.3
	非金融企业存款	10 085.7	9 633.8	10 078.6	10 043.2	10 451.1	11 062.2	11 041.4	11 152.8	11 506.0	11 480.6	11 525.9	11 822.9
	各项存款余额比上月增加（亿元）	833.8	460.5	957.8	-393.6	637.4	1 665.7	-352.5	434.7	1 098.2	-270.2	-1.0	37.6
	金融机构各项存款同比增长（%）	12.3	11.1	9.4	9.7	10.5	10.9	10.6	11.5	12.9	12.5	12.0	11.4
	金融机构各项贷款余额（亿元）	28 569.1	28 998.8	29 345.9	29 588.6	29 889.6	30 422.0	30 797.4	30 968.8	31 589.4	31 905.1	32 428.1	32 608.5
	其中：短期	11 887.4	12 007.4	12 121.5	12 128.2	12 134.3	12 371.7	12 372.6	12 327.8	12 475.8	12 488.4	12 586.9	12 527.8
	中长期	15 436.4	15 697.0	15 868.3	16 040.5	16 210.5	16 495.0	16 747.8	16 881.2	17 210.8	17 381.5	17 623.0	17 903.5
	票据融资	1 057.1	1 088.4	1 135.6	1 189.6	1 306.5	1 324.0	1 433.6	1 505.7	1 640.7	1 774.9	1 941.3	1 919.3
	各项贷款余额比上月增加（亿元）	516.8	429.8	347.1	242.6	301.1	532.3	375.5	171.4	620.6	315.7	523.0	180.3
	其中：短期	121.0	120.0	114.1	6.7	6.0	237.4	0.9	-44.8	148.0	12.7	98.5	-59.1
	中长期	318.6	260.6	171.2	172.3	170.0	284.5	252.7	133.5	329.5	170.7	241.5	280.5
	票据融资	59.8	31.3	47.2	54.0	116.9	17.5	109.6	72.1	135.0	134.2	166.4	-22.0
	金融机构各项贷款同比增长（%）	14.8	15.1	14.7	14.3	14.7	14.9	15.3	14.9	15.5	15.9	16.6	16.2
	其中：短期	8.8	8.0	7.3	6.7	6.3	6.9	7.5	7.1	6.9	7.1	7.7	6.5
	中长期	17.8	18.5	17.7	17.5	17.5	17.6	17.4	17.1	17.8	17.8	18.3	18.4
	票据融资	51.4	61.9	73.9	74.0	86.5	84.9	87.9	78.8	84.1	92.8	85.9	92.4
	建筑业贷款余额（亿元）	792.8	807.0	817.5	824.9	829.4	841.5	848.5	856.5	872.5	877.0	871.2	864.5
	房地产业贷款余额（亿元）	1 285.0	1 309.2	1 306.8	1 341.5	1 377.3	1 433.1	1 462.3	1 478.8	1 511.5	1 518.2	1 507.0	1 506.4
	建筑业贷款同比增长（%）	18.3	17.5	14.8	13.4	13.0	12.4	11.4	11.8	12.1	9.8	9.4	10.4
	房地产业贷款同比增长（%）	36.9	36.2	34.4	34.8	36.2	36.5	38.0	36.8	37.0	32.7	30.0	21.0
人民币	金融机构各项存款余额（亿元）	44 291.6	44 743.3	45 703.8	45 310.3	45 979.4	47 664.9	47 294.8	47 682.0	48 781.2	48 515.6	48 523.8	48 550.9
	其中：住户存款	26 543.6	27 752.8	28 061.8	27 717.5	27 698.0	28 201.3	28 161.5	28 358.8	28 774.1	28 642.3	28 781.5	29 116.7
	非金融企业存款	9 822.4	9 365.9	9 816.2	9 782.7	10 202.4	10 835.6	10 803.1	10 871.6	11 226.9	11 205.4	11 264.9	11 558.9
	各项存款余额比上月增加（亿元）	782.1	451.7	960.5	-393.6	669.1	1 685.5	-370.1	387.2	1 099.2	-265.6	8.2	27.1
	其中：住户存款	464.5	1 209.2	308.9	-344.2	-19.5	503.3	-39.8	197.3	415.3	-131.8	139.2	335.2
	非金融企业存款	-16.8	-456.5	450.3	-33.5	419.8	633.1	-32.5	68.5	355.3	-21.5	59.6	294.0
	各项存款同比增长（%）	12.0	10.8	9.3	9.6	10.5	10.9	10.6	11.4	12.7	12.5	11.9	11.4
	其中：住户存款	7.7	12.0	10.7	11.5	11.0	10.3	11.1	11.9	11.2	11.8	12.0	11.4
	非金融企业存款	14.5	4.4	2.3	2.2	5.3	5.9	8.8	10.5	14.5	14.2	14.1	17.0
	金融机构各项贷款余额（亿元）	28 103.2	28 530.0	28 887.2	29 145.6	29 453.1	29 967.5	30 309.0	30 489.8	31 114.5	31 448.1	31 971.7	32 151.4
	其中：个人消费贷款	4 930.0	4 998.7	5 066.6	5 151.0	5 240.4	5 378.6	5 480.6	5 595.6	5 742.9	5 829.7	5 969.5	6 066.9
	票据融资	1 057.1	1 088.4	1 135.6	1 189.6	1 306.5	1 324.0	1 433.6	1 505.7	1 640.7	1 774.9	1 941.3	1 919.3
	各项贷款余额比上月增加（亿元）	509.4	426.8	357.1	258.4	307.5	514.5	341.5	180.7	624.8	333.5	523.6	179.8
	其中：个人消费贷款	134.3	68.6	68.0	84.4	89.4	138.1	102.0	115.0	147.3	86.8	139.8	97.4
	票据融资	59.7	31.3	47.2	54.0	116.9	17.5	109.6	72.1	135.0	134.2	166.4	-22.0
	金融机构各项贷款同比增长（%）	15.0	15.4	15.1	14.9	15.2	15.5	15.7	15.3	15.9	16.4	17.0	16.5
	其中：个人消费贷款	24.1	24.6	68.6	22.3	22.2	23.0	23.3	24.0	24.9	25.1	26.3	26.4
	票据融资	32.3	61.9	73.9	74.0	86.5	84.9	87.9	78.8	84.1	92.8	85.9	92.4
外币	金融机构外币存款余额（亿美元）	58.9	60.2	59.8	60.1	54.9	51.7	54.5	59.6	59.7	59.1	57.2	58.0
	金融机构外币存款同比增长（%）	63.4	56.3	31.1	33.5	13.7	6.7	13.5	18.7	35.1	22.6	23.4	14.7
	金融机构外币贷款余额（亿美元）	75.9	76.3	74.7	72.5	71.3	74.3	79.8	75.0	74.6	72.0	71.4	70.4
	金融机构外币贷款同比增长（%）	3.8	-3.2	-7.9	-10.8	-12.4	-11.5	-4.2	-7.2	-9.4	-9.5	-9.5	-6.1

数据来源：中国人民银行石家庄中心支行。

表2　2001～2015年河北省各类价格指数

单位：%

年/月	居民消费价格指数		农业生产资料价格指数		工业生产者购进价格指数		工业生产者出厂价格指数	
	当月同比	累计同比	当月同比	累计同比	当月同比	累计同比	当月同比	累计同比
2001	—	0.5	—	0.2	—	1.0	—	-0.2
2002	—	-1.0	—	0.4	—	-2.8	—	-0.6
2003	—	2.2	—	-0.2	—	9.4	—	7.1
2004	—	4.3	—	6.7	—	18.4	—	11.6
2005	—	1.8	—	6.8	—	7.0	—	4.4
2006	—	1.7	—	1.6	—	5.0	—	0.8
2007	—	4.7	—	6.9	—	7.8	—	6.9
2008	—	6.2	—	18.6	—	15.9	—	16.7
2009	—	-0.7	—	0.6	—	-6.5	—	-10.9
2010	—	3.1	—	4.4	—	10.9	—	9.0
2011	—	5.7	—	12.6	—	10.9	—	7.7
2012	—	2.6	—	8.2	—	-3.8	—	-5.3
2013	—	3.0	—	1.1	—	-2.4	—	-3.4
2014	—	1.7	—	-0.9	—	-4.4	—	-4.8
2015	—	0.9	—	-0.2	—	-9.7	—	-10.9
2014　1	1.2	1.2	-1.6	-1.6	-2.2	-2.2	-3.1	-3.1
2	1.1	1.1	-2.1	-1.8	-3.5	-2.8	-4.7	-3.9
3	2.4	1.6	-2.5	-2.0	-4.6	-3.4	-5.3	-4.3
4	1.8	1.6	-1.6	-1.9	-4.3	-3.7	-4.4	-4.4
5	2.8	1.9	-1.0	-1.8	-3.2	-3.6	-3.6	-4.2
6	2.4	1.9	-1.1	-1.6	-3.5	-3.6	-2.9	-4.0
7	2.2	2.0	-0.4	-1.5	-2.9	-3.5	-3.1	-3.9
8	2.1	2.0	-0.2	-1.3	-3.6	-3.5	-4.1	-3.9
9	1.5	1.9	0.6	-1.1	-4.8	-3.6	-5.8	-4.1
10	1.0	1.8	0.1	-1.0	-5.8	-3.8	-6.2	-4.3
11	0.9	1.8	-0.1	-0.9	-6.7	-4.1	-6.7	-4.5
12	1.3	1.7	-0.5	-0.9	-7.8	-4.4	-8.0	-4.8
2015　1	0.2	0.2	-0.4	-0.4	-9.4	-9.4	-9.4	-9.4
2	0.8	0.5	-0.8	-0.8	-9.8	-9.6	-10.1	-9.8
3	0.5	0.5	-0.4	-0.7	-9.4	-9.5	-9.6	-9.7
4	0.8	0.6	-0.4	-0.6	-9.3	-9.5	-9.9	-9.8
5	0.3	0.5	-0.3	-0.5	-9.5	-9.5	-10.2	-9.9
6	0.5	0.5	-0.1	-0.5	-9.2	-9.4	-10.6	-10.0
7	1.1	0.6	-0.1	-0.4	-9.6	-9.5	-11.6	-10.2
8	1.7	0.7	0.1	-0.4	-10.0	-9.5	-12.0	-10.4
9	1.1	0.8	-0.1	-0.3	-10.0	-9.6	-11.7	-10.6
10	0.6	0.8	0.0	-0.3	-10.2	-9.6	-11.7	-10.7
11	1.3	0.8	0.0	-0.3	-10.3	-9.7	-12.1	-10.8
12	1.6	0.9	0.1	-0.2	-10.2	-9.7	-12.2	-10.9

数据来源：河北省统计局、《中国经济景气月报》。

表3 2015年河北省主要经济指标

	1月	2月	3月	4月	5月	6月	7月	8月	9月	10月	11月	12月
绝对值（自年初累计）												
地区生产总值（亿元）	—	—	6 029.5	—	—	13 798.1	—	—	21 280.2	—	—	29 806.1
第一产业	—	—	576.1	—	—	1 403.2	—	—	2 282.2	—	—	3 439.4
第二产业	—	—	3 086.6	—	—	6 947.2	—	—	10 520.9	—	—	14 388.0
第三产业	—	—	2 366.8	—	—	5 447.7	—	—	8 477.1	—	—	11 978.7
工业增加值（亿元）	—	1 471.5	2 399.8	3 254.2	4 168.2	5 248.9	6 214.7	7 154.0	8 183.1	9 208.4	10 219.5	11 244.7
固定资产投资（亿元）	—	828.7	3 483.6	5 877.7	8 782.3	12 403.8	15 367.7	18 394.6	21 499.3	24 419.3	27 001.3	28 905.7
房地产开发投资	—	187.5	619.9	958.5	1 376.1	1 891.5	2 265.2	2 677.2	3 150.7	3 569.5	3 988.0	4 285.3
社会消费品零售总额（亿元）	—	—	2 907.9	—	—	5 796.9	—	—	8 927.0	—	—	12 934.7
外贸进出口总额（亿元）	303.4	547.3	784.6	1 040.7	1 296.9	1 564.5	1 854.5	2 110.9	2 409.6	2 665.3	2 913.1	3 192.4
进口	95.5	185.8	290.8	386.7	472.8	568.1	673.0	764.9	866.6	953.7	1 047.9	1 150.3
出口	207.9	361.5	493.8	654.1	824.1	996.5	1 181.5	1 346.0	1 542.9	1 711.6	1 865.2	2 042.1
进出口差额(出口－进口)	112.3	175.6	203.0	267.4	351.3	428.4	508.5	581.1	676.3	757.8	817.3	891.7
外商实际直接投资（亿美元）	2.5	3.4	9.2	11.8	12.6	27.7	29.6	30.8	32.5	37.8	45.9	61.8
地方财政收支差额（亿元）	123.6	-88.3	-336.7	-532.3	-746.2	-1 042.1	-1 213.0	-1 407.9	-1 869.8	-2 292.2	-2 616.3	-3 026.8
地方财政收入	272.9	433.0	702.5	897.2	1 091.7	1 388.5	1 577.5	1 744.3	2 014.9	2 204.5	2 382.7	2 648.5
地方财政支出	149.3	521.3	1 039.2	1 429.5	1 837.9	2 430.6	2 790.5	3 152.2	3 884.7	4 496.7	4 999.0	5 675.3
城镇登记失业率(%)(季度)	—	—	3.6	—	—	3.6	—	—	3.6	—	—	3.6
同比累计增长率（%）												
地区生产总值	—	—	6.2	—	—	6.6	—	—	6.5	—	—	6.8
第一产业	—	—	2.8	—	—	2.7	—	—	2.6	—	—	2.5
第二产业	—	—	4.9	—	—	5.2	—	—	4.4	—	—	4.7
第三产业	—	—	8.8	—	—	9.7	—	—	10.8	—	—	11.2
工业增加值	—	4.9	4.6	4.6	4.5	4.6	4.5	4.3	4.1	4.2	4.4	4.4
固定资产投资	—	15.2	14.2	14.4	14.0	13.1	13.0	12.2	11.7	11.0	10.6	10.6
房地产开发投资	—	13.7	14.0	13.1	14.7	10.1	8.3	6.1	6.3	5.6	5.5	5.6
社会消费品零售总额	—	—	9.0	—	—	9.1	—	—	9.0	—	—	9.4
外贸进出口总额	-12.5	-1.2	-6.4	-9.9	-12.5	-12.4	-12.7	-13.4	-12.8	-12.9	-12.8	-13.2
进口	-39.3	-30.3	-26.1	-28.0	-29.3	-28.9	-27.4	-26.6	-25.5	-24.6	-22.5	-22.5
出口	9.7	25.9	11.1	5.8	1.3	0.9	-1.3	-3.6	-3.5	-4.6	-6.3	-6.9
外商实际直接投资	-18.4	-27.8	10.6	17.8	-10.9	6.2	3.4	-1.5	-11.3	-9.5	-11.6	-3.1
地方财政收入	-0.3	4.8	5.6	3.0	2.5	3.7	5.2	4.8	6.5	6.7	7.3	8.3
地方财政支出	-44.3	24.9	12.6	17.1	18.2	8.4	10.0	7.4	15.3	17.0	21.4	22.4

数据来源：河北省统计局。

2015年山西省金融运行报告

中国人民银行太原中心支行货币政策分析小组

[内容摘要] 2015年，受外部市场需求不足、煤炭等资源型产品价格持续下跌等因素的影响，山西省经济发展面临严峻挑战。面对错综复杂的经济形势，山西省着力推进"六大发展"、统筹做好煤与非煤"两篇文章"，经济转型升级步伐加快，发展效益质量稳步提高，物价水平保持稳定，生态环境修复取得新进展。金融运行总体平稳，信贷总量适度增长、结构继续优化，证券保险业健康发展，金融生态环境建设持续推进，金融服务实体经济能力得到进一步提升。

2016年，山西省将以改革创新为动力，以转方式、调结构、增效益、提速度为基点，推进供给侧结构性改革，加快产业转型升级。金融业将继续贯彻落实稳健的货币政策，强化风险防控，提升服务水平，为经济结构调整和转型升级提供稳定的金融环境。预计2016年山西省生产总值将增长6%左右，居民消费价格涨幅控制在3%左右。

一、金融运行情况

2015年，山西省金融业稳健运行，货币信贷合理适度增长，市场融资功能增强，改革逐步深化，风险得到有效化解，金融支持实体经济转型发展能力提升。

（一）银行业运行稳健，货币信贷合理适度增长

2015年，山西省银行业金融机构认真贯彻落实稳健的货币政策，存贷款合理适度增长，信贷政策导向力增强，利率市场化改革取得新进展，融资成本明显降低，金融机构业态布局优化，风险防范和处置取得新进展。

1. 银行业金融机构运行稳健，经营业态优化。2015年，山西省银行业金融机构资产总额为36 201.6亿元，同比增长9.5%，实现利润301.3亿元，增速由正转负，同比下滑8.1%。受经济下行、利差收窄等因素的影响，银行业金融机构资产质量下滑，资产利润率、净息差同比分别下降0.8个和0.4个百分点（见表1）。

表1　2015年山西省银行业金融机构情况

机构类别	营业网点			法人机构（个）
	机构个数（个）	从业人数（人）	资产总额（亿元）	
一、大型商业银行	1 672	45 461	13 894.8	0
二、国家开发银行和政策性银行	80	1 097	2 676.5	0
三、股份制商业银行	303	9 797	4 762.1	0
四、城市商业银行	276	8 480	3 216.7	6
五、小型农村金融机构	3 058	42 116	8 194.7	110
六、财务公司	7	292	878.9	6
七、信托公司	1	174	21.1	1
八、邮政储蓄银行	1 220	6 812	2 256.8	0
九、外资银行	2	48	23.0	0
十、新型农村金融机构	72	2 563	261.1	63
十一、其他	1	47	15.8	1
合　计	6 692	116 887	36 201.6	187

注：营业网点不包括国家开发银行和政策性银行、大型商业银行、股份制银行等金融机构总部数据；大型商业银行包括中国工商银行、中国农业银行、中国银行、中国建设银行和交通银行；小型农村金融机构包括农村商业银行、农村合作银行和农村信用社；新型农村金融机构包括村镇银行、贷款公司和农村资金互助社；"其他"包含金融租赁公司、汽车金融公司、货币经纪公司、消费金融公司等。

数据来源：山西银监局、中国人民银行太原中心支行。

2. 各项存款增速企稳回升，增长节奏趋于平稳。2015年，山西省金融机构本外币各项存款余额为28 641.4亿元，同比增长5.7%，增速同比提高3.1个百分点，全年新增存款1 602.9亿元，同比多增927.4亿元。受互联网金融违约风险暴露、企业投资意愿下降以及A股市场大幅波动影响，山西省

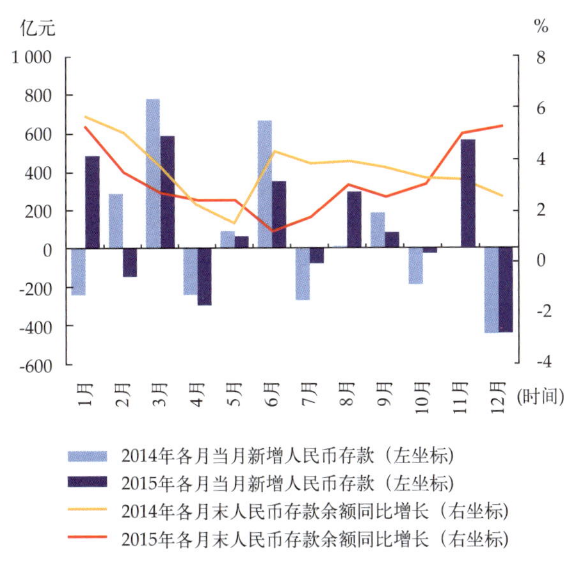

数据来源：中国人民银行太原中心支行。

图1　2014～2015年山西省金融机构人民币存款增长变化

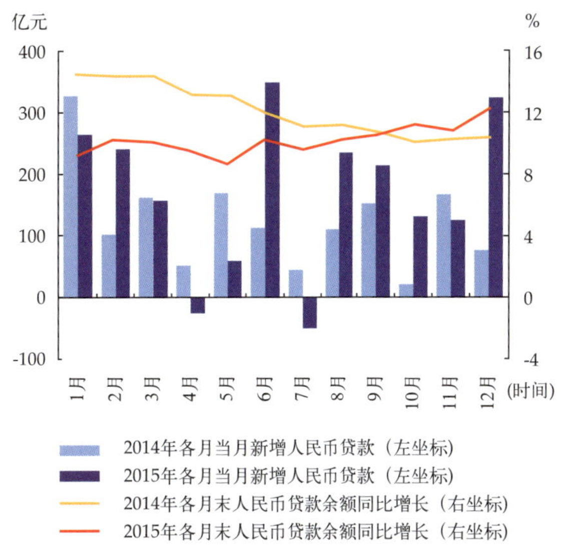

数据来源：中国人民银行太原中心支行。

图2　2014～2015年山西省金融机构人民币贷款增长变化

金融机构存款回流明显，全年住户存款、企业存款和非银行业金融机构存款同比分别多增399.2亿元、784.6亿元和213.4亿元。存款偏离度管理考核制度施行后，金融机构存款“冲时点”冲动明显缓解，全年各月新增存款波动程度弱于上年（见图1）。

3. 各项贷款适度增长，支持实体经济转型升级力度强。2015年，山西省金融机构本外币各项贷款余额为18 574.8亿元，同比增长12.2%，增速同比提高2.0个百分点，全年新增贷款2 016.1亿元。其中，山西省法人金融机构各项贷款余额为5 353.6亿元，全年新增贷款575.7亿元（见图2、图3）。

贷款投向“有扶有控、重点突出”，着力支持经济转型升级。全年五次实施“降准”政策，释放金融机构流动性796.4亿元，累计发放信贷政策支持再贷款、再贴现资金232.2亿元，定向调控资金投向，严控产能过剩行业贷款规模、着力满足民生领域和薄弱环节资金需求。2015年，山西省“转型综改”领域新增贷款1 204.2亿元、采矿业贷款增速同比回落10.6个百分点、涉农贷款同比多增110.7亿元，批发零售业、保障房、就业创业、土地流转、扶贫开发、环境修复等领域贷款

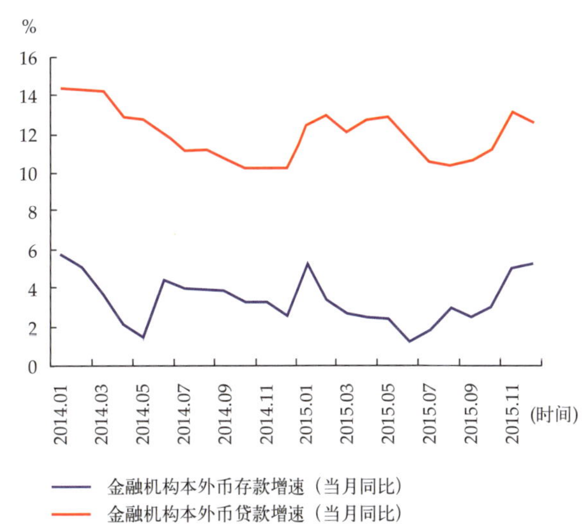

数据来源：中国人民银行太原中心支行。

图3　2014～2015年山西省金融机构本外币存、贷款增速变化

也保持了较快增长。用好贷款增量的同时，积极盘活贷款存量。全年通过应收账款融资服务平台实现融资281笔，金额为304.5亿元，设立企业资金链应急转贷资金，为277家中小企业接续贷款41.1亿元，创新开展电子商业汇票和承兑汇票再贴现业务和采矿权抵押贷款试点，积极为银行解困、

为企业减负。

4. 表外业务平稳发展。2015年，山西省金融机构表外融资业务总量为6 558.1亿元，较年初增长13.5%，高于各项贷款增速1.3个百分点。理财业务发展稳健，全年产品发行期数同比稍有回落，募集规模稳中有升，发行种类主要为非资产池类封闭式理财产品，主要投资方向为债券及货币市场工具。

5. 融资成本明显下降，利率市场化改革取得突破。2015年，山西省金融机构人民币一般贷款加权平均利率为7.388%，同比下降0.7个百分点。12月中小微企业人民币一般贷款加权平均利率分别为5.341%、7.888%和8.471%，分别较1月下降1.9个、1.4个和0.7个百分点，融资成本明显降低。上浮利率贷款占比为66.2%，同比下降4.0个百分点，呈下行趋势。

利率市场化改革取得突破。成立了“山西省市场利率定价自律机制”，市场化产品发展取得突破。2015年，山西省12家法人金融机构备案同

表2　2015年山西省金融机构人民币贷款各利率区间占比

单位：%

月份		1月	2月	3月	4月	5月	6月
	合计	100.0	100.0	100.0	100.0	100.0	100.0
	下浮	4.2	2.8	3.4	6.6	7.0	10.0
	基准	20.3	24.0	26.2	13.7	17.1	23.1
上浮	小计	75.6	73.2	70.4	79.8	75.9	66.8
	(1.0，1.1]	21.8	21.6	21.3	22.0	19.5	13.8
	(1.1，1.3]	18.4	26.1	15.1	15.9	23.5	14.8
	(1.3，1.5]	8.0	6.2	6.0	8.4	4.7	6.2
	(1.5，2.0]	11.1	7.1	13.2	16.9	12.3	12.0
	2.0以上	16.3	12.1	14.8	16.6	16.0	20.0
月份		7月	8月	9月	10月	11月	12月
	合计	100.0	100.0	100.0	100.0	100.0	100.0
	下浮	9.0	5.3	9.2	9.6	8.8	16.5
	基准	12.4	18.5	23.0	21.9	23.6	19.1
上浮	小计	78.6	76.2	67.9	68.5	67.7	64.4
	(1.0，1.1]	19.9	24.9	20.8	17.0	18.8	17.8
	(1.1，1.3]	16.3	13.8	11.0	16.5	10.0	10.7
	(1.3，1.5]	5.8	5.4	5.8	4.4	4.3	5.0
	(1.5，2.0]	13.8	10.2	10.2	9.6	11.3	9.1
	2.0以上	22.9	21.9	20.2	21.1	23.3	21.8

数据来源：中国人民银行太原中心支行。

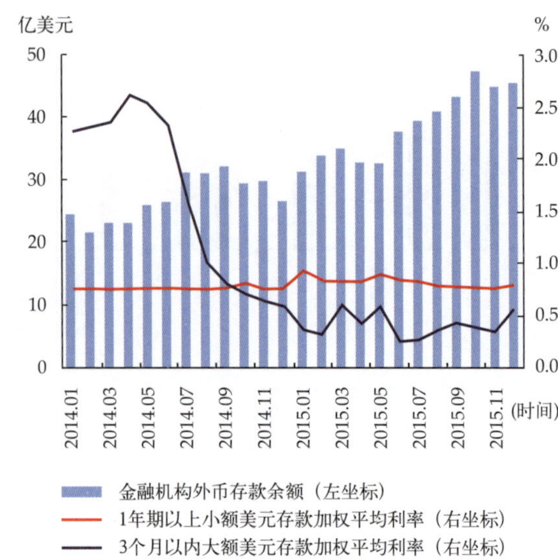

数据来源：中国人民银行太原中心支行。

图4　2014～2015年山西省金融机构外币存款余额及外币存款利率

业存单发行计划235亿元，累计发行82期，募集资金240亿元。其中，10家法人金融机构获得了大额存单发行资格，两家机构已完成发行计划备案。

民间借贷利率继续降低。2015年，山西省各民间借贷监测点发生借贷7.1亿元，加权平均利率22.620%，同比下降1.7个百分点，同比多降1.2个百分点（见表2、图4）。

6. 金融机构改革步伐加快。2015年，山西省8家农村信用社改制为农村商业银行，新设立8家村镇银行。晋商银行成功发行20亿元二级资本债券和24亿元信贷资产证券化产品，增强了资本实力。

金融机构业态继续优化，平安银行太原分行成立，山西金融投资控股集团、华融晋商资产管理公司、晋商消费金融公司、国信再担保公司等法人金融机构相继筹建，众筹平台山西高新普惠资本投资服务有限公司、互联网P2P平台山西省金融资产交易中心开业运行。

7. 银行业不良贷款“双升”，金融风险得到有效防范和处置。2015年，受经济运行下行、企业经营压力加大影响，山西省银行业金融机构新增不良贷款123.6亿元，不良贷款率为4.8%，较年初上升0.2个百分点，贷款集中度风险显现、个别

金融产品兑付违约风险暴露。

面对复杂多变的金融环境，山西省政府牵头相关部门，加强窗口指导，安排专门资金设立政府转贷、再担保平台，防范金融风险暴露和扩散。依法合规处置金融风险，改善金融环境。推动海鑫集团破产重组取得关键性成果，稳步推进联盛和中诚信托金融风险处置。集中开展非法集资风险排查和专项整治行动，平稳处置外省部分P2P平台非法集资案件对山西省的影响。

8. 跨境人民币业务规模和范围逐步扩大。2015年，山西省银行业金融机构累计办理跨境人民币结算427.9亿元，同比增长34.8%，占到同期本外币全部收支的27.7%，同比提升9.8个百分点，使用人民币结算的外贸企业由上年同期的199家增至265家。积极创新跨境人民币结算业务。引导省内大型企业集团开办跨境双向人民币资金池业务，涉及金额220.1亿元，便利企业对外贸易和投融资、助推山西省外向型经济发展。

专栏1　山西省金融机构支持农村土地流转的信贷创新

一、主要创新模式

第一种模式：土地流转收益保证贷款。这是针对土地流转中的流入户的信贷产品。那些有融资需求且符合土地流转收益保证贷款条件的土地流入户，由农经中心向银行推荐，或土地流入户直接向银行提出申请，银行与农经中心共同核实情况后，条件完备的由农经中心给予办理他项权证，银行给予发放土地流转收益保证贷款。

第二种模式：土地流转收入保证贷款。这是针对流转中的流出户的生产性需求。例如，某农户将自有的5亩土地流转给某养殖公司，用于猪饲料的原料作物种植，流转期限10年，每亩土地每年获得1 100元的土地流转收入。土地流出后，该农户从事了农用车运输，因周转资金不足提出贷款申请。农商行与农户、养殖公司签订三方协议，并发放土地流转收入保证贷款13 500元。由养殖公司和农户共同承诺，贷款出现风险后，将土地流转收入作为还款保证。

第三种模式：土地质押保证贷款。针对那些有融资需求但尚未参与土地流转的农户，可以持土地承包经营权证向银行申请贷款，银行与农经中心共同核实情况后，条件完备的由农经中心给予办理他项权证，条件暂不具备的采取与银行签订协议的方式，银行发放土地质押保证贷款。贷款一旦出现风险，用土地实际收益作为还款保证。同时，为了保证土地收益能够最大限度地覆盖风险，银行针对贷款人不同的生产经营项目设计“个性化”信贷产品。

二、创新面临的问题

一是开展业务的机构较少，创新主体单一。目前许多国有大型商业银行的基层机构缺乏支持土地流转的权限和动力，开展的多为与农地承包经营权相关的产品，林权、宅基地使用权等新型信贷产品和服务较少，而当地农商行或农信社成为主要支持力量。

二是信贷产品设计较为谨慎，开拓创新意识不强。如调查中发现某银行机构设置的惠农卡贷款，必须要求有一户夫妻双方均为财政供养人员担保才符合贷款条件。调查还发现，目前开发的信贷产品期限普遍较短，绝大多数产品期限在1年以内，与流转中的农户、企业希望的1至3年的贷款期限有差距。

三是金融机构面临贷后管理难、处置变现难局面。当前土地确权、交易尚没有统一管理制度，农村土地承包经营权的价值界定也比较简单、粗放。因此造成农村土地权证流动性相当有限。一旦借款人发生违约风险，金融机构介入处置抵押物权时，面临着土地转包变现风险以及地上生物性资产受自然因素影响不能有效变现的风险。而且，农村土地承包经营权和农村房屋产权是一种保障性物权，涉及民生问题，如果强制执行处置变现，则会造成诸多矛盾纠纷。

四是对金融机构风险保障和补偿机制不够完善。农业保险严重落后于农村土地抵押贷款业务对风险控制的需求。而政府保障基金使用程序较为烦琐，涉农金融机构事实上全部承担了土地抵押贷款产生的风险。另外，对农村土地提供前期价值评估、政策咨询和资信证明等服务的中介机构严重缺乏，造成了涉及流转工作的各方信息不对称。

三、下一步工作设想

一是完善法律法规，出台统一的土地流转贷款管理办法。尽快修订《中华人民共和国物权法》和《中华人民共和国担保法》等相关法律法规，解决土地承包(流转)经营权抵质押贷款的法律障碍，同时制定全省统一的管理办法，加快对土地流转的流程、用途、手续，以及土地抵押贷款工作等进行规范。

二是逐步建立健全扶持机制和制度。应加快建立以财政税收为主的农村金融政策扶持体系。如涉农贷款贴息政策、涉农贷款贴息办法、税收减免优惠等；多渠道支持银行等金融主体参与土地抵押贷款工作。积极探索开展农业保险补贴方式和品种试点。按照农业保险的业务比重对商业性保险公司给予相应的保费补贴。发挥好政府风险补偿基金作用，加大政策帮扶和资金补偿，形成政府、银行、保险、农户共担的风险救助补偿机制。

三是健全和规范农村土地抵押融资的要素市场。政府部门应加快农村土地确权颁证的进度。确权颁证是农村土地抵押贷款业务的前提条件。建立由农业部门、金融部门、地方政府共同管理，面向农民，企业和其他市场主体的金融交易平台；完善配套中介服务机构，成立农村土地产权抵押融资中介服务平台；成立专门的农村资产经营管理公司，积极处置因开展土地抵押贷款产生的不良资产，处置时首先在本集体经济组织内转让，无法处置的，可以对有关抵押物进行收购或流转。

四是进一步创新金融产品。其一是灵活配置贷款方式，合理设置贷款期限，探索完善“一次核定、随用随贷、余额控制、周转使用”的授信贷款模式，并在贷款期限上适当放宽，使之符合农业生产经营的周期特点，真正发挥好金融支持农业发展的服务功能。其二是认真细分客户，审慎经营贷款。由于农村土地具有农村群众安身立命和维护社会稳定的重要作用，金融机构在客户细分和产品配对时应持谨慎态度。

（二）证券业发展质量提升，融资功能有效发挥

1. 证券机构经营稳健、改革创新力度大。2015年，山西省证券机构增加5家，代理证券交易金额43 367.8亿元，同比增长191.1%，2家法人证券公司实现净利润17.2亿元，同比增长142.8%。期货业低位运行，期货机构减少3家，期货交易额同比下降79.3%，3家法人期货公司由盈转亏。

创新业务发展迅速，证券公司融资融券业务收入占全部收入的比重达到19.7%。期货市场套期保值业务快速发展，28家企业与期货公司对接，利用期货市场套期保值应对市场风险。私募基金迅猛发展，2015年年末，山西省私募投资基金管理人达到85家、备案基金46只、管理资金规模53.6亿元。

2. 上市公司资本运作能力提升。2015年，山西省2家公司成功登陆中小板和创业板，实现了近四年晋企上市零的突破，33家中小企业挂牌“新三板”，全年在股票市场实现融资306.5亿元、并购重组金额156.4亿元，同比分别增长419.1%和1 266.9%（见表3）。

表3　2015年山西省证券业基本情况

项目	数量
总部设在辖内的证券公司数（家）	2
总部设在辖内的基金公司数（家）	0
总部设在辖内的期货公司数（家）	3
年末国内上市公司数（家）	37
当年国内股票（A股）筹资（亿元）	232.0
当年发行H股筹资（亿元）	0.0
当年国内债券筹资（亿元）	1 955.1
其中：短期融资券筹资额（亿元）	142.0
中期票据筹资额（亿元）	672.7

注：当年国内股票（A股）筹资额是指非金融企业境内股票融资。
数据来源：山西证监局、山西省发展改革委、中国人民银行太原中心支行。

表4　2015年山西省保险业基本情况

项目	数量
总部设在辖内的保险公司数（家）	1
其中：财产险经营主体（家）	1
人身险经营主体（家）	0
保险公司分支机构（家）	47
其中：财产险公司分支机构（家）	24
人身险公司分支机构（家）	23
保费收入（中外资，亿元）	586.7
其中：财产险保费收入（中外资，亿元）	160.0
人身险保费收入（中外资，亿元）	426.7
各类赔款给付（中外资，亿元）	214.0
保险密度（元/人）	1 601.0
保险深度（%）	4.40

数据来源：山西保监局。

3. 积极维护辖区资本市场稳健发展。制定出台《关于加快山西省多层次资本市场发展的实施意见》，推动多层次资本市场建设和企业上市融资。积极维护资本市场稳健运行，针对2015年资本市场异常波动情况，辖区相关部门和从业机构，通过承诺上市公司大股东不减持、适时增持股份，提高上市公司质量以及强化投资者关系管理等方式，全力维护山西省上市公司股价基本稳定。

（三）保险业健康发展，保障功能不断增强

1. 保险业实现较快增长。2015年山西省保险业总资产为1 228.1亿元、实现保费收入586.7亿元、赔款与给付支出214.0亿元，增速分别高于上年4.7个、13.2个和10个百分点，其中，保费收入全国排名第7位，是近年来的最好水平。保险密度和深度居中部六省首位，同比分别提高25.5个和0.7个百分点（见表4）。

2. 保险业服务社会能力显著增强。2015年，山西省保险业为全社会提供风险保障15.6万亿元，同比增长12.9%。特色农业保险覆盖全省11个地市32个县区，为15.6万户农户提供风险保障8.7亿元，将原本财政资金作用放大55倍。出口信用保险企业覆盖率和一般贸易渗透率继续位居全国第1。城乡居民大病保险覆盖11个地市、惠及2 450.1万名城乡居民。稳步开展首台（套）重大技术装备保险补偿机制试点工作。保险业态继续优化，2015年，山西省"险资入晋"投资新增172.7亿元，同比增长2.8倍。首家地方法人寿险公司开始筹建。

（四）金融市场平稳运行，市场融资能力逐步增强

2015年，山西省各金融机构合理优化信贷结构，辖内金融市场平稳运行。金融机构参与市场意识增强，货币市场交易活跃。

1. 直接融资规模快速增长、融资结构趋于均衡。2015年，山西省社会融资规模为3 048.3亿元。其中，人民币贷款新增2 032.4亿元，占全部融资总量的66.7%。直接融资中，债券市场融资2 281.8亿元，同比多增952.7亿元，股票市场融资148.6亿元。委托贷款、委托投资保持较快增长，同比分别多增238亿元和317亿元（见图5）。

2. 货币市场交易量快速增加。2015年，山西省金融机构在全国银行间同业拆借和债券市场累计成交109 294.7亿元，同比增长68.9%，增速同比提高65.1个百分点。其中，在全国银行间同业拆借市场累计拆借资金568.6亿元，在全国银行间债券市场质押式回购89 927.6亿元，现券交易14 435.3亿元，买断式回购4 363.1亿元（见表5）。

3. 票据市场交易平稳，利率逐季度走低。2015年，山西省各金融机构累计签发银行承兑汇

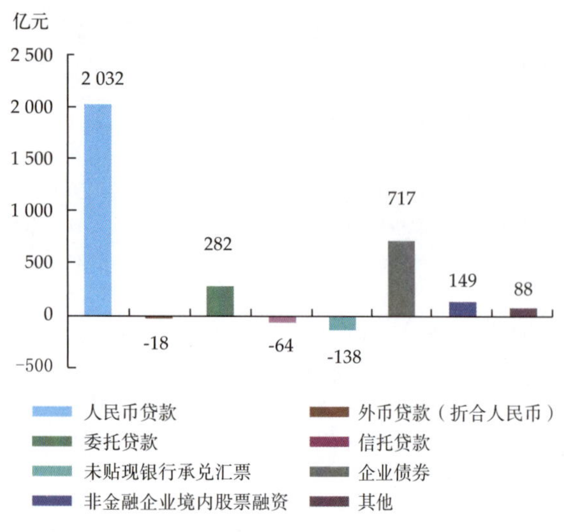

数据来源：中国人民银行太原中心支行。

图5 2015年山西省社会融资规模分布结构

票4 044.3亿元，同比减少632.6元，下降13.5%。累计办理商业汇票贴现、银行承兑汇票贴现9 928.3亿元，同比增加4 223.8亿元，增幅74.0%（见表6）。

4. 地方政府债务置换稳步推进。2015年，山西省共发行各项政府债券580.9亿元，其中，置换债券357亿元，新增债券223.9亿元，发行期限由三至十年不等，利率区间2.87%～3.58%，到期一次性偿还本金。发行两期山西省政府专项债券，共计额度137.5亿元，其中，置换专项债券110.5亿元，新增专项债券27亿元，发行期限分别为5年、10年，年利率3.0%，到期一次性偿还本金。

表5 2015年山西省金融机构票据业务量统计

单位：亿元

季度	银行承兑汇票承兑		贴现			
			银行承兑汇票		商业承兑汇票	
	余额	累计发生额	余额	累计发生额	余额	累计发生额
1	2 074.7	809.1	1 076.2	1 849.7	3.7	34.0
2	2 067.5	1 948.6	1 043.7	3 893.1	1.2	50.1
3	2 134.6	2 969.6	1 044.3	6 584.0	5.9	66.0
4	2 225.6	4 044.3	966.1	9 928.3	10.6	92.5

数据来源：中国人民银行太原中心支行。

表6 2015年山西省金融机构票据贴现、转贴现利率

单位：%

季度	贴现		转贴现	
	银行承兑汇票	商业承兑汇票	票据买断	票据回购
1	5.529	6.900	5.543	5.741
2	4.474	5.699	3.725	3.642
3	4.135	5.449	3.544	3.636
4	3.627	5.393	3.270	3.406

数据来源：中国人民银行太原中心支行。

（五）金融生态环境建设不断优化，服务水平持续提升

2015年，山西省继续深入推动社会信用体系建设工作，社会信用环境优化。征信系统累计为23万户企业和1 663万自然人建立了信用档案，全年提供企业信用系统查询40.6万次、个人信用系统查询378万次。金融机构通过查询征信系统拒绝有潜在风险的贷款104.2亿元；为6.3万户小微企业和414万户农户建立了信用档案，支持2.6万名农村创业青年获得贷款24.9亿元。

推动山西省农村地区支付服务环境建设再上新台阶。在前期行政村支付服务点“全覆盖”基础上，推动服务功能提升、向综合性服务方向转型，在有条件的行政村开展“农村地区金融综合服务站”全覆盖工作，全年在12 799个行政村建立了13 931个农村地区金融综合服务站，此工作已被纳入山西省十项强农惠农富农政策。

高度重视金融消费权益保护工作。金融消费权益保护信息管理系统上线运行，山西省人民银行系统全年共受理金融消费者投诉429件，同比增长49.0%，解答金融消费者咨询5 048件，增长15.5%，金融消费者满意率100%。推动金融知识宣传教育常态化建设，设立金融知识普及示范点11个，全年开展各类金融知识宣传4 390余次，发放各类宣传资料150余万份，受众消费者约140余万人次。

二、经济运行情况

2015年，山西省经济继续低位运行，地区生产总值为12 802.6亿元，同比增长3.1%，增速同比下降1.8个百分点，人均地区生产总值为35 018

元。第一产业完成增加值788.1亿元，同比增长1.0%；第二产业完成增加值5 224.3亿元，同比下降1.1%；第三产业完成增加值6 790.2亿元，增长9.8%（见图6）。

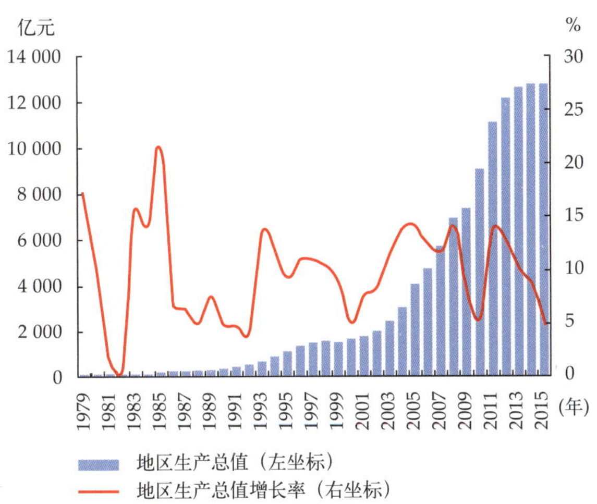

数据来源：山西省统计局。

图6 1979～2015年山西省地区生产总值及其增长率

（一）内需放缓态势明显，经济内生增长动力较弱

2015年，山西省经济需求放缓，内生增长动力较弱。从结构看，投资增速企稳回升，对地区生产总值增长率贡献最大，消费、进出口贡献度降低，其中进出口增速同比由正转负。

1. 投资增速企稳回升，民生领域力度增强。2015年，山西省固定资产投资（不含农户）完成13 744.6亿元，同比增长14.8%，同比提高3.3个百分点，高于全国水平4.8个百分点。全年新开工项目17 291个，同比增长15.3%。投资资金到位率86%，以自筹资金为主，占全部到位资金的81.7%。

受经济下行和结构调整影响，投资增速出现明显分化。第一、第三产业投资明显加快，同比分别增长69.1%和15.7%。第二产业增速回落，同比增长4.0%，其中，煤炭工业投资增速同比下降2.8%。房地产开发投资1 494.9亿元，同比增长6.5%。基础设施、产业转型、城镇化和生态环保、民生和社会事业投资力度加强。

大力推动十大领域投资和十大标志性工程，鼓励社会资本积极参与。“十二五”期间，政府累计投资2 852亿元，带动民间投资28 516亿元。PPP投资项目稳步推进，2015年共推介PPP项目12个，金额为374亿元，涉及水务、医疗和市政等多个民生领域（见图7）。

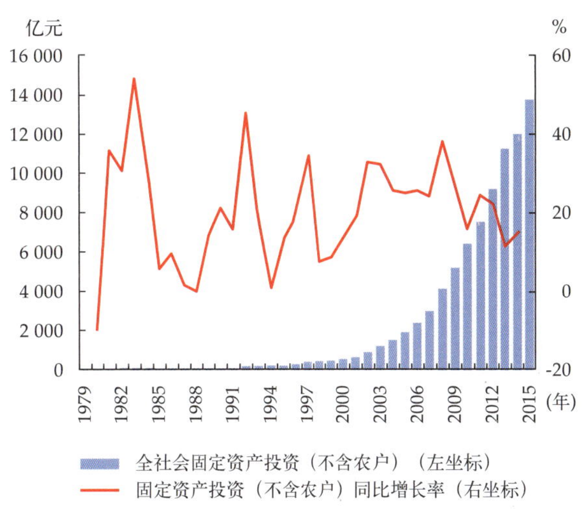

数据来源：山西省统计局。

图7 1979～2015年山西省固定资产投资（不含农户）及其增长率

2. 消费需求平稳运行，结构明显升级。2015年，山西省社会消费品零售总额完成6 030亿元，同比增长5.5%。其中，城市消费品零售总额增长5.4%，低于农村地区增速0.3个百分点。受居民收入增速较快带动，人均生活消费支出增长较大。其中，城市居民人均消费支出增长8.1%，高于农村地区2个百分点。交通通信、教育文化和医疗保健消费增速较高。

消费结构明显升级。开展“山西品牌中华行、丝路行、网上行”、“美丽山西休闲游”等提振消费活动，完善城乡流通网络和社区服务网点，实施“宽带山西”专项行动，积极发展电子商务，“十二五”期间，山西省社会消费品零售总额年均增长达到12.7%（见图8）。

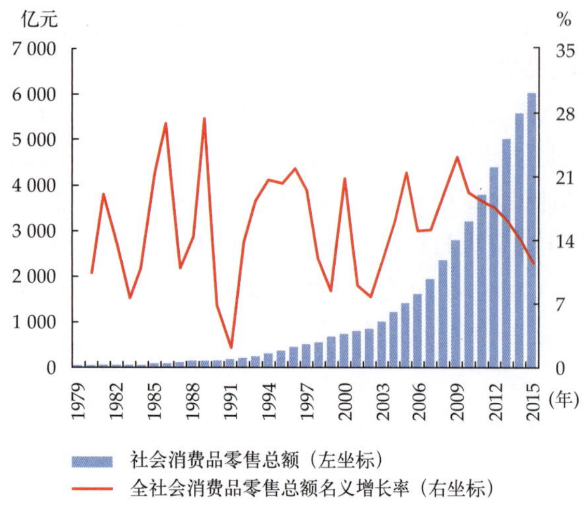

数据来源：山西省统计局。

图8 1979~2015年山西省社会消费品零售总额及其增长率

3. 外贸进出口增速下降，外商直接投资回落。2015年，山西省进出口总额为147.2亿美元，同比下降9.3%，进口总额、出口总额增速双下降，分别同比回落5.8%和13.7%，贸易顺差额为21.3亿美元，同比增长29%。贸易结构方面，加工贸易恢复增长，机电产品与高技术产品占进出口主导地位。

深化区域合作和对外交流，扩大对外开放，举办多场专题博览会，推动山西企业“走出去”。深化对外贸易合作关系，推动贸易伙伴多元化，对美国、欧盟等主要经济体出口总额同比实现增长（见图9）。

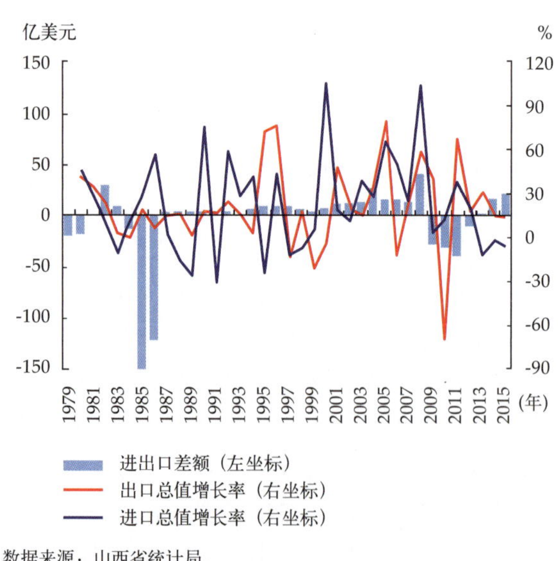

数据来源：山西省统计局。

图9 1979~2015年山西省外贸进出口变动情况

外商直接投资小幅回落。2015年，山西省实际利用外商直接投资28.7亿美元，同比下降2.8%，新增外商直接投资企业8家。资金主要流向电力、热力生产供应业和电信等行业。资金主要来源于香港地区，占资金流入总额的73.1%（见图10）。

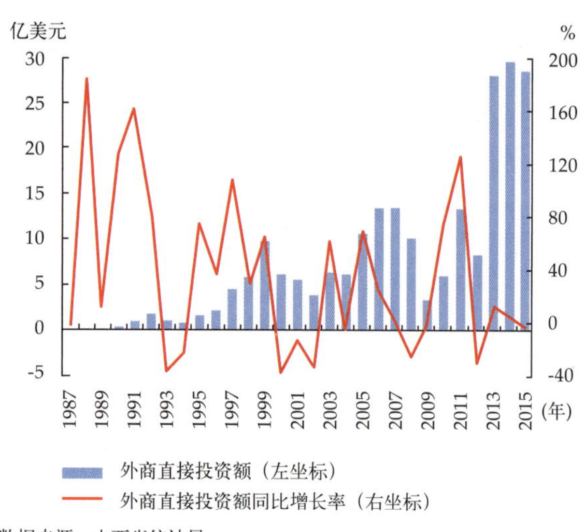

数据来源：山西省统计局。

图10 1987~2015年山西省外商直接投资额及其增长率

（二）工业增速放缓，第三产业带动能力增强

1. 农业现代化建设稳步推进。2015年，山西省粮食总产量为1 259.6万吨，同比下降5.4%，连续五年获得丰收，农产品收入为1 422.6亿元，“十二五”期间年均增长22.8%。现代农业发展步伐加快，全年出台十项惠农政策，完成841万亩低产田改造和高标准农田建设，新增农业灭灌面积587万亩。完成新型职业农民培训20多万人，积极培育专业大户、家庭农场等新型农业主体，农业社会化服务体系不断完善。农村土地承包经营权、农村住房财产使用权抵押贷款试点工作稳步推进。

2. 工业经济低位运行，产业升级改造步伐加快。受煤炭、钢铁等产能过剩行业持续低迷的影响，2015年山西省工业经济低位运行。工业经济增加值同比下降2.8%，销售收入同比下降17.4%，产品销售率94.4%，同比下降0.5个百分点，企业利税总额同比下降32.4%。面对工业经济低位运行的不利局面，山西省积极推动传统产业升级改造，加快推进重组整合矿井改造，妥善分流、安置过剩产业富余人员。大力推进煤电一体化建设。围绕发展七大非煤产业，设立战略新兴产业发展投资引导资金，布局实施装备制造、新能源、节能环保等项目，推动非煤产业投资占全部工业投资比重达到80.2%（见图11）。

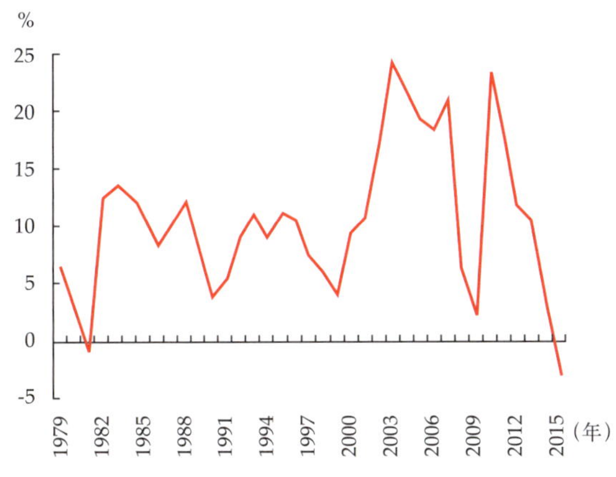

数据来源：山西省统计局。

图11　1979～2015年山西省规模以上工业增加值同比增长率

3. 服务业稳步增长。2015年，山西省服务业增加值增长9.8%，高于地区生产总值增速6.7个百分点，占比由"十一五"末的37.3%提高至53.0%。旅游业实现收入3 447.5亿元，同比增长21.1%，接待入境过夜人数59.4万人次，增长5.1%，接待国内旅游者人数3.6亿人次，增长20.2%。金融业增加值增长16.9%，互联网实现商品零售额14.6亿元，同比增长83.3%。

（三）居民消费价格总体稳定，工业产品通缩压力加大

1. 居民消费价格增速放缓，食品价格上涨。2015年，山西省居民消费价格指数同比上涨0.6%，涨幅同比回落1.1个百分点，低于全国平均水平0.8个百分点。其中，除交通和通信价格下降外，其余消费品及服务项目价格全部上涨。食品价格上涨仍是带动消费价格上涨的主要因素，此外烟酒及用品、衣着价格涨幅也较大。

2. 生产者资料价格继续回落，降幅有所扩大。2015年，受全国经济增速放缓以及煤炭、钢铁行业产能过剩的影响，山西省工业生产者出厂价格和购进价格指数分别下降12.7%和6.9%，降幅分别同比扩大4.1个和3.1个百分点，表明主导行业产能过剩程度依然严重。农业生产资料价格基本保持平稳，同比下降0.4个百分点（见图12）。

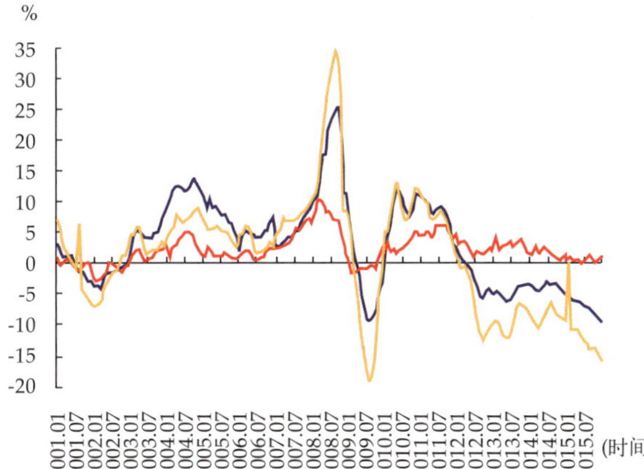

数据来源：山西省统计局。

图12　2001～2015年山西省居民消费价格和生产者价格变动趋势

3. 就业形势基本稳定，居民收入稳步增加。2015年，山西省就业形势总体向好，城镇新增就业51.5万人，转移农村劳动力37.7万人，城镇登记失业率3.5%。劳动力成本上涨，最低工资标准上调至1 620元。居民收入快速增加，城镇居民和农村居民人均可支配收入分别达到25 828元和7 421元，同比分别增长7.3%和6.1%。社会保障更加完善，企业离退休职工养老金、城乡低保标准继续提高。

4. 煤炭资源价格改革深入推进。2015年，山西省积极推进煤炭行政审批和证照管理体制改革，审批事项精简1/3、审批时间缩短一半以上。出台煤炭资源矿业权出让转让管理办法，实施煤炭、煤层气、低热值煤发电三个“20条”和企业减负“60条”，采取金融支持、财政扶持，落实企业减负政策，对于减轻煤炭企业负担，增强价格调节功能，优化资源配置起到积极作用。

（四）财政收入下降，财政支出稳中提速

2015年，山西省公共财政预算收入为1 642.2亿元，同比下降9.8%。受到煤炭、钢铁等主导行业下行影响，增值税、营业税、企业所得税同比下滑，分别为15.5%、13.3%和14.5%，非税收入下降14.7%。山西省财政预算支出为3 443.4亿元，同比增长11.2%，增速同比提高9个百分点。教育、医疗卫生、社会保障与就业、公共交通运输、节能环保等民生领域支出2 900亿元，同比增长12.3%，占山西省公共财政预算支出的84.2%（见图13）。

财税政策更加积极。2015年减免中小企业税费501亿元。以财政资金为杠杆，通过PPP、BOT等多种形式，引导社会资金积极参与交通设施、传统产业升级改造、改善城乡面貌、培育新兴产业等方面的投入。

（五）主导行业过剩产能化解步伐加快，节能减排和生态建设稳步推进

2015年，山西省积极化解煤炭、钢铁等行业

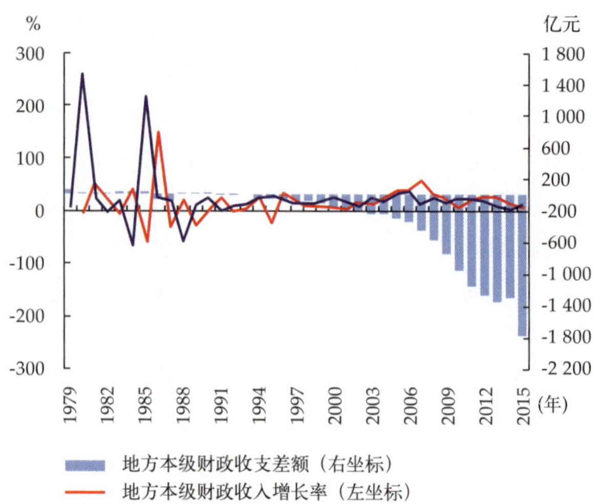

数据来源：山西省统计局。

图13　1979～2015年山西省财政收支状况

产能过剩，淘汰落后产能超过2 000万吨。大力推广节能改造项目，推行合同能源管理，万元地区生产总值综合能耗下降5%以上，工业固废综合利用率达到65%。

全面改善环境质量。电力、钢铁、水泥等重点行业脱硫、脱硝、除尘改造任务全部完成，城镇集中供热率86.6%。大力淘汰黄标车、老旧车，关闭搬迁、改造一批重污染企业。2015年，山西省环境空气质量综合指数下降15.7%，细颗粒物浓度累计下降27.3%。

积极推进造林绿化，全年完成营造林421.2万亩，森林覆盖率、林木蓄积量显著增加，吕梁山生态脆弱区治理步伐加快。治理水土流失面积300余万亩，山西省地下水位连续八年回升，汾河流域生态修复治理工程全面启动。

专栏2　关于山西省企业“融资难、融资贵”问题的调查

一、当前山西省企业的融资状况

（一）金融体系资金充裕与实体经济“缺钱”的矛盾突出。一是企业“缺钱”却难以融到资金。金融资源的配置受阻，山西支柱产业煤炭、钢铁产能过剩，该退出的企业没有退出，成为僵尸企业，占用了珍贵的信贷资源。二是银行“有钱”放不出去。银行体系流动性相对充裕，但由于经济不景气，制约金融支持。

（二）企业结构性融资难、融资贵问题难以有效化解。一是大型煤企债券融资能力下

降。总的来看，山西大型企业融入资金的难度不大，融资问题主要表现为煤炭企业和资产负债率超过80%的企业的融资难度加大和融资成本上升。从获得资金的渠道上看，山西煤炭行业在贷款受限后，债券融资渠道也受到影响，获得资金难度加大。二是小微企业获得贷款难度增大。在经济下行周期，金融资源向大中型企业集中，小微企业获得贷款相对更加困难。从金融供给看，山西大型银行在支持小微企业方面虽然有明显的改善，但难以满足小微企业的资金需求。三是涉农企业金融服务不足。企业在县域获得资金仍然以农村信用社为主，金融服务不足，虽然人民银行支农、支小再贷款对利率下行起到一定引导作用，但资金量较小，企业实际融资成本仍在9%左右。

（三）企业融资渠道较为单一。从目前山西企业的融资渠道看，主要有向银行贷款，在银行间市场发行短期融资券、中期融资券等工具融资，向小额贷款公司等民间借贷机构借款，上市IPO，发行企业债等方式。虽然近年来山西企业直接融资规模和方式取得很大进步，但占比仍然较低，特别在经济下行期，间接融资被迫替代直接融资。

二、企业融资难、融资贵原因分析

（一）担保难是中小企业融资难的主要结症。一是先天不足，现有担保机制作用有限。山西目前的担保体系中民间资本介入很少，主要是政府出资财政性担保公司，数量少。二是担保体系受到破坏。联盛金融风险事件伴生担保圈风险，破坏了山西企业间互保的增信方式，多数企业不愿给别的企业担保。

（二）金融创新不足，对微贷理念和微贷技术研究应用不够。目前，商业银行经营模式较为固化，为了控制风险，各银行普遍采取集权式的信贷管理模式，通过严格授权、授信制度，使信贷资金审批权限大量向上集中，制约了基层行的信贷行为。

（三）优秀企业家缺乏。缺乏优秀企业家正是山西经济的一块短板，这里有山西煤炭经济过于繁荣对企业家成长造成的惰性，有政商环境对企业家成长的牵绊，也有政务审批环境的阻碍，还有思想保守创新意识不强等诸多因素的影响。

（四）社会信用体系受损严重，制约金融支持。受山西金融风险事件及政治生态环境的影响，一些金融机构总部对山西信贷需求“另眼相看”，在分配贷款规模、项目审批方面“冷落”山西。

三、对策与建议

（一）理性看待企业融资难、融资贵问题。建议通过政策补贴降低企业融资成本，一是人民银行进一步加大对“三农”和小微企业的定向支持。二是政府加大财政资金补贴力度，对地区经济发展具有关键战略意义的企业给予财政补贴。三是大力发展山西省风险投资基金，支持成长性高的小微企业。

（二）解放思想，培育优秀企业家。行政部门应转变思想，改变“管”的习惯，从角色上实现管理职能向服务职能的转变，减少不必要的行政审批事项。银行要解放思想，要发挥人才优势、资金优势，牵头相关部门和企业挖掘和扶持优质项目。企业家要解放思想，顺应时代要求，发扬晋商诚信精神，开辟符合市场潮流的新型经商模式，繁荣山西经济。

（三）创新金融服务，多渠道拓宽小微企业融资渠道。一是全面推动金融创新，发展多种融资方式，畅通多个融资渠道，满足企业多样化的融资需求。构建多层次资本市场，推动省内企业进行股权融资。继续全力做好银行间市场融资，加大与政府、交易商协会的合作力度，拓展金融市场融资新品种，如发行同业存单、信贷资产证券化，盘活存量资金，实现多种形式融资格局。二是积极推行林权、渔权、农村土地承包经营权等权利抵押和扩展担保物的范围，推进和发展“银行+中介组织+小微企业”、“银行+市场+小微企业”等信贷模式，三是提高县域政策性担保公司担保能力，适当放宽小微企业不良贷款容忍度，运用互联网思维建立小微企业经营“大数据”，创新融资模式，支持小微企业发展。

（六）房地产业发展缓慢，煤炭行业低位运行

1. 房地产业发展放缓，房地产贷款保持较快增长。

（1）房地产开发投资增速放缓。2015年，山西省房地产开发完成投资1 494.9亿元，同比增长6.5%，增幅同比回落0.8个百分点，其中，住宅投资完成1 098.3亿元，同比增长8.7%。房地产开发投资占固定资产的比例由上年11.7%下降到10.9%。保障性住房新开工26万套，占国家下达任务的103.1%，基本建成19.5万套，完成投资665.9亿元。

（2）房地产企业到位资金低位增长。2015年，山西省房地产开发企业到位资金1 442.7亿元，同比增长3.5%，增幅同比提高2.3个百分点。其中，贷款资金108.8亿元，同比下降12.0%，自筹资金809.3亿元，同比增长8.9%。

（3）商品房待售面积快速增加。2015年，山西省商品房待售面积为1 816.1万平方米，同比增加407.6万平方米，同比增长28.9%，其中，住宅待售面积为1 285.7万平方米，同比增长23.6%。山西省商品房去库存化周期为13.7个月，同比增加3个月（见图14）。

（4）商品房价格触底回升。2015年，太原市新建商品住房价格为7 428元/平方米，同比上涨1.4%，价格水平较为稳定。山西省其他10个设区城市涨跌互现，但幅度变动维持在较低水平（见图15）。

（5）房地产贷款增长较快。2015年，山西省房地产贷款余额为1 370.1亿元，比年初增加349.6亿元，同比增长34.3%。房地产开发贷款余额为351.2亿元，比年初增加101.1亿元，增长40.4%。保障性住房开发贷款余额为112.3亿元，当年发放额15.9亿元。个人购房贷款余额为1 015.6亿元，比年初增加248.8亿元，增长32.5%，申请主体以刚需及改善性住房购买者为主，占比达到90%以上。

2. 煤炭行业低位运行，金融扶持力度不减。

（1）煤炭行业低位运行。山西省煤炭工业对经济的贡献率达到56.6%，上缴税费占财政收入比重达到45.7%，煤炭行业贷款余额占全部贷款余额的25%。2015年，山西省煤炭价格降至十年前的水平。煤炭库存、应收账款快速增加，整体板块亏损，金融机构新增贷款标准提高，行业总体运行困难。

（2）行业产能过剩严重，企业经营困难，融资压力大。2015年山西省煤炭产量达到8.9亿吨，外运量达到7.3亿吨，分别比2010年增长19.6%和17.7%。在煤炭产量逐年攀升的同时，受全国及山西GDP增速低位运行影响，煤炭生产供大于求局

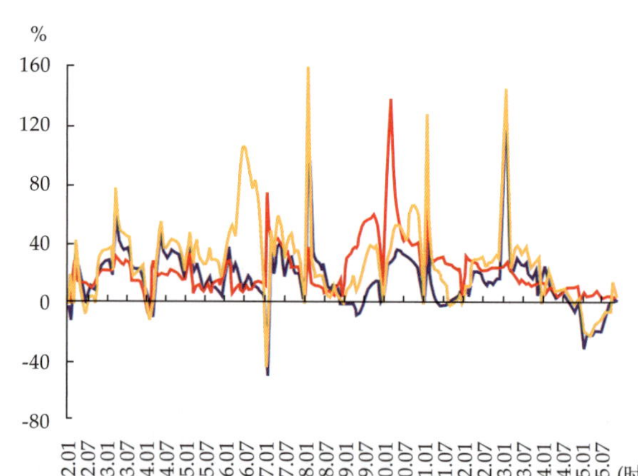

数据来源：山西省统计局。

图14　2002～2015年山西省商品房施工和销售变动趋势

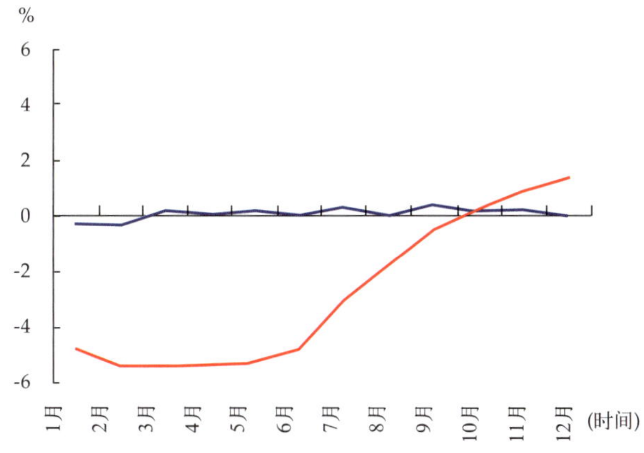

数据来源：山西省统计局。

图15　2015年太原市新建住宅销售价格变动趋势

面日益明显，山西现有煤炭产能（包括未来几年待释放的产能）为14亿吨，煤炭库存不断攀高，价格持续走低，山西省煤炭行业亏损。2015年年末，山西省煤炭行业累计亏损90.9亿元。煤矿企业共拖欠职工工资34.9亿元，涉及21.8万人。

（3）金融支持力度不减，潜在风险不容忽视。"十二五"期间，山西省金融机构煤炭行业贷款增速明显高于各项贷款，2015年贷款余额较2010年增长2.44倍，煤炭行业贷款占各项贷款的比重由2010年的18.9%上升为25.1%。受行业运行影响，风险积聚。2015年，山西省煤炭行业不良贷款余额184亿元，同比增加55亿元，增长42.6%。大型煤炭企业银行间市场融资快速增加，加重了企业的财务负担。

三、预测与展望

2016年是中国"十三五"开局之年，也是推进供给侧结构性改革的攻坚之年。从国际环境看，世界经济总体延续缓慢复苏态势。从国内看，我国经济发展正处在阶段更替、结构转换、模式重建、风险释放的关键期，宏观政策将在适度扩大需求的同时，更加重视供给侧改革，经济增长动力将发生根本性变化。

从山西实际情况看，山西省作为资源型地区，正处于改革开放以来发展最困难的时期，2016年，山西省将以转型综改试验区建设为统领，以改革创新为动力，以转方式、调结构、增效益、提速度为基点，适应和引领经济发展"新常态"，坚持稳中求进总基调，推进供给侧结构性改革，去产能、去库存、去杠杆、降成本、补短板，着力做好煤和非煤"两篇文章"，化解产能过剩，扩大新兴产业规模，加快产业转型升级。

预计2016年山西省地区生产总值增长6%左右，居民消费价格涨幅控制在3%左右。全社会固定资产投资增长12%，社会消费品零售总额增长5.5%左右，城镇居民和农村居民人均可支配收入分别增长6%左右和6%以上。本外币贷款同比增长10.5%左右，本外币存款同比增长5%左右。

中国人民银行太原中心支行货币政策分析小组
总　纂：李文森　杜　斌
统　稿：高旭升　郝建军　薄文英　徐尚功
执　笔：武　洋　王　东
提供材料的还有：张晓红　孙树恩　王凯玲　郭立平　马　丽　张雅婷　马儒静　梁丽坤　杨　堃　任　磊　袁永宏　常　冕　孙　晶　李建辉

附录

（一）2015年山西省经济金融大事记

1月25日，山西省委、省政府出台《关于深化煤炭管理体制改革的意见》，提出从10个重点领域和关键环节推进煤炭管理体制改革，到2017年基本实现管理体制现代化。

4月1日，山西省开始实施减轻企业负担、促进工业稳定运行的4方面60条措施，预计减轻企业负担501亿元。

5月29日，山西省委、省政府召开全省金融振兴推进大会，这是山西第一次以省委、省政府名义召开的全省金融工作大会。

6月8日，山西省委、省政府出台《关于促进山西金融振兴的意见》。意见分5大部分共26条举措，针对制约全省金融改革发展的突出矛盾，明确改革着力点。

8月15日，山西省选派9 395名机关干部进驻省内党组织软弱涣散村和建档立卡贫困村，推动进村党组织转化提升，推动农村脱贫。

12月16日，山西省金融控股集团挂牌成立。

12月31日，2015年山西省共实现各类融资4 498.8亿元。

（二）2015年山西省主要经济金融指标

表1　2015年山西省主要存贷款指标

		1月	2月	3月	4月	5月	6月	7月	8月	9月	10月	11月	12月
本外币	金融机构各项存款余额（亿元）	27 555.4	27 430.6	28 020.5	27 712.3	27 773.7	28 158.4	28 091.2	28 413.6	28 513.2	28 517.2	29 071.1	28 641.4
	其中：城市居民储蓄存款	14 614.8	15 054.0	15 352.0	15 069.8	14 993.5	15 238.9	15 258.3	15 310.6	15 503.1	15 447.8	15 536.0	15 747.9
	单位存款	6 938.7	6 603.3	6 781.6	6 614.0	6 752.1	6 808.1	6 744.3	6 861.8	7 042.7	7 065.0	7 313.8	7 177.5
	各项存款余额比上月增加（亿元）	458.7	-124.9	589.9	-308.1	61.4	384.7	-67.2	322.5	99.5	4.0	553.9	-429.7
	金融机构各项存款同比增长（%）	5.4	3.8	3.0	2.6	2.6	1.4	1.9	3.2	2.8	3.4	5.4	5.7
	金融机构各项贷款余额（亿元）	16 808.0	17 052.3	17 196.7	17 161.8	17 225.4	17 582.9	17 542.5	17 777.5	17 998.1	18 134.3	18 263.1	18 574.8
	其中：短期	6 613.3	6 728.8	6 834.3	6 857.6	6 907.1	7 023.4	7 070.5	7 148.3	7 294.2	7 373.5	7 497.9	7 535.0
	中长期	8 823.7	8 932.1	8 949.0	8 925.6	8 964.8	9 059.8	9 114.0	9 138.3	9 228.2	9 285.7	9 296.1	9 496.2
	票据融资	1 258.7	1 268.9	1 278.7	1 239.1	1 213.5	1 388.1	1 231.5	1 360.3	1 352.4	1 347.7	1 330.2	1 432.0
	各项贷款余额比上月增加（亿元）	248.2	244.3	144.4	-34.9	63.6	357.5	-40.4	235.0	220.6	136.2	128.8	311.7
	其中：短期	134.2	115.5	105.4	23.3	49.5	116.3	47.1	77.8	145.9	79.3	124.4	37.1
	中长期	49.2	108.4	16.9	-23.4	39.1	95.1	54.2	24.3	90.0	57.4	10.4	200.1
	票据融资	48.3	10.2	9.7	-39.6	-25.6	174.6	-156.6	128.7	-7.9	-4.6	-17.6	101.8
	金融机构各项贷款同比增长（%）	9.2	10.1	9.9	9.3	8.5	9.9	9.4	10.1	10.4	11.0	10.6	12.2
	其中：短期	5.5	6.9	7.7	7.9	8.3	9.5	9.8	10.8	11.8	12.9	14.9	16.3
	中长期	8.2	8.6	7.8	6.9	6.0	6.3	6.4	6.4	6.9	7.0	5.9	8.2
	票据融资	38.0	40.4	36.1	35.9	27.6	44.2	31.2	34.0	29.3	33.1	22.6	18.2
	建筑业贷款余额（亿元）	337.6	343.3	342.7	352.1	363.4	366.9	365.5	364.3	372.9	377.1	383.3	368.3
	房地产业贷款余额（亿元）	1 059.0	1 078.5	1 084.2	1 088.2	1 100.4	1 130.8	1 150.3	1 167.7	1 209.0	1 242.6	1 289.0	1 370.1
	建筑业贷款同比增长（%）	-1.8	-1.2	-1.8	-1.7	6.9	8.1	7.9	5.9	9.2	11.9	10.8	10.5
	房地产业贷款同比增长（%）	22.6	22.6	18.7	19.9	20.7	21.1	20.6	21.0	23.3	25.2	28.7	34.3
人民币	金融机构各项存款余额（亿元）	27 362.0	27 222.3	27 805.0	27 512.4	27 575.1	27 926.5	27 850.5	28 151.6	28 237.3	28 216.9	28 783.1	28 346.1
	其中：城市居民储蓄存款	14 559.9	14 996.4	15 292.4	15 010.1	14 935.2	15 179.7	15 197.0	15 245.1	15 437.3	15 382.7	15 467.9	15 675.9
	单位存款	6 808.2	6 460.5	6 633.6	6 484.7	6 622.7	6 646.4	6 579.2	6 680.2	6 845.8	6 836.2	7 099.6	6 962.2
	各项存款余额比上月增加（亿元）	429.1	-139.7	582.7	-292.5	62.7	351.4	-76.0	301.2	85.6	-20.4	566.2	-437.0
	其中：城市居民储蓄存款	63.1	436.5	296.0	-282.2	-74.9	244.5	17.3	48.1	192.2	-54.6	85.2	208.0
	单位存款	155.9	-347.7	173.0	-148.8	138.0	23.8	-67.3	101.1	165.5	-9.6	263.4	-137.3
	各项存款同比增长（%）	5.3	3.5	2.7	2.4	2.4	1.2	1.7	3.0	2.5	3.0	5.0	5.2
	其中：城市居民储蓄存款	4.1	6.5	5.9	6.7	5.9	4.8	6.5	7.3	6.6	7.5	8.1	8.1
	单位存款	3.2	-3.5	-5.0	-8.1	-6.1	-7.4	-4.7	-3.7	-1.5	-0.8	1.7	4.7
	金融机构各项贷款余额（亿元）	16 695.1	16 937.7	17 095.2	17 068.6	17 127.4	17 477.1	17 426.5	17 662.0	17 876.3	18 008.5	18 134.3	18 458.7
	其中：个人消费贷款	1 066.8	1 077.2	1 093.7	1 114.5	1 133.3	1 180.3	1 201.5	1 227.0	1 266.0	1 284.3	1 344.2	1 370.6
	票据融资	1 258.7	1 268.9	1 278.7	1 239.1	1 213.5	1 388.1	1 231.5	1 360.3	1 352.4	1 347.7	1 330.2	1 432.0
	各项贷款余额比上月增加（亿元）	263.0	242.7	157.5	-26.6	58.8	349.7	-50.5	235.5	214.2	132.3	125.8	324.4
	其中：个人消费贷款	28.8	10.4	16.5	20.8	18.8	47.0	21.3	25.4	39.0	18.3	59.9	26.4
	票据融资	48.3	10.2	9.7	-39.6	-25.6	174.6	-156.6	128.7	-7.9	-4.6	-17.6	101.8
	金融机构各项贷款同比增长（%）	9.4	10.2	10.1	9.6	8.8	10.2	9.6	10.3	10.6	11.2	10.9	12.3
	其中：个人消费贷款	28.5	29.2	26.7	27.3	26.8	29.5	29.2	29.1	30.3	30.9	32.6	32.0
	票据融资	38.0	40.4	36.1	35.9	27.6	44.2	31.2	34.0	29.3	33.1	22.6	18.2
外币	金融机构外币存款余额（亿美元）	31.5	33.9	35.1	32.7	32.4	37.9	39.3	41.0	43.4	47.3	45.0	45.5
	金融机构外币存款同比增长（%）	28.5	56.3	51.0	40.8	23.4	43.0	25.2	32.0	34.8	59.8	50.4	69.8
	金融机构外币贷款余额（亿美元）	18.4	18.6	16.5	15.2	16.0	17.3	19.0	18.1	19.2	19.8	20.1	17.9
	金融机构外币贷款同比增长（%）	-13.6	-4.6	-17.9	-25.1	-21.8	-21.2	-11.6	-16.7	-15.0	-15.3	-16.0	-13.6

数据来源：中国人民银行太原中心支行。

表2 2001～2015年山西省各类价格指数

单位：%

年/月	居民消费价格指数		农业生产资料价格指数		工业生产者购进价格指数		工业生产者出厂价格指数	
	当月同比	累计同比	当月同比	累计同比	当月同比	累计同比	当月同比	累计同比
2001	—	-0.5	—	1.9	—	1.8	—	0.3
2002	—	-2.2	—	0.9	—	3.0	—	3.6
2003	—	1.6	—	-1.6	—	7.8	—	2.2
2004	—	4.1	—	7.3	—	14.5	—	16.1
2005	—	2.3	—	13.3	—	8.2	—	10.2
2006	—	2.0	—	3.6	—	2.6	—	1.0
2007	—	4.6	—	6.2	—	5.3	—	7.4
2008	—	7.2	—	18.7	—	18.3	—	22.4
2009	—	-0.4	—	1.6	—	-3.4	—	-8.0
2010	—	3.0	—	2.0	—	9.0	—	9.5
2011	—	5.2	—	9.4	—	8.1	—	7.5
2012	—	2.5	—	5.4	—	-1.9	—	-5.5
2013	—	3.1	—	2.5	—	-4.5	—	-9.3
2014	—	1.7	—	-0.8	—	-3.8	—	-8.6
2015	—	0.6	—	-0.4	—	-6.9	—	-12.7
2014 1	2.0	2.0	2.1	2.1	-3.2	-3.2	-8.0	-8.0
2	1.4	1.7	1.8	2.0	-3.8	-3.5	-8.9	-8.5
3	2.5	2.0	-0.2	1.2	-4.4	-3.8	-10.0	-9.0
4	1.8	1.9	-1.4	0.6	-4.3	-3.9	-10.6	-9.4
5	2.4	2.0	-0.9	0.3	-4.0	-3.9	-9.2	-9.3
6	2.3	2.1	-1.0	0.0	-3.4	-3.9	-8.0	-9.1
7	2.0	2.1	-1.4	-0.2	-3.0	-3.7	-6.7	-8.8
8	1.8	2.0	-1.4	-0.3	-3.5	-3.7	-6.7	-8.6
9	1.3	1.9	-1.3	-0.4	-3.3	-3.7	-7.7	-8.5
10	0.7	1.8	-1.7	-0.5	-3.5	-3.6	-8.5	-8.5
11	0.6	1.7	-2.0	-0.7	-4.1	-3.7	-8.8	-8.5
12	1.1	1.7	-2.2	-0.8	-4.6	-3.8	-9.2	-8.6
2015 1	—	—	—	—	—	—	—	—
2	0.8	0.4	-2.1	-2.2	-5.9	-5.7	-10.7	-10.2
3	0.5	0.4	-0.3	-1.6	-5.8	-5.7	-10.6	-10.3
4	0.6	0.5	0.0	-1.2	-6.0	-5.8	-10.5	-10.4
5	0.3	0.5	-0.1	-1.0	-6.1	-5.9	-11.5	-10.6
6	0.4	0.4	-0.1	-0.8	-6.4	-6.0	-12.1	-10.8
7	0.5	0.5	0.4	-0.7	-7.0	-6.1	-12.5	-11.1
8	1.2	0.6	0.8	-0.5	-7.1	-6.2	-13.5	-11.4
9	0.8	0.6	0.4	-0.4	-7.4	-6.4	-13.6	-11.6
10	0.4	0.6	-0.2	-0.4	-7.9	-6.5	-13.8	-11.8
11	0.7	0.6	-0.8	-0.4	-8.3	-6.7	-14.6	-12.1
12	0.9	0.6	-0.8	-0.4	-9.1	-6.9	-15.5	-12.7

数据来源：山西省统计局。

表3 2015年山西省主要经济指标

	1月	2月	3月	4月	5月	6月	7月	8月	9月	10月	11月	12月
绝对值（自年初累计）												
地区生产总值（亿元）	—	—	2 577.2	—	—	5 814.2	—	—	9 003.3	—	—	12 802.6
第一产业	—	—	113.5	—	—	330.8	—	—	609.9	—	—	788.1
第二产业	—	—	1 188.6	—	—	2 462.1	—	—	3 760.1	—	—	5 224.3
第三产业	—	—	1 275.2	—	—	3 021.3	—	—	4 633.3	—	—	6 790.2
工业增加值（亿元）	—	—	—	—	—	—	—	—	—	—	—	—
固定资产投资（亿元）	—	202.6	860.4	1 545.3	2 660.8	4 211.7	5 727.0	7 331.6	8 983.0	10 468.1	11 932.3	13 744.6
房地产开发投资	—	33.9	115.1	196.8	338.9	523.6	682.9	856.1	1 034.2	1 187.4	1 357.0	1 494.9
社会消费品零售总额（亿元）	—	—	1 410.0	—	—	2 483.9	—	—	4 356.9	—	—	6 033.7
外贸进出口总额（亿元）	—	170.7	240.3	329.1	397.0	455.4	525.5	587.1	671.5	745.8	833.9	914.0
进口	—	71.3	104.5	147.3	176.1	197.8	236.5	263.2	295.2	322.5	360.5	390.7
出口	—	99.4	135.8	181.8	220.8	257.6	289.1	323.9	376.4	423.3	473.4	523.3
进出口差额(出口－进口)	—	28.1	31.3	34.5	44.7	59.7	52.6	60.8	81.2	100.7	112.9	132.7
外商实际直接投资（亿美元）	—	1.6	5.8	7.1	7.5	12.6	12.9	14.5	16.7	19.6	21.8	28.7
地方财政收支差额（亿元）	—	-24.3	-61.4	-162.4	-224.5	-358.1	-485.5	-596.2	-845.1	-1 087.1	-1 371.2	-1 801.2
地方财政收入	—	313.9	499.9	623.6	736.5	925.0	1 053.3	1 141.6	1 283.0	1 396.5	1 502.5	1 642.2
地方财政支出	—	338.2	561.3	786.0	961.0	1 283.1	1 538.8	1 737.8	2 128.1	2 483.6	2 873.6	3 443.4
城镇登记失业率 (%)(季度)	—	—	—	—	—	3.5	—	—	—	—	—	3.5
同比累计增长率（%）												
地区生产总值	—	—	2.5	—	—	2.7	—	—	2.8	—	—	3.1
第一产业	—	—	3.6	—	—	4.0	—	—	0.8	—	—	1.0
第二产业	—	—	-1.9	—	—	-2.6	—	—	-1.6	—	—	-1.1
第三产业	—	—	8.8	—	—	9.8	—	—	9.8	—	—	9.8
工业增加值	—	-2.5	-2.9	-2.9	-3.3	-3.9	-4.1	-3.7	-3.3	-3.1	-2.7	-2.8
固定资产投资	—	8.1	8.3	8.3	11.2	12.8	13.0	13.2	13.5	14.2	14.7	14.8
房地产开发投资	—	26.3	20.1	17.9	19.0	18.8	16.7	14.4	12.0	10.9	11.1	6.5
社会消费品零售总额	—	—	5.5	—	—	5.0	—	—	5.2	—	—	5.5
外贸进出口总额	—	36.7	31.3	32.1	25.4	17.9	7.9	1.4	-2.0	-5.9	-7.1	-8.4
进口	—	23.2	19.0	19.4	12.2	0.4	-2.8	-7.6	-11.4	-12.9	-11.5	-12.8
出口	—	48.3	42.7	-76.4	38.4	36.1	18.6	10.2	6.9	0.1	-3.3	-4.7
外商实际直接投资	—	-17.0	33.6	56.4	19.6	-11.7	-14.8	-14.1	-8.8	-11.0	-11.4	-2.8
地方财政收入	—	1.0	0.4	0.9	-4.9	-7.8	-7.9	-11.1	-11.4	-11.2	-10.5	-9.8
地方财政支出	—	9.3	-0.7	11.8	1.9	-5.0	-1.1	-1.7	0.5	8.5	16.0	11.2

数据来源：山西省统计局。

2015年内蒙古自治区金融运行报告

中国人民银行呼和浩特中心支行货币政策分析小组

[内容摘要] 2015年，内蒙古按照“五位一体”总体布局和“四个全面”战略布局要求，积极应对经济下行压力，主动适应经济发展“新常态”，坚持稳中求进工作总基调，围绕自治区“8337”发展思路，着力推进农村牧区“十个全覆盖”等重点工程建设，主要经济指标稳步回升，经济运行总体平稳，稳中有进、稳中向好。

金融业认真落实稳健的货币政策，存款增速企稳回升，各项贷款平稳增长，货币政策调控成效显现；证券市场交易活跃，保险补偿作用有效发挥；金融市场健康发展，融资结构逐步优化；金融基础设施不断完善，金融生态环境持续优化。

2016年内蒙古将牢固树立和贯彻落实创新、协调、绿色、开放、共享的发展理念，适应经济发展“新常态”，坚持改革开放，坚持稳增长、调结构、惠民生、防风险，着力加强供给侧结构性改革，保持经济运行在合理区间，努力实现“十三五”良好开局。金融业将继续贯彻落实稳健的货币政策和各项金融改革政策，加强金融监管，合力防范金融风险。拓宽融资渠道，优化金融生态环境，为经济结构调整和转型升级营造适宜的货币金融环境。

一、金融运行情况

2015年，内蒙古金融业继续认真贯彻落实稳健的货币政策，存款增速逐步回升，各项贷款平稳增长；证券市场交易活跃，保险补偿作用有效发挥；金融市场健康发展，融资结构逐步优化；金融服务水平进一步提高，但银行业经营压力加大。

（一）银行业经营压力加大，金融运行总体平稳

1. 银行业规模稳步扩大，盈利能力继续下滑。2015年，全区共有195家银行业金融机构，资产总额为27 264亿元，同比增长13.5%（见表1）。由于经济下行背景下有效信贷需求不足，同时不良资产处置加剧利润损耗，银行面临较大的经营压力。

表1 2015年内蒙古自治区银行业金融机构情况

机构类别	营业网点			法人机构（个）
	机构个数（个）	从业人数（人）	资产总额（亿元）	
一、大型商业银行	1 490	41 125	8 841.3	0
二、国家开发银行和政策性银行	86	2 078	4 352.3	0
三、股份制商业银行	181	4 472	2 600.6	0
四、城市商业银行	488	12 384	5 370.3	4
五、小型农村金融机构	2 337	27 470	4 487.4	93
六、财务公司	5	154	266.2	5
七、信托公司	2	351	57.4	2
八、邮政储蓄银行	166	3 926	838.4	0
九、外资银行	1	20	3.7	0
十、新型农村金融机构	87	3 829	446.5	69
合 计	4 843	95 809	2 7264	173

注：营业网点不包括国家开发银行和政策性银行、大型商业银行、股份制银行等金融机构总部数据；大型商业银行包括中国工商银行、中国农业银行、中国银行、中国建设银行和交通银行；小型农村金融机构包括农村商业银行、农村合作银行和农村信用社；新型农村金融机构包括村镇银行、贷款公司和农村资金互助社。

数据来源：内蒙古银监局。

2. 存款增速企稳回升，存款增量创新高。2015年年末，全区金融机构人民币各项存款余额为18 077.6亿元，同比增长11.0%，增速同比提高4.2个百分点（见图1）。存款增速上半年缓中趋稳，在6%～9%低位区间徘徊，到9月以后，随着宏观经济形势企稳、微观企业经营情况趋于稳定和翘尾因素减弱，存款增速逐步回升至10%以上区间。全年新增本外币存款1 661.3亿元，同比多

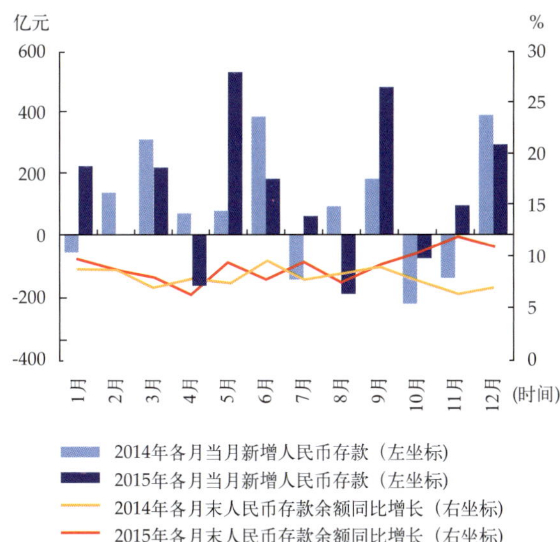

数据来源：中国人民银行呼和浩特中心支行。

图1　2014～2015年内蒙古自治区金融机构人民币存款增长变化

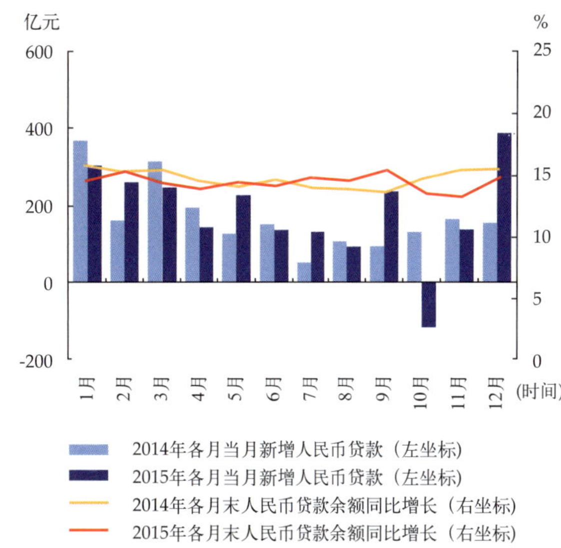

数据来源：中国人民银行呼和浩特中心支行。

图2　2014～2015年内蒙古自治区金融机构人民币贷款增长变化

增616.3亿元，存款增量创2010年以来的最好水平（见图3、图4）。

3. 各项贷款平稳增长，货币政策调控成效明显。2015年年末，全区金融机构人民币各项贷款余额为17 140.7亿元，同比增长14.7%；全年新增本外币贷款2 191亿元，同比多增267.5亿元（见图2、图3）。其中，交通运输仓储邮政业和公共管理、社会保障和社会组织以及房地产业贷款增长尤为突出，同比分别增长36.5%、34.4%和25%，增速远高于各项贷款增速。

信贷结构逐步优化，信贷资源向薄弱环节倾斜。一是加大对小微企业的支持力度。年末，全区小微企业贷款余额为2 951.1亿元，同比增长16.6%，高于各项贷款增速1.9个百分点；新增小微企业贷款368.2亿元，同比多增13.2亿元。二是金融支持“三农三牧”力度不断增大。年末，全区涉农贷款余额为6 559.4亿元，同比增长17.6%，高于各项贷款增速2.9个百分点；新增涉农贷款971.8亿元，同比多增283.4亿元。三是信贷资源向民生领域倾斜，积极支持保障性安居工程建设。年末，全区保障性住房开发贷款余额为642.7亿元，同比增长52.5%，高于各项贷款增速37.8个百分点。

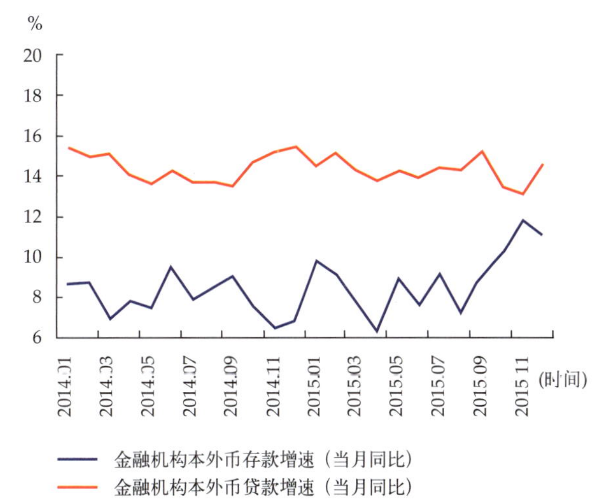

数据来源：中国人民银行呼和浩特中心支行。

图3　2014～2015年内蒙古自治区金融机构本外币存、贷款增速变化

4. 理财业务发展放缓，法人银行理财产品收益率高于平均水平。2015年，全区银行理财产品余额同比增长21.5%，较上年下降61.4个百分点；受降息和各类互联网金融产品的影响，银行加大对风险较低且资金灵活存取理财产品的开发力度，开放式非净值型理财产品大幅提高，占全区理财产品资金比重较上年提高10.2个百分点；存续理财产品以表外产品为主，法人银行理财产品收益率高于平均水平，但实际兑付收益率低于预期。

5. 贷款利率持续下行，利率市场化政策成效凸显。2015年12月，全区金融机构一般贷款加权平均利率为6.88%，同比下降1.39个百分点（见表2）。贷款利率呈稳步下降趋势，实体经济融资成本高等问题得到一定缓解。合格审慎评估取得新进展，全年新增8家金融机构成为全国自律机制的基础成员和观察成员，且均具备了发行同业存单的资格，全年共发行同业存单363.9亿元，金融机构主动负债管理意识进一步加强。

表2　2015年内蒙古自治区金融机构人民币贷款各利率区间占比

单位：%

月份		1月	2月	3月	4月	5月	6月
	合计	100.0	100.0	100.0	100.0	100.0	100.0
	下浮	5.59	6.97	9.68	8.22	18.27	9.98
	基准	27.07	24.32	20.67	16.02	14.88	17.56
上浮	小计	67.3	68.7	69.6	75.8	66.9	72.5
	(1.0，1.1]	12.35	10.48	14.61	10.40	22.17	23.55
	(1.1，1.3]	10.57	11.12	10.48	13.05	10.94	17.24
	(1.3，1.5]	6.10	7.93	8.22	7.27	6.62	7.76
	(1.5，2.0]	18.96	14.72	14.55	13.00	10.07	6.81
	2.0以上	19.35	24.46	21.80	32.03	17.05	17.12
月份		7月	8月	9月	10月	11月	12月
	合计	100.0	100.0	100.0	100.0	100.0	100.0
	下浮	14.60	20.06	13.80	25.14	12.83	8.29
	基准	19.77	9.29	21.09	12.34	27.79	31.64
上浮	小计	65.6	70.6	65.1	62.5	59.4	60.1
	(1.0，1.1]	10.15	13.53	18.03	14.86	10.13	8.02
	(1.1，1.3]	10.82	13.65	11.67	9.30	11.53	9.39
	(1.3，1.5]	7.23	7.19	6.43	6.31	4.53	4.24
	(1.5，2.0]	14.02	13.36	9.66	12.01	10.32	12.00
	2.0以上	23.41	22.92	19.31	20.05	22.88	26.41

数据来源：中国人民银行呼和浩特中心支行。

6. 农信社改革稳步推进。截至2015年年末，全区组建农村商业银行22家、农村合作银行3家、县（市）统一法人社68家。内蒙古农村信用社资本充足率为10.0%，实现利润45亿元。贷款余额为2 374亿元，同比增长9.5%，其中，涉农贷款余额1 511亿元，占比达63.6%。

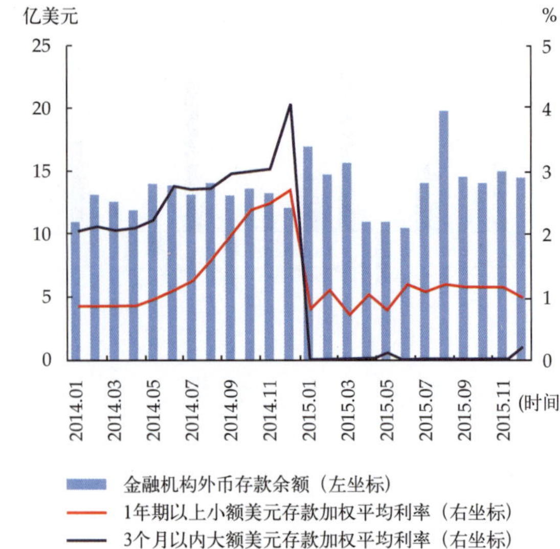

数据来源：中国人民银行呼和浩特中心支行。

图4　2014～2015年内蒙古自治区金融机构外币存款余额及外币存款利率

7. 不良贷款持续“双升”，行业信贷风险逐步显现。2015年年末，全区金融机构不良贷款余额为761.9亿元，同比增加263.3亿元，同比增长52.8%；不良贷款率为4.4%，同比上升1.1个百分点。煤炭、钢铁行业作为内蒙古重要支柱产业，产能过剩问题突出，信贷风险逐步显现。

8. 跨境人民币业务规模进一步扩大。2015年，全区实现跨境人民币结算518.9亿元，同比增长22.8%，占同期国际收支总额的43.4%。跨境人民币实际收付主要往来国家和地区为中国香港、新加坡、蒙古、中国澳门和瑞士，与这五个国家和地区的实际收付金额合计占全区跨境人民币收付总额的92.4%。跨境双向人民币资金池业务有序推进。全区共有5家跨国企业集团开办跨境人民币资金池集中运营业务，涉及境内成员企业56家，境外成员企业13家，境内人民币资金池企业累计向境外支付资金6.2亿元。

专栏1 金融支持农村牧区“十个全覆盖”工程成效显著

“十个全覆盖”工程是内蒙古自治区成立以来第一次全面、系统、大规模投资农牧区基本公共服务设施的工程，是一项深入贯彻习近平总书记考察内蒙古重要讲话精神、加快推进农村牧区基础设施建设和社会事业发展的重大民生工程，也是统筹城乡发展、全面建成小康社会的基础工程、保障工程。2015年以来，全区累计投资418.6亿元实施农村牧区“十个全覆盖”工程，全区84.4%的行政嘎查村实现全覆盖。金融作为经济的核心，在支持“十个全覆盖”方面主动作为。人民银行呼和浩特中心支行充分发挥金融作为资金融通的核心职能作用，联合出台了《内蒙古自治区金融支持农村牧区“十个全覆盖”工程建设的指导意见》，对金融支持“十个全覆盖”工程作了全面安排部署，为金融支持“十个全覆盖”工程建设提供了有力保障。

一、发挥货币信贷政策效应，打好资金支持基础

2015年以来，人民银行呼和浩特中心支行从增加信贷有效投入、缓解农村牧区融资难、融资贵入手，积极发挥信贷政策导向作用，引导金融机构持续加大对“十个全覆盖”工程的政策支持和资金投入力度。2015年全区支农再贷款、支小再贷款、再贴现三类工具总限额达到248.31亿元；同比增加19亿元，均创历史新高。同时，充分发挥窗口指导作用，鼓励金融机构产品创新，加大对“十个全覆盖”工程建设的资金支持。通过“央贷扶”、“央贷通”、“央贷创”、“央贷信”等金融创新产品，将人民银行优惠利率再贷款资金专项用于农牧业产业化重点龙头企业、“三农三牧”、小微企业以及贫困地区扶贫开发、创业就业发展。2015年年末，全区涉农贷款和小微企业贷款余额同比分别增长17.6%和14.3%，较好地发挥了人民银行资金“四两拨千斤”的作用。

二、加强农村牧区支付体系建设，拓展金融服务基础

2015年以来，人民银行呼和浩特中心支行着力于解决嘎查村金融服务空白点，与党委农牧业办、财政厅等部门沟通协调，先后出台了《关于全面推动农村牧区支付服务环境建设的指导意见》、《关于金融服务“三农三牧”发展的实施意见》等政策措施，通过财政补贴等形式对便农惠农支付业务给予支持，撬动农村牧区支付体系建设不断向广度、深度发展，并取得显著成效。截至2015年年末，全区共设立“助农金融服务点”11 190个，基本实现了嘎查村“助农金融服务点”全覆盖。为进一步减轻农牧民费用负担，积极协调银联公司、商业银行和支付机构，将银行卡助农取款手续费率由0.8%下调为0.4%，初步测算每年直接为农牧民减少取现手续费200多万元。目前“助农金融服务点”功能逐步扩展，在现金取款、查询业务基础上增加了转账汇款、代理缴费、现金汇款、社保核查、货币反假等功能，有效弥补了由于银行网点不足带来的服务缺位，金融服务触角已从乡镇延伸到村组，广大农牧民足不出村就能享受到便捷实用的现代化金融服务，打通了农村牧区金融服务的“最后一公里”。

三、大力推进农村信用体系建设，筑牢信用培育基础

人民银行呼和浩特中心支行制订了《内蒙古自治区农村和小微企业信用体系建设工作方案》，推动建立政府主导、部门配合、人民银行推进、涉农金融机构落实、乡镇村参与的协调联动工作机制，在全区各盟市和旗县推广农村信用体系试验区和小微企业信用体系建设，并取得了一定成效。在“内蒙古自治区小微企业和农村信用体系数据库系统”2014年成功上线运行的基础上，截至2015年年末，数据库系统已完成农户信息采集录入27.42万余户，小

微企业7 220余户。在示范地区的带动下，自治区两个体系建设工作取得了实质性进展，共为298.8万户农户建立了信用档案，评定了197.6万户信用户、5 000个信用村、1 200个信用乡(镇)。

四、重视金融创新和职能互补，夯实协调保障基础

人民银行呼和浩特中心支行积极协调各金融部门，以产品和服务创新为突破口，强化“十个全覆盖”工程合作机制建设。国家开发银行、农业发展银行、农业银行、农村信用社等金融机构在“十个全覆盖”工程项目中，采用“农牧民专业合作社+农牧户+风险补偿金”、组建政府主导型产业基金、政府和社会资本合作（PPP）等方式，综合利用技术、信息、市场资源，多渠道筹集资金，支持“十个全覆盖”工程建设。

（二）证券市场交易活跃，盈利水平稳步提升

1. 证券公司资产规模及盈利水平稳步提高。2015年，内蒙古共有2家法人证券公司（恒泰证券和日信证券），共计在北京、上海、深圳、杭州、南宁等城市新设立营业部66家，公司员工达2 315人，总资产达到425.6亿元，同比增长82.7%。由于股市行情波动较大，交易活跃，开户数及证券交易额出现较快增长，分别增长107.1%和11.1%。全年实现营业收入50.9亿元，同比增长1.4倍；实现净利润21.3亿元，同比增长1.5倍。恒泰证券公司2015年在香港成功上市，实收资本显著增加。

2. 上市公司发展良好。截至2015年年末，内蒙古境内上市公司26家，同比增加1家（见表3），其中，A股上市公司25家、B股上市公司2家。总市值5 357.45亿元，同比增长24.47%。累计募集资金423.30亿元，同比下降149.45%。创业板上市公司3家，累计募集资金8.8亿元，总市值208.1亿元，同比增长55.9%。

表3　2015年内蒙古自治区证券业基本情况

项目	数量
总部设在辖内的证券公司数（家）	2
总部设在辖内的基金公司数（家）	0
总部设在辖内的期货公司数（家）	0
年末国内上市公司数（家）	26
当年国内股票（A股）筹资（亿元）	383.3
当年发行H股筹资（亿元）	0.0
当年国内债券筹资（亿元）	600.5
其中：短期融资券筹资额（亿元）	386.4
中期票据筹资额（亿元）	176.0

数据来源：内蒙古证监局。

（三）保险市场平稳运行，经济补偿作用有效发挥

1. 市场体系不断完善。截至2015年年末，内蒙古共有省级分公司39家，中心支公司309家，支公司及以下分支机构2 114家。全年新开业中心支公司26家，支公司及以下分支机构297家。保险公司资产总额为776亿元，同比增长17.1%。保险密度为1 575元/人，同比提高322元/人；保险深度为2.2%，同比提高0.4个百分点（见表4）。

2. 保险业务发展平稳。2015年，内蒙古实现保险保费收入395.5亿元，同比增长26.0%。其中，财产险保费收入同比增长8.4%，人身险保费收入同比增长41.0%。农业保险保费规模达到31.4亿元，同比增长4.5%，居全国第2位。

3. 保险赔付支出稳步增长。2015年，内蒙古保险公司累计赔付支出124.5亿元，同比增长12.8%。

4. 特色优势农牧产品保险业务取得新突破。一是全国首次试点开办草原牧区牛、羊天气指数保险，为20万只肉羊提供2 500万元的风险保障。二是马铃薯目标价格保险实现突破性进展，为1.16万亩马铃薯提供1 990.89万元的风险保障，形成灾损补偿和市场价格波动损失补偿的双重保障

体系。三是将特色险种纳入地方财政补贴试点，共承保特色作物14.34万亩，提供风险保障4.73亿元。四是商业性养殖险发展势头良好，承保各类牲畜110万头，同比增长130%，提供风险保障20.69亿元，实现保费收入4 658.04万元，保费规模位居全国第2位。

表4　2015年内蒙古自治区保险业基本情况

项目	数量
总部设在辖内的保险公司数（家）	0
其中：财产险经营主体（家）	0
人身险经营主体（家）	0
保险公司分支机构（家）	39
其中：财产险公司分支机构（家）	22
人身险公司分支机构（家）	17
保费收入（中外资，亿元）	395.5
其中：财产险保费收入（中外资，亿元）	156.7
人身险保费收入（中外资，亿元）	238.8
各类赔款给付（中外资，亿元）	124.5
保险密度（元/人）	1 575.0
保险深度（%）	2.2

数据来源：内蒙古保监局。

（四）金融市场健康发展，融资结构逐步优化

1. 社会融资规模有所下降，融资结构更趋合理。2015年年末，内蒙古社会融资规模增量为1 868.8亿元，同比减少880.9亿元，占全国的比重为1.2%。从结构上看，对实体经济发放的人民币贷款增长显著，表外融资大幅收缩，直接融资增长明显。2015年，实体经济通过信托贷款、委托贷款、未贴现银行承兑汇票等表外业务方式从金融体系融资大幅收缩，比年初下降965.0亿元，同比多降1210.1亿元；直接融资占社会融资规模的31.0%，占比较上年提高12.4个百分点（见图5）。

2. 货币市场交易参与主体增多，利率稳中有降。2015年，全区银行间同业拆借市场44家成员中有29家机构发生业务，分别比上年增加15家和12家。累计进行信用拆借交易2 976笔，金额7249.3亿元，分别同比增长135.3%和249.2%。

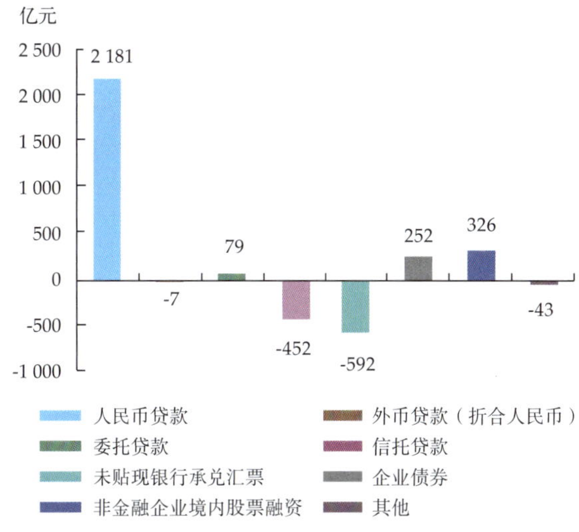

数据来源：中国人民银行呼和浩特中心支行。

图5　2015年内蒙古自治区社会融资规模分布结构

同业拆借市场利率稳中有降，全年加权利率为2.72%，比上年下降74个基点。银行间债券回购市场累计成交金额102 557.5亿元，同比增长73.6%。其中，质押式回购仍然是债券市场的主流，占比达88.9%。债券回购市场利率与同业拆借利率走势保持同步，全年加权平均利率为2.57%，比上年下降95个基点。

3. 票据贴现增长明显，贴现利率整体下行。2015年，内蒙古金融机构累计办理银行承兑汇票贴现13 451.8亿元，同比增长152.5%。票据贴现利率除银行承兑汇票外，整体逐季度下降。12月，全区票据直贴和转贴现利率分别较上年回落2.4个和2.8个百分点（见表5、表6）。

表5　2015年内蒙古自治区金融机构票据业务量统计

单位：亿元

季度	银行承兑汇票承兑		贴现			
			银行承兑汇票		商业承兑汇票	
	余额	累计发生额	余额	累计发生额	余额	累计发生额
1	1 327.9	537.6	390.1	2 133.0	3.0	1.0
2	1 183.1	1 042.1	473.0	5 707.3	2.9	14.6
3	121.8	1 649.3	544.7	9 102.2	5.5	22.4
4	1 249.7	2 219.4	672.9	13 451.8	0.0	27.4

数据来源：中国人民银行呼和浩特中心支行。

表6　2015年内蒙古自治区金融机构票据贴现、转贴现利率

单位：%

季度	贴现		转贴现	
	银行承兑汇票	商业承兑汇票	票据买断	票据回购
1	5.42	5.31	5.51	5.49
2	4.24	4.08	4.08	3.95
3	7.36	5.22	3.77	3.33
4	8.13	4.16	3.36	2.47

数据来源：中国人民银行呼和浩特中心支行。

（五）金融基础设施建设有序推进，金融生态环境持续优化

1. 信用体系建设扎实推进。2015年年末，内蒙古共收录企业和其他组织信息18.3万户，月均查询2.6万次。大力推动应收账款融资服务平台推广应用，引导金融机构、应收账款债权人和债务人积极参与使用融资服务平台，2015年年末，全区累计有1 303家机构注册为平台用户，通过平台达成融资交易271笔。积极推广两类机构信用评级工作，全区共完成信用评级业务107笔，为自治区小微企业增信融资能力的提升提供了支持。

2. 支付服务环境日趋完善。积极推动非现金支付工具的应用，2015年，700个试点企业和市场的非现金支付工具业务量达到157.1亿元。进一步延伸支付清算网络在农村、牧区的辐射范围，全区现代化支付系统覆盖率已达100%。大力提高银行卡受理市场建设水平，努力向县域及以下地区延伸。

3. 金融消费权益保护工作机制逐步健全。在全区范围内推广运行金融消费权益保护信息管理系统，进一步规范咨询、投诉受理处理工作流程。全区共受理投诉187件、咨询491件，办结率100%。组织开展“3·15金融消费者权益日”及“金融知识普及月”宣传活动，取得了良好的宣传效果。

二、经济运行情况

2015年，内蒙古经济运行“新常态”特征逐步显现，全年实现地区生产总值18 032.8亿元，同比增长7.7%（见图6），增速比上年下降0.1个百分点。三次产业结构为9 : 51 : 40，第三产业比重比上年提高1个百分点。人均生产总值达71 903元，增长7.4%。

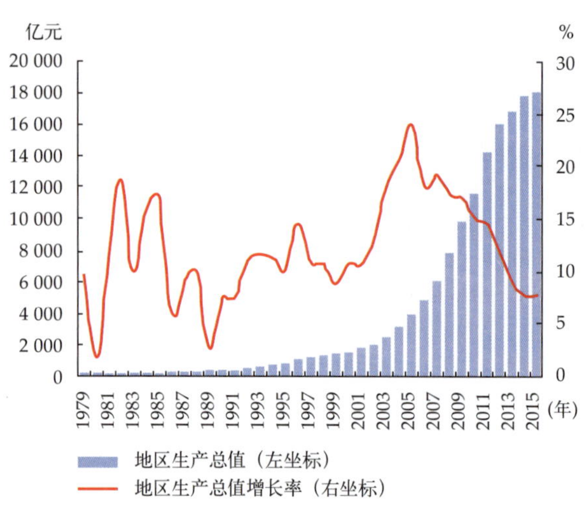

数据来源：内蒙古统计局。

图6　1979～2015年内蒙古自治区地区生产总值及其增长率

（一）需求增速总体放缓，经济下行压力加大

1. 投资增速继续回落，发展后劲略显不足。受产能过剩、需求低迷的影响，企业投资意愿不强，固定资产投资增长后劲略显不足，2015年，全区固定资产投资额完成13 651.7亿元，同比增长14.5%（见图7），增速比上年回落1.2个百分点。全年累计投资418.6亿元实施农村牧区“十个全覆盖”工程①，同时向社会推出91个PPP项目、总投资1 016亿元。投资结构趋于优化。金融、商务服

①从2014年开始，内蒙古计划用三年时间全面提升农村牧区基本公物服务，实现农村牧区“十个全覆盖”。“十个全覆盖”工程包括农村牧区危房改造、安全饮水、嘎查村街巷硬化、村村通电、村村通广播电视通讯、校舍建设及安全改造、嘎查村标准化卫生室、嘎查村文化活动室、便民连锁超市、农村牧区常住人口养老医疗低保社会保障“十个全覆盖”。

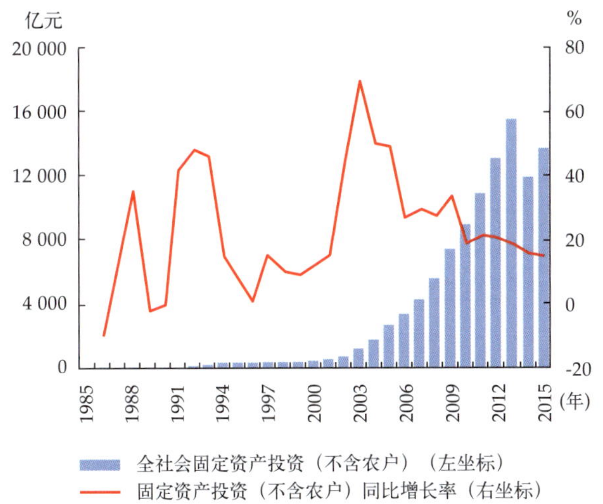

数据来源：内蒙古统计局。

图7　1985～2015年内蒙古自治区固定资产投资（不含农户）及其增长率

务、居民服务等非资源型产业投资较快增长，煤炭和钢铁等传统资源型产业投资持续下降，基础设施和社会事业投资快速增长。

2. 消费市场平稳增长，农村居民收入增速快于城镇。2015年，全区实现社会消费品零售总额6 107.7亿元，同比增长8.0%（见图8），增速比上年回落2.7个百分点。乡村市场消费同比增长10.7%，高于城镇市场3个百分点。城乡居民收入

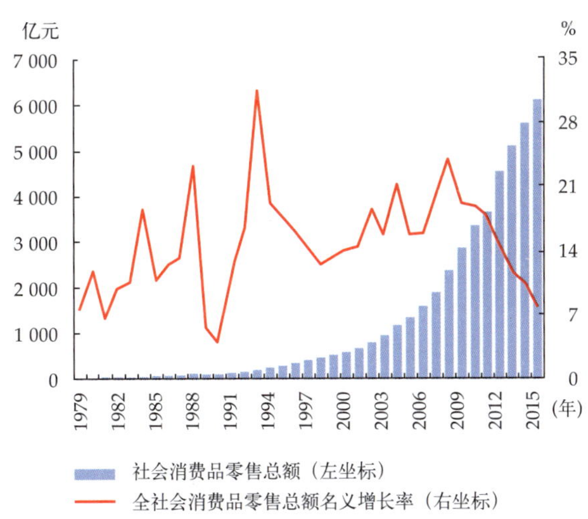

数据来源：内蒙古统计局。

图8　1979～2015年内蒙古自治区社会消费品零售总额及其增长率

均有新突破，城镇居民和农村牧区居民收入分别首次突破3万元和1万元大关。全区农村牧区常住居民人均可支配收入同比增长8.0%，增速快于城镇居民收入增速0.1个百分点，城乡收入差距进一步缩小。

3. 对外贸易呈下降走势，利用外资有所下降。2015年，内蒙古自治区进一步深化同俄蒙经济金融合作，全面贯彻国家向北开放战略，积极推进“一带一路”建设和沿边开发开放，但受地区经济下行压力和国内外环境的影响，对外贸易进出口呈下降走势。全年进出口总额为127.5亿美元，下降12.4%，低于上年33.8个百分点。其中，出口额为56.5亿美元，下降11.6%，进口额为71亿美元，下降13.1%（见图9）。从贸易对象看，蒙古与俄罗斯仍为自治区前两大贸易伙伴，与这两大贸易伙伴的进出口值占全区进出口总值的46.8%。

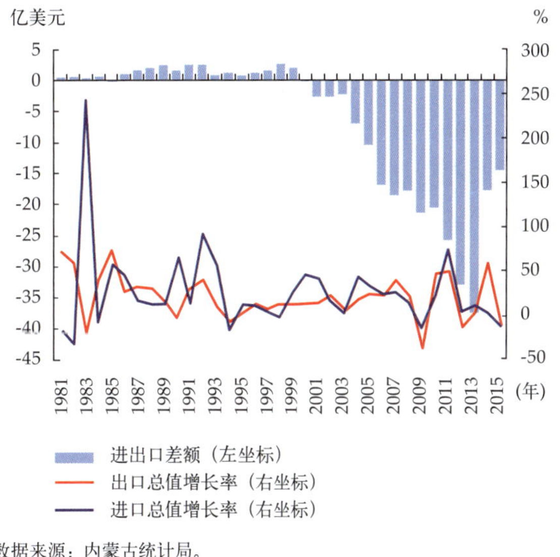

数据来源：内蒙古统计局。

图9　1981～2015年内蒙古自治区外贸进出口变动情况

全年实际利用外商直接投资金额为33.5亿美元，同比下降15.7%（见图10），外商投资主要来源于中国香港、韩国、俄罗斯、美国和马来西亚等国家和地区，主要投资于采矿业、制造业、电力燃气及水的供应业、农林牧渔业、租赁和商务服务业、非金属冶炼和住宿、餐饮业等行业。

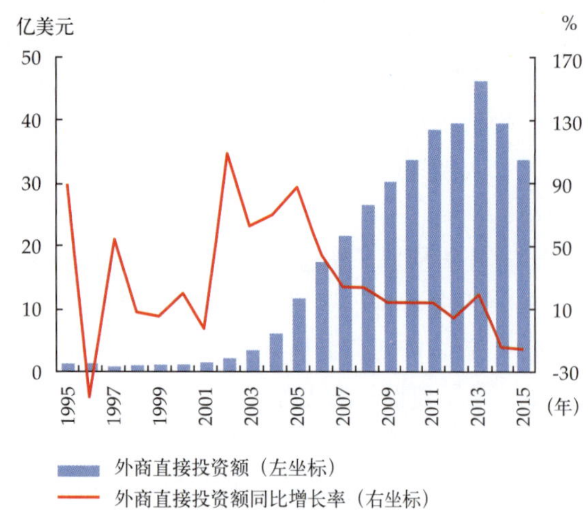

数据来源：内蒙古统计局。

图10 1995～2015年内蒙古自治区外商直接投资额及其增长率

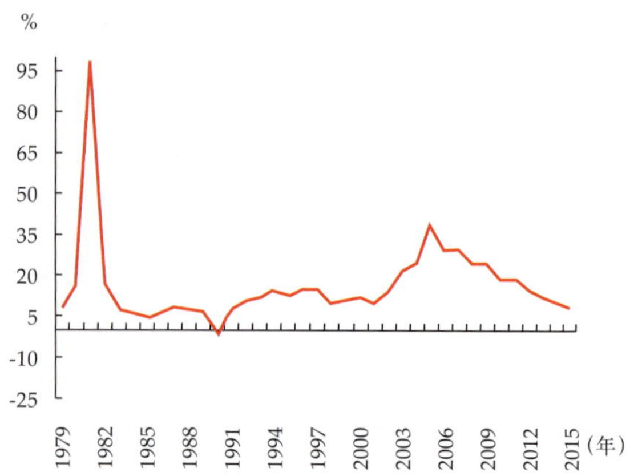

数据来源：内蒙古统计局。

图11 1979～2015年内蒙古自治区规模以上工业增加值同比增长率

（二）三次产业稳步发展，工业结构不断优化

2015年，内蒙古三次产业协调发展，三次产业结构由上年的9.1：51.9：39.0调整为9：51：40，第三产业比重提高了1个百分点，产业结构更趋合理。

1. 农牧业发展总体形势良好，粮食产量创新高。2015年，全区粮食生产实现“十二连丰”，全年粮食产量达到565.4亿斤，创历史最高水平。畜牧业稳定发展，牧业年度牲畜存栏达到1.36亿头（只）。农牧业产业化经营水平不断提高。

2. 工业结构不断优化，企业效益持续下滑。2015年，全区规模以上工业增加值同比增长8.6%（见图11）。工业结构逐步优化，高新技术、有色、装备制造和农畜产品加工业对工业增长的贡献率达到49%，同比提高9.8个百分点；能源和化学工业对工业增长的贡献率降到30.3%，下降16.5个百分点。工业企业利润继续下滑。2015年，全区规模以上工业企业实现利润总额为940.5亿元，同比减盈353.9亿元，下降23.8%，降幅扩大5个百分点。其中，煤炭行业利润下降17.3%、冶金行业下降65.1%。

3. 服务业增长逐步加快，信息和公共服务等新兴行业快速增长。2015年，全区服务业增长8.1%，占经济总量的比重首次达到40%。公共服务业和旅游、物流、信息、金融等现代服务业实现较快增长。其中，金融业增长最快，增长15.1%，比上年提高3.8个百分点。

（三）物价运行平稳，生产类价格持续走低

1. 居民消费价格基本保持平稳。全区居民消费价格指数月度间窄幅波动（见图12），全年同比上涨1.1%，低于上年0.5个百分点。其中，城市与农村牧区的涨幅持平，均为1.1%。分类别看，衣着类价格指数涨幅居首，上涨2.8%；食品上涨1.4%，在食品价格中，菜价上涨4.9%，涨幅最大。

2. 生产价格持续低位运行。2015年，受经济增速放缓、市场需求下降、企业效益下滑等因素影响，全区工业生产者出厂价格和购进价格呈“双下降”态势，工业生产者出厂价格同比下降6.0%，工业生产者购进价格同比下降4.1%，出厂价格跌幅仍然高于购进价格跌幅，企业经营成本压力继续加大。

3. 就业形势保持基本稳定。2015年，全区城镇新增就业26.9万人，城镇登记失业率为3.7%，低于年初控制目标0.4个百分点。

4. 电力市场化改革稳步推进。启动蒙西电网输配电价改革，成为全国第一家省级试点电网，

数据来源：内蒙古统计局。

图12　2001～2015年内蒙古自治区居民消费价格和生产者价格变动趋势

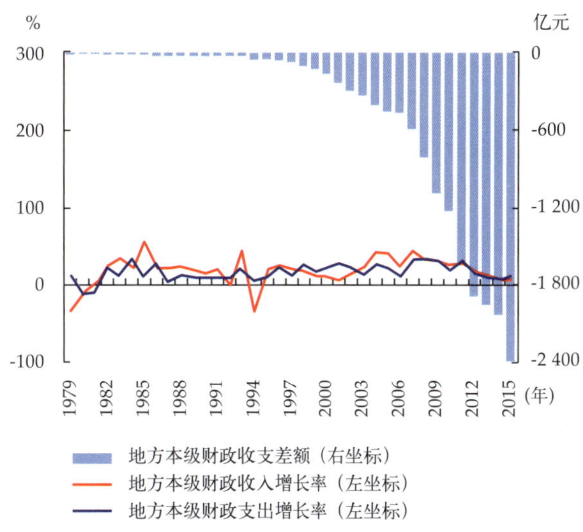

数据来源：内蒙古统计局。

图13　1979～2015年内蒙古自治区财政收支状况

蒙西电力多边交易电量增长55%，蒙东大用户直接交易电量增长157%。开工建设锡盟至山东等4条特高压外送电通道，蒙西电网变电容量突破1亿千伏安。

5. 资源性产品价格持续下跌。受经济下行和煤炭市场需求萎缩的影响，自2012年起，内蒙古煤炭市场产量持续回落，销量下降，价格大幅下跌，2015年年末，全区动力煤平均坑口价格为130.2元/吨，下降12.4%，除8月、9月价格环比小幅上升外，总体呈下降走势。

（四）财政收入增速回落，支出继续倾向民生

2015年，全区公共财政预算收入完成1 963.5亿元，同比增长6.5%（见图13），增速比上年回落0.6个百分点。在财政增收趋缓的情况下，大力压缩一般性支出，集中财力保证民生支出，民生领域支出达到2 873.2亿元，占财政支出的66%，增长17.8%，高于全区一般公共预算支出平均增幅5.6个百分点。成功发行地方政府债券1 477亿元，盘活各级财政存量资金940.8亿元，有效缓解了地方偿债压力。

（五）生态文明建设持续加强，节能降耗成效显著

内蒙古制定出台《关于加快推进生态文明建设的实施意见》，实施节能减排低碳发展行动，推进大气污染和水污染防治工作，加快重点生态工程建设。全年完成林业生态建设面积1 100万亩，重点区域绿化210万亩，草原建设总规模4 745万亩，水土流失治理面积752万亩。全面完成主要污染物减排目标。有效落实各项监管措施，腾格里园区污染23个问题，除芒硝湖局部水体治理工程外，其余全部整改完成。

全区顺利完成全年节能降碳任务。通过推进重点领域节能降碳，实施工业能效提升计划，开展工业绿色发展专项行动、万家企业节能低碳行动，全年单位生产总值能耗下降4%、单位生产总值二氧化碳排放下降5%。

（六）房地产市场总体低迷，现代农牧业快速发展

1. 房地产开发投资、商品房销售同比下降，保障房建设成效显著。

（1）房地产开发投资持续下行。2015年，

全区完成房地产开发投资1 081.1亿元，同比下降21.1%，增速同比回落13.8个百分点。其中，住宅完成投资758.5亿元，同比下降19%，增速同比回落12.4个百分点。

（2）商品房销售面积及销售额增速降幅收窄，销售价格稳中有升。2015年，全区商品房销售面积为2 369.4万平方米，同比下降3.6%，增速较上年提高6.7个百分点；商品房销售额为1 052.2亿元，同比下降1.2%，增速较上年提高8.4个百分点（见图14）。从房价走势看，内蒙古主要城市呼和浩特市、包头市各月新建住宅销售价格同比增速呈逐步回升态势（见图15）。

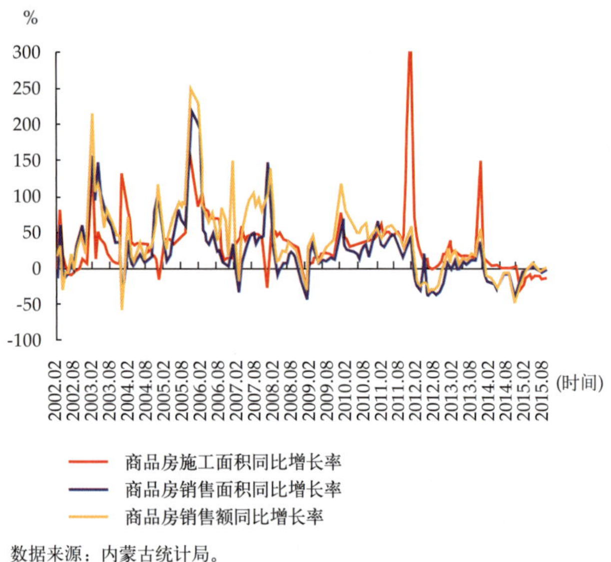

数据来源：内蒙古统计局。

图14 2002～2015年内蒙古自治区商品房施工和销售变动趋势

（3）保障房建设投资快速增长，保障房建设成效显著。2015年，全区各类保障性安居工程完成投资额588.8亿元，同比增长20.7%；其中，各类棚户区改造完成投资额538.5亿元，占保障性安居工程完成投资额的91.5%。全年新开工城镇保障性住房28.5万套，其中，棚户区改造24.2万套，居历年之最。实施农村牧区危房改造21.8万户，竣工21.4万户。

（4）房地产金融运行平稳。2015年年末，全区房地产贷款余额为2 609.4亿元，同比增长15.4%。其中，保障性住房开发贷款余额为642.7亿元，同比增长52.6%。购房贷款余额为1 502.5亿元，同比增长4%。其中，个人住房贷款余额为1 314.6亿元，同比增长5.5%。金融机构认真贯彻落实差别化住房信贷政策，全年共发放个人住房贷款8.9万笔，其中，首套住房贷款占比93.6%，基准及下浮利率水平占首套住房贷款的78.3%，较上年提高15.9个百分点，政策效果实施良好。

专栏2 多措并举 加大保障性安居工程建设支持力度

2015年年末，内蒙古各类保障性安居工程完成投资额为588.8亿元，同比增长20.67%；其中，各类棚户区改造完成投资额为538.46亿元，占保障性安居工程完成投资额的91.45%，各类棚户区改造已成为内蒙古保障性安居工程建设的重点。

一、加大窗口指导，强化政策指引力度。为认真贯彻国务院办公厅《关于进一步加强棚户区改造工作的通知》和内蒙古自治区党委、政府办公厅《关于推进"百姓安居工程"的实施意见》，2014年人民银行呼和浩特中心支行联合自治区发展改革委、住建厅、金融办、银监局、证监局等部门印发了《内蒙古自治区金融支持保障性安居工程建设指导意见》。2015年，呼和浩特中心支行继续加强窗口指导，引导金融机构进一步落实文件要求，积极调整信贷结构，加大对保障性住房建设的信贷支持力度。同时组织召开内蒙古自治区房地产市场暨房地产金融联席会议，针对金融支持保障性安居工程建设中的难题进行了专题研究和部署。2015年年末，全区保障性安居工程贷款余额642.12亿元，同比增长50.73%，高于全区各项人民币贷款增速36.08个百分点，其中，各类棚户区改造贷款余额608.45亿元，同比增长

60.44%。

二、搭建省级平台，提高资金筹资能力。为解决全区融资平台普遍存在资质较低、资产规模较小、融资能力不强等的问题，2014年政府出资成立了自治区级保障房融资平台——内蒙古财信投资集团有限公司，采取“统一评级、统一授信、统借统还”的模式，解决全区保障性安居工程建设资金短缺的问题。2015年年末，内蒙古财信投资集团有限公司贷款余额258.02亿元，有效解决了保障性安居工程建设资金不足的难题。

三、发放“软贷款”，化解资本金不足难题。对于保障性安居工程，只有在项目资本金到位的情况下，金融机构才能发放贷款。承担包头市北梁棚户区改造任务的包头市保障房建设发展投资有限公司因资金缺乏，资本金没能及时到位，影响工程的开工进度。国家开发银行内蒙古分行通过发放“软贷款”的方式，及时解决了项目资本金不足的问题。2015年年末，国家开发银行内蒙古分行发放“软贷款”余额10亿元，有效加快了北梁棚户区改造项目建设进度。

四、运用政策工具，支持棚改项目建设。为解决棚户区改造项目资金缺口大、成本高的问题，人民银行创设了抵押补充贷款（PSL），为棚户区改造提供低成本的专项资金支持。国家开发银行内蒙古分行2015年运用PSL工具发放棚改贷款264亿元，累计发放490亿元，有力推进了全区棚改项目顺利进行。

五、利用住房公积金，缓解资金不足的问题。2010年包头市成为国家首批利用住房公积金贷款支持保障性住房建设试点城市，2012年国家将试点城市扩大至呼和浩特市、呼伦贝尔市，批准三个城市第二批利用住房公积金贷款支持保障性住房建设项目贷款9亿元，2014年继续追加包头市棚改项目、经适房项目贷款额度12亿元，陆续支持了棚户区改造、公共租赁住房等项目。2015年年末，全区利用住房公积金支持保障性安居工程贷款余额为6.7亿元，同比增长27.6%。

六、发行理财产品，加大资金支持力度。除传统信贷资金支持外，金融机构积极探索和创新融资模式，为保障性安居工程建设提供资金支持。浦发银行呼和浩特分行于2013年7月通过发行“银证信”理财产品，成功为呼和浩特市两个公租房小区融资15亿元，贷款利率水平为8.5%，贷款期限8年，有效解决了保障性安居工程建设资金不足的问题。

七、通过非标投资，积极支持土地收储。兴业银行呼和浩特分行通过办理非标准债权投资业务，募集资金主要用于补充确认的纳入呼和浩特市棚户区改造项目的土地收储。2015年，兴业银行呼和浩特分行为呼和浩特市棚户区改造项目的土地储备提供资金支持43.5亿元，重点解决了保障性安居工程前期土地收储的资金难题。

2. 现代农牧业快速发展。2015年，全区粮食产量达到565.4亿斤，牲畜存栏1.36亿头（只），粮食总产、牲畜存栏均创历史新高。主要农作物优势区域集中度达到85%，绿色、无公害农产品及有机农产品产地478个，认证产地面积2 350万亩，年生产量超千万吨；绿色食品企业144家，有效使用绿色食品标志产品389个，年销售超百亿元。全年新增节水灌溉面积519万亩。各类家庭农牧场发展到4.3万户，农牧民专业合作社突破7万家。全区81%的规模以上龙头企业与农牧民建立了利益联结机制，全区农牧民45%以上的收入来自产业化增收。

三、预测与展望

2016年是“十三五”开局之年，是迎接自治区成立七十周年大庆关键之年。内蒙古经济正处于结构调整、转型升级的关键阶段，经济发展环

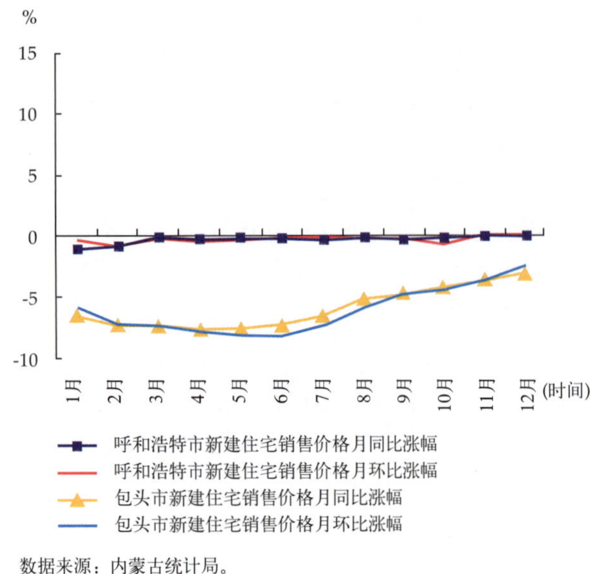

数据来源：内蒙古统计局。

图15 2015年内蒙古自治区主要城市新建住宅销售价格变动趋势

境依然复杂严峻。国家持续加大对西部和民族地区的支持力度，供给侧结构性改革的实施，国家向北开放、“一带一路”、京津冀协同发展以及沿边开发开放战略的深入推进，为内蒙古调整结构、补齐短板、扩大对内外开放带来了宝贵机遇。内蒙古作为我国向北开发的重要桥头堡，将按照“五位一体”总体布局和“四个全面”战略布局，牢固树立和贯彻落实创新、协调、绿色、开放、共享的发展理念，重点抓好去产能、去库存、去杠杆、降成本、补短板五大任务，坚持改革开放，坚持稳中求进的工作总基调，保持经济运行在合理区间。预计2016年内蒙古地区生产总值增长7.5%，固定资产投资增长12%，社会消费品零售总额增长9%，一般公共预算收入增长6%以上，居民消费价格涨幅控制在3%左右。

2016年，内蒙古金融业将认真落实好稳健的货币政策，保持货币信贷和社会融资规模平稳适度增长，切实优化信贷结构，防范金融风险，促进经济金融持续健康发展。

中国人民银行呼和浩特中心支行货币政策分析小组

总　纂：余文建　肖长江

统　稿：李　雄　汪俊艳　刘春雷

执　笔：高国鹏　刘　晶　张健峰　陈　璐　赵　婧　乔海滨　赵　平　张海波　杨铁牛　伊丽琪　郭　鑫

提供材料的还有：张宇薇　库晓星　张　丽　高　鸿　王　璐　高松华　吴晓玲　乔　莉　王　静　郑　楠

附录

（一）2015年内蒙古自治区经济金融大事记

3月17日，内蒙古凌志马铃薯科技股份有限公司（股票简称：凌志股份）在北京举行了“新三板”挂牌仪式，这是中国薯业第一股。

3月31日，招商银行呼和浩特分行获得自治区跨境人民币集中运营首发业务，成为自治区首批跨境双向人民币资金池业务主办银行中唯一一家股份制银行。

5月15日，内蒙古自治区人民政府印发《关于金融支持自治区重点工作重点项目建设的指导意见》，引导金融业主动适应经济发展“新常态”，进一步加大对自治区重点工作、重点项目建设的金融支持力度。

6月3日，内蒙古矿业（集团）公司获得了中国人民银行银行间市场交易商协会37亿元中期票据注册批准。这是全国第一只探矿权确认资产的债务融资工具，同时也是矿业集团第一次获得中期票据发行资格。

6月4日，内蒙古自治区人民政府印发《关于进一步强化稳增长促改革调结构惠民生政策措施的意见》。《意见》包括稳定企业生产经营、打通融资渠道、稳定投资增长、培育新的增长点、推进简政放权、促进房地产市场平稳健康发展六个方面，共二十七条措施。

7月3日，自治区政府2015年第一批294亿元一般债券，通过财政部国债招投标系统在北京成功发行，这是自治区首次自主发行政府债券。信用等级是AAA级，是地方政府债券信用的最高等级。

9月2日，中国人民财产保险股份有限公司内蒙古分公司与锡林郭勒盟乌拉盖管理区乌拉盖牧场、贺斯格乌拉牧场签署了《草原牧区羊群天气指数保险合作协议》。这是内蒙古自治区开展草原牧区天气指数保险项目以来签约的第一单，填补了中国牧区天气指数保险产品的空白。

9月15日，内蒙古金融资产管理有限公司在呼和浩特市正式挂牌营业。是自治区唯一一家可开展金融不良资产批量收购和处置业务的地方资产管理公司。

10月10日，内蒙古自治区人民政府印发《关于推进区域性股权市场发展的若干意见》，鼓励自治区非上市企业进场挂牌；积极开展全区非上市企业股权登记托管工作；探索使用各类专项资金利用区域性股权市场开展市场化运作；吸引各类成熟机构积极参与股权市场建设。

12月16日，内蒙古自治区人民政府办公厅印发《进一步完善金融市场体系实施方案》。提出内蒙古将从完善金融组织体系、构建多层次资本市场、拓宽保险服务领域、推进金融服务创新、维护区域金融市场稳定、营造金融业发展良好环境六方面完善金融市场体系。此外，还将完善金融业发展激励机制，加快金融领域诚信建设，加快金融基础设施建设，强化金融人才支撑。

(二)2015年内蒙古自治区主要经济金融指标

表1 2015年内蒙古自治区主要存贷款指标

		1月	2月	3月	4月	5月	6月	7月	8月	9月	10月	11月	12月
本外币	金融机构各项存款余额(亿元)	16 764.4	16 745.4	16 967.2	16 775.5	17 306.7	17 484.7	17 571.2	17 369.4	17 864.9	17 778.5	17 880.1	18 172.2
	其中:住户存款	8 382.78	8 767.41	8 794.53	8 611.2	8 491.54	8 577.14	8 567.64	8 591.73	8695.09	8 600.54	8 662.24	9 035.12
	非金融企业存款	4 546.07	4 315.71	4 386.25	4 360.35	4 710.72	4 754.62	4 632.25	4 597.98	4 695	4 714.57	4 730.97	4 989.49
	各项存款余额比上月增加(亿元)	253.5	-19.03	221.76	-191.66	531.18	177.98	86.5	-201.72	495.44	-86.42	101.63	292.09
	金融机构各项存款同比增长(%)	9.82	8.6	7.91	6.27	9.01	7.56	9.15	7.28	9.17	10.17	11.83	11.04
	金融机构各项贷款余额(亿元)	1 5379.3	15 640.4	15 889.8	16 021.5	16 252	16 391.1	16 527.6	16 623.9	16 859.5	16 744.7	16 879.3	17 264.3
	其中:短期	1 984.71	6 250.35	6 398.78	6 429.42	6 480.86	6 507.84	6 504.42	6 498	6 567.46	6 546.86	6 594.79	6 798.63
	中长期	2 196.19	8 847.91	8 934.01	9 006.82	9 101.79	9 196.27	9 289.48	9 357.76	9 566.59	9 474.13	9 538.49	9 628.15
	票据融资	417.052	433.741	443.566	467.5696	526.85	535.024	600.937	630.574	600.236	586.636	601.136	718.721
	各项贷款余额比上月增加(亿元)	305.959	261.06	249.42	131.69	230.47	139.09	136.55	96.31	235.54	-114.79	134.6	385.07
	其中:短期	101.77	4 265.64	148.43	30.64	51.44	26.98	-3.42	-6.42	69.46	-20.6	47.93	203.84
	中长期	120.993	6 651.72	86.1	72.81	94.97	94.48	93.21	68.28	208.83	-92.46	64.36	89.66
	票据融资	70.9159	16.6892	9.8245	24.004	59.2808	8.1737	65.9125	29.6372	-30.338	-13.6	14.4999	117.586
	金融机构各项贷款同比增长(%)	14.52	15.18	14.32	13.75	14.32	13.97	14.5	14.35	15.25	13.45	13.13	14.56
	其中:短期	-64.134	10.6311	9.46684	8.37686	8.49999	7.47271	7.91127	7.89249	9.17295	7.89123	9.49259	13.2123
	中长期	-71.245	15.2072	14.8478	14.2128	13.7715	14.3058	14.4824	14.4737	15.6706	13.9044	12.6762	11.5389
	票据融资	107.757	129.143	113.118	138.738	187.365	164.545	183.203	147.071	141.672	116.235	83.801	107.641
	建筑业贷款余额(亿元)	435.935	440.071	449.428	451.717	454.458	450.646	464.873	468.164	486.435	478.227	478.973	470.33
	房地产业贷款余额(亿元)	408.605	427.913	433.387	443.947	443.321	435.104	460.07	476.48	488.604	456.274	457.399	494.262
	建筑业贷款同比增长(%)	9.99097	10.5386	13.2148	11.473-	13.5385	12.0955	15.7419	13.3623	14.3359	10.9685	10.9052	7.77076
	房地产业贷款同比增长(%)	70.6264	74.5836	73.0288	45.7114	31.8788	27.2643	28.5234	32.6384	35.0486	25.3137	23.4586	24.7534
人民币	金融机构各项存款余额(亿元)	16 660	16 653.9	16 870.9	16 707.2	17 238.8	17 420.2	17 485.4	17 289.7	17 770.7	17 687.8	17 783.1	18 077.6
	其中:住户存款	8 349.93	8 740.08	8 765.91	8 582.2	8 463.28	8 547.97	8 537.42	8 559.3	8 662.4	8 568.8	8 627.87	8 999.44
	非金融企业存款	4 495.42	4 272.2	4 339.12	4 324.3	4 674.44	4 723.06	4 604.16	4 564.99	4 661.46	4 683.17	4 697.42	4 959.57
	各项存款余额比上月增加(亿元)	223.73	-6.12	25.83	-163.76	531.64	181.41	65.16	-195.67	481.034	-82.91	95.2657	294.51
	其中:住户存款	-22.8	390.14	25.83	-183.71	-118.92	84.69	-10.54	21.88	103.1	-93.59	59.06	371.57
	非金融企业存款	-6.53	-223.23	66.93	-14.83	350.14	48.62	-118.9	-39.17	96.47	21.7	14.25	262.15
	各项存款同比增长(%)	9.62	8.58	7.84	6.34	9.18	7.73	9.17	7.36	9.14	10.18	11.8	10.97
	其中:住户存款	3.39	8.72	6.51	6.6	5.33	4.69	5.44	6.04	5.36	5.41	5.83	7.09
	非金融企业存款	8.04	0.8	-2.85	-4.83	0.25	0.3	2.2	0.25	6.2	6.96	7.72	9.97
	金融机构各项贷款余额(亿元)	15 257.6	15 514.6	15 759.4	15 902.8	16 132.1	16 269.7	16403	16 496.7	16 736.3	16 618	16 753	17 140.7
	其中:个人消费贷款	1 878.08	1 882.38	1 890.38	1 913.15	1 918.42	1 941.8	1 955.06	1 977.88	2 004.28	2 011.78	2 031.05	2 034.67
	票据融资	417.052	433.741	443.566	467.57	526.85	535.024	600.936	630.574	600.236	586.636	601.136	718.721
	各项贷款余额比上月增加(亿元)	303.541	257.05	244.79	143.43	229.29	137.58	133.3	93.7	239.57	-118.33	135.09	387.63
	其中:个人消费贷款	16.4796	4.3064	7.996	22.7743	5.2715	23.3736	13.2671	22.8194	26.3945	7.5001	19.2734	3.614
	票据融资	70.9159	16.6892	9.8245	24.004	59.2808	8.1737	65.9125	29.6372	-30.338	-13.6	14.4999	117.585
	金融机构各项贷款同比增长(%)	14.6065	15.1731	14.342	13.7656	14.3677	14.1414	14.6238	14.4564	15.3781	13.5703	13.1962	14.6756
	其中:个人消费贷款	12.0393	13.1804	11.3182	11.0121	9.75935	9.48383	9.26887	9.36244	9.74543	9.56615	9.66838	9.24035
	票据融资	107.757	129.143	113.118	138.732	187.365	164.545	183.203	147.071	141.672	116.235	83.801	107.641
外币	金融机构外币存款余额(亿美元)	17.0132	14.8847	15.6688	11.1777	11.0917	10.5415	14.0239	12.48	14.8	14.2746	15.1647	14.5641
	金融机构外币存款同比增长(%)	55.9749	12.4752	22.9085	-6.4027	-21.527	-24.209	6.51736	-11.21	11.4003	3.90263	13.0715	19.4459
	金融机构外币贷款余额(亿美元)	19.8391	20.4566	21.2281	19.4065	19.5807	19.8479	20.3674	19.9082	19.3617	19.9556	19.734	19.0424
	金融机构外币贷款同比增长(%)	7.57635	19.3266	15.2477	13.3747	9.74269	-0.3606	1.55257	-0.7752	-2.6653	0.62996	1.5029	-2.3588

数据来源:中国人民银行呼和浩特中心支行。

表2　2001～2015年内蒙古自治区各类价格指数

单位：%

年/月	居民消费价格指数		农业生产资料价格指数		工业生产者购进价格指数		工业生产者出厂价格指数	
	当月同比	累计同比	当月同比	累计同比	当月同比	累计同比	当月同比	累计同比
2001	—	1.3	—	1.4	—	-0.1	—	-0.7
2002	—	0.2	—	2.6	—	-0.1	—	-0.7
2003	—	2.1	—	1.2	—	2.9	—	3.2
2004	—	2.9	—	9.5	—	9.2	—	5.1
2005	—	2.4	—	8.3	—	9.8	—	5.1
2006	—	1.5	—	1.1	—	5.9	—	3.0
2007	—	4.6	—	3.0	—	4.8	—	5.7
2008	—	5.7	—	14.9	—	11.7	—	12.5
2009	—	-0.3	—	-0.3	—	-0.9	—	-3.8
2010	—	3.2	—	2.0	—	5.0	—	6.7
2011	—	5.6	—	6.3	—	6.1	—	7.8
2012	—	3.1	—	4.9	—	2.0	—	0.2
2013	—	3.2	—	3.5	—	-0.7	—	-3.0
2014	—	1.6	—	-0.1	—	-1.6	—	-2.7
2015	—	1.1	—	-1.3	—	-4.1	—	-6.0
2014　1	2.4	2.4	2.6	2.6	-0.2	-0.2	-1.8	-1.8
2	1.9	2.1	2.5	2.6	-0.3	-0.3	-2.1	-1.9
3	2.3	2.2	1.5	2.2	-0.4	-0.3	-2.7	-2.2
4	1.8	2.1	1.1	1.9	-0.7	-0.4	-2.7	-2.3
5	2.1	2.1	-0.8	1.4	-1.2	-0.5	-2.6	-2.4
6	1.9	2.1	-0.8	1.0	-1.4	-0.7	-2.7	-2.4
7	1.7	2.0	-0.9	0.7	-1.7	-0.8	-2.3	-2.4
8	1.5	1.9	-1.3	0.5	-2.1	-1.0	-2.7	-2.4
9	1.2	1.9	-1.6	0.2	-2.7	-1.2	-2.7	-2.5
10	0.8	1.7	-1.6	0.1	-2.7	-1.3	-3.0	-2.5
11	0.5	1.6	-1.1	0.0	-2.9	-1.5	-3.2	-2.6
12	0.7	1.6	-0.8	-0.1	-2.8	-1.6	-3.7	-2.7
2015　1	0.0	0.0	-1.2	-1.2	-3.5	-3.5	-4.3	-4.3
2	0.6	0.3	-1.4	-1.3	-3.5	-3.5	-4.7	-4.5
3	1.0	0.5	-1.0	-1.2	-3.8	-3.6	-5.0	-4.7
4	1.3	0.7	-1.1	-1.2	-3.8	-3.7	-5.2	-4.8
5	1.0	0.8	-1.2	-1.2	-3.9	-3.7	-5.6	-5.0
6	1.0	0.8	-1.2	-1.2	-4.0	-3.8	-5.9	-5.1
7	1.3	0.9	-1.5	-1.2	-3.9	-3.8	-6.2	-5.3
8	1.5	1.0	-1.5	-1.3	-4.2	-3.8	-6.5	-5.4
9	1.6	1.0	-1.6	-1.3	-4.2	-3.9	-6.5	-5.5
10	1.4	1.1	-1.5	-1.3	-4.3	-3.9	-6.9	-5.7
11	1.5	1.1	-1.4	-1.3	-4.6	-4.0	-7.6	-5.8
12	1.3	1.1	-1.3	-1.3	-5.2	-4.1	-7.8	-6.0

数据来源：国家统计局内蒙古调查总队、《中国经济景气月报》。

表3　2015年内蒙古自治区主要经济指标

	1月	2月	3月	4月	5月	6月	7月	8月	9月	10月	11月	12月
绝对值（自年初累计）												
地区生产总值(亿元)	—	—	3 274.5	—	—	7 424.9	—	—	12 092.8	—	—	18 032.8
第一产业	—	—	132.6	—	—	302.9	—	—	610.7	—	—	1 618.7
第二产业	—	—	1 719.8	—	—	3 869.5	—	—	6 452.4	—	—	9 200.6
第三产业	—	—	1 422.2	—	—	3 252.5	—	—	5 029.7	—	—	7 213.5
工业增加值(亿元)	—	—	—	—	—	—	—	—	—	—	—	—
固定资产投资(亿元)	—	78.5	501.6	1 499.2	3069.5	5 457.7	7 353.7	9 180.2	1 1246.0	12 704.8	13 425.1	13 651.7
房地产开发投资	—	9.7	38.3	88.1	195.6	401.6	555.8	690.6	865.8	996.5	1 066.5	1 081.1
社会消费品零售总额(亿元)	—	956.1	1 385.7	1 814.5	2 283.7	2 769.6	3 259.2	3 778.8	4 311.3	4 906.1	5 495.9	6 107.7
外贸进出口总额(亿元)	12.83	21.5	30.8	41.0	51.0	62.2	76.7	87.7	98.4	107.9	117.1	127.5
进口	8.07	13.0	19.6	24.9	31.1	37.7	43.8	48.8	54.4	59.1	64.5	71.0
出口	4.76	8.5	11.7	16.1	19.9	24.5	33.0	38.9	44.1	48.8	52.6	56.5
进出口差额(出口−进口)	—	-27.6	-45.0	-54.1	-68.9	-80.5	-66.2	-60.7	-63.5	-63.2	-73.7	-89.8
外商实际直接投资(亿美元)	—	—	0.5	0.5	9.0	10.7	12.1	13.5	41.6	15.7	22.9	33.5
地方财政收支差额(亿元)	—	-176.6	-344.2	-424.3	-532.8	-773.1	-924.7	-1 233.6	-1 577.4	-1 819.4	-2 076.4	-2 388.5
地方财政收入	—	284.7	451.6	583.9	720.6	1 006.4	1 155.7	1 267.6	1 441.1	1 585.1	1 709.0	1 963.5
地方财政支出	—	461.4	795.8	1 008.2	1 253.4	1 779.5	2 080.4	2 501.2	3 018.5	3 404.5	3 785.4	4 352.0
城镇登记失业率(%)(季度)	—	—	—	—	—	—	—	—	—	—	—	3.65
同比累计增长率（%）												
地区生产总值	—	—	7.0	—	—	7.0	—	—	7.5	—	—	7.7
第一产业	—	—	2.9	—	—	2.7	—	—	3.1	—	—	3.0
第二产业	—	—	7.5	—	—	7.4	—	—	7.8	—	—	8.0
第三产业	—	—	6.5	—	—	6.5	—	—	7.4	—	—	8.1
工业增加值	—	8.5	8.2	8.0	8.1	8.1	8.3	8.5	8.6	8.6	8.6	8.6
固定资产投资	—	14.0	13.9	13.8	13.8	14.4	14.5	14.6	14.7	14.5	14.6	14.5
房地产开发投资	—	24.5	3.1	-28.8	-24.5	-11.8	-11.9	-18.0	-17.3	-19.7	-21.4	-21.1
社会消费品零售总额	—	6.8	6.8	6.8	7.0	7.3	7.4	7.4	7.8	7.9	8.0	8.0
外贸进出口总额	11.2	15.6	8.4	0.1	-2.5	-1.1	5.5	4.8	0.5	-3.8	-9.2	-12.4
进口	20.7	14.8	9.1	-4.0	-5.0	-4.1	-3.2	-5.2	-8.8	-10.2	-11.7	-13.1
出口	-1.8	16.8	7.2	7.1	1.7	4.0	19.9	20.9	15.1	5.1	-6.0	-11.6
外商实际直接投资	—	—	-66.4	71.2	32.6	30.0	37.8	39.6	35.2	13.7	-42.4	-15.7
地方财政收入	—	6.9	7.1	4.6	5.6	6.9	6.0	4.8	6.6	6.3	6.2	6.5
地方财政支出	—	-4.3	3.4	2.1	2.1	6.9	7.0	13.7	18.3	21.1	21.0	12.2

数据来源：内蒙古统计局、《中国经济景气月报》。

2015年辽宁省金融运行报告

中国人民银行沈阳分行货币政策分析小组

[内容摘要] 2015年，辽宁省经济增速趋稳。工业生产、固定资产投资、进出口、外商直接投资等继续下滑，消费增长保持平稳。CPI低位运行，生产价格负增长。与此同时，供给侧结构性改革力度加大。农业现代化建设加快，工业节能取得成效，第三产业占比提高，旅游业发展迅速，经济增长新动能逐渐积聚。各主要金融指标保持平稳增长，金融改革稳步扎实推进。银行业机构继续分化，证券机构经营状况较好，保险业发展较快。

2016年，辽宁省重化工业、资源型产业仍面临较大的去产能压力，房地产业去库存任务较重，投资、出口等需求不足的情况仍将延续。但随着供给侧结构性改革的深入推进，装备制造等传统优势产业中的领军企业有望率先复苏；新兴行业、新型市场主体的广泛出现，将为辽宁经济注入新鲜血液。金融部门将在保持自身融资可持续性的基础上，围绕"去产能、去库存、去杠杆、降成本、补短板"，全面服务辽宁改革发展，加大金融扶贫、金融支持"三农"和小微企业力度，扶持经济领域新生动能，满足改革进程中出现的新型融资需求。

一、金融运行情况

2015年，辽宁省金融业认真贯彻落实稳健货币政策，持续改善融资结构，着力提升机构实力与转型能力，切实提高金融服务实体经济水平，积极防范金融风险，扎实推进金融改革，为辽宁经济趋稳与转型升级创造了更加有利的货币金融环境。

（一）银行业总体运行平稳，不同银行经营状况分化明显

2015年，辽宁省存贷款增速平稳，投向更趋合理，利率水平稳中趋降，较好支持了辽宁经济趋稳，降低了社会融资成本。银行机构改革稳步推进。机构总体经营压力加大，但不同银行间差异较大。

1. 银行业资产、负债规模平稳增长，盈利水平下降，银行间盈利分化明显。2015年年末，辽宁省银行机构资产、负债增速均超过15%，其中，城商行增速超过35%，11家股份制商业银行中有7家同比负增长（见表1）。银行机构全年实现净利润590亿元，同比下降2.5%。

2. 存款加快增长，非银行业金融机构存款贡献较大。2015年年末，辽宁省金融机构本外币各项存款余额为47 758亿元，同比增长10.6%，增幅比上年同期高3.9个百分点（见图3）；全年累计增加4 812亿元，同比多增1 478亿元，增量创历史新高。其中，人民币存款余额为46 844亿元，同比增

表1　2015年辽宁省银行业金融机构情况

机构类别	营业网点			法人机构（个）
	机构个数（个）	从业人数（人）	资产总额（亿元）	
一、大型商业银行	3 182	79 294	20 070	0
二、国家开发银行和政策性银行	82	2 358	7 105	0
三、股份制商业银行	798	16 457	9 853	0
四、城市商业银行	1 332	29 369	20 487	15
五、小型农村金融机构	2 208	31 853	5 061	66
六、财务公司	4	277	640	5
七、信托公司	1	183	75	1
八、邮政储蓄银行	1 727	18 677	2 572	0
九、外资银行	44	1 421	576	1
十、新型农村金融机构	171	3 927	649	63
十一、其他	1	9	10	1
合　计	9 550	183 825	67 096	152

注：大型商业银行包括中国工商银行、中国农业银行、中国银行、中国建设银行和交通银行；小型农村金融机构包括农村商业银行、农村合作银行和农村信用社；新型农村金融机构包括村镇银行、贷款公司；"其他"包含金融租赁公司。

数据来源：辽宁银监局、大连银监局。

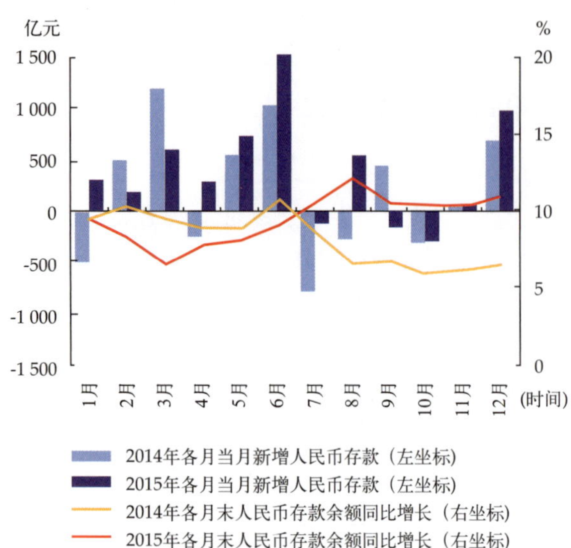

数据来源：中国人民银行沈阳分行。

图1 2014～2015年辽宁省金融机构人民币存款增长变化

长10.8%，全年累计增加4 817亿元（见图1）。主要特点有：一是住户存款稳定增长，12月末，住户存款余额为23 996亿元，同比增长7.8%；比年初增加1 922亿元，同比多增244亿元。二是非银行业金融机构存款增长迅猛。以银证、银期存款为主的非银行业金融机构存款新增1 285亿元，同比多增290亿元，增速高达59.5%。三是受财政收支缺口进一步扩大的影响，广义政府存款余额较年初减少。2015年年末，广义政府存款余额为6 873亿元，较年初下降123亿元，同比多降618亿元。

3. 贷款平稳增长，结构更趋改善。2015年年末，辽宁省金融机构本外币各项贷款余额为36 283亿元，同比增长9.8%（见图3）；当年累计增加3 244亿元，同比多增7亿元。其中，人民币贷款余额为34 735亿元，同比增长11.1%，全年累计增加3 469亿元（见图2）。如果考虑到政府融资平台“贷转债”置换贷款因素，全省本外币贷款实际增量为3 900亿元，实际增速11.8%，超过存款增速1.2个百分点。银行等金融部门为辽宁省经济趋稳作出了积极贡献。

从投向看，2015年年末，全省涉农贷款余额7 395.7亿元，比年初增加757亿元，同比多增9亿元，增幅11.4%。小微企业贷款余额为7 526亿

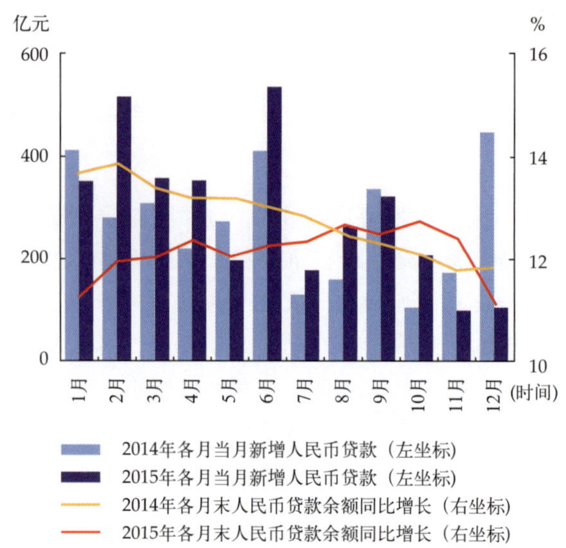

数据来源：中国人民银行沈阳分行。

图2 2014～2015年辽宁省金融机构人民币贷款增长变化

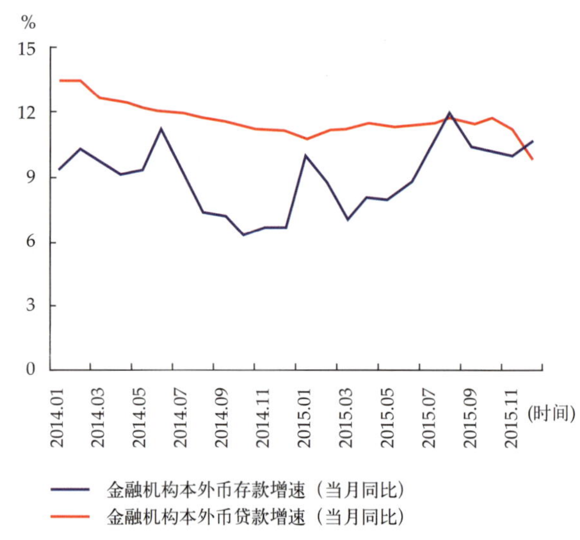

数据来源：中国人民银行沈阳分行。

图3 2014～2015年辽宁省金融机构本外币存、贷款增速变化

元，同比增长13.6%，高于各项贷款增速3.8个百分点，比年初增加877亿元，同比多增184亿元。全年票据融资增加619亿元，同比多增142亿元。

4. 银行理财产品保持较快增长。从自主发行的银行理财产品规模看，2015年全省共有14家地方法人金融机构累计发行理财产品2 201.6亿元，

同比增长66.0%。银行超越传统存贷款经营的态势日趋明显。

5. 贷款利率波动下行，融资成本不断下降，存款利率定价合理有序。2015年年初以来，辽宁省非金融企业及其他部门贷款加权平均利率逐月波动下行，由2015年1月的6.74%波动下行至2015年12月的5.38%，下降了136个基点。年内基准利率上浮贷款占比呈下降走势，基准利率下浮贷款占比呈上升走势。2015年12月，基准利率上浮贷款占比64.0%，创年内最低水平，比1月降低1.8个百分点；比上浮贷款占比最高的7月降低10.3个百分点（见表2）。

2015年，存款利率市场化迈出取消存款利率上限的关键一步。辽宁省市场利率定价自律机制积极发挥行业自律作用，引导金融机构科学合理定价。全省存款市场运行平稳，金融机构分层有序差异化竞争的定价格局基本形成，市场预期稳定，未出现此前普遍担心的存款利率“一放就乱”、“竞相提价”和“存款搬家”等问题，为

表2　2015年辽宁省金融机构人民币贷款各利率区间占比

单位：%

月份		1月	2月	3月	4月	5月	6月
合计		100.0	100.0	100.0	100.0	100.0	100.0
下浮		9.3	13.3	11.3	10.9	10.8	14.3
基准		24.9	21.4	20.2	17.0	18.0	15.3
上浮	小计	65.8	65.4	68.5	72.1	71.2	70.4
	(1.0，1.1]	16.4	18.2	14.8	15.6	17.6	13.4
	(1.1，1.3]	24.3	18.9	22.6	23.7	21.1	19.4
	(1.3，1.5]	13.3	12.3	16.5	15.1	14.3	16.6
	(1.5，2.0]	7.4	10.3	11.1	12.8	13.4	13.2
	2.0以上	4.4	5.7	3.4	4.8	4.9	7.8
月份		7月	8月	9月	10月	11月	12月
合计		100.0	100.0	100.0	100.0	100.0	100.0
下浮		11.9	12.3	10.5	14.0	15.1	14.0
基准		13.8	16.9	16.2	21.1	14.3	22.0
上浮	小计	74.3	70.9	73.3	64.9	70.6	64.0
	(1.0，1.1]	14.0	12.4	15.3	13.7	16.9	14.1
	(1.1，1.3]	21.3	20.7	18.2	15.0	15.3	14.9
	(1.3，1.5]	14.5	14.4	13.4	11.0	11.1	9.9
	(1.5，2.0]	17.1	15.0	17.5	14.8	17.0	15.3
	2.0以上	7.5	8.4	9.0	10.2	10.2	9.8

数据来源：中国人民银行沈阳分行。

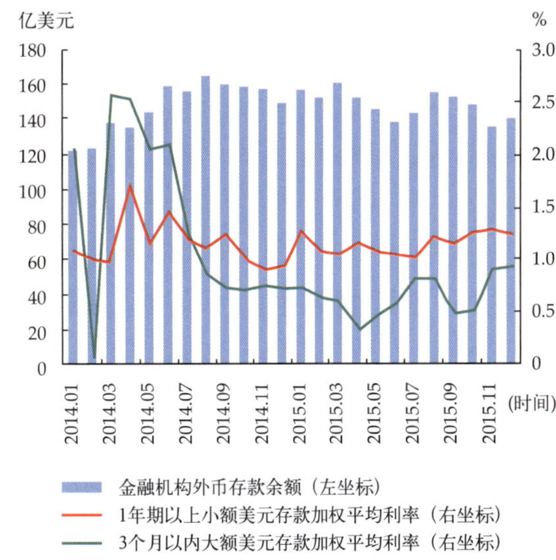

数据来源：中国人民银行沈阳分行。

图4　2014～2015年辽宁省金融机构外币存款余额及外币存款利率

金融机构经营转型、改善服务创造了平稳有利的市场环境。

6. 农村信用社改革工作深入推进，金融机构种类与功能进一步丰富。2015年，辽宁省农村信用社深化产权改革工作全面启动。改制机构共募集股本29亿元，通过股东购买消化历史包袱25.7亿元，政府提供帮扶资金7.4亿元。阜新、大洼、大石桥3家农商行挂牌开业，全省农商行数量已达19家。全省农村信用社不良贷款实现不良额和不良率“双降”。年内全省成立第一家金融租赁公司——锦银金融租赁有限责任公司。

7. 银行不良贷款率下降，但信贷资产质量存在向下迁徙压力。2015年年末，辽宁省金融机构总体不良率2.81%，较年初下降0.18个百分点。不良贷款余额为1 016.52亿元，比年初新增31.91亿元，同比少增41.4亿元。不良贷款下降，与银行核销清收不良贷款有关，也与贷款规模扩张的稀释作用有关。2015年年末，辽宁省银行业逾期贷款余额为1 309.93亿元，较年初增加561.15亿元，增长26.53%。

8. 人民币跨境使用稳步推进，人民币跨境收支占比进一步提高。2015年辽宁省共发生跨境人民币业务1 671.46亿元。人民币已成为辽宁省跨境收支第二大结算货币。人民币占本外币跨境结算

总额的21%，同比提高2个百分点。其中，经常项目下结算额748.97亿元，同比增长29%，高于全国平均增速21个百分点；直接投资405.02亿元，同比增长24%，人民币直接投资占本外币直接投资合计比例达51.2%，成为直接投资项下第一大货币。截至2015年年末，全省已有65家银行的592家分支机构办理了跨境人民币结算业务，较上年新增87家银行分支机构；涉及企业4 599家，较上年增加1 324家企业；境外地域涉及132个国家和地区，较上年增加18个国家和地区。

专栏1 创建金融创新示范县，探索普惠金融新途径

为加快农村金融改革创新步伐，加大金融支持新型农村经营主体发展力度，推进农业现代化建设，中国人民银行抚顺市中心支行与抚顺市政府金融办积极探索，以推动清原县金融创新示范县创建工作为切入点，探索农村普惠金融建设新途径，取得良好效果。

一、多方协作，形成创建合力

抚顺市中支就创建工作先后七次与市金融办、清原县政府进行商讨，最终形成《实施意见》并以抚顺市人民政府办公厅文件的形式转发至各县区政府。省银联、市银联商务公司、市移动公司和县政府等单位，联合推广应用金融IC卡。省银联还将清原县作为移动支付试点，并补助资金10万元用于金融IC卡在清原县的推广。中国移动清原分公司与金融机构合作，联合开拓移动金融市场，现已发行具有“移动金融”功能的NFC手机200台。抚顺市国税、地税联合推动解决清原县银行端缴税障碍，并对财税库银横向联网系统进行联调测试，实现清原县电子缴税全覆盖。

二、金融机构积极开展各项创建工作

县域各金融机构按照主办行制度要求，根据自身业务特点和分类主办工作要求，与经政府主管部门确认的新型农业经营主体主动对接，建立稳定的主办行关系。目前，新型农业经营主体主办行联系名单已由10户扩大至282户，贷款余额为1.42亿元，同比增长74.44%。清原县农行、农商行积极推进“银行卡助农取款村村通”支付平台建设，布设开通了242个惠农综合服务站，192个助农取款点。同时，利用助农服务点开办“惠农一卡通”，代理新型农村养老保险等多项财政惠农补贴资金发放。2015年，累计发放财政惠农资金项目101个，金额为5.64亿元，惠及农户160万人次。清原农商行与县公交公司合作开展“公交IC卡”项目，办理公交IC卡2 000余张；与3所学校签订了校园一卡通合作协议，发放校园IC卡近3 000张。推进“刷卡无障碍街区”建设，县域金融机构在商贸集聚区整街布放POS机具134台，手机银行用户4 169户，有效地推动了多种新兴支付服务，实现刷卡消费、闪付、全民付、转账结算、异地汇款等功能。

三、人民银行认真做好履职服务工作

2015年，通过7次下调存款准备金率，释放清原县域法人金融机构流动性1.81亿元；为清原县投放支农再贷款1.7亿元，有效解决农业生产资金缺口问题。推广和应用应收账款服务平台，实现平台用户零突破。积极打造中小微企业信用培育实验区和农村信用体系试验区，着力优化县域信用环境。开通涉外企业“绿色通道”，县域企业可选择已开通外汇业务的银行办理直接投资项下登记业务。

总体看，通过创建金融创新示范县，探索农村普惠金融建设新途径，取得了良好成效。在各项措施的推动下，清原县信贷规模稳步扩大。2015年年末，清原县各项贷款余额为55.27亿元，同比增长12.88%。信贷创新逐步加强。全年清原县农村妇女贴息贷款累计投放2.81亿元，扶持了农村妇女5 651户。信用体系得到完善。全年累计完成136户中小微企业的信用培育工作，实现融资对接39笔，累计发放金额2.65亿元。支付环境得到提升。全年“村

村通”支付平台累计办理业务63 688笔，涉及金额0.33亿元。国库服务水平显著提高。全年清原乡镇国库实时扣税0.28亿元，银行端缴税3.19亿元，实现了地税银行端缴税无障碍，国税乡镇国库事实扣税成功上线。涉外金融稳步提升。2015年，清原县共办理国际收支业务976万美元，结售汇业务1 417万美元。

（二）证券市场交易活跃，证券机构经营状况较好

2015年，辽宁省证券业发展较好，直接融资与再融资稳步上升，市场交投活跃，法人证券公司盈利大幅增长。

1. 上市公司数量微增，融资再融资能力有所提高。截至2015年年末，辽宁省有境内上市公司76家，同比增加4家（见表3）；5家公司成功实施了并购重组。总股本增长15.9%，总市值增长55.1%。“新三板”挂牌公司114家，同比增加73家。

2. 证券市场交易活跃。2015年，辽宁省证券、股票、基金交易规模大幅增长。截至2015年年末，辽宁省（不含大连）在沪深开户数增长24.64%，证券累计成交金额增长206.5%，股票累计成交金额增长144.03%，基金累计成交金额增长439.43%。受资本市场波动影响，下半年证券期货行业交易额较上半年有所减少。

3. 期货市场稳定发展，大连商品交易所各品种交易分化明显。随着期货监管的简政放权、新产品不断推出，期货开户数、交易量保持稳定的增长态势。截至2015年年末，辽宁省（不含大连）期货行业开户数增长17.51%，成交量增长9.68%，成交金额增长30.23%，保证金累计金额增长5.6%。大连商品交易所交易价格总体下行，全年交易手数大增45.1%，但成交金额仅微增1.1%。分品种看，纤维板、胶合板、焦炭、焦煤、鸡蛋交易跌幅巨大，玉米、铁矿石、聚乙烯、豆油、豆粕、棕榈油交易活跃（见表4）。

表3　2015年辽宁省证券业基本情况

项目	数量
总部设在辖内的证券公司数（家）	3
总部设在辖内的基金公司数（家）	0
总部设在辖内的期货公司数（家）	5
年末国内上市公司数（家）	76
当年国内股票（A股）筹资（亿元）	244
当年发行H股筹资（亿元）	0
当年国内债券筹资（亿元）	1 763
其中：短期融资券筹资额（亿元）	904
中期票据筹资额（亿元）	501

数据来源：辽宁证监局、大连证监局。

表4　2015年大连商品交易所交易统计

交易品种	成交金额（亿元）	增长（%）	成交量（万手）	增长（%）
豆一	15 444.2	-36.8	3 762.2	-30.8
豆二	3.0	-41.3	1.0	-29.0
胶合板	207.5	-99.1	36.5	-99.0
玉米	16 552.0	273.7	8 418.0	351.1
玉米淀粉	11 670.6	29 269.5	5 410.7	37 496.5
纤维板	40.2	-99.6	13.7	-99.6
铁矿石	197 927.4	63.6	51 914.4	169.4
焦炭	26 325.5	-82.5	3 132.5	-75.4
鸡蛋	11 872.8	-64.9	2 943.7	-58.2
焦煤	11 865.7	-79.2	3 141.3	-72.7
聚乙烯	105 482.1	42.6	23 971.4	67.0
豆粕	153 927.2	15.6	57 899.4	41.2
棕榈油	104 993.0	17.2	22 303.0	39.4
聚丙烯	77 930.6	221.0	21 502.7	333.9
聚氯乙烯	815.8	-5.3	313.3	6.5
豆油	103 662.1	25.2	18 500.9	44.4
合计	838 719.5	1.1	223 264.7	45.1

数据来源：大连商品交易所。

注：玉米淀粉、聚丙烯为2014年新上市品种。

4. 法人证券公司盈利水平大幅提升，业务创新扎实推进。截至2015年年末，辽宁省共有法人证券公司3家，证券咨询公司5家、证券分公司21家，证券营业部302家，比上年新增29家。法人证

券公司资产总额、净资产同比增速均超过40%；实现营业收入25.32亿元，同比增长105.85%；净利润为10.93亿元，同比增长142.8%。其中，大连大通证券正式上线股票期权业务，启动“新三板”做市业务资格，并积极为开展互联网金融业务作准备。中天证券公司信用交易业务已成公司稳定收入的重要来源，投行业务成为潜在效益增长点。网信证券公司年内取得证券资产管理、证券承销业务资格。

（三）保险业快速发展

2015年，辽宁省保险业继续保持较快发展势头。其中，人身险享受政策红利，发展迅速；财产险受经济形势拖累，发展相对较慢。

1. 行业快速发展，规模不断增大。2015年年末，辽宁省保险业共有保险公司法人机构4家，保险经营主体111家，全省共有保险营销员27.9万人。全省保险业总资产为2 335.8亿元，同比增长15.9%，其中，财产险公司223.2亿元，同比增长46%；寿险公司2 112.6亿元，同比增长13.4%。

2. 人身险保持较快增长，财产险增速继续回落。2015年，辽宁省保险业共实现保费收入941.35亿元，同比增长24.36%。赔付支出371.93亿元，同比增长27.79%。其中，受个人税优型健康保险相关政策发布、万能型和分红型人身险费率改革启动的推动，人身险实现保费收入663.46亿元，同比增长33.39%。财产险实现保费收入277.89亿元，同比增长7.15%（见表5）。受宏观形势影响，工程险保费收入下降60.98%，货物运输保险保费收入下降25.90%。

表5　2015年辽宁省保险业基本情况

项目	数量
总部设在辖内的保险公司数（家）	4
其中：财产险经营主体（家）	2
人身险经营主体（家）	2
保险公司分支机构（家）	111
其中：财产险公司分支机构（家）	—
人身险公司分支机构（家）	—
保费收入（中外资，亿元）	941
其中：财产险保费收入（中外资，亿元）	278
人身险保费收入（中外资，亿元）	663
各类赔款给付（中外资，亿元）	372
保险密度（元/人）	2 189
保险深度（%）	3.30

数据来源：辽宁保监局、大连保监局。

（四）社会融资规模增长适度，货币市场总体平稳

2015年，辽宁省直接融资稳步发展，各货币子市场市场活跃程度不一，但总体平稳。年内货币市场利率水平总体呈下行趋势。

1. 社会融资规模增长适度。2015年辽宁省社会融资规模新增6 194亿元，同比多增668亿元，增势平稳。融资结构逐步优化：一是贷款占比下降。全年辽宁省本外币贷款占社会融资规模增量的50.5%，同比下降7.9个百分点；二是直接融资规模稳步增长（见图5）。2015年，辽宁省直接融资规模1 001亿元，同比多增11亿元。其中，银行间市场非金融企业债务融资工具1 404.3亿元，同比增加118.8亿元。但企业参与直接融资的意识仍有待提升，个别参与债券融资企业的守信及合规程度仍需加强。

2. 同业拆借与债券市场交易量此消彼长。2015年，辽宁省金融机构在全国银行间市场累计

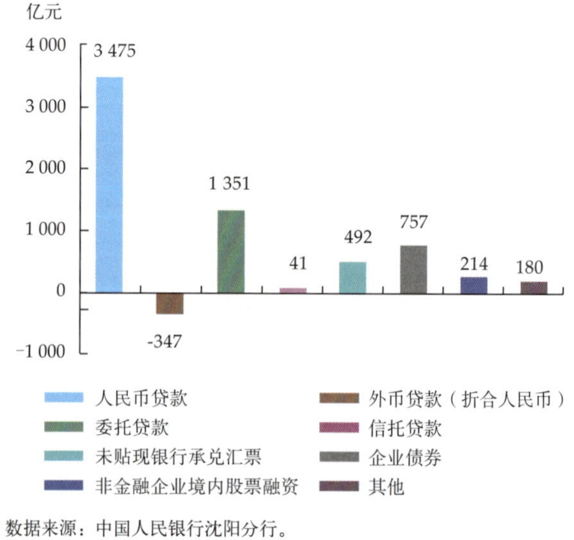

数据来源：中国人民银行沈阳分行。

图5　2015年辽宁省社会融资规模分布结构

拆借资金757笔，累计拆借金额2 739.17亿元，同比减少182.55亿元，同比下降6.25%。交易量下降主要原因：一是省内市场成员资金头寸较为充足；二是根据监管规定，质押式回购风险权重低于同业拆借，使金融机构倾向以债券交易替代同业拆借。

2015年，辽宁市场成员在全国银行间债券市场交易较上年同期大幅增长，交易总量234 999.81亿元，同比增加169.09%。分交易品种来看，债券回购交易相对活跃，成交金额为116 069.36亿元，同比增长132.15%；现券买卖交易大幅增加，成交金额为58 930.45亿元，同比增长412.91%。

3. 票据市场总体平稳，贴现利率持续走低。2015年年末，辽宁省内票据签发余额增长21.73%；当年累计签发票据额增长9.51%（见表6）。中国人民银行沈阳分行对涉农和小微企业票据及面额较小的票据优先办理再贴现，以引导优化信贷结构。2015年年末，全省对小微企业票据再贴现占全部再贴现的比重为77.8%，较上年年末提高10.3个百分点。在央行连续降息、降准等政策引导下，银行体系流动性总体充裕，票据贴现利率持续走低（见表7）。

4. 黄金市场交易活跃，银行机构开展黄金业务的积极性较高。2015年，辽宁省内各商业银行代理上海黄金交易所业务累计成交115 125千克，较上年同期增长195%。成交金额260.1亿元，较上年同期增长175%。其中，个人代理交易的成交量和成交额占比均为93.3%。黄金市场业务备案行达35家，较上年增加3家。全年共有10家银行机构新增黄金市场业务备案31项。

表6　2015年辽宁省金融机构票据业务量统计

单位：亿元

季度	银行承兑汇票承兑		贴现			
			银行承兑汇票		商业承兑汇票	
	余额	累计发生额	余额	累计发生额	余额	累计发生额
1	4 351	2 226	1 307	6 370	17	91
2	5 073	5 375	1 390	15 643	23	193
3	5 291	7 922	1 636	24 948	39	425
4	5 517	10 939	1 654	34 927	32	867

数据来源：中国人民银行沈阳分行。

表7　2015年辽宁省金融机构票据贴现、转贴现利率

单位：%

季度	贴现		转贴现	
	银行承兑汇票	商业承兑汇票	票据买断	票据回购
1	5.5407	6.1360	5.4534	5.4730
2	4.6598	5.0191	2.9337	3.5461
3	3.7062	5.0418	3.4915	3.4931
4	3.0241	4.2101	3.2871	3.0871

数据来源：中国人民银行沈阳分行。

（五）金融基础设施和信用环境建设扎实推进

2015年，第二代支付系统在辽宁省全部推广完成，全省共处理大额支付系统业务3878.18万笔，金额为116.90万亿元，分别增长7.67%和7.55%。小额支付系统共处理业务8 321.62万笔，金额为9 058.58亿元，分别增长25.57%和14.29%（见表8）。银行卡受理环境进一步改善。全省POS机具数量为518 640台，同比增长54%。人均持卡数量为4.22张，同比增长13.7%。银行卡渗透率达到49%，同比提高0.38个百分点。全省共建立银行卡助农取款点22 718个，同比增长89.6%，实现了助农取款服务终端机具“村村通”。协助公安机关调查涉嫌洗钱的可疑交易线索44个。“12363”金融消费权益保护咨询投诉电话实现了投诉处理零异议。全省取款机、存取款一体机、

表8　2014～2015年辽宁省支付体系建设情况

	支付系统直接参与方（个）	支付系统间接参与方（个）	支付清算系统覆盖率（%）	当年大额支付系统处理业务数（万笔）	同比增长（%）
2014	24	5 828	63.2	3 601.9	14.2
2015	18	6 161	64.7	3 878.2	7.7

	当年大额支付系统业务金额（亿元）	同比增长（%）	当年小额支付系统处理业务数（万笔）	同比增长（%）	当年小额支付系统业务金额（亿元）	同比增长（%）
2014	1 086 962	-0.8	6 627.5	36.2	7 926.4	23.5
2015	1 169 022	7.6	8 321.6	25.6	9 058.6	14.3

数据来源：中国人民银行沈阳分行。

银行网点柜台实现冠字号码记录和查询比例均达到100%。

截至2015年年末，企业征信系统共征集辽宁省39万户企业及其他组织的信用信息，开通查询用户5 104个，月均查询量为10万次；个人征信系统共收录辽宁省3 154万名自然人、5 493万个信贷账户信息，开通查询用户2.1万个，月均查询量达58万次。全省累计建立小微企业信用档案82 633户。省内个人信用报告互联网查询试点工作稳步推进。继续在沈阳和大连开展商业银行网点代理查询工作。有46家村镇银行和31家小贷公司成功接入征信系统。

二、经济运行情况

2015年，辽宁省经济呈趋稳缓升态势。地区生产总值为28 743.4亿元，同比增长3.0%，增速较上年回落2.8个百分点，回落幅度略有收缩（见图6）。全年经济运行总体呈缓慢回升态势，季度增速分别为1.9%、2.6%、2.7%、3.0%。经济结构进一步改善，服务业加快发展。

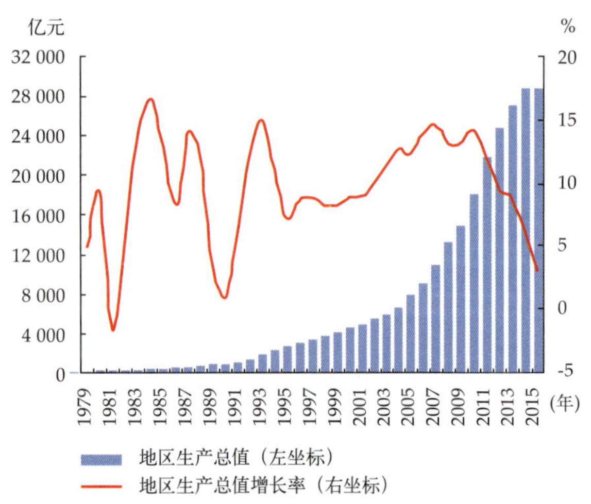

数据来源：辽宁省《国民经济和社会发展统计公报》。

图6　1979～2015年辽宁省地区生产总值及其增长率

（一）需求继续放缓

2015年辽宁省投资需求大幅萎缩，出口需求明显下降，消费需求相对平稳。

1. 固定资产投资大幅回落，但短板领域、新兴领域投资加快。2015年，辽宁省固定资产投资完成额为17 640亿元，同比下降27.8%，跌幅较上年扩大26.3个百分点（见图7）。投资下降主要原因：工业总体产能过剩，企业经营困难，企业投资的意愿和能力欠缺；银行出于风险考量，放贷更加谨慎；财政收入持续下滑，基建投资资金难以到位。另外，一些短板领域、新兴领域投资实现较快增长。全省社会保障领域投资大幅增长296.1%。金属制品、机械和设备修理业投资增长78.0%，互联网和相关服务领域投资增长67.2%。

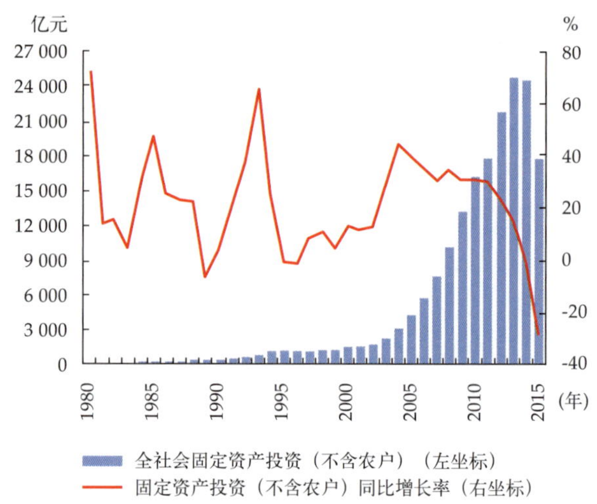

注：2010年及以前年度采用“全社会固定资产投资”数据。
数据来源：《中国经济景气月报》。

图7　1980～2015年辽宁省固定资产投资（不含农户）及其增长率

2. 消费增长相对平稳。2015年辽宁省社会消费品零售总额累计12 774亿元，同比增速为7.7%，增幅较上年回落4.4个百分点（见图8）。随着社会保障水平的稳步提高，以及政府对信息、旅游休闲、教育文体和养老健康家政等消费热点的大力培育，信息消费、服务消费和线上消费增长迅速。分地区看，城镇社会消费品零售总额增速为7.2%，农村增速为13.4%。

3. 对外贸易和外商直接投资明显下降。受全球经济形势与进出口产品结构影响，2015年，辽宁省进出口总额为960.9亿美元，同比下降15.7%，跌幅较上年扩大15.2个百分点。其中，出

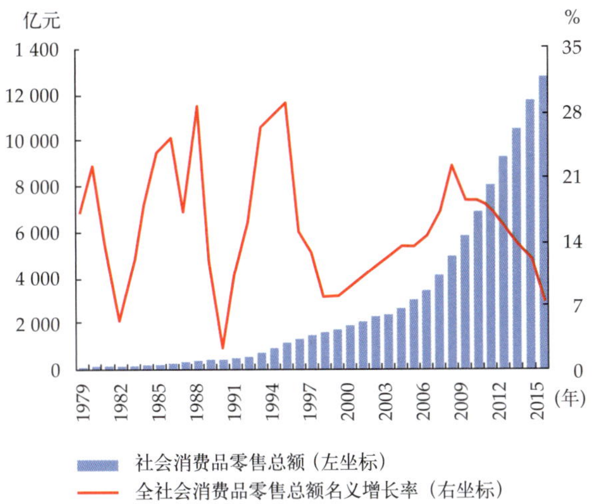

数据来源：《中国统计摘要》。

图8　1979～2015年辽宁省社会消费品零售总额及其增长率

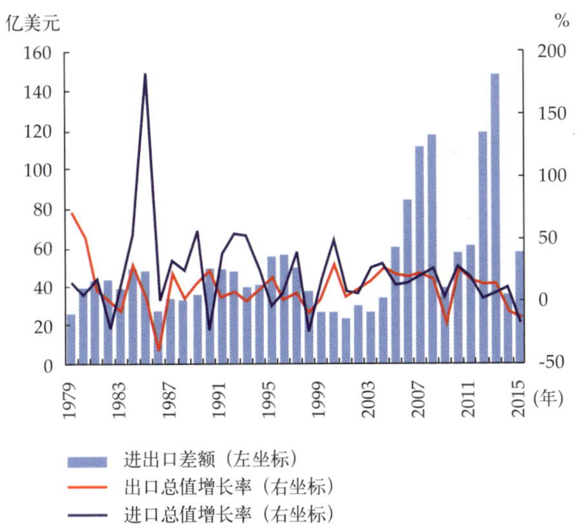

数据来源：《中国经济景气月报》。

图9　1979～2015年辽宁省外贸进出口变动情况

口同比下降13.5%，进口同比下降18.1%，跌幅较上年分别扩大4.6个和28.6个百分点（见图9）。受经济环境影响，实际使用外商直接投资仅51.9亿元，同比下降34.4%（见图10）。第三产业是外商直接投资的主要投向。

（二）产业结构进一步优化

从产业结构看，2015年辽宁省第一、第二、第三产业增加值占GDP比重分别为8.3%、46.6%

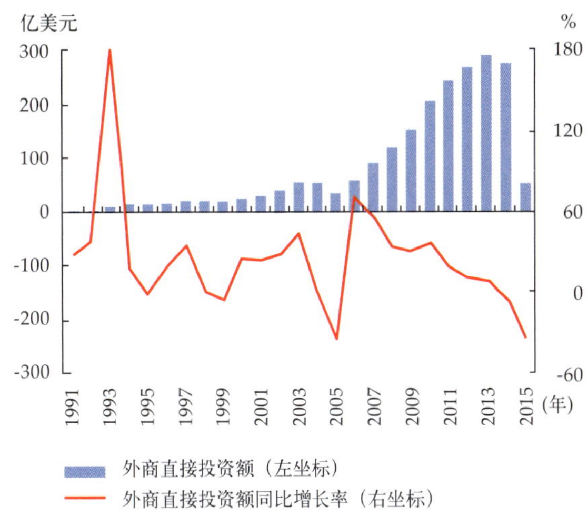

注：2015年外商直接投资计算口径有变化。
数据来源：《中国统计摘要》。

图10　1991～2015年辽宁省外商直接投资额及其增长率

和45.1%，第一、第三产业占比分别提高0.3个和3.4个百分点，第二产业下降3.7个百分点。

1. 农业生产现代化水平进一步提高。2015年，辽宁省设施农业面积达到1 120万亩，新增节水灌溉面积249万亩。粮食产量突破400亿斤，再获丰收。金融支持“三农”力度相对增强。2015年年末，全省涉农贷款余额为7 395.7亿元，比年初增加757亿元，同比多增9亿元，增幅11.4%，较好地支持了农业产业发展和农村地区基础设施建设。

2. 工业生产受产能过剩因素拖累，增加值占比继续下滑。2015年，辽宁省规模以上工业增加值累计同比下降4.8%，跌幅较上年扩大9.6个百分点（见图11），低于全国10.9个百分点。规模以上工业企业增加值当月同比增速连续16个月负增长。从全省支柱产业看，2015年装备制造业、冶金工业、石化工业和农产品加工业增速分别-5.3%、-5.6%、-1.5%和-5.6%。

工业企业效益指标普遍较差。2015年规模以上工业企业实现利润1 191亿元，同比下降38.1%；亏损企业亏损额为613亿元，同比增长50.1%；应收账款净额为3 764亿元，同比增长5.7%。

3. 服务业快速发展。2015年，辽宁省第三产

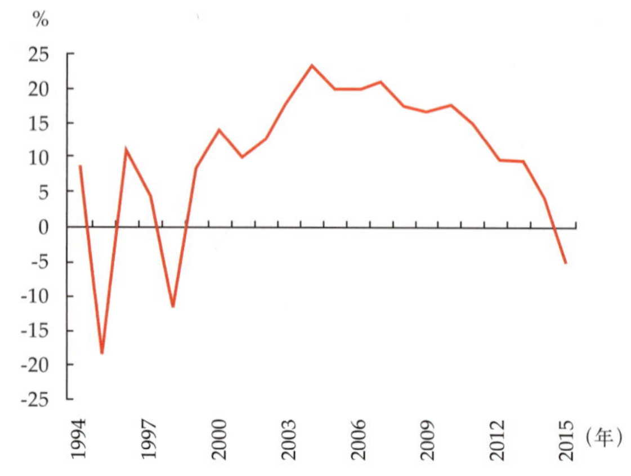

数据来源：《中国经济景气月报》。

图11　1994～2015年辽宁省规模以上工业增加值同比增长率

业增加值增长7.1%，高于地区生产总值增速4.1个百分点。服务业发展四年行动计划继续推进。发挥沿海港口优势，参与“一带一路”建设，海铁联运集装箱运量增长23%。从工业企业分立出生产性服务业企业613户。建成电子商务产业园区20个，会展交易额达到4 300亿元。

（三）物价涨幅维持低位

2015年，辽宁省CPI表现平稳，PPI降幅持续扩大，进一步反映了工业经济下滑的显著特点。

1. 居民消费价格保持平稳运行。2015年，辽宁省居民消费价格（CPI）上涨1.4%，比上年下降0.3个百分点（见图12）。分城乡看，城市上涨1.4%，农村上涨1.4%。分类别看，食品类价格上涨2.5%，烟酒及用品类价格上涨3%，衣着类价格上涨2%，家庭设备用品及维修服务类价格上涨0.5%，医疗保健及个人用品类价格上涨1.5%，交通和通信类价格下降1%，娱乐教育文化用品及服务类价格上涨1.1%，居住类价格上涨0.3%。

2. 生产者价格下行压力较大。2015年，辽宁省工业生产者出厂价格（PPI）和购进价格分别下降6.5%和6.1%（见图12）。由于需求持续疲软，辽宁省PPI连续两年多负增长。

3. 劳动力成本保持较高水平，劳动力流向支柱产业和服务业。2015年，全省城镇常住居民人

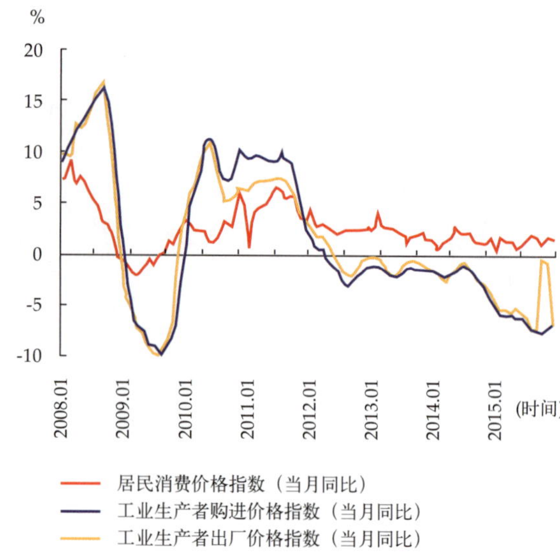

数据来源：《中国经济景气月报》。

图12　2008～2015年辽宁省居民消费价格和生产者价格变动趋势

均可支配收入为31 126元；农村常住居民人均可支配收入为12 057元。居民收入增速快于经济增长。2015年，城镇常住居民人均可支配收入增长7%，扣除价格因素，实际增长5.6%，高于全省地区生产总值增速2.6个百分点；农村常住居民人均可支配收入增长7.7%，扣除价格因素，实际增长6.3%，高于全省地区生产总值增速3.3个百分点。

劳动力流向发生变化。受经济下行、产业结构调整转型影响，部分行业企业出现用工不足现象。农林牧渔、制造、采矿方向的用工需求占据较大比重，住宿餐饮、批发零售等第三产业紧随其后。

（四）公共预算收入降幅较大，公共预算支出继续向民生项目倾斜

2015年，辽宁省公共预算收入为2 125.6亿元，同比下降33.4%（见图13）。降幅较大的主要原因是：一是受经济下行因素影响，全省主要经济指标大幅回落，企业经济效益下滑；二是结构性减税、普遍性降费等政策性因素也相应减少了财政收入。2015年，全省收到中央财政各项补助收入1 910.7亿元，发行地方政府债券1 709.1亿元。

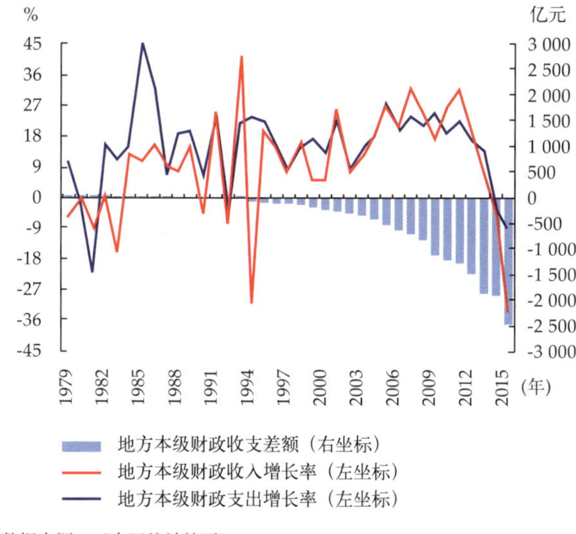

数据来源：《中国统计摘要》。

图13　1979～2015年辽宁省财政收支状况

2015年，辽宁省公共预算支出为4 617.8亿元，同比下降9.1%（见图13）。支出重点仍然倾向民生项目，全年全省财政用于民生的支出占公共预算支出的75%以上，比上年提高了2.9个百分点。

（五）工业节能取得较好效果，能源消费结构改善

2015年，辽宁省规模以上工业综合能源消费量为12 328.3万吨标准煤，比上年下降6.7%，降幅比上年扩大5.1个百分点。分行业看，在41个行业大类中，37个行业的综合能源消费量同比下降，下降面为90.2%，比上年扩大14.6个百分点。全省工业用电量为1 424.9亿千瓦时，比上年下降5.9%，占全社会用电量比重为71.8%，占比较上年下降2.4个百分点。供热效率为78.4%，提高0.8个百分点；火力发电效率为41.9%，提高0.3个百分点。全省规模以上工业回收利用1 266.9万吨标准煤，比上年增长2.7%。

全省工业能源消费以耗煤为主、耗油为辅。2015年，含碳最高的煤炭消费比重下降，含碳较低的油品以及更为清洁的天然气消费比重上升。其中，煤炭消费合计11 607.2万吨标准煤，比上年下降5.5%，占能源消费比重为54.4%，比上年下降1.8个百分点。受原油加工量上升影响，油品消费比上年增长1.3%，比重比上年提高1.6个百分点。天然气消费增长5.9%，比重提高0.2个百分点。

（六）供给侧结构性改革深入推进，经济增长新动能逐渐积聚

2015年，辽宁省取消和调整了411项省级行政职权，取消了非行政许可审批类别，取消了非国有资金投资项目招标限制。公布了部门权责清单，行政职权事项减少60%以上。实行“一照一码”登记制度。全省新登记各类市场主体近43万户，同比增长14.8%。市场主体总量突破270万户，同比增长11.7%。登记各类众创空间平台企业765户，登记入驻小微企业2 574户。

专栏2　科学开展农民专业合作社信用体系建设，支持农业发展新方向

中国人民银行《关于做好家庭农场等新型农业经营主体金融服务的指导意见》对金融扶持发展新型农业经营主体提出了明确要求和具体措施。作为试点地区，人民银行辽阳市中心支行科学开展农民专业合作社信用体系建设，找准了新型农业经营主体金融服务的突破口。

一、科学制定评级指标体系，合理组织推进

联合评级机构、政府有关部门及涉农金融机构共同研究制定指标体系。充分考虑农民专业合作社的属性以及发展初期不规范性，指标设计充分体现人民银行征信系统功能和政府扶持作用，确保定量分析的主导地位。形成一级指标4项、二级指标14项、三级指标24项，适当降低了财务指标比重，注重考察实际控制人素质和合作社的示范性影响。最终形成定量分析与定性分析相结合、以定性分析为主的评级指标体系，确保评级结果能够准确揭示合作社

的真实信用状况。同时，人民银行辽阳市中心支行联合涉农金融机构、政府部门进行广泛宣传，引导农民专业合作社积极参加信用评级。引入三家评级公司，以竞争机制促进评级业务开展。截至2015年年末，完成40家农民专业合作社信用评级。

二、建立信用信息数据库，开发搭建信用服务平台

整合银行及政府部门信息资源，建立农民专业合作社信用信息数据库。同时开发互联网“新型农业经营主体融资服务平台”，将农民专业合作社信用信息、涉农金融机构信贷产品及政府部门奖补政策等在平台上进行展示，解决信息不对称问题。2015年年末，已建立包括65项内容、涵盖全市1 400余家合作社的农民专业合作社信息基础数据库，可以满足信用评级以及评先选优等信用把关方面的基本要求。

三、有效构建激励机制，提高对新型农业经营主体的金融服务能力和水平

充分发挥再贷款等政策引导作用，鼓励涉农机构加大对农民专业合作社贷款投放，降低其融资成本。2015年，辽阳市累计为农民专业合作社发放贷款25 454万元，较上年增长77%，较2013年增长285%，评级结果好的多家农民专业合作社已享受到不同的信贷优惠政策，如贷款审批手续更加简便、抵押担保条件被适当放宽、贷款额度得到增加、利率获得10%～25%的优惠。推动涉农金融机构采信合作社评级结果，对评定等级较高的合作社给予循环授信、降低利率等方面的优惠，为农民专业合作社积极参与信用评级提供了可持续动力。同时，推动政府部门认可、应用评级结果，将评级结果和信用报告作为政府评选各级示范社、分配国家和地方奖补资金的重要参考。

（七）房地产业库存下降、压力仍大，旅游业发展迅速、成新亮点

1. 房地产开发投资大幅下滑，商品房销售降幅收窄，房地产业加快“去库存”步伐。

（1）投资大幅下滑。2015年，辽宁省房地产开发投资3 558.6亿元，同比下降32.9%，降幅比上年扩大15.1个百分点。2015年，全省房地产开发投资资金来源合计4 231.78亿元，同比下降28.2%，比上年降幅扩大了7.3个百分点。不过，其中的定金、预收款同比下降17.1%，降幅收窄13.6个百分点；个人按揭贷款同比下降9.7%，降幅收窄了20.4个百分点。

（2）房地产供给先行指标大幅下滑。2015年，辽宁省土地购置面积为957.02万平方米，同比下降42.7%，降幅比上年扩大9.5个百分点。房屋新开工面积为4 699.42万平方米，同比下降42.6%，降幅比上年扩大了3.5个百分点。14个地市中，仅鞍山、铁岭的房屋新开工面积同比正增长，增速分别为37.9%和15.1%。2015年，全省保障性住房建设新开工面积为648.67万平方米，合计9.12万套。全年基本建成13.27万套，基本建成面积为881.69万平方米，全年投资完成额为442.04亿元。

（3）商品房销售量降幅收窄。2015年，辽宁省新建商品房销售面积为3 916.19万平方米，同比

数据来源：《中国经济景气月报》。

图14　2008～2015年辽宁省商品房施工和销售变动趋势

下降31.9%，但降幅比上年收窄6.2个百分点（见图14）。尽管如此，房地产业去库存压力依然较大。12月末，全省商品房待售面积为4 626.24万平方米，同比下降3.9%，比上年年末减少了185.3万平方米；除沈阳、大连、盘锦、铁岭、朝阳5个城市同比下降以外，其他9个城市待售面积均呈增长态势。

（4）年内房价降幅总体呈收窄走势。根据全国70个大中城市新建商品住宅价格指数，辽宁4城市新建商品住宅价格指数同比降幅进一步收窄，12月沈阳、大连、丹东、锦州新建商品住宅价格指数分别同比下降0.9%、1.8%、5.3%和5%（见图15），降幅分别比上年12月收窄了6个百分点、4.8个百分点、0.8个百分点和0.9个百分点。

（5）房地产贷款增速小幅放缓。2015年年末，全省房地产贷款余额为7 514.25亿元，比年初新增667.65亿元，同比少增83.95亿元；同比增长9.75%，增幅同比下降2.58个百分点。其中，保障性住房贷款余额为709.31亿元，同比增长107.89%；比年初增加368.12亿元，同比多增240.23亿元。个人住房贷款增速在政策支持下于年内实现反弹。2015年年末，辽宁省个人住房贷款余额为3 978亿元，同比增长12.03%，增速与上年

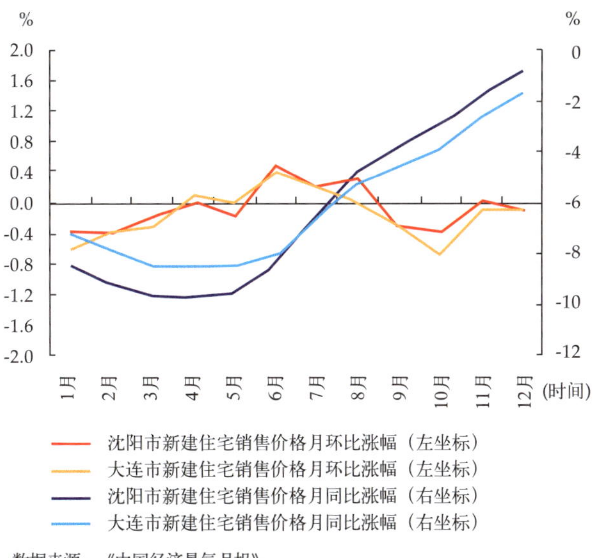

数据来源：《中国经济景气月报》。

图15　2015年辽宁省主要城市新建住宅销售价格变动趋势

基本持平；余额比年初增加427.15亿元，同比多增46.6亿元。

2. 旅游业成为辽宁经济的新亮点。

（1）旅游业发展取得新成果。旅游业已成为辽宁省经济的重要增长点。“十二五”时期，辽宁省接待游客年均增长12.6%；旅游总收入年均增长14.5%。2015年，全省旅游总收入为3 722亿元，是2010年的1.97倍；旅游业增加值占全省GDP的5.5%；引进亿元以上旅游项目101个，完成投资650.2亿元；直接从业人员超过160万人，相关就业人员约550万人。

旅游行政管理体制改革取得阶段性成果。全省11市改组成立旅游发展委员会。朝阳市获批全省文化旅游改革试验区，与抚顺旅游发展试点市、宽甸生态旅游示范区等，构建起全省旅游综合改革发展新格局。沈阳、抚顺、本溪、葫芦岛、宽甸等市县组建旅游产业集团，设立产业发展基金。

通过实施旅游精品战略，旅游要素培育取得新成效，产业结构更趋合理。温泉、沟城、乡村、“三岸”等辽宁特色旅游产品开发成效显著，景区观光等传统业态加速转型升级，康体养生、自驾、游艇、邮轮等新业态竞相发展，观光旅游向休闲度假、特种旅游不断拓展并逐步融合，“吃住行游购娱”全产业链不断完善。“一圈两带一区”的空间格局初步形成，温泉旅游大省、旅游综合体、生态旅游示范区、文化旅游体验区建设取得阶段性突破。

（2）金融部门积极支持旅游业发展。为解决景区基础设施升级改造的资金需求量大、回报期限长，而景区又缺乏可供抵押的资产的矛盾，商业银行创新以景区收费权作抵押的融资产品，为旅游景区提供急需的信贷资金。为了支持辽宁省发展观光农业、建设旅游设施，多家农村金融机构拓宽抵押担保范围，允许观光农业大棚作为抵押物，鼓励农民专业合作社提供担保，采取“资产抵押+保证担保+专业合作社”的方式发放信贷资金，促进了辽宁省观光农业和乡村旅游的发展。商业银行还通过增设营业网点、布放ATM和

POS机等，加快改善景区支付环境，方便游客在景区办理转账及小额取现业务。

（3）高端旅游与旅游附加产品有待进一步开发。与很多省份一样，辽宁省景区还是依靠“门票经济”，一些景区还是事业单位管理，存在多部门管理问题。有的景区基础设施陈旧；有的景区交通不便；有的景区到了节假日人满为患，停车难、吃饭难、休息难等问题不同程度存在。中小城市旅游资源知名度相对较低。各地区旅游开发彼此相互模仿，缺少自身特色。许多产品停留在观光层次，商务旅游、度假旅游等高端性的旅游产品开发较少。这些问题的解决，需要地方政府、企业与金融部门的共同努力与协作创新。

三、预测与展望

2016年，辽宁省经济总体增速仍将保持低位。作为老工业基地，重化工业仍面临较大的去产能压力，但企业经营困难的局面将有所改善。投资、出口等需求不足的情况仍会延续，消费将继续保持平稳增长。从微观上看，随着供给侧结构性改革的深入推进，政府的重点支持将有助于装备制造等传统优势产业中的领军企业率先好转；简政放权、鼓励创业创新，将使新兴行业、新型市场主体广泛出现，从而为辽宁经济注入新鲜血液。

2016年，金融部门将灵活适度执行好稳健货币政策，在加大金融扶贫、金融支持“三农”和小微企业力度的同时，以供给侧结构性改革为契机，围绕“去产能、去库存、去杠杆、降成本、补短板”，深入、广泛地开展金融创新，扶持经济领域新生动能，满足改革进程中出现的新型融资需求。

中国人民银行沈阳分行货币政策分析小组

总　纂：张启阳　关守科

统　稿：高　兵　尹　久　陈宁波

执　笔：王骁羿　王　可　高新宇　张　博　高　霞　刘　涛　李振铭

提供材料的还有：于松涛　赵　越　吴新宇　马　笛　刘承洋　边　赛　张冬梅　李佳辰　郭宝华　程伟东　王姚瑶　李士涛　安英俭　孙　勇　邓吉宁　张晓玲　孙　洋　杨光伟　年海石

附录

（一）2015年辽宁省经济金融大事记

1月29日，国家外汇管理局辽宁省分局正式印发通知，启动个人贸易外汇便利化试点工作，允许在辽宁"一市三市场"以商业单据代替海关报关单办理出口收结汇。辽宁成为继福建、浙江后的第三个试点省份。

3月12日，大连市委、市政府召开加快推进金普新区建设动员大会，会议宣布成立大连金普新区工作委员会和管理委员会，大连金普新区建设正式启动。

4月1日，中国人民银行沈阳分行组织召开辽宁省市场利率定价自律机制成立大会。成立该机制是辽宁省落实利率市场化改革的重要举措，将进一步提高金融机构的利率定价能力，促进市场有序竞争。

4月22日，辽宁省政府印发《辽宁省人民政府关于进一步加快现代保险服务业改革发展的实施意见》，明确辽宁省现代保险服务业改革发展的目标和重点任务。

5月1日，中国人民银行沈阳分行按照国家统一部署在辽宁省正式组织实施存款保险制度，依法保护存款人合法权益，防范和化解金融风险，维护金融稳定。

7月2日，沈阳市政府批准设立沈阳振兴发展基金。该基金是政府出资设立并按市场化方式运作的综合性基金，总规模100亿元，重点对沈阳市重大项目实施股权投资，支持参与小微企业创业创新。

8月2日，辽宁省政府印发《辽宁省改革驱动战略实施方案》，围绕制约全省经济社会发展的体制性、机制性、结构性问题，对重点改革事项作出部署。

8月19日，中国证券监督管理委员会辽宁监管局组织召开证券市场形势分析座谈会，研究讨论进一步稳定市场、建设市场、恢复投资者信心等工作。

10月16日，东北振兴研究院在沈阳成立。东北振兴研究院是东北地区首个综合型智库机构，整合了东北地区政府、产业、学术等领域的专家资源，着眼于为东北振兴发展提供决策咨询服务。

12月30日，中央政治局召开会议，审议通过《关于全面振兴东北地区等老工业基地的若干意见》，为当前和今后一个时期推进东北老工业基地全面振兴指明了方向。

（二）2015年辽宁省主要经济金融指标

表1　2015年辽宁省主要存贷款指标

		1月	2月	3月	4月	5月	6月	7月	8月	9月	10月	11月	12月
本外币	金融机构各项存款余额（亿元）	43 307	43 476	44 146	44 375	45 078	46 580	46 504	47 169	47 004	46 695	46 699	47 758
	其中：个人存款	22 322	22 984	23 344	23 092	23 070	23 450	23 320	23 400	23 657	23 483	23 499	23 996
	单位存款	11 498	11 147	11 339	11 436	11 740	11 898	11 942	12 211	12 223	12 083	12 442	13 295
	各项存款余额比上月增加（亿元）	361	168	670	230	703	1 502	-76	666	-165	-309	4	1 059
	金融机构各项存款同比增长（%）	9.97	8.71	6.98	7.96	7.89	8.57	10.2	11.98	10.35	10.13	10.01	10.58
	金融机构各项贷款余额（亿元）	33 421	33 870	34 258	34 591	34 794	35 303	35 466	35 778	36 053	36 219	36 243	36 283
	其中：短期	12 876	13 053	13 289	13 407	13 509	13 611	13 527	13 558	13 685	13 715	13 647	13 669
	中长期	18 884	19 059	19 210	19 318	19 420	19 792	19 870	20 045	20 184	20 191	20 167	20 319
	票据融资	1 290	1 381	1 373	1 459	1 442	1 484	1 639	1 731	1 737	1 854	1 962	1 889
	各项贷款余额比上月增加（亿元）	382	449	388	334	202	509	163	312	275	166	24	39
	其中：短期	166	177	236	119	102	102	-84	31	126	31	-68	22
	中长期	176	175	151	108	102	372	79	175	139	7	-24	152
	票据融资	21	91	-8	86	-18	43	154	92	6	116	108	-73
	金融机构各项贷款同比增长（%）	10.73	11.12	11.17	11.41	11.26	11.44	11.47	11.77	11.41	11.73	11.24	9.83
	其中：短期	8.1	8.43	8.55	9.01	9.79	8.54	8.02	7.66	7.62	8.17	7.94	7.5
	中长期	9.64	9.66	9.79	9.36	8.91	10.66	10.76	11.55	11.15	10.73	9.76	8.58
	票据融资	69.49	79.18	76.52	85.6	72.07	55.07	56.37	54.88	49.81	59.65	62.38	48.77
	建筑业贷款余额（亿元）	1 212.4	1 238	1 196	1 203.9	1 219.1	1 229	1 218.4	1 236	1 239	1 209.7	1 198.1	1 163.4
	房地产业贷款余额（亿元）	2 643.2	2 663.5	2 676.3	2 684.2	2 692.6	2 724.3	2 703.3	2 766	2 714.4	2 699.1	2 636.2	2 581.5
	建筑业贷款同比增长（%）	9.62	9.36	4.18	3.16	2.53	-1.05	-0.86	0.57	0.24	-2.2	-2.03	-3.93
	房地产业贷款同比增长（%）	7.75	9.03	8.66	8.72	7.66	8.28	7.83	9.67	5	8.66	2.34	-0.1
人民币	金融机构各项存款余额（亿元）	42 345	42 539	43 151	43 445	44 187	45 736	45 628	46 179	46 034	45 754	45 828	46 844
	其中：个人存款	22 093	22 747	23 101	22 848	22 829	23 207	23 070	23 129	23 382	23 208	23 220	23 701
	单位存款	10 840	10 525	10 663	10 834	11 175	11 383	11 401	11 580	11 614	11 504	11 910	12 739
	各项存款余额比上月增加（亿元）	318	194	612	294	742	1 549	-108	550	-145	-279	73	1 016
	其中：个人存款	242	654	354	-254	-19	378	-136	58	254	-174	12	481
	单位存款	-102	-315	138	171	341	208	18	179	34	-109	405	829
	各项存款同比增长（%）	9.61	8.42	6.78	7.89	8.08	9.09	10.6	12.35	10.63	10.46	10.49	10.83
	其中：个人存款	6.62	9.07	7.87	8.74	8.09	6.1	7.5	8.04	7.29	7.71	7.27	7.52
	单位存款	7.38	2.94	-1.11	-0.6	1.17	-0.06	4.4	10.23	9.75	9.27	13.48	15.71
	金融机构各项贷款余额（亿元）	31 614	32 128	32 484	32 837	33 031	33 567	33 745	34 004	34 322	34 528	34 627	34 735
	其中：个人消费贷款	4 343.4	4 363.8	4 379	4 419.3	4 451.9	4 512	4 549	4 594	4 652	4 678	4 732	4 768.2
	票据融资	1 290	1 381	1 373	1 459	1 442	1 484	1 639	1 731	1 737	1 854	1 962	1 889
	各项贷款余额比上月增加（亿元）	348	514	356	353	194	536	178	260	318	206	99	108
	其中：个人消费贷款	40.919	20.377	14.91	40.52	32.624	59.73	37.57	45.3	57.34	26.06	54.17	36.165
	票据融资	21	91	-8	86	-18	43	154	92	6	116	108	-73
	金融机构各项贷款同比增长（%）	11.22	11.92	11.98	12.36	11.98	12.24	12.36	12.63	12.45	12.74	12.38	11.1
	其中：个人消费贷款	10.757	10.608	9.6942	9.3846	8.9021	9.176	9.486	10.02	10.33	10.57	10.87	10.751
	票据融资	69.49	79.18	76.52	85.6	72.07	55.07	56.37	54.88	49.81	59.65	62.38	48.77
外币	金融机构外币存款余额（亿美元）	157	152	162	152	146	138	143	155	153	148	136	141
	金融机构外币存款同比增长（%）	28.12	23	16.72	12.25	0.3	-13.07	-8.2	-6.17	-4.82	-7.02	-14.01	-6.57
	金融机构外币贷款余额（亿美元）	294	283	289	287	288	284	281	278	272	266	253	238
	金融机构外币贷款同比增长（%）	2.14	-2.22	-1.69	-3.17	0.11	-1.36	-2.78	-5.94	-8.95	-8.56	-12.34	-17.72

数据来源：中国人民银行沈阳分行。

表2　2001～2015年辽宁省各类价格指数

单位：%

年/月	居民消费价格指数		农业生产资料价格指数		工业生产者购进价格指数		工业生产者出厂价格指数	
	当月同比	累计同比	当月同比	累计同比	当月同比	累计同比	当月同比	累计同比
2001	—	0	—	0.5	—	0	—	-1.4
2002	—	-1.1	—	1.7	—	-1.7	—	-2.2
2003	—	1.7	—	-1.6	—	5.1	—	3.6
2004	—	3.5	—	13.3	—	21.1	—	7.1
2005	—	1.4	—	10	—	8.1	—	5.1
2006	—	1.2	—	0.5	—	4.2	—	4.1
2007	—	5.1	—	14.2	—	4.8	—	4.4
2008	—	4.6	—	28.1	—	11.5	—	10.9
2009	—	0.0	—	-3.3	—	-6.7	—	-6.0
2010	—	3.0	—	3.7	—	8.6	—	7.4
2011	—	5.2	—	12.8	—	8.3	—	6.5
2012	—	2.8	—	6.9	—	-1.0	—	-0.1
2013	—	2.4	—	-0.1	—	-1.5	—	-1.0
2014	—	1.7	—	-1.1	—	-2.0	—	-1.8
2015	—	1.4	—	-0.5	—	-6.5	—	-6.1
2014　1	1.5	1.5	-0.7	-0.7	-1.5	—	-1.4	—
2	0.7	1.1	-1.0	-0.9	-1.8	—	-2.0	—
3	1.6	1.2	-1.3	-1.0	-2.0	—	-2.4	—
4	1.6	1.3	-0.4	-0.9	-1.9	—	-2.1	—
5	2.7	1.6	-0.3	-0.7	-1.5	—	-1.3	—
6	2.3	1.7	-0.2	-0.6	-1.2	—	-0.7	—
7	2.2	1.8	-0.5	-0.6	-1.0	—	-0.5	—
8	2.2	1.8	-1.0	-0.7	-1.2	—	-1.0	
9	1.3	1.8	-1.5	-0.8	-1.7	—	-1.8	—
10	1.4	1.7	-1.6	-0.8	-2.4	—	-2.4	—
11	1.2	1.7	-1.8	-0.9	-3.2	—	-2.8	—
12	1.7	1.7	-2.4	-1.1	-4.2	-2.0	-3.5	-1.8
2015　1	0.6	0.6	-0.3	-0.3	-5.0	—	-4.7	—
2	1.7	1.1	-2.6	-2.6	-5.8	—	-5.4	—
3	1.3	1.2	-1.6	-2.2	-5.9	—	-5.3	—
4	1.3	1.2	-0.8	-1.9	-5.8	—	-5.6	—
5	0.7	1.1	-0.3	-1.6	-6.1	—	-5.2	—
6	1.0	1.1	-0.1	-1.3	-6.2	—	-5.5	—
7	1.6	1.2	0.2	-1.1	-6.7	—	-6.1	—
8	1.9	1.3	0.3	-0.9	-7.2	—	-7.1	—
9	1.8	1.3	0.4	-0.8	-7.4	—	-7.2	—
10	1.2	1.3	0.4	-0.7	-7.5	—	-0.5	—
11	1.8	1.4	0.5	-0.6	-7.2	—	-0.7	—
12	1.6	1.4	0.7	-0.5	-6.8	-6.5	-6.7	-6.1

数据来源：《中国经济景气月报》、辽宁省统计局。

表3 2015年辽宁省主要经济指标

	1月	2月	3月	4月	5月	6月	7月	8月	9月	10月	11月	12月
绝对值（自年初累计）												
地区生产总值（亿元）	—	—	5 719	—	—	13 005	—	—	20 405	—	—	28 743
第一产业	—	—	275	—	—	804.6	—	—	1 390	—	—	2 384
第二产业	—	—	2 726	—	—	6 123	—	—	9 594	—	—	13 383
第三产业	—	—	2 718	—	—	6 078	—	—	9 421	—	—	12 977
工业增加值（亿元）	—	—	—	—	—	—	—	—	—	—	—	—
固定资产投资（亿元）	—	577	1 946	3 820	6 682	10 970	13 237	15 096	16 666	17 258	17 519	17 640
房地产开发投资	—	161.1	476	841	1 378	2 102	2 579	2 975	3 284	3 470	3 532	3 559
社会消费品零售总额（亿元）	—	—	3 029	—	—	6 091	—	—	9 327	—	—	12 774
外贸进出口总额（亿美元）	—	154.5	234.3	314.8	391.5	483.9	574.3	645.3	729.2	794.4	872.7	960.9
进口	—	73	112.5	151.7	186	220.5	271.8	308.3	342.5	373.8	409.6	452.5
出口	—	81.5	121.8	163.1	205.5	263.4	302.5	337	386.7	420.6	463.1	508.4
进出口差额(出口－进口)	—	8.5	9.3	11.4	19.5	42.9	30.7	28.7	44.2	46.8	53.5	55.9
外商实际直接投资（亿美元）	—	8.3	15	21.3	26.5	31.4	35.8	38.7	41.2	44.4	48.1	51.9
地方财政收支差额（亿元）	—	-82	-270	-324	-496	-789	-1 007	-1 197	-1 485	-1 655	-1 856	-2 492
地方财政收入	—	454	653	865	1 108	1 460	1 650	1 777	1 824	1 870	1 986	2 126
地方财政支出	—	536	923	1189	1 604	2 249	2 657	2 974	3 309	3 525	3 842	4 618
城镇登记失业率(%)(季度)	—	—	—	—	—	—	—	—	—	—	—	—
同比累计增长率（%）												
地区生产总值	—	—	1.9	—	—	2.6	—	—	2.7	—	—	3
第一产业	—	—	2.5	—	—	3.1	—	—	3.7	—	—	3.8
第二产业	—	—	-2.1	—	—	-1.1	—	—	-0.7	—	—	-0.2
第三产业	—	—	6.6	—	—	7.1	—	—	7.2	—	—	7.1
工业增加值	—	-4.5	-5.9	-6.1	-6.1	-5.5	-5.3	-5.1	-5.4	-6	-6	-4.8
固定资产投资	—	-2	-18.5	-17.6	-15.4	-13.3	-15	-15.4	-21.2	-23.8	-26	-27.8
房地产开发投资	—	-9.6	-24	-25.6	-24.1	-27	-25.2	-24.6	-26.9	-29.5	-31.8	-32.9
社会消费品零售总额	—	—	6.9	—	—	7.5	—	—	7.8	—	—	7.7
外贸进出口总额	—	-17.1	-18	-15.9	-18.7	-16.7	-14.4	-16.6	-16	-16.6	-16.2	-15.7
进口	—	-20.7	-15.7	-16.8	-19.9	-20	-14.3	-17.5	-19.2	-19.8	-19	-18.1
出口	—	-13.6	-20	-15.2	-17.6	-13.6	-14.5	-15.8	-13.1	-13.5	-13.4	-13.5
外商实际直接投资	—	—	—	—	—	—	—	—	—	-40.3	—	-34.4
地方财政收入	—	-17.9	-30.4	-27	-23.9	-22.7	-21.7	-22.9	-27.4	-31.2	-31.7	-33.4
地方财政支出	—	-3.4	-9.9	-11.7	-9.5	-7.8	-5.2	-4.2	-6.8	-9.7	-10.7	-9.1

数据来源：《中国经济景气月报》、辽宁省统计局。

2015年吉林省金融运行报告

中国人民银行长春中心支行货币政策分析小组

[内容摘要] 2015年，吉林省全面贯彻落实党的十八届三中、四中、五中全会精神，坚持稳中求进的工作总基调，认真落实“四个全面”战略布局，着力提高发展质量和效益，经济运行呈现出总体平稳、稳中有进、稳中有好的发展态势。经济结构优化升级，发展动力不断增强，有效需求进一步释放，保障民生取得积极成效。

金融业持续健康发展，银行业稳健运行，各项贷款较快增长，信贷结构均衡合理；证券业务平稳发展，资本市场融资功能继续增强；保险市场加快发展，保险保障功能有效发挥。金融市场平稳运行，金融生态环境逐步改善。

2016年，吉林省将按照党的十八届三中、四中、五中全会以及中央经济工作会议要求，牢牢抓住国家新一轮振兴东北的重要机遇，主动适应“新常态”，坚持稳增长、调结构、惠民生、防风险，围绕“三去一降一补”，努力促进经济平稳健康发展，确保实现“十三五”经济发展的良好开局。金融业继续贯彻落实稳健的货币政策，保持总量合理适度增长，着力优化信贷结构和融资结构，切实防范化解金融风险，为供给侧结构性改革和吉林经济平稳健康发展提供有力的金融支持。

一、金融运行情况

2015年，吉林省金融业稳健运行，金融机构整体实力有所增强，综合服务水平稳步提升，改革创新深入推进，对吉林经济稳增长、调结构、惠民生发挥了有力的支撑作用。

（一）银行业稳健运行，金融服务水平稳步提升

2015年，吉林省银行业认真落实稳健的货币政策，各项存款平稳增加，各项贷款较快增长，贷款利率明显下行。

1. 银行业组织体系逐步完善。2015年，吉林省银行机构数量和从业人数稳步增加（见表1），年内共有7家农村商业银行、15家村镇银行和59家小额贷款公司获批开业，吉林省法人机构数量达到118家。资产规模持续扩大，资产总额达到27 153亿元。盈利水平小幅下降，本年利润276.3亿元，同比下降3.7%。

表1　2015年吉林省银行业金融机构情况

机构类别	营业网点			法人机构（个）
	机构个数（个）	从业人数（人）	资产总额（亿元）	
一、大型商业银行	1 606	44 072	8 867	0
二、国家开发银行和政策性银行	61	1 813	4 725	0
三、股份制商业银行	146	3 545	2 561	0
四、城市商业银行	373	9 012	3 355	1
五、小型农村金融机构	1 594	24 558	4 931	53
六、财务公司	1	150	636	2
七、信托公司	0	191	49	1
八、邮政储蓄银行	1 091	10 353	1 307	0
九、外资银行	2	48	16	0
十、新型农村金融机构	124	3 340	477	60
十一、其他	0	408	229	1
合　计	4 998	97 490	27 153	118

注：营业网点不包括国家开发银行和政策性银行、大型商业银行、股份制银行等金融机构总部数据；大型商业银行包括中国工商银行、中国农业银行、中国银行、中国建设银行和交通银行；小型农村金融机构包括农村商业银行、农村合作银行和农村信用社；新型农村机构包括村镇银行、贷款公司和农村资金互助社；“其他”包含金融租赁公司、汽车金融公司、货币经纪公司、消费金融公司等。

数据来源：吉林银监局。

2. 各项存款平稳增长。受股市上涨，货币市场基金、理财产品、网络金融等金融产品分流银行存款等因素影响，2015年，吉林省本外币存款余额增速持续下降（见图1），7月达到9%的年内最低水平，8月以后增速波动回升，12月末，本外币存款余额为18 683.8亿元，同比增长11.9%，增速同比提高0.9个百分点，年内新增2 046.4亿元，同比多增578.3亿元。分币种看，人民币和外币存款分别同比增长11.6%和37.2%。

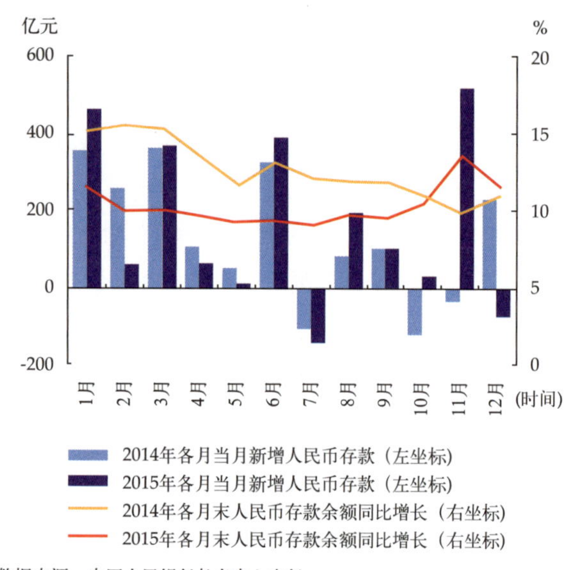

数据来源：中国人民银行长春中心支行。

图1　2014～2015年吉林省金融机构人民币存款增长变化

3. 各项贷款较快增长。受农业发展银行吉林省分行粮食收购贷款同比多增较多和进出口银行新设吉林省分行等因素影响，2015年，吉林省本外币各项贷款余额同比增长20.6%（见图2），增速同比提高3.1个百分点，年内新增2 609.4亿元，同比多增761.5亿元。四个季度贷款增量占全年贷款增量的比例分别为44%、28%、12%和26%，贷款投放与农业生产和粮食收购保持同步。

信贷结构不断调整优化。涉农贷款和小微企业贷款分别同比增长25.3%和21.2%，分别高于全部贷款平均增速4.7个和0.5个百分点。个人住房贷款和汽车消费贷款带动消费信贷较快增加，同比增长21.9%。保障房开发贷款同比增长35.3%，累

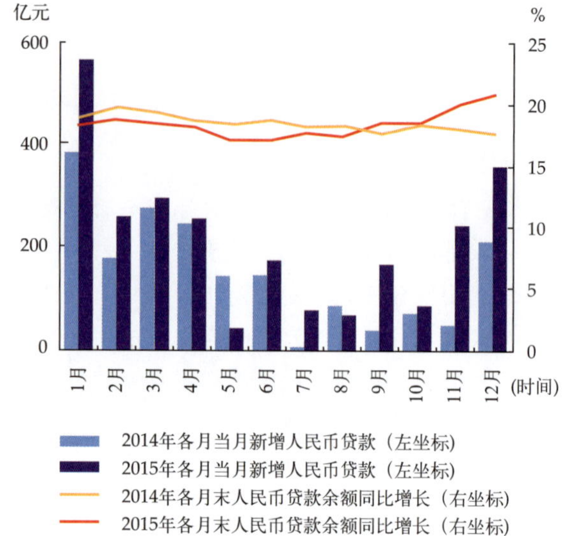

数据来源：中国人民银行长春中心支行。

图2　2014～2015年吉林省金融机构人民币贷款增长变化

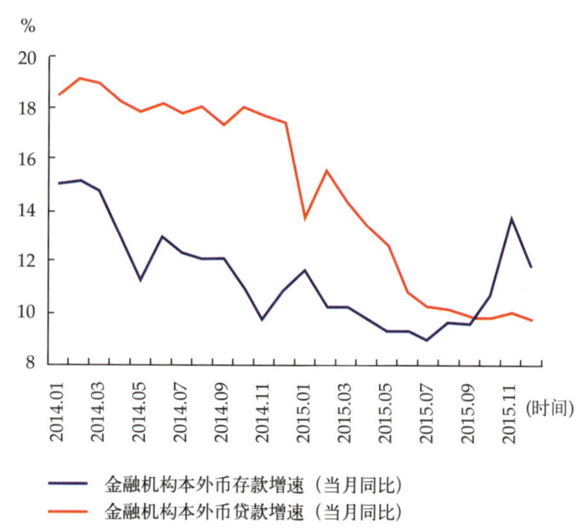

数据来源：中国人民银行长春中心支行。

图3　2014～2015年吉林省金融机构本外币存、贷款增速变化

计发放小额担保贷款12.9亿元，间接带动6.2万人实现就业、再就业，信贷对经济社会薄弱领域的支持力度切实加大。

4. 存贷款利率水平总体下行。受年内5次存贷款基准利率下调等因素影响，金融机构贷款利率持续下行。12月，一般贷款加权平均利率5.78%，

比年初下降了128个基点，实体经济融资成本明显降低；活期存款加权平均利率为0.33%，比年初下降0.11个百分点；定期存款加权平均利率为2.00%，比年初下降1.24个百分点。吉林省市场利率定价自律机制组建成立，金融同业存款定价行业自律作用得到有效发挥。地方法人金融机构主动适应利率市场化改革，自主定价能力明显增强。全省累计发行同业存单403亿元、大额存单2亿元。

5. 银行机构改革创新深入推进。吉林信托引进战略投资者改制工作进展顺利。吉林银行和3家农商行成功发行二级资本债40亿元，资金实力进一步增强。农村金融服务日趋完善，金融服务新政村覆盖率达到91.5%。

6. 资产质量承压。受经济增速放缓，部分企业经营压力加大等因素影响，商业银行不良贷款有所增加，年末不良贷款率为1.48%，较年初上升0.35个百分点。吉林省银行机构以存量风险处置为重点，积极应对不良贷款反弹压力，吉林银行历史包袱处置成效显著，农合机构风险处置取得新进展。

7. 跨境人民币业务稳步发展。2015年，吉林省跨境人民币结算量达到469亿元。其中，经常项目下跨境人民币结算交易平稳发展，资本项目下跨境人民币交易较为活跃，结算业务分别占本外币经常项目跨境收付额和资本项目跨境收付额的28.5%和39%。参与跨境人民币业务的企业主体数量较同比增长35%，跨境人民币结算业务境外地域不断拓展，涉及的国家（地区）达到98个。

表2　2015年吉林省金融机构人民币贷款各利率区间占比

单位：%

月份		1月	2月	3月	4月	5月	6月
	合计	100.0	100.0	100.0	100.0	100.0	100.0
	下浮	5.8	5.8	8.6	7.8	12.0	16.9
	基准	44.4	44.4	42.3	32.9	20.8	16.2
上浮	小计	49.8	49.8	49.1	59.3	67.1	66.9
	(1.0，1.1]	20.3	20.3	17.6	20.7	24.6	18.0
	(1.1，1.3]	20.2	20.2	21.8	24.9	24.2	24.8
	(1.3，1.5]	6.9	6.9	6.8	9.7	10.7	14.8
	(1.5，2.0]	1.7	1.7	2.2	3.0	4.1	7.1
	2.0以上	0.7	0.7	0.8	1.0	3.5	2.1
月份		7月	8月	9月	10月	11月	12月
	合计	100.0	100.0	100.0	100.0	100.0	100.0
	下浮	7.4	4.7	8.6	5.9	7.2	10.4
	基准	22.1	22.9	33.3	32.2	37.5	34.4
上浮	小计	70.5	72.4	58.1	61.9	55.2	55.2
	(1.0，1.1]	18.6	21.2	13.1	16.4	9.9	21.2
	(1.1，1.3]	24.3	20.8	22.0	18.4	20.5	14.4
	(1.3，1.5]	16.0	14.9	12.4	15.3	12.1	8.7
	(1.5，2.0]	8.8	9.9	8.9	10.2	10.7	8.3
	2.0以上	2.9	5.6	1.7	1.6	2.1	2.6

数据来源：中国人民银行长春中心支行。

专栏1　吉林省农村土地经营权抵押贷款业务深入推进

2014年3月，中国农业银行吉林省分行率先在吉林省延边州开展农村土地经营权抵押贷款（以下简称“农地贷”）业务试点，探索以农村土地经营权为抵押物进一步提高涉农贷款额度、扩大贷款覆盖面，2015年年初，吉林省委、省政府出台了《吉林省农村土地经营权抵押贷款试点工作方案》以及系列具体操作流程和办法，为试点的推开创造了有利条件。截至2015年年末，中国农业银行吉林省分行、中国邮政储蓄银行吉林省分行和吉林省农村信用联社均已开办此项业务，省级试点范围扩大到吉林省37个县（市、区），贷款余额达到40 462万元，设押土地面积达25.9万亩，为吉林省稳妥推进“两权”抵押贷款积累了有益的经验。

一、“农地贷”模式及特点。“农地贷”是借款人以本家庭承包或流转取得的农村土地经营权作为抵押担保，在经办银行取得的农户小额贷款或农村个人生产经营贷款。

1. 贷款对象及期限。目前，吉林省“农

地贷”主要贷款对象为通过家庭承包方式及其他合法方式取得农村土地经营权的从事粮食种植业的专业大户和家庭农场，贷款期限一般为1年或3年。

2. 贷款额度及利率。“农地贷”将农村土地剩余承包年限或剩余已支付租金租赁年限作为贷款放大倍数，单户贷款额度不超过农户贷款期间种植业收入现金流的50%，最高不超过300万元（含）。贷款利率比照当地主要农户贷款品种利率由银行机构自主确定，目前，各经办银行贷款利率均上浮30%。

3. 抵押登记及风险控制办法。县（市、区）农村集体经济管理部门或承担相应抵押登记职能的农业主管部门根据相关材料办理抵押登记手续，并出具《农村土地经营权他项权利证明书》，交由经办银行入库管理。如借款人到期未能清偿贷款，由县（市、区）农村集体经济管理部门或成立的专门进行农村土地经营权流转机构（如物权融资公司等）负责再流转，所得价款优先用于清偿经办银行贷款本息，不足部分由借款人继续清偿。

二、取得的成效

1.有效盘活农村耕地资产。耕地作为农民最大的资产，其担保功能一直处于闲置状态，“农地贷”推出后，农民耕地资产得以有效盘活，在吉林省直补资金担保贷款、土地收益担保贷款等较为成熟的创新产品的基础上，进一步扩大了贷款的覆盖面，提高了贷款额度，增强了农户贷款可得性。

2.降低了农民融资成本。“农地贷”利率一般在基准利率基础上上浮30%，低于银行机构一般贷款利率和民间借贷利率，在办理担保环节实行零费用，且专业农场申请贷款享受政府贴息，有效降低了农业生产和规模农业发展的融资成本。

3.有力地支持了农业规模化、专业化、效益化发展。“农地贷”的推出，破解了当前金融支持规模农业信贷品种少、额度小、抵押难的问题，实现了银行机构与农村合作社、家庭农场等新型农业经营主体的有效对接，促进了吉林省新型农业经营主体发展壮大、农业规模化经营和现代农业发展。

（二）证券市场交易活跃，融资能力不断增强

2015年，吉林省资本市场健康平稳运行，证券交易规模大幅提升，上市公司稳步发展，“新三板”市场快速起步。

1. 证券业机构数量持续增长。吉林省新设证券公司分公司5家，营业部8家。证券营业部基本覆盖全省9个地区，网点布局渐趋合理。证券市场交易活跃，交易额同比增长184.3%，增幅高于全国平均水平。

2. 资本市场融资功能得到有效发挥。截至年末，吉林省40家上市公司共募集资金124亿元，总市值4 948.6亿元，同比增长41.8%。“新三板”市场快速发展，年内34家公司挂牌“新三板”。

表3　2015年吉林省证券业基本情况

项目	数量
总部设在辖内的证券公司数（家）	2
总部设在辖内的基金公司数（家）	0
总部设在辖内的期货公司数（家）	2
年末国内上市公司数（家）	40
当年国内股票（A股）筹资（亿元）	124
当年发行H股筹资（亿元）	0
当年国内债券筹资（亿元）	189
其中：短期融资券筹资额（亿元）	4
中期票据筹资额（亿元）	200

注：当年国内股票（A股）筹资额是指非金融企业境内股票融资。
数据来源：吉林证监局。

（三）保险业快速发展，保险保障作用有效发挥

2015年，吉林省保险业平稳快速发展，保费收入较快增长，市场秩序稳定向好，民生保障功能不断增强。

1. 保险机构稳步发展。2015年，吉林省共有法人保险公司2家，省级保险分公司32家，较上年增加4家，从业人员10.6万人，保险业资产总额同比增长23%，增速同比提高9.6个百分点。

2. 保险业务加快发展。2015年，吉林省保险密度为3.02%，保险深度为1 596.3元/人，分别较上年提高0.63个百分点和上升33%。保费收入同比增长30.7%，增速高于全国水平10.7个百分点，为近六年来最高增速。保险业赔付支出同比增长12.8%，保险保障功能进一步增强。随着农业现代化发展逐步加快和农业保险政策力度的不断加大，农业保险业务实现快速发展，农业保险保费收入同比增长20.2%，增速同比提高20.9个百分点。中国人寿、平安养老等保险公司吉林省分公司开办新农合大病保险以及城镇职工和居民补充医疗保险，受保障人数达到1 340余万人，保险对社会保障体系的补充作用得到有效发挥。

表4　2015年吉林省保险业基本情况

项目	数量
总部设在辖内的保险公司数（家）	2
其中：财产险经营主体（家）	2
人身险经营主体（家）	0
保险公司分支机构（家）	32
其中：财产险公司分支机构（家）	15
人身险公司分支机构（家）	17
保费收入（中外资，亿元）	431
其中：财产险保费收入（中外资，亿元）	121
人身险保费收入（中外资，亿元）	311
各类赔款给付（中外资，亿元）	126
保险密度（元/人）	1 596
保险深度（%）	3

数据来源：吉林保监局。

（四）融资结构不断优化，金融市场稳健发展

2015年，吉林省金融市场平稳健康运行，投融资功能得到有效发挥。

1. 银行表外融资转向表内，直接融资占比有所提升。2015年，吉林省社会融资规模为2 709.7亿元，同比下降6.9%。委托贷款、信托贷款等表外融资大量转入表内，表内贷款占比较上年上升32.8个百分点。直接融资稳步增加，占比同比提高3.8个百分点，社会有效融资需求对传统信贷依赖度逐步降低。

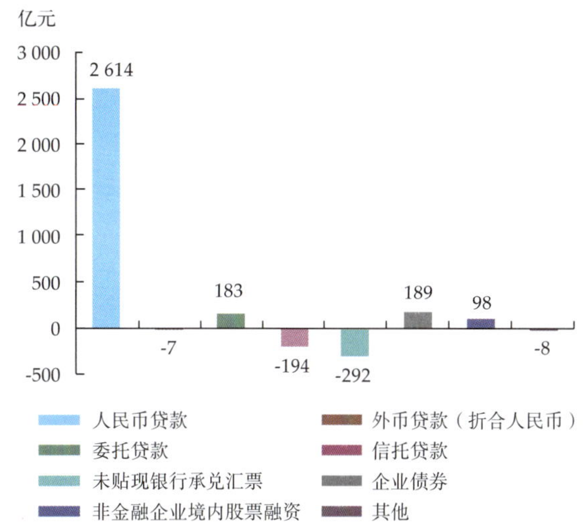

数据来源：中国人民银行长春中心支行。

图4　2015年吉林省社会融资规模分布结构

2. 货币市场交易活跃，利率水平有所回落。2015年，吉林省同业拆借市场流动性总体宽松，机构融资意愿整体增强，金融机构利用货币市场优化资产负债结构，交易额创历史新高。全年吉林省金融机构在全国银行间市场拆借交易额为6 778.6亿元，同比增长286.3%，债券市场交易突破18万亿元，创历史新高。利率水平整体下行，拆借利率和回购利率分别下降66个和95个基点。

3. 票据融资总量有所增加，市场利率整体下行。2015年，吉林省票据承兑业务减少，商业汇票承兑累计发生额同比下降33%，贴现业务有所增加，累计贴现同比上升1.7倍。受货币市场资金

表5　2015年吉林省金融机构票据业务量统计

单位：亿元

季度	银行承兑汇票承兑		贴现			
			银行承兑汇票		商业承兑汇票	
	余额	累计发生额	余额	累计发生额	余额	累计发生额
1	758.4	460.6	438.9	11 731.8	0.4	48.9
2	739.8	889.5	522.7	22 689.8	2.8	182.7
3	789.9	1 373.8	621.1	34 324.1	4.6	204.9
4	909.8	1 922.6	737.9	47 237.0	5.1	214.9

数据来源：中国人民银行长春中心支行。

表6　2015年吉林省金融机构票据贴现、转贴现利率

单位：%

季度	贴现		转贴现	
	银行承兑汇票	商业承兑汇票	票据买断	票据回购
1	5.31	6.60	4.89	5.40
2	4.58	5.16	4.18	3.79
3	3.92	5.96	3.80	3.25
4	3.13	5.41	3.25	3.15

数据来源：中国人民银行长春中心支行。

价格走势和年内连续降息等因素的影响，票据贴现、转贴现利率总体下行（见表6）。

4. 外汇市场平稳运行，黄金市场健康发展。2015年，吉林省企业积极运用外汇交易工具应对汇率波动，银行结售汇规模达到201.7亿美元。黄金市场呈现良好发展势头，吉林省两家上海黄金交易所会员机构销售黄金同比下降9%，12家银行机构全年人民币和美元黄金业务累计成交额分别同比增长13.5%和15.2%。黄金和外汇交易在拓宽居民投资渠道的同时，成为商业银行新的利润增长点。

（五）金融生态环境继续改善，金融基础服务水平有效提升

1. 金融生态环境进一步改善。吉林省政府出台《吉林省企业信用联合奖惩实施办法》，信用奖惩机制不断完善。小微企业与农村信用体系建设稳步推进，累计为吉林省4.8万户小微企业与346万户农户建立信用档案。截至2015年年末，金融信用信息基础数据库共收录吉林省16.8万户企业和1 824万位自然人信用信息，征信系统全年向省内金融机构提供查询服务380余万次，为金融支持实体经济发展、防范金融风险提供了有力的信息支撑。主动查询信用报告自然人数量同比提高三成，社会公众信用意识不增强升。

2. 支付体系高效平稳运行。全省支付系统全年共办理支付业务53.8万亿元，同比增长28.8%。非现金支付业务呈现较快增长态势，全年票据等非现金支付业务13.4亿笔，金额同比增长160.7%。银行卡交易稳步增长，银行卡交易笔数和金额分别同比增长32.7%和24.9%，其中，银行卡消费同比增长22.1%。银行卡信贷规模持续扩大，截至2015年年末，吉林省银行卡授信总额同比增长13.9%，授信使用率39.1%，同比提高2.1个百分点。

3. 金融消费者权益得到切实保护。中国人民银行长春中心支行对吉林省98家金融机构金融消费权益保护工作开展综合量化考评，银行机构社会责任意识和金融服务水平得到有效提升。进一步完善金融消费纠纷处理机制，全年妥善处置消费者投诉261笔，投诉办结率及消费者满意度均达到100%。组织开展消费者权益宣传活动7 739场，受众人数543万余人，金融消费者维权意识有效提升。

二、经济运行情况

2015年，面对国内外复杂的局面和经济下行的压力，吉林省经济运行呈现出总体平稳、稳中有进、稳中有好的发展态势。全年地区生产总值达到14 274.1亿元，同比增长6.5%（见图5），人均地区生产总值达到51 850元，经济增长保持在合理区间。

（一）社会需求总体平稳，经济增长动力有所回升

2015年，吉林省社会需求总体平稳，投资增速小幅上涨，消费需求出现回暖迹象，外贸进出口呈下降趋势。

1. 投资需求稳定增长。2015年，吉林省完成

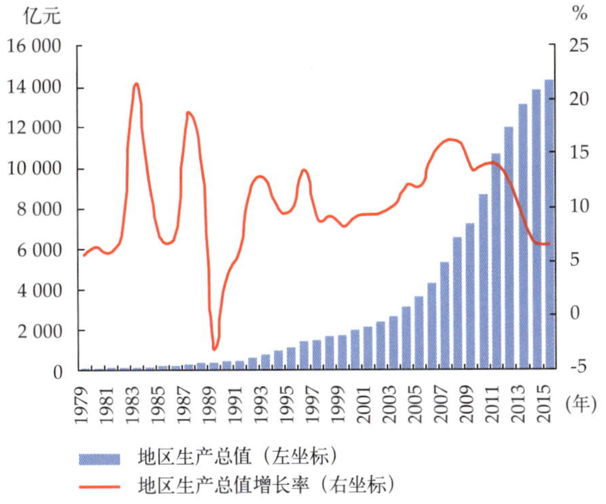

数据来源：吉林省统计局。

图5　1979～2015年吉林省地区生产总值及其增长率

固定资产投资（不含农户）12 508.6亿元，同比增长12.6%（见图6）。其中，第一、第二、第三产业分别完成投资540.7亿元、7 019.6亿元、4 948.3亿元，分别增长25.2%、11.3%、13.2%。新项目投资增长较快，新建项目完成投资4 806.9亿元，同比增长17.1%，扩建项目完成投资1 821.4亿元，同比下降0.6%，改建和技术改造项目完成投资3 889.3亿元，同比增长11.7%。民间投资仍占主导地位。全年完成民间投资9 108.9亿元，同比增长13.3%，占全部投资的72.4%，比上年提高0.4个百分点。

2. 消费需求企稳回升。2015年，吉林省社会消费品零售总额为6 646.5亿元，同比增长9.3%（见图7）。社会消费品零售总额月度增速先降后升，在2月达到近年来最低点后稳步走高，实现了连续10个月增速回升。城镇和乡村的消费品零售额分别增长9.0%和11.6%，乡村高于城镇2.6个百分点。以粮油食品饮料烟酒、服装鞋帽针纺织品、化妆品、金银珠宝等为代表的传统消费保持平稳增长。在4G网络建设及新产品更新加快的带动下，信息消费得到快速发展，智能手机、移动电视、智能家电、平板电脑等新型电子产品消费呈强势增长，其中，限额以上通信器材类商品零售额累计实现28.7亿元，同比增长6.1%，高于上年0.3个百分点。居民收入稳定增长带动消费升级，体育娱乐用品、书报杂志、文化办公用品类商品零售额累计增速分别为14.9%、5.5%、9.1%。

3. 外贸进出口持续下滑。2015年，吉林省实现进出口总额为189.4亿美元，同比下降28.2%。其中，出口和进口分别下降19.5%和30.7%（见图8）。进出口月度同比增速呈下降态势，仅第一季度出现短暂反弹，第二季度后增速逐月下滑，降幅持续扩大。从出口看，重点监测的八大类出口商品实现出口41.6亿美元，占出口总额的96%，同

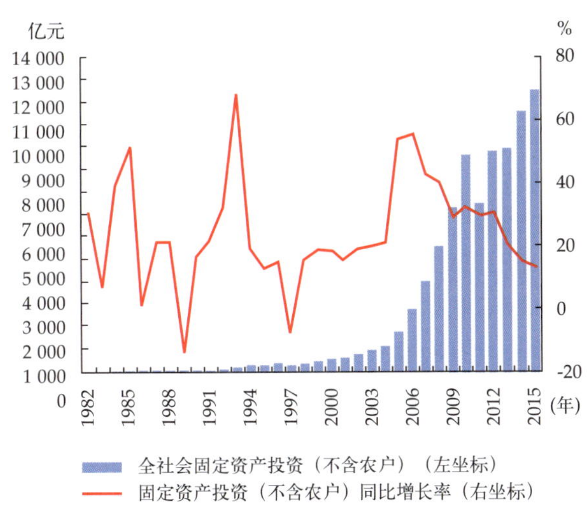

数据来源：吉林省统计局。

图6　1982～2015年吉林省固定资产投资（不含农户）及其增长率

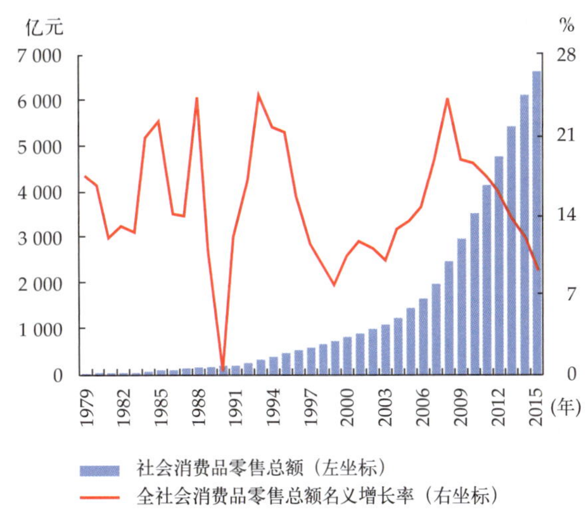

数据来源：吉林省统计局。

图7　1979～2015年吉林省社会消费品零售总额及其增长率

比下降18.6%；从进口看，汽车及零部件、冶金产品、农产品、石化产品等四大类主要商品实现进口114.8亿美元，占进口总额的83.2%，同比下降31.3%。主要贸易市场进出口总体下滑，其中，对欧洲（俄罗斯除外）、东北亚、南亚和西亚、东南亚和台港澳及大洋洲、俄罗斯和中亚、非洲市场进出口分别下降32.5%、36.1%、18.6%、24%、7.8%、42.3%。

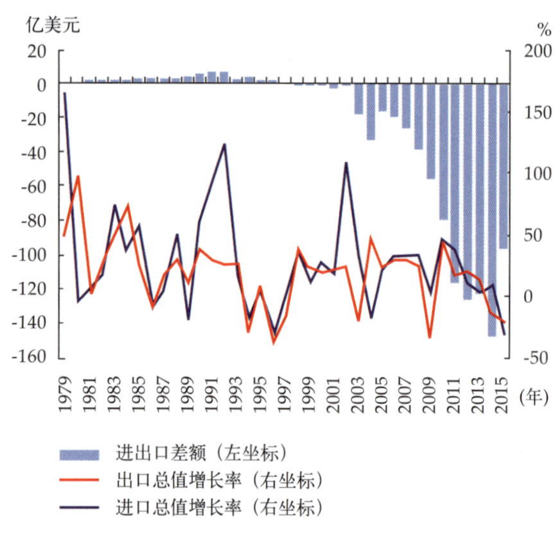

数据来源：吉林省统计局。

图8　1979～2015年吉林省外贸进出口变动情况

对外经济合作进展顺利。2015年，吉林省实际利用外资同比增长12.0%。其中，外商直接投资同比增长8.2%（见图9）。从资金来源看，主要外资来源国集中在中国香港、韩国、德国、中国台湾、新加坡、卢森堡、美国等，占全部直接利用外资的80%以上。全年备案设立境外企业和机构93家，其中，境外企业86家、境外机构7家，中方协议投资额为29.2亿美元，同比增长117.2%。主要投向俄罗斯、中国香港、美国、朝鲜、泰国、中国台湾等国家和地区，涉及石油换装及运输、物流园区、水泥、种养殖、汽车配件、旅游、医药等行业。

（二）产业结构持续优化，转型升级进一步加快

2015年，吉林省三次产业结构持续优化，

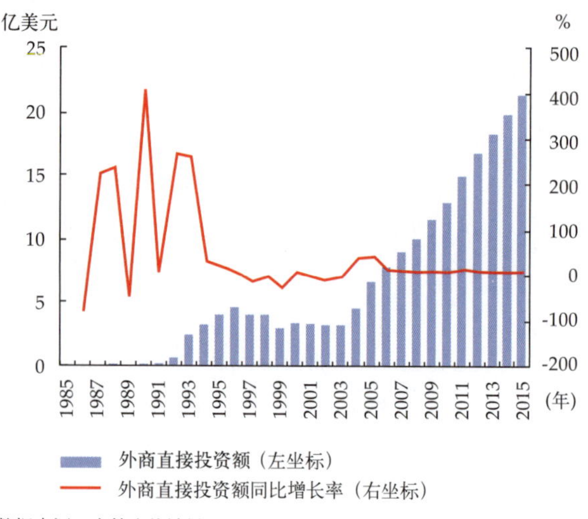

数据来源：吉林省统计局。

图9　1985～2015年吉林省外商直接投资额及其增长率

三次产业比重由上年的11.0：52.8：36.2调整为11.2：51.4：37.4，实现了经济结构的优化向好。

1. 农业生产形势良好。2015年，吉林省实现农林牧渔业增加值1 644.6亿元，同比增长4.7%，增速比上年提高0.1个百分点。粮食生产继续稳产高产，总产量达到729.4亿斤，比上年增产22.8亿斤，同比增长3.2%，连续三年实现粮食产量700亿斤以上；单位面积产量达到7 182.1公斤/公顷，再创历史新高。畜牧业生产保持平稳增长，全年畜牧业增加值同比增长4.9%，增速高于上年3.7个百分点。猪、牛、羊、禽出栏数量分别为1 664.3万头、303.2万头、388.5万只、39 098.6万只，增幅分别为-3.3%、1.2%、7.9%和3.8%。园艺特产业加快发展，新建国家级园艺作物标准园22个；建设食用菌标准化示范园区14个，食用菌产值72亿元，同比增长10%。

2. 工业生产稳中有升。2015年，吉林省实现规模以上工业增加值6 054.6亿元，同比增长5.3%（见图10）。轻工业拉动工业经济增长。轻工业增速快于重工业6.9个百分点，且轻工业占比达到32.3%，比上年提升1.6个百分点。民营工业活力明显。民营工业累计实现增加值3 401.6亿元，同比增长13.8%，比全部规模以上工业增速快8.5个百分点。重点行业发展相对稳定。汽车行业实现

增加值1 456.4亿元，同比下降14.0%，占全部规模以上工业增加值的比重为24.1%，比上年下降0.8个百分点；石油化工、信息、医药和装备制造行业保持快速增长，增加值分别达到720.1亿元、133.4亿元、533.8亿元和630.4亿元，分别增长13.9%、13.6%、12.2%和13.0%。项目建设稳步推进。586个亿元以上重点项目中已有一汽富晟李尔工业园等573个项目开(复)工，开(复)工率97.8%，完成投资655亿元。

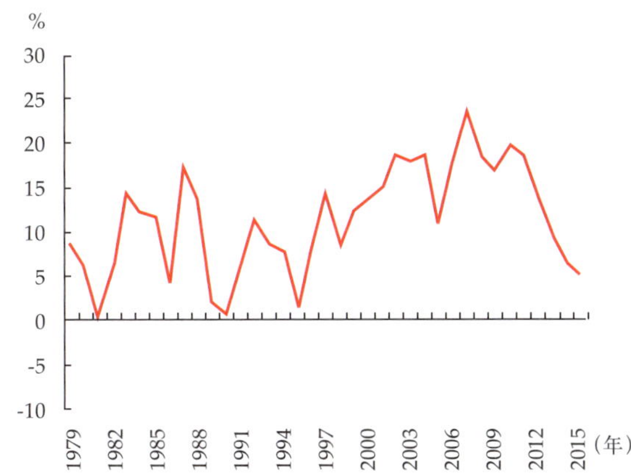

数据来源：吉林省统计局。

图10　1979～2015年吉林省规模以上工业增加值同比增长率

3. 服务业保持快速健康发展。2015年，吉林省服务业增加值同比增长8.3%，增速比上年提升1.4个百分点，高于地区生产总值增速1.8个百分点，高于第二产业增速2.7个百分点。服务业增加值占地区生产总值比重为37.4%，比上年提升1.2个百分点。其中，金融业引领服务业增长，增加值达到544.1亿元，同比增长20.6%；批发零售业、交通运输仓储邮政业、住宿餐饮业、房地产业和其他服务业也实现平稳增长，增速分别为7.0%、2.9%、8.6%、2.0%和9.1%。

（三）居民消费价格平稳运行，生产类价格持续下滑

1. 居民消费价格平稳运行。2015年，吉林省居民消费价格指数同比上涨1.7%（见图11），八大类商品价格除交通和通信类同比下降1.1%外，其他七类均呈涨势。食品类价格上涨对总指数影响最大，同比上涨2.0%，带动总指数上涨0.7个百分点。其中，鲜菜价格同比上涨9.8%，拉动总指数上涨0.3个百分点；猪肉价格自4月起逐步走高，全年累计同比上涨12.2%，拉动总指数上涨0.3个百分点。

2. 生产价格持续下滑。2015年，吉林省工业生产者出厂价格同比下降4.7%。从2012年5月开始，已经连续40多个月同比下降，特别是2015年下半年以来，降幅呈逐月扩大的态势。工业生产者购进价格同比下降3.4%，其中，燃料动力类、黑色金属材料类、有色金属材料及电线类、化工原料类、其他工业原料及半成品类、农副产品类分别下降13.2%、5.7%、2.6%、1.3%、0.3%、0.1%；木材及纸浆类、建筑材料及非金属类、纺织原料类分别上涨0.3%、1.3%、0.1%。

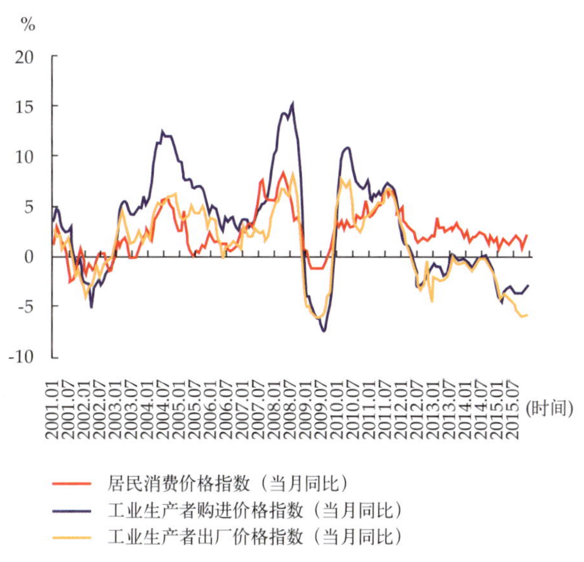

数据来源：吉林省统计局。

图11　2001～2015年吉林省居民消费价格和生产者价格变动趋势

3. 劳动力成本进一步提高。2015年，吉林省城镇和农村低保标准分别达到月人均403元和年人均2 719元，分别增长8.3%和9.2%。企业退休人员养老金标准达到月人均1 935元，同比增长12.5%。城乡居民基本医疗保险补助标准达到380元，同比增长18.8%。

4. 资源性产品价格市场化改革不断推进。2015年，吉林省降低燃煤发电上网电价和工商业用电价格，每千瓦时分别下调2.1分钱和2.5分钱。鼓励有条件的电力用户与发电企业直接交易，自愿协商确定价格。继续对高耗能行业、产能严重过剩行业实施差别电价、惩罚性电价和阶梯电价政策，促进产业结构升级和淘汰落后产能。

（四）财政收入保持平稳增长，民生支出得到较好保障

2015年，吉林省地方级财政收入为1 229.3亿元，同比增长2.2%（见图12）。其中，税收收入为867.1亿元，同比下降2%。伴随着经济转型和结构调整，主体税源“由重转轻”趋势明显，服务业税收占比持续提升，其中金融业和商务服务业税收增幅较高，占比合计达到15.7%，比上年提高3.2个百分点。结构性税费减免政策得到较好落实，各项税费优惠政策共计减少地方级收入近30亿元，下拉地方级收入增幅2.5个百分点。财政支出为3 217.1亿元，同比增长10.4%，完成预算的92.9%。通过调整支出结构，大力压缩一般性支出，财政民生投入超过2 500亿元，占全部财政支出的80.3%，教育、科学技术、文化体育与传媒、社会保障和就业、医疗卫生与计划生育、城乡社区、农林水等重点支出得到了较好保障，实现两位数的较高增长水平。

（五）污染物排放大幅削减，生态文明建设加快推进

2015年，吉林省单位地区生产总值能耗为0.6吨标准煤/万元，比上年下降10.7%；单位地区生产总值电耗和单位工业增加值能耗分别为477.6千瓦时/万元和0.7吨标准煤/万元。加快建设西部生态经济区，启动向海湿地移民试点，抓好河湖连通等重点工程，湿地面积增加600平方公里；全面启动东部绿色转型发展区，东部城市空气优良天数比例超过70%。主要污染物排放量大幅削减，化学需氧量、氨氮、二氧化硫、氮氧化物排放量分别下降2%、2.1%、4.5%、19.6%；实施减排项目866个，国家目标责任书确定的97个重点减排项目全部建成投运，实现了减排工程的“六个全覆盖”，超额完成国家下达的减排任务目标。大力推进清洁生产，编制重点行业清洁生产审核清单及年度实施计划，纳入清洁生产审核计划的重点行业企业共计101家，已完成79家重点行业企业清洁生产审核评估验收，清洁生产审核率为78.2%。

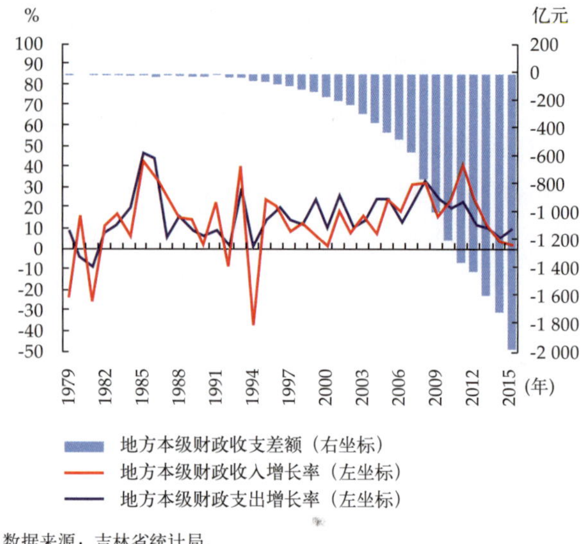

数据来源：吉林省统计局。

图12 1979～2015年吉林省财政收支状况

专栏2 吉林省积极创新手段方法 金融扶贫取得切实成效

吉林省共有国家级和省级扶贫开发重点县15个，主要分布于内蒙古科尔沁草原东端的盐碱地带和长白山东麓的高寒地区，农村贫困人口为838 540人（截至2014年年末），基础设施落后，生态环境脆弱，生产条件恶劣，贫困地区农民人均可支配收入不到全省平均水平的60%，扶贫开发任务艰巨。吉林省银行业金融机构积极创新精准扶贫信贷产品，加强贫困地区信用体系建设和支付环境建设，金融扶贫取得切实成效。

一、活用货币政策工具，推动信贷资金助力扶贫开发。对贫困地区考核达标的4家农行县级“三农金融事业部”和2家存款一定比例用于当地的农合机构分别执行优惠存款准备金率，释放资金2亿元。加大贫困地区再贴现倾斜力度，在贫困县较为集中的延边州、白山市设立再贴现转授权窗口，为银行机构支持贫困地区提供9亿元资金支持。创新推出“再贷款+贷款”扶贫信贷模式，即规定每年投向扶贫领域的再贷款占支农再贷款的比例不低于20%，贫困农户享受到贫困地区再贷款利率较正常再贷款利率低1个百分点，以及贷款利率在再贷款利率基础上最高仅上浮3个百分点的双重优惠，每年减少贫困户利息支出100多万元。

二、拓展抵押物范围，有效降低扶贫贷款门槛。中国邮政储蓄银行龙井市支行创新“果树收益保证贷款”，以果树承包权的预期收益为保证，向贫困果农发放低利息、零费用贷款，累放额达到3 730万元，支持231户果农脱贫增收。针对人参等特产估值和处置困难的实际，靖宇县农村商业银行创新推出“第三方监管”信贷模式，由当地特产商会参与贷前审查，贷款余额达到约5 000万元，成为当地特产业发展有效成形的信贷品种。目前，吉林省贫困地区银行机构结合当地产业发展特点创新“电商贷”、“黄牛贷”、“村淘贷”等精准扶贫金融产品数十项，对贫困地区新型农业经营主体、特色种养殖业以及优质小微企业发展提供了丰富的信贷产品和有效的资金支持。

三、创新信用评定和应用模式，推动贫困地区信用环境改善。吉林省辖内有关中国人民银行县支行协调贫困地区政府部门划拨专项资金用于农村信用体系建设，指导贫困地区涉农金融机构创新开展信用信息库网平台建设，全面开展信息采集。联合地方政府部门在互联网上搭建农户信用信息服务平台，开设信用农户、金融产品宣传专栏，并开通贷款申请网上受理功能。其中，贫困县和龙市被中国人民银行总行确定为农村信用体系建设实验区。

四、不断完善农村支付体系，贫困地区支付便利大幅提升。一是协调政府部门先后出台财政补贴支付机具下乡、涉农补贴非现金发放、支付指标纳入政府金融网络化建设工程等政策措施。组织金融机构免费布放支付机具，给予贫困地区商户业务补贴达1.4亿元。二是设立农产品结算示范区，截至2015年年末，贫困地区共建成87个种养殖基地和专业化市场“农副产品一卡通”项目，累计实现非现金交易6.7亿元。

截至2015年年末，吉林省贫困县贷款余额同比增长18.7%，增速同比提高0.5个百分点；建立信用农户信用档案5.5万户，评定信用农户1.3万户；设立助农服务点1 987个，累计办理业务110.6万笔，惠及农户13.1万户。

（六）房地产市场有所企稳，装备制造业保持较好增长势头

1. 2015年，吉林省房地产市场有所企稳。房地产投资降幅收窄，房屋销售状况好转。保障房建设贷款和个人住房贷款同比增速均有所回落。

房地产投资降幅有所收窄。受经济增长放缓和房地产市场周期波动影响，房地产投资仍同比下降。2015年，吉林省房地产开发投资额为924.2亿元，同比下降10.3%，降幅较上年收窄7.4个百分点。房地产开发投资实际到位资金1 211.7亿元，同比下降1.4%，降幅收窄17.5个百分点。自筹资金仍为房地产开发企业主要资金来源，但占比由上年的53.6%下降为46%；其他资金和国内贷款占比分别为39.1%和14.9%，较上年分别上升3个和4.7个百分点。

房地产市场供给下降。房地产开发企业投资意愿不强，土地购置面积、房屋新开工面积、房屋施工面积、房屋竣工面积均同比下降。2015年，吉林省房地产开发企业购置土地面积、房屋

新开工面积、房屋施工面积和房屋竣工面积分别为793.2万平方米、2 063.7万平米、11 566.5万平方米和1287.4万平方米，分别下降14.6%、36.7%、5.7%和18.2%（见图13）。由于保障房建设计划新开工套数减少，以及棚户区改造货币化安置比例上升，保障房新开工面积大幅下降。保障房新开工套数为12.3万套，同比减少43.8%；新开工面积为843.2万平方米，同比减少41.6%；当年完成保障房建设投资297亿元，同比减少22.1%。

房屋销售状况有所好转。在个人住房贷款最低首付比例下调、房屋交易税费下降、取消住房限购等因素影响下，房屋销售面积同比降幅明显收窄，销售额略有增长。2015年，吉林省商品房销售面积为1 491.9万平米，同比下降5.7%，降幅较上年收窄22.9个百分点；商品房销售额为816.9亿元，同比增长1%。

商品房住宅平均销售价格上升。商品房销售状况有所好转，带动商品房住宅平均销售价格上升。2015年，吉林省商品住宅平均销售价格5 213元/平方米，同比上升8.4%。其中，长春市和吉林市新建住宅销售价格同比指数分别上升2.0%和1.5%（见图14）；二手住宅销售价格同比指数分别上升4.5%和4.4%。

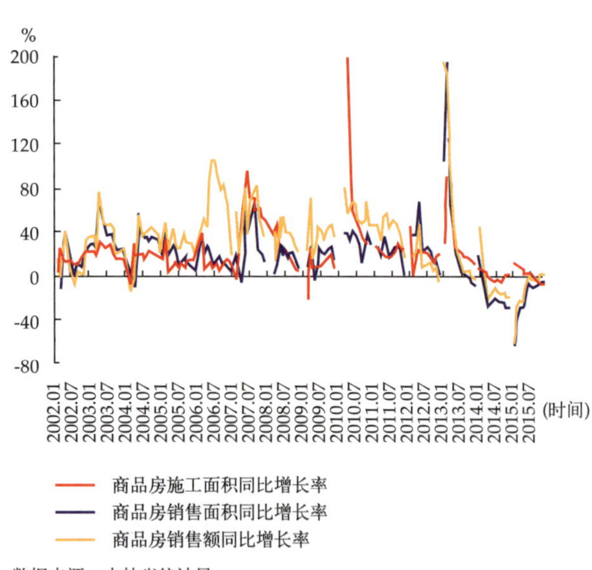

数据来源：吉林省统计局。

图13　2002～2015年吉林省商品房施工和销售变动趋势

房地产贷款增速明显回落。受房地产市场不景气影响，房地产开发商减少投资，地产开发贷款同比下降；受房屋交易量下降影响，个人住房贷款同比增速有所回落。2015年，吉林省房地产贷款余额为2 892.7亿元，同比增长15.2%，增速较上年回落10.7个百分点。其中，地产开发贷款余额同比下降12.4%；保障性住房开发贷款余额同比增长35.3%；个人住房贷款余额同比增长20.4%。

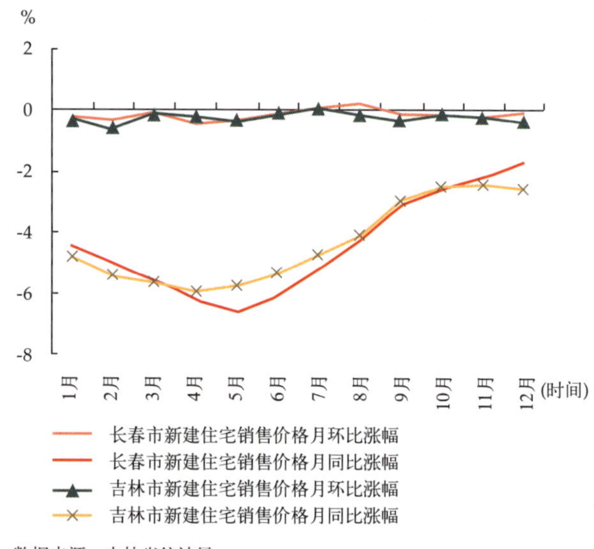

数据来源：吉林省统计局。

图14　2015年吉林省主要城市新建住宅销售价格变动趋势

2. 装备制造业保持较好增长势头。2015年，吉林省装备制造业实现产值2 423亿元，同比增长11.4%，增速高于全部工业13.7个百分点。随着国家“一带一路”、“国际产能和装备制造合作”、“中国制造2025”等一系列重大政策措施的实施，以及吉林省一系列促发展具体措施的落实，带来装备制造业转型升级步伐的加快和一批重大项目的投产达效，装备制造业实现平稳较快发展。一是行业实现平稳增长。装备制造业实现主营业务收入2 290.3亿元，同比增长10.8%。装备制造业八大类别中有七大类实现平稳增长，只有一类负增长且规模较小（金属制品、机械和设备修理业）。二是行业经济效益较好。全行业规模以上企业806户，实现利润137.6亿元，同比增长6.3%；从业人员141 266人，下降2 000人，同比降低1.4%。三是重点企业支撑作用明显。监测的82户重点企业实现产值582.3亿元，占全行业的24.0%。实现增长的44户，下降的36户。龙头企业长客股份全年实现产值317.1亿元，同比增长11.1%，与伊朗签订90多亿元城铁订单，创下国内同类产品“走出去”的最大单。

在宏观经济形势没有明显回升的情况下，受上游市场需求下降、产能过剩等不利因素影响，吉林省装备制造业仍面临着较大的下行压力，特别是石化设备、矿山设备、建筑工程机械等行业下滑态势严重，给装备制造业发展增添了诸多不利因素。一是企业经营成本较高。全行业销售费用、管理费用、财务费用分别增长10.6%、10.2%、8.4%。企业用工成本、融资成本高的问题比较突出，制约企业的发展。二是企业技术研发投入不足。受资金等因素困扰，企业研发投入不足，创新能力弱，适销对路的高技术、高附加值产品少，企业缺乏竞争力，对产业持续发展的支撑不够。三是新兴产业发展较慢。航空设备、工业机器人、数控机床、大型自动化成套设备、3D打印技术及应用等装备制造新兴产业仍处于发展起步阶段，企业数量少，产业规模亟待提升。

吉林省金融机构充分发挥综合金融服务优势，向装备制造业企业提供意向承诺函、贸易融资、中长期外汇贷款、短期外汇贷款、国际结算以及保函、保理、信用证、银行承兑汇票等一揽子金融产品服务，积极推进装备制造业发展。截至2015年年末，装备制造业贷款余额为301.2亿元，同比增长17.7%。针对“长客股份”流动资金充裕但对外币需求较大的特点，金融机构创新批量订单融资模式，2015年，为长客股份与中国铁路总公司签订的动车组供货合同提供综合授信41亿元，以服务高端装备制造业发展，促进产业转型升级。

三、预测与展望

2016年是“十三五”的开局之年，也是全面建成小康社会决胜阶段的开局之年。虽然吉林省经济社会发展仍面临诸多困难和问题，但国家“去产能、去库存、去杠杆、降成本、补短板”五大任务持续实施，以及吉林省国有企业改革深入推进，将为吉林振兴发展提供新的活力。国家老工业基地振兴战略和“一带一路”战略的实施，长春新区获批设立，中韩自由贸易协定取得实质性进展等利好因素，将为吉林省经济发展开拓更大空间。2016年，吉林省将坚持稳增长、调结构、惠民生、防风险，着力推动转型升级、着力培育新的发展动能、着力增强持续增长动力、着力保障改善民生，努力促进经济社会平稳健康发展，预计地区生产总值增长6.5%～7%。

2016年，吉林省金融业将继续深入贯彻落实稳健的货币政策，保持各项贷款和融资规模平稳适度增长，与吉林实体经济发展的需求相匹配。着力调整优化信贷结构，切实提升对结构性改革、经济结构调整和转型升级的金融支撑能力。有效管控和积极化解信贷风险，为吉林经济平稳健康发展营造稳定的金融环境。

中国人民银行长春中心支行货币政策分析小组

总　纂：张文汇　孙维仁

统　稿：丁树成　杨　珩　连　飞

执　笔：刘　璐　郭佩颖　张　鹏　王宇光　赵　锋　周飞虎　曹　楠　刘鸿鹄　王春萍　张永辉
刘　健　白云峰　董凯军　石　磊　任建春　马　琳

提供材料的还有：赵新欣　景祥云　冯　叶　郑凯元　孟繁博

附录

（一）2015年吉林省经济金融大事记

2月，东北亚国际金融投资集团在长春注册成立，注册资本为28.7亿元。

4月，吉林杂粮在渤海商品交易所挂牌上市。

5月，中国珲春—俄罗斯扎鲁比诺—韩国釜山国际铁海联运航线正式开通，是吉林省首个连接国外基本港的航线。

5月，吉林省市场利率定价自律机制正式运行。

6月，吉林省延边州在全国率先实现人民币兑韩元区域统一挂牌交易。

7月，第十二届中国（长春）国际汽车博览会在长春举行，137家参展企业现场销售车辆2.9万台，成交额57.3亿元。

9月，第十届中国—东北亚博览会在长春召开，引资金额达到2 201亿元。

9月，号称东北最美高铁的长春—珲春高铁正式通车，为长吉图开发开放增加一条铁路大动脉。

11月，长春金融资产交易中心揭牌，首日实现交易额22亿元。

12月，国务院常务会议决定在吉林省开展农村金融综合改革试验。

（二）2015年吉林省主要经济金融指标

表1　2015年吉林省主要存贷款指标

		1月	2月	3月	4月	5月	6月	7月	8月	9月	10月	11月	12月
本外币	金融机构各项存款余额（亿元）	17 118.3	17 180.9	17 573.3	17 626.4	17 620.6	18 003.9	17 874.9	18 083.5	18 196.6	18 246.9	18 733.0	18 683.8
	其中：住户存款	9 050.2	9 401.8	9 544.1	9 440.8	9 363.2	9 414.0	9 349.4	9 382.7	9 478.2	9 374.1	9 413.5	9 633.8
	非金融企业存款	4 344.8	4 158.0	4 181.7	4 267.9	4 304.7	4 294.5	4 304.1	4 311.1	4 496.4	4 572.2	4 727.7	4 950.9
	各项存款余额比上月增加（亿元）	480.9	62.6	392.4	53.0	-5.7	383.3	-129.0	208.6	113.1	50.3	486.2	-49.3
	金融机构各项存款同比增长（%）	11.8	10.3	10.3	9.9	9.4	9.4	9.0	9.7	9.6	10.8	13.7	11.9
	金融机构各项贷款余额（亿元）	13 278.0	13 542.1	13 843.6	14 097.0	14 142.0	14 320.1	14 396.9	14 468.3	14 633.5	14 721.1	14 955.8	15 308.8
	其中：短期	5 257.8	5 371.6	5 557.1	5 630.0	5 625.8	5 708.1	5 682.2	5 715.8	5 758.8	5 706.3	5 854.7	6 123.3
	中长期	7 660.1	7 746.1	7 821.8	7 918.4	7 944.3	8 066.3	8 122.5	8 137.1	8 228.4	8 325.9	8 364.8	8 425.8
	票据融资	336.6	398.2	439.1	514.5	525.4	525.5	572.4	594.5	625.7	657.8	696.0	743.0
	各项贷款余额比上月增加（亿元）	578.5	264.1	301.5	253.4	45.0	178.1	76.9	71.4	165.2	87.5	234.7	353.1
	其中：短期	350.5	113.8	185.5	73.0	-4.3	82.3	-25.9	33.6	43.0	-52.5	148.4	268.6
	中长期	203.4	86.0	75.7	96.6	26.0	122.0	56.1	14.6	91.3	97.5	39.0	60.9
	票据融资	21.5	61.6	40.9	75.4	10.9	0.1	46.9	22.2	31.1	32.1	38.3	47.0
	金融机构各项贷款同比增长（%）	18.1	18.6	18.3	18.1	17.1	17.2	17.7	17.4	18.4	18.3	19.7	20.6
	其中：短期	21.0	19.5	18.4	18.4	16.9	16.5	16.3	17.2	19.4	19.3	21.9	24.8
	中长期	15.9	16.8	16.6	15.7	14.6	15.3	15.3	14.2	14.1	14.7	14.4	13.0
	票据融资	32.3	53.8	65.8	68.8	75.4	82.8	112.4	108.4	117.8	83.9	110.1	135.7
	建筑业贷款余额（亿元）	430.9	438.8	442.7	441.7	442.2	439.1	439.0	445.5	443.8	445.9	396.2	390.2
	房地产业贷款余额（亿元）	738.0	753.2	760.4	772.4	784.9	804.2	799.0	804.0	771.7	766.5	761.9	776.7
	建筑业贷款同比增长（%）	24.3	21.9	23.8	18.7	16.4	8.9	6.8	5.9	5.2	6.6	-4.2	-3.9
	房地产业贷款同比增长（%）	20.4	25.5	25.8	23.3	21.0	23.0	23.7	23.1	16.7	15.9	13.3	6.7
人民币	金融机构各项存款余额（亿元）	16 979.0	17 036.8	17 404.7	17 469.8	17 472.2	17 861.3	17 717.3	17 914.2	18 019.2	18 050.5	18 573.4	18 499.6
	其中：住户存款	8 984.5	9 333.5	9 473.5	9 369.6	9 292.6	9 341.6	9 274.8	9 301.1	9 395.6	9 291.1	9 328.0	9 543.8
	非金融企业存款	4 273.7	4 084.7	4 086.4	4 185.4	4 229.5	4 227.1	4 224.1	4 226.1	4 404.5	4 461.7	4 657.3	4 859.9
	各项存款余额比上月增加（亿元）	468.1	57.8	367.9	65.1	2.4	389.1	-144.0	196.8	105.0	31.3	522.9	-73.8
	其中：住户存款	248.6	348.9	140.0	-103.9	-77.0	48.9	-66.8	26.3	94.6	-104.5	36.9	215.8
	非金融企业存款	42.0	-189.0	1.7	99.0	44.1	-2.4	-3.0	2.1	178.4	57.1	195.6	202.6
	各项存款同比增长（%）	11.6	10.07	10.0	9.6	9.3	9.4	9.1	9.8	9.6	10.5	13.6	11.6
	其中：住户存款	8.7	12.1	10.1	10.1	9.6	7.8	8.1	8.9	8.9	8.7	8.5	8.9
	非金融企业存款	13.6	5.6	3.0	2.0	1.2	-0.4	2.2	2.9	8.5	11.5	16.2	13.8
	金融机构各项贷款余额（亿元）	13 155.6	13 419.3	13 717.8	13 971.2	14 014.0	14 191.6	14 270.9	14 337.5	14 505.6	14 597.9	14 842.7	15 203.1
	其中：个人消费贷款	1 856.5	1 875.1	1 889.8	1 918.2	1 945.4	1 982.3	2 015.4	2 070.6	2 120.7	2 149.7	2 192.3	2 216.9
	票据融资	336.6	398.2	439.1	514.5	525.4	525.5	572.4	594.5	625.7	657.8	696.0	743.0
	各项贷款余额比上月增加（亿元）	564.1	263.7	298.5	253.4	42.8	177.5	79.3	66.6	168.0	92.4	244.8	360.4
	其中：个人消费贷款	37.0	26.9	25.8	28.5	25.7	27.7	20.5	31.6	30.2	28.2	34.6	25.8
	票据融资	21.5	61.6	40.9	75.4	10.9	0.1	46.9	22.2	31.1	32.1	38.3	47.0
	金融机构各项贷款同比增长（%）	18.3	18.7	18.5	18.1	17.1	17.1	17.7	17.3	18.4	18.4	19.9	20.8
	其中：个人消费贷款	22.7	21.7	20.7	20.3	20.1	20.3	20.8	21.8	22.6	22.2	22.3	21.9
	票据融资	32.3	53.8	65.8	68.8	75.4	82.8	112.4	108.4	117.8	83.9	110.1	135.7
外币	金融机构外币存款余额（亿美元）	22.7	23.4	27.5	25.6	24.3	23.3	25.8	26.5	27.9	30.9	25.0	28.4
	金融机构外币存款同比增长（%）	27.7	43.6	48.4	41.8	23.2	13.2	-4.6	-2.6	11.6	48.8	17.5	37.2
	金融机构外币贷款余额（亿美元）	19.9	20.0	20.5	20.6	20.9	21.0	20.6	20.5	20.1	19.4	17.7	16.3
	金融机构外币贷款同比增长（%）	18.1	18.6	18.3	18.1	17.1	17.2	17.7	17.4	18.4	18.3	19.7	20.6

数据来源：中国人民银行长春中心支行。

表2 2001～2015年吉林省各类价格指数

单位：%

年/月	居民消费价格指数		农业生产资料价格指数		工业生产者购进价格指数		工业生产者出厂价格指数	
	当月同比	累计同比	当月同比	累计同比	当月同比	累计同比	当月同比	累计同比
2001	—	101.3	—	99	—	101.8	—	100.3
2002	—	99.5	—	100.4	—	97.8	—	98.6
2003	—	101.2	—	101	—	104.8	—	102.5
2004	—	104.1	—	106.3	—	110.5	—	105
2005	—	101.5	—	109.2	—	107	—	104.5
2006	—	101.4	—	97.2	—	103.8	—	101.7
2007	—	104.8	—	106.0	—	105.2	—	102.7
2008	—	105.1	—	127.3	—	111.3	—	104.9
2009	—	100.1	—	96.4	—	95.3	—	96.1
2010	—	103.7	—	99.1	—	108.6	—	105.2
2011	—	105.2	—	111.4	—	106.1	—	105.4
2012	—	102.5	—	106.8	—	99.3	—	99.1
2013	—	102.9	—	100.8	—	99.4	—	98.7
2014	—	102.0	—	95.1	—	99.2	—	99.1
2015	—	101.7	—	100.2	—	96.6	—	95.3
2014 1	102.4	102.4	98.6	98.6	99.4	99.4	99.2	99.2
2	101.5	102.0	97.0	97.8	99.2	99.3	98.9	99.1
3	102.0	102.0	94.8	96.8	98.9	99.2	98.8	99.0
4	101.9	102.0	94.9	96.3	99.2	99.2	99.3	99.1
5	102.5	102.1	95.6	96.2	99.7	99.3	99.6	99.2
6	102.5	102.1	95.3	96	99.7	99.4	99.8	99.3
7	102.2	102.2	95	95.9	100	99.4	99.9	99.4
8	102.1	102.2	94.6	95.7	99.9	99.5	99.5	99.4
9	101.4	102.1	94.1	95.5	99.2	99.5	99.2	99.4
10	101.9	102.1	94.1	95.4	98.9	99.4	98.8	99.3
11	101.6	102.0	93.6	95.2	98.2	99.3	98.4	99.2
12	101.8	102.0	93.3	95.1	97.5	99.2	97.7	99.1
2015 1	100.7	100.7	92.9	92.9	96.5	96.5	96.5	96.5
2	101.7	101.2	94.2	93.6	95.7	96.1	95.9	96.2
3	101.8	101.4	99.0	95.3	96.4	96.2	96.2	96.2
4	101.8	101.5	100.9	96.7	96.8	96.3	96.3	96.2
5	101.3	101.5	102.0	97.7	97.0	96.5	95.8	96.1
6	101.4	101.4	102.1	98.4	97	96.5	95.6	96.1
7	102.1	101.5	102.3	99.0	96.6	96.6	95.4	96
8	102.2	101.6	102.0	99.3	96.2	96.5	94.8	95.8
9	101.8	101.6	102.0	99.6	96.5	96.5	94.4	95.7
10	101.0	101.6	102.1	99.9	96.2	96.5	94.1	95.5
11	102.0	101.6	102.2	100.1	96.9	96.5	94.3	95.4
12	102.1	101.7	102.2	100.2	97.2	96.6	94.3	95.3

数据来源：吉林省统计局。

表3 2015年吉林省主要经济指标

	1月	2月	3月	4月	5月	6月	7月	8月	9月	10月	11月	12月
绝对值（自年初累计）												
地区生产总值（亿元）	—	—	2 391.1	—	—	5 370.2	—	—	8 896.9	—	—	14 274.1
第一产业	—	—	135.4	—	—	277.3	—	—	737.5	—	—	1 596.3
第二产业	—	—	1 375.7	—	—	3 154.5	—	—	4 970.8	—	—	7 337.1
第三产业	—	—	879.9	—	—	1 938.4	—	—	3 188.6	—	—	5 340.8
工业增加值（亿元）	—	984.5	1 536.2	2 002.4	2 410.8	3 028.0	3 522.9	4 038.2	4 587.6	5 097.0	5 612.0	6 054.6
固定资产投资（亿元）	—	47.0	396.2	944.6	2 236.1	4 658.5	6 757.7	8 943.0	9 640.3	12 222.5	12 435.9	12 508.6
房地产开发投资	—	9.7	25.4	67.4	143.1	243.4	409.1	546.0	654.5	761.0	875.7	924.2
社会消费品零售总额（亿元）	—	326.7	507.1	706.2	891.4	1 120.7	1 338.1	1 563.6	1 793.8	2 009.5	2 226.2	2 481.3
外贸进出口总额（亿元）	20.9	35.1	54.3	73.3	88.8	104.7	118.9	132.3	145.6	158.8	172.7	189.4
进口	16.5	27.0	42.5	57.5	68.7	80.9	91.4	101.5	109.7	119.4	130.0	142.8
出口	4.3	8.0	11.8	15.8	20.1	23.8	27.5	30.9	35.9	39.4	42.7	46.5
进出口差额(出口－进口)	0.0	0.0	0.0	0.0	0.0	0.0	0.0	0.0	0.0	0.0	0.0	0.0
外商实际直接投资（亿美元）	3.2	7.0	15.7	19.7	28.3	43.7	50.4	55.1	61.1	69.1	77.9	85.7
地方财政收支差额（亿元）	-116.0	-252.2	-465.2	-520.9	-629.4	-753.6	-839.3	-963.7	-1 229.0	-1 323.7	-1 517.5	-1 987.8
地方财政收入	136.6	199.9	299.0	394.2	482.2	638.8	747.8	826.6	941.1	1 042.9	1 128.0	1 229.3
地方财政支出	252.6	452.1	764.2	915.1	1 111.5	1 392.3	1 587.1	1 790.3	2 170.1	2 366.6	2 645.4	3 217.1
城镇登记失业率 (%)(季度)	—	—	3.4	—	—	3.4	—	—	—	—	—	—
同比累计增长率（%）												
地区生产总值	—	—	5.8	—	—	6.1	—	—	6.3	—	—	6.5
第一产业	—	—	3.1	—	—	4.5	—	—	5.1	—	—	4.7
第二产业	—	—	4.5	—	—	5.0	—	—	5.1	—	—	5.6
第三产业	—	—	8.4	—	—	8.4	—	—	8.5	—		8.3
工业增加值	—	5.1	4.6	4.0	3.1	4.9	4.8	4.9	5.1	5.1	5.2	5.3
固定资产投资	—	9.1	2.7	10.2	11.1	12.1	12.2	12.2	12.1	12.1	12.3	12.6
房地产开发投资	—	8.6	10.9	0.3	-3.8	-9.3	-0.8	-0.9	-7.5	-9.7	-10.2	-10.3
社会消费品零售总额	—	-1.7	0.0	1.5	2.3	3.5	4.3	4.2	4.3	4.5	4.6	5.2
外贸进出口总额	-17.1	-6.9	-6.5	-10.3	-15.3	-16.5	-19.9	-22.2	-25.2	-26.4	-27.9	-28.2
进口	-15.3	-6.6	-6.7	-11.5	-17	-18	-21.8	-24.2	-28.5	-29.9	-30.7	-30.7
出口	-23.2	-8.1	-5.8	-5.6	-8.9	-11	-13	-15.1	-12.8	-13.6	-17.3	-19.5
外商实际直接投资	12.4	12.8	12.2	12.1	12.1	12.1	12.0	12.0	12.1	12.0	12.0	12.0
地方财政收入	3.8	0.3	-4.9	-4.6	-2.6	0.9	1.3	1.3	1.1	1.5	2.0	2.2
地方财政支出	-30.8	-3.8	18.8	15.8	12.8	8.0	9.6	11.0	7.7	4.9	6.9	10.4

数据来源：吉林省统计局。

2015年黑龙江省金融运行报告

中国人民银行哈尔滨中心支行货币政策分析小组

[内容摘要] 2015年，黑龙江省主动适应经济发展“新常态”，面对大庆油田减产、油价大幅下跌、煤价持续下降等严峻挑战，立足省情，发挥优势，多点培育，经济在预期中运行。第一、第三产业增长高于全国水平，粮食总产保持全国第一，对俄合作日渐深化；同时，能源工业发展困难、进出口双降、消费稳定作用减弱、财政出现大幅减收、房地产去库存压力增大。金融运行总体健康平稳，货币政策工具的定向引导作用有效发挥，信贷增量创历史新高，利率水平明显下行，涉农信贷创新大步推进，证券保险协调发展，债券融资亮点突出，金融生态有所改善，为全省实体经济重点领域和薄弱环节发展创造了稳定向好的金融服务环境。

2016年，黑龙江省将创新实施“五大规划”①发展战略，深入推进“龙江丝路带”②建设，加快发展十大重点产业③，着力加强结构性改革，加快培育新的发展动能，改造提升传统比较优势，实现“十三五”扎实良好开局。全省金融业将继续贯彻稳健货币政策，遵守宏观审慎政策框架，实现货币信贷和社会融资规模合理增长，提高直接融资比重，降低融资成本，重点推进农村金融改革创新、金融精准扶贫、对俄金融合作等方面，进一步增强金融运行效率和服务实体经济的能力。

一、金融运行情况

2015年，黑龙江省金融业总体保持稳健运行，银行业规模持续扩大，年度信贷增量创历史新高，涉农、小微、民生领域贷款投放增长较快，融资成本下行明显，证券市场交投活跃，保险功能日益增强，债券融资势头良好，普惠金融环境逐步优化，金融服务实体经济重点领域和薄弱环节的能力与水平有所增强。

（一）银行业平稳运行，有力支持重点领域发展

1. 机构体系日益壮大，资产总量稳定增长。2015年，全省银行业金融机构资产总额增长19.4%（见表1）。从法人机构来看，大庆市区农村信用社和大同农村信用社合并改制为大庆农商行；哈银租赁公司业务发展较快，资产总额比上年增长112.5%。

表1　2015年黑龙江省银行业金融机构情况

机构类别	营业网点			法人机构（个）
	机构个数（个）	从业人数（人）	资产总额（亿元）	
一、大型商业银行	2 068	54 004	10 026.3	0
二、国家开发银行和政策性银行	90	2 627	6 714.6	0
三、股份制商业银行	167	4 495	3 149.1	0
四、城市商业银行	553	13 228	6 675.5	2
五、城市信用社	0	0	0	0
六、小型农村金融机构	1 984	28 571	4 060.2	80
七、财务公司	3	92	228.3	2
八、信托公司	1	1 980	166.2	1
九、邮政储蓄银行	1 694	17 828	2 079.1	0
十、外资银行	7	132	41.4	0
十一、新型农村金融机构	65	940	124.2	28
十二、其他	1	57	123.7	1
合　计	6 633	123 954	33 388.5	114

注：营业网点不包括国家开发银行和政策性银行、大型商业银行、股份制银行等金融机构总部数据；大型商业银行包括中国工商银行、中国农业银行、中国银行、中国建设银行和交通银行；小型农村金融机构包括农村商业银行、农村合作银行和农村信用社；新型农村金融机构包括村镇银行、贷款公司、农村资金互助社；“其他”包含金融租赁公司、汽车金融公司、货币经纪公司、消费金融公司等。

数据来源：黑龙江银监局、中国人民银行哈尔滨中心支行。

① “五大规划”指黑龙江省“两大平原”现代农业综合配套改革试验、黑龙江和内蒙古东北部地区沿边开发开放规划、大小兴安岭林区生态保护与经济转型规划、全国老工业基地调整改造规划、全国资源型城市可持续发展规划。

② “龙江丝路带”即“中蒙俄经济走廊”黑龙江陆海丝绸之路经济带，国家发展改革委已将黑龙江省编制的《“中蒙俄经济走廊”黑龙江陆海丝绸之路经济带规划》纳入“一带一路”战略布局，“龙江丝路带”上升为国家“一带一路”战略的组成部分。

③十大重点产业指新材料、生物、新能源装备、新型农机装备、交通运输装备、绿色食品、煤化石化、矿产经济、林产品加工业、现代服务业十大产业。

2. 存款增长波动明显，年末增幅回暖。受互联网金融分流、证券市场大幅震荡资金不断流入流出、企业经济效益下降、基准利率下行、年末粮食收购旺季卖粮款项沉淀存款账户等多重因素影响，各月存款增量波动较大，存款增速前11个月均低于上年同期，年末阶段增速高于上年（见图1）。2015年年末，全省金融机构本外币存款余额为21 429.8亿元，同比增长8.5%，增速比上年年末高1.2个百分点；当年新增1 696.2亿元，比上年多增352.4亿元。其中，住户存款平稳增长；非金融企业存款和财政性存款均呈下滑走势；非银行业金融机构存款同比多增。

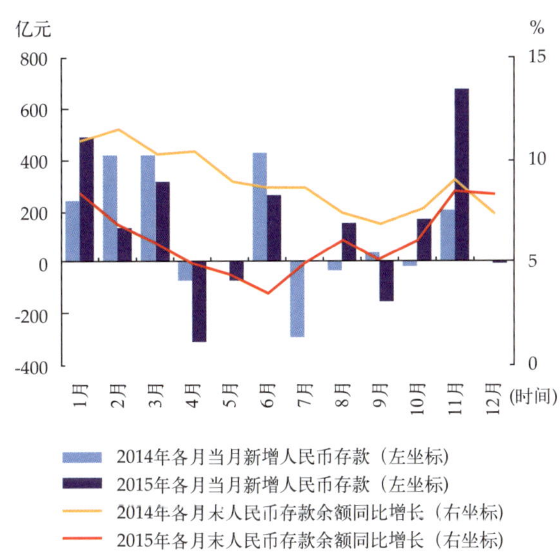

数据来源：中国人民银行哈尔滨中心支行。

图1　2014～2015年黑龙江省金融机构人民币存款增长变化

3. 新增贷款创新高，重点领域和薄弱环节投向突出。在全面或定向降准、五次下调基准利率、加大货币政策工具引导作用下，2015年年末，全省金融机构本外币贷款余额为16 644.9亿元，当年新增2 841.0亿元，比上年多增854.7亿元（见图2），余额增长20.6%，高于上年3.5个百分点（见图3），超过本省地区生产总值增速14.9个百分点。受农业备春耕生产和粮食收购、部分工业企业解困等短期资金需求拉动，新增短期贷款占全部新增贷款的超六成。投资低速增长和传统行业去产能、去库存趋势导致中长期贷款增势放缓。信贷投向结构优化，涉农贷款增长27.8%，高于各项贷款平均增速7.2个百分点；小微企业贷款增长18.1%，高于上年5.7个百分点；保障性住房开发贷款增长31.0%，重点支持棚户区改造；累计发放150.0亿元小额担保贷款，扶持38万人创业就业；大兴安岭南麓黑龙江省11个片区的扶贫开发信贷工作不断推进；金融租赁贷款大幅增长。

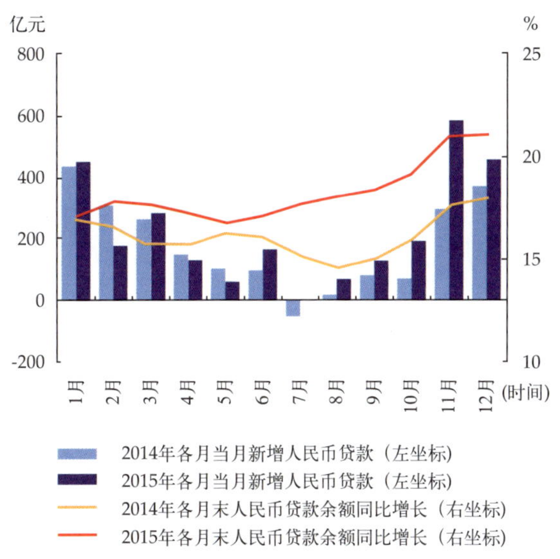

数据来源：中国人民银行哈尔滨中心支行。

图2　2014～2015年黑龙江省金融机构人民币贷款增长变化

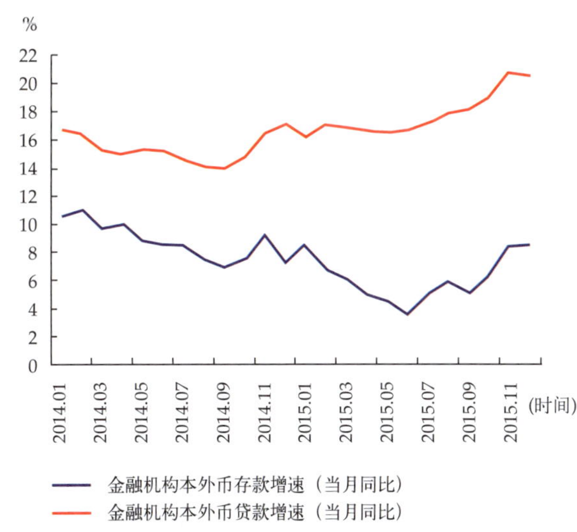

数据来源：中国人民银行哈尔滨中心支行。

图3　2014～2015年黑龙江省金融机构本外币存、贷款增速变化

表2　2015年黑龙江省金融机构人民币贷款各利率区间占比

单位：%

月份		1月	2月	3月	4月	5月	6月
合计		100.0	100.0	100.0	100.0	100.0	100.0
下浮		3.3	4.4	8.0	7.5	9.8	12.4
基准		16.9	19.4	29.5	18.1	11.3	13.5
上浮	小计	79.8	76.2	62.5	74.5	78.8	74.1
	(1.0，1.1]	15.1	12.2	10.9	12.3	14.2	14.3
	(1.1，1.3]	18.4	16.4	10.4	16.0	22.1	14.2
	(1.3，1.5]	14.6	10.9	9.9	14.0	9.8	9.6
	(1.5，2.0]	24.6	29.0	23.6	21.5	16.3	19.2
	2.0以上	7.0	7.8	7.7	10.7	16.4	16.8
月份		7月	8月	9月	10月	11月	12月
合计		100.0	100.0	100.0	100.0	100.0	100.0
下浮		16.8	21.4	14.7	19.0	10.2	17.2
基准		15.7	14.6	23.8	32.1	55.8	41.1
上浮	小计	67.5	64.0	61.4	48.9	34.0	41.7
	(1.0，1.1]	14.0	12.5	12.2	8.7	5.0	6.0
	(1.1，1.3]	10.9	8.6	10.7	7.3	5.5	5.0
	(1.3，1.5]	8.0	7.2	7.9	5.2	2.2	3.5
	(1.5，2.0]	16.8	19.9	12.4	11.3	8.1	9.9
	2.0以上	17.8	15.9	18.1	16.4	13.3	17.3

数据来源：中国人民银行哈尔滨中心支行。

4. 基准利率发挥引导作用，重点领域贷款成本下降明显。受全年五次降息和全省市场利率定价自律机制作用的影响，全省金融机构贷款利率下浮空间进一步打开，2015年12月，全省金融机构贷款加权平均利率[①]5.66%，比年初下降1.89个百分点；全年贷款加权平均利率6.68%，同比下降1.42个百分点。重点领域贷款利率有所下降，小微企业贷款和涉农贷款全年加权平均利率分别比上年下降1.47个、1.92个百分点。存款利率浮动上限全部放开后，金融机构存款挂牌利率初步形成分层有序的定价格局，但地方法人金融机构的定价能力有待提升。哈尔滨银行等法人金融机构首次发行大额存单，其中，哈尔滨农商银行是全国第一家发行大额存单的农合机构。

5. 银行业贷款质量下行压力加大，盈利能力继续下滑。实体经济运行中的不平衡性和结构脆弱性持续向银行领域传导，资产质量向下迁徙压力加大。2015年，全省银行业不良贷款余额为620亿元，同比增长15.8%；关注类贷款余额为854.5亿元，同比增长65.4%；不良贷款率为3.58%，同比下降0.15个百分点。全年累计实现净利润256.2亿元，同比下降10.7%，比上年多下降9.3个百分点；非利息收入对净利润贡献度提升。

6. 跨境人民币业务稳步推进，卢布现钞使用试点运行良好。2015年，全省共办理跨境人民币业务实际收付金额306.7亿元，同比增长28.4%，占同期国际收支的21.3%，其中，经常项下业务占比76.3%；资本项下业务占比23.7%。年末，全省办理跨境人民币业务的银行达到24家，人民币结算网络延伸至71个国家和地区。对俄金融合作取得新突破，2015年全省对俄跨境人民币结算金额为59.2亿元，增长147.7%。绥芬河市卢布现钞使用试点正式启动，年末卢布现钞使用试点共办理卢布兑换1.4亿元。人民币现钞调运业务取得突破，截至年末累计对俄跨境调运人民币现钞3 500万元。

专栏1　黑龙江省涉农信贷产品创新成效显著

2015年，全省银行业金融机构抓住黑龙江省现代农业快速发展和加快实施“两大平原”现代农业综合配套改革试验的有利时机，以做好对农业适度规模经营及各类新型农业经营主体的金融服务为出发点和立足点，积极创新农村信贷产品和服务，取得明显成效。

一、大力推进“两大平原”农村金融机构改革创新，农村金融组织体系不断完善

截至2015年年末，黑龙江省内各金融机构设立涉农专业服务部和专业支行544个，同比

① 此处贷款加权平均利率统计口径不包含票据贴现利率。

增长4.4%。地方金融机构设立村镇银行19家，县级以下地区新设涉农融资担保机构10家、小额贷款公司28家，2家农村信用社改制为农村商业银行，民间借贷服务中心、农村物权融资服务中心、农村资产登记融资中心等配套服务机构不断涌现，多元化的金融组织体系逐渐形成。

二、着力拓宽抵质押担保物范围，努力满足新型农业经营主体的金融产品及服务需求

截至2015年年末，全省已将农村承包土地的经营权、农民住房财产权、大型农机具、棚室、畜牧活体、农业订单、农资补贴、应收账款、租金、预期收益权等10余项农业资产纳入抵押担保物范围，各类抵（质）押贷款余额为251.3亿元，惠及农户43.7万户、涉农企业2 089家，同比分别增长6.2%、24.1%和17.6%。其中，承包土地经营权抵押贷款实现了“两大平原”县域全覆盖，贷款余额163亿元，同比增长23.4%，贷款规模居全国第1位；农村房屋抵押贷款已在15个县推广，贷款余额为17.6亿元，同比增长39.5%；土地未来收益权、涉农直补资金及大宗农副产品存货等创新质押类信贷产品贷款余额达53.2亿元，同比增长30.1%。

三、加强银政、银担、银保合作，构建金融惠农政策扶持体系

加强信贷资金与财政支农资金的配合。省农信社与财政厅、省供销社等部门围绕信贷资金与财政支农资金的配合运用开展了三项合作。截至年末累计向耕地面积1 000亩以上的2 463户种粮大户投放贷款18.2亿元，向17.8万户农户投放粮食补贴质押贷款104.9亿元，向188户种粮大户及种植业合作社发放种粮大户直供生产资料贷款5 644万元。加强与政策性担保公司合作。开展“担保公司+合作社+银行”合作社专项担保贷款项目。截至年末，各金融机构累计向100余家优质合作社投放贷款超过7 000万元。推动涉农信贷资金与保险资金配合。截至年末，全省“信贷+保险”、“信贷+保险+担保”等合作模式贷款余额达到38.3亿元，同比增长36.3个百分点。其中，哈尔滨市呼兰区、阿城区等地以“政府农业发展基金担保+银行贷款+保险保证”模式为新型农业经营主体发放小额保险保证贷款业务，实现了黑龙江省在涉农信贷与保险合作支持新型经营主体融资的创新突破。

一系列农村金融产品和服务创新举措，一是有力地促进了全省涉农贷款快速增长。截至年末，全省涉农贷款余额达到7 314.3亿元，同比增长27.8%，增速高于全部贷款平均增速7.2个百分点。二是促进农民融资成本持续降低。2015年12月，全省金融机构涉农贷款加权平均利率6.73%，较年初下降2.75个百分点。

（二）证券业稳步发展，积极推进多层次资本市场建设

1. 证券交易较为活跃，经营效益大幅增长。截至2015年年末，全省有证券营业部150家，比上年增加14家，法人证券公司1家；期货营业部15家；法人期货公司2家。辖区证券机构开立资金账户为292.4万户，增长19.5%；代理证券交易总额为63 338.4亿元，增长142.8%；实现营业收入49.2亿元，增长165.4%；净利润为27.4亿元，增长256.3%。全省期货公司营业收入为933.8万元，增长12.4%；法人期货公司资产总额2.4亿元，增长24.6%。

2. 资本市场政策有效落实，上市公司取得新进展。截至2015年年末，全省A股上市公司35家，比上年增加3家。省政府向上市公司及新三板挂牌公司支付政策奖励资金合计7 800万元，37家公司在新三板挂牌。5家上市公司完成重大资产重组。辖区上市公司全年累计直接融资192.4亿元，增长134.6%。

3. 多层次资本市场建设进一步完善，投资基金有序推进。哈尔滨股权交易中心开市，为中小微企业提供登记托管、挂牌交易、转板上市等服

表3　2015年黑龙江省证券业基本情况

项目	数量
总部设在辖内的证券公司数（家）	1
总部设在辖内的基金公司数（家）	0
总部设在辖内的期货公司数（家）	2
年末国内上市公司数（家）	35
当年国内股票（A股）筹资（亿元）	78.9
当年发行H股筹资（亿元）	
当年国内债券筹资（亿元）	115.2
其中：短期融资券筹资额（亿元）	77.0
中期票据筹资额（亿元）	8.5

注：当年国内股票（A股）筹资额是指非金融企业境内股票融资。
数据来源：黑龙江证监局、中国人民银行哈尔滨中心支行。

务，标志省内区域股权交易市场形成。黑龙江省绿地股权金融资产交易中心成立，为私募股权众筹融资提供交易平台，哈尔滨轴承集团公司股权重组引入私募基金7亿元。政府与社会资本发起设立16只天使、风险投资基金，规模达23.5亿元。总规模20亿元的龙财盘实和龙财中植高新技术创业投资基金运营。

（三）保险业实力增强，改革创新有序推进

1. 市场规模稳步增加，行业收入有所扩大。2015年，全省保险市场主体44家，比上年增加3家。其中，财产险公司20家（含1家法人机构），人身险公司24家。全省实现保费收入591.8亿元，增长16.7%。全省保险业提供风险保障75 300.2亿元，保险业赔款与给付169.3亿元，增长9.4%。年末，保险公司总资产合计1 467.8亿元，增长19.5%。

2. 保险改革试点顺利起步，市场反应情况良好。黑龙江省作为商业车险改革试点以来，商业车险投保率较改革前上升3.4个百分点，签单数量增长24.5%，超八成的续保客户减少保费开支，1/3的客户保费降幅超过30%，报案出险率大幅回落16个百分点。寿险费率改革对全省寿险市场产生强劲拉动效应，全年普通型费改产品保费收入增长38.8%；万能型费改产品保费收入增长91.8%，扭转了2014年4月以来的下滑态势。

3. 保险业务品种加大创新力度，服务领域继续拓宽。首台（套）重大技术装备保险补偿机制为龙江科技创新保驾护航，保险金额超亿元。建立食品安全责任保险制度，119家餐饮及学校食堂纳入到首批重点推进的食品企业。推动发展特种设备保险，人保财险为哈尔滨1 900多部电梯提供责任保障35.4亿元。有财政支持的养老机构责任保险制度在全省范围启动实施。环境污染责任保险正式纳入省政府环境污染第三方治理体系。医疗责任保险在部分地区实现二级以上医院应保尽保。出口信用保险加强对“龙江丝路带”沿线国家风险保障。

4. 涉农保险保障功能增强，支农惠农要求积极贯彻。修订政策性农业保险条款，其中四大主要作物平均费率降低17%～30%。农垦区域全部实行“高保障”的政策性种植业保险。人保财险开办大豆价格保险，由“保自然风险”向“保市场风险”延伸。阳光农险水稻目标价格保险试点区域扩至54万亩，是上年的9.3倍。人保财险在呼兰试点开办涉农小额贷款保证保险业务。2015年，全省农业保险呈现恢复性增长态势，实现保费收入29.0亿元，增长11.1%，承保耕地面积近亿亩、森林面积6291.3万亩，牲畜家禽1 288.3万头（只），服务农户141.3万户次，提供风险保障685亿元。

表4　2015年黑龙江省保险业基本情况

项目	数量
总部设在辖内的保险公司数（家）	1
其中：财产险经营主体（家）	1
人身险经营主体（家）	0
保险公司分支机构（家）	44
其中：财产险公司分支机构（家）	20
人身险公司分支机构（家）	24
保费收入（中外资，亿元）	591.8
其中：财产险保费收入（中外资，亿元）	133.6
人身险保费收入（中外资，亿元）	458.2
各类赔款给付（中外资，亿元）	169.3
保险密度（元/人）	1 544.0
保险深度（%）	3.92

数据来源:：黑龙江保监局。

（四）社会融资规模同比下降，债券发行有所突破

1. 信贷融资仍是全省融资的主要渠道，其他融资方式对实体经济支持力度有待提升。2015年，全省社会融资规模增量为1 964.8亿元，比上年少增766.3亿元。对实体经济发放的人民币贷款是贡献率最大的融资来源，占同期社会融资规模的142.1%（见图4），比上年提高68.9个百分点；信托贷款、未贴现的银行承兑汇票出现较大负增长；企业债券和股票融资增量合计194.7亿元，比上年少增67.4亿元，占全省社会融资规模的9.9%，低于全国平均水平14.5个百分点。

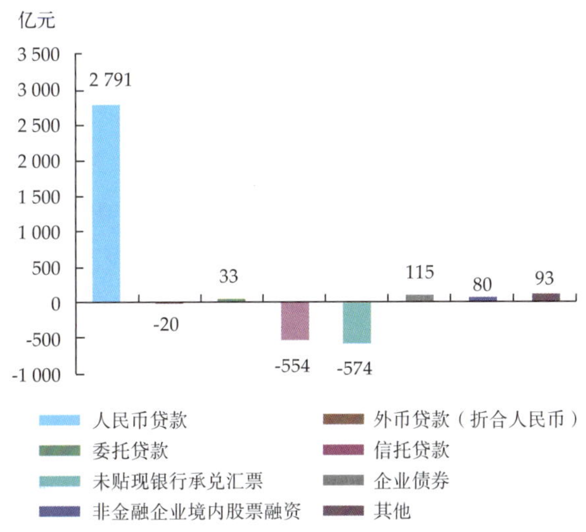

数据来源：中国人民银行哈尔滨中心支行。

图4　2015年黑龙江省社会融资规模分布结构

2. 银行间市场活跃度良好，资金净融入格局明显。2015年，全省累计进行信用拆借交易452笔，增长22.2%。拆入金额583.3亿元，增长3.8%；拆出金额403.1亿元，下降33.6%；净融入资金180.2亿元。城商行、财务公司和农商行的拆借交易较为活跃。全省银行间债券市场累计成交46 762笔，增长21.4%。融入金额增长78.6%；融出金额增长5.7%；净融入资金22 727.5亿元。其中，质押式和买断式回购累计交易量分别增长40.9%、4.9%，其加权平均利率均呈下行走势。

3. 票据贴现余额大幅增长，票据利率趋于下降。年末，全省签发商业汇票余额为540.7亿元，增长2.8%；票据贴现余额为792.5亿元，增长110.6%（见表5），票据市场短期融资功能有效发挥。受基准利率连续下调的影响，票据贴现和转贴现利率均大幅回落，其中，2015年银行承兑汇票直贴平均利率为4.28%，比上年下降1.46个百分点（见表6）。

4. 债务融资发行量快速增长，发行频率和发行品种取得新进展。2015年，全省债务融资工具发行量239.5亿元，比上年增加107.1亿元，增长80.9%。本年发行27期，较上年增加9期，是发行期数最多的一年。地方国企是银行间市场债务融资工具发行的主要力量，分布在农业、能源、民生、公路、机械等行业。债券发展品种日趋丰富，超短期融资券和永续债在全省首次发行，多元化融资格局呈现良好势头。

表5　2015年黑龙江省金融机构票据业务量统计

单位：亿元

季度	银行承兑汇票承兑		贴现			
			银行承兑汇票		商业承兑汇票	
	余额	累计发生额	余额	累计发生额	余额	累计发生额
1	472.9	196.0	550.0	1 716.0	5.2	63.2
2	501.0	600.1	690.0	8 840.0	7.8	110.0
3	516.8	822.7	705.0	14 632.0	10.5	124.6
4	534.4	1 089.4	781.7	19 212.0	10.7	144.9

数据来源：中国人民银行哈尔滨中心支行。

表6　2015年黑龙江省金融机构票据贴现、转贴现利率

单位：%

季度	贴现		转贴现	
	银行承兑汇票	商业承兑汇票	票据买断	票据回购
1	5.38	3.85	5.31	5.55
2	4.45	4.40	3.84	4.18
3	4.02	4.46	3.18	3.44
4	3.44	3.9	3.23	2.99

数据来源：中国人民银行哈尔滨中心支行。

（五）多项措施集中推进，普惠金融环境稳步向好

1. 农村和小微信用体系建设持续深化。2015

年年末，全省企业征信系统收录企业及其他组织17.8万户，增长2.7%；个人征信系统收录2 404万位自然人，增长2.5%。推广应收账款融资服务平台应用，成交金额为130.9亿元。加快县域信用信息中心建设，29个县（市）建立县域信用信息中心，覆盖率44%，比上年提高19个百分点，共采集入库100.5万户农户、7 227个农民专业合作社信用信息。促进“三信”①评定结果与优惠信贷政策相结合。大庆“一库二网一平台”②中小微企业信用体系建设初见成效。全省已为3.5万户中小企业建立信用档案，其中，有1.1万户中小企业获得银行授信。

2. 支付系统建设扎实进行。第二代支付系统、ACS综合前置子系统上线。全省银行卡发卡总量为1.2亿张，布放POS 31.3万台、ATM 12 585台，分别增长9.1%、18.6%、13.2%。省农信社成为首个发行单位结算卡的法人金融机构。实现省内出租车业、快餐业刷卡。支付工具在乡镇及行政村覆盖率达100%，人均持卡1.8张，助农取款服务点为16 149个。探索出手机在偏远地区支付的“大兴安岭地区模式”。年末，全省农村地区手机支付用户368.4万户，增长123.7%，占全省农村人口的19.1%。

3. 金融消费权益保护工作得到加强。推动成立黑龙江金融争议调解仲裁中心，设立黑龙江省金融争议人民调解委员会和哈尔滨仲裁委员会金融仲裁庭，推广金融消费权益保护信息管理系统，金融消费者投诉分类标准在全省金融机构间应用。2015年，共受理金融消费者投诉155起，解答咨询1 316人次，没有发生群体性投诉事件，有效防范了金融消费纠纷所产生的不稳定因素。

二、经济运行情况

2015年，黑龙江省经济下行压力较大，油、煤、粮、木四大传统产业集中出现负向拉动，但在现代农业、产业项目、服务业、对俄合作等领域加大发力，经济仍在预期中运行，年末地区生产总值实现15 083.7亿元，增长5.7%，高于上年0.1个百分点（见图5）。

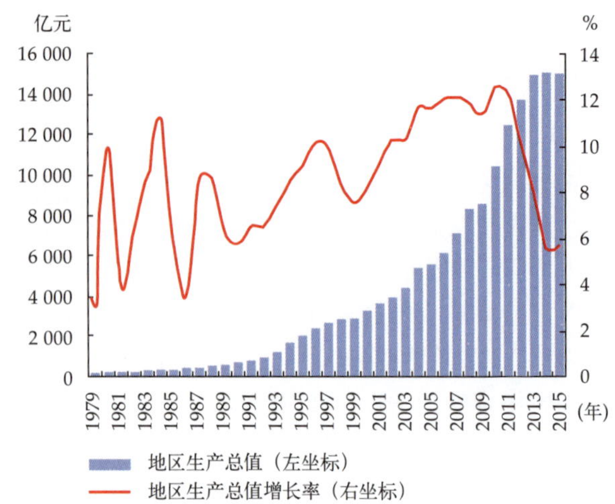

数据来源：黑龙江省统计局。

图5　1979～2015年黑龙江省地区生产总值及其增长率

（一）三大需求一稳一缓一降，内需动力强于外需

2015年，全省投资低位回暖、消费增速放缓、进出口同比下降、外需形势较为严峻。

1. 投资增速同比小幅提升，基本建设力度加大。受水利、交通、能源等重大基础设施建设力度加大因素拉动，2015年完成固定资产投资9 884.3亿元，增长3.1%，增幅比上年高1.6个百分点（见图6）。水利工程建设完成投资348亿元，其中，国家投资225亿元，位居全国第1。在工业主导产业固定资产投资中，装备和食品工业固定资产投资分别增长22.6%和3.1%。

2. 居民支出增幅减缓，消费总额增长减速。在部分企业生产经营困难、房地产市场疲弱的情况下，2015年，全省城镇居民和农村居民人均生活消费支出分别增长4.2%、7.2%，增幅分别比上年下降0.7个、1.7个百分点。全省实现社会消费品零售总额7 640.2亿元，增长8.9%，低于上年3.3个百分点（见图7）。

3. 对外贸易全面下滑，外需改善尚需时日。2015年，面对世界经济深度调整、全省传统外贸产业需求不旺、新兴外贸支撑点尚未出现的形势，全省实现外贸进出口总额为209.9亿美元，下

① “三信”指信用户、信用村、信用乡镇。

② “一库、二网、一平台”指企业信用数据中心数据库、中小微企业信用信息公示网和中小微企业信用信息管理网、融资服务平台。

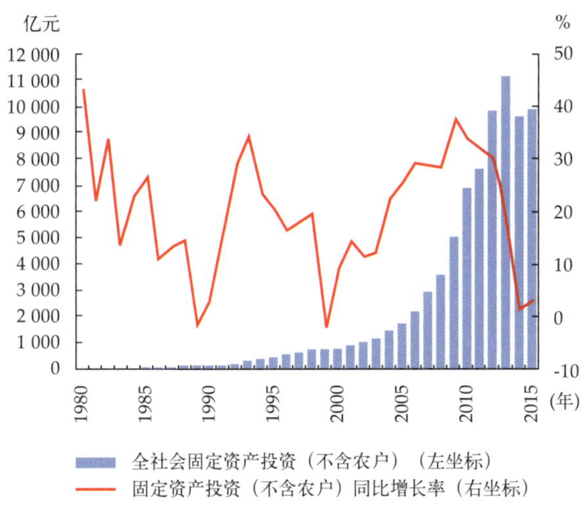

数据来源：黑龙江省统计局。

图6　1980～2015年黑龙江省固定资产投资（不含农户）及其增长率

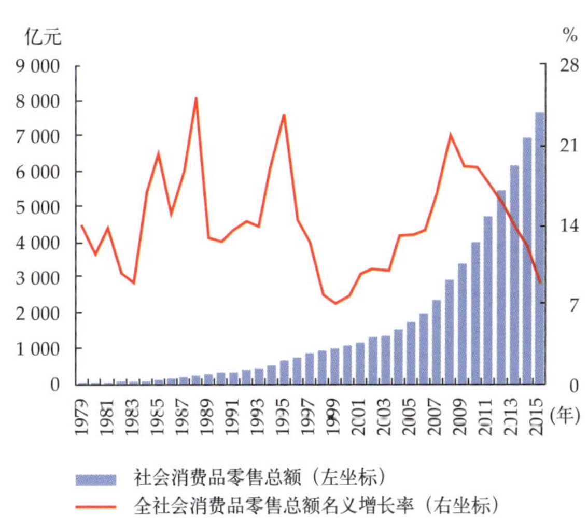

数据来源：黑龙江省统计局。

图7　1979～2015年黑龙江省社会消费品零售总额及其增长率

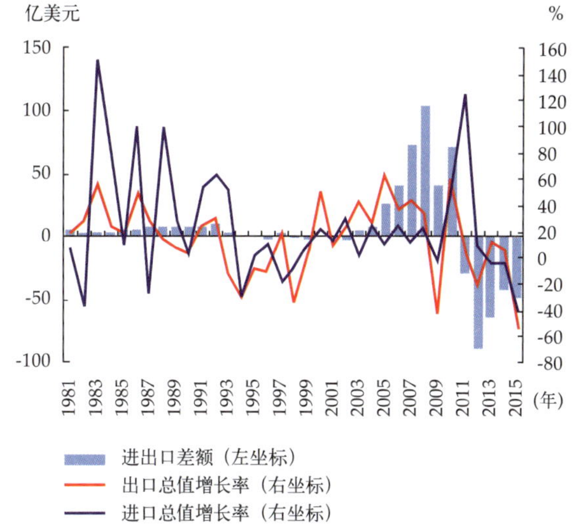

数据来源：黑龙江省统计局。

图8　1981～2015年黑龙江省外贸进出口变动情况

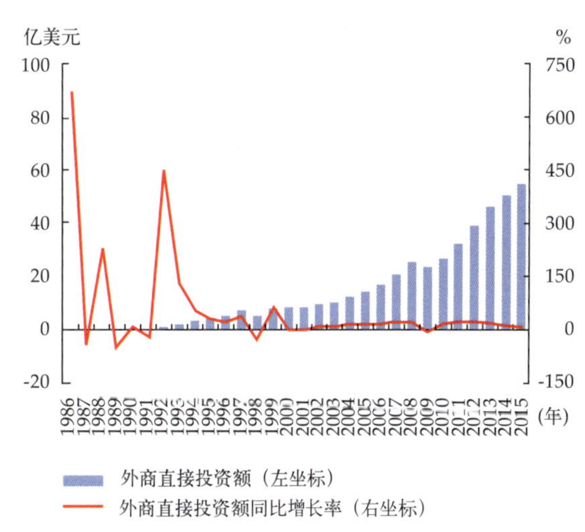

数据来源：黑龙江省统计局。

图9　1986～2015年黑龙江省外商直接投资额及其增长率

降46.1%，低于全国平均38.6个百分点。全年各季度降幅持续扩大。其中，受机电产品、服装和鞋类商品出口和进口原油大幅下滑等因素影响，全省出口下降53.7%、进口下降39.9%。贸易收支逆差规模小幅扩大（见图8）。对俄贸易也呈顺势下滑趋势。全省对俄贸易总额为108.5亿美元，下降53.4%，但贸易量仍占全省外贸的半壁江山。其中，对俄出口23.6亿美元，下降73.9%；自俄进口84.9亿美元，下降40.5%。全省外商直接投资增长7.1%（见图9）。全省实际利用外资55.5亿美元，增长7.6%。

（二）第一、第三产业发展势头良好，第二产业拉动力减弱

2015年，全省三次产业结构为17.5∶31.8∶50.7。

其中，第一、第三产业分别增长5.2%、10.4%，分别高于全国1.3个、2.1个百分点；第二产业增长1.4%，低于全国4.6个百分点。

1. 现代农业加快发展，产业基础更加巩固。全省不断提高粮食综合生产能力，粮食作物种植面积稳定在2.1亿亩，粮食总产达到1 369.58亿斤，实现了“十二连增”，继续保持全国第一；新建生态高标准农田788万亩，累计完成3 987万亩；全省农机总动力达到5 456万千瓦，耕种收综合机械化水平达到94.25%。继续推动农业改革创新，全省新增农民合作社9 900个、家庭农场（大户）1 000多个、农机合作社117个；农村宅基地使用权、集体建设用地使用权、集体林权确权发证分别完成82.8%、72.8%和98.4%；农村土地流转和规模经营面积达到6 897万亩和6 389万亩，分别增长6%和7%；大豆目标价格改革试点稳步推进。推动农业从“种得好”向“卖得好”转变，全省绿色食品认证面积超过7 000万亩；52种农副产品获得国家地理标志认证；建设“互联网+农业”绿色有机种植示范基地228.8万亩；推广全生产过程展示营销、点对点营销、集团或个人定制营销。

2. 传统能源行业负向拉动工业增长，振兴老工业基地多举措促使工业经济频显新亮点。受价格下降、去产能调整影响，占规模以上工业增加值半数的能源工业下降3.7%，是全省工业增长放缓的主导因素。重点工业项目建设取得新进展，全省开复工投资500万元以上工业项目6 089个，增长16.8%，新增规模以上工业企业298户。在引入要素形成增量方面，大庆沃尔沃新建SPA可扩展整车平台；长安福特哈尔滨汽车生产线开工建设；大飞机拆解基地项目进展顺利，航天海鹰钛产业园一期基本建成。在存量扩张形成增量方面，七台河宝泰隆30万吨稳定轻烃、哈尔滨通联客车、飞鹤乳业配方乳粉智能化生产等项目积极推进；深化同航天科工、中国兵装集团等央企项目合作。在高新技术成果产业化形成增量方面，启动实施“千户科技型企业三年行动计划”，新注册科技型企业2 116家，新增主营业务收入超过500万元的439家。

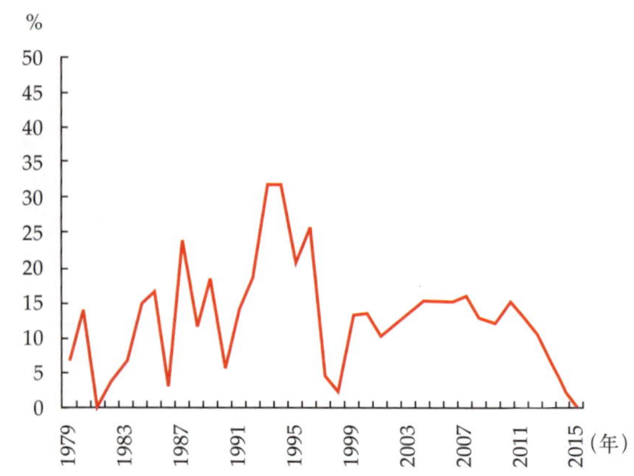

数据来源：黑龙江省统计局。

图10　1979～2015年黑龙江省规模以上工业增加值同比增长率

3. 多领域推动服务业发展，带动全省经济企稳。旅游业发展势头良好，全年实现旅游总收入1 361.4亿元，增长27.7%；共接待游客1.3亿人次，增长21.9%；举办了百强旅行社和全国重点旅行社推介会、湿地论坛暨夏季生态旅游产品推介会、夏季和冬季旅游12省16站巡回推介活动、中国旅游产业发展年会暨冰雪旅游峰会；投资104.6亿元建设76个亿元以上重点旅游产业项目。金融业稳步发展，全省金融业实现增加值847.7亿元，增长20.4%，比上年提高6.9个百分点。养老服务业有所推进，“黑龙江天鹅颐养联盟”与14个省市签订加盟协议，78家外省养老机构加盟；新建公办养老机构18个、民办养老机构180个。信息服务深入覆盖，实施“宽带龙江”战略，信息通信基础设施投入131.2亿元，新建基站3.1万座；4G网络覆盖县城和重点乡镇；信息通信业务量达459.6亿元，增长19%；省政府36个部门制订本行业“互联网+”行动计划，与阿里巴巴、中国联通、腾讯、京东等达成“互联网+”合作协议；5个县213个村开建农村淘宝项目。

（三）居民消费价格温和上涨，工业生产价格持续下降

2015年，受去产能、去库存以及社会总需求较为疲软等的制约，各类价格总体上涨动力不足。

1. 居民消费价格较为平稳，低于全国平均水平。2015年，全省居民消费价格指数同比上涨1.1%，同比涨幅比上年回落0.4个百分点，低于全国0.3个百分点，已连续24个月处于2%以下可控水平（见图11）。其中，医疗保健和个人用品、烟酒及用品全年同比上涨居高，分别为2.7%、2.1%。

2. 工业生产价格降幅扩大，农业生产资料价格涨幅同比提升。2015年，全省工业生产者出厂价格指数和购进价格指数分别同比下降14.0%、11.8%，降幅比上年分别扩大 11.1个、9.4个百分点。其中，重工业出厂价格、燃料动力类购进价格降幅较高。全年农业生产资料价格指数同比上涨1.3%，同比涨幅高于上年同期1个百分点。

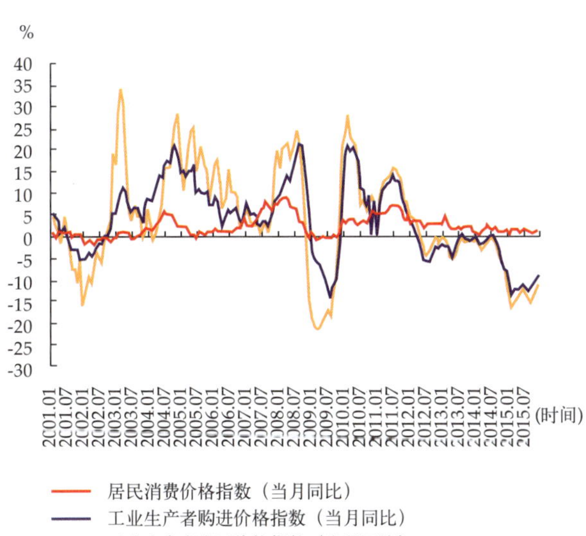

数据来源：黑龙江省统计局。

图11 2001～2015年黑龙江省居民消费价格和生产者价格变动趋势

3. 劳动力成本涨幅回落，全省最低工资标准调整。2015年，全省城镇和农村常住居民人均工资性收入分别为14 372元、2 247元，分别增长4.6%、2.7%，增幅比上年分别下降3.0个、19.5个百分点.黑龙江省2015年10月1日起调整最低工资标准，按地区分为五档，调整后的月最低工资标准最高1 480元、最低1 030元；调整后的小时最低工资标准最高14.2元、最低10元。

4. 资源性产品价格下行，石油、煤炭价格大幅下降。受国外主要资源性国家石油产能变化、国际油价断崖式下跌因素的影响，大庆原油全年平均价格2 390元/吨，同比下降47.1%；受能源结构调整、全国煤炭市场供需严重失衡因素影响，年末，全省焦煤、肥煤价格分别同比下降36.4%、36.2%。

（四）财政出现较大减收，积极财政政策效果显现

2015年，全省财政收入由上年低速增长转向负增长态势，民生支出放在突出位置，结构性减税政策有效落实，财税管理体制改革深入推进，地方国库现金管理试点工作扎实开展。

1. 多重因素产生影响，财政收入同比减少。受经济增速换挡、部分企业经营困难，落实结构性减税政策等因素影响，全省公共预算收入1 165.2亿元，下降10.4%（见图12）；税收收入880.3亿元，下降9.9%。其中，房地产税收下降5.8%，对财政收入的支撑作用趋于弱化。

2. 民生财政支出增长较快，涉农领域财政投入较大。全省公共财政预算支出4 022.1亿元，增长17.1%，增幅比上年提高15.2个百分点。社保就业、医疗卫生、节能环保、农林水事务等民生领域财政支出分别增长20.8%、16.6%、39.4%、39.8%。其中，财政支农深入实施，财政注入资本金25.5亿元成立农业信贷担保有限公司；针对粮价大幅倒挂，为保住市场份额，对符合条件的玉米、水稻加工企业实行政策性补贴。

3. 结构性减税政策稳步推进，企业税负有所减轻。将8.5万户企业纳入“营改增”试点范围，为企业减税25.4亿元；免征53.2万户企业增值税14.8亿元；免征23.7万户小微企业营业税和企业所得税9.5亿元；取消、停征25项涉企收费基金项目，减轻企业负担15.4亿元。

4. 地方国库现金管理试点运行良好，提高了财政资金的使用效益。全年共开展两期国库现金管理操作，金额合计200亿元。据测算，可增加财政资金利息收入2.2亿元，并改善银行机构流动性状况。全年共发行地方债792亿元，其中，600亿

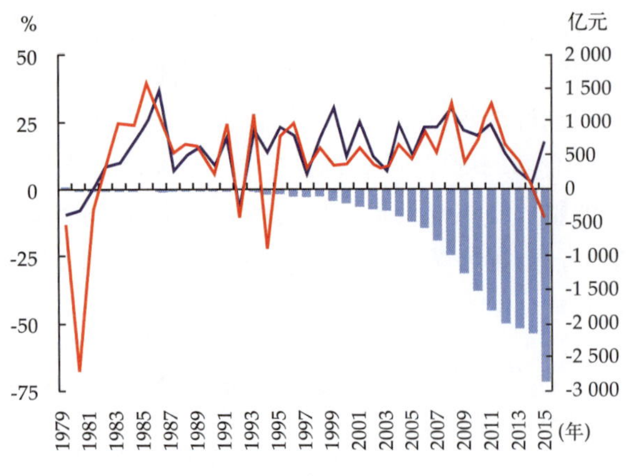

数据来源：黑龙江省财政厅、中国人民银行哈尔滨中心支行。

图12　1979～2015年黑龙江省财政收支状况

元置换到期债务；192亿元投入水利、公路、铁路、保障房等重点基建项目。

（五）生态文明建设持续加强，环境污染治理积极推进

2015年，全省单位地区生产总值能耗下降4%，环境保护力度加大。

1. 生态文明制度建设得到强化，生态建设保护进展顺利。推动大小兴安岭和长白山林区生态保护与经济转型，开展森林资源管理体制改革。修订《黑龙江省湿地保护条例》，实施中央财政湿地保护项目，扩大湿地生态效益补偿范围、增加补偿额度。开展国家重点生态功能区县域生态环境质量评价，扎龙湿地核心区居民搬迁工程建设加快。编制《黑龙江省生态保护红线划定实施方案》，扩大天然林保护范围，完成造林125.67万亩。退耕还湿12万亩。实施天然草原退牧还草工程，开展兴凯湖湿地生态效益补偿。

2. 环境污染治理有序推进，绿色低碳循环发展良好。以哈尔滨市及周边雾霾污染严重区域为重点，抓好秸秆“五化”工程项目建设。淘汰黄标车18.9万辆、燃煤小锅炉1 973台。松花江流域干流水质由轻度污染变为良好，三类水质比例达到80%。推动重点企事业单位建立温室气体排放数据报告制度。重点抓好伊春、五常市国家生态文明先行示范区和齐齐哈尔市国家节能减排财政政策综合示范城市建设，齐齐哈尔、牡丹江市被列为国家第二批生态文明先行示范区。全省绿色环保信贷运行良好，节能环保产业贷款余额增长21.5%。

专栏2　中俄区域金融合作日渐深化

对俄金融合作机制不断完善。为促进对俄经贸合作快速发展和转型升级，紧抓沿边开发开放新机遇，组织成立了对俄金融合作领导小组，制订了《对俄金融合作工作实施方案》，提出了中俄金融合作的指导思想、工作原则、发展目标、工作任务及保障措施。

对俄交往日趋频繁。成功举办第二届中俄博览会暨第26届哈洽会。中国人民银行哈尔滨中心支行组织开展中俄区域金融合作研讨会，并经总行批准自组团赴俄开展区域金融合作出访活动，分别与俄央行远东分行、俄储蓄银行、俄外贸银行、对华俄企、在俄中企开展座谈调研，有效促进了中俄边境地区金融合作。参加中俄金融合作分委会第十六次会议，完成《中俄金融合作分委会第十五次会议以来与俄方合作进展情况及第十六次分委会讨论议题建议》，被中方主体报告采用，相关建议被写入会议纪要。

中俄贸易本币结算比重提高。截至2015年年末，有10家商业银行分支机构与俄罗斯24家商业银行分支机构建立了账户行关系。双方银行共设代理行账户130户，与上年同期相比增加8户。全年办理中俄本币结算业务5亿美元，占中俄跨境收支总额的22.2%，同比增长4.2%。其中，办理人民币结算业务3.1亿美元，占比61.5%，同比增长2.6%。2015年，全省160家卢布

兑换网点共办理1.1万笔卢布现钞结售汇业务，金额33亿卢布。其中，结汇4 040笔，金额为26.3亿卢布；售汇7 007笔，金额为6.7亿卢布。

资本项下跨境人民币业务取得新突破。指导银行机构大力拓展对俄人民币账户融资、信贷融资业务，国家开发银行黑龙江省分行和哈尔滨银行与俄商业银行签订融资协议总额195亿元人民币，实际跨境融出人民币资金40亿元，同比增长296.8%。

跨境人民币现钞调运业务取得突破。支持哈尔滨银行通过北京机场海关成功向俄罗斯首都莫斯科跨境调运人民币现钞500万元，首次实现全国对俄人民币现钞全流程自主运输、首开对俄欧洲运输线路、单笔最大金额交易。截至2015年12月末，哈尔滨银行已累计对俄跨境调运人民币现钞3 500万元。

绥芬河市卢布现钞使用试点顺利启动。2015年8月8日，绥芬河市卢布现钞使用试点正式启动，俄罗斯央行远东管理局相关领导出席启动仪式。截至2015年12月末，卢布现钞使用试点共办理卢布现钞兑换1.36亿卢布；对俄卢布现钞跨境调运11.3亿卢布。

（六）房地产业供求总体萎缩，畜牧业发展步入快车道

1. 房地产市场供需双降，房地产贷款增速放缓。2015年，黑龙江省房地产市场延续上年降温趋势，房地产供给降幅扩大，保障房建设有效推进，商品房销售量跌价升，房地产贷款增长稳中趋缓。

（1）受房地产业去库存的影响，房地产投资增速继续下行。全省房地产开发投资完成992.1亿元，同比下降25.1%，降幅较上年扩大7.6个百分点。

（2）房地产开发规模降幅加大，保障房建设投资良好。全省房屋新开工面积2 181.8万平方米，同比下降33.5%，降幅比上年扩大14.9个百分点。全省保障性安居工程开工22.4万套，基本建成17.8万套；四煤城[①]采煤沉陷区棚改开工5.4万套。

（3）居民房产投资意愿减弱，商品房销售持续下降。全年商品房销售面积为1 996.6万平方米，同比下降19.4%；商品房销售额为1 027.1亿元，同比下降15%（见图13）。

（4）与全国形势趋同，房地产价格维持温和上升走势。全省商品房平均销售价格为5 144元/平方米，同比上升5.4%，涨幅比上年提高2.4个百分点。受房产销售量持续下跌的影响，哈尔滨市新建住宅销售价格月同比涨幅下半年起逐步收窄（见图14）。

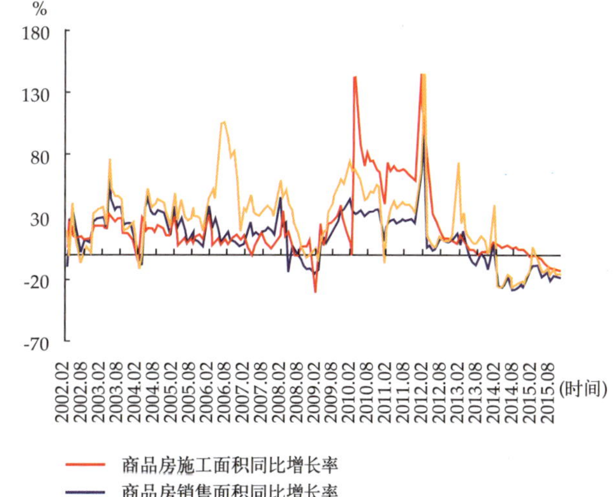

数据来源：《中国经济景气月报》。

图13　2002～2015年黑龙江省商品房施工和销售变动趋势

（5）个人购房信贷带动房地产贷款适度增长，贷款涨幅同比收窄。2015年以来连续降息进一步降低购房贷款成本，此外，9月30日省市场利率定价自律机制成员单位已约定执行居民家庭首次购买普通住房的商业性个人住房贷款最低首付款比例调整为不低于25%；10月10日，按照住建

① 黑龙江省四煤城指黑龙江省四个煤炭资源型城市，即黑龙江省鸡西市、鹤岗市、双鸭山市、七台河市。

部文件要求，对符合要求的公积金贷款最低首付比例调整至20%。这些政策效果逐步体现。2015年年末，全省房地产贷款余额为2 615.7亿元，同比增长12.0%，增幅较上年下降8.3个百分点。其中，个人购房贷款是房地产贷款投放的主体，当年新增占比74.7%。

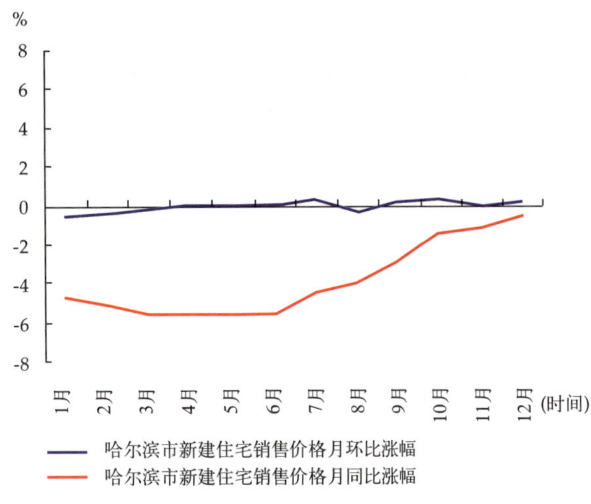

数据来源：《中国经济景气月报》。

图14　2015年哈尔滨市新建住宅销售价格变动趋势

2. 畜牧业成为黑龙江竞争优势的新兴战略产业，金融支持不断增强。

（1）自然条件良好，畜牧业优势得天独厚。由于黑龙江省地处学术界公认的世界黄金“玉米带”和“奶牛带”，土地和饲料等刚性资源充足，发展畜牧业具有得天独厚的资源环境优势。2015年省政府出台《关于加快现代畜牧产业发展的意见》，成功举办2015年中国国际奶业展览会暨乳业合作大会。畜牧产业的发展，有效地承接了粮食加工、转化和升值的重任，安置了土地规模化后流转出来的富余劳动力，为持续增加农民收入、推进绿色食品产业发展、调整产业结构、构建黑龙江经济发展新优势发挥了重要作用。

（2）畜牧业加快发展，多项指标居全国前列。2015年，全省畜牧业产值达到1 704.8亿元，增长4.2%；畜产品质量安全例行检测总体合格率在99.5%以上，雀巢、伊利、蒙牛、双汇、正邦、大北农、元盛、嘉一香等国内外企业纷纷到黑龙江省投资建厂和扩大产能，飞鹤、大庄园、完达山、红星乳业、宾西牛业等一批本土企业也迅速崛起，在国内外具有一定知名度。奶、肉、蛋产量达570万吨、227万吨和100万吨，80%的牛奶、60%的猪肉和45%的禽蛋销往全国各地和国际市场。国人每喝六杯奶中就有一杯来自黑龙江；优质荷斯坦奶牛存栏居全国第一、乳制品加工能力全国第一，现有规模以上乳品企业64家，占全国的1/10，全国排名前10位的乳品企业在黑龙江省投资建厂的有7家；奶粉产量和婴幼儿配方乳粉产量分别占全国总量的36%和38%；肉牛出栏269.7万头，牛肉产量41.6万吨，居全国第9位，17个县列入全国肉牛产业优势区域；出栏生猪1 863.4万头，22个县列为全国生猪调出大县；是全国唯一对俄罗斯出口猪肉省份，已出口猪肉8 450吨（折合活猪11万头）。

（3）加快金融创新步伐，畜牧业信贷有效推进。中国人民银行哈尔滨中心支行与省畜牧兽医局、省金融办等部门联合出台了《黑龙江省活体畜禽抵押贷款指引》，大力推动金融机构创新活体畜禽抵押贷款业务。目前，多家金融机构已出台活体畜禽抵押贷款管理办法。黑龙江省大庆市开办“奶牛活体抵押登记+奶牛保险+应收账款质押”贷款品种，开创全省畜禽活体抵押贷款的先河。截至年末，全省金融机构已针对规模化奶牛养殖场累计发放1亿元奶牛活体抵押贷款。

三、预测与展望

2016年是实施“十三五”规划的开局之年，从不利因素看，全国经济减速还没触底，下行压力仍然较大，对基础工业大省仍将产生较大影响；大庆油田产量持续调减，油价仍处在下降波动中，煤价、粮价难有回升，传统经济结构难以推动经济持续增长。从有利因素看，国家“供给侧”改革给予全省在供给和生产端发挥优势、补足短板、挖掘潜力等方向明确引导，也将继续在农业、水利、对俄等方面给予政策支持；在既有国内总需求增长空间、又有黑龙江供给竞争优势的领域存在重要机遇，如绿色食品、乳制品、畜牧产品、旅游产业等。下一步，全省将更好地适应经济发展“新常态”，加强供给侧结构性改革，着力加快发展现代农业，注重三次产业融合；通过扩大增量和激活现有存量和要素，带动工业结构调整；快速发展服务业，推进旅游、养老、健康、金融、文化、信息、物流业；深化资源配置市场化改革，降低企业成本；构建“中蒙俄经济走廊”龙江丝路带，重点开展对俄合作；实施创新驱动，支持大众创业创新；加大基础设施建设力度，推动新型城镇化；精准脱贫扶贫和环境治理，保障和改善民生。

2016年，全省金融业将继续贯彻落实稳健货币政策，支持和配合宏观审慎管理，开展存贷款科学合理定价，切实优化信贷结构，加强金融改革和金融产品创新力度，做好全省“去产能、去库存、去杠杆、降成本、补短板”等结构性改革的金融服务工作，防范系统性金融风险，重点推进“两权”抵押贷款、活体畜禽抵押贷款等涉农金融创新，加强金融支持现代农机合作示范社、工业稳增长调结构增效益、精准扶贫脱贫、众创众新、对俄开放以及“互联网+普惠金融”等方面。

中国人民银行哈尔滨中心支行货币政策分析小组

总　纂：王　迅　张会元

统　稿：管公明　高　磊

执　笔：刘　畅　周　锐　赵振宁　何延伟　马　辉　张　杰　海　平　王　迟　张普雷　李婷婷　常云峰　程逸飞　杜志文　刘　爽　包艳龙　孙晓丹　林金龙　李　丹　范继慈　徐　扬　刘　帆　鲁　荣　罗　希

提供材料的还有：孙　杨　杜艳艳　孙济晖　王文博

附录

（一）2015年黑龙江省经济金融大事记

4月1日，黑龙江省市场利率定价自律机制成立。

3月30日，哈尔滨广顺小额贷款公司在“新三板”挂牌，成为黑龙江省和东北首家“新三板”挂牌的小额贷款公司。

7月8日，哈尔滨股权交易中心开市，标志全省区域股权交易市场正式形成。

9月23日，黑龙江金融争议调解仲裁中心在哈尔滨挂牌运行。

10月12日至16日，第二届中国—俄罗斯博览会暨第二十六届哈洽会在哈尔滨市召开，共有15个交易团分别与俄罗斯等国家和地区签订各类涉外合同累计金额24.7亿美元、累计意向协议金额29亿美元。

12月16日，中国人民银行哈尔滨中心支行印发《建设哈尔滨面向俄罗斯及东北亚区域金融服务中心规划（2015～2020年）》，提出建设哈尔滨区域金融服务中心的六个方面23项重点任务。

2015年，黑龙江省金融机构本外币各项贷款新增2 841.0亿元，创历史同期新高。

2015年，黑龙江省粮食总产1 369.58亿斤，实现“十二连增”，继续保持全国第1。

2015年，黑龙江省水利工程建设完成投资348亿元，其中，国家投资225亿元，位居全国第1。

（二）2015年黑龙江省主要经济金融指标

表1　2015年黑龙江省主要存贷款指标

		1月	2月	3月	4月	5月	6月	7月	8月	9月	10月	11月	12月
本外币	金融机构各项存款余额（亿元）	20 225.0	20 361.8	20 688.6	20 378.8	20 305.8	20 551.2	20 561.9	20 732.4	20 570.8	20 739.0	21 424.2	21 429.8
	其中：住户存款	11 637.7	12 002.8	12 056.5	11 903.3	11 788.1	11 868.2	11 790.2	11 783.8	11 905.8	11 859.9	12 184.4	12 546.6
	非金融企业存款	4 399.0	4 255.0	4 400.9	4 392.6	4 347.9	4 318.2	4 149.8	4 180.4	4 171.4	4 276.9	4 396.9	4 171.1
	各项存款余额比上月增加（亿元）	491.4	136.8	326.8	-309.8	-73.0	245.5	10.7	170.5	-161.7	168.2	685.2	5.6
	金融机构各项存款同比增长（%）	8.5	6.8	6.2	4.9	4.5	3.5	5.0	6.1	5.0	6.1	8.4	8.5
	金融机构各项贷款余额（亿元）	14 226.2	14 537.1	14 827.4	14 959.8	15 036.0	15 184.8	15 182.8	15 290.7	15 408.2	15 584.4	16 179.6	16 644.9
	其中：短期	6 453.7	6 662.1	6 893.7	6 996.5	7 044.8	7 058.9	7 036.2	7 026.2	7 002.0	7 131.8	7 662.7	7 982.9
	中长期	6 902.0	6 951.6	6 984.8	7 008.0	7 010.7	6 984.5	6 987.6	7 034.8	7 131.2	7 187.3	7 168.4	7 189.1
	票据融资	672.0	725.4	747.5	747.1	770.7	895.3	908.4	943.5	987.3	965.3	1 008.5	1 155.0
	各项贷款余额比上月增加（亿元）	422.2	311.0	290.3	132.4	76.2	148.9	-2.0	107.9	117.5	176.2	595.2	465.4
	其中：短期	350.2	208.4	231.6	102.8	48.3	14.1	-22.7	-10.0	-24.2	129.8	530.9	320.2
	中长期	-46.9	49.6	33.2	23.2	2.7	-26.2	3.1	47.2	96.4	56.1	-18.9	20.7
	票据融资	121.4	53.4	22.1	-0.4	23.6	124.6	13.1	35.0	43.8	-22.0	43.2	146.5
	金融机构各项贷款同比增长（%）	16.2	17.0	16.9	16.7	16.6	16.7	17.1	17.8	18.2	18.9	20.8	20.6
	其中：短期	19.4	20.3	19.6	20.0	20.2	19.4	21.4	22.5	22.7	25.3	31.0	30.7
	中长期	9.3	9.0	8.2	6.9	6.0	4.7	4.3	4.4	4.7	5.1	4.6	3.5
	票据融资	71.1	90.6	125.9	132.6	150.2	186.2	164.7	145.4	154.1	124.7	91.1	111.7
	建筑业贷款余额（亿元）	150.8	149.6	150.0	149.9	150.0	153.6	152.3	157.2	149.6	144.1	132.4	127.6
	房地产业贷款余额（亿元）	492.3	494.2	493.8	484.2	485.3	471.7	472.5	469.0	470.9	469.1	469.8	463.5
	建筑业贷款同比增长（%）	3.1	2.5	-0.1	-3.4	-0.4	-3.1	-6.1	0.0	-4.9	-6.8	-13.5	-22.0
	房地产业贷款同比增长（%）	25.9	23.8	18.7	10.9	8.0	1.8	-1.0	-5.1	-4.2	-5.1	-5.6	-4.5
人民币	金融机构各项存款余额（亿元）	20 046.4	20 180.2	20 497.2	20 184.0	20 110.4	20 369.8	20 373.5	20 527.6	20 380.8	20 551.5	21 227.2	21 218.9
	其中：住户存款	11 557.6	11 919.3	11 970.7	11 816.6	11 702.7	11 780.9	11 700.7	11 686.0	11 807.3	11 761.5	12 083.6	12 439.8
	非金融企业存款	4 312.6	4 168.8	4 310.9	4 299.7	4 253.4	4 239.7	4 066.0	4 090.9	4 097.0	4 204.5	4 317.8	4 085.2
	各项存款余额比上月增加（亿元）	482.8	133.8	317.1	-313.3	-73.6	259.4	3.7	154.1	-146.8	170.7	675.7	-8.2
	其中：住户存款	311.6	361.7	51.4	-154.1	-113.9	78.3	-80.3	-14.7	121.2	-45.8	322.1	356.2
	非金融企业存款	-109.5	-143.8	142.1	-11.2	-46.2	-13.8	-173.6	24.9	6.1	107.5	113.3	-232.6
	各项存款同比增长（%）	8.5	6.7	6.1	4.8	4.4	3.5	5.1	6.1	5.1	6.1	8.5	8.4
	其中：住户存款	8.3	10.4	8.0	8.6	7.9	6.3	7.6	8.9	8.9	8.6	10.0	10.6
	非金融企业存款	-5.3	-9.0	-8.3	-8.7	-7.7	-9.3	-8.5	-6.5	-6.3	-2.1	-0.3	-8.5
	金融机构各项贷款余额（亿元）	13 845.2	14 150.4	14 431.0	14 560.4	14 619.3	14 779.2	14 780.8	14 850.0	14 981.9	15 169.8	15 756.8	16 214.9
	其中：个人消费贷款	1 886.0	1 893.5	1 910.0	1 944.0	1 967.9	2 004.6	2 039.7	2 072.3	2 113.5	2 144.2	2 180.7	2 216.4
	票据融资	672.0	725.4	747.5	747.1	770.7	895.3	908.4	943.5	987.3	965.3	1 008.5	1 155.0
	各项贷款余额比上月增加（亿元）	447.9	305.2	280.6	129.4	58.9	159.9	1.5	69.2	131.9	187.9	587.1	458.1
	其中：个人消费贷款	16.3	7.5	16.5	34.0	23.9	36.7	35.1	32.6	41.2	30.7	36.5	35.7
	票据融资	121.4	53.4	22.1	-0.4	23.6	124.6	13.1	35.0	43.8	-22.0	43.2	146.5
	金融机构各项贷款同比增长（%）	17.1	17.9	17.7	17.3	16.8	17.1	17.6	18.1	18.3	19.2	21.0	21.0
	其中：个人消费贷款	15.2	14.7	14.0	14.1	13.7	14.4	15.3	16.0	16.5	17.3	18.0	18.5
	票据融资	71.1	90.6	125.9	132.6	150.2	186.2	164.7	145.4	154.1	124.7	91.1	111.7
外币	金融机构外币存款余额（亿美元）	29.1	29.5	31.2	31.9	31.9	29.7	30.8	32.1	29.9	29.5	30.8	32.5
	金融机构外币存款同比增长（%）	11.3	12.1	18.2	22.8	16.1	6.4	2.2	0.0	-5.9	0.1	3.3	16.7
	金融机构外币贷款余额（亿美元）	62.1	62.9	64.5	65.3	68.1	66.3	65.7	69.0	67.0	65.3	66.1	66.2
	金融机构外币贷款同比增长（%）	-9.4	-9.1	-5.9	-0.9	10.4	3.4	2.5	4.5	9.1	6.6	10.4	-0.4

数据来源：中国人民银行哈尔滨中心支行。

表2 2001～2015年黑龙江省各类价格指数

单位：%

年/月		居民消费价格指数		农业生产资料价格指数		工业生产者购进价格指数		工业生产者出厂价格指数	
		当月同比	累计同比	当月同比	累计同比	当月同比	累计同比	当月同比	累计同比
2001		—	0.8	—	-1.1	—	-0.5	—	-4.0
2002		—	-0.7	—	-0.3	—	-0.7	—	-2.2
2003		—	0.9	—	1.8	—	7.6	—	11.9
2004		—	3.8	—	12.0	—	15.2	—	13.1
2005		—	1.2	—	8.6	—	11.8	—	16.7
2006		—	1.9	—	1.9	—	5.6	—	9.9
2007		—	5.4	—	9.4	—	5.0	—	5.3
2008		—	5.6	—	22.7	—	14.1	—	14.0
2009		—	0.2	—	-5.8	—	-6.6	—	-12.6
2010		—	3.9	—	5.6	—	14.5	—	15.0
2011		—	5.8	—	10.2	—	11.1	—	12.0
2012		—	3.2	—	7.8	—	-1.2	—	0.0
2013		—	2.2	—	4.1	—	-1.3	—	-2.0
2014		—	1.5	—	0.3	—	-2.4	—	-2.9
2015		—	1.1	—	1.3	—	-11.8	—	-14.0
2014	1	1.7	1.7	2.5	—	-0.5	-0.5	-1.0	-1.0
	2	0.3	1.0	2.1	2.3	-1.4	-1.0	-2.1	-1.5
	3	1.5	1.2	1.8	2.2	-2.4	-1.4	-3.1	-2.1
	4	1.6	1.3	1.5	2.0	-1.5	-1.4	-2.1	-2.1
	5	2.7	1.5	1.6	1.9	-0.2	-1.2	-0.8	-1.8
	6	2.0	1.6	-0.3	1.5	0.1	-1.0	-0.4	-1.6
	7	1.6	1.6	0.1	1.3	0.1	-0.8	0.3	-1.3
	8	1.9	1.7	-0.6	1.1	-0.4	-0.8	-0.8	-1.3
	9	1.0	1.6	-0.5	0.9	-3.4	-1.1	-3.1	-1.5
	10	1.2	1.5	-1.3	0.7	-4.9	-1.4	-5.2	-1.8
	11	0.9	1.5	-1.5	0.5	-6.3	-1.9	-7.1	-2.3
	12	1.4	1.5	-1.7	0.3	-8.0	-2.4	-9.7	-2.9
2015	1	0.5	0.5	-1.3	-1.3	-11.3	-11.3	-14.0	-14.0
	2	1.3	0.9	-1.2	-1.3	-13.6	-12.5	-16.4	-15.2
	3	1.5	1.1	0.2	-0.8	-12.5	-12.5	-14.7	-15.0
	4	1.6	1.2	2.4	0.0	-12.3	-12.4	-14.1	-14.8
	5	1.0	1.2	2.5	0.5	-12.4	-12.4	-13.4	-14.5
	6	1.1	1.2	2.1	0.8	-11.4	-12.3	-12.3	-14.2
	7	1.4	1.2	1.7	0.9	-12.0	-12.2	-13.3	-14.0
	8	1.2	1.2	1.6	1.0	-12.5	-12.3	-14.5	-14.1
	9	1.2	1.2	1.4	1.0	-11.9	-12.2	-15.4	-14.2
	10	0.6	1.1	2.1	1.1	-11.7	-12.2	-14.7	-14.3
	11	1.0	1.1	2.2	1.2	-10.2	-12.0	-12.9	-14.2
	12	1.1	1.1	2.4	1.3	-9.4	-11.8	-11.6	-14.0

数据来源：黑龙江省统计局、《中国经济景气月报》。

表3 2015年黑龙江省主要经济指标

	1月	2月	3月	4月	5月	6月	7月	8月	9月	10月	11月	12月
绝对值（自年初累计）												
地区生产总值（亿元）	—	—	2 561.0	—	—	5 435.3	—	—	8 790.9	—	—	15 083.7
第一产业	—	—	144.0	—	—	459.2	—	—	709.1	—	—	2 633.5
第二产业	—	—	986.6	—	—	1 831.9	—	—	3 091.9	—	—	4 798.1
第三产业	—	—	1 430.4	—	—	3 144.2	—	—	4 989.9	—	—	7 652.1
工业增加值（亿元）	—	432.2	702.2	951.6	1 147.9	1 483.2	1 748.2	2 019.4	2 315.3	2 603.6	2 908.6	3 229.5
固定资产投资（亿元）	—	26.2	180.8	469.8	1 012.5	2 316.9	3 323.2	4 340.2	5 761.8	7 133.1	8 275.5	9 884.3
房地产开发投资	—	5.4	16.9	58.5	157.4	332.9	438.2	547.5	678.5	800.0	917.0	992.1
社会消费品零售总额（亿元）	—	1 186.1	1 697.0	—	—	3 432.3	—	—	5 308.1	—	—	7 640.2
外贸进出口总额（亿元）	21.3	37.5	52.6	68.9	90.0	110.9	130.5	146.8	161.1	177.3	191.1	209.9
进口	11.8	20.0	29.8	40.3	52.7	66.5	78.0	87.7	96.2	106.6	116.4	129.6
出口	9.5	17.5	22.8	28.7	37.3	44.4	52.6	59.1	64.9	70.8	74.8	80.3
进出口差额(出口 – 进口)	-2.3	-2.5	-7.0	-11.6	-15.4	-22.1	-25.4	-28.6	-31.3	-35.8	-41.6	-49.3
外商实际直接投资（亿美元）	2.2	4.1	11.7	14.2	17.4	24.7	27.2	29.5	36.1	43.2	52.8	55.5
地方财政收支差额（亿元）	-144.3	-360.6	-540.4	-712.6	-840.5	-1 015.6	-1 184.2	-1 425.7	-1 763.0	-1 961.4	-2 207.9	-2 856.9
地方财政收入	124.8	195.6	292.3	386.0	470.6	579.8	675.2	754.9	832.0	930.6	1 031.8	1 165.2
地方财政支出	269.1	556.2	832.7	1 098.6	1 311.1	1 595.4	1 859.4	2 180.6	2 595.0	2 892.0	3 239.7	4 022.1
城镇登记失业率 (%)(季度)	—	—	4.4	—	—	4.4	—	—	4.4	—	—	4.5
同比累计增长率（%）												
地区生产总值	—	—	4.8	—	—	5.1	—	—	5.5	—	—	5.7
第一产业	—	—	2.7	—	—	4.1	—	—	5.0	—	—	5.2
第二产业	—	—	0.7	—	—	0.6	—	—	1.1	—	—	1.4
第三产业	—	—	9.3	—	—	10.2	—	—	10.3	—	—	10.4
工业增加值	—	0.8	0.2	-0.1	-0.3	-0.1	-0.2	0.1	0.2	0.2	0.3	0.4
固定资产投资	—	5.1	5.2	2.0	1.2	1.6	0.6	0.7	2.0	2.6	2.7	3.1
房地产开发投资	—	8.2	-35.1	-25.2	-16.8	-19.8	-21.5	-22.0	-24.5	-26.7	-25.9	-25.1
社会消费品零售总额	—	7.7	7.9	—	—	8.3	—	—	8.7	—	—	8.9
外贸进出口总额	-24.3	-23.0	-28.6	-32.1	-30.8	-30.5	-32.6	-38.0	-42.0	-43.4	-45.1	-46.1
进口	-37.7	-43.4	-41.6	-38.8	-37.3	-36.0	-37.4	-37.5	-40.5	-41.1	-40.5	-39.9
出口	3.6	30.6	0.4	-19.6	-19.1	-20.3	-23.9	-38.8	-44.2	-46.6	-50.9	-53.7
外商实际直接投资	13.8	7.2	7.1	1.5	-1.9	-10.1	-10.6	-10.1	-2.0	0.9	6.0	7.6
地方财政收入	-19.0	-21.5	-20.7	-16.8	-16.9	-20.1	-18.0	-16.8	-15.8	-13.6	-10.9	-10.4
地方财政支出	-20.0	17.1	5.7	13.6	13.8	10.4	10.6	17.2	18.8	20.5	21.6	17.1

数据来源：黑龙江省统计局、《中国经济景气月报》。

2015年上海市金融运行报告

中国人民银行上海总部货币政策分析小组

[内容摘要] 2015年，上海积极主动适应经济发展“新常态”，全力推进创新驱动发展、经济转型升级，各项稳增长政策效应逐步显现，全市经济运行总体平稳。经济结构调整取得积极进展，消费对经济增长贡献持续提高，服务经济支持作用明显增强，居民收入稳定增长，物价保持平稳。但投资和进出口下行压力依然较大，传统制造业转型面临困难。人民银行上海总部大力推动自贸试验区金融改革，支持上海科创中心建设，继续完善宏观审慎管理手段，切实优化信贷结构。存款增长前快后缓，贷款增速稳中有升。证券期货业发展迅猛，保险业不断加大服务实体经济力度。金融市场交易活跃，上海国际金融中心建设取得新进展。

2016年，人民银行上海总部和全市金融机构要更加主动地适应经济金融运行“新常态”。一是继续实施稳健的货币政策，按照新的宏观审慎评估体系要求，实现货币信贷和社会融资规模合理增长。二是改进对供给侧改革的金融服务，盘活存量、优化增量，支持经济结构调整和转型升级。三是继续做好市场基准利率培育工作，稳步推进利率市场化改革。四是对接“一带一路”战略实施，大力推进自贸区金融改革创新。五是创新金融服务，支持上海打造具有全球影响力的“科创中心”。六是建立金融风险监测预警系统，切实维护金融体系稳定。

一、金融运行情况

2015年，中国人民银行上海总部认真抓好各项金融改革任务，大力推动自贸试验区金融改革，支持上海科创中心建设，继续完善宏观审慎管理手段，引导货币信贷平稳适度增长，保持流动性合理适度，加强定向调控与信贷政策的配合，切实优化信贷结构，支持上海经济转型发展，坚决守住不发生系统性和区域性金融风险底线。

（一）存贷款增长基本稳定，信贷结构调整服务经济结构优化

1. 银行业金融机构平稳发展。2015年年末，上海市共有中资银行法人4家，外资银行法人22家，村镇银行法人11家，从业人员11.5万人（见表1）。2015年年末，上海市中外资金融机构本外币资产总额13万亿元，同比增长15.2%；各项存、贷款余额分别为10.4万亿元和5.3万亿元，同比分别增长14.4%和10.1%，增速比上年年末分别下降3.1个和提高1.0个百分点。2015年，全市金融机构实现净利润1 380.5亿元，同比增长17.5%。

表1　2015年上海市银行业金融机构情况

机构类别	营业网点			法人机构（个）
	机构个数（个）	从业人数（人）	资产总额（亿元）	
一、大型商业银行	1 703	49 117	53 653	1
二、国家开发银行和政策性银行	14	572	3 995	0
三、股份制商业银行	638	21 981	29 906	1
四、城市商业银行	374	13 139	17 300	1
五、小型农村金融机构	403	6 193	5 613	1
六、财务公司	20	1 227	3 642	18
七、信托公司	7	1 588	393	7
八、邮政储蓄银行	483	3 168	1 664	0
九、外资银行	212	12 910	12 653	22
十、新型农村金融机构	25	537	194	11
十一、其他	17	3 181	4 844	17
合　计	3 896	113 613	133 858	79

注：营业网点不包括国家开发银行和政策性银行、大型商业银行、股份制银行等金融机构总部数据；大型商业银行包括中国工商银行、中国农业银行、中国银行、中国建设银行和交通银行；小型农村金融机构包括农村商业银行、农村合作银行和农村信用社；新型农村金融机构包括村镇银行、贷款公司和农村资金互助社；“其他”包含金融租赁公司、汽车金融公司、货币经纪公司、消费金融公司等。

数据来源：中国人民银行上海总部。

2. 各项存款同比少增，境外存款下降是主要原因。受境外存款利率上升较快、离岸市场人民币资金流动性趋于紧张的影响，境外同业存放大幅减少，2015年，全市各项存款增加13 328.8亿元，同比少增199.1亿元（见图1）。其中，境内存款增加15 140.9亿元，同比多增3 552.1亿元；境外存款减少1 812.2亿元，同比多减3 751.1亿元。从存款月度增长节奏看，股市波动影响突出。2015年，非银金融机构存款增加9 167.9亿元，同比多增1 704.7亿元。其中，上半年非银金融机构存款增加11 231.4亿元，占全部新增存款的80.3%；下半年非银金融机构存款减少2 063.5亿元。

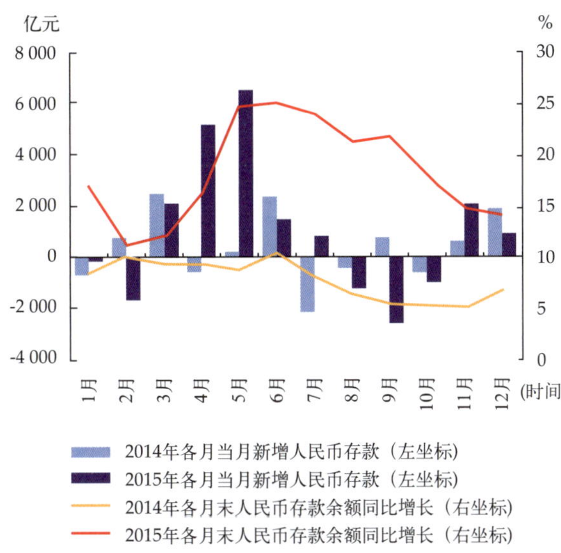

数据来源：中国人民银行上海总部。

图1 2014～2015年上海市金融机构人民币存款增长变化

非金融企业存款同比多增，活期存款增加较多。2015年，全市非金融企业本外币存款增加4 328亿元，同比多增3 391.3亿元。其中，活期存款增加3 018.6亿元，同比多增2 620.7亿元；定期及其他存款增加1 309.4亿元，同比多增770.6亿元。非金融企业存款同比多增，尤其是活期存款大幅增长，一是利率下行和财务管理多元化促使企业维持高流动性货币资金以便进行投资理财；二是经济低迷抑制生产投资意愿，企业借款资金沉淀情况较多。

住户存款同比少增，新增存款活期化特征明显。2015年，全市住户存款增加645.7亿元，同比少增336.4亿元。其中，活期存款增加1 246.8亿元，同比多增1 025.9亿元；定期及其他存款减少601.1亿元，同比多减1 362.3亿元。活期存款上半年受股市分流的影响较大，下半年则明显回流；定期存款受理财产品和资本市场的同时分流连续下降。

外汇存款同比多增。2015年，全市金融机构外汇存款增加98.4亿美元，同比多增72.7亿美元。全年外汇存款受人民币兑美元汇率等因素影响呈先增后减态势。第一季度因美元指数走强，企业和个人倾向于持有美元资产，外汇存款同比多增。第二季度随着人民币兑美元汇率逐步企稳回升，外汇存款小幅回落。8月新汇改以后，人民币贬值压力有所上升，外币存款一度明显增加。但随着央行加强对远期售汇业务的监管，客户大多选择增加购汇或动用外币存款以提前偿还外币债务。

3. 信贷增速稳中有升，境外贷款快速增加。2015年年末，全市金融机构本外币各项贷款同比增长10.1%（见图2），增速较上年年末提高1个百分点，比6月末上升1.1个百分点（见图3）。在央

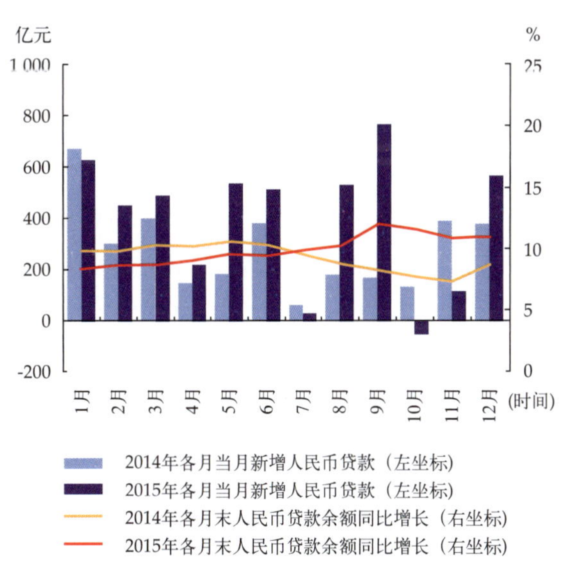

数据来源：中国人民银行上海总部。

图2 2014～2015年上海市金融机构人民币贷款增长变化

行下调存贷款基准利率、存款准备金率以及对金融机构增加再贷款等宽松政策的影响下，2015年全市本外币贷款增加4 880.6亿元，同比多增984.1亿元。从投放节奏看，前三个季度各项贷款同比多增，第四季度贷款明显萎缩，新增276.4亿元，同比少增1 003.2亿元。在各项贷款中，境外贷款余额同比增长52.9%，全年新增702.3亿元，同比多增237.8亿元。境外贷款快速增长与人民币贬值预期增强和宽松货币政策下境内外人民币资金成本倒挂有关。

从贷款投向看，第三产业贷款继续占主导地位，房地产开发贷款大幅减少。2015年，全市新增的本外币企业贷款（不含票据融资）中，投向第三产业的贷款增加1 191.4亿元，占全部境内企业贷款（不含票据融资）增量的118.6%，占比比年初提高了47个百分点；投向第二产业的贷款减少170亿元，同比多减351亿元，反映上海工业下行压力很大。其中，制造业贷款减少285.9亿元，同比多减246.7亿元。此外，尽管房市交易活跃加快资金回流，但房企在新开工和购地方面仍保持谨慎。2015年，全市新增本外币房地产开发贷款14.3亿元，同比少增721.8亿元。2015年以来，商业银行出于对风险的考量，对小微企业贷款审批有所收紧。2015年年末，小微企业贷款余额同比增长11.3%，增速较6月末降低6.5个百分点；占全市企业贷款余额的27.1%，占比较上年同期下降1.7个百分点。

从非金融企业信贷的期限结构看，票据融资大幅增加，中长期贷款增长乏力。2015年，全市非金融企业及机关团体贷款增加1 971.1亿元，同比少增502.6亿元。其中，短期贷款增加611.3亿元，同比多增1 037.3亿元；中长期贷款增加113.1亿元，同比少增1 569亿元；票据融资增加908亿元，同比多增154.3亿元。受金融市场短期融资产品多样化、票据利率不断走低的影响，更多的企业选择票据来代替短期贷款进行临时资金周转，甚至有部分企业可能利用票据和理财产品之间的利差进行套利。部分金融机构基于优化增量结构、维持信贷规模的考虑，主动增加票据贴现和转贴现。全市企业部门的有效信贷需求不容乐观。

从币种结构看，外汇贷款同比多减。2015年，全市外汇各项贷款累计减少28.9亿美元，同比多减106.7亿美元。在外汇各项贷款中，短期贷款累计减少126.5亿美元，同比多减80.6亿美元；中长期贷款增加39.9亿美元，同比多增13亿美元；融资租赁增加8.5亿美元，同比少增12亿美元。外汇贷款减少主要与人民币贬值预期增强及境内外利差收窄有关，企业通过外币贷款节省的财务成本有限，所面临的汇率风险变大。

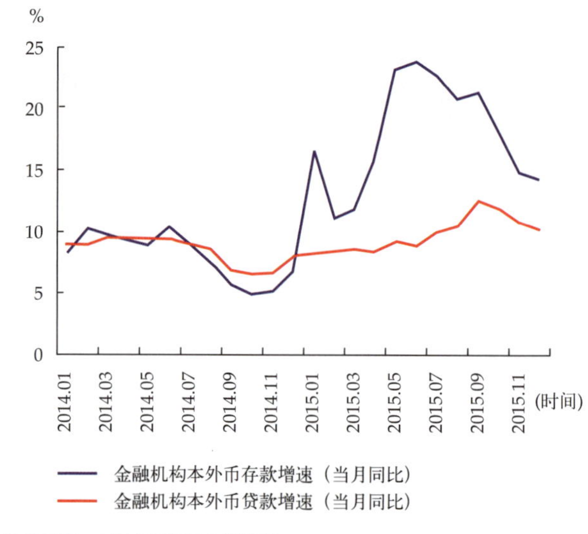

数据来源：中国人民银行上海总部。

图3 2014～2015年上海市金融机构本外币存、贷款增速变化

专栏1 人民银行整合创新金融工具支持上海经济转型发展

2015年，上海总部在总行领导下，会同市政府各部门、金融监管部门推出了一系列支持上海经济转型发展的政策措施：

一是创新运用一揽子货币政策工具。2015年以来，人民银行五次累计下调不同类型金融机构人民币存款准备金率3～7个百分点不等，惠及上海91家金融机构，累计释放资金约733亿元。通过将政策工具的差异化管理常态化，有效引导金融机构对政策的预期。根据总行部署，综合运用支小再贷款、支农再贷款等工具，定向引导银行加大对小微企业、涉农、战略性新兴产业等领域的信贷支持。2015年对4家村镇银行发放支农再贷款2.2亿元，在支农再贷款的支持下，4家支农再贷款借款机构涉农贷款占比均超过90%。2015年对上海农商银行累计发放19亿元支小再贷款，支持该行发放小微企业贷款。

二是指导金融机构创新融资模式。在开展广泛调研的基础上，形成支持上海科创中心建设的指导意见，覆盖了货币信贷管理、投贷联动、外汇管理、直接融资、支付清算、自由贸易账户服务、金融生态环境七大方面。引导银行业金融机构探索针对科技型企业的融资模式，开展投贷直连融资方式创新。推进风险共担、利益共享的利率定价新机制，探索科创融资利率定价模式创新，目前此项业务试点已推广至全市60余家金融机构。

三是发挥好信贷政策的结构调整促进作用。对全市金融机构开展货币信贷政策导向效果评估，通报评估结果，并将评估结果与货币政策工具的使用结合起来。开展上海中小企业融资服务最佳合作伙伴评选活动，帮助中小企业实现融资对接。按季召开信贷工作例会，推进银企对接。2015年以来，共帮助320余家中小企业融资对接约57.8亿元。监测推广创新型信贷产品，通过产品指导目录及推介会等形式，重点推广19类创新型信贷产品，帮助企业化解“轻资产、担保难”等融资瓶颈。截至2015年年末，上海市84家中外资银行的保理、应收账款质押贷款、股权质押贷款、电子票据贴现、投贷联动项目贷款余额分别达到675亿元、915亿元、282亿元、216亿元和298亿元，均已经实现规模化运作，小微企业贷款可获得性显著提高。

四是着力提高小微征信服务水平。依托应收账款质押登记公示系统和融资租赁登记公示系统，大力发展应收账款质押贷款和小额租赁产品。引导金融机构完善授信制度，从额度、手续、定价和产品创新方面正向激励守信的企业。完善中小企业信用档案系统，推动浦东信用体系实验区建设。目前，上海企业的信用建档率已突破32%，并实现了在线实时查询信用记录。

五是探索编制小微企业融资成本指数。从2012年开始，成立政府、银行、企业、高校四方联合小组，经过三年探索逐步建立较为成熟的小微企业融资成本指数体系。与传统的利率监测相比，融资成本综合监测有三个创新点：指标采集和指数结构更加贴近实际，既有反映融资成本与经济周期、行业景气度、融资渠道、融资费用关系的分类指数，也有反映企业感受、承受力、敏感性和走势预期的扩散指数；采用信息直报方式，大幅提高数据真实性；引入移动互联网络，增加信息交互能力，政策效果评估更加及时准确。

4. 同业资产明显收缩，买入返售资产减少较多。2015年年末，全市金融机构人民币存放同业、拆放同业和买入返售三项资产余额分别为4 306.4亿元、2 277.3亿元和1 380.3亿元，较年初分别减少349.8亿元、247亿元和2 373.9亿元。买入返售业务作为金融机构融通资金、管理资产负债、创新产品和拓展利润增长点的创新型同业业务，2013年以来一直保持着较快增长。但随着监管部门对同业业务的规范更加严格，加上商业银行总体资金面趋于宽松，从事买入返售业务的动力逐渐下降，以及各总行出于风控考虑将分行买入返售业务权限上收，全市金融机构买入返售业务呈快速收缩态势。

同业负债上半年快速增长，下半年有所收缩。2015年年末，上海市银行业同业负债余额为35 376.1亿元，比年初增加7 107.7亿元，同比少增1 685.3亿元。同业负债上半年大幅增长，主要归因于股市上行吸引了大量资金流入，证券公司、基金公司及登记结算公司在上海各银行的同业存款均显著增加。上半年，同业负债增加11 281.3亿元，同比多增9 554.4亿元。其中，证券公司存放客户交易结算资金增加4 115.5亿元，同比多增3 951.8亿元。7月以来股市大幅回落，同业存放资金也快速流出。下半年，同业负债减少4 173.6亿元，同比多减11 239.7亿元。其中，证券公司存放客户交易结算资金减少2 675.6亿元，同比多减3 589亿元。

5. 贷款利率及定期存款利率降幅明显。受央行继续通过公开市场操作温和注入流动性、降低法定存款准备金率，以及连续下调存贷款基准利率等因素影响，商业银行流动性总体宽松，融资成本趋于下行。2015年12月，活期存款加权平均利率为0.32%，较1月下降0.06个百分点；1年期定期存款加权平均利率为1.95%，较1月下降1.25个百分点；5年期定期存款加权平均利率为3.62%，

表2 2015年上海市金融机构人民币贷款各利率区间占比

单位：%

	月份	1月	2月	3月	4月	5月	6月
	合计	100.0	100.0	100.0	100.0	100.0	100.0
	下浮	31.1	36.6	33.5	30.1	31.1	30.1
	基准	21.7	15.6	19.6	18.2	17.0	17.1
上浮	小计	47.2	47.8	46.9	51.7	51.9	52.8
上浮	(1.0，1.1]	18.2	14.8	14.9	16.7	18.2	17.5
上浮	(1.1，1.3]	17.3	17.4	17.3	20.7	18.0	18.9
上浮	(1.3，1.5]	5.1	6.4	5.3	4.8	6.2	6.7
上浮	(1.5，2.0]	6.6	9.1	9.4	9.3	9.2	9.6
上浮	2.0以上	0.0	0.1	0.1	0.3	0.3	0.2
	月份	7月	8月	9月	10月	11月	12月
	合计	100.0	100.0	100.0	100.0	100.0	100.0
	下浮	34.1	40.3	35.6	37.6	32.2	38.6
	基准	16.2	12.8	16.4	15.2	21.0	17.5
上浮	小计	49.7	46.9	47.9	47.2	46.8	43.9
上浮	(1.0，1.1]	16.6	15.0	14.2	11.6	12.3	11.6
上浮	(1.1，1.3]	18.5	14.0	16.6	15.3	15.2	13.9
上浮	(1.3，1.5]	5.7	7.7	6.4	6.9	6.1	6.0
上浮	(1.5，2.0]	8.2	9.9	10.3	12.8	12.7	11.8
上浮	2.0以上	0.6	0.3	0.5	0.7	0.5	0.7

数据来源：中国人民银行上海总部。

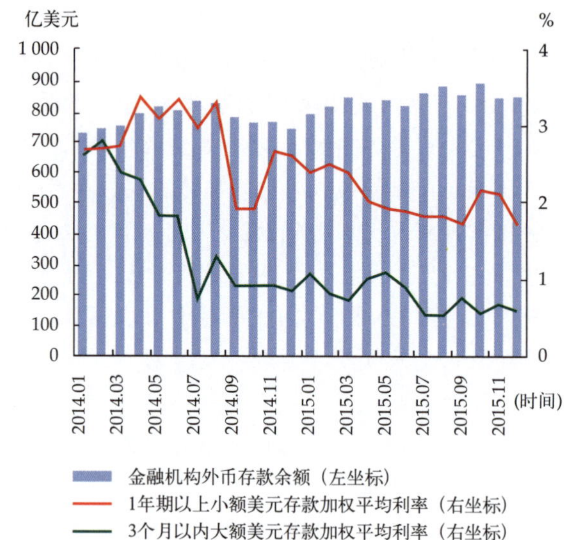

数据来源：中国人民银行上海总部。

图4 2014～2015年上海市金融机构外币存款余额及外币存款利率

较1月下降1.46个百分点；贷款加权平均利率为4.98%，较1月下降1.77个百分点（见表2）。

6. 银行理财产品继续保持较高增速。2015年，全国银行业金融机构在沪累计发行理财产品5.4万只，募集资金16.4万亿元，较上年多募集7.1万亿元，兑付资金15.4万亿元，较上年多兑付6.5万亿元。2015年年末，上海市存续理财产品共计1.8万只，本外币理财资金余额为2.3万亿元，同比增长46.9%，占全国理财资金余额的10%。资金信托产品规模增速继续提高。2015年，全国68家信托公司在沪累计发行资金信托产品1 536只，募集资金2.9万亿元，较上年多募集5 106亿元，兑付资金2.4万亿元，较上年多兑付6 143亿元。2015年年末，上海市存续资金信托计划共计3 266只，本外币资金信托余额为2.1万亿元，同比增长24.3%，占全国资金信托余额的14.2%。

7. 信贷资产质量基本稳定，盈利保持较快增长。2015年年末，全市金融机构不良贷款余额为480.1亿元，比年初上升53亿元；不良贷款率为0.91%，比年初上升0.02个百分点。近年来，由于本地有效信贷需求不足，上海银行业异地贷款和信托显著增多，外地在上海的投资也不断增加。当前周边地区的金融风险仍在继续蔓延，有可能

向上海传导扩散。2015年，全市金融机构实现净利润1 380.5亿元，同比增长17.5%。因上年年末以来五次降息、存款利率上浮区间放开以及市场流动性宽裕，人民币存贷利差不断收窄。但在沪商业银行大力加强产品创新，全面拓宽非息收入来源。2015年全市金融机构中间业务收入同比增长17.7%，加上由于信贷资产质量稳健所带来的拨备需求下降，上海市金融机构的盈利保持较快增长。

8. 跨境收支增长较快，市场购汇意愿持续提升。2015年，上海跨境收支总额为13 851.6亿美元，同比增长30.1%，增速较上年同期上升8.8个百分点。其中，收入为5 406.3亿美元，同比增长18.1%；支出为8 445.2亿美元，同比增长39%；收支逆差为3 038.9亿美元，同比增长102.9%。其中，上海跨境人民币收支总额为4 940.2亿美元，同比增长68.7%，在跨境收支总额中占比35.7%，同比提高8.2个百分点。跨境人民币资金池和“沪港通”业务是推动跨境人民币增长的主要因素。2015年，在沪银行结售汇总额为7 280.4亿美元，同比增长28.8%，增速较上年同期上升16.8个百分点。其中，结汇为2 053.4亿美元，同比减少7.8%；售汇为5 227亿美元，同比增长52.6%；结售汇逆差为3 173.6亿美元，同比增长1.7倍。市场主体购汇意愿持续提升，结汇意愿有所下降。出口外汇收入结汇率为57.5%，下降7个百分点；进口外汇支出购汇率为64.6%，上升6.8个百分点。

（二）证券期货业发展迅猛，融资额大幅增长

1. 证券公司资产规模及经营业绩均大幅增长。2015年年末，上海辖区证券公司合计总资产为15 010.6亿元、净资产为3 464.7亿元、净资本为3 117.7亿元，分别较上年年末增长63.7%、80.1%和115.1%。全年累计实现营业收入1 262.3亿元、净利润581.4亿元，分别较上年同期上升1.4倍和1.7倍。从收入结构看，经纪、自营、投行、资管、融资等各项业务收入的占比分别为43.3%、26.6%、7.8%、8.3%、26.6%，除自营、投行业务比重较2014年年末下降了5.6个和0.6个百分点外，经纪、资管、融资业务分别上升了7.9个、2.6个和2.4个百分点（见表3）。

2. 基金公司资产管理规模快速增长。2015年年末，上海辖区44家基金公司管理资产总规模合计40 202.1亿元，较上年同期增长100.9%，其中，有三家基金公司规模突破2 000亿元。44家基金公司管理公募基金产品1 043只，较上年同期增长30.9%，产品总数占全国的38.7%；总净值26 107.9亿元，较上年同期增长104.47%，占全国的31.3%。44家基金公司开展专户业务，4家开展社保基金管理业务，3家开展企业年金管理业务。辖区基金公司共设立专业子公司37家，海外子公司8家。

3. 期货公司业务规模及盈利水平增速较快。2015年年末，上海辖区31家期货公司客户权益达1 179.5亿元，占全国的30.9%；代理交易额为365.7万亿元，占全国的33%，市场份额较上年有所增长。全年累计实现营业收入65.3亿元（其中，手续费收入为30.9亿元），较上年同期增长36%；实现净利润14.7亿元，较上年同期增长30.1%。从业务创新来看，上海有26家期货公司取得资产管理业务资格，23家公司取得投资咨询业务资格，12家公司设立风险管理服务子公司，2家期货公司取得基金销售业务资格。

4. 证券市场融资额大幅增长。2015年年末，上海辖区上市公司累计直接融资2 568亿元，较上年同期增加3.3倍（不含H股融资，下同）。其中，债权融资1 264.6亿元，较上年同期增加5.9倍；股权融资1 303.4亿元，较上年同期增加2.1倍。

表3 2015年上海市证券业基本情况

项目	数量
总部设在辖内的证券公司数（家）	20
总部设在辖内的基金公司数（家）	44
总部设在辖内的期货公司数（家）	28
年末国内上市公司数（家）	224
当年国内股票（A股）筹资（亿元）	491
当年发行H股筹资（亿元）	13
当年国内债券筹资（亿元）	1 476
其中：短期融资券筹资额（亿元）	655
中期票据筹资额（亿元）	270

数据来源：上海证监局。

（三）保险业稳步增长，助力科技创新发展

1. 保险市场主体继续增加。截至2015年年末，上海市共有55家法人保险机构（见表4），较上年年末新增5家。其中，保险集团公司1家，财产险公司19家，人身险公司25家，再保险公司3家，保险资产管理公司7家。全市共有95家省级保险分支机构，较上年年末新增7家。其中，财产险公司48家，人身险公司45家，再保险公司2家。全市共有215家保险专业中介机构法人，较上年年末增加2家。其中，保险代理机构106家，保险经纪机构66家，保险公估机构43家。全市保险专业中介分支机构共有148家，其中，保险代理机构72家，保险经纪机构53家，保险公估机构23家。

2. 保险业务稳步增长。2015年，上海市原保险保费收入累计1 125.2亿元，同比增长14%。其中，财产险公司原保险保费收入为355.4元，同比增长12.5%；寿险公司原保险保费收入为607.6亿元，同比增长14.9%。产、寿险原保险保费收入比例为34：66，中、外资保险公司原保险保费收入比例为85：15。

3. 寿险给付和意外险赔款支出继续大幅增长，财产险赔付支出增长相对较慢。2015年，上海市保险业赔付支出累计473.6亿元，同比增长25.1%。其中，财产险赔款支出为191.4亿元，同比增长8%；寿险给付为229.3亿元，同比增长44.7%；健康险赔款给付为44.3亿元，同比增长18%；意外险赔款支出为8.7亿元，同比增长57.9%。

4. 保险业助力科技创新发展。2015年，上海市保险业在全国率先推出了航运保险产品注册制、指导上海航运保险协会加入国际海上保险联盟和探索试点保险专业中介机构股权信息登记平台三项重大举措。鼓励“互联网+保险”新模式，支持互联网保险机构和部门在沪聚集发展。推动自贸区离岸保险税制、再保险政策和外汇寿险政策突破优化。着力升级科技保险产品，鼓励保险资金投资“创业苗圃—孵化器—加速器”科技创新创业孵化链条。

表4　2015年上海市保险业基本情况

项目	数量
总部设在辖内的保险公司数（家）	55
其中：财产险经营主体（家）	19
人身险经营主体（家）	25
保险公司分支机构（家）	95
其中：财产险公司分支机构（家）	48
人身险公司分支机构（家）	45
保费收入（中外资，亿元）	1 125.2
其中：财产险保费收入（中外资，亿元）	355.4
人身险保费收入（中外资，亿元）	607.6
各类赔款给付（中外资，亿元）	473.6
保险密度（元/人）	4 659
保险深度（%）	5

数据来源：上海保监局。

（四）金融市场交易活跃，融资结构日趋多元化

1. 融资结构日趋多元化。2015年，上海市社会融资规模占全国比重进一步上升，为2011年以来最高。人民币贷款投放大幅增加，外汇贷款明显减少，委托贷款增速略高于上年，信托贷款大幅萎缩，未贴现银行承兑汇票增加较多，非金融企业债券发行和股票融资持续快速增长。据初步统计，2015年上海市社会融资规模为8 507亿元，同比多增738亿元（见图5）。其中，人民币贷款增加4 252亿元，同比多增931亿元。外汇贷款（折人民币）减少511亿元，同比多减521亿元。委托贷款增加1 539亿元，同比多增91亿元。信托贷款增加726亿元，同比少增1 378亿元。未贴现的银行承兑汇票增加273亿元，同比多增590亿元。非金融企业债券净融资1 476亿元，同比多增781亿元。非金融企业境内股票融资491亿元，同比多增214亿元。

2. 银行间市场交易活跃。2015年，上海银行间同业拆借市场累计成交64.2万亿元，同比增长70.5%。其中，上海金融机构拆入拆出合计27.5万亿元，同比增长47.9%。银行间债券市场质押式回购累计成交432.4万亿元，同比增长103.6%；买断式回购累计成交25.4万亿元，同比增长111.2%。

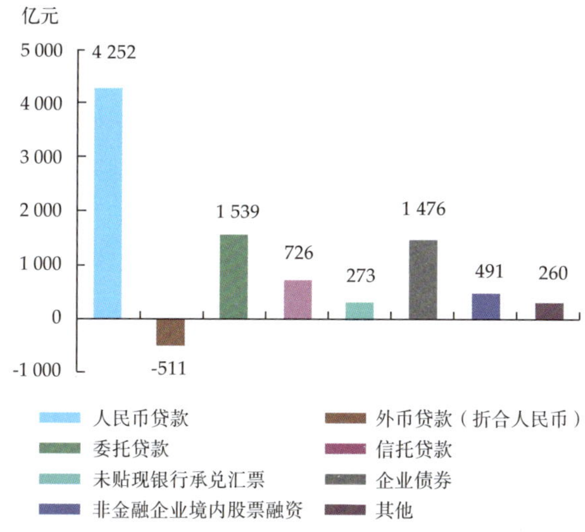

数据来源：中国人民银行上海总部。

图5　2015年上海市社会融资规模分布结构

其中，上海金融机构质押式和买断式正逆回购合计分别成交80.5万亿元和3.9万亿元，同比分别增长64.7%和92%。银行间债券市场现券交易累计成交86.7万亿元，同比大幅增长114.9%。其中，上海金融机构现券买卖合计29.9万亿元，同比增长80.4%。

3. 票据业务稳步增长。2015年，上海市金融机构票据业务除买入返售量有所减少外，其他业务均保持增长，直贴业务增幅最大。全年累计承兑银票9 198.3亿元，同比增长5.5%（见表5）。累计办理企业直接贴现8 564.1亿元，同比增长50.6%；累计办理买断式转贴现转入80 178.8亿元，同比增长33.7%。累计买入返售票据21 915.9亿元，同比减少18.9%；累计卖出回购票据814.9

表5　2015年上海市金融机构票据业务量统计

单位：亿元

季度	银行承兑汇票承兑		贴现			
			银行承兑汇票		商业承兑汇票	
	余额	累计发生额	余额	累计发生额	余额	累计发生额
1	3 088.6	1 729.6	2 608.9	19 005.3	650.1	1 098.1
2	3 688.8	2 582.9	3 864.2	21 807.4	661.6	1 339.6
3	4 033.3	2 269.6	3 979.4	18 033.9	549.6	1 354.5
4	4 443.0	2 639.5	4 008.1	24 966.9	404.9	1 137.6

数据来源：中国人民银行上海总部。

亿元，同比增长26%。2015年年末，上海市金融机构银行承兑汇票余额4 425亿元，较年初显著增长40.3%；票据贴现余额4 412.6亿元，较年初增加36.8%。

4. 货币市场资金较为宽松，融资成本有所下降。受央行继续通过公开市场操作温和注入流动性、降低法定存款准备金率，以及连续下调存贷款基准利率等因素的影响，商业银行流动性总体宽松，同业市场融资利率继续趋于下行。2015年12月，银行间市场同业拆借月加权平均利率为1.97%，比上年同期下降1.51个百分点；质押式债券回购月加权平均利率为1.95%，比上年同期下降1.55个百分点（见表6）。贷款利率及定期存款利率降幅明显，存贷利差有所收窄。2015年12月，活期存款加权平均利率为0.32%，较1月下降0.06个百分点；1年期定期存款加权平均利率为1.95%，较1月下降1.25个百分点；贷款加权平均利率为4.98%，较1月下降1.77个百分点。

表6　2015年上海市金融机构票据贴现、转贴现利率

单位：%

季度	贴现		转贴现	
	银行承兑汇票	商业承兑汇票	票据买断	票据回购
1	5.34	6.05	5.21	5.37
2	3.91	5.17	4.04	3.91
3	3.65	4.69	3.44	3.46
4	3.34	4.15	3.48	3.24

数据来源：中国人民银行上海总部。

5. 股票发行和成交规模均大幅增加。2015年，上海证券交易所股票累计融资8 713亿元，同比大幅增长119.9%，其中，IPO首发融资1 086.9亿元，再融资7 626.1亿元。优先股融资1 959亿元，同比增长90.2%。股票交易累计成交133.1万亿元，同比大幅增长252.9%。上证综指年初开盘3 258.63点，年中最高达到5 178.19点（6月12日），12月末收于3 539.18点，较年初小幅上涨8.6%。

6. 期货交易保持增长，金融期货交易活跃。

2015年，上海期货交易所累计成交量10.5亿手，同比增长24.7%，占全国总成交量的29.4%；累计成交金额63.6万亿元，同比增长0.5%，占全国总成交额的11.5%（见表8）。中国金融期货交易所股指期货和国债期货累计成交3.4亿手，同比增长56.7%，占全国总成交量的9.5%；累计成交金额417.8万亿元，同比大幅增长154.7%，占全国总成交额的75.4%（见表7）。

表7　2015年中国金融期货交易所交易统计

交易品种	累计成交金额（亿元）	同比增长（%）	累计成交量（万手）	同比增长（%）
股指期货	4 117 498.0	152.4	33 478.2	54.5
国债期货	60 106.8	584.2	608.7	559.6
合计	4 177 604.7	154.7	34 086.9	56.7

数据来源：中国金融期货交易所。

表8　2015年上海期货交易所交易统计

交易品种	累计成交金额（亿元）	同比增长（%）	累计成交量（万手）	同比增长（%）
铜	175 913.8	4.3	8 831.9	25.3
铝	12 741.3	32.3	2 290.1	64.4
锌	32 178.9	-3.3	4 523.7	11.9
黄金	59 919.5	0.0	2 531.7	6.1
天然橡胶	102 448.2	-19.8	8 306.8	-6.3
燃料油	5.7	131.8	0.4	163.8
螺纹钢	114 949.4	-1.1	54 103.6	32.6
线材	0.1	-61.6	0.0	-50.8
铅	845.4	-18.4	131.0	-10.1
白银	76 151.5	-33.8	14 478.6	-25.2
石油沥青	7 358.8	2 558.0	3 239.8	4 883.0
合计	635 552.6	0.5	105 049.4	24.7

数据来源：上海期货交易所。

7. 黄金交易持续活跃。2015年，上海黄金交易所各黄金品种累计成交34 067.4吨，同比增长84.3%；成交金额8万亿元，同比增长74.5%。主力合约Au99.99年初以240.6元/克开盘，12月末收于222.86元/克，较年初下跌7.4%。

（五）自贸区金融改革稳步推进，上海国际金融中心建设进一步加快

1. 自贸区各项金融改革开放稳步推进。2015年10月30日，经国务院批准，央行等六部委和上海市政府联合发布《进一步推动中国（上海）自由贸易试验区金融开放创新试点 加快上海国际金融中心建设方案》，全面推进自贸区金融改革和开放，人民币资本项目可兑换和人民币国际化加速前行。在改革主体框架搭建的同时，人民银行上海总部继续推进试验区自由贸易账户体系建设，相继启动分账核算业务境外融资、外币业务以及跨境同业存单等创新业务，同时继续扩大人民币跨境使用等其他创新业务。截至2015年年末，已有42家金融机构提供自由贸易账户相关金融服务；累计开立自由贸易账户44 185个；累计办理跨境结算折合人民币4.4万亿元，境内结算人民币7.5万亿元，境外融资折合人民币1 301亿元，本外币兑换折合人民币4 507亿元；形成了一批可复制可推广的金融创新成果，社会反响良好。

2. 金融市场开放度进一步扩大。截至11月23日，共完成128家境外机构银行间债券市场准入备案。继续推进境外企业发行"熊猫债券"事宜。2015年，包括香港金管局、澳大利亚储备银行等首批境外央行类机构正式进入中国银行间外汇市场。

3. 总部型、功能性金融机构进一步聚集。7月21日，金砖国家新开发银行在上海开业，成为首个总部设于上海的国际金融组织。此外，其他各类总部型、功能性机构加快落户上海，证通公司成立，上海首家以民营资本作为主发起人的保险公司上海人寿以及民营银行华瑞银行正式开业。

4. 基础设施建设和金融产品创新进一步完善。10月，人民币跨境支付系统（一期）上线，为人民币国际化进程起到积极支撑作用。12月，CFETS人民币汇率指数正式推出，标志着人民币定价形成机制的进一步健全。此外，上证50EFT期权等产品上市，黄金交易沪港通开通，金融创新

产品和工具不断增多，上海金融市场交易、定价和综合服务功能提升，金融中心基础功能得以进一步完善。

5. 支付结算平稳增长。2015年，上海市支付系统直接参与方52家。2015年，上海市大额支付系统处理业务9 648万笔，同比增长18.1%；小额支付系统处理业务28 800万笔，同比增长14.9%。

表9　2014～2015年上海市支付体系建设情况

年份	支付系统直接参与方（个）	支付系统间接参与方（个）	当年大额支付系统处理业务数（万笔）	同比增长（%）	当年小额支付系统处理业务数（万笔）	同比增长（%）
2014	51	3 043	8 166.9	17.5	25 065.9	18.6
2015	52	3 812	9 647.6	18.1	28 800.0	14.9

数据来源：中国人民银行上海总部。

二、经济运行情况

2015年，上海积极应对严峻复杂的外部形势变化，主动适应经济发展"新常态"，全力推进创新驱动发展、经济转型升级，各项稳增长政策效应逐步显现，全市经济运行总体平稳。2015年，全市地区生产总值为24 965亿元，同比增长6.9%，增幅比上年回落0.1个百分点，与全国持平，经济运行保持在合理区间（见图6）。

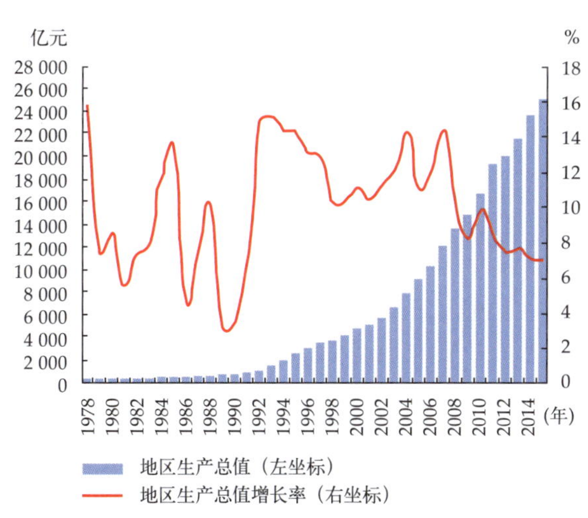

数据来源：上海市统计局、《上海统计年鉴》。

图6　1978～2015年上海市地区生产总值及其增长率

（一）消费对经济增长贡献持续提高，投资和外贸下行压力较大

1. 固定资产投资增速总体回落。2015年，上海市固定资产投资增长5.6%，增速比上年回落0.9个百分点，全年呈倒"V"形走势（见图7）；投资增速比全国低4.4个百分点，分别比东、中、西部地区低7.1个、10.1个和3.4个百分点。从三大投资领域看，在重大项目和重点区域建设的推进下，城市基础设施投资增速持续提高，全年增长34.8%，增速比上年提高33.5个百分点，基建投资成为拉动投资增长的主要力量。受土地约束和房企去库存的影响，房地产开发投资增速逐步回落，全年增长8.2%，增速比上年回落5.5个百分点，但仍高于全国平均水平7.2个百分点。受产业结构调整的影响，传统工业继续去产能，新兴产业仍处于培育阶段，工业投资持续下降，全年下降17.2%，降幅比上年扩大10.7个百分点。从趋势看，上海基建投资主要依靠旧改、交通等项目拉动，增长空间不大；在土地约束和新开工面积小幅增长的背景下，房地产开发投资可能受到一定影响；新旧工业产业难以衔接造成工业投资在短期内难以好转。

2. 消费市场平稳运行。在"新常态"背景下，上海经济增长动力逐渐从投资、工业转向

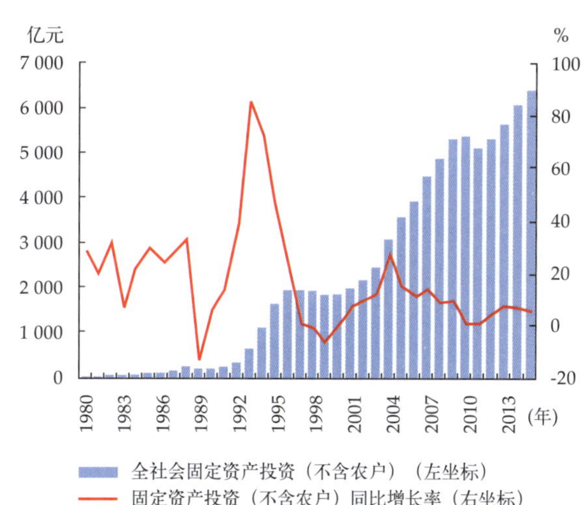

数据来源：上海市统计局、《上海统计年鉴》。

图7　1980～2015年上海市固定资产投资（不含农户）及其增长率

消费、服务业，消费对经济增长的贡献率持续提高。2015年，上海市社会消费品零售总额首次超过万亿元，同比增长8.1%，消费总额和增速连续六年超过投资（见图8）。分行业看，批发零售业零售额增长8.2%，住宿餐饮业零售额增长7.3%。分业态看，无店铺零售额同比增长26.9%，增速比上年提高5.2个百分点，增势明显好于传统商业。分商品类别看，全年通讯器材、机电产品、家用电器和音像器材类商品零售额均达到两位数增长，消费结构持续升级。居民收入水平的稳定提高为消费结构升级提供了有力支撑，商品消费逐步向服务消费转型，文教娱乐养老医疗等服务需求持续增长，为消费持续拉动经济增长奠定了基础。

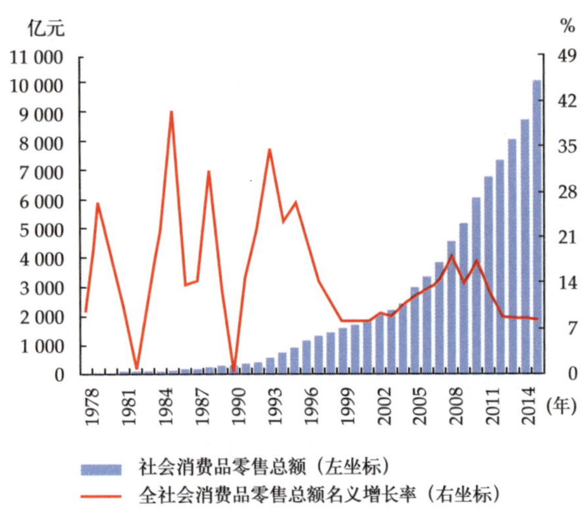

数据来源：上海市统计局、《上海统计年鉴》。

图8　1978～2015年上海市社会消费品零售总额及其增长率

3. 外贸进出口持续低迷。2015年，上海市货物进出口总额为28 060.9亿元，同比下降2.1%，降幅比上年扩大6.7个百分点，降幅比全国小4.9个百分点（见图9）。其中，出口总额下降5.3%，进口总额增长0.5%，贸易逆差为3 603.8亿元。外贸结构不断优化，一是贸易方式更趋合理，一般贸易出口占出口总额的42.6%，占比较上年提升0.8个百分点；二是民营企业对外贸易显示活力，民营企业出口占出口总额的20%，占比较上年提升0.6个百分点；三是出口商品结构进一步优化，高新技术产品

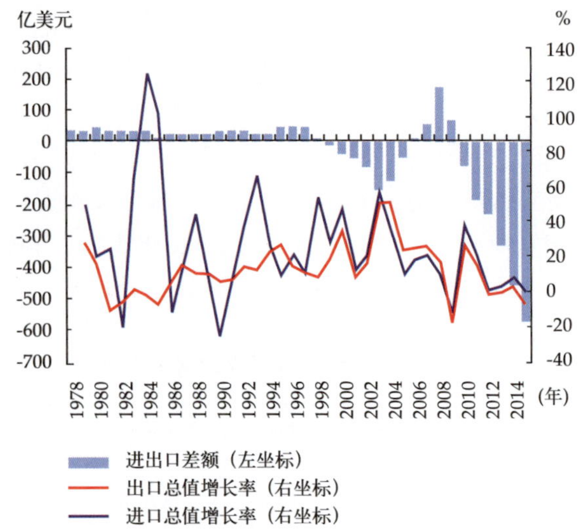

数据来源：上海市统计局、《上海统计年鉴》。

图9　1978～2015年上海市外贸进出口变动情况

出口占出口总额的43.8%，占比较上年提升1.5个百分点；四是进口价格跌幅明显大于出口价格，贸易条件明显改善，对外贸易效益有所提升。

开放型经济水平不断提高。从引资情况看，2015年，全市合同利用外资金额达到589.4亿美元，同比增长86.5%，再创年度引资新高，规模居全国首位（见图10）。实际利用外资达到184.6亿美元，同比增长1.6%，连续十六年实现增长。其中，第三产业实际利用外资占全市实到外资的86.3%，服务业为主的引资结构继续巩固。总部

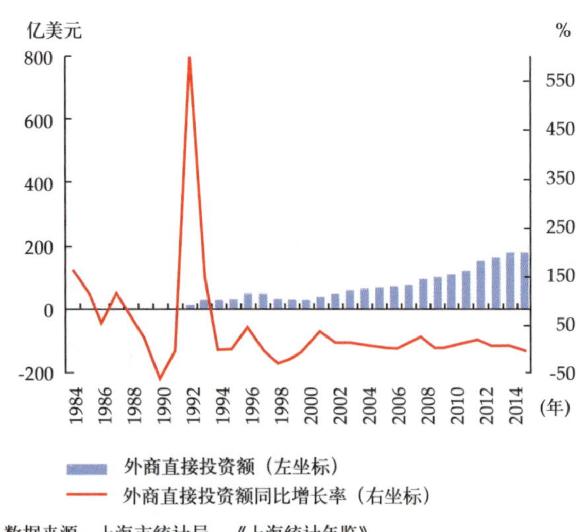

数据来源：上海市统计局、《上海统计年鉴》。

图10　1984～2015年上海市外商直接投资额及其增长率

经济加快集聚，新增跨国公司地区总部45家，其中，亚太地区总部15家。

（二）产业结构调整取得积极进展，服务经济支撑作用明显增强

1. 传统制造业面临较大转型压力。受市场需求疲弱、工业投资不足、主动加大结构调整等因素叠加影响，工业生产增速持续下滑，全年出现负增长。2015年，规模以上工业总产值同比下降0.8%（见图11）。部分重点行业比较优势弱化，钢材、汽车和电子信息行业产值分别下降7.6%、2.3%和1.8%。尤其是近年来主要支撑工业增长的汽车制造业产销增速比上年均有回落，但在国家系列政策带动下，第四季度以来全市汽车市场产销有所回升，12月上汽集团汽车产销分别增长17.5%和26.3%。战略性新兴产业仍处于培育壮大期，增长波动较大。2015年，战略性新兴产业制造业总产值下降1.1%，降幅略大于全市工业0.3个百分点。

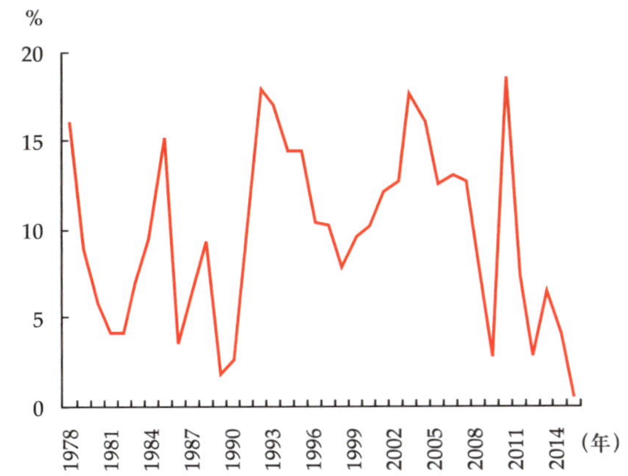

数据来源：上海市统计局、《上海统计年鉴》。

图11　1978～2015年上海市规模以上工业增加值同比增长率

创新发展的引领支撑作用增强。上海全力推进具有全球影响力的科技创新中心建设，为传统制造业转型升级和新兴产业创新发展提供支持，为经济转型发展提供新动力。研发领域的投入明显增加，近年来全社会研发经费支出年均保持两位数增长，研发经费支出相当于地区生产总值的比例逐年提高，2015年达到3.7%左右。

专栏2　金融支持上海科技创新中心建设

根据习近平总书记在上海考察时的指示要求，上海制定出台了加快建设具有全球影响力的科技创新中心“22条意见”，在人才、科技金融、科技成果转化等方面出台实施一批相关配套政策，获批成为全国首批全面创新改革试验区，并出台加快推进上海自贸试验区和张江国家自主创新示范区联动发展的实施方案。推进重大科技基础设施建设，在上海光源、蛋白质科学设施等已有大科学设施的基础上，再争取新一批设施落户，同时推进集成电路装备、高端医疗设备、北斗导航等科技前瞻布局和成果产业化。创新创业环境不断优化。目前，上海共有各类众创空间450家左右，孵化器总数达211家，超90%的孵化器由社会力量创办。

为了进一步推动科技金融服务创新，提高科技创新企业融资的可获得性，为上海加快建设具有全球影响力的科技创新中心营造良好的金融服务环境，2015年8月上海发布《关于促进金融服务创新 支持上海科技创新中心建设的实施意见》（以下简称《意见》）。

《意见》包括推进多元化信贷服务体系创新、发挥多层次资本市场的支持作用、增强保险服务科技创新的功能、推动股权投资创新试点、加大政策性融资担保支持力度、强化互联网金融创新支持功能、鼓励创新创业服务平台与金融机构加强合作、建立科技金融服务工作协调机制8个方面、共20条政策措施。一是开展投贷联动融资服务方式创新，由银行业金融机构设立从事股权投资的全资子公司，与银行形成投贷利益共同体，建立融资风险与收

益相匹配的机制，开展多种形式的股权与债权相结合的融资方式创新。二是设立大型政策性融资担保基金，通过融资担保、再担保和股权投资等形式，与现有政策性融资担保机构、商业性融资担保机构合作，着力打造覆盖全市的中小微企业融资担保和再担保体系。三是上海股权托管交易中心设立科技创新板，服务于科技创新中小微企业，研究科技创新板与其他市场板块的对接机制。四是探索设立为科技创新企业提供全生命周期金融服务的现代科技投资银行，支持不同成长阶段的科技创新企业发展壮大。五是鼓励保险资金通过投资创业投资基金、设立私募股权投资基金，或与国内外成熟的基金管理公司合作等方式，为科技创新企业提供资金融通。

2. 服务业为主的产业结构基本形成。2015年，上海市第三产业增加值同比增长10.6%，增速快于第二产业9.4个百分点；第三产业增加值占全市生产总值的比重为67.8%，比上年提高3.0个百分点，比全国高17.3个百分点。其中，金融业增加值同比增长22.9%，占全市生产总值的比重达16.2%，首次超过批发零售业成为服务业第一大行业；房地产业增加值同比增长9.0%，增速比上年提高5.8个百分点。金融业和房地产业成为引领全市服务业较快发展的两大支柱行业，“四新经济”蓬勃发展，“互联网+”带动新兴产业加快发展，也为服务业注入新动力。

（三）居民消费价格保持稳定，生产类价格持续下降

1. 消费价格涨幅基本稳定。2015年，上海市居民消费价格上涨2.4%，涨幅同比回落0.3个百分点，高于全国平均水平1个百分点（见图12）。其中，翘尾因素影响0.9个百分点，新涨价因素影响1.5个百分点。分类别看，受猪肉价格大幅波动影响，食品类价格波动较大，全年上涨2.9%；受卷烟批发环节价格税率提高影响，烟酒类价格上涨4.2%，涨幅比上年提高3.2个百分点；油价下行对交通运输价格形成持续向下的带动作用，交通和通信类价格自年初开始环比下降，全年下降2.4%；衣着类、居住类、家用设备类、娱乐教育文化用品类和医疗用品类价格分别上涨7.8%、4.6%、2.9%、0.3%和下降0.7%。

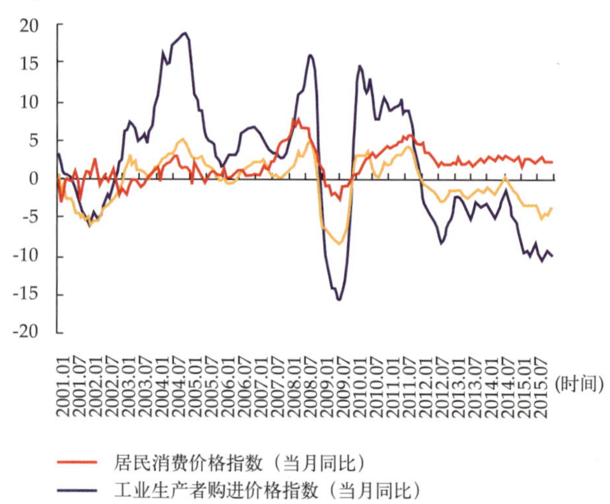

数据来源：上海市统计局、《上海统计年鉴》。

图12　2001～2015年上海市居民消费价格和生产者价格变动趋势

2. 生产类价格持续下降。美元加息等因素导致国际大宗商品价格持续疲软，国内去产能也使得工业品产销走弱，生产资料价格持续下行，跌幅扩大。2015年，上海市工业生产者出厂价格下降3.9%，降幅比上年扩大2.8个百分点，比全国平均水平小1.3个百分点；工业生产者购进价格下降9.4%，降幅比上年扩大5.3个百分点，比全国平均水平大3.3个百分点。其中，工业生产者购进价格已连续48个月同比负增长，下降持续时间超过1997年和2008年金融危机时期。

（四）地方财政收入和居民收入稳定增长，企业效益有所回落

1. 地方财政收入领先增长。随着经济结构调整不断深化，创新转型成效进一步显现，带动全市财政收入较快增长。2015年，上海市完成一般公共预算收入5 519.5亿元，同比增长13.3%，增速比上年提高1.7个百分点（见图13）。其中，来自第三产业的财政收入增长15.4%，占收入总量超过八成，金融、租赁和商务等服务业的财政收入分别增长51.6%和16.1%。2015年，全市完成一般公共预算支出6 191.6亿元，同比增长19.5%，增速比上年提高10.8个百分点。其中，公共安全、医疗卫生、节能环保、城乡社区等领域支出完成情况较好。

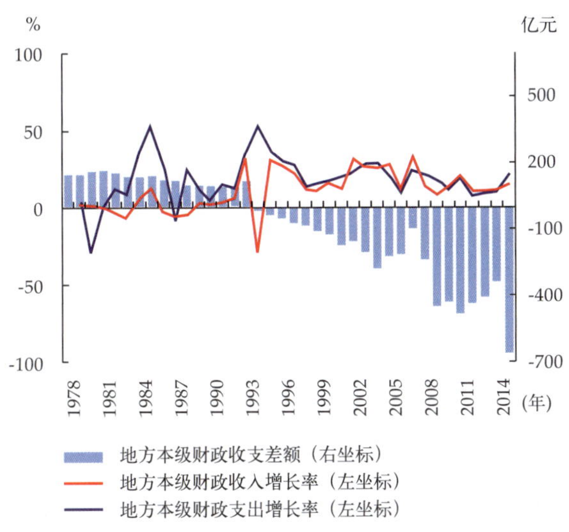

数据来源：上海市统计局、《上海统计年鉴》。

图13　1978～2015年上海市财政收支状况

2. 企业效益有所回落。2015年，全市规模以上工业企业实现利润同比下降0.9%，增速比上年同期回落11.3个百分点，但高于主营业务收入增速3.2个百分点。从走势看，企业利润增速逐步走低，年末有所回升，全年呈“V”形，其中，电子信息、钢铁和成套设备行业对利润增长形成拖累。具体看，汽车制造业利润增长1.2%，增速比上年明显回落16.9个百分点；石化制造业和生物医药制造业利润分别增长97.1%和41.1%，成为支撑全市工业利润增长的主要力量；在产能过剩和需求下降的背景下，钢铁、电子信息和成套设备制造业利润继续收缩，分别下降84.5%、14.6%和3.7%。

3. 居民收入稳定增长。2015年，全市居民人均可支配收入增长8.5%，其中，城镇、农村居民人均可支配收入分别增长8.4%和9.5%，分别比全国平均水平高0.2个和0.6个百分点。就业形势总体稳定。2015年年末，城镇登记失业人数为24.81万人，比上年年末减少0.82万人；全年新增就业岗位59.66万个，其中，农村富余劳动力实现非农就业10.33万个。

（五）加强资源节约和环境保护，主要污染物排放进一步下降

上海市启动实施第六轮环保三年行动计划，环保投入相当于全市生产总值的比例保持在3%左右。全面完成中小锅炉、窑炉的清洁能源替代和黄标车淘汰，新增新能源汽车4.4万辆。出台水污染防治行动计划，完成建成区直排污染源截污纳管，城镇污水处理率达到91%。积极探索重点区域环境综合治理新机制，第一批11个地块治理取得阶段性成果。新建绿地1 190公顷，森林覆盖率达到15%，比五年前提高2.1个百分点。

（六）房地产市场交易活跃，价格较快上涨

2015年，在“3·30新政”等楼市利好政策的推动下，住房消费需求集中释放，房地产市场交易活跃。2015年，全市新建住宅销售面积2 009.2万平方米，同比增长12.8%；存量房买卖登记面积2 647.8万平方米，同比增长66.9%。其中，中高端住宅去化提速，带动成交均价较快上涨，房价上涨压力较大。从需求看，量价齐升局面延续至年末，显示需求具有持续性和稳健性；从供给看，在土地约束背景下，新开工面积难有较快增长，供给继续趋紧。

房地产开发投资增速回落，新开工和竣工面积小幅增加。受土地约束和房企去库存的影响，

上海市房地产开发投资增速逐步回落，全年增长8.2%，增速比上年回落5.5个百分点。新建商品住房新开工面积为1 560万平方米，同比增长0.8%；竣工住房面积为1 589万平方米，同比增长3.5%；施工住宅面积为8 372万平方米，同比下降1.8%（见图14）。

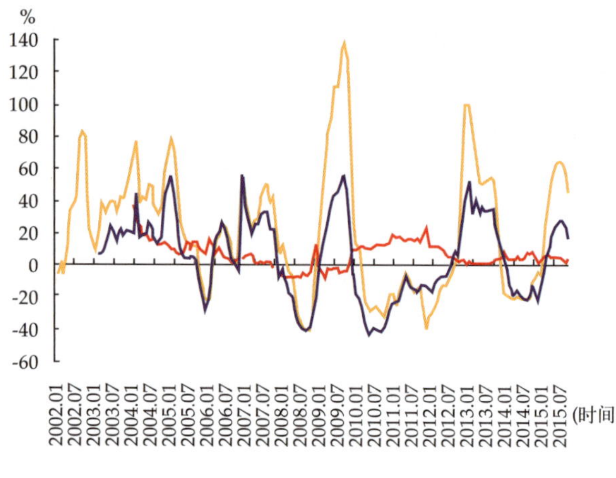

数据来源：上海市统计局、《上海统计年鉴》。

图14　2002～2015年上海市商品房施工和销售变动趋势

房价出现较快上涨。2015年12月，全市新建商品住宅价格和二手住宅价格同比分别上涨18.2%和11.7%，涨幅比上年分别提高22.6个和13.5个百分点（见图15）。从均价走势看，全市市场化新建商品住房和二手存量住房成交均价已连续三年较快上涨，且有加速上涨态势。房价上涨的主要原因之一在于成交结构的变化，改善型需求增加使中高端住宅成交活跃，抬高了成交均价。2015年，全市高端住房成交面积占比达到历史峰值，单价在50 000元/平方米以上的市场化新建商品住房和二手存量住房成交面积占比较2014年均有提高。

房地产贷款较快增长，个人住房贷款增速创新高。2015年年末，上海市中外资商业银行房地产贷款余额接近1.5万亿元，同比增长12%；全年房地产贷款增加1 555亿元，同比多增150亿元。其

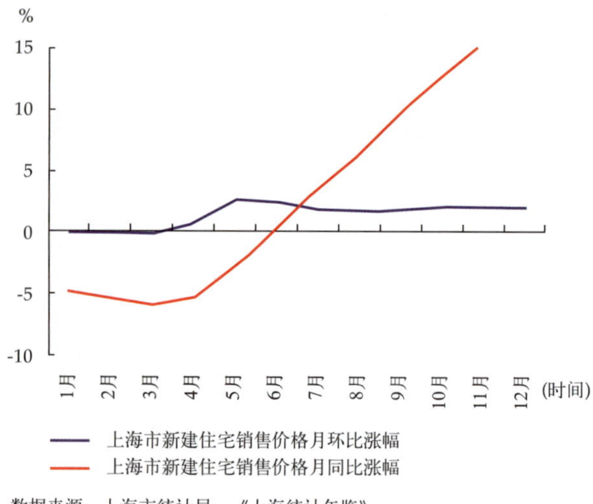

数据来源：上海市统计局、《上海统计年鉴》。

图15　2015年上海市新建住宅销售价格变动趋势

中，个人住房贷款余额增长23%，增速比上年同期提高13个百分点。

三、预测与展望

2016年，受世界经济复苏进程弱于预期，以及全国经济回升基础仍不稳固等因素影响，预计上海市经济增长仍将面临较大下行压力。从国际看，世界经济仍处于国际金融危机后的深度调整期，复苏进程弱于预期，国际金融市场风险隐患增多。此外，大宗商品价格持续下跌，以及美元进一步升值可能给部分新兴经济体带来债务风险及汇率风险，也增加了世界经济复苏的不稳定和不确定性。从国内看，目前我国经济正处在调结构、转方式的关键阶段，结构调整的阵痛在继续释放，增速换挡的压力有所加大，新旧动力的转换仍在进行之中，新动力还难以对冲传统动力下降的影响，国内经济下行压力仍然较大。与此同时，我们也要看到，我国经济长期向好的基本面没有改变，仍具有巨大的韧性、潜力和回旋余地。

从上海看，全市经济基础仍有待夯实，经济结构转型升级任重道远。一方面国内外需求难以明显好转，实体经济发展仍然存在较多困难，经济对金融的依赖度显著增加。但另一方面，作为

"十三五"的开局之年，上海经济发展中的有利因素也在逐渐增多，目前全市财政、就业和物价形势较好，改革开放和结构调整积极效应持续显现。自贸试验区建设取得重要进展，形成了一批可复制、可推广的制度创新成果，率先改革开放效应显现。科创中心建设也将进一步激发全社会创新创业活力。房地产市场回暖态势基本确立，迪士尼的开业将有力地推动上海旅游业的发展。因此我们预计，2016年全市经济总体将呈振荡回升态势，经济增长率有望保持在7%左右。

总体来看，2016年上海市信贷增长仍将面临诸多困难。首先，受产能过剩、需求不足等因素影响，目前制造业企业的投资和融资意愿普遍不强，而票据融资也面临收益率大幅下降的困境。其次，受清理整顿地方政府融资平台及地方债置换的影响，部分政府融资平台项目将提前还款，而释放的信贷规模无法全部转化成贷款发放，对银行收入产生负面影响。再次，金融机构出于风险控制的考虑，对部分行业和类型的企业信贷审批条件难以放松，导致央行贷款基准利率下调被风险溢价上升所抵消，一方面弱化了货币政策效果，另一方面也可能加剧逆向选择。最后，部分行业担保链、股权质押问题及信贷风险有可能继续暴露，并对银行利润及宏观调控产生一定冲击。同时，我们也应看到促进贷款增长的有利因素。在人民银行货币政策引导下，贷款利率总体趋于下降，取消贷存比指标限制后商业银行的贷款额度将更加宽松，部分企业有从其他高利率融资方式转回贷款融资、从海外融资转回国内融资的迹象。房地产市场持续回暖将刺激个人住房贷款需求的提高；上海市的一些旧区改造项目、市政基础设施建设项目等融资需求有望在2016年陆续释放；推进科创中心建设也令新产业、新业态相关贷款快速增长。综合考虑各方因素，2016年全市信贷投放可能比2015年有所增加。

根据当前的政策环境和经济金融运行情况，2016年上海市各金融机构要认真做好以下各项工作：一是继续实施稳健的货币政策，实现货币信贷和社会融资规模合理增长，支持实体经济发展。二是盘活存量、优化增量，支持经济结构调整和转型升级。三是继续做好市场基准利率培育工作，稳步推进利率市场化改革。四是对接"一带一路"战略实施，大力推进自贸区金融改革创新。五是创新金融服务，支持上海打造具有全球影响力的"科创中心"。六是建立金融风险监测预警系统，切实维护金融体系稳定。

中国人民银行上海总部货币政策分析小组

总　纂：王振营

统　稿：刘　斌

执　笔：刘　斌　李冀申　张挽虹

提供材料的还有：颜永嘉　张国文　郭　芳　钱国根　施　恬　邵　珺　邹丽华　王　晟

附录

（一）2015年上海市经济金融大事记

2月9日，首个股票期权产品上证50ETF期权合约上市交易。

3月30日，经中国人民银行批准，上海清算所正式开展债券净额清算业务，标志着银行间债券市场净额清算的交易类型、参与主体的双扩容。

4月20日，国务院正式发布《关于印发进一步深化中国（上海）自由贸易试验区改革开放方案的通知》。自贸试验区扩展至陆家嘴金融片区（34.26平方公里）、金桥开发片区（20.48平方公里）、张江高科技片区（37.2平方公里）。

6月25日，航运保险产品注册制改革发布会暨启动仪式在上海举行。

7月21日，金砖国家新开发银行开业仪式在沪举行。

8月21日，上海市政府办公厅印发《关于促进金融服务创新 支持上海科技创新中心建设的实施意见》。

10月8日，由中国人民银行组织建设的人民币跨境支付系统（CIPS）一期在上海上线运行，为境内外金融机构人民币跨境和离岸业务提供资金清算、结算服务。

12月11日，中国外汇交易中心首次发布CFETS人民币汇率指数。

12月28日，上海股权托管交易中心“科技创新板”正式开盘。首批挂牌企业27家，其中，科技型企业21家，创新企业6家。

（二）2015年上海市主要经济金融指标

表1　2015年上海市主要存贷款指标

		1月	2月	3月	4月	5月	6月	7月	8月	9月	10月	11月	12月
本外币	金融机构各项存款余额（亿元）	90 540.6	89 081.7	91 344.7	96 478.9	103 038.4	104 424.1	105 558.9	104 674.5	101 802.1	101 025.7	102 782.5	103 760.6
	其中：住户存款	22 547.0	23 052.7	23 325.8	22 925.4	22 426.9	23 204.7	23 041.9	23 127.8	23 510.8	23 065.8	23 020.2	23 384.7
	非金融企业存款	33 877.3	32 434.1	33 497.6	33 888.1	34 832.6	35 630.9	34 996.5	35 468.9	35 673.5	35 746.0	36 708.3	38 042.0
	各项存款余额比上月增加（亿元）	152.7	-1 458.9	2 263.0	5 134.2	6 559.6	1 385.7	1 134.8	-884.4	-2 872.4	-776.4	1 756.8	978.1
	金融机构各项存款同比增长（%）	16.6	11.1	12.0	15.8	23.3	23.8	22.6	20.8	21.3	18.1	14.9	14.4
	金融机构各项贷款余额（亿元）	48 979.2	49 473.5	50 141.7	50 316.0	50 890.4	51 520.9	51 843.0	52 531.9	53 110.8	52 965.6	52 967.3	53 387.2
	其中：短期	13 741.8	13 923.4	14 144.1	14 119.0	14 087.2	14 233.1	14 093.2	14 429.0	14 429.1	14 237.8	14 260.9	14 182.3
	中长期	28 905.0	29 131.1	29 285.4	29 417.9	29 496.0	29 699.5	29 849.8	29 975.7	30 325.3	30 448.6	30 248.7	30 416.8
	票据融资	2 480.3	2 482.4	2 485.6	2 516.5	2 789.7	3 222.9	3 357.7	3 458.4	3 518.6	3 332.3	3 216.5	3 467.2
	各项贷款余额比上月增加（亿元）	472.5	494.3	668.2	174.4	574.4	630.4	322.1	688.9	578.9	-145.2	1.6	420.0
	其中：短期	312.2	181.7	220.7	-25.1	-31.8	145.9	-139.8	335.8	0.1	-191.3	23.1	-78.6
	中长期	471.5	226.1	154.3	132.5	78.1	203.5	150.3	125.9	349.5	123.4	-199.9	168.0
	票据融资	-78.9	2.1	3.2	31.0	273.2	433.2	134.8	100.6	60.2	-186.3	-115.9	250.7
	金融机构各项贷款同比增长（%）	8.1	8.3	8.5	8.4	9.1	9.0	9.9	10.5	12.5	11.9	10.7	10.1
	其中：短期	-1.7	-2.1	-2.0	-2.4	-1.9	-1.1	-0.1	4.4	6.9	6.7	5.7	5.7
	中长期	9.6	9.6	9.7	9.2	8.9	8.9	8.5	8.2	9.0	9.4	7.9	6.9
	票据融资	45.1	52.0	46.8	52.9	64.6	78.2	73.5	63.6	62.6	43.0	29.1	35.5
	建筑业贷款余额（亿元）	1 318.3	1 346.0	1 370.9	1 375.0	1 362.4	1 349.6	1 342.1	1 318.6	1 316.8	1 308.8	1 310.5	1 214.5
	房地产业贷款余额（亿元）	6 848.9	6 838.9	6 847.6	6 872.7	6 904.9	7 009.9	6 930.3	6 931.6	6 953.2	6 977.8	6 935.9	6 847.0
	建筑业贷款同比增长（%）	2.3	4.6	5.3	7.0	3.8	1.3	-0.8	-2.6	-1.6	-2.1	-2.5	-3.2
	房地产业贷款同比增长（%）	20.1	18.8	17.8	16.8	15.7	14.8	11.9	11.2	9.4	9.4	6.3	4.3
人民币	金融机构各项存款余额（亿元）	85 686.6	84 043.5	86 154.0	91 320.7	97 897.6	99 384.6	100 283.5	99 006.4	96 342.2	95 341.6	97 362.0	98 266.5
	其中：住户存款	21 877.8	22 362.7	22 624.1	22 214.8	21 729.7	22 511.8	22 315.3	22 313.3	22 683.4	22 236.8	22 180.9	22 473.8
	非金融企业存款	30 723.2	29 100.0	30 049.0	30 447.3	31 438.0	32 292.0	31 473.3	31 621.9	32 092.7	32 105.8	33 268.6	34 634.7
	各项存款余额比上月增加（亿元）	-126.0	-1 643.1	2 110.5	5 166.7	6 576.9	1 487.0	898.9	-1 277.2	-2 664.2	-1 000.6	2 020.4	904.5
	其中：住户存款	-197.8	484.9	261.4	-409.3	-485.2	782.1	-196.4	-2.1	370.2	-446.6	-55.9	293.0
	非金融企业存款	-93.0	-1 623.3	949.1	398.3	990.8	854.0	-818.7	148.7	470.7	13.1	1 162.9	1 366.1
	各项存款同比增长（%）	17.1	11.2	12.0	16.5	24.7	25.2	24.0	21.4	21.8	17.9	14.9	14.1
	其中：住户存款	0.9	4.8	1.4	2.6	-0.3	-2.3	1.1	2.6	0.2	2.1	2.2	0.3
	非金融企业存款	7.5	1.0	0.7	1.8	6.6	5.0	7.2	8.8	9.4	9.4	10.7	12.0
	金融机构各项贷款余额（亿元）	43 960.3	44 408.2	44 893.0	45 106.8	45 642.0	46 151.6	46 175.8	46 701.4	47 469.9	47 412.6	47 525.9	48 090.8
	其中：个人消费贷款	8 920.4	8 994.9	9 076.8	9 161.0	9 249.8	9 407.2	9 548.4	9 732.3	10 001.5	10 192.1	10 447.4	10 751.6
	票据融资	2 479.6	2 481.7	2 484.8	2 515.8	2 788.8	3 222.0	3 356.9	3 457.1	3 517.5	3 330.6	3 214.9	3 467.1
	各项贷款余额比上月增加（亿元）	621.2	447.8	484.8	213.8	535.2	509.6	24.2	525.6	768.6	-57.4	113.3	564.9
	其中：个人消费贷款	166.8	74.5	81.8	84.2	88.8	157.4	141.3	183.9	269.2	190.6	255.3	304.2
	票据融资	-78.9	2.1	3.1	31.0	273.0	433.2	134.8	100.2	60.3	-186.9	-115.7	252.2
	金融机构各项贷款同比增长（%）	8.3	8.7	8.7	9.0	9.6	9.4	9.8	10.3	12.0	11.5	10.8	11.0
	其中：个人消费贷款	10.9	11.3	12.5	12.6	12.3	13.1	13.9	15.1	17.1	19.2	21.3	22.8
	票据融资	45.1	52.0	46.8	52.9	64.6	78.2	73.5	63.6	62.6	43.0	29.1	35.5
外币	金融机构外币存款余额（亿美元）	790.9	819.6	845.1	843.7	840.1	824.3	862.4	887.1	858.3	895.2	847.5	846.1
	金融机构外币存款同比增长（%）	9.0	9.5	11.7	5.8	2.9	2.4	2.4	6.6	9.8	17.7	9.7	13.0
	金融机构外币贷款余额（亿美元）	817.8	824.0	854.5	852.1	857.6	878.2	926.4	912.5	886.8	874.6	850.7	815.6
	金融机构外币贷款同比增长（%）	6.1	4.6	6.7	4.2	6.2	6.4	11.8	8.6	13.2	12.2	6.0	-3.4

数据来源：中国人民银行上海总部。

表2 2001～2015年上海市各类价格指数

单位：%

年/月	居民消费价格指数		农业生产资料价格指数		工业生产者购进价格指数		工业生产者出厂价格指数	
	当月同比	累计同比	当月同比	累计同比	当月同比	累计同比	当月同比	累计同比
2001	—	0.0	—		—	-1.3	—	-3.3
2002	—	0.5	—		—	-2.3	—	-3.6
2003	—	0.1	—		—	6.4	—	1.4
2004	—	2.2	—		—	16.4	—	3.6
2005	—	1.0	—		—	6.8	—	1.7
2006	—	1.2	—		—	4.8	—	0.6
2007	—	3.2	—		—	4.1	—	1.2
2008	—	5.8	—		—	10.3	—	2.2
2009	—	-0.4	—		—	-10.2	—	-6.2
2010	—	3.1	—		—	11.2	—	2.3
2011	—	5.2	—		—	7.5	—	2.9
2012	—	2.8	—		—	-5.3	—	-1.6
2013	—	2.3	—		—	-3.5	—	-1.8
2014	—	2.7	—		—	-4.1	—	-1.1
2015	—	—	—		—	—	—	—
2014 1	3.0	3.0			-3.8	-3.8	-1.3	-1.3
2	2.7	2.8			-4.5	-4.2	-1.7	-1.5
3	2.5	2.7			-5.1	-4.5	-1.8	-1.6
4	2.3	2.6			-4.3	-4.5	-1.3	-1.5
5	2.9	2.7			-3.7	-4.3	-0.8	-1.4
6	2.6	2.6			-2.7	-4.1	-0.4	-1.2
7	3.0	2.7			-1.7	-3.7	0.1	-1.0
8	2.6	2.7			-2.3	-3.6	-0.1	-0.9
9	2.7	2.7			-3.5	-3.6	-0.8	-0.9
10	2.4	2.7			-4.8	-3.7	-1.2	-0.9
11	2.6	2.7			-5.5	-3.8	-1.8	-1.0
12	2.6	2.7			-6.8	-4.1	-2.3	-1.1
2015 1	1.8	1.8			-8.6	-8.6	-3.3	-3.3
2	2.6	2.2			-9.6	-9.1	-3.6	-3.3
3	2.5	2.3			-9.2	-9.1	-3.5	-3.3
4	2.6	2.4			-9.9	-9.3	-3.5	-3.5
5	2.3	2.4			-8.7	-9.2	-3.4	-3.4
6	2.4	2.4			-8.5	-9.1	-3.4	-3.4
7	2.6	2.4			-9.7	-9.2	-4.1	-3.5
8	2.8	2.5			-10.4	-9.3	-4.9	-3.7
9	2.2	2.4			-9.8	-9.4	-4.7	-3.8
10	2.4	2.4			-9.3	-9.4	-4.6	-3.9
11	2.4	2.4			-9.7	-9.4	-4.2	-3.9
12	2.3	2.4			-9.8	-9.4	-3.9	-3.9

数据来源：上海市统计局、《上海统计年鉴》。

表3　2015年上海市主要经济指标

	1月	2月	3月	4月	5月	6月	7月	8月	9月	10月	11月	12月
绝对值（自年初累计）												
地区生产总值（亿元）	—	—	5 815.8	—	—	11 887.0	—	—	17 866.2	—	—	24 965.0
第一产业	—	—	17.7	—	—	39.4	—	—	63.7	—	—	109.8
第二产业	—	—	1 901.3	—	—	3 877.5	—	—	5 713.2	—	—	7 940.7
第三产业	—	—	3 896.8	—	—	7 970.1	—	—	12 089.3	—	—	16 914.5
工业增加值（亿元）	—	—	1 709.1	—	—	3 511.3	—	—	5 175.7	—	—	7 109.9
固定资产投资（亿元）	—	675.1	1 099.0	1 523.7	2 015.9	2 605.5	3 161.5	3 616.3	4 153.6	4 768.4	5 470.4	6 352.7
房地产开发投资	—	453.1	713.0	950.4	1 220.1	1 550.0	1 835.5	2 085.7	2 375.1	2 721.0	3 126.3	3 468.9
社会消费品零售总额（亿元）	—	1 582.2	2 366.0	3 148.4	4 006.5	4 832.9	5 669.9	6 526.6	7 365.4	8 298.8	9 179.9	10 055.8
外贸进出口总额（亿元）	2 353.8	4 269.8	6 514.9	8 788.4	11 007.0	13 259.1	15 697.6	17 993.6	20 601.6	23 060.0	25 489.5	28 060.9
进口	1 259.6	2 270.4	3 653.0	4 963.4	6 154.1	7 456.9	8 851.6	10 139.9	11 573.3	12 915.4	14 299.4	15 832.3
出口	1 094.2	1 999.4	2 862.0	3 825.1	4 853.0	5 802.3	6 846.0	7 853.8	9 028.4	10 144.7	11 190.2	12 228.6
进出口差额(出口－进口)	-165.4	-271.0	-791.0	-1 138.3	-1 301.1	-1 654.6	-2 005.7	-2 286.1	-2 544.9	-2 770.7	-3 109.2	-3 603.8
外商实际直接投资（亿美元）	11.6	24.7	41.3	54.6	68.5	85.5	104.0	124.4	145.5	159.7	173.8	184.6
地方财政收支差额（亿元）	651.8	726.6	669.2	889.8	845.4	677.8	1 021.9	1 047.5	745.4	695.9	190.6	-672.1
地方财政收入	869.1	1 286.5	1 651.7	2 272.8	2 813.0	3 213.1	3 827.8	4 180.5	4 483.0	4 865.6	5 184.9	5 519.5
地方财政支出	217.3	559.9	982.5	1 383.1	1 967.5	2 535.3	2 805.9	3 133.0	3 737.6	4 169.7	4 994.3	6 191.6
城镇登记失业率(%)(季度)	—	—	—	—	—	—	—	—	—	—	—	4.1
同比累计增长率（%）												
地区生产总值	—	—	6.6	—	—	7.0	—	—	6.8	—	—	6.9
第一产业	—	—	1.5	—	—	-8.1	—	—	-10.4	—	—	-13.2
第二产业	—	—	1.6	—	—	1.9	—	—	-0.2	—	—	1.2
第三产业	—	—	9.8	—	—	10.2	—	—	11.1	—		10.6
工业增加值	—	0.8	1.0	1.1	1.1	1.3	-0.1	-0.9	-0.9	-1.0	0.0	0.5
固定资产投资	—	2.1	3.2	5.8	7.5	8.4	8.7	7.0	6.1	5.7	4.6	5.6
房地产开发投资	—	13.5	13.4	15.0	15.5	15.8	14.2	11.2	9.2	8.9	8.0	8.2
社会消费品零售总额	—	8.1	7.8	7.8	8.0	8.2	8.2	8.0	8.0	8.0	8.1	8.1
外贸进出口总额	-9.4	-1.9	-2.7	-3.6	-4.0	-3.4	-3.1	-3.1	-2.2	-2.0	-2.0	-2.1
进口	-10.0	-7.8	-3.5	-3.0	-3.6	-1.7	-0.7	-0.4	-0.3	-0.2	0.3	0.5
出口	-8.7	5.9	-1.6	-4.3	-4.6	-5.5	-6.0	-6.3	-4.6	-4.2	-4.9	-5.3
外商实际直接投资额	6.3	3.9	2.2	-5.5	-7.4	-7.1	-4.6	-1.7	-4.6	-2.3	0.1	1.6
地方财政收入	11.8	10.4	11.8	13.1	13.6	13.1	14.1	14.9	15.0	12.3	12.9	13.3
地方财政支出	-10.6	37.3	3.3	7.0	14.9	8.9	9.0	11.7	18.3	22.8	25.2	19.5

数据来源：上海市统计局、《上海统计年鉴》。

2015年江苏省金融运行报告

中国人民银行南京分行货币政策分析小组

[内容摘要] 2015年，面对错综复杂的宏观经济环境和艰巨繁重的改革发展任务，江苏省坚持稳中求进的工作总基调，主动适应经济发展"新常态"，妥善应对各种风险挑战，全省经济运行总体平稳、稳中有进、稳中有好；稳在速度总量，进在转型升级，好在质量效益。金融业总体运行稳健，货币信贷投放创历史新高，直接债务融资实现"四连冠"，贷款利率持续下行，企业融资成本压力有所缓解。深化金融改革创新取得积极进展，金融基础设施不断完善。证券业实力明显提升，多层次资本市场发展实现新突破，保险业平稳较快发展。

2016年，江苏省将继续坚持稳中求进工作总基调，按照"创新、协调、绿色、开放、共享"五大发展理念，加大供给侧结构改革力度，促进江苏经济转型升级和持续健康发展，确保"十三五"开局平稳。全省金融系统将认真贯彻落实稳健的货币政策，积极推进金融改革创新，不断加大对经济重点领域和薄弱环节的金融支持力度，进一步提高金融资源配置效率，助推江苏经济稳中趋好、稳中趋优。

一、金融运行情况

2015年，江苏省金融业平稳健康运行，社会融资规模增长适度，金融市场交易活跃。金融基础设施建设不断完善，金融生态环境持续优化。证券业实力明显提升，多层次资本市场建设迈上新台阶。保险业组织体系不断完善，保险资金运用取得新突破。

（一）银行业规模稳步增长，新增贷款创历史新高

1. 机构规模稳步增长，组织体系更趋完备。2015年年末，江苏省银行业金融机构资产总额达13.5万亿元，同比增长11.6%。机构数量稳步增加，年末地方法人金融机构数量达164家，比年初新增8家（见表1）。62家农合机构改制工作圆满收官，6家非银机构顺利筹建和开业，10家台资银行落户江苏。盈利增长趋缓，全年银行业金融机构实现税后净利润1 450.8亿元，比上年下降4.5%。金融对实体经济支撑作用进一步增强，全年实现金融业增加值5 332.9亿元，同比增长15.7%，其中，银行业增加值在70%以上。

表1　2015年江苏省银行业金融机构情况

机构类别	营业网点			法人机构（个）
	机构个数（个）	从业人数（人）	资产总额（亿元）	
一、大型商业银行	5 178	112 320	50 403.5	0
二、国家开发银行和政策性银行	93	2 331	6 454.0	0
三、股份制商业银行	1 183	39 932	26 420.5	0
四、城市商业银行	858	26 047	25 195.2	4
五、小型农村金融机构	3 241	47 736	19 579.6	63
六、财务公司	13	360	682.9	11
七、信托公司	4	428	196.1	4
八、邮政储蓄银行	2 530	9 409	5 214.1	0
九、外资银行	78	2 395	1 175.5	6
十、新型农村金融机构	199	4 162	654.2	72
十一、其他	4	385	472.6	4
合　计	13 381	245 505	136 448.1	164

注：营业网点不包括国家开发银行和政策性银行、大型商业银行、股份制银行等金融机构总部数据；大型商业银行包括中国工商银行、中国农业银行、中国银行、中国建设银行和交通银行；小型农村金融机构包括农村商业银行；新型农村金融机构包括村镇银行、贷款公司和农村资金互助社；"其他"包含金融租赁公司、汽车金融公司、货币经纪公司、消费金融公司等。

数据来源：中国人民银行南京分行、江苏银监局。

2. 各项存款增长平稳，存款稳定性有所增强。2015年年末，全省金融机构本外币存款余额为11.1万亿元，同比增长11.6%，增速比上年年末提高0.5个百分点，比年初增加12 012.5亿元，同

比多增2 071.3亿元。分币种看，人民币存款增加较多，全年新增人民币存款11 766亿元，同比多增2 313.3亿元（见图1）；外汇存款大幅少增，全年新增外汇存款7.6亿美元，同比少增70.5亿美元，主要是因为在全球经济复苏缓慢的背景下，国内进出口企业盈利能力下降导致相应外汇存款减少。

受存款偏离度考核等因素影响，金融机构存款“季末冲高、季初回落”的现象有所改善。2015年7月、10月，全省人民币存款月环比分别仅减少840亿元和356亿元，明显低于历史同期1 000亿元以上的月环比降幅。

中小银行存款稳定性有所提高。《存款保险条例》实施以来，全省银行业金融机构经营秩序正常，各项存款平稳增长，未出现中小银行机构存款搬家现象。2015年，全省农村金融机构新增人民币存款1 877亿元，同比多增306亿元；年末人民币存款余额同比增长14.7%，高出总体存款增速3.1个百分点。

3. 贷款增长有所加快，新增贷款创历史新高。2015年年末，江苏省本外币贷款余额为8.1万亿元，同比增长12.0%，增速比上年年末提高0.4个百分点。全年新增本外币贷款8 669.2亿元，

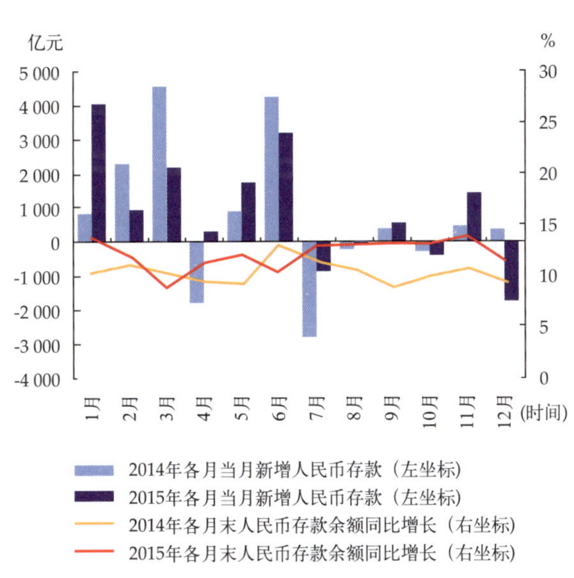

数据来源：中国人民银行南京分行。

图1 2014～2015年江苏省金融机构人民币存款增长变化

同比多增1 325.7亿元（见图2）。全年新增贷款较多主要受三方面因素影响：一是在稳增长力度加码、地方政府融资平台在建项目融资约束放松，以及住房政策频出利好的背景下，基础设施和房地产相关领域贷款增加较多。二是自2015年以来，央行适时运用公开市场操作、中期借贷便利、降准等货币政策工具，保持了市场流动性充裕，商业银行信贷供给能力明显增强。三是在表外业务监管逐步规范的背景下，部分表外融资转入表内信贷，也推动了贷款的增长。

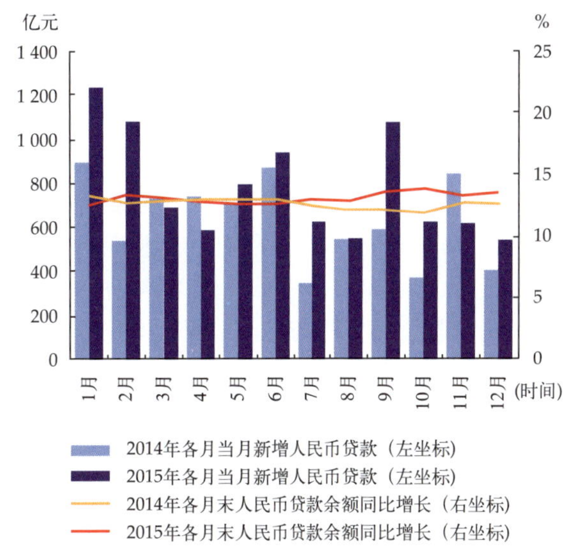

数据来源：中国人民银行南京分行。

图2 2014～2015年江苏省金融机构人民币贷款增长变化

从币种结构看，人民币贷款增长较快，全年新增人民币贷款9 285.1亿元，同比多增1 784.0亿元，新增额创历史新高（见图2）。外汇贷款持续回落。受美联储加息以及人民币汇率预期变化等因素的影响，经济主体倾向减少外币负债，外汇贷款全年减少较多。2015年年末，全省金融机构外汇贷款余额为354.7亿美元，同比下降25.7%，增速创近三年新低，降幅比上年年末扩大20.2个百分点。

从期限结构看，短期贷款与票据融资此消彼长，中长期贷款维持高位增长。2015年，全省短期贷款保持低位增长，年末本外币短期贷款余额

同比仅增长2.9%，比年初增加889.4亿元，同比多增294.9亿元。票据融资增长较快，年末票据融资余额增速高达47.9%，比年初增加1 545.5亿元，同比多增420.5亿元。中长期贷款增长较多，年末全省本外币中长期贷款余额增速为17.7%，比年初增加5 957.4亿元，同比多增382.6亿元。

从贷款投向看，基础设施贷款维持高位增长，制造业信贷投放继续缩减，房地产贷款增势平稳。2015年，全省金融机构本外币基础设施行业贷款余额为1.2万亿元，同比增长13.6%，全年新增1 420.9亿元，同比多增33.6亿元。受产能过剩、企业盈利能力下降等因素制约，制造业贷款继续缩减。2015年年末，全省制造业本外币贷款余额为1.6万亿元，较年初下降434.5亿元。分月看，自7月开始，制造业贷款连续6个月增量为负。受保障房建设速度加快、新型城镇化建设力度加大和部分城市房地产市场升温等因素影响，房地产行业贷款持续稳定增长。2015年年末，全省金融机构本外币房地产贷款余额为2.1万亿元，同比增长19.4%，增速比上年年末提高3.0个百分点。2015年，全省金融机构房地产贷款增加3 322.4亿元，同比多增896.5亿元。

从政策导向看，信贷结构更加侧重于调结构、惠民生。在调结构方面，金融机构对现代服务业、科技、文化等新兴领域的支持力度不断加大，2015年年末，全省服务业贷款余额占各行业贷款余额的60.5%，占比比上年年末提高2.8个百分点，高新技术企业贷款余额为3 265亿元，推动当年工业技改投资同比增长25.6%，文化产业贷款余额为1 184亿元，同比增长22.6%，高出全部贷款增速10.6个百分点。在扶持薄弱环节方面，人民银行南京分行充分发挥再贷款、再贴现的结构引导功能，在全国率先探索开展县域银行业金融机构新增存款更多用于当地贷款评价工作，积极引导金融机构加大对“三农”、小微企业的支持力度，2015年年末，全省金融机构本外币小微企业贷款（不含票据融资）余额为1.88万亿元，同比增长11.4%，增速比上年年末上升1.2个百分点，本外币涉农贷款余额为2.6万亿元，扣除连云港赣榆撤县建区的影响，同比增长8.5%，增速比上年年末上升1.8个百分点。

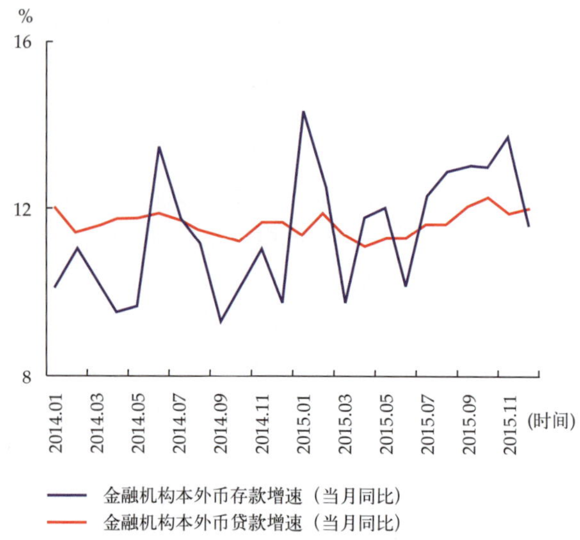

数据来源：中国人民银行南京分行。

图3　2014～2015年江苏省金融机构本外币存、贷款增速变化

4. 存贷款利率明显下行。在贷款基准利率多次下调以及政府相关部门多措并举降低企业融资成本的背景下，金融机构存贷款利率明显下降。2015年12月，全省定期存款加权平均利率为1.8803%，分别比6月、9月下降85.0个基点和30.8个基点。第一至第四季度，全省金融机构新发放非金融企业及其他部门贷款加权平均利率分别为6.8040%、6.5147%、6.1025%和5.6756%，其中，12月加权平均利率为5.5620%，比上年同期下降122.9个基点。

利率市场化改革深入推进。省、市两级利率定价自律机制陆续建立并有序运转，在存款挂牌利率管理、差别化住房信贷政策落实等方面发挥了重要作用。市场化产品发行量不断扩大，全省48家地方法人机构通过合格审慎评估，累计备案同业存单1 671亿元，实际发行2 311亿元；备案大额存单399亿元，实际发行77亿元。

5. 银行业机构改革稳步推进。中国农业发展银行江苏省分行新设立客户四部和扶贫金融事业部，分别开展水利、农村公路、扶贫等相关业务

表2　2015年江苏省金融机构人民币贷款各利率区间占比

单位：%

月份		1月	2月	3月	4月	5月	6月
合计		100.0	100.0	100.0	100.0	100.0	100.0
下浮		4.7	4.8	6.1	6.8	9.5	6.8
基准		18.8	18.7	18.0	16.4	14.3	18.2
上浮	小计	76.5	76.5	75.9	76.8	76.2	75.0
	(1.0，1.1]	23.2	24.8	22.3	22.4	17.9	17.8
	(1.1，1.3]	35.3	32.4	29.8	30.3	31.0	30.1
	(1.3，1.5]	9.6	10.3	12.6	12.0	13.8	14.2
	(1.5，2.0]	5.8	6.3	7.8	8.6	9.9	9.8
	2.0以上	2.6	2.7	3.4	3.5	3.6	3.1
月份		7月	8月	9月	10月	11月	12月
合计		100.0	100.0	100.0	100.0	100.0	100.0
下浮		6.2	7.2	6.7	6.5	7.3	6.7
基准		15.6	15.2	16.7	17.7	15.0	20.5
上浮	小计	78.2	77.6	76.6	75.8	77.7	72.8
	(1.0，1.1]	18.5	17.9	19.3	20.3	18.8	18.9
	(1.1，1.3]	29.6	30.1	28.3	25.9	28.3	27.5
	(1.3，1.5]	14.3	13.6	11.9	12.1	12.4	11.3
	(1.5，2.0]	11.6	11.3	12.7	12.5	13.2	11.4
	2.0以上	4.2	4.7	4.4	5.0	5.0	3.7

数据来源：中国人民银行南京分行。

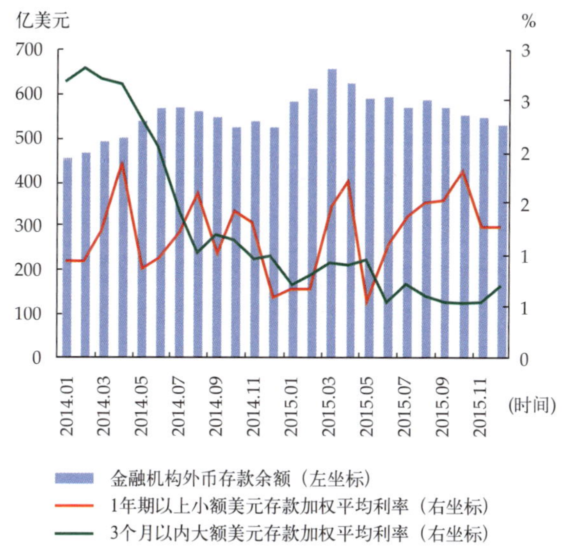

数据来源：中国人民银行南京分行。

图4　2014～2015年江苏省金融机构外币存款余额及外币存款利率

工作，政策性职能得到充分发挥。大型商业银行改革进一步深化，工商银行江苏省分行进一步完善信贷经营管理体制，加强新增贷款准入管理，落实亚健康贷款、大额信贷客户、担保圈贷款等重点领域风险管控责任，风险管理水平持续提升。农业银行江苏省分行出台《关于进一步提升"三农"服务竞争能力的意见》，进一步完善工作机制，明确组建"三农"服务团队、建立"三农"信息联络员机制等重点工作，持续深化江苏省内"三农金融事业部"改革。中国银行江苏省分行将法律与合规部门统一更名为"内控与法律合规部"，辖内11家二级分行单设"内控与法律合规部"，从组织架构上保障了工作独立性。

农村金融改革稳步推进。银行改制基本完成，最后一家联社进入银行组建程序。普惠金融服务持续提升，辖内所有法人农商行均已实现小微企业转贷方式创新，2.36万个金融便民到村服务点覆盖全省所有自然村，布放自助设备14.2万台，代理发行社保卡745.8万张，农村金融服务站占全省金融机构的80%以上。

6. 银行业资产质量总体稳定，不良资产处置力度加大。2015年年末，全省银行业金融机构不良贷款率为1.49%，比年初上升0.24个百分点。随着信贷资产质量持续下行，商业银行普遍加大了对不良贷款集中核销和清收处置的力度。2015年以来，江苏省银行业金融机构通过现金清收、以物抵债和核销等手段累计处置不良贷款总额达1 027.3亿元，比上年增加224.4亿元。

7. 跨境人民币业务发展势头良好，服务涉外经济功能持续提升。2015年，江苏省实行跨境人民币收付金额8 579.5亿元，同比增长21.8%。其中，经常项下收付金额为5 369.4亿元，同比增长29.7%，资本项下收付金额为3 210.1亿元，同比增长10.6%。跨境人民币业务创新试点持续推进。2015年，昆山深化两岸产业合作试验区获准开展区内台资企业向台湾地区银行借入跨境人民币贷款业务试点，已签订借款协议3.7亿元。

专栏1 多措并举 切实防范和化解重点地区金融风险

近年来，江苏金融运行总体稳定，但随着经济下行，部分地区金融风险有所暴露。为有效化解重点区域金融风险，防止风险扩散蔓延，维护辖区金融稳定的大局。人民银行南京分行从化解重点地区风险入手，积极呼吁、协调和组织有关部门，通过各种途径防风险、促投放、保增长，努力实现辖区经济金融良性互动。

一是把握实情，开展金融风险动态监测和实地调研。面对经济下行压力较大、实体经济经营困难、互保联保链圈蔓延的严峻形势，人民银行南京分行重点加强了对重点地区的预警和评估，构建了省市县三级、全方位的金融风险监测评估体系，定期、不定期开展重点区域金融风险监测评估，并及时向有关部门反馈评估结果，提请相关部门共同做好风险防范和化解工作。

二是协调化解县域中小企业资金链风险。充分发挥县支行在金融风险防控中的“前沿哨所”优势，指导县支行充分依托各地金融稳定协调机制，以优化县域金融生态环境为抓手，推动地方政府采取多种措施，协调多方资源帮助中小企业化解资金链风险。目前，江苏有49个县（市、区）设立应急专项资金，规模达到45.29亿元。

三是协同相关部门积极化解部分区域互联互保风险。全省人民银行分支机构灵活巧妙运用货币信贷政策，通过引导推动金融机构增加信贷投放，平稳有序化解了宜兴、丹阳等重点地区的互保联保风险，并联合相关部门在当地举办政银企合作恳谈会，累计达成融资授信协议1 060亿元，有效遏制了信贷失速、经济“失血”势头。

四是多方构建金融维稳长效联动机制。建立金融风险防控协作机制，加强对金融风险的预警和出险事件的协调。多方筹建转贷基金规避企业转贷风险。严厉制止和打击逃废债行为，联合相关部门成立相应督察组，并整合公安、检察、法院、税务等部门专项合力，专门督导辖内逾期、欠息清理工作。

经各方努力，部分重点地区不良资产处置有所加快，不良贷款率有所下降，金融风险有所缓释，逃废债务行为有所缓解。下一阶段，人民银行南京分行将紧紧围绕不发生系统性、区域性金融风险的底线，一方面，继续做好金融支持实体经济工作，引导金融机构加大有效信贷投放，推动全省加快结构调整和转型升级，努力在发展中防范和化解金融风险。另一方面，持续加强辖内金融风险动态监测和评估工作，着力化解潜在的区域性风险，继续会同有关部门做好重点地区金融风险防控工作；不断拓宽不良资产处置渠道，积极争取政策支持，创新不良资产处置渠道和手段，有效释放银行信贷投放能力；加快建立社会信用体系，抓好金融生态环境建设。

（二）证券业实力明显提升，多层次资本市场建设迈上新台阶

1. 证券行业整体实力实现新提升，收入和利润水平大幅增加。2015年年末，江苏省共有法人证券公司6家，其中，华泰证券和国联证券年内在香港上市。全省6家证券公司总资产近5 000亿元，全年实现营业收入384.4亿元，同比增长114.8%；实现利润总额164.8亿元，同比增长140.3%。私募基金蓬勃发展，全省共有1 115家私募基金管理人登记备案，管理基金规模突破2 000亿元，为中小微企业早期健康发展、治理结构加速完善提供重要支持。

2. 资本市场总体规模继续位居全国前列。截至2015年年末，江苏省共有沪深上市公司276家，

较上年新增23家，上市公司总数和新增上市公司数都占全国的1/10。拟上市公司190家，数量居全国第一。IPO融资在全国位居前列。2015年，全省上市公司首发融资107.7亿元、再融资1 104.9亿元（见表3）。

3. 多层次资本市场建设迈上新台阶。全年新增“新三板”挂牌公司480家，总数达到651家，取得了“两年600家，一年翻一番”的佳绩。南京证券、东海证券、创元期货等一批金融企业加入“新三板”行列，提升了全省“新三板”挂牌公司整体质量。同时，在“新三板”通过多种方式进行融资的企业数量大幅增加，融资总额超过100亿元。区域性资本市场创新发展，省股权交易中心已有385家挂牌企业，累计为广大中小企业融资也超过100亿元。

表3　2015年江苏省证券业基本情况

项目	数量
总部设在辖内的证券公司数（家）	6
总部设在辖内的基金公司数（家）	0
总部设在辖内的期货公司数（家）	10
年末国内上市公司数（家）	276
当年国内股票（A股）筹资（亿元）	618.1
当年发行H股筹资（亿元）	307.8
当年国内债券筹资（亿元）	5 294.8
其中：短期融资券筹资额（亿元）	791.1
中期票据筹资额（亿元）	853.3

注：当年国内股票（A股）筹资额是指非金融企业境内股票融资。
数据来源：江苏证监局、江苏省金融办、中国人民银行南京分行。

4. 期货业稳步发展。截至2015年年末，全省共有法人期货公司10家，全年利润总额3.2亿元，同比增长43.7%；保证金余额126.8亿元，同比增长28.0%。弘业期货在香港成功上市。

（三）保险业组织体系不断完善，保险资金运用取得新突破

1. 市场体系不断完善，各项业务平稳增长。截至2015年年末，江苏省共有法人保险机构5家，全年实现保费收入1 989.9亿元，同比增长18.2%,赔付支出732.6亿元，同比增长18.8%。分险种看，财产险保费收入672.2亿元，同比增长10.9%，人身险保费收入1 317.7亿元，同比增长22.3%（见表4）。

2. 保险资金投资力度进一步加大。截至2015年年末，江苏省保险资金投资余额为1 867.9亿元，涉及保障房、城乡一体化建设、基础设施建设等一批重大项目。保险业共承办全省93个基本医保统筹区中75个统筹区的大病保险项目，统筹区覆盖率达81%，服务人口4 853万人，赔付金额超过8亿元。

3. 服务“三农”取得新成效。全省主要种植物农业保险覆盖面均超过90%，累计开办了49个政策性农业保险险种，并开发了17个具有江苏特色的农产品保险。2015年，农险保费及农险基金达32亿元，支付赔款超过17.85亿元。

表4　2015年江苏省保险业基本情况

项目	数量
总部设在辖内的保险公司数（家）	5
其中：财产险经营主体（家）	2
人身险经营主体（家）	3
保险公司分支机构（家）	94
其中：财产险公司分支机构（家）	39
人身险公司分支机构（家）	55
保费收入（中外资，亿元）	1 989.9
其中：财产险保费收入（中外资，亿元）	672.2
人身险保费收入（中外资，亿元）	1 317.7
各类赔款给付（中外资，亿元）	732.6
保险密度（元/人）	2 494.8
保险深度（%）	2.8

数据来源：江苏保监局。

（四）社会融资规模增长适度，金融市场交易总体活跃

1. 社会融资规模增长适度，融资结构明显变化。2015年，江苏省社会融资规模增量为11 394.4亿元，同比少增1 990.9亿元，同比减少主要是受地方债置换因素影响。从融资结构看:一是对实体经济发放的人民币贷款大幅增加，人民币贷款占社会融资规模增量的74.3%，占比比上年提高19.7个百分点。二是表外融资大幅减少，全年新增表外融资（包括委托贷款、信托贷款和银行承兑汇

票净额）-568.5亿元，比上年大幅减少3 398.6亿元，其中，银行承兑汇票净额增量为-2 042.5亿元，同比少增1 983.9亿元，主要是因为监管部门加大票贷比考核，要求各商业银行承兑汇票余额不超过贷款余额的30%。三是直接融资占比有所上升，全年企业直接融资（包括企业债券融资和境内非金融企业股票融资）净额为3 125.2亿元，同比多增266.9亿元，占同期社会融资规模增量的27.4%，占比比上年提高6.1个百分点（见图5）。

直接债务融资工具发行实现"四连冠"。2015年，江苏省共发行各类债务融资工具4 199.9亿元，同比多增1 040.9亿元，剔除央企后，连续四年保持全国第一。截至2015年年末，全省债务融资工具余额达到6 278.9亿元，较上年年末增长1 748.7亿元。

2. 金融市场创取得新突破。2015年，江苏发行了全国第二只供应链债务融资工具，省内首只并购债成功落地，项目收益票据发行规模居全国首位，超短期融资券发行规模剔除央企后位居全国第二。法人机构主动负债能力不断增强。全年共有8家地方法人金融机构发行金融债80亿元，专项金融债券5亿元，二级资本债券87亿元，证券公司短期融资券175亿元；4家法人机构共发行信贷资产证券化产品80.98亿元。

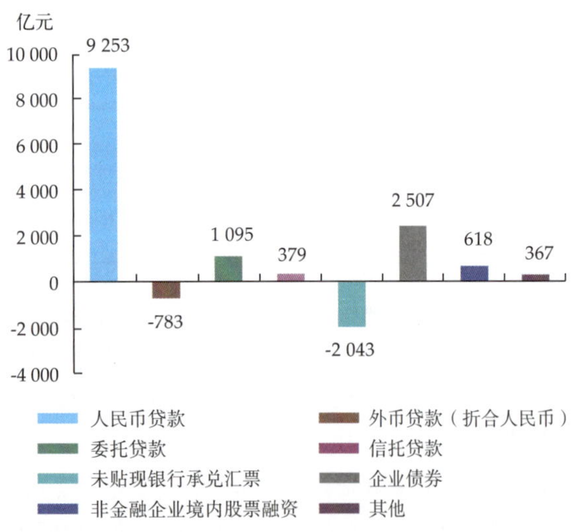

数据来源：中国人民银行南京分行。

图5 2015年江苏省社会融资规模分布结构

3. 银行间市场流动性总体宽裕，市场成员交易活跃，各项业务量均呈现加速发展的态势。2015年全年，江苏省共有61家市场成员参与同业拆借交易，同比多增18家，累计拆借资金3.2万亿元，同比增长111.2%，净拆入资金9 808.0亿元，同比增长95.3%。市场利率低位运行。2015年，江苏省同业拆借加权平均利率为2.1736%，比上年低91.79个基点。全年有107家市场成员参与质押式回购交易，累计成交33.4万亿元，同比增长74.4%。共有105家市场成员参加现券交易，累计交易额6.7万亿元，同比增长198.2%。

4. 票据业务平稳发展，市场利率稳步下行。2015年，江苏省承兑汇票累计发生额2.9万亿元，票据贴现累计发生额10.3万亿元。受央行降准降息、再贴现利率引导贴现利率下行等因素的影响，票据市场利率总体下行。2015年第一至第四季度，全省票据贴现加权平均利率分别为5.5779%、4.2887%、4.0645%、3.533%；票据转贴现加权平均利率分别为5.4084%、3.7954%、3.5467%、3.4655%。其中，12月全省票据贴现、

表5 2015年江苏省金融机构票据业务量统计

单位：亿元

季度	银行承兑汇票承兑		贴现			
			银行承兑汇票		商业承兑汇票	
	余额	累计发生额	余额	累计发生额	余额	累计发生额
1	16 016.9	8 995.4	2 922.8	20 365.1	194.9	1 146.9
2	16 695.3	16 353.2	3 758.6	46 553.9	226.1	3 305.8
3	14 498.0	23 144.1	4 374.5	72 642.1	218.7	4 961.6
4	13 743.4	29 236.3	4 504.3	97 006.4	270.9	6 306.6

数据来源：中国人民银行南京分行。

表6 2015年江苏省金融机构票据贴现、转贴现利率

单位：%

季度	贴现		转贴现	
	银行承兑汇票	商业承兑汇票	票据买断	票据回购
1	5.45	6.33	5.43	5.34
2	4.12	5.50	3.82	3.71
3	3.95	5.39	3.60	3.34
4	3.38	4.72	3.50	3.36

数据来源：中国人民银行南京分行。

转贴现加权平均利率分别为3.3409%、3.4758%，比上年同期分别下降2.32个、2.11个百分点（见表5）。

（五）金融基础设施不断完善，金融生态环境持续优化

金融基础设设不断完善。顺利完成第二代支付系统切换接入工作，实现所有商业银行“一点接入”，系统的安全性和运行效率明显提升。互联网支付和移动支付等新型支付工具进一步普及应用，支付服务的便捷性不断提升。征信服务不断改善。中小企业信用体系和农村信用体系建设持续推进，为江苏200多万户中小微企业、近290万户农户、4 300多户农村经济主体建立了信用档案。

金融消费权益保护工作不断完善。江苏辖区金融消费者投诉咨询热线受理投诉736件，办结率99.9%，组织开展金融消费权益保护专项检查93次、现场评估17次，督促金融机构切实维护消费者合法权益。

金融生态环境建设深入推进。组织修订县域金融生态环境综合评估指标体系，开展覆盖江苏全部69个设乡镇的县（市、区）的金融生态状况综合评估。深化“金融生态县”创建工作，首次对金融生态环境存在突出问题的9个县（市、区）提出风险警示，对金融生态创建工作推进不力的5个县（市、区）发出督办通知书，明显提高了基层党委政府对金融生态建设的重视程度。

二、经济运行情况

2015年，江苏省认真贯彻落实中央决策部署，主动适应经济发展“新常态”，坚持稳中求进工作总基调，积极应对困难挑战，经济运行总体平稳，主要指标增幅保持在合理区间，综合实力再上新台阶，结构调整取得新进展，发展质量实现新提升。全年实现地区生产总值70 116.4亿元，同比增长8.5%（见图6）。

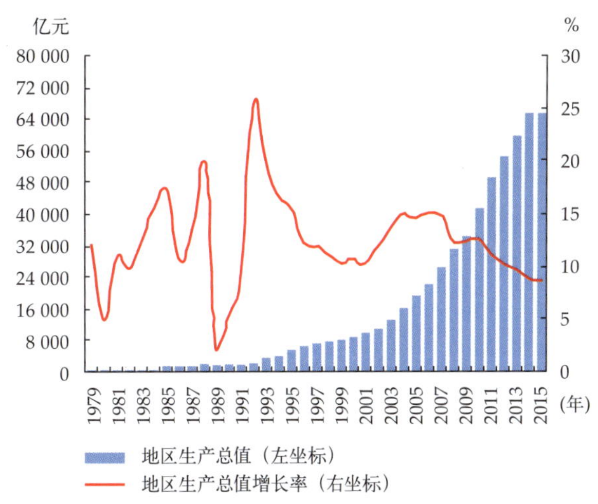

数据来源：江苏省统计局。

图6 1979～2015年江苏省地区生产总值及其增长率

（一）内需增长较为稳定，外需总体依旧疲软

1. 投资增速总体放缓，房地产投资增速创历史新低。2015年，江苏省完成固定资产投资45 905.2亿元，同比增长10.5%，增速比上年回落5.0个百分点（见图7）。分季度看，各季度累计同比增速分别为11.5%、10.9%、10.5%和10.5%，总体呈放缓态势，但降幅有所收窄。

分项看，一是受房地产库存高企、部分房地产企业资金来源收紧等因素的影响，房地产投资增速持续下滑。2015年，全省房地产投资同比下降1.1%，增速比上年回落14.9个百分点。二是基础设施投资增速波动下行。全年基础设施投资同比增长14.2%，增速比上年回落13.8个百分点。三是在技改投资和新兴行业投资的带动下，工业投资企稳并有所回升。2015年，全省工业投资同比增长12.4%，增速比上年提升2.2个百分点。

投资结构有所优化。2015年，全省高新技术产业完成投资额7 965.1亿元，同比增长11.1%，其中，软件业、仪器仪表制造业投资增速分别达到40.7%和22.7%。服务业投资保持快速增长，卫生、社会保障和社会福利业投资增长63%，信息

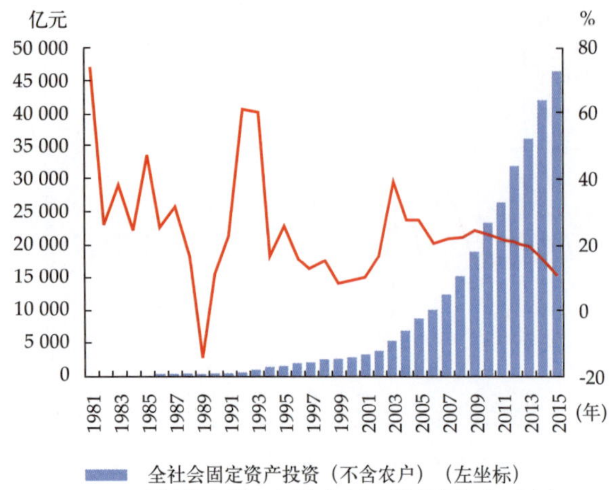

数据来源：江苏省统计局。

图7　1981～2015年江苏省固定资产投资（不含农户）及其增长率

传输、软件和信息技术服务业投资增长31.3%，教育投资增长13.2%。

2. 消费增长稳中有升。2015年，江苏省社会消费品零售总额同比增长10.3%（见图8）。分季度看，消费增速从1～3月的9.7%波动回升至1～12月的10.3%。消费回升主要受以下因素的影响：一是住宿餐饮消费持续回暖，全省限额以上住宿餐饮消费增速比上年提高1.8个百分点。二是受房地产销售回暖影响，居住类消费有所回升。五金电料、家具、建筑装潢材料消费同比增速分别从1～2月的7%、7%、12.1%波动上升至1～12月的10.6%、14.5%、19%。三是网络消费等新型消费业态继续保持强劲增长，限额以上网络零售额增速高达40.1%，远高于实体店销售增速。

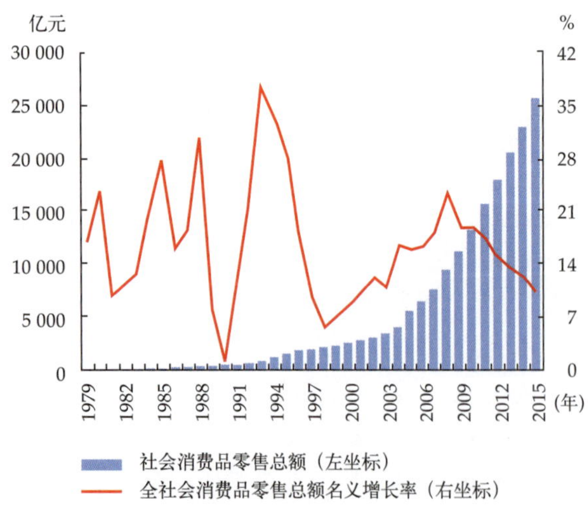

数据来源：江苏省统计局。

图8　1979～2015年江苏省社会消费品零售总额及其增长率

3. 外需总体依旧疲软。在全球经济复苏乏力、国际大宗商品价格屡创新低背景下，2015年，江苏省进出口持续低迷，全年实现进出口总额5 456.1亿美元，同比下降3.2%。其中，出口

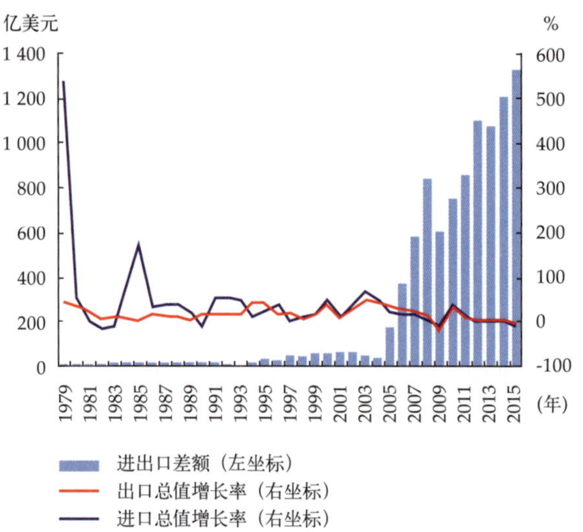

数据来源：江苏省统计局。

图9　1979～2015年江苏省外贸进出口变动情况

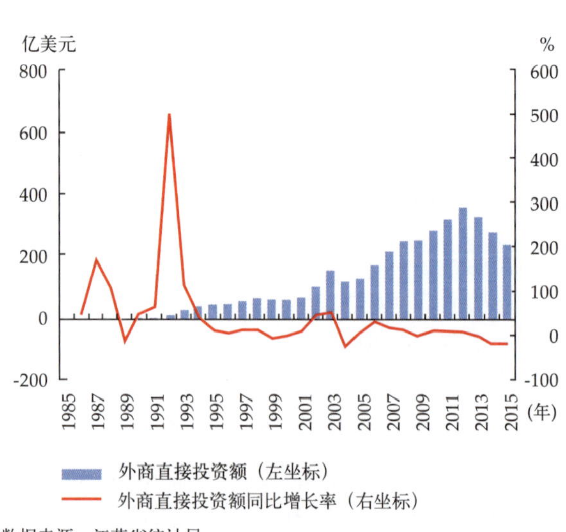

数据来源：江苏省统计局。

图10　1985～2015年江苏省外商直接投资额及其增长率

3 386.7亿美元，同比下降0.9%；进口2 069.5亿美元，同比下降6.7%（见图9）。

利用外资规模有所回落，“走出去”步伐不断加快。2015年江苏省实际使用外资242.7亿美元，同比下降13.8%（见图10）。利用外资增幅回落主要受两方面因素影响：一是受劳动力、土地成本刚性上升制约，江苏成本优势逐渐减弱，部分新建外资生产基地向中西部地区和东南亚国家转移；二是江苏实际利用外资和全省制造业结构、产业结构有关，江苏制造业中传统产业比重比较大，高品质、在国际市场上有竞争力的产品还比较缺乏。对外投资保持快速增长，全年新批境外投资项目879个，比上年增长19.4%，境外投资中方协议投资额103亿美元，同比增资42.8%。

专栏2 当前江苏省就业形势调查分析

当前江苏省总体就业形势仍基本稳定。从宏观就业指标来看，一是城镇新增就业人数较上年仍略有增加。2015年，全省实现城镇新增就业139.8万人，比上年增加1.5万人，同比增长1.08%。从2011年开始，全省新增就业人数持续保持在130万人以上。二是城镇登记失业率与上年基本持平。2015年年末，全省城镇实有登记失业人员36.0万人，同比减少0.6人，同比下降1.5%；城镇登记失业率为3%，与上年年末基本持平，仍保持在较低水平。2008年以来，全省城镇登记失业率总体保持回落态势，近两年一直保持在3%左右的较低水平。三是公共就业服务市场求人倍率较为平稳。2015年，全省公共人力资源市场总体求人倍率为1.06，比上年同期下降0.02，劳动力的需求略大于劳动力供给。近四年来，求人倍率一直保持在1.06～1.08的区间内窄幅波动。

从微观调查来看，企业整体用工需求较为平稳，未发生大面积裁员减员。人民银行南京分行针对全省430户企业用工情况的调查数据显示，2015年企业用工需求较为平稳。与2014年相比，近六成（58.6%）的企业2015年用工需求基本不变，20.93%的企业用工需求增加，20.47%的企业用工减少；企业用工需求景气指数为50.23%，略高于50%的荣枯分界线，显示企业整体用工需求仍处于较为平稳的态势。调查结果还显示，在2015年发生裁员减员的企业中，大部分均为正常的自然减员，未发生大面积因订单减少而造成的经济性裁员减员。

潜在就业压力不容忽视。虽然目前全省就业形势仍基本稳定，但人民银行南京分行调查同时显示，经济增长放缓、结构调整以及产能过剩对就业的冲击逐步显现，潜在的就业压力有所加大，需要提高警惕。一是制造业、建筑业用工需求下降，裁员减员现象较为突出。二是服务业用工需求有所增加，但仍存在一定程度的供过于求，难以吸纳制造业、建筑业减员劳动力。三是缩短工时、降低薪酬福利等隐性失业现象有所增加。四是就业结构性矛盾突出。从不同工种的供求对比看，技术人员和研发人员等高端人才供给不足最为突出，一线普通工人供给略显不足，而管理人员供给明显过剩。

综上所述，当前江苏总体就业形势基本稳定，未发生大面积裁员减员。但对潜在的就业压力要提高警惕，建议在兼顾经济长期发展和结构优化的同时，采取相关短期措施，减轻转型期阵痛。一是积极应对产业结构调整，妥善处理过剩产能调整过程中可能出现的失业风险。积极落实国务院关于化解过剩产能实现脱困发展的意见，设立援企稳岗专项资金，鼓励企业积极安置职工，对转岗失业人员进行职业技能培训帮助其再就业，对失业人员自谋职业给予小额贷款、税收优惠等扶持。二是加快服务业发展，提升服务业对就业的吸纳能力。通过健全完善产业政策、财政补贴政策、税收优惠政策、收入分配政策，引导和鼓励社会资本加大对服务业的投入，加大高端服务紧缺人才的引进和培养力度，进一步释放服务业发展潜在需求，将其打造成为稳定就业的重要支撑。三是推动创业带动就业。以“大众创业、万众创新”为契机，推动创业担保贷款、减税降费、专业技术人员离岗创业等政策落地，鼓励农村劳动力创业，在资金扶持、租金减免、人才培训、项目孵化等方面为创业者提供全方位服务，推动创业带动就业倍增效应进一步释放。

（二）第三产业比重首超第二产业，结构调整深入推进

2015年，江苏省三次产业比重为5.7 : 45.7 : 48.6，第三产业比重首超第二产业，产业结构出现由“二三一”向“三二一”转移的现代产业构架特征。

1. 农业生产平稳向好，粮食生产实现“十二连增”。2015年，江苏省实现农林牧渔业增加值4 209.5亿元，同比增长3.5%。全年粮食总产量为3 561万吨，比上年增加70.7万吨。夏粮亩产、总产均再创历史最好水平：亩产351公斤、总产1 272万吨。

2. 工业经济平稳增长。2015年，江苏省实现规模以上工业增加值33 422.5亿元，同比增长8.3%，增速比上年回落1.6个百分点。各季度累计同比增速分别为8.2%、8.3%、8.3%和8.3%，年内各季度增速有所企稳（见图11）。

工业结构调整加快推进。一是战略性新兴产业逐步成为新的增长动力。2015年，全省战略性新兴产业实现产值4.5万亿元，占规模以上工业产值的比重为29.4%，比上年提高0.7个百分点，同比增长10.7%，高于规模以上工业平均水平4.2个百分点。二是消费品类制造业增速逆势上扬。全年消费品类制造业实现产值3.1万亿元，同比增长8.4%，其中，医药、酒饮料、皮革毛皮及制鞋、食品均实现两位数增长。三是工业领域高耗能、产能过剩严重的行业增速快速回落，全年高耗能行业产值同比仅增长2.5%，比上年回落3.8个百分点。四是转型升级相关领域保持快速增长。2015年，全省中药饮片加工制造业产值增长20.9%，生物药品制造业产值增长17.7%，信息化学品制造产值增长15.7%，医疗仪器设备及器械制造业产值增长15.7%。

工业经济运行的质量和效益明显提升。2015年，江苏省规模以上工业企业实现主营业务收入14.8万亿元、利润总额为9 617.1亿元，分别比上年增长4.8%、9.1%，主要原因：（1）江苏工业行业门类齐全，且以加工制造业为主体，资源型工业生产比重极低，受资源产品价格下跌的影响较小；（2）原材料购进价格与工业品出厂价格之间的“剪刀差”扩大，导致企业盈利受产值增速回落的影响较小。

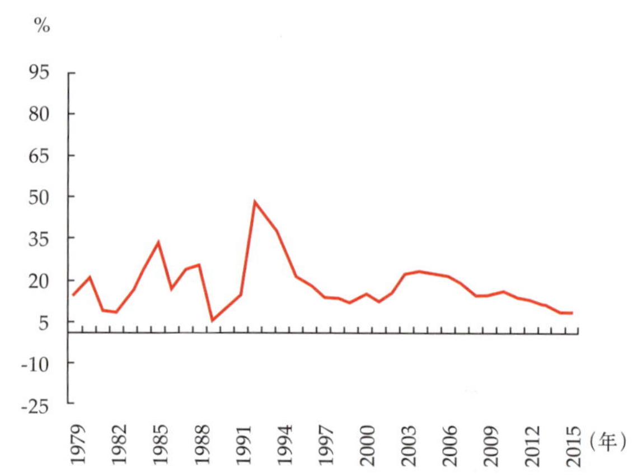

数据来源：江苏省统计局。

图11　1979～2015年江苏省规模以上工业增加值同比增长率

3. 服务业发展态势良好。2015年，江苏省服务业增加值同比增长9.3%，比GDP增速高0.8个百分点；占GDP比重为48.6%，比上年提高1.6个百分点。全省规模以上服务业单位实现营业收入为9 867.1亿元，比上年增长12.4%，比上年提高0.4个百分点；营业利润为995.5亿元，增长16.3%。现代服务业加快发展。互联网和相关服

务业营业收入增长61.9%，邮政业营业收入增长27.9%，快递业务量、营业收入分别增长56%和48.2%，科技服务业营业收入同比增长14.1%。

（三）消费价格涨势趋缓，生产价格持续下行

1. 居民消费价格涨势趋缓。2015年，江苏省居民消费价格同比上涨1.7%，较上年回落0.5个百分点，连续四年保持在3%以下的较低水平。分类别看，食品和衣着价格同比上涨3%，居住价格上涨0.9%，而交通和通信价格下跌2.7%，主要是因为国际原油价格持续暴跌（见图12）。

2. 工业品出厂价格持续低迷。2015年，江苏省PPI同比下降4.7%，自2012年起连续四年下跌，累计跌幅达10.8%，部分行业跌幅已接近甚至超过30%。PPI持续下跌主要原因：（1）从国内市场看，受经济增速整体放缓的影响，生产、投资、消费等市场需求有所减弱，抑制了工业生产出厂价格的上涨；（2）从国际市场看，原油、煤炭、铁矿石等大宗资源类价格大幅下降，拉低了国内价格；（3）随着产业升级步伐加快，部分产能过剩行业产品出厂价格下降较大，影响到工业生产价格的变化。

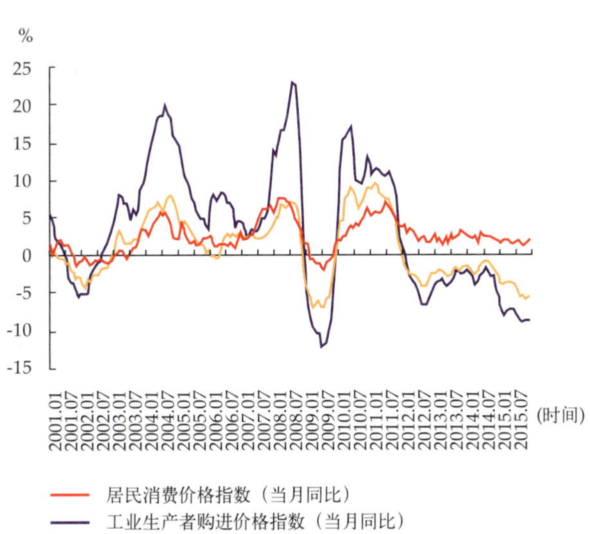

数据来源：江苏省统计局。

图12 2001～2015年江苏省居民消费价格和生产者价格变动趋势

（四）财政收入增长稳定，民生支出保障有力

1. 财政收入迈上新台阶。2015年，江苏省一般公共预算收入突破8 000亿元大关，达8 028.6亿元，同比增长11%，增速比上年提高0.9个百分点。分月看，全省一般公共预算收入保持10%左右的增长速度，且从8月开始，各月累计增幅呈逐月回升态势（见图13）。

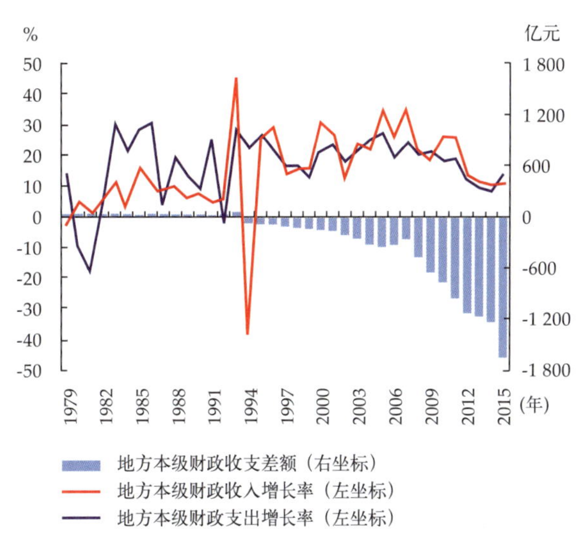

数据来源：江苏省统计局。

图13 1979～2015年江苏省财政收支状况

2. 财政支出增长加快。2015年，江苏省财政一般公共预算支出为9 681.5亿元，同比增长14.3%，增速比上年提高5.7个百分点。民生领域投入持续加大，在2015年一般公共预算支出中，教育、社会保障和就业支出同比分别增长14.2%、17.8%；医疗卫生支出增长15.4%；住房保障支出增长32.2%。

（五）节能降耗持续推进，生态建设成效明显

一是节能减排工作稳步推进，2015年关停小火电机组约52.6万千瓦，圆满完成国家和省下达的关停任务。开展碳排放权交易市场建设，完善碳强度倒逼约束机制，碳排放强度年度下降率和“十二五”期间整体进度均超过国家下达的考核

任务。二是环保政策体系初步形成。江苏省认真落实生态文明建设规划，制订出台《关于加快推进生态文明建设的实施方案》，完成循环经济促进条例立法程序，编制应对气候变化规划。三是循环经济发展势头良好，131家省级以上园区中已有88家开展园区循环化改造，争取国家级循环经济示范试点达到24家。

（六）房地产销售加速回暖，库存规模逐渐下降

1. 商品房销售加速回暖。2015年，江苏省13个省辖市市区商品住宅累计登记销售面积为6 159.3万平方米，同比增长28.8%，增速比上年大幅上升38.9百分点。分季度看，第一至第四季度，全省商品住宅登记销售面积累计同比增速分别为5.4%、22.1%、28.4%和28.8%，呈逐季度回升之势。

2. 房价涨势不断巩固。2015年，江苏省省辖市市区商品住宅累计成交均价为9 238元/平方米，同比增长11.5%，增速较上年回升10.2个百分点。其中，剔除1～2月春节因素影响，进入3月以后，年内累计同比涨幅呈现逐月攀升之势，且下半年涨幅较高。

3. 库存规模逐渐下降。截至2015年年末，江苏省辖市市区商品住宅累计可售面积为6 302.5万平方米，同比下降12.3%，库存规模连续4个月下降，且降幅逐月扩大。截至2015年年末，江苏省辖市市区商品住宅的去化周期为12.3个月，连续11个月下降，去化周期相比年初大幅下降6.2个月。

4.保障性安居工程贷款快速增长。2015年年末，江苏省保障性安居工程贷款余额为1 204.4亿元，同比增长30.9%，全年累计发放保障性安居工程贷款620.5亿元，同比增长7.6%。从贷款投向看，保障性安居工程贷款主要投向棚户区改造项目，截至2015年年末，各类棚户区改造贷款余额为843.1亿元，占全部保障性安居工程贷款余额的70%；全年累计发放各类棚户区改造贷款469.1亿元，占全部保障性安居工程贷款累放额的75.6%。

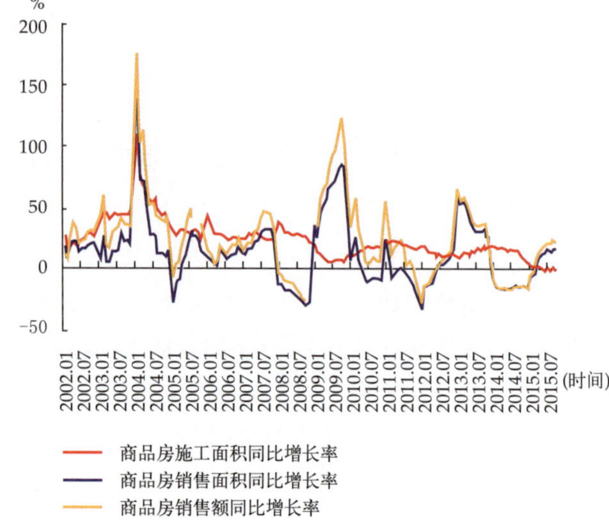

数据来源：江苏省统计局。

图14 2002～2015年江苏省商品房施工和销售变动趋势

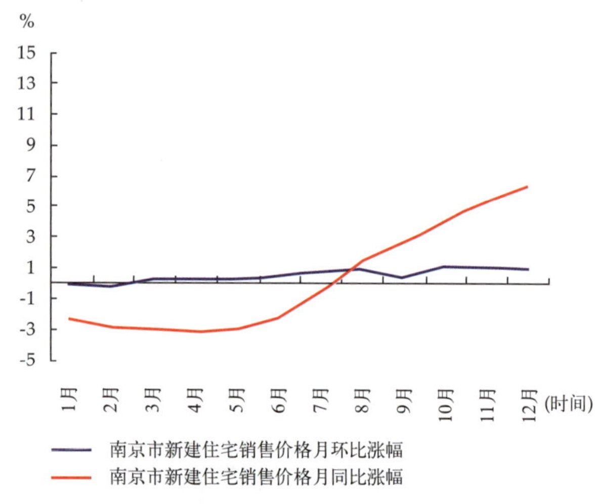

数据来源：江苏省统计局。

图15 2015年南京市新建住宅销售价格变动趋势

三、预测与展望

当前全球经济仍处于艰难的再平衡调整期，主要经济体走势分化加剧。从国内环境来看，我国经济仍将处于动力转换、结构调整和风险缓释的关键时期，传统动力已经衰退，新动力则正在

培育。面对错综复杂的国内外环境，江苏经济仍面临较大的下行压力。但在供给侧改革力度不断加大、“中国制造2015”江苏行动纲要深入推进、三大区域统筹协调发展等因素推动下，预计2016年江苏经济将保持平稳增长，转型升级步伐将进一步加快，消费拉动经济增长的作用进一步增强，工业结构深入调整，新的增长动能不断发展壮大，生产性服务业和生活性服务业稳步增长，全年价格涨幅与上年基本持平。

2016年是“十三五”规划开局之年，江苏将进入全面建成小康社会的决胜阶段。全省金融系统将认真贯彻落实稳健的货币政策，积极推进金融改革创新，着力支持供给侧结构性改革，不断加大对经济重点领域和薄弱环节的金融支持力度，进一步提高金融资源配置效率，不断提升风险应对处置能力，处理好稳增长、调结构、防风险之间的关系，更好地促进江苏经济结构转型和可持续健康发展。

中国人民银行南京分行货币政策分析小组
总　纂：周学东　高爱武
统　稿：戴　俊　戴国海　张　明
执　笔：李晓斌　孙　俊　王宗林　张　辉　王维全
提供材料的还有：李　艳　王琦玮　孙良涛　戴晓东　唐成伟　万　秋

附录

（一）2015年江苏省经济金融大事记

4月28日，江苏沿海产业基金正式成立，基金规模为100亿元。

5月20日，由商务部、中国贸促会和江苏省政府在昆山联合主办2015中国（昆山）品牌产品进口交易会，本届展会以“开放合作、转型升级”为主旨。

7月2日，国务院同意设立江苏首个国家级新区——南京江北新区。

8月4日，江苏省政府与中国保监会签署加强现代保险服务业与江苏经济社会互动发展的合作备忘录。

8月20日，江苏省政府出台《关于落实国家“一带一路”战略部署 建设沿东陇海线经济带的若干意见》。

8月11日，中国人民银行、国家发展改革委将11个城市列入首批全国创建社会信用体系建设示范城市，江苏共有3市入围，分别为南京、无锡、宿迁。

9月30日，国务院批复同意《苏州工业园区开展开放创新综合试验总体方案》。

11月6日，江苏省互联网金融协会50家会员单位及25家拟入会单位共同签订《网络借贷平台巡查制度》。

12月21日，江苏省信用办、人民银行南京分行、省编办、省人社厅、省住建厅等部门联动，在全国率先出台《关于建立严重欠薪失信行为联动惩戒机制的意见》。

（二）2015年江苏省主要经济金融指标

表1　2015年江苏省主要存贷款指标

		1月	2月	3月	4月	5月	6月	7月	8月	9月	10月	11月	12月
本外币	金融机构各项存款余额（亿元）	103 783.5	104 969.4	107 473.9	107 617.1	109 257.2	112 395.8	111 432.5	111 611.4	112 099.0	111 654.0	113 111.1	111 329.9
	其中：住户存款	38 548.1	41 785.0	42 232.2	40 811.9	40 352.7	41 048.8	40 745.6	40 715.2	41 288.8	40 521.2	40 496.6	40 951.0
	非金融企业存款	40 109.1	38 744.0	40 219.0	39 837.7	40 468.5	42 121.3	40 757.6	41 293.9	41 130.6	40 863.4	41 903.5	41 811.6
	各项存款余额比上月增加（亿元）	4 466.1	1 186.0	2 504.5	143.2	1 640.2	3 138.6	-963.3	178.9	487.6	-445.0	1 457.1	-1 781.2
	金融机构各项存款同比增长（%）	14.3	12.6	9.7	11.8	12.1	10.2	12.4	12.9	13.0	13.0	13.7	11.6
	金融机构各项贷款余额（亿元）	73 702.3	74 736.0	75 392.9	75 936.8	76 740.7	77 692.0	78 271.6	78 813.2	79 664.7	80 135.6	80 681.4	81 169.7
	其中：短期	31 680.6	31 998.3	32 198.5	32 135.4	32 297.5	32 825.5	32 610.5	32 562.0	32 668.0	32 367.7	32 280.8	32 294.7
	中长期	38 341.0	39 058.9	39 442.8	39 788.2	40 096.9	40 249.6	40 681.4	41 155.0	41 652.6	42 076.7	42 634.5	43 256.5
	票据融资	3 081.2	3 029.1	3 119.3	3 381.9	3 699.6	3 989.2	4 298.3	4 374.8	4 605.5	4 904.5	4 911.8	4 772.7
	各项贷款余额比上月增加（亿元）	1 201.8	1 033.7	657.0	543.8	803.9	951.3	579.5	541.6	851.5	471.0	545.8	488.3
	其中：短期	275.3	317.7	200.2	-63.1	162.1	528.0	-214.9	-48.6	106.0	-300.3	-86.9	13.8
	中长期	1 041.9	717.8	384.0	345.3	308.8	152.7	431.7	473.7	497.5	424.1	557.8	622.0
	票据融资	-146.0	-52.1	90.2	262.6	317.7	289.6	309.1	76.4	230.7	299.0	7.4	-139.1
	金融机构各项贷款同比增长（%）	11.4	11.9	11.4	11.1	11.3	11.3	11.6	11.6	12.1	12.3	11.9	12.0
	其中：短期	1.6	2.3	1.9	1.9	2.6	2.1	2.7	12.0	11.5	2.7	2.5	2.9
	中长期	17.4	18.1	17.5	16.7	16.1	15.8	15.8	17.6	18.0	16.6	16.0	16.0
	票据融资	68.2	59.1	57.6	57.3	54.8	69.1	60.2	50.2	56.0	53.8	48.3	47.9
	建筑业贷款余额（亿元）	3 199.4	3 277.5	3 307.5	3 300.8	3 340.5	3 378.8	3 366.3	3 413.3	3 476.7	3 455.6	3 448.0	3 418.1
	房地产业贷款余额（亿元）	5 697.9	5 851.4	5 855.1	5 844.2	5 881.8	5 947.0	5 953.6	5 996.1	6 036.5	6 046.8	6 030.6	6 080.1
	建筑业贷款同比增长（%）	13.4	15.1	14.9	13.2	12.5	11.6	11.0	11.8	11.6	11.3	10.5	9.8
	房地产业贷款同比增长（%）	17.9	19.0	16.2	13.0	11.2	12.8	12.4	11.9	11.2	11.5	10.0	9.9
人民币	金融机构各项存款余额（亿元）	100 174.6	101 215.8	103 447.5	103 811.7	105 625.4	108 788.7	107 948.8	107 874.2	108 469.0	108 113.2	109 600.6	107 873.0
	其中：住户存款	38 273.5	41 498.8	41 936.1	40 515.9	40 061.7	40 756.3	40 433.5	40 370.0	40 939.7	40 174.1	40 139.9	40 563.0
	非金融企业存款	36 990.8	35 506.4	36 745.8	36 571.0	37 377.6	39 065.6	37 858.8	38 187.4	38 135.8	37 905.5	38 966.8	38 933.3
	各项存款余额比上月增加（亿元）	4 068.4	1 041.2	2 231.7	364.2	1 813.7	3 163.3	-839.9	-74.7	594.9	-355.8	1 487.4	-1 727.6
	其中：住户存款	571.9	3 225.3	437.4	-1 420.3	-454.2	694.6	-322.9	-63.5	569.8	-765.6	-34.1	423.0
	非金融企业存款	2 019.4	-1 484.4	1 239.5	-174.8	806.6	1 688.1	-1 206.9	328.6	-51.6	-230.3	1 061.3	-33.5
	各项存款同比增长（%）	13.8	12.0	9.0	11.4	12.2	10.5	12.9	13.1	13.1	13.1	14.0	11.7
	其中：住户存款	3.5	12.4	8.7	10.4	9.3	5.2	8.4	8.7	7.6	8.1	8.2	7.6
	非金融企业存款	21.1	10.8	5.4	6.1	6.5	5.1	8.7	10.1	11.8	12.0	12.7	11.3
	金融机构各项贷款余额（亿元）	70 800.7	71 868.2	72 557.5	73 140.2	73 927.0	74 853.8	75 472.7	76 016.2	77 088.3	77 710.4	78 323.9	78 866.3
	其中：个人消费贷款	12 456.8	12 579.2	12 748.3	12 919.1	13 150.2	13 480.2	13 700.2	13 996.8	14 363.1	14 647.6	15 116.5	15 471.8
	票据融资	3 080.6	3 028.9	3 119.0	3 381.7	3 699.4	3 989.0	4 297.9	4 374.4	4 605.1	4 904.2	4 911.5	4 772.5
	各项贷款余额比上月增加（亿元）	1 219.5	1 067.5	689.3	582.7	786.7	926.8	618.9	543.5	1 072.2	622.0	613.6	542.4
	其中：个人消费贷款	273.2	122.4	169.1	170.9	231.0	330.1	220.0	296.6	366.3	284.4	468.9	355.3
	票据融资	-145.9	-51.7	90.2	262.6	317.7	289.5	309.0	76.5	230.7	299.1	7.3	-139.0
	金融机构各项贷款同比增长（%）	12.5	13.3	13.1	12.7	12.6	12.6	12.9	12.8	13.4	13.7	13.2	13.4
	其中：个人消费贷款	14.6	15.2	15.1	15.4	16.1	17.6	18.5	20.4	22.0	23.7	25.9	27.0
	票据融资	68.4	59.3	57.7	57.4	55.0	69.3	60.3	50.2	56.0	53.9	48.3	47.9
外币	金融机构外币存款余额（亿美元）	588.1	610.6	655.5	622.4	593.5	590.0	569.5	584.9	570.6	557.6	548.8	532.3
	金融机构外币存款同比增长（%）	30.3	31.2	33.0	25.1	10.5	3.8	0.9	4.3	5.8	6.8	1.9	1.7
	金融机构外币贷款余额（亿美元）	472.8	466.5	461.6	457.4	459.8	464.3	457.5	437.8	405.0	382.0	368.6	354.7
	金融机构外币贷款同比增长（%）	-10.8	-13.8	-18.6	-17.4	-14.8	-13.9	-13.7	-16.2	-19.7	-22.5	-23.7	-25.7

数据来源：中国人民银行南京分行。

表2　2001～2015年江苏省各类价格指数

单位：%

年/月	居民消费价格指数		农业生产资料价格指数		工业生产者购进价格指数		工业生产者出厂价格指数	
	当月同比	累计同比	当月同比	累计同比	当月同比	累计同比	当月同比	累计同比
2001	—	0.8	—	-3.2	—	-0.5	—	-0.9
2002	—	-0.8	—	-0.7	—	-1.4	—	-2.4
2003	—	1	—	1.9	—	6.5	—	2.3
2004	—	4.1	—	12.3	—	16.3	—	6.5
2005	—	2.1	—	6.9	—	7.6	—	2.6
2006	—	1.6	—	1.7	—	6.4	—	1.5
2007	—	4.3	—	6.9	—	5.0	—	2.6
2008	—	5.4	—	17.3	—	15.0	—	4.6
2009	—	-0.4	—	-2.4	—	-8.1	—	-4.8
2010	—	3.8	—	4.2	—	12.8	—	7.3
2011	—	5.3	—	12.6	—	8.9	—	6.2
2012	—	2.6	—	4.6	—	-4.2	—	-2.9
2013	—	2.3	—	2.4	—	-2.9	—	-2.0
2014	—	2.2	—	0.2	—	-3.0	—	-1.7
2015	—	1.7	—	-0.4	—	-7.9	—	-4.7
2014　1	2.3	2.3	0.9	0.9	-2.2	-2.2	-1.7	-1.7
2	2.2	2.2	0.6	0.8	-2.9	-2.5	-2.1	-1.9
3	2.3	2.3	0.4	0.6	-3.6	-2.9	-2.3	-2.0
4	1.8	2.2	0.1	0.5	-3.3	-3.0	-1.9	-2.0
5	2.8	2.3	0.4	0.5	-2.7	-2.9	-1.4	-1.9
6	2.4	2.3	0.0	0.4	-2.2	-2.8	-0.9	-1.7
7	2.5	2.3	0.0	0.3	-1.7	-2.6	-0.8	-1.6
8	2.3	2.3	0.0	0.3	-2.1	-2.6	-0.9	-1.5
9	2.3	2.3	0.3	0.3	-2.6	-2.6	-1.4	-1.5
10	2.0	2.3	0.1	0.3	-2.5	-2.7	-1.9	-1.5
11	1.9	2.2	-0.2	0.2	-4.3	-2.8	-2.3	-1.6
12	1.8	2.2	-0.3	0.2	-5.4	-3.0	-2.8	-1.7
2015　1	1.5	1.5			-6.9	-6.9	-3.7	-3.7
2	1.8	1.6	-0.9	-0.7	-7.9	-7.4	-4.2	-4.0
3	1.7	1.7	-0.9	-0.8	-7.4	-7.4	-3.9	-3.9
4	1.8	1.7	-0.2	-0.6	-7.2	-7.4	-3.7	-3.9
5	1.4	1.7	0.0	-0.5	-7.1	-7.3	-3.8	-3.8
6	1.6	1.6	0.3	-0.4	-7.4	-7.3	-4.1	-3.9
7	1.9	1.7	0.6	-0.2	-7.9	-7.4	-4.7	-4.0
8	1.8	1.7	0.8	-0.1	-8.5	-7.5	-5.5	-4.2
9	1.3	1.6	0.4	-0.1	-8.9	-7.7	-5.6	-4.3
10	1.2	1.6	-0.7	-0.1	-8.6	-7.8	-5.7	-4.5
11	1.7	1.6	-1.6	-0.3	-8.6	-7.9	-5.6	-4.6
12	2.2	1.7	-1.7	-0.4	-8.5	-7.9	-5.6	-4.7

数据来源：《中国经济景气月报》。

表3　2015年江苏省主要经济指标

	1月	2月	3月	4月	5月	6月	7月	8月	9月	10月	11月	12月
绝对值（自年初累计）												
地区生产总值（亿元）	—	—	14 620.7	—	—	33 926.9	—	—	51 202.4	—	—	70 116.4
第一产业	—	—	474.7	—	—	1 342.5	—	—	2 111.4	—	—	3 987.9
第二产业	—	—	7 058.4	—	—	16 197.6	—	—	24 333.8	—	—	32 043.6
第三产业	—	—	7 087.6	—	—	16 386.8	—	—	24 757.2	—	—	34 084.8
工业增加值（亿元）	—	4 713.7	7 596.9	10 361.0	13 268.1	16 330.1	19 090.2	21 835.9	24 698.9	27 481.3	30 388.1	33 422.5
固定资产投资（亿元）	1 926.5	3 406.5	6 734.0	8 808.8	11 627.0	15 589.1	19 183.6	21 812.4	24 984.3	28 327.4	31 763.6	34 483.7
房地产开发投资	—	1 115.4	1 846.6	2 497.9	3 240.4	4 161.8	4 843.8	5 493.0	6 251.5	6 900.1	7 543.9	8 153.7
社会消费品零售总额（亿元）	—	—	6 405.8	—	—	12 551.5	—	—	18 839.4	—	—	25 876.8
外贸进出口总额（亿元）	455.7	824.1	1 237.6	1 686.9	2 158.6	2 625.3	3 110.0	3 585.9	4 075.0	4 520.5	4 970.4	5 456.1
进口	171.8	304.3	485.1	659.6	834.8	1 018.7	1 207.5	1 382.6	1 562.4	1 720.0	1 890.4	2 069.4
出口	284.0	519.8	752.5	1 027.3	1 323.8	1 606.6	1 902.5	2 203.3	2 512.6	2 800.5	3 080.0	3 386.7
进出口差额(出口－进口)	112.2	215.5	267.4	367.7	489.0	587.9	695.0	820.7	950.2	1 080.6	1 189.7	1 317.3
外商实际直接投资（亿美元）		53.9	81.8	97.0	113.6	144.4	156.6	165.6	178.1	193.5	211.3	242.8
地方财政收支差额（亿元）	394.1	274.3	94.0	166.5	108.0	-110.9	-111.8	-339.0	-773.9	-788.3	-1 247.0	-1 652.9
地方财政收入	858.0	1 362.7	1 980.2	2 708.0	3 306.5	4 128.8	4 850.6	5 311.5	5 847.4	6 630.0	7 206.7	8 028.6
地方财政支出	463.9	1 088.5	1 886.1	2 541.5	3 198.5	4 239.7	4 962.4	5 650.5	6 621.4	7 418.3	8 453.7	9 681.5
城镇登记失业率(%)(季度)	—	—	—	—	—	—	—	—	—	—	—	3.0
同比累计增长率（%）												
地区生产总值	—	—	8.1	—	—	8.5	—	—	8.5	—	—	8.5
第一产业	—	—	2.7	—	—	3.0	—	—	3.0	—	—	3.2
第二产业	—	—	8.3	—	—	8.5	—	—	8.4	—	—	8.4
第三产业	—	—	8.8	—	—	8.9	—	—	9.0	—	—	9.3
工业增加值	9.0	8.0	8.2	8.2	8.1	8.3	8.2	8.3	8.3	8.3	8.3	8.3
固定资产投资	14.0	11.0	11.5	11.2	10.9	10.9	10.9	10.6	10.5	10.4	10.5	10.5
房地产开发投资	—	9.6	4.4	3.7	2.9	5.7	5.3	3.6	3.0	2.2	0.4	-1.1
社会消费品零售总额	—	—	9.7	—	—	9.9	—	—	10.0	—	—	10.3
外贸进出口总额	-4.8	2.1	-2.6	-4.2	-4.6	-3.9	-4.7	-4.5	-3.9	-3.8	-3.6	-3.2
进口	-9.5	-11.3	-9.0	-10.2	-9.3	-7.8	-7.6	-7.3	-7.7	-7.8	-6.9	-6.7
出口	-1.7	11.9	2.1	0.1	-1.4	-1.3	-2.7	-2.7	-1.4	-1.2	-1.5	-0.9
外商实际直接投资	—	-3.9	-7.2	-10.2	-14.3	-17.8	-17.7	-19.3	-19.4	-18.1	-17.3	-13.8
地方财政收入	9.9	10.1	10.1	10.1	9.5	10.5	10.5	10.3	10.4	10.5	10.9	11.0
地方财政支出	-21.5	3.0	9.6	14.2	15.4	14.8	16.7	18.1	19.8	21.8	21.9	14.3

数据来源：江苏省统计局。

2015年浙江省金融运行报告

中国人民银行杭州中心支行货币政策分析小组

[内容摘要] 2015年是“十二五”的收官之年。面对经济下行压力，浙江省主动适应经济发展“新常态”，着力稳增长、促转型、抓改革、强创新、治环境、惠民生。浙江经济增速平稳换挡、结构优化、动力转换特征日趋明显，全年地区生产总值比上年增长8%，居民消费价格上涨1.4%，三次产业结构实现了从“二三一”到“三二一”的跨越，服务业对GDP增长贡献率达到66%，单位地区生产总值能耗比上年下降3.8%。

金融支持实体经济发展和转型升级的力度加大。信贷总量合理适度增长，社会融资规模结构优化，融资成本趋于下降，普惠金融加快发展，年末本外币存贷款余额分别增长10.2%和7.1%。证券业创新发展，保险保障功能有效发挥。金融市场创新活跃，企业债务融资工具发行规模较快增长，直接融资占社会融资规模比重达32.2%。金融风险处置力度加大，年末不良贷款率为2.37%。

浙江经济正处于结构调整和转型升级的关键时期。2016年，尽管经济下行压力较大，局部领域困难且风险较多，但总体看，浙江经济有望继续平稳发展，加快向增长中高速和质量效益中高端的轨道迈进。浙江省金融业将认真落实稳健的货币政策，保持总量合理适度增长，优化信贷结构和融资结构，深化金融改革创新，助推浙江经济发展与转型。

一、金融运行情况

2015年，面对经济金融发展中的新问题、新挑战，浙江金融业主动适应“新常态”，积极满足新需求，降低融资成本，实现了金融平稳健康运行，全年金融业增加值3 048.9亿元，比上年增长12.3%，增速同比提高4.3个百分点。

（一）银行业稳健发展，积极适应新常态

银行业资产负债规模增速回升，市场竞争更为充分，结构指标趋于优化，金融市场创新活跃，资产质量总体保持稳定。

1. 资产负债规模增速小幅上升，质量效益指标基本平稳。2015年年末，浙江银行业金融机构资产和负债总额比上年分别增长12.8%和13%，增速较上年均提高3.1个百分点。受不良贷款拨备增加、利差收窄等因素的影响，银行利润总额趋于下降，2015年税后利润为584.9亿元，同比有所下降。法人金融机构经营状况平稳，资本充足率、拨备覆盖率、不良贷款率等主要指标处于合理水平。

表1　2015年浙江省银行业金融机构情况

机构类别	营业网点			法人机构（个）
	机构个数（个）	从业人数（人）	资产总额（亿元）	
一、大型商业银行	4 062	101 114	41 911	
二、国家开发银行和政策性银行	48	1 884	6 135	
三、股份制商业银行	905	32 861	24 611	1
四、城市商业银行	1 233	41 266	21 903	13
五、城市信用社				
六、小型农村金融机构	4 237	49 839	18 236	82
七、财务公司		263	707	7
八、信托公司		808	198	5
九、邮政储蓄银行	1 690	8 968	2 878	
十、外资银行	16	936	430	
十一、新型农村金融机构	194	5 538	798	80
十二、其他		37	1 323	3
合　计	12 385	243 514	119 130	191

注：营业网点不包括国家开发银行和政策性银行、大型商业银行、股份制银行等机构总部数据；大型商业银行包括工商银行、农业银行、中国银行、建设银行和交通银行；小型农村金融机构包括农村商业银行、农村合作银行和农村信用社；新型农村机构包括村镇银行、贷款公司、农村资金互助社；“其他”包含金融租赁公司、汽车金融公司、货币经纪公司、消费金融公司等。

数据来源：中国人民银行杭州中心支行、浙江银监局。

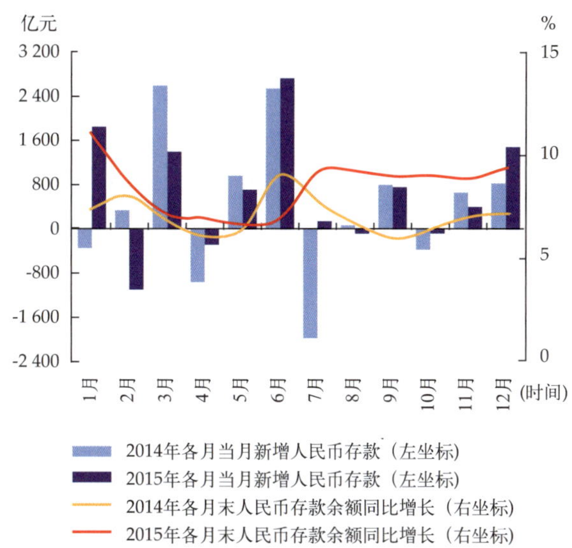

数据来源：中国人民银行杭州中心支行。

图1　2014～2015年浙江省金融机构人民币存款增长变化

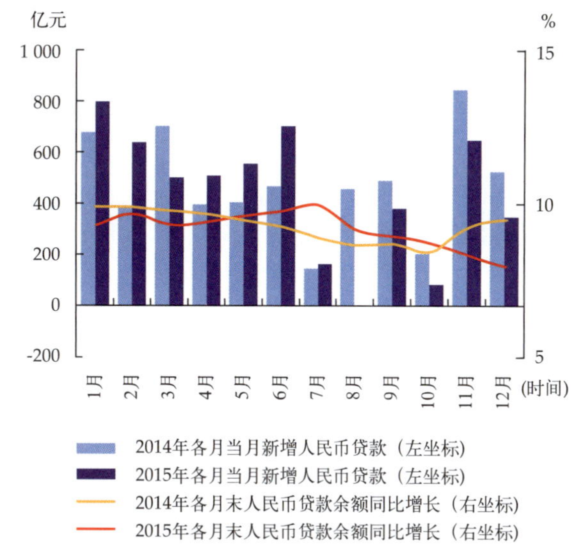

数据来源：中国人民银行杭州中心支行。

图2　2014～2015年浙江省金融机构人民币贷款增长变化

2. 存款增速回升，波动幅度减弱。2015年，受企业投融资需求回落、资本市场波动加剧以及P2P等互联网金融风险暴露等因素的影响，企业和居民资金回流银行体系趋势较为明显。年末，浙江省本外币各项存款余额为90 301.6亿元，同比增长10.2%，增速比上年回升3个百分点；全年新增存款8 704.7亿元，同比多增3 544亿元（见图1）。存款偏离度管理和规范同业业务监管政策实施以来，存款冲时点现象有明显改观，季度、月度间存款增长更趋均衡。

3. 贷款增长合理适度，信贷支持重点突出。2015年年末，浙江省本外币贷款余额增速为7.1%（见图3），同比回落2.1个百分点，新增贷款为4 957.5亿元，同比少增785.9亿元。贷款少增主要受地方政府债务置换影响，如还原2 294亿元地方政府债务置换因素，贷款实际同比多增1 508亿元，同比实际增幅为10.3%。

2015年，全省人民银行分支机构运用多种政策工具引导信贷结构优化。全省发放支小、支农再贷款144亿元，办理再贴现116亿元。年末全省小微企业贷款余额达19 506亿元，占全部企业贷款余额的40.6%，较上年年末提高0.9个百分点。积极支持居民普通住房消费，全年新增个人购房贷款1 823.6亿元，是上年增量的2.8倍。金融对高新

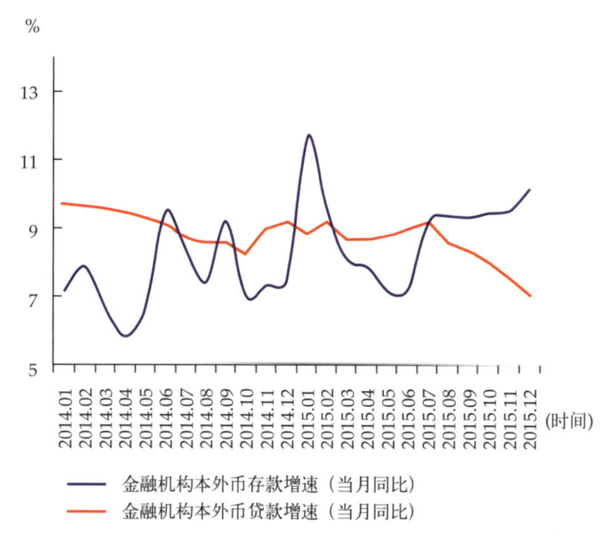

数据来源：中国人民银行杭州中心支行。

图3　2014～2015年浙江省金融机构本外币存、贷款增速变化

技术产业和文化产业支持加大，科技和文化产业贷款同比分别增长16.7%和13.7%，高于全部贷款增速9.6个和6.6个百分点。

4. 贷款利率明显回落，利率市场化改革成效显著。人民银行5次降息，并强化利率定价自律机制建设，引导金融机构科学合理定价，有力推动了融资成本下降。2015年，浙江省一般贷款加

权平均利率为6.53%，同比下降0.79个百分点。其中，12月利率为5.82%，同比下降1.19个百分点。2015年，全省民间借贷监测利率为19.5%，较2014年、2013年、2012年和2011年分别下降2.2个、4个、5.3个和6.5个百分点。

存款定价趋于差异化。2015年，全省有72家法人金融机构发行同业存单5 543亿元，为上年发行量的4.9倍。68家法人金融机构获大额存单试点资格，其中，27家机构已发行大额存单223亿元。存款利率上限放开后，全省存款市场运行平稳，定价行为较为理性，挂牌利率基本在基准利率1.1～1.4倍，实际利率总体不超过基准利率1.5倍，差异化定价、差异化竞争的格局初步显现。

5. 银行业改革稳步推进，两家试点民营银行开业。政策性银行在浙分支机构改革启动，农业银行“三农金融事业部”改革试点稳步开展。民营银行试点取得阶段性进展，温州民商银行和浙江网商银行相继开业。农村金融机构改革继续推进，全省已有40家机构改制成为农村商业银行，村镇银行基本实现县域全覆盖。全省10个县（市、区）被列入农村土地经营权抵押贷款试点，4个县（市、区）被列入农房抵押贷款试点。

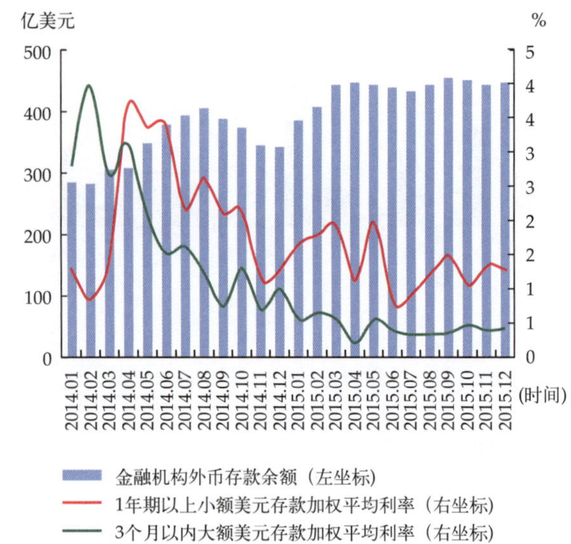

数据来源：中国人民银行杭州中心支行。

图4　2014～2015年浙江省金融机构外币存款余额及外币存款利率

表2　2015年浙江省金融机构人民币贷款各利率区间占比

单位：%

月份		1月	2月	3月	4月	5月	6月
合计		100.0	100.0	100.0	100.0	100.0	100.0
下浮		4.1	4.3	3.7	3.5	4.5	5.9
基准		10.4	12.0	12.5	9.7	9.7	11.0
上浮	小计	85.5	83.7	83.8	86.8	85.9	83.1
	(1.0，1.1]	18.3	17.5	18.3	16.8	15.8	17.8
	(1.1，1.3]	40.9	39.3	37.4	38.9	38.5	35.1
	(1.3，1.5]	12.0	11.7	13.0	14.6	14.3	15.1
	(1.5，2.0]	10.1	10.7	10.3	11.3	11.7	10.5
	2.0以上	4.2	4.5	4.9	5.2	5.6	4.5
月份		7月	8月	9月	10月	11月	12月
合计		100.0	100.0	100.0	100.0	100.0	100.0
下浮		4.0	5.0	5.4	5.0	5.5	7.1
基准		10.8	10.9	10.9	9.5	10.8	13.4
上浮	小计	85.2	84.1	83.6	85.5	83.7	79.5
	(1.0，1.1]	16.7	16.5	18.1	17.8	16.9	16.4
	(1.1，1.3]	37.0	34.5	32.4	32.3	30.9	29.6
	(1.3，1.5]	14.3	14.6	14.1	14.3	13.7	13.6
	(1.5，2.0]	11.6	12.3	12.2	13.6	14.6	13.5
	2.0以上	5.7	6.2	6.9	7.5	7.6	6.4

数据来源：中国人民银行杭州中心支行。

台州小微企业金融服务改革试验区获国务院批准，小微金融创新加快，2015年年末，台州已设立小微金融服务专营机构263家。温州“金改”成效凸显，12家地方法人机构全部通过合格审慎评估并参与利率市场化产品创新；外商投资企业外汇资本金意愿结汇试点深化，全年22家企业办理意愿结汇2 537万美元。丽水农村金融改革继续推进，农村产权融资体系和信用体系进一步完善。义乌国际贸易综合改革和金融专项改革试点效应显现，义乌出口增长对全省贡献度达3.8%。

6. 银行业不良贷款率继续有所上升，不良贷款处置力度加大。2015年年末，全省不良贷款率为2.37%，比年初提高0.41个百分点。金融机构和各级政府继续加大不良贷款处置力度，全年通过现金清收、贷款核销、以物抵债、转让给资产管理公司等方式，累计处置不良贷款1 968.2亿元，是2014年的1.5倍。

7. 跨境人民币业务快速发展，服务涉外经济功能持续提升。2015年，浙江省跨境人民币结算量为10 315亿元，位列全国第四，比上年增长

6%，其中，经常项下人民币结算8 536亿元，同比增长14.6%。电子商务跨境人民币结算持续扩大，跨境资金池业务稳步发展。2015年，浙江省有58家银行开展跨境人民币业务，参与跨境人民币结算的企业增加至25 821家，政策惠及面不断扩大。

专栏1 同业存单、大额存单发展及对利率市场化影响

同业存单和大额存单是我国利率市场化过程中存款端的创新产品，同时也是银行主动负债的渠道。2015年以来，浙江省同业存单业务进入快速发展阶段，大额存单正式开始试点。

存单业务扩面增量，试点发行机构数量全国领先。2015年，浙江省有72家法人金融机构发行同业存单5 543亿元，是上年发行量的4.9倍，发行机构家数和发行量分别占全国的1/5和1/10。全省68家法人金融机构获得大额存单试点资格，占全国入围家数的近30%，2015年，已有27家机构发行大额存单223亿元。发行机构和期限品种趋向多元化。以同业存单为例，浙江省全部城商行和74%的农村合作机构参与了发行，发行量分别是上年的6倍和18倍，其中，1个月期、3个月期、6个月期、9个月期、1年期和2年期同业存单占比分别为5%、33%、21%、8%、32%和1%。

存单利率定价机制市场化，定价较为科学合理。同业存单发行利率以Shibor为基准进行加点定价，加点幅度与发行人信用等级、存单期限等因素相关。2015年，浙江省1个月期、6个月期和9个月期同业存单平均发行利率分别为4.11%、4.63%和5.0%；对于不同类型、不同信用等级银行发行的存单在定价上体现了信用利差，如AAA级主体发行的同业存单利率比AA级主体低10～20个基点。大额存单发行利率主要参考存款基准利率和货币市场利率确定，总体上看，浙江省大额存单发行利率为同期限存款基准利率的1.3～1.45倍。

同业存单、大额存单在完善市场利率体系、提升金融机构定价能力等方面发挥了重要作用。一方面，提升了Shibor的基准性，完善了市场利率体系。同业存单推出以前，货币市场中3个月期以上的货币市场工具较少，同业存单的发行弥补了这一不足，丰富了以Shibor为基准的银行间市场产品，提升了中长端Shibor的基准性和可交易性。另一方面，增强了金融机构的利率定价能力，夯实了利率市场化的微观基础。通过存单发行，丰富了金融机构的产品定价经验，目前浙江法人金融机构均制定了存款利率定价制度，45%的机构拥有存款定价模型，92%的机构上线了内部资金转移定价系统，基本形成“管理有制度、定价有模型、运行有系统、创新有工具、执行有秩序”的定价格局。2015年10月存款利率上限放开以来，全省存款市场运行平稳，差异化定价格局初步形成。

（二）证券业务较快增长，市场融资能力上升

1.证券期货经营机构业务大幅增长。2015年年末，浙江省共有法人证券公司5家，证券公司分公司44家，证券营业部683家；期货公司12家，期货营业部175家（见表3）。2015年，浙江省证券经营机构代理交易额为62.9万亿元，同比增长200%；利润总额为190.7亿元，同比增长252%。期货经营机构分别实现代理交易额为131.2万亿元，同比增长110%；利润总额为11.6亿元，同比增长35%。

2. 企业上市稳步推进。2015年年末，浙江省共有境内上市公司299家，比上年新增33家，位居全国第二；其中，中小板上市公司和创业板上市公司分别为127家和50家，分别占全国同类上市公

司家数的16%和10%。2015年，浙江省境内上市公司在资本市场合计融资1 475.6亿元，比上年增长1.2倍。

3. 证券行业创新步伐加快。省内证券公司积极参与业务和产品创新，资产管理、融资融券等业务快速发展。2015年，浙江省内法人证券公司营业收入同比增长53.3%，净利润增长68.2%。多层次资本市场建设的持续推进，拓宽了省内中小企业融资渠道，促进了民间资本转化为实业资本，有效规范了企业治理结构。2015年年末，浙江股权交易中心挂牌企业3 162家，比上年增加1 574家；"新三板"挂牌企业411家，比上年增加342家。

表3　2015年浙江省证券业基本情况

项目	数量
总部设在辖内的证券公司数（家）	5
总部设在辖内的基金公司数（家）	2
总部设在辖内的期货公司数（家）	12
年末国内上市公司数（家）	299
当年国内股票（A股）筹资（亿元）	749
当年发行H股筹资（亿元）	
当年国内债券筹资（亿元）	1 275
其中：短期融资券筹资额（亿元）	530
中期票据筹资额（亿元）	413

注：当年国内股票（A股）筹资额是指非金融企业境内股票融资；债券筹资额为扣除到期兑付额的余额增量。

数据来源：中国人民银行杭州中心支行、浙江证监局。

（三）保险服务范围拓展，风险保障功能有效发挥

1. 市场体系不断完善。2015年，各类保险机构3 755家，专业中介机构185家，兼业代理机构9 801家，保险销售从业人员23.7万人。全年新增各类保险机构104家，其中，保险总公司1家，农村保险互助社1家，专业中介机构9家。保险公司资产总额为3 071亿元，比年初增加505.4亿元。

2. 各项保险业务平稳增长。2015年浙江省保险业共实现原保险保费收入1 435.3亿元，收入同比增长14.1%。其中，财产险保费收入和人身险保费收入同比分别增长15.1%和17.1%。保险业赔付支出558.8亿元，同比增长17.7%，其中，财产险和人身险赔付支出分别增长8.6%和43.5%。保险业对国民经济的渗透率和融合度不断提高，保险密度为2 604元/人，保险深度为3.4%。

3. 保险服务领域稳步拓宽。2015年，浙江省保险业积极服务实体经济发展，大力发展小额贷款保证保险，建立省级补偿机制，启动农村"三权"保证保险试点，在全省近60个县（市、区）推广，累计帮助超过2.2万家小微企业获得贷款127亿元。大病保险取得突破性进展，2013年试点以来，逐步建立全省统一的覆盖职工、城乡居民的大病保险制度。2015年年末，商业保险机构受托承办大病保险项目已覆盖60个县（市、区）和2 300余万名城乡居民，累计向5.7万名参保人支付赔款约4亿元。

表4　2015年浙江省保险业基本情况

项目	数量
总部设在辖内的保险公司数（家）	4
其中：财产险经营主体（家）	2
人身险经营主体（家）	2
保险公司分支机构（家）	3 748
其中：财产险公司分支机构（家）	2 188
人身险公司分支机构（家）	1 560
保费收入（中外资，亿元）	1 435
其中：财产险保费收入（中外资，亿元）	647
人身险保费收入（中外资，亿元）	789
各类赔款给付（中外资，亿元）	559
保险密度（元/人）	2 604
保险深度（%）	3

数据来源：浙江保监局。

（四）直接融资比重大幅上升，债券交易放量增长

1. 社会融资规模结构优化，直接融资占比大幅上升。2015年，浙江省社会融资规模增量为6 291.5亿元，同比少增1 707亿元，主要是由于同业业务进一步规范，表外融资少增，未贴现银行承兑汇票净减少1 039亿元。债券和股票直接融资比重持续上升，2015年合计占比为32.2%，同比上升10.5个百分点。全省企业在银行间市场累计发行企业债务融资工具2 241亿元，增速达51%，占全省企业债券发行总额的74%（见图5）。

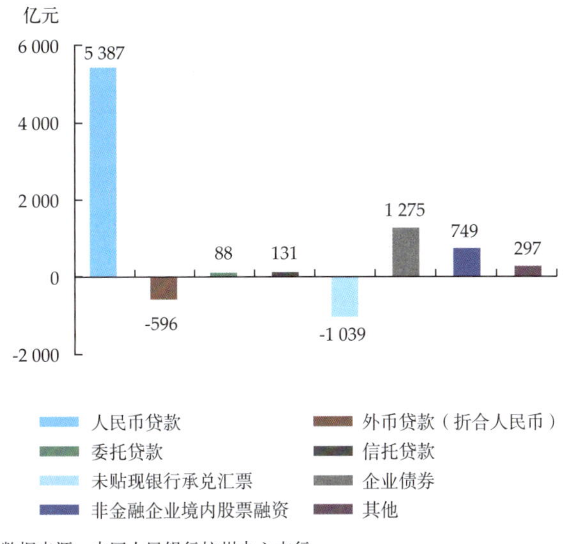

数据来源：中国人民银行杭州中心支行

图5 2015年浙江省社会融资规模分布结构

2. 市场资金面宽松，货币市场交易放量增长。省内金融机构在银行间市场现券交易和债券回购交易额分别为66 521.6亿元和336 085亿元，较上年分别增长2.7倍和1.6倍。全省银行间市场成员拆借交易量达36 916.7亿元，较上年增长19.7%。货币市场利率水平回落，债券回购和同业拆借加权平均利率分别为2%和2.04%，同比分别下降0.87个和0.8个百分点。

3. 票据融资大幅增长，再贴现结构引导作用较好发挥。2015年年末，浙江省金融机构票据贴现余额为3 019.6亿元，同比增长85.4%，余额创2009年4月以来的新高（见表5）。再贴现支持小微企业作用显著，人民银行通过专项配套资金、专门重点支持、专项利率优惠、专项票额控制的再贴现管理模式，重点支持全省小微企业。2015年，浙江省办理再贴现13 772笔，平均单笔金额为82.8万元，受惠中小微企业1.1万余家。

表5 2015年浙江省金融机构票据业务量统计

单位：亿元

季度	银行承兑汇票承兑		贴现			
			银行承兑汇票		商业承兑汇票	
	余额	累计发生额	余额	累计发生额	余额	累计发生额
1	8 999	4 327	1 552	22 051	165	5 461
2	10 199	10 418	1 801	69 475	189	9 714
3	9 595	14 997	2 514	100 635	190	13 420
4	9 069	19 848	2 966	135 203	260	17 141

数据来源：中国人民银行杭州中心支行。

表6 2015年浙江省金融机构票据贴现、转贴现利率

单位：%

季度	贴现		转贴现	
	银行承兑汇票	商业承兑汇票	票据买断	票据回购
1	5.40	6.18	5.29	5.44
2	4.23	4.05	3.82	3.94
3	3.80	5.26	3.73	3.44
4	3.09	4.79	3.53	3.17

数据来源：中国人民银行杭州中心支行。

4. 外汇市场交易活跃，黄金业务创新发展。国际经济与各国货币政策周期分化，外汇市场波动加大，交易量大幅增加。2015年，全省外汇衍生产品交易额为6 072.7亿美元，同比增长1.9倍，其中，外汇掉期交易6 069.5亿美元。全省市场成员在银行间即期外汇市场的交易金额与上年基本持平。2015年年末，浙江省共有70家法人金融机构开办黄金业务，4家上海黄金交易所成员企业，宁波银行成为上海黄金交易所首批黄金询价做市商，全省金融机构在上海黄金交易所代理黄金交易247.4亿元。

（五）信用体系逐步完善，普惠金融基础设施建设进一步强化

1. 征信体系建设逐步完善。截至2015年年底，全省共有3 623.1万自然人和138.9万户企业及其他经济组织纳入了全国统一的征信系统，金融机构月均查询量358.3万次，在防范和处置风险中发挥了巨大作用。社会化征信机构开始起步，全省共有6家企业征信机构通过备案并开展企业征信业务，1家个人征信机构获准开展个人征信业务工作。

2. 农村和中小企业信用体系建设工程全面深化。农村信用体系建设的“丽水模式”在全省得到进一步推广，截至2015年年末，全省累计为887万户农户建立了信用档案，获信贷支持的农户覆盖面达40.6%。全年新增省级信用村22个、信用乡2个，“整村批发、集中授信”信贷业务累计为49万户农户授信816亿元。人民银行杭州中心支行

与省工商局合作推进中小企业信息共享，通过应收账款融资服务平台为918家企业促成融资988亿元。

3. 支付清算基础设施持续完善。第二代支付系统省内推广工作顺利完成。2015年，大、小额支付系统共处理往来业务4.9亿笔，金额322.2万亿元，同比分别增长18.7%和22.5%。农村易（e）支付工程持续深化，全省农村地区电子银行用户数达8 926.2万个，同比增长38.8%。合作共建银行卡助农服务点和村级电子商务服务点，打造农村“一公里”金融和电商服务圈，全省银行卡助农服务点达2.3万个，助农服务业务量同比增长了1倍。

二、经济运行情况

2015年，浙江经济实现平稳较快增长，结构优化、提质增效取得积极进展，创新驱动不断加强。全年实现地区生产总值42 886亿元，比上年增长8%；人均地区生产总值77 644元，比上年增长7.6%（见图6）。三次产业协调发展，第三产业比重稳步提高。

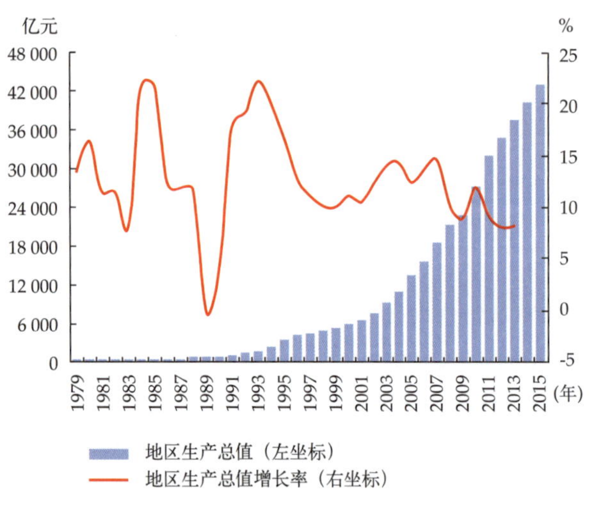

数据来源：浙江省统计局。

图6　1979～2015年浙江省地区生产总值及其增长率

（一）三大需求协调增长，内生动力进一步增强

2015年，浙江投资增长平稳，消费增速稳中趋升，出口在外需低迷的背景下实现小幅增长，经济内生动力继续增强。

1. 投资需求平稳增长，结构持续优化。2015年，浙江省继续加快推进重大项目建设，激发民间投资活力，投资总体保持良好增长态势，全年固定资产投资2.67万亿元，比上年增长13.2%（见图7）。浙商回归顺利推进，引进项目累计到位资金同比增长37.1%。

重点项目和新兴行业等领域投资实现快速增长。工业技术改造投资增长23.6%，占工业投资的比重达76.6%；除房地产开发外的服务业项目投资增长28.5%，其中，生态环保投资增长89.3%。基础设施投资增长29.2%，占固定资产投资的27.8%，对投资增长贡献率达53.9%。

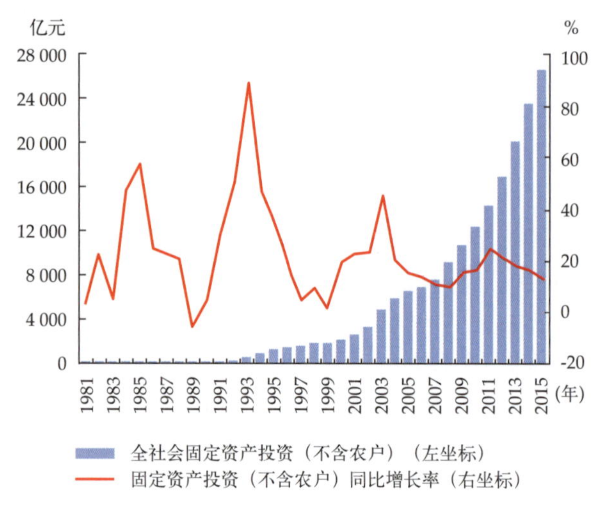

数据来源：浙江省统计局。

图7　1981～2015年浙江省固定资产投资（不含农户）及其增长率

特色小镇和产业集聚区建设进程加快。结合块状经济特点，浙江通过资源整合、项目组合、功能集合，浙江创建了首批37个特色小镇。成为浙江创新发展优势的新载体。产业集聚区取得明显成效，重点规划区建设取得重要进展。

2. 消费较快增长，新消费模式持续升温。2015年，消费新模式、新业态快速发展，汽车、房地产相关消费回升。浙江省社会消费品零售总额比上年增长10.9%（见图8），其中，网络零售额为7 611亿元，增长49.9%，总量居全国第二

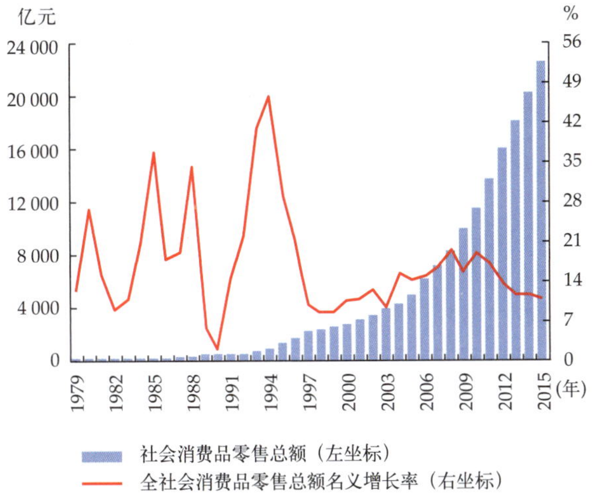

数据来源：浙江省统计局。

图8　1979~2015年浙江省社会消费品零售总额及其增长率

位，农产品网络零售额居全国首位。汽车零售额对消费的贡献度由-13.7%回升至8.3%。住房销售相关的家具、装潢材料增速分别为29.3%和43.3%。

3. 外贸创新试点深入推进，出口小幅增长。2015年，浙江省在外需低迷的背景下实现出口正增长，助推外贸经济平稳运行。全年出口额为2 766亿美元，增长1.2%，增速高于全国4个百分点。进口707亿美元，下降13.4%。进出口顺差为2 059亿美元，增长7.9%（见图9）。

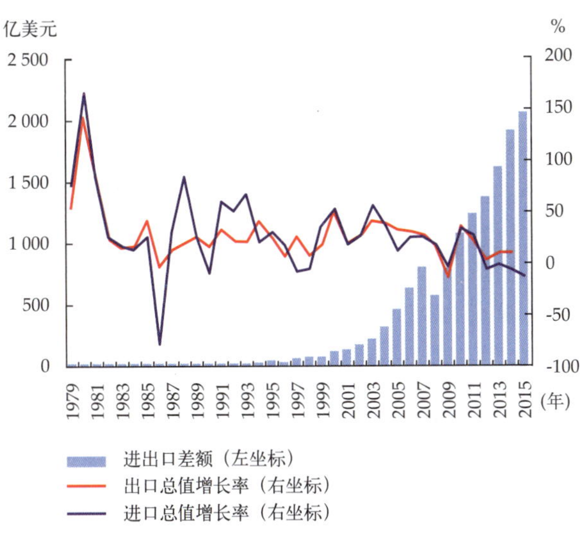

数据来源：浙江省统计局。

图9　1979~2015年浙江省外贸进出口变动情况

出口结构改善，纺织品、服装等7大传统劳动密集型产品占出口总额的比重降至38.6%，机电商品和高新技术产品比重上升至42%和6.1%。市场采购贸易出口和跨境电子商务成为外贸增长新亮点。全年跨境电商出口额270亿元，同比大幅增长34.7%。2015年，全省实际利用外资170亿美元，同比增长7.4%（见图10）。

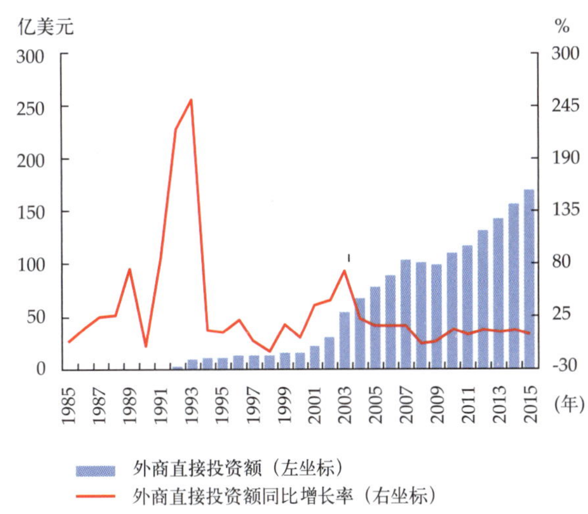

数据来源：浙江省统计局。

图10　1985~2015年浙江省外商直接投资额及其增长率

（二）结构调整成效显著，服务业拉动作用提升

2015年，浙江省三大产业实现协调合理发展，产业结构调整成效显著，三次产业结构由上年的4.4∶47.7∶47.9调整为4.2∶46∶49.8。

1. 农林牧渔业生产保持稳定，生态农业持续发展。2015年，浙江省继续深入推进农业发展方式转变，农业综合生产能力和经营效益稳步提升，农林牧渔业增加值比上年增长1.5%，粮食播种面积为1 277.8公顷，同比增长1%。蔬菜、中药材、果用瓜等生态农业发展良好，产量分别增长4.3%、12.3%和2.9%。

2. 工业经济缓中趋稳，转型升级取得新进展。2015年，实现工业增加值13 193亿元，比上年增长4.4%（见图11）。高新技术产业和装备制造业对规模以上工业增长贡献率分别为55.7%和36.8%。

八大耗能产业比重从2010年的36.7%降至2015年的35.5%，全年淘汰2 000多家企业落后产能。

新产业、新业态快速崛起。规模以上工业新产品产值21 555亿元，增长13.8%；新产品产值率32.2%，比上年提高3.7个百分点。新能源、新能源汽车、新材料、生物等新兴产业增加值同比分别增长17.1%、10.9%、8.1%和6.6%。健康产品制造、节能环保产业增加值分别增长6.2%和5.9%。

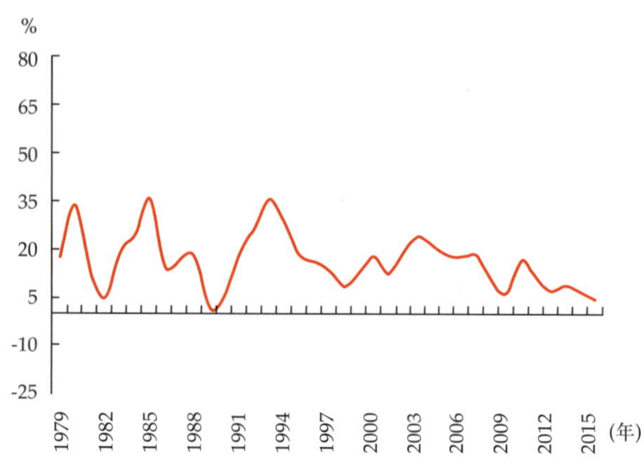

数据来源：浙江省统计局。

图11 1979~2015年浙江省规模以上工业增加值同比增长率

3. 服务业持续快速发展。2015年，浙江省服务业增加值为21 347亿元，比上年增长11.3%，占GDP比重为49.8%，对GDP增长贡献率达到65.7%。信息、金融、旅游等新兴服务产业取得长足发展。2015年，信息经济核心产业增加值为3 310亿元，比上年增长16%。电子商务交易额突破3万亿元。战略性新兴产业服务收入为2 552亿元，比上年增长40.1%，增幅居全国首位，高于全国平均水平27.7个百分点。

（三）价格指数总体稳定，收入水平提高

2015年，浙江省居民消费价格和工业生产者价格一升一降，劳动者报酬持续提高。

1. 居民消费价格温和上涨。2015年，浙江省居民消费价格上涨1.4%（见图12），涨幅同比回落0.7个百分点。八大类消费价格同比七涨一跌，食品、烟酒、医疗保健和个人用品、衣着类价格涨幅较大，交通和通信类价格有所下降。

2. 生产者价格持续下降。2015年，浙江省工业品出厂价格和原材料购进价格同比分别下降3.6%和5.5%，降幅比上年分别扩大2.4个和3.7个百分点。

3. 劳动力报酬稳步提高。2015年，全省居民人均可支配收入为35 537元，同比增长8.8%，扣除价格因素增长7.3%。全社会单位就业人员年平均工资为51 463元，比上年增长6.9%。最低月工资标准调整为1 860元、1 660元、1 530元、1 380元四档，较调整前分别提高210元、190元、180元和160元。低收入农户人均纯收入为8 765元，比上年增长20.9%。

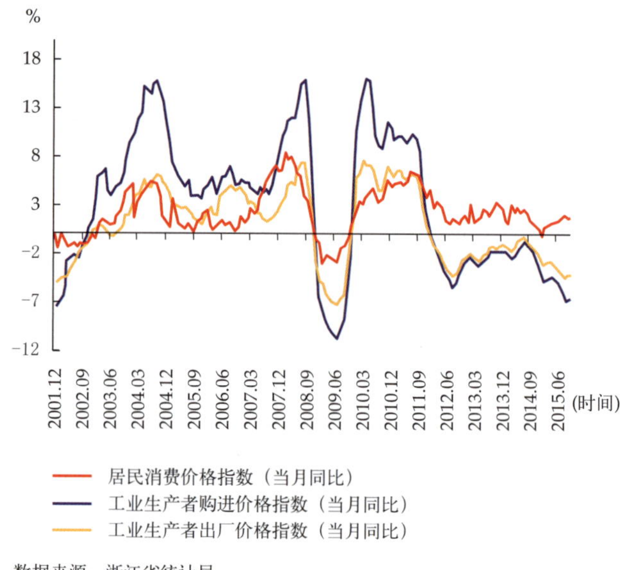

数据来源：浙江省统计局。

图12 2001~2015年浙江省居民消费价格和生产者价格变动趋势

（四）财政收入平稳增长，民生重点支出保障有力

2015年，浙江省公共预算收入为4 809.5亿元，同比增长7.8%（见图13）。税收收入占一般公共预算收入比重为86.7%，继续保持较高水平。居民收入稳定增长推动个人所得税增长22.2%；服务业快速发展和商品房销售向好带动营业税及改征增值税增长11.2%。

浙江省公共预算支出为6 648.09亿元，增长

21.2%。坚持消费带动，推进商贸流通领域基础设施建设，全年商业服务业支出为143.56亿元，增长38.5%。科技创新投入继续增加，全省科技支出为250.8亿元，同比增长20.6%。教育支出、社保支出、医疗卫生支出较快增长，民生项目和基础设施建设等支出有力保障。

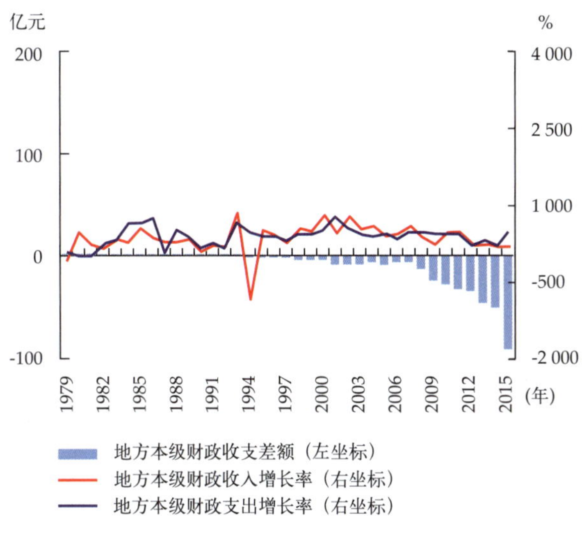

数据来源：浙江省统计局。

图13　1979～2015年浙江省财政收支状况

（五）节能降耗取得积极成效，环境质量改善

2015年，单位GDP能耗预计下降3.8%左右，超额完成“十二五”节能降耗目标。规模以上工业单位增加值能耗下降2.2%。38个行业大类中，26个行业的单位工业增加值能耗下降，下降面近七成。八大高耗能行业单耗下降0.6%。全省11个设区城市环境空气PM2.5年均浓度平均为47微克/立方米，比上年下降11.3%。

城乡环境治理和治水力度全面加强。人均公园绿地面积13.33平方米，比上年增长3.7%。全年累计建成国家级生态县16个，国家环境保护模范城市7个，国家级生态乡镇691个。2015年，“五水共治”整治黑臭河446公里，全省221个省控断面中，I～III类水质断面占72.9%，比上年提高9.1个百分点。11个设区城市的主要集中式饮用水水源地水质达标率为92.8%。

专栏2　浙江省“互联网+”发展情况

近年来，浙江省积极贯彻“互联网+”行动，“互联网+”进入快速发展阶段，已成为浙江经济新的增长点。

（一）“互联网+”电子商务。浙江是国内电子商务最活跃、集聚度最高、产业链最完整的地区之一，全省共有电商服务企业近3 000家，网店210多万个，全国电子商务百强县49个，居全国第1；全省工业企业电商销售和采购比率分别达17.6%和20.2%。2015年，全省网络零售额为7 611亿元，比上年增长49.9%。全省有快递企业1 335家，2015年，快递业务量达38.3亿件，比上年增长55.9%。据统计，电子商务产业直接解决就业人数已超过100万人。

（二）“互联网+”传统制造业。通过“互联网+”助推传统制造业产业转型升级，智能制造加速发展，2015年全省智能制造装备产量同比增长20.7%，7个项目列入年度国家智能制造专项计划项目和示范试点项目。2015年，浙江省“两化”融合发展指数①为88，比上年提高1.7个百分点，装备数控化率和机器联网率分别为42%和20%，比上年分别提高1.6个和2.1个百分点，全员劳动生产率为11.5万元/人，比上年提高7.7%。

（三）“互联网+”创业创新。随着阿里巴巴等互联网企业上市和第一届、第二届世界互联网大会在浙江乌镇召开，互联网创业创新热潮在浙江持续高涨。梦想小镇、创业小镇、创客空间等新兴创业载体不断涌现。如杭州的

①两化融合是指信息化和工业化的高层次的深度融合，是指以信息化带动工业化、以工业化促进信息化。两化融合指数是工业和信息化部考核和评价地区两化融合发展水平、衡量地区工业经济转型升级的重要指标。

“三镇三谷”（基金小镇、云栖小镇、梦想小镇，云谷、传感谷、西溪谷）蓬勃发展，梦想小镇目前聚集了4 000多名创业者、300多个创业项目，其中，主要是80后、90后的年轻创业者。

（四）“互联网+”基础支撑。浙江省将信息产业列入重点发展的“七大产业”之首，包括软件业、互联网平台技术、物联网、大数据、云服务等在内的信息产业发展势头迅猛，2015年全省信息经济核心产业增加值为3 310亿元，比上年增长16%，占GDP的比重上升到7.7%。2015年年末，全省宽带接入用户达1 850万户，移动互联网用户5 430万户，4G网络基本实现全省行政村全覆盖。

（五）“互联网+”普惠金融。金融机构利用互联网拓宽服务覆盖面，提升服务效率。2015年6月，浙江网商银行正式开业，网商银行目标客户主要是依托电子商务平台开展业务的小微企业、创业个人以及网购消费者，不设线下物理网点，主要依靠互联网和大数据来获取客户和甄别风险，截至2015年年末，已累计向超过50万客户提供了贷款服务。2015年，浙江第三方支付机构共办理网络支付业务3 718亿元，同比增长达205.1%。

调查发现，当前“互联网+”也还存在认识不到位、发展不平衡、配套不完善和制度不健全等问题，如“互联网+”与传统产业特别是农业、制造业的融合相对滞后，物流、仓储、通信等配套建设相对滞后，以及“互联网+”推进中的安全和监管问题等，需要各方加快转变理念，强化政策扶持和创新驱动，进一步完善推进“互联网+”的优质环境。

（六）房地产市场总体回暖，环保产业蓬勃发展

1. 2015年以来，随着房地产税收和信贷等政策支持力度加大，购房者预期改善，浙江省房地产市场总体呈现成交量上升、去库存化加快、房价总体平稳的态势。

房地产投资放缓，保障房建设稳步推进。全年累计完成房地产开发投资7 112亿元，同比下降2.1%；房屋新开工面积同比下降1.1%，其中住宅新开工面积同比下降32.5%。房屋竣工面积同比下降7.8%。全省已开工保障性安居工程住房21.5万套。完成保障房开发投资897.5亿元，基本建成面积2 294.4万平方米。

全省新建商品房成交量快速上升。全年新建商品住房销售面积5 985万平方米，同比增长28%（见图14）。在省内重点城市中，杭州、宁波、温州新建商品住房成交套数同比分别上升8.9%、32%和39.8%，销售金额同比分别上升14.9%、42.3%和34.1%。房地产库存有所回落。2015年年末，全省11个市的市区新建商品住宅库存面积为3 716万平方米，较6月下降13.4%，按最近12个月的月均销售量测算，去化周期为20.2个月。除温州外，其他10个地市的去化周期都大于12个月。

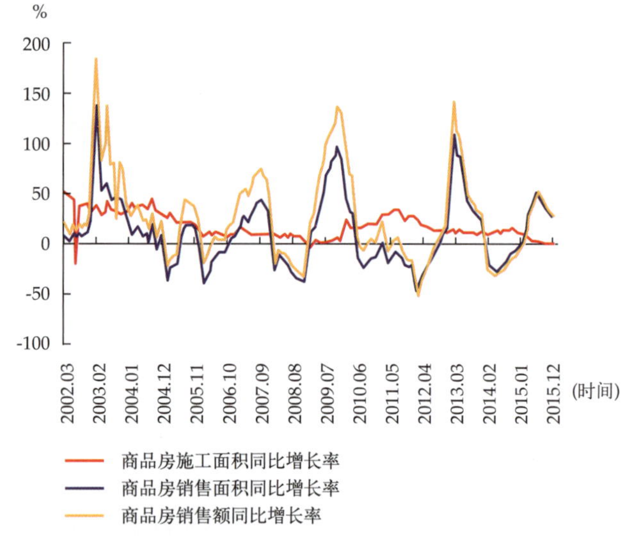

数据来源：浙江省统计局。

图14　2002～2015年浙江省商品房施工和销售变动趋势

房屋销售价格小幅回升。12月，杭州、宁波、温州的市区新建商品住房成交均价分别为17 339元、13 381元和18 900元，同比分别上升

6.7%、1.2%和10.9%（见图15）。随着改善型购房需求比重上升，高价房源去化速度加快，一定程度上提高了成交均价。房地产贷款平稳增长。2015年年末，全省房地产贷款余额为13 768.9亿元，同比增长17.1%，增速高出上年4.6个百分点，其中，房地产开发贷款和个人住房贷款余额同比分别增长3.2%和23.9%。

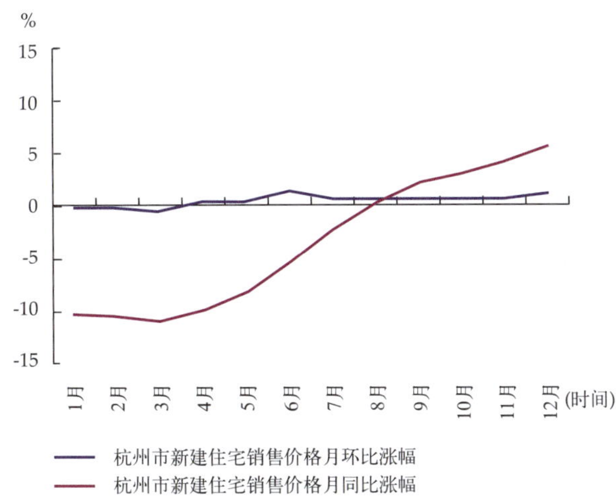

数据来源：浙江省统计局。

图15　2015年杭州市新建住宅销售价格变动趋势

2. 环保产业是浙江省重点发展的七大产业之一。近年来，浙江坚定“绿水青山就是金山银山”的发展理念，力推“五水共治”等环境治理行动，环保产业迎来全新发展时期。据统计，全省环保企事业单位1 600余家，2015年，环保及相关产业工业销售总值达2 000亿元左右，增长14%以上。产业集聚态势基本成形，杭州、宁波、绍兴等6个环保产业集聚区和基地年营业收入超过100亿元。科技水平不断增强，浙江省环境监测、大型电除尘、垃圾焚烧发电、海水淡化等环保仪器装备制造已接近国际水平。总体上看，浙江省环保产业特色优势日趋明显，但与国际先进水平相比，仍面临企业规模偏小、创新能力不足、产业层次不高等问题，还有较大的提升空间。

绿色金融创新活跃，助力绿水青山转换为金山银山。浙江省金融机构持续加大绿色信贷投入，优先支持“五水共治”等绿色项目和节能环保绿色企业，2008～2014年全省节能环保领域贷款累计新增1 700亿元。充分发挥银行间债券市场的直接融资功能，积极支持浙江省环保企业通过发行短期融资券、中期票据等债务融资工具拓宽融资渠道，降低融资成本，盾安集团、菲达环保等环保企业已累计发债87亿元。同时，中国人民银行杭州中心支行会同浙江省环保局出台了《浙江省排污权抵押贷款暂行规定》，支持企业以排污权为抵押向银行贷款。2015年年末，浙江省排污权抵押贷款余额达30.8亿元，同比增长39.2%。

三、预测与展望

2016年，是实施“十三五”规划的开局之年，是推进结构性改革的攻坚之年。浙江经济发展正处在阶段更替、动力切换、风险防控的关键期，机遇和挑战并存，经济运行总体将保持平稳发展、稳中有进的态势。

从面临挑战看，受国内外发展环境和多方面因素的影响，浙江经济在新旧发展动力转换期存在一些矛盾和问题。一方面，市场需求拉动力减弱，经济分化态势比较明显，部分行业、企业生产经营困难，去产能、去库存、去杠杆任务艰巨。另一方面，经济金融运行中的潜在风险隐患仍然较多，资金链、担保链风险尚未根本缓解，跨市场、跨行业风险隐患逐渐累积，金融风险更趋复杂化，防风险任务依然艰巨。

从机遇看，近年来，浙江省坚定不移地打好转型升级系列组合拳，主动推进经济结构战略性调整，成效渐显。供给方面，增长动力结构正在发生积极变化。2016年，第三产业有望继续成为稳定浙江经济的主要力量，传统产业、制造业改造提升力度加大，新兴产业较快发展，也将为浙江经济注入新的活力。需求方面，外部经济复苏的脆弱性和不确定性将影响出口，但投资和消费有望保持平稳增长，房地产市场回暖对需求形成一定拉动。综合判断，2016年浙江地区生产总值预期增长7%～7.5%，居民收入增长与经济增长总体同步，消费物价指数涨幅继续保持相对低位。

2016年，浙江省金融业将继续贯彻执行稳健的货币政策，在着力保持全省融资总量平稳增长的同时，更加注重加强对供给侧结构性改革的支持，更加注重推动金融改革创新，更加注重防范化解各类金融风险，努力实现“十三五”发展良好开局。

中国人民银行杭州中心支行货币政策分析小组
总 纂：殷兴山 方志敏
统 稿：陆巍峰 徐 宏 胡小军 周宇晨
执 笔：胡小军 周宇晨 翁 磊 潘晓斌 吕芙蓉 余业夔 王 庆 芦华征 宋 玮 温 闻 吴伟岐 杨 曦 杜 源 陈楠希 周永涛 童红坚
提供材料的还有：周 擎 汪正红 王 瑜 吴一颖 胡虎肇

附录

（一）2015年浙江省经济金融大事记

3月10日，中国人民银行杭州中心支行印发《关于开展“普惠金融深化年”活动的通知》（杭银发〔2015〕63号），在全省金融系统组织开展“普惠金融深化年”活动。

3月12日，国务院正式同意设立中国（杭州）跨境电子商务综合试验区；6月23日，浙江省政府印发中国（杭州）跨境电子商务综合试验区实施方案。

3月26日与6月25日，浙江省首批试点的两家民营银行——温州民商银行和浙江网商银行分别开业。

9月16日，杭州获得2022年亚运会主办权，成为继北京、广州之后，第三座举办亚运会的中国城市。

12月2日，国务院常务会议决定，建设浙江省台州市小微企业金融服务改革创新试验区。12月11日，人民银行、发展改革委等七部委发布《浙江省台州市小微企业金融服务改革创新试验区总体方案》。

12月16日至18日，第二届世界互联网大会在桐乡乌镇举行，主题为“互联互通·共享共治——构建网络空间命运共同体”，国家主席习近平出席开幕式并发表主旨演讲。

2015年，浙江大力推进特色小镇建设。特色小镇定位“一镇一业”，突出“特而强”、“小而美”，成为浙江省创业创新、转型发展新的平台和集聚地。

2015年，浙江省海洋港口一体化发展实质性启动。8月28日和9月29日，浙江省海港投资运营集团、宁波舟山港集团分别挂牌成立；浙江省海洋港口发展委员会获批组建。

2015年，中国人民银行杭州中心支行加大金融支持实体经济力度，6月29日印发《关于进一步强化金融保障 支持浙江经济平稳发展创新发展的意见》，10月14日和22日，分别联合相关部门出台金融支持浙江省小微企业成长和特色小镇建设的指导意见。

2015年，浙江省金融机构认真落实稳健的货币政策，全省本外币贷款新增4 957.5亿元，社会融资规模达6 291.5亿元；全省发行地方政府债务置换债券2 294亿元；全年实现金融业增加值3 048.9亿元，同比增长12.3%。

（二）2015年浙江省主要经济金融指标

表1　2015年浙江省主要存贷款指标

		1月	2月	3月	4月	5月	6月	7月	8月	9月	10月	11月	12月
本外币	金融机构各项存款余额（亿元）	83 711	82 759	84 367	84 119	84 782	87 480	87 588	87 687	88 485	88 369	88 758	90 301
	其中：住户存款	33 019	34 827	34 832	33 533	33 035	33 970	33 663	33 747	34 484	33 929	34 035	34 787
	非金融企业存款	29 909	27 951	29 017	28 875	29 245	29 676	29 332	29 893	30 149	30 031	30 852	31 485
	各项存款余额比上月增加（亿元）	2 113.8	-951.7	1 608.3	-248.5	663.45	2 697.4	108.12	98.89	798.21	-113.46	388.87	1 543.34
	金融机构各项存款同比增长（%）	11.68	9.54	8.09	7.87	7.17	7.22	9.21	9.37	9.34	9.47	9.54	10.17
	金融机构各项贷款余额（亿元）	72 402	73 099	73 626	74 109	74 650	75 393	75 446	75 536	758 120	75 709	76 217	76 466
	其中：短期	40 770	40 997	41 201	41 362	41 455	41 563	41 093	40 969	40 738	40 479	40 442	40 255
	中长期	28 756	29 177	29 450	29 724	30 047	30 493	30 739	3 0574	30 939	30 972	31 309	31 642
	票据融资	1 668.9	1 703.8	1 716.5	1 737.9	1 821.1	1 989.9	2 237.4	2 598.9	2 704.6	2 821.3	3 029.7	3 225.6
	各项贷款余额比上月增加（亿元）	893.44	696.73	526.71	483.25	541.08	742.54	53.8	89.16	284.31	-111.18	508.66	248.97
	其中：短期	420.71	227.66	331.02	160.85	92.39	108.08	-469.3	-124.89	-230.44	-259.3	-37.15	-186.75
	中长期	492.45	420.39	359	274.32	322.68	446.37	245.41	-164.67	365.11	33.12	336.91	332.42
	票据融资	-45.87	34.87	12.72	21.38	83.18	168.79	247.56	361.51	105.62	2 821.31	-6.53	195.89
	金融机构各项贷款同比增长（%）	8.89	9.2	8.66	8.66	8.79	9.01	9.22	8.61	8.3	8.03	7.56	7.09
	其中：短期	1.3192	1.571	1.094	1.48624	1.7759	1.668	1.3434	0.8513	0.0615	-0.007	0.0835	0.054
	中长期	18.358	18.726	18.162	17.715	17.706	18.211	18.232	16.577	16.413	15.349	14.284	11.937
	票据融资	104.93	99.93	82.64	66.7	53.73	59.07	60.95	67.35	71.78	77.64	64.18	88.09
	建筑业贷款余额（亿元）	2 599.2	2 625.7	2 642.7	2 655.1	2 695.1	2 749.7	2 742.9	2 750.8	2 728.7	2 699.5	2 711.6	2 693.7
	房地产业贷款余额（亿元）	3 112.5	31 691	3 194.5	3 225.4	3 265.1	3 290.4	3 275.9	3 254.9	3 257.7	3 236.9	3 227.8	3 207.9
	建筑业贷款同比增长（%）	8.38	8.51	7.97	7.83	8.71	10.07	9.46	8.58	7.51	6.37	6.29	5.01
	房地产业贷款同比增长（%）	21.08	19.7	18.28	16.88	16.81	17.86	16.53	14.56	12.92	10.57	7.83	5.39
人民币	金融机构各项存款余额（亿元）	81 340	80 248	81 645	81 375	82 064	84 794	84 935	84 843	85 596	85 496	85 914	87 393
	其中：住户存款	32 546	34 338	34 327	33 021	32 538	33 477	33 149	33 229	33 959	33 407	33 489	34 219
	非金融企业存款	28 232	26 161	27 032	26 871	27 257	27 694	27 408	27 778	28 000	27 890	28 763	29 365
	各项存款余额比上月增加（亿元）	1 846	-1 092	1 396.8	-270	685.85	2 730.3	141.38	-92.79	753.38	-99.98	418	1 479.3
	其中：住户存款	677.18	1 791.4	-10.9	-1 306	-482.8	938.74	-328.7	80.35	729.86	-551.57	81.65	729.74
	非金融企业存款	210.32	-2 071	870.94	-161.4	386.67	436.88	-285.8	369.41	221.91	-109.15	872.79	601.72
	各项存款同比增长（%）	11.13	8.73	7.19	6.97	6.65	6.98	9.21	9.23	8.99	9.02	8.89	9.43
	其中：住户存款	0.06	8.32	5.56	5.17	3.35	1.4	4.22	5.14	4.93	5.13	5.84	6.28
	非金融企业存款	11.85	1.56	-0.02	-0.1	-0.55	-1.41	1.42	3.01	3.45	3.88	5	4.06
	金融机构各项贷款余额（亿元）	69 522	70 163	70 670	71 179	71 739	7 247.7	72 614	72 609	72 991	73 072	73 722	74 070
	其中：个人消费贷款	11 477	11 477	11 673	11 864	12 104	12 448	12 594	12 815	13 074	13 214	13 508	13 760
	票据融资	1 668.9	173.74	1 716.5	1 737.9	1 821	1 989.8	2 237.4	2 598.8	2704.4	2 821.2	3 029.6	3 225.5
	各项贷款余额比上月增加（亿元）	807.51	641.68	506.66	509.27	560.18	708.23	166.06	-4.54	381.62	80.88	650.63	347.85
	其中：个人消费贷款	207.43	207.43	107.89	191.09	240.43	344.24	145.48	220.98	259.13	140.26	293.89	251.9
	票据融资	-45.84	34.87	12.73	21.38	83.17	168.8	247.54	361.43	105.57	116.81	208.43	3.08
	金融机构各项贷款同比增长（%）	9.31	9.66	9.31	9.43	9.61	9.75	9.94	9.16	8.93	8.73	8.3	7.96
	其中：个人消费贷款	6.4181	7.2076	8.4702	10.357	12.412	15.166	16.521	18.543	19.888	20.72	21.83	22.096
	票据融资	104.96	99.95	82.65	66.71	53.74	59.8	60.97	67.36	71.78	77.64	21.13	88.09
外币	金融机构外币存款余额（亿美元）	386.31	408.47	443.26	448.85	444.23	439.28	433.59	445.13	454.13	452.54	444.68	447.87
	金融机构外币存款同比增长（%）	34.26	43.51	44.37	44.94	26.8	16.08	10.25	9.74	16.81	20.79	28.08	30.33
	金融机构外币贷款余额（亿美元）	469.38	477.54	481.21	479.2	475.62	481.7	463.06	458.01	444.73	415.3	390.08	369
	金融机构外币贷款同比增长（%）	-0.82	-1.12	-4.66	-6.56	-7.38	-5.93	-5.8	-6.72	-8.9	-11.25	-14.3	-19.21

数据来源：中国人民银行杭州中心支行。

表2　2001～2015年浙江省各类价格指数

单位：%

年/月	居民消费价格指数		农业生产资料价格指数		工业生产者购进价格指数		工业生产者出厂价格指数	
	当月同比	累计同比	当月同比	累计同比	当月同比	累计同比	当月同比	累计同比
2001	—	-0.2	—	-0.3	—	-0.4	—	-1.7
2002	—	-0.9	—	-0.5	—	-2.5	—	-3.1
2003	—	1.9	—	2.9	—	5.75	—	0.64
2004	—	3.9	—	3.2	—	13.35	—	4.95
2005	—	1.3	—	5.8	—	5.4	—	2.3
2006	—	1.1	—	-0.4	—	5.6	—	3.8
2007	—	4.2	—	7.3	—	5.3	—	2.4
2008	—	5.0	—	18.9	—	10.6	—	4.3
2009	—	-1.5	—	-4.1	—	-7.4	—	-5.1
2010	—	3.8	—	2.9	—	12.0	—	6.2
2011	—	5.4	—	10.8	—	8.3	—	5.0
2012	—	2.2	—	4.2	—	-3.3	—	-2.7
2013	—	2.3	—	2.8	—	-2.3	—	-1.8
2014	—	2.1	—	-0.9	—	-1.8	—	-1.2
2015	—	1.4	—	—	—	-5.5	—	-3.6
2014　1	2.8	2.8	-0.1	-0.1	-1.8	-1.8	-1.2	-1.2
2	2.4	2.6	-0.6	-0.3	-2.1	-1.9	-1.5	-1.4
3	2.9	2.7	-1.2	-0.6	-2.4	-1.5	-1.7	-1.5
4	2.3	2.6	-1.2	-0.8	-2.2	-1.4	-1.2	-1.4
5	2.7	2.6	-1.0	-0.8	-1.8	-1.3	-0.7	-1.3
6	2.4	2.6	-1.1	-0.9	-1.3	-1.1	-0.4	-1.1
7	2.5	2.6	-1.0	-0.9	-0.8	-1.8	-0.3	-1.0
8	2.3	2.5	-0.8	-0.9	-0.9	-1.7	-0.7	-1.0
9	1.6	2.4	-0.6	-0.8	-1.3	-1.6	-1.0	-1.0
10	1.1	2.3	-0.7	-0.8	-1.9	-1.6	-1.4	-1.0
11	0.9	2.2	-0.9	-0.8	-2.4	-1.7	-1.7	-1.1
12	0.7	2.1	-1.1	-0.9	-3.2	-1.8	-2.1	-1.2
2015　1	0.0	0.0	0.2	0.2	-4.2	-4.2	-2.8	-2.8
2	0.8	0.4	0.0	-1.1	-4.8	-4.5	-3.0	-2.9
3	0.9	0.6	0.3	-0.8	-4.4	-4.5	-2.8	-2.9
4	1.2	0.7	0.5	-0.4	-4.5	-4.5	-2.9	-2.9
5	1.1	0.8	0.8	-0.1	-4.4	-4.5	-3.0	-2.9
6	1.4	0.9	0.3	0.1	-4.8	-4.5	-3.4	-3.0
7	1.6	1.0	0.2	0.2	-5.5	-4.7	-3.9	-3.1
8	1.9	1.1	0.7	0.4	-6.3	-4.9	-4.4	-3.3
9	1.7	1.2	0.6	0.6	-6.8	-5.1	-4.3	-3.4
10	1.7	1.2	-0.3	0.8	-6.7	-5.3	-4.2	-3.5
11	2.0	1.3	-0.8	0.9	-6.8	-5.4	-4.2	-3.6
12	2.5	1.4	-1.0	0.9	-6.9	-5.5	-4.4	-3.6

数据来源：《中国经济景气月报》、浙江省统计局。

表3　2015年浙江省主要经济指标

	1月	2月	3月	4月	5月	6月	7月	8月	9月	10月	11月	12月
绝对值（自年初累计）												
地区生产总值（亿元）	—	—	8 342.4	—	—	19 280.7	—	—	29 684.2	—	—	42 887
第一产业	—	—	278.2	—	—	763.3	—	—	1 161.2	—	—	1 832.8
第二产业	—	—	3 772.2	—	—	8 870.6	—	—	13 664.8	—	—	19 707.1
第三产业	—	—	4 292	—	—	9 646.8	—	—	14 858.3	—	—	21 346.6
工业增加值（亿元）	—	1 666.8	2 690.2	3 728.5	4 922.7	6 130.6	7 198.7	8 272.5	9 433.2	10 581	11 831	13 193
固定资产投资（亿元）	—	2 369.2	4 820.9	6 708.4	8 971.6	12 134	14 266	16 387	19 062	21 471.8	23 958	26 665
房地产开发投资	—	825.89	1 481.8	2 024.6	2 679	3 530.7	4 133.4	4 703.5	5 399.6	5 969.06	6 538.6	7 111.9
社会消费品零售总额（亿元）	—	3 032.2	4 479.4	5 885.8	7 431.2	9 019	10 592.5	12 209	13 840	15 693.5	17 546	19 785
外贸进出口总额（亿元）	—	3 595.2	4 774.8	6 444.7	8 216	10 099	11 999	13 941	15 902	17 681	19 396	21 566
进口	—	641.2	1 032.3	1 410.9	1 761	2 154	2 555	2 895	3 270	3 614	3 979	4 392
出口	—	2 954	3 742.5	5 033.8	6 455	7 944	9 443	11 046	12 633	14 066	15 417	17 174
进出口差额(出口－进口)	—	2 312.8	2 710.2	3 622.9	4 694	5 790	6 888	8 151	9 363	10 452	11 438	12 782
外商实际直接投资（亿美元）	10.6	19.9	38.8	47.1	60.3	90	98.1	104.5	113.4	125	137.2	169.6
地方财政收支差额（亿元）	759.85	857.2	1 040.1	1 546.7	1 888	2 024.7	2 471.4	2 484	2 278.1	2 679.35	2 533.5	1 901
地方财政收入	1 056.7	1 699.7	2 350.7	3 200.7	3 936.2	4 730	5 571.5	6 091.7	6 693.9	7 529.25	8 013.6	8 549.1
地方财政支出	296.8	842.49	1 310.6	1 654	2 048.2	2 705.4	3 100.2	3 607.7	4 415.9	4 849.9	5 480	6 648.1
城镇登记失业率(%)(季度)	—	—	2.89	—	—	2.9	—	—	2.88	—	—	2.93
同比累计增长率（%）												
地区生产总值	—	—	8.2	—	—	8.3	—	—	8.0	—	—	8.0
第一产业	—	—	1.1	—	—	1.2	—	—	1.1	—	—	1.5
第二产业	—	—	6.0	—	—	5.8	—	—	5.4	—	—	5.4
第三产业	—	—	10.8	—	—	11.4	—	—	11.3	—	—	11.3
工业增加值	—	7.0	5.1	4.7	4.7	5.0	4.6	4.3	4.2	4.2	4.3	4.4
固定资产投资	—	18.2	17.0	14.3	13.3	12.3	10.9	10.8	11.2	11.9	13.0	13.2
房地产开发投资	—	11.2	12.7	9.9	8.3	7.8	5.5	3.4	2.4	2.0	0.0	-2.1
社会消费品零售总额	—	8.2	6.8	7.0	7.3	7.7	7.7	7.9	8.0	8.4	8.7	10.9
外贸进出口总额	—	15.0	3.0	-1.2	-3.1	-2.5	-3.3	-3.2	-2.6	-2.2	-2.1	-1.1
进口	—	-28.7	-22.8	-21.3	-19.8	-16.8	-15.1	-15	-15	-14.4	-13.3	-12.5
出口	—	32.7	13.4	6.5	2.7	2.3	0.4	0.4	1.2	1.5	1.3	2.3
外商实际直接投资	-14.4	-16.8	-15.5	-12.6	-9.8	0.2	4.8	1.0	0.2	2.2	0.8	7.4
地方财政收入	7.9	5.7	8.7	8.3	7.8	8.3	8.9	8.5	8.8	8.7	8.6	8.7
地方财政支出	-41.2	18.1	21.2	16.8	9.8	14.5	15.3	17.7	23	23.5	24.0	21.1

数据来源：浙江省统计局。

2015年安徽省金融运行报告

中国人民银行合肥中心支行货币政策分析小组

[内容摘要] 2015年，安徽省坚持稳中求进工作总基调，主动适应经济发展“新常态”，统筹做好稳增长、促改革、调结构、惠民生、防风险各项工作，全省经济稳中有进、稳中趋好。深入实施创新驱动发展战略，启动“调转促”行动计划，转型升级步伐加快，发展活力持续增强，全省实现国家区域发展战略全覆盖，联动发展、协同共进的新格局加快形成。

金融业运行总体稳健，推进改革创新，严守风险底线，为安徽经济结构调整和转型升级营造适宜的货币金融环境。社会融资规模平稳增长，债务融资工具发行实现“十二五”期间翻两番；疏通金融供给渠道，加大“税融通”推广力度，首创推出“4321”新型政银担合作机制，薄弱环节金融服务水平不断提高；多层次资本市场发展加快；保险保障功能进一步发挥。

2016年，安徽省将系统推进全面创新改革试验，着力加强供给侧结构性改革，加速新旧动能接续转换，加快脱贫攻坚步伐，促进全省经济稳增长增效益上水平。全省金融业将认真贯彻稳健的货币政策，加大金融创新和精准支持力度，强化政策执行效果，提升服务实体经济的能力。

一、金融运行情况

2015年，安徽省金融业运行总体稳健，各项存贷款适度增长，市场利率逐步下行，融资结构优化，地区金融创新发展明显加快，多层次资本市场发展成效显著，保险保障功能进一步发挥，金融服务经济结构调整和转型升级的能力提升。

（一）银行业总体稳健，支持实体经济力度加大

1. 资产、利润增速放缓。2015年，全省银行业金融机构资产、利润总额分别增长11.5%、0.2%，同比分别下降2.7个和6.6个百分点。推动完善地方金融体系，全省村镇银行已开业65家，实现县域全覆盖；广发银行合肥分行、渤海银行合肥分行相继开业；徽银金融租赁公司挂牌开业、合肥市消费金融公司获批筹建。

2. 存款同比多增较多，活期化趋势明显。2015年年末，全省本外币各项存款余额为34 826.2亿元，同比增长14.3%，增幅较上年提高1.7个百分点。其中，人民币存款全年增加4 392.1亿元，同比多增1 064.6亿元（见图1）。分期限看，存款活期化趋势明显，全年同比多增1 714.7亿元。

表1　2015年安徽省银行业金融机构情况

机构类别	营业网点			法人机构（个）
	机构个数（个）	从业人数（人）	资产总额（亿元）	
一、大型商业银行	2 382	50 669	15 916.2	0
二、国家开发银行和政策性银行	90	2 301	5 621.5	0
三、股份制商业银行	321	6 588	4 014.1	0
四、城市商业银行	362	8 164	6 277.1	1
五、小型农村金融机构	3 083	32 919	8 787.9	83
六、财务公司	6	193	311.6	6
七、信托公司	2	461	145.6	2
八、邮政储蓄银行	1 781	14 946	3 130.0	0
九、外资银行	5	152	90.8	0
十、新型农村金融机构	664	8 681	867.0	524
十一、其他	4	807	617.6	4
合　计	8 700	125 881	45 779	620

注：营业网点不包括国家开发银行和政策性银行、大型商业银行、股份制银行等金融机构总部数据；大型商业银行包括中国工商银行、中国农业银行、中国银行、中国建设银行和交通银行；小型农村金融机构包括农村商业银行、农村合作银行和农村信用社；新型农村机构包括村镇银行、贷款公司、农村资金互助社和小额贷款公司；“其他”包含金融租赁公司、汽车金融公司、货币经纪公司、消费金融公司等。
数据来源：安徽银监局。

3. 贷款增速先降后升，季度投放较为均衡。2015年年末，全省本外币贷款余额为26 144.4亿元，同比增长14.9%，高于全国1.5个百分点。其中，人

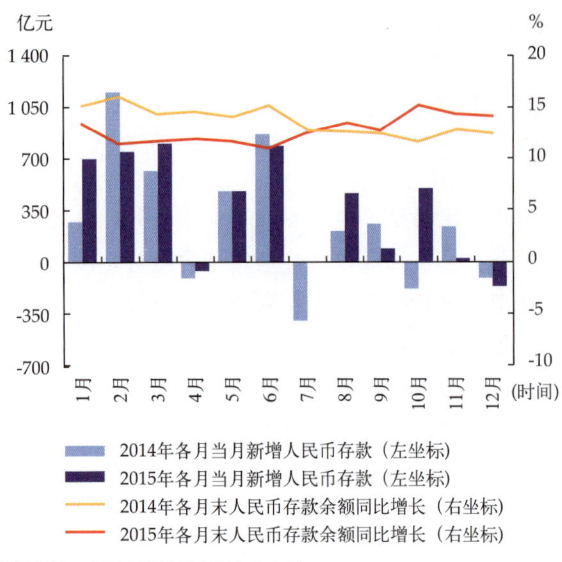

数据来源：中国人民银行合肥中心支行。

图1 2014～2015年安徽省金融机构人民币存款增长变化

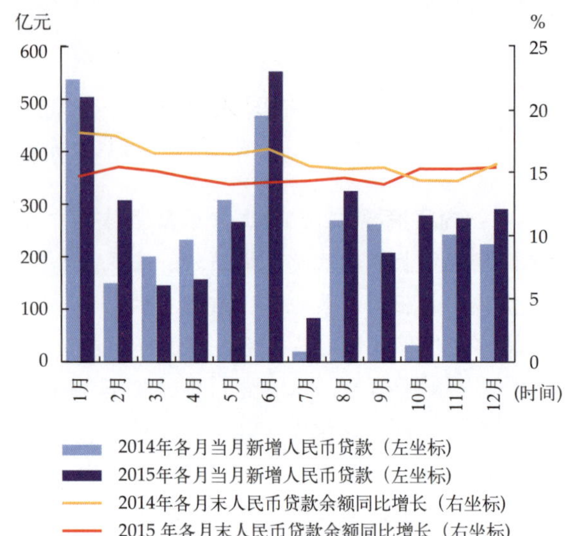

数据来源：中国人民银行合肥中心支行。

图2 2014～2015年安徽省金融机构人民币贷款增长变化

民币贷款全年新增3 400.8亿元，同比多增451.4亿元（见图2），季度投放进度为28：29：18：25。全年投放呈以下特点：

一是支持产业结构调整。2015年年末，全省第三产业贷款余额同比增长18.0%，高于各项贷款增速3.1个百分点；在新增贷款中，第三产业占比达83.2%，占比与上年持平。六大高耗能行业中长期贷款余额同比下降2.9%；比年初减少25.6亿元，同比多降103.8亿元。二是支持重点领域建设。2015年年末，全省水利、交通等基础设施相关行业贷款余额同比增长16.8%，全年同比多增178亿元；全年保障房项目开发贷款增加334.3亿元，同比多增161.4亿元。三是支持薄弱环节发展。年末，全省涉农贷款余额同比增长14.9%，全年新增1 120.6亿元，同比多增36.6亿元。小微企业贷款（含票据贴现）全年新增724.7亿元，占全部企业贷款增量的42.3%，同比多增92.8亿元。四是支持扶贫开发。在全省片区县全面推进扶贫开发金融服务工作。截至年末，全省贫困县各项贷款余额同比增长18.2%，高于全省平均水平3.3个百分点；全年新增贷款361.6亿元，占全省县域的44.3%，比上年同期提升12.1个百分点。五是民生信贷投入力度加大。个人创业担保贷款同比多放10.3亿元，生源地信用助学贷款余额突破40亿元，

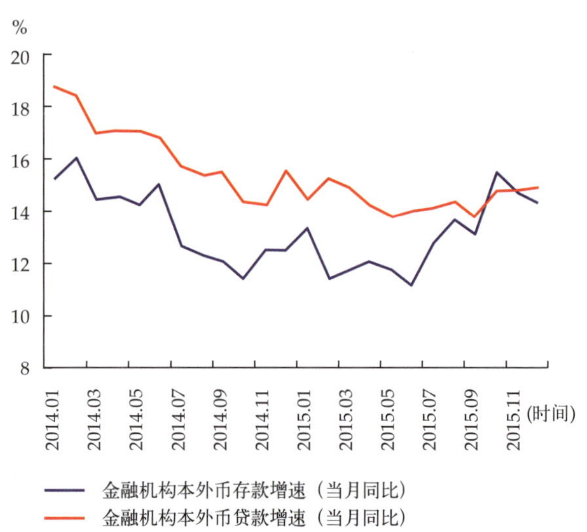

数据来源：中国人民银行合肥中心支行。

图3 2014～2015年安徽省金融机构本外币存、贷款增速变化

棚改贷款实现全省16市全覆盖。

发挥再贷款、再贴现工具“调结构、降成本”的导向作用，对全部县域和支农支小力度较大的非县域法人金融机构，定向下调存款准备金率0.5～4.5个百分点；全年发放、办理再贷款再贴现299亿元，同比多增5.6亿元。

专栏1　精准扶贫　注重“造血”，安徽探索“普惠+特惠+特色”金融扶贫模式

作为中国扶贫开发重点区域之一，安徽省扶贫开发区域涉及15个省辖市、70个县（区），其中，国家和省级扶贫开发工作重点县31个、非重点县39个，贫困人口面广量大，尤其是大别山区和皖北地区，贫困基数大、程度深，全面脱贫任务较为艰巨。为发挥金融在扶贫开发中的“输血”、“造血”功能，近年来安徽金融系统创新工作机制，优化资源配置，持续加大对贫困地区经济社会发展的支持力度，扶贫开发金融服务工作取得积极成效。

一、坚持多方联动、政策引领，持续完善扶贫开发金融服务工作机制。近年来，辖内各级人民银行着力搭建省、市、县三级联动的金融扶贫协调机制；建立金融扶贫开发工作重点联系行制度，推动省级金融机构以县为单位与当地政府签订银政战略合作框架协议，给予政策倾斜和优先支持；创新扶贫小额信贷机制，提高扶贫小额信贷的精准性和有效性。

二、坚持以点促面、重点突破，不断探索扶贫开发的农村金融改革模式。2012年以来，安徽省围绕“抓金寨，促全省”的脱贫攻坚工作思路，通过农村金融综合改革推动扶贫开发工作。改革以来，金寨县不断完善农村信用体系、支付体系建设，金融供给状况和金融生态环境不断改善，探索出一条“普惠+特惠+特色”的金融扶贫路径，有力促进了农民增收、农业增效和农村经济发展。截至2015年年末，金寨县贫困人口由2012年的19.3万人减至10.6万人，贫困发生率由30.1%降至18.1%；各项贷款余额为99.5亿元，同比增长15.4%。

三、坚持精准发力、创新驱动，深入破解贫困地区信贷融资难题。一是按照精准扶贫、精准脱贫要求，有效发挥各类扶贫资金和货币政策工具的撬动作用，积极引导金融资源向贫困地区倾斜。2015年辖内金融机构使用支农再贷款资金共发放扶贫小额贷款516笔，金额为402万元，使用贴息贷款额度由单户1万元提高到单户2万元，全年累计发放贴息贷款128笔，金额为189万元，切实满足贫困地区农业经营主体有效信贷需求。二是结合各区域产业特点、资源禀赋，因地制宜创新金融产品和服务方式。综合运用订单、动产质押和应收账款保理等方式融资，开发推广“公司+农户”、“公司+农民合作社+农户”、“公司+专业市场+农户”等信贷模式，积极稳妥推进农村“两权”抵押贷款试点工作。

四、坚持自我发展、注重“造血”，着力打造可持续性金融扶贫生态环境。一是通过完善金融服务，促进贫困地区和贫困人口提升自我发展能力，营造可持续性金融扶贫生态环境。2015年安徽省着力完善农村金融基础设施，加强农村支付体系建设，稳步实施金融服务“村村通”工程，打通农村金融服务的“最后一公里”；深入推进农村信用体系建设，开展信用户、信用村（社区）、信用乡（镇）创建工作，实现了农村信用与信贷支持的有效对接。二是通过农村产业发展带动扶贫开发，实现输血式扶贫到造血式扶贫转变。为解决部分无劳动力的贫困户持久脱贫问题，岳西、利辛、金寨等7个贫困县大力推进金融支持“光伏扶贫”工程。截至目前，全省已发放光伏扶贫项目贷款1.2亿元，受益贫困户8 367户。

4. 表外业务增幅放缓。2015年年末，全省银行业表外业务余额为9 590.5亿元，增长9.4%，增速同比下降25.2个百分点。其中，委托类业务持续较快增长，全年委托业务比年初增加1 117.1亿元，同比增长41.3%，委托贷款、委托投资分别增长25.4%和181.9%。

5. 贷款利率水平总体下行。2015年4月，安徽省市场利率定价自律机制成立，发挥行业定价的自律和协调作用，辖内利率市场平稳运行；全年有7家、15家法人农村商业银行通过合格审慎评估分别成为全国市场利率定价自律机制的基础和观察成员。2015年全省金融机构人民币一般贷款加

权平均利率6.75%，同比下降93个基点，其中，执行基准及下浮利率贷款占比提高2.4个百分点（见表2）。

存款利率浮动上限放开后，各类型金融机构定价差异化趋势明显，全国性大型银行上浮幅度较小，各期限存款挂牌利率上浮幅度未超过25%，地方法人银行的存款利率较高，绝大部分存款挂牌利率上浮幅度未超过40%。2015年，全省地方法人金融机构共计发行大额存单、同业存单23亿元、942.9亿元。1年期以上小额美元存款利率明显下降，3个月以内大额美元存款利率有所提升（见图4）。

发挥再贷款、再贴现工具降低融资成本的导向作用，将央行资金优惠传递至实体经济。2015年辖内银行业金融机构运用支农、支小再贷款资金发放的涉农、小微企业贷款利率低于同期同类型贷款加权平均利率1.1个和1.0个百分点；运用再贴现资金办理的涉农、小微企业贴现利率低于同期同类型票据贴现加权平均利率0.7个和0.4个百分点。

表2　2015年安徽省金融机构人民币贷款各利率区间占比

单位：%

月份		1月	2月	3月	4月	5月	6月
合计		100.0	100.0	100.0	100.0	100.0	100.0
下浮		8.1	7.0	5.5	6.7	11.2	16.7
基准		16.1	18.0	21.9	16.3	15.2	17.9
上浮	小计	75.8	75.0	72.6	77.0	73.6	65.4
	(1.0，1.1]	14.8	12.1	12.7	13.3	9.7	9.1
	(1.1，1.3]	21.2	22.9	18.4	18.7	18.4	15.9
	(1.3，1.5]	16.8	15.2	14.5	15.4	13.6	12.6
	(1.5，2.0]	20.2	21.9	24.3	26.9	28.7	24.3
	2.0以上	2.8	2.9	2.7	2.7	3.2	3.5
月份		7月	8月	9月	10月	11月	12月
合计		100.0	100.0	100.0	100.0	100.0	100.0
下浮		13.0	8.4	9.2	9.6	11.9	11.7
基准		17.8	15.9	17.8	19.6	16.8	19.2
上浮	小计	69.2	75.7	73.0	70.8	71.3	69.1
	(1.0，1.1]	10.6	12.4	12.4	12.8	9.3	10.8
	(1.1，1.3]	16.5	18.0	15.1	16.1	15.6	16.1
	(1.3，1.5]	12.5	14.0	15.1	12.6	13.1	11.4
	(1.5，2.0]	25.4	25.6	23.9	22.9	25.0	22.6
	2.0以上	4.2	5.7	6.5	6.4	8.3	8.2

数据来源：中国人民银行合肥中心支行。

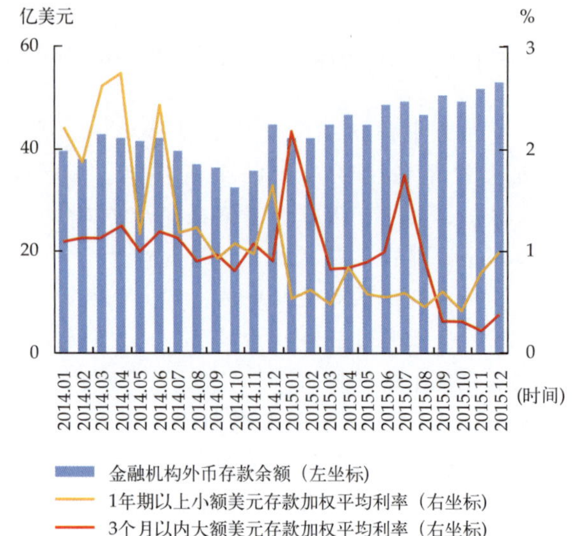

数据来源：中国人民银行合肥中心支行。

图4　2014～2015年安徽省金融机构外币存款余额及外币存款利率

6. 金融改革创新深入推进。安徽省联社改革被列为全国省级联社改革试点。完成全省83家农村商业银行改制，成为全国首个全面完成改制的省份；农商行系统业务转型步伐加快，“社区e银行”平台上线并推广实施。积极稳妥地推进“两权”试点工作，辖内共有20个县开展农地抵押贷款业务、16个县开展农房抵押贷款业务，全省10个农地试点地区、2个农房试点地区已正式入选全国级试点。为破解小微企业融资难题，畅通金融供给渠道，加大“税融通”①推广力度，向依法诚信纳税的企业提供信用贷款；创新开展“4321”②政银担合作试点，业务基本覆盖全省所有区域和主要金融机构。

7. 金融机构不良贷款呈现“双升”。受经济下行、企业经营困难增多等综合因素影响，辖内

① “税融通”是指银行业金融机构根据中小微企业纳税情况，向依法诚信纳税的中小微企业提供一定数额的信用贷款或担保贷款。

② “4321”是指政银担三位一体的担保风险分担和代偿补偿机制，即原保机构、省级再担保机构、银行、地方政府按照4：3：2：1比例承担代偿责任。

银行业金融机构风险防控压力加大，2015年年末，银行业机构不良贷款余额较年初增加148.8亿元，不良贷款率提高0.4个百分点。

8. 跨境人民币业务稳中有升。全年跨境收付金额771.1亿元，同比增长3.5%，占本外币全部跨境收支17.2%。受人民币贬值预期和境内外利差缩小等因素影响，跨境人民币进口和其他投资项下跨境融资业务为负增长。辖内4家跨国企业集团完成跨境双向人民币资金池业务备案工作。

（二）证券业盈利提升，市场结构日趋多元

1. 经营机构创新发展，盈利水平提升。2015年，新增证券、期货分支机构24家（见表3），年末达296家。年内受股票市场指数总体上行及大幅震荡影响，累计实现证券交易量8.3万亿元、期货代理成交额25.9万亿元，同比分别增长211%、72%。国元证券、华安证券实现净利润分别同比增长103.0%、212.9%。

表3　2015年安徽省证券业基本情况

项目	数量
总部设在辖内的证券公司数（家）	2
总部设在辖内的基金公司数（家）	0
总部设在辖内的期货公司数（家）	3
年末国内上市公司数（家）	88
当年国内股票（A股）筹资（亿元）	209
当年发行H股筹资（亿元）	0
当年国内债券筹资（亿元）	2 652
其中：短期融资券筹资额（亿元）	839
中期票据筹资额（亿元）	261

注：当年国内股票（A股）筹资额是指非金融企业境内股票融资。
数据来源：安徽证监局。

2. 资本市场体系日益完善，服务能力增强。多层次资本市场协调推进，结构更趋合理。全年新增上市公司8家、“新三板”挂牌公司117家、区域性股权市场挂牌企业473家；沪深交易所上市公司家数居中部第1；完成资本市场直接融资358.3亿元，同比增长60%。公司债券市场建设取得突破进展，正奇安徽金融控股有限公司成为全省首家公开发行公司债券的非上市公司，实现融资5亿元；另有18家公司发行私募债。

（三）保险业快速发展，保障功能不断增强

1. 保险机构实力增强。2015年，分别新增财产险、寿险省级分支机构1家和2家（见表4）；有5家保险总公司在安徽设立了后援中心。保险业资产总额达1 538.0亿元，同比增长29.6%。

表4　2015年安徽省保险业基本情况

项目	数量
总部设在辖内的保险公司数（家）	1
其中：财产险经营主体（家）	1
人身险经营主体（家）	0
保险公司分支机构（家）	56
其中：财产险公司分支机构（家）	25
人身险公司分支机构（家）	31
保费收入（中外资，亿元）	699
其中：财产险保费收入（中外资，亿元）	273
人身险保费收入（中外资，亿元）	426
各类赔款给付（中外资，亿元）	277
保险密度（元/人）	1 146
保险深度（%）	3

数据来源：安徽保监局。

2. 保险业务发展迅速。2015年，全省实现保费收入同比增长22.1%，增速创下七年来的新高。各类赔款给付同比增长18.1%，其中，财产险、寿险赔付支出同比分别增长10.0%、27.8%。全省保险深度和保险密度同比分别提高0.4个百分点和193元/人。

3. 保险保障功能提升。2015年，全省政策性农业保险提标扩面，各类农险产品60个，成为全国险种最多的省份之一；大病保险实现省内全覆盖，累计赔付28.8万人次，赔付金额9.7亿元；信用保证保险试点拓展至3个地级市6个县区，支持520家贷款主体融资3.5亿元。

（四）融资结构有调整，债券融资扩容明显

1. 社会融资规模同比少增。2015年，安徽省实现社会融资规模3 574.6亿元，同比下降16.1%。其中，人民币贷款占社会融资规模比重为92.7%，同比提高26.1个百分点；受同业业务逐步规范、表外融资表内化等因素影响，未贴现银行承兑汇

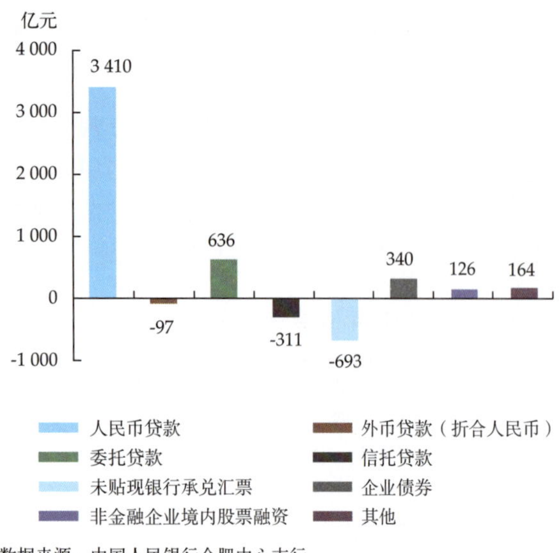

数据来源：中国人民银行合肥中心支行。

图5 2015年安徽省社会融资规模分布结构

票、信托贷款合计减少1 003.9亿元。

2. 同业拆借和债券交易活跃度增加。受银行间市场成员数及业务额度调增等因素影响，2015年，全省银行间市场成员累计同业拆借金额同比上升44.1%，其中，拆入、拆出资金的加权平均利率分别同比下降102个和38个基点。债券回购金额同比增长72.1%，其中，质押式回购融入融出加权平均利率分别同比下降98个、82个基点，买断式回购融入融出加权平均利率分别同比下降16个、17个基点。

3. 票据融资呈现“量增价降”。年末，全省票据融资余额同比增长59.6%，同比提高13.3个百分点（见表5）。全年票据融资利率呈逐步下降走势，第四季度银行承兑汇票直贴、回购转贴现加权平均利率分别较上年下降1.68个和1.99个百分点（见表6）。

表5 2015年安徽省金融机构票据业务量统计

单位：亿元

季度	银行承兑汇票承兑		贴现			
			银行承兑汇票		商业承兑汇票	
	余额	累计发生额	余额	累计发生额	余额	累计发生额
1	1 967.8	976.7	930.8	6 649.6	125.6	26.0
2	2 127.7	2 104.2	1 379.5	9 643.2	38.9	62.0
3	2 031.6	2 962.5	1 407.9	17 031.0	59.8	78.9
4	1 921.6	3 843.0	1 506.1	21 283.0	76.4	114.7

数据来源：中国人民银行合肥中心支行货币信贷处。

表6 2015年安徽省金融机构票据贴现、转贴现利率

单位：%

季度	贴现		转贴现	
	银行承兑汇票	商业承兑汇票	票据买断	票据回购
1	5.34	5.84	5.15	5.36
2	4.09	5.00	3.91	3.71
3	3.81	5.00	3.48	3.67
4	3.28	3.95	3.28	2.99

数据来源：中国人民银行合肥中心支行货币信贷处。

4. 债务融资加速扩容。2015年，全省累计发行债务融资工具、金融债、同业存单合计金额2 391亿元，是上年同期的2倍，实现了“永续中票”、“三农”专项金融债在安徽的首次发行。

（五）信用建设强力推进，基础设施高效运行

1. 信用体系建设成效明显。推进中小企业和农村信用体系建设，作为专项工程列入省委省政府社会信用体系建设总体部署；信息采集快速增长，收录企业及其他组织21万户、自然人3 419万位，采集农户信息1 013.6万户；应收账款融资平台推广工作有序推进，融资业务综合排名居全国前列。

2. 支付系统高效稳定运行。高效实现ACS子系统上线运行，扎实开展二代支付系统切换和系统参与机构推广工作；加快推进农村支付环境建设，全省累计建成助农取款服务网点1.5万个、布放各类金融服务机具25.7万台，实现金融服务行政村全覆盖；合肥作为全国移动金融试点城市，率先完成TSM平台建设。

3. 消费者权益保护工作扎实推进。金融消费权益保护信息管理系统实现全省覆盖，加强农村金融消费权益保护。全年累计受理投诉、申述779件，办结率93.1%。

4. 建立健全金融风险处置协调机制。研究重大金融风险事件应对工作，着力防范化解区域金融风险，辖区金融生态环境总体保持良好态势。

二、经济运行情况

2015年，安徽省坚持以提高经济发展质量和

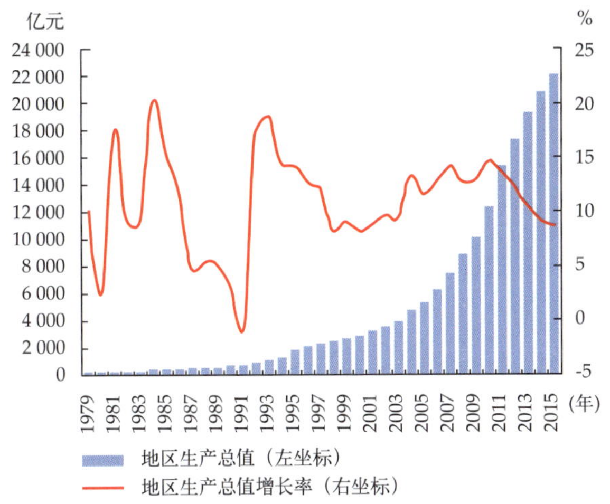

数据来源：安徽省统计局。

图6　1979～2015年安徽省地区生产总值及其增长率

效益为中心，加快调结构转方式促升级，经济社会保持了良好发展势头，主要经济指标仍保持在较快增长的合理区间。全年实现生产总值22 005.6亿元，增长8.7%，增幅高于全国1.8个百分点。全员劳动生产率为50 862元/人，比上年增加2 303元/人，人均地区生产总值达35 997元。

（一）内需增长较为稳定，对外贸易有所下降

1. 投资增长稳中趋缓，结构进一步优化。2015年全省固定资产投资完成23 965.6亿元，同比增长12.7%，增幅较上年回落3.8个百分点，高于全国2.7个百分点（见图7）。其中，基础设施和技术改造投资分别增长19.6%和14.4%，投资额占比分别由上年的16.5%、23.7%提高到17.5%和24%。民间投资贡献增加，对投资的贡献率为95.2%，比上年高10.8个百分点，拉动投资增长12.1个百分点。2015年，安徽建立了全省政府和社会资本合作项目库，入库项目581个，总投资4 576亿元。其中，265个项目纳入国家发展改革委政府和社会资本合作项目库，总投资为2 473亿元，入选项目个数和投资额均居全国前列。

2. 消费市场运行平稳，网上零售较快增长。2015年，全省社会消费品零售额为8 908亿元，同比增长12%（见图8）。其中，城镇消费品零售额

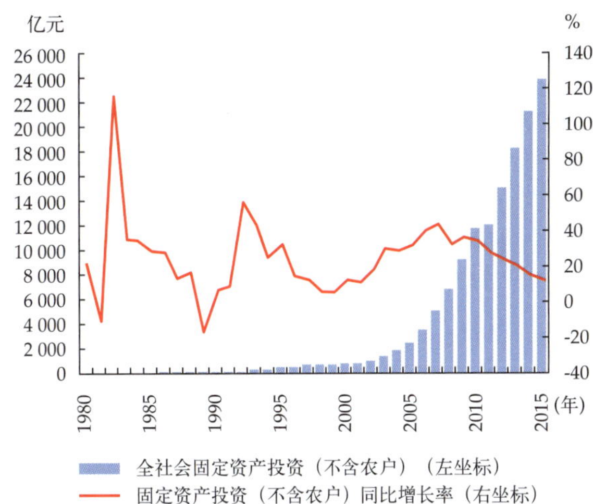

数据来源：安徽省统计局。

图7　1980～2015年安徽省固定资产投资（不含农户）及其增长率

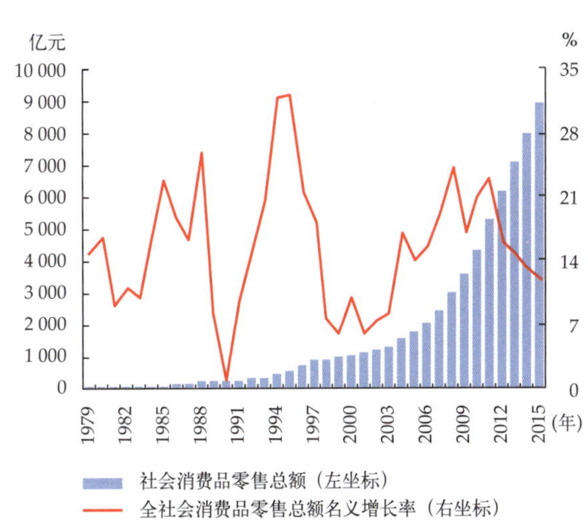

数据来源：安徽省统计局。

图8　1979～2015年安徽省社会消费品零售总额及其增长率

占88.2%，乡村零售额同比增长12.5%。全省178家开展网上零售业务的限上批零企业，全年实现网上零售额114.5亿元，同比增长77.8%。与消费升级有关商品销售增速有所加快，限额以上金银珠宝类、电子出版物及音像制品类商品分别增长4.1%、22.1%，增幅分别较上年提高9.4个和5.5个百分点。

3. 对外贸易小幅下降，利用外资增势趋缓。

2015年，全省进出口总额为488.1亿美元，同比下降0.8%，下半年降幅有所收窄（见图9）。出口331.1亿美元，增长5.2%，其中，高新技术产品出口增长10.8%。受资源性产品价格下跌和制造平板电视设备进口减少等的影响，进口下降11.3%。

全年新批外商投资项目289项，同比增长12.9%。实际利用外商直接投资136.2亿美元，增长10.4%，增幅较上年回落5.1个百分点（见图10），其中，制造业和服务业引资“一升一降”，分别增长27.1%和下降5.9%。亿元以上省外投资项目实际到位资金8 968.9亿元，增长12.9%。对外投资9.7亿美元，增长1.1倍，其中，对“一带一路”沿线国家和地区投资4亿美元。

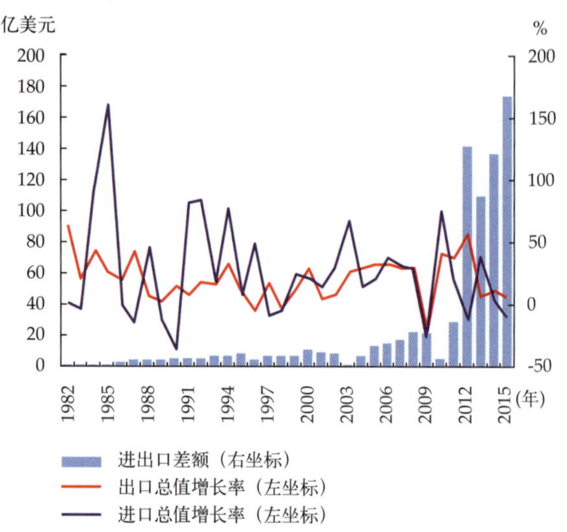

数据来源：安徽省统计局。

图9　1982～2015年安徽省外贸进出口变动情况

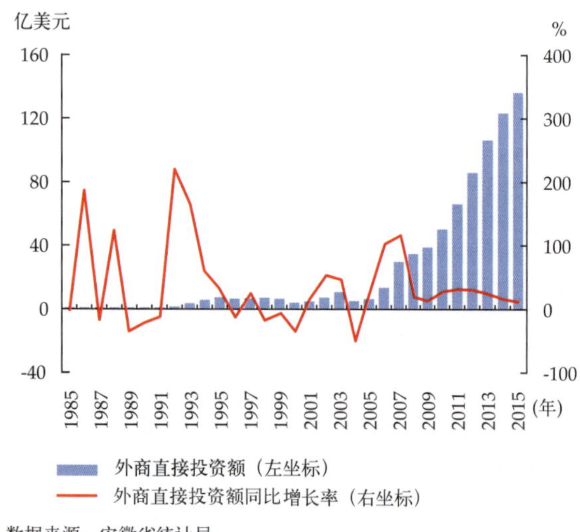

数据来源：安徽省统计局。

图10　1985～2015年安徽省外商直接投资额及其增长率

（二）三次产业稳步增长，产业结构持续优化

2015年，全省三次产业结构由上年的11.5：53.1：35.4调整为11.2：51.5：37.3，产业结构进一步优化，服务业占比提高1.9个百分点。

1．农业经济总量平稳增长，粮食生产实现“十二连丰”。2015年，农业总产值为2 174.6亿元，增长4.9%。粮食产量创历史新高，达707.6亿斤，增长3.6%。农业科技不断创新，进步贡献率由上年的52%提高到60%。新型农业经营主体进一步壮大，新增农民专业合作社12 599个、家庭农场14 731个。

2．工业运行总体平稳，结构调整成效明显。2015年，全省规模以上工业增加值比上年增长8.6%（见图11）。其中，装备制造业、高新技术产业分别增长11.1%和11.8%，增加值占比由上年的34%、34.8%分别提高到35.7%、36.9%；战略性新兴产业增长17.6%。在主要工业产品产量中，汽车增长31.4%。

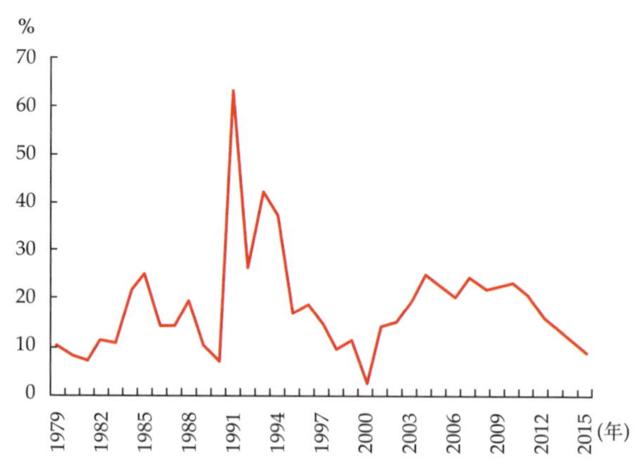

数据来源：安徽省统计局。

图11　1979～2015年安徽省规模以上工业增加值同比增长率

专栏2 创新驱动 统筹融合，安徽打造区域转型升级新格局

近年来，凭借区位优势、资源优势、科教优势，依托开放承接，坚持创新驱动，强化统筹融合，安徽省已基本形成“新兴产业动能集聚、传统产业提质增效、五大板块协同共进”的区域转型增长新格局。

一、紧盯战略目标，加快“调转促”步伐

2008年，安徽省启动建设“合芜蚌自主创新综合配套改革试验区”，后经国务院同意升级为国家级试验示范区，由此开启了全省自主创新、加速转型之路。多年来，省委、省政府始终把经济结构调整作为战略取向，先后提出创新型省份建设、做大做强主导产业、加快发展高成长性产业、培育壮大战略性新兴产业等发展战略，2015年启动实施调结构转方式促升级“4105”[①]行动计划，规划出明晰的转型升级路线图，全面打响“调转促”攻坚战。

二、集聚发展新兴产业，实现动能转换

多年来，安徽省持续深入实施创新驱动发展战略，一批重点产业已具备一定领先竞争优势，电子信息、新型显示、机器人、智能语音、新能源汽车等已列为国家产业基地和试点示范。2015年9月列入国家系统推进全面创新改革试验区域，搭建了创新型省份建设又一重大战略平台，表明安徽在改革创新方面已具备坚实基础，走在全国前列。

为解决战略性新兴产业布局散、规模小、链条短等实际问题，安徽采取“产业基地”模式，促进产业集群化、集约化发展。首批启动14个战略性新兴产业集聚发展基地建设，实施140个10亿元以上重大技改项目，全年战略性新兴产业产值为8 921.5亿元，增长17.6%，对规模以上工业产值增长的贡献率提高至58%，拉动全省工业产值增幅3.5个百分点。作为国务院确定的七大战略性新兴产业之一的新能源汽车产业，在安徽经过多年发展，产业链已渐趋完善，整车及关键部件研发水平在全国领先，合肥、芜湖成为全国第一批新能源汽车推广示范城市，初步形成以奇瑞、江淮为骨干，集研发、产业化、示范运营三位一体的新能源汽车产业体系。2015年全省生产推广新能源汽车达到2.43万辆，是上年的8倍；新增及更换的公交车中新能源公交车达897台，占比46.1%。

三、改造提升传统产业，助力结构优化

近年来，安徽省坚持进退并举，综合施策，通过智能化、绿色化改造，努力实现钢铁、水泥、煤炭等产能过剩行业转型升级和提质增效。一是改造传统产业调存量。制定实施“传统产业改造提升工程”，设立产业转型升级基金，省级技术改造专项资金由每年的8 000万元扩大至5亿元，每年滚动实施1 000项亿元以上重大技改项目，突出技术改造在开发新产品中的重要作用，引导支持企业运用新技术、新设备，不断开发新产品，新产品销售收入占比达到15%。二是淘汰落后产能做减量。强化技术、能耗、环保、安全等标准约束，通过兼并重组、破产清算，重点推进钢铁、水泥、煤炭等领域化解过剩产能和淘汰落后工作，水泥产能置换和跨市交易试点取得明显成效，超额完成“十二五”淘汰落后目标任务。

四、构建多极支撑，五大板块联动发展

以实施主体功能区战略为指导，不断完善区域发展思路和政策措施，发挥比较优势，着力补齐短板，培育发展后劲，统筹推进皖江城市带、合肥经济圈、皖北、皖南和大别山片区五大区域板块一体化协同发展，形成了主体功能定位清晰、多极支撑的发展格局。皖江城市

---

① “4105”行动计划，即产业结构优化、质量效益提升、经济总量扩大、人均指标前移四大发展目标；战略性新兴产业集聚发展、传统产业改造提升、服务业加快发展、农业现代化推进、创新驱动发展、民营经济提升、园区转型升级、县域经济振兴、质量品牌升级、人才高地建设十大重点工程；强化项目带动、改革创新、开放合作、环境营造、政策支持五大保障措施。

带承接产业转移示范区作为全国第一个国家级产业转移示范区，已打造成为高技术产业基地和新型工业化示范基地；合肥都市圈一体化发展水平和中心城市能级不断提升，交通互联、产业互动、旅游互通、资源互享的态势加速；皖北作为“四化”协调发展先行区，纳入中原经济区规划，内生发展动力得到了有效激发；皖南国际文化旅游示范区加快文化、旅游、生态、科技融合发展，积极推进大黄山国家公园建设；大别山片区作为全国11个连片特困地区之一，着力发展特色优势产业，在精准扶贫方面积累了丰富经验。全省实现国家区域发展战略全覆盖，整体进入长三角经济区，实现了差异化、特色化联动推进，发展的整体性、协调性持续增强。

3．服务业增速加快，新兴服务业发展迅速。2015年，全省服务业增加值为8 206.6亿元，增长10.6%，增幅比上年高1.1个百分点。服务业对地区生产总值增长的贡献率达40.2%，同比提高6.1个百分点，拉动地区生产总值增长3.5个百分点，成为经济增长新引擎。新兴服务业发展形势良好，在规模以上服务业中，战略性新兴产业、科技服务业、高技术服务业分别增长18.3%，16.4%和16.0%，增速分别居全国第二、第三、第二位。

（三）价格指数低位运行，就业形势保持稳定

1．居民消费价格涨幅较低。2015年，全省居民消费价格上涨1.3%，涨幅为近六年的最低水平（见图12），居全国下游。其中，食品价格上涨2.3%，涨幅与全国持平。

2．生产者价格降幅扩大。受市场需求疲软、国际能源价格下跌等因素的影响，全省工业生产者出厂价格连续45个月同比下降，2015年全年下降6.1%，降幅比上年扩大3.5个百分点；工业生产者购进价格下降6.5%，降幅比上年扩大3.7个百分点。

3．就业形势基本稳定，劳动力价格持续增长。2015年全年，城镇新增就业65.2万人，超额完成年度目标任务；城镇登记失业率为3.14%，低于年控制目标1.36个百分点。全年城镇常住居民工资性收入增长9.1%，农村常住居民工资性收入增长12.0%。2015年，新登记注册各类市场主体47.2万户，增长15.8%，其中，新登记企业14.4万户，增长18.4%。

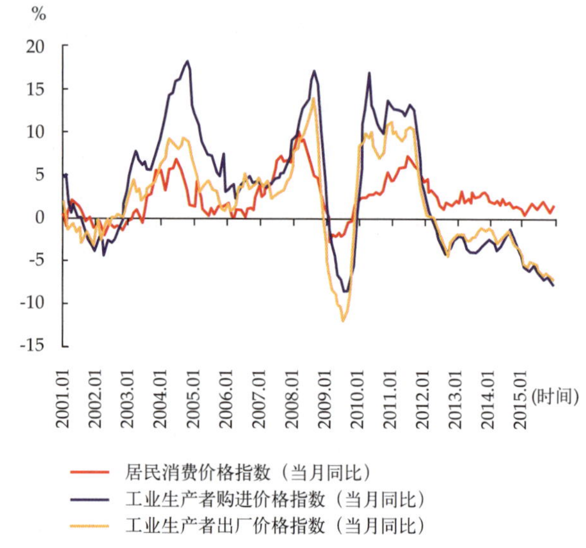

数据来源：安徽省统计局。

图12　2001～2015年安徽省居民消费价格和生产者价格变动趋势

（四）财政收支增速加快，支出以保障民生为主

2015年，全省地方财政收入为2 454亿元，增长10.6%，比上年提高3.7个百分点。其中，非税收入占比由上年的23.7%上升至26.7%，同比增长24.4%；税收收入同比增长6.6%。

全年财政支出为5 230亿元，增长12.1%，比上年提高3.9个百分点，其中，民生支出为4 379亿元，占财政支出的83.7%，增长13.8%。从重点支出项目看，社会保障与就业支出增长20%，医疗卫生与计划生育支出增长13.9%，城乡社区事务支出增长12.1%，科学技术支出增长12%，教育支出增长14%。全年33项民生工程累计投入726.5亿

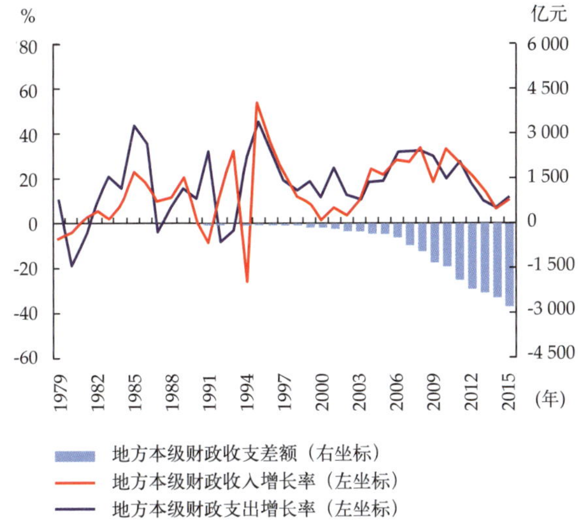

数据来源：安徽省统计局。

图13 1979～2015年安徽省财政收支状况

元，惠及6 000余万城乡居民。

（五）节能减排力度加大，环境质量持续改善

2015年，全省空气质量总体稳定，达标天数比例为77.9%，全省PM10年均浓度比上年下降15.8%。已建成市级以上自然保护区40个，全年人工造林面积114.4千公顷。全省地表水总体水质、淮河流域、长江流域、巢湖环湖河流水质均有所好转，新安江流域水质保持优。全省淘汰黄标车和老旧车160 469辆，淘汰改造燃煤小锅炉3 006台。单位GDP能耗下降5.58%。

（六）房地产市场需求企稳，现代服务业快速发展

1．房地产市场需求逐步企稳，房地产金融运行平稳。2015年，随着国家、省级一系列政策效应的逐步释放，安徽省房地产需求企稳，金融重点满足居民家庭合理住房和保障性安居工程建设的资金需求。

商品房潜在供给下降。2015年，全省房地产开发投资完成额为4 424.86亿元，同比增长2.0%，较上年同期下降8个百分点。2015年，全省房屋新开工面积累计下降11.2%，自2014年2月以来已连续23个月下降；全年土地购置面积下降40.4%。全年全省新开工保障性住房面积为2 693.01万平方米，基本建成面积2 136万平方米。

商品房销售弱势回升。受房地产政策调整带动相应的刚需和改善型需求入市的影响，自2015年9月以来全省商品房销售面积逐月回升，全年商品房累计销售面积为6 174.1万平方米，同比下降0.5%（见图14）。

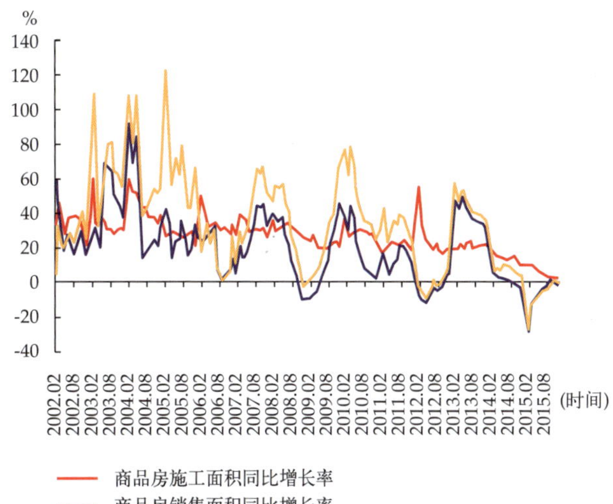

数据来源：安徽省统计局。

图14 2002～2015年安徽省商品房施工和销售变动趋势

商品住房价格平稳增长。2015年，全省商品住房销售价格为5 067.1元，同比增长1.0%，省会合肥市12月新建住宅销售价格同比增长0.8%，二手房交易均价为4 444.6元。

房地产金融运行平稳。2015年年末，全省房地产贷款余额同比增长22.1%，增幅较上年同期下降6.0个百分点。其中，保障房项目开发贷款全年增加334.3亿元，占房地产开发贷款增量的89.6%。个人住房贷款余额同比增长21.5%，其中，首套房占比94.6%，利率执行下浮和基准利率的占86.7%。

2．现代服务业呈较快增长态势，引领第三产业蓬勃发展。

近年来，安徽省围绕推动产业结构优化升级，持续推进服务业集聚发展、创新发展、开放发展，全省依托中心城市、工业集聚地和交通枢

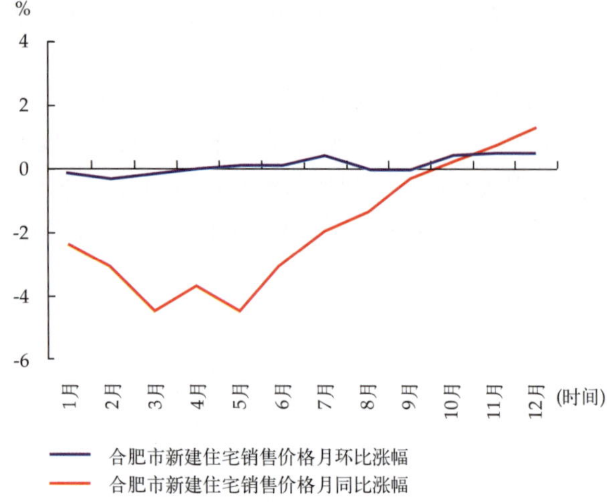

数据来源：安徽省统计局。

图15　2015年合肥市新建住宅销售价格变动趋势

组，建成省级服务业集聚区70余个，一批规模大、产业链长、配套性强的集聚区，逐步成为全省现代服务业发展的重要支撑。其中，合肥动漫产业发展基地自2012年2月开园以来，以动漫制作、网络游戏、数字虚拟技术应用等为支撑的动漫产业增加值逐年增长，年均增速超过70%；黄山市设立全省首个以服务业为主导产业的现代服务业产业园。2015年安徽省大力发展金融服务、文化创意、电子商务、现代物流、软件和信息服务等现代服务业，带动第三产业较快发展。其中，信息传输软件和信息技术服务业、教育、卫生和社会工作全年完成投资额分别增长71.9%、15.6%和31%，分别比上年提高41.9个、17.5个和4.3个百分点。

辖内金融机构加大对现代服务业的金融支持力度。一方面，把支持现代服务业发展摆在结构调整和供给侧改革的战略高度，做好项目储备，业务有序开展。另一方面，加强银政、银企对接，搭建融资发展平台，不断创新产品和服务方式，将“互联网+”与现代服务业融合，建立一体化网上金融服务平台。如徽商银行创新设立了现代服务业专用的金融服务平台和科技金融创新服务试点基地。

（七）皖江示范区产业承接提质增效

2015年，皖江城市带承接产业转移示范区进一步完善承接产业转移上下联动机制，不断提高精准招商、产业链招商、合作招商水平。2015年，实现生产总值14 639.3亿元，增长9.6%；引入亿元以上省外投资项目到位资金5 891.5亿元，增长14.3%；实际利用外商直接投资增长11.3%。同时，抓住全面创新改革试验区建设机遇，创新动力明显增强，新型显示、机器人两个国家级战略性新兴产业集聚基地建设深入推进，智能语音、新能源汽车、现代农机等11个省级战略性新兴产业集聚基地启动建设，全年技改投资增长12.9%，实现战略性新兴产业产值6 825.4亿元，占全省的76.5%。

三、预测与展望

2016年是“十三五”开局之年，也是全面推进结构性改革的攻坚之年，安徽省经济基本面总体向好。然而，在全球经济调整分化、国内经济增速换挡等复杂形势下，从安徽发展实际来看，由于重化工业比重相对较高，因此在转型升级、产能过剩、发展短板等方面有着自身特殊的问题与矛盾，仍面临诸多压力与挑战。

2016年，安徽省将抢抓“一带一路”、京津冀协同发展、长江经济带等战略机遇，加强供给侧结构性改革，围绕“三去一降一补”，增强持续增长动力。发挥好区位优势，更好地融入长三角一体化，在要素资源“引进来”、优势产能“输出去”方面开辟新空间；把握“一产偏重、二产欠优、三产较弱”的阶段性特征，系统推进全面创新改革试验，加快新旧动能转换，构建现代产业新体系；按照企业主体、政府推动、市场引导、依法处置原则，积极稳妥地推进煤炭、钢铁、水泥、有色金属等传统行业化解产能过剩；通过股份制改造、产业基金投资等方式切实降低部分高负债企业的杠杆率；深化住房制度改革，提高棚户区改造货币化安置比例，促进房地产市场平稳健康发展；深入实施扶贫攻坚“十大工程”，实行产业扶贫和金融扶贫，提高扶贫脱贫的精准度；实施服务业主导产业培育计划，推进电商产业园、国家电商示范基地建设。随着国家一系列政策效应的显现，安徽经济增长中积极因素的进一步积聚与发挥，预计全省将保持稳中有进、稳中趋好的发展态势，全年经济增长8.5%左右，居民消费价格涨幅较上年小幅提高。

与此同时，安徽省金融业将继续贯彻落实稳健的货币政策，为供给侧结构性改革营造适宜的货币金融环境；实施“绿色金融行动计划”，做好“三去一降一补”金融服务，提升金融支持“调转促”综合水平；加大金融创新力度，深化农村金融改革创新，稳步推进“两权”抵押贷款试点和省联社改革工作；提高涉农、小微等普惠金融覆盖面和渗透度，实施“金融扶贫工程”，提升金融扶贫精准度；强化金融风险监测与预警，完善维护金融稳定工作机制，有效防范和化解各类金融风险，筑牢不发生区域性、系统性金融风险的底线。

中国人民银行合肥中心支行货币政策分析小组
总　纂：刘兴亚　丁伯平
统　稿：赵永红　骆盛强　毛瑞丰
执　笔：毛瑞丰　张武强　王　亮　赵志富　吴旭东　李　雯　贺　静　吴玮玮　汪昊旻
提供材料的还有：李　新　魏光谱　操　伟　疏　腾　冯梦雷　王春晨　吴　穷　张　振

附录

（一）2015年安徽省经济金融大事记

6月5日，中国人民银行合肥中心支行出台《关于金融促进经济持续健康发展的指导意见》，从八个方面提出了20条政策措施，引导金融机构适应经济发展“新常态”，切实增强金融对经济的支撑和保障作用，促进经济持续健康发展。

6月17日，安徽省人民政府办公厅印发《关于实施光伏扶贫的指导意见》，推进贫困村和贫困户开展光伏扶贫，确保至2020年同步实现全面小康。

8月14日，安徽皖江现代农业科技示范区获科技部正式批准，成为第一批8个国家现代农业科技示范区之一。

9月17日，安徽省政府印发《加快调结构转方式促升级行动计划》，提出实施“4105”行动计划，即围绕四大发展目标，实施十大重点工程，强化五大保障措施。

9月20日，安徽省政府出台《关于金融支持服务实体经济发展的意见》，提出设立续贷过桥资金、实施新型政银担合作机制、开展“税融通”业务、推进“两权”抵押贷款试点等12个方面工作。

10月22日至23日，安徽资本要素对接暨新型政银担企合作推进会在合肥举行，会上共推出598个签约项目，成功对接金额10 328.4亿元。

11月18日，安徽省政府印发《中国制造2025安徽篇》，提出重点实施智能制造、质量品牌、工业强基、科技创新、绿色制造工程，加快制造业转型升级，提升核心竞争力。

12月8日，安徽省委、省政府印发《关于坚决打赢脱贫攻坚战的决定》，着力推进产业脱贫工程、就业脱贫工程等脱贫攻坚十大工程。

12月29日，全国首家省级农业信贷担保机构——安徽省农业信贷担保有限责任公司正式挂牌。

（二）2015年安徽省主要经济金融指标

表1　2015年安徽省主要存贷款指标

		1月	2月	3月	4月	5月	6月	7月	8月	9月	10月	11月	12月
本外币	金融机构各项存款余额（亿元）	31 041.0	31 785.2	32 606.8	32 562.4	33 033.0	33 841.8	33 852.3	34 326.8	34 435.8	34 928.6	34 982.9	34 826.2
	其中：住户存款	15 368.1	16 966.0	17 333.9	16 853.2	16 657.4	16 891.4	16 861.4	16 856.4	17 067.4	16 868.0	16 865.9	17 072.3
	非金融企业存款	9 261.4	8 745.4	8 960.9	9 210.1	9 486.2	9 764.3	9 733.0	9 896.4	9 799.3	9 995.9	10 273.8	10 527.6
	各项存款余额比上月增加（亿元）	676.5	744.2	821.6	-44.4	470.6	808.9	10.4	474.6	108.9	492.8	54.3	-156.7
	金融机构各项存款同比增长（%）	13.4	11.4	11.7	12.0	11.8	11.2	12.8	13.6	13.0	15.4	14.6	14.3
	金融机构各项贷款余额（亿元）	23 272.2	23 607.8	23 774.0	23 916.1	24 176.0	24 747.7	24 805.0	25 150.1	25 333.2	25 590.3	25 862.8	26 144.4
	其中：短期	7 971.1	8 098.2	8 113.3	8 131.8	8 116.0	8 190.0	8 162.5	8 220.2	8 283.7	8 296.5	8 362.6	8 515.5
	中长期	13 852.2	14 080.4	14 196.5	14 340.0	14 428.8	14 711.9	14 784.2	14 937.8	15 062.0	15 193.5	15 304.3	15 477.1
	票据融资	1 062.7	1 027.0	1 056.4	1 040.5	1 204.2	1 418.4	1 395.3	1 492.1	1 467.7	1 561.1	1 620.1	1 582.5
	各项贷款余额比上月增加（亿元）	517.6	335.6	166.2	142.1	259.8	571.8	57.3	345.1	183.1	257.1	272.5	281.6
	其中：短期	37.2	127.1	15.1	18.6	-15.8	74.0	-27.5	57.7	63.5	12.8	66.1	152.9
	中长期	371.7	228.2	116.1	143.5	88.8	283.1	72.3	153.7	124.2	131.5	110.8	172.7
	票据融资	71.0	-35.7	29.4	-16.0	163.8	214.2	-23.1	96.9	-24.5	93.5	59.0	-37.6
	金融机构各项贷款同比增长（%）	14.5	15.2	14.9	14.2	13.8	14.0	14.2	14.4	13.8	14.8	14.8	14.9
	其中：短期	0.9	2.1	1.8	2.1	1.5	0.0	1.0	2.7	3.2	3.9	5.2	7.3
	中长期	20.1	20.5	19.9	19.3	18.3	19.1	18.1	17.5	16.9	16.7	15.6	14.8
	票据融资	58.8	60.1	60.0	46.5	50.7	59.4	68.7	54.0	43.4	63.5	63.9	59.6
	建筑业贷款余额（亿元）	804.7	840.4	820.5	814.1	819.6	836.4	838.4	857.7	863.3	867.3	877.2	873.4
	房地产业贷款余额（亿元）	1 221.2	1 249.4	1 268.5	1 298.7	1308.7	1 415.8	1 423.3	1 434.9	1 451.9	1 444.4	1 464.6	1 461.4
	建筑业贷款同比增长（%）	0.0	3.9	0.8	1.8	2.5	3.5	3.2	5.8	6.2	6.8	9.0	9.3
	房地产业贷款同比增长（%）	31.3	32.0	32.5	34.6	33.4	41.5	43.6	41.8	40.5	39.9	36.5	26.1
人民币	金融机构各项存款余额（亿元）	30 784.1	31 527.2	32 333.7	32 276.8	32 759.0	33 546.6	33 554.2	34 028.4	34 115.6	34 617.2	34 654.0	34 482.9
	其中：住户存款	15 328.7	16 922.5	17 290.6	16 809.6	16 614.4	16 847.5	16 815.3	16 805.3	17 016.0	16 817.0	16 812.8	17 015.3
	非金融企业存款	9 053.5	8 539.4	8 743.5	8 981.4	9 268.6	9 527.2	9 494.5	9 663.3	9 547.0	9 752.2	10 015.2	10 268.4
	各项存款余额比上月增加（亿元）	693.3	743.1	806.4	-56.9	482.2	787.6	7.6	474.2	87.3	501.6	36.8	-171.1
	其中：住户存款	197.1	1593.8	368.2	-481.0	-195.3	233.2	-32.2	-10.0	210.7	-199.0	-4.2	202.5
	非金融企业存款	212.9	-514.0	204.1	237.9	287.2	258.6	-32.7	168.9	-116.3	205.2	263.0	253.2
	各项存款同比增长（%）	13.4	11.4	11.8	12.1	11.8	11.2	12.7	13.5	12.8	15.2	14.4	14.2
	其中：住户存款	6.2	13.4	13.9	13.9	12.4	11.0	12.3	12.6	12.0	12.4	12.5	12.1
	非金融企业存款	18.0	6.6	4.3	5.6	5.0	3.2	6.2	6.4	6.6	10.3	12.1	14.1
	金融机构各项贷款余额（亿元）	22 592.1	22 902.5	23 048.7	23 205.8	23 472.1	24 024.9	24 106.7	24 432.8	24 640.9	24 919.3	25 196.0	25 489.0
	其中：个人消费贷款	4 786.7	4 838.4	4 912.2	4 986.6	5 054.2	5 141.6	5 210.5	5 291.1	5 377.8	5 442.7	5 562.4	5 649.0
	票据融资	1 062.7	1 027.0	1 056.4	1 040.5	1 204.2	1 418.4	1 395.3	1 492.1	1 467.7	1 561.1	1 620.1	1 582.5
	各项贷款余额比上月增加（亿元）	503.8	310.3	146.2	157.0	266.3	552.9	81.7	326.1	208.1	278.3	276.8	293.0
	其中：个人消费贷款	131.4	51.8	73.8	74.4	67.6	87.4	68.9	80.6	86.7	65.0	119.6	86.7
	票据融资	71.0	-35.7	29.4	-16.0	163.8	214.2	-23.1	96.9	-24.5	93.5	59.0	-37.6
	金融机构各项贷款同比增长（%）	14.8	15.5	15.1	14.5	14.1	14.2	14.5	14.5	14.1	15.2	15.2	15.4
	其中：个人消费贷款	22.9	22.8	22.3	22.4	21.2	20.6	20.3	20.2	20.4	20.2	20.7	21.3
	票据融资	58.8	60.1	60.0	46.5	50.7	59.4	68.7	54.0	43.4	63.5	63.9	59.6
外币	金融机构外币存款余额（亿美元）	41.9	42.0	44.5	46.7	44.8	48.3	48.7	46.7	50.3	49.0	51.4	52.9
	金融机构外币存款同比增长（%）	6.2	8.7	4.2	12.0	8.3	15.6	24.7	26.3	38.7	51.3	46.1	18.7
	金融机构外币贷款余额（亿美元）	110.8	114.7	118.1	116.2	115.0	118.2	114.2	112.3	108.8	105.7	104.2	100.9
	金融机构外币贷款同比增长（%）	4.7	7.1	8.9	5.8	4.6	9.4	6.0	4.7	0.9	-3.3	-1.7	-7.3

数据来源：中国人民银行合肥中心支行。

表2　2001～2015年安徽省各类价格指数

单位：%

年/月		居民消费价格指数		农业生产资料价格指数		工业生产者购进价格指数		工业生产者出厂价格指数	
		当月同比	累计同比	当月同比	累计同比	当月同比	累计同比	当月同比	累计同比
2001		—	0.5	—	-2.1	—	0.2	—	-1.4
2002		—	-1	—	-0.1	—	-1.8	—	-0.2
2003		—	1.7	—	0.2	—	6.7	—	3.5
2004		—	4.5	—	12	—	15.0	—	8.2
2005		—	1.4	—	8.3	—	7.1	—	3.3
2006		—	1.2	—	0.0	—	3.9	—	3.1
2007		—	5.3	—	6.8	—	5.1	—	3.6
2008		—	6.2	—	23.9	—	12.4	—	8.4
2009		—	-0.9	—	-4.2	—	-4.7	—	-7.2
2010		—	3.1	—	2.0	—	11.8	—	9.0
2011		—	5.6	—	14.3	—	10.8	—	8.3
2012		—	2.3	—	5.3	—	-1.8	—	-1.7
2013		—	2.4	—	0.9	—	-3.1	—	-1.8
2014		—	1.6	—	-0.4	—	-2.8	—	-2.6
2015		—	1.3	—	1.6	—	-6.5	—	-6.1
2014	1	2.1	2.1	-0.5	-0.5	-2.6	-2.6	-1.4	-1.4
	2	1.8	1.9	-1.0	-0.7	-3.0	-2.8	-2.0	-1.7
	3	2.1	2.0	-1.3	-0.9	-3.7	-3.1	-2.9	-2.1
	4	1.4	1.8	-1.4	-1.0	-3.4	-3.2	-2.7	-2.2
	5	2.2	1.9	-1.4	-1.1	-2.5	-3.0	-2.3	-2.3
	6	1.5	1.8	-0.9	-1.1	-2.1	-2.9	-2.3	-2.3
	7	1.8	1.8	-0.7	-1.0	-1.7	-2.7	-1.5	-2.2
	8	1.6	1.8	1.2	-0.8	-1.5	-2.6	-2.1	-2.2
	9	1.3	1.7	1.0	-0.6	-2.3	-2.5	-2.9	-2.2
	10	1.4	1.7	0.8	-0.4	-3.2	-2.6	-3.3	-2.3
	11	1.2	1.7	0.2	-0.4	-3.5	-2.7	-3.6	-2.5
	12	1.2	1.6	-0.4	-0.4	-4.5	-2.8	-4.4	-2.6
2015	1	0.4	0.4	-0.4	-0.4	-5.5	-5.5	-5.4	-5.4
	2	1.2	0.8	0.4	0.0	-6.2	-5.9	-5.7	-5.5
	3	1.4	1.0	0.6	0.2	-6.0	-5.9	-5.1	-5.4
	4	1.7	1.2	0.9	0.4	-5.7	-5.8	-5.2	-5.4
	5	1.2	1.2	1.6	0.6	-5.7	-5.8	-5.4	-5.4
	6	1.3	1.2	1.8	0.8	-6.3	-5.9	-5.7	-5.4
	7	1.7	1.3	3.1	1.1	-6.6	-6	-6.2	-5.5
	8	1.9	1.4	2.6	1.3	-7.1	-6.1	-6.6	-5.7
	9	1.3	1.4	3.1	1.5	-7	-6.2	-6.4	-5.8
	10	0.8	1.3	2.1	1.6	-7.2	-6.3	-6.7	-5.9
	11	1	1.3	1.9	1.6	-7.8	-6.4	-7.1	-6
	12	0.2	1.3	1.9	1.6	-3.1	-6.5	-2.8	-6.1

数据来源：《中国经济景气月报》、安徽省统计局、国家统计局安徽调查总队。

表3 2015年安徽省主要经济指标

	1月	2月	3月	4月	5月	6月	7月	8月	9月	10月	11月	12月
绝对值（自年初累计）												
地区生产总值（亿元）	—	—	4 238.3	—	—	9 976.6	—	—	15 628.2	—	—	22 005.6
第一产业	—	—	329.6	—	—	917.9	—	—	1437	—	—	2 456.7
第二产业	—	—	2 339.7	—	—	5 524.6	—	—	8 564.7	—	—	11 342.3
第三产业	—	—	1 569	—	—	3 534.1	—	—	5 626.5	—	—	8 206.6
工业增加值（亿元）	—	1 473.8	2 335.2	3 165.8	3 865	4 720.5	5 509.4	6 300.6	7 153.6	7 996.4	8 886.2	9 817.1
固定资产投资（亿元）	—	2 219.5	4 404.7	6 481	8 813.7	11 028.5	13 055.5	15 303.8	17 677.8	19 637.5	21 571.2	23 965.6
房地产开发投资	—	478	842.4	1 166.3	1 560.5	2 017	2 411.7	2 821.4	3 272.4	3 647.8	4 005.2	4 424.9
社会消费品零售总额（亿元）	—	—	2 167.8	—	—	4 276	—	—	6 469.1	—	—	8 908
外贸进出口总额（亿美元）	37.3	67.3	102.7	140.0	176.0	212.8	251.6	292.3	337.3	372.0	415.2	488.1
进口	14.1	23.1	40.4	55.4	67.1	78.8	89.4	103.1	115.6	124.2	139.2	156.9
出口	23.2	44.2	62.3	84.6	108.9	134.0	162.2	189.2	221.7	247.8	276.0	331.1
进出口差额(出口－进口)	9.1	21.1	21.9	29.2	41.8	55.2	72.8	86.1	106.1	123.6	136.8	174.2
外商实际直接投资（亿美元）	12.4	21.7	33.5	44.7	56.7	75.2	86.4	98.3	108.1	118	127	136.2
地方财政收支差额（亿元）	-9.9	-167	-491.8	-648.6	-783.1	-1 174.6	-1 479.1	-1 723.2	-2 022.4	-2 132.4	-2 382.3	-2 776.2
地方财政收入	290	477.9	671.5	901.7	1 107.3	1 336.2	1 563.8	1 739.4	1 931	2 143.7	2 312	2 454.2
地方财政支出	299.9	644.9	1 163.3	1 550.3	1 890.4	2 510.8	3 042.9	3 462.6	3 953.4	4 276.1	4 694.3	5 230.4
城镇登记失业率(%)(季度)	—	—	3.18	—	—	3.16	—	—	3.14	—	—	3.14
同比累计增长率（%）												
地区生产总值	—	—	8.6	—	—	8.6	—	—	8.7	—	—	8.7
第一产业	—	—	3.7	—	—	3.2	—	—	3.8	—	—	4.2
第二产业	—	—	8.7	—	—	8.6	—	—	8.6	—	—	8.5
第三产业	—	—	9.3	—	—	10.1	—	—	10.2	—		10.6
工业增加值	—	9.8	9	8.7	8.7	8.7	8.6	8.7	8.7	8.6	8.6	8.6
固定资产投资	—	15	14.1	13.9	13.5	13.5	13.7	13.5	13.4	13.3	13.2	12.7
房地产开发投资	—	1	6.9	6.3	4.7	2.6	4.1	3.1	3	2	1.3	2
社会消费品零售总额	—	—	12.3	—	—	12.1	—	—	12.1	—	—	12
外贸进出口总额	-11.7	-4.7	-3.8	-8.7	-10.9	-10.5	-10.5	-9.7	-7.7	-8.4	-6.8	-0.8
进口	-12.8	-26	-13.1	-13	-13.1	-13.9	-15.7	-13.8	-13.9	-16.2	-13.8	-11.3
出口	-11.1	12.1	3.4	-5.7	-9.4	-8.4	-7.4	-7.3	-4.2	-4	-2.9	5.2
外商实际直接投资	14.9	10.9	11	12.7	13.2	11.3	11	10.2	10.5	10.3	10.2	10.4
地方财政收入	15.5	12.3	6.4	8.8	8.9	9.6	10.3	11	11.9	12.2	12.4	10.6
地方财政支出	-21.6	5.7	8.4	16.9	13.7	16.2	22.5	21.7	21.9	20.9	18.9	12.1

数据来源：安徽省统计局。

2015年福建省金融运行报告

中国人民银行福州中心支行货币政策分析小组

[内容摘要] 2015年，面对错综复杂的国内外形势，福建省主动适应经济发展“新常态”，积极应对各种风险和挑战，经济运行呈现缓中趋稳、稳中有进的态势，转型升级持续推进，高技术产业较快发展。金融平稳运行，各金融机构着力满足经济结构调整和产业转型升级的资金需求。社会融资规模明显超过上年，贷款适度增长，贷款利率明显下行，直接融资大量增加，保险助推经济与保障民生作用提高，信用体系、支付体系等不断完善。

2016年，在国家高度重视和支持福建发展，省委、省政府大力推进产业转型升级等有利因素支撑下，全省GDP有望保持平稳增长势头。从结构看，新的产业、新的增长点将呈现较快发展态势，可以在一定程度上弥补传统产业和房地产业下滑带来的“缺口”。受益于全面深化改革开放、实体经济的转型升级等，全年金融有望平稳运行。

一、金融运行情况

2015年，福建省货币信贷平稳适度增长，存、贷款结构变化明显，贷款利率显著下行，直接融资大量增加，民生保障持续加强，金融环境基本稳定，金融改革成效持续显现。

（一）银行业运行稳健，着力缓解实体经济“融资难、融资贵”

1. 银行业规模稳步扩大。2015年年末，福建银行业金融机构资产总额为79 990.7亿元（见表1），增长33.9%；全年从业人员增加3 578人，增长3.1%。中小商业银行经营发展整体向好，村镇银行不断发展壮大，开业家数稳步增加。受存贷利差缩窄、资产质量下迁等影响，全年银行业金融机构利润下降。地方法人银行业资本实力进一步增强，3家地方法人银行业机构发行二级资本债42.2亿元。

表1　2015年福建省银行业金融机构情况

机构类别	营业网点			法人机构（个）
	机构个数（个）	从业人数（人）	资产总额（亿元）	
一、大型商业银行	2 293	57 437	17 064.3	0
二、国家开发银行和政策性银行	44	1 415	5 462.1	0
三、股份制商业银行	660	23 459	42 347.6	1
四、城市商业银行	207	7 831	6 206.9	4
五、小型农村金融机构	1 929	20 573	6 155.3	68
六、财务公司	5	101	205.2	4
七、信托公司	2	775	174.5	2
八、邮政储蓄银行	1 061	5 939	1 700.5	0
九、外资银行	39	925	420.9	1
十、新型农村金融机构	68	1 598	212.5	49
十一、其他	1	180	40.9	1
合　计	6 309	120 233	79 990.7	130

注：营业网点不包括总部；大型商业银行包括中国工商银行、中国农业银行、中国银行、中国建设银行和交通银行；小型农村金融机构包括农村商业银行和农村信用社；新型农村金融机构包括村镇银行；其他包括消费金融公司。

数据来源：中国人民银行福州中心支行、福建银监局。

2. 存款平稳增长，来源结构变化明显。2015年年末，福建金融机构本外币存款余额为36 845.5亿元，增长10.7%。全年存款新增3 650.04亿元，比上年少增46.99亿元（见图1）。其中，住户存款增加1 296.5亿元，比上年多增435.6亿元。住户存款多增与2015年6月后国内A股大幅下跌、民间投资收益下降等相关。企业存款增加1 797.4亿元，比上年多增1 096.2亿元，企业存款增量占比由上年的19%上升至49.2%。主要原因：一方面，企业发债快速增长，获取的资金暂时沉淀在银行；另一方面，银行加大存款营销力度，通过营销协定存款、结构性存款、大额存单等较高收益的品种吸引企业资金。财政存款减少279.8亿元，比上年多减824.6亿元，主要受财政收入减缓，以及支出

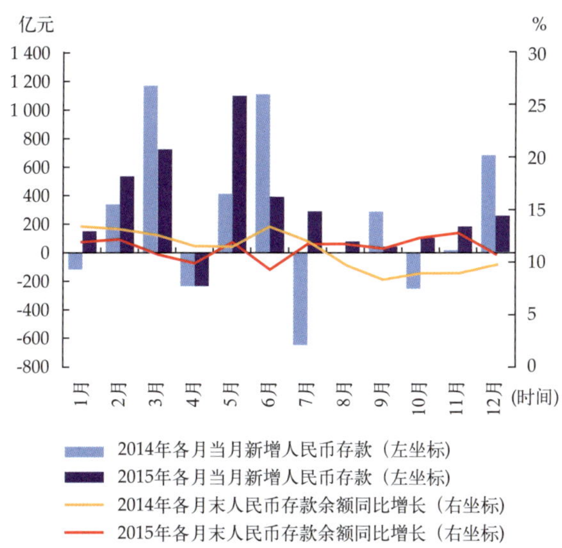

数据来源：中国人民银行福州中心支行。

图1 2014～2015年福建省金融机构人民币存款增长变化

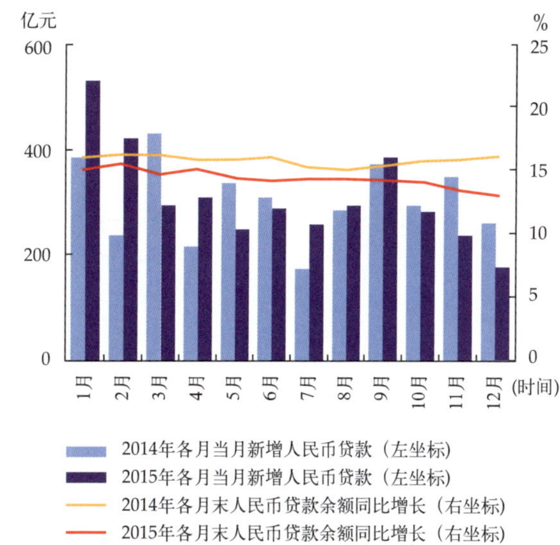

数据来源：中国人民银行福州中心支行。

图2 2014～2015年福建省金融机构人民币贷款增长变化

大幅增加等的影响。非银行业金融机构存款增加467.93亿元，比上年少增294.14亿元，主要是境内特殊目的载体存放少增403.62亿元。

3. 贷款增速有所放缓，中长期贷款占比上升。福建省金融机构积极贯彻落实稳健的货币政策，多渠道支持福建经济发展。2015年年末，福建金融机构本外币贷款余额为33 694.4亿元，增长12.1%（见图3）。全年贷款新增3 638.15亿元，比上年少增148.78亿元（见图2）。

涉农贷款平稳增长，结构持续优化。2015年年末，福建中资金融机构涉农贷款余额为1.13万亿元，较年初增加1 169.17亿元。涉农贷款结构出现积极变化，新增直接“三农”贷款710.26亿元，占全部涉农贷款新增额的60.75%，比上年提高10.6个百分点，新增涉农贷款进一步向农林牧渔业、农田水利基础设施、农村基础设施、农产品加工等直接支农领域倾斜。2015年，突出重点定向发力，农村金融创新取得实效。一是强化涉农信贷投放力度。组织召开全省主要涉农金融机构涉农信贷管理与服务工作会议，引导金融机构优化涉农投向结构。二是推动“两权”抵押贷款创新。农村承包土地的经营权抵押和农民住房财产权抵押贷款创新出单独抵押、组合担保、反担保等多种模式。2015年年末，全省农村承包土地经营权、农民住房财产权抵押贷款余额分别达到1.27亿元和14.09亿元。全省有10个和4个县（市）分别成为国家农村承包土地的经营权抵押贷款和农民住房财产权抵押贷款试点县（市），数量位居全国前列。三是深化林权抵押贷款创新。联合林业部门完善支持林业金融创新的配套服务体系建设，大力推进组建林权收储担保中心，省、市、县三级建立林权收储机构28家。目前全省林权抵押贷款余额68.55亿元，持续位居全国前茅。

小微企业贷款保持增长。2015年年末，全省小微企业贷款余额为6 544.54亿元，比年初增加421.41亿元，但如果考虑小微企业贷款核销、转让等因素，全年小微企业实际贷款增量远超过“账面数据”。部分金融机构积极创新“创业贷”等免抵押担保产品，支持初创企业发展。泉州金融服务实体经济综合改革试验区积极探索通过“征信+政府担保+银行贷款”等联动模式，支持小微企业与银行建立“首贷”关系，通过银行、政府部门推荐，选择有一定成长性但缺乏抵押担保、未与银行建立信贷关系的小微企业建立“重点小微企业融资项目库”，2015年年末，已推荐入库小微企业2 472户，其中，1 030户通过政府担保等各类增信措施，获得银行贷款支持。

4. 人民币贷款利率下降明显。在中国人民银

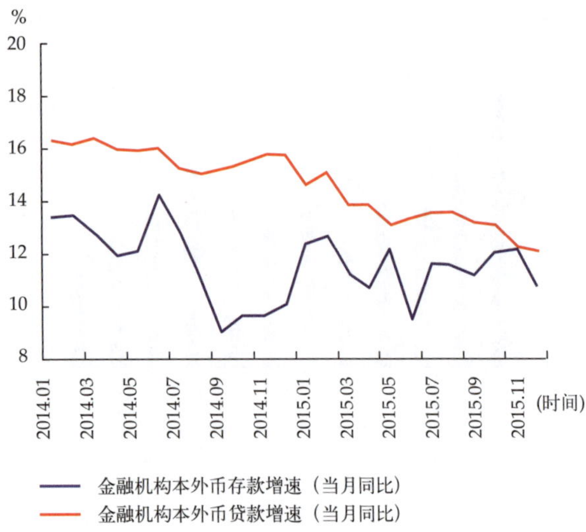

数据来源：中国人民银行福州中心支行。

图3　2014～2015年福建省金融机构本外币存、贷款增速变化

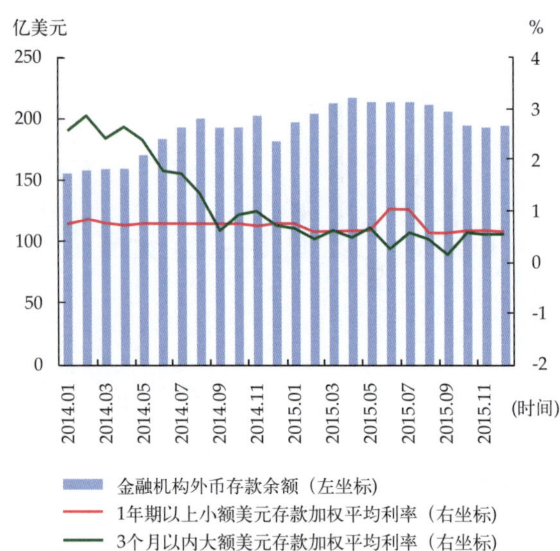

数据来源：中国人民银行福州中心支行。

图4　2014～2015年福建省金融机构外币存款余额及外币存款利率

表2　2015年福建省金融机构人民币贷款各利率区间占比

单位：%

月份		1月	2月	3月	4月	5月	6月
合计		100.0	100.0	100.0	100.0	100.0	100.0
下浮		8.0	7.3	7.0	8.3	9.7	15.1
基准		11.8	11.3	12.9	12.8	10.6	7.9
上浮	小计	80.3	81.3	80.1	78.9	79.6	77.0
	(1.0, 1.1]	18.2	18.5	17.5	16.5	13.4	15.0
	(1.1, 1.3]	25.8	30.1	26.6	24.9	25.0	22.5
	(1.3, 1.5]	20.9	17.8	19.0	19.7	21.5	19.8
	(1.5, 2.0]	9.8	9.5	10.6	10.8	12.3	13.0
	2.0以上	5.6	5.4	6.5	6.9	7.4	6.8
月份		7月	8月	9月	10月	11月	12月
合计		100.0	100.0	100.0	100.0	100.0	100.0
下浮		7.4	9.4	9.2	8.8	9.2	16.6
基准		9.1	10.0	13.3	16.4	11.3	13.7
上浮	小计	83.5	80.6	77.5	74.8	79.5	69.8
	(1.0, 1.1]	15.0	15.6	16.5	15.8	16.2	12.7
	(1.1, 1.3]	24.3	22.9	21.1	20.3	22.1	21.1
	(1.3, 1.5]	22.6	20.2	19.0	18.5	17.9	15.1
	(1.5, 2.0]	13.6	13.9	12.9	11.5	13.9	12.8
	2.0以上	8.0	8.0	7.9	8.7	9.5	8.0

数据来源：中国人民银行福州中心支行。

行五次调整存款准备金率、五次降息等政策引导与省内自律机制不断完善的作用下，2015年，福建省一般人民币贷款加权平均利率为6.6973%，比上年下降91个基点。其中，12月一般人民币贷款加权平均利率为5.81%，创2009年12月以来的新低。

存单业务快速发展。2015年年末，福建省地方法人金融机构通过同业存单发行计划备案审核共10家，报备计划发行额度合计767.0亿元，实际累计发行922.5亿元，余额为529.9亿元。

美元存、贷款利率总体下降。2015年，福建省美元活期、定期存款加权平均利率分别为0.1067%、1.0930%（见图4），比上年分别下降约8个、107个基点。2015年，福建省美元贷款加权平均利率为2.4238%，比上年下降约87个基点。

5. 资产质量下迁压力依然较大。2015年年末，福建省不良贷款余额较年初增加287.56亿元，不良贷款率较年初上升0.66个百分点。先行指标走势反映，未来资产质量不容乐观。一是各项垫款仍在增加。2015年年末，各项垫款余额为121.84亿元，比年初增加4.29亿元。由于目前实体经济运行没有明显改善，部分垫款转为不良贷款的可能性较大。二是关注类贷款增加较多。全年福建省关注类贷款增加478.06亿元，一定程度上反映贷款整体质量向下迁徙态势未改。

6. 金融改革创新持续推进。福建自由贸易试验区改革获得国务院批准，沙县农村金融改革试验区建设继续推进，泉州金改区在支持小微、推进民间融资阳光化、化解信贷风险等方面探索形成多种有效模式。同时，针对人口老龄化加速的情况，积极推动养老金融和金融支持养老服务业发展（兴业银行的“安愉人生”养老金融综合服务方案领先全国），为全国养老金融改革发展提供福建特色经验。

专栏1　兴业银行发展养老金融综合服务模式的经验

中国正处于人口老龄化加速阶段。发挥金融作用，加快推进社会养老服务体系建设，既可满足日益增长的养老服务需求，也为金融机构发展带来机遇。福建省以兴业银行为代表，将发展养老金融作为一项战略业务来抓，2012年就在国内推出首个以关爱、服务老年人为出发点，以老年客户为服务对象的“安愉人生”综合金融服务品牌，切合老年客户群体风险承受力不高，渴望财富保值增值，同时又有养老医疗、健康管理、财产保障等服务需求的特点，整合系统内外资源，为老年人量身订制差异化、综合性的金融服务。兴业银行发展养老金融综合服务的主要特点和经验：一是在组织架构层面，成立集团养老金融业务专项推动小组，涵盖银行、基金、信托、租赁等子公司，由养老金融业务专项推动小组负责养老金融产品的设计，打破传统的零售、企业金融、同业金融等按客户属性单独分割、分头管理的现状，围绕老龄产业建立跨板块、矩阵式的产品运营模式，为老年客户提供综合金融服务。二是在产品服务层面，推出“安愉人生”综合性服务方案，提供包括专属理财、信用贷款、便利结算等在内的综合金融服务。三是在机构网络层面，打造社区银行为养老金融产品和服务落地的重要渠道。四是在外部联动方面，以理财、信托等养老金融为“入口”，整合医疗、教育、养老机构、法律援助等各类社会资源，提供对老年人的“一站式”服务。2015年年末，兴业银行40余家分行成立了“安愉人生”俱乐部，“安愉人生”客户超过110万户，管理的综合金融资产超过5 300亿元。自2014年以来，开展“安愉人生”法律主题讲座超过3 500场，受理法律咨询4万次以上，开通财产保障、人身意外保障服务近1.2万人，累计为“安愉人生”老年客户提供健康体检千余次，有效满足老年客户的各类需求。

2016年，为进一步发挥金融在支持养老产业发展中的作用，中国人民银行总行牵头制定出台《关于大力推进养老金融创新 促进养老服务业加快发展的指导意见》，并将探索支持金融机构试点发展养老金融公司，提供专业化养老金融服务。兴业银行积极跟进，一是进一步从集团层面思考养老金融产品的体系设计，从产品体系、品牌宣传、渠道建设和运营管理等方面持续提升养老金融专业化运营管理能力。二是进一步从客户层面梳理养老金融业务的产品结构，将对养老金融的目标客户群进行重新定义，把养老金融的时间跨度从老年客户向壮年和青年客户延伸，根据客户所处生命周期的不同，提供差异化金融服务。三是进一步从产业层面提升养老金融服务能力。以养老金融为着力点，积极将业务拓展至养老用品、养老服务和养老地产等领域，以金融手段更好地支持养老机构发展、支持养老社区建设、支持老年用品生产及销售等，支持养老产业发展，服务老龄社会建设。

（二）证券市场呈现多层次特征，直接融资保持良好态势

1. 证券期货经营机构发展壮大。2015年，省内3家法人证券公司的营业收入和净利润分别增长107.16%和140.63%。全省期货经营机构实现净利润比上年增长205.08%，新设4个期货交割仓库，期货市场服务实体经济的能力进一步提升。

2. 直接融资大量增加。2015年，7家上市公司IPO融资22.22亿元，145家次上市公司通过定向增发、配股、非公开发行、发行优先股、发行H股、公司债、短期融资券、中期票据等合计实现股权性和债权性融资1 719.81亿元。51家次公司通

过海峡股权交易中心对接融资28.44亿元，88家次公司通过“新三板”定向增发融资21.23亿元。

中国人民银行福州中心支行大力推动省内企业在银行间市场发债，取得明显成效。2015年发债在总量快速发展、品种创新等方面取得新突破，融资成本明显走低，有力地支持了实体经济重点领域。全年全省企业在银行间市场发债206期，金额达1 450亿元，比上年分别增加80期和716亿元。永续中期票据首次落地福建，4家企业共创新发行45亿元永续中期票据。

3. 上市公司整体量质提升。2015年年末，福建省共有境内上市公司99家，较上年年末增加7家，总市值15 561.29亿元，增长49.81%。资产规模平稳增长，盈利水平有所提高，全年共有30家次公司开展并购重组，其中，21家次已公告并购重组金额合计389.93亿元。

4. 场外市场建设深入推进。2015年年末，福建“新三板”挂牌企业达139家，增长3.39倍。海峡股权交易中心挂牌企业超过1 635家，托管总股本12.84亿股。私募投资基金快速发展。2015年年末，福建（不含厦门）已登记备案私募基金管理人259家，已备案私募基金（含投资顾问管理型）127只，管理规模达549.15亿元，比上年年末分别增长619.44%、1 487.50%和267.23%。

表3　2015年福建省证券业基本情况

项目	数量
总部设在辖内的证券公司数（家）	3
总部设在辖内的基金公司数（家）	3
总部设在辖内的期货公司数（家）	5
年末国内上市公司数（家）	99
当年国内股票（A股）筹资（亿元）	486.3
当年发行H股筹资（亿元）	70.0
当年国内债券筹资（亿元）	1 733.4
其中：短期融资券筹资额（亿元）	255.5
中期票据筹资额（亿元）	526.0

注：国内股票（A股）债券筹资额不含金融机构融资额。

数据来源：中国人民银行福州中心支行、福建证监局。

（三）保险市场发展势头良好，助推经济与保障民生作用增强

1. 保险业较快发展。保费收入持续增长。2015年，全省保险业累计实现保费收入777.6亿元（见表4），增长13.4%。其中，财产险保费增长8.9%，人身险增长15.8%。社会经济生活的保险渗透率继续提高。2015年福建保险密度①比上年增长12.4%，保险深度②比上年上升0.14个百分点。

2. 助推经济功能增强。一是参与全省重点项目建设。2015年年末，保险资金在福建投资累计余额757.1亿元，全年新增投资约161.2亿元。此外，工程险为全省在建重点项目提供了2 133亿元的风险保障。二是支持出口增长。出口信用保险公司提供出口风险保障约210亿美元，支持出口企业获得融资24.4亿美元。三是服务“三农”发展。政策性农险赔款支出3.1亿元。

3. 民生保障水平提高。一是总体保障水平提高。全年为社会承担风险保障总额26万亿元，增长16.7%，赔付支出245.1亿元，增长14%。二是支持社会保障体系建设。商业养老保险方面，全省累计计提寿险责任准备金1 644亿元，持有长期寿险保单达1 484万人次。商业健康保险方面，发

表4　2015年福建省保险业基本情况

项目	数量
总部设在辖内的保险公司数（家）	2
其中：财产险经营主体（家）	1
人身险经营主体（家）	1
保险公司分支机构（家）	54
其中：财产险公司分支机构（家）	24
人身险公司分支机构（家）	30
保费收入（中外资，亿元）	777.6
其中：财产险保费收入（中外资，亿元）	260.6
人身险保费收入（中外资，亿元）	517.0
各类赔款给付（中外资，亿元）	245.1
保险密度（元/人）	2 025.0
保险深度（%）	3.0

数据来源：福建保监局。

① 保险密度是指某一地区常住人口平均保险费的数额。保险密度=某一地区保费收入/该地区常住人口。

② 保险深度是指某一地区的全部保费收入与该地区GDP的比率。保险深度=某一地区保费收入/该地区GDP。

生健康险赔付支出26.7亿元，增长25.8%。大病保险方面，保费收入为2.2亿元，参保人数为954.5万人。新农合方面，为456.3万农民提供健康保障。

（四）金融交易活跃，社会融资规模增加较多

1. 社会融资规模较快增长。2015年，福建社会融资规模为4 298.16亿元（见图5），增长23.24%。其中，企业债券和境内非金融企业股票融资合计增加1 189.78亿元，增长55.41%；人民币贷款新增3 649.78亿元，创历史新高，占社会融资规模的84.91%。

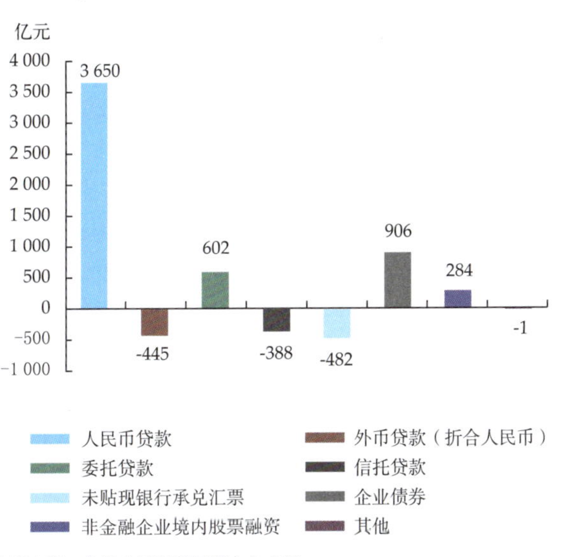

数据来源：中国人民银行福州中心支行。

图5 2015年福建省社会融资规模分布结构

2. 参与货币市场交易活跃。2015年，全省同业拆借、债券回购、现券交易三项成交总额为24.80万亿元，增长69.93%，增速较上年提高17.75个百分点。

3. 票据融资总量再创新高。2015年年末，全省票据融资余额（含承兑、贴现、转贴现）4 560.32亿元（见表5），比年初增加617.43亿元，增长15.66%。

在中国人民银行多次降准降息与再贴现政策助推作用下，票据市场利率大幅下降（见表6）。2015年福建省票据贴现加权平均利率4.0676%，比上年下降约191个基点；转贴现加权平均利率3.9494%，下降约116个基点。

表5 2015年福建省金融机构票据业务量统计

单位：亿元

季度	银行承兑汇票承兑		贴现			
			银行承兑汇票		商业承兑汇票	
	余额	累计发生额	余额	累计发生额	余额	累计发生额
1	3 246.4	1 525.6	585.3	5 812.3	44.2	691.6
2	3 408.4	3 262.6	720.5	8 002.0	47.2	1 197.0
3	3 339.9	4 670.8	938.3	8 904.9	68.1	671.1
4	3 432.8	6 385.6	1 030.4	11 960.1	97.1	734.5

数据来源：中国人民银行福州中心支行。

表6 2015年福建省金融机构票据贴现、转贴现利率

单位：%

季度	贴现		转贴现	
	银行承兑汇票	商业承兑汇票	票据买断	票据回购
1	5.4918	6.9765	5.4516	5.5614
2	3.7883	5.5432	4.0030	3.6493
3	3.7522	5.5330	3.7068	3.6332
4	3.1015	5.2049	3.2783	3.4245

数据来源：中国人民银行福州中心支行。

4. 黄金交易大幅增长。2015年，福建省内开办黄金业务的银行业金融机构（不含兴业银行）代理上海黄金交易所黄金交易1 359.21亿元，增长75.55%。

5. 结售汇小幅下降。2015年，全省银行代客结售汇总额为1 526.3亿美元，下降0.7%。其中，结汇755.3亿美元，售汇771亿美元，净售汇15.7亿美元，为福建省1997年以来首次结售汇逆差。结售汇差额双向波动幅度加大，表现为上半年顺差、下半年逆差的走势。其中，第一、第二季度净结汇环比增长，8月、9月出现大额净售汇，10月、11月恢复小额净结汇，年末再度出现较大净售汇。跨境人民币业务稳步拓展。全年共办理跨境人民币业务6 260.76亿元，增长75.5%。跨境人民币结算的境外地域扩大至210个国家和地区，较上年年末增加15个。

（五）金融基础服务水平进一步提升，金融消费环境良好

1. 稳步推进支付结算系统建设。一是支付系统建设推广取得突破性进展。全省8家法人机构

顺利完成二代支付系统报文标准切换，33家非法人直接参与者转为法人机构的间接参与者，实现以法人为单位“一点清算”。全年支付清算系统可用率达到100%。二是中国人民银行福州中心支行在全国率先建成并推广银行账户互联网年检平台，有效减少银行和客户工作量。三是支付体系全面深入农村。全年办理各类业务（包括助农取款、现金汇款、转账汇款、代理缴费、查询）的笔数及金额均较上年倍增。四是商业汇票电子化率比上年大幅提高21.2个百分点。

表7　2014～2015年福建省支付体系建设情况

	支付系统直接参与方（个）	支付系统间接参与方（个）	支付清算系统覆盖率（%）	当年大额支付系统业务金额（亿元）	同比增长（%）	当年小额支付系统业务金额（亿元）	同比增长（%）
2014	12	4 934	100	1 538 528	5.3	21 501	28.3
2015	8	5 505	100	1 541 554	0.2	26 705	24.2

数据来源：中国人民银行福州中心支行。

2. 持续推进信用体系建设。一是金融信用信息基础数据库不断完善，使用率进一步提高。财务公司、小额贷款公司、融资性担保公司等各类机构相继接入，2015年年末，收录各类企业41.6万户，自然人2 463.31万位，企业和个人系统查询量分别增长58.95%和26.43%。二是全省社会信用体系建设全面推进。2015年3月、6月，分别颁布了《福建省社会信用体系建设规划（2015～2020年）》（闽政〔2015〕11号）和《福建省公共信用信息管理暂行办法》（省政府令第165号）。完善福建省公共信用信息平台，推进公共信用信息交换共享。与省高级人民法院、省国家税务局、省地方税务局、省卫生和计划生育委员会、省住房和城市建设厅等部门建立合作备忘录，进一步发挥“守信激励、失信惩戒”机制的联动作用。

3. 营造良好金融消费环境。金融消费权益保护信息管理系统全面上线。2015年，共通过电话、网络、来访、来信等多种渠道受理金融消费者投诉591笔，咨询1 186笔。“12363”电话整体运行平稳，共受理投诉386笔，咨询456笔，办结率和满意度均超过90%。全年全省共开展宣传活动2 000多场次，受众累计达10万人次。

4. 进一步改善金融司法环境。完善金融案件专业化审判机制。2015年，全省审结非法集资、金融诈骗、传销等破坏金融市场经济秩序犯罪等案件3 118件，依法挽回经济损失2.60亿元；审结买卖、担保等合同纠纷案件25.32万件，标的总额为1 531.79亿元，分别比上年增长20.78%和63.79%；审结金融借款、民间借贷案件12.55万件，标的总额为1 070.5亿元，分别比上年增长42.44%和82.88%。

专栏2　中国人民银行福州中心支行多措并举推动电子商业汇票运用成效显著

电子商业汇票是以数据电文形式签发并流转的特殊票据，与纸质商业汇票相比，电子商业汇票具有安全、便捷和高效等显著优势，有利于拓展票据市场参与主体、降低票据业务风险及建立全国统一的票据市场，更好助力票据市场持续健康发展。近年来，中国人民银行福州中心支行多措并举有效推进电子商业汇票快速发展。2015年，全省银行机构共办理电子银行承兑汇票承兑业务61 851笔，金额为2 641.21亿元，电子化率达40.8%，比2014年大幅提高21.2个百分点。

一是引导新设机构及时加入电子商业汇票系统。鼓励新设机构或网点在获得大额支付系统行名行号后即可申请加入电子商业汇票系统，提高系统接入率，及时辅导新设机构或网点规范电子商业汇票系统流程操作，并积极推动其开办业务，确保支行以上网点2015年年底前至少开办一笔电子商业汇票业务。

二是制度保障电子商业汇票的推广使用。研究出台《福建省银行业金融机构商业汇票业务操作与管理指引》，进一步规范银行业金融机构商业汇票业务操作的同时，提出对单笔500万元（含）以上的银行承兑汇票原则上通过电子商业汇票系统办理，强化电子商业汇票推广使用的制度约束，从制度上引导金融机构推广使用电子商业汇票。此外，在日常业务检查中加强督促传导，有效促进电子商业汇票业务的发展。福建省电子商业汇票推广逐步向经济较好的县(市）延伸，石狮和晋江商业汇票电子化率达50%。

三是及时通报和交流电子商业汇票业务发展情况和推广经验。按季度汇总通报分行别、分地区的电子商业汇票业务开展情况，鼓励先进督促后进，持续营造正向激励氛围。同时不定期组织电子商业汇票业务拓展经验交流，为其他金融机构提供参考借鉴，提升各行拓展电子商业汇票业务的操作性和积极性。

四是同业共享电子商业汇票签约企业名单。组织金融机构报送电子商业汇票签约企业名单，汇总后通过金融城域网平台定期发布，实现电子商业汇票签约企业名单金融同业共享，便于金融机构有针对性地拓展电子商业汇票，为金融机构推广电子商业汇票提供指引。

五是给予电子商业汇票再贴现政策倾斜。充分发挥再贴现政策工具导向作用，通过对电子商业汇票再贴现限额倾斜、给予更长再贴现期限支持等引导金融机构积极拓展电子商业汇票业务。2015年末，全省电子商业汇票再贴现余额为41.32亿元，占全部再贴现总余额的68.25%，比上年末分别增长141.2%和提高32.72个百分点，有效提升金融机构推广电子商业汇票的主动性和积极性。

二、经济运行情况

2015年，面对经济下行压力，福建省主动适应“新常态”，以推动产业转型为重点，强化改革、促进创新，产业结构进一步优化，经济运行呈现缓中趋稳、稳中有进态势。2015年，福建实现地区生产总值25 979.82亿元（见图6），增长9.0%，地区生产总值增速位列全国第六，第三产业增速5年来首次超过第二产业。

（一）内需尤其投资增长放缓，进出口五年来首次负增长

1. 投资增速高位回落。2015年，固定资产投资（不含农户）2.13万亿元（见图7），增长17.4%，增速比上年回落1.6个百分点，主要受房地产开发投资明显放缓的影响。而制造业和基础设施投资增速分别比上年加快9.7个、6.7个百分点，对全省投资增长形成有力的支撑。

2. 消费平稳增长。2015年，全省实现社会消费品零售总额为10 505.93亿元，增长12.4%，增速比上年回落0.5个百分点（见图8）。健康、养老、信息类等消费成为市场热点。网络消费保持高速增长。限额以上批发和零售企业实现网上零售额增长63.8%。

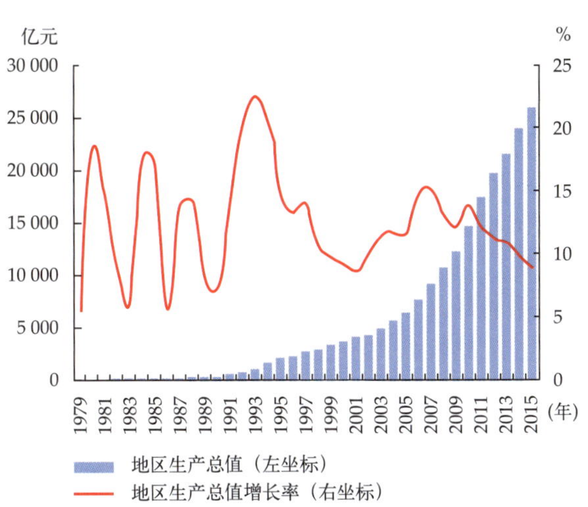

数据来源：福建省统计局。

图6 1979～2015年福建省地区生产总值及其增长率

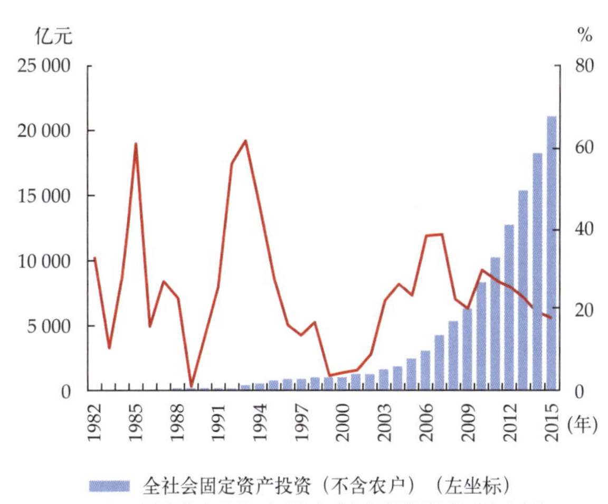

数据来源：福建省统计局。

图7 1982～2015年福建省固定资产投资及其增长率

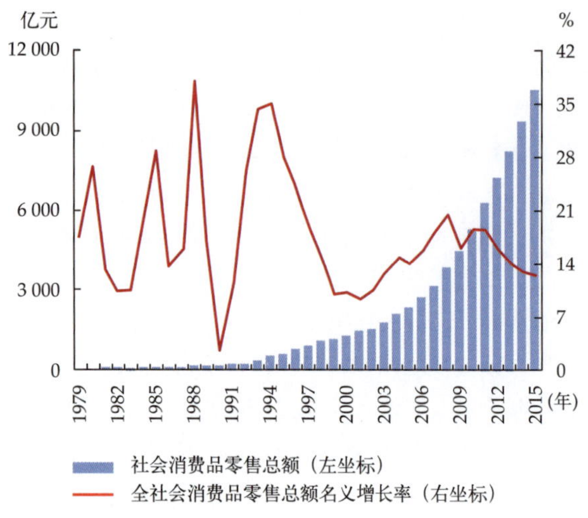

数据来源：福建省统计局。

图8　1979～2015年福建省社会消费品零售总额及其增长率

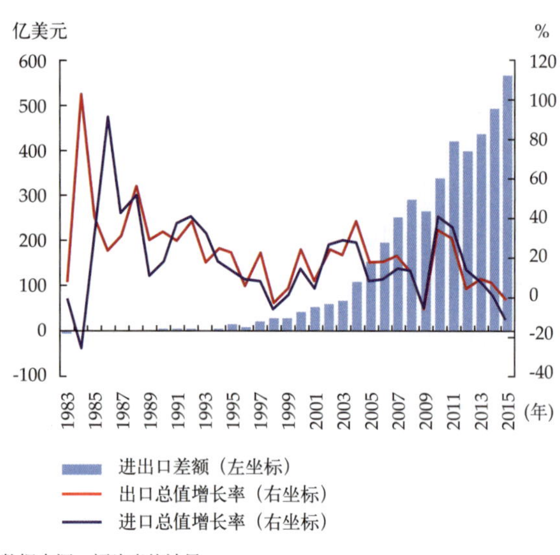

数据来源：福建省统计局。

图9　1983～2015年福建省外贸进出口变动情况

3. 外贸增速继续回落。2015年，进出口总额为10 511.0亿元，比上年下降3.5%（见图9）。其中，出口7 013.2亿元，增长0.6%；进口3 497.8亿元，下降11.0%。

2015年，全省实际利用外商直接投资76.8亿美元（见图10），增长8.0%，增速较上年加快1.5个百分点。

对外投资快速增长。2015年，福建省对外直接投资额（ODI）22.53亿美元，比上年增长

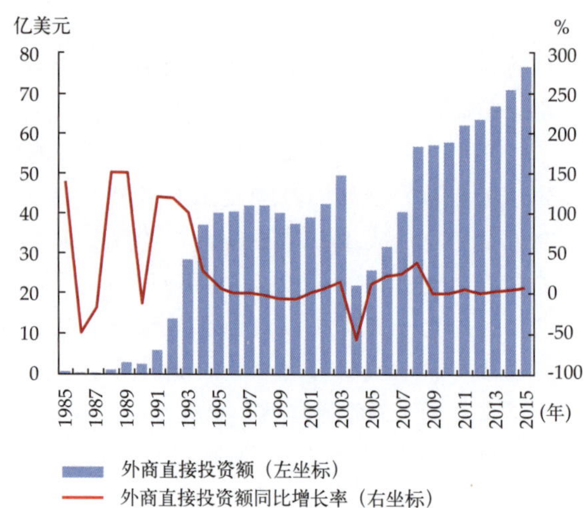

数据来源：福建省统计局。

图10　1985～2015年福建省外商直接投资额及其增长率

63.6%。与此同时，积极融入“一带一路”建设，对印度尼西亚、柬埔寨、老挝等海上丝绸之路沿线国家投资备案项目48个，对外投资额为13.8亿美元，增长2.7倍。

（二）第一、第二产业增速减缓，第三产业增长加快

1. 第一产业总体较好。2015年，农业增加值增长3.7%，增速比上年回落0.7个百分点。粮食总产量为661万吨，水产品总产量为734万吨。现代农业发展步伐加快，设施农业面积累计达178万亩。428家省级重点龙头企业销售收入为2 183.6亿元，增长1.3%。

2. 第二产业增速回落较多。2015年，工业增加值增长8.7%，增速比上年回落3.2个百分点，其中，规模以上工业增速较上年回落3.4个百分点（见图11）。主导行业和新兴行业发展较快。电子信息、机械装备、石油化工等三大主导行业增加值增长10.1%，快于规模以上工业增速1.4个百分点。战略性新兴行业增加值增长9.9%。高技术产业增加值增长12.5%，占规模以上工业的比重提升0.4个百分点至9.5%。

工业利润保持增长，增速放缓。全年规模以上工业企业实现利润2 208.70亿元，增长4.7%，增速比上年回落0.6个百分点。

数据来源：福建省统计局。

图11　2001～2015年福建省规模以上工业增加值同比增长率

3. 第三产业增速加快。2015年，福建服务业增长10.3%，增速较上年加快2.2个百分点，第三产业增速五年来首次超过第二产业。金融、非营利性等行业贡献较多。其中，金融业增加值增长14.3%；非营利性服务业增加值增长15%，增速较上年加快9.5个百分点。“清新福建”旅游品牌推广持续升温，全年旅游总收入增长16%。

（三）消费价格温和上涨，生产价格持续下降

1. 居民消费价格小幅上涨。全年居民消费价格比上年上涨1.7%（见图12），涨幅比上年低0.3个百分点。食品类、医疗保健和个人用品类、居住类和衣着类价格是拉动全省居民消费价格总水平上涨的主要因素。

2. 生产资料价格持续下降。2015年，工业生产者出厂价格下降3.0%，降幅比上年扩大1.6个百分点；工业生产者购进价格下降3.9%，降幅比上年扩大2.2个百分点。分月看，下半年以来，工业生产者出厂价格和工业生产者购进价格降幅均较平稳。

3. 劳动力价格继续上行。2015年，全省居民人均可支配收入25 404元，增长8.9%。其中，农村居民增长9.0%，城镇居民增长8.3%。全年城镇居民人均工资性收入增长7.9%，增速比上年提高0.1个百分点；农村居民工资性收入增长9.4%，增

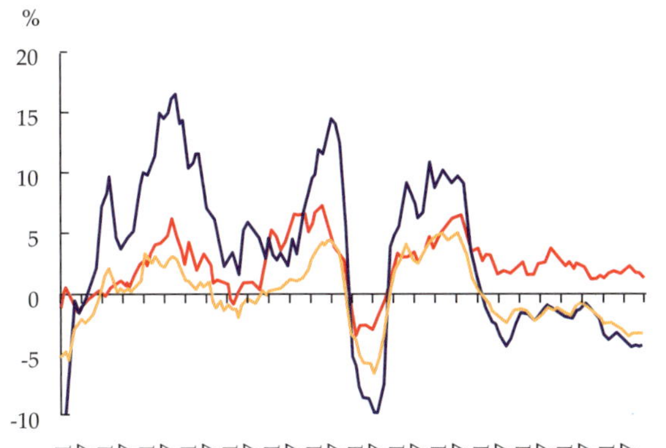

居民消费价格指数（当月同比）
工业生产者购进价格指数（当月同比）
工业生产者出厂价格指数（当月同比）

数据来源：福建省统计局。

图12　2002～2015年福建省居民消费价格和生产者价格变动趋势

速比上年回落2.5个百分点。2015年年末城镇登记失业率为3.66%，比上年年末上升0.19个百分点。就业持续增加。全年城镇新增就业65.95万人，新增农村劳动力转移就业42.41万人。

（四）财政收入增长放缓，支出大幅提高

2015年，全省公共财政总收入为4 143.71亿元，增长8.2%（见图13），增速比上年回落3.4个百分点。其中，地方公共财政收入为2 544.08亿元，增长7.7%，增速比上年回落3.8个百分点。经济下行压力较大、税收增速下滑等是地方公共财政收入增速放缓的主因。其中，增值税、营业税和企业所得税均为个位数增长。为鼓励社会资本投资和促进大众创业、万众创新，促进经济平稳较快增长，据国地税部门统计，2015年，福建国税、地税系统共减免各类税收415.9亿元。此外，2015年全省地方政府债发行1 259亿元，降低了不少利息负担，减轻地方政府偿债压力。

财政支出明显加快。2015年，全省公共财政支出为3 995.77亿元，增长20.8%，增速比上年加快13.0个百分点。其中，民生支出增长25%，教育、社会保障与就业、医疗卫生、城乡社区事务、农林水事务等方面支出增长较快。

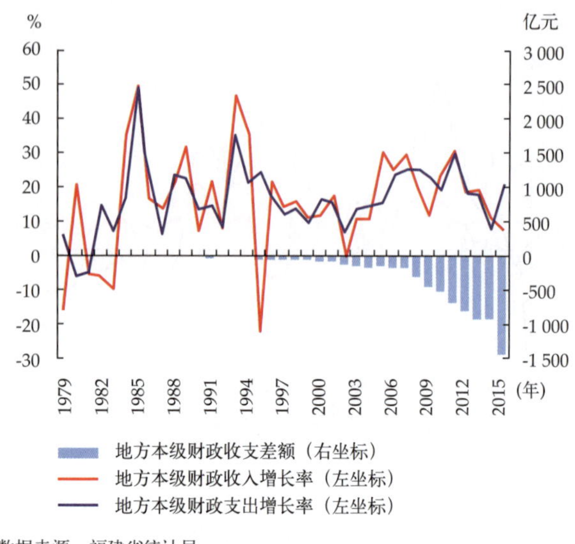

数据来源：福建省统计局。

图13　1979～2015年福建省财政收支状况

（五）生态环境保持良好，单位能耗下降

福建省主要污染物排放得到有效控制，万元地区生产总值能耗下降7.7%，降幅较上年扩大6.17个百分点。省地表水、大气、生态环境质量多年来保持优良，森林覆盖率65.95%，保持全国首位。水、空气质量保持优良。全年植树造林总面积166.8万亩，新增湿地公园面积1 861.4公顷，全省城市（县城）新增公园绿地面积690公顷。人均公园绿地面积12.9平方米，比上年提高0.3平方米。水质符合和优于Ⅲ类水的河长为8 866.5公里，占评价河长的78.2%。市县生活垃圾无害化处理率96.5%，市县污水处理率88%。

专栏3　宁德市探索打造金融精准扶贫四大模式

多年来，福建省宁德市加强信贷政策窗口指导，精准发力，成功探索了“产业扶贫模式、家庭金融模式、扶困救济模式、金融支持外出人口务工模式”四种金融精准扶贫模式。

1.“三位一体”的产业扶贫模式。针对农业产业发展难、农业生产主体增产难和农户增收难的问题，宁德市金融部门加强与扶贫办、农业龙头企业等合作，立足县域农业产业资源优势，建立“新型农业经营主体（企业）+园区（基地）+农户”的“三位一体”产业带动扶贫方式，通过加大对新型农业经营主体和园区的信贷支持，变“输血”为“造血”，变“单枪匹马”为“抱团发展”，促进农户可持续性增收。2012年以来，宁德各县（市）金融机构共向2 854家新型农业经营主体累计发放贷款3 203笔，金额达50.79亿元，向14个农业产业园区授信总额达1.25亿元，扶持了“一县一品”特色农业产业发展，带动上万户贫困户增收脱贫。

2.“小、精、准”的家庭金融模式。针对农户贷款担保难、资金需求小且散的特点，宁德市因地制宜，创新了小（贷款金额小）、精（门槛低、手续简便、享受优惠利率）、准（针对性强）的多种特色信贷产品家庭金融模式。1999年以来，各县（市）涉农金融机构先后创办了“诚意贷”、“联贷宝”、“家庭信用贷”、“农家乐”贷款、“富农宝”、“农村青年示范户”贷款、扶贫贴息贷款等多种家庭信贷产品，累计向11.2万户农户发放贷款18.44万笔，总金额达23.37亿元。

3.“金融造福工程”的扶困救济模式。针对偏远山区和受地质灾害威胁的农村群众搬迁落户难和发展生产难的问题，宁德市金融部门创新政策服务，帮助搬迁农户尽快安置和就地发展生产，为宁德市实施“造福工程”添砖加瓦。1994～2015年，各县（市）金融机构累计发放危房改造或搬迁安置贷款451笔，金额为1 521.9万元，向1 603户搬迁户发放贷款1.55亿元，支持6个整村搬迁农户就地发展生产。

4.“信贷+服务”的金融支持外出人口务工模式。针对外出务工人口在异地难以获得资金扶持的情况，宁德市金融机构积极创新专属金融服务，打造“信贷+服务”模式，积极支持外出务工农户创业致富。一是创新外出创业专属信贷产品。2003～2015年，古田、屏南、周宁、寿宁4个县先后创新了“家乡情”农户异地创业贷款、普惠卡、农户异地创业贷款等信贷产品，共向1.46万名外出务工农民发放1.5万笔，金额为19.05亿元的外出创业贷款。二是为在外创业的人员提供“零距离”的专属金融服务。引导涉农金融机构设立“三农金融流动服务室”，引导外出人员通过手机银行和网上银行实现异地资金便捷汇划，建立“信息直通车”网站，帮助外出务工人员了解政策及金融信息。三是简化贷款审批与还款流程。鼓励涉农金融机构通过移动终端电子建档授信模式，避免农户从提交材料到放款的多次往返，极大地压缩了信贷审批时间。同时，为外出务工人员提供贷款期限不超过1年期的整贷整还或不超过3年期的整贷零还等灵活还款方式，简化还款流程。

在当地人民银行各分支机构的大力推动下，宁德市金融精准扶贫模式不断“开花结果”。2015年年末，全市农户贷款余额达245.42亿元，比年初增加43.17亿元。全市6个（古田、屏南、周宁、寿宁、柘荣、霞浦）省级重点扶贫县贷款余额为332.58亿元，增长12.04%，增速高于全市贷款平均增速6.4个百分点。通过金融精准扶贫措施支持与引导，2015年宁德市农民人均可支配收入达1.24万元，增长9.6%，高于全省增幅0.6个百分点，增幅连续六年居全省各市前列；实现脱贫近3万人，年末贫困人口仅11.3万人，贫困面下降至3.37%，金融精准扶贫的成效突出。

（六）房地产投资明显放缓，商品房销售降幅收窄

1. 房地产开发投资六年来首次下降。受制于库存等因素，全省土地购置面积、房屋新开工面积下降较多，导致房地产开发投资显著放缓。2015年全省房地产开发投资下降2.1%，较上年大幅回落25.4个百分点。同时各设区市房地产开发投资增速分化，与去库存压力大小关系密切。

2. 商品房销售降幅收窄。2015年，全省商品房销售4 037.76万平方米，下降2%，降幅较2014年和上半年分别收窄9.9个、6.7个百分点（见图14）。市场销售总体呈现“中心城市销售优于其他城市、城区好于县域”的格局。地方政府通过推行房屋征收货币化安置、购房补贴等措施，稳定促进住房消费，支持2015年第二季度后市场销售回升。

3. 中心城市房价由降转升。2015年第二季度以来，随着房地产市场销售回暖，中心城市房价降幅逐步收窄，厦门、福州由降转升。12月，福州、厦门新建住宅销售价格同比分别上涨1.8%和6.4%（见图15），泉州房价下降2.4%，降幅呈收窄态势。

4. 房地产金融运行总体稳定。2015年年末，福建省房地产贷款余额为9 030.09亿元，占全部贷款比重为26.8%，较上年年末提升1.7个百分点。

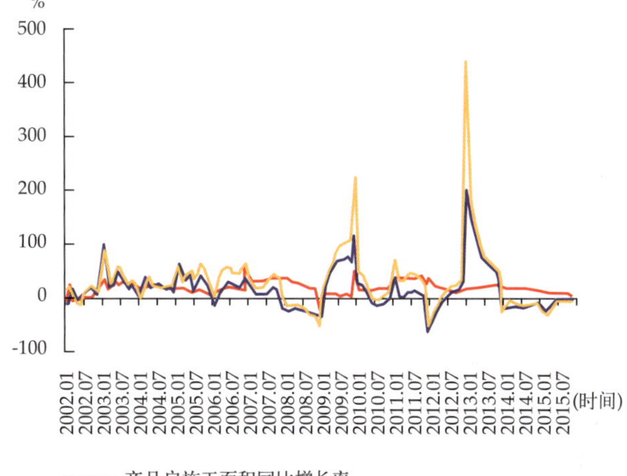

数据来源：福建省统计局。

图14 2002~2015年福建省商品房施工和销售变动趋势

个人住房贷款以及保障房贷款保持较快增长，公积金贷款资产证券化取得突破，个人购房贷款利率稳中有降，有效支持居民刚性住房需求，促进房地产市场平稳健康发展。

三、预测与展望

2016年是“十三五”规划的开局之年。福建经济运行既面临一系列机遇，也将遭遇不少挑

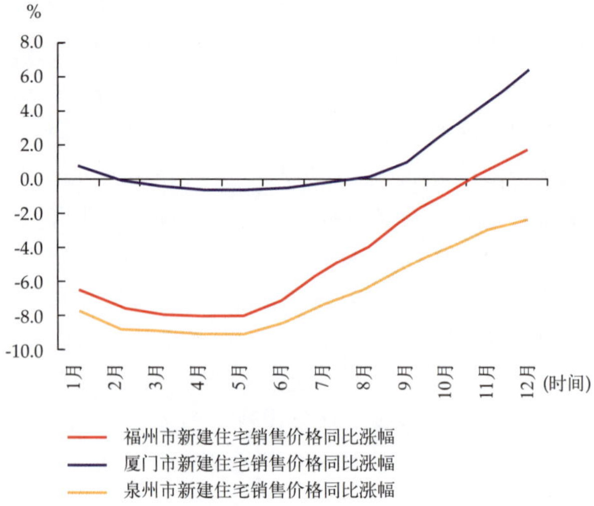

数据来源：福建省统计局。

图15 2015年福建省主要城市新建住宅销售价格变动趋势

战。从机遇看，一是国家着力推进供给侧结构性改革，进一步简政放权，为市场松绑、提供活力，将为福建经济发展提供一个良好的发展平台。二是国家高度重视和支持福建发展。目前福建是全国四个自由贸易试验区之一，是21世纪海上丝绸之路核心区、生态文明先行示范区，福州新区也已获批准建设，福建面临前所未有的政策发展机遇。三是产业转型升级持续推进。2015年年末召开的全省经济工作会议明确提出，要把推动产业转型升级作为中心工作。要做大做优增量，在增强龙头企业带动、推动产业融合发展、适应消费结构升级、推动重点园区转型升级中培育新的增长点。从压力看，一是PMI、PPI等先行指标近期走势疲弱，全国经济下行压力仍然较大，将通过产业链、价格等途径传递到福建，福建将面临稳增长压力。二是经济增长的内生动力有待进一步培育。首先，工业增长面临国外需求乏力、国内产能过剩、劳动力价格上涨等制约。其次，服务业发展较为滞后。长期以来，福建第三产业增速慢于经济总量增长，占GDP的比重较低。最后，省内尤其三四线城市房地产市场去库存仍面临较大压力。综合两方面因素，预计新的产业、新的增长点在2016年将呈现较快发展态势，可以在一定程度上弥补传统产业、房地产业下滑带来的“缺口”，全省经济有望保持平稳增长势头。

受益于全面深化改革开放、实体经济的转型升级等因素，2016年福建金融有望继续保持平稳运行。一是存款增长将保持平稳。经济平稳运行将为存款增长提供有利环境，但存贷比考核取消、同业存单发行等可能在一定程度上制约存款增长。二是贷款增长可能稳中趋缓。一方面，有效信贷需求较为疲软。福建省银行家问卷调查显示，2015年第四季度总体贷款需求景气指数创自2004年调查以来的最低值。目前企业经营困难较多，企业家对未来持谨慎态度居多，抑制了贷款需求。另一方面，在当前不良贷款压力仍较大的形势下，银行放贷也较为谨慎。此外，优质大型企业更愿意通过发行债券进行融资。三是股票融资有望增加。2015年年底福建省人民政府出台《关于进一步扩大直接融资规模的若干意见》，高度重视省内股权融资工作。在地方政府的推动下，福建企业上市融资有望增加。四是债券发行总量仍有望保持较大规模。在流动性适度充裕的环境下，债券融资更趋便利，大中型企业和优质企业发债筹资动力明显增强。预计全省企业通过银行间市场发债额度将超过上年水平。

中国人民银行福州中心支行货币政策分析小组
总　纂：吴国培　杨长岩
统　稿：徐剑波　李春玉
执　笔：银小柯　宋科进　朱　敢
提供材料的还有：杨　民　王丽红　赖永文　陈宝泉　薛严清　杨少芬　沈良辉　黄素英　林　勃
陈仲光　黄月琴　陈　雄　李志林　陈　锋　方静琴　荣　杰　徐　清　杨冰洁

附录

（一）2015年福建省经济金融大事记

3月，福建省人民政府出台《福建省社会信用体系建设规划（2015~2020年）》。

3月，中国人民银行福州中心支行出台《关于金融支持福建省进一步加快经济社会发展的指导意见》。

3月，中共中央政治局审议通过《中国（福建）自由贸易试验区总体方案》；4月，国务院全文印发。4月，福建省人民政府正式发布《中国（福建）自由贸易试验区管理办法》，中国（福建）自由贸易试验区在福州片区、厦门片区、平潭片区正式挂牌。12月，《中国人民银行关于金融支持中国（福建）自由贸易试验区建设的指导意见》发布。

7月，福建省人民政府办公厅印发《关于大力推进大众创业万众创新十条措施》。

9月，国务院印发《关于同意设立福州新区的批复》，同意设立福州新区。11月，福建省人民政府印发《关于支持福州新区加快发展的若干意见》。

9月，福建省人民政府出台《关于金融支持产业转型升级的实施意见》。

10月，中国—东盟海产品交易所正式对外公开挂牌交易。

11月，福建省发展和改革委员会、省人民政府外事办公室、省商务厅联合发布《福建省21世纪海上丝绸之路核心区建设方案》。

11月，中国共产党福建省第九届委员会第十五次全体会议通过《关于制定福建省国民经济和社会发展第十三个五年规划的建议》。“十三五”时期福建省的主要发展目标是：综合实力大幅提升，城乡区域更加协调，改革开放取得重大进展，创新创业活力显著增强，人民生活水平全面提高，生态文明先行示范效应凸显。

12月，福建省人民政府印发《关于进一步推动企业兼并重组的若干措施》。

（二）2015年福建省主要经济金融指标

表1 2015年福建省主要存贷款指标

		1月	2月	3月	4月	5月	6月	7月	8月	9月	10月	11月	12月
本外币	金融机构各项存款余额（亿元）	33 420.9	33 984.0	34 743.9	34 534.3	35 600.2	35 977.8	36 255.6	36 365.3	36 354.2	36 391.7	36 564.0	36 845.5
	其中：住户存款	13 024.0	13 895.6	13 790.2	13 544.1	13 369.7	13 648.5	13 614.9	13 816.6	14 074.4	13 923.4	13 912.9	14 132.8
	非金融企业存款	10 967.4	10 612.7	10 969.5	11 260.9	12 057.0	12 178.0	12 057.6	12 254.7	12 255.9	12 081.0	12 486.1	12 907.1
	各项存款余额比上月增加（亿元）	225.5	563.1	759.9	-209.6	1 065.9	377.6	277.8	109.8	-11.1	37.5	172.3	281.5
	金融机构各项存款同比增长（%）	12.4	12.7	11.3	10.7	12.2	9.5	11.6	11.6	11.2	12.0	12.2	10.7
	金融机构各项贷款余额（亿元）	30 650.1	31 070.7	31 325.4	31 588.8	31 826.5	32 158.2	32 432.2	32 713.5	33 043.2	33 333.8	33 493.3	33 694.4
	其中：短期	12 831.2	12 885.5	12 916.6	12 899.3	12 867.8	12 903.0	12 854.6	12 871.4	12 805.5	12 854.8	12 872.2	12 861.0
	中长期	16 723.3	17 031.9	16 723.3	17 456.9	17 650.2	17 917.0	18 149.2	18 282.2	18 493.7	18 611.2	18 746.0	18 873.3
	票据融资	593.8	629.8	629.5	671.2	717.8	767.6	833.0	922.5	1 006.4	1 032.0	1 069.6	1 127.5
	各项贷款余额比上月增加（亿元）	593.8	420.6	254.7	263.4	237.7	331.7	274.1	281.2	329.7	290.5	159.5	201.2
	其中：短期	146.9	54.3	31.1	-17.3	-31.5	35.1	-48.4	16.8	-65.9	49.3	17.4	-11.2
	中长期	393.0	308.6	218.4	206.6	193.3	266.8	232.2	133.0	211.5	117.6	134.8	127.3
	票据融资	15.8	36.0	-0.4	41.7	46.6	49.8	65.4	89.4	84.0	25.5	37.7	57.8
	金融机构各项贷款同比增长（%）	14.6	15.1	13.9	13.8	13.1	13.4	13.6	13.6	13.2	13.2	12.3	12.1
	其中：短期	5.2	5.4	4.4	3.9	3.4	3.0	3.5	3.4	1.8	1.9	1.7	1.4
	中长期	21.5	21.9	21.1	20.8	20.1	19.9	19.8	19.2	19.2	18.4	17.4	15.6
	票据融资	45.6	54.4	36.4	47.3	39.5	57.3	66.8	71.8	64.1	64.6	51.9	95.0
	建筑业贷款余额（亿元）	534.1	562.4	566.7	566.6	565.9	555.9	557.6	564.4	579.7	586.2	592.6	589.8
	房地产业贷款余额（亿元）	2 097.5	2 139.9	2 175.9	2 205.2	2 223.7	2 282.5	2 262.6	2 244.4	2 268.1	2 273.1	2 260.7	2 299.9
	建筑业贷款同比增长（%）	25.3	30.6	25.9	25.7	24.4	17.0	16.4	17.0	16.7	15.1	16.1	10.7
	房地产业贷款同比增长（%）	25.5	26.4	27.6	26.6	25.0	25.3	22.5	21.2	21.1	21.0	17.9	14.0
人民币	金融机构各项存款余额（亿元）	32 203.1	32 726.1	33 440.2	33 200.9	34 290.7	34 671.4	34 943.7	35 008.2	35 046.9	35 151.7	35 331.1	35 576.1
	其中：住户存款	12 869.3	13 735.1	13 624.7	13 377.4	13 206.3	13 484.1	13 444.6	13 636.2	13 890.2	13 739.3	13 722.1	13 931.2
	非金融企业存款	10 074.1	9 722.3	10 033.6	10 335.0	11 165.7	11 255.6	11 125.0	11 268.1	11 315.5	11 202.6	11 593.2	11 981.8
	各项存款余额比上月增加（亿元）	141.6	523.0	714.1	-239.3	1 089.7	380.7	272.3	64.5	38.7	104.8	179.4	245.0
	其中：住户存款	187.1	865.8	-110.5	-247.3	-171.1	277.8	-39.5	191.5	254.0	-150.9	-17.2	209.1
	非金融企业存款	-233.6	-351.7	311.2	301.4	830.7	89.9	-130.6	143.1	47.3	-112.8	390.6	388.6
	各项存款同比增长（%）	11.9	12.1	10.6	9.9	11.8	9.3	11.7	11.7	11.2	12.3	12.7	10.6
	其中：住户存款	2.4	10.9	7.2	8.5	6.6	3.8	7.1	9.5	8.0	9.3	9.9	8.9
	非金融企业存款	11.3	3.6	-0.1	2.3	8.5	7.6	9.3	11.6	12.6	12.6	16.1	15.3
	金融机构各项贷款余额（亿元）	28 950.1	29 371.8	29 664.7	29 973.7	30 222.9	30 510.7	30 766.6	31 057.0	31 440.4	31 721.7	31 956.6	32 133.0
	其中：个人消费贷款	7 620.1	7 687.9	7 741.2	7 846.5	7 939.4	8 097.1	8 196.7	8 322.9	8 447.3	8 532.3	8 679.6	8 830.5
	票据融资	593.8	629.8	629.5	671.2	717.8	767.6	833.0	922.4	1 006.4	1 032.0	1 069.6	1 127.5
	各项贷款余额比上月增加（亿元）	527.4	421.7	292.9	309.0	249.2	287.8	255.8	290.4	383.4	281.3	234.9	176.4
	其中：个人消费贷款	117.1	67.8	53.3	105.3	93.0	157.6	99.6	126.1	124.4	85.1	147.3	150.9
	票据融资	15.8	36.0	-0.4	41.7	46.6	49.8	65.4	89.4	84.0	25.5	37.7	57.8
	金融机构各项贷款同比增长（%）	15.0	15.6	14.7	14.9	14.3	14.2	14.3	14.3	14.1	14.0	13.4	13.1
	其中：个人消费贷款	17.0	17.7	15.9	15.9	15.8	16.5	16.0	16.1	16.2	16.1	17.1	17.7
	票据融资	45.6	54.4	36.4	47.3	39.5	57.3	66.8	71.8	64.1	64.6	51.9	95.0
外币	金融机构外币存款余额（亿美元）	198.4	204.6	212.3	218.1	214.0	213.7	214.5	212.4	205.5	195.3	192.8	195.5
	金融机构外币存款同比增长（%）	26.3	27.6	31.4	35.2	25.3	15.8	10.2	4.9	5.8	0.9	-5.7	5.5
	金融机构外币贷款余额（亿美元）	277.0	276.4	270.4	264.2	262.0	269.5	272.3	259.3	252.0	253.9	240.3	240.5
	金融机构外币贷款同比增长（%）	7.9	7.0	1.6	-2.8	-3.9	0.4	2.3	-1.5	-5.8	-4.3	-10.5	-9.9

数据来源：中国人民银行福州中心支行。

表2　2001～2015年福建省各类价格指数

单位：%

年/月	居民消费价格指数		农业生产资料价格指数		工业生产者购进价格指数		工业生产者出厂价格指数	
	当月同比	累计同比	当月同比	累计同比	当月同比	累计同比	当月同比	累计同比
2001	—	-1.3	—	-1.3	—	-3.3	—	-1.9
2002	—	-0.5	—	-0.1	—	-2.4	—	-2.4
2003	—	0.8	—	1.8	—	6.3	—	0.7
2004	—	4.0	—	12.5	—	13.3	—	2.6
2005	—	2.2	—	8.1	—	8.1	—	0.2
2006	—	0.8	—	0.9	—	3.9	—	-0.8
2007	—	5.2	—	10.3	—	4.3	—	0.8
2008	—	4.6	—	23.6	—	10.2	—	2.7
2009	—	-1.8	—	-6.7	—	-6.8	—	-4.5
2010	—	3.2	—	2.4	—	7.7	—	3.2
2011	—	5.3	—	11.8	—	8.0	—	3.9
2012	—	2.4	—	3.3	—	-2.3	—	-1.3
2013	—	2.5	—	-0.5	—	-1.6	—	-1.6
2014	—	2.0	—	-0.5	—	-1.7	—	-1.4
2015	—	1.7	—	1.4	—	-3.9	—	-3.0
2014　1	2.8	2.8	-1.1	-1.1	-1.8	-1.8	-1.5	-1.5
2	2.1	2.5	-1.9	-1.5	-2.0	-1.9	-1.7	-1.6
3	2.8	2.6	-1.4	-1.5	-2.0	-1.9	-1.9	-1.7
4	1.9	2.4	-1.0	-1.3	-2.1	-2.0	-1.6	-1.7
5	2.6	2.4	-0.3	-1.1	-1.5	-1.9	-1.2	-1.6
6	2.4	2.4	0.1	-0.9	-1.4	-1.8	-0.8	-1.5
7	2.3	2.4	0.0	-0.8	-1.1	-1.7	-0.8	-1.4
8	1.9	2.3	0.1	-0.7	-0.9	-1.6	-1.0	-1.3
9	1.3	2.2	0.0	-0.6	-1.2	-1.6	-1.3	-1.3
10	1.2	2.1	0.0	-0.6	-1.6	-1.6	-1.5	-1.3
11	1.3	2.1	0.0	-0.5	-2.0	-1.6	-1.7	-1.4
12	1.7	2.0	-0.1	-0.5	-2.5	-1.7	-2.0	-1.4
2015　1	1.2	1.2	-0.3	-0.3	-3.3	-3.3	-2.4	-2.4
2	1.7	1.5	0.4	0.0	-3.7	-3.5	-2.5	-2.5
3	1.6	1.5	0.7	0.3	-3.8	-3.6	-2.5	-2.5
4	1.9	1.6	1.8	0.6	-3.2	-3.5	-2.7	-2.5
5	1.7	1.6	2.2	0.9	-3.3	-3.5	-2.8	-2.6
6	1.7	1.6	1.9	1.1	-3.6	-3.5	-2.9	-2.6
7	1.9	1.7	1.7	1.2	-4.0	-3.6	-3.4	-2.7
8	2.3	1.7	2.1	1.3	-4.4	-3.7	-3.6	-2.9
9	2.2	1.8	1.7	1.3	-4.4	-3.7	-3.2	-2.9
10	1.8	1.8	1.8	1.4	-4.3	-3.8	-3.3	-2.9
11	1.6	1.8	1.6	1.4	-4.4	-3.9	-3.3	-3.0
12	1.3	1.7	1.4	1.4	-4.3	-3.9	-3.2	-3.0

数据来源：国家统计局福建调查总队。

表3 2015年福建省主要经济指标

	1月	2月	3月	4月	5月	6月	7月	8月	9月	10月	11月	12月
绝对值（自年初累计）												
地区生产总值（亿元）	—	—	4 355.9	—	—	10 468.3	—	—	16 398.7	—	—	25 979.8
第一产业	—	—	293.6	—	—	696.8	—	—	1 220.5	—	—	2 117.7
第二产业	—	—	2 620.0	—	—	5 842.2	—	—	8 735.9	—	—	13 218.7
第三产业	—	—	1 442.3	—	—	3 929.4	—	—	6 442.3	—	—	10 643.5
规模以上工业增加值（亿元）	884.3	1 498.8	2 484.7	3 418.5	4 237.5	5 208.9	6 093.3	6 952.1	7 859.7	8 756.3	9 679.8	10 621.3
固定资产投资(不含农户)（亿元）	1 195.6	1 998.2	3 855.5	5 506.6	7 302.0	9 912.9	11 457.7	13 172.7	15 334.4	17 248.2	19 325.7	21 300.9
房地产开发投资	364.6	596.7	1 044.2	1 361.3	1 761.7	2 332.0	2 652.9	2 996.6	3 452.3	3 774.9	4 156.5	4 469.6
社会消费品零售总额（亿元）	899.8	1 730.1	2 547.8	3 318.4	4 118.6	4 956.0	5 778.8	6 624.9	7 494.2	8 467.2	9 486.8	10 505.9
外贸进出口总额（亿美元）	928.5	1 709.0	2 398.5	3 231.9	4 138.8	5 054.8	5 928.4	6 909.4	7 842.3	8 732.9	9 550.1	10 511.0
进口	287.6	523.6	835.1	1 146.5	1 442.1	1 729.5	2 021.9	2 316.8	2 628.0	2 926.2	3 200.2	3 497.8
出口	640.9	1 185.4	1 563.4	2 085.5	2 696.7	3 325.3	3 906.5	4 592.7	5 214.4	5 806.8	6 349.8	7 013.2
进出口差额(出口－进口)	353.3	661.8	728.4	939.0	1 254.6	1 595.7	1 884.6	2 275.9	2 586.4	2 880.6	3 149.6	3 515.5
外商实际直接投资（亿美元）	7.0	12.9	22.7	29.0	35.8	45.7	49.7	54.1	59.7	64.9	71.0	76.8
地方财政收支差额（亿元）	85.7	2.7	-123.8	-104.5	-160.1	-267.5	-385.6	-530.0	-719.2	-784.6	-1 067.9	-1 451.7
地方财政收入	285.2	425.6	611.0	851.2	1 051.5	1 305.6	1 540.7	1 689.3	1 867.4	2 102.4	2 277.1	2 544.1
地方财政支出	199.4	422.9	734.8	955.7	1 211.6	1 573.2	1 926.3	2 219.3	2 586.6	2 886.9	3 344.9	3 995.8
城镇登记失业率(%)(季度)	—	—	3.2	—	—	3.6	—	—	3.7	—	—	3.66
同比累计增长率（%）												
地区生产总值	—	—	8.5	—	—	8.6	—	—	9.0	—	—	9.0
第一产业	—	—	2.5	—	—	3.0	—	—	3.4	—	—	3.7
第二产业	—	—	9.3	—	—	9.4	—	—	9.3	—	—	8.7
第三产业	—	—	8.1	—	—	8.1	—	—	9.4	—	—	10.3
规模以上工业增加值	12.5	9.6	9.3	9.3	9.3	9.4	9.3	9.2	9.0	8.8	8.8	8.7
固定资产投资(不含农户)	35.4	19.4	20.2	19.4	17.7	17.5	18.0	18.3	18.1	17.9	18.1	17.4
房地产开发投资	18.1	18.6	20.5	11.2	7.0	4.8	2.4	1.4	1.7	0.6	-0.2	-2.1
社会消费品零售总额	15.0	12.0	12.1	12.0	12.0	12.2	12.1	12.2	12.3	12.3	12.4	12.4
外贸进出口总额	-11.4	9.5	1.7	-0.8	-0.8	-0.5	-2.8	-2.2	-2.0	-1.8	-3.3	-3.5
进口	-19.8	-11.7	-9.0	-7.6	-7.9	-8.6	-9.2	-9.1	-9.7	-9.4	-10.3	-11.0
出口	-7.0	22.5	8.5	3.4	3.5	4.3	0.9	1.6	2.4	2.6	0.7	0.6
外商实际直接投资	3.3	6.2	4.8	4.6	3.9	4.3	5.6	6.9	6.9	6.3	7.1	8.0
地方财政收入	6.0	4.8	2.7	2.6	1.7	5.3	6.9	6.5	6.6	6.9	7.6	7.7
地方财政支出	-15.8	18.5	9.8	9.4	9.5	7.8	13.2	15.1	16.8	19.3	26.6	20.8

数据来源：福建省统计局。

2015年江西省金融运行报告

中国人民银行南昌中心支行货币政策分析小组

[内容摘要] 2015年，江西省深入实施“发展升级、小康提速、绿色崛起、实干兴赣”十六字方针，统筹做好稳增长、调结构、促改革、优生态、惠民生各项工作，经济发展总体平稳、稳中有进，主要经济指标增速继续高于全国平均水平，经济结构调整稳步推进、财政收入保持增长，财政支出更重民生，消费价格温和上涨，生态建设成效显著，“十二五”规划顺利收官。

2015年，江西省金融业坚持稳中求进工作总基调，金融运行总体平稳，银行信贷保持较快增长，对“三农”、小微、扶贫开发等薄弱领域支持进一步加大，证券、保险市场稳健发展，多层次金融组织体系进一步完善，为全省经济实现平稳健康发展作出了积极贡献。但银行不良贷款“双升”，导致局部区域金融稳定面临一定压力。

2016年是“十三五”开局之年，是全面建成小康社会决胜阶段的第一年。总体看，经济下行压力仍将持续，全省经济增长目标进一步下调，存贷款增速或进一步放缓，金融调控将更加强调宏观微观相结合的宏观审慎管理，更加注重防范区域性金融风险，为经济结构调整与转型升级创造良好的金融环境。

一、金融运行情况

2015年，江西省金融运行平稳，银行信贷保持较快增长，对经济结构调整和薄弱领域的支持力度进一步加大，企业债券融资较快增长，证券期货交投活跃，保险业加快发展，跨境资金净流入大幅减少，银行不良贷款“双升”，大中型企业贷款风险暴露增多。

（一）银行业资产稳步扩张，信贷投放较快增长

1. 资产总额稳步扩张。2015年年末，全省银行业资产总额为32 173亿元，同比增长15.5%，增速比上年提高1.8个百分点。其中，省内地方法人金融机构资产总额同比增长21.2%，增速高出全省平均水平5.7个百分点（见表1）。

表1　2015年江西省银行业金融机构情况

机构类别	营业网点			法人机构（个）
	机构个数（个）	从业人数（人）	资产总额（亿元）	
一、大型商业银行	1 892	40 846	11 248	0
二、国家开发银行和政策性银行	98	2 240	3 192	0
三、股份制商业银行	256	4 552	2 951	0
四、城市商业银行	600	10 714	5 527	4
五、城市信用社	0	0	0	0
六、小型农村金融机构	2 549	26 752	6 556	87
七、财务公司	2	190	198	2
八、信托公司	2	581	139	2
九、邮政储蓄银行	1 490	13 264	2 008	0
十、外资银行	5	100	28	0
十一、新型农村金融机构	141	2 543	305	44
十二、其他	5	194	22	1
合　计	7 040	101 976	32 173	140

数据来源：江西银监局。

2. 存款增速先抑后扬。2015年年末，全省金融机构人民币存款余额为24 785.1亿元，比年初增加3 013.7亿元，同比多增806.2亿元。上半年，全省存款增长乏力。下半年，受股市分流效应减弱、贷款派生存款效应增强以及地方债发行等因素的影响，存款增速回升，年末余额同比增速为13.9%，比上年提高2.6个百分点（见图1）。

全年，住户存款、非金融企业存款及非银行业金融机构存款同比分别多增235.2亿元、454.1亿元和203.9亿元，广义政府存款同比少增92.9亿元。在住户存款和非金融企业存款中，定期存款分别同比少增186.5亿元和127.5亿元，活期存款分别同比多增421.7亿元和581.6亿元。

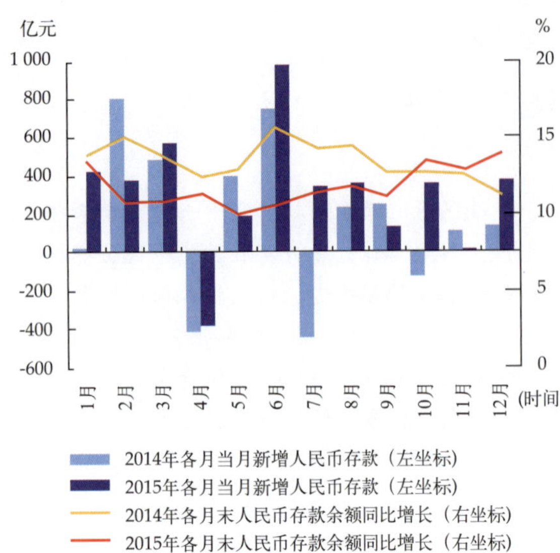

数据来源：中国人民银行南昌中心支行。

图1 2014～2015年江西省金融机构人民币存款增长变化

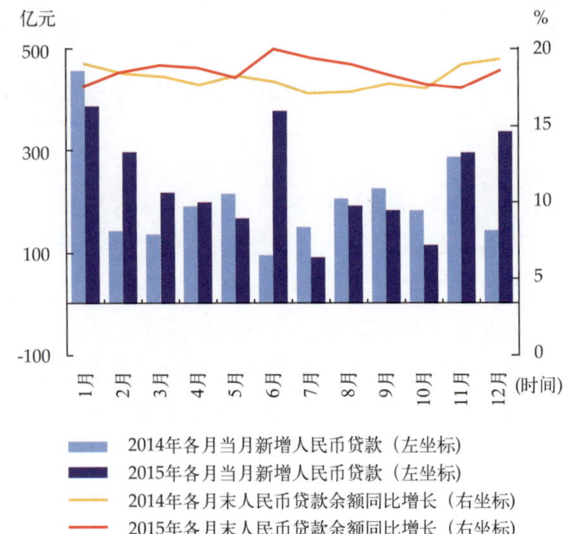

数据来源：中国人民银行南昌中心支行。

图2 2014～2015年江西省金融机构人民币贷款增长变化

3. 贷款保持较快增长。2015年年末，全省金融机构人民币贷款余额为18 348亿元，比年初增加2 881亿元，同比多增433.1亿元，余额同比增速为18.6%，比上年略低0.8个百分点（见图2）。

信贷对经济结构调整和薄弱领域的支持力度进一步加大。2015年年末，全省六大高能耗行业[①]中长期人民币贷款余额同比下降1.1%，而上年同期为增长2.2%；第三产业人民币贷款余额[②]同比增长22%，增速较上年进一步提高2.9个百分点。全省农村土地承包经营权确权登记颁证到户率为93.5%，农村土地流转率为33.7%，共13个县（市）入选全国“两权”抵押贷款试点名单，农村沉淀资产得到进一步盘活。全年支农支小再贷款累计投放额同比增长94.1%；再贴现累计办理量同比增长32.2%，货币政策工具的信贷导向力度进一步加大。截至年末，全省新增涉农贷款1 101.7亿元，同比多增116.8亿元；新增小微企业贷款724.0亿元，余额同比增长22.6%；累计发放小额担保贷款121.8亿元，直接扶持个人创业9.4万人

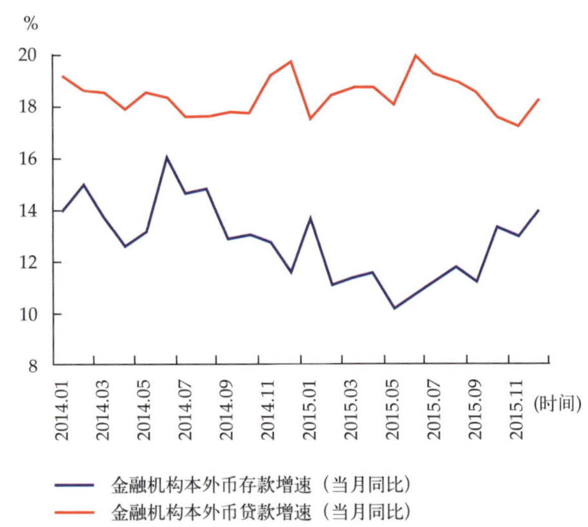

数据来源：中国人民银行南昌中心支行。

图3 2014～2015年江西省金融机构本外币存、贷款增速变化

次，带动就业47.1万人次。政策性金融作用得到进一步发挥，全省当年新增保障性住房开发贷款153.1亿元，余额同比增长53.9%。

---

①六大高能耗行业：石油加工、炼焦和核燃料加工业、化学原料和化学制品制造业、非金属矿物制品业、黑色金属冶炼和压延加工业、有色金属冶炼和压延加工业和电力、热力生产和供应业。

②第三产业人民币贷款余额为金融机构贷款按行业分类中除第一产业（农、林、牧、渔业）和第二产业（采矿业，制造业，电力、热力、燃气及水生产和供应业，建筑业）以外的其他行业人民币贷款余额。

专栏1 深入推进金融扶贫，决战五年同步小康
——“十二五”期间江西省金融扶贫工作成效显著

按照中国人民银行总行和省委、省政府关于金融扶贫的工作部署，近年来，江西省金融系统积极作为，不断创新工作机制，优化金融资源配置，持续加大对贫困地区经济社会发展的支持力度，努力满足贫困群体多元化融资需求，金融扶贫工作取得了显著成效。

一是正向激励作用进一步发挥。2015年，中国人民银行南昌中心支行积极探索将再贷款、再贴现和差别存款准备金动态调整等货币政策工具运用与金融扶贫工作相结合，引导辖内金融机构加大扶贫信贷投放，全年累计向贫困地区发放支农再贷款37.9亿元，同比增长76.3%，直接撬动贫困地区新增涉农信贷投放60亿元。

二是协调联动作用进一步显现。加强金融扶贫政策与产业政策、财税政策的协调与联动，推出了江西省扶贫和移民产业贷款，2015年年末，33个试点县（区）贷款余额为1.7亿元，惠及贫困农户4 138户。

三是风险分担作用进一步增强。积极探索“政府主导、财政担保(贴息)、人民银行政策支持、涉农银行积极参与”的金融扶贫工作模式，相关贫困县人民银行推动地方政府从“赣南等原中央苏区和特困片区产业扶贫资金”中提取一定资金设立信贷风险补偿基金，通过担保、贴息和奖补等方式，为贫困农户增信，有效解决建档立卡贫困户的信贷需求。如石城、兴国两县累计向辖内1 000余户建档立卡贫困户发放“产业+农户”扶贫贷款3 825万元；吉安县累计为辖内730户贫困户贴息112.5万元，为854户贫困户奖补现金717.8万元，补助产业保险61.8万元。

四是扶贫信贷产品进一步丰富。稳妥开展“两权”抵押贷款试点，全省共有13个县（市）入选全国“两权”抵押贷款试点地区。其中，贫困县（市）5个。探索“保险+信贷”模式，如乐安县在设立220万元扶贫产业贷款风险补偿基金之外，另行安排100万元贷款保险贴补基金，对农户产业扶贫贷款进行贴息和保费贴补。推进开发性金融供给与贫困地区信贷需求有效对接，国开行江西省分行创立保障房建设“江西模式”，累计发放贫困地区保障房贷款19.8亿元，支持贫困地区8.6万户家庭住上了新房，发放赣南原中央苏区贫困家庭危旧土坯房改造贷款7亿元，解决6万农村贫困户的住房问题。婺源县借鉴农户小额信用贷款的成功经验，创新推出了金融扶贫小额信用贴息贷款产品。

五是信用建设成效进一步体现。推进农户信用建档和评级，持续开展“信用乡”、“信用村”、“信用户”评选活动。2015年年末，全省贫困地区共为92.9万户农户建立了信用档案。余干县探索农户信用修复和增进方法，对除恶意拖欠和逃废银行债务之外原因导致的农户不良信用记录，采取新老划断的方式，2015年以来，向从未获得过贷款的农户发放信用贷款超过1.5亿元，极大地提升了贫困农户的守信意识。

2015年年末，全省贫困地区各项贷款余额为2 845.2亿元，比2010年年末增长158.3%，高于同期全省各项贷款增速21.6个百分点。其中，贫困地区农户贷款余额为2010年年末的1.2倍。贫困地区金融组织体系逐步健全，金融基础服务实现了乡镇全覆盖。当然，应清醒地看到，江西金融扶贫工作与中央要求、与贫困群众要求相比，仍然存在着较大差距，金融扶贫的精准度不够高、农业保险覆盖面有限、银保合作有待加强等问题亟待有关各方共同努力加以解决。

4. 降息政策有效传导。2015年，在降息政策引导下，全省金融机构各月一般贷款加权平均利率震荡下行。其中，1月最高，为7.5%，11月最低，为6.0%，同比分别下降0.4个百分点和1.4个百分点。受信贷市场利率走低的影响，民间借贷利率也有所下降，据中国人民银行南昌中心支行监测，2015年，省内民间借贷监测样本加权平均利率为16.3%，同比下降1.5个百分点。

利率市场化改革有序推进。存款利率上限放开后，在市场利率定价自律机制的引导下，省内银行人民币存款定价未出现恶意竞争的情况，保持呈现地方法人金融机构上浮最高，股份制银行上浮次之，国有商业银行上浮最低的阶梯化特征。外币存款利率总体平稳，3个月内大额美元存款加权平均利率基本保持在0.4%左右（见图4）。

省内利率市场化微观基础进一步夯实。2015年年末，辖内共8家地方法人金融机构为利率市场化自律机制基础成员，比上年增加5家。地方法人机构累计发行同业存单 478.4 亿元，为上年的9.6倍。

表2　2015年江西省金融机构人民币贷款各利率区间占比

单位：%

月份		1月	2月	3月	4月	5月	6月
合计		100.0	100.0	100.0	100.0	100.0	100.0
下浮		4.6	4.8	4.6	9.1	4.6	4.9
基准		17.0	21.4	13.0	13.4	18.3	12.8
上浮	小计	78.4	73.8	82.4	77.5	77.1	82.3
	(1.0，1.1]	12.8	13.6	13.3	13.3	13.5	14.2
	(1.1，1.3]	19.4	19.9	22.0	17.0	15.1	15.1
	(1.3，1.5]	22.3	17.8	22.1	19.4	17.0	18.6
	(1.5，2.0]	20.1	18.5	20.2	22.1	25.1	16.6
	2.0以上	3.8	4.0	4.8	5.7	6.4	17.8
月份		7月	8月	9月	10月	11月	12月
合计		100.0	100.0	100.1	100.0	100.0	100.0
下浮		5.0	6.3	8.1	6.5	11.3	9.2
基准		12.7	10.4	12.9	13.4	21.5	12.6
上浮	小计	82.3	83.3	79.1	80.1	67.2	78.2
	(1.0，1.1]	10.4	11.5	11.5	11.5	10.5	11.2
	(1.1，1.3]	15.4	15.5	15.3	13.4	18.4	17.2
	(1.3，1.5]	19.4	19.1	16.9	17.2	12.4	16.2
	(1.5，2.0]	18.2	16.8	16.1	18.0	18.8	15.0
	2.0以上	18.9	20.4	19.3	20.0	7.1	18.6

数据来源：中国人民银行南昌中心支行。

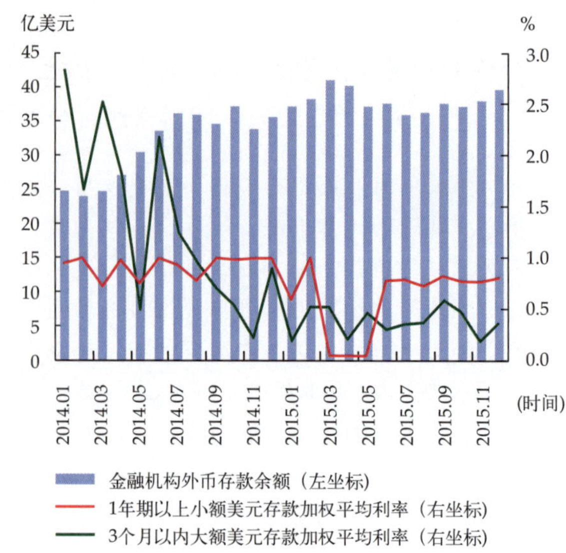

数据来源：中国人民银行南昌中心支行。

图4　2014～2015年江西省金融机构外币存款余额及外币存款利率

5. 多层次金融组织体系进一步完善。2015年，江西省重组江西金融控股集团，新组建江西银行、江西省再担保公司，江西省金融租赁公司和江西联合股权交易中心也相继成立运营。同时，成功引进东亚银行和广发银行在赣设立分支机构，7家村镇银行获批开业，并有7家农村信用社成功改制为农村商业银行。

6. 不良贷款"双升"。2015年年末，全省金融机构不良贷款余额比年初新增159.9亿元，同比多增87.8亿元，不良贷款率为2.5%，同比提高0.6个百分点，制造业和批发零售业不良贷款风险较为突出。大中型企业不良贷款风险暴露增多，2015年，省内大中型企业新增不良贷款占全部企业新增不良贷款的72.4%，比上年提高18.3个百分点。针对区域金融风险逐步暴露并扩大的趋势，江西在全国范围内率先构建了由政府主导、中国人民银行推动、相关部门和银行机构配合的企业风险监测预警和处置框架，通过早期识别和主动介入，帮扶辖内8家问题企业迅速恢复生产，4家重点企业维持正常经营。

7. 跨境人民币结算业务保持较快发展。2015年，全省跨境人民币业务实际收付金额703亿元，同比增长59%，人民币结算占全省跨境收支比重为29.4%，同比提高8.4个百分点。辖内3家跨国企业集团完成跨境双向人民币资金池业务备案，并实现相关业务零的突破。跨境人民币业务管理权限全面下放至省内中国人民银行各县支行，使更多的县域企业受惠于跨境人民币结算便利化。

（二）证券市场运行总体平稳，多层次资本市场不断完善

1. 股票交易额大幅增长，证券机构利润激增。2015年，全省证券投资累计成交金额87 504.4亿元，同比增长197.4%。其中，A股（含基金）市场累计成交78 701.9亿元，同比增长259.1%。全省证券经营机构累计实现营业收入63.2亿元，同比增长174.8%；净利润37.7亿元，同比增长216.3%。其中，2家法人证券公司共实现营业收入36.6亿元，同比增长116%，实现净利润15.7亿元，同比增长168.5%。

2. 期货市场交易活跃，法人公司扭亏为盈。2015年，全省期货投资者账户数3.8万户，同比增长10.1%；累计交易金额91 327.3亿元，同比增长75%。省内期货机构当年累计实现营业收入和净利润分别同比减少18.4%和68.3%。

3. 上市公司业绩下滑，资本市场建设稳步推进。2015年年末，全省境内上市公司36家，新增3家（见表3）。全省A股上市公司总市值4 004.3亿元，同比增长52.4%；实现净利润共计82.3亿元，

表3　2015年江西省证券业基本情况

项目	数量
总部设在辖内的证券公司数（家）	2
总部设在辖内的基金公司数（家）	0
总部设在辖内的期货公司数（家）	1
年末国内上市公司数（家）	36
当年国内股票（A股）筹资（亿元）	43
当年发行H股筹资（亿元）	0
当年国内债券筹资（亿元）	1 453
其中：短期融资券筹资额（亿元）	111
中期票据筹资额（亿元）	245

注：当年国内股票（A股）筹资额是指非金融企业境内股票融资。

数据来源：江西证监局。

同比下降77.9%。江西联合股权交易中心于7月6日注册成立，12月14日启动，截至年末，共有挂牌展示企业179家。

（三）保险业平稳健康发展，服务地方经济能力提升

1. 行业规模继续扩大，“险资入赣”增速加快。2015年，全省保险业资产总额为907.3亿元，保费收入为508.4亿元，同比增长27%，增速居全国第四位、中部第一位，保险密度为1 119.3元/人（见表4）。地方法人保险公司保费收入2.2亿元，省内市场排名升至第十位。“险资入赣”引入合同资金285亿元，同比增长840.6%。

2. 产险效益再上新台阶，人身险公司退保率较高。2015年，省内产险公司承保利润9.6亿元，同比增长22.8%，增速高出全国水平4.3个百分点。受高现金价值产品退保因素的影响，省内人身险公司退保金额增长较快，平均退保率为7.2%，同比上升1.1个百分点，超出警戒线2.2个百分点。

3. 赔付支出增长较快，服务经济能力提升。2015年，全省保险业赔付178.1亿元，同比增长25.3%。其中，产险赔付增长11.4%，健康险赔付增长71%。累计提供12.7万亿元风险保障，农业保险覆盖全省所有县（区）；大病保险实现全省全覆盖；小额贷款保证保险试点工作正式启动。

表4　2015年江西省保险业基本情况

项目	数量
总部设在辖内的保险公司数（家）	1
其中：财产险经营主体（家）	1
人身险经营主体（家）	0
保险公司分支机构（家）	41
其中：财产险公司分支机构（家）	19
人身险公司分支机构（家）	22
保费收入（中外资，亿元）	508
其中：财产险保费收入（中外资，亿元）	171
人身险保费收入（中外资，亿元）	337
各类赔款给付（中外资，亿元）	178
保险密度（元/人）	1 119
保险深度（%）	3

数据来源：江西保监局。

（四）社会融资同比少增，金融市场交易活跃

1. 社会融资同比少增，债券融资成效显著。2015年，全省社会融资规模为3 019.7亿元，同比少增957.5亿元。受监管政策的影响，在全省社会融资规模中，委托贷款增加194.0亿元，同比少增141.8亿元；信托贷款减少383.0亿元，同比多减1 157.7亿元；未贴现的银行承兑汇票减少383.2亿元，同比多减301.4亿元。人民币贷款占全省融资规模比重比上年提高34.5个百分点，为95.7%，企业债券融资占全省融资规模比重为20.1%，比上年提高12.4个百分点（见图5）。其中，全省当年累计发行债务融资工具672.3亿元，同比增长85.4%，发行量占全国比重1.2%，同比提高0.4个百分点，并成功发行全国首单保障房中期票据3亿元。

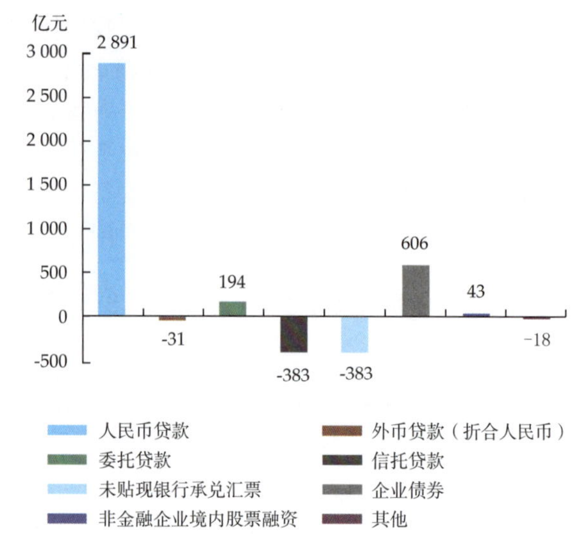

数据来源：中国人民银行南昌中心支行。

图5　2015年江西省社会融资规模分布结构

专栏2　运用金融市场工具，破解融资难、融资贵问题
——2015年江西省债务融资工作实现突破性进展

2015年，在经济下行压力加大背景下，为改善区域融资结构，提升直接融资对地方经济发展的支持力度，在省政府的高度重视和各有关部门的大力支持下，中国人民银行南昌中心支行按照“点上突破，面上覆盖”的原则，主动作为，通过建立债务融资工具协调推进机制，培育发债主体，加强宣传培训，江西省债务融资工作实现突破性进展。

一是发行量突破600亿元，债务融资工具成为省内企业直接融资主渠道。2015年，江西省债务融资工具累计发行672.3亿元，同比增长85.4%，增速位居全国第三，中部六省第一；发行量居全国第二十位，较2014年同期前移4位；发行量占全国比重1.24%，较2014年上升0.4个百分点。截至年末，全省债务融资工具余额919.8亿元，比年初增加424.7亿元，为全省信贷增量的14.7%，同比提高8.7个百分点，债务融资工具已成为江西省企业直接融资的主渠道。

二是发债主体进一步扩大，品种更趋丰富。2015年，江西省共有29家企业发行债务融资工具，较上年增加13家。其中，9家企业为首次发行。行业涉及交通、能源、建筑、制造、科技等。截至年末，全省共发行债务融资工具78只，实现了超短融、短融、中票、定向工具等主发行品种的全覆盖。此外，2015年，江西省成功发行全国首单保障房中票，为保障性安居工程建设开辟了新的融资途径。

三是辖内设区市债务融资工具发行实现全覆盖,注册金额呈井喷式增长。2015年，江西省11个设区市均成功发行债务融资工具，实现设区市全覆盖。其中，九江、萍乡和抚州三市均为首次发行。全年，江西省共24家企业累计注册债务融资工具812.6亿元，同比增长241.4%，截至年末，省内企业已注册未发行债务融资工具额度尚有295.3亿元。

债务融资工具的发行，一方面，降低了发债企业融资成本。2015年，江西省债务融资工具发行加权平均利率为4.6%，较全省企业贷款加权平均利率低1.5个百分点。其中，超短融加权平均利率为3.5%，短融加权平均利率为4.2%，中票加权平均利率为4.9%，均低于同期限的银行贷款利率。据测算，可为发债企业节约融资成本7.5亿

元左右。另一方面，有力地支持了地方实体经济发展。债务融资工具发行具有相对严格的资金运用信息披露要求，能够最大限度地确保企业融资资金真正投入实体经济生产。2015年，江西省共有12家城投类企业发行债务融资工具，发行量为457亿元，占全省债务融资规模的68%，所融资金大都投向基础设施、民生工程等领域。其中，约50%用于补充包括昌九、昌樟等高速改扩建工程项目建设资金，确保了江西省高速公路通车里程突破5 000公里。

2. 货币市场交易活跃，市场利率总体走低。2015年，省内市场成员累计债券交易量为124 946.2亿元，同比增长202.3%。其中，质押式回购、买断式回购、现券交易量同比分别增长184.2%、293.2%和256.8%。受连续降息及市场流动性充裕的影响，市场利率水平总体走低，全年，省内市场成员质押式回购、买断式回购和现券交易加权利率分别为2%、2.7%和4.8%，较上年分别下降1个、1.2个和1.1个百分点。

3. 银票签发同比减少，票据贴现大幅增长。2015年，省内金融机构累计签发银行承兑汇票3 572.8亿元，同比减少184.4亿元。但票据贴现业务大幅增长，累计贴现21 778.6亿元，同比增长52.5%（见表5）。承兑汇票贴现加权利率水平降至4%，同比下降0.9个百分点（见表6）。

4. 地方政府债券发行顺利完成，置换债券额度基本覆盖到期需偿还债务。2015年，全省政府性置换债券和新增债券额度分别为754亿元和224亿元，全部发行完毕。省内各级财政分配到的置换债券额度基本覆盖其2015年到期需偿还债务本金，多数地区置换工作已经完成，个别地区提前置换了部分2016年到期的债务。

5. 跨境资金净流入大幅减少，黄金市场交易价跌量减。2015年，全省跨境收支总额为383亿美元，同比增长5.7%。受货物贸易顺差下降、对外直接投资较快增长等因素的影响，全省跨境资金净流入63.5亿美元，同比减少28.4%。黄金市场交易量有所下降，全年累计发生各类黄金交易96.3吨，同比下降7.2%，各类黄金业务交易价格均有所下跌，平均跌幅为6.4%。

（五）金融生态建设稳步推进，金融基础设施不断优化

2015年，中国人民银行南昌中心支行出台《关于全面推进中小企业和农村信用体系建设的实施意见》，支持小微机构接入金融信用信息基础数据库，稳步推进全备案评级机构开展信贷市场信用评级。截至年末，共为省内5.4万户中小企业和462.2万户农户建立信用档案；金融信用信息基础数据库新增101家小微接入机构；共有882家企业参与借款企业信用评级。同时，依托应收账款融资服务平台，促成应收账款融资854笔，金额为558亿元，成交笔数和金额均列全国第八位。

着力改善农村支付服务环境。截至2015年末，全省累计布放2.5万余个银行卡助农取款点，累计提供涵盖取款、现金汇款、转账汇款、查询等各类助农取款服务600万余笔，金额为135亿元。

表5　2015年江西省金融机构票据业务量统计

单位：亿元

季度	银行承兑汇票承兑		贴现			
			银行承兑汇票		商业承兑汇票	
	余额	累计发生额	余额	累计发生额	余额	累计发生额
1	1 722.7	842.4	532.1	3 450.5	15.8	221.1
2	1 818.2	2 644.0	580.4	8 531.7	43.4	474.5
3	1 770.5	5 301.9	673.2	13 603.6	23.4	505.9
4	1 919.2	8 874.8	785.4	21 229.8	14.5	548.8

数据来源：中国人民银行南昌中心支行。

表6　2015年江西省金融机构票据贴现、转贴现利率

单位：%

季度	贴现		转贴现	
	银行承兑汇票	商业承兑汇票	票据买断	票据回购
1	5.36	6.27	5.26	5.34
2	4.55	5.81	3.64	3.77
3	4.18	5.58	3.28	3.55
4	3.96	4.65	3.32	3.13

数据来源：中国人民银行南昌中心支行。

在全省范围开通“12363”金融消费权益保护咨询投诉电话，并在县、乡、村三级试点建设“12363”农村服务点，消除农村金融消费维权盲区。截至年末，全省人民银行各分支机构共受理有效投诉268笔，投诉办结率为93.3%，满意率为95%以上。

二、经济运行情况

2015年，江西省实现地区生产总值16 723.8亿元，增长9.1%（见图6），三次产业结构为10.6 : 50.8 : 38.6，服务业比重比上年提高1.8个百分点。全省居民可支配收入为18 437元，同比增长10.2%。

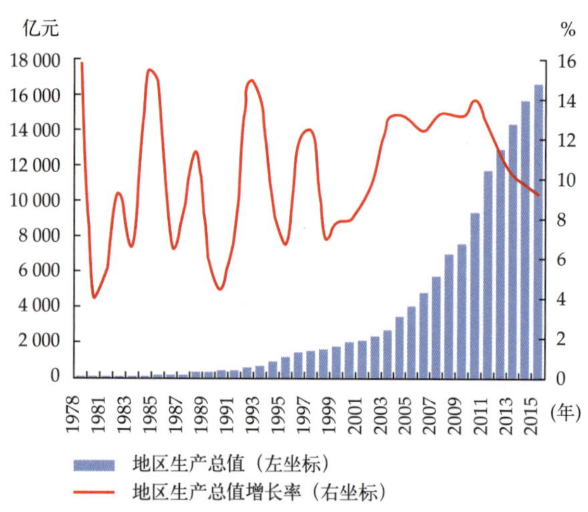

数据来源：江西省统计局。

图6　1978～2015年江西省地区生产总值及其增长率

（一）内需增长小幅放缓，外需增速大幅回落

1. 投资增速小幅回落，投资结构有所改善。2015年，全省完成固定资产投资169 93.9亿元，同比增长16%，增速较上年回落2个百分点，但高出全国平均增速6个百分点（见图7）。其中，第三产业投资占比为44.3%，比上年提高1个百分点。全省工业投资完成8 918.3亿元，增长12.8%。其中，工业技改投资增速为29.4%，同比提高22.8个百分点。民间投资占全省投资比重74.1%，比上年提高0.9个百分点。八成以上投资资金来源于自筹资金。

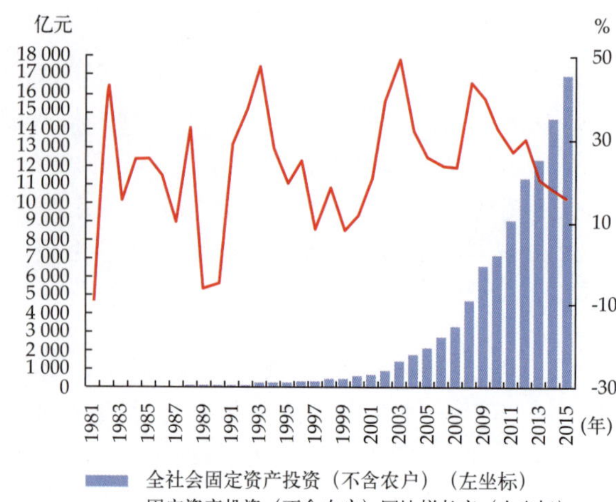

数据来源：江西省统计局。

图7　1981～2015年江西省固定资产投资（不含农户）及其增长率

2. 社会消费增速放缓，乡村市场增长快于城镇市场。2015年，全省实现社会消费品零售总额为5 896亿元，同比增长11.4%，增速较上年回落1.3个百分点，但高出全国平均0.7个百分点（见图8）。其中，乡村市场限额以上消费品零售额增长33.2%，增幅高出城镇市场21个百分点。

3. 出口增速大幅回落，“引进来、走出去”成效显著。2015年，全省出口332.7亿美元，同比增长3.9%，增速较上年回落9.8个百分点，但高于全国平均6.6个百分点；进口93.4亿美元，同比下

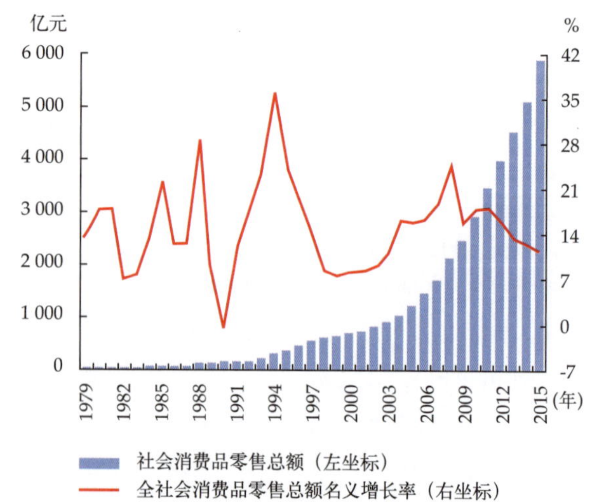

数据来源：江西省统计局。

图8　1979～2015年江西省社会消费品零售总额及其增长率

降12.8%（见图9）。全省实际利用外资增长12.1%（见图10），对外直接投资增长56.1%，对外承包工程累计完成营业额35.1亿美元，增长23%，总量首次进入全国前10。

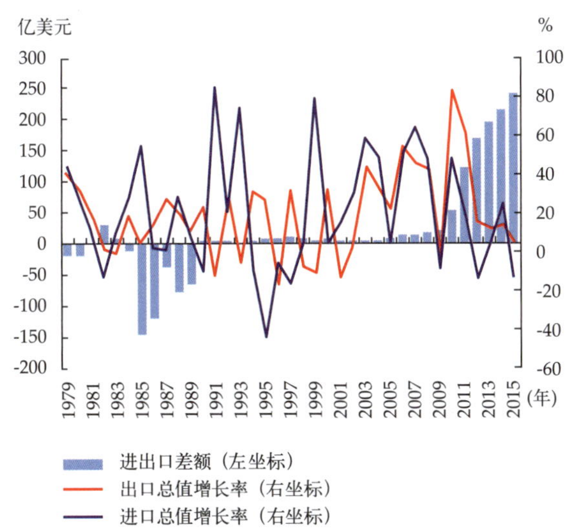

数据来源：江西省统计局。

图9　1979～2015年江西省外贸进出口变动情况

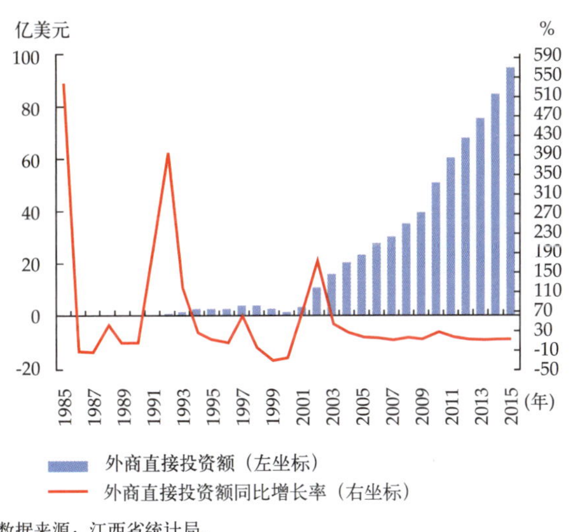

数据来源：江西省统计局。

图10　1985～2015年江西省外商直接投资额及其增长率

（二）产业结构调整稳步推进，服务业保持领先增长

1. 农业现代化进程继续推进。2015年，全省粮食总产429.7亿斤，同比增加1亿斤。全省规模以上农业产业化龙头企业实现销售收入4 250亿元，同比增长9%；农产品加工率达53%；农产品电子商务交易额达190亿元，同比增长180%；培育休闲农业规模企业3 550家，规模经营的农家乐1.8万家。

2. 工业生产稳步增长。2015年，全省规模以上工业增加值为7 268.9亿元，同比增长9.2%，增速高出全国3.1个百分点（见图11）。非公有制工业增加值6 096.2亿元，同比增长10.3%，占全省比重为83.9%，比上年提高1.4个百分点，对工业增长的贡献率为91.7%。其中，私营企业和小型企业增加值分别增长11.7%和12.9%，分别高于全省平均2.5个和3.7个百分点。

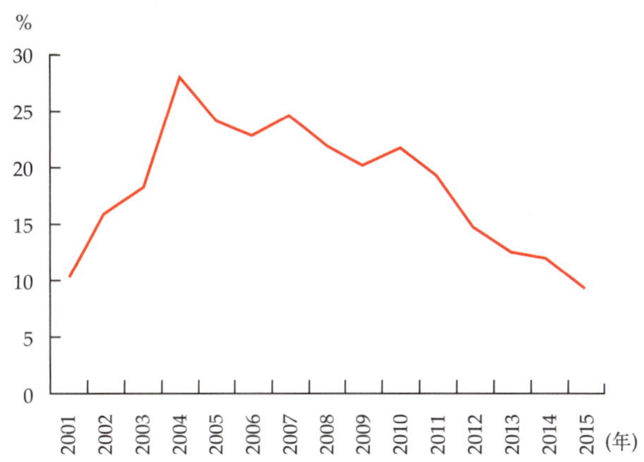

注：从2011年起，工业统计范围调整为年主营业务收入2 000万元及以上的工业企业。

数据来源：江西省统计局。

图11　2001～2015年江西省规模以上工业增加值同比增长率

3. 服务业发展步伐加快。2015年，全省服务业增加值为6 463.5亿元，同比增长10%，增速比上年提高1.2个百分点。与民生相关的文化、体育和娱乐业，水利、环境和公共设施管理业等16个行业实现营业收入156.5亿元，同比增长18.4%，高出全省平均水平8.4个百分点。

（三）居民消费价格温和上涨，工业生产者价格持续下行

1. 居民消费价格温和上升。2015年，全省居民消费价格指数上涨1.5%。其中，消费品价格上

涨1.5%、服务项目价格上涨1.6%。食品类价格对CPI影响较大，全年食品类价格同比上涨3.3%，拉动价格总水平上涨约1.2个百分点。

2. 生产价格延续低迷走势。2015年，全省工业生产者出厂价格比上年下降6.3%，降幅同比扩大4.1个百分点，延续2012年以来的负增长态势（见图12）。其中，石油工业、冶金工业、煤炭及炼焦工业产品出厂价格分别下降22.5%、15.2%和11.3%。

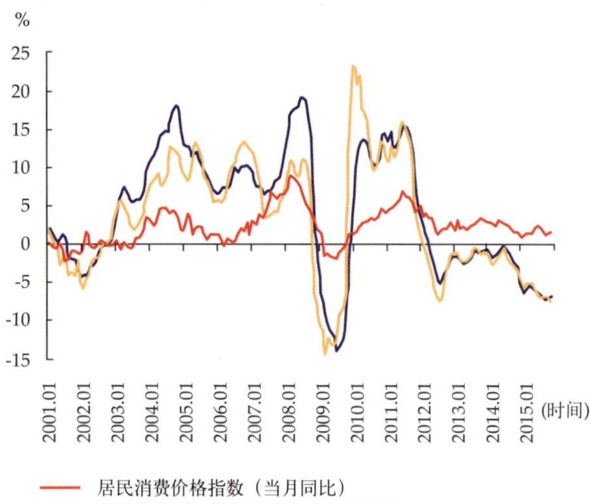

数据来源：江西省统计局。

图12　2001~2015年江西省居民消费价格和生产者价格变动趋势

3. 就业形势总体稳定。2015年，全省城镇新增就业55万人，完成年度计划的122.8%；城镇登记失业率为3.4%，低于控制目标1.1个百分点。全省第10次调整最低工资标准，一、二、三、四类地区月最低工资标准涨幅分别为10.1%、10%、10.7%和11.3%。

（四）财政收入质量下滑，财政支出更重民生

1. 财政收入质量下滑。2015年，全省财政总收入为3 021.5亿元，同比增长12.7%，增速比上年回落1个百分点。其中，税收收入为2 373亿元，同比增长8.9%，增速比上年回落8.2个百分点，占财政总收入的比重为78.5%，比上年下降2.8个百分点。主要税种增长低位徘徊，传统主导税源增势不理想，房地产税收净减少，增值税、营业税、企业所得税三项累计占财政总收入的比重比上年回落3.1个百分点。

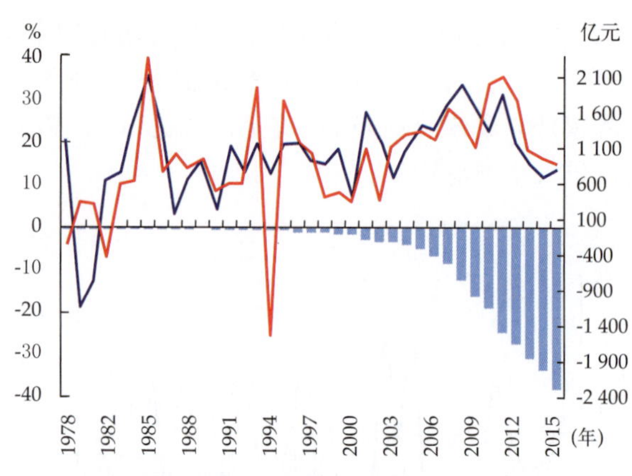

数据来源：江西省统计局。

图13　1978~2015年江西省财政收支状况

2. 财政支出更重民生。2015年，全省一般公共预算支出为4 419.9亿元，同比增长13.8%，增速比上年提高1.9个百分点（见图13）。其中，民生支出超3 000亿元，占比77.3%，比上年提高1个百分点。社保、住房保障、节能环保、科技等领域财政支出增幅均超过20%。

（五）生态建设成效显著，节能降耗进展顺利

2015年，江西省继续推进净空、净水、净土行动，全省空气质量优良率达90.1%，国家重要水功能区达标率为90%，地表水三类以上水质断面达标率为81%，森林覆盖率稳定在63.1%，居全国第2。全省规模以上单位工业增加值能耗为0.7吨标准煤，同比下降6.7%，主要污染物减排提前完成“十二五”目标任务。

（六）房地产市场回暖，金融支持力度增强

1. 房地产开发投资增速回升。2015年，全省房地产开发投资完成1 520.1亿元，同比增长14.9%，增速比上年提高2.3个百分点。其中，住宅投资同比增长14.5%，占全省房地产开发投资的

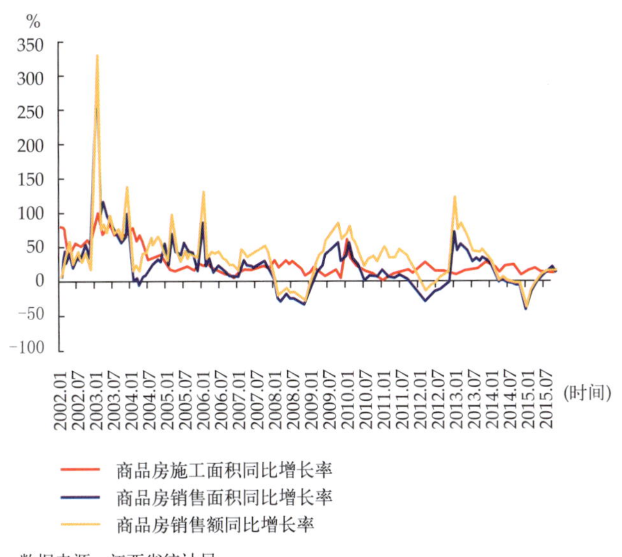

数据来源：江西省统计局。

图14　2002～2015年江西省商品房施工和销售变动趋势

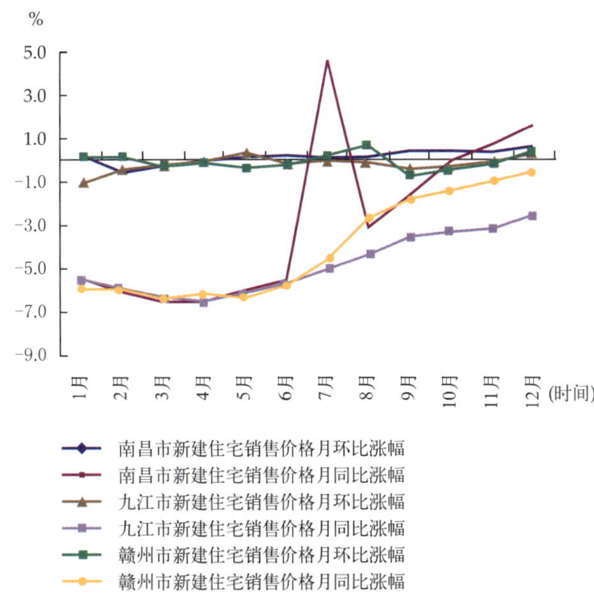

数据来源：《中国经济景气月报》。

图15　2015年江西省主要城市新建住宅销售价格变动趋势

73.2%。

2. 商品房销售量增价稳。2015年，全省商品房销售面积为3 478.2万平方米，同比增长13.4%（见图14）。商品房销售平均价格为5 358元/平方米，比上年上涨70元/平方米。

3. 房地产去库存压力较大。2015年，全省房屋施工面积15 293.6万平方米，同比增长14.7%，增速比上年提高3.5个百分点。新开工面积为3 704.9万平方米，同比增长10.6%，增速比上年提高29.7个百分点。截至年末，省内有6个设区市中心城区的商品房住宅库存去化时间超过15个月，个别设区市在20个月以上。

4. 房地产贷款主要投向保障房开发和个人购房。2015年，全省房地产贷款余额为4 771.4亿元，同比增长23.9%。当年新增房地产贷款919.1亿元，同比多增21.4亿元。其中，保障房开发贷款和个人购房贷款占比分别为16.7%和66.8%，比上年分别提高2个和5.2个百分点。

三、预测与展望

2016年是全面实施“十三五”规划的开局之年，也是江西全面建成小康社会决胜阶段的关键一年。从全国情况看，经济结构持续调整，外部需求短期内较难有明显改善，宏观经济整体下行压力不减。从江西情况看，一方面，江西尚处在新老动力转换时期，“去产能、去库存、去杠杆”将进一步弱化传统产业增长动力，全省经济增速进一步放缓难以避免。另一方面，随着供给侧结构性改革的深入推进，创新创业驱动、传统产业升级、战略新兴产业以及加快发展现代农业，将逐步构建起江西经济增长新动力。房地产去库存、互联网消费、旅游、文化、保健养老消费等将进一步拓展省内消费需求。较低的工业化和城镇化水平也将为固定资产投资增长创造一定空间。预计2016年，全省主要经济指标仍将保持快于全国平均水平的发展态势，经济增速在8.5%以上，500万元以上项目固定资产投资增长15%左右，社会消费品零售总额增长11%左右。

2016年，江西省金融业仍处于追赶式发展阶段。一方面，地方政府债务置换、直接融资发展、去产能、去杠杆以及银行不良贷款“双升”等因素将导致贷款增速下降。但省内项目投资力度不减，战略新兴产业增强，产业升级，万众创新，房地产去库存又将对信贷增长产生拉动效应。宏观审慎管理框架下，全省地方法人金融机构广义信贷较上年也会有所增长。因此，预计全省金融业发展快于全国平均水平并好于经济发展状况的态势仍将延续，全年贷款增速较上年降幅不会太大，新增贷款预计在2 600亿元至2 800亿元之间。另一方面，推进金融供给侧改革，将着重围绕健全金融组织体系等方面寻求突破，债务融资工具、资产证券化、融资租赁等会有进一步发展，全年全省直接融资有望突破1 000亿元。但P2P、民间借贷等领域风险暴露，去杠杆和不良贷款“双升”，将进一步加大金融体系流动性管理难度。因此，2016年，全省金融系统要立足于用好增量、盘活存量、提高效率、加强监管，进一步加大对扶贫开发、“三农”、小微及重点项目和重大工程领域的支持力度，为实现“十三五”良好开局，促进经济转型发展，创造良好的金融环境。

中国人民银行南昌中心支行货币政策分析小组

总　纂：王　信　张智富

统　稿：罗志东　周积云　林　海

执　笔：贾　健　许一涌　罗　靖　杨李娟　徐玉立

提供材料的还有：林　海　汪　颖　章　璇　李慧瑶　陶　静　黄春华　黄　昕　钱　正　李　伟　刘　茜　徐展峰　余晓华

附录

（一）2015年江西省经济金融大事记

1月16日，鹰潭铜期货交割仓库正式揭牌，这是中国内陆首个铜期货交割仓库，也是江西首个金融期货交割仓库。

3月20日，江西省出台《积极参与“一带一路”战略的措施和意见》。

3月26日，江西省金融业综合统计工作正式启动。

5月20日，江西省小微企业创业风险补偿基金试点启动。

9月14日，江西省政府印发《关于在公共服务领域推广政府和社会资本合作模式实施意见的通知》。

.9月17日，中国人民银行南昌中心支行牵头召开第一次江西省金融形势小范围座谈会。分管金融的副省长出席会议，明确建立按月定期召开会议的机制，以深入研究江西金融发展相关问题。

10月20日，江西省首个综合保税区——赣州综合保税区顺利通过验收。

12月14日，江西联合股权交易中心启动会在南昌召开。

12月15日，南昌银行吸收合并景德镇商业银行组建成江西银行，并发起设立江西金融租赁股份有限公司。

12月27日，江西省安义县、乐平市、铜鼓县、修水县、金溪县、新干县、信丰县、吉安县、贵溪市、赣县10个县（市）入选农村承包土地的经营权抵押贷款试点名单，余江县、会昌县和婺源县3个县入选农民住房财产权抵押贷款试点名单。

（二）2015年江西省主要经济金融指标

表1　2015年江西省主要存贷款指标

		1月	2月	3月	4月	5月	6月	7月	8月	9月	10月	11月	12月
本外币	金融机构各项存款余额（亿元）	22 423.0	22 808.6	23 391.5	22 997.8	23 159.5	24 134.8	23 780.7	24 146.2	24 282.5	24 635.4	24 653.4	25 043.0
	其中：住户存款	11 216.3	12 238.9	12 438.8	11 997.4	11 825.2	12 110.6	11 979.2	12 039.4	12 333.0	12 133.2	12 129.0	12 440.5
	非金融企业存款	6 166.5	5 799.9	6 013.4	5 968.8	6 074.7	6 326.5	6 103.9	6 354.5	6 485.4	6 533.2	6 759.4	6 893.2
	各项存款余额比上月增加（亿元）	434.0	385.5	583.0	-393.7	161.7	975.2	-354.0	365.5	136.3	352.9	18.1	389.5
	金融机构各项存款同比增长（%）	13.7	11.1	11.3	11.6	10.1	10.7	11.2	11.7	11.1	13.3	12.9	13.9
	金融机构各项贷款余额（亿元）	16 079.9	16 391.5	16 606.0	16 827.0	16 998.8	17 395.7	17 464.8	17 666.2	17 846.5	17 943.1	18 210.4	18 561.1
	其中：短期	6 703.5	6 820.6	6 861.5	6 851.2	6 874.9	7 035.2	6 986.1	7 062.3	7 108.7	7 090.9	7 195.6	7 347.3
	中长期	8 849.2	9 013.4	9 129.3	9 241.6	9 357.8	9 611.3	9 625.8	9 753.9	9 874.4	9 963.9	10 093.4	10 329.7
	票据融资	477.2	505.0	561.2	675.7	704.6	688.8	787.9	782.5	800.9	825.9	852.7	805.4
	各项贷款余额比上月增加（亿元）	382.1	311.7	214.5	220.9	171.8	397.0	69.1	201.4	180.3	96.5	267.3	350.7
	其中：短期	85.0	117.1	40.9	-10.3	23.7	160.3	-49.1	76.2	46.4	-17.8	104.7	151.8
	中长期	234.9	164.2	115.9	112.3	116.2	253.5	14.5	128.1	120.4	89.5	129.5	236.4
	票据融资	55.1	27.8	56.2	114.5	28.9	-15.8	99.2	-5.4	18.4	25.1	26.7	-47.2
	金融机构各项贷款同比增长（%）	17.5	18.5	18.7	18.7	18.1	20.0	19.2	19.0	18.5	17.6	17.2	18.2
	其中：短期	10.8	11.6	11.3	10.7	10.4	12.1	11.9	11.8	11.6	10.0	10.4	11.0
	中长期	19.6	20.1	20.1	19.6	18.9	21.2	19.7	20.1	20.1	20.0	19.3	19.8
	票据融资	139.0	171.3	196.4	202.2	175.3	168.2	142.3	112.1	87.1	79.7	64.3	90.8
	建筑业贷款余额（亿元）	558.7	566.9	567.0	576.6	580.9	598.6	591.8	588.1	586.4	589.6	611.1	626.5
	房地产业贷款余额（亿元）	839.4	865.0	868.7	863.4	944.3	931.8	927.7	936.0	951.8	958.0	964.9	994.6
	建筑业贷款同比增长（%）	36.0	33.7	30.6	29.7	25.2	28.2	24.4	19.6	17.5	16.6	17.6	11.5
	房地产业贷款同比增长（%）	34.2	33.8	27.5	25.3	31.4	29.1	26.5	27.2	26.4	28.0	25.0	20.4
人民币	金融机构各项存款余额（亿元）	22 194.4	22 574.4	23 139.9	22 751.7	22 931.1	23 904.9	23 560.5	23 914.6	24 044.4	24 398.6	24 411.7	24 785.1
	其中：住户存款	11 180.5	12 199.7	12 399.6	11 958.5	11 787.0	12 071.2	11 937.7	11 993.9	12 286.6	12 087.1	12 081.2	12 389.7
	非金融企业存款	5 991.8	5 622.6	5 819.3	5 773.9	5 896.7	6 148.9	5 938.2	6 172.1	6 297.6	6 346.8	6 573.1	6 693.4
	各项存款余额比上月增加（亿元）	423.0	380.0	565.5	-388.2	179.4	973.7	-344.4	354.1	129.8	354.3	13.0	373.5
	其中：住户存款	133.8	1019.2	199.9	-441.1	-171.5	284.2	-133.5	56.1	292.8	-199.5	-5.9	308.6
	非金融企业存款	227.7	-369.2	196.7	-45.4	122.9	252.1	-210.7	233.9	125.5	49.2	226.3	120.3
	各项存款同比增长（%）	13.4	10.8	10.9	11.3	10.0	10.6	11.4	11.8	11.1	13.4	12.9	13.9
	其中：住户存款	5.7	12.8	12.1	12.2	10.1	8.8	10.4	11.1	11.2	11.3	11.5	12.0
	非金融企业存款	22.7	8.0	6.8	7.1	4.8	3.2	3.6	6.4	10.0	11.5	14.7	15.4
	金融机构各项贷款余额（亿元）	15 854.6	16 153.6	16 372.4	16 573.2	16 743.0	17 123.6	17 217.3	17 408.3	17 593.9	17 710.6	18 007.2	18 348.0
	其中：个人消费贷款	3 345.9	3 376.1	3 421.4	3 474.1	3 520.9	3 600.2	3 643.0	3 696.5	3 761.0	3 804.5	3 887.8	3 947.1
	票据融资	477.2	505.0	561.2	675.7	704.6	688.8	787.9	782.5	800.9	825.9	852.7	805.4
	各项贷款余额比上月增加（亿元）	387.5	299.1	218.8	200.9	169.7	380.6	93.7	191.1	185.6	116.6	296.6	340.8
	其中：个人消费贷款	90.5	30.2	45.2	52.8	46.8	79.2	42.8	53.5	64.5	43.5	83.2	59.4
	票据融资	55.1	27.8	56.2	114.5	28.9	-15.8	99.2	-5.4	18.4	25.1	26.7	-47.2
	金融机构各项贷款同比增长（%）	17.6	18.6	19.0	18.8	18.2	20.0	19.4	19.0	18.5	17.8	17.5	18.6
	其中：个人消费贷款	23.8	24.6	23.6	22.7	20.6	21.1	20.4	20.5	20.7	20.3	21.0	21.2
	票据融资	139.0	171.3	196.4	202.2	175.3	168.2	142.3	112.1	87.1	79.7	64.3	90.8
外币	金融机构外币存款余额（亿美元）	37.3	38.1	41.0	40.3	37.3	37.6	36.0	36.3	37.4	37.3	37.8	39.7
	金融机构外币存款同比增长（%）	50.0	57.9	66.6	47.9	22.2	12.7	-0.6	1.1	8.9	-0.1	12.2	11.9
	金融机构外币贷款余额（亿美元）	36.7	38.7	38.0	41.5	41.8	44.5	40.5	40.4	39.7	36.6	31.8	32.8
	金融机构外币贷款同比增长（%）	11.4	12.4	3.3	13.6	14.2	15.7	7.8	9.4	18.4	3.2	-7.8	-13.0

数据来源：中国人民银行南昌中心支行。

表2　2001～2015年江西省各类价格指数

单位：%

年/月		居民消费价格指数		农业生产资料价格指数		工业生产者购进价格指数		工业生产者出厂价格指数	
		当月同比	累计同比	当月同比	累计同比	当月同比	累计同比	当月同比	累计同比
2001		—	-0.5	—	-0.4	—	-0.7	—	-1.9
2002		—	0.1	—	-0.2	—	-1.4	—	-1.5
2003		—	0.8	—	2.5	—	6.5	—	4
2004		—	3.5	—	10.7	—	14.5	—	9.7
2005		—	1.7	—	7.9	—	10	—	8.8
2006		—	1.2	—	1.1	—	8.6	—	9.7
2007		—	4.8	—	6.6	—	7.9	—	6.2
2008		—	6.0	—	19.9	—	14.2	—	6.4
2009		—	-0.7	—	-2.4	—	-9.3	—	-7.0
2010		—	3.0	—	1.9	—	11.8	—	15.3
2011		—	5.2	—	11.2	—	12.4	—	11.3
2012		—	2.7	—	6.6	—	-1.7	—	-3.5
2013		—	2.5	—	2.4	—	-1.6	—	-1.5
2014		—	2.3	—	-0.4	—	-1.6	—	-2.2
2015		1.5	1.5	2.8	1.4	-6.9	-6.4	-7.6	-6.3
2014	1	2.9	2.9	2.7	2.7	-0.9	-0.9	-1.5	-1.5
	2	2.6	2.7	2.7	2.7	-1.4	-1.2	-2.1	-1.8
	3	2.9	2.8	0.7	2.0	-1.9	-1.4	-2.8	-2.1
	4	2.4	2.7	-1.1	1.3	-1.5	-1.4	-2.4	-2.2
	5	3.0	2.8	-0.9	0.8	-1.2	-1.4	-1.6	-2.1
	6	2.9	2.8	-0.9	0.5	-0.8	-1.3	-1.3	-1.9
	7	2.5	2.8	-0.8	0.4	-0.5	-1.2	-0.8	-1.8
	8	2.3	2.7	-0.4	0.3	-1.1	-1.1	-2.0	-1.8
	9	2.1	2.6	-1.2	0.1	-1.5	-1.2	-2.4	-1.9
	10	1.7	2.5	-1.9	-0.1	-2.2	-1.3	-2.7	-2.0
	11	1.4	2.4	-1.8	-0.3	-2.7	-1.4	-3.2	-2.1
	12	1.4	2.3	-1.5	-0.4	-3.4	-1.6	-3.6	-2.2
2015	1	0.7	0.7	-1.8	-1.8	-5.4	-5.4	-4.9	-4.9
	2	1.2	0.9	-2.9	-2.4	-6.3	-5.9	-6.0	-5.4
	3	1.4	1.1	-0.9	-1.9	-5.9	-5.9	-5.1	-5.3
	4	1.5	1.2	1.2	-1.1	-5.7	-5.9	-5.1	-5.2
	5	1.3	1.2	1.9	-0.5	-5.7	-5.8	-5.2	-5.2
	6	2.0	1.3	2.1	-0.1	-5.8	-5.8	-5.9	-5.3
	7	2.3	1.5	2.5	0.3	-6.5	-5.9	-6.8	-5.5
	8	2.3	1.6	2.2	0.5	-7.1	-6.1	-7.1	-5.7
	9	1.5	1.6	3.0	0.8	-7.1	-6.2	-7.3	-5.9
	10	1.2	1.5	3.4	1.1	-7.1	-6.3	-7.0	-6.0
	11	1.3	1.5	3.4	1.3	-7.0	-6.3	-7.4	-6.1
	12	1.5	1.5	2.8	1.4	-6.9	-6.4	-7.6	-6.3

数据来源：江西省统计局。

表3 2015年江西省主要经济指标

	1月	2月	3月	4月	5月	6月	7月	8月	9月	10月	11月	12月
绝对值（自年初累计）												
地区生产总值（亿元）	—	—	3 406.2	—	—	7 203.5	—	—	11 568.6	—	—	16 723.8
第一产业	—	—	241.6	—	—	486.1	—	—	1 015.8	—	—	1 773.0
第二产业	—	—	1 866.0	—	—	3 900.8	—	—	5 983.3	—	—	8 487.3
第三产业	—	—	1 298.6	—	—	2 816.6	—	—	4 569.5	—	—	6 463.5
工业增加值（亿元）	—	968.8	1 516.2	2 004.6	2 535.9	3 139.5	3 744.4	4 353.9	5 030.7	5 757.3	6 550.0	7 268.9
固定资产投资（亿元）	—	1 072.7	2 446.6	4 041.5	5 839.5	7 699.1	9 326.3	10 875.3	12 653.2	14 207.5	15 610.6	16 993.9
房地产开发投资	—	166.5	273.1	377.4	486.4	641.1	768.8	920.6	1 089.8	1 228.1	1 380.5	1 520.1
社会消费品零售总额（亿元）	—	916.0	1 344.3	1 740.8	2 207.2	2 667.2	3 110.3	3 587.1	4 072.0	4 671.8	5 276.4	5 896.0
外贸进出口总额（亿元）	288.7	520.5	676.8	890.0	1 164.8	1 409.0	1 603.2	1 795.5	1 983.9	2 165.3	2 428.1	2 641.5
进口	43.1	77.3	118.6	161.3	211.1	270.2	313.8	354.5	414.6	467.4	522.4	580.6
出口	245.6	443.2	558.3	728.7	953.7	1 138.7	1 289.4	1 440.9	1 569.3	1 697.9	1 905.7	2 060.9
进出口差额(出口－进口)	202.5	365.9	439.7	567.4	742.7	868.5	975.6	1 086.4	1 154.7	1 230.5	1 383.3	1 480.3
外商实际直接投资（亿美元）	7.1	13.0	22.1	28.1	37.0	51.3	54.4	60.4	68.2	74.9	83.1	94.7
地方财政收支差额（亿元）	-29.4	-169.3	-281.9	-418.6	-525.5	-754.5	-960.1	-1 134.1	-1 459.0	-1 598.5	-1 804.7	-2 254.4
地方财政收入	250.8	393.2	591.8	768.4	937.8	1 166.7	1 327.0	1 467.3	1 620.4	1 803.4	1 978.5	2 165.5
地方财政支出	280.2	562.5	873.7	1 187.0	1 463.3	1 921.3	2 287.1	2 601.4	3 079.4	3 401.9	3 783.2	4 419.9
城镇登记失业率 (%)(季度)	—	—		—	—	3.3	—	—	3.3	—	—	3.4
同比累计增长率（%）												
地区生产总值	—	—	8.8	—	—	9.0	—	—	9.2	—	—	9.1
第一产业	—	—	3.2	—	—	4.1	—	—	3.9	—	—	3.9
第二产业	—	—	9.6	—	—	9.7	—	—	9.6	—	—	9.4
第三产业	—	—	8.7	—	—	9.0	—	—	9.5	—	—	10.0
工业增加值	—	9.9	9.5	9.5	9.6	9.6	9.5	9.5	9.4	9.3	9.3	9.2
固定资产投资	—	17.7	17.0	16.8	16.1	16.3	16.2	16.3	16.3	16.2	16.2	15.8
房地产开发投资	—	11.6	11.5	11.5	13.1	14.8	13.5	14.6	14.5	15.1	15.1	14.9
社会消费品零售总额	—	10.8	10.9	10.9	11.0	11.2	11.1	10.9	11.0	11.1	11.3	11.4
外贸进出口总额	-13.0	9.1	5.2	-3.9	-2.4	-0.2	-1.7	-3.8	-5.4	-4.9	-0.9	0.7
进口	-7.9	-15.8	-10.3	-19.7	-18.0	-15.2	-15.0	-16.7	-15.7	-14.1	-12.9	-11.7
出口	-13.8	15.1	9.2	0.5	1.9	4.1	2.2	0.0	-2.3	-2.0	3.0	4.8
外商实际直接投资	11.7	9.0	10.3	11.1	11.3	11.3	10.4	11.2	11.1	11.8	11.8	12.1
地方财政收入	19.4	15.5	12.9	14.7	14.5	16.3	16.5	16.2	15.6	15.7	15.8	15.1
地方财政支出	-20.9	8.7	7.0	14.7	13.7	11.2	13.5	13.4	16.6	16.1	16.7	13.8

数据来源：江西省统计局。

2015年山东省金融运行报告

中国人民银行济南分行货币政策分析小组

[内容摘要] 2015年，面对复杂严峻的宏观经济形势，山东省深入贯彻落实党的十八大，十八届三中、四中、五中全会精神和习近平总书记系列重要讲话精神，统筹稳增长、调结构、促改革、防风险、惠民生各项工作，主动适应和引领“新常态”，加快推进经济转型升级，积极因素进一步累积，新动能、新优势逐步集聚，全年经济运行稳中有进、稳中提质。金融业运行总体平稳，货币信贷保持合理增长，结构进一步优化；证券业加快发展，保险业服务功能持续增强，金融市场交易活跃，金融发展环境良好，金融服务实体经济的能力进一步提升。

2016年，山东省金融机构将积极落实中央和全省经济工作会议精神，以“十三五”规划精神和新的发展理念指导推动工作，继续坚持稳中求进工作总基调，主动适应经济发展“新常态”，认真贯彻执行稳健货币政策，进一步加强金融服务，深化金融改革创新，切实维护金融稳定，努力为全省经济持续健康发展和社会和谐稳定营造适宜的货币金融环境。

一、金融运行情况

2015年，山东省金融业平稳运行，银行业稳健发展，证券融资能力提高，保险保障功能增强，金融市场活力提升，有力支持了全省经济发展和转型升级。

（一）银行业稳健发展，存贷款总量适度增长

2015年，山东省银行业金融机构存贷款增长平稳，信贷结构持续优化，改革创新不断加快，风险得到有效控制，对经济社会发展的支撑作用不断增强。

1. 资产规模稳步扩大，机构体系更加完善。2015年，全省金融业增加值占GDP的比重继续上升，占GDP比重达到5%，资产规模增至10.4万亿元。但受经济下行影响，利润总额同比下降，未发生重大风险。金融机构体系更趋丰富，城商行新设县域支行64家、新设村镇银行24家，财务公司2家，山东豪沃汽车金融有限公司和山东汇通金融租赁有限公司开业运营，存款类非银行业金融机构和新型农村金融机构数量继续扩大。

2. 存款增速低位回升，对公存款增速明显加快。2015年，受债券、股权投资和贷款派生等因素的影响，人民币存款增速前低后高，6月触底反弹，全年增长9.4%，较上年回升1.7个百分点。个

表1 2015年山东省银行业金融机构情况

机构类别	营业网点			法人机构（个）
	机构个数（个）	从业人数（人）	资产总额（亿元）	
一、大型商业银行	4 486	103 471	34 645	0
二、国家开发银行和政策性银行	128	3 751	8 433	0
三、股份制商业银行	951	24 298	15 743	1
四、城市商业银行	78	988	12 851	14
五、城市信用社	0	0	0	0
六、小型农村金融机构	5 620	68 795	17 823	115
七、财务公司	18	671	1 898	16
八、信托公司	2	478	104	2
九、邮政储蓄银行	2 987	12 590	4 367	0
十、外资银行	45	1 159	482	0
十一、新型农村金融机构	301	4 998	654	99
十二、其他	2	225	21	2
合　计	14 618	221 424	97 022	249

注：营业网点不包括国家开发银行和政策性银行、大型商业银行、股份制银行等金融机构总部数据；大型商业银行包括中国工商银行、中国农业银行、中国银行、中国建设银行和交通银行；小型农村金融机构包括农村商业银行、农村合作银行和农村信用社；新型农村金融机构包括村镇银行、贷款公司、农村资金互助社等；“其他”包含金融租赁公司、汽车金融公司、货币经纪公司、消费金融公司等。

数据来源：山东银监局。

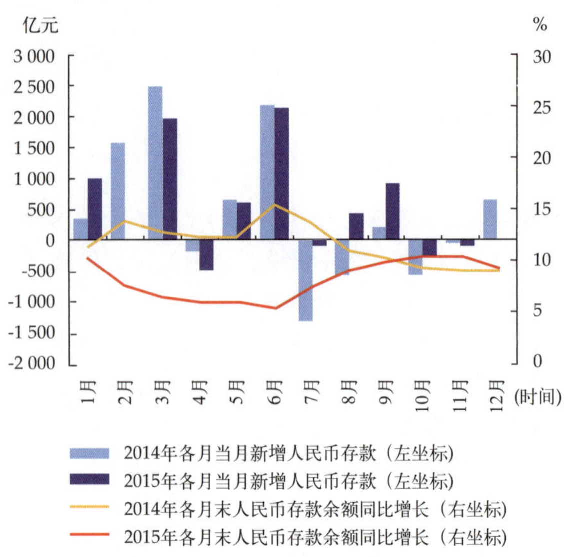

数据来源：中国人民银行济南分行。

图1　2014～2015年山东省金融机构人民币存款增长变化

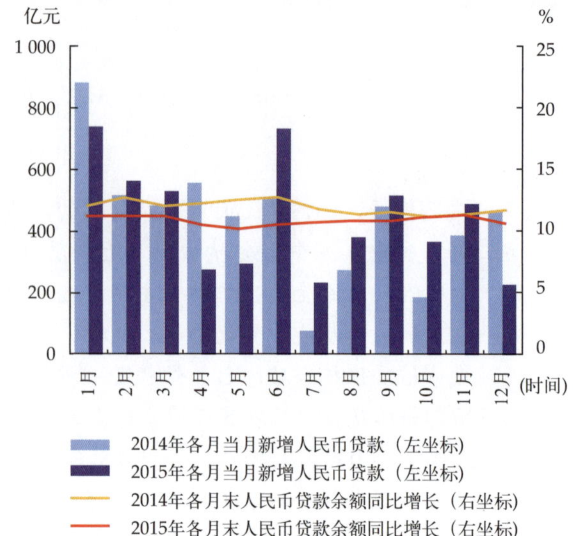

数据来源：中国人民银行济南分行。

图2　2014～2015年山东省金融机构人民币贷款增长变化

人存款缓中趋降，较上年回落1.7个百分点。非金融企业存款快速增长，增量达上年的2.3倍，增速提高5.8个百分点。互联网金融、股市分流及理财产品大量发行，拉动非银行业金融机构存款增量占比上升5.6个百分点。因汇率波动加大等影响，外币存款少增16.7亿元。

3. 贷款增长稳中趋缓，信贷结构继续优化。2015年，全省人民币贷款增加5 359.7亿元，较上年多增251亿元。在PSL资金释放、项目集中启动等稳增长措施带动下，中长期贷款多增114.7亿元。实体经济经营性信贷需求减弱，短期贷款少增28.9亿元。受房地产市场回暖等因素的影响，个人住房贷款大幅多增。外贸形势低迷，外币贷款减少30.5亿美元。

人民银行济南分行认真贯彻宏观调控政策，落实降准措施，增加法人机构可用资金847亿元，信贷政策支持再贷款、再贴现全年累放分别达到222.3亿元和207.2亿元，借款机构涉农贷款增速加快、占比提高、利率下降，全省涉农贷款增长8.8%。创推主办银行制度，引导金融支持“大众创业、万众创新”，小微企业贷款增速高于各项贷款9.2个百分点。督促金融机构使用PSL资金加大对棚改、水利等基建项目支持力度，政策性银行新增贷款821.8亿元。引导金融机构对接1 138个重点技改项目，为14个PPP项目、340家战略新兴企业和286家文化企业分别提供授信资金14.5亿元、214.7亿元和371.4亿元。

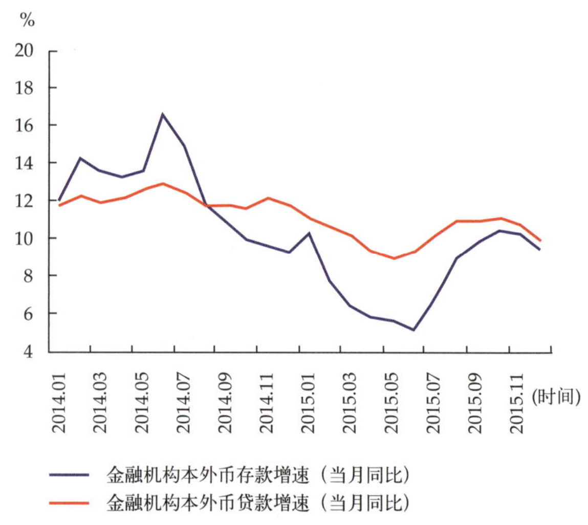

数据来源：中国人民银行济南分行。

图3　2014～2015年山东省金融机构本外币存、贷款增速变化

专栏1 积极推动“两权”抵押贷款试点 切实缓解现代农业融资难题

为破解现代农业发展融资难、担保难瓶颈，促进金融资源向农村集聚，人民银行济南分行与有关部门密切配合，从2010年起探索开办“两权”抵押贷款业务，通过完善配套设施、强化政策引导、鼓励业务创新、健全风险机制等措施，推动全省“两权”抵押贷款业务快速发展，取得明显成效。

一、部门协同，完善“两权”抵押贷款基础配套设施。一是扎实推进农村产权制度改革。全省基本完成农村土地承包经营权、宅基地使用权确权颁证任务，并探索农村土地“三权分置”的有效实现形式，青岛、枣庄、莱芜等市的76个县（市、区）已探索发放土地经营权证。二是规范农村产权流转交易市场。建成省级、市、县级产权交易中心58个，依托乡镇农业经营站建立分支机构，开展流转交易服务。全省农村产权流转交易日趋活跃，交易品种10余项，交易额累计352亿元。三是组建产权专业评估机构。其中，枣庄市由政府出资，设立“枣庄市普惠农村土地资产评估事务所”，评估费用全部由政府承担。

二、政策引导，促进“两权”抵押贷款业务规范发展。一是完善制度设计。30多个市、县，由人民银行或商业银行与地方政府部门联合出台《农村土地承包经营权抵押贷款管理办法》和《农房财产权抵押贷款管理办法》，对贷款申请、抵押登记、抵押物处置等作出详细规定。二是加强“窗口指导”。综合运用支农再贷款、再贴现、存款准备金动态调整工具等手段，鼓励金融机构开展“两权”抵押贷款业务创新。三是稳妥推进试点工作。全省共13个县（市、区）取得全国试点资格。出台《山东省人民政府关于贯彻国发〔2015〕45号文件做好农村承包土地经营权和农民住房财产权抵押贷款试点工作的实施意见》，着力推动试点工作配套机制落地。

三、创新驱动，探索多种“两权”抵押贷款业务模式。各金融机构先后创新了“承包土地的经营权”、“承包土地的经营权+地上附着物”、“承包土地的经营权+种养物”“承包土地的经营权+保证”、以农民专业合作社为对象的“土地使用权”抵押五大类土地承包经营权抵押贷款模式和“公证抵押”、“登记抵押”、“协议抵押”3种农民住房财产权抵押贷款模式。其中，枣庄市台儿庄区推行以“一证”（农村土地使用产权证）、“一所”（土地产权交易所）和“一社”（土地合作社）为核心的农村土地使用产权改革，赋予耕地使用权抵押权能，推出了“土地使用权”抵押贷款模式，累计发放贷款6 518.5万元；肥城市针对暂未在房管局和国土局办理登记的农村房产，由村集体、公证处等相关单位出具公证证明开展抵押贷款，累计发放贷款9 865万元。

四、整合资源，健全“两权”抵押贷款风险缓释和补偿机制。一是完善风险防范措施。16家专业担保机构与银行建立“两权”抵押贷款担保合作关系。如枣庄市由财政注资1亿元成立金土地融资担保有限公司，负责农村土地承包经营权抵押贷款担保，承担80%的还款责任。二是建立风险补偿机制。全省10市出台农村土地承包经营权抵押贷款正向考核激励机制，财政出资8 100万元设立担保金、助保金、财政奖补等专项资金。如青岛建立市区两级财政风险补偿专项资金，对银行因发放土地承包经营权抵押贷款产生的损失按照30%比例补偿。三是构建风险保障体系。全省农业保险开办县区实现全覆盖，各级财政拨付补贴资金8亿元，提供风险保障金额337亿元，充分发挥了农业保险的“稳定器”和“助推器”作用。

至2015年年末，山东省已有14个地市、43个县（市/区）开展了农村承包土地的经营权抵押贷款业务，贷款余额7.2亿元，同比增长14.8%。9个地市、16个县（市/区）开展了农房财产权抵押贷款业务，贷款余额2.9亿元，同比增长85.5%。“两权”抵押贷款试点，盘活了农村存量资产，扩大了涉农信贷投放空间，促进了现代农业加快发展。

4. 表外融资继续萎缩，同业业务规范发展。受经济下行压力及规范监管的影响，委托贷款、未贴现银行承兑汇票分别少增258.7亿元、669.1亿元；信托贷款净下降573.1亿元。金融机构以“同业代付”、“买入返售信托收益权”等方式开展的同业业务大幅收缩，以购买同业金融资产和理财产品为主的同业投资快速增长，同业业务收入成为地方法人银行机构的重要利润增长点。

5. 贷款利率持续下行，定价能力逐步增强。2015年，人民银行5次下调存贷款基准利率，山东省一般性贷款加权平均利率持续走低，12月降至2012年以来的最低水平。小微企业贷款利率比年初下降1.63个百分点，个人住房、票据贴现利率继续下行，民间借贷利率同比提高。山东省市场利率定价自律机制建立运行；29家地方法人机构成为全国市场利率定价自律机制基础成员。人民币存款利率定价分层有序，总体平稳下行。同业存单、大额存单发行提速，年内全省分别发行846亿元和1 378.48亿元。

表2 2015年山东省金融机构人民币贷款各利率区间占比

单位：%

月份		1月	2月	3月	4月	5月	6月
	合计	100.0	100.0	100.0	100.0	100.0	100.0
	下浮	6.0	4.9	6.7	7.3	8.3	8.4
	基准	18.0	15.7	18.0	17.2	16.9	16.9
上浮	小计	76.0	79.4	75.3	75.5	74.8	74.7
	(1.0，1.1]	20.2	16.7	20.7	20.5	18.3	19.7
	(1.1，1.3]	26.4	21.2	25.3	24.6	24.2	23.7
	(1.3，1.5]	13.5	10.6	13.1	13.3	13.0	13.9
	(1.5，2.0]	11.8	27.2	10.9	12.2	13.8	12.6
	2.0以上	4.1	3.7	5.3	4.9	5.5	4.8
月份		7月	8月	9月	10月	11月	12月
	合计	100.0	100.0	100.0	100.0	100.0	100.0
	下浮	9.1	9.0	11.2	11.8	12.3	11.2
	基准	16.6	18.7	19.6	17.8	18.5	23.1
上浮	小计	74.3	72.3	69.3	70.3	69.2	65.7
	(1.0，1.1]	17.5	18.5	18.2	17.6	16.6	18.3
	(1.1，1.3]	25.3	24.2	22.8	21.5	21.5	20.9
	(1.3，1.5]	13.5	12.3	12.4	13.4	12.2	11.2
	(1.5，2.0]	12.7	11.6	10.9	11.5	12.2	10.3
	2.0以上	5.2	5.6	5.0	6.3	6.7	5.2

数据来源：中国人民银行济南分行。

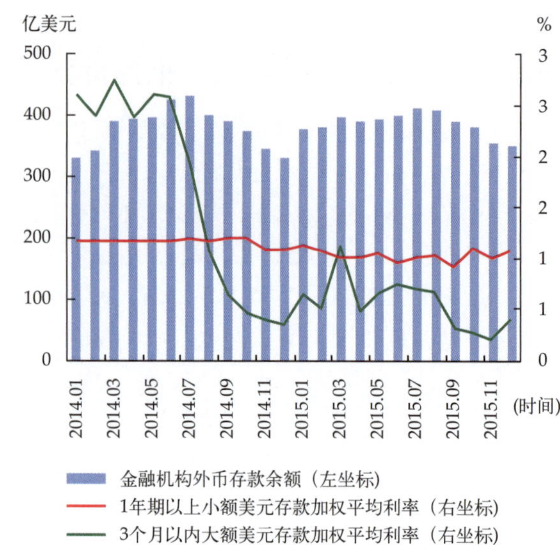

数据来源：中国人民银行济南分行。

图4 2014～2015年山东省金融机构外币存款余额及外币存款利率

6. 农村信用社改革深入推进，信用互助试点正式启动。青岛市财富管理金融综合改革试验区建设取得新进展。农村信用社改制为农村商业银行步伐加快，全省62家未改革机构全部达标，新组建农商行21家。村镇银行达到124家，数量居全国首位；小额贷款公司421家，累计发放贷款958.6亿元。山东省金融资产管理公司注册资本增至20.3亿元，累计收购银行不良资产402亿元。民营银行筹建取得初步进展。启动农村信用合作改革试点，78家农民专业合作社获得信用互助业务试点资格。

7. 不良贷款反弹压力加大，金融风险总体可控。2015年，山东省不良贷款余额较年初增加223.9亿元，不良贷款率较上年年末上升0.21个百分点。关注类贷款持续攀升，余额较年初增长82.9%，贷款质量向下迁徙趋势明显。大企业担保圈、贸易融资等金融风险逐步显现。银政企三方协调管控风险，强化地方政府承担风险化解主体责任，督促银行加快不良贷款核销和处置。累计成立债权人联席会511家，覆盖授信逾1.79万亿元；协同处置各类信用风险事件109次，涉及金额927.19亿元，维护了金融和社会稳定。

8. 跨境业务总体平稳，中韩金融合作深化。2015年，山东跨境人民币实际收付额5 295.1亿元。

银行办理跨境人民币结算的分支机构增至1 055家，涉及国家和地区增至189个，覆盖面持续扩大。经常项下跨境人民币结算额略有下降，资本项下结算额小幅增长，占全省资本项目本外币收支的54.16%，跨境人民币投融资保持平稳。鲁韩金融合作实现突破，2015年，两地跨境人民币结算达到216亿元；韩元现汇柜台报价业务试点从青岛扩大到烟台、威海；青岛率先在全国开展对韩国跨境人民币借款业务，累计办理人民币借款26.5亿元。

（二）证券业加快发展，多层次资本市场建设取得新成效

2015年，山东省证券业保持良好发展势头，改革创新力度加大，资本市场融资规模增加。

1. 机构规模快速增长，经营效益持续向好。2015年，山东省证券业和期货业总资产合计达1 620.7亿元，新增证券分公司和营业部44家，期货营业部10家。证券市场成交活跃，2家法人证券公司总交易额同比增长206.7%，净利润为上年同期的2.9倍。融资融券业务快速发展，年末余额达378.9亿元。3家法人期货公司总资产和净利润分别增长21.9%和42.3%。

2. 资本市场融资规模扩大，并购重组交易活跃。2015年，山东省资本市场融资同比增长22.1%。新增上市公司12家，融资额达65.2亿元，41家上市公司实施再融资494.7亿元。全省162家境内上市公司总市值为1.9万亿元，占山东国内生产总值的30.0%，较上年提高9.1个百分点。中小板和创业板上市公司数量分别达60家和22家。在全国中小企业股份转让系统（“新三板”）挂牌公司数量达336家，募集资金60.5亿元，储备挂牌企业资源突破1 400家。上市公司完成并购重组事项205起，涉及资金1 369.4亿元。

3. 期货市场平稳发展，机制建设有序推进。2015年，山东省期货公司交易量和交易额分别增长21.7%和80.0%。三大商品期货交易所在山东省累计设立56家交割库，涉及22个期货品种。证券期货机构法人治理进一步完善，鲁证期货成功上市，成为山东首家金融业上市公司。

4. 区域股权交易发展迅速，权益类交易市场

表3　2015年山东省证券业基本情况

项目	数量
总部设在辖内的证券公司数（家）	1
总部设在辖内的基金公司数（家）	0
总部设在辖内的期货公司数（家）	3
年末国内上市公司数（家）	142
当年国内股票（A股）筹资（亿元）	484
当年发行H股筹资（亿元）	0
当年国内债券筹资（亿元）	4 317
其中：短期融资券筹资额（亿元）	2 277
中期票据筹资额（亿元）	622

注：当年国内股票（A股）筹资额是指非金融企业境内股票融资。

数据来源：中国人民银行济南分行、山东证监局。

进一步完善。齐鲁股权交易中心公司制改造顺利完成，挂牌、托管和展示企业分别达611家、763家和4 500家，累计融资196.41亿元；与“新三板”初步建立了批量转板机制，24家企业成功转板；推出全国首单挂牌企业集合私募债、短融债、系列债。蓝海股权交易中心挂牌企业318家，累计融资30亿元。通过设立政府引导基金、开展登记备案、启动组建行业协会等措施，推动私募股权投资快速发展，私募股权基金管理机构达434家。权益类和大宗商品类交易市场健康发展，新批准成立金融资产、能源环境、农村产权和海洋产权4家交易场所，全省16家权益市场交易额500亿元。

（三）保险业稳步发展，服务经济社会发展能力有效提升

2015年，山东省保险业发展规模持续扩大，服务领域不断拓宽，经济补偿和风险保障功能进一步发挥。

1. 保险业实力进一步增强，地方法人机构继续增加。2015年，山东省保险公司总数达88家，资产规模较上年增长17.2%。保险机构数量和从业人员数量均居全国首位。保费收入增长22.9%，高于全国平均水平2.9个百分点；赔付支出增长19.9%，为经济社会承担保险责任50.6万亿元。地方法人保险机构增至4家，中路财产保险获批筹建并开业运营。

2. 服务主体不断扩大，保障功能有效增强。

表4 2015年山东省保险业基本情况

项目	数量
总部设在辖内的保险公司数（家）	4
其中：财产险经营主体（家）	3
人身险经营主体（家）	1
保险公司分支机构（家）	6 690
其中：财产险公司分支机构（家）	—
人身险公司分支机构（家）	—
保费收入（中外资，亿元）	1 788
其中：财产险保费收入（中外资，亿元）	593
人身险保费收入（中外资，亿元）	1 195
各类赔款给付（中外资，亿元）	615
保险密度（元/人）	1 821
保险深度（%）	3

数据来源：山东保监局。

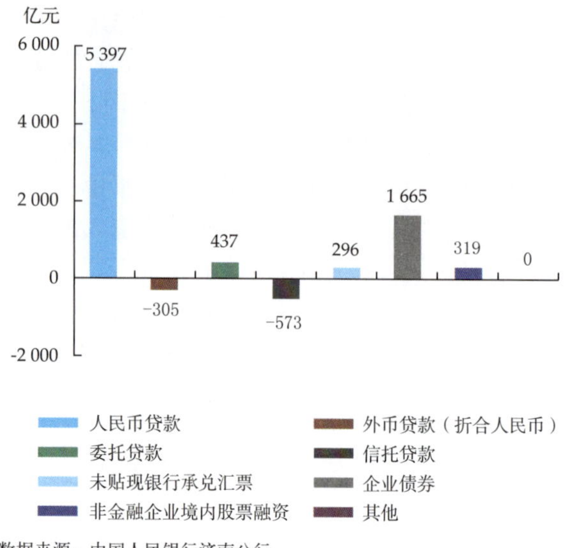

数据来源：中国人民银行济南分行。

图5 2015年山东省社会融资规模分布结构

2015年，山东省农业保险赔款支出增长78%，农业保险承保面积增长53%，财政补贴农业保险品种增至12个，主要经济作物保险覆盖率达90%，生猪、蔬菜价格指数保险、海水养殖业风力指数保险等试点业务深入开展。大病保险累计赔付53.61万人次。安全生产责任险覆盖到10个行业，治安保险县区覆盖面超过80%，医疗责任保险试点启动，责任保险保费增长28%。出口信用保险为外贸出口提供风险保障1 912.8亿元。小额贷款保证保险业务规模15.5亿元，赔付支出增长105%。

3. 市场化改革深入推进，投资领域持续拓宽。山东省在全国率先启动商业车险条款费率市场化改革，八成车险消费者保费同比下降。青岛列入全国首批个税递延型养老保险试点地区。互联网等新型销售渠道快速发展，互联网车险业务规模超过专业代理渠道，转型社区门店等新型经营模式取得新进展。保险资金投资规模较快增长，累计投资604.1亿元。阳光保险参与发起设立山东潍坊阳光融和医院。泰山财险参与发起设立保险业首家股权基金管理公司，募集首只中小微企业股权基金；参与发起设立保险业首家私募股权投资公司，设立地区性股权投资基金。

（四）金融市场交易活跃，融资结构更加多元化

2015年，山东省货币市场交易活跃，市场利率维持低位，金融市场产品日益丰富，投融资功能进一步发挥。

1. 贷款和直接融资规模扩大，表外融资占比下降。2015年，山东省本外币贷款新增额占社会融资规模的67%，较上年提高7.7个百分点。受资本市场体系和机制不完善影响，直接融资占比仍然较低，但发展势头良好。全年非金融企业直接融资增加1 983.4亿元，占社会融资规模的26.1%，较上年提高6.8个百分点。其中，债券融资和股票融资分别多增90亿元和97亿元，银行间市场债券融资占社会融资规模比重上升5.6个百分点。委托贷款、信托贷款和未贴现银行承兑汇票等表外业务合计占社会融资规模的2.1%，下降15.4个百分点。

2. 银行间市场交易量创新高，成交利率总体低位运行。2015年，受市场资金面总体宽松的影响，山东省银行间市场成员交易量41.4万亿元，增长133.9%。交易量突破万亿元的机构有9家，交易量超千亿元的机构增加18家。同业拆借、债券回购和现券买卖分别大幅增长151.3%、114.2%和256.3%。市场日均净融入资金937.2亿元，增长26.3%。市场利率逐步回落，2015年，同业拆借、债券回购和现券买卖的加权平均利率同比分别下降1.23个、0.94个和1.34个百分点。

3. 票据融资规模稳步扩大，市场利率下行明显。2015年，山东省银行承兑汇票累计签发量增长7.86%，较上年下降6.3个百分点。年末，票据融资

表5　2015年山东省金融机构票据业务量统计

单位：亿元

季度	银行承兑汇票承兑		贴现			
			银行承兑汇票		商业承兑汇票	
	余额	累计发生额	余额	累计发生额	余额	累计发生额
1	12 320	6 125	1839	4 199	236	303
2	12 986	12 255	2125	10 686	262	802
3	12 691	17 934	2341	18 881	292	1 226
4	12 442	23 757	2418	25 183	329	1 676

数据来源：中国人民银行济南分行。

表6　2015年山东省金融机构票据贴现、转贴现利率

单位：%

季度	贴现		转贴现	
	银行承兑汇票	商业承兑汇票	票据买断	票据回购
1	5.3739	6.8473	5.2101	5.4002
2	4.1867	6.1991	3.8735	4.5489
3	3.8416	5.9825	3.3835	3.7714
4	3.3807	5.2719	3.3309	3.2939

数据来源：中国人民银行济南分行。

余额增长27.4%，其中，银行承兑汇票融资余额增长32.3%。电子商业汇票业务推广加快，办理笔数和金额分别增长57.5%和92.2%。票据贴现市场利率逐步回落，2015年12月，贴现加权平均利率同比下降2.43个百分点，处于2012年以来最低水平。

4. 银行间外汇市场业务大幅增长，黄金市场业务交易活跃。2015年，山东省新入市会员4家，年末银行间外汇市场会员达到48家，占全国的9.5%。全省银行间外汇市场交易额为1 078.8亿美元，增长170.5%。黄金市场交易总体活跃，13家黄金交易所会员成交量增长27.6%，累计净卖出130吨，自营量比重略有下降。受金价总体低位运行影响，纸黄金业务成交量增长6.3%，买入量增加大于卖出量。黄金市场业务备案机构继续增加，黄金远期掉期、寄存定投、理财业务等新型个人黄金业务有序开展。

（五）金融基础设施逐步完善，金融发展环境总体良好

全省所有助农取款服务点和转账电话全部开通跨行支付功能，第二代支付系统全面推广，金融IC卡累计发行突破1亿张。构建金融消费纠纷非诉第三方调解机制，农村金融消费维权联络点增至386家，金融消费权益保护信息系统全面覆盖。推动建立信用信息共享机制与高校征信研究、教学战略合作关系，全面推进山东省社会信用体系建设。金融信用信息基础数据库在全省自然人和企业中的覆盖率超过50%。推进地方金融立法工作，《山东省地方金融条例》已提请省人大审议。

二、经济运行情况

2015年，全省经济稳中有进，固定资产投资重点突出，三次产业不断优化，新兴产业、新兴业态和新商业模式蓬勃发展，物价涨幅总体回落，财政支出快速增长，节能降耗成效显著，经济社会发展质量和效益进一步提高。

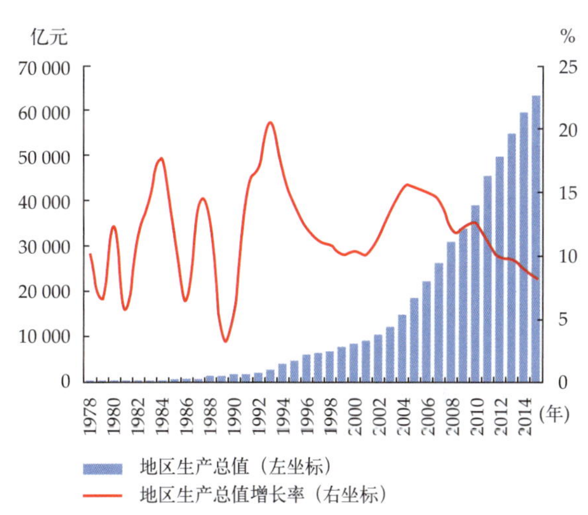

数据来源：山东省统计局。

图6　1978～2015年山东省地区生产总值及其增长率

（一）内外需求增速放缓，运行质量稳中有升

2015年，全省固定资产投资增速稳中趋缓，服务业投资占比提高；对外贸易降幅逐季收窄，利用外资质量提高；社会消费平稳增长，对经济的拉动作用提升。

1. 投资结构不断改善，重大项目拉动作用增强。2015年，全省固定资产投资增速逐季小

幅放缓，连续第六年回落。三次产业投资比重为1.9：50.8：47.3，服务业投资占比较上年提高0.2个百分点。房地产开发投资增速回落，全年仅增长1.3%；工业技改、高新技术等内涵效益型投资快速增长，保险、航空运输、邮政、互联网等行业投资分别增长4.8倍、1.9倍、1.5倍和1.8倍。民间投资占比达81.5%，经济内生动力不断增强。PPP项目积极推进，已有738个项目纳入省级项目库。

2. 居民收入稳定增长，消费结构升级加速。2015年，社会就业稳中有增、社会保险不断完善、各项惠民政策有效落实，全省居民人均可支配收入22 703元，社会消费品零售额实际增长10.4%。城乡市场消费协调发展，增速差距由2.8个百分点缩小至1.1个百分点。家居、文化类消费需求旺盛，住宿餐饮持续回暖，汽车消费低速增长。新的消费增长点和现代经营业态快速发展，旅游消费、电子商务交易额、信息消费额分别增长14%、20%和30%以上。

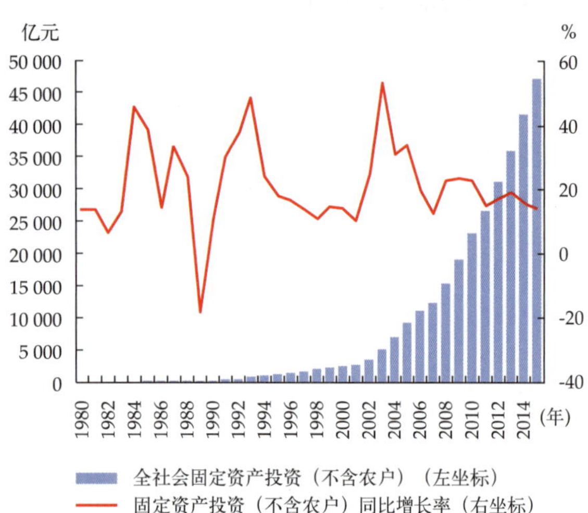

数据来源：山东省统计局。

图7　1980～2015年山东省固定资产投资（不含农户）及其增长率

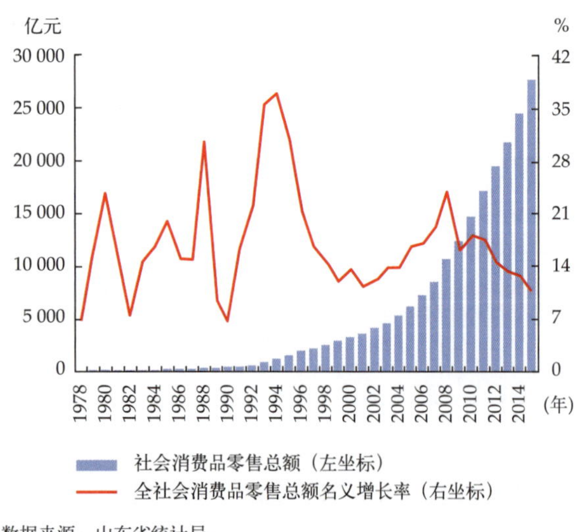

数据来源：山东省统计局。

图8　1978～2015年山东省社会消费品零售总额及其增长率

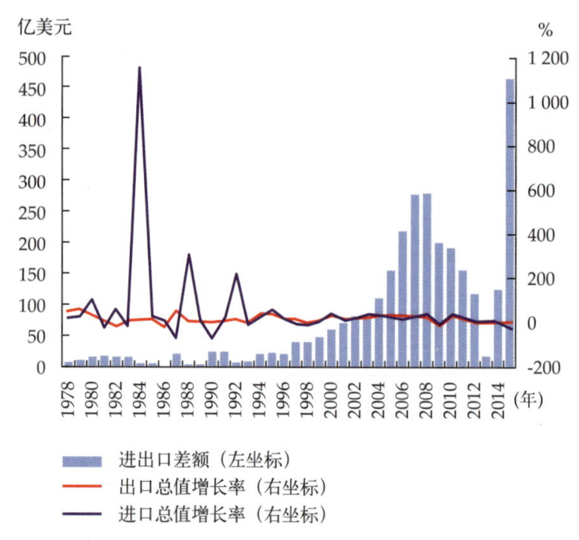

数据来源：山东省统计局。

图9　1978～2015年山东省外贸进出口变动情况

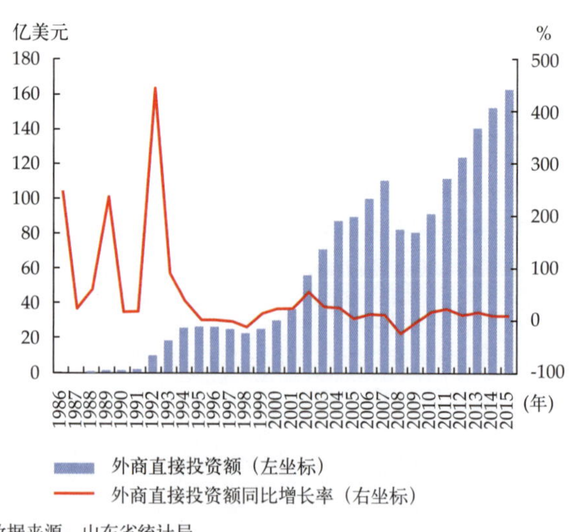

数据来源：山东省统计局。

图10　1986～2015年山东省外商直接投资额及其增长率

3. 对外贸易降势放缓，经贸投资双向优化。受大宗商品价格走低与全球生产需求减少的影响，全省进出口总额下降12.7%。其中，出口微降0.4%，降幅较全国低2.4个百分点；进口下降26.1%，连续17个月处于下降态势。在严峻的外贸形势下，金融机构创新服务、主动对接、加大支持，外贸增速呈现逐月下降、降幅收窄态势。美国、东盟、韩国等主要市场出口增势良好，分别增长7.6%、7.0%和5.5%。

利用外资质量提高，全年新批设立外商投资企业1 509家，实际到账外资增长7.3%，新增世界500强企业投资增长11.1%。境外投资步伐加快，投资总额增长31%，对外承包工程和派出各类劳务人员分别增长10%和1.4%。与“一带一路”沿线国家经济合作深入开展，中韩自贸区地方经济合作示范区建设取得积极进展。

专栏2 综合施策精准发力 全力推动金融支持外贸稳增长

2015年以来，受外需疲软、大宗商品价格剧烈波动等因素的影响，山东省外贸形势十分严峻。为打好外贸稳增长攻坚战，人民银行济南分行加强部门协作，组织金融机构加强与重点外贸企业的资金对接，切实发挥金融对外贸稳增长的促进作用，取得了积极成效。

一是指导金融机构出台支持外贸稳增长的有力措施。在做好重点外贸企业资金支持的同时，组织贸易融资业务量较大的16家银行机构提出48项支持措施，开辟外贸企业融资绿色通道，提高审批放贷效率，对有订单的贸易融资需求，授信额度内的单笔支用在2个工作日内到位，为企业办理贸易融资业务提供支持。

二是加强对重点外贸企业的资金支持。组织金融机构与省商务厅推荐的146家重点进口企业上门对接，累计提供资金支持1 082.5亿元。及时将商务厅推荐的129家重点外贸企业名单印发并组织各银行机构逐户走访，提供融资支持183.6亿元。支持重点企业进口原油，对5家已取得原油进口资质的地炼企业进行逐户走访，企业融资需求全部得到满足。对省政府专项督导中外贸企业反映的融资问题建立台账，组织金融机构与企业“一对一”对接，研究问题解决方案。

三是主动开展一批外贸企业资金对接。为帮助更多外贸企业解决融资难题，10月下旬以来，组织人民银行各市中心支行与商务部门一起筛选全省重点出口企业600家，由当地金融机构负责人与人民银行、商务部门相关人员共同对企业逐户走访，深入了解企业真实融资需求和存在的困难与问题，对符合信贷条件的，及时给予融资支持，对于暂不符合条件或1家银行无法独立满足的，共同研究解决措施。共为企业提供融资支持309.2亿元，整体融资需求满足率为72.2%。

四是积极拓宽外贸企业融资渠道。2015年，支持外贸企业在银行间市场发行债务融资工具3单，融资19亿元；支持全省企业自境外融入人民币资金820.7亿元。

（二）三次产业稳步增长，结构调整成效明显

2015年，山东省加快推进经济转型升级，积极因素不断累积。三次产业比例调整为7.9：46.8：45.3，第二产业比重下降2个百分点，第三产业比重提高2.6个百分点。

1. 农业基础地位更趋稳固，现代化水平不断提高。2015年，山东省粮食总产量实现“十三连增”。农业科技贡献率比上年提高0.8个百分点，农作物综合机械化水平达81.3%。农业基础设施建设支撑能力增强，全年水利建设总投资314亿元。大力发展生态循环和品牌特色农业，新型农业经营主体不断壮大，现代农业产业体系初步形成。95.7%的村（社区）完成承包地确权登记颁证工作，农村产权流转交易市场建设日趋规范。继续开展“第一书记”驻村帮扶工作，金融支持涉农

领域力度加大。

2. 工业生产平稳增长，转型升级步伐加快。2015年，全省规模以上工业增加值增长7.5%，轻重工业增幅差比上年缩小1.5个百分点。重点产品产量增长面扩大，产销率达98.7%。经济效益下降，全省规模以上工业企业实现主营业务收入、利税、利润3项指标总量增速分别比上年回落7个、6.5个和6.2个百分点。“中国制造2025”、转型升级行动深入落实，高新技术、装备制造产值占比不断提高，节能、淘汰落后产能超额完成目标任务。两化融合步伐加快，融合指数57.1，居全国前列，互联网普及率提高13.9个百分点。企业自主创新能力不断增强，国内发明专利授权量增长60.2%。

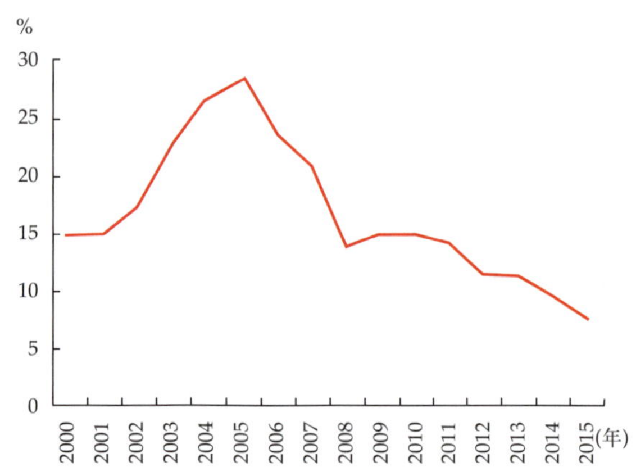

数据来源：山东省统计局。

图11　2000～2015年山东省规模以上工业增加值同比增长率

3. 服务业贡献率明显提高，新动能、新优势逐步集聚。2015年，全省服务业增加值占GDP比重较上年提高1.8个百分点，对GDP增长的贡献率较上年提高6.8个百分点；规模以上服务业实现营业收入快于工业7.4个百分点。信息技术服务、现代物流、融资租赁、电子商务等生产性服务业繁荣发展，快递服务企业业务收入增长27.8%，电子商务交易额突破1.6万亿元。服务外包增长25.1%，新闻出版、广播影视等文化产业增加值达2 370亿元。医疗卫生服务体系和养老保障体系建设加快，养老床位达57.7万张。

（三）物价低位运行，劳动力价格上升

2015年，受国际大宗商品价格低位震荡和国内需求减弱等因素的影响，物价水平总体处于低位。

1. 居民消费价格涨势平缓，食品价格拉动作用减弱。2015年，山东省CPI上涨1.2%，比上年回落0.7个百分点，其中，城市价格上涨1.4%，高于农村0.5个百分点。八大类商品和服务价格“七升一降”，食品类价格上涨1.2%，拉动CPI上升0.4个百分点，拉升作用减弱。

2. 工业生产价格持续下行，农业生产资料价格降幅扩大。受传统行业供给过剩和总需求偏弱的影响，2015年，山东省工业生产者购进价格和出厂价格分别下降5%和4.8%，分别连续44个月和47个月下降。农产品生产者价格上涨0.1%，农业生产资料价格下降0.7%，降幅较上年扩大0.2个百分点。

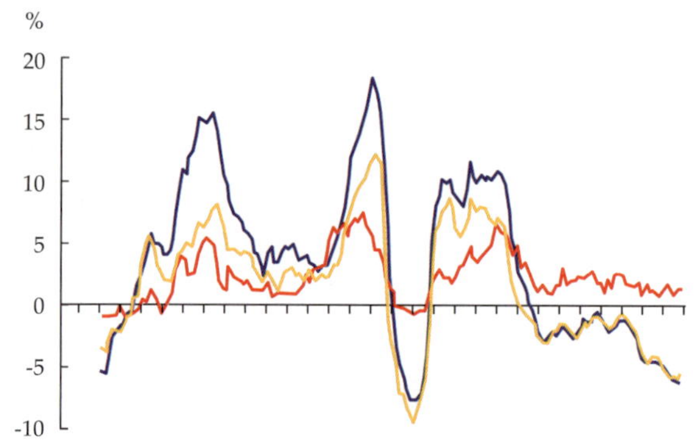

数据来源：山东省统计局。

图12　2001～2015年山东省居民消费价格和工业生产者价格变动趋势

3. 就业形势总体稳定，劳动力价格持续上升。2015年，山东省城镇新增就业116.8万人，农村劳动力转移就业127.5万人，连续十二年实现“双过百万”。年末城镇登记失业率为3.35%，实现全年控制目标。各市劳动力成本总体上升15%～20%，最低工资标准上调6.7%～8.3%。

4. 资源价格改革持续推进，能源价格大幅下跌。2015年，山东省资源性产品价格与市场的联动性增强，原油价格下降38.8%，煤炭价格普遍下降20%以上。

（四）财政收入增速回落，财政支出快速增长

2015年，山东省公共财政预算收入为5 529.3亿元，增长10%，比上年回落0.2个百分点。税收收入占财政收入的76%，比上年提高0.2个百分点。四大税种"三升一降"，受房地产市场先抑后扬和税收清理力度加大影响，营业税增长10.3%，成为税收增长的主要贡献力。公共财政预算支出8781.3亿元，增长25.9%，比上年提高18.6个百分点。民生支出占财政支出的78.1%，"三公"等一般性支出增速得到有效控制。年末，全省国库库存余额同比下降42%。全年共发行地方政府债券2 179亿元，置换债券1 898亿元。实施积极财政政策，省级筹资102亿元，带动3 000多亿元社会资金投向实体经济。

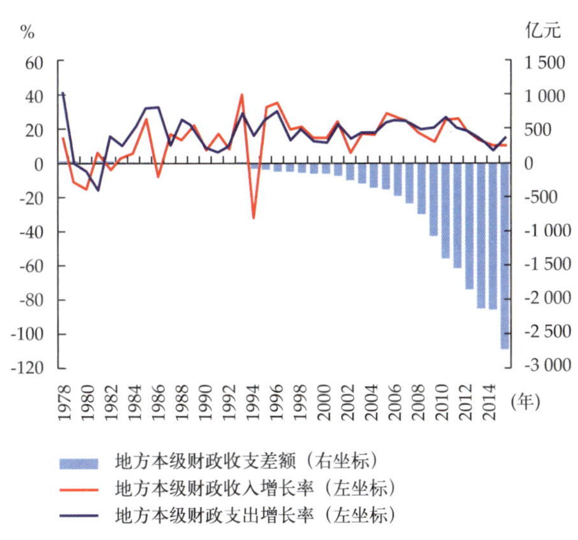

数据来源：山东省统计局。

图13　1978～2015年山东省财政收支状况

（五）节能环保工作取得实效，生态文明建设扎实推进

2015年，山东省制定加快生态文明建设的意见，编制大气污染防治规划二期行动计划，出台煤炭消费减量替代工作方案。全省单位生产总值能耗进一步下降，规模以上工业能耗下降0.6%。关停小火电机组86万千瓦，淘汰燃煤小锅炉6 161台。新能源发电装机占比达10.3%，清理整顿环保违规建设项目完成率达39%，完成淘汰黄标车任务，城乡环卫一体化镇村全覆盖。水环境质量连续十三年持续改善，城市污水集中处理率达95.5%。PM2.5浓度改善7.3%，重污染天数减少4.8天。绿色信贷政策深入落实，"两高一剩"行业信贷准入更加严格。全省大气、土壤污染和超采地下水问题仍十分严重，能源消费增量控制、主要污染物排放和温室气体排放压力仍然很大。

（六）房地产市场稳健运行，煤炭行业转型升级任务艰巨

1. 房地产市场回暖趋势逐步确立，房地产贷款保持平稳较快增长。2015年，供需两端利好政策密集出台促进市场需求平稳释放，山东省房地产市场整体步入复苏通道，商品房销售企稳回升，但城市间价格继续分化，开发投资仍趋谨慎。房地产贷款投放速度加快，个人住房贷款利率持续回落。

投资保持低速增长，开发企业资金面有所改善。2015年，房地产开发投资增长1.3%。受销售回暖影响，自筹资金和以定金、预收款、个人按揭贷款为主的其他资金分别增长7.2%和5.9%，扭转了上年下降态势。

房地产供给有所恢复，保障性住房建设力度加大。在销售逐步回暖、市场信心有所恢复的背景下，房地产新开工面积和土地购置面积降幅比上半年分别收窄4个和24.5个百分点。保障性安居工程建设力度进一步加大，连续六年提前超额完成国家下达任务，城镇保障性住房覆盖面达20%。其中棚户区改造开工47.5万套，货币化安置率达30%。

销售增速企稳回升，重点城市成交活跃。2015年，多重利好政策推促楼市成交量明显增加，全年销售面积、销售额分别同比增长6%和10.8%，增速比上半年扩大0.5个和1.1个百分点。济南、青岛成交量明显回暖，商品房销售面积分别同比增长37.7%和21.2%。

房价城市间分化明显，土地价格继续上涨。

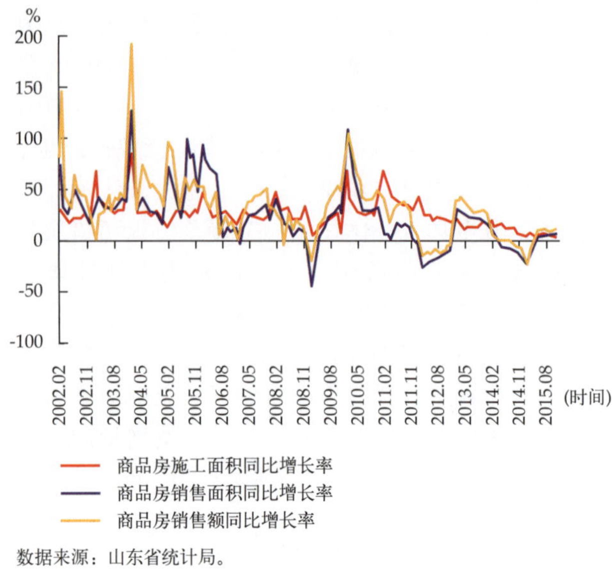

数据来源：山东省统计局。

图14　2002～2015年山东省商品房施工和销售变动趋势

2015年，房地产企业延续“以价换量”去库存的经营策略，房地产价格整体继续下行。济南、青岛、烟台受益于经济活力、基础设施等优势住房需求旺盛，新建住宅价格同比跌幅逐步收窄，济宁房价继续保持下行态势。土地成交量继续保持低位，成交均价同比上涨近五成。

房地产贷款较快增长，金融支持保障性住房力度加大。年末房地产贷款余额占各项贷款余额的19.5%，高于上年同期1.9个百分点。保障性住房开发贷款加速增长，其中，国开行棚户区改造贷款增量占全部房地产开发贷款的82.7%。受销售回暖影响，年末个人住房贷款余额同比增长20.6%。在金融机构下调个人房贷最低利率要求以及连续降息降准的共同作用下，个人住房贷款利率逐月回落。

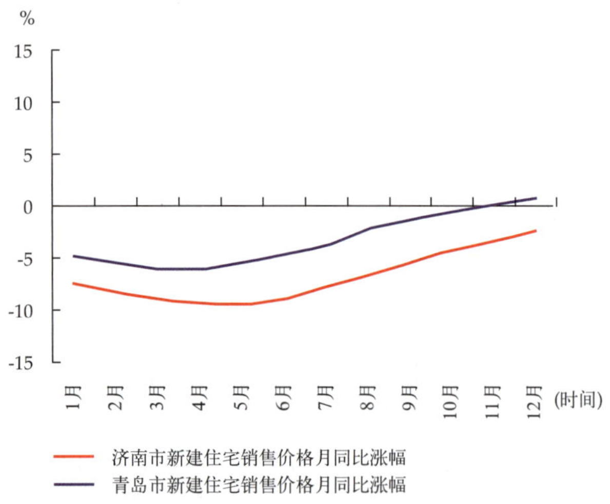

数据来源：国家统计局。

图15　2015年山东省主要城市新建住宅销售价格变动趋势

2. 煤炭业利润同比大幅下降，化解产能过剩工作启动。受经济下行、煤炭行业产能过剩的影响，煤炭业主要指标大幅下滑。2015年，山东省原煤产量、商品煤销量分别下降2.6%和1.4%，年末库存量增加，全省煤炭企业全年实现营业收入和利润分别下降17.3%和69%，商品煤平均售价持续下降，应收账款和期末产成品占压资金增长，销往省外煤炭和出口煤炭下降。煤炭安全生产创历史最好水平。山东省出台化解过剩产能的指导意见，深化国有煤炭企业改革，完善财税支持政策，落实有保有控的信贷政策，拓宽煤炭企业直接融资渠道，推动煤炭企业加快“走出去”，支持煤炭行业兼并重组和优化升级。

（七）“两区一圈一带”战略深入实施，区域协同效应加快形成

2015年，“两区一圈一带”主动融入“一带一路”、京津冀协同发展、中韩自贸协定等国家战略持续推进。山东半岛蓝色经济区依托“四区三园”大力发展海洋经济，威海被定为中韩自贸区地方经济合作示范区。黄河三角洲高效生态经济区循环经济得到长足发展，以高效生态为基础的产业体系不断健全，四大临港产业区总产值超过3 000亿元，增长10%。省会城市群经济圈一体化进程加快，圈内各市融合互动发展取得明显成效，济莱协作区和聊城、德州无水港建设深入推进。西部经济隆起带加速崛起，基础设施建设实现重大突破，主要经济指标增幅居四大区域之首。2015年，“两区一圈一带”新增贷款分别占全省的57%、40.6%和19.8%。

三、预测与展望

2016年，全省经济新旧增长动力转换压力不

减，经济增速仍将有所放缓，但随着供给侧改革的持续推进，产业升级提速、城乡区域一体、陆海统筹联动、生产力发展的多层次将为经济发展提供更大潜力、韧性和回旋空间，经济增长更加侧重于立足内需和创新拉动。2016年，预计全省地区生产总值全年增长7.5%～8%。

投资增速将继续放缓，预计全年增长12%左右。总需求偏弱、经济转型、风险释放等周期性和结构性问题仍将存在，工业去产能，房地产去库存以及民间投资意愿趋于谨慎将持续带来投资下行压力。但加强供给侧结构性改革，贯彻实施积极稳健的宏观经济政策、大力发展服务业、重大项目和重大技术升级改造工程加快开工实施等将有利于稳定投资增速。

消费增速将保持平稳，预计全年增长10%左右。就业压力加大、收入增长趋缓会一定程度上抑制消费增长，但随着消费环境优化、流通体制改革以及电子商务的加快发展，传统消费有望稳定增长，信息、网络消费增势将更强劲；企业在满足一般消费的同时，也将更加注重品牌营销和个性定制，提供更多绿色、健康、智能的高附加值产品，有利于消费在增长中升级。

进出口将进一步趋稳。随着全球经济复苏预期好转，外需萎缩的状况将有所缓解，同时，中韩、中澳自贸协定正式实施，有利于山东发挥出口产业竞争优势，进一步推动对外经贸投资双向优化。

从物价走势看，国内工业去产能的过程复杂而缓慢，国际大宗商品价格仍在探底，工业品价格将继续处于负值区间，但考虑到基期因素，降幅有望收窄。以猪肉、鲜菜等为代表的农产品价格波动仍是影响消费价格走势的主因，在上游产品价格低迷和总需求偏弱的格局下，预计2016年价格将继续保持低位波动态势，全年CPI涨幅不超过3%。

金融方面，2016年人民银行济南分行将继续坚持稳中求进工作总基调，在保持总量稳定的同时，把贯彻执行稳健货币政策、支持经济平稳增长和供给侧结构性改革的着力点放在优化信贷结构上，综合运用多种货币政策工具组合，引导全省金融机构加大对重点领域、薄弱环节、小微企业以及精准扶贫的支持力度。同时，积极推动多层次资本市场建设，鼓励企业多渠道融资，进一步降低融资成本；更加注重防范化解区域性金融风险，切实维护金融稳定。山东省货币信贷和社会融资规模将继续保持平稳增长，为全省经济发展提供适宜的货币金融环境。

中国人民银行济南分行货币政策分析小组

总　纂：金鹏辉　肖龙沧

统　稿：李云山　李　瑞　李　伟　邵　宇　郑玉坤　王俊豪　刘旭强

执　笔：曹妹娟　尹　楠　孙　健　孙欣华　刘爱鹏　王　蓉　王浩宇　程晋鲁　孙　蕾　王　彦　庞念伟

提供材料的还有：郭　峰　岳绍冬　张　宁　尹　琳　陈　强　张　芳　王　馨　牟　颖　许　轩

附录

（一）2015年山东省经济金融大事记

2月4日，山东成为全国开展新型农村合作金融试点的唯一省份。

3月10日，山东省金融资产管理股份有限公司成立。

4月13日，山东省市场利率定价自律机制建立。

6月1日，威海和仁川自由经济区被中韩两国政府选定为地方经济合作示范区。

6月3日，山东省社会保障基金理事会挂牌。

7月20日，全省214家投保机构完成首次保费交纳工作，《存款保险制度》正式实施。

8月21日，《山东省地方金融条例》进入意见征求阶段。

9月12日，烟台海洋产权交易中心成立。

10月31日，中韩金融合作三项政策突破在山东试点。

12月9日，青岛国富金融资产交易中心正式启动。

（二）2015年山东省主要经济金融指标

表1 2015年山东省主要存贷款指标

		1月	2月	3月	4月	5月	6月	7月	8月	9月	10月	11月	12月
本外币	金融机构各项存款余额（亿元）	71 470.0	71 522.2	73 627.1	73 140.4	73 783.0	75 957.5	75 982.8	76 524.3	77 331.2	77 040.1	76 805.6	76 795.5
	其中：住户存款	34 770.8	36 374.0	37 119.5	36 341.6	36 174.1	36 955.6	36 825.4	36 972.3	37 476.7	37 175.9	37 165.1	37 595.8
	非金融企业存款	22 730.0	21 794.4	22 633.5	22 678.4	23 100.7	23 547.7	23 157.6	23 681.4	23 686.1	23 789.9	23 842.1	24 108.2
	各项存款余额比上月增加（亿元）	1 610.0	52.2	2 104.9	-486.7	642.7	2 174.5	25.2	541.6	806.9	-291.1	-234.5	-10.1
	金融机构各项存款同比增长（%）	10.4	7.7	6.3	5.8	5.7	5.2	7.1	9.0	9.9	10.4	10.4	9.5
	金融机构各项贷款余额（亿元）	54 508.0	55 025.7	55 604.2	55 814.2	56 056.9	56 825.4	57 338.4	57 783.7	58 199.9	58 507.9	58 973.8	59 063.3
	其中：短期	27 296.5	27 596.9	27 902.8	27 926.9	27 908.1	28 221.5	28 084.7	28 236.9	28 333.8	28 212.8	28 173.3	28 192.5
	中长期	23 256.3	23 537.7	23 807.5	24 029.0	24 196.5	24 468.0	24 680.8	24 886.8	25 199.9	25 439.8	25 855.1	26 168.8
	票据融资	2 091.6	2 077.0	2 074.8	2 044.2	2 138.0	2 386.7	2 511.9	2 584.1	2 632.6	2 790.2	2 917.0	2 747.5
	各项贷款余额比上月增加（亿元）	827.2	517.7	578.5	210.0	242.7	768.4	513.0	445.3	416.1	308.0	465.9	89.4
	其中：短期	369.5	300.4	305.9	24.1	-18.8	313.4	-136.8	152.2	96.9	-120.9	-39.6	19.2
	中长期	466.6	281.3	269.8	221.5	167.5	271.5	212.8	206.0	313.1	239.9	415.3	313.7
	票据融资	-64.8	-14.5	-2.3	-30.6	93.8	248.7	125.2	72.2	48.6	157.5	126.8	-169.4
	金融机构各项贷款同比增长（%）	11.1	10.7	10.2	9.4	9.0	9.4	10.4	11.0	10.9	11.1	10.9	10.1
	其中：短期	6.0	5.5	4.8	3.9	3.5	4.0	5.0	6.2	6.1	5.7	5.4	4.7
	中长期	16.5	16.2	15.6	14.7	14.0	13.9	13.7	13.8	14.1	14.5	15.1	14.9
	票据融资	20.8	21.1	24.8	24.2	25.0	34.3	30.6	23.7	23.0	29.4	30.0	27.4
	建筑业贷款余额（亿元）	1 882.5	1 944.9	1 956.3	1 971.7	1 969.0	1 993.9	1 995.4	1 995.6	2 032.2	2 018.5	2 004.1	1 992.1
	房地产业贷款余额（亿元）	2 168.4	2 215.8	2 255.0	2 272.8	2 263.8	2 295.0	2 261.3	2 267.9	2 316.0	2 353.9	2 395.7	2 364.3
	建筑业贷款同比增长（%）	18.4	18.7	16.8	16.1	13.4	14.2	14.0	12.3	12.5	11.7	10.9	8.1
	房地产业贷款同比增长（%）	12.6	12.8	13.3	13.0	12.4	11.7	10.4	9.7	10.1	10.7	12.0	10.3
人民币	金融机构各项存款余额（亿元）	69 155.0	69 175.2	71 188.0	70 744.1	71 359.7	73 507.8	73 452.5	73 894.0	74 850.0	74 599.4	74 519.8	74 524.2
	其中：住户存款	34 568.4	36 162.1	36 900.7	36 120.9	35 958.6	36 737.0	36 598.0	36 723.9	37 226.3	36 927.3	36 908.0	37 320.0
	非金融企业存款	21 300.0	20 267.8	20 961.0	21 083.0	21 464.1	21 910.3	21 663.1	22 119.3	22 178.6	22 320.5	22 424.7	22 717.8
	各项存款余额比上月增加（亿元）	1 334.1	20.2	2 012.8	-444.0	615.6	2 148.1	-55.3	441.5	956.0	250.6	-79.6	4.4
	其中：住户存款	572.8	1 593.7	738.6	-779.8	-162.3	778.4	-139.0	125.9	502.3	-299.0	-19.3	412.0
	非金融企业存款	276.8	-1 032.3	693.2	122.1	381.1	446.2	-247.2	456.2	59.3	142.0	104.2	293.1
	各项存款同比增长（%）	10.2	7.5	6.5	6.1	5.9	5.6	7.6	9.1	10.1	10.6	10.5	9.4
	其中：住户存款	8.0	12.0	10.8	11.0	10.0	8.0	9.3	10.2	9.5	9.7	9.4	8.9
	非金融企业存款	9.0	-0.9	-3.7	-4.6	-4.1	-5.7	-2.6	1.6	4.8	7.9	8.1	7.9
	金融机构各项贷款余额（亿元）	50 815.2	51 380.7	51 913.6	52 192.9	52 488.7	53 222.7	53 456.4	53 832.7	54 350.4	54 719.3	55 211.2	55 437.0
	其中：个人消费贷款	8 263.7	8 341.7	8 426.5	8 514.6	8 613.0	8 789.9	8 906.0	9 040.2	9 202.1	9 300.1	9 466.7	9 572.5
	票据融资	2 091.5	2 077.0	2 074.7	2 044.1	2 137.9	2 386.6	2 511.8	2 584.0	2 632.6	2 790.1	2 916.9	2 747.4
	各项贷款余额比上月增加（亿元）	738.0	565.5	533.0	279.2	295.9	734.0	233.7	376.3	517.7	368.9	491.9	225.8
	其中：个人消费贷款	184.0	78.0	84.8	88.2	98.4	176.9	116.1	134.2	162.0	98.0	166.6	105.8
	票据融资	-64.9	-14.5	-2.2	-30.6	93.8	248.7	125.2	72.2	48.6	157.5	126.8	-169.4
	金融机构各项贷款同比增长（%）	11.3	11.3	11.2	10.5	10.1	10.5	10.8	10.9	10.9	11.2	11.3	10.7
	其中：个人消费贷款	16.5	16.8	15.9	15.5	14.8	15.5	16.0	16.7	17.4	17.8	18.4	18.5
	票据融资	20.9	21.1	24.8	24.2	25.0	34.3	30.6	23.7	23.0	29.4	30.1	27.4
外币	金融机构外币存款余额（亿美元）	377.2	381.8	397.1	392.0	396.0	400.7	413.6	411.7	390.0	384.4	357.4	349.8
	金融机构外币存款同比增长（%）	13.7	11.6	1.6	-0.2	-0.9	-5.6	-4.9	2.2	0.3	2.9	3.3	5.0
	金融机构外币贷款余额（亿美元）	601.7	592.9	600.8	592.3	583.1	589.3	634.6	618.4	605.1	596.7	588.3	558.4
	金融机构外币贷款同比增长（%）	8.8	3.5	-2.4	-4.4	-4.2	-3.5	6.3	9.1	8.2	6.7	0.7	-5.2

数据来源：中国人民银行济南分行。

表2 2001～2015年山东省各类价格指数

单位：%

年/月		居民消费价格指数		农业生产资料价格指数		工业生产者购进价格指数		工业生产者出厂价格指数	
		当月同比	累计同比	当月同比	累计同比	当月同比	累计同比	当月同比	累计同比
2001		—	—	—	—	—	—	—	—
2002		—	-0.7	—	0.3	—	-1.3	—	-1.2
2003		—	1.1	—	2.4	—	5.7	—	3.5
2004		—	3.6	—	10.2	—	13.4	—	6.4
2005		—	1.7	—	6.2	—	5.9	—	3.7
2006		—	1.0	—	3.0	—	4.3	—	2.3
2007		—	4.4	—	7.1	—	4.8	—	3.3
2008		—	5.3	—	19.3	—	13.1	—	8.6
2009		—	0.0	—	-3.7	—	-4.5	—	-5.9
2010		—	2.9	—	3.0	—	9.3	—	7.2
2011		—	5.0	—	11.1	—	9.2	—	6.0
2012		—	2.1	—	5.9	—	-0.8	—	-1.6
2013		—	2.2	—	1.2	—	-1.6	—	-1.6
2014		—	1.9	—	-0.5	—	-1.8	—	-1.6
2015		—	1.2	—	-0.7	—	-5.0	—	-6.1
2014	1	1.7	1.7	-0.9	-0.9	-1.2	-1.2	-1.3	-1.3
	2	1.1	1.4	-1.3	-1.1	-1.7	-1.4	-1.6	-1.5
	3	2.0	1.6	-2.3	-1.5	-2.1	-1.7	-1.9	-1.6
	4	1.7	1.6	-1.6	-1.5	-1.9	-1.7	-1.9	-1.7
	5	2.6	1.8	-1.5	-1.5	-1.6	-1.7	-1.5	-1.6
	6	2.5	1.9	-1.4	-1.5	-1.3	-1.7	-0.9	-1.5
	7	2.4	2.0	-0.7	-1.4	-1.1	-1.6	-0.7	-1.4
	8	2.1	2.0	0.2	-1.2	-1.3	-1.6	-0.8	-1.3
	9	1.9	2.0	1.2	-0.9	-1.5	-1.5	-1.3	-1.3
	10	1.6	2.0	0.6	-0.8	-2.0	-1.6	-1.7	-1.4
	11	1.5	1.9	0.5	-0.6	-2.5	-1.7	-2.2	-1.4
	12	1.8	1.9	0.7	-0.5	-3.1	-1.8	-3.1	-1.6
2015	1	0.9	0.9	0.6	0.6	-4.0	-4.0	-3.9	-4.0
	2	1.7	1.3	-0.1	0.2	-4.6	-4.3	-4.5	-4.6
	3	1.2	1.2	-0.1	0.1	-4.3	-4.3	-4.3	-4.3
	4	1.3	1.3	-0.5	0.0	-4.2	-4.3	-4.1	-4.2
	5	0.9	1.2	-0.9	-0.2	-4.2	-4.3	-4.1	-4.2
	6	0.9	1.1	-0.3	-0.2	-4.3	-4.3	-4.3	-4.3
	7	1.2	1.2	-0.3	-0.2	-4.7	-4.3	-4.9	-4.3
	8	1.8	1.2	-1.2	-0.3	-5.3	-4.6	-5.4	-5.3
	9	1.3	1.2	-1.6	-0.5	-5.8	-4.5	-5.6	-5.8
	10	1.0	1.2	-1.4	-0.6	-6.0	-4.7	-5.6	-6.0
	11	1.3	1.2	-1.3	-0.6	-6.0	-4.8	-5.8	-6.0
	12	1.3	1.2	-1.6	-0.7	-6.1	-5.0	-5.5	-6.1

数据来源：山东省统计局、《中国经济景气月报》。

表3 2015年山东省主要经济指标

	1月	2月	3月	4月	5月	6月	7月	8月	9月	10月	11月	12月
绝对值（自年初累计）												
地区生产总值（亿元）	—	—	12 931.5	—	—	29 731.7	—	—	45 712.6	—	—	63 002.3
第一产业	—	—	637.5	—	—	2 271.2	—	—	3 478.9	—	—	4 979.1
第二产业	—	—	6 165.4	—	—	13 901.5	—	—	21 405.2	—	—	29 485.9
第三产业	—	—	6 128.6	—	—	13 559.0	—	—	20 828.5	—	—	28 537.4
工业增加值（亿元）	—	—	—	—	—	—	—	—	—	—	—	—
固定资产投资（亿元）	—	2 480.6	6 697.8	10 627.1	15 184.4	20 164.9	25 182.4	29 154.0	33 300.2	38 143.9	42 542.0	47 381.5
房地产开发投资	—	498.4	990.3	1 461.4	2 004.0	2 654.1	3 194.5	3 715.8	4 246.7	4 737.2	5 300.8	5 892.2
社会消费品零售总额（亿元）	—	4 429.8	6 473.3	8 565.0	10 783.6	12 999.3	15 217.0	17 494.9	19 839.6	22 533.3	25 094.6	27 761.4
外贸进出口总额（亿元）	1 212.9	2 249.1	3 302.0	4 538.1	5 775.4	7 018.3	8 295.5	9 469.0	10 769.5	12 033.9	13 380.2	15 018.6
进口	488.3	912.3	1 415.6	1 950.0	2 426.9	2 930.4	3 475.5	3 944.7	4 500.1	4 963.1	5 463.0	6 065.6
出口	724.6	1 336.8	1 886.4	2 588.1	3 348.5	4 087.9	4 820.0	5 524.3	6 269.4	7 070.8	7 917.2	8 953.0
进出口差额(出口－进口)	236.3	424.5	470.8	638.1	921.6	1 157.5	1 344.5	1 579.6	1 769.3	2 107.7	2 454.2	2 887.4
外商实际直接投资（亿美元）	—	20.6	39.4	48.9	60.8	86.8	96.5	112.0	122.9	133.9	148.1	163.0
地方财政收支差额（亿元）	169.3	19.8	-188.2	-371.9	-555.8	-824.9	-941.5	-1 190.9	-1 533.2	-1 944.9	-2 270.3	-2 719.9
地方财政收入	568.1	878.2	1 372.0	1 868.3	2 343.5	3 040.1	3 488.6	3 801.2	4 177.5	4 703.4	5 064.5	5 529.3
地方财政支出	398.8	858.4	1 560.2	2 240.2	2 899.4	3 865.0	4 430.1	4 992.1	5 710.7	6 648.2	7 334.7	8 249.2
城镇登记失业率(%)(季度)	—	—	—	—	—	—	—	—	—	—	—	—
同比累计增长率（%）												
地区生产总值	—	—	7.8	—	—	7.8	—	—	8.0	—	—	8.0
第一产业	—	—	3.8	—	—	3.9	—	—	4.0	—	—	4.1
第二产业	—	—	7.5	—	—	7.3	—	—	7.4	—	—	7.4
第三产业	—	—	8.6	—	—	9.2	—	—	9.5	—	—	9.6
工业增加值	—	8.0	7.5	7.3	7.3	7.4	7.4	7.4	7.4	7.5	7.5	7.5
固定资产投资	—	14.0	14.8	14.8	14.7	14.6	14.6	14.5	14.4	14.2	14.1	13.9
房地产开发投资	—	3.1	0.8	0.6	0.5	1.6	2.0	3.0	2.2	1.6	1.2	1.3
社会消费品零售总额	—	11.0	10.8	10.8	10.6	10.6	10.5	10.5	10.5	10.5	10.6	10.6
外贸进出口总额	-25.1	-15.0	-17.8	-18.2	-17.4	-16.9	-16.6	-16.7	-16.2	-15.2	-13.9	-11.7
进口	-40.6	-36.1	-33.2	-32.6	-32.8	-32.2	-30.8	-30.4	-29.4	-28.5	-27.1	-25.3
出口	-9.2	9.7	-0.7	-2.6	-1.0	-0.9	-2.2	-3.2	-3.1	-2.4	-1.7	0.7
外商实际直接投资	—	11.2	11.8	12.8	12.0	6.2	8.9	8.4	8.8	9.3	8.2	7.3
地方财政收入	13.7	9.8	9.0	7.8	8.5	9.1	9.7	9.6	9.6	10.0	9.7	10.0
地方财政支出	-20.9	3.3	7.0	17.9	12.8	12.0	13.7	13.5	13.4	20.5	19.9	14.9

数据来源：山东省统计局、《中国经济景气月报》。

2015年河南省金融运行报告

中国人民银行郑州中心支行货币政策分析小组

[内容摘要] 2015年，河南省主动适应经济发展“新常态”，大力推进供给侧结构性改革和需求侧管理，全省经济呈现出总体平稳、稳中有进、稳中向好的发展态势。金融业总体运行平稳，金融改革稳步推进，信贷投放平稳较快增长，直接融资功能增强，社会融资结构继续调整，保险业保障能力逐步增强，证券业快速发展，多层次资本市场体系不断完善，金融生态环境建设继续推进。

2016年河南省金融业将积极落实中央和全省经济工作会议精神，科学贯彻执行稳健货币政策，积极推进区域金融改革，强化专项信贷政策，鼓励金融创新，不断加大对经济重点领域和薄弱环节的支持力度，进一步提高金融配置效率；强化重点领域金融风险专项整治，维护金融稳定，提升金融服务和管理水平，促进经济金融持续健康发展。

一、金融运行情况

2015年，河南省金融业运行总体平稳，货币信贷平稳增长，股票和债券市场融资规模不断扩大，保险业快速发展，金融基础设施进一步加强，金融服务实体经济能力进一步提升。

（一）银行业稳健运营，信贷投放平稳增长

1. 银行机构体系进一步完善，金融服务功能更加健全。2015年，河南省银行业金融机构资产规模和利润稳步提升，银行机构数量和从业人员继续增加。银行机构类型更加丰富，服务功能进一步完善，地方法人民营银行、金融租赁公司组建工作顺利推进。

2. 本外币存款走势分化，存款结构变化明显。股市资金回流、存款类创新产品推出，带动人民币存款增速回升，2015年年末，河南省人民币各项存款余额增速同比提高1.2个百分点；由于人民币汇率预期变化，外币存款增速大幅回落，本外币各项存款余额增速同比回落0.5个百分点。人民币存款增长呈现以下特点：民间借贷风险暴露，资金回流银行系统，住户和非金融企业存款大量增加，全年两项存款同比多增1 531.7亿元；

表1　2015年河南省银行业金融机构情况

机构类别	营业网点			法人机构（个）
	机构个数（个）	从业人数（人）	资产总额（亿元）	
一、大型商业银行	3 245	76 049	20 850.1	0
二、国家开发银行和政策性银行	153	3 663	5 251.1	0
三、股份制商业银行	500	10 725	8 147.7	0
四、城市商业银行	800	19 891	8 204.0	5
五、城市信用社	—	—	—	—
六、小型农村金融机构	5 281	58 947	11 222.2	142
七、财务公司	7	214	507.3	5
八、信托公司	2	394	111.6	2
九、邮政储蓄银行	2 434	22 555	4 790.3	0
十、外资银行	5	98	56.5	0
十一、新型农村金融机构	311	5 121	710.0	72
十二、其他	5	257	53.6	1
合　计	12 743	197 914	59 904.5	227

注：营业网点不包括国家开发银行和政策性银行、大型商业银行、股份制银行等金融机构总部数据；大型商业银行包括中国工商银行、中国农业银行、中国银行、中国建设银行和交通银行；小型农村金融机构包括农村商业银行、农村合作银行和农村信用社；新型农村机构包括村镇银行、贷款公司、农村资金互助社；“其他”包含金融租赁公司、汽车金融公司、货币经纪公司、消费金融公司等。

数据来源：河南银监局。

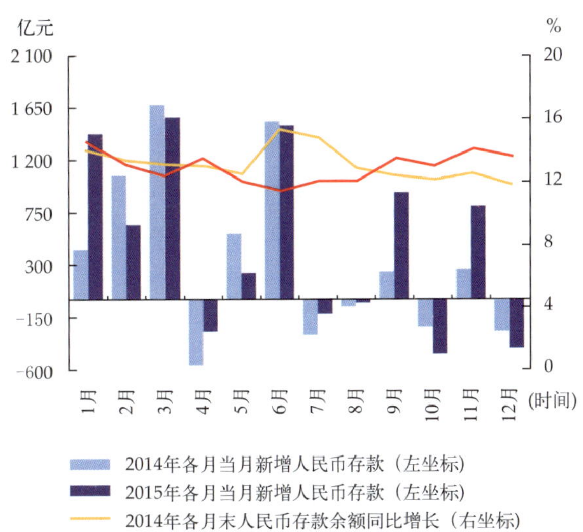

数据来源：中国人民银行郑州中心支行调查统计部门。

图1　2014～2015年河南省金融机构人民币存款增长变化

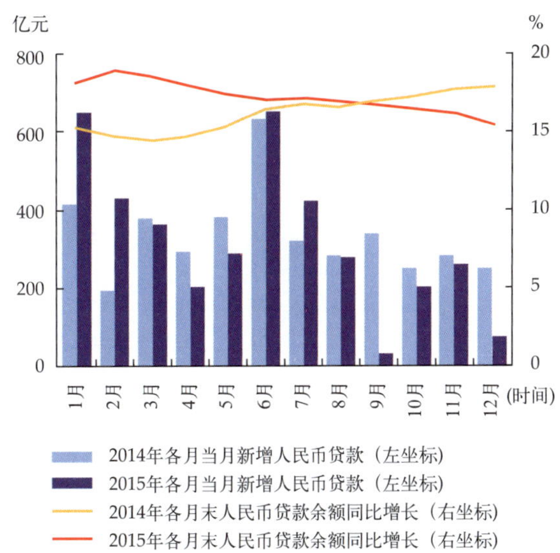

数据来源：中国人民银行郑州中心支行调查统计部门。

图2　2014～2015年河南省金融机构人民币贷款增长变化

存贷款口径调整后，非银行业金融机构存款增加较多，全年同比多增225.8亿元；财政收支压力加大，财政性存款减少较多，全年同比少增269.4亿元。

3. 贷款平稳增长，信贷结构趋于优化。在经济下行、实体经济有效信贷需求不足的情况下，全省银行贷款平稳增长。2015年年末，河南省本外币贷款余额为31 798.6亿元，同比增长15.3%，增速与上年持平。在定向降准、再贷款再贴现等货币政策工具的引导下，银行体系支持实体经济中薄弱环节的力度进一步加大，涉农、小微企业贷款增速分别高于全部贷款增速1.2个、12.4个百分点。

4. 理财产品快速发展，同业业务增长较快。经过多次降息，存款收益率明显降低，为留住资金，金融机构不断创新理财产品种类，推出收益率高出普通存款利率2～3个百分点的理财产品，2015年年末，全部金融机构表外理财产品存续2 962.8亿元，同比增长98.7%。同业业务呈现较快发展，2015年，全省银行机构同业资产新增2 045.6亿元，增幅高于全部资产增幅16.4个百分点。

5. 利率总体走低，存贷款利差收窄。2015年中国人民银行多次降准降息，贷款利率持续下降：2015年12月河南省金融机构一般贷款加权平均利率为6.22%，同比下降0.86个百分点。2015年河南省市场利率定价自律机制建立并不断发挥行业自律功能，金融机构存款定价呈现差异化，存贷款利差有所收窄。2015年全省共有18家法人机构通过合格审慎评估成为全国市场利率定价自律机制成员，全年发行同业存单422亿元、大额存单602亿元。

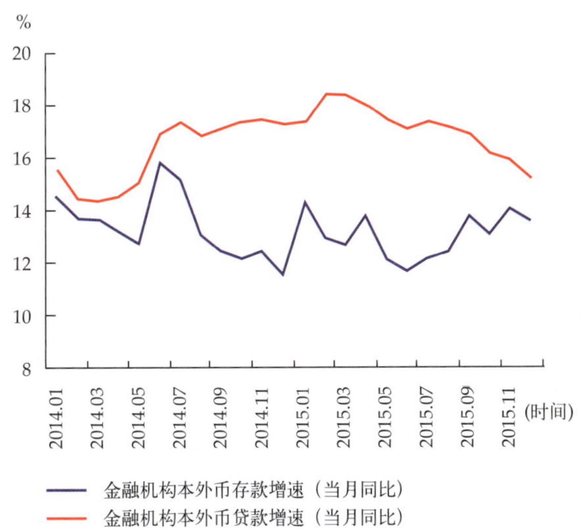

数据来源：中国人民银行郑州中心支行调查统计部门。

图3　2014～2015年河南省金融机构本外币存、贷款增速变化

表2　2015年河南省金融机构人民币贷款各利率区间占比

单位：%

月份		1月	2月	3月	4月	5月	6月
合计		100.0	100.0	100.0	100.0	100.0	100.0
下浮		6.7	6.3	6.4	4.1	5.7	7.4
基准		13.4	12.6	15.1	13.2	14.6	19.2
上浮	小计	79.9	81.1	78.5	82.7	79.7	73.4
	(1.0，1.1]	15.4	13.7	17.2	16.1	14.2	12.3
	(1.1，1.3]	23.3	21.0	21.2	22.3	21.0	18.0
	(1.3，1.5]	18.3	18.7	17.7	20.1	19.3	18.4
	(1.5，2.0]	14.2	18.4	15.3	16.5	17.4	16.2
	2.0以上	8.6	9.2	7.1	7.8	7.9	8.4

月份		7月	8月	9月	10月	11月	12月
合计		100.0	100.0	100.0	100.0	100.0	100.0
下浮		6.8	7.3	7.0	8.6	8.6	11.9
基准		20.4	15.4	15.6	14.2	14.8	15.9
上浮	小计	72.8	77.4	77.4	77.2	76.7	72.2
	(1.0，1.1]	10.3	10.5	15.2	11.4	13.4	14.8
	(1.1，1.3]	17.8	18.1	18.2	16.2	18.8	17.9
	(1.3，1.5]	18.4	18.8	17.2	17.1	15.9	14.6
	(1.5，2.0]	16.9	19.5	17.2	20.7	18.4	15.8
	2.0以上	9.4	10.4	9.6	11.8	10.2	9.1

数据来源：中国人民银行郑州中心支行调查统计部门。

6. 地方金融改革发展步伐加快，金融主体不断丰富，金融集聚核心功能区建设初具规模。农村金融改革工作加快推进，全省农信社改制组建农商行53家，设立村镇银行法人机构79家，村镇银行县（市）覆盖面达到83%。金融主体不断丰富，河南省唯一一家具有不良资产批量收购业务资质的地方资产管理公司——中原资产管理有限公司正式成立。金融集聚核心功能区初具规模，2015年年末，郑东新区金融集聚核心功能区累计入驻各类金融机构265家。

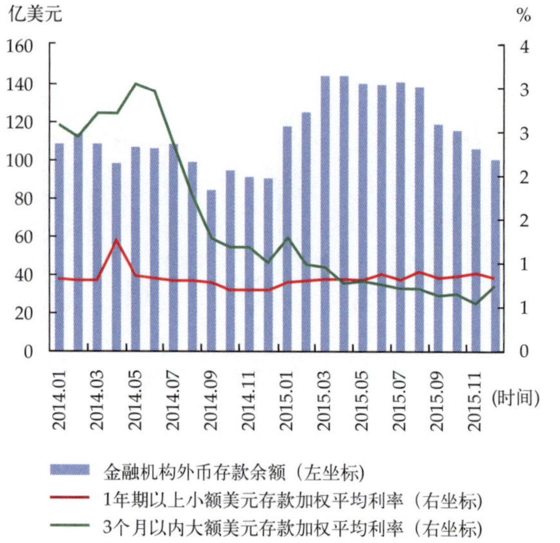

数据来源：中国人民银行郑州中心支行调查统计部门、货币信贷部门。

图4　2014～2015年河南省金融机构外币存款余额及外币存款利率

7. 不良贷款有所增加，风险整体可控。2015年年末，全省银行业不良贷款余额为958亿元，不良贷款率为3%，分别比年初增加484亿元，上升1.3个百分点。剔除农合机构隐性不良入账因素后，全省不良贷款比年初增加138.5亿元，不良率比年初上升0.2个百分点，风险整体可控。

8. 跨境人民币业务高速增长，创新业务取得突破。2015年河南省人民币跨境收支达到1 950亿元，同比增长155.4%，占全部本外币收支比重达33.3%。跨境人民币创新业务取得新突破，中国人民银行批复同意在郑州航空港经济综合实验区试点开展跨境人民币贷款和人民币贸易融资资产跨境转让业务。全年为10家跨国企业集团进行了资金池业务备案，实现跨境双向人民币资金归集合计68.6亿元。

专栏1　河南省工业转型升级情况

河南省是全国工业门类最全的省份之一，工业占地区生产总值比重超过四成。河南省也是典型重化工业大省，工业结构调整任务更为艰巨。近年来，河南省出台一系列调结构、促转型的政策措施，工业制造业转型升级成效初步显现。

一、河南省工业制造业转型升级的主要做法

（一）构建现代工业体系，加快产业产品结构调整。近年来，河南省大力构建现代工业体系，初步形成以电子信息、装备制造、汽车及零部件、食品、现代家居、服装服饰六大高成长性制造业为重点，以冶金、建材、化工、轻纺四大传统优势产业为支撑，以生物医药、节能环保、新材料、新能源四大战略性新兴产业为先导的现代工业体系。同时，大力推进产业产品结构调整，2015年全省高成长性制造业和高技术产业增加值占比达到56.3%。

（二）积极承接产业转移，构建产业集群发展。从2010年起，河南省持续举办产业转移系列对接活动，加快智能终端、智能装备、家电、家具、汽车等重点产业集群引进，富士康、格力家电、惠普洛阳基地、正威手机产业园、阿里巴巴云计算和大数据基地、台湾友嘉精密机械产业园等一大批龙头型、基地型项目落地。同时，以产业集聚区为依托打造集群引进和发展载体，创建国家新型工业化示范基地11个、省级46个，全省主营业务收入超千亿元、百亿元的产业集群分别达到10个、100个以上。

（三）构建创新发展平台，不断提高企业竞争力。2008年以来，河南省培育国家创新型（试点）企业18家、国家技术创新示范企业9家、高新技术企业1 075家，创建国家工程技术研究中心10家、国家工程研究中心（工程实验室）32家、国家级企业技术中心74个，涌现出了中信重工、中铁装备、许继电器、平高电气、宇通客车等一批创新型企业。

二、河南省工业制造业转型升级的初步成效

（一）经济结构和增长动力优化。近年来，河南省经济转型升级取得初步成效，传统能源原材料类产业占工业比重由2008年以前的70%左右下降到45%左右。工业结构调整和转型升级推动经济增长动力优化，高成长性制造业、高技术产业对经济平稳发展形成有力支撑。2015年，河南省高成长性制造业、高技术产业增加值增速分别高于全省规模以上工业增速2.8个、11.4个百分点；高成长性制造业、高技术产业占全省工业比重分别提高2.5个、1.2个百分点。

（二）高成长性制造业中的重点行业发展势头较好。2015年，河南省高成长性制造业中的汽车和电子信息行业工业增加值分别高于传统支柱行业5.7个、26.1个百分点。电子信息企业工业总产值和主营业务收入同比分别增长16.2%和23.9%；智能手机年产量达到1.2亿台，形成了全球最大的智能手机生产基地；新能源汽车以及焦作、许昌、南阳、新乡、鹤壁等一批特色零部件产业园区(基地)迅速崛起，“河阳”汽缸套、“金箍”制动器、“中轴”凸轮轴、“风神”工程胎品牌效应初显。

（三）传统支柱行业企业技术创新能力明显提升。一批老制造企业经过体制改革、战略重组、升级改造、科研创新等，重新焕发出了旺盛生命力。河南洛阳中信重工机械股份有限公司，依靠一批自主知识产权成果，迅速占领矿山、水泥、冶金三大行业装备的高端市场，获得和已被受理专利技术100多项，成为重型装备制造业前沿技术的引领者。“高端矿山重型装备技术创新工程”获国家科技进步企业技术创新工程奖，“12 000吨航空铝合金厚板张力拉伸装备研制与应用”项目获国家科技进步二等奖，连续三年新产品贡献率超过70%。国内外多家知名企业纷纷与该公司签署合作协议，2015年几乎拿到了来自国际、国内大型矿山的所有新开项目的大型设备订单。该企业反映，订单已经排到后两年，现有生产能力满足不了客户需求。

（二）证券业快速发展，多层次资本市场体系不断完善

1. 证券公司快速发展，资本市场融资规模稳步提高。2015年，河南省证券市场主体日益丰富，资产规模继续增加，盈利能力进一步扩大，从业人员持续增加。全年直接融资2 582亿元，同比多增206亿元。新增境内外上市公司7家，首发融资69.78亿元。上市公司现金分红82.13亿元，同比增加11.1%。中原股权交易中心正式成立，服务实体经济和小微企业的功能初步显现。

表3 2015年河南省证券业基本情况

项目	数量
总部设在辖内的证券公司数（家）	1
总部设在辖内的基金公司数（家）	0
总部设在辖内的期货公司数（家）	2
年末国内上市公司数（家）	73
当年国内股票（A股）筹资（亿元）	206
当年发行H股筹资（亿元）	101
当年国内债券筹资（亿元）	1 269
其中：短期融资券筹资额（亿元）	498
中期票据筹资额（亿元）	582

注：当年国内股票（A股）筹资额是指非金融企业境内股票融资。
数据来源：河南证监局。

2. 期货交易品种进一步丰富，交易量稳步上升。郑州商品交易所积极推进新品种、新工具研发及上市工作，2015年累计成交量21.4亿手，累计成交62万亿元，同比分别提高58%和33%。菜籽油、PTA、白糖、甲醇为主要交易品种，成交占比分别为24.4%、21.6%、17.5%、9.4%。

（三）保险业保障能力逐步增强

1. 保险覆盖面进一步提升，各项经营指标向好。2015年，河南省财产险公司保费收入继续保持平稳较快增长，承保利润稳步提高；人身险公司保费收入明显加快，不同渠道、不同结构、不同产品增长全面提速。新单折标率、期缴率等主要指标继续向好，与民生保障关系密切的年金保险同比大幅增长90.6%。保险密度、保险深度继续提高，比上年分别提高232元、0.4%。

2. 产品创新步伐加快，服务实体经济能力持续提升。2015年河南省保险业累计提供风险保障17.6万亿元，赔付支出447.7亿元。农业保险取得积极成效，小麦等7个险种保额提高到60%，玉米天气指数保险、涉农贷款保证保险等多个创新型险种顺利启动，农业保险保费收入增长53%。全面实施城乡居民大病保险，覆盖面进一步提高。

3. 市场主体日益丰富，保险业各项改革稳步推进。2015年，河南省保险业市场主体及从业人员持续增加，资产规模进一步扩大。地方法人寿险公司组建工作顺利推进，第一家保险法人机构中原农业保险股份有限公司开业运营，商业车

表4 2015年河南省保险业基本情况

项目	数量
总部设在辖内的保险公司数（家）	1
其中：财产险经营主体（家）	1
人身险经营主体（家）	0
保险公司分支机构（家）	6 004
其中：财产险公司分支机构（家）	2 237
人身险公司分支机构（家）	3 767
保费收入（中外资，亿元）	1 248.8
其中：财产险保费收入（中外资，亿元）	320.2
人身险保费收入（中外资，亿元）	928.6
各类赔款给付（中外资，亿元）	447.7
保险密度（元/人）	1 330.0
保险深度（%）	3.4

数据来源：河南保监局。

险条款费率改革顺利启动，险资入豫继续稳步推进。

（四）融资结构继续调整，直接融资功能增强

1. 社会融资结构调整，金融市场直接融资功能进一步增强。2015年，全省社会融资规模增量为5 756亿元，社会融资结构调整明显，未贴现的银行承兑汇票、委托贷款和信托贷款等表外融资大幅收缩，企业债券和股票融资稳定增长，直接融资在社会融资规模中占比小幅提高。银行间市

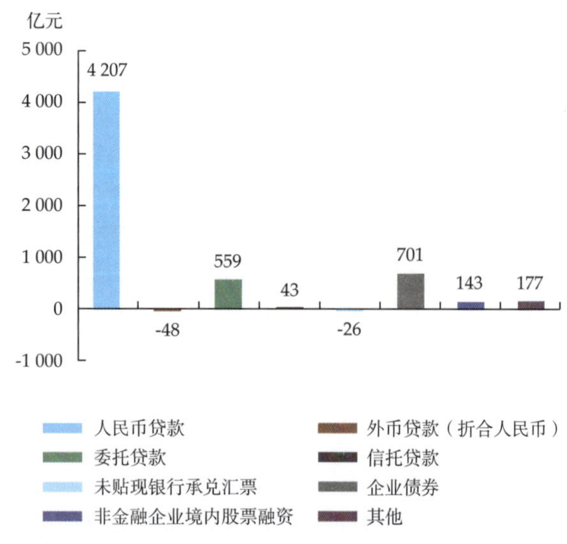

数据来源：中国人民银行郑州中心支行调查统计部门。

图5 2015年河南省社会融资规模分布结构

场融资功能进一步增强：2015年，河南省新发行非金融企业债务融资工具比上年增加131亿元；地方政府债券发行顺利，全年在银行间市场共发行置换和新增债券1 424.9亿元。

2. 货币市场交易规模大幅增长，市场利率明显下行。2015年，在有效信贷需求不足的情况下，金融机构加强了货币市场业务运作，以提升盈利能力，河南省货币市场业务全年累计成交195 881.7亿元，同比增长98.4%。市场交易以资金融入为主，合计净融入资金6.8亿元。由于市场流动性总体充裕，货币市场利率下行明显，质押式回购、同业拆借加权平均利率同比分别下降154个、152个基点。

3. 票据融资快速增长，融资利率保持下行。2015年，河南省金融机构累计签发承兑汇票、办理贴现发生额同比分别提高6.6%、106.3%。受货币市场利率下行和票据市场供求变化等因素影响，河南省票据市场利率整体保持下行趋势，由于年底资金较为紧张，12月票据贴现和转贴现利率微幅升高。

表5　2015年河南省金融机构票据业务量统计

单位：亿元

季度	银行承兑汇票承兑		贴现			
			银行承兑汇票		商业承兑汇票	
	余额	累计发生额	余额	累计发生额	余额	累计发生额
1	4 298.6	2 319.1	831.9	1 687.0	25.5	169.6
2	4 708.6	5 084.8	956.5	5 607.1	34.2	358.9
3	4 580.9	6 950.1	939.0	11 028.2	33.4	477.0
4	4 475.7	9 030.9	1 029.5	14 023.6	45.3	601.8

数据来源：中国人民银行郑州中心支行货币信贷部门。

表6　2015年河南省金融机构票据贴现、转贴现利率

单位：%

季度	贴现		转贴现	
	银行承兑汇票	商业承兑汇票	票据买断	票据回购
1	5.3925	6.6900	5.3016	5.3636
2	4.2045	6.2024	4.0716	3.8469
3	3.8028	6.4523	3.6922	3.5065
4	3.4178	6.0219	3.3672	3.4067

数据来源：中国人民银行郑州中心支行货币信贷部门。

表7　2015年郑州商品交易所交易统计

交易品种	累计成交金额（亿元）	同比增长（%）	累计成交量（万张）	同比增长（%）
一号棉花	28 699.9	-34.5	4 522.7	-28.9
菜籽油	0	—	0	—
早籼稻	0	—	0	—
PTA	111 352.0	52.5	46 315.6	96.5
优质强筋小麦	509.0	-54.7	92.1	-55.1
硬白小麦	0	—	0	—
白糖	201 240.7	119.2	37 464.7	91.7
甲醇	842.5	-97.0	78.6	-96.3
动力煤	2 707.5	-0.8	334.3	-0.7
玻璃FG	14 838.5	-0.6	8 309.7	-0.5
粳稻JR	0.1	-1.0	0.0	-1.0
普麦PM	2.9	-0.1	0.2	0.0
菜籽粕RM	111 617.2	-0.3	52 297.4	-0.1
油菜籽RS	34.6	1.1	9.1	1.7
合计	471 845.0	3.0	—	—

数据来源：郑州商品交易所。

4. 黄金成交略有下降，跨境资金净流入同比略降。受美联储加息预期、国际大宗商品市场价格波动和金价低迷因素的影响，2015年河南省黄金交易量同比下降8.5%。随着美国货币政策正常化进程的启动，2015年下半年河南省跨境支出规模明显扩大，使得全年支出增幅大于收入增幅，全年净流入同比下降3.7%。

（五）金融生态环境建设继续推进

1. 社会信用体系建设全面推进。全面启动公共信用信息平台和“信用河南”网站建设，推动落实统一社会信用代码制度，19个重点行业和领域建立信用记录，31个部门面向社会提供信息查询和共享服务。全省中小企业和农村信用体系建设全面开展，首批确认8个县（市）为“河南省中小企业信用体系建设专项工程示范区（2016～2017年）”，9个县（市）为“河南省农村信用体系建设专项工程示范区（2016～2017年）”。

2. 支付体系建设稳步推进。推进银行卡助农取款服务点转化及新设综合性惠农支付服务点，探索“惠农支付+农村电商”融合发展。推动非现金支付工具创新，开展金融IC卡公共交通应用、直销银行等创新业务。

二、经济运行情况

2015年，河南省经济呈现出总体平稳的运行态势。全省地区生产总值达37 010.3亿元，同比增长8.3%。三次产业结构由2014年的11.9：51.0：37.1调整为11.4：49.1：39.5。

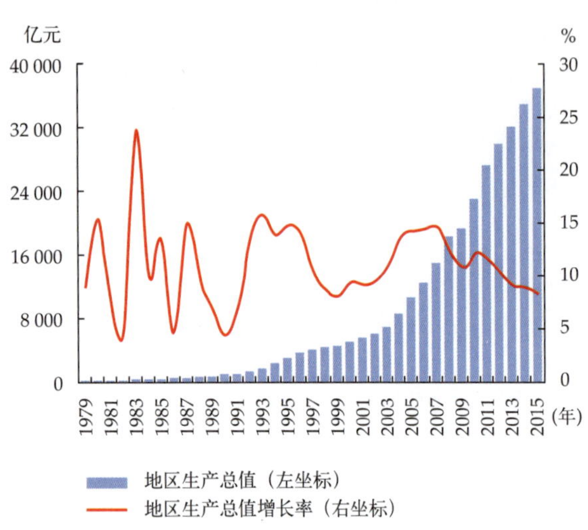

数据来源：河南省统计局。

图6　1979～2015年河南省地区生产总值及其增长率

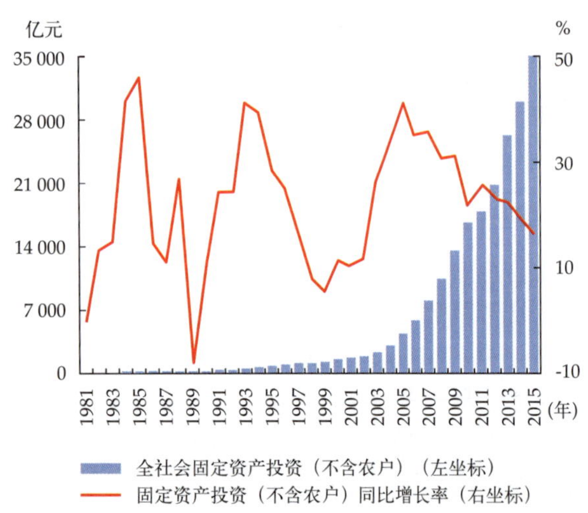

数据来源：河南省统计局。

图7　1981～2015年河南省固定资产投资（不含农户）及其增长率

（一）经济增长动力继续改善

1. 投资结构进一步改善。受工业和房地产投资回落的影响，2015年，河南省固定资产投资增速比上年回落2.7个百分点。稳增长政策措施带动基础设施投资力度加大，政府和社会资本合作（PPP）模式、新型城镇化基金、专项建设基金等对投资的带动作用增强。公共管理、电子信息、租赁和商务服务等新兴行业投资快速增长。

2. 城乡居民消费领域不断拓宽。2015年，河南省城乡居民收支水平稳步提高，居民生活消费领域不断拓宽，教育、文化娱乐、参观旅游、美容保健受青睐，消费信息化程度进一步提高，交

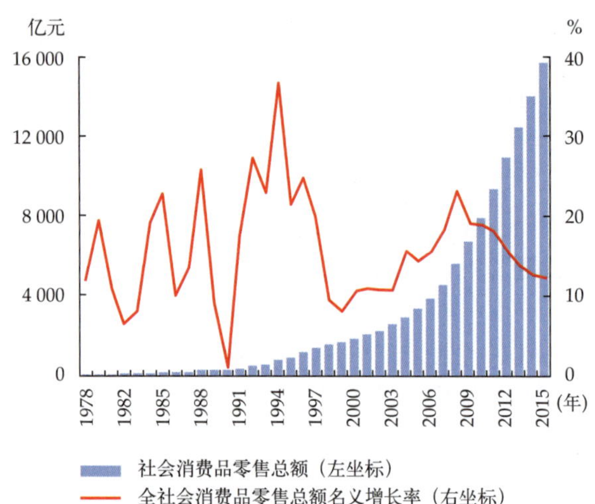

数据来源：河南省统计局。

图8　1979～2015年河南省社会消费品零售总额及其增长率

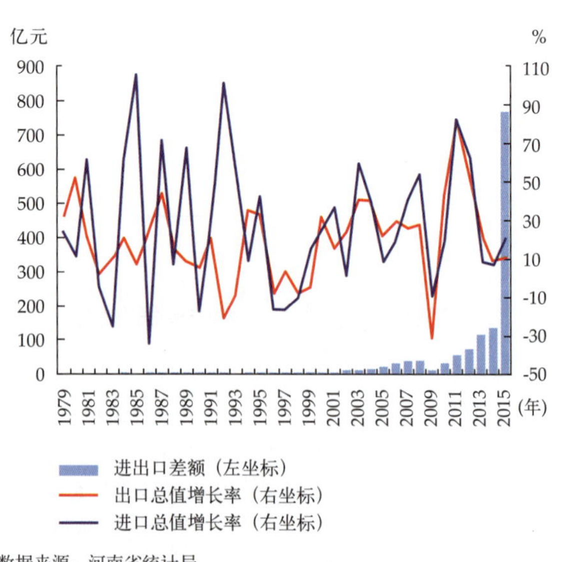

数据来源：河南省统计局。

图9　1979～2015年河南省外贸进出口变动情况

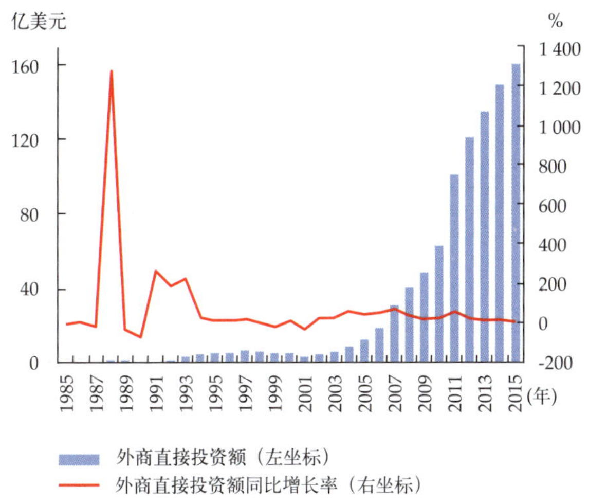

数据来源：河南省统计局。

图10　1985~2015年河南省外商直接投资额及其增长率

通通信支出继续攀升。

3. 进出口贸易快速增长。2015年富士康相关企业带动全省对外贸易逆势上扬，进出口贸易同比增长15.3%，增速比上年提高6.8个百分点。其中，机电产品和高新技术产品出口增速分别高于全部出口增速6.6个、11.8个百分点。全年新批准外商投资企业272个，实际利用外商直接投资同比增长7.8%。

（二）产业结构进一步优化，服务业发展加快

1. 农业生产形势良好，农村改革持续推进。2015年，河南省粮食总产量达1 213.4亿斤，创历史新高。农民合作社等各类新型农业经营主体发展到16万家，土地流转面积达到3 914万亩。在全国率先出台高标准粮田保护条例，抗灾能力显著增强。新培育省级标准农业产业化集群70个，现代农业产业体系加快形成。完成4 790万亩农村土地承包经营权确权，农村改革进展顺利。

2. 工业生产平稳增长，结构调整呈现积极变化。受能源原材料行业持续低迷影响，2015年河南省规模以上工业增加值同比增速有所回落，但仍保持8.6%的较快增长。同时，工业内部结构继续呈现积极变化，高成长性制造业、高技术产业增加值分别高于全省工业增速2.8个、11.4个百分点，占全省规模以上工业的比重分别提高2.5个、1.2个百分点。

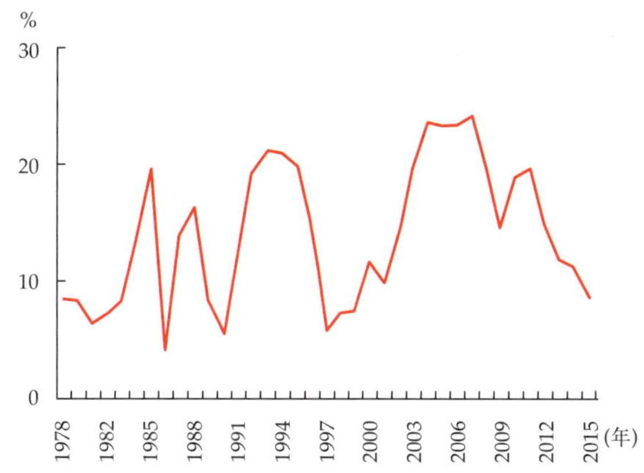

数据来源：河南省统计局。

图11　1979~2015年河南省规模以上工业增加值同比增长率

3. 服务业快速发展，对经济增长贡献度提高。2015年，全省第三产业增加值增速分别高于第一、第二产业6.1个、2.5个百分点。服务业对全省经济增长贡献率达到37.9%，拉动力进一步提升。现代服务业在促进经济“转方式、调结构”中的作用不断提升，其中现代物流业带动优势明显，信息服务业发展加快，文化产业发展稳健，郑州市已建成国家动漫产业发展基地、郑州动漫产业基地两大动漫产业基地。

（三）物价温和上涨，大众创业保就业稳定

1. 居民消费价格低位运行，生产价格降幅持续扩大。2015年，河南省居民消费价格同比上涨1.3%，较上年回落0.6个百分点，连续三年保持在3%以下的较低水平。受需求不足及产能过剩等因素的影响，河南省工业生产者出厂价格同比下降4.6%，工业生产者购进价格下降4.6%，降幅分别扩大2.7个、3个百分点，分别连续43个月、44个月下降。

2. 大众创业确保就业形势基本稳定，劳动力价格稳步提高。2015年，河南省深入实施就业创业扶持政策，助力大众创业万众创新，就业形势基本稳定，全年城镇新增就业144.5万人。同时，

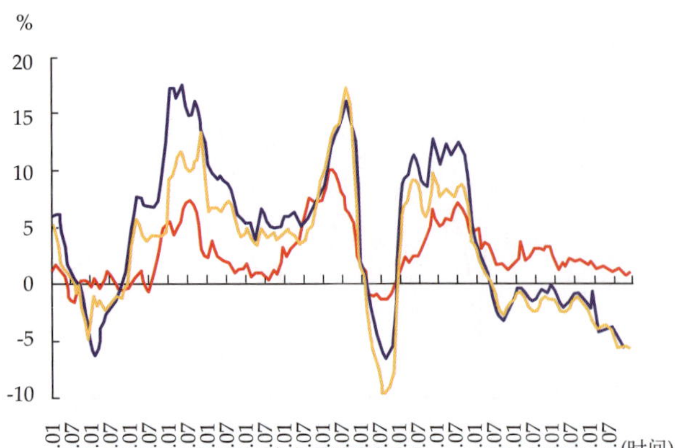

数据来源：河南省统计局。

图12　2001～2015年河南省居民消费价格和生产者价格变动趋势

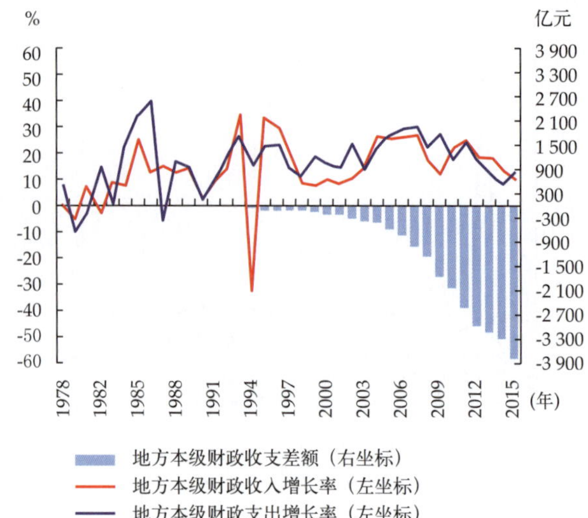

数据来源：河南省统计局。

图13　1979～2015年河南省财政收支状况

劳动力价格进一步提高，城镇居民工资性收入继续增长，农民外出务工环境持续改善，外出务工工资水平稳步提高。

（四）财政收入增速放缓，财政支出结构优化

经济“新常态”下，河南省财政收入由高速增长转为中低速增长，财政支出结构不断调整优化，重点保障了教育、就业、医疗、住房保障以及改善农村生产生活条件。2015年，财政资金稳增长、调结构的杠杆作用充分发挥，全年累计安排新型城镇化转移支付和城乡一体化示范区补助资金120亿元；筹措各类专项资金69亿元，支持高成长性产业和先进制造业发展；建立小微企业信用担保代偿补偿机制，支持小微企业发展。

（五）工业能耗水平全面下降

2015年河南省通过实施节能减排降碳重点工程，健全能源消费总量和主要污染物排放总量预算管理制度，推动循环经济加快发展，全年规模以上工业单位增加值能耗同比下降11.5%，行业单位工业增加值能耗下降面达87.5%，万元生产总值能耗下降6.5%。

专栏2　河南省“互联网+”调查分析

2015年以来，国家深入推进以互联网为基础设施和创新要素的新业态、新模式和新产品的发展。河南省各级政府行动积极，采取筹建“互联网+”产业发展基金、大力发展电子商务等政策措施，促进“互联网+”与区域特色产业和公共服务融合，引导“互联网+”产业快速发展。企业围绕电子商务、内部管理、自动化生产、物联网等变革生产方式和销售模式。金融部门不断加大信贷产品和服务方式创新，支持企业“互联网+”升级改造。

一、多措并举引导“互联网+”产业快速发展。一是筹建“互联网+”产业发展基金。河南省积极筹建“互联网+”产业发展基金和中小企业发展基金，投资于河南省“互联网+”行动计划实施方案确定的相关领域，以及引进高层次人才“百人计划”相关的“互联网+”项目。二是大力搭建电子商务平台。郑州市建立了1个国家级电子商务示范基地、5个省级示范基地、2

个省级产业园区，开通了“E贸易”试点平台，目前平台已入驻企业319家。濮阳、焦作、漯河、信阳等市采取建立电商园区、引进知名电商企业、设立电商发展引导资金等多种方式推动电子商务发展。2015年，河南省电子商务交易额达7 720亿元，同比增长36.4%。三是大力推进“互联网+”与区域特色产业和公共服务融合。开封市立足当地特色，着力打造智慧旅游公共服务平台；平顶山市利用“互联网+”提升公共服务管理水平；安阳市建立云技术大数据中心，打造“政务云”、“工业云”、“民生云”。

二、企业积极利用“互联网+”改造提升经营模式。在“互联网+制造业”方面，洛阳市围绕重工业占比大的实际，积极利用“互联网+”促进制造业转型升级；安阳市有60%的装备制造企业与电商企业建立了合作关系；漯河市利通液压科技股份有限公司实现了线上线下销售及售后服务。在“互联网+食品加工业”方面，河南众品食业股份有限公司建立“鲜易网”电子交易平台，将新兴产业与传统产业融合，实现了从传统加工制造业向服务企业、平台型企业和生态型企业的转变；三门峡市振宇食品有限公司、香盛轩核桃专业合作社等，结合B2B（企业对企业）、B2C（企业对消费者）、O2O（线上线下）、移动互联等电商模式，构建企业微博、微信等新媒体营销平台。在“互联网+现代农业”方面，鹤壁市农业硅谷产业园搭建“农业信息化综合管理服务平台”，与“智慧鹤壁”指挥中心、农技推广区域服务站、村级益农信息服务社、新型农业经营主体联网进行对接，实现了物联网全方位、多领域示范应用。在“互联网+旅游”方面，洛阳龙门石窟景区创新开启“互联网+智慧景区”模式，以政府为主导、以景区为主体、以“互联网+”为平台、以专业化团队为支撑，借助云计算、大数据等工具，使龙门石窟旅游实现了从“人工”到“智能”的转变。

三、金融机构不断加大对“互联网+”的金融支持。农业银行河南省分行为农业科技企业制定了专门行业政策；浦发银行郑州分行明确互联网零售、智慧城市基础设施、现代物流等行业的信贷投放增速高于全部贷款；邮储银行河南省分行不断挖掘“互联网+”的中小企业客户。除加大信贷投放外，金融机构还充分利用自身技术优势，帮助中小企业搭建互联网平台，中信银行郑州分行搭建电商服务平台，为企业线上资金结算与融资提供金融服务；工商银行河南省分行针对小微企业开办网贷通、电子供应链融资、公司逸贷、融e购、商e贷等线上融资产品，截至2015年年末，该行网络融资规模已超过115亿元。

（六）房地产市场运行总体平稳

2015年，河南省房地产市场总体平稳，房地产开发投资增速有所回落，企业资金状况改善，新开工面积恢复增长，市场交易明显增加，价格温和上涨。受开发企业信心不足的影响，土地购置面积和成交价格下降。房地产金融运行较为平稳，房地产贷款快速增长，重点支持了居民个人住房贷款需求。

1. 房地产开发投资增幅继续回落，资金来源状况改善。2015年，河南省房地产开投资同比增长10.1%，比2014年回落3.7个百分点。房地产开发项目到位资金同比增长8.3%，利用外资、自筹资金增长较快，比2014年分别提高468.7%、8.4%。

2. 土地购置面积降幅收窄，新开工面积增速由负转正。2015年，河南省房地产开发企业土地购置面积为951.4万平方米，同比下降14.8%，比2014年提高10.9个百分点。房屋新开工面积为10 974万平方米，同比增长3.7%，新开工面积增速由2014年的负增长转为正增长。

3. 商品房销售额和销售面积增长明显。2015年，河南省商品房销售额、销售面积分别增长14.7%、8.6%，同比分别提高2.8个、0.8个百分点。18个省辖市中的13个城市商品房销售面积和销售额增长明显，省会郑州商品房销售额和销售面积增速提高，占全省商品房销售额和销售面积中的比重比2014年分别提高1.2个和2.0个百分点。

4. 土地成交价格微幅下降，商品房价格温和上涨。三四线城市库存压力和企业信心不足，土地成交价格微幅下滑，2015年，河南省土地成交均价同比下降0.6%。多项房地产政策推动，商品房价格温和上涨，商品房均价同比增长5.6%。按照住建部门交易备案数据口径，河南省二手房价格同比上涨11.4%。省会郑州市由于人口持续流入需求强劲，房价涨幅明显，商品房和二手房销售均价同比分别上涨2.6%和15%。

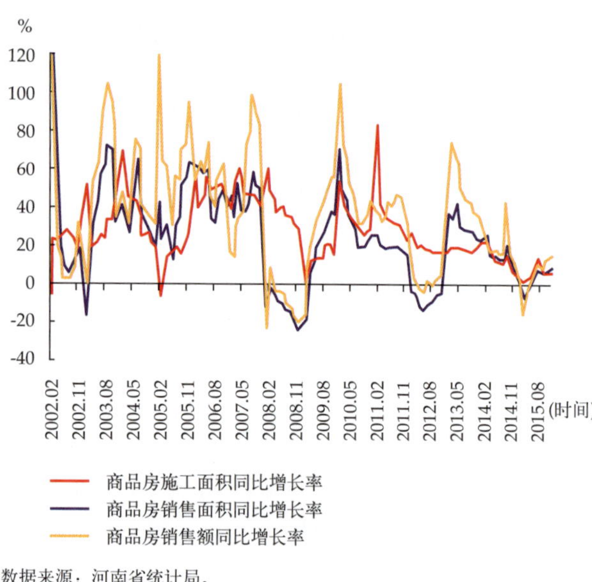

数据来源：河南省统计局。

图14 2002~2015年河南省商品房施工和销售变动趋势

5. 房地产贷款增幅有所回落。2015年年末，河南省金融机构房地产贷款余额为7 246.6亿元，同比增长31.3%，比2014年回落12.7个百分点。其中，企业投资意愿不足，房地产开发贷款增速回落42.9个百分点；住房信贷政策多次调整，个人住房贷款平稳增长，个人住房贷款增速仅回落2.7个百分点；由于同比基数较大和保障房建设计划减少，保障房开发贷款增速同比回落126.9个百分点。

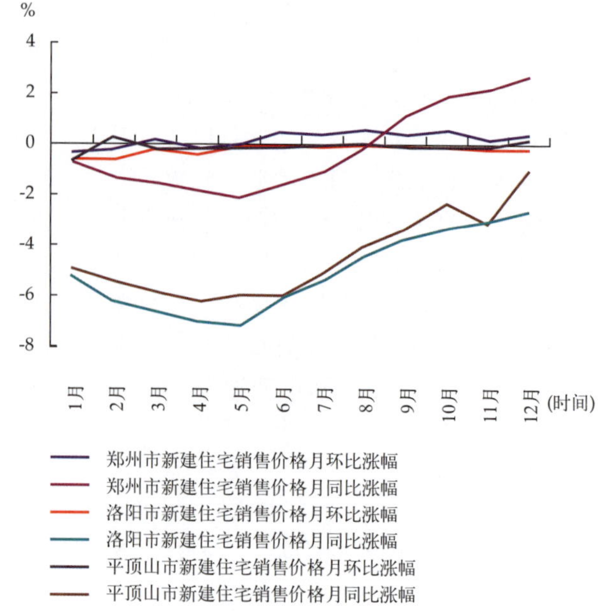

数据来源：河南省统计局。

图15 2015年河南省主要城市新建住宅销售价格变动趋势

三、预测与展望

2016年，河南省发展挑战与机遇并存。一方面，河南省产业结构固化、创新驱动能力较弱、新旧动能转换尚不到位，在去产能、去库存、去杠杆的背景下，经济下行压力仍然较大。另一方面，工业化、信息化、城镇化、农业现代化同步发展蕴藏巨大潜力，将有效提振总需求；中原城市群、跨境电子商务综合试验区、航空港区等改革开放举措不断深化，发展活力动力不断提高；供给侧改革持续推进，新兴产业和服务业带动作用显著增强，预计经济仍将保持平稳较快发展。

2016年，人民银行郑州中心支行将认真贯彻执行稳健货币政策，为供给侧改革营造稳定的货币政策环境，强化专项信贷政策实施，引导金融机构继续优化信贷结构，切实降低融资成本，防范区域性金融风险，进一步提升金融服务和管理水平，促进河南省经济金融更好发展。

中国人民银行郑州中心支行货币政策分析小组
总　纂：庞贞燕
统　稿：翟向祎　刘海军
执　笔：许艳霞　郭　磊　李玉欣
提供材料的还有：孟蓼筠　宋　杨　郑　方　李　伟　沈志宏　武帅峰　赵庆光　张　铮　尹志刚
琚亚利　王　莎　韩保恒　李星伟　吕金旺　张利娴　王利娟　万　昉　常　虹
茹芳芳　刘　曲

附录

（一）2015年河南省经济金融大事记

2月17日，国家外汇管理局河南省分局出台《关于进一步简政放权 支持河南省涉外经济平稳健康发展的指导意见》，提高贸易投资便利化水平。

5月27日，河南省十二届人大常委会第十四次会议审议通过《河南省高标准粮田保护条例》，河南成为全国首个为高标准粮田立法的省份。

6月26日，郑（州）焦（作）城际铁路正式开通运营。

6月28日，河南省区域股权交易中心——中原股权交易中心在郑州正式成立。

7月27日，郑州航空港经济综合实验区跨境人民币创新业务试点启动暨项目合作签约仪式在人民银行郑州中心支行举办，河南成为首个内陆省份跨境人民币创新业务试点，其中人民币贸易融资资产跨境转让为全国首创。

9月8日，河南省首家保险法人机构——中原农业保险股份有限公司在郑州正式成立。

10月18日，河南省唯一一家具有不良资产批量收购业务资质的地方资产管理公司——中原资产管理有限公司在郑州正式成立。

11月6日，河南省人民政府与三大电信运营商、铁塔公司签订战略合作协议，河南成为全国七大互联网信源集聚地。

12月14日，上合组织成员国政府首脑（总理）理事会第十四次会议在郑州召开。

12月22日，郑州新郑国际机场二期扩建工程正式投入运营。

（二）2015年河南省主要经济金融指标

表1　2015年河南省主要存贷款指标

		1月	2月	3月	4月	5月	6月	7月	8月	9月	10月	11月	12月
本外币	金融机构各项存款余额（亿元）	44 032	44 715	46 387	46 110	46 313	47 804	47 689	47 682	48 467	47 978	48 721	48 282
	其中：住户存款	23 563	25 164	25 582	25 123	24 954	25 479	25 586	25 692	26 080	25 942	25 884	26 154
	非金融企业存款	12 745	12 263	13 020	13 138	13 115	13 595	13 393	13 337	13 348	13 180	13 551	13 836
	各项存款余额比上月增加（亿元）	1 583	683	1 672	-277	203	1 491	-115	-7	785	-489	743	-439
	金融机构各项存款同比增长（%）	14.4	13.0	12.7	13.8	12.2	11.7	12.2	12.4	13.8	13.1	14.1	13.6
	金融机构各项贷款余额（亿元）	28 255	28 731	29 124	29 343	29 663	30 359	30 803	31 101	31 342	31 519	31 755	31 799
	其中：短期	13 216	13 437	13 517	13 539	13 553	13 881	14 004	14 098	14 103	14 039	14 037	14 022
	中长期	14 128	14 419	14 732	14 902	15 101	15 344	15 570	15 762	16 029	16 182	16 332	16 475
	票据融资	842	795	791	812	912	1 015	1 089	1 079	1 054	1 136	1 199	1 148
	各项贷款余额比上月增加（亿元）	658	476	393	219	319	697	444	298	241	177	237	43
	其中：短期	112	221	80	22	14	328	123	94	5	-64	-2	-15
	中长期	466	291	313	170	199	243	226	192	267	153	150	143
	票据融资	78	-47	-4	21	100	103	74	-10	-25	82	63	-51
	金融机构各项贷款同比增长（%）	17.5	18.4	18.5	18.1	17.5	17.1	17.4	17.2	16.9	16.2	16.0	15.3
	其中：短期	9	10	10	10	9	8	8	8	8	7	7	7
	中长期	24	26	26	25	24	24	24	23	24	23	22	21
	票据融资	56	50	44	47	46	66	63	59	49	61	61	51
	建筑业贷款余额（亿元）	836	833	858	865	879	886	895	915	965	979	986	981
	房地产业贷款余额（亿元）	1 155	1 214	1 230	1 231	1243	1 246	1 239	1 260	1 288	1 279	1 274	1 278
	建筑业贷款同比增长（%）	21.3	17.3	16.8	16.3	14.6	14.1	12.8	14.0	17.5	18.6	19.4	20.8
	房地产业贷款同比增长（%）	25.6	29.6	28.4	26.2	27.0	24.1	22.0	21.4	23.9	21.4	20.9	14.4
人民币	金融机构各项存款余额（亿元）	43311	43946	45 502	45 229	45 455	46 949	46 827	46 800	47 711	47 243	48 042	47 630
	其中：住户存款	23488	25085	25 500	25 040	24 872	25 397	25 499	25 598	25 986	25 848	25 785	26 049
	非金融企业存款	12101	11575	12 219	12 342	12 341	12 826	12 621	12 551	12 686	12 543	12 974	13 294
	各项存款余额比上月增加（亿元）	1419	1420	1 421	1 422	1 423	1 424	1 425	1 426	1 427	1 428	1 429	1 430
	其中：住户存款	514	515	516	517	518	519	520	521	522	523	524	525
	非金融企业存款	37	-526	644	123	-1	485	-205	-70	135	-143	431	320
	各项存款同比增长（%）	14.5	13.0	12.3	13.4	11.9	11.4	11.9	11.9	13.4	12.9	14.0	13.5
	其中：住户存款	7	12	12	13	12	10	11	12	12	13	13	13
	非金融企业存款	21	11	8	9	6	5	6	606	9	9	12	15
	金融机构各项贷款余额（亿元）	27 888	28 321	28 688	28 892	29 181	29 828	30 255	30 516	30 857	31 096	31 358	31 433
	其中：个人消费贷款	4 814	4 890	4 980	5 090	5 192	5 308	5 417	5 538	5 652	5 729	5 864	5 962
	票据融资	842	795	791	812	912	1 015	1 089	1 079	1 054	1 136	1 199	1 148
	各项贷款余额比上月增加（亿元）	647	433	367	204	288	647	427	293	344	205	262	74
	其中：个人消费贷款	155	76	90	110	102	116	109	121	114	77	135	98
	票据融资	78	-47	-4	21	-812	103	74	-10	-25	82	63	-51
	金融机构各项贷款同比增长（%）	18.1	18.9	18.6	18.0	17.4	17.0	17.2	16.9	16.7	16.5	16.2	15.4
	其中：个人消费贷款	32	33	32	32	31	30	29	29	29	27	28	28
	票据融资	56	50	44	47	46	66	63	59	49	61	61	51
外币	金融机构外币存款余额（亿美元）	111	118	136	136	132	132	133	136	116	113	104	100
	金融机构外币存款同比增长（%）	2.3	4.0	25.5	37.6	23.7	24.0	22.0	36.9	37.8	19.9	14.3	10.4
	金融机构外币贷款余额（亿美元）	56	63	67	69	74	82	84	90	75	65	61	56
	金融机构外币贷款同比增长（%）	-21.8	-14.1	5.0	14.9	18.6	18.7	22.5	29.5	27.8	-5.0	-7.0	-2.8

数据来源：中国人民银行郑州中心支行调查统计部门。

表2　2001～2015年河南省各类价格指数

单位：%

年/月		居民消费价格指数		农业生产资料价格指数		工业生产者购进价格指数		工业生产者出厂价格指数	
		当月同比	累计同比	当月同比	累计同比	当月同比	累计同比	当月同比	累计同比
2001		—	0.7	—	-0.9	—	1.9	—	0.5
2002		—	0.1	—	0.9	—	-2.4	—	-1.4
2003		—	1.6	—	1.9	—	7.8	—	5.0
2004		—	5.4	—	11.4	—	15.7	—	10.2
2005		—	2.1	—	7.9	—	8.3	—	6.1
2006		—	1.3	—	1.2	—	5.3	—	4.3
2007		—	5.4	—	6.1	—	6.4	—	5.2
2008		—	7.0	—	20.9	—	11.9	—	12.1
2009		—	-0.6	—	-1.9	—	-2.9	—	-5.1
2010		—	3.5	—	3.1	—	10.2	—	7.8
2011		—	5.6	—	11.1	—	10.1	—	7.2
2012		—	2.5	—	5.4	—	-0.8	—	-0.6
2013		—	2.9	—	1.3	—	-0.7	—	-1.5
2014		—	1.9	—	-2.1	—	-1.6	—	-2.9
2015		—	1.3	—	0.3	—	-4.6	—	-4.6
2014	1	2.0	2.0	-1.9	-1.9	-1.1	-1.1	-2.0	-2.0
	2	1.2	1.6	-2.2	-2.1	-1.9	-1.5	-2.3	-2.1
	3	1.9	1.7	-2.5	-2.2	-2.5	-1.8	-2.6	-2.3
	4	1.5	1.6	-2.8	-2.4	-2.0	-1.9	-2.3	-2.3
	5	2.3	1.8	-2.6	-2.4	-1.4	-1.8	-1.7	-2.2
	6	2.1	1.8	-3.4	-2.6	-1.1	-1.7	-1.4	-2.0
	7	2.0	1.8	-3.0	-2.6	-0.6	-1.5	-1.0	-1.9
	8	2.1	1.9	2.5	-2.6	-0.7	-1.4	-1.1	-1.8
	9	1.9	1.9	-1.6	-2.5	-1.1	-1.4	-1.6	-1.8
	10	2.0	1.9	-1.2	-2.4	-1.7	-1.4	-2.0	-1.8
	11	1.8	1.9	-0.9	-2.2	-2.3	-1.5	-2.5	-1.9
	12	0.5	1.9	-0.8	-2.1	-2.9	-1.6	-3.0	-1.9
2015	1	1.2	1.2	-1.0	-1.0	-3.6	-3.6	-3.6	-3.6
	2	1.8	1.5	-1.0	-1.0	-4.2	-3.9	-3.8	-3.7
	3	1.6	1.5	-0.2	-0.7	-4.0	-3.9	-3.8	-3.7
	4	1.7	1.6	0.7	-0.4	-3.8	-3.9	-3.5	-3.7
	5	1.2	1.5	0.8	-0.1	-3.8	-3.9	-4.0	-3.7
	6	1.1	1.4	1.3	0.1	-4.2	-3.9	-4.3	-3.8
	7	1.4	1.4	1.8	0.3	-4.4	-4.0	-4.9	-4.0
	8	1.6	1.5	1.4	0.5	-5.1	-4.1	-5.5	-4.2
	9	1.2	1.4	0.3	0.5	-5.5	-4.3	-5.6	-4.3
	10	0.7	1.3	0.2	0.4	-5.5	-4.4	-5.5	-4.4
	11	1.0	1.3	-0.3	0.4	-5.6	-4.5	-5.7	-4.6
	12	1.1	1.3	-0.1	0.3	-5.7	-4.6	-5.7	-4.6

数据来源：河南省统计局、《中国经济景气月报》。

表3　2015年河南省主要经济指标

	1月	2月	3月	4月	5月	6月	7月	8月	9月	10月	11月	12月
绝对值（自年初累计）												
地区生产总值（亿元）	—	—	7 720	—	—	16 737	—	—	26 927	—	—	37 010
第一产业	—	—	609	—	—	1 771	—	—	3 599	—	—	4 209
第二产业	—	—	4 405	—	—	8 598	—	—	13 171	—	—	18 189
第三产业	—	—	2 706	—	—	6 367	—	—	10 157	—	—	14 611
工业增加值（亿元）	—	—	—	—	—	—	—	—	—	—	—	—
固定资产投资（亿元）	—	1 769	4 327	7 538	11 132	15 222	18 281	21 264	24 613	27 792	31 464	34 951
房地产开发投资	—	466	1 048	1 698	2 414	3 315	3 980	4 614	5 340	6 050	6 835	7 603
社会消费品零售总额（亿元）	—	2 628	3 810	5 018	6 242	7 493	8 723	10 008	11 297	12 733	14 227	15 740
外贸进出口总额（亿元）	—	696	1 009	1 367	1 716	2 033	2 324	2 599	3 096	3 707	4 206	4 600
进口	—	259	387	560	717	867	989	1 117	1 333	1 584	1 790	1 916
出口	—	437	622	807	999	1 166	1 335	1 482	1 763	2 123	2 416	2 684
进出口差额(出口－进口)	—	178	235	247	282	299	346	365	430	539	626	768
外商实际直接投资（亿美元）	—	13	24	36	53	69	78	82	100	115	139	161
地方财政收支差额（亿元）	-28	-229	-486	-842	-1 032	-1 652	-1 899	-2 154	-2 631	-2 887	-3 297	-3 796
地方财政收入	270	431	696	920	1 165	1 530	1 763	1 950	2 195	2 439	2 681	3 010
地方财政支出	298	660	1 182	1 762	2 197	3 182	3 662	4 104	4 826	5 326	5 978	6 806
城镇登记失业率(%)(季度)	—	—	2.9	—	—	2.9	—	—	2.9	—	—	3
同比累计增长率（%）												
地区生产总值	—	—	7.0	—	—	7.8	—	—	8.2	—	—	8.3
第一产业	—	—	3.9	—	—	4.1	—	—	4.3	—	—	4.4
第二产业	—	—	8.0	—	—	7.9	—	—	8.2	—	—	8.0
第三产业	—	—	5.6	—	—	8.8	—	—	10.0	—	—	10.5
工业增加值	—	8.5	7.2	7.5	7.8	9.0	8.8	8.8	8.9	8.7	8.8	8.2
固定资产投资	—	15.9	16.3	15.7	15.6	15.7	15.7	15.6	15.6	15.9	16.2	16.5
房地产开发投资	—	12.1	7.9	8.5	9.0	10.8	11.0	11.3	10.4	10.7	11.8	12.2
社会消费品零售总额	—	12.4	12.3	12.2	12.2	12.2	12.2	12.3	12.3	12.4	12.4	12.4
外贸进出口总额	—	28.8	22.0	24.5	26.7	26.7	24.6	22.2	21.2	23.4	20.3	15.3
进口	—	24.1	22.3	32.0	35.2	38.2	35.6	33.1	30.4	31.8	29.4	21.9
出口	—	31.8	21.9	19.7	21.2	19.4	17.6	15.0	15.1	17.9	14.4	11.0
外商实际直接投资	—	-21.2	-20.9	-8.4	4.5	1.4	4.0	0.2	0.5	0.1	1.7	7.8
地方财政收入	1.7	1.6	3.5	3.9	4.7	8.8	8.4	8.6	8.5	8.7	9.9	9.9
地方财政支出	-32.9	-16.7	-13.1	6.3	8.4	12.1	15.6	17.1	16.6	19.1	18.2	12.9

数据来源：河南省统计局。

2015年湖北省金融运行报告

中国人民银行武汉分行货币政策分析小组

[内容摘要] 2015年，面对复杂的国内外形势和较大的经济下行压力，湖北省主动适应引领“新常态”，统筹推进稳增长、促改革、调结构、惠民生、防风险等各项工作，经济运行呈现“稳中有进、结构向好、质效提升”的良好态势。

湖北省金融运行总体平稳。信贷总量平稳适度增长，结构继续优化；金融改革创新加快推进，金融发展活力不断增强；金融市场体系进一步健全，功能更趋完善，为全省经济提质增效升级创造了良好的金融环境。

2016年，湖北省将重点围绕推进供给侧结构性改革，抓好去产能、去库存、去杠杆、降成本、补短板五大任务，经济有望保持平稳健康运行。全省金融部门将坚持稳中求进工作总基调，继续落实好稳健的货币政策，加快金融改革创新步伐，不断改善金融服务和管理，切实防范化解金融风险，推动湖北经济更高质量、更加协调、更可持续发展。

一、金融运行情况

2015年，湖北省金融业继续保持平稳运行态势，综合实力有所提升，组织体系进一步健全，改革创新加快推进，金融市场快速发展，金融生态环境不断优化，在支持全省经济持续健康发展中发挥了积极作用。

（一）银行业稳健发展，贷款总量平稳较快增长，金融改革创新取得新成效

2015年，湖北省银行业认真贯彻落实稳健的货币政策，信贷投放较为平稳，对重点领域的支持力度较大，存贷款利率总体走低。各项改革进一步深化，行业整体实力和服务水平持续提升。

1. 银行业规模进一步扩大，市场主体更趋丰富。2015年年末，湖北省银行业资产总额增长14.9%，增速比上年年末加快2.8个百分点，负债总额增长11.9%，增速比上年年末回落0.2个百分点；不良贷款“双升”趋势延续，不良贷款率为1.7%，比年初提高0.1个百分点，不良贷款余额为500亿元，比年初增加100亿元；拨备覆盖率为163.3%，贷款拨备覆盖率为2.8%，与上年年末基本持平。银行业组织体系进一步完善。浙商银行成为第11家入驻湖北的全国性股份制银行；台湾土地银行武汉分行、台湾中小企业银行武汉分行相继开业，湖北消费金融股份有限公司正式成立，湖北成为中部地区首个引进台资银行和设立消费金融公司的省份；湖北金融租赁公

表1　2015年湖北省银行业金融机构情况

机构类别	营业网点			法人机构（个）
	机构个数（个）	从业人数（人）	资产总额（亿元）	
一、大型商业银行	2 865	64 913	20 707	0
二、国家开发银行和政策性银行	94	2 518	6 696	0
三、股份制商业银行	332	11 264	7 458	0
四、城市商业银行	304	7 162	3 371	2
五、城市信用社	—	—	—	—
六、小型农村金融机构	2 101	31 244	7 780	78
七、财务公司	11	662	1 182	7
八、信托公司	2	463	112	2
九、邮政储蓄银行	1 636	8 064	3 620	—
十、外资银行	14	345	184	2
十一、新型农村金融机构	131	2 512	234	66
十二、其他	3	226	463	3
合　计	7 493	129 373	51 807	160

注：营业网点不包括国家开发银行和政策性银行、大型商业银行、股份制银行等金融机构总部数据；大型商业银行包括中国工商银行、中国农业银行、中国银行、中国建设银行和交通银行；小型农村金融机构包括农村商业银行、农村信用社、农村合作银行；新型农村金融机构包括村镇银行、贷款公司和农村资金互助社；其他包含金融租赁公司、汽车金融公司、货币经纪公司、消费金融公司等。

数据来源：湖北银监局。

司、湖北交投财务公司、湖北省资产管理公司正式揭牌；村镇银行、小额贷款公司实现县域全覆盖（见表1）。

2. 存款增速有所加快，部门分化特征较为明显。2015年年末，湖北省金融机构（含外资）本外币存款余额首次突破4万亿元，达41 345.9亿元，增长11.9%，增速比上年年末高1个百分点（见图1、图3、图4）。全年新增存款4 511.5亿元，比上年多增755.5亿元。从存款部门分布看，住户存款增长较为平稳，广义政府存款少增较多，非金融企业存款和非银行业金融机构存款增速较快。年末，住户存款余额增长9.9%，增速比上年年末低1.9个百分点，比年初增加1 877.6亿元，与上年基本持平；广义政府存款余额增长6.9%，增速比上年年末低8.9个百分点，比年初增加415.5亿元，比上年少增522.5亿元，主要是财政性存款减少743.7亿元，上年为增加353亿元；非金融企业存款和非银行业金融机构存款余额增速分别达15.8%和50.7%，非金融企业存款增量是上年的2.7倍。

3. 信贷增速有所加快，信贷投放重点突出。2015年年末，湖北省金融机构（含外资）本外币各项贷款余额为29 514.6亿元，增长16.7%，增速比上年年末高1.1个百分点，扭转了近五年贷款增速持续下滑的局面。全年新增贷款首次突破4 000亿元，达4 217亿元，比上年多增931.3亿元。其中，新增中长期贷款277.3亿元，比上年多增381.7亿元，占全部新增贷款的65.7%，贷款增长仍呈现较为明显的中长期化趋势。

信贷投放对稳增长、调结构的支持力度较大。2015年，湖北省积极推进金融精准扶贫各项工作，落实“不断贷、不抽贷、不压贷”要求，引导开发性、政策性金融加大对专项建设基金项目的支持力度，大力推广应收账款融资服务平台和“纳税信用贷”、小额贷款保证保险等信贷产品，促进更多信贷资源流向重点领域和薄弱环节。“三农”、小微企业贷款增速连续五年高于全省全部贷款平均增速，连片特困地区余额贷存比达52.4%，比上年提高1.9个百分点，棚户区改造贷款业务实现市州全覆盖，创业担保贷款、助学贷款等继续稳步增长。

4. 存款利率定价差异化程度较高，贷款利率明显下降。2015年，中国人民银行连续五次下调金融机构人民币存贷款基准利率，并逐步取消了存款利率浮动上限。随着这些政策措施效应的显现，湖北省利率运行出现一些新特点。分层定价、有序竞争的存款利率定价格局进一步形成。全国性大型商业银行存款利率水平最低，上浮幅

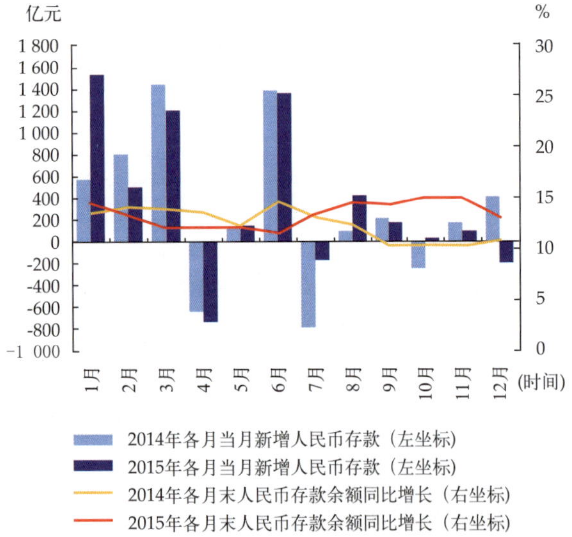

2014年各月当月新增人民币存款（左坐标）
2015年各月当月新增人民币存款（左坐标）
2014年各月末人民币存款余额同比增长（右坐标）
2015年各月末人民币存款余额同比增长（右坐标）

数据来源：中国人民银行武汉分行。

图1　2014～2015年湖北省金融机构人民币存款增长变化

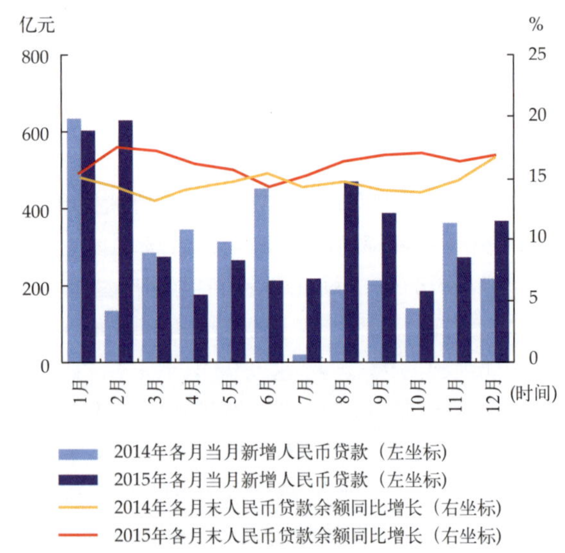

数据来源：中国人民银行武汉分行。

图2　2014～2015年湖北省金融机构人民币贷款增长变化

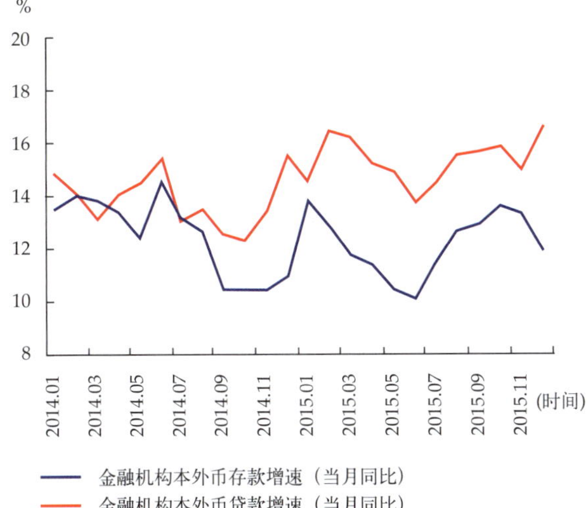

数据来源：中国人民银行武汉分行。

图3 2014～2015年湖北省金融机构本外币存、贷款增速变化

表2 2015年湖北省金融机构人民币贷款各利率区间占比

单位：%

月份		1月	2月	3月	4月	5月	6月
合计		100.0	100.0	100.0	100.0	100.0	100.0
下浮		6.4	10.1	15.2	8.4	10.1	17.7
基准		16.6	18.4	17.4	19.6	21.1	16.7
上浮	小计	77.0	71.5	67.4	72.0	68.8	65.6
	(1.0，1.1]	21.4	20.9	21.5	29.1	16.8	17.4
	(1.1，1.3]	32.9	26.1	23.1	22.8	25.3	26.9
	(1.3，1.5]	16.0	15.6	15.1	12.8	15.4	11.3
	(1.5，2.0]	6.5	8.9	7.5	7.0	11.1	8.8
	2.0以上	0.3	0.1	0.2	0.2	0.2	1.1
月份		7月	8月	9月	10月	11月	12月
合计		100.0	100.0	100.0	100.0	100.0	100.0
下浮		16.9	19.0	10.8	13.2	12.9	22.4
基准		21.6	18.0	26.4	26.4	25.4	17.5
上浮	小计	61.5	63.0	62.7	60.4	61.8	60.1
	(1.0，1.1]	18.2	14.1	22.3	18.9	14.8	18.1
	(1.1，1.3]	20.7	23.3	18.7	20.2	22.5	19.9
	(1.3，1.5]	10.3	10.7	9.4	9.3	10.8	10.4
	(1.5，2.0]	10.9	13.1	10.8	9.5	11.3	9.6
	2.0以上	1.5	1.8	1.5	2.6	2.2	2.0

数据来源：中国人民银行武汉分行。

度在23%以内，地方法人金融机构存款利率水平处于市场最高位，各档次存款利率上浮幅度主要分布在30%～50%，全国性股份制商业银行介于二者之间。贷款利率明显走低。1～12月，全省企业贷款加权平均利率月均环比下降0.13个百分点，五次降息月份环比分别下降0.17个、0.21个、0.18个、0.28个和0.15个百分点。12月，一般贷款加权平均利率为5.11%，比上年同期下降1.77个百分点。全省民间借贷利率总体下行，12月为17.29%，比上年同期下降1个百分点（见表2）。

5. 金融改革创新加快推进，金融发展活力进一步增强。《武汉城市圈科技金融改革创新专项方案》获国家批准，武汉城市圈成为国内首个科技金融改革创新试验区；12个县（市、区）获批国家农村“两权”抵押贷款试点；湖北省纳入全国信贷资产质押再贷款试点范围，2015年已通过信贷资产质押方式发放3笔再贷款。机构改革取得新进展。农村信用社产权改革顺利完成，77家农村信用社全部改制为农村商业（合作）银行；邮政储蓄银行完成二类支行改革，589家二类支行理顺了产权关系、管理体制和风险责任；长江经济带产业基金管理公司和引导基金正式启动；湖北省再担保集团挂牌运营。

6. 跨境人民币业务扩面增量，保持合规健康发展。2015年，湖北省通过加强窗口指导、完善考核机制、强化本外币协同管理、开展宣

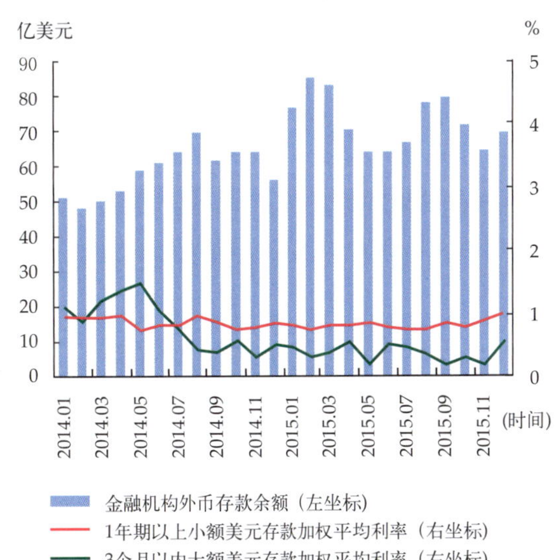

数据来源：中国人民银行武汉分行。

图4 2014～2015年湖北省金融机构外币存款余额及外币存款利率

传培训等多种方式，推动全省跨境人民币业务规模和范围进一步扩大。全年跨境人民币结算量达1 047亿元，增长6.1%，占全部跨境交易的比重为23.8%，试点以来的结算量已突破3 000亿元，达3 129.2亿元；跨境人民币业务已实现市州、重点企业、结算项目以及具有国际结算资格金融机构的全覆盖。

专栏1 湖北省农村金融服务“十二五”全覆盖工作取得显著成效

湖北是农业大省，城乡二元经济结构明显是全省经济发展中的一个突出问题。二元经济结构对应着二元金融结构，与全省相比，湖北农村金融发展存在较大差距。针对这一情况，自2010年起，湖北省大力推动实施农村金融服务“十二五”全覆盖工程，致力于构建起普惠性的农村金融服务体系。经过五年的努力，农村金融服务全覆盖工作各项目标任务顺利完成，取得显著成效。

一是涉农贷款快速增长。截至2015年年末，湖北省涉农贷款余额为7 705.30亿元，是2010年年末的2.6倍；占各项贷款比重达27%，比2010年年末提高6.5个百分点。全省县域贷款余额为5 756.83亿元，是2010年年末的2.5倍。

二是农村金融创新产品数量不断扩大。湖北省共推出各类支农支小创新产品和信用模式100余种。“微小富业贷”、“助保贷”等信贷新产品，“宜城模式”、“富迪模式”和“京山模式”等融资方式得到广泛推广。

三是农村金融市场主体不断丰富。2011～2015年，湖北省新增县域以下银行网点406家，其中，工、农、中、建、邮储等大中型银行新设网点约占五成；新组建农商行72家、农合行5家；村镇银行、小额贷款公司实现县域全覆盖。

四是农村金融服务便利化程度明显提高。湖北省村级惠农金融服务联系点覆盖率达90%以上，转账电话行政村覆盖率接近100%。全省ATM、POS机乡镇覆盖率分别达98.7%和99.2%，分别较2010年提高12个和15个百分点。

五是农村金融环境持续优化。湖北省73个县区被评选为金融信用县；创建信用乡镇1 014个，占比达98%，比2010年年末提高了11个百分点；累计建立农户信用档案868万户，有337.6万户建档农户获得了信贷支持，贷款余额为766.37亿元，比2010年年末增长了120%。

虽然农村金融服务全覆盖工作成效明显，但总体来看，湖北省农村金融服务的层次和质量还不够高，农村金融依然是全省金融发展中的薄弱环节。“十三五”时期，全省金融部门将围绕增强促进农村经济提质增效和农民持续增收，按照深化农村金融服务与“三农”发展规划、农村金融改革、金融扶贫以及普惠金融相结合的思路，不断巩固并扩大农村金融服务全覆盖成果，进一步优化资源配置，为湖北全面建成小康社会提供更有力的金融支撑。

（二）证券机构经营能力有所提升，上市公司规模进一步扩大，多层次资本市场体系建设迈出新步伐

2015年，湖北省证券市场总体保持平稳健康运行，证券业实力继续增强，资本市场体系更趋健全。

1. 证券期货机构经营水平有所提高。截至2015年年末，湖北省共有证券营业部278家（见表3），全年营业部客户交易结算资金553.4亿元，指定与托管证券市值6 753.8亿元，实现净利润64.5亿元；全省证券投资者开户数为599.1万户，比上年年末增长32.2%。地方法人证券期货机构竞争力进一步增强。2015年，各机构相继取得期权结算、股票期权交易参与人、机构间私募产品报价与服务系统参与人、股票期权做市业务、私募基金综合托管业务等业务资格；天风证券增资扩股至46.6亿元，公司上市正式启动；长江证券、长江期货新增网点分别达35个和2个。

表3 2015年湖北省证券业基本情况

项目	数量
总部设在辖内的证券公司数（家）	2
总部设在辖内的基金公司数（家）	0
总部设在辖内的期货公司数（家）	3
年末国内上市公司数（家）	87
当年国内股票（A股）筹资（亿元）	169.7
当年发行H股筹资（亿元）	17.6
当年国内债券筹资（亿元）	226.4
其中：短期融资券筹资额（亿元）	31.2
中期票据筹资额（亿元）	146.6

数据来源：中国人民银行武汉分行、湖北证监局。

2. 上市公司规模继续扩大。截至2015年年末，湖北省共有上市公司87家，居中部第二位，上市公司总市值为11 092亿元，流通市值9 241.2亿元，比上年年末分别增长48.5%和47.8%。2015年，全省资本市场融资总额为508.9亿元，比上年增长106.1%。全省共有2家企业首发上市，募集资金11.4亿元；14家企业通过现金定向增发募集资金158.3亿元；6家企业发行公司债融资122亿元；10家企业通过非现金定向增发完成重大资产重组，涉及金额103.1亿元。

3. 多层次资本市场建设取得新突破。截至2015年年末，湖北省“新三板”挂牌企业数达203家，是上年年末的2.2倍，居中部第一位，融资总额达394.5亿元。区域性股权交易市场快速发展，2015年，武汉股权托管交易中心新增托管登记企业483家，新增挂牌企业451家；新增成交金额19.96亿元，是前三年成交总量的14.3倍；全年共有93家企业完成股权融资，金额为79.97亿元，比上年增长65.6%。大批风险投资、创业投资以及私募股权投资基金进入湖北，截至2015年年末，全省已完成登记备案的私募基金管理机构达367家，管理基金181只，规模达275.7亿元，累计投向159个项目。

（三）保险业平稳较快发展，市场体系持续完善，服务保障功能进一步增强

2015年，湖北省保险业呈现稳中向好的发展态势，保险业规模、市场主体及业务总量增速加快，服务经济社会发展能力进一步提升。

表4 2015年湖北省保险业基本情况

项目	数量
总部设在辖内的保险公司数（家）	3
其中：财产险经营主体（家）	2
人身险经营主体（家）	1
保险公司分支机构（家）	71
其中：财产险公司分支机构（家）	29
人身险公司分支机构（家）	42
保费收入（中外资，亿元）	843.6
其中：财产险保费收入（中外资，亿元）	256.6
人身险保费收入（中外资，亿元）	587.0
各类赔款给付（中外资，亿元）	283.3
保险密度（元/人）	1 441.7
保险深度（%）	2.9

数据来源：湖北保监局。

1. 保险业规模和市场主体继续扩大。2015年，湖北省保险业总资产增长18.2%，增速比上年加快3.1个百分点；管理保户储金及投资款增长37.6%，增速比上年加快5.1个百分点。全年新增保险机构86家，截至年末，全省共有各级保险机构3 918家，其中，法人机构3家，省级分公司71家，中心支公司446家，县级支公司938家，营业部418家，营销服务部2 034家（见表4）。保险从业人员33.41万人，其中，营销员27.55万人。泰康在线财产保险股份有限公司在武汉开业，湖北成为全国第二个拥有互联网保险法人机构的省份。

2. 保险业务加快增长。2015年，湖北省原保险保费收入增长20.5%，增速比上年加快1.3个百分点，创近五年来的新高。全省财产险和人身险实现保费收入比上年分别增长17%和22.1%，承保利润总额均创历史最高水平。新渠道业务发展较快，全年电销和网销业务实现保费收入增长39.3%。

3. 服务经济社会发展能力继续增强。2015年，湖北省保险业累计赔付支出增长22.9%，增速高于原保险保费收入2.4个百分点。“菜篮子”保险、水稻产量保险、小龙虾养殖保险等区域性特色农业保险业务有序发展。小额贷款保证保险累计建立风险补偿基金4.2亿元，支持企业融资8.7亿元。32个大病保险项目全面推开，参保人数达4 947万

人。食品安全责任保险、医疗责任保险、特种设备责任保险、养老机构责任保险覆盖范围进一步扩大。武汉市纳入全国老年人住房反向抵押养老保险试点，并签订全国首单业务。

（四）社会融资规模总体适度，表外融资明显下降，金融市场运行较为平稳

2015年，湖北省社会融资规模适度增长，融资结构调整变化。金融市场总体保持平稳运行，货币市场交易活跃，票据承兑业务量有所减少，票据融资快速增长。

1、社会融资规模适度增长，银行间市场融资取得新突破。2015年，湖北省社会融资规模增量为4 247.7亿元，比上年少1 595.7亿元。其中，贷款占比达89.5%，比上年高33.9个百分点；以委托贷款、信托贷款和未贴现银行承兑汇票合计的表外融资有所减少；直接融资占比为11.4%，比上年低3.4个百分点（见图5）。银行间市场债务融资工具品种进一步丰富，全国首单公募项目收益票据、全省首单保障房私募债项目成功发行。2015年，湖北省累计发行债务融资工具122只，金额达968亿元，比上年分别增长18%和15%。

2. 同业拆借交易量大幅上升，债券回购交易量增长加快。2015年，湖北省同业拆借累计成交金额增长83%，增速比上年加快71个百分点。农村金融机构、财务公司和证券公司是拆借交易的主要力量，拆借金额占市场交易总量的比重超过80%。全省质押式债券回购金额增长73%，增速比上年加快35个百分点。货币市场利率总体回落。全年拆入加权平均利率和拆出加权平均利率分别为2.79%和3.83%，比上年分别低104个和72个基点；债券质押式正、逆回购加权平均利率分别达1.91%和2.14%，比上年分别低89个和84个基点。

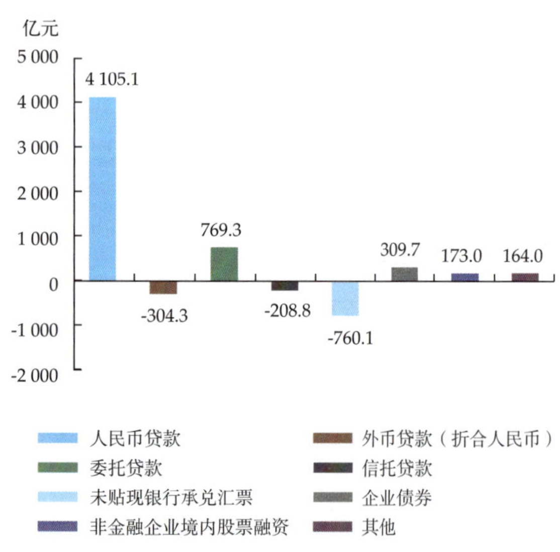

数据来源：中国人民银行武汉分行。

图5　2015年湖北省社会融资规模分布结构

3. 票据承兑业务量出现一定萎缩，票据融资快速增长。2015年，湖北省累计签发商业汇票金额比上年下降5.6%；期末商业汇票余额比年初减少182.1亿元。全省金融机构累计贴现金额比上年增长46.7%；期末贴现余额是上年年末的2.6倍（见表5）。在人民银行再贴现利率引导贴现利率下行的政策作用下，同时受货币市场利率和票据市场供求变化等因素的影响，票据市场利率呈持续下行走势。12月，全省票据贴现加权平均利率3.28%，比上年同期下降230个基点，为2012年以来的最低水平（见表6）。

表5　2015年湖北省金融机构票据业务量统计

单位：亿元

季度	银行承兑汇票承兑		贴现			
			银行承兑汇票		商业承兑汇票	
	余额	累计发生额	余额	累计发生额	余额	累计发生额
1	3 493.0	1 961.7	419.5	5 356.4	35.1	167.4
2	3 493.9	3 900.0	697.0	14 041.0	85.4	484.0
3	3 244.7	5 627.0	795.9	21 915.0	61.3	873.0
4	3 178.2	7 528.0	832.9	29 363.0	85.9	1 207.0

数据来源：中国人民银行武汉分行。

表6　2015年湖北省金融机构票据贴现、转贴现利率

单位：%

季度	贴现		转贴现	
	银行承兑汇票	商业承兑汇票	票据买断	票据回购
1	5.47	6.65	5.24	5.26
2	4.16	5.13	3.95	3.66
3	3.82	4.51	3.52	3.70
4	3.31	4.08	3.44	3.57

数据来源：中国人民银行武汉分行。

（五）金融生态环境建设扎实推进，农村支付结算服务水平进一步提升，金融消费者权益保护工作取得新进展

2015年，湖北省继续加大金融生态环境建设力度，推进信用企业、信用社区、信用乡镇、信用区域创建工作，共培植A级以上信用企业37 301家，比上年增长10.3%，创建信用乡镇1 018个、信用村18924个，占比分别达到97%和75%；开展金融债权积案集中清理执行活动，共执结金融纠纷胜诉案件2 322件，标的金额达71.9亿元；加强监督检查，推广“一站式”阳光操作，全面规范和优化融资性收费行为。农村支付结算服务不断改善。新增标准化村级惠农金融服务点超过1 000个，转账电话基本实现行政村全覆盖，ATM、POS机乡镇覆盖率接近100%。金融消费权益保护工作取得新成效。扎实开展现场检查与非现场评估，筹建金融消费纠纷第三方解决机制，在多地探索建立金融消费权益保护服务站点；金融消费投诉办结率达98%，比上年提高1.4个百分点。

二、经济运行情况

2015年，湖北省经济呈现稳中有进、进中向好的发展态势。消费增长较为平稳，工业生产、固定资产投资结构趋于优化，价格水平处于低位，就业形势保持稳定。全年完成地区生产总值29 550.2亿元，按可比价格计算，比上年增长8.9%，增速比上年回落0.8个百分点，高于全国2个百分点（见图6）。

（一）内需增长较为稳定，外贸进出口增速快于全国

2015年，湖北省固定资产投资增速有所回落，消费升级趋势更趋明显，外贸进出口增长较快。

1. 固定资产投资增长有所放缓，结构调整继续推进。2015年，湖北省累计完成固定资产投资28 250.5亿元，比上年增长16.2%，增速比上年回落4.2个百分点（见图7）。三次产业投资比例不断优化。第三产业投资占比连续三年高于第二产业。技术改造投资增长突出。全省完成改建及技术改造投资占全省投资的17%，占比较上年提高1.1个百分点。基础设施投资增长加快。全省完成基础设施投资增长26.4%，增速比上年加快4.8个百分点。重点项目建设进度加快。全省重点项目开工率接近100%，完成投资占年度计划的116.4%。

2. 城乡居民收入持续增长，消费升级步伐加快。2015年，湖北省城镇和农村常住居民人均可支配收入比上年分别增长8.8%和9.2%，农村

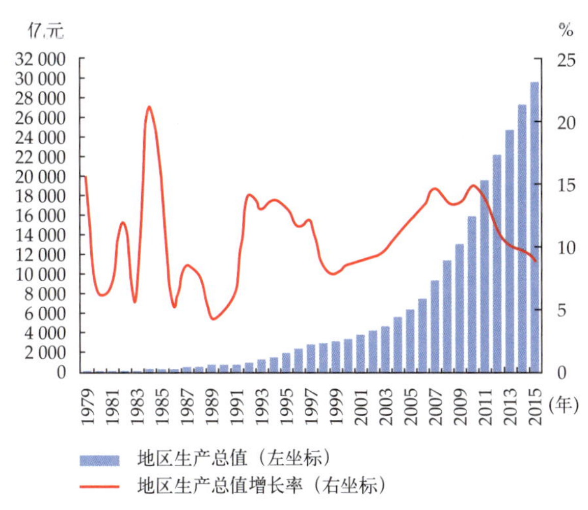

数据来源：湖北省统计局。

图6　1979～2015年湖北省地区生产总值及其增长率

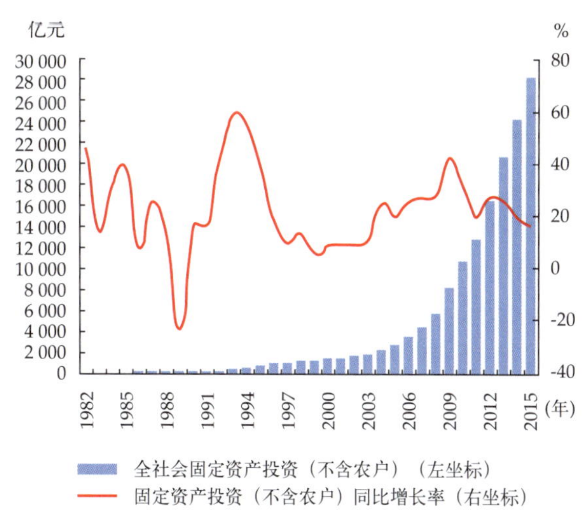

数据来源：湖北省统计局。

图7　1982～2015年湖北省固定资产投资（不含农户）及其增长率

居民收入增速连续六年快于城镇居民。全省实现社会消费品零售总额13 978.1亿元，比上年增长12.3%，增速比上年回落0.5个百分点（见图8）。农村消费快于城镇。全省农村实现零售额比上年增长13.8%，增速比城镇高1.8个百分点。新型消费业态快速增长。全省限额以上单位网上零售额比上年增长78%，拉动社会消费品零售额增长1个百分点。新的消费增长点进一步壮大。通讯器材类、文化用品类和体育娱乐类零售额比上年分别增长57.8%、27.3%和22.5%，增速比上年分别加快35.1个、23.6个和4个百分点。

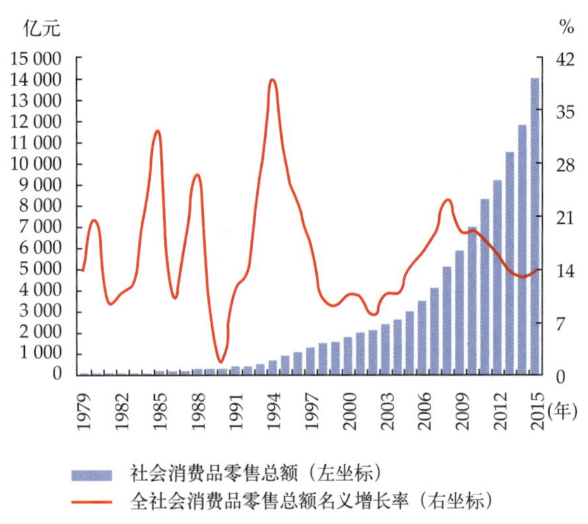

数据来源：湖北省统计局。

图8　1979～2015年湖北省社会消费品零售总额及其增长率

3. 外贸进出口逆势增长，利用外资继续扩大，境外直接投资增长由负转正。2015年，在全球经济错综复杂、全国进出口双降的背景下，湖北省实现外贸进出口总额2 838.8亿元，比上年增长7.3%，高于全国外贸进出口平均增速14.4个百分点，其中，出口增长11%，进口增长1.4%（见图9）。对外贸易增效提质。机电产品、高新技术产品出口增速达20%以上，七大类传统劳动密集型产品出口大幅下降；以低端制造为主的加工贸易所占比重比“十二五”初下降了14个百分点；民营企业进出口总额占比达51.8%，比上年提高9.9个百分点。2015年，湖北省实际利用外资89.5亿美元，增长12.9%（见图10）；来湖北投资的世界500强企业新增13家，总数达241家。全省境外直接投资10.1亿美元，增长22%，与上年下降45.7%形成反差，对境外子公司贷款和偿还境外公司贷款分别增长111.3%和72.4%，是境外直接投资较上年扩大的主要原因。

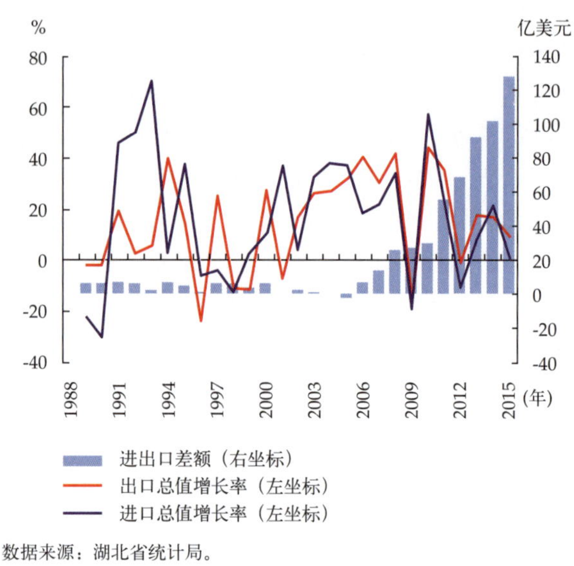

数据来源：湖北省统计局。

图9　1988～2015年湖北省外贸进出口变动情况

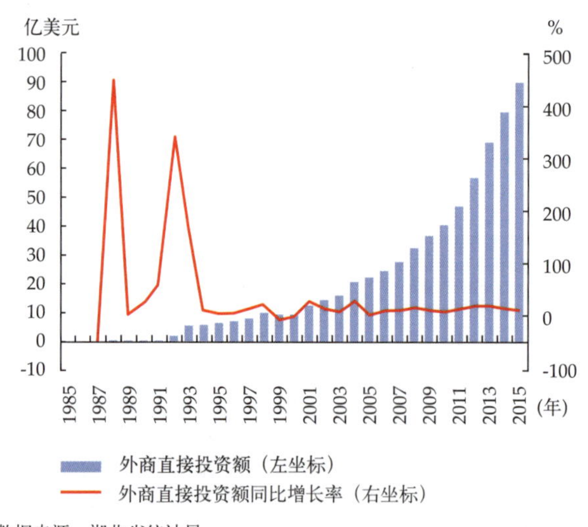

数据来源：湖北省统计局。

图10　1985～2015年湖北省外商直接投资额及其增长率

（二）三次产业发展更趋协调，转型升级成效明显

2015年，湖北省第一、第二及第三产业完成增加值比上年分别增长4.5%、8.3%和10.7%，三次产业结构由上年11.6：46.9：41.5调整为11.2：45.7：43.1，产业结构趋于优化。

1. 农业生产增量提质。2015年，湖北省粮食生产实现“十二连增”，总产达540.7亿斤，创历史最高水平。油菜和淡水水产品产量连续二十年居全国第一位。主要农作物综合机械化率超过65%。农业产业化加快发展，农产品加工业主营业务收入过万亿元，居全国第五位，食品工业连续四年成为全省第一大产业。新型农业经营主体数量持续扩大，年末，各类新型农业经营主体达16.4万家，比上年年末增加2万家。以武汉农村综合产权交易所为龙头的全省统一联网的农村产权交易平台加快形成，全省已建成农村综合产权交易所（中心）30家。

2. 工业生产稳中向好。2015年，湖北省全部工业增加值11 532.6亿元，比上年增长8.5%，规模以上工业增加值比上年增长8.6%，增速比上年回落2.3个百分点，高于全国2.5个百分点。第一季度及上半年，全省规模以上工业增加值增速保持在8.2%左右，第三季度末达到8.3%，工业生产呈现企稳态势（见图11）。工业结构进一步优化升级。轻重工业比例由2010年的28.9：71.1调整为37.8：62.2；高技术制造业增长12.5%，增速高于全省规模以上工业增加值平均增速3.9个百分点；主营业务收入超亿元的产业达17个，比上年增加3个。全省41个大类行业中有36个行业保持增长。工业用电量比上年下降3.2%。工业产销率达97.3%，比上年提高0.2个百分点。

3. 服务业加快发展。2015年，湖北省服务业增加值达1.27万元，占全省GDP的比重达43.1%，比上年提高1.6个百分点，创2000年以来的新高。服务业增加值比上年增长10.7%，增速比上年加快0.2个百分点，拉动经济增长4.3个百分点。金融业、营利性服务业及非营利性服务业保持较快增长，增速分别达16.6%、13.7%和12.6%。

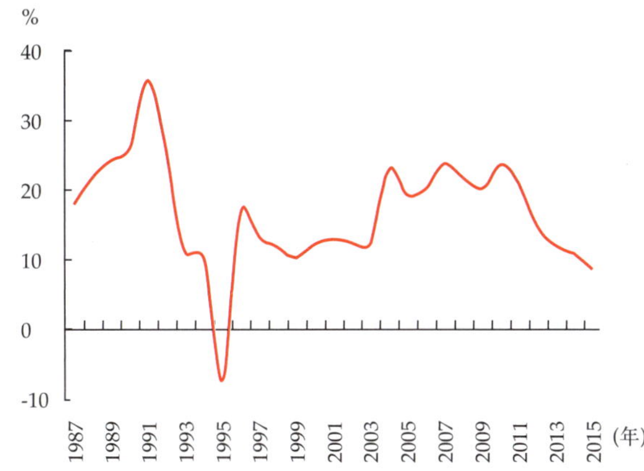

数据来源：湖北省统计局。

图11　1987～2015年湖北省规模以上工业增加值同比增长率

（三）价格水平低位运行，就业创业保持稳定

2015年，湖北省居民消费价格上涨1.5%，涨幅比上年回落0.5个百分点。分类别看，食品、烟酒、衣着、家庭设备用品及维修服务、医疗保健和个人用品、交通和通信、娱乐教育文化用品及服务和居住分别上涨2.2%、2.6%、2.7%、0.6%、1.7%、0.2%、1.3%和0.6%。全年工业生产者出厂

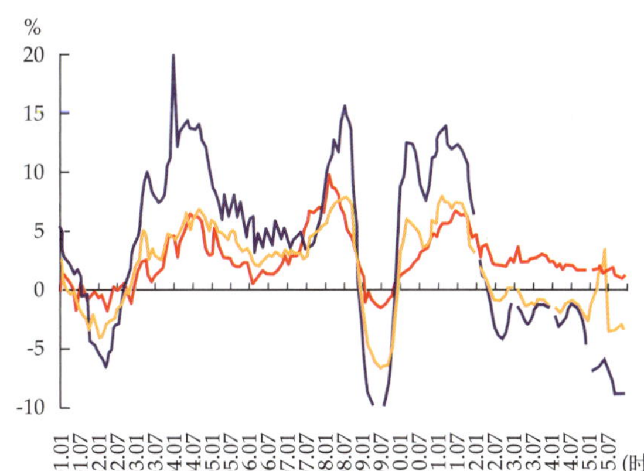

数据来源：湖北省统计局。

图12　2001～2015年湖北省居民消费价格和生产者价格变动趋势

价格、工业生产者购进价格比上年分别下降3.3%和7.2%，降幅比上年分别扩大1.7个和5个百分点（见图12）。就业创业稳步增加。2015年，湖北省城镇新增就业86.63万人，比上年增长5.8%，年末城镇登记失业率2.64%，比上年年末回落0.46个百分点；新登记各类市场主体94.43万户，比上年增长7.5%，其中，新登记私营企业16.19万户，新登记个体工商户75.97万户，比上年分别增长16.5%和6.4%。

（四）财政收入平稳增长，财政支出进度有所加快

2015年，湖北省地方财政总收入比上年增长14.9%，增速比上年加快0.1个百分点；地方公共财政预算收入增长17.1%，增速与上年持平，居中部六省第1位、全国第4位（见图13）。税收收入中，营业税、消费税分别增长15.8%和18.8%，增速比上年分别加快4.5个和6.9个百分点；增值税、企业所得税分别增长4.8%和8.5%，增速比上年分别回落1.5个和10个百分点。2015年，按照国家盘活财政存量资金等政策要求，湖北省各级财政加快预算支出进度，全年公共财政预算支出增长23.5%，增速比上年加快8.9个百分点，国有资本投资公司、重大项目建设以及产业发展基金等领域支出较多。

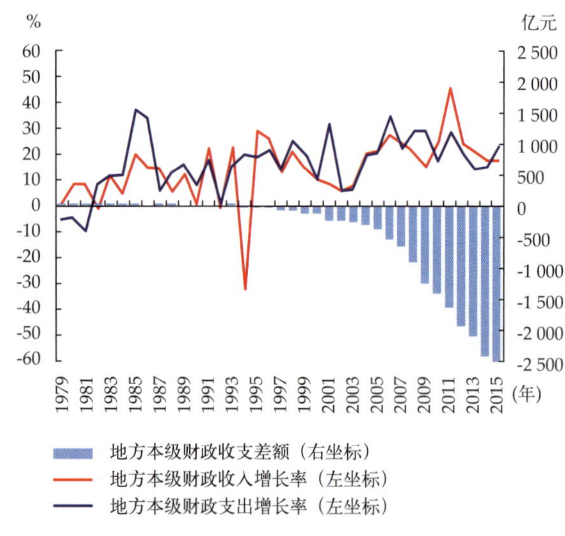

数据来源：湖北省统计局。

图13 1979～2015年湖北省财政收支状况

（五）污染防治与节能降耗力度加大，生态文明建设迈上台阶

2015年，湖北省围绕生态立省战略，按照《湖北生态省建设规划纲要（2014～2030）》的要求，进一步加大污染治理与节能减排力度。深化生态文明体制改革。在全国率先出台土地污染治理法规，划定生态保护红线，启动生态市县创建。抓好重点污染防治项目。实施农作物秸秆露天禁烧和综合利用工程，加快黄标车淘汰，着力推进大气污染防治；颁布水污染防治条例，实施跨界断面水质考核，着力推进水污染防治。健全生态省建设保障机制。开展生态文明建设目标责任量化考核，实施大气污染防治工作约谈，暂停未完成减排目标地区新增主要污染物排放项目环评审批。在各项政策措施的推动下，湖北省生态文明建设取得积极成效。全年单位生产总值能耗比上年下降5%左右，四项主要污染物排放量控制在国家下达任务之内；城市生活污水、生活垃圾处理率分别达到90%和96%；4个地区入选国家生态文明先行示范区、5个地区成为国家级生态保护与建设示范区。

（六）房地产市场运行总体平稳，房地产金融持续健康发展

2015年，湖北省房地产开发投资逐步回稳，商品房销售进一步改善，房地产贷款稳步增长。

1. 房地产开发投资缓中趋稳。2015年，湖北省房地产开发投资增速表现为上半年持续走低，下半年触底反弹、逐月回升的特点。全年全省完成房地产开发投资4 249.2亿元，比上年增长6.7%，增速比上年回落14.5个百分点，高于全国5.7个百分点。全省商品房施工面积为28 296.3万平方米，比上年增长7.5%，增速比上年回落12.9个百分点。全省商品房竣工面积为2 785.2万平方米，比上年下降18.8%，上年为增长12.8%。

2. 商品房销售增速加快。2015年，湖北省商品房销售呈现低开高走的特点。全年商品房销售面积为6 244.6万平方米、销售额3 611.4亿元，比上年分别增长11.5%和18.6%，增速比上年分别加快5.8个和7.9个百分点（见图14）。到年末，全省

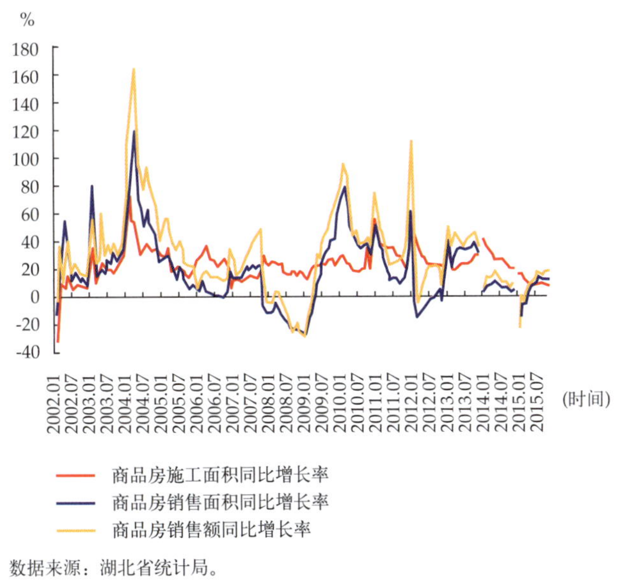

数据来源：湖北省统计局。

图14　2002～2015年湖北省商品房施工和销售变动趋势

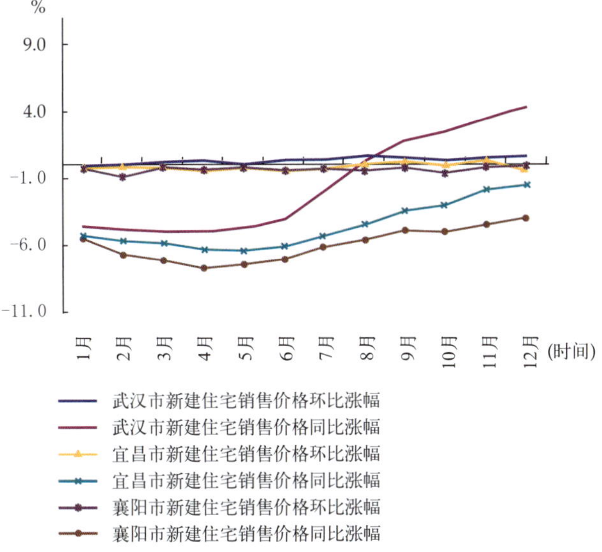

数据来源：湖北省统计局。

图15　2015年湖北省主要城市新建住宅销售价格变动趋势

房地产待售面积比上年年末下降3.5%，上年同期为增长24.7%，房地产企业去库存效果明显。

3. 商品住房销售价格基本稳定。对全省36个城市的监测结果显示，2015年，湖北省商品房销售均价为5 538元/平方米，比上年上涨9%，其中，武汉市销售均价为8 861元/平方米，比上年上涨10.2%；其他35个城市销售均价为3 930元/平方米，与上年基本持平（见图15）。

4. 房地产贷款保持平稳较快增长。截至2015年年末，湖北省房地产贷款余额为7 726.6亿元，增长31.3%，增速比上年末加快2个百分点。其中，房地产开发贷款余额为3 062.6亿元，增长35.2%，增速比上年末回落5.8个百分点；个人住房贷款余额为4 205.9亿元，增长30.4%，增速比上年末加快5.8个百分点。全年全省新增房地产贷款1 839.5亿元，比上年多增505.2亿元，占全部新增贷款的43.6%，比上年提高4.5个百分点。保障房建设信贷投入进一步增加。2015年，湖北省新增保障性住房开发贷款453.9亿元，比上年多增240.7亿元。住房公积金支持住房消费力度加大。2015年，湖北省在全国率先出台实施公积金用于房屋装修、租赁和异地贷款等政策措施，有效促进了住房消费。年末，全省住房公积金贷款平均个贷率79%，比年初提高10个百分点。

（七）区域经济协调发展，活力进一步增强

2015年，湖北省继续深化“一元多层次”战略体系，多点支撑、充满活力的区域经济发展格局加快形成。武汉市积极推进国家创新型城市建设，入选全国全面创新改革试验区，规模以上工业增加增速、固定资产投资总量居副省级城市首位。宜昌、襄阳保税物流中心获国家批复，宜昌市智慧城市建设、食品安全城市和农产品质量安全县创建等经验在全国推广，襄阳市列入全国首批40个工业经济运行重点联系城市。全省17个市州中有9个GDP增速高于全省增速，10个经济总量超千亿元。全省集中连片特困地区GDP比上年增长10.1%，增速高于全省1.2个百分点；完成规划投资1 077.7亿元；解决了77.22万人建档立卡贫困人口脱贫问题。

专栏2 湖北省金融扶贫开发金融服务工作取得积极成效

湖北省是扶贫大省。全省64个县（市）中有25个国家扶贫工作重点县、4个省定扶贫工作重点县，国家明确的11个连片特困地区涉及湖北省武陵山、大别山、秦巴山3个片区，加上省政府确定的幕阜山片区，共涵盖37个县（市），其中，贫困村4 821个、建档立卡贫困户191万户、建档立卡贫困人口590万人、贫困发生率为14.6%。据统计分析，按全国10个高贫区发生率省份排序，湖北位居第九；按贫困人口总量排序，湖北位居第七；按贫困户总量排序，湖北位居第七。近年来，人民银行武汉分行认真贯彻落实党中央、国务院相关决策部署，引导金融机构持续加大对湖北省贫困地区经济社会发展的支持力度，扎实做好扶贫开发金融服务各项工作。“十二五”期间，全省集中连片特困地区贷款余额增速连年高于全省贷款增速，年均增速保持在20%左右；截至2015年年末，集中连片特困地区余额贷存比52.4%，较2010年年末提高8.3个百分点。其主要做法：

一、不断健全完善金融扶贫政策体系。先后出台《关于深入推进湖北省扶贫开发金融服务工作的实施意见》、《关于金融支持湖北大别山革命老区经济社会发展建设的指导意见》、《关于金融支持恩施州建立全国先进自治州暨武陵山少数民族经济社会发展的意见》等系列政策文件。将扶贫开发金融服务纳入对金融机构执行信贷政策导向效果评估，单列指标，加重分值，同时在湖北省范围通报评估结果，着力增强金融扶贫政策的执行力和响应力。

二、充分发挥货币政策工具的正向激励作用。综合运用再贷款、再贴现、差别存款准备金率、定向降准等政策支持工具，灵活调节流动性，引导金融资源向贫困地区倾斜。2015年，对湖北省贫困地区金融机构累计发放支农再贷款数额，占全省的60%以上；向贫困地区下达的支农再贷款限额，占全省的30%；通过定向降准对贫困地区符合条件的法人金融机构释放流动性数十亿元。

三、因地制宜开展金融产品与服务方式创新。依托“一县一品、一行一品”的县域金融创新产品评审办法，推动金融机构在贫困地区开办支农支小创新产品和信贷模式100余种。如恩施州宣恩县推出“金融扶贫益贷”信贷模式，将村级扶贫互助社原有的财政扶贫资金转化为担保基金，由承贷银行按照1：10的比例对建档立卡贫困户提供扶贫小额信贷，目前全县已整合担保基金1 600万元。

四、积极推行新型农业经营主体主办行制度。聚焦产业扶贫，对贫困地区新型农业经营主体实行名录管理，引导涉农金融机构做好对其“一对一”金融服务工作，通过新型农业经营主体与贫困户之间存在的土地、订单、就业等利益联结机制，带动贫困户脱贫致富。到2015年年末，金融机构在贫困地区培植新型农业经营主体信贷客户达6 973户，新型农业经营主体贷款余额同比增长30%以上，基本实现名录内经营主体的金融服务全覆盖。

五、大力提升金融基础设施现代化水平。认真实施农村金融服务“全覆盖”和金融支持县域经济发展“五个一工程”，不断完善贫困地区金融服务基础设施。到2015年年末，湖北省贫困地区银行机构网点在乡镇范围内基本实现全覆盖，村级惠农金融服务联系点覆盖率和ATM、POS机乡镇覆盖率均达到90%以上。

三、预测与展望

当前，湖北经济运行中仍面临一些困难和隐患，企业盈利缩水、亏损面扩大，土地、人工等要素约束趋紧；在汽车、石化、钢铁等传统支柱产业拉动作用减弱的同时，新兴产业增长潜力尚未充分释放，经济活力受到影响；部分地区财政收支平衡压力加大。但湖北经济也具备诸多有利条件，发展空间和潜力仍然较大。湖北正处于“一带一路”、“长江经济带”、“长江中游城市群”等国家战略叠加的机遇期，将在政策、资金及产业等方面获得更多的倾斜；一批重大基础设施、重大民生工程等项目陆续开工建设，有效投资持续扩大；服务消费、信息消费、绿色消费和农村消费等快速增长，消费领域不断拓宽；随着供给侧结构性改革持续推进，湖北潜在的科教优势将进一步向现实的创新优势转化，有助于加快构建中高端产业体系，形成新的增长动力。综合判断，未来一段时期，湖北经济将在升级增效中实现健康较快发展，预计2016年全省地区生产总值增长9%左右。

价格方面，稳健的货币政策保持灵活适度，粮食生产实现“十二连增”，在结构调整的大背景下，经济仍存在阶段性下行压力，PPI连续36个月同比下降，反映出部分领域产能过剩问题仍比较突出，加之石油等国际大宗商品价格低位运行，预计2016年价格涨幅将处于较低水平。

展望未来金融形势，湖北省金融业正朝着层次更高、功能更完备的现代金融产业发展。武汉区域金融中心建设加快推进；财税金融联动改革深入实施；长江经济带产业基金引导功能逐步放大；“新三板”和武汉股权托管交易中心挂牌企业数量快速增长；中国保监会与湖北省政府的战略合作正式启动。全省金融业也面临一些复杂的挑战。主要表现为直接融资比例依然偏低；三四线城市房地产库存较多、地方债务增多、企业违约率上升等风险可能向金融体系传导；少数金融机构内控基础相对薄弱、管理不够规范。总体来看，未来湖北金融业将继续呈现平稳健康的发展态势。2015年，中国人民银行武汉分行将坚持稳中求进工作总基调，主动适应经济发展“新常态”，继续贯彻落实好稳健的货币政策，盘活存量、优化增量；大力推动金融改革创新，有效防控金融风险，提升金融服务和管理水平，努力促进湖北经济社会持续健康发展。

中国人民银行武汉分行货币政策分析小组

总　纂：杨立杰　赵　军

统　稿：向秋芳　张　剑　刘克珍　熊川伟　田湘龙

执　笔：王一飞　张　朋　胡云飞　段　鹏　樊怿霖　刘爱华　周远慧　熊　源　方爱国　胡　青　吴　涛

提供材料的还有：杜蔚虹　胡小芳　胡红菊　陈　翔　刘　军　王　岗　高晓波　熊艳春　涂德君　潘　荣　施　韬　陈　波　陈宏卫　贺　杰　刘　丽　孙　妍　贾　晟　邓　晓　翟书浩　王春元

附录

（一）2015年湖北省经济金融大事记

3月，湖北省政府在11个市州组织开展了“金融支持湖北经济发展早春行”活动，活动累计签订银企合作协议2 539.7亿元，履约率接近100%。

5月，中国保监会和湖北省政府签署《发挥保险功能促进湖北经济社会发展合作备忘录》。

7月，经国务院同意，中国人民银行等9部委批复《武汉城市圈科技金融改革创新专项方案》，武汉城市圈成为国内首个科技金融改革创新试验区。

9月，湖北省获得全国信贷资产质押再贷款试点资格。

11月，全国首单银行间市场公募项目收益票据在湖北发行。

11月，湖北省再担保集团正式挂牌运营。

12月，湖北省资产管理公司正式揭牌。

12月，湖北省12个县（市、区）获批全国农村“两权”抵押贷款试点，其中，农村承包土地的经营权抵押贷款试点10个，农民住房财产权抵押贷款试点2个。

12月，总规模达2 000亿元的湖北省长江经济带产业基金管理公司和引导基金正式启动。

（二）2015年湖北省主要经济金融指标

表1　2015年湖北省主要存贷款指标

		1月	2月	3月	4月	5月	6月	7月	8月	9月	10月	11月	12月
本外币	金融机构各项存款余额（亿元）	38 497.8	39 061.1	40 240.2	39 414.3	39 515.3	40 879.7	40 730.5	41 256.6	41 448.2	41 437.1	41 492.5	41 345.9
	其中：住户存款	18 109.7	19 676.2	20 054.0	19 371.9	19 140.7	19 465.4	19 284.4	19 331.3	19 698.7	19 348.5	19 344.2	19 680.1
	非金融企业存款	11 359.9	10 961.9	11 464.4	11 353.9	11 346.9	11 721.6	11 795.7	12 080.3	11 974.7	12 050.4	12 081.1	12 392.1
	各项存款余额比上月增加（亿元）	1 663.8	562.9	1 179.1	-825.8	101.0	1 364.4	-149.2	526.1	191.6	-11.1	55.4	-146.6
	金融机构各项存款同比增长（%）	13.8	12.9	11.8	11.4	10.5	10.1	11.5	12.7	12.9	13.6	13.3	11.9
	金融机构各项贷款余额（亿元）	25 919.7	26 547.0	26 823.2	26 983.6	27 242.9	27 466.4	27 664.9	28 160.7	28 368.4	28 544.6	28 741.9	29 514.6
	其中：短期	8 653.0	8 874.0	8 865.7	8 852.3	8 818.4	8 792.4	8 645.0	8 704.9	8 760.8	8 731.2	8 749.8	8 896.2
	中长期	15 993.2	16 322.5	16 617.5	16 767.8	16 973.5	16 956.3	17 214.3	17 507.1	17 736.0	17 904.9	18 039.2	18 291.1
	票据融资	470.6	546.5	484.7	507.8	594.1	827.0	911.4	1 022.1	942.2	957.1	993.5	955.0
	各项贷款余额比上月增加（亿元）	620.2	629.3	276.2	160.4	259.2	223.6	198.5	495.8	207.7	176.3	197.3	772.7
	其中：短期	40.5	221.0	-8.3	-13.4	-33.9	-25.9	-147.5	59.9	56.0	-29.7	18.6	146.4
	中长期	472.3	329.3	295.0	150.3	205.7	-17.2	258.0	292.8	228.9	168.9	134.3	251.9
	票据融资	101.1	75.9	-61.7	23.1	86.3	232.9	84.3	110.8	-80.0	14.9	36.3	-38.5
	金融机构各项贷款同比增长（%）	14.6	16.5	16.2	15.3	14.9	13.7	14.5	15.6	15.7	15.9	15.0	16.7
	其中：短期	6.0	7.5	5.9	5.5	5.1	2.8	2.0	2.6	2.9	2.1	1.6	3.3
	中长期	18.4	20.0	20.7	19.5	19.1	17.3	18.2	19.1	19.5	19.8	18.8	17.9
	票据融资	57.7	90.3	62.6	50.5	46.4	75.4	96.6	98.1	86.9	99.8	90.8	158.5
	建筑业贷款余额（亿元）	1 288.3	1 373.0	1 388.4	1 379.2	1 385.5	1 417.9	1 450.0	1 471.1	1 526.6	1 521.7	1 563.0	1 570.8
	房地产业贷款余额（亿元）	2 278.0	2 347.7	2 378.7	2 376.2	2 471.5	2 547.6	2 563.3	2 603.7	2 607.0	2 616.2	2 600.3	2 608.2
	建筑业贷款同比增长（%）	14.9	19.9	19.0	16.9	14.8	14.8	17.0	17.0	20.6	18.3	21.5	24.2
	房地产业贷款同比增长（%）	30.4	32.6	31.7	28.4	30.9	31.3	31.0	32.0	30.3	30.3	25.0	20.4
人民币	金融机构各项存款余额（亿元）	38 029.4	38 536.8	39 728.9	38 985.4	39 125.1	40 489.1	40 323.8	40 758.7	40 941.1	40 983.1	41 080.6	40 896.5
	其中：住户存款	18 031.4	19 594.3	19 968.8	19 285.7	19 055.4	19 380.1	19 193.6	19 230.2	19 596.4	19 246.6	19 239.1	19 566.1
	非金融企业存款	11 057.0	10 609.6	11 140.5	11 074.4	11 083.4	11 443.5	11 505.2	11 731.1	11 597.6	11 730.5	11 797.3	12 079.6
	各项存款余额比上月增加（亿元）	1 538.5	507.3	1 192.1	-743.5	139.7	1 364.0	-165.3	434.9	182.4	41.9	97.5	-184.1
	其中：住户存款	303.7	1 562.9	374.5	-683.1	-230.3	324.7	-186.5	36.6	366.2	-349.9	-7.4	327.0
	非金融企业存款	702.8	-447.4	531.0	-66.2	9.0	360.1	61.7	225.9	-133.5	132.9	66.8	282.3
	各项存款同比增长（%）	14.5	13.3	12.0	12.0	12.0	11.5	13.5	14.5	14.3	15.2	14.9	13.1
	其中：住户存款	7.9	16.0	14.8	15.6	14.4	12.5	14.1	14.4	14.5	13.4	13.5	13.4
	非金融企业存款	-20.5	-26.1	-27.4	-27.6	-27.5	-28.3	-25.6	-24.2	-25.2	-23.1	-23.3	-23.5
	金融机构各项贷款余额（亿元）	24 855.2	25 487.7	25 768.4	25 943.3	26 210.1	26 424.5	26 643.2	27 115.5	27 507.4	27 696.3	27 970.4	28 338.9
	其中：个人消费贷款	4 171.4	4 241.9	4 301.5	4 372.6	4 448.0	4 550.3	4 624.0	4 719.1	4 819.6	4 896.0	5 021.9	5 128.2
	票据融资	470.6	546.5	484.7	507.8	594.1	827.0	911.3	1 022.1	942.2	957.1	993.4	954.9
	各项贷款余额比上月增加（亿元）	605.5	632.5	280.7	174.8	266.9	214.3	218.8	472.3	391.9	188.8	274.2	368.5
	其中：个人消费贷款	117.6	70.5	59.6	71.1	75.4	102.2	73.8	95.0	100.5	76.4	125.9	106.3
	票据融资	101.1	75.8	-61.8	23.1	86.3	232.9	84.3	110.8	-79.9	14.9	36.4	-38.5
	金融机构各项贷款同比增长（%）	15.4	17.6	17.3	16.3	15.9	14.5	15.3	16.4	17.0	17.1	16.5	16.9
	其中：个人消费贷款	21.4	22.7	21.5	21.2	20.7	21.5	22.1	23.3	24.0	24.8	25.8	26.5
	票据融资	57.7	90.3	62.5	50.5	46.4	75.4	96.6	98.2	86.9	99.8	90.8	158.5
外币	金融机构外币存款余额（亿美元）	76.3	85.3	83.2	70.2	63.8	63.9	66.5	77.9	79.7	71.5	64.4	69.2
	金融机构外币存款同比增长（%）	49.5	76.1	65.1	31.4	8.6	4.7	4.7	11.8	28.7	11.9	0.8	24.1
	金融机构外币贷款余额（亿美元）	173.5	172.3	171.7	170.2	168.8	170.4	167.0	163.6	135.3	133.6	120.6	181.1
	金融机构外币贷款同比增长（%）	-1.8	-4.9	-4.9	-4.9	-3.5	-1.8	-2.6	-4.5	-17.2	-16.0	-23.8	5.5

数据来源：中国人民银行武汉分行。

表2 2001～2015年湖北省各类价格指数

单位：%

年/月	居民消费价格指数		农业生产资料价格指数		工业生产者购进价格指数		工业生产者出厂价格指数	
	当月同比	累计同比	当月同比	累计同比	当月同比	累计同比	当月同比	累计同比
2001	—	-1.0	—	-2.6	—	5.8	—	3.1
2002	—	0.3	—	0.7	—	-4.8	—	-2.7
2003	—	2.2	—	0.8	—	8.2	—	3.5
2004	—	4.9	—	11.3	—	13.1	—	5.7
2005	—	2.9	—	15.1	—	7.0	—	4.5
2006	—	1.6	—	1.4	—	4.9	—	2.9
2007	—	4.8	—	8.0	—	4.5	—	3.9
2008	—	6.3	—	27.2	—	10.9	—	6.1
2009	—	-0.4	—	-1.1	—	-6.6	—	-4.4
2010	—	2.9	—	1.9	—	10.4	—	4.9
2011	—	5.8	—	13.5	—	11.5	—	6.6
2012	—	2.9	—	7.2	—	-1.1	—	0.3
2013	—	2.8	—	3.1	—	-1.8	—	-0.8
2014	—	2.0	—	-2.1	—	-1.6	—	-2.2
2015	—	1.5	—	0.4	—	-7.2	—	-3.3
2014 1	2.3	2.3	-0.2	-0.2	-1.6	-1.6	-1.5	-1.5
2	2.0	2.2	-1.0	-0.6	-2.4	-2.0	-1.6	-1.5
3	2.1	2.2	-2.3	-1.2	-3.0	-2.3	-1.9	-1.7
4	1.7	2.0	-2.5	-1.5	-2.8	-2.4	-1.7	-1.7
5	2.1	2.0	-2.4	-1.7	-2.4	-2.4	-1.2	-1.6
6	2.1	2.0	-2.4	-1.8	-1.6	-2.3	-1.1	-1.5
7	2.2	2.1	-2.2	-1.9	-1.0	-2.1	-0.8	-1.4
8	1.9	2.1	-2.3	-1.9	-1.2	-2.0	-1.0	-1.4
9	1.7	2.0	-2.5	-2.0	-1.2	-1.9	-1.4	-1.4
10	1.7	2.0	-2.4	-2.0	-2.1	-1.9	-1.8	-1.4
11	1.8	2.0	-2.2	-2.0	-3.1	-2.0	-2.2	-1.5
12	1.8	2.0	-2.6	-2.1	-4.6	-2.2	-2.7	-1.6
2015 1	1.0	1.0	-2.5	-2.5	-6.3	-6.3	-3.5	-3.5
2	1.7	1.3	-2.2	-2.3	-6.7	-6.5	-3.6	-3.6
3	1.7	1.5	-1.2	-1.9	-6.6	-6.5	-3.3	-3.5
4	1.9	1.6	-0.4	-1.5	-6.5	-6.5	-3.1	-3.4
5	1.5	1.6	0.3	-1.2	-6.1	-6.4	-3.3	-3.4
6	1.8	1.6	0.8	-0.8	-5.9	-6.4	-3.1	-3.3
7	1.8	1.6	1.7	-0.5	-6.7	-6.4	-3.4	-3.3
8	1.9	1.7	1.8	-0.2	-7.6	-6.5	-3.4	-3.3
9	1.4	1.6	1.6	0.0	-8.7	-6.8	-3.5	-3.3
10	1.3	1.6	1.4	0.1	-8.7	-7.0	-3.3	-3.3
11	1.1	1.5	1.5	0.3	-8.7	-7.1	-3.1	-3.3
12	1.2	1.5	1.5	0.4	-8.6	-7.2	-3.4	-3.3

数据来源：《中国经济景气月报》。

表3 2015年湖北省主要经济指标

	1月	2月	3月	4月	5月	6月	7月	8月	9月	10月	11月	12月
	绝对值（自年初累计）											
地区生产总值(亿元)	—	—	5 487.9	—	—	13 104.8	—	—	20 423.4	—	—	29 550.2
第一产业	—	—	416.0	—	—	915.5	—	—	2 390.0	—	—	3 309.8
第二产业	—	—	2 827.0	—	—	6 224.3	—	—	9 173.7	—	—	13 503.6
第三产业	—	—	2 245.0	—	—	5 965.0	—	—	8 859.7	—	—	12 736.8
工业增加值(亿元)	—	—	—	—	—	—	—	—	—	—	—	—
固定资产投资(亿元)	—	1 487.5	4 235.5	6 506.8	9 173.8	13 561.3	15 585.2	17 790.9	20 162.6	22 400.1	25 065.0	28 250.5
房地产开发投资	—	316.1	657.0	928.6	1 259.8	1 879.5	2 211.0	2 548.8	2 950.5	3 361.4	3 816.0	4 249.2
社会消费品零售总额(亿元)	—	2 284.3	3 286.6	4 322.7	5 451.7	6 593.2	7 718.6	8 843.8	9 989.3	11 321.9	12 628.8	13 978.1
外贸进出口总额（亿元）	—	351	523	717	916	1 125	1 368	1 605	1 848	2 090	2 430	2 839
进口	—	122	194	261	325	398	488	564	645	728	872	1 022
出口	—	230	329	457	591	726	880	1 041	1 203	1 363	1 558	1 817
进出口差额(出口－进口)	—	108	135	196	266	328	391	477	558	635	686	795
外商实际直接投资(亿美元)	—	13	22	29	36	45	53	60	69	76	84	89
地方财政收支差额(亿元)	—	-177.6	-397.2	-810.1	-960.2	-1 153.4	-1 420.0	-1 637.6	-1 953.4	-2 324.8	-2 630.9	-3 088.8
地方财政收入	—	443.8	725.1	948.4	1 170.1	1 515.6	1 727.6	1 903.9	2 117.9	2 366.6	2 620.2	3 005.4
地方财政支出	—	621.4	1 122.3	1 758.5	2 130.3	2 668.9	3 147.6	3 541.5	4 071.3	4 691.3	5 251.1	6 094.2
城镇登记失业率(%)（季度）	—	—	3.16	—	—	3.02	—	—	2.95	—	—	2.64
	同比累计增长率（%）											
地区生产总值	—	—	8.5	—	—	8.7	—	—	8.8	—	—	8.9
第一产业	—	—	2.3	—	—	4.1	—	—	4.7	—	—	4.5
第二产业	—	—	8.4	—	—	8.4	—	—	8.4	—	—	8.3
第三产业			9.7	—	—	9.8	—	—	10.1	—	—	10.7
工业增加值	—	9.3	8.4	8.1	8	8.2	8.2	8.3	8.3	8.4	8.5	8.6
固定资产投资	—	19.1	18.9	18.7	17.1	17	16.8	16.2	16.2	16.2	16.3	16.2
房地产开发投资	—	12	5.7	4	2.9	2.3	3.5	4.2	4.1	6.3	6.7	6.7
社会消费品零售总额	—	12.2	12.2	12.1	12.1	12.2	12.2	12.2	12.1	12.1	12.2	12.3
外贸进出口总额	—	10.8	9.2	5.5	5.1	4.4	5.7	4.8	5.7	6.7	3.6	7.3
进口	—	-15.3	-8.6	-11.1	-11.3	-11	-7.8	-8.3	-7.4	-5.5	-3.7	1.4
出口	—	32.5	23.4	18.1	17.1	15.3	15	13.6	14.4	14.5	8.1	11
外商实际直接投资	—	13.4	10.1	12.8	10.1	11.3	9.6	10.8	14.4	13.3	13.5	12.9
地方财政收入	—	12.4	12.7	12.2	12.4	15.1	14.3	14.4	14.2	15.2	17.3	17.1
地方财政支出	—	21.7	9.2	29.4	22.7	20.3	16.4	16.8	16.9	21.5	23.1	23.5

数据来源：湖北省统计局。

2015年湖南省金融运行报告

中国人民银行长沙中心支行货币政策分析小组

[内容摘要] 2015年，湖南省积极应对复杂经济金融形势，贯彻落实中央各项决策部署，把稳增长摆在更突出位置，主动认识适应引领经济发展“新常态”，加快建设“两型社会”①，着力促进“三量齐升”②，努力建设“四个湖南”③，大力推进“五化同步”④，改革开放纵深推进，结构调整不断深化，培育发展新动能，民生保障持续改善，经济运行总体平稳，稳中有进、稳中有好。

金融支持地方经济发展力度加大，银行业经营稳健，信贷实现较快增长，结构不断改善，利率重心稳步下移；证券交易活跃，资本市场融资功能持续增强；保险业发展提速，着力保障民生等重点领域；金融改革有序推进，金融生态环境持续优化，金融服务地方经济发展的能力继续提升。

2016年，湖南省将按照“五位一体”总体布局和“四个全面”战略布局的要求，坚持稳中求进总基调，全面深化改革开放，充分发挥“一带一部”⑤区位优势，着力供给侧结构性改革，促进转型升级，加强民生保障，努力实现经济社会持续健康平稳发展。

一、金融运行情况

2015年，湖南省金融运行总体良好，货币信贷实现较快增长，金融市场规范健康发展，金融改革稳步推进，金融生态持续改善，金融支持地方经济发展的能力趋强。

（一）银行业稳步发展，信贷实现较快增长

1. 银行业稳健发展，法人机构持续增加。2015年，湖南省银行业金融机构资产规模持续扩大，年末总资产为4.4万亿元，总负债为4.4万亿元，同比分别增长16.4%和16.5%，增速同比分别提高3.5个和3.7个百分点。银行业从业人数达12.8万人，同比增加8 350人，地方法人机构数量增至173个（见表1）。

2. 存款增速、增量均创历史新高。2015年年末，全省金融机构本外币存款余额为3.6万亿元，同比增长17.6%，分别快于全国和上年5.2个和4.2

表1　2015年湖南省银行业金融机构情况

机构类别	营业网点			法人机构（个）
	机构个数（个）	从业人数（人）	资产总额（亿元）	
一、大型商业银行	2 469	52 114	16 695.68	0
二、国家开发银行和政策性银行	117	2 891	5 181.28	0
三、股份制商业银行	379	8 218	5 633.97	0
四、城市商业银行	350	9 214	4 870.27	2
五、城市信用社	0	0	0.00	0
六、小型农村金融机构	4 032	38 245	7 373.77	129
七、财务公司	4	117	263.75	4
八、信托公司	1	145	35.36	1
九、邮政储蓄银行	2 098	15 535	3 300.53	0
十、外资银行	5	183	65.48	5
十一、新型农村金融机构	76	1 430	328.37	31
十二、其他	1	45	126.21	1
合　计	9 532	128 137	43 875.00	173

注：营业网点不包括国家开发银行和政策性银行、大型商业银行、股份制银行等金融机构总部数据；大型商业银行包括中国工商银行、中国农业银行、中国银行、中国建设银行和交通银行；小型农村金融机构包括农村商业银行、农村合作银行和农村信用社；新型农村金融机构包括村镇银行、贷款公司、农村资金互助社；“其他”包含金融租赁公司、汽车金融公司、货币经纪公司、消费金融公司等。

数据来源：中国人民银行长沙中心支行、湖南银监局。

① “两型社会”指环境友好型和资源节约型。

② “三量齐升”指湖南省经济总量、人均均量和运行质量的同步提升。

③ “四个湖南”指绿色湖南、创新型湖南、数字湖南和法治湖南。

④ “五化同步”指新型工业化、农业现代化、新型城镇化、信息化、绿色化。

⑤ “一带一部”指湖南省处在东部沿海地区和中西部地区的过渡带、长江开放经济带和沿海开放经济带结合部。

个百分点（见图1、图3）。全年新增存款5 438.8亿元，同比大幅多增1 791.6亿元。分季度来看，各季度新增存款之比为42%：21%：15%：22%，除第一季度新增较多以外，其他三个季度新增存款较均衡。分项目来看，非金融企业存款和财政性存款同比多增较多，住房存款小幅多增，非存款类金融机构存款增速较快。

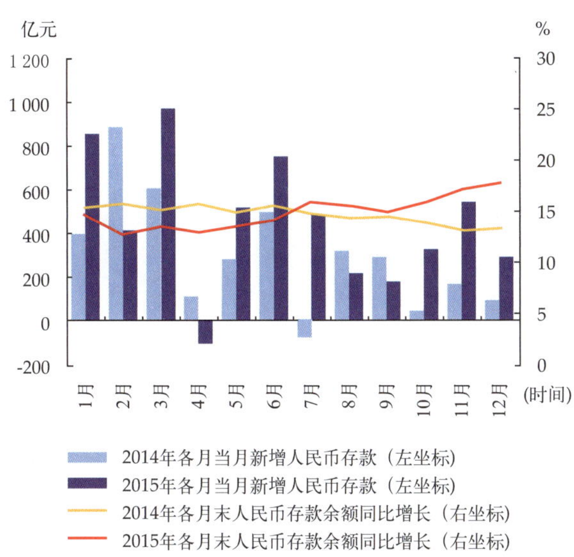

数据来源：中国人民银行长沙中心支行。

图1　2014～2015年湖南省金融机构人民币存款增长变化

3. 贷款投放节奏均衡，信贷结构继续优化。2015年年末，全省金融机构本外币贷款余额为2.4万亿元，同比增长16.5%，分别快于全国和上年3.1个和2.6个百分点（见图2、图3），新增贷款3 438.2亿元，创历史新高。第一至第四季度新增贷款占全年新增贷款的比重分别为32%、30%、23%和15%，信贷投放节奏有所前移，但总体较为均衡。2015年，全省全面和定向降准政策正向激励作用明显，金融机构累计释放资金约414亿元，支农再贷款、支小再贷款、再贴现分别累计同比多放4.6亿元、6.9亿元、2.6亿元。中国人民银行长沙中心支行着力创新货币信贷“1+N”工作机制，撬动银行机构加大对小微、“三农”和扶贫领域的精准投入。全年涉农贷款、小微贷款分别新增1167.1亿元、856.6亿元，同比分别增长17.4%、28.5%，分别高于全部贷款增速0.9个、12

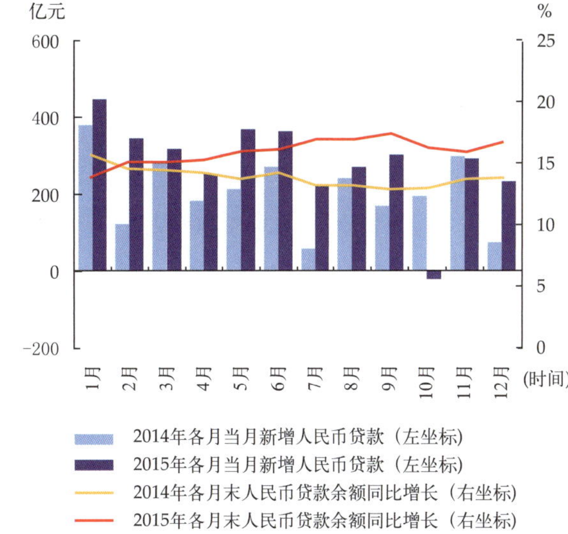

数据来源：中国人民银行长沙中心支行。

图2　2014～2015年湖南省金融机构人民币贷款增长变化

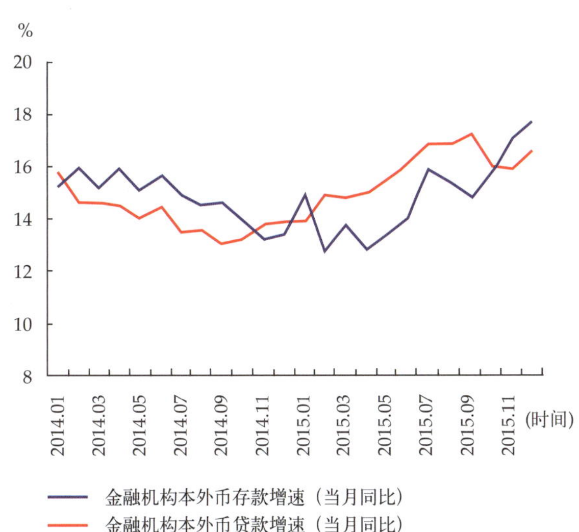

数据来源：中国人民银行长沙中心支行。

图3　2014～2015年湖南省金融机构本外币存、贷款增速变化

个百分点；全省40个贫困县新增贷款379.6亿元，同比增长23%，高于全部贷款增速6.5个百分点，均实现“两个不低于”目标。

4. 表外业务增长趋缓，信用证等业务下降较多。2015年年末，受表外融资需求放缓、表外业务监管趋严、业务审批趋紧等多重因素影响，湖南省金融机构表外业务增势趋缓，2015年新增表外业务375亿元，同比增长7.4%，低于同期贷款增速9.1百分点。其中，受进出口额同比下降等因素的影响，信用证等贸易项下表外融资业务下降较多，2015年融资余额下降119亿元。

5. 贷款利率稳步下移，利率市场化改革有序推进。2015年，受存贷款基准利率连续下调的影响，湖南省市场贷款利率单边下行，全省金融机构新发放非金融企业及其他部门贷款加权平均利率为6.8%，同比下降104个基点。中国人民银行长沙中心支行指导构建全省市场利率定价自律机制，涵盖全省160余家各类金融机构。全省48家法人机构自愿接受法人金融机构合格审慎评估，4家机构成为全国自律机制基础成员。全省备案发行同业存单、大额存单分别为310亿元、50亿元。全省150个民间借贷监测点借贷平均利率为23.1%，同比下降41个基点。

6. 机构改革稳步推进，新设机构不断增多。2015年，农村商业银行组建整体进程较快，年末全省已组建农商行68家，同比增加34家。年内平安银行长沙分行获准开业，湖南省首家省级金融控股集团公司财信金融控股集团公司挂牌成立。

表2　2015年湖南省金融机构人民币贷款各利率区间占比

单位：%

月份		1月	2月	3月	4月	5月	6月
	合计	100.00	100.00	100.00	100.00	100.00	100.00
	下浮	3.73	4.11	3.25	5.33	7.33	9.99
	基准	15.83	14.73	16.59	13.92	13.69	14.09
上浮	小计	80.44	81.16	80.16	80.75	78.98	75.92
	(1.0, 1.1]	20.61	15.83	23.86	18.51	28.24	16.43
	(1.1, 1.3]	20.06	18.88	16.87	17.91	12.99	16.03
	(1.3, 1.5]	18.16	21.23	14.24	15.38	13.54	16.63
	(1.5, 2.0]	15.82	19.56	16.44	21.27	17.55	19.31
	2.0以上	5.79	5.66	8.75	7.68	6.66	7.52
月份		7月	8月	9月	10月	11月	12月
	合计	100.00	100.00	100.00	100.00	100.00	99.99
	下浮	6.53	5.47	5.69	16.91	5.81	14.81
	基准	15.96	19.23	21.77	21.25	19.80	21.73
上浮	小计	77.51	75.30	72.54	61.84	74.39	63.45
	(1.0, 1.1]	18.41	14.56	16.47	14.97	14.37	10.52
	(1.1, 1.3]	14.98	15.41	15.94	14.18	16.72	14.52
	(1.3, 1.5]	17.27	15.47	13.90	11.80	13.62	12.91
	(1.5, 2.0]	18.33	19.93	17.99	13.04	21.03	17.05
	2.0以上	8.52	9.93	8.24	7.85	8.65	8.45

数据来源：中国人民银行长沙中心支行。

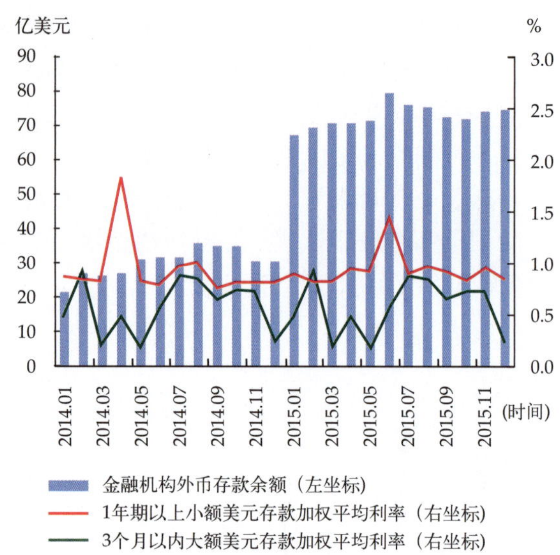

数据来源：中国人民银行长沙中心支行。

图4　2014～2015年湖南省金融机构外币存款余额及外币存款利率

7. 不良贷款有所增长，资产质量有所承压。受经济下行压力加大等因素的影响，2015年第四季度全省银行家贷款质量指数为43.5%，同比回落10.7个百分点，反映银行隐性不良关注类贷款有所增长。2015年年末，全省银行业机构不良贷款额为547.9亿元，比年初增加18.5亿元，不良贷款率为2.3%。

8. 跨境人民币业务覆盖面持续拓宽。2015年，湖南省金融机构按照"业务发展与风险防范并重"原则，加大业务推动力度，着力强化风险防控，全省跨境人民币结算688.1亿元，同比增长28.1%，占全省本外币跨境收支的29.1%，占比同比提高4.1个百分点。其中，经常项下和资本项下分别结算350亿元和338.1亿元，同比分别增长20.9%和36.4%。截至2015年年末，省内1 309个贸易主体与境外113个国家和地区的企业发生跨境人民币实际收付业务。跨境双向人民币资金池业务稳步发展，全省人民币资金池增至3个，覆盖境内外32家企业，全年跨境归集和调拨资金累计79.7亿元，净流入10.5亿元。

专栏1 对湖南省PPP示范项目的调查与思考

党的十八届三中全会以来，公私合营模式（Public-Private-Partnership，PPP）成为社会关注的焦点，各级地方政府对PPP的热情也空前高涨。为了解PPP实际发展情况、破解相关难题，2015年下半年，中国人民银行长沙中心支行对湖南省首批PPP示范项目进行了专题调查。

从调查反映的情况看：一是示范项目以新建项目、准经营性和公益性项目、投资额10亿元以内的项目为主。从项目类型看，以新建项目为主；从项目性质看，以准经营性和公益性项目为主；从所属行业看，以市政基础设施和生态环保为主。二是示范项目建设都取得了一定进展。从所处阶段看，处于准备或建设阶段的项目较多；从社会资本的性质和出资比例看，社会资本方主要为平台公司或国有企业；从运作模式看，有2/3的项目采用“建设—经营—移交”（Build-Operate-Transfer，BOT）方式，其余项目主要采用“建设—移交”（Build-Transfer，BT）、“移交—经营—移交”（Transfer-Operate-Transfer，TOT）或“建设—拥有—运营”（Building-Owning-Operation，BOO）等方式；从进度看，长沙、湘潭、衡阳等经济相对发达的地市，污水处理等具有稳定收益的项目推进较快。三是银行机构对于参与PPP项目的积极性较高，出台了相关业务政策，实际推进速度还需加快。据调查，PPP项目贷款期限以五至十年为主，有的长达二十至三十年；基本上都为抵质押担保贷款。从参与机构类型看，以政策性银行、国有大型银行和省内城商行为主。从出台PPP业务政策看，八成左右的银行机构均出台了相关的业务政策。

PPP项目推进方面仍存在一些问题，政策法规仍需完善，管理效率还需提高，地方政府需健全PPP项目风险分担机制、完善扶持政策，金融机构需创新服务模式，完善相关风险管控。建议：一是进一步完善PPP政策体系，提高可操作性，加强相关部门间政策的协调配合。二是推出适合PPP模式特点的项目。地方政府要进一步加深对PPP模式的理解和认识，严格做好PPP项目的论证筛选，积极向社会推出现金流和收益稳定、对社会资本有吸引力、相对成熟的项目。三是建立和完善PPP准入与退出机制。如对因公众利益需要提前收回的，应对经营者予以合理补偿等。四是完善相关扶持政策。如可对PPP示范项目明确贷款贴息、奖补资金、政府购买服务、填补短期资金缺口、协助人才引进等扶持政策，确保PPP项目有序推进、长效运营。

（二）证券业交易活跃，市场融资功能增强

1. 证券机构稳步增长，盈利面不断扩大。2015年年末，全省共有法人证券公司3家，其营业部335家；证券分公司16家，其证券营业部322家。年末，全省共有沪深证券账户1 018.0万户，资金账户580万户，同比分别增长53.6%和45.1%。2015年，全省229家证券经营机构盈利，盈利面为76.3%。

2. 上市公司数量继续增加，企业经营状况良好。2015年年末，全省共有国内上市公司（不含新三板）82家，较年初增加8家，累计募集资金

表3 2015年湖南省证券业基本情况

项目	数量
总部设在辖内的证券公司数（家）	3
总部设在辖内的基金公司数（家）	0
总部设在辖内的期货公司数（家）	3
年末国内上市公司数（家）	82
当年国内股票（A股）筹资（亿元）	189.8
当年发行H股筹资（亿元）	—
当年国内债券筹资（亿元）	1 223.4
其中：短期融资券筹资额（亿元）	269.5
中期票据筹资额（亿元）	462.4

注：当年国内股票（A股）筹资额是指非金融企业境内股票融资。
数据来源：中国人民银行长沙中心支行、湖南证监局。

718.4亿元，总市值、总资产分别为10 142.4亿元、7 349.3亿元，同比分别增长59.8%、33.8%，实现主营业务收入和净利润分别为2 233.5亿元、90.1亿元，同比分别增长12.0%、19.0%。

3. 证券业务趋向多元化，创新业务快速发展。2015年年末，全省有287家证券经营机构获得融资融券业务资格。受市场大幅波动的影响，融资融券交易波动上升，2015年年末交易总额为2.2万亿元，较2014年增长2.9倍，累计收入48.6亿元，增长2.1倍。共有224家证券经营机构获批开展股权质押业务，累计收入1.7亿元，同比增长2倍。230家证券经营机构获得期货IB业务资格，累计收入6 560.1万元，同比增长232.8%。港股通业务累计收入2 070.1万元。

（三）保险业发展较快，助力发展保障民生

1. 市场主体不断健全，保险业务较快增长。2015年年末，全省共有法人保险公司1家。省级保险分公司51家，较年初增加4家。年末资产总额1716.9亿元，较年初增长15.9%。实现原保险保费收入、赔付支出分别为712.2亿元、257.0亿元，同比分别增长21.2%、17.4%。保险深度2.9%，同比提高0.7个百分点，保险密度1 050元/人，同比提高19.6%。

2. 支持实体经济发展，着力保障民生领域。

表4　2015年湖南省保险业基本情况

项目	数量
总部设在辖内的保险公司数（家）	1
其中：财产险经营主体（家）	0
人身险经营主体（家）	1
保险公司分支机构（家）	51
其中：财产险公司分支机构（家）	23
人身险公司分支机构（家）	28
保费收入（中外资，亿元）	729
其中：财产险保费收入（中外资，亿元）	260
人身险保费收入（中外资，亿元）	469
各类赔款给付（中外资，亿元）	257
保险密度（元/人）	1 050
保险深度（%）	3

数据来源：中国人民银行长沙中心支行、湖南保监局。

2015年湖南产险业承担了“三农”、工程、汽车、外贸等产业累计20.8万亿元风险保障，同比增长40.5%。为因自然灾害和意外事故受损的企业和人民群众提供经济补偿133.9亿元，同比增长17.4%。服务民生领域不断拓展，人身险承保各类社保补充医疗业务6 180.8万人次，获得补偿3.1亿元。

（四）融资规模稳步增长，市场利率逐步下行

1. 融资规模稳步增长，融资结构不断优化。2015年，湖南省社会融资规模总量为4 196.3亿元，同比多增251.3亿元。其中，银行业贷款新增3 366.5亿元，同比多增843.3亿元，新增额占全省社会融资规模的80.2%，同比提高16.2个百分点，股票和债券融资新增969.6亿元，新增额占全省社会融资规模的23.1%。

2. 货币市场交易活跃，市场利率总体下行。2015年，受市场参与度提高、股票市场低迷，以及银行盘活资金压力加大的影响，货币市场交易量快速增长，省内法人金融机构参与银行间同业拆借交易、债券回购交易4 173.8亿元、81 274.3亿元，同比分别增长74.1%、134%。受银行间债券市场去杠杆化等因素的影响，同业拆借、债券回购加权平均利率同比下降104.5个和105.5个基点。

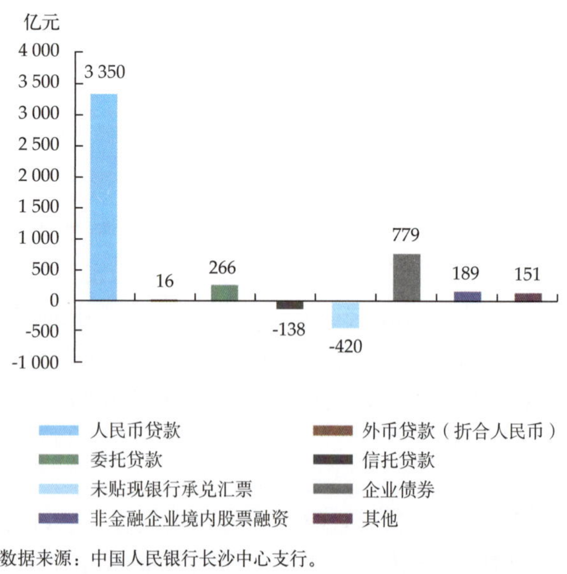

数据来源：中国人民银行长沙中心支行。

图5　2015年湖南省社会融资规模分布结构

3. 贴现利率平稳向下，票据融资大幅增长。2015年，受连续降准、降息等政策的影响，湖南省票据融资利率平稳下行，第一至第四季度银行承兑汇票贴现利率分别为5.6%、4.1%、3.8%和3.2%，湖南省企业票据贴现意愿随之增强，年末票据融资余额858亿元，同比增长1.5倍。

表5　2015年湖南省金融机构票据业务量统计

单位：亿元

季度	银行承兑汇票承兑		贴现			
			银行承兑汇票		商业承兑汇票	
	余额	累计发生额	余额	累计发生额	余额	累计发生额
1	1 645.69	835.57	396.10	1 632.26	1.02	0.29
2	1 836.85	1 042.99	615.13	3 170.79	0.82	3.70
3	1 838.06	936.12	823.32	3 578.55	1.07	1.18
4	1 734.18	864.47	856.04	4 634.11	2.03	1.87

数据来源：中国人民银行长沙中心支行。

表6　2015年湖南省金融机构票据贴现、转贴现利率

单位：%

季度	贴现		转贴现	
	银行承兑汇票	商业承兑汇票	票据买断	票据回购
1	5.61	6.82	5.70	5.67
2	4.10	5.74	4.00	3.83
3	3.82	6.51	3.57	3.61
4	3.24	5.44	3.32	3.51

数据来源：中国人民银行长沙中心支行。

（五）信用体系不断完善，金融生态持续优化

1. 征信体系建设不断完善。2015年，全省共确立14个中小企业信用体系和16个农村信用体系建设试验区，实现14个市（州）全覆盖。个人信用报告查询服务点涵盖全省所有县域。金融信用信息基础数据库新增企业、个人信用档案同比分别增长1.8%和2.3%，信用信息查询量达749.4万次。小额贷款公司和融资性担保公司信用评级稳步推进。

2. 金融生态建设多方位推进。中国人民银行长沙中心支行成立普惠金融发展领导小组，印发《湖南省普惠金融发展评价指标表》，并与湖南大学合作，连续八年对全省开展金融生态评估工作，对外发布综合排名。金融安全区创建工作继续推进，2015年年末省级金融安全区达标单位增至28个。

3. 支付结算体系运行良好。农村支付综合服务平台功能不断完善，截至2015年年末，83%的助农取款商户信息导入平台，累计发生涉农交易金额2.7亿元。全面推广二代支付系统，年末支付清算系统覆盖率达59.1%，同比提高5.3个百分点。中央银行会计核算数据集中系统（ACS）综合前置子系统在辖内城市商业银行上线。电子商业汇票流转进一步畅通，全年累计办理电子商业汇票再贴现业务3.8亿元。

4. 金融消费权益保护成效明显。2015年金融消费者投诉办结率达99.6%，切实维护金融消费者权益。创新开展“3·15金融消费者权益日”、“进高校、进社区、进乡镇”等金融知识宣传活动，湖南医药学院开设“金融知识与风险防范”选修课，持续扩大宣传覆盖面和影响力。

二、经济运行情况

2015年，湖南省积极应对复杂严峻的国内外宏观经济形势和经济下行压力，主动适应“新常态”，统筹稳增长、促改革、调结构、惠民生、防风险，全省经济总体平稳，实现地区生产总值2.9万亿元，同比增长8.6%，人均地区生产总值

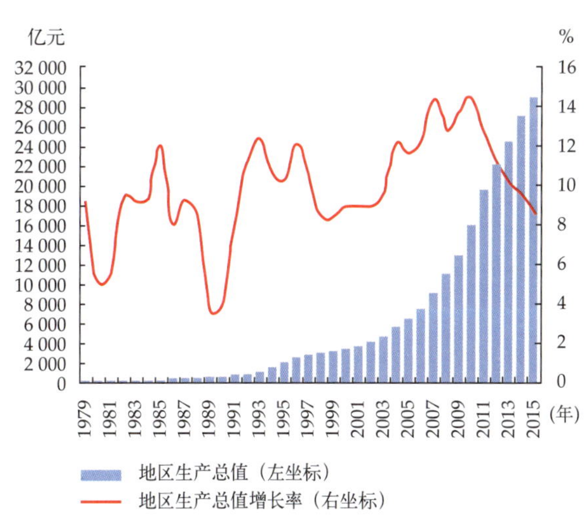

数据来源：湖南省统计局。

图6　1979～2015年湖南省地区生产总值及其增长率

达43 114.7元。

（一）需求结构持续优化，经济发展提质增效

1. 投资增速保持高位，投资结构逐步向好。2015年，湖南省完成固定资产投资25 954.3亿元，同比增长18.2%，同比回落1.2个百分点，但仍保持在较高水平。其中，基础设施投资、民生投资分别增长23.6%、26.2%，分别占全部投资的23.9%、7.4%，同比分别提高1.1个、0.4个百分点；技改、战略性新兴产业投资分别增长18.4%、20.9%；高新技术产业投资增长27%，占工业投资的15.2%，同比提高6.3个百分点。

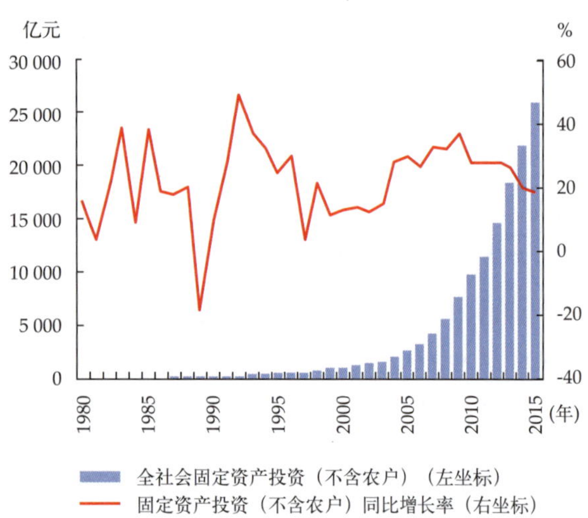

数据来源：湖南省统计局。

图7　1980～2015年湖南省固定资产投资（不含农户）及其增长率

2. 居民收入增长较快，消费势头稳中显旺。2015年，全省居民人均可支配收入为19 317元，同比增长9.6%，位列中部六省第二，其中，城镇、农村居民分别增长8.5%、9.3%。受政策、事业及机关单位养老金、转移性政策扶持影响，城乡居民收入比由2010年的2.8：1下降至2015年2.6：1，连续五年下降。2015年，湖南省居民人均生活消费支出为14 267元，增长7.4%，实现社会消费品零售总额12 024亿元，增长12.1%。家电、建筑及装潢类商品零售额受房屋销售回暖拉动明显，分别增长16.1%和24.4%。消费结构逐步升级，城镇、农村教育文化娱乐支出分别大幅增长15.6%、14.8%。网络消费成为新潮流，人均每月网购184元，同比增长70.2%。

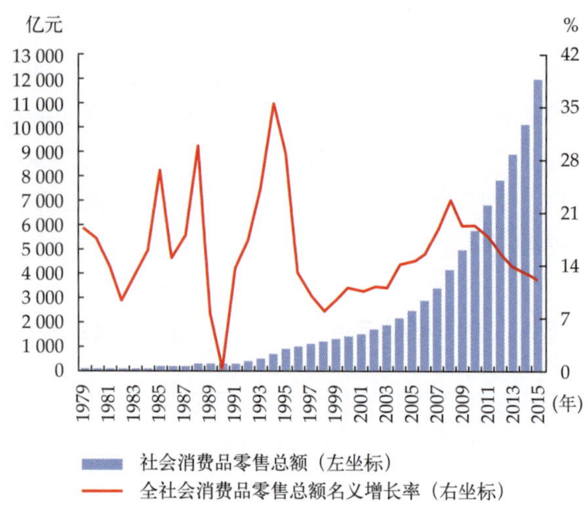

数据来源：湖南省统计局。

图8　1979～2015年湖南省社会消费品零售总额及其增长率

3. 外贸结构不断优化，开放型经济发展取得新成效。2015年，受国内外经济不景气的影响，全省进出口总额293.7亿美元，同比下降4.8%，其中，出口、进口分别为191.7亿美元、101.9亿美元，同比分别下降3.9%、6.4%。重点产品增长势头明显，机电产品和高新技术产品出口同比分别增长19.1%和51.1%，进口同比分别增长22.9%和69.2%。全年银行代客跨境收支总额为380.2亿美元，同比增长8.8%，收支规模创历史新高。实际利用外资、对外直接投资实际发生额分别为115.6亿美元、14.8亿美元，同比分别增长12.7%、55.8%。5家企业完成跨国公司外汇资金集中运营试点备案。步步高云猴网等跨境电子商务平台顺利运营。湘江新区获国家批准，湘潭综合保税区正式封关运行，岳阳城陵矶综合保税区通过验收，湘欧国际货运班列常态化运营，为湖南开放型经济发展注入新活力。

（二）三大产业融合发展，转方式、调结构纵深推进

1. 粮食生产稳中有进，现代农业多元化发展。2015年，湖南省粮食生产稳中有增，粮食

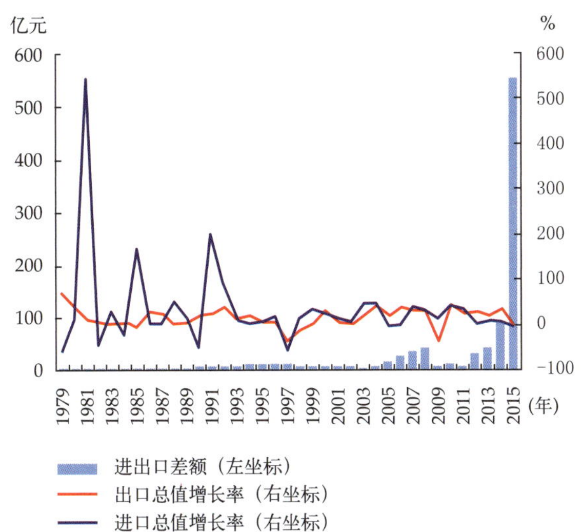

数据来源：湖南省统计局。

图9　1979～2015年湖南省外贸进出口变动情况

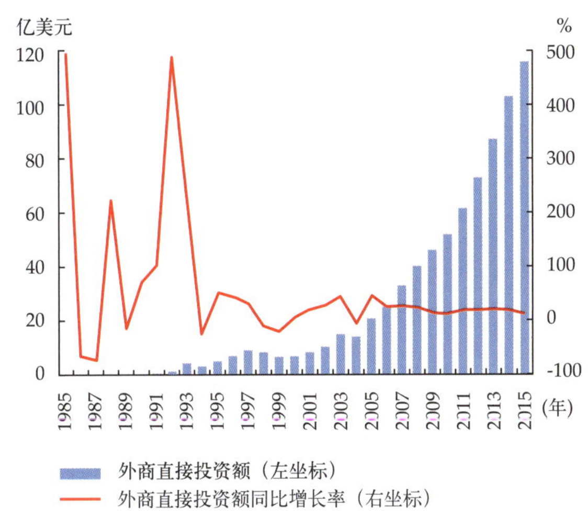

数据来源：湖南省统计局。

图10　1985～2015年湖南省外商直接投资额及其增长率

总产量为600.6亿斤，同比增收0.3亿斤。着力实施"百千万"现代农业发展工程，全年完成近12万亩种植结构调整任务。农业机械化水平稳步上升，全省水稻耕种收综合机械化水平达67.2%，同比提高3.3个百分点。农村土地承包经营权确权登记颁证工作有序实施。菜果茶高产创建稳步推进，全年标准园创建项目57个。作为新型职业农民培育整省推进示范省，培育新型职业农民

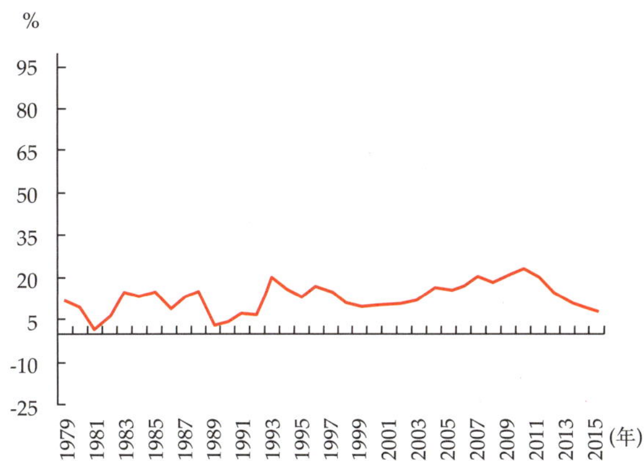

数据来源：湖南省统计局。

图11　1979～2015年湖南省规模以上工业增加值同比增长率

4.5万人。

2. 工业增速缓中趋稳，新驱动力不断释放。2015年，全省规模工业增加值增长7.8%，同比回落1.8个百分点，累计增幅连续7个月保持在7.7%以上，企稳态势明显。在39个大类行业中，33个行业实现增长。其中，石油加工炼焦和核燃料加工业、医药制造业、计算机通信和其他电子设备制造业、印刷和记录媒介复制业分别增长13.2%、16.4%、16.5%和18.9%。轨道交通、电子信息、环境保护等新兴产业发展加快，全年规模以上工业利润增长2%以上，同比回升7个百分点。设立50亿元规模的湖南省新兴产业发展基金，扶持先进装备制造等战略性新兴产业。

3. 现代服务业发展良好，结构调整成效突出。2015年，全省第三产业增加值为12 760.2亿元，增长11.2%，增速稳居三次产业之首，占地区生产总值比重为43.9%，同比提高1.7个百分点。金融业增加值增长20.6%，占地区生产总值的比重为4%，同比上升0.5个百分点。信息技术、租赁商务、文化娱乐等营利性服务业增加值增长15.4%。文化和创意产业集聚发展，增加值同比增长13.2%，占地区生产总值比重约5.9%，成为战略性新兴支柱产业。旅游业稳步增长，旅游总收入为3 712.9亿元，同比增长21.7%。第三产业成为湖南经济社会发展的生力军，湖南经济逐步由工业主导向第三产业主导转变。

（三）主要价格指数低位运行，劳动力成本持续上涨

1. 居民消费价格总体低位运行，八大类商品涨多跌少。2015年，湖南省居民消费价格指数低位运行，前8个月同比涨幅逐月回升，最高达2.2%，第四季度平稳回落，全年累计上涨1.4%，与全国持平。八大类价格指数“六涨二降”，其中，食品类价格指数累计上涨3%，同比提高0.4个百分点，拉动总指数上涨1.03个百分点，贡献率达73.5%，同比上升26.7个百分点，是拉动消费价格总水平上涨的主要因素。

2. 工业价格指数持续低迷，农业价格指数涨势强劲。2015年，受经济增速回落、国际大宗商品价格大幅波动、部分行业产能过剩等因素的影响，湖南省工业生产者出厂价格指数（PPI）、工业生产者购进价格指数（PPIRM）总体振荡下行，累计分别下降3.7%和5.5%，降幅同比分别扩大2.1个和3.4个百分点，延续2012年下半年以来的低迷走势。农业生产资料价格指数和农产品生产者价格指数上涨态势强劲，全年均累计上涨4.1%，涨幅同比扩大3.9个和5.5个百分点。

3. 劳动力成本持续上涨。受劳动力数量下降、择业观念变化等因素的影响，劳动力成本持续上涨，其中，城镇居民人均工资性收入增长8.5%，农村居民人均工资性收入增长10.5%。2005～2015年，在最低工资标准连续十年上调后，2016年湖南省的最低工资标准目前维持2015年标准，最高档为1 390元/月。

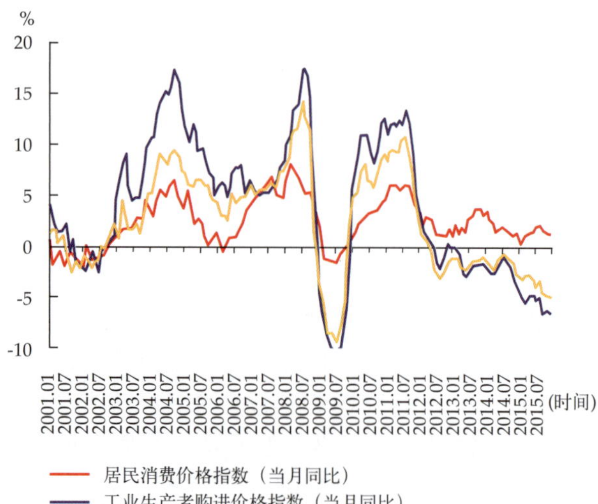

数据来源：湖南省统计局。

图12 2001～2015年湖南省居民消费价格和生产者价格变动趋势

（四）财政收入稳步增长，民生支出保障有力

1. 财政收入稳步增长，财政支出向民生倾斜。2015年，湖南省地方财政收入为2 513.1亿元，同比增长11.1%，同比回落0.2个百分点；地方财政支出为5 684.5亿元，同比增长13.3%，同比提高6.4个百分点（见图13）。2015年，湖南省财政支出向民生倾斜，民生支出为3 929.6亿元，是2010年的2.3倍，占公共预算支出的69.1%，同比提高1.8个百分点。重点支出项目增长较快，社会保障与就业、住房保障、教育、农林水利支出分别增长18.8%、26.7%、11.2%和14.6%。

2. 地方政府债券发行及置换工作顺利推进。2015年，湖南省共发行四批1 395亿元地方债，其中，存量置换债券和新增债券占比分别为89.0%和11.0%。从发行方式看，公开招标和定向承销方式分别占全部发行额的62.0%和38.0%。从置换对象看，全部为银行贷款。从债务置换区域分布看，

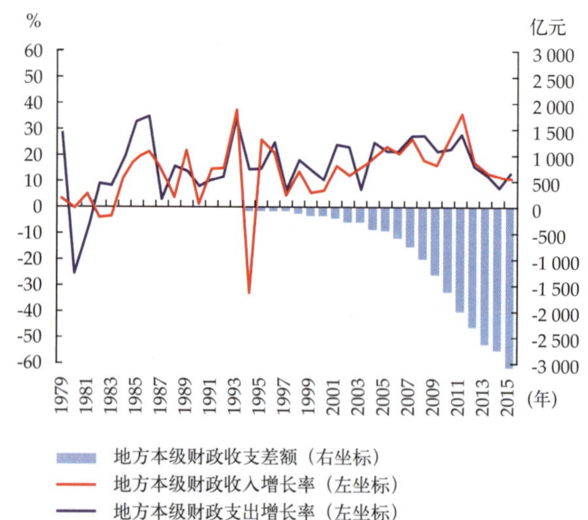

数据来源：湖南省统计局。

图13 1979～2015年湖南省财政收支状况

市县两级合计占83.3%。从置换债务到期时间看，仅43.6%的债务为2015年到期。从行业分布看，水利、环境和公共设施管理业以及交通运输、仓储和邮政业合计占比超过75%。

（五）生态安全屏障巩固，绿色湖南成效凸显

2015年，湖南省生态投资增长26.8%，比全部投资增速高8.6个百分点。持续推进“一号重点工程”，组织实施《湘江重金属污染防治实施方案》，全面完成湘江保护和治理第一个“三年行动计划”，完成整治项目679个。大力推进农村环境污染综合治理，争取环保部、财政部将湖南省定为年度唯一新增农村环境综合整治全省域覆盖支持省份。加强以长株潭为重点的大气污染防治，大气污染重点整治项目完成率达99%。完成年度黄标车淘汰任务，全省PM10平均浓度同比下降6.7%。大力加强环境监管执法，查处违法排污企业2 184家，查出重点违法建设项目1 470个。持续推进主要污染物总量减排，2015年列入国家目标责任书的7个重点减排项目全部完成。继续实施环境监测体系建设“三年行动计划”，推动建成覆盖全省所有县级行政区及重点功能区的环境监测体系。节能降耗成效明显，全省规模工业综合能源消费量同比下降5.9%，其中，六大高耗能行业综合能源消费量下降5.7%。

专栏2　湖南省金融精准扶贫工作有序推进

近年来，按照中央和省委、省政府工作部署，中国人民银行长沙中心支行坚持差异化政策与普惠金融并举、扶贫开发与区域发展兼顾，大力推进金融扶贫工作，助力湖南脱贫攻坚战略实施。

一、规划引领，对“十三五”金融扶贫工作进行谋篇布局。以精准为总揽，紧紧围绕“五个一批”、“六个精准”、“四个切实”，编制和实施《湖南省金融精准扶贫规划（2016～2020年）》，开展贫困村金融服务站建设千村推进、特色产业富民金融服务、易地扶贫搬迁利民金融服务、基础设施惠民金融服务、基本公共服务济民金融服务、扶贫金融服务组织体系优化、农村支付环境建设“村村通”、农村信用体系建设贫困村全覆盖、金融精准扶贫“十百千”示范建设和金融消费者权益保护等十大专项行动，创新五项工作机制，健全四项保障措施，推动扶贫金融服务全面覆盖、“五个一批”全面对接、金融机构全面参与、融资总量全面增长，促进精准扶贫金融服务方式优化、金融扶贫政策体系细化、金融扶贫体制机制强化，为打赢脱贫攻坚战提供全方位金融服务。

二、政策指导，明确金融精准扶贫总体要求。制定《关于金融助推湘西土家族苗族自治州加快发展的指导意见》，首次针对省内特定区域出台金融支持政策。印发实施现代农业金融服务工程、金融支持现代农业示范县（市）创建、建立新型农业经营主体金融服务主办行制度和开展农村承包土地经营权抵押贷款试点等政策文件，促进贫困地区农业增效、农民增收和农村发展。制定《关于促进湖南省普惠金融发展的意见》，推动完善贫困地区普惠金融服务体系。出台《关于扎实做好武陵山区金融知识宣传教育工作的实施意见》，启动实施“金惠工程”，切实提升贫困地区干部群众的金融知识素养。

三、机制创新，转变金融精准扶贫推进方式。组织召开金融“两支一扶”（支持“三农”、小微企业和扶贫开发）工作推进会，印发《湖南省金融“两支一扶”工作实施方案》，创新“1+N”工作机制，以中国人民银行货币政策、金融市场等政策工具为“1”，汇聚产业、财政等地方政府配套政策的“N”，撬动银行“两支一扶”信贷投入，力争达到总量有增长、占比有提高、创新有突破、成本有下降、服务有改进的“五有”目标。与省扶贫办签订金融扶贫合作框架协议，建立健全工作

联席会议、联络员、信息共享三项机制，开展联合编制金融精准扶贫五年规划等十项具体工作。

四、工具支持，健全金融精准扶贫正向激励机制。灵活运用货币政策工具，2015年，在40个贫困县（不含11个省级贫困县，下同）发放支农再贷款43.4亿元，目前1年期利率为1.75%。对民族贸易和民族特需商品生产贷款实行优惠利率政策，2015年年末，全省执行优惠利率的"两民"贷款余额为48.7亿元，其中，40个贫困县该类贷款余额为36.3亿元。支持贫困地区企业发行非金融企业债务融资工具，拓宽融资渠道，如支持张家界武陵源旅游产业发展有限公司发行中期票据4.5亿元、私募中期票据（PPN）10亿元等。

五、环境优化，拓展基础金融服务覆盖范围。深入推进农村支付环境建设，延伸基础金融服务触角。2015年年末，40个贫困县共设立助农取款服务点2.3万个，布设ATM、POS机和其他自助服务终端6.9万台。以农户信用建档、评估和应用为重点，深化农村信用体系建设。截至2015年年末，40个贫困县共为258.7万位农户建立信用档案，评定222.3万位信用农户。

六、评估督导，增强金融扶贫政策效应。依托武陵山和罗霄山片区扶贫开发金融服务跨省联动协调机制，建立监测分析、专题调研和政策研究"三位一体"的监测分析制度。印发《湖南省县域扶贫开发金融政策导向效果评估方案》，并开展首次评估，结果显示"良好"档以上县（市）过半。截至2015年年末，全省40个贫困县贷款同比增长23%，高于全省贷款平均增速6.5个百分点；全年新增贷款379.6亿元，同比多增129.5亿元。

（六）房地产业低位运行，信贷风险总体可控

1. 房地产开发投资大幅回落。2015年，湖南省房地产开发投资同比减少9.4%，增速同比回落19.1个百分点。全省房地产开发企业本年到位资金同比下降0.7%。

2. 新开工面积和房地产用地供应同比减少。2015年，湖南省商品房新开工面积同比下降20.7%，增速同比回落11.7个百分点，全省供应房地产用地同比减少4.1%。

3. 商品房销售面积大幅增长。2015年，湖南省商品房销售面积为6 363万平方米，同比增长17%，增速同比提高25.6个百分点（见图14）。

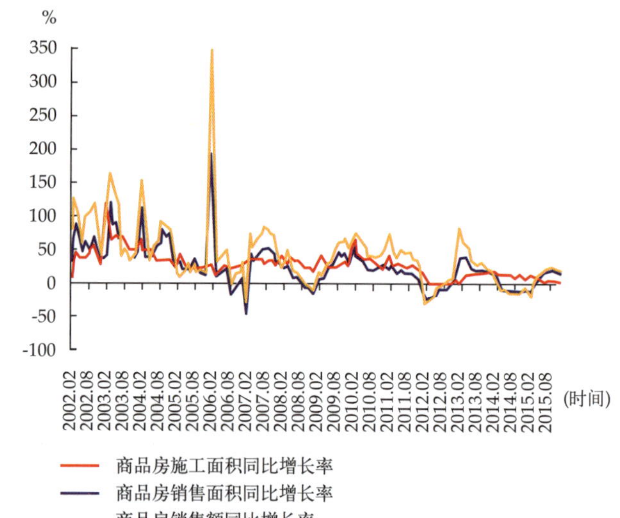

数据来源：湖南省统计局。

图14　2002～2015年湖南省商品房施工和销售变动趋势

4. 商品住宅价格下行。国家统计局70个大中城市住宅销售价格变动情况数据显示，2015年12月，湖南省纳入监测的长沙市、岳阳市、常德市新建住宅价格指数同比分别下跌0.5%、4.2%和3.4%，长沙环比上涨0.5%，岳阳和常德环比分别下跌0.1%和0.6%（见图15）。2015年，长沙、岳阳、常德新建商品住宅价格同比分别下降5.9%、5.6%、5.0%，二手住宅价格同比分别下降2.6%、3.7%和2.8%。

5. 房地产贷款增速高于各行业平均水平。2015年年末，湖南省房地产贷款余额为5 459亿

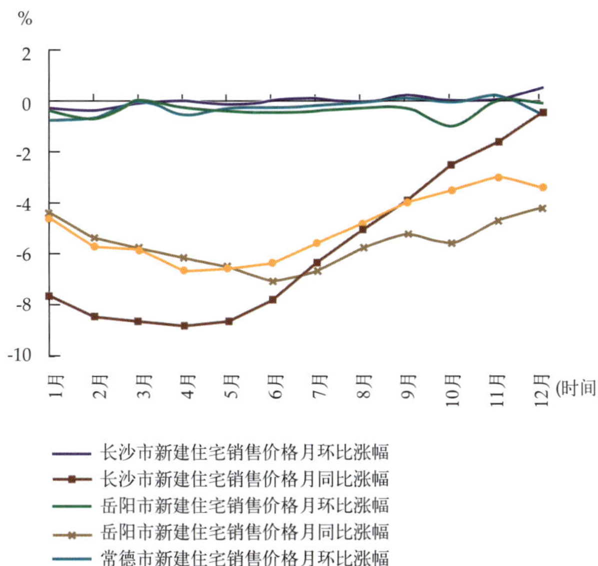

数据来源：湖南省统计局。

图15　2015年湖南省主要城市新建住宅销售价格变动趋势

元，占全部贷款余额比重为22.5%，房地产贷款余额增速为27.7%，高于全部贷款增速11.2个百分点，其中，房地产开发贷款同比增长45%，增速同比提高14.2个百分点，个人住房贷款同比增长20.9%，增速同比下降1.5个百分点。

（七）“两型社会”建设成效显著，跨区域发展迎来新机遇

2015年4月国务院批复同意《长江中游城市群发展规划》，这是国家批复的第一个跨区域城市群规划。长江中游城市群是以环长株潭①城市群、武汉城市圈、环鄱阳湖城市圈为主体形成的特大型城市群，是长江经济带三大跨区域城市群支撑之一。长江中游城市群发展规划将为湖南“两型社会”建设提供新的机遇。近年来，长株潭试验区在“两型社会”建设中取得丰硕成果。

经济平稳健康发展。长株潭试验区在全省经济中占据核心引领地位，2015年，试验区的生产总值为12 548.3亿元，同比增长9.8%，拉动全省经济增长3.9个百分点；工业增加值同比增长8.5%，高出全省规模工业增速0.7个百分点，增长极的带动作用彰显。目前该区域全面建成小康社会实现程度90%，高出全省7个百分点。

“两型社会”建设成效显现。2014年长株潭试验区“两型社会”建设综合评价指数为106.2，同比提高0.7%，经济社会、资源节约和生态环保3个领域发展水平同比均有提升。2015年，试验区人均地区生产总值为51 474.1元，同比增长4 331.8元，比全省平均水平高27.8%；单位地区生产总值能耗同比下降6.9%；环境污染治理投资占地区生产总值的比重为0.58%，高出全省0.03个百分点。

科技创新能力不断增强。环长株潭城市群集聚全省86.2%的高校和36位“两院”院士，自主创新能力强，科技成果丰硕。2014年，湖南省区域综合创新能力居全国第11位，湘鄂赣三省第1位；2014年，环长株潭城市群高新技术产业增加值4 448.67亿元，分别比武汉城市圈、环鄱阳湖城市群多238.96亿元、2 931.01亿元。

区域发展经验积累。湖南在城市群、区域一体化、重点经济区发展等方面持续探索和实践。自长株潭“两型”试验区建设以来，启动国家自主创新示范区和湘江新区建设，加强区域发展协调性，省内长株潭、环洞庭湖、湘南、大湘西四大板块先后实现国家战略全覆盖，区域经济发展建设经验丰富。

三、预测与展望

展望2016年，国内外宏观经济金融环境依然复杂严峻，中国经济运行总体平稳，但经济增长内生动力仍然不强，经济下行压力依然较大，产能过剩等风险点值得关注，湖南省经济发展面临较多困难和挑战。但全省产业结构优化，经济韧性较好，发展潜力充足，回旋余地宽广，经济发展长期向好的基本面没有变，加上湖南地处“一带一部”特殊区位优势，对接融入“一带一

①长株潭是指长沙市、株洲市和湘潭市。

路”、长江经济带等国家发展战略前景广阔，全省“五化”同步推进、融合发展空间巨大，加上中央全面实施“十三五”规划、推进供给侧结构性改革，为湖南省经济发展注入新的动力，2016年，湖南省经济仍有望保持较快增长。全省金融机构将坚持稳中求进工作总基调，继续贯彻落实稳健的货币政策，盘活存量，优化增量，保持灵活适度，切实加强金融管理，提升对重点领域和薄弱环节的金融服务水平，为湖南建设“两型社会”和“四个湖南”、促进“三量齐升”和“五化同步”创造稳定的货币金融环境，推动湖南经济持续健康发展。

中国人民银行长沙中心支行货币政策分析小组

总　纂：马天禄　侯加林

统　稿：廖鹤琳　侯　崴　赵遂彬　彭育贤

执　笔：伍圆恒　李志刚　姜　超　向　柳　邹庆华　郭　卉　司马亚玺　李远航　丁锐夫　曾得利　焦俊勇

提供材料的还有：覃兆勇　高一铭　胡丕吉　陈　帆　魏思龙　徐　勇　梁宏梅　成明峰　任中红　刘慧宜　黄　艳

附录

（一）2015年湖南省经济金融大事记

2月4日，国家发展改革委公布国家新型城镇化综合试点方案，湖南长沙、株洲、资兴三地获批新型城镇化试点。

2月10日，首张“中国芯”国产密码算法金融IC卡在长沙银行首发。

3月27日，远大住工住宅生产项目苏里南正式投产，标志着湖南企业对外投资开拓南美市场进入新阶段。

5月4日，国家发展改革委发布《关于印发湖南湘江新区总体方案的通知》。

9月29日，湖南省小微企业金融服务推进会暨长沙银行“进百园、惠万企”服务小微企业活动启动仪式举行，推动银行机构对接中国人民银行长沙中心支行“1+N”工作机制，创新小微企业金融服务。

10月16日，中国人民银行长沙中心支行与湖南省扶贫开发办公室签订金融扶贫战略合作总体框架协议，深入推进金融精准扶贫工作。

11月18日，105家非公有制优质企业在湖南股权交易所挂牌，挂牌企业总数突破1 000家，是推行普惠金融的重要举措。

11月4日，《湖南省新兴产业发展基金管理办法(试行)》公布，将设立50亿元产业基金，扶持先进装备制造等7大战略性新兴产业。

11月12日，《湖南省贯彻〈中国制造2025〉建设强省五年行动计划（2016～2020年）》发布。

11月23日，湖南省政府与阿里巴巴集团签署战略合作协议，双方将在云计算和大数据、智慧城市建设、电子商务、互联网金融等方面开展全面深入合作，建设数字湖南。

（二）2015年湖南省主要经济金融指标

表1 2015年湖南省主要存贷款指标

		1月	2月	3月	4月	5月	6月	7月	8月	9月	10月	11月	12月
本外币	金融机构各项存款余额（亿元）	31 642.2	32 074.4	33 052.8	32 929.8	33 427.2	34 193.1	34 635.7	34 866.5	35 039.2	35 367.0	35 918.7	36 220.6
	其中：住户存款	16 913.3	18 429.9	18 673.8	18 227.6	18 029.5	18 314.9	18 243.5	18 366.0	18 638.2	18 454.1	18 468.9	18 800.7
	非金融企业存款	8 319.4	7 708.2	8 038.0	8 224.4	8 433.0	8 822.9	8 854.6	8 979.5	9 109.7	9 385.0	9 451.9	9 860.5
	各项存款余额比上月增加（亿元）	859.5	432.2	978.4	-123.0	497.4	765.9	442.7	230.7	172.8	327.8	551.8	301.9
	金融机构各项存款同比增长（%）	14.9	12.7	13.7	12.9	13.4	14.1	15.9	15.3	14.8	15.7	17.0	17.6
	金融机构各项贷款余额（亿元）	21 216.6	21 569.7	21 893.5	22 139.9	22 508.0	22 922.6	23 128.8	23 411.1	23 697.2	23 666.3	23 978.1	24 221.9
	其中：短期	6 119.9	6 170.6	6 240.7	6 291.3	6 320.7	6 451.9	6 443.9	6 491.0	6 524.3	6 432.4	6 465.5	6 569.9
	中长期	14 664.2	14 943.2	15 178.1	15 328.4	15 562.3	15 791.2	15 891.2	16 058.3	16 268.2	16 207.5	16 418.6	16 674.9
	票据融资	362.6	383.6	397.1	449.1	547.0	615.6	733.7	797.0	824.4	939.1	996.1	858.1
	各项贷款余额比上月增加（亿元）	432.9	353.1	323.8	246.4	368.1	414.6	206.1	282.3	286.2	-31.0	311.8	243.8
	其中：短期	65.3	50.7	70.1	50.6	29.5	131.1	-8.0	47.1	33.4	-91.9	33.1	104.4
	中长期	347.0	279.0	234.9	150.3	233.9	228.8	100.1	167.0	209.9	-60.6	211.1	256.2
	票据融资	22.6	21.0	13.5	51.9	97.9	68.6	118.1	63.2	27.4	114.7	56.9	-138.0
	金融机构各项贷款同比增长（%）	13.8	14.9	14.8	14.9	15.5	16.1	16.8	16.8	17.2	16.0	15.9	16.5
	其中：短期	6.5	7.4	7.0	6.6	6.7	7.0	7.6	8.3	7.7	6.2	6.5	8.5
	中长期	16.5	17.3	17.4	17.4	17.7	18.2	18.1	17.7	18.2	16.4	16.3	16.5
	票据融资	44.8	68.6	63.8	77.4	100.3	119.3	148.9	135.6	158.3	164.7	134.2	152.4
	建筑业贷款余额（亿元）	643.0	666.5	678.6	694.5	717.7	736.8	738.0	710.9	734.1	708.3	714.1	737.1
	房地产业贷款余额（亿元）	1 129.5	1 177.5	1 193.6	1 242.7	1 295.4	1 374.5	1 365.2	1 370.8	1 384.7	1 395.9	1 405.6	1 443.6
	建筑业贷款同比增长（%）	14.3	16.2	13.8	15.1	15.9	23.1	24.2	17.4	18.8	12.7	12.0	16.5
	房地产业贷款同比增长（%）	27.6	31.1	31.8	35.9	38.6	46.8	44.6	44.5	40.5	37.3	35.9	34.5
人民币	金融机构各项存款余额（亿元）	31 448.5	31 855.9	32 822.3	32 714.7	33 226.8	33 974.6	34 452.0	34 669.3	34 847.2	35 175.3	35 718.2	36 009.1
	其中：住户存款	16 861.6	18 375.2	18 618.0	18 171.2	17 974.2	18 259.0	18 184.2	18 300.0	18 571.2	18 387.5	18 399.9	18 726.3
	非金融企业存款	8 183.2	7 554.6	7 877.7	8 077.2	8 303.4	8 675.5	8 744.6	8 863.3	8 998.8	9 271.3	9 332.0	9 746.0
	各项存款余额比上月增加（亿元）	852.1	1 259.5	2 225.9	2 118.3	2 630.4	3 378.2	3 855.6	4 072.9	4 250.8	4 578.9	5 121.8	5 412.7
	其中：住户存款	157.4	1671.0	1 913.8	1 467.0	1 269.9	1 554.8	1 480.0	1 595.7	1 867.0	1 683.2	1 695.7	2 022.1
	非金融企业存款	418.0	-210.5	112.5	312.0	538.3	910.4	979.5	1 098.2	1 233.7	1 506.1	1 566.8	1 980.8
	各项存款同比增长（%）	14.7	12.6	13.6	12.8	13.5	14.1	16.0	15.5	15.0	15.9	17.0	17.6
	其中：住户存款	6.8	13.9	14.0	13.1	11.5	11.0	11.5	12.1	11.9	11.6	11.6	12.1
	非金融企业存款	20.5	8.2	9.8	8.9	10.9	11.5	15.4	14.3	18.0	21.7	20.4	25.3
	金融机构各项贷款余额（亿元）	20 802.7	21 144.5	21 461.6	21 707.3	22 074.1	22 436.7	22 663.6	22 932.2	23 235.1	23 211.2	23 504.1	23 738.6
	其中：个人消费贷款	3 709.1	3 737.4	3 790.2	3 846.6	3 909.8	4 003.9	4 048.2	4 113.5	4 182.2	4 202.1	4 285.3	4 353.7
	票据融资	362.6	383.6	397.1	449.1	547.0	615.6	733.7	797.0	824.4	939.1	996.1	858.1
	各项贷款余额比上月增加（亿元）	445.8	787.5	1 104.7	1 350.3	1 717.1	2 079.8	2 306.6	2 575.3	2 878.2	2 854.3	3 147.2	3 381.6
	其中：个人消费贷款	93.7	122.1	174.9	231.2	294.5	388.5	432.8	498.2	566.8	586.7	670.0	738.3
	票据融资	22.6	43.6	57.2	109.1	207.0	275.7	393.8	457.0	484.4	599.2	656.1	518.1
	金融机构各项贷款同比增长（%）	13.9	15.0	14.9	15.1	15.8	16.1	16.9	16.9	17.4	16.1	15.9	16.6
	其中：个人消费贷款	23.3	23.3	21.6	21.1	20.3	20.6	20.5	20.6	20.7	20.3	20.6	20.4
	票据融资	44.8	68.6	63.8	77.4	100.3	119.3	148.9	135.6	158.3	164.7	134.2	152.4
外币	金融机构外币存款余额（亿美元）	67.4	69.2	70.3	70.8	70.9	79.5	76.0	74.9	72.6	71.7	74.1	74.4
	金融机构外币存款同比增长（%）	47.1	32.0	41.4	30.3	6.0	12.6	-4.1	-12.8	-13.5	-13.0	4.3	7.5
	金融机构外币贷款余额（亿美元）	31.6	35.5	37.5	35.2	32.8	35.7	30.0	30.9	30.2	30.2	31.4	32.6
	金融机构外币贷款同比增长（%）	11.5	12.2	9.6	6.5	4.8	17.9	14.2	11.3	6.2	5.7	11.4	6.7

数据来源：中国人民银行长沙中心支行。

表2　2001～2015年湖南省各类价格指数

单位：%

年/月	居民消费价格指数		农业生产资料价格指数		工业生产者购进价格指数		工业生产者出厂价格指数	
	当月同比	累计同比	当月同比	累计同比	当月同比	累计同比	当月同比	累计同比
2001	—	-0.9	—	-1.6	—	1.1	—	-0.2
2002	—	-0.5	—	-2.0	—	-0.7	—	-0.8
2003	—	2.4	—	2.6	—	6.7	—	2.6
2004	—	5.1	—	12.1	—	14.4	—	8.0
2005	—	2.3	—	11.2	—	9.4	—	6.0
2006	—	1.4	—	0.7	—	6.5	—	4.3
2007	—	5.6	—	13.0	—	6.1	—	6.1
2008	—	6.0	—	26.5	—	12.0	—	9.3
2009	—	-0.4	—	-5.0	—	-7.4	—	-5.7
2010	—	3.1	—	1.4	—	10.0	—	6.9
2011	—	5.5	—	10.9	—	10.8	—	8.5
2012	—	2.0	—	4.7	—	0.1	—	-0.9
2013	—	2.5	—	2.3	—	0.1	—	-1.5
2014	—	1.9	—	0.2	—	-2.1	—	-1.6
2015	—	1.4	—	4.1	—	-5.5	—	-3.7
2014　1	3.4	3.4	2.3	2.3	-1.9	-1.9	-1.5	-1.5
2	2.9	3.2	1.7	2.0	-2.3	-2.1	-1.7	-1.6
3	2.5	2.9	2.0	2.0	-2.6	-2.3	-2.2	-1.8
4	1.6	2.6	0.5	1.6	-2.2	-2.2	-2.0	-1.8
5	1.8	2.4	0.7	1.4	-1.7	-2.1	-1.2	-1.7
6	2.0	2.3	0.0	1.2	-1.4	-2.0	-0.9	-1.6
7	2.0	2.3	-0.2	1.0	-1.1	-1.9	-0.6	-1.4
8	1.6	2.2	-0.7	0.8	-1.2	-1.8	-0.9	-1.4
9	1.2	2.1	-1.0	0.6	-1.8	-1.8	-1.4	-1.4
10	1.1	2.0	-0.7	0.5	-2.4	-1.9	-1.6	-1.4
11	1.3	1.9	-0.7	0.4	-3.2	-2.0	-1.9	-1.5
12	1.4	1.9	-0.9	0.2	-4.0	-2.1	-2.6	-1.6
2015　1	0.4	0.4	-0.7	-0.7	-4.6	-4.6	-2.8	-2.8
2	0.8	0.6	-0.6	-0.6	-5.2	-4.9	-3.3	-3.0
3	1.1	0.8	-0.5	-0.6	-5.4	-5.1	-2.9	-3.0
4	1.4	0.9	3.0	0.3	-5.0	-5.0	-2.8	-2.9
5	1.4	1.0	4.2	1.1	-4.8	-5.0	-2.9	-2.9
6	1.6	1.1	4.7	1.7	-4.7	-5.0	-3.2	-3.0
7	1.9	1.2	5.8	2.3	-5.2	-5.0	-3.9	-3.1
8	2.2	1.3	7.0	2.9	-5.1	-5.0	-3.2	-3.1
9	1.7	1.4	6.9	3.3	-6.5	-5.3	-4.3	-3.4
10	1.6	1.4	6.1	3.6	-6.5	-5.4	-4.5	-3.5
11	1.3	1.4	6.3	3.8	-6.3	-5.5	-4.8	-3.6
12	1.3	1.4	6.7	4.1	-6.5	-5.5	-4.8	3.7

数据来源：湖南省统计局。

表3 2015年湖南省主要经济指标

	1月	2月	3月	4月	5月	6月	7月	8月	9月	10月	11月	12月
绝对值（自年初累计）												
地区生产总值(亿元)	—	—	5 392.3	—	—	12 800.4	—	—	20 250.5	—	—	29 047.2
第一产业	—	—	432.9	—	—	1 120.3	—	—	2 209.3	—	—	3 331.6
第二产业	—	—	2 603.6	—	—	5 783.7	—	—	9 055.3	—	—	12 955.4
第三产业	—	—	2 355.8	—	—	5 896.4	—	—	8 985.9	—	—	12 760.2
工业增加值(亿元)	—	—	—	—	—	—	—	—	—	—	—	—
固定资产投资(亿元)	—	1 446.0	3 317.5	5 269.0	7 480.5	10 544.3	12 685.5	14 832.8	17 550.9	20 253.5	23 142.0	25 954.3
房地产开发投资	—	275.4	488.9	668.8	882.8	1 185.6	1 393.9	1 599.7	1 861.4	2 088.7	2 341.7	2 613.8
社会消费品零售总额(亿元)	—	1 888.9	2 722.8	3 553.1	4 531.1	5 531.9	6 519.8	7 485.8	8 487.6	9 670.8	10 827.0	12 024.0
外贸进出口总额（亿元）	146.2	298.0	427.5	555.9	683.0	850.5	1 023.3	1 163.4	1 310.4	1 483.9	1 631.3	1 825.4
进口	38.5	69.0	105.0	147.8	188.8	255.7	320.8	368.4	427.7	504.6	557.5	635.5
出口	107.8	229.0	322.6	408.0	494.2	594.9	702.5	795.0	882.7	979.3	1 073.8	1 189.9
进出口差额(出口−进口)	69.3	160.0	217.6	260.2	305.3	339.2	381.7	426.6	455.0	474.7	516.3	554.5
外商实际直接投资(亿美元)	9.0	16.5	26.7	37.5	47.6	60.9	68.5	77.2	87.3	96.6	107.1	115.6
地方财政收支差额(亿元)	-87.1	-400.6	-564.6	-694.6	-841.7	-1 221.9	-1 421.7	-1 621.7	-1 965.3	-2 103.7	-2 572.0	-3 171.4
地方财政收入	224.2	375.3	621.8	786.5	990.1	1 340.4	1 495.6	1 634.4	1 876.5	2 044.1	2 211.9	2 513.1
地方财政支出	311.3	775.8	1 186.4	1 481.0	1 831.9	2 562.3	2 917.3	3 256.0	3 841.8	4 147.8	4 783.9	5 684.5
城镇登记失业率(%)（季度）	—	—	—	—	—	—	—	—	—	—	—	4.1
同比累计增长率（%）												
地区生产总值	—	—	8.4	—	—	8.5	—	—	8.7	—	—	8.6
第一产业	—	—	3.0	—	—	3.8	—	—	4.2	—	—	3.6
第二产业	—	—	7.8	—	—	7.6	—	—	7.6	—	—	7.4
第三产业	—	—	10.0	—	—	10.3	—	—	10.7	—	—	11.2
工业增加值	—	8.5	8.0	7.2	7.0	7.7	7.7	7.9	7.8	7.8	7.8	7.8
固定资产投资	—	18.2	18.3	17.3	17.8	17.7	17.5	17.1	17.4	17.6	17.9	18.2
房地产开发投资	—	-0.6	3.9	2.9	-0.2	-2.0	-4.6	-6.5	-6.5	-7.9	-9.9	-9.4
社会消费品零售总额	—	12.3	12.1	12.0	12.0	12.1	12.0	12.0	12.0	12.1	12.1	12.1
外贸进出口总额	28.4	62.5	38.4	20.3	6.9	8.5	7.6	4.0	1.4	2.4	-1.2	-3.7
进口	-22.4	-14.9	-21.0	-22.5	-24.1	-15.6	-11.9	-13.9	-11.8	-5.3	-5.4	-5.1
出口	67.5	124.0	83.2	50.5	26.6	23.8	19.7	15.0	9.4	6.9	1.2	-2.9
外商实际直接投资	24.3	5.0	7.3	12.8	12.4	13.6	9.0	9.9	11.0	11.1	11.0	12.7
地方财政收入	5.3	9.3	8.0	8.4	11.3	13.1	14.0	14.1	14.6	14.4	13.8	11.1
地方财政支出	-28.9	21.7	5.7	14.5	11.7	16.0	19.0	18.1	19.7	17.5	17.9	13.3

数据来源：湖南省统计局。

2015年广东省金融运行报告

中国人民银行广州分行货币政策分析小组

[内容摘要] 2015年，广东省主动适应经济发展新常态，统筹稳增长、促改革、调结构、惠民生、防风险各项工作，经济保持稳中向好的发展态势。产业向中高端迈进，转型升级步伐加快，经济增长动力优化，发展质量效益提高，生态文明建设取得新进展。金融运行总体平稳，金融市场交易活跃，社会融资规模继续扩大，融资结构改善，融资成本下降，改革创新成效明显，金融服务实体经济能力进一步提升。

2016年，广东省将牢固树立创新、协调、绿色、开放、共享发展理念，大力推进供给侧结构性改革，以创新驱动发展战略为核心，提升传统比较优势，培育发展新动能。金融业将认真贯彻落实各项金融管理政策，优化和增加有效金融供给，加强金融改革创新，加快发展直接融资，为经济结构调整和转型升级提供稳定适宜的金融环境。

一、金融运行情况

2015年，广东省金融运行总体平稳，融资结构不断改善，融资成本持续下行，改革创新成效显著，普惠金融建设全面推进，有力地促进了“稳增长、调结构、惠民生”。

（一）银行业运行总体平稳，对实体经济支持力度加大

1. 银行业规模稳步提升，市场主体日趋丰富。2015年，广东省银行业资产总额同比增长11.9%，营业网点和从业人员分别增加519个和6 271人。金融组织体系进一步完善，财务公司和村镇银行分别增至19家和53家（见表1），金融租赁公司和消费金融公司发展加快。受经济下行的影响，银行业不良贷款率低位略升，净利润有所下降。

表1　2015年广东省银行业金融机构情况

机构类别	营业网点			法人机构（个）
	机构个数（个）	从业人数（人）	资产总额（亿元）	
一、大型商业银行	6 290	145 463	76 049	0
二、国家开发银行和政策性银行	83	2 471	7 975	0
三、股份制商业银行	1 647	70 382	55 797	3
四、城市商业银行	541	17 023	14 593	5
五、小型农村金融机构	5 854	74 459	25 421	109
六、财务公司	25	785	2 490	19
七、信托公司	5	2 294	579	5
八、邮政储蓄银行	2 085	25 867	4 818	0
九、外资银行	261	9 582	5 290	5
十、新型农村金融机构	149	3 740	637	53
十一、其他	45	1 715	1 991	7
合　计	16 985	353 781	195 640	206

注：营业网点不包括总部；小型农村金融机构包括农村商业银行、农村信用社；新型农村金融机构指村镇银行；“其他”包含金融租赁公司、汽车金融公司、货币经纪公司、消费金融公司等。

数据来源：广东银监局、深圳市银监局。

2. 存款增长波动较大，非银行业金融机构存款成为增长主力。2015年年末，广东省本外币存款余额为16.04万亿元，同比增长11.6%。从节奏看，存款增长与股市走势呈正相关，第一、第二季度迅速增加、第三季度急剧下降，第四季度平稳回升。分部门看，非银行金融机构存款与企业存款增长加快，其年度新增额分别占当年新增各项存款规模的61.3%和42.3%；广义政府存款、住户存款与境外存款增速减缓，外币存款同比少增。

3. 贷款保持平稳增长，支持稳增长、调结构力度增强。2015年年末，广东省本外币贷款余额为9.57万亿元，同比增长12.3%。分币种看，人民

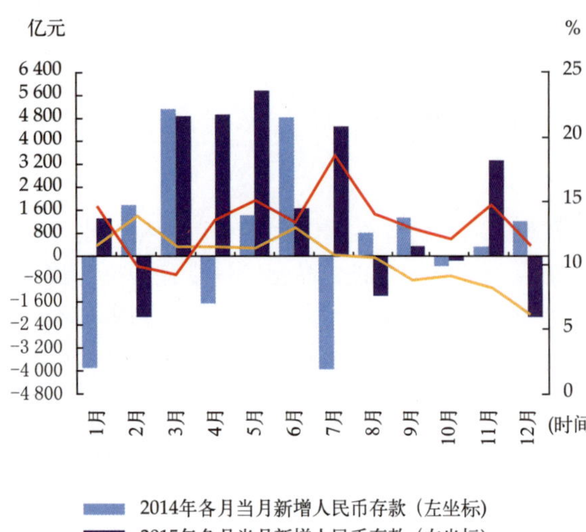

数据来源：中国人民银行广州分行。

图1　2014～2015年广东省金融机构人民币存款增长变化

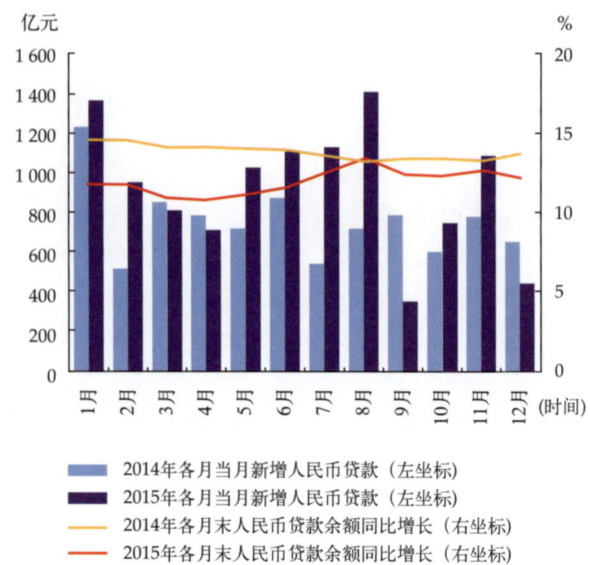

数据来源：中国人民银行广州分行。

图2　2014～2015年广东省金融机构人民币贷款增长变化

币贷款增长平稳，第一至第四季度新增贷款之比为28：26：26：20，外币贷款呈下跌态势。个人消费贷款成为贷款增长主力，全年新增占各项贷款新增的67.1%。其中，个人住房贷款增量占个人消费贷款增量的75.5%；年末，个人信用卡及账户透支余额同比增长29.6%，汽车消费贷款同比增长31.5%，有力支持了居民住房、汽车、网购等消费。信贷对科技领域的支持力度加大，2015年年末，科学研究和技术服务业贷款余额同比增长46.4%，信息传输、软件和信息技术服务业贷款余额同比增长11.5%，对科技创新起到了积极的促进作用。

货币政策引导金融支持重点领域和薄弱环节发展成效明显。全年累计投放再贴现资金169亿元，其中，投向涉农和小微企业占比分别为46.3%和36.3%；累计发放支农再贷款110亿元、支小再贷款23.2亿元。在各项政策带动下，小微企业贷款占全部企业贷款的比重同比提高25.3个百分点，战略性新兴产业贷款、创业小额贷款、县域贷款、涉农贷款均保持较快增长。

4. 贷款利率水平明显下降，金融机构定价能力提升。2015年，在五次降息、降准等政策作用下，广东省金融机构12月非金融企业及其他部门

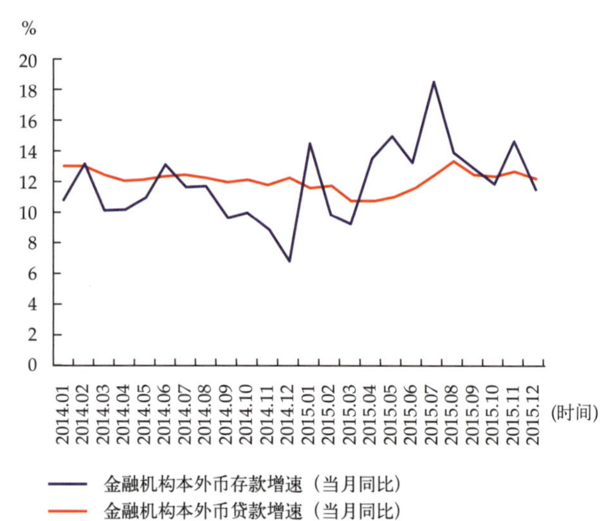

数据来源：中国人民银行广州分行。

图3　2014～2015年广东省金融机构本外币存、贷款增速变化

贷款加权平均利率降至5.733%，同比下降1.0471个百分点；利率下浮贷款占比上升（见表2）。外币存款利率水平震荡下行（见图4）。中国人民银行广州分行引导广东省金融机构成立市场利率定价自律机制，主动适应利率市场化改革。10月24日存款上限放开后，金融机构定价区间合理，市场竞争稳定有序。地方法人金融机构积极进行负

表2　2015年广东省金融机构人民币贷款各利率区间占比

单位：%

月份		1月	2月	3月	4月	5月	6月
合计		100.0	100.0	100.0	100.0	100.0	100.0
下浮		8.3	9.7	12.4	11.8	17.7	14.9
基准		16.4	15.8	17.9	15.0	13.8	14.1
上浮	小计	75.3	74.5	69.7	73.2	68.5	70.9
	(1.0，1.1]	21.7	20.6	20.5	18.5	16.8	15.4
	(1.1，1.3]	35.8	33.9	32.2	33.6	29.4	26.7
	(1.3，1.5]	11.0	12.4	10.4	12.6	12.8	15.7
	(1.5，2.0]	3.3	3.9	3.8	4.0	5.2	7.8
	2.0以上	3.6	3.7	2.9	4.5	4.3	5.3
月份		7月	8月	9月	10月	11月	12月
合计		100.0	100.0	100.0	100.0	100.0	100.0
下浮		14.2	12.7	19.9	18.1	15.9	22.0
基准		13.4	10.6	11.2	11.0	14.4	13.6
上浮	小计	72.3	76.6	69.0	70.9	69.7	64.4
	(1.0，1.1]	14.1	16.7	18.8	15.9	15.1	14.3
	(1.1，1.3]	28.8	30.1	25.7	25.0	24.1	23.7
	(1.3，1.5]	14.1	15.7	11.5	13.2	14.1	11.4
	(1.5，2.0]	9.7	8.5	8.3	10.5	10.1	9.2
	2.0以上	5.5	5.5	4.7	6.2	6.3	5.9

数据来源：中国人民银行广州分行。

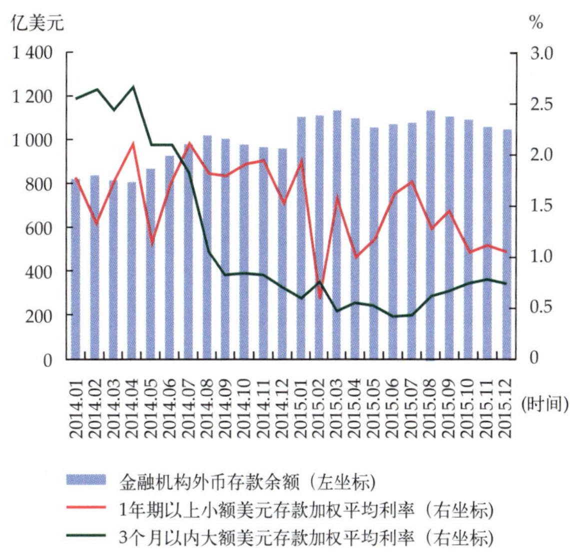

数据来源：中国人民银行广州分行。

图4　2014～2015年广东省金融机构外币存款余额及外币存款利率

债业务创新，全年累计发行同业存单1 087亿元、大额存单46亿元。

5. 改革创新成效显著，服务能力不断提升。多家银行推进网点经营转型，加强线上与线下业务的融合，提升综合金融服务水平。中国农业银行广东省分行实施县域支行优先发展战略，扎实推进“三农金融事业部”管理体制改革。地方法人金融机构改革发展取得新进展，新成立3家财务公司和8家村镇银行，4家农信社改制为农商行。2015年年末，全省40家农合机构、90多个营业网点开办了“夜市银行”，85家农合机构开展助农取款服务，助农取款点达4 606个。

6. 金融风险有所上升，防范工作扎实推进。2015年，在内外需求乏力背景下，部分企业效益下滑、经营困难。同时，受民间借贷，上下游三角债等影响，银行信贷风险开始逐渐暴露，年末，不良贷款余额为1 131.32亿元，比上年新增291.88亿元；不良贷款率为1.8%，比上年上升0.33个百分点。人民银行广州分行认真实施存款保险制度，积极加强和有关部门协作，加强对市场风险的检测、评估与处置，有效维护了辖区金融市场稳定。

7. 跨境人民币业务保持较快增长。2015年，广东省共办理跨境人民币结算业务3.01万亿元，同比增长18.9%。依托广东省自贸区平台，金融机构积极为企业办理跨境双向人民币资金池业务，统筹管理境内外资金，助推跨境产业对接和融合发展。全年共设立资金池119个，涉及企业1 217家，累计资金收付1 218.3亿元。

专栏1　“十二五”时期粤港澳金融合作取得新进展

“十二五”期间，广东省金融部门认真贯彻落实粤港、粤澳2010年签署的合作框架协议，不断拓宽粤港、粤澳金融合作领域，提升合作层次，推动粤港澳三地金融业融合发展取得积极进展。

一、跨境人民币业务发展迅速

广东省与港澳地区的跨境人民币结算业务量由2010年的1 132.6亿元上升到2015年的2.3万

亿元；“十二五”期间累计达6.5万亿元，占全省跨境人民币结算金额的73.4%。以人民币计价的跨境收支占比由2010年的5%上升至2015年的41.8%，“十二五”时期的平均占比达到了31.6%，人民币成为广东与港澳地区之间第二大跨境结算货币。跨境人民币业务创新取得新突破，截至2015年年末，汇入深圳前海、广州南沙、珠海横琴的跨境人民币贷款金额累计达373亿元，共有15家在粤经营港澳资跨国企业集团办理业务，累计结算量达108.1亿元人民币。

二、外币业务交易量不断扩大

“十二五”期间，广东省与港澳地区的货物贸易、服务贸易、资本项下外汇收支占全省与全部境外货物贸易、服务贸易、资本项下外汇收支的平均比重分别达到了55.1%、51.6%和63.9%；与港澳地区金融账户外汇收支的年均增长率达57.0%，占与境外金融账户外汇收支的比重达到了64.1%；共有4家在粤经营港澳资跨国企业集团办理外汇资金集中运营管理业务，集中外债额度1.1亿美元，集中对外放款额度4.2亿美元。

三、支付结算领域合作进一步深化

“十二五”期间，粤港外币实时支付系统处理港元结算金额为4 846.3亿港元、美元结算金额为6 243.7亿美元；粤港票据联合结算系统处理人民币支票业务金额为8 272.4万元、港元票据业务金额为749.4亿港元。粤港澳跨境支付工具创新取得新突破。2012年7月，粤港集中代收付系统成功上线运行。2013年9月，银联多币卡在横琴新区率先发行，2013年12月，银联卡境外受理商户的人民币清算业务率先在香港试点,截至2015年年末，广东省累计发行银联多币卡21.2万张。

四、金融市场合作稳步推进

截至2015年年末，港资银行共在广东设立了173家营业机构，比2010年年末增加了75家；港资银行的经营网络逐步由珠三角地区延伸至粤东西北地区，在粤东西北地区的营业机构数量由2010年年末的2家增加至2015年年末的23家，实现了在广东所有地级市的全覆盖。广东省共有28家企业（不含中资红筹股企业）在香港上市，比2010年年末增加了4家；共有4家企业在香港交易所成功发行48.5亿元人民币债券。广东金融机构具备RQFII资格的香港子公司共获批1 106亿元的投资额度，占全部RQFII投资额度的25.3%。粤港跨境ETF（交易型开放式指数基金）产品顺利推出。

展望“十三五”，广东省金融业将充分发挥好自贸区的平台作用，着力推进粤港澳跨境人民币业务创新，深化粤港澳支付结算及信用领域的合作，进一步促进粤港澳金融市场对接、金融机构互设，推动三地金融业实现更紧密合作。

（二）证券业规模显著提升，上市公司再融资额大幅增加

1. 机构数量和资产规模进一步增加，改革创新步伐加快。2015年年末，广东省法人证券公司、基金公司分别比上年增加2家和3家。证券、期货公司总资产和净利润同比增速均超过50%；基金规模和净值进一步扩大。机构创新步伐加快，广发证券推出国内首只券商版余额宝“淘宝钱包”，广州证券、东莞证券和万联证券取得全国股份转让系统做市业务资格。

2. 上市公司数量和筹资额明显增加。全年新增上市公司34家，总数达到424家（见表3）。

表3　2015年广东省证券业基本情况

项目	数量
总部设在辖内的证券公司数（家）	25
总部设在辖内的基金公司数（家）	28
总部设在辖内的期货公司数（家）	21
年末国内上市公司数（家）	424
当年国内股票（A股）筹资（亿元）	1 114
当年发行H股筹资（亿元）	—
当年国内债券筹资（亿元）	2 155
其中：短期融资券筹资额（亿元）	-34
中期票据筹资额（亿元）	852

注：当年国内债券融资是指非金融企业的净债券融资额；当年国内股票（A股）筹资额是指非金融企业境内股票融资。

数据来源：广东证监局、深圳市证监局。

2015年，广东省法人证券公司股票基金交易额比上年增长近3倍，期货公司代理交易额同比增长130%。在成交量迅速增长带动下，上市公司再融资同比增长2.5倍。

3. 多层次股票交易市场规模持续扩大。2015年，广东省新增中小板企业15家、创业板企业13家；“新三板”挂牌企业698家，拟挂牌企业超过800家，均居全国前列；广州股权交易中心、广东金融高新区股权交易中心注册挂牌企业分别达3 083家和1 761家。

（三）保险业平稳较快发展，保障能力进一步提升

1.保险机构经营效益改善，业务创新取得新进展。2015年年末，广东省保险公司全年保费总收入达到2 814亿元，同比增长20.2%，继续居全国首位；承保利润达63亿元，是上年的2.3倍。保险业顺利完成商业车险费率改革试点，开展保险公司专属代理门店试点，在自贸区探索建立独立个人代理人制度，筹建全国首家装备制造领域的专业保险公司——珠海横琴久隆财产保险公司。

表4　2015年广东省保险业基本情况

项目	数量
总部设在辖内的保险公司数（家）	25
其中：财产险经营主体（家）	7
人身险经营主体（家）	9
保险公司分支机构（家）	90
其中：财产险公司分支机构（家）	40
人身险公司分支机构（家）	50
保费收入（中外资，亿元）	2 814
其中：财产险保费收入（中外资，亿元）	923
人身险保费收入（中外资，亿元）	1 891
各类赔款给付（中外资，亿元）	988
保险密度（元/人）	2 594
保险深度（%）	3.9

注：保险公司分支机构家数为省级分公司以上保险公司。
数据来源：广东保监局、深圳市保监局。

2. 服务保障作用增强，资金当地运用规模扩大。2015年，广东省保险公司赔款和给付支出988亿元，同比增长30.7%。林业保险、蔬菜保险等特色农业保险品种增加至18个，农业保险赔偿支出同比大增33.1%。大病保险扩面提质，保障人数超过6 700万人，补偿金额达12.2亿元。责任险业务快速发展，电梯安全责任险覆盖率超过70%。小额贷款保证保险加快发展，累计支持企业获得贷款超过180亿元。保险资金投资当地余额2 476亿元，有力地支持了地方重大项目建设。

（四）金融交易活跃，直接融资加快发展

1. 社会融资规模扩大，直接融资成为亮点。2015年，广东省社会融资总规模达14 443亿元，同比增长9.6%。在资本市场改革开放加快推进等有利因素推动下，直接融资（企业债券、非金融企业境内股票融资）成为一大亮点，占比为22.6%，同比提高10.1个百分点。表外融资（委托贷款、信托贷款、未贴现的银行承兑汇票）有所下降，占比为6.5%，同比回落8.5个百分点（见图5）。

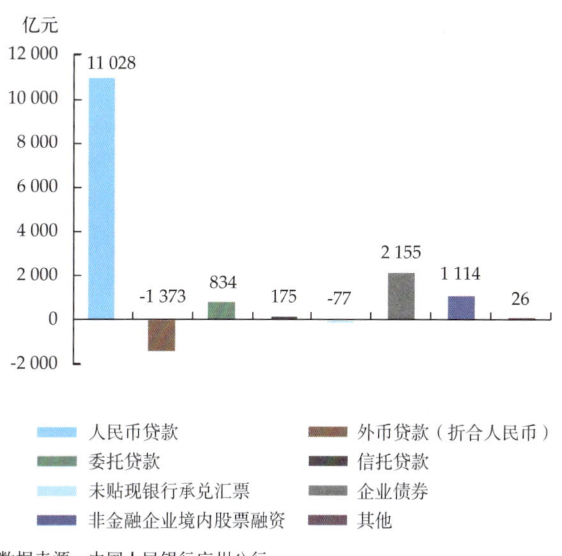

数据来源：中国人民银行广州分行。

图5　2015年广东省社会融资规模分布结构

2. 银行间交易量大幅增加，债券柜台业务加快发展。2015年，广东省银行间市场成员同业拆借、债券回购和现券交易累计成交171.5万亿元，同比增长91.8%；累计净融入资金34.88万亿元，同比增长150%。全国性大型商业银行仍为净融出，城市商业银行和其他非银行机构多为净融入。同业拆借和回购利率总体下行。债券柜台业务发展加快，广东省工行、农行、中行、建行、招行合计交易金额同比大幅增长235.7%。

表5　2015年广东省金融机构票据业务量统计

单位：亿元

季度	银行承兑汇票承兑		贴现			
			银行承兑汇票		商业承兑汇票	
	余额	累计发生额	余额	累计发生额	余额	累计发生额
1	7 754.70	4 398.09	2 025.04	34 628.50	218.34	3 636.92
2	8 636.20	9 484.40	2 559.65	47 021.18	185.31	6 109.20
3	8 855.05	13 912.17	2 861.54	49 750.32	169.47	5 106.76
4	9 493.46	18 867.51	3 117.96	57 800.00	295.87	5 107.98

数据来源：中国人民银行广州分行。

表6　2015年广东省金融机构票据贴现、转贴现利率

单位：%

季度	贴现		转贴现	
	银行承兑汇票	商业承兑汇票	票据买断	票据回购
1	5.4051	5.8835	5.3278	5.3955
2	4.0121	5.2715	4.1497	3.8428
3	3.8377	5.0743	3.6463	3.3140
4	3.2116	4.4564	3.3532	3.3515

数据来源：中国人民银行广州分行。

3. 票据交易活跃，利率水平明显下降。2015年，广东省银行承兑汇票、贴现余额稳步增长，商业承兑汇票贴现余额先降后升；贴现交易活跃，累计交易量同比增长93.7%（见表5）。在降息、降准等政策作用下，贴现、转贴现利率明显下降（见表6）。电子商业承兑汇票市场认可度不断提升，交易量大幅增加。

4. 外汇业务快速增长，黄金业务平稳发展。2015年，广东省银行间外汇市场成员交易金额同比增长58.8%，从交易品种看，外汇即期、远期、掉期交易分别占27.1%、0.3%和72.6%。黄金业务保持平稳发展，场外交易量同比基本持平，场内交易量较快增长，超过九成的黄金业务发生在全国性商业银行和股份制银行。实物黄金、黄金远期等交易活跃度下降。

（五）金融生态环境建设取得新进展

2015年，广东省扎实推进金融生态环境建设。构建全省统一的中小微企业信用信息和融资对接平台，建成7个地市级征信中心，52个县级综合征信中心，开发全省统一的农户信用信息系统，采集了276万条农户数据。金融IC卡发行规模不断扩大，首发“村财通”银行卡和具有小额支付电子钱包功能的智能手环。在全国率先实现每月免收3笔通过助农取款服务点、ATM等跨行取款交易手续费。建立金融消费纠纷非诉讼解决机构，与省、区级法院达成诉调衔接工作机制。深入推进存款保险制度实施。加强非法集资风险排查及治理。开展打击利用地下钱庄向境外转移赃款专项行动，成功破获地下钱庄案件17宗。

表7　2014～2015年广东省支付体系建设情况

年份	支付系统直接参与方（个）	支付系统间接参与方（个）	支付清算系统覆盖率（%）	当年大额支付系统处理业务数（万笔）	同比增长（%）	当年大额支付系统业务金额（亿元）	同比增长（%）	当年小额支付系统处理业务数（万笔）	同比增长（%）	当年小额支付系统业务金额（亿元）	同比增长（%）
2014	51.0	6 826.0	—	14 049.1	16.9	2 638 747.9	15.8	30 691.9	11.1	37 811.6	-5.2
2015	38.0	7 046.0	—	15 938.5	13.5	3 210 503.4	21.7	38 196.7	24.5	43 955.2	16.3

数据来源：中国人民银行广州分行。

二、经济运行情况

2015年，广东省经济在结构调整和转型升级中稳中向好，增长质量和效益持续提升。全年实现地区生产总值7.28万亿元，同比增长8%（见图6）；人均地区生产总值达到6.75万元，同比增长6.3%。

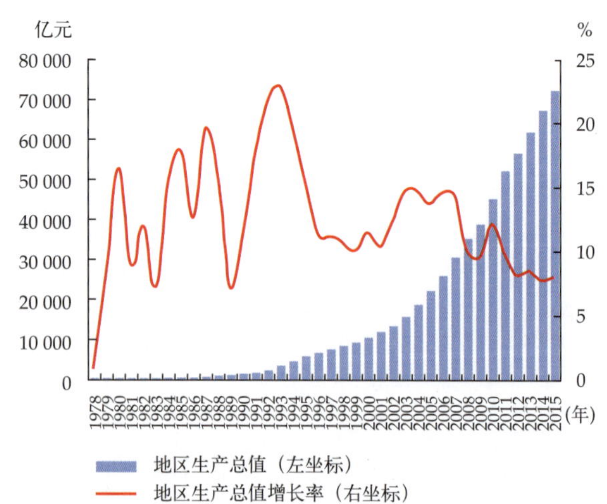

数据来源：广东省统计局。

图6　1978～2015年广东省地区生产总值及其增长率

（一）需求转型带动经济增长内生动力增强

1. 投资平稳增长，结构持续优化。2015年，广东省固定资产投资同比增长15.8%（见图7），比全国高5.8个百分点。其中，工业投资增长20.8%，占固定资产投资的比重提高至33.8%；技术改造、先进制造业、高技术产业投资分别高于全部投资增速26个、9.6个和20个百分点。民间投资保持主体地位，同比增长19.9%。

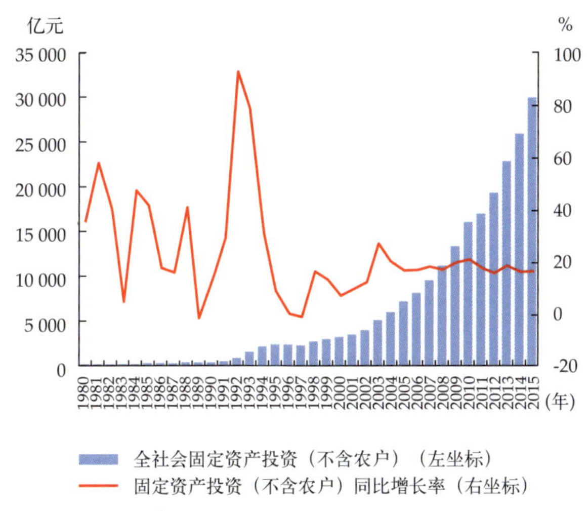

数据来源：广东省统计局。

图7　1980～2015年广东省固定资产投资（不含农户）及其增长率

全年新开工建设115个重点项目，启动信息基础设施建设三年行动计划，引进44个投资超10亿元的高端装备制造项目。阳江核电2号机等11台机组建成投产；11个高速公路项目建成通车，实现县县通高速。

2. 消费新业态发展迅速，城乡协调发展增强。2015年，广东省社会消费品零售总额突破3万亿元大关，同比增长10.1%（见图8）。在“互联网+”经济新业态蓬勃发展带动下，全省限额以上批发零售业网络销售额820亿元，同比增长52.9%。住宿餐饮业经营好转，基本生活品零售增势良好。城乡市场共同发展，乡村消费品市场增长较快，2015年农村消费品零售额为3 897.07亿元，增长10.4%。

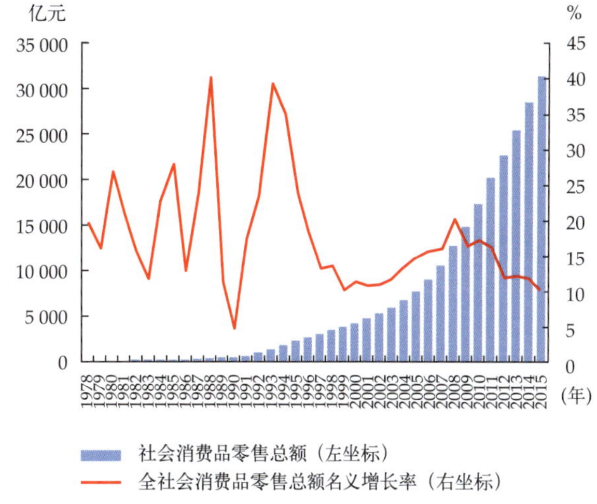

数据来源：广东省统计局。

图8　1978～2015年广东省社会消费品零售总额及其增长率

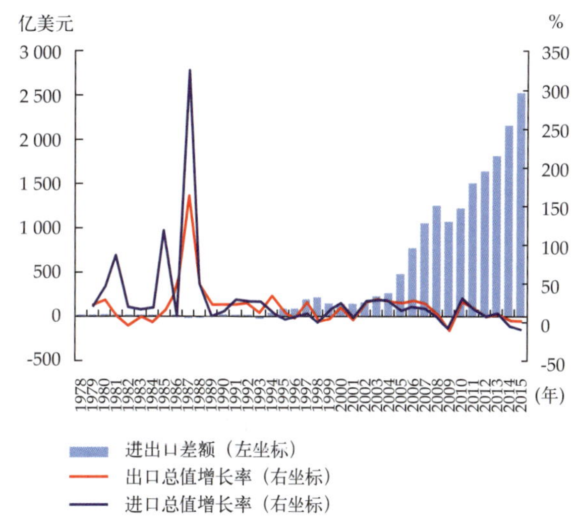

数据来源：广东省统计局。

图9　1978～2015年广东省外贸进出口变动情况

3. 外贸转型加快，对外开放水平提升。2015年，广东省进出口总额同比下降3.9%，比全国少降3.1个百分点。其中，一般贸易出口占比提升至42.9%；加工贸易比重回落至43.7%。外贸依存度从115.4%降至87.3%，经济增长内源动力加强。

外贸新业态增势迅猛，旅游购物出口增长1.1倍；纳入统计的跨境电子商务进出口增长14.5倍，规模居全国首位。

“引进来”和“走出去”步伐加快。全年实际利用外资269亿美元，与上年持平（见图10）；实际对外投资107亿元，同比增长10.9%。

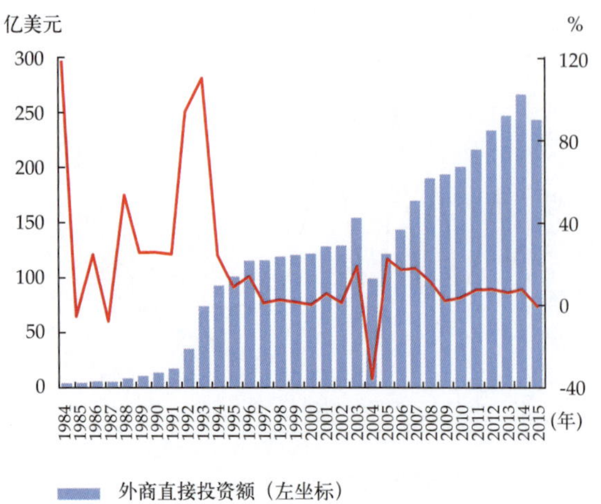

数据来源：广东省统计局。

图10 1984～2015年广东省外商直接投资额及其增长率

数据来源：广东省统计局。

图11 1992～2015年广东省规模以上工业增加值同比增长率

（二）创新驱动促进产业向中高端迈进

2015年，广东省三次产业比例调整为4.6 : 44.6 : 50.8，第三产业比重比上年提高1.8个百分点，首次超过50%。

1. 农业发展总体稳定。2015年，广东省农业增加值为3 425亿元，同比增长3.4%。农作物播种面积稳定，粮食产量小幅增长。水果产量提高，生猪出栏数小幅增加，水产品总产量同比增长3.3%。金融业坚持大力支持农业发展，全年涉农贷款总额为9 270亿元，同比增长3.2%。

2. 工业转型升级成效明显。工业结构不断优化调整。规模以上工业实现利润同比增长8.2%，比全国水平高出10.5个百分点。制造业继续向高端化方向发展，先进制造业、高技术制造业增加值占规模以上工业增加值的比重达到48.5%和27.0%，比上年分别提高0.9个和1.9个百分点。

3. 现代服务业加快发展。2015年，广东省第三产业增加值同比增长9.7%，比上年加快1.5个百分点。以互联网为代表的新技术革命为服务业企业突破传统模式、发展新业态新模式提供了有力的支撑。全年现代服务业增加值占服务业增加值比重达到60.4%，同比上升1.4个百分点。生产性服务业亮点突出，互联网、软件和信息技术、物流业、商务服务等服务业快速发展，生态服务业发展加快，环境治理业营业收入增长44.4%。

（三）消费价格先降后升，生产价格持续负数运行

1. 居民消费价格小幅回落。2015年，广东省各月居民消费价格指数基本稳定在0.4%～2.1%，呈现小幅震荡回升的趋势，全年上涨1.5%，同比回落0.8个百分点。

2. 工业生产者出厂价格降幅扩大，购进价格继续下滑。2015年，广东省工业生产者出厂价格指数始终在区间[-4.7，-3.5]运行，购进价格

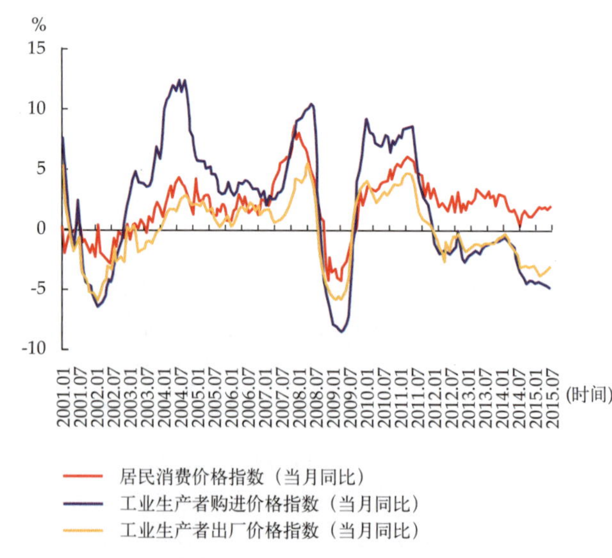

数据来源：广东省统计局。

图12 2001～2015年广东省居民消费价格和生产者价格变动趋势

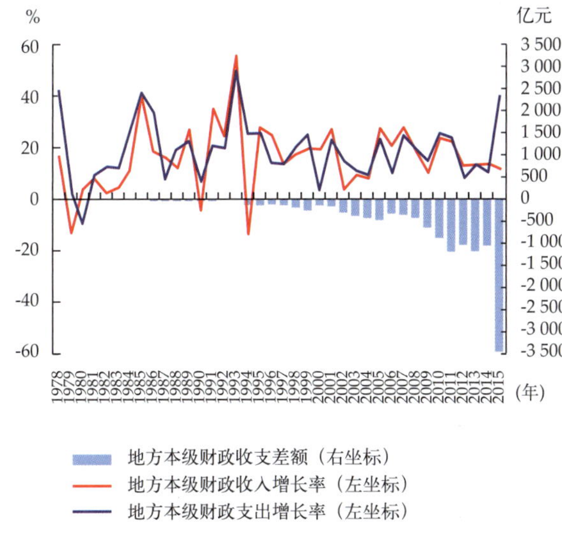

数据来源：广东省统计局。

图13　1978～2015年广东省财政收支状况

指数在区间[-3.7，-2.9]运行，出厂价格全年下降3.2%，同比多降2.1个百分点；购进价格下降4.7%，降幅比上年扩大3.5个百分点。

（四）财政收入平稳，支出快速增长

2015年，广东省公共财政预算收入同比增长12.0%，较上年下降1.9个百分点。税收收入增长13.4%。广东省公共财政预算支出同比大幅增长40.1%，其中，教育、社会保障和就业等民生类支出占比达69.7%，为稳增长、调结构、惠民生提供了有力支持。

（五）环境治理扎实推进，生态文明建设迈出新步伐

2015年，广东省深入开展水、空气、土壤污染综合治理，推动珠三角煤炭消费减量管理，推广高效能电机、新能源汽车等节能环保产业，推行清洁产生和园区循环化改造，推进新一轮绿化广东大行动，开展海岸带综合整治试点和海岛生态修复等工作，取得积极成效。全年规模以上工业综合能源消费量同比下降4%，同比多降2.4个百分点；单位GDP能耗下降超过5%，非化石能源消费比重超过20%，珠三角煤炭消费总量实现负增长。空气质量指数达标率平均为91.1%，PM2.5、PM10平均浓度分别下降17.1%和15.0%，森林覆盖率达58.9%。

专栏2　创建“数据库+服务网”信用平台新模式 助力中小微企业融资发展

在经济下行压力加大的背景下，银行惜贷、慎贷，中小微企业信用不足和信用信息不对称成为金融供需之间的重要障碍。针对这一问题，人民银行广州分行联合广东省经济和信息化委员会、财政厅等部门，通过搭建中小微企业信用信息和融资对接平台，创建“数据库+服务网”模式，着力促进银企之间的信息对接，解决中小微企业融资难题。

一、主要做法

一是开发系统平台。采取“统一系统、分市建设”原则，运用互联网、大数据思维，以非银行信用信息的征集、评价和应用为主线，组织开发广东省中小微企业信用信息和融资对接平台。平台架构主要包含两部分，一部分是信用信息共享数据库，用于采集企业非银行信用信息，并为金融机构提供信息查询服务；另一部分是银企融资对接平台，为金融机构与中小微企业提供政策咨询、融资辅导、供求信息发布、网上对接等服务。两部分有机统一，形成“数据库+服务网”模式。

二是逐步试点推进。在广东中山、江门、梅州、茂名、肇庆、珠海等地开展银企融资对接平台试验试点，推动“数据库+服务网”模式在部分地市运行，为开发全省统一系统平台探索应用新路，打通银企融资对接的“最后一公里”。

三是线上线下联动。线上跟踪督导银企融资对接进程；线下开展信用评级服务，建立动态变化的信用培育企业池，增强企业融资的可获得性。同时，完善政策集合，实施精准激

励，帮助有信用的企业实现间接融资与直接融资"两条腿"走路。

二、取得成效

一是融资对接平台提升了企业的融资机会和便利性。"数据库+服务网"模式使银企双方在线上线下充分竞争，便利企业将信息资源优势转化为价格优势，以较低利率获得资金，成效显著。截至2015年年末，中山、江门、茂名、肇庆、珠海等地利用各地子平台，运用"数据库+服务网"实现融资对接18 086笔，金额达2 447亿元。

二是信用信息资源的聚合效应改善了地区信用环境和金融生态环境。通过信用信息共享数据库，大大提升了不同部门之间信用信息共建共享水平，化零为整，变废为宝，打破了"信息孤岛"，传播了诚信正能量，营造了"守信受益、失信惩戒"的良好氛围，为中小微企业经营发展营造了良好的环境。截至2015年年末，数据库月均数据获取量超过300万条，且随着工作的推进，信息量将以几何级数递增。

（六）房地产市场分化明显，生产性服务业加快发展

1. 房地产市场呈分化发展趋势，差别化住房信贷政策成效明显。

（1）开发投资增速回落，资金到位情况明显好转。2015年房地产开发投资同比增长11.8%，比上年下降5.9个百分点。随着商品房销售好转，开发商到位资金同比增长25.1%，比上年提高16.9个百分点。其中，定金及预收款和个人按揭贷款合计占比为49.3%，同比提高7.7个百分点。

（2）供给有所下降，保障性住房建设加快。2015年，房地产开发企业土地购置、新开工和房屋竣工面积同比分别下降24.4%、5.3%和17.5%。保障性安居工程加快实施，新开工13.8万套，完成投资281亿元。

（3）商品房销售量价齐升，区域差异显著。2015年，广东省商品房销售面积为1.17亿平方米，创历史新高，同比增长25.4%（见图14）。增速先升后降，第四季度放缓。核心城市广州和深圳销售分别增长29.1%和65.2%，带动周边城市[①]和省内区域中心城市[②]的销售加速增长，其他地市的销售面积下降。

2015年12月，核心城市广州、深圳的房价同比分别增长9.2%（见图15）和47.5%；周边和区域中心城市中商品住房库存量大的清远、惠州、江门、湛江房价下降，非周边和区域中心的三、四个城市也有不同程度下降。

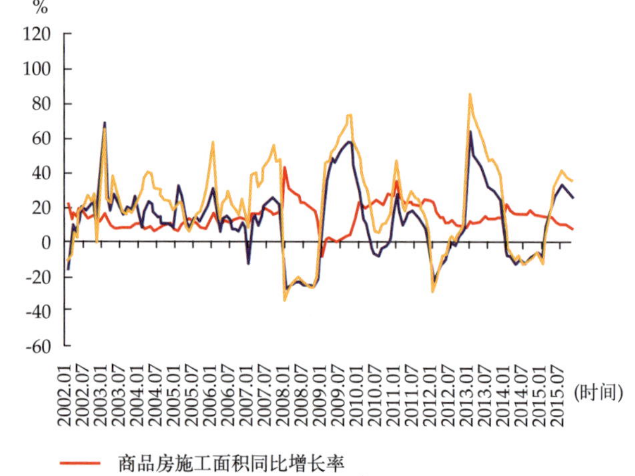

数据来源：广东省统计局。

图14　2002～2015年广东省商品房施工和销售变动趋势

（4）个人住房贷款快速增长，差别化住房信贷政策成效显著。2015年，广东房地产贷款余额同比增长23.5%，其中，个人住房贷款同比增长33.8%，占房地产贷款余额的71.4%；开发贷

①广州的周边地区包括佛山、清远和肇庆的四会市，深圳的周边地区包括惠州和东莞。

②指区域内经济较为发达的城市，包括珠三角的珠海、中山、江门市以及粤东的汕头市、粤西的湛江市。

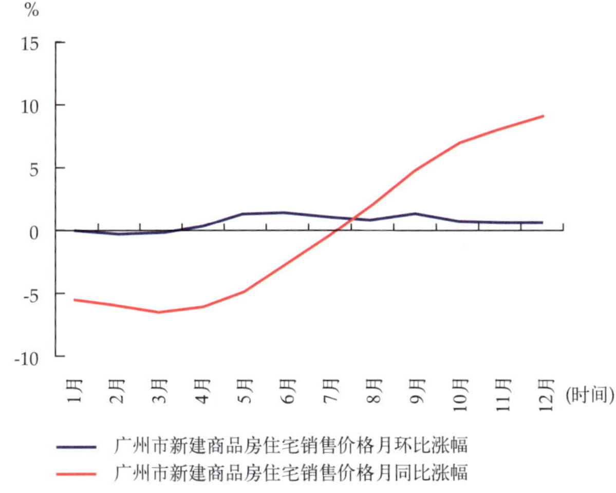

数据来源：国家统计局网站。

图15　2015年广州市新建商品房住宅销售价格变动趋势

款同比下降2.1%。信贷重点支持首套、自住和改善型购房者需求，执行首套房贷款政策的占比达95.4%，平均首付款比例为39.3%，平均利率水平为基准利率的0.97倍，均较上年有所下降。保障性住房建设的金融支持力度继续加大，融资渠道多元化特征明显。

2. 生产性服务业加快发展，金融支持产业发展力度加强。生产性服务业为保持工业生产过程连续性、促进工业技术进步、产业升级和提高生产效率提供保障服务的服务行业，是与制造业直接相关的配套服务业。目前，广东省大力推进生产性服务业与制造业的深入融合，催生出跨境电子商务、互联网金融、航运金融和数字会展等一批新业态，推动广东加快产业转型升级。

"十二五"期间，广东省生产性服务业增加值年均增长在10%以上，主营业务收入年均增长约13%。截至2015年年末，广东省生产性服务业增加值为1.96万亿元，占当年国民生产总值的比重达26.9%；生产性服务业企业达45.5万家，占同期新登记主体近七成。其中，有60多家进入全国服务业500强。生产性服务业的快速发展，带动互联网相关的新兴服务业迅猛增长。金融业对生产性服务业支持力度不断加大，截至2015年年年末，广东省生产性服务业贷款余额达2.29万亿元，同比增长12.3%。

三、预测与展望

2016年是"十三五"规划的开局之年，也是推进结构性改革的攻坚之年，广东经济金融发展面临的机遇与挑战并存，但总体来看，仍将保持平稳发展。

尽管全球经济增长内生动力不足，缺乏亮点支撑，主要发达经济体货币政策分化，新兴市场经济体面临衰退风险，全球跨境资本流动加剧，国内经济发展面临复杂环境和严峻挑战，但随着供给侧结构性改革的全面推进，经济有望保持平稳运行。广东省对外开放和市场化程度高，全省经济向好的支撑力度仍然很强。一是基础设施、农村水电气路、城市快速交通和地下管廊、保障性住房、生态保护和环境治理等"补短板"以及技术改造、重大项目建设加快推进将促进投资稳定增长。二是在政策引导、"互联网+"及供给质量提升带动下，住房、汽车、旅游、信息、健康、养老等领域消费有望保持较快增长。三是随着"一带一路"战略实施和广东自由贸易试验区建设推进，以及贸易便利化措施不断增强，将对广东省外贸增长发挥积极作用。

物价方面，预计将保持相对较低水平。受石油等国际大宗商品价格持续低位、传统工业领域产能过剩等因素影响，工业品价格处于负值区间的概率仍然较大。在农业生产成本、人工成本总体趋升的背景下，食品价格和服务类价格将会稳中略升。在去库存各项政策推动下，房地产价格上升较快，并有可能向其他领域传导，需要密切关注。

从金融运行看，2016年广东省货币信贷平稳运行的有利因素较多，市场在金融资源配置中的决定性作用将进一步增强，但去产能、去库存、去杠杆中伴随的金融风险可能上升，需要采取有效措施应对。广东省金融业将主动适应经济发展的"新常态"，认真贯彻落实稳健的货币政策，保持社会融资规模的合理适度增长，优化和增加有效金融供给，深入推进金融、科技、产业融合，支持地方创新驱动发展；大力推动资本市场发展，拓宽保险资金运用渠道，引导小额贷款公司、融资性担保公司、互联网金融企业、第三方支付机构等类金融机构规范发展，将更多金融资源有效配置到经济重点领域和薄弱环节；继续深化金融改革开放，加强金融创新，不断提升金融服务和管理水平，切实防范化解金融风险，为广东省经济结构调整和产业转型升级创造稳定适宜的货币金融环境。

中国人民银行广州分行货币政策分析小组

总　纂：王景武　李思敏

统　稿：谢端纯　李　敏　韦婵娜

执　笔：汤克明　胡逸闻　吴国兵

提供材料的还有：贾　茜　黄　珊　叶俊华　周俊英　何达之　史　琳　黄载良　陈　宇　谢青华　马　柱　崔国岳　邱全山　石冠飞　黄桂良　苏基溶　戈志武　梁　欢

附录

（一）2015年广东省经济金融大事记

1月26日，广东省出台《珠江西岸先进装备制造产业带布局和项目规划（2015~2020年）》。

2月27日，广东省科技创新大会在深圳召开，吹响全省创新驱动发展的新号角。

3月31日，广东省制定实施《工业转型升级攻坚战三年行动计划（2015~2017年）》。

7月24日，中国人民银行广州分行发布《关于金融业支持广东稳增长调结构的若干意见》。

7月6日，广东省出台《关于创新完善中小微企业投融资机制的若干意见》。

8月18日，中国人民银行广州分行召开货币政策与广东经济金融发展联席会议。

9月8日，广东省科技和金融结合促进创新创业试点工作会议在江门召开。

11月12日，广东“互联网+”众创金融示范区建设现场会暨“互联网+信用三农”众筹项目启动会在佛山召开。

12月11日，中国人民银行发布实施《关于金融支持中国（广东）自由贸易试验区建设的指导意见》。

12月15日，金融支持广东自贸试验区建设推进会在广州召开。

（二）2015年广东省主要经济金融指标

表1 2015年广东省主要存贷款指标

		1月	2月	3月	4月	5月	6月	7月	8月	9月	10月	11月	12月
本外币	金融机构各项存款余额（亿元）	145 260.11	143 210.72	148 259.43	152 921.79	158 499.20	160 228.84	164 821.95	164 122.38	159 516.61	159 298.12	162 478.44	160 388.22
	其中：住户存款	53 053.39	53 199.53	54 046.98	53 131.75	52 802.37	54 062.48	54 036.27	54 276.75	55 419.20	54 754.99	54 622.16	55 008.70
	非金融企业存款	43 066.41	41 600.93	43 328.66	42 870.41	43 281.19	44 438.50	43 814.72	45 611.25	46 597.63	46 528.58	48 111.47	49 345.26
	各项存款余额比上月增加（亿元）	2 106.92	-2 049.40	5 048.71	4 662.36	5 577.41	1 729.65	4 593.11	-699.58	-4 605.76	-218.49	3 180.32	-2 090.22
	金融机构各项存款同比增长（%）	14.59	9.86	9.32	13.71	15.10	13.26	18.56	13.98	12.87	12.02	14.65	11.63
	金融机构各项贷款余额（亿元）	86 845.31	87 654.18	88 113.34	88 802.21	89 909.80	91 210.31	92 388.49	93 974.72	93 918.21	94 404.79	95 356.15	95 661.12
	其中：短期	28 924.99	29 047.81	29 313.37	29 515.77	29 740.86	30 232.07	30 390.49	30 533.04	30 484.34	30 167.47	30 370.31	30 072.55
	中长期	52 148.12	52 832.26	53 035.92	53 395.19	53 930.34	54 430.05	55 138.21	55 834.78	56 367.17	56 774.08	57 331.68	58 053.36
	票据融资	2 680.48	2 675.68	2 690.48	2 667.64	2 941.01	3 246.48	3 462.49	3 683.58	3 553.50	3 888.78	4 033.00	3 748.63
	各项贷款余额比上月增加（亿元）	1 656.73	808.87	459.16	688.87	1 107.59	1 300.51	1 178.17	1 586.23	-56.51	486.58	951.36	304.97
	其中：短期	744.26	122.82	265.56	202.40	225.09	491.21	158.42	142.55	-48.70	-316.87	202.84	-297.76
	中长期	956.24	684.14	203.67	359.27	535.15	499.70	708.17	696.57	532.39	406.91	557.60	721.68
	票据融资	-39.77	-4.80	-29.78	-22.84	273.37	305.47	216.00	221.09	-130.08	335.28	144.21	-284.37
	金融机构各项贷款同比增长（%）	11.67	11.77	10.89	10.82	11.14	11.60	12.48	13.36	12.45	12.42	12.69	12.32
	其中：短期	8.13	7.12	6.26	6.94	7.06	6.98	8.63	8.80	8.27	7.12	8.28	6.61
	中长期	11.91	12.49	11.77	11.33	11.51	11.76	12.24	12.73	13.08	13.32	13.19	13.46
	票据融资	63.51	73.79	72.68	62.31	64.62	77.14	69.32	63.47	45.96	49.29	42.78	37.80
	建筑业贷款余额（亿元）	2 388.63	2 468.65	2 490.33	2 484.06	2 497.59	2 489.25	2 560.57	2 570.76	2 575.80	2 573.87	2 607.99	2 589.38
	房地产业贷款余额（亿元）	7 298.53	7 420.06	7 469.13	7 492.76	7 505.32	7 139.06	7 465.76	7 411.25	7 371.84	7 308.64	7 349.46	7 361.63
	建筑业贷款同比增长（%）	20.52	21.23	19.63	16.54	16.10	13.96	16.20	16.37	15.49	14.50	15.29	12.30
	房地产业贷款同比增长（%）	10.02	11.01	9.75	9.17	8.17	2.09	5.50	3.79	3.37	2.31	2.91	3.22
人民币	金融机构各项存款余额（亿元）	138 438.85	136 348.43	141 232.59	146 178.59	151 962.49	153 617.92	158 178.84	156 802.13	152 457.94	152 313.25	155 644.23	153 551.79
	其中：住户存款	52 476.54	127 880.57	53 436.90	52 522.63	52 203.82	53 462.28	53 413.14	148 960.18	54 725.60	54 062.86	53 909.01	54 238.30
	非金融企业存款	37 468.55	36 041.66	37 606.76	37 548.38	38 141.46	39 227.12	38 579.94	39 795.28	41 014.32	41 005.93	42 735.75	43 998.61
	各项存款余额比上月增加（亿元）	1 293.44	-2 090.42	4 884.15	4 946.00	5 783.90	1 655.43	4 560.92	-1 376.71	-4 344.20	-144.68	3 330.98	-2 092.44
	其中：住户存款	612.02	128.99	831.36	-914.27	-318.80	1 258.45	-49.13	180.52	1 131.94	-662.74	-153.85	329.29
	非金融企业存款	191.52	-1 426.89	1 565.10	-58.38	593.08	1 085.66	-647.18	1 215.34	1 219.03	-8.39	1 729.83	1 262.86
	各项存款同比增长（%）	13.81	9.00	8.24	12.96	14.94	13.24	19.06	13.98	12.97	11.98	14.71	11.55
	其中：住户存款	7.56	7.50	4.85	5.70	3.73	1.18	4.41	5.27	5.12	5.24	4.94	4.17
	非金融企业存款	11.36	4.80	2.68	3.78	4.04	2.81	7.42	8.61	12.60	13.46	16.42	16.63
	金融机构各项贷款余额（亿元）	89 289.27	80 444.49	81 258.21	81 972.86	83 005.93	84 112.64	85 242.74	86 646.36	86 998.54	87 754.60	88 841.15	89 289.27
	其中：个人消费贷款	7 447.48	6 485.27	6 521.95	6 664.78	6 893.71	7 106.61	7 173.82	7 240.51	7 282.91	7 262.69	7 369.52	21 616.92
	票据融资	3 747.55	2 675.66	2 689.46	2 666.63	2 940.00	3 245.48	3 461.45	3 682.46	3 552.39	3 887.67	4 031.88	3 747.55
	各项贷款余额比上月增加（亿元）	1 366.27	954.40	813.72	714.65	1 033.07	1 106.71	1 130.10	1 403.62	352.18	756.06	1 086.55	448.12
	其中：个人消费贷款	114.09	59.66	36.68	142.83	228.93	212.89	67.22	66.69	42.40	-20.22	106.83	523.27
	票据融资	-39.77	-4.80	13.80	-22.83	273.38	305.47	215.98	221.00	-130.07	335.27	144.22	-284.33
	金融机构各项贷款同比增长（%）	14.32	13.64	13.41	13.20	13.44	13.57	14.33	15.04	14.37	14.44	14.67	14.32
	其中：个人消费贷款	18.37	25.41	22.06	22.77	24.59	24.89	24.68	22.74	21.67	19.47	18.70	32.65
	票据融资	37.77	73.84	72.64	62.26	64.57	77.09	69.27	63.42	45.92	49.25	42.74	37.77
外币	金融机构外币存款余额（亿美元）	1 111.50	1 116.27	1 144.03	1 102.96	1 068.16	1 081.35	1 085.97	1 145.70	1 109.63	1 100.07	1 068.48	1 052.80
	金融机构外币存款同比增长（%）	32.33	29.64	37.07	33.61	20.05	14.44	8.52	10.03	7.20	9.32	8.46	7.01
	金融机构外币贷款余额（亿美元）	981.25	1 172.78	1 116.07	1 117.06	1 128.16	1 160.96	1 168.14	1 146.97	1 087.78	1 047.36	1 018.57	981.25
	金融机构外币贷款同比增长（%）	-15.01	-5.96	-12.09	-10.84	-9.95	-6.89	-4.98	-6.67	-10.18	-11.68	-12.57	-15.01

数据来源：中国人民银行广州分行。

表2　2001～2015年广东省各类价格指数

单位：%

年/月	居民消费价格指数		农业生产资料价格指数		工业生产者购进价格指数		工业生产者出厂价格指数	
	当月同比	累计同比	当月同比	累计同比	当月同比	累计同比	当月同比	累计同比
2001	—	-0.7	—	-2.9	—	-0.9	—	-1.5
2002	—	-1.4	—	-1.6	—	-3.7	—	-3.5
2003	—	0.6	—	-0.4	—	4.1	—	-0.7
2004	—	3.0	—	9.4	—	10.6	—	1.7
2005	—	2.3	—	5.8	—	5.0	—	1.5
2006	—	1.8	—	2.6	—	3.6	—	1.4
2007	—	3.7	—	5.8	—	3.3	—	1.3
2008	—	5.6	—	14.5	—	7.9	—	3.1
2009	—	-2.3	—	-1.8	—	-6.2	—	-4.2
2010	—	3.1	—	1.7	—	7.3	—	3.2
2011	—	5.3	—	9.6	—	7.3	—	3.7
2012	—	2.8	—	4.0	—	-0.5	—	-0.5
2013	—	2.5	—	-0.3	—	-1.8	—	-1.2
2014	—	2.3	—	-0.1	—	-1.2	—	-1.1
2015	—	1.5	—	1.2	—	-4.7	—	-3.2
2014　1	3.3	3.3	-0.2	-0.2	-1.1	-1.1	-1.1	-1.1
2	2.7	3.0	-0.8	-0.5	-1.0	-1.1	-1.1	-1.1
3	3.0	3.0	-0.7	-0.6	-1.2	-1.1	-1.2	-1.1
4	2.1	2.8	-0.2	-0.5	-1.0	-1.1	-1.0	-1.1
5	3.0	2.8	0.4	-0.3	-0.8	-1.0	-0.5	-1.0
6	2.9	2.8	-0.2	-0.3	-0.8	-1.0	-0.5	-0.9
7	2.8	2.8	0.2	-0.2	0.0	-0.9	0.0	-0.8
8	2.0	2.7	0.4	-0.1	-0.8	-0.9	-0.7	-0.8
9	1.5	2.6	0.4	-0.1	-1.1	-0.9	-1.1	-0.8
10	1.7	2.5	0.2	-0.1	-1.3	-1.0	-1.4	-0.9
11	1.7	2.4	-0.2	-0.1	-1.8	-1.0	-1.7	-1.0
12	1.1	2.3	-0.6	-0.1	-2.5	-1.2	-2.1	-1.1
2015　1	0.4	0.4	-0.6	-0.6	-3.5	-3.5	-2.9	-2.9
2	1.5	1.0	-0.1	-0.4	-4.1	-3.8	-3.1	-3.0
3	1.5	1.1	0.2	-0.2	-4.4	-4.0	-2.9	-3.0
4	1.1	1.1	0.7	0.0	-4.2	-4.1	-3.1	-3.0
5	1.1	1.1	1.2	0.3	-4.2	-4.1	-3.0	-3.0
6	1.6	1.2	1.1	0.4	-4.3	-4.1	-3.0	-3.0
7	1.7	1.3	1.7	0.6	-4.2	-4.2	-3.4	-3.0
8	2.0	1.4	1.8	0.7	-5.0	-4.3	-3.7	-3.1
9	1.8	1.4	1.6	0.8	-5.2	-4.4	-3.6	-3.2
10	1.9	1.5	2.0	1.0	-5.5	-4.5	-3.4	-3.2
11	1.8	1.5	2.3	1.1	-5.6	-4.6	-3.3	-3.2
12	2.1	1.5	2.7	1.2	-5.3	-4.7	-3.1	-3.2

数据来源：广东省统计局。

表3 2015年广东省主要经济指标

	1月	2月	3月	4月	5月	6月	7月	8月	9月	10月	11月	12月
绝对值（自年初累计）												
地区生产总值（亿元）	—	—	14 948.6	—	—	34 526.6	—	—	52 522.4	—	—	72 812.6
第一产业	—	—	642.6	—	—	1 342.6	—	—	2 329.6	—	—	3 344.8
第二产业	—	—	6 478.0	—	—	15 666.6	—	—	23 330.7	—	—	32 511.5
第三产业	—	—	7 828.0	—	—	17 517.4	—	—	26 862.2	—	—	36 956.2
工业增加值（亿元）	—	3 762.1	6 129.2	8 405.0	10 863.5	13 700.7	16 228.9	18 825.8	21 713.8	24 364.8	27 205.6	30 313.6
固定资产投资（亿元）	—	2 308.9	4 520.3	6 537.0	8 820.5	12 041.8	14 300.3	16 819.5	19 895.6	22 682.0	25 770.2	30 031.2
房地产开发投资	—	934.7	1 548.6	2 129.2	2 802.7	3 736.7	4 502.1	5 280.4	6 122.2	6 805.5	7 651.4	8 538.5
社会消费品零售总额（亿元）	—	4 988.0	7 327.0	9 727.0	12 315.0	14 921.2	17 513.3	20 177.2	22 849.2	25 701.0	28 512.6	31 333.4
外贸进出口总额（亿元）	4 845.8	8 899.9	13 211.4	18 124.7	23 090.8	28 379.6	33 920.4	39 389.7	44 293.7	50 288.1	56 325.5	63 559.7
进口	1 773.2	3 212.3	5 064.7	6 973.2	8 726.2	10 675.8	12738.8	14 678.8	16 629.3	18 509.0	20 773.2	23 576.6
出口	3 072.6	5 687.6	8 146.7	11 151.4	14 364.5	17 703.7	21 181.7	24 710.8	28 294.4	31 779.1	35 552.2	39 983.1
进出口差额(出口－进口)	1 299.4	2 475.3	3 082.0	4 178.2	5 638.3	7 027.9	8 442.9	10 032.0	11 665.1	13 270.1	14 779.0	16 406.5
外商实际直接投资（亿美元）	268.7	16.8	14.8	57.6	75.6	102.7	137.0	159.1	181.2	207.0	226.5	245.1
地方财政收支差额（亿元）	569.4	523.8	47.5	89.7	128.2	-52.5	100.3	-661.2	-1 745.1	-1 949.3	-2 258.9	-3 436.9
地方财政收入	1 010.7	1 558.6	2 153.8	2 968.9	3 651.1	4 612.6	5 562.0	6 151.8	6 878.5	7 795.2	8 466.5	9 364.8
地方财政支出	441.3	1 034.8	2 106.3	2 879.2	3 523.0	4 665.1	5 461.7	6 813.0	8 623.7	9 744.5	10 725.4	12 801.6
城镇登记失业率(%)(季度)	—	—		—	—		—	—		—	—	
同比累计增长率（%）												
地区生产总值	—	—	7.2	—	—	7.7	—	—	7.9	—	—	8.0
第一产业	—	—	3.4	—	—	3.4	—	—	3.4	—	—	3.4
第二产业	—	—	7.1	—	—	7.1	—	—	7	—	—	6.8
第三产业	—	—	7.6	—	—	8.6	—	—	9.2	—	—	9.7
工业增加值	—	8.1	7.4	7.3	7.3	7.4	7.4	7.4	7.3	7.2	7.2	7.2
固定资产投资	—	18.9	17.8	17.5	17.2	17.3	17.5	17.3	17	16.7	16.7	15.8
房地产开发投资	—	17.9	20.8	16.7	15.9	16.1	17.3	17.7	16	13.9	13.5	11.8
社会消费品零售总额	—	10.4	10	9.8	9.8	9.8	9.8	10	10.1	10.1	10.1	10.1
外贸进出口总额	-8.1	0.1	-2.8	-3.5	-3.5	-1.8	-1.8	-1.9	-4.3	-5.2	-4.6	-3.9
进口	-11.8	-12.1	-10.5	-11	-11.8	-10.1	-9.2	-9	-12.1	-13.5	-12.3	-10.8
出口	-5.8	8.6	2.6	1.8	2.3	3.9	3.3	2.9	0.9	0.4	0.5	0.8
外商实际直接投资	7.7	26.3	1.6	3.8	-0.4	-5.1	0.02	-0.7	-1.5	-0.3	-0.8	-0.8
地方财政收入	13.5	9.5	10.3	10.1	9.5	11.9	13.3	13.3	14	13.2	13.3	12.0
地方财政支出	-29.3	-2.5	19.9	23.6	7.2	13.1	13.9	26.8	40.2	45.5	43.9	40.1

数据来源：广东省统计局。

2015年深圳市金融运行报告

中国人民银行深圳市中心支行货币政策分析小组

[内容摘要] 2015年，面对复杂严峻的国内外经济金融形势，深圳市经济总体保持平稳增长，投资增速较快，消费稳中有升，外贸进出口降幅有所收窄，第三产业占比进一步提升。金融业保持良好的发展势头，银行业机构资产和利润水平稳步上升；存款增长“先快后慢”，与股市波动高度相关；信贷增速加快，企业贷款利率水平明显下降；证券业机构受资本市场火爆的影响，资产规模快速增长，经营业绩大幅攀升；保险业业务结构持续优化，经营效益较好。整体而言，深圳市金融机构积极贯彻稳健货币政策，金融服务实体经济能力得到不断提高。

2016年，国内经济下行压力仍然存在，深圳市经济预计将延续平稳增长态势。深圳市金融业将继续贯彻落实稳健货币政策的各项要求，为深圳市实现产业结构升级转型、社会经济跨越式发展提供多层次、全方位的金融支持。

一、金融运行情况

2015年，深圳市金融业认真贯彻稳健货币政策，保持了流动性的合理充裕和货币信贷的合理增长，为结构性改革营造适宜的货币金融环境。全年深圳金融业发展较快，对实体经济的支持能力不断增强。截至2015年年末，深圳市银行、证券、保险业资产总额为8.6万亿元，同比增长19.0%，2015年实现税前利润总额2 824.7亿元，同比增长46.0%。

（一）银行业健康平稳发展

1. 银行业机构规模不断扩大，利润水平稳步上升。截至2015年年末，深圳市银行业金融机构营业网点为1 785个，比年初增加127个；从业人数达到72 357人，比年初增加3 712人（见表1）；银行业总资产为6.8万亿元，同比增长12.9%；全年净利润为1 085.3亿元，同比增长20.0%。

2. 存款增长“先快后慢”，与股市波动高度相关。截至2015年年末，深圳市金融机构本外币存款余额为57 778.9亿元，比年初增加7 897.6亿元，同比少增48.1亿元，余额同比增长15.6%，增速同比下降3.3个百分点（见图3）。其中，人民币存款余额为53 800.1亿元，比年初增加7 059.2亿元，同比少增213.4亿元，余额同比增长14.9%，增速同比下降3.5个百分点。外币存款余额为612.7亿美元，比年初增加99.5亿美元，同比少增9.0亿美元，余额同比增长22.4%。从趋势上看，证券市场剧烈震荡造成存款增长呈现“先激增，再骤降，后回升”的波动态势。上半年受股市火热影响，1～7月非银

表1　2015年深圳市银行业金融机构情况

机构类别	营业网点			法人机构（个）
	机构个数（个）	从业人数（人）	资产总额（亿元）	
一、大型商业银行	622	23 604	24 743.1	0
二、国家开发银行和政策性银行	3	306	3 964.2	0
三、股份制商业银行	541	29 054	25 369.7	2
四、城市商业银行	131	4 363	5 029.4	0
五、城市信用社	0	0	0.0	0
六、主要农村金融机构	199	2 982	1 833.2	1
七、财务公司	9	345	908.5	9
八、信托公司	2	1 927	477.8	2
九、邮政储蓄银行	141	1 650	585.7	0
十、外资银行	92	5 247	3 456.7	4
十一、新型农村金融机构	41	1 134	256.4	8
十二、其他	4	1 745	1 675.5	4
合　计	1 785	72 357	68 300.1	30

注：营业网点不包括国家开发银行和政策性银行、大型商业银行、股份制银行等金融机构总部数据；大型商业银行包括中国工商银行、中国农业银行、中国银行、中国建设银行和交通银行；小型农村金融机构包括农村商业银行、农村合作银行和农村信用社；新型农村金融机构包括村镇银行、贷款公司和农村资金互助社；“其他”包含金融租赁公司、汽车金融公司、货币经纪公司、消费金融公司等。

数据来源：深圳市银监局。

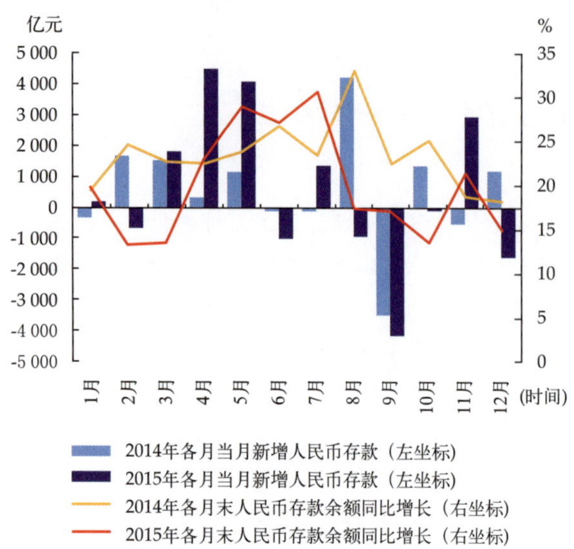

数据来源：中国人民银行深圳市中心支行。

图1　2014～2015年深圳市金融机构人民币存款增长变化

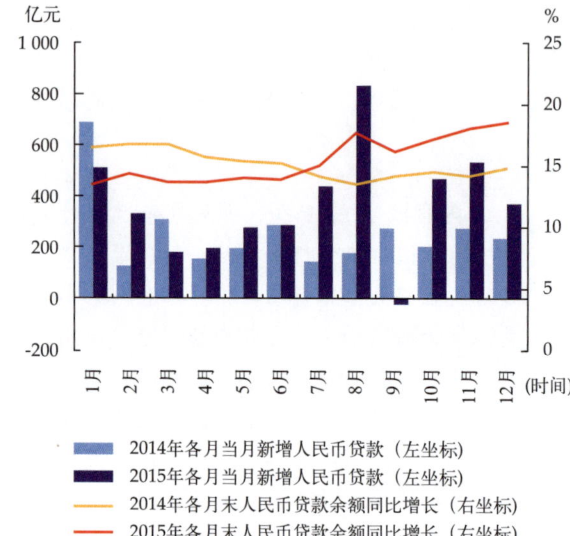

数据来源：中国人民银行深圳市中心支行。

图2　2014～2015年深圳市金融机构人民币贷款增长变化

存款激增9 562.2亿元，推动人民币存款余额触及57 360.7亿元的年内峰值；下半年以来，受股市大幅下挫的影响，8～10月非银存款累计减少4 380.4亿元，使人民币存款余额回落至52 382.7亿元。11～12月股市阶段性企稳回升，非银存款累计增加743.0亿元，人民币存款余额回升至53 800.1亿元，综合全年情况看，虽然股市因素导致非银存款大幅震荡，但是非银存款仍然是新增存款的主体，占新增存款的83.9%。

3. 贷款增长加快，主要受房地产市场升温的推动，但小微企业信贷增长放缓。截至2015年年末，深圳市金融机构本外币贷款余额为32 449.0亿元，比年初增加4 334.8亿元，同比多增1 165.6亿元，余额同比增长15.4%，增速同比上升2.1个百分点。其中，人民币贷款余额为28 223.7亿元，比年初增加4 368.2亿元，同比多增1 444.6亿元，余额同比增长18.4%，增速同比上升3.6个百分点（见图2）。外币贷款余额为650.7亿美元，同比减少6.9%，增幅同比下降11.9个百分点。人民币贷款增长呈现以下特点：

一是房地产市场回暖是推动贷款增长提速的主因。2015年以来，房地产调控政策松动，深圳房地产市场重拾涨势，银行发放住房按揭贷款大幅增长。2015年全年深圳市居民中长期贷款累计

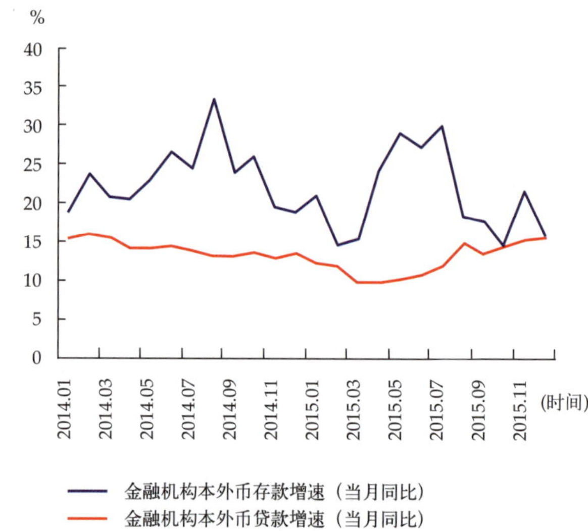

数据来源：中国人民银行深圳市中心支行。

图3　2014～2015年深圳市金融机构本外币存、贷款增速变化

新增2 629.3亿元，几乎4倍于上年同期值，占新增各项人民币贷款总量的60.2%，同比提高36个百分点。其中，6～8月居民中长期贷款增幅逐月扩大，达到年内峰值。

二是小微企业贷款“增量与增速”均显低迷，经济下行背景下银行放贷更多投向大型企业。2015年年末，深圳市金融机构大、中、小微企业人民币

贷款余额分别为7 435.7亿元、5 293.6亿元、2 854.6亿元，分别同比增长21.3%、12.6%、17.9%。2015年小微企业贷款增速呈下滑态势，而大型企业贷款增速却稳重有升。虽然深圳经济相较于内地经济较为健康，银行也在努力调整信贷结构，但是经济下行促使深圳银行业的风险偏好中枢不断下移，信贷投放“逐大弃小”倾向明显。

4. 随着《关于规范金融机构同业业务的通知》（127号文）等同业规范性文件的出台，政策监管开始生效。委托贷款、信托贷款和银行承兑汇票等传统表外业务出现了一定的萎缩趋势。目前，商业银行同业投资业务主要投向：标准化金融资产、信托受益权、资管计划、商业银行理财产品、其他金融资产（资产证券化产品）。随着居民投资需求与理财意识的加强，证券、信托行业的资产管理业务需求增加，客观上需要从银行融入资金。银行理财产品对接信托受益权、定向资管计划等银信合作快速增加。高额的中间收益不仅使各大银行对此类业务趋之若鹜，同时加快了同业业务的创新力度。在2015年股票市场行情的推动下，商业银行产生了许多投资资本市场的创新产品：商业银行对股票质押式回购交易再融资业务、商业银行对融资融券交易再融资业务、商业银行定向增发融资业务、量化投资对冲基金业务、单票夹层融资业务等。

专栏1　深圳市银行业积极探索服务科技金融

科技产业作为知识密集型产业，在信贷营销上显著有别于传统产业，一是其专业性强，市场前景和风险难把控；二是不同于制造业，科技型企业人力投入大、以知识产权等轻资产为主，固定资产房产少，抵押品不足；三是其高风险、高收益特征与银行收益固定、注重风控的信贷产品难匹配，这些因素均长期制约着科技企业从银行渠道获取融资。人民银行深圳市中心支行调研发现，近几年，随着科技产业在经济整体中的地位越来越突出，商业银行开始主动作出调整，并在专业人才队伍建设、金融服务方案和产品创新等方面取得较大突破：

（一）专业科技金融团队效率初显

为打造懂技术、懂企业的专业化科技金融服务队伍，近年来，辖内商业银行密集建立了一批特色科技支行和专业服务团队。如为打造专业化科技金融服务队伍，建设银行深圳分行于2015年9月29日挂牌成立了深圳市南山科技支行，是建设银行国内首家在挂牌中含科技二字的特色支行；浦发银行深圳分行更是在分行层面建立了科技金融服务中心，内设有投贷联动团队、授信审查审批岗等专业团队，以准事业部的方式开展科技金融客户专业化经营，显著提高了服务效率。

（二）全周期金融服务体系日渐清晰

科技型企业成长周期一般分为种子期、初创期、成长期、成熟期四个阶段，不同阶段特点不同，为此，商业银行开发了适应不同阶段特点的不同信贷产品。辖内商业银行在企业全生命周期服务上，进行了丰富的方案和产品规划研发。杭州银行深圳分行根据科技型企业所处发展阶段不同，对种子期、初创期、成长期、成熟期企业提供了差异化、有针对性的科技金融综合服务方案。针对种子期企业，以提供引介天使投资机构和创始人个人融资服务为主；对初创期企业，以为企业牵线私募基金和政府引导基金，或积极引入专业担保公司提供风险担保为主；对成长期企业，以订单贷、应收账款质押贷款、知识产权质押贷款等产品为主，满足企业日常性经营资金需求；对成熟期企业，融资形式呈现多样化，主要服务集中在综合授信服务、投资银行服务和资本市场服务上。

（三）知识产权质押贷款方兴未艾

科技创新型企业通常不动产、机器设备等有形资产较少，知识产权等无形资产占比较高，因此大力发展知识产权质押贷款十分必要，将有效盘活企业核心资产，促进其发挥应有价值。目前，以间接质押为主，强调担保公司介入。如北京银行深圳分行为深圳市锐明技术股份有限公司成功叙做第一笔“智权贷”业务，贷款余额为875万元。该笔融资是由深圳市中小企业融资担保有限公司提供担保，代偿比例为80%。

（四）政府担保补贴社会效益显著

政府扶持是金融成功支持科技创新的重要撬动力量。从深圳实践看，金融机构银政合作热情高涨，政府担保补贴资金经济社会效益显著。2014年浦发银行深圳分行、农业银行深圳分行与深圳市科技创新委开展了“银证企合作项目”。该项目下，财政、科技部门拿出4亿元以定期存款方式存入两家合作银行。合作银行在自主审贷、自担风险的前提下，对纳入市科技部门项目库的企业进行融资支持。贷款企业可向政府申请贴息补助，贴息幅度按基准利率的0.8～1倍计算，2014年度贴息预算额为4 200万元。该项目计划撬动40亿元银行贷款，其中，50%均为无抵押的信用贷款。

5. 金融机构新发放一般贷款加权平均利率显著降低。2015年，深圳市金融机构新发放人民币一般贷款（不含票据和个贷业务）13 230.4亿元，同比增加1 745.1亿元，其中，浮动利率贷款为5 131.0亿元，同比增加188.0亿元；固定利率贷款为8 099.3亿元，同比增加1 557.2亿元。全年金融机构新发放一般贷款加权平均利率为6.15%，同比降低0.85个百分点。其中，浮动利率贷款加权平均利率为5.98%，同比降低0.96个百分点；固定利率贷款加权平均利率为6.25%，同比降低0.8个百分点。分季度看，金融机构一般贷款利率逐季度呈下降趋势，第四季度新发放一般贷款加权平均利率为5.78%，较第一季度降低0.85个百分点。

2015年以来，一般贷款加权平均利率逐渐下降，主要是年内央行5次降息效应叠加的效果。此外，央行持续采取公开市场净投放、定向降准、SLF、SLO、PSL等措施引导信贷市场利率下降，也有助于一般贷款利率的下降。

6. 民间借贷户均交易额下降，利率水平略微上升。2015年，民间借贷利率监测系统共监测样本点65个，全部为与深圳农村商业银行有信贷关系的其他样本机构。全年民间借贷交易量有所下降，全部样本点户均借贷额为599.54万元，与2014年基本持平。利率方面，民间借贷样本点加权平均利率略微下降，全年深圳民间借贷样本点加权平均利率为25.96%，同比降低1.14个百分点。作为难以从银行获得贷款支持的中小企业备用选择，民间借贷比较活跃。部分民间借贷资金变相流入股市，导致民间借贷利率与股市行情密切相关。上半年股票市场行情高涨，民间借贷需求旺盛，促使民间借贷利率高企，随着下半年股票市场行情迅速爆冷，民间借贷需求下降，导致7月后民间借贷利率环比迅速降低。

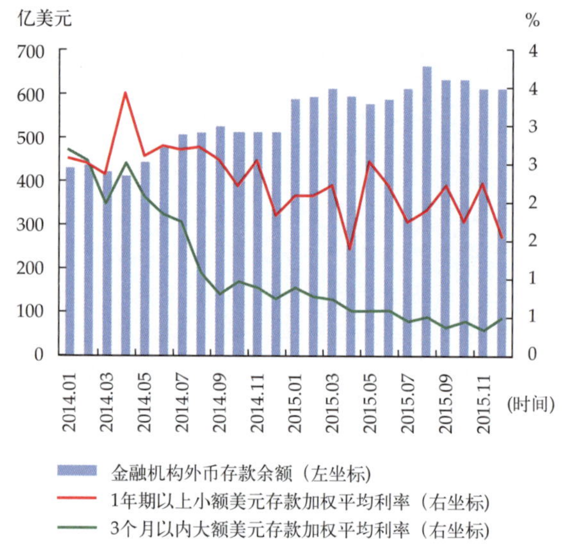

数据来源：中国人民银行深圳市中心支行。

图4　2014～2015年深圳市金融机构外币存款余额及外币存款利率

7. 不良贷款率有所上升。2015年，深圳市银行业金融机构不良贷款率为1.12%，同比上升0.21个百分点；关注类贷款占总贷款比例为2.92%，同比下降0.75个百分点。总体而言，受到经济下行等因素的影响，深圳市银行业的不良贷款率有所上升；但由于较早的实现经济转型和产业结构升

表2　2015年深圳市金融机构人民币贷款各利率区间占比

单位：%

月份		1月	2月	3月	4月	5月	6月
合计		100.0	100.0	100.0	100.0	100.0	100.0
下浮		14.2	14.8	8.5	15.1	23.6	12.9
基准		13.4	13.3	14.9	13.3	13.6	17.1
上浮	小计	72.4	71.9	76.6	71.6	62.7	70.0
	(1.0，1.1]	22.9	21.3	26.5	19.7	14.6	19.6
	(1.1，1.3]	35.0	32.0	35.3	35.9	28.9	30.5
	(1.3，1.5]	9.3	13.2	8.6	10.0	11.6	11.5
	(1.5，2.0]	4.0	4.4	4.6	3.8	5.6	4.8
	2.0以上	1.2	1.1	1.6	2.2	2.0	3.7
月份		7月	8月	9月	10月	11月	12月
合计		100.0	100.0	100.0	100.0	100.0	100.0
下浮		18.8	12.6	26.3	14.4	7.1	18.7
基准		18.4	14.0	13.0	12.6	19.6	14.5
上浮	小计	62.8	73.4	60.7	73.0	73.3	66.9
	(1.0，1.1]	14.9	18.8	19.6	22.7	20.7	16.9
	(1.1，1.3]	26.7	30.6	23.7	27.3	27.7	29.3
	(1.3，1.5]	10.0	12.9	7.6	9.6	11.2	9.3
	(1.5，2.0]	7.0	6.9	6.4	8.3	7.9	6.4
	2.0以上	4.3	4.2	3.4	5.2	5.8	5.0

数据来源：中国人民银行深圳市中心支行。

级，深圳银行业的资产质量较全国平均水平要高一些。

8. 跨境人民币业务稳步发展。2015年，深圳市金融机构累计办理跨境人民币结算业务为13 866.7亿元，同比增长17.5%。其中，经常项目结算8 251.9亿元，同比增长2.8%；资本项目结算5 614.7亿元，同比增长48.7%。从跨境人民币业务试点开始至2015年年末，与深圳发生跨境人民币实际收付业务的境外国家和地区已达147个，深圳市境内代理行累计为境外参加行开立人民币同业往来账户380个，账户余额为844.9亿元，累计为境外企业开立人民币结算账户4 514个，账户余额为177.4亿元。

（二）证券业资产规模大幅增长，整体经营业绩大幅攀升

1. 证券公司资产规模和受托管理资金规模均大幅增长。截至2015年年末，深圳本地法人证券类公司共19家，证券公司总资产合计14 334.1亿元，净资产合计3 118.2亿元，净资本合计2 665.8亿元，同比分别增长46.8%、46.8%和93.1%。证券公司整体的杠杆率为5.4，较2014年有所下降。证券公司受托资产管理余额达到2.8万亿元，同比增长47.68%。

2. 证券公司传统业务强势恢复，经营业绩大幅增长。2015年，由于证券成交量大幅攀升、融资融券等资本中介业务的创新推动，全年累计实现营业收入1 310.1亿元，实现净利润554.3亿元，分别增长141.0%和174.3%。其中，经纪业务净收入为590.5亿元，同比增长212.5%；自营业务收入（投资收益+公允价值变动）为375.6亿元，同比增长125.6%；证券承销业务净收入、保荐业务净收入、财务顾问业务净收入分别为104.4亿元、5.8亿元、32.8亿元，同比分别增长83.9%、12.7%和48.4%。

3. 基金公司资产规模和盈利能力大幅增长，私募基金发展迅猛。2015年，深圳24家公募基金公司共管理公募基金810只，较年初增加257只。公募基金规模17 234.0亿份，基金资产净值为19 621.4亿元，分别较年初增长76.2%和86.3%。基金公司累计实现营业收入192.3亿元，同比增长81.2%，实现净利润55.3亿元，同比增长82.7%。18家基金管理公司子公司管理资产规模达到3.5万亿元，约占全国基金管理公司子公司管理资产规模的40%，位居全国第一。私募基金在2015年登记速度明显加快，共新增登记私募基金管理人4 123家，是2014年全年登记家数的5.6倍。截至12月末，深圳已完成登记私募基金管理人4 859家，居全国第三位，已备案私募基金产品3 850只，资产规模为5 332亿元，均居全国第三位。深圳大资管

表3　2015年深圳市证券业基本情况

项目	数量
总部设在辖内的证券公司数（家）	19
总部设在辖内的基金公司数（家）	24
总部设在辖内的期货公司数（家）	13
年末国内上市公司数（家）	1 746
当年国内股票（A股）筹资（亿元）	491.1
当年发行H股筹资（亿元）	—
当年国内债券筹资（亿元）	1 294.0
其中：短期融资券筹资额（亿元）	234.3
中期票据筹资额（亿元）	640.0

数据来源：中国人民银行深圳市中心支行、深圳市证监局。

行业（含券商资管、公募资管、基金公司非公募业务、基金公司子公司业务、期货公司资管及备案的私募基金）的资产总规模接近10万亿元，约占全国的1/4。

4. 期货公司代理交易额大幅增长。2015年，深圳13家期货公司总资产为684.1亿元，净资产为100.5亿元，净资本为76.6亿元，同比分别增长50.6%、15.1%和12.3%，综合实力位居全国前列。客户保证金余额达到574.5亿元，同比增长60.3%。全年期货交易额大幅增加，全年累计代理交易额157.1万亿元，同比增长168.7%。13家期货公司全年实现手续费收入12.6元，完成利润总额12.5亿元，分别增长36.2%和72.0%。

（三）保险公司业务结构持续优化，经营效益较好

1. 法人保险机构资产规模位居全国第二，经营主体持续增加。2015年，深圳法人保险机构合计资产总额为3.2万亿元（同比增长28.6%），占全国保险机构总资产的25.5%，位居全国第二。2015年，深圳市共有保险法人机构22家（当年新增2家），法人机构总数居全国第三位。深圳市共有分公司级各类保险经营主体70家，比上年增加1家。

2. 人身险保费收入较快增长，财产险保费收入增幅放缓。2015年，深圳保险市场累计实现原保费收入647.6亿元（不含深圳保险法人的非深圳市场数据，下同），同比增长18.0%。其中，人身险保费收入为433.0亿元，同比增长26.7%，高于全国平均水平1.7个百分点；财产险保费收入214.6亿元，同比增长3.7%，低于全国平均水平7.3个百分点。

3. 普通型寿险占比提升，业务结构更趋优化。2015年，深圳保险业务机构更趋优化。人身险方面，普通型寿险保费收入为128.0亿元，占寿险业务总保费收入的38.7%，同比增长55.6%；寿险新单期交业务规模84.9亿元，占比达39.6%，比全国平均水平高13.1个百分点；个人代理销售渠道保费收入占比52.5%，高于全国平均水平5.0个百分点。财产险方面，产险非车险业务占比为34.2%，高于全国平均水平7.8个百分点。

4. 经营效益进一步提高，承保利润率优于全国。2015年，深圳市产险公司实现承保利润15.8亿元，承保利润率为8.5%，高出全国平均水平7.1个百分点。2015年，深圳法人保险机构净利润达763.0亿元，同比增长11%。按照偿付能力一代的监管要求，纳入监测的12家法人保险机构第四季度末偿付能力充足率均超过150%，达到“充足II类”的监管标准。

表4　2015年深圳市保险业基本情况

项目	数量
总部设在辖内的保险公司数（家）	22
其中：财产险经营主体（家）	8
人身险经营主体（家）	5
保险公司分支机构（家）	70
其中：财产险公司分支机构（家）	32
人身险公司分支机构（家）	36
保费收入（中外资，亿元）	647.6
其中：财产险保费收入（中外资，亿元）	214.6
人身险保费收入（中外资，亿元）	433.0
各类赔款给付（中外资，亿元）	176.7
保险密度（元/人）	5 691.2
保险深度（%）	3.7

数据来源：深圳市保监局。

（四）金融市场总体保持活跃

1. 表外融资比重下降，直接融资比重有所上升。2015年，深圳市社会融资规模为7 072亿元，同比多增1 194亿元，增幅20.3%。从占比来看，在社会融资总量中，人民币贷款4 406亿元，占比62.30%，上升13.8个百分点。外币贷款（折合人民币）减少421亿元，企业去外债进一步加速。表外融资（委托贷款、信托投资、未贴现银行承兑汇票）1 482亿元，占21.0%，比重同比降低7.1个百分点，表外融资表内化的趋势明显；债券和股票融资1 368亿元，合计占19.4%，比重同比提高了3.7个百分点（见图5）。

2. 货币市场和债券市场交易量均大幅增长。受到市场利率持续下行等利好因素的影响，金融市场交易活跃。货币市场方面，2015年，深圳市金融机构成交量为63.5万亿元，同比增长90.3%。其中，信用拆借合计成交9.0万亿元，同比增长

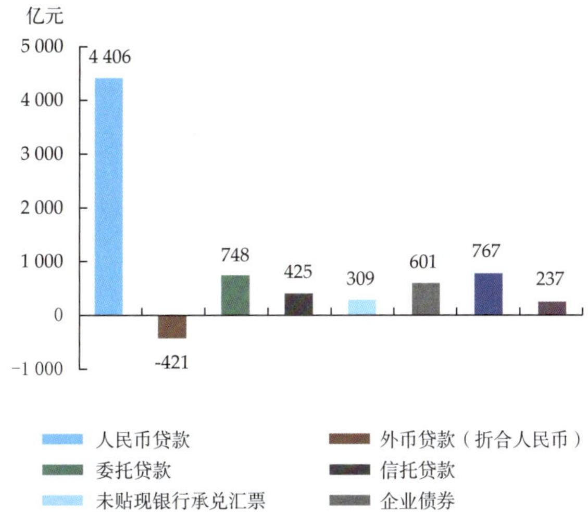

数据来源：中国人民银行深圳市中心支行、深圳市发展改革委、深圳市证监局、深圳证券交易所。

图5 2015年深圳市社会融资规模分布结构

75.7%；质押式回购合计成交51.9万亿元，同比增长92.3%；买断式回购合计成交2.5万亿元，同比增长106.5%。债券总成交14.0万亿元，同比增长83.6%；其中，现券交易14.0万亿元，同比增长83.4；资产支持证券199.6亿元，上年仅为0.38亿元。

3. 票据贴现余额大幅增长，贴现利率水平逐步下降。截至2015年年末，深圳市银行承兑汇票承兑余额为3 201亿元，同比增长19.3%（见表5），银行承兑汇票贴现余额为855.9亿元，同比减少11.1%。2015年，深圳金融机构票据贴现利率逐季度下降（见表6）。其中，银行承兑汇票贴现加权平均利率从第一季度的5.38%下降到第四季度的3.08%；买断式转贴现加权平均利率也从第一季度的5.20%下降到第四季度的3.25%。

4. 股票市场交易增长迅猛。截至2015年年末，深圳证券交易所的上市公司达到1 746家，较2014年底增加128家，增长7.9%。上市公司的总市值达到23.6万亿元，同比增长83.6%。市场热情使得投资者数量和股票交易金额大幅提高。一方面，投资者开户总数达到16 877.4万户，较上年增加4 848.2万户，增长40.3%，其中，机构开户总数达到49.2万户，增长18.4%。另一方面，股票和基金累计成交金额分别达到122.5万亿元和4.9万亿元，同比增长234.0%和401.2%。股票交易印花税达到1 225.0亿元，增长234.0%。大批上市公司在上半年行情好的时候积极融资，全年累计股票筹资额6 689.0亿元，增长58.2%，其中，IPO公司数130家，增长58.5%，IPO筹资额为491.1亿元，上升37.5%。

表5 2015年深圳市金融机构票据业务量统计

单位：亿元

季度	银行承兑汇票承兑		贴现			
			银行承兑汇票		商业承兑汇票	
	余额	累计发生额	余额	累计发生额	余额	累计发生额
1	2 828.1	1 474.7	478.0	14 964.9	151.4	671.0
2	2 968.2	3 102.9	641.6	28 398.4	98.9	1 523.3
3	3 145.1	4 775.9	690.7	44 862.9	86.7	2 086.3
4	3 200.9	6 246.3	855.9	65 597.2	125.1	3 878.5

数据来源：中国人民银行深圳市中心支行。

表6 2015年深圳市金融机构票据贴现、转贴现利率

单位：%

季度	贴现		转贴现	
	银行承兑汇票	商业承兑汇票	票据买断	票据回购
1	5.38	6.90	5.20	5.33
2	4.11	5.05	4.13	4.14
3	3.92	5.28	3.72	3.60
4	3.08	4.47	3.25	3.74

数据来源：中国人民银行深圳市中心支行。

5. 深圳黄金交易量大幅增长，金融类会员交易占比上升。2015年，金交所深圳会员黄金交易量为6 477.12吨，同比增长72.88%，占全部会员交易量的16.95%。金融类会员交易量和其增长速度占绝对优势，本年度共交易黄金5 508.69吨，同比增长92.54%；非金融类会员共交易968.43吨，同比增长9.36%。

（五）金融生态环境不断优化

2015年，深圳金融系统坚持“创新、协调、绿色、开放、共享”的发展理念，不断优化金融生态环境。一是不断提升支付体系建设水平。顺利完成总行2015年中央银行会计核算数据集中系统（ACS）综合前置子系统、ACS系统信息管理子系统、联网核查公民身份信息系统（PICP）等上线工作，为金融管理与服务等提供了有力的技术支持。二是进一步完善征信管理。继续扩大征信系统覆盖面，在全国率先实现辖内财务公司、金融租赁公司全部接入金融信用信息基础数据库。积极推进保理公司接入金融信用信息基础数据库工作，3家保理公司作为全国首批保理公司接入企业征信系统。三是稳步提高货币金银管理服务水平。组织做好新版人民币发行的培训、宣传及现钞机具升级等工作，新版人民币纸币100元的发行平稳有序。进一步引导和督促商业银行加快推进全额清分工作，不断提高反假货币工作水平。加强银行机构黄金业务监测和监管，推动前海贵金属业务的创新和发展。四是深入开展金融消费权益保护工作。充分运用“互联网+”思维开展金融知识教育工作，正式上线“金融公益”微信公众号，并通过微信公众号推送金融资讯、开展金融知识竞赛，提升公众金融素养、加强互动沟通、共创和谐金融。以“12363”金融消费权益保护投诉咨询电话为载体，畅通金融消费权益保护渠道，促进金融机构合规经营，提升基层央行的公众形象。

二、经济运行情况

2015年，深圳加快推进经济发展方式转变和结构调整，主要经济指标保持相对平稳。初步核算，2015年全市实现地区生产总值17 502.99亿元，增长（同比，下同）8.9%。三次产业比重为0.0 : 41.2 : 58.8。

（一）投资高速增长，商品销售稳中有升，外贸进出口降幅有所收窄

2015年，投资高速增长，商品销售稳中有升，外贸进出口降幅有所收窄。

1. 投资高速增长。2015年，深圳完成固定资产投资3 298.3亿元，增长21.4%，增速创自1999年以来连续十七年新高，分别高出全国和全省11.4个和5.6个百分点，其中，城市更新改造投资573.0亿元，增长43.1%，占固定资产投资比重17.4%，同比提高2.7个百分点。从投资渠道看，房地产开发项目投资1331.0亿元，增长24.5%；非房地产开发项目投资1 967.3亿元，增长19.4%。

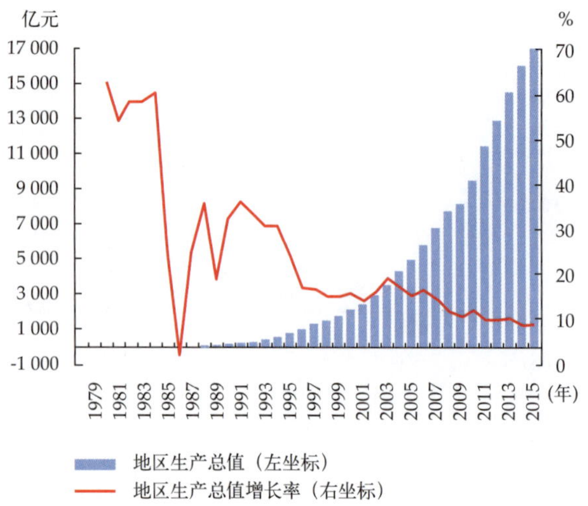

数据来源：深圳市统计局。

图6　1979～2015年深圳市地区生产总值及其增长率

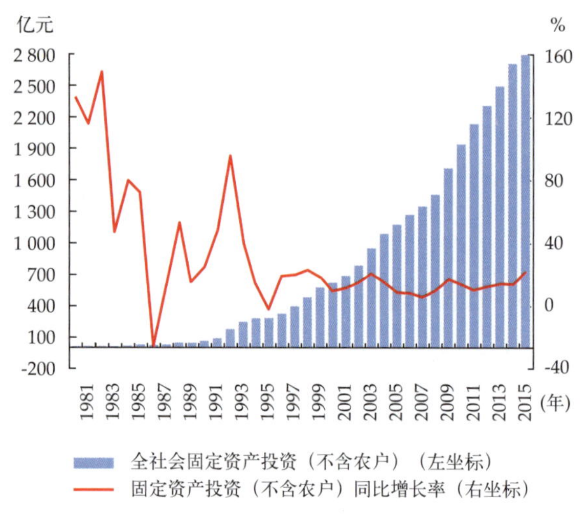

数据来源：深圳市统计局。

图7　1981～2015年深圳市固定资产投资（不含农户）及其增长率

2. 商品销售稳中有升。2015年，深圳市社会消费品零售总额累计完成5 017.8亿元，增长2.0%（扣除汽车限购一次性政策因素后社会消费品零售总额为4 429.6亿元，增长9.7%）。从消费类别看，批发与零售业零售额为4 448.1亿元，增长1.3%，其中，限额以上商业零售额为3 055.7亿元，下降5.7%，限额以下和个体户零售额为1 392.5亿元，增长21.2%；住宿餐饮业零售额为

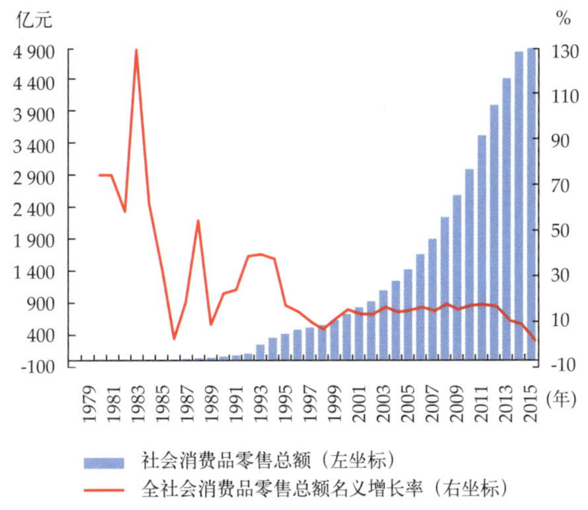

数据来源：深圳市统计局。

图8　1979～2015年深圳市社会消费品零售总额及其增长率

569.7亿元，增长7.7%。

3. 外贸降幅有所收窄。2015年，深圳进出口贸易总额累计完成27 516.6亿元，同比下降8.2%。其中，完成出口总额16 415.4亿元，下降6.0%；完成进口总额11 101.19亿元，下降11.1%。

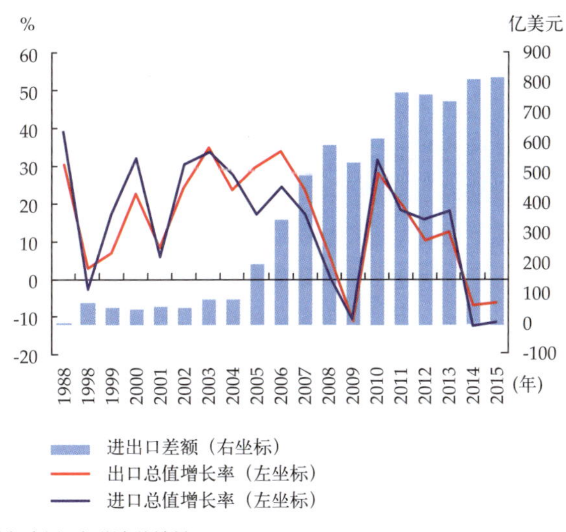

数据来源：深圳市统计局。

图9　1988～2015年深圳市外贸进出口变动情况

4. 外商投资平稳增长。2015年，深圳市实际利用外资累计65.0亿美元，增加11.9%。香港依旧是外资的主要来源地，实际投资占全部外资比重为86%。

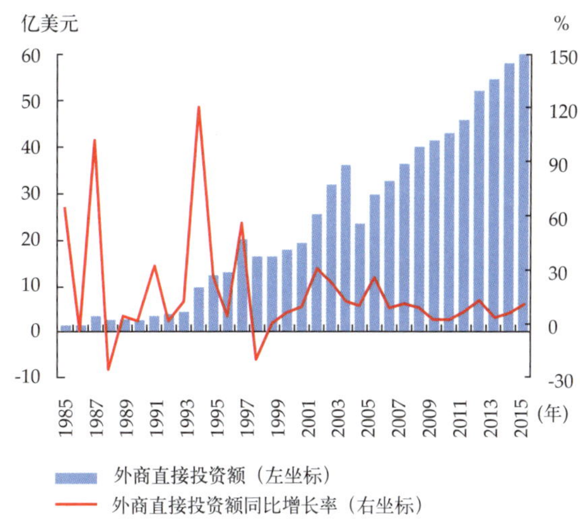

数据来源：深圳市统计局。

图10　1985～2015年深圳市外商直接投资额及其增长率

（二）工业生产增速平稳，经济效益总体向好

1. 工业生产增速平稳。2015年，深圳市规模以上工业企业实现增加值6 785.0亿元，增长7.7%，分别高出全国和全省1.6个和0.5个百分点。从企业经济类型看，1～12月，股份制企业实现增加值3 743.6亿元，增长12.2%；外商及港澳台商投资企业实现增加值2 996.5亿元，增长2.9%。

2. 2015年，深圳市规模以上工业企业利税总

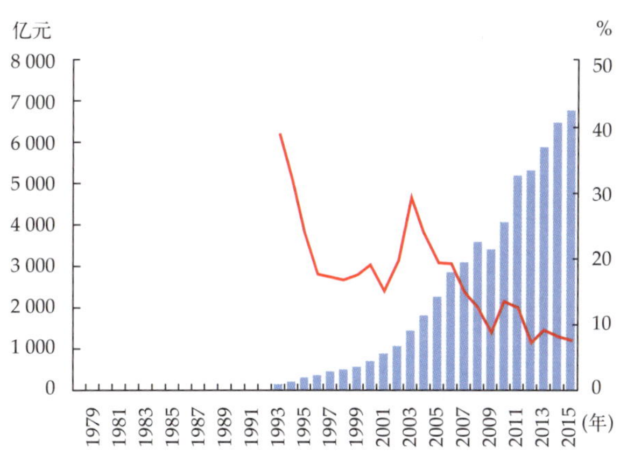

数据来源：深圳市统计局。

图11　1979～2015 年深圳市规模以上工业增加值及其实际增长率

额为2 466.25亿元，增长12.3%，其中，利润总额1 619.46亿元，增长9.6%，高于全国11.5个百分点。工业企业主营业务收入增长1.3%，财务费用成本下降6.5%，工业经济效益综合指数达到225.19%，同比提高9.4个百分点。

（三）物价指数运行平稳

1. 物价涨幅平稳，各类价格涨幅有所不同。2015年，深圳市居民消费价格累计同比上涨2.2%，涨幅较上年提升0.2个百分点，分别比全国和全省平均水平高0.8个和0.7个百分点。其中，消费品价格指数上涨1.4%，服务项目价格指数上涨3.8%。分类别看，八大类价格“七升一降”，食品价格上涨3.2%，烟酒价格上涨1.6%，衣着价格上涨4.6%，家庭设备用品及维修服务上涨3.1%，医疗保健和个人用品上涨2.0%，交通和通信下降3.4%，娱乐教育文化用品及服务上涨1.1%，居住上涨3.4%。

2. 原材料、燃料、动力购进价格和工业品价格同比下降。2015年，深圳市工业生产者出厂价格同比下降2.4%，降幅比全国少2.8个百分点，比全省少0.8个百分点；工业生产者购进价格同比下降3.5%，降幅分别比全国、全省少2.6个和1.2个百分点。

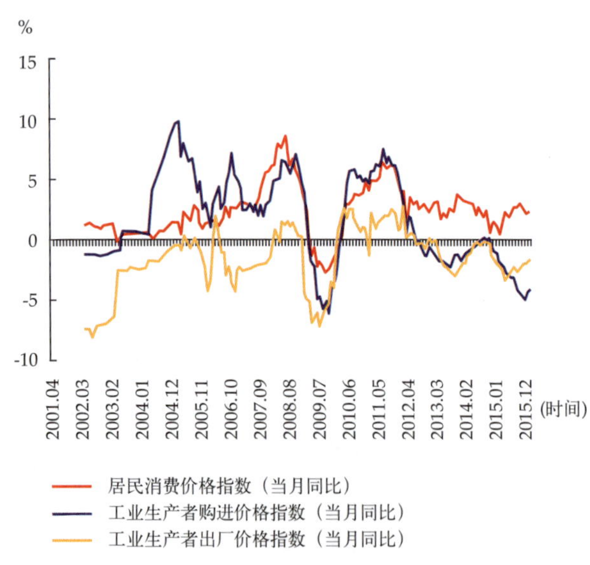

数据来源：深圳市统计局。

图12　2001～2015年深圳市居民消费价格和生产者价格变动趋势

（四）财政收入保持增长

财政收入稳步增长。2015年，深圳市公共财政预算收入为2 727.1亿元，增长30.9%；公共财政预算支出为3 520.0亿元，增长62.5%。

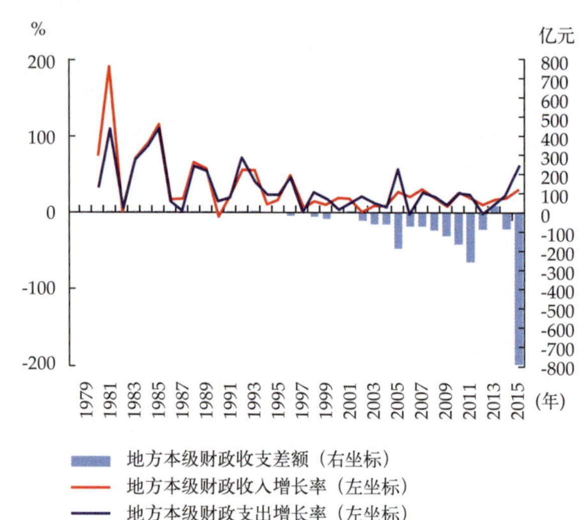

数据来源：深圳市统计局。

图13　1979～2015年深圳市财政收支状况

（五）生态文明建设取得成效

深圳作为国家创新型城市、循环经济试点城市、低碳试点城市、碳排放权交易试点城市及海水淡化试点城市，鼓励创新、宽容失败的创新创业氛围浓厚，创新要素市场不断完善，创新服务体系逐步健全，创新动力、创新活力、创新潜力全国领先。全社会研发投入比例、国家级高新技术企业数量、PCT国际专利申请量、创新成果产业化水平居于国内领先地位。2015年，深圳金融中心地位更加巩固，金融业增加值、本外币存贷款余额等主要指标居全国大中城市第三位。优势传统产业向价值链高端攀升，行业品牌建设居全国前列，工业设计、平面设计等设计产业全国领先。深圳坚持将创新作为城市发展主导战略，率先提出并积极构建综合创新生态体系，全面激发大众创业、万众创新活力，科技进步贡献率超过60%，三次位居福布斯中国大陆创新城市榜首。

深圳一贯坚持经济社会发展与生态环境保护并重，“十二五”期间，资源能源消耗实现“八个明显下降”。万元地区生产总值能耗、水耗、建设用地、二氧化碳排放量分别下降19.5%、43%、29%、21%。氮氧化物、化学需氧量、氨氮、二氧化硫排放总量，按期完成“十二五”减排目标要求。

（六）房地产市场持续火爆

2015年，深圳房地产市场热度大增，房地产开发投资、市场供给及商品住房销售量价齐升，房地产贷款多倍增长，贷款质量良好。

1. 房地产开发投资显著增长。2015年，深圳完成房地产开发投资1 331.0亿元，同比增长24.5%，较全国增速高21.7个百分点。其中，住房开发投资完成额为897.1亿元，同比增长22.9%，较全国增速高20.7个百分点。

2. 商品住房供给大幅增加。2015年，深圳共出让住宅用地面积13.3万平方米，同比增长1.9倍；商品住房施工面积为3 157.0平方米，同比增长10.0%；商品住房新开工面积为777.3万平方米，同比增长41.5%；商品住房竣工面积为202.4万平方米，同比减少24.8%；商品住房批准预售面积为703.7万平方米，同比增长92.4%。

3. 房地产销售倍增。2015年，深圳新建商品住房销售面积为665.9万平方米，销售收入为2 224.4亿元，同比分别增长149.4%及264.3%；二手住房销售面积为1 030.0万平方米，销售收入为1 638.2亿元，同比分别增长161.8%及179.1%；新建商品住房空置面积为231.7万平方米，同比增长20.7%。

4. 商品住房销售价格快速上涨。从新建商品住房看，价格指数连涨12个月，12月环比上涨3.2%，较上月扩大0.3个百分点，较“北上广”三市高2.7个、1.1个及2.5个百分点；同比上涨47.5%，较上月扩大2.9个百分点，较“北上广”三市高37.1个、29.3个及38.3个百分点。从二手商品住房看，价格指数也连涨12个月，12月环比上涨3.3%，较上月扩大1.4个百分点，较“北上广”三市高1.6个、2.1个及2.3个百分点；同比上涨42.6%，较上月扩大3.7个百分点，较北京高21.8个百分点，较上海、广州均高30.9个百分点。

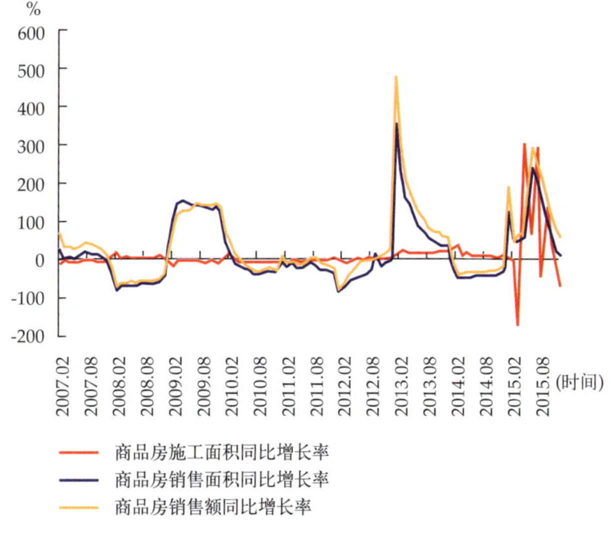

数据来源：深圳市规划和国土资源委员会。

图14　2007～2015年深圳市商品房施工和销售变动趋势

深圳房价上涨有其客观原因。一是深圳经济持续向好，居民收入不断改善。2015年，深圳地区生产总值比上年增长8.9%，增速在“北上广深”四大一线城市中位居第1，居民收入也多年保持9%以上的增长。二是多年以来，深圳常住人口持续增加。根据市政府相关部门统计，2010～2015年，新增户籍人口多达100万人，其中，2015年入户人口高达40万人，仅大学生便有6万人。三是深圳住宅用地供应有限，住房开发较为依赖城市更新，动辄数万元的拆迁成本无疑会大幅抬高房价。四是投资渠道有限，目前股市、汇市均不景气，导致大量资金涌入楼市以实现保值增值。五是相关政策有所放松。2015年的“3·30新政”缩短了二手住房交易免征营业税的期限规定，2014年的“9·30新政”放松了对首套房的认定方法；此外，房贷利率处于低位，降低了贷款购房成本。

5. 房地产贷款增约两倍，贷款质量良好。2015年，深圳新发放住房按揭贷款3 408.0亿元，为上年的3.1倍，12月，房地产贷款不良率为0.22%，同比下降0.05个百分点；房地产开发贷款不良率为0.11%，同比下降0.13个百分点；个人住房贷款不良率为0.20%，同比下降0.06个百分点，显示在整体贷款质量有所下降的背景下，房地产贷款质量仍然向好，风险整体可控。

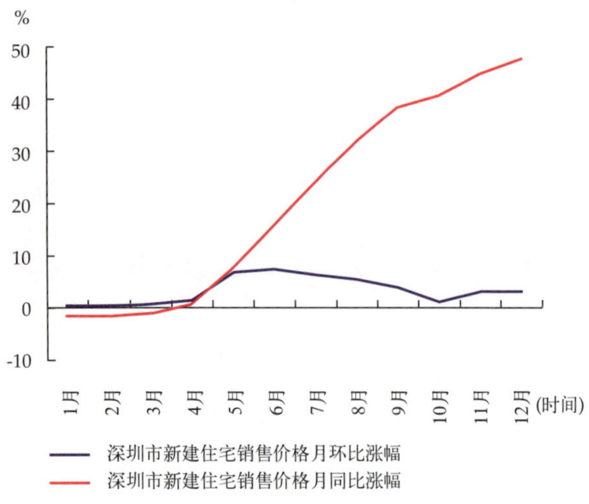

数据来源：深圳市规划和国土资源委员会。

图15　2015年深圳市新建住宅销售价格变动趋势

三、预测与展望

2016年是“十三五”规划的开局之年，也是推进供给侧改革的攻坚之年。深圳市将全面贯彻落实党的十八大，十八届三中、四中、五中全会，中央经济工作会议和习近平总书记系列重要讲话精神，全面落实“四个全面”战略布局，适应经济发展的“新常态”，落实中共中央关于宏观政策要稳、产业政策要准、微观政策要活、改革政策要实、社会政策要托底的总体思路，坚持稳增长、调结构、惠民生、防风险，着力推进供给侧结构性改革，努力实现“十三五”发展良好开局。

在金融政策方面，中国人民银行深圳市中心支行将认真贯彻稳健货币政策，坚持总量稳定、结构优化的政策取向，综合运用宏观审慎评估、再贴现、创新型货币政策工具、信贷政策评估等多项工具，引导金融机构把握信贷投放总量与节奏，用好增量，盘活存量，优化信贷结构，努力加大对经济薄弱环节和重点领域的支持力度，加强金融与科技创新的融合；推动金融业在机制体制、服务方式、金融产品等各个层次、各个领域的创新；有效防范金融风险，促进深圳社会融资合理稳定增长，为深圳市经济健康发展创造稳定的货币金融环境。

中国人民银行深圳市中心支行货币政策分析小组
总　纂：张建军　郑　薇
统　稿：张春光　赖纪云　方　锐
执　笔：方　锐　孟　浩　王建党　钟俊芳　杨　丹　熊　英　陈　易　庞春阳　闫雅琪
提供材料的还有：吴劲军　黄海涛　姜丽丽　李伟珍　管　高　黄　练

附录

（一）2015年深圳市经济金融大事记

2月12日，华夏银行与深圳前海微众银行签署战略合作协议。根据协议，两家银行将在资源共享、小微贷款、信用卡、理财 、同业业务、生态圈业务等多个领域开展深入合作。此次合作开启了现代商业银行与新兴互联网银行合作的大幕。

3月9日，前海外债宏观审慎管理试点启动仪式暨政策宣讲会在深圳举行，深圳市委常委、副市长陈应春，中国人民银行深圳市中心支行行长张建军，以及前海管理局、市金融办、市经信委、市投资推广署相关负责人和银行、企业代表出席会议。

4月2日，北京银行与深圳前海大数金融服务有限公司举行签约仪式，双方合作推出“微贷宝”小额无担保贷款产品，该产品旨在为个人客户及融资难的小微企业提供一个快速融资的渠道。

6月29日，平安银行发布创新成果——物联网金融。通过物联网技术，赋予动产以不动产的属性，带来动产融资业务的智慧式新发展。

9月8日，深圳市银监局和深圳市国税局联合举行“互联网+税银”综合服务启动仪式，并共同签署了战略框架合作协议。至此，深圳市有贷款需求的纳税人，可凭企业纳税资信实现线上一站式申办、审批，足不出户即可实现融资到账。

9月19日，中国工商银行深圳市分行举行“商业银行智能化服务沙龙暨工商银行深圳市分行智能网点全网覆盖”新闻发布会，宣布在全国率先实现智能网点全覆盖。

11月9日，微众银行微粒贷和一汽丰田在北京召开新闻发布会，双方宣布携手将金融理财与汽车消费在互联网平台进行跨界整合，打造移动互联网时代汽车消费的全新模式。

（二）2015年深圳市主要经济金融指标

表1 2015年深圳市主要存贷款指标

		1月	2月	3月	4月	5月	6月	7月	8月	9月	10月	11月	12月
本外币	金融机构各项存款余额（亿元）	50 678.4	50 045.8	52 048.7	56 400.3	60 452.7	59 564.4	61 093.1	60 653.5	56 360.0	56 372.5	59 259.0	57 778.9
	其中：住户存款	9 168.7	9 133.1	9 195.3	9 122.3	9 010.5	9 320.4	9 564.5	9 609.6	9 759.2	9 627.7	9 592.7	9 680.2
	非金融企业存款	16 793.2	16 405.9	17 071.1	17 147.0	17 055.5	17 378.0	17 667.2	18 840.1	19 112.8	19 140.5	19 811.9	20 831.2
	各项存款余额比上月增加（亿元）	708.4	-632.7	2 002.9	4 351.6	4 052.4	-888.3	1 528.7	-439.5	-4 293.5	12.5	2 886.6	-1 480.1
	金融机构各项存款同比增长（%）	21.0	14.5	15.4	24.1	29.1	27.1	30.0	18.3	17.6	14.5	21.6	15.6
	金融机构各项贷款余额（亿元）	28 825.3	29 019.3	28 922.7	28 985.4	29 286.8	29 696.3	30 153.3	31 181.1	31 030.3	31 452.8	31 984.1	32 449.0
	其中：短期	8 940.3	8 879.5	8 932.4	8 994.2	9 039.0	9 230.8	9 320.3	9 410.8	9 451.2	9 381.5	9 508.3	9 452.3
	中长期	16 220.0	16 417.0	16 373.1	16 452.7	16 672.3	16 772.4	17 121.8	17 599.5	17 837.5	18 084.9	18 358.6	18 828.3
	票据融资	921.5	964.3	878.9	837.2	844.6	974.4	1 000.2	1 117.2	1 011.4	1 270.6	1 333.9	1 190.5
	各项贷款余额比上月增加（亿元）	711.0	194.0	-96.6	62.8	301.4	409.5	457.0	1 027.8	-150.8	422.4	531.3	465.0
	其中：短期	381.5	-60.8	52.9	61.8	44.7	191.9	89.4	90.5	40.4	-69.7	126.9	-56.1
	中长期	278.0	196.9	-43.8	79.6	219.6	100.1	349.5	477.6	238.0	247.5	273.6	469.8
	票据融资	-5.9	-5.0	-11.7	0.7	0.6	0.5	-4.0	-1.8	-38.5	16.3	23.8	66.3
	金融机构各项贷款同比增长（%）	12.0	11.6	9.5	9.5	9.8	10.4	11.6	14.7	13.3	14.1	15.2	15.4
	其中：短期	14.5	10.2	8.7	11.5	11.7	11.3	12.6	14.1	14.3	13.0	14.7	10.4
	中长期	10.0	10.6	9.2	8.4	9.3	9.7	11.1	13.3	14.3	15.0	15.6	18.1
	票据融资	17.5	13.1	9.4	4.8	5.5	3.9	2.0	0.4	-4.9	-4.1	-1.9	4.4
	建筑业贷款余额（亿元）	813.5	842.4	845.8	832.6	836.1	843.0	849.4	861.0	861.3	880.1	887.1	892.3
	房地产业贷款余额（亿元）	2 790.9	2 820.7	2 861.4	2 826.0	2 823.3	2 764.8	2 755.2	2 760.5	2 774.1	2720.1	2 787.1	2 854.6
	建筑业贷款同比增长（%）	21.0	22.7	18.9	12.9	13.6	12.0	10.4	10.9	10.7	13.8	15.5	14.0
	房地产业贷款同比增长（%）	12.4	13.2	12.5	9.8	8.8	5.0	2.7	2.0	2.9	0.1	2.0	5.2
人民币	金融机构各项存款余额（亿元）	47 064.5	46 409.0	48 278.6	52 788.9	56 949.6	55 974.4	57 360.7	56 439.5	52 330.6	52 382.7	55 365.9	53 800.1
	其中：住户存款	9 022.6	8 982.2	9 041.7	8 969.8	8 860.0	9 170.4	9 404.6	9 426.5	9 573.0	9 441.5	9 402.2	9 468.6
	非金融企业存款	13 770.1	13 357.5	13 875.6	14 161.5	14 156.1	14 375.5	14 519.0	15 259.9	15 693.9	15 756.0	16 512.8	17 471.0
	各项存款余额比上月增加（亿元）	234.8	-655.5	1 869.6	4 510.2	4 160.8	-975.3	1 386.4	-921.2	-4 108.9	52.1	2 983.2	-1 565.7
	其中：住户存款	74.0	-40.4	59.5	-71.9	-109.8	310.4	234.2	21.9	146.5	-131.5	-39.2	66.4
	非金融企业存款	-52.0	-412.5	518.0	286.0	-5.4	219.4	143.5	740.8	434.0	62.1	756.8	958.2
	各项存款同比增长（%）	19.9	13.3	13.6	23.0	29.2	27.2	30.7	17.3	17.1	13.7	21.5	14.9
	其中：住户存款	10.3	9.7	5.6	6.8	2.8	-0.2	6.5	8.6	7.0	7.6	8.0	5.8
	非金融企业存款	11.1	5.4	4.3	5.4	5.6	4.9	9.4	14.1	18.1	20.1	22.9	26.4
	金融机构各项贷款余额（亿元）	24 348.0	24 675.7	24 856.8	25 049.3	25 327.6	25 608.0	26 041.2	26 874.1	26 854.4	27 320.0	27 854.4	28 223.7
	其中：个人消费贷款	522.2	517.9	526.2	569.1	612.9	654.2	674.8	665.3	669.7	676.5	715.1	735.1
	票据融资	921.5	964.3	877.8	836.2	843.6	973.4	999.1	1 116.1	1 010.3	1 269.5	1332.8	1 189.4
	各项贷款余额比上月增加（亿元）	511.2	327.7	181.1	192.5	278.3	280.4	433.2	832.9	-19.7	465.6	534.4	369.4
	其中：个人消费贷款	23.7	-4.3	8.4	42.8	43.8	41.4	20.6	-9.5	4.4	6.8	38.6	20.0
	票据融资	29.5	42.8	-86.4	-41.7	7.4	129.8	25.8	117.0	-105.8	259.2	63.3	-143.4
	金融机构各项贷款同比增长（%）	13.5	14.3	13.5	13.6	13.9	13.7	14.9	17.6	16.1	17.1	18.0	18.4
	其中：个人消费贷款	49.0	50.1	51.3	56.1	62.9	66.2	67.5	58.8	54.1	49.8	51.1	47.5
	票据融资	40.1	63.2	44.0	34.7	23.2	42.2	33.0	42.3	16.1	44.7	43.6	33.3
外币	金融机构外币存款余额（亿美元）	588.9	591.6	613.8	590.7	572.4	587.2	610.1	659.5	633.4	628.4	608.7	612.7
	金融机构外币存款同比增长（%）	37.8	31.5	45.6	44.1	29.1	25.3	20.2	28.7	20.4	22.4	18.5	19.4
	金融机构外币贷款余额（亿美元）	729.6	706.6	662.0	643.8	647.0	668.7	672.2	674.1	656.5	650.9	645.7	650.7
	金融机构外币贷款同比增长（%）	4.2	-2.3	-10.0	-10.6	-9.9	-5.9	-4.7	-4.2	-5.1	-5.4	-4.9	-6.9

数据来源：中国人民银行深圳市中心支行。

表2 2001～2015年深圳市各类价格指数

单位:%

年/月	居民消费价格指数		农业生产资料价格指数		工业生产者购进价格指数		工业生产者出厂价格指数	
	当月同比	累计同比	当月同比	累计同比	当月同比	累计同比	当月同比	累计同比
2001	—	—	—	—	—		—	96.3
2002	—	—	—	—	—	99.0	—	93.8
2003	—	—	—	—	—	100.5	—	97.7
2004	—	—	—	—	—	109.7	—	99.5
2005	—	—	—	—	—	105.1	—	98.7
2006	—	—	—	—	—	104.2	—	98.2
2007	—	—	—	—	—	102.9	—	98.4
2008	—	—	—	—	—	105.3	—	99.6
2009	—	—	—	—	—	96.3	—	95.3
2010	—	—	—	—	—	104.7	—	101.6
2011	—	—	—	—	—	105.9	—	101.8
2012	—	—	—	—	—	100.0	—	99.9
2013	—	—	—	—	—	98.3	—	98.0
2014	—	—	—	—	—	99.6	—	99.1
2015	—	—	—	—	—		—	
2014 1								
2	103.0	103.3	—	—	99.1	99.3	98.8	98.6
3	102.9	103.1	—	—	99.3	99.3	99.6	98.9
4	102.1	102.9	—	—	99.5	99.3	99.7	99.1
5	102.8	102.9	—	—	99.8	99.4	99.8	99.2
6	102.5	102.8	—	—	99.9	99.5	99.5	99.3
7	102.0	102.7	—	—	100.2	99.6	99.8	99.4
8	101.2	102.5	—	—	99.7	99.6	99.6	99.4
9	100.7	102.3	—	—	100.2	99.7	99.1	99.4
10	101.2	102.2	—	—	99.7	99.7	98.7	99.3
11	101.4	102.1	—	—	99.1	99.6	98.2	99.2
12	101.0	102.0	—	—	99.6	99.6	98.1	99.1
2015 1								
2	101.5	101.0	—	—	97.8	97.7	97.4	97.5
3	102.1	101.4	—	—	97.1	97.5	96.8	97.3
4	101.8	101.5	—	—	97.4	97.5	97.1	97.2
5	102.1	101.6	—	—	96.9	97.4	97.4	97.3
6	102.7	101.8	—	—	96.9	97.3	97.7	97.3
7	102.7	101.9	—	—	96.2	97.1	97.4	97.3
8	103.0	102.0	—	—	95.7	96.9	97.6	97.4
9	102.6	102.1	—	—	95.5	96.8	97.8	97.4
10	102.4	102.1	—	—	95.1	96.6	98.0	97.5
11	102.3	102.1	—	—	95.7	96.5	98.1	97.8
12	102.4	102.2	—	—	95.9	96.5	98.3	97.6

数据来源：深圳市统计局。

表3　2015年深圳市主要经济指标

	1月	2月	3月	4月	5月	6月	7月	8月	9月	10月	11月	12月
	绝对值（自年初累计）											
地区生产总值（亿元）	—	—	3 492.4	—	—	7 550.1	—	—	12 376.7	—	—	17 503.0
第一产业	—	—	0.9	—	—	2.9	—	—	4.0	—	—	5.7
第二产业	—	—	1 469.5	—	—	3 142.9	—	—	5 065.3	—	—	7 205.5
第三产业	—	—	2 024.0	—	—	4 404.3	—	—	7 307.3	—	—	10 291.8
工业增加值（亿元）	—	828.8	1 341.7	1 811.4	2 379.6	3 006.5	3 567.2	4 149.2	4 827.7	5 403.5	6 028.2	6 785.0
固定资产投资（亿元）	—	259.3	460.4	681.6	954.6	1 294.4	1 583.6	1 857.9	2 211.2	2 544.7	2 915.5	3 298.3
房地产开发投资	—	118.7	207.6	293.9	405.1	546.6	677.6	806.5	934.1	1 079.0	1 214.6	1 331.0
社会消费品零售总额（亿元）	—	745.3	1 078.1	1 540.8	1 952.0	2 364.0	2 789.8	3 240.3	3 672.8	4 127.3	4 581.6	5 017.8
外贸进出口总额（万美元）	—	3 890.2	5 759.0	7 857.2	9 932.6	12 063.9	14 243.3	16 443.3	18 734.8	20 993.4	23 833.2	27 516.6
进口	—	1 506.6	2 322.1	3 188.5	3 995.5	4 842.5	5 694.4	6 540.7	7 408.8	8 280.2	9 484.1	11 101.2
出口	—	2 383.6	3 436.9	4 668.7	5 937.1	7 221.4	8 548.9	9 902.7	11 326.0	12 713.2	14 349.1	16 415.4
进出口差额(出口－进口)	—	876.9	1 114.8	1 480.2	1 941.6	2 378.9	2 854.5	3 362.0	3 917.2	4 433.1	4 865.0	5 314.2
外商实际直接投资（万美元）	—	51 900	108 825	168 171	236 843	326 774	373 762	427 978	520 363	570 274	603 503	649 733
地方财政收支差额（亿元）	—	357.3	185.6	267.8	379.4	475.0	641.3	71.2	-248.1	-390.8	-824.4	-792.9
地方财政收入	—	500.4	687.3	941.7	1 132.6	1 409.5	1 731.8	1 896.4	2 096.7	2 383.0	2 158.1	2 727.1
地方财政支出	—	143.1	501.7	673.9	753.2	934.4	1 090.5	1 825.2	2 344.8	2 773.8	2 982.4	3 520.0
城镇登记失业率(%)(季度)	—	—	2.3	—	—	2.4	—	—	2.4	—	—	2.3
	同比累计增长率（%）											
地区生产总值	—	—	7.8	—	—	8.4	—	—	8.7	—	—	8.9
第一产业	—	—	-16.7	—	—	-6.5	—	—	-5.5	—	—	-1.7
第二产业	—	—	7.1	—	—	7.2	—	—	7.3	—	—	7.3
第三产业	—	—	8.4	—	—	9.4	—	—	9.9	—	—	10.2
工业增加值	—	8.0	7.6	7.5	7.5	7.8	7.8	7.7	7.8	7.7	7.7	7.7
固定资产投资	—	14.2	16.8	16.6	16.6	22.5	22.8	22.8	22.9	22.1	21.8	21.4
房地产开发投资	—	21.2	29.3	26.2	25.2	26.5	32.2	33.6	29.4	28.2	27.9	24.5
社会消费品零售总额	—	0.6	1.0	1.6	1.7	1.2	1.2	1.7	2.0	2.2	2.3	2.0
外贸进出口总额	—	0.1	-2.1	-3.1	-3.7	-3.4	-4.1	-4.4	-9.5	-11.5	-10.2	-8.2
进口	—	-5.3	-5.2	-5.9	-6.4	-5.9	-6.3	-6.6	-13.9	-16.8	-14.3	-11.1
出口	—	3.9	0.2	-1.0	-1.7	-1.6	-2.5	-2.8	-6.4	-6.9	-7.2	-6.0
外商实际直接投资	—	-19.5	14.4	19.2	24.2	28.0	21.8	18.5	25.9	21.1	14.1	11.9
地方财政收入	—	16.5	22.7	22.0	21.7	27.9	30.2	31.0	32.8	30.1	31.4	30.9
地方财政支出	—	-46.2	19.4	29.9	4.4	1.3	4.4	57.3	68.7	86.4	68.9	62.5

数据来源：深圳市统计局。

2015年广西壮族自治区金融运行报告

中国人民银行南宁中心支行货币政策分析小组

[内容摘要] 2015年，广西壮族自治区坚持稳中求进的工作总基调，统筹兼顾稳增长、促改革、调结构、惠民生、防风险，经济保持了8%以上的增速，符合年度预期目标；投资拉动作用明显，进出口逆势上扬，消费平稳增长，产业结构调整步伐加快，区域经济协调发展。

金融业深入贯彻稳健的货币政策，加快推进金融改革，积极支持实体经济发展。金融总量持续增长，直接融资占比有所提升，沿边金融综合改革试点建设成效显著，普惠金融工作深入推进，金融生态环境建设取得新成效。

2016年，广西将按照中央“五位一体”总体布局和“四个全面”的战略布局，积极适应把握引领经济发展“新常态”，坚持创新、协调、绿色、开放、共享的发展理念，更加注重供给侧结构性改革，促进经济平稳增长。金融业将继续贯彻落实稳健的货币政策，进一步深化金融改革创新，维护区域金融稳定，做好金融服务和管理，扩大金融开放合作，为经济转型升级创造适宜的融资环境。

一、金融运行情况

2015年，广西各金融机构认真贯彻落实稳健的货币政策，保持了社会融资规模合理增长，融资结构不断优化，融资成本持续下降。银行、证券、保险业协调发展，金融生态环境持续优化。

（一）银行业规模稳步增长，贷款投放平稳适度

1. 机构规模持续扩张。截至2015年年末，广西银行业金融机构资产总额为30 330.8亿元，同比增长12.5%；负债总额为29 272亿元，同比增长12.9%。新型农村机构稳健发展，全区共有36家村镇银行、3家农村资金互助社和384家小额贷款公司。东亚银行落户广西，金融机构主体进一步丰富。

2. 存款增速波动较大。2015年年末，广西本外币各项存款余额同比增长11.8%，增速同比上升1.4个百分点，全年新增存款2 406.9亿元，同比多增496.9亿元。上半年存款增势放缓，主要是受股票市场持续升温分流储蓄存款的影响。四个季度分别新增存款911.9亿元、510.5亿元、11 02.3亿元和-117.9亿元。

3. 贷款实现同比多增，投向重点突出。2015年，面对经济下行和金融风险持续上升给贷款增长带来的巨大压力，广西各金融机构积极调整信贷投向，保持贷款平稳增长。年末，广西本外币各项贷款余额同比增长12.7%，增速同比回落1.3

表1　2015年广西壮族自治区银行业金融机构情况

机构类别	营业网点			法人机构（个）
	机构个数（个）	从业人数（人）	资产总额（亿元）	
一、大型商业银行	2 020	40 179	10 974.0	0
二、国家开发银行和政策性银行	65	1 635	3 951.5	0
三、股份制商业银行	177	3 989	3 045.3	0
四、城市商业银行	333	7 404	3 318.2	3
五、城市信用社	0	0	0.0	0
六、小型农村金融机构	2 367	24 368	7 106.6	91
七、财务公司	2	53	110.7	1
八、信托公司	0	0	0.0	0
九、邮政储蓄银行	994	10 726	1 498.4	0
十、外资银行	4	92	40.4	0
十一、新型农村金融机构	211	2 940	269.6	39
十二、其他	1	45	16.21	1
合　计	6 174	91 431	30 330.82	135

注：营业网点不包括国家开发银行和政策性银行、大型商业银行、股份制银行等金融机构总部数据；大型商业银行包括中国工商银行、中国农业银行、中国银行、中国建设银行和交通银行；小型农村金融机构包括农村商业银行、农村合作银行和农村信用社；新型农村金融机构包括村镇银行、贷款公司、农村资金互助社；“其他”包含金融租赁公司、汽车金融公司、货币经纪公司、消费金融公司等。

数据来源：广西银监局、广西金融办。

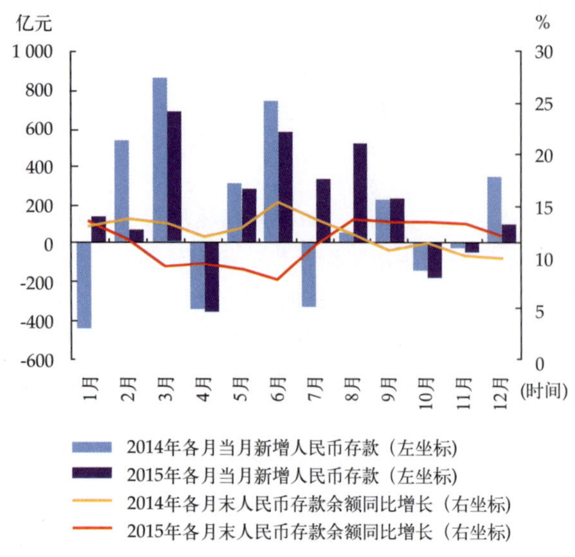

数据来源：中国人民银行南宁中心支行。

图1　2014～2015年广西壮族自治区金融机构人民币存款增长变化

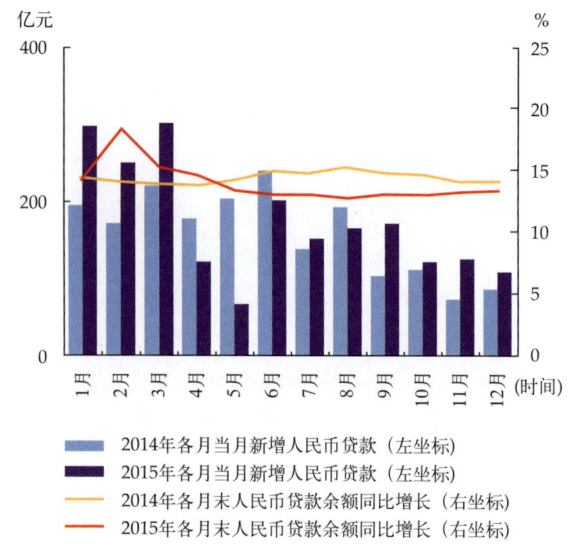

数据来源：中国人民银行南宁中心支行。

图2　2014～2015年广西壮族自治区金融机构人民币贷款增长变化

个百分点，全年新增贷款2 048.4亿元，同比多增105.5亿元。中长期贷款新增1 594.1亿元，同比多增277.4亿元，占全部新增贷款的77.8%，在稳投资方面发挥了重要作用。

贷款投向重点突出。2015年，广西人民银行系统综合运用多种货币政策工具，着力引导信贷结构优化。实施降准及优惠存款准备金政策，共释放可贷资金709亿元；发放再贷款、再贴现221亿元，指导金融机构对再贷款、再贴现资金的使用实现“快进快出、低进低出”，降低企业融资成本近2亿元。2015年，贷款既重点支持了基础设施建设及居民消费，又兼顾了民生领域的信贷需求。全年个人消费贷款新增610亿元，同比多增119.5亿元；交通、水利两大基础设施建设行业贷款新增577.8亿元，同比多增63.7亿元，占全部行业贷款新增额的58.7%；保障性住房开发贷款新增212.8亿元，同比多增21.8亿元；民贸民品优惠利率贷款贴息额合计4.7亿元，撬动贷款154.3亿元，惠及企业435家，覆盖所有民贸县。

4. 利率进入下行通道。2015年，随着存贷款基准利率先后五次下调，市场利率明显下行。广西金融机构人民币一般贷款加权平均利率由1月的6.90%降至12月的5.71%，创70个月以来的新低；存款加权平均利率由1月的1.49%降至12月的

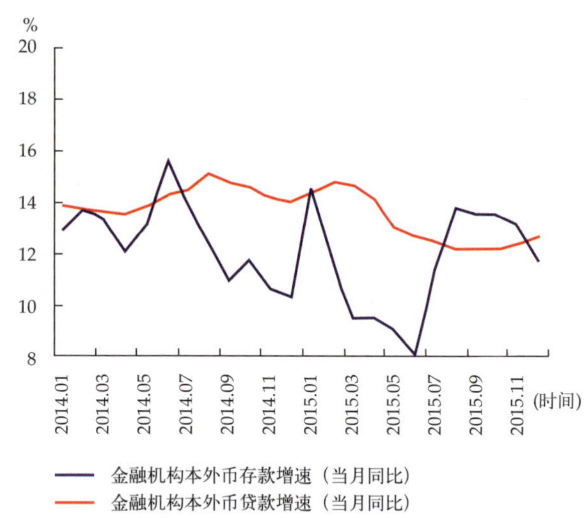

数据来源：中国人民银行南宁中心支行。

图3　2014～2015年广西壮族自治区金融机构本外币存、贷款增速变化

1.01%，创历年新低。由于贷款利率降幅大于存款，存贷利差持续收窄，进而压缩了金融机构盈利空间。为了促进金融机构科学合理定价，维护公平有序的市场定价秩序，广西壮族自治区市场利率定价自律机制于2015年6月成立，并在利率市场化进程中发挥了重要的自律和协调作用。

地方法人金融机构积极提高定价能力，利率市场化适应能力明显增强。经过自律机制的合格

审慎评估，广西共有21家法人金融机构成为自律机制基础成员，获得发行同业存单的资格。2015年，全区累计发行同业存单124.5亿元，发行量为上年度的13倍；发行大额存单10亿元，实现零的突破。

民间借贷利率高位略有回落。广西民间借贷利率样本监测数据显示，2015年，广西民间借贷加权平均利率27.44%，同比下降118个基点。其中，农户类和非农户类贷款加权平均利率分别为27.52%和27.36%，同比分别下降86个和144个基点。

表2 2015年广西壮族自治区金融机构人民币贷款各利率区间占比

单位：%

	月份	1月	2月	3月	4月	5月	6月
	合计	100.0	100.0	100.0	100.0	100.0	100.0
	下浮	12.3	12.3	9.6	15.0	16.1	15.0
	基准	20.1	23.1	23.0	20.1	18.9	23.2
上浮	小计	67.6	64.6	67.4	64.9	65.0	61.9
	(1.0，1.1]	23.4	21.8	26.2	19.0	15.7	15.3
	(1.1，1.3]	21.3	18.7	19.9	19.9	21.1	19.5
	(1.3，1.5]	18.0	19.1	16.8	20.0	20.8	19.4
	(1.5，2.0]	2.8	3.7	3.4	4.4	5.5	5.9
	2.0以上	2.1	1.3	1.1	1.6	1.9	1.7
	月份	7月	8月	9月	10月	11月	12月
	合计	100.0	100.0	100.0	100.0	100.0	100.0
	下浮	8.8	6.1	12.2	15.4	8.3	14.7
	基准	19.9	16.4	18.6	17.7	19.8	25.7
上浮	小计	71.3	77.5	69.2	66.9	71.9	59.6
	(1.0，1.1]	16.6	20.5	15.2	16.5	13.6	11.7
	(1.1，1.3]	20.7	19.8	19.4	18.7	20.2	17.7
	(1.3，1.5]	21.2	21.7	16.5	18.4	23.4	15.7
	(1.5，2.0]	10.0	11.8	12.4	10.2	12.2	10.5
	2.0以上	2.9	3.7	5.6	3.2	2.6	4.0

数据来源：中国人民银行南宁中心支行。

5. 银行业改革稳步推进，农村金融服务水平不断提高。农业银行广西区分行进一步完善“三农事业部”组织机构设置，增加“三农”金融分部管理委员会成员部室，在14家二级分行恢复单设“三农”金融部，统筹推进“三农”业务发展。广西农村合作金融机构坚持以股份制为导向，因地制宜开展县级农商行达标组建工作。截至2015年年末，广西已组建25家农村商业银行、

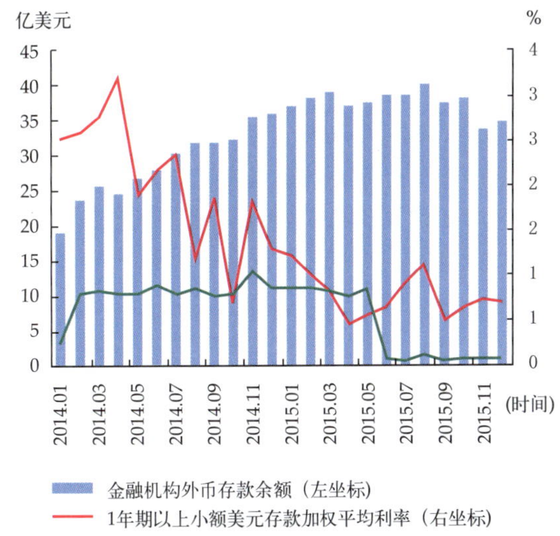

数据来源：中国人民银行南宁中心支行。

图4 2014～2015年广西壮族自治区金融机构外币存款余额及外币存款利率

16家农村合作银行、50家农村信用社。

人民银行南宁中心支行建立金融支持新型农业经营主体主办行制度，组织金融机构对名录库内新型农业经营主体提供“一对一”的创新金融服务，2015年以来，重点扶持家庭农场等新型农业经营主体718家，累计发放贷款259亿元。稳步推进农村“两权”抵押贷款试点工作，全区8个县获全国人大授权开展试点工作。

6. 银行业资产质量效益下滑，但总体风险可控。2015年，广西银行业不良贷款余额较年初增加169.4亿元，同比增长78.1%，不良贷款率达2.1%，较年初提高0.8个百分点；关注类贷款同比增长40.9%，不良贷款向下迁徙趋势明显；存贷比例较年初上升且高于75%，银行资金运用充分；法人金融机构的流动性比例同比有所下降，但均高于25%，符合监管要求；主要受银行不良贷款增加和存贷利差收窄等因素的影响，全年银行业利润总额有所下降；全年法人金融机构增资扩股92亿元，但由于银行不良贷款核销加大了资本损耗，资本充足率和核心资本充足率均较年初有所下降。广西政府、人民银行系统等部门多方协调，加大了市场化处置力度，及时妥善处置化解辖内金融风险，严守不发生系统性、区域性金融风险的底线。

专栏1　广西沿边金融综合改革试验区建设成效显著

2013年11月20日，经国务院同意，中国人民银行等十一部委联合下发了《云南省 广西壮族自治区建设沿边金融综合改革试验区总体方案》（银发〔2013〕276号），赋予了广西大量先行先试政策。广西成立了以自治区人民政府主席为组长的沿边金融综合改革试验区领导小组，领导各级部门通力协作，两年来，试验区建设取得了明显成效，广西作为中国与东盟互联互通的金融桥头堡作用日趋明显。

一、推动跨境人民币业务创新，人民币成为广西第一大跨境支付货币

在中国人民银行等国家部委的大力支持下，广西陆续推出跨境人民币贷款、个人跨境贸易人民币结算、跨境双向人民币资金池等试点业务，正式签订《广西北部湾人民币国际投贷基金合作框架协议》，跨境人民币业务品种从传统边境贸易扩展至投融资领域，服务实体经济功能得到充分发挥。2015年，广西跨境人民币结算量为1 722.8亿元，同比增长10.4%；区内一半以上跨境收支使用人民币结算，占比高出全国24.5个百分点，人民币连续两年成为广西第一大跨境支付货币。试点以来至2015年年末，有14家企业从新加坡、泰国等东盟国家的银行融入资金，贷款签约项目21个，提款金额达55.63亿元；5家跨国集团企业办理了跨境双向人民币资金池备案，核定跨境人民币资金净流入上限445亿元。

二、积极开展对外金融交流合作，打造广西—东南亚人民币循环圈

自治区政府、人民银行南宁中心支行等部门组团对韩国、越南、柬埔寨、缅甸、老挝等国家进行工作访问，推动跨境金融合作取得实质性进展。成功设立人民币与越南盾银行间市场区域交易平台、区域性跨境人民币业务平台，截至2015年年末，人民币对越南盾银行间区域交易市场（广西）累计成交金额2 936万元人民币，折合1 019亿越南盾，为广西边贸交易结算开拓了便捷的新渠道。目前，工商银行、农业银行、中国银行、交通银行以及广西北部湾银行均在南宁成立了中国—东盟跨境人民币业务中心，浦发银行在南宁设立了离岸业务创新中心，跨境金融服务集聚效应凸显。

三、培育发展多层次的资本市场

2015年，试验区企业发行各类债券融资528亿元，同比多发行157.5亿元，创历史新高；区域性“四板”市场——广西北部湾股权交易所正式挂牌成立，挂牌企业达430家，已备案私募债8只，募资4.02亿元；受理股权转让项目32个，成功转让金额达1.74亿元；设立资产管理计划4个，受托金额为182亿元。与此同时，上海黄金交易所与自治区政府与签署了战略合作协议，并赋予广西金融电子结算服务中心金融类会员资格，“上海金”落地广西、对接东盟成功起步。

四、促进贸易投资便利化

国家外汇管理局广西分局在试验区开展人民币与越南盾兑换特许业务、跨国公司外汇资金集中运营、经常项目跨境外汇轧差净额结算、外商投资企业外汇资本金意愿结汇制等试点业务，促进贸易投资便利化。截至2015年年末，有3家个人本外币兑换特许机构开办了人民币与越南盾项下兑换业务，共办理货币兑换业务3 424笔，金额合计1.3亿元人民币；3家跨国公司外汇资金集中运营试点企业已利用国际、国内主账户通道借入外债1.4亿美元，对外放款350万美元，预计节约的贷款成本超过1 700万元人民币。

五、建立金融改革风险防范机制

人民银行南宁中心支行结合广西实际区情，研究建立了广西沿边金融综合改革试验区市、县两层级金融生态环境评估指标体系；出台沿边金融机构反洗钱特色监管制度，持续加强对货币兑换特许机构的反洗钱监管，严防洗钱和恐怖融资风险；建立北部湾经济区城市轮值沟通会商机制，积极推进沿边金融改革试验区信用信息共享平台建设；创建广西金融风险监测预警数据库，成功加载9万余条广西企业信息及法院执行信息。

（二）证券业较快发展，多层次股权市场格局初步形成

1. 证券市场主体有所增加。2015年年末，广西有35家境内上市公司，31家新三板挂牌公司，2家区域性股权交易所，1 000家挂牌中小企业，1家证券公司，1家基金管理公司，15家证券分公司，153家证券营业部，37家期货营业部。

2. 股权融资规模快速增长。2015年，广西多层次股权市场格局初步形成，全年实现股权融资达173.6亿元，同比增长301.8%。3家企业成功发行上市，广西创业板上市实现“零”的突破，首发募资13.7亿元；12家上市公司通过再融资实现募资137.3亿元；16家“新三板”挂牌企业股权增发募资27.5亿元；区域性股权市场中3家企业完成私募股权融资0.1亿元。

3. 证券经营机构盈利快速增长。2015年，广西证券经营机构代理证券交易总额为5.2万亿元，同比增长了199.4%。投资者开户数为267万户，同比增长27.8%。实现营业收入45.8亿元，净利润为28.1亿元，分别增长133.8%和169.9%。

4. 期货市场交易大幅增长。2015年，全区期货经营机构期货代理期货交易量4 321.1亿元，成交金额为4.4万亿元，分别同比增长31.5%和48.5%；投资者开户数为3.7万户，同比增长8.2%。实现营业收入8 369.5万元，同比下降0.6%，净利润-253.4万元，同比亏损下降32.2%。

表3　2015年广西壮族自治区证券业基本情况

项目	数量
总部设在辖内的证券公司数（家）	1
总部设在辖内的基金公司数（家）	1
总部设在辖内的期货公司数（家）	0
年末国内上市公司数（家）	35
当年国内股票（A股）筹资（亿元）	151
当年发行H股筹资（亿元）	—
当年国内债券筹资（亿元）	799
其中：短期融资券筹资额（亿元）	402
中期票据筹资额（亿元）	261

注：当年国内股票（A股）筹资额是指非金融企业境内股票融资。
数据来源：广西壮族自治区证监局。

（三）保险业健康发展，风险保障功能充分发挥

1. 行业实力持续增强。截至2015年年末，广西共有保险主体37家，同比增加2家；保险公司分支机构有2 027家，其中，中心支公司278家，支公司及营业部687家，保险中介机构153家。保险从业人员为13.6万人，其中，营销员11.6万人。保险业总资产达到773.8亿元，同比增长16.9%。

2. 业务保持平稳较快增长。2015年，广西累计实现原保险保费收入385.7亿元，同比增长23.1%，其中，财产险保费收入147.1亿元，人身险保费收入238.6亿元。广西保险赔付支出132.8亿元，同比增长21.6%，其中，财产险赔付支出72.3亿元，人身险赔付支出60.4亿元。保险密度为804.3元/人，同比增长21.6%；保险深度为2.3%，同比提高0.3个百分点。

3. 政策性农业保险再创新高。2015年，广西政策性农业保险保费收入6亿元，同比增长35%，新增桑蚕养殖、对虾养殖、水果种植、田七种植、茶树种植等18个险种。全年政策性农业保险提供风险保障595亿元，同比增长25%，为受灾农户支付赔付5.1亿元，同比增长8%，受益农户42万户，同比增长23%，有力支持受灾农户恢复生产和灾后重建。

表4　2015年广西壮族自治区保险业基本情况

项目	数量
总部设在辖内的保险公司数（家）	1
其中：财产险经营主体（家）	1
人身险经营主体（家）	0
保险公司分支机构（家）	37
其中：财产险公司分支机构（家）	20
人身险公司分支机构（家）	17
保费收入（中外资，亿元）	385.7
其中：财产险保费收入（中外资，亿元）	147.1
人身险保费收入（中外资，亿元）	238.6
各类赔款给付（中外资，亿元）	132.8
保险密度（元/人）	804.3
保险深度（%）	2.3

数据来源：广西壮族自治区保监局。

（四）融资结构持续优化，金融市场创新取得新突破

2015年，广西直接融资占比进一步提升，永续债和信贷资产证券化实现零的突破，银行间债券和拆借市场交易量再创历史新高，黄金市场发展进入新阶段，地方政府债券顺利发行。

1. 社会融资平稳增长，融资结构进一步优化。2015年，全区社会融资规模新增2 737.3亿元，同比少增336.6亿元；其中，直接融资新增529.5亿元，占19.3%，同比提高0.4个百分点；委托贷款和未贴现的银行汇票等表外贷款合计新增64亿元，占2.3%，同比下降9.4个百分点。银行间市场债务融资工具快速发展，全年累计发行债务融资工具646亿元，同比多发行188亿元，债务融资净额占直接融资的62%，成为全区直接融资的主渠道。融资产品不断创新，广西3家企业发行4期45亿元永续债，实现零的突破。超短期融资券和永续债的使用在一定程度上降低了企业融资成本和杠杆率。桂林银行发行了两期总计32.9亿元的信贷资产证券化产品，对城市商业银行盘活存量资产具有积极作用。此外，广西区政府顺利发行922亿元地方政府债券，其中，置换债744亿元，新增债178亿元，加权平均利率为3.40%。

2. 货币市场交易创历史新高。2015年，广西银行间债券市场成员累计办理债券回购3.8万亿元，同比增长81.9%；加权平均利率为2.13%，同比下降0.93个百分点。信用拆借累计成交3 620亿元，成交金额同比增长89.4%；成交加权平均利率为2.09%，同比下降0.75个百分点。2015年广西银行间市场成员利用银行间市场管理流动性和资产的意识、能力和活跃度明显提高，是交易量大增的直接原因；多次降准降息则是利率下降的主要原因。

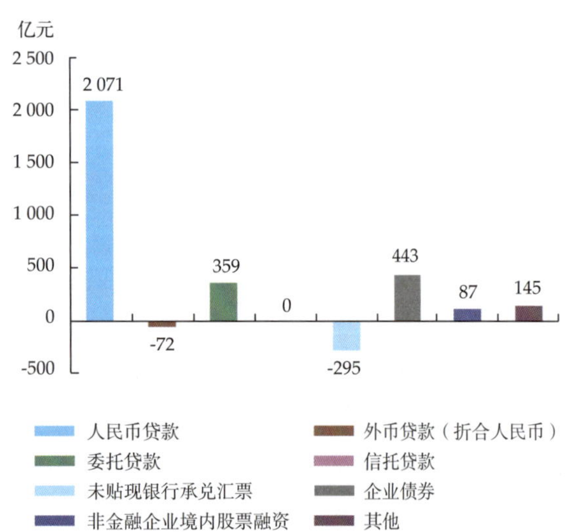

数据来源：中国人民银行南宁中心支行。

图5　2015年广西壮族自治区社会融资规模分布结构

3. 票据市场贴现交易增加，利率下降。2015年，广西银行承兑汇票累计发生额2 311.6亿元，同比减少139.7亿元；累计办理银行承兑汇票贴现17 194.1亿元，同比增加8 772.4亿元。货币市场流动性总体充裕，票据市场利率逐季度回落。其中，银行承兑汇票贴现利率由第一季度的5.1%降至第四季度的3.4%。

4. 外汇交易活跃。外汇市场交易活跃，企业汇率避险需求持续增加。2015年，广西银行代客结售汇总规模208.5亿美元，同比小幅下降0.03%，而上年为增长10.2%。其中，结汇金额为72.6亿美元，同比下降25.4%；售汇金额为135.9亿

表5　2015年广西壮族自治区金融机构票据业务量统计

单位：亿元

季度	银行承兑汇票承兑		贴现			
			银行承兑汇票		商业承兑汇票	
	余额	累计发生额	余额	累计发生额	余额	累计发生额
1	1 053.8	552.6	294.2	3 814.4	0.5	58.2
2	1 026.6	1 086.7	349.8	9 022.5	2.1	186.7
3	1 145.8	1 731.1	413.0	13 655.9	2.3	368.5
4	1 191.0	2 311.6	549.5	17 194.1	3.1	599.4

数据来源：中国人民银行南宁中心支行。

表6　2015年广西壮族自治区金融机构票据贴现、转贴现利率

单位：%

季度	贴现		转贴现	
	银行承兑汇票	商业承兑汇票	票据买断	票据回购
1	5.1425	7.0410	5.4237	5.4093
2	4.1514	5.1578	3.7350	3.4507
3	3.8264	4.4069	3.4801	3.3162
4	3.3936	3.4062	3.3192	3.2586

数据来源：中国人民银行南宁中心支行。

美元，同比增长22.2%。全年结售汇逆差为63.3亿美元，同比大幅增长3.6倍。受年内人民币汇率贬值影响，2015年广西远期结汇合同履约额5.7亿美元，同比下降45.4%；远期售汇合同履约额22.8亿美元，同比增长35.6%；产生远期净售汇17.2亿美元，净售汇规模同比大幅增长166.9%。

5. 黄金交易快速发展。2015年，广西各银行业金融机构黄金市场业务累计成交量和成交金额分别为109.6吨和261.4亿元，同比分别增长81.6%和71.6%。广西黄金市场结构持续优化，广西金融电子结算服务中心成为上海黄金交易所金融类会员，实现该类会员广西零的突破；桂林银行、广西市级农村信用联社等陆续开展黄金市场业务。同时，黄金市场投资者教育宣传活动有序开展，非法黄金交易活动明显减少，广西黄金市场发展进入新阶段。

（五）金融生态环境建设深入推进

金融信用信息基础数据库平稳运行。截至2015年年末，广西共有44家金融机构、76家小微型信贷机构接入金融信用信息基础数据库，收录广西企业和其他组织15.7万户，已入库企业人民币贷款余额为1.4万亿元；收录全区自然人数2 748万位，入库个人贷款余额为6 407.9亿元；开通查询用户1.9万个，金融机构月均查询达到41万次，数据库成为接入机构提升风险防控能力的重要基础设施。

支付体系建设不断完善。全面完成第二代支付系统、ACS综合前置系统等金融市场基础设施的推广运用；自治区政府出台《关于支持第三方支付产业发展的若干意见》，营造良好的支付服务市场环境；深化农村支付服务环境建设，完成所有助农取款服务点终端的联网通用改造；深入贯彻银行账户实名制，存量个人账户真实性核实验收工作取得明显成效。

金融消费权益保护工作稳步推进。上线运行“金融消费权益保护信息管理系统”，稳健运行“12363”金融消费权益保护咨询投诉电话，2015年，广西人民银行系统共受理金融消费投诉、咨询1 255起。广西各金融机构签署《广西金融业金融消费者教育责任公约》，初步构建金融知识普及教育长效机制。

二、经济运行情况

2015年，面临复杂多变的国内外形势，广西经济运行总体稳定，结构调整和转型升级步伐加快。全年实现地区生产总值16 803.1亿元，同比增长8.1%，比上年回落0.4个百分点；人均生产总值为35 190元，比上年增加2 100元。

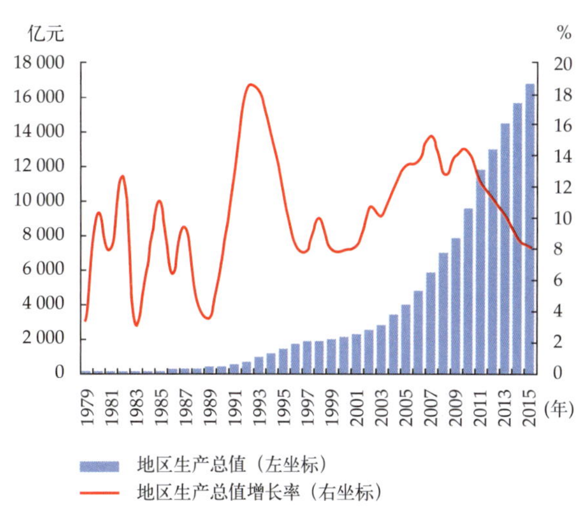

数据来源：广西壮族自治区统计局。

图6　1979～2015年广西壮族自治区地区生产总值及其增长率

（一）需求总体强劲，投资和外贸保持较快增长

2015年，广西需求侧总体表现强劲。投资较快增长，在全国进出口负增长的背景下广西外贸逆势增长，消费增速虽较上年有所回落，但呈现逐季回升态势。

1. 投资持续较快增长，基础设施建设投资增速加快。2015年，广西重点推进“两路、两水、两电、两保”重大基础设施建设，带动投资快速增长。全年完成固定资产投资（不含农户）15 654.9亿元，同比增长17.8%，增速同比提高1.1个百分点。其中，以政府主导的基础设施建设投资同比增长21.3%，增速同比提高7.6个百分点。

投资结构趋于优化。一是高耗能行业投资比重下降，六大高耗能行业投资占固定资产投资比重为13.0%，比上年下降0.6个百分点。二是新兴服务业投资得到加强。服务业投资同比增长18.6%，高于上年同期3.1个百分点；占固定资产投资比重为53.8%，比上年提高0.8个百分点。其中科学研究和技术服务业、租赁和商务服务业、批发和零售业、文化、体育和娱乐业投资分别增长67.6%、64.7%、38.5%和36.9%。

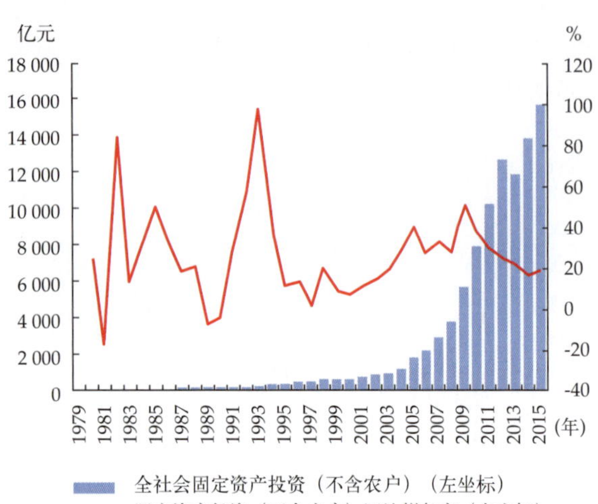

数据来源：广西壮族自治区统计局。

图7 1979～2015年广西壮族自治区固定资产投资（不含农户）及其增长率

2. 消费增速低于全国，城镇消费增速下降明显。2015年，广西社会消费品零售总额为6 348.1亿元，同比增长10.0%，低于上年同期2.5个百分点，比全国增速低0.7个百分点，是2002年以来首次出现增速低于全国的情况，但从全年看呈现逐季度回升态势，四个季度累计增速分别为8.5%、9%、9.2%和10%。城镇、农村消费品零售额分别同比增长9.9%和10.7%，分别比上年下降3.6个和1.7个百分点。必需品消费保持较快增长，中西药品类比上年增长16.2%，粮油、食品类比上年增长15.9%。

3. 外贸进出口逆势上扬，利用外资显著增长。在国家及地方外贸稳增长政策支持、加工贸易倍增计划刺激以及多个国家战略的推动下，2015年，广西进出口总额为512.6亿美元，同比增长13.5%，高于全国21.1个百分点。出口和进口分别增长14.8%和12.0%，贸易顺差为47.9亿美元，同比下降40.9%。全区边境小额贸易进出口额为162.8亿美元，同比增长16.2%，继续保持全区第一大贸易方式。

2015年，广西外商直接投资17.2亿美元，同

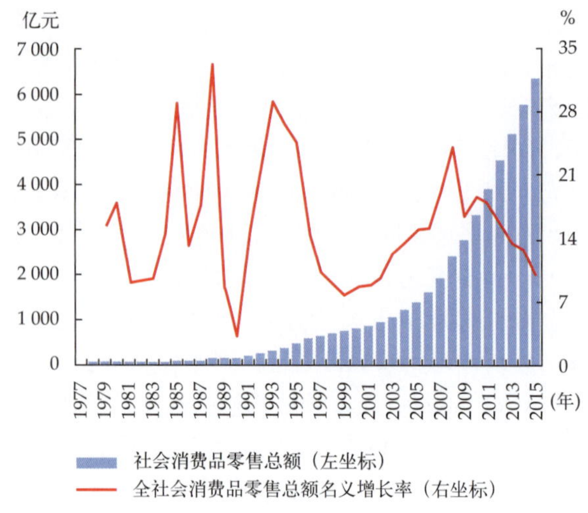

数据来源：广西壮族自治区统计局。

图8 1977～2015年广西壮族自治区社会消费品零售总额及其增长率

比增长72%。外资流入广西规模最大行业的是制造业，占比32.9%，其次是交通运输、仓储和邮政业。外资主要来源地仍以香港为主，其资金占比31.6%。广西对外协议总投资额为16.1亿美元，对外投资目的地主要集中在印度尼西亚和中国香港，二者合计占总额的55.5%。对外投资行业涉及采矿业、房地产业、服务业、建筑业和交通运输仓储业等。采矿业对外投资同比增长303.8%，由上年的行业第五跃升为第一。

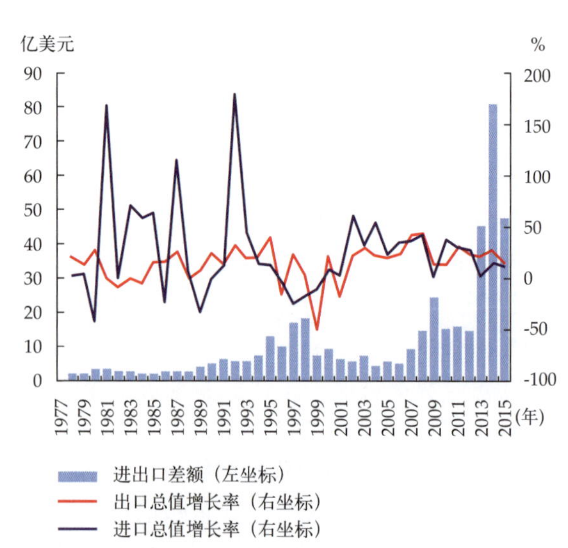

数据来源：广西壮族自治区统计局。

图9 1977～2015年广西壮族自治区外贸进出口变动情况

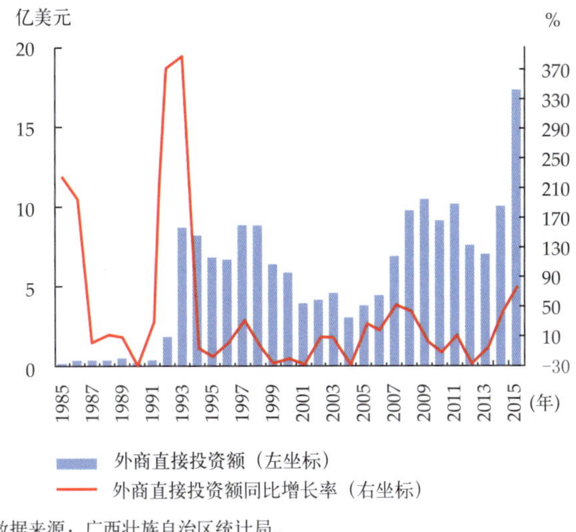

数据来源：广西壮族自治区统计局。

图10　1985～2015年广西壮族自治区外商直接投资额及其增长率

（二）第三产业加快发展，经济结构持续优化

三次产业增加值占全区生产总值的比重分别为15.3%、45.8%和38.9%，与上年同期相比，第一、第二产业比重分别下降0.1个和0.9个百分点，第三产业比重提高1.0个百分点。第三产业对经济增长的贡献明显增强，经济结构持续优化。

1. 农业增长持续加快，但牧业出现负增长。2015年，广西第一产业增加值为2 566亿元，同比增长4.0%，增速同比提高0.2个百分点。其中，受水果丰产的拉动，农业同比增长5.2%，比上年加快0.4个百分点；但由于受价格上下波动的影响，肉类总产量同比减少0.6%，畜牧业增加值同比下降0.2%，增速同比回落0.5个百分点。

2. 工业增长持续放缓，高耗能行业比重下降。2015年，广西规模以上工业增加值同比增长7.9%，增速同比回落2.8个百分点。工业用电量持续低位，同比下降0.4%，比上年回落3.4个百分点。

工业结构调整优化。一是高技术产业比重提高。高技术产业增加值占规模以上工业增加值的比重为8.6%，比上年提高1.2个百分点。二是高耗能行业比重下降。高耗能行业增加值占规模以上工业增加值的比重为37.3%，比上年下降1.9个百分点。

企业利润增速回升。企业以销定产，产成品库存增速维持低位，2015年仅同比增长0.4%。此外，工业生产者出厂价格跌幅低于购进价格，企业利润增速回升，同比增长21.2%，比上年提高11.3个百分点。

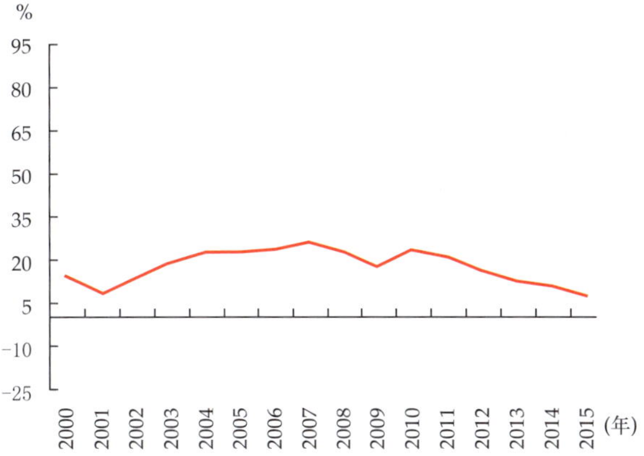

数据来源：广西壮族自治区统计局。

图11　2000～2015年广西壮族自治区规模以上工业增加值同比增长率

3. 服务业增长加快，新型业态较快发展。2015年，广西第三产业增加值为6 542.4亿元，同比增长9.7%，增速同比提高1.6个百分点；快于第二产业增速1.6个百分点，是近十三年来首次快于第二产业增速；对经济增长的贡献率比上年提高8.6个百分点，稳步向现代型经济迈进。其中，规模以上软件和信息技术服务业、商务服务业、互联网和相关服务业营业收入分别增长25.7%、22.7%和17.2%。

（三）消费价格温和上涨，生产价格进一步下行，劳动力成本平稳上涨

2015年，生产价格和消费价格继续维持此消彼长的格局，与此同时，劳动力成本平稳上涨、资源价格改革稳步推进。

1. 居民消费价格温和上涨。2015年，广西居民消费价格（CPI）同比上涨1.5%，涨幅同比回落0.6个百分点，为六年来最低涨幅。其中，交通和通讯类价格下降1.5%，居住类价格下降0.4%。其他六类价格不同程度上涨，食品类价格是拉动居民消费价格上涨的主要因素。

2. 生产价格进一步下行。2015年，广西工业生产者出厂价格(PPI)同比下降3%，连续47个月处于负增长区间。从七大重点行业[①]看，农副食品加工业、汽车制造业的出厂价格指数高于上年同期，其他五个行业的出厂价格指数均低于上年同期。2015年，工业生产者购进价格同比下降4.3%；农业生产资料价格上涨0.9%，总体呈现前低后高的趋势。

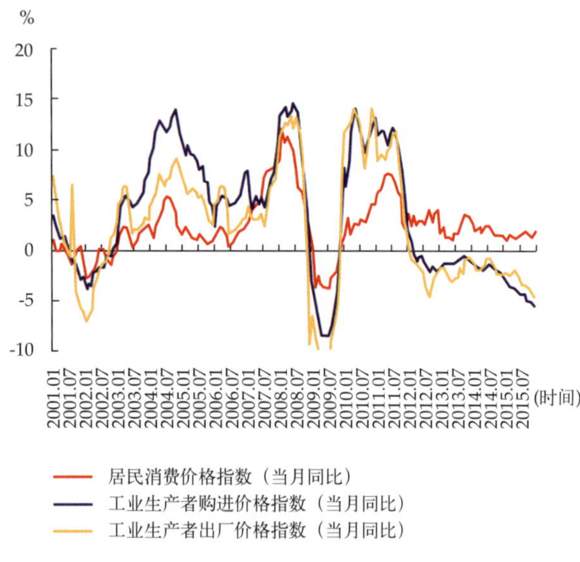

数据来源：广西壮族自治区统计局。

图12　2001～2015年广西壮族自治区居民消费价格和生产者价格变动趋势

3. 劳动力成本继续上涨。从2015年1月起，广西进行职工最低工资标准调整，一类至四类地区最低工资标准分别调整为1 400元、1 210元、1 085元、1 000元，分别较调整前提高了200元、165元、149元、170元。推进城镇化带来的新区建设、新农村建设，为本地农民提供了越来越多的务工机会，农民工资性收入进一步提高。

4. 城市燃气实行阶梯价格制度。自2016年1月1日起，广西通过城市燃气管网向居民家庭供应管道天然气的居民生活用气，均实行阶梯价格制度。按照满足不同用气需求，将居民用气量分为三档，实行阶梯气价对大多数居民生活不会造成负担。

（四）财政收入增速放缓，结构优化；财政支出创下新高，重点投向民生领域

2015年，广西公共预算收入为1 515.1亿元，同比增长6.5%，增速从 2012年起连续四年下降。其中，税收收入完成1 031.6亿元，增长5.5%，首次突破千亿元大关；非税收入占公共预算收入占比为28.0%，同比下降3.2个百分点，收入质量有所提升。公共预算支出完成4 076.4亿元，增长17.1%，14个地市支出首次全部超百亿元；其中，民生支出3 243.8亿元，占公共预算支出的79.6%，较上年提高2.4个百分点。

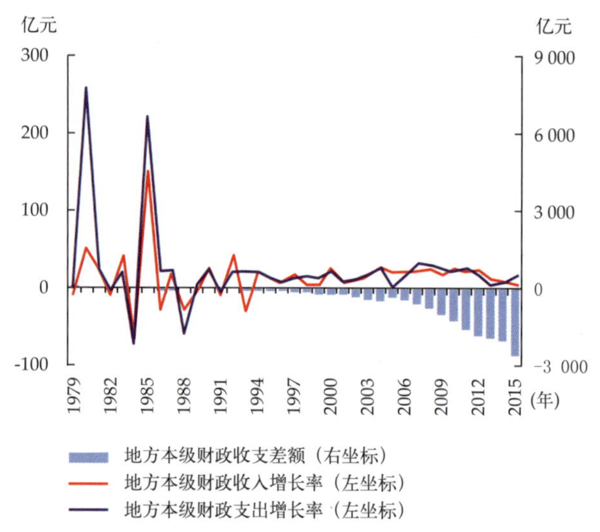

数据来源：广西壮族自治区统计局。

图13　1979～2015年广西壮族自治区财政收支状况

（五）全面完成节能减排目标任务，生态文明建设赢得新成效

2015年，广西持续加大节能减排力度，推动产业结构优化升级，万元工业增加值能耗下降11%，规模以上工业高耗能行业增加值比重下降1.9个百分点。美丽广西乡村建设成效显著，农村人居环境极大改善，全部县城建成污水垃圾处理设施，污水处理率突破85%，森林覆盖率提高到62.2%，设区城市空气质量优良天数比例88.5%，区内39条主要河流监测断面

①七大重点行业是农副食品加工业、化学原料和化学制品制造业、非金属矿物制品业、黑色金属冶炼和压延加工业、有色金属冶炼和压延加工业、汽车制造业、电力热力生产和供应业。

水质达标率97.2%，近岸海域水质总体稳定。人民银行南宁中心支行加强政银企沟通，联合自治区发展改革委共同筛选了30个急需落实贷款的节能减排企业，信贷需求约76亿元，实现了节能减排企业与信贷资金的精准对接。

专栏2　广西田东县积极创新探索金融扶贫长效机制　打造金融扶贫“田东模式”

田东县总面积2 816平方公里，人口43万人，其中，贫困人口6.5万人，是国家扶贫开发工作重点县。2009年以来，田东县将农村金融改革与扶贫开发工作紧密结合起来，首创田东金融精准扶贫体系，并在百色12个县推广，有效缓解贫困户资金缺、贷款难问题，得到习近平总书记的肯定。

一、金融扶贫“田东模式”的主要做法

（一）加强政策体系建设，铸就良好金融生态环境，促进金融资源持续投入。一方面，人民银行认真贯彻落实县域银行业金融机构新增存款主要用于当地的政策，充分运用支农再贷款政策支持“三农”经济发展作用，拉动金融资源持续投入。另一方面，政府搭建支农助农的国有担保平台，建立保费补贴机制，构建风险补偿机制，形成了“人民银行再贷款支持+金融机构创新产品和服务+财政补贴补偿托底”的立体化金融扶贫模式。

（二）建立“精准扶贫”信息管理系统，将扶信与扶贫相结合，为贫困农户增信。在人民银行的指导下，田东县搭建农户信用信息系统，实现操作流程、采集指标、评分标准的三统一。2013年以来，田东县在农户信用信息系统框架内，新增“精准扶贫”信息管理系统，并与国家扶贫指标体系相衔接，采集标识全县贫困户基本状况、信用评级、受扶持情况等具体信息。评分标准对贫困户实施特殊政策，全面提升贫困农户的信用等级，引导督促金融机构加大对贫困信用户的信贷投入。

（三）推动金融产品创新，满足贫困群体多元化信贷需求。针对农业龙头企业的融资需求特征，创新“应收账款质押贷款”、“机械设备抵押贷款”，并依托广西首家县级农村产权交易中心，创新“土地承包经营权抵押贷款”等7项信贷产品，贷款余额为6.1亿元。针对农民专业合作社、家庭农场、专业大户等新型农业经营主体的融资需求特征，创新“农贷易”、“金芒贷”等信贷产品16项，贷款余额5.9亿元；对贫困户进行精准识别与评级授信，积极对贫困户发放小额信用贷款。

（四）完善农村金融服务体系，将正规金融与农金村办制度有机结合，实现基础金融服务有效覆盖。田东县共有银行业金融机构9家，营业网点48个，覆盖了全部乡镇和4个行政村，银行机构种类及网点数量位居广西县域前列。在此基础上，建立“农金村办”制度，以行政村为单位，建立“三农金融服务室”，将贷前调查、贷后监督、贷款催收、保险知识普及等金融服务前置到村，形成农村金融服务的新机制，有效缓解金融机构人员不足的问题。

（五）加强支付网络建设，扩大贫困地区支付服务覆盖面。田东县全部营业网点均接入了账户管理系统、大小额支付系统和农信银支付系统；是广西第一个乡乡拥有ATM的县；网上银行、手机银行、小额取款等金融服务实现行政村100%全覆盖。

二、田东县金融扶贫效果明显，贷款可获得性明显提高

截至2015年年末，田东县金融机构各项贷款余额85.6亿元，是2008年的3.7倍，年均增速高于同期广西贷款年均增速0.6个百分点。其中，涉农贷款余额64.7亿元，占同期贷款余额的75.6%，比2008年提高1.5个百分点；田东县得到贷款支持的农户达6万户，占全县6.4万户有信贷需求农户数的93%；农户贷款满足率从2008年的35%增至2015年的92.3%，平均单笔贷款额度从1.9万元增至8.7万元，为贫困农户

增收起到了积极的带动作用。田东县53个贫困村农民人均纯收入从2012年的3 418元提升到2014年的5 054元，年均增幅21.6%，高于普通农户收入年均增幅5个百分点。

（六）房地产业去库存化，旅游行业快速发展

1. 房地产市场交易快速回升，整体进入去库存阶段。2015年，信贷、财税、公积金等一系列优惠政策刺激下，居民购房需求得到释放，住房成交量快速回升；开发投资增速放缓，市场回暖尚需时日。

（1）开发投资增速放缓，到位资金减少。2015年，广西房地产开发投资额为1 909.1亿元，同比增长3.8%，增幅同比回落10.1个百分点。全年到位资金同比减少3%，房企资金压力增加。自筹资金和其他资金为房地产开发的主要资金来源，合计占比85.7%。

（2）住房供给指标回落，保障房建设任务超额完成。2015年，广西土地市场降温，购置土地面积同比减少31.8%。受开发投资减速影响，全年房屋新开工和竣工面积同比分别减少7%和10.2%。保障性安居工程建设快速推进，新开工住房23.9万套，基本建成11.6万套，超额完成计划任务。

（3）全区住房销售量增加，库存增长减速。2015年，全区商品住房销售面积同比增长10.9%，增幅同比提高7.1个百分点。其中，南宁、柳州和钦州3市住房销售面积同比分别增长21.9%、14%和14.5%。在销量增长的拉动下，库存增速回落，12月末全区待售面积同比增长11.3%，增幅同比回落11.7个百分点。

（4）房价温和上涨，热点城市房价逐步回稳。2015年，全区商品住房价格同比上涨3.3%，涨幅同比回落2个百分点。其中，南宁新建住房和二手住房价格涨幅由负转正，桂林和北海住房价格同比降幅逐月收窄。

（5）房地产贷款较快增长，支持市场去库存。2015年年末，全区房地产各项贷款余额同比增长21.8%，增幅同比回落2.7个百分点。其中，房地产开发贷款余额同比增长21.1%，增幅同比回落15.5个百分点；个人住房贷款余额同比增长22.3%，增幅同比提高2.8个百分点，有力地支持了住房需求回升。

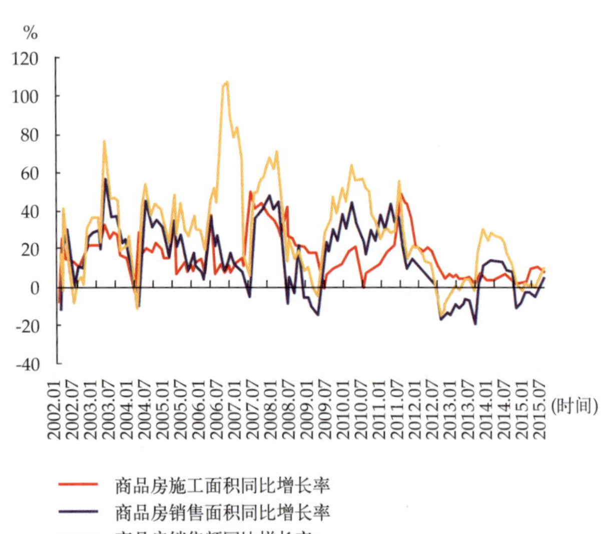

数据来源：广西壮族自治区统计局。

图14　2002～2015年广西壮族自治区商品房施工和销售变动趋势

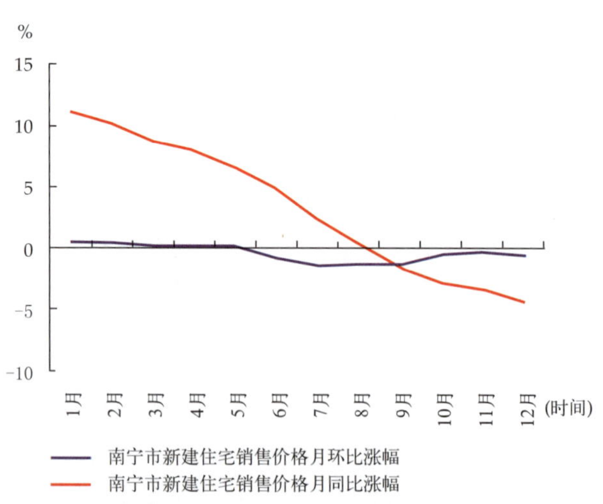

数据来源：国家统计局。

图15　2015年南宁市新建住宅销售价格变动趋势

（6）保障性住房开发贷款增速高位运行。2015年年末，全区保障性住房开发贷款余额同比增长74.8%；全年棚户区改造住房贷款累计发放额同比增长24.5%。“以购代建”棚改模式得到推广，新型城镇化建设金融服务水平有所提升。

（7）房地产信贷政策调控效果良好，住房贷款需求得到有效满足。在多次降息和房地产信贷政策叠加影响下，个人住房贷款需求进一步增加，贷款利率明显下降，且执行基准利率的占比扩大。2015年，个人住房贷款发放笔数同比增长25.1%，平均利率为5.02%，同比下降1.3个百分点，其中，执行基准利率占比为74.5%，同比提高17.7个百分点。

2. 旅游业快速发展，广西从旅游资源大区向旅游强区迈开大步。2015年，广西接待旅客人数3.3亿人次，旅游总收入为3 252亿元，同比增长25%，超额完成了广西区党委、区政府提出的年度目标任务。与此同时，旅游重大项目建设引领产业转型升级，旅游品牌影响力明显提升。2015年，广西自治区领导联系推进的旅游重大项目累计完成投资156亿元，占全年投资计划的139.5%，有力促进旅游转型升级；结合“美丽广西·生态乡村”活动，全年全区新增全国休闲农业与乡村旅游示范县2个，全国休闲农业与乡村旅游示范点5个，全国特色景观旅游名镇名村11个，乡村旅游产品品质大力提升。通过发展乡村旅游，使广西11.7万贫困人口脱贫，发展旅游成为广西扶贫的有效方式。

金融业紧紧抓住广西打造旅游强区的机遇，多渠道支持旅游业发展。广西人民银行系统深入推动金融支持乡村旅游业示范工程建设，通过政府担保基金、财政贴息、金融机构低利率贷款、人民银行准备金政策支持等政策叠加方式，带动乡村旅游资金投入，目前已初步确定在河池、梧州、北海、防城港等地设立贷款担保基金共4 200万元，可撬动旅游贷款4.2亿元。各金融机构根据旅游业发展特点，采用门票收入权质押、特定资产收费权质押、政府回购协议质押等新型担保方式，通过银团贷款和资产收益权类理财产品等多渠道为旅游企业提供投融资服务，解决旅游企业抵押担保难的问题。2015年年末，广西旅游业及相关行业贷款余额为1 388.5亿元，同比增长20.4%。浦发银行南宁分行及桂林市政府平台公司共同出资48亿元，以“股权投入”的形式成立桂林国际旅游胜地建设发展基金，为桂林旅游建设提供大规模的资金支持；北部湾旅游股份有限公司在上海证券交易所首次公开发行上市，募集资金2.7亿元。

目前，广西旅游业发展主要面临着生态环境和资金两大制约因素。2016年，广西将在做好生态保护的前提下，发挥好在西部唯一具有沿江沿边沿海的优势，积极参与国际国内区域合作，打造国际文化旅游交流合作平台，进一步拓宽社会资金参与旅游发展的渠道，促进旅游业健康可持续发展。

（七）“两区一带”统筹发展

2015年，广西继续统筹推进“两区一带”[①]区域经济发展，“双核驱动、三区统筹”[②]区域开放发展新格局初步形成。北部湾经济区港口建设和同城化建设取得突破性进展，已建成万吨以上泊位79个，形成产值超500亿元重点园区6个，全年生产总值同比增长9.1%，对全区经济发展的引领作用凸显。珠江—西江经济带发展规划全面实施，西江水运主通道9座船闸等级均达1 000吨以上，与广东省之间已建成2条高铁和8条高速公路，集聚了全区60%以上的经济总量，全年经济增长7.5%；左右江革命老区振兴规划获国家批复，全年经济增长7%。

三、预测与展望

2016年是“十三五”的开局之年，也是推进结构性改革的攻坚之年，广西经济发展机遇与挑战并存。一方面，国际环境依然错综复杂，国内经济正处在结构和转型的关键时期、下行压力较

① “两区一带”指北部湾经济区、桂西资源富集区和西江经济带。

② “双核驱动”指北部湾经济区和西江经济带两大核心增长极；“三区统筹”指北部湾经济区、珠江—西江经济带和左右江革命老区协调发展。

大，广西工业去产能压力较大，新动力上升难以弥补旧动力下滑，稳增长、调结构仍面临较大困难。另一方面，广西经济增长也面临前所未有的机遇。中央明确赋予广西“三大定位”新使命，即：构建面向东盟的国际大通道、打造西南中南地区开放发展新的战略支点、形成“一带一路”有机衔接的重要门户，广西在国家战略中的地位和作用显著提升。中央加快“一带一路”建设，国家实施供给侧结构性改革、出台一系列简政放权、创新创业、支持经济稳增长的措施，国民消费结构的升级，扶贫攻坚战的打响，有利于广西更好地发挥区位优势、后发优势、生态优势和政策优势，大力开展供给侧结构性改革，开创经济社会发展新局面。投资方面，提前启动一批2018年自治区成立六十周年大庆项目，有利于投资保持较快的增长速度；消费方面，稳定住房和汽车消费的各项优惠政策以及“宽带村通”等基础设施建设，有利于在稳定现有消费的同时，积极培育新的消费增长点；外贸方面，广西与东盟国家一系列国际合作项目的推进，有利于发挥广西的区位优势，推动进出口保持较快增长。

从金融运行看，广西将继续落实稳健的货币政策，并灵活运用货币政策工具引导信贷结构优化，积极扩大直接融资占比，支持经济结构调整，加大金融对重点领域和薄弱环节的支持力度，为稳增长、调结构营造适宜的货币金融环境。进一步加快沿边金融综合改革试点建设，充分利用国内国外两种资源支持当地建设。与此同时，不断健全防范金融风险的工作机制，开展金融风险监测预警数据库建设，全力维护金融稳定。

中国人民银行南宁中心支行货币政策分析小组
总　纂：崔　瑜　苏　阳
统　稿：谢　艳　李雪俏
执　笔：罗树昭　罗冬泉　陈少敏　王　涛　潘　玉　胡智超　陆文希　吴　洁
提供材料的还有：安立波　曾　婕　周　全　罗顺兴　杨喜孙　黄雯敏　磨雁能　易庆玲

附录

（一）2015年广西壮族自治区经济金融大事记

3月20日，国家发展改革委对外发布《左右江革命老区振兴规划》，明确了未来十年左右江革命老区振兴的战略定位和发展目标。

5月6日，广西公布实施《关于千方百计做好稳增长工作的意见》。定向精准提出48条稳增长政策措施，促进全区经济平稳健康发展。

6月1日，自治区人社厅、财政厅、人民银行南宁中心支行联合制定出台了《广西壮族自治区农民工创业担保贷款实施办法》（桂人社发〔2015〕33号），这是全国首个专门针对农民工创业提供担保贷款的政策性法规。

7月23日，广西市场利率定价自律机制成立大会顺利召开，审议并通过了《广西壮族自治区市场利率定价自律机制工作指引》。

8月14日，人民银行南宁中心支行组织辖内开办黄金市场业务的14家银行业金融机构签署了《广西黄金市场责任公约》，广西也成为全国第一个签署黄金市场责任公约的省份。

9月19日，第7届中国—东盟金融合作与发展领袖论坛在广西南宁召开，本届金融论坛由1个主论坛、3个分论坛组成。

9月23日，广西金融电子结算服务中心成为上海黄金交易所金融类会员，实现该类会员广西零的突破。

11月27日、28日，中央召开扶贫开发工作会议，在印发的讲话稿中，习近平总书记高度肯定了田东金融扶贫工作取得的成效。

12月4日，中国银行东兴支行、越南西贡商业信贷银行广宁省分行代表中越双方边境金融机构，签署了中越边境银行反假货币合作备忘录。这是中国与周边国家签订的第一个跨境反假货币合作协议。

12月15日、18日，广西分别成功办理全国首笔服务贸易、货物贸易轧差业务，经常项目跨境外汇资金轧差净额结算试点政策顺利落地。

（二）2015年广西壮族自治区主要经济金融指标

表1　2015年广西壮族自治区主要存贷款指标

		1月	2月	3月	4月	5月	6月	7月	8月	9月	10月	11月	12月
本外币	金融机构各项存款余额（亿元）	20 525.5	20 606.7	21 298.6	20 931.8	21 215.3	21 809.0	22 143.3	22 686.0	22 911.4	22 744.7	22 674.4	22 793.5
	其中：住户存款	10 425.7	10 952.4	11 250.8	10 944.1	10 875.1	11 118.7	11 095.0	11 319.4	11 333.8	11 176.4	11 209.8	11 434.3
	非金融企业存款	5 574.7	5 292.0	5 493.8	5 326.1	5 509.4	5 756.7	5 706.6	5 961.0	5 924.6	5 911.6	6 018.2	6 388.1
	各项存款余额比上月增加（亿元）	138.8	81.2	691.8	-366.7	283.5	593.7	334.3	542.6	225.4	-166.7	-70.4	119.1
	金融机构各项存款同比增长（%）	13.9	10.9	9.4	9.5	9.1	8.0	11.4	13.7	13.6	13.5	13.1	11.8
	金融机构各项贷款余额（亿元）	16 368.8	16 618.4	16 929.8	17 044.4	17 090.9	17 289.4	17 439.5	17 621.9	17 758.0	17 865.5	17 984.7	18 119.3
	其中：短期	4 748.3	4 824.3	4 901.7	4 917.8	4 891.3	4 908.6	4 857.0	4 898.0	4 887.7	4 815.5	4 776.3	4 774.0
	中长期	11 007.6	11 174.0	11 393.8	11 464.7	11 555.0	11 689.4	11 788.4	11 930.9	12 090.4	12 164.7	12 264.5	12 406.1
	票据融资	324.9	335.0	333.1	356.0	325.7	378.3	476.0	466.4	450.9	562.3	607.7	612.3
	各项贷款余额比上月增加（亿元）	297.8	249.6	311.4	114.6	46.6	198.5	150.0	182.4	136.1	107.5	119.2	134.6
	其中：短期	67.5	76.0	77.3	16.2	-26.5	17.3	-51.6	41.0	-10.3	-72.2	-39.2	-2.3
	中长期	204.7	157.3	219.9	70.9	90.3	134.4	99.0	142.6	159.5	74.3	99.8	141.6
	票据融资	38.5	10.1	-1.9	22.9	-30.3	52.6	97.7	-9.6	-15.4	111.3	45.4	4.6
	金融机构各项贷款同比增长（%）	14.3	14.6	14.7	14.1	13.0	12.7	12.5	12.1	12.2	12.2	12.4	12.7
	其中：短期	7.9	7.2	5.6	5.4	4.9	4.7	3.7	3.9	3.9	2.6	2.0	1.8
	中长期	14.9	15.7	16.7	15.9	15.0	14.5	14.3	14.5	14.9	15.0	15.0	14.8
	票据融资	211.1	203.3	183.0	178.6	109.9	100.8	106.6	61.0	52.7	61.7	78.2	113.8
	建筑业贷款余额（亿元）	326.1	335.4	343.4	347.4	369.6	371.6	365.6	373.5	379.1	388.9	382.7	389.0
	房地产业贷款余额（亿元）	686.9	693.8	719.6	701.3	692.1	695.9	687.8	703.7	715.0	707.5	727.3	723.2
	建筑业贷款同比增长（%）	15.9	19.1	20.6	21.9	27.1	25.4	22.2	24.9	25.6	31.1	25.6	24.6
	房地产业贷款同比增长（%）	17.6	18.7	23.0	18.1	16.4	16.4	14.9	15.6	17.3	15.7	17.0	11.2
人民币	金融机构各项存款余额（亿元）	20 299.0	20 372.7	21 060.8	20 706.7	20 986.2	21 573.4	21 908.6	22 430.2	22 673.0	22 503.1	22 458.5	22 567.0
	其中：住户存款	10 392.8	10 918.1	11 215.5	10 908.4	10 840.6	11 083.6	11 058.8	11 280.9	11 294.9	11 137.9	11 169.7	11 392.2
	非金融企业存款	5 428.7	5 139.8	5 339.4	5 184.8	5 364.1	5 605.2	5 557.4	5 797.7	5 777.0	5 760.8	5 863.2	6 220.0
	各项存款余额比上月增加（亿元）	133.1	73.7	688.2	-354.1	279.5	587.3	335.2	521.6	242.7	-169.9	-44.6	108.5
	其中：住户存款	-85.8	525.3	297.5	-307.1	-67.8	243.0	-24.8	222.1	14.0	-157.1	31.8	222.5
	非金融企业存款	19.5	-289.0	199.6	-154.6	179.3	241.1	-47.8	240.3	-20.8	-16.2	102.4	356.8
	各项存款同比增长（%）	13.4	10.5	9.1	9.2	8.8	7.7	11.2	13.6	13.5	13.4	13.3	11.9
	其中：住户存款	8.0	11.0	9.2	9.8	8.7	6.8	8.8	11.2	9.2	9.1	9.5	8.7
	非金融企业存款	22.8	11.7	6.6	4.1	3.1	4.1	5.9	10.5	9.7	11.3	12.4	14.5
	金融机构各项贷款余额（亿元）	15 881.7	16 129.4	16 431.8	16 553.5	16 620.3	16 820.7	16 971.4	17 136.1	17 306.5	17 427.7	17 551.3	17 656.8
	其中：个人消费贷款	3 261.4	3 303.8	3 350.0	3 384.6	3 424.1	3 491.0	3 537.6	3 585.1	3 637.2	3 667.0	3 747.4	3 811.8
	票据融资	324.9	335.0	333.1	356.0	325.7	378.3	476.0	466.3	450.8	562.2	607.6	612.2
	各项贷款余额比上月增加（亿元）	296.3	247.7	302.4	121.7	66.7	200.4	150.7	164.7	170.4	121.2	123.6	105.5
	其中：个人消费贷款	59.5	42.4	46.2	34.6	39.6	66.8	46.6	47.5	52.1	29.8	80.4	64.4
	票据融资	38.5	10.1	-1.9	22.9	-30.3	52.6	97.7	-9.7	-15.4	111.3	45.4	4.6
	金融机构各项贷款同比增长（%）	14.3	14.8	15.2	14.6	13.4	13.0	12.9	12.6	13.0	13.0	13.2	13.3
	其中：个人消费贷款	18.0	18.6	18.5	17.7	17.1	17.3	17.6	17.9	18.2	18.3	18.7	19.1
	票据融资	211.1	203.3	183.0	178.6	109.9	100.8	106.6	60.9	52.7	61.7	78.2	113.8
外币	金融机构外币存款余额（亿美元）	36.9	38.1	38.7	36.8	37.5	38.5	38.4	40.0	37.5	38.1	33.8	34.9
	金融机构外币存款同比增长（%）	92.4	62.1	52.0	51.0	40.9	37.8	28.0	26.1	18.1	19.0	-4.4	-3.0
	金融机构外币贷款余额（亿美元）	79.4	79.5	81.1	80.3	76.9	76.7	76.5	76.0	71.0	69.0	67.8	71.2
	金融机构外币贷款同比增长（%）	12.9	9.3	1.6	1.3	1.2	3.0	-0.6	-5.2	-13.8	-15.2	-16.8	-10.4

数据来源：中国人民银行南宁中心支行。

表2 2001～2015年广西壮族自治区各类价格指数

单位：%

年/月	居民消费价格指数		农业生产资料价格指数		工业生产者购进价格指数		工业生产者出厂价格指数	
	当月同比	累计同比	当月同比	累计同比	当月同比	累计同比	当月同比	累计同比
2001	—	0.6	—	-2.3	—	3.7	—	6.3
2002	—	-0.9	—	-1.8	—	-4.4	—	-4.4
2003	—	1.1	—	2.4	—	1.2	—	2.8
2004	—	4.4	—	15.3	—	16.3	—	9.7
2005	—	2.4	—	10.5	—	8.2	—	4.9
2006	—	1.3	—	1.0	—	11.4	—	9.6
2007	—	6.1	—	14.4	—	6.1	—	4.5
2008	—	7.8	—	24.0	—	10.6	—	9.0
2009	—	-2.1	—	-5.8	—	-4.9	—	-6.5
2010	—	3.0	—	1.9	—	11.2	—	12.0
2011	—	5.9	—	12.2	—	10.0	—	8.5
2012	—	3.2	—	3.9	—	-0.8	—	-2.2
2013	—	2.2	—	-0.1	—	-1.1	—	-1.9
2014	—	2.1	—	-1.1	—	-1.8	—	-1.6
2015	—	1.5	—	0.9	—	-4.3	—	-3.0
2014 1	2.8	2.8	-0.5	-0.5	-1.3	-1.3	-1.4	-1.4
2	2.4	2.6	-1.7	-1.1	-1.6	-1.4	-2.0	-1.7
3	2.9	2.7	-2.9	-1.7	-1.9	-1.6	-2.0	-1.8
4	2.5	2.7	-2.0	-1.8	-2.0	-1.7	-1.7	-1.8
5	2.8	2.7	-1.6	-1.7	-1.7	-1.7	-1.6	-1.6
6	2.5	2.6	-0.7	-1.6	-1.5	-1.7	-0.8	-1.5
7	2.5	2.6	-0.7	-1.4	-1.4	-1.6	-0.7	-1.4
8	1.7	2.5	-0.7	-1.3	-1.6	-1.6	-1.0	-1.3
9	1.1	2.3	-0.9	-1.3	-1.7	-1.4	-1.8	-1.6
10	1.2	2.2	-0.7	-1.2	-2.2	-1.7	-2.4	-1.5
11	1.5	2.2	-0.2	-1.1	-2.3	-1.7	-2.5	-1.6
12	1.4	2.1	-0.8	-1.1	-2.4	-1.8	-2.4	-1.6
2015 1	1.0	1.0	-1.0	-1.0	-3.1	-3.1	-2.2	-2.2
2	1.5	1.3	-0.8	-0.9	-3.3	-3.2	-2.4	-2.3
3	1.5	1.3	0.6	-0.4	-3.7	-3.4	-2.1	-2.3
4	1.3	1.3	1.1	0.0	-3.7	-3.4	-1.9	-2.2
5	1.2	1.3	1.6	0.3	-4.0	-3.5	-2.2	-2.2
6	1.5	1.3	0.8	0.4	-4.2	-3.7	-2.7	-2.3
7	1.5	1.3	1.3	0.5	-4.3	-3.7	-3.2	-2.4
8	1.9	1.4	1.9	0.7	-4.3	-3.7	-3.4	-2.5
9	1.8	1.5	2.4	0.9	-5.1	-4.0	-3.7	-2.7
10	1.7	1.5	1.7	1.0	-5.1	-4.1	-3.6	-2.7
11	1.4	1.5	0.3	0.9	-5.5	-4.2	-4.3	-2.9
12	1.9	1.5	0.4	0.9	-5.5	-4.3	-4.5	-3.0

数据来源：国家统计局广西调查总队。

表3　2015年广西壮族自治区主要经济指标

	1月	2月	3月	4月	5月	6月	7月	8月	9月	10月	11月	12月
绝对值（自年初累计）												
地区生产总值（亿元）	—	—	3 226.0	—	—	6 769.5	—	—	10 430.8	—	—	16 803.1
第一产业	—	—	324.2	—	—	671.7	—	—	1 359.9	—	—	2 566.0
第二产业	—	—	1 660.3	—	—	3 463.7	—	—	5 202.5	—	—	7 694.7
第三产业	—	—	1 241.5	—	—	2 634.1	—	—	3 868.3	—	—	6 542.4
工业增加值（亿元）	—	—	—	—	—	—	—	—	-	—	—	—
固定资产投资（亿元）	—	995.2	2 455.3	3 550.2	4 910.0	7 342.4	8 283.1	9 494.0	10 695.5	12 112.5	13 798.8	15 655.0
房地产开发投资	—	162.4	307.3	425.0	564.0	800.8	940.1	1 070.7	1 226.6	1 384.1	1 634.7	1 909.1
社会消费品零售总额（亿元）	—	—	1 459.7	—	—	2 961.4	—	—	4 547.8	—	—	6 348.1
外贸进出口总额（亿元）	308.7	480.4	734.9	955.9	1 178.0	1 440.3	1 682.3	1 938.1	2 243.7	2 518.7	2 832.6	3 190.3
进口	136.3	219.5	322.6	434.3	557.7	693.6	817.6	950.9	1 083.9	1 189.5	1 328.6	1 450.4
出口	172.4	260.8	412.3	521.6	620.3	746.7	864.7	987.2	1 159.8	1 329.2	1 503.9	1 739.9
进出口差额(出口－进口)	36.1	41.3	89.7	87.3	62.6	53.1	47.1	36.3	75.9	139.7	175.3	289.4
外商实际直接投资（亿美元）	—	2.0	2.3	4.3	5.4	7.7	8.0	8.7	8.8	9.0	11.3	17.2
地方财政收支差额（亿元）	—	-181.4	-414.7	-541.1	-716.0	-1 025.2	-1 173.6	-1 358.7	-1 636.1	-1 709.2	-1 956.9	-2 561.3
地方财政收入	—	218.1	345.9	456.1	580.8	771.6	888.7	978.9	1 087.9	1 216.9	1 338.4	1 515.1
地方财政支出	—	399.5	760.6	997.3	1 296.8	1 796.8	2 062.3	2 337.6	2 724.0	2 926.1	3 295.3	4 076.4
城镇登记失业率(%)(季度)	—	—	3.1	—	—	3.0	—	—	3.0	—	—	2.9
同比累计增长率（%）												
地区生产总值	—	—	7.6	—	—	8.0	—	—	8.1	—	—	8.1
第一产业	—	—	1.7	—	—	3.3	—	—	3.3	—	—	4.0
第二产业	—	—	7.9	—	—	8.1	—	—	8.3	—	—	8.1
第三产业	—	—	8.7	—	—	9.0	—	—	9.5	—	—	9.7
工业增加值	—	8.0	7.8	7.9	8.0	8.1	8.2	8.3	8.3	7.8	7.7	7.9
固定资产投资	—	18.7	18.6	18.5	18.4	18.5	18.5	18.5	18.5	18.4	17.9	17.8
房地产开发投资	—	3.1	4.5	5.1	5.5	3.3	1.0	0.7	0.8	0.5	1.7	3.8
社会消费品零售总额	—	—	8.5	—	—	9.0	—	—	9.2	—	—	10.0
外贸进出口总额	50.6	37.4	39.2	27.7	23.7	25.0	26.2	28.4	32.5	29.4	28.6	28.1
进口	74.7	43.4	51.9	43.0	42.9	45.9	47.0	51.0	50.2	50.8	50.3	45.6
出口	35.8	32.8	30.6	17.2	10.4	10.4	11.3	12.2	19.3	14.8	14.1	16.4
外商实际直接投资	—	105.7	2.9	52.3	-7.8	13.3	17.4	11.8	7.3	5.2	27.2	72.0
地方财政收入	—	14.1	7.8	8.1	6.9	5.4	7.6	8.5	6.5	7.3	8.1	6.5
地方财政支出	—	6.6	14.2	15.7	13.9	16.9	16.3	20.1	15.1	15.7	10.2	17.1

数据来源：广西壮族自治区统计局。

2015年海南省金融运行报告

中国人民银行海口中心支行货币政策分析小组

[内容摘要] 2015年，海南省积极克服国际国内经济下行等不利因素影响，坚持稳中求进工作总基调，经济社会发展总体呈现“增长趋稳、结构优化、民生改善”的良好态势。农业稳步增长，工业增速回落，服务业多元化发展，需求结构渐趋协调，生态环境质量国内领先，经济运行质量在“新常态”下有所提升。海南省金融运行稳健，组织体系进一步健全，社会融资规模适度增长，融资结构进一步优化，金融生态环境不断改善。

2016年是“十三五”的开局之年，海南省将坚持科学发展、绿色崛起，充分发挥生态环境、经济特区、国际旅游岛三大优势，推进重点领域改革，发挥创新引领作用，培育壮大特色优势产业，持续保障和改善民生，提高经济社会发展质量和效益。海南省金融机构将积极贯彻稳健货币政策，盘活存量、用好增量，优化金融资源配置，深化金融改革创新，拓宽融资渠道，防范金融风险，扎实做好重点领域和薄弱环节的金融服务工作，为经济社会发展创造适宜的金融环境。

一、金融运行情况

2015年，海南省金融业主动适应经济“新常态”，保持良好发展态势，银行业规模持续扩大，证券业和保险业健康发展，金融市场交易活跃，金融业改革不断深化。

（一）银行业稳步发展，组织体系进一步健全

1. 行业规模持续扩大，组织体系日趋丰富。2015年年末，海南省银行业金融机构网点、从业人员和资产总额分别同比增长4.7%、6.1%和22.7%。受拨备增加、利差收窄等因素的影响，全省银行业金融机构实现利润同比小幅下降4.2%。贷款质量向下迁徙压力增大，但不良贷款率仍低于全国平均水平，风险可控。组织体系不断完善，海南银行挂牌营业，填补海南无独立省级地方法人商业银行的空白；华夏银行海口分行建成开业；澄迈、文昌两家农村信用联社成功改制为农村商业银行；获批筹建村镇银行4家（见表1）。

表1　2015年海南省银行业金融机构情况

机构类别	营业网点			法人机构（个）
	机构个数（个）	从业人数（人）	资产总额（亿元）	
一、大型商业银行	526	12 040	4 190.5	0
二、国家开发银行和政策性银行	21	616	3 126.9	0
三、股份制商业银行	96	2 139	1 423.8	0
四、城市商业银行	1	229	105.6	1
五、城市信用社	0	0	0	0
六、小型农村金融机构	452	5 667	2 027.5	21
七、财务公司	3	165	107.9	3
八、信托公司	0	0	0	0
九、邮政储蓄银行	353	1 565	530.8	0
十、外资银行	1	34	14.9	0
十一、新型农村金融机构	26	515	47.3	17
十二、其他	0	0	0	0
合　计	1 479	22 970	11 575.2	42

注：营业网点不包括国家开发银行和政策性银行、大型商业银行、股份制银行等金融机构总部数据；大型商业银行包括中国工商银行、中国农业银行、中国银行、中国建设银行和交通银行；小型农村金融机构包括农村商业银行、农村合作银行和农村信用社；新型农村金融机构包括村镇银行、贷款公司、农村资金互助社；“其他”包含金融租赁公司、汽车金融公司、货币经纪公司、消费金融公司等。

数据来源：海南银监局。

2. 存款增量同比多增，月度波动较大。2015年年末，海南省本外币存款余额为7 637.3亿元，比年初增加1 024.3亿元，同比多增125.7亿元；同比增长11.1%，增速为近四年同期新低。存款季度末冲高现象有所缓和，但月度波动更为明显（见图1）。

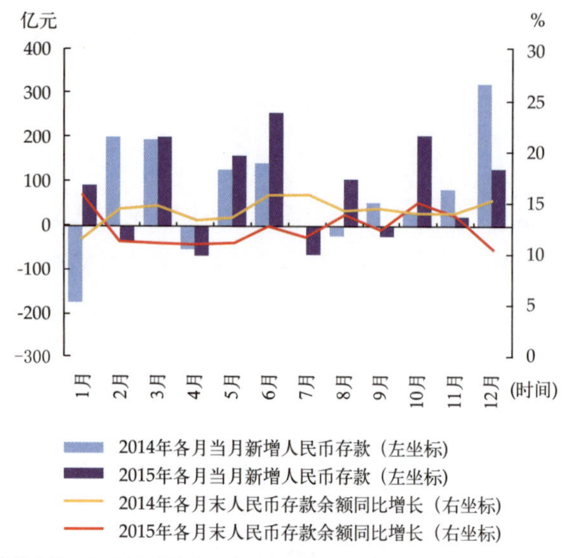

数据来源：中国人民银行海口中心支行调查统计部门。

图1　2014~2015年海南省金融机构人民币存款增长变化

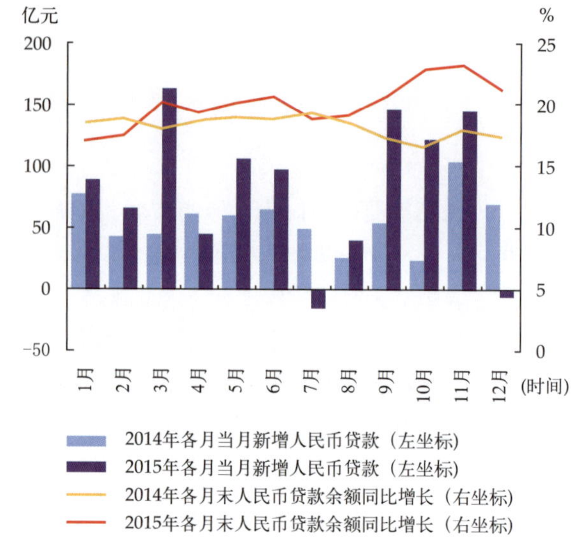

数据来源：中国人民银行海口中心支行调查统计部门。

图2　2014~2015年海南省金融机构人民币贷款增长变化

随着利率市场化推进、股市大幅波动、互联网金融等理财产品日趋丰富，经济主体对资金价格的敏感性提升，投资渠道拓展对存款的替代效应增强。同时，非银行业金融机构存款的大幅进出也加剧了存款波动。

3. 贷款快速增长，投向重点突出。2015年年末，海南省金融机构本外币贷款余额为6 650.7亿元，比年初增加1 259.1亿元；同比增长23.4%，高于全国水平10个百分点（见图2、图3）。其中，短期贷款需求旺盛，同比增长36.3%，高于上年同期27.2个百分点，高于中长期贷款增速15.8个百分点。在信贷政策指引下，银行机构加大对省内重点项目建设、传统薄弱和新兴产业的支持力度。基础设施行业贷款增长位居各行业之首，比年初增加356.3亿元，同比多增277.6亿元。涉农贷款增量同比多增17.2亿元。小微企业贷款增速高于上年同期23.6个百分点。

4. 表外业务发展向好，规模持续增长。2015年年末，海南省银行业金融机构表外业务规模同比增长31.8%。其中，表外理财、承诺和委托贷款合计占比达68.4%。表外理财业务增长最快，增速达到70.6%。

5. 贷款利率持续下降，金融机构自主定价能力不断提高。2015年，海南省一般贷款加权平均利率呈下降趋势，从1月的7.35%降至12月的6.05%，下降了1.3个百分点（见表2、图4）。海南省市场利率定价自律机制建立后，在规范利率定价秩序上发挥了重要作用。海南省金融机构利率差异化定价能力初步显现。9月，海口农商行在银行间市场上成功发行首批同业存单10亿元，海南省地方法人金融机构发行同业存单实现零突破。

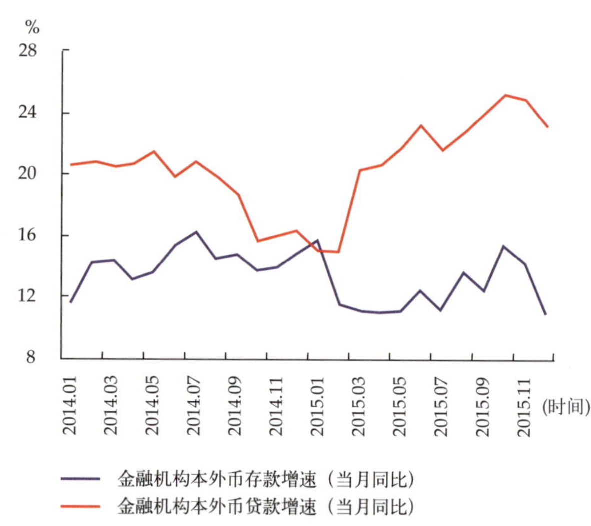

数据来源：中国人民银行海口中心支行调查统计部门。

图3　2014~2015年海南省金融机构本外币存、贷款增速变化

表2　2015年海南省金融机构人民币贷款各利率区间占比

单位：%

	月份	1月	2月	3月	4月	5月	6月
	合计	100.0	100.0	100.0	100.0	100.0	100.0
	下浮	10.3	7.4	8.9	13.7	26.9	16.2
	基准	18.4	34.8	29.7	29.9	24.1	26.7
上浮	小计	71.3	57.9	61.4	56.4	49.0	57.1
	(1.0，1.1]	20.6	22.1	23.6	18.1	12.8	14.7
	(1.1，1.3]	30.7	18.8	19.2	16.5	17.0	16.8
	(1.3，1.5]	8.4	6.9	6.7	8.8	8.8	12.6
	(1.5，2.0]	3.9	4.4	3.7	3.7	4.5	5.6
	2.0以上	7.6	5.7	8.2	9.4	5.9	7.4
	月份	7月	8月	9月	10月	11月	12月
	合计	100.0	100.0	100.0	100.0	100.0	100.0
	下浮	4.7	19.8	22.2	13.4	22.2	19.3
	基准	19.3	25.2	14.8	12.1	22.6	17.1
上浮	小计	76.1	55.0	63.1	74.5	55.2	63.6
	(1.0，1.1]	21.7	10.9	16.0	23.7	10.5	16.3
	(1.1，1.3]	18.0	16.4	22.3	13.0	13.1	18.1
	(1.3，1.5]	15.4	7.5	8.7	13.5	8.0	6.4
	(1.5，2.0]	9.2	11.2	9.2	12.3	15.1	13.5
	2.0以上	11.8	9.1	6.9	11.9	8.6	9.3

数据来源：中国人民银行海口中心支行货币信贷部门。

6. 地方金融机构稳健经营，农村金融改革试点工作稳步推进。2015年，海南省农村合作金融机构资产总额和净利润分别同比增长48.4%和17.2%，不良贷款实现“双降”。农业银行海南省分行正式加入“三农金融事业部制”改革试点。海南省在文昌、澄迈、琼中等县市积极开展农村金融综合改革试点工作，通过政、银、企合作方式联合开发了“政保贷”、“助保贷”等特色农业信贷产品，指导涉农金融机构建立249家多功能农村金融服务站，农村金融服务环境明显改善。

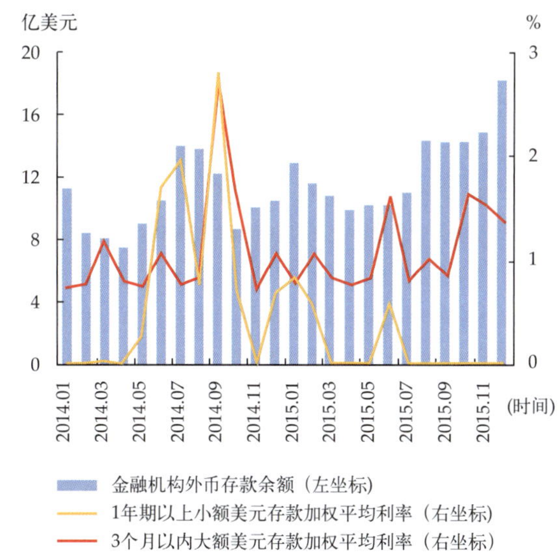

数据来源：中国人民银行海口中心支行调查统计部门、货币信贷部门。

图4　2014～2015年海南省金融机构外币存款余额及外币存款利率

7. 跨境人民币业务快速发展，业务拓展亮点纷呈。2015年，海南省人民币跨境结算总额达272.8亿元，同比增长79.3%。与海南省开展跨境人民币结算的境外地区新增6个，办理跨境人民币业务的企业新增129家、银行新增4家，市场基础不断扩大。首次办理跨国企业集团跨境双向人民币资金池和个人跨境贸易人民币结算业务，业务领域不断拓展。会展、邮轮、高尔夫、免税品采购等高端旅游产业跨境贸易人民币结算额同比增长47.3%，在旅游产业中的结算额占比达92.5%，高于上年同期6.2个百分点，服务高端旅游产业能力不断增强。

专栏1　提升海洋金融服务水平　助推海洋经济稳步发展

我国经济发展步入“新常态”以来，通过发展海洋经济推动产业结构转型升级，已成为沿海省市的高度共识，而完善涉海金融服务成为实现这一目标的重要手段。近年来，海南省金融机构围绕“岛屿型”经济特点，积极进行金融产品和服务方式创新，不断加大对海洋经济的支持力度，取得了良好效果。2015年年末，全省海洋产业贷款余额为911.98亿元，达到2011年年末的6.1倍；在全省贷款余额中的占比达到13.7%，比2011年年末上升了9.1个百分点。

一、政策支持力度加大。2013年2月，海南省政府发布了《关于金融支持海洋经济发展的指导意见》。省内多家银行成立由行领导牵头的海洋金融工作领导小组，加强与总行的沟通和汇报，争取信贷政策倾斜，加大对海洋基础设施、海洋生态环保、海洋生物科技、海洋渔业等海洋产业的支持力度。中国民生银行三亚分行将海洋产业特点与自身战略定位相结合，针对省内海洋产业金融服务薄弱环节，专设海洋渔业金融部，推出专业化、特色化金融服务。

二、信贷审批效率提升。海南省银行业金融机构针对海洋产业融资需求特点创新信贷管理模式，优化授信流程。以中国工商银行海南省分行为例，其创新授信审批方式，完善限时评审、模板评审、错位评审、绿色评审、授权评审、专职评审、上门评审、阳光评审等工作机制，对海洋产业中的贸易融资、小企业贷款等业务进行优先评审；对海洋产业中的固定资产支持融资、项目贷款等符合条件的业务采用“调评合一”、“认同评估”等方式优化流程；对部分风险可控的海洋产业重点客户办理的贸易融资业务实行授信项下授权审批制度，将授信方案项下的审批权限全部或部分转授业务经办行，加快了审批办理速度，切实解决海洋产业客户融资难题。

三、信贷产品组合拓展。海南省银行业金融机构积极创新，涉海信贷产品种类不断丰富。一方面，探索创新海洋产业抵押质押方式，推出滩涂资源利用贷款、海域使用权抵押贷款、船舶资产抵押贷款、订（仓）单质押贷款、个人游艇贷款、个人购置船舶燃油贷款等创新产品。另一方面，利用贸易融资授信政策，提高对海洋经济产业链上下游企业的授信支持，加快对核心企业及上下游小微企业的信贷支持力度，创新供应链融资模式，利用银行承兑汇票、国内保理、订单融资、预付款融资、商品融资等信贷产品组合满足海洋经济企业的信贷需求，深化对海洋经济企业的金融服务力度。

四、融资模式创新加快。为切实破解海洋产业企业融资难题，多家银行业金融机构通过担保增信、农户小额贷款和优化产业链企业融资的有机结合，助推企业产业链的构建，发挥涉海产业辐射带动作用。以国家开发银行海南省分行为例，通过“四台一会”[①]模式，化解了企业创业初期融资难题，逐步形成了从种苗培育、饲料生产、水产养殖、流通加工到出口贸易为一体的水产产业链，培养了一批海水养殖和水产品加工的产业化龙头企业。在支持企业产业链建设的同时，依托龙头企业在产业链协同方面的优势，成地区、成集群地将农户组织起来纳入产业链，形成了“龙头企业+农户+统贷平台+银行+担保公司”模式，取得了良好的经济效益和社会效益。

（二）证券市场交易量提升，融资渠道有所拓宽

1. 证券期货市场活跃性增强，盈利能力良好。2015年年末，海南省共有2家法人证券公司、10家证券分公司和43家证券营业部，2家法人期货公司和13家期货营业部。全省证券和期货交易总额134 902.5亿元，同比增长69.8%。证券营业部和法人证券公司实现净利润分别同比增长2.1倍和1.1倍，盈利水平提升。

2. 股票筹资同比下降，多层次资本市场稳步发展。2015年年末，海南省有境内上市公司27家，股票市价总值3 551.5亿元，同比增长28.7%。全年通过发行、配售股票筹集资金量同比下降67.8%。海南多层次资本市场进一步推进，资本要素市场不断完善，16家企业挂牌“新三板”，365家企业挂牌海南股权交易中心（见表3）。

① “四台一会”由管理平台、承贷平台、担保平台、社会公示平台和信用促进会组成，是一种由金融主体与社会信用平台相结合的中小企业贷款融资模式。

表3　2015年海南省证券业基本情况

项目	数量
总部设在辖内的证券公司数（家）	2
总部设在辖内的基金公司数（家）	0
总部设在辖内的期货公司数（家）	2
年末国内上市公司数（家）	27
当年国内股票（A股）筹资（亿元）	18.5
当年发行H股筹资（亿元）	0.0
当年国内债券筹资（亿元）	122.5
其中：短期融资券筹资额（亿元）	53.0
中期票据筹资额（亿元）	25.0

注：国内债券筹资数据含地方法人金融机构筹资额。
数据来源：海南证监局、中国人民银行海口中心支行。

（三）保险业发展稳中提质，风险保障能力增强

2015年，海南省保险业运行良好，资产规模持续扩大，保险业务快速增长，市场秩序向好发展。全省保险公司资产规模和保费收入同比分别增长20.3%和34.2%。保险覆盖面继续扩大，保险密度同比增加307.9元/人，保险深度同比提高0.7个百分点。农业风险保障作用有效发挥，“三农”保险服务网络逐步健全。2015年，海南省农业保险提供风险保障346.3亿元，同比增长16.9%。全年新增“三农”保险营销服务部10家，累计建成“三农”保险营销服务部69家，服务站点2 194个（见表4）。

表4　2015年海南省保险业基本情况

项目	数量
总部设在辖内的保险公司数（家）	1
其中：财产险经营主体（家）	0
人身险经营主体（家）	1
保险公司分支机构（家）	24
其中：财产险公司分支机构（家）	12
人身险公司分支机构（家）	12
保费收入（中外资，亿元）	114.3
其中：财产险保费收入（中外资，亿元）	45.8
人身险保费收入（中外资，亿元）	68.5
各类赔款给付（中外资，亿元）	38.9
保险密度（元/人）	1 254.0
保险深度（%）	3.1

数据来源：海南保监局。

（四）金融市场健康发展，融资渠道不断拓宽

1. 社会融资规模大幅增长，银行贷款占比上升。2015年，海南省社会融资规模达到1 520.9亿元，同比增长41.6%。银行贷款仍是融资主渠道，占比高达78.8%，高于上年同期8.9个百分点（见图5）。委托贷款规模持续增加，但流向房地产业的比重有所下降。全年新增商业性委托贷款中27.4%的资金流向房地产业，占比低于上年度24.6个百分点。全年在银行间债券市场新增直接债务融资工具注册规模98亿元，同比增长40.0%；发行直接债务融资工具85亿元，同比增长46.6%。

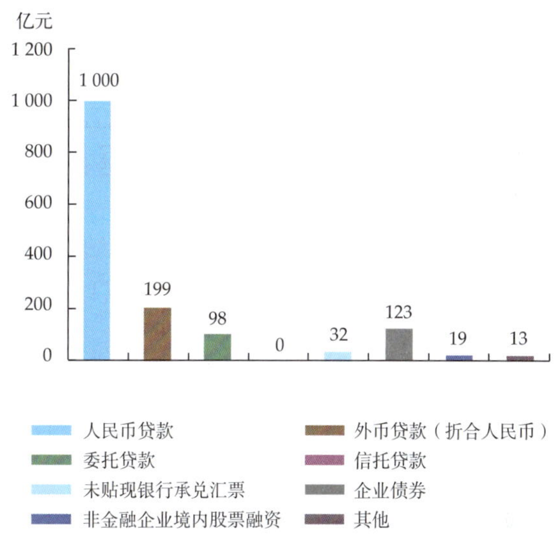

数据来源：中国人民银行海口中心支行调查统计部门。

图5　2015年海南省社会融资规模分布结构

2. 货币市场交易活跃，回购业务成倍增长。为满足资本充足率考核要求，海南省地方法人金融机构卖出低评级企业债，购入利率债，导致现券交易大幅增长。全年现券交易累计完成326.1亿元，同比增长8.6倍。回购业务累计完成4 834.2亿元，同比增长1.3倍。受市场资金价格走低影响，回购业务以融入为主，融入交易占比高达84.1%。同业拆借业务量为145.0亿元，与上年同期基本持平。

3. 票据市场业务快速发展，票据利率持续走低。2015年，海南省签发银行承兑汇票业务量同比增长1.3倍；企业直贴业务量同比增长1.6倍。全年

表5 2015年海南省金融机构票据业务量统计

单位：亿元

季度	银行承兑汇票承兑		贴现			
			银行承兑汇票		商业承兑汇票	
	余额	累计发生额	余额	累计发生额	余额	累计发生额
1	182.7	104.4	99.3	1 570.4	25.5	141.0
2	245.6	285.6	181.3	3 962.3	14.1	452.5
3	249.3	400.1	181.1	5 664.4	11.8	806.9
4	298.3	610.2	188.6	7 859.1	29.1	1 023.1

数据来源：中国人民银行海口中心支行货币信贷部门。

表6 2015年海南省金融机构票据贴现、转贴现利率

单位：%

季度	贴现		转贴现	
	银行承兑汇票	商业承兑汇票	票据买断	票据回购
1	5.3320	6.9915	5.1752	5.3798
2	3.8922	5.4900	4.3091	4.0114
3	3.8065	4.9116	3.7277	3.6297
4	3.3863	4.5406	3.2936	3.4005

数据来源：中国人民银行海口中心支行货币信贷部门。

累计办理小微企业票据再贴现在全省再贴现业务中的占比达73.7%。票据贴现及转贴现利率逐季度下降（见表5、表6）。

4. 投资性黄金交易大幅增长，实物黄金交易同比下降。2015年，海南省投资性黄金交易增长明显，全年代理沪金交所黄金交易同比增长97.9%，美元账户金和人民币账户金交易分别同比增长1.6倍和1.1倍。随着黄金价格低位震荡，实物黄金交易同比下降26.5%。黄金租赁业务成为用金企业低成本融资新方式，7~9月黄金价格小幅回调时通过即期高价卖出、远期低价买入获取低成本融资资金。

（五）信用体系建设持续深化，金融生态环境有所改善

2015年，海南省金融生态环境建设收效明显。一是两类机构接入金融信息基础数据库建设取得突破性进展。全省25家小额贷款公司和融资性担保公司获批通过互联网方式接入央行征信系统。二是地方社会信用体系建设水平不断提高。与省金融办共同推进海南省企业信用信息综合管理系统建设，一期以“信用海南”的域名已上线运行。三是金融消费权益保护基础设施逐步完善。金融消费权益保护信息管理系统成功上线并覆盖全省银行业金融机构，海南省成为全国首个将该系统运行到县级的省份。四是综合性惠农支付多元化发展。积极推动207个助农取款服务点升级，增加转账汇款、现金汇款、代理缴费功能，开通社保卡开卡、查询、缴费等业务以及高铁、海汽售票等民生支付服务，利用“农信通”支付终端开展“一小通”循环贷业务，探索构建“支付+民生”、“支付+信贷”等普惠金融服务模式。

二、经济运行情况

2015年，海南省坚持稳中求进工作总基调，全力以赴做好稳增长、促改革、调结构、惠民生、防风险各项工作，经济社会稳步发展。全年实现地区生产总值3 702.8亿元，同比增长7.8%，高于全国水平0.9个百分点（见图6）。

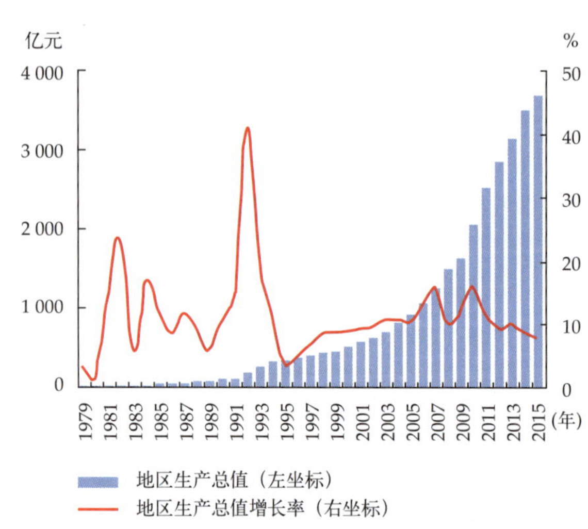

数据来源：海南省统计局。

图6 1979~2015年海南省地区生产总值及其增长率

（一）三大需求协同发展，需求结构趋于优化

2015年，海南省投资、消费和进出口增速虽有所放缓，但总体渐趋平稳协调，推动了经济可持续发展。

1. 投资总量平稳增长，结构逐步优化。2015年，海南省固定资产投资同比增长10.4%（见图7）。其中，基础设施固定资产投资同比增长13.1%，一批重大项目建设快于预期进度，西线高铁建成通车，“田”字形高速公路建设取得突破性发展，西南部电厂并网运营，为经济发展提供了良好的硬件环境。信息传输、计算机服务和软件业完成投资同比增长1.9倍，为投资结构调整注入新动力。房地产投资结构逐步优化，住宅投资比重同比下降5.2个百分点。

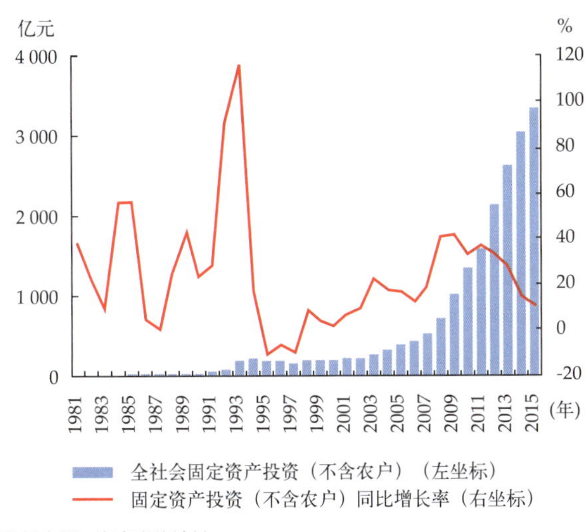

数据来源：海南省统计局。

图7　1981～2015年海南省固定资产投资（不含农户）及其增长率

2. 乡村消费较快增长，旅游消费趋旺。2015年，全省社会消费品零售总额同比增长8.2%（见图8）。农村居民增收势头良好，加之乡村游快速发展，带动了乡村消费的较快增长。全年乡村零售额同比增长10.8%，高于城镇零售额3.1个百分点。旅游新业态加快发展，成为新的消费增长点，以“千古情”为代表的规模以上文化艺术业营业收入同比增长51.5%，规模以上娱乐业营业收入是上年同期的2倍。大众化餐饮加快发展、高端餐饮企业积极转变经营模式，推动餐饮收入同比增长12.0%。离岛免税政策进一步放宽，免税品销售额同比增长28.3%，成为拉动全省消费市场增长的亮点。

3. 对外贸易同比下滑，新兴贸易业态成倍增长。2015年，受全球外需疲软、原油等大宗商品国际价格大幅下降的影响，全省外贸进出口总值同比

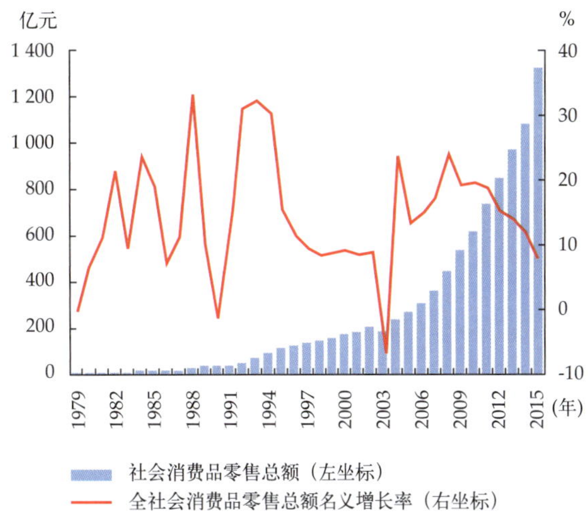

数据来源：海南省统计局。

图8　1979～2015年海南省社会消费品零售总额及其增长率

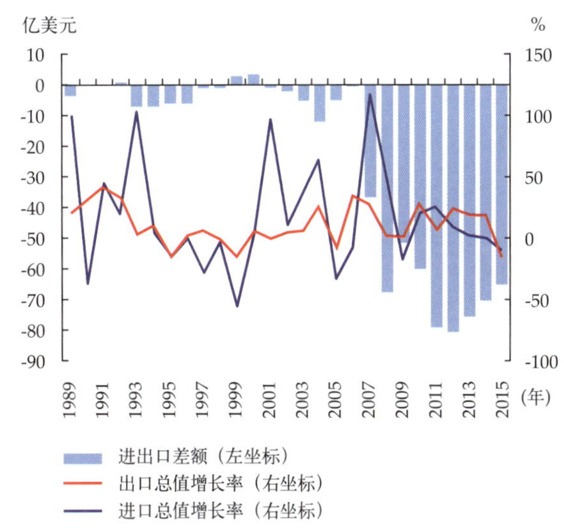

数据来源：《中国经济景气月报》、中国人民银行工作人员计算。

图9　1989～2015年海南省外贸进出口变动情况

下降10.8%（见图9）。就季度变化来看，前三个季度大幅下降势头逐步企稳，第四季度实现8.4%的增长。外贸商品结构有所优化，原油和成品油贸易在全省外贸中的比重同比下降13.4个百分点。外向经济生产经营保持活力，变压器、医药品和汽车等优势产品出口值分别同比增长84.3%、52.6%和30.6%。免税品贸易、租赁贸易、保税物流贸易等新兴贸易业态进出口同比增长1.1倍，在全省外贸中占比接近三成。与61个“一带一路”沿线国家和地区贸易额达419.9亿元，占全省外贸总值的48.3%。

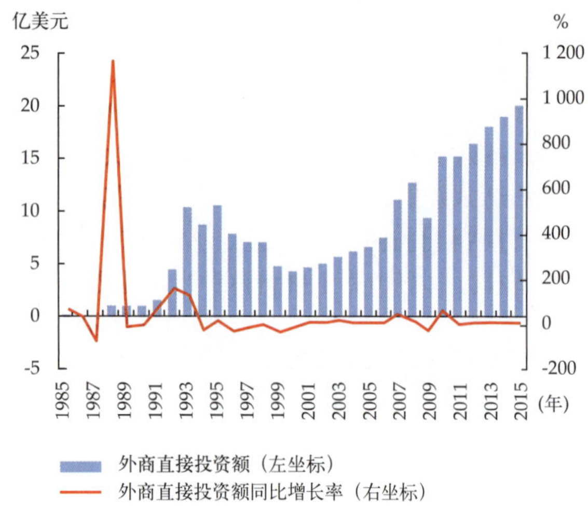

数据来源：海南省统计局。

图10 1985～2015年海南省外商直接投资额及其增长率

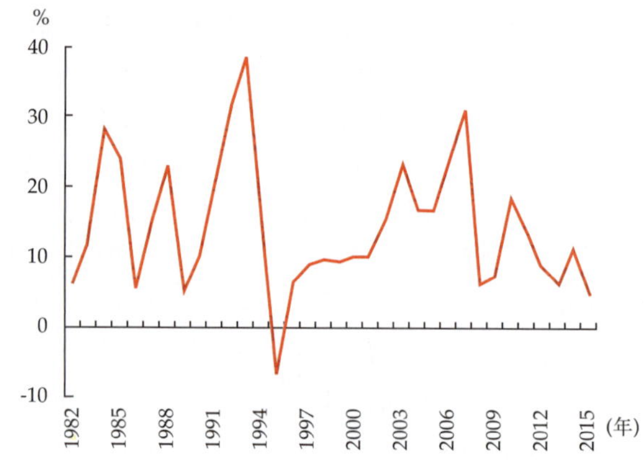

数据来源：海南省统计局。

图11 1982～2015年海南省规模以上工业增加值同比增长率

（二）第三产业占比提升，结构调整步伐加快

2015年，海南省三次产业比重由上年的23.1：25.0：51.9调整为23.1：23.6：53.3。农业基础地位进一步巩固，工业增长趋缓，服务业提质增效，转型升级取得成效。

1. 农业增速趋稳，“互联网+农业”实现突破。2015年，海南省着力培育和壮大热带特色高效农业发展，农业增加值同比增长5.5%。全省积极推进农业产业结构调整，调减甘蔗等传统低效作物13万亩，首批14家升级现代农业示范基地挂牌，生态循环农业和品牌农业取得进展，《国家南繁科研育种基地（海南）建设规划（2015～2025年）》实施。农产品电子商务成为农业发展新亮点，陆续启动10个互联网农业小镇建设，农产品电商企业超过3 000家，全年农产品电商销售额达85亿元。

2. 工业增速回落，高新技术产业发展向好。2015年，海南省工业增加值同比增长5.2%，低于上年同期6.4个百分点（见图11）。八大支柱产业中，炼油、医药、造纸、电力等行业生产形势较好，是拉动工业实现增长的主要动力。全省原油加工量同比增长17.3%，浆纸及纸制品行业受160万吨造纸二期项目投产拉动，生活用纸同比增长26.0%；电力行业在西南部电厂和昌江核电投产带动下，发电量同比增长6.7%。高新技术产业发展势头良好，规模以上医药制造业增加值增速高于规模以上工业增加值12.1个百分点，对规模以上工业经济的贡献率达23.6%。

3. 服务业持续快速增长。2015年，海南省服务业增加值同比增长9.6%，高于上年同期0.9个百分点，其在地区生产总值中的比重同比提高1.4个百分点，对经济增长的贡献率达到63.1%。金融业发展迅速，对拉动服务业增长的贡献率超过30%，飞机融资租赁等金融新业态不断涌现。旅游业发展提质升级，邮轮游艇游、健康旅游等加快发展，西沙旅游常态化运营，新开辟、恢复国际航线19条。博鳌乐城国际医疗旅游先行区建设取得实质性突破，恒大健康产业集团等7家医疗企业进驻。会展业发展势头良好，全年100人以上会议超过1.3万个，参会人数和展览数量分别同比增长13.0%和11.0%，成功举办海南国际旅游岛欢乐节、国际海洋旅游博览会、国际旅游岛邮轮游艇产业发展大会。

（三）物价水平低位运行，劳动力报酬提升

2015年，海南省居民消费价格基本稳定，生产类价格波动较大，劳动力成本上升，失业率保持在较低水平。

1. 居民消费价格温和上涨。2015年，海南省扩大常年蔬菜种植基地，加强流通体系建设，推进“菜篮子”保供稳价工作。全年CPI累计上涨1.0%，低于全国平均水平0.4个百分点。从构成

的八大类指数来看，衣着价格涨幅最大，同比上涨3.7%；交通和通讯类价格跌幅明显，同比下降4%。

2. 生产类价格呈现“两跌一涨”。2015年，全省工业生产者购进价格和工业生产者出厂价格分别同比下跌11.5%和10.2%，跌幅较上年同期分别扩大10.5个和7.8个百分点。农业生产资料价格同比上涨1.6%，涨幅低于上年同期3.7个百分点（见图12）。

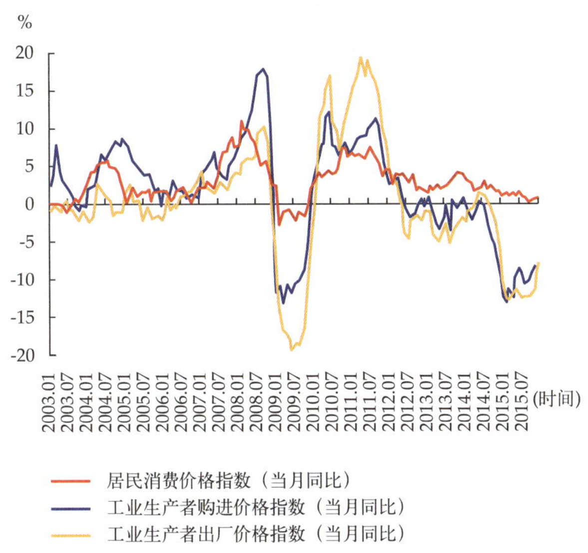

数据来源：海南省统计局。

图12　2003～2015年海南省居民消费价格和生产者价格变动趋势

3. 劳动力成本有所增长。2015年，海南省劳动就业规模继续扩大，年末从业人员同比增长1.2%。城镇非私营单位在岗职工平均工资55 213元，同比增长9.1%。年末城镇登记失业率2.3%，保持在较低水平。

（四）财政收入平稳增长，民生类支出占比持续上升

2015年，海南省财政收支保持稳步增长势头，地方公共财政收入同比增长8.7%，地方公共财政支出同比增长10.6%。民生支出在公共财政支出中的占比达75.7%，比上年提高3.3个百分点，民生保障水平持续提升（见图13）。城镇保障性安居工程和农村危房改造均超额完成年度计划。城镇和农村居民基础养老金统一提高至145元，企业最低工资标准提高150元。全面完成民族地区农村道路建设，硬化行政村到自然村出口路494.6公里；新建农村饮水安全工程166处，解决15万农民安全饮水问题；减少贫困人口8.6万人。省级食品检验检测中心主体封顶，免费孕前优生健康检查和地中海贫血病筛查覆盖范围从农村扩大到全省城乡育龄人群，省肿瘤医院建成开业。

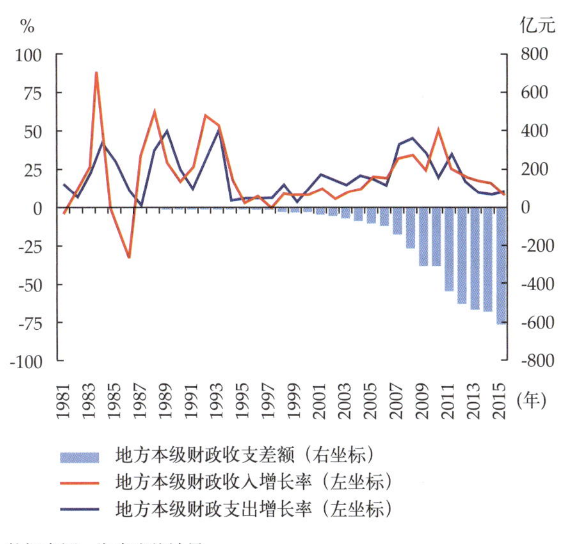

数据来源：海南省统计局。

图13　1981～2015年海南省财政收支状况

（五）节能降耗继续推进，环境质量国内领先

2015年，海南省继续积极推进节能减排措施，加大生态环境保护力度。大力推进节能技术改造工程，实现单位GDP能耗和工业增加值能耗双降。对海口电厂4、5号机组和东方电厂1号机组实施脱硝改造，对金海浆纸业3号锅炉实施脱硫脱硝改造，推进华盛水泥、华润水泥烟气脱硫项目建设。全面推行使用国五标准车用汽柴油，全年淘汰黄标车29 977辆。城镇污水处理设施比上年增加6个，城镇污水处理厂日处理能力同比提高5.0%，城市生活垃圾无害化处理率达到94%。开展林区生态修复和湿地保护，“绿化宝岛大行动”完成造林20.1万亩。建成环境空气质量预警预报系统，否决29个不符合生态的项目。

生态环境质量继续保持全国前列。2015年，全省城镇环境空气质量优良天数比例为97.9%；94.2%的监测河段、83.3%的监测湖库水质符合或优于可作为集中式生活饮用水水源地的国家地表水III类标准；绝大部分近岸海域处于清洁状态，一类、二类海水占92.8%；森林覆盖率达62.0%。

专栏2 创新金融产品和服务方式 支持新型城镇化建设

琼海市位于海南岛东部，博鳌亚洲论坛永久会址所在地。近年来，该市将城镇化建设与国际旅游岛建设有机结合，定位“三不一就”[①]的高品质旅游型城镇化建设路径。在注重生态环境保护和尊重农民生产生活方式的前提下，发展本地特色产业、基础设施配套和公共服务，实现农民身份的自然过渡，构建“城在园中、村在景中、人在画中”新格局，走出低成本、可持续、因地制宜的新型城镇化之路。琼海市金融机构密切结合本地发展战略及区位、产业、就业等特点，因地制宜地加强金融产品和服务方式创新，支持新型城镇化建设。

一、加强基础设施建设贷款投放，地区金融总量不断增长。自2012年推行“三不一就”城镇化建设以来，琼海市金融机构加大对城镇化基础设施建设的支持力度。2015年年末，琼海市农村基础设施建设贷款余额为8.7亿元，在全部涉农贷款中占比达到12.9%，比上年同期提升了2.1个百分点。城镇化建设带动琼海市经济整体发展，地区金融总量不断提升。2015年年末，琼海市各项存款、贷款余额分别比2012年年末增长25.4%和77.0%。

二、大力创新信贷产品，促进城乡社会经济发展。“三不一就”将农业现代化、生态文化建设和新城镇建设等进行有机统筹，为金融机构开展涉海、涉农、小微企业等信贷产品创新提供了新途径和新机遇。琼海市金融机构针对珠宝手工业者，设计开发“工艺宝”贷款产品；针对远洋捕捞，开发了“渔船更新改造贷款”；大力发展“农村生产经营贷款”，支持槟榔加工龙头产业发展和农村基础设施改造；针对个体户和小微企业，创新推出“兴家贷”、“善融贷”、“POS贷”、“创业贷”、“税易贷”、“一抵通”和“一小通”循环贷等多种金融产品。

三、创新金融服务模式，满足个性化服务需求。琼海市金融机构结合当地实际，采用了更加灵活的服务政策，满足城镇化带来的多样性客户需求。如对琼海市专业市场个体商户申请信用卡，符合条件的给予高于普通申请客户的额度标准；对客户的选择更多样化，择优支持联户经营、专业大户等新型农业经营主体，支持城镇个体农业生产向专业化、规模化、组织化发展；地方法人机构发挥管理半径小、决策链条短、体制灵活等优势，实施“三个五”工程[②]，加大对农户及小微企业的扶持力度。

四、推动保险下乡进村，创新适合乡镇特点的保险产品。为更好服务于民众，让保险走进千家万户，琼海市保险机构从2013年起推动保险下乡进村工作，陆续在八个乡镇设立营销服务部，配合镇政府及村委会聘请农村保险协保员，深入各乡镇开展保险普及及查勘理赔工作。同时，创新“公众责任险”、“一张保单保全家”等适合乡镇特点的保险险种，举办保险产品说明会，让民众更好地了解农业保险的作用和承保理赔手续，提高群众保险认知，努力提高保险参保率及深度广度。

---

① “三不一就”指“不拆房、不砍树、不占田，就地城镇化”。

② “三个五”工程指“单户50万元以下小额贷款”、“单户500万元以下涉农贷款”和“单户5 000万元以下贷款”。

（六）房地产市场小幅回暖，互联网产业发展势头良好

1. 房地产市场销售小幅增长，房地产金融风险可控。2015年上半年，受全国楼市低迷影响，岛外客户购房需求下降，海南省房地产市场成交量下滑。随着央行等部门出台的房地产“新政”效应逐步显现，下半年岛内楼市逐步回暖，从7月开始商品房销售面积和销售额的同比增幅均由负转正。2015年，全省房屋销售面积1 052.3万平方米，同比增长4.8%；房屋销售额982.8亿元，同比增长5.1%（见图14、图15）。

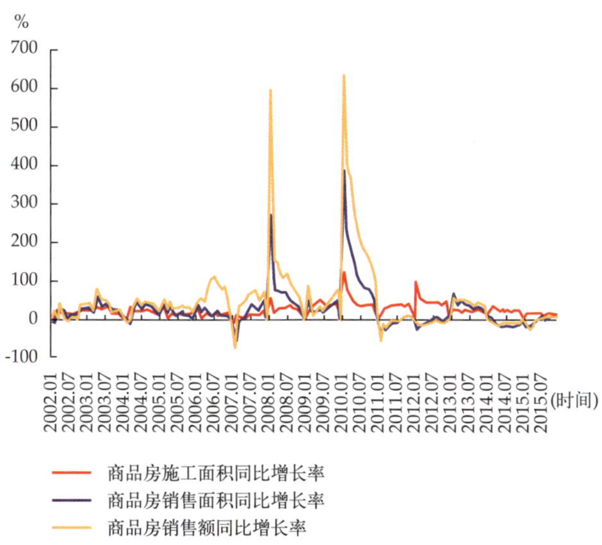

数据来源：海南省统计局。

图14　2002～2015年海南省商品房施工和销售变动趋势

房地产投资较快增长，棚户区改造工作加快推进。随着下半年岛内外购房需求稳步上升，房地产开发企业投资信心有所增强，非住宅类投资高速增长。2015年，全省房地产开发投资同比增长19.0%，高于全国平均水平18.0个百分点；其中，非住宅类投资同比增长47.7%，占房地产开发投资的比重同比提高5.2个百分点。此外，全省着力推进城镇棚户区改造住房建设，全年投资同比增长46.8%，基本建成套数同比增长2.1倍。

房地产贷款规模有所扩大，贷款质量出现下滑。2015年，海南省银行业金融机构稳步加大对重

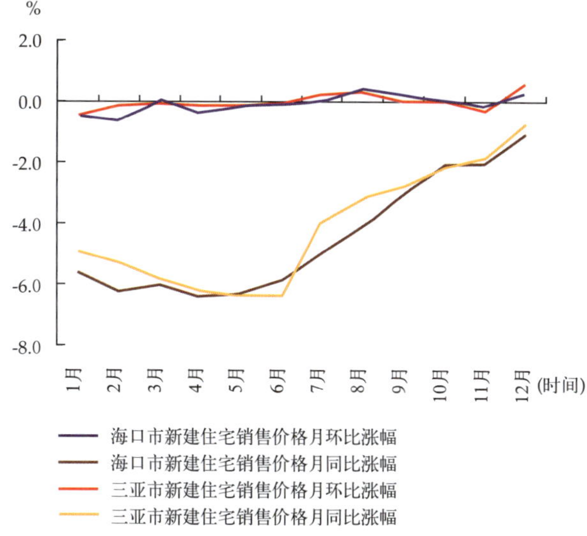

数据来源：海南省统计局。

图15　2015年海南省主要城市新建住宅销售价格变动趋势

点房地产开发项目、棚改等保障性住房建设及居民合理购房需求的信贷支持力度。年末，全省房地产贷款余额同比增长37.9%，高于上年同期17.8个百分点。其中，房地产开发贷款和个人住房贷款余额增速分别高于上年同期15.8个和20.4个百分点。房地产贷款不良率为1.4%，同比上升0.7个百分点，低于全省本外币贷款不良率0.2个百分点。

2. 互联网产业蓬勃兴起，发展前景看好。2015年，海南省政府出台《关于加快发展互联网产业的若干意见》，规定五年内每年统筹不少于5亿元设立省级互联网产业发展专项资金，全力推进互联网产业发展，并提出2020年产业规模超过1 000亿元的目标。在此背景下，全省互联网产业快速发展，全年互联网产业营业收入370亿元，同比增长27.6%，互联网企业注册数量增长50%以上；规模以上软件和信息技术服务业营业收入同比增长48.4%。

海南生态软件园发展壮大，全年落户的互联网和信息企业数量，相当于2010～2014年落户的总量；全年营业收入达170亿元，同比增长30.7%。腾讯、阿里巴巴、金山云、新浪等一批互联网领军企业加快布局海南，一批互联网小镇启动建设，“光网智能岛”建设加快推进，通信网络清网排障、提速降费成效较为明显。

三、预测与展望

2016年，世界经济增长继续放缓，仍处于深度调整期。我国经济增速换挡、结构调整阵痛、动能转换困难相互交织，经济面临较大下行压力。但同时，我国经济长期向好的基本面没有改变，"一带一路"、"互联网+"、"创新驱动发展"、"海洋强国"、"军民融合发展"等战略全面实施，为海南省带来新的发展机遇。

2016年，海南省将继续加大重点项目投资建设力度。加快推进腾讯创业基地、复兴城互联网创新创业园、陵水现代农业示范基地、博鳌机场、三亚邮轮母港二期、国际旅游岛先行试验区基础设施建设等一批重点项目建设。西南电厂、洋浦LNG、汇智石化、昌江核电等一批工业项目陆续投产，将带动全省工业经济增长。大力发展热带特色高效农业，促进品牌产品生产基地规模化发展，推进订单生产、农超对接和农产品电子商务建设。全力实施脱贫攻坚工程，着力提高扶贫实效。推动互联网与其他产业深度融合发展，引进一批互联网龙头企业和电子商务平台运营商。省内房地产市场销售形势好转、免税购物强劲增长将有助于带动全省消费的增长。"海澄文"一体化综合经济圈、"大三亚"旅游经济圈发展将取得实质性进展。预计2016年海南省经济保持较快增长，能够实现预期增长目标①。

2016年，海南省金融部门将继续把握稳健货币政策基调，保持社会融资规模均衡增长，优化信贷结构，降低融资成本，防范金融风险，为实体经济创造良好的货币信贷环境。扎实做好经济转型升级、创新驱动发展战略的金融服务工作。加大对现代农业、海洋经济、现代服务业、"互联网+"、新型城镇化等重点产业和领域的金融支持力度。精准对接金融服务，全力助推脱贫攻坚工作。推动直接融资快速健康发展，拓展实体经济融资渠道。

中国人民银行海口中心支行货币政策分析小组

总　纂：吴盼文　曹协和

统　稿：韩　芳　戴鸿广　潘　琪　林　昕　陈修灿

执　笔：邱彦华　王振兴　金为华　郭　雁　陈太玉　陈琼蓉　邓启峰　符瑞武　王　艳　何志强
丁　攀　江　凯　苗启虎　邓　昕　林明恒　罗　琎　吴志贵　徐文德

提供材料的还有：王晓勃　黄翠玲　黄静慧

① 根据《2016年海南省政府工作报告》，2016年海南省经济增长预期目标为7.0%～7.5%。

附录

（一）2015年海南省经济金融大事记

1月22日，中国人民银行2015年参事工作座谈会在海口召开。

1月22日至23日，中国人民银行2015年金融消费权益保护工作会议在海口召开。

5月5日，海南省金融业召开会议正式建立市场利率定价自律机制，会议审议通过《海南省市场利率定价自律机制工作指引》，选举产生市场利率定价自律机制核心成员。

6月1日，海南省现代金融服务业座谈会在海口召开，海南省委副书记、省长刘赐贵出席会议。

8月7日，海南省人民政府颁布《海南省城镇居民基本医疗省级统筹实施办法》，这是海南省城镇职工五项社会保险和新农合实施省级统筹、城乡居民养老保险合并实施后的重大突破。

9月1日，海南省首家本地独立法人商业银行——海南银行股份有限公司正式挂牌试营业。

10月21日，海南国电西南部电厂2号机组正式投产，将极大缓解海南省日趋紧张的供电形势。

11月13日至15日，海南金融博览会暨国际旅游岛金融发展论坛在海口召开。

11月27日，华夏银行海口分行正式揭牌开业。

12月30日，海南西环铁路正式开通运营，全球首条环岛高铁全线开通。

（二）2015年海南省主要经济金融指标

表1　2015年海南省主要存贷款指标

		1月	2月	3月	4月	5月	6月	7月	8月	9月	10月	11月	12月
本外币	金融机构各项存款余额（亿元）	6 718.3	6 673.2	6 870.2	6 794.9	6 956.5	7 212.5	7 152.8	7 285.2	7 256.4	7 462.6	7 485.0	7 637.3
	其中：住户存款	2 776.3	2 883.9	2 911.4	2 865.3	2 842.4	2 869.2	2 856.7	2 848.9	2 904.3	2 867.2	2 891.9	2 995.3
	非金融企业存款	1 962.7	1 805.6	1 899.9	1 942.7	2 073.8	2 203.8	2 102.6	2 157.5	2 163.5	2 191.4	2 254.4	2 510.9
	各项存款余额比上月增加（亿元）	105.4	-45.1	196.9	-75.3	161.6	256.1	-59.7	132.3	-28.8	206.2	22.4	152.3
	金融机构各项存款同比增长（%）	15.8	11.6	11.2	11.0	11.2	12.6	11.3	13.8	12.5	15.5	14.3	11.1
	金融机构各项贷款余额（亿元）	5 483.0	5 539.6	5 871.8	5 962.9	6 109.6	6 239.6	6 220.9	6 309.3	6 446.4	6 525.5	6 640.4	6 650.7
	其中：短期	764.8	773.9	829.7	897.7	959.8	1 001.8	979.6	998.8	1 016.7	1 013.6	1 011.3	1 057.6
	中长期	4 550.5	4 632.1	4 915.2	4 932.5	4 984.8	5 040.7	5 061.3	5 118.4	5 236.0	5 282.6	5 343.7	5 374.7
	票据融资	165.1	131.5	124.7	131.0	163.1	195.4	178.3	190.3	192.9	225.5	277.7	217.7
	各项贷款余额比上月增加（亿元）	91.5	56.5	332.3	91.1	146.7	130.0	-18.7	88.4	137.1	79.0	114.9	10.3
	其中：短期	-11.1	9.1	55.8	68.0	62.2	42.0	-22.2	19.2	17.8	-3.0	-2.4	46.4
	中长期	88.9	81.5	283.1	17.4	52.2	56.0	20.6	57.2	117.6	46.5	61.1	31.1
	票据融资	13.8	-33.7	-6.7	6.3	32.1	32.3	-17.1	12.0	2.6	32.6	52.2	-60.0
	金融机构各项贷款同比增长（%）	15.1	15.2	20.3	20.7	21.8	23.3	21.7	22.8	24.1	25.2	24.8	23.4
	其中：短期	0.5	0.5	4.8	11.6	20.4	25.8	25.8	30.1	28.9	30.7	29.5	36.3
	中长期	14.8	16.0	21.6	21.1	20.8	20.8	19.9	20.9	22.4	22.9	22.5	20.5
	票据融资	324.3	179.6	169.9	116.3	76.7	113.4	60.4	41.7	50.3	73.6	58.7	43.8
	建筑业贷款余额（亿元）	104.3	109.7	121.1	121.4	125.5	123.6	116.1	114.4	124.7	124.9	131.9	141.1
	房地产业贷款余额（亿元）	799.8	820.6	834.8	834.9	878.6	873.6	878.6	898.1	915.1	962.0	978.8	963.1
	建筑业贷款同比增长（%）	7.7	21.8	29.6	26.6	33.5	29.5	16.3	19.5	19.7	20.6	32.2	31.5
	房地产业贷款同比增长（%）	30.6	31.9	31.7	30.7	32.4	25.9	24.2	26.3	25.8	31.1	30.6	26.5
人民币	金融机构各项存款余额（亿元）	6 639.2	6 602.1	6 803.7	6 733.4	6 893.8	7 149.5	7 084.9	7 193.3	7 165.8	7 372.1	7 389.8	7 518.8
	其中：住户存款	2 760.7	2 867.8	2 894.9	2 848.8	2 826.3	2 853.0	2 839.8	2 830.6	2 885.7	2 848.8	2 872.7	2 974.9
	非金融企业存款	1 901.7	1 752.8	1 851.8	1 899.5	2 029.1	2 161.8	2 053.4	2 086.1	2 094.0	2 121.3	2 180.4	2 416.6
	各项存款余额比上月增加（亿元）	90.8	-37.1	201.6	-70.3	160.4	255.7	-64.6	108.4	-27.5	206.3	17.7	129.0
	其中：住户存款	22.5	107.1	27.1	-46.1	-22.6	26.7	-13.1	-9.3	55.1	-36.9	23.9	102.2
	非金融企业存款	-80.3	-148.9	99.0	47.6	129.7	132.7	-108.4	32.6	7.9	27.3	59.1	236.2
	各项存款同比增长（%）	15.8	11.3	11.1	10.9	11.2	12.7	11.7	13.8	12.4	15.1	13.9	10.4
	其中：住户存款	6.0	8.2	6.5	6.4	5.0	3.0	4.8	5.0	6.0	6.2	6.7	8.1
	非金融企业存款	18.6	1.9	3.3	7.0	11.2	14.1	13.5	18.7	17.2	20.2	18.0	21.9
	金融机构各项贷款余额（亿元）	4 773.3	4 840.6	5 004.7	5 049.4	5 155.2	5 254.1	5 238.1	5 278.3	5 425.7	5 548.7	5 694.5	5 689.0
	其中：个人消费贷款	508.9	516.5	523.9	532.8	543.3	563.3	575.4	588.9	604.6	616.8	635.2	654.1
	票据融资	165.1	131.5	124.7	131.0	163.1	195.4	178.3	190.3	192.9	225.5	277.7	217.7
	各项贷款余额比上月增加（亿元）	89.0	67.3	164.1	44.7	105.8	98.8	-16.0	40.3	147.4	123.0	145.8	-5.5
	其中：个人消费贷款	10.6	7.6	7.4	8.9	10.5	20.0	12.1	13.5	15.7	12.2	18.3	19.0
	票据融资	13.8	-33.7	-6.7	6.3	32.1	32.3	-17.1	41.7	50.3	73.6	58.7	43.8
	金融机构各项贷款同比增长（%）	17.1	17.5	20.2	19.5	20.3	20.7	19.0	19.2	21.0	23.1	23.4	21.5
	其中：个人消费贷款	15.9	18.0	18.0	18.6	19.3	21.4	23.0	24.4	26.1	27.7	29.2	31.3
	票据融资	324.3	179.6	169.9	116.3	76.7	113.4	60.4	41.7	50.3	73.6	58.7	43.8
外币	金融机构外币存款余额（亿美元）	12.9	11.6	10.8	10.1	10.2	10.3	11.1	14.4	14.2	14.2	14.9	18.2
	金融机构外币存款同比增长（%）	13.7	36.8	33.3	34.0	12.6	-2.1	-20.9	4.0	16.4	62.2	47.1	73.4
	金融机构外币贷款余额（亿美元）	115.6	113.7	141.2	149.4	156.0	161.2	160.7	161.4	160.5	153.8	147.9	148.1
	金融机构外币贷款同比增长（%）	2.7	0.6	21.5	29.2	32.1	40.1	39.7	40.7	38.9	34.4	28.6	28.1

数据来源：中国人民银行海口中心支行。

表2 2001～2015年海南省各类价格指数

单位：%

年/月	居民消费价格指数		农业生产资料价格指数		工业生产者购进价格指数		工业生产者出厂价格指数	
	当月同比	累计同比	当月同比	累计同比	当月同比	累计同比	当月同比	累计同比
2001	—	-1.5	—	-0.5	—	—	—	—
2002	—	-0.5	—	1.7	—	5.0	—	0.4
2003	—	0.1	—	4.8	—	2.2	—	-0.5
2004	—	4.4	—	11.3	—	5.9	—	0.0
2005	—	1.5	—	8.9	—	4.2	—	-0.5
2006	—	1.5	—	0.7	—	1.5	—	0.8
2007	—	5.0	—	7.1	—	5.0	—	2.7
2008	—	6.9	—	14.8	—	11.6	—	4.5
2009	—	-0.7	—	-6.0	—	-14.7	—	-9.4
2010	—	4.8	—	7.3	—	10.3	—	7.7
2011	—	6.1	—	15.6	—	15.3	—	8.8
2012	—	3.2	—	4.3	—	-0.4	—	0.8
2013	—	2.8	—	1.0	—	-3.0	—	-0.5
2014	—	2.4	—	5.3	—	-1.0	—	-2.4
2015	—	1.0	—	1.6	—	-11.5	—	-10.2
2014 1	3.6	3.6	2.1	2.1	-2.3	-2.3	0.4	0.4
2	3.3	3.5	3.3	2.7	-2.0	-2.1	-0.8	-0.2
3	3.0	3.3	4.2	3.2	-0.6	-1.6	-1.9	-0.8
4	1.7	2.9	2.3	3.0	-0.3	-1.3	-1.1	-0.9
5	1.8	2.7	3.5	3.1	1.4	-0.8	0.6	-0.6
6	2.0	2.6	4.5	3.3	1.4	-0.4	0.3	-0.4
7	2.9	2.6	5.5	3.6	1.2	-0.2	0.2	-0.4
8	2.0	2.6	6.5	4.0	0.5	-0.1	1.9	-0.5
9	2.3	2.5	7.5	4.4	-0.7	-0.2	-4.6	-1.0
10	2.1	2.5	8.1	4.8	-1.3	-0.3	-4.9	-1.4
11	1.8	2.4	8.3	5.1	-2.4	-0.5	-6.7	-1.9
12	1.6	2.4	8.1	5.3	-7.1	-1.0	-8.6	-2.4
2015 1	1.1	1.1	7.9	7.9	-10.0	-10.0	-12.0	-12.0
2	1.5	1.3	5.9	6.9	-12.4	-11.2	-13.1	-12.6
3	1.1	1.3	4.3	6.0	-12.4	-11.6	-11.3	-12.1
4	1.5	1.3	4.3	5.6	-11.7	-11.6	-12.1	-12.1
5	1.3	1.3	2.2	4.9	-11.3	-11.6	-9.6	-11.6
6	1.6	1.4	2.1	4.4	-11.8	-11.6	-8.5	-11.1
7	0.8	1.3	1.0	3.9	-12.4	-11.7	-9.1	-10.8
8	0.9	1.2	-0.2	3.4	-12.3	-11.8	-10.4	-10.8
9	0.4	1.1	-1.0	2.9	-12.3	-11.9	-10.0	-10.7
10	0.6	1.1	-1.8	2.4	-12.2	-11.9	-9.7	-10.6
11	0.7	1.0	-2.3	2.0	-11.1	-11.8	-8.5	-10.4
12	0.9	1.0	-2.6	1.6	-7.7	-11.5	-7.9	-10.2

数据来源：国家统计局和海南省统计局。

表3 2015年海南省主要经济指标

	1月	2月	3月	4月	5月	6月	7月	8月	9月	10月	11月	12月
绝对值（自年初累计）												
地区生产总值（亿元）	—	—	840.1	—	—	1 808.6	—	—	2 643.5	—	—	3 702.8
第一产业	—	—	201.9	—	—	429.7	—	—	601.6	—	—	855.8
第二产业	—	—	165.2	—	—	402.4	—	—	622.5	—	—	875.1
第三产业	—	—	473.0	—	—	976.5	—	—	1 419.4	—	—	1 971.8
工业增加值（亿元）	—	75.6	92.3	126.0	160.7	199.3	234.9	268.0	306.5	349.1	392.4	449.0
固定资产投资（亿元）	—	326.2	556.0	793.2	1 080.8	1451.5	1 739.3	2 001.0	2 314.4	2 577.9	2 981.4	3 355.4
房地产开发投资	—	161.7	270.7	395.2	545.2	735.0	898.4	1 042.0	1 227.1	1 355.8	1 539.2	1 704.0
社会消费品零售总额（亿元）	—	236.3	336.1	441.0	551.6	649.4	752.5	858.4	962.9	1 081.6	1 201.5	1 325.1
外贸进出口总额（亿元）	65.7	121.4	193.8	261.8	321.7	392.2	458.9	522.1	613.3	680.7	761.6	868.6
进口	45.9	88.5	139.8	189.6	231.2	276.8	323.4	372.7	446.6	490.1	549.4	636.3
出口	19.8	32.9	54.0	72.2	90.5	115.4	135.4	149.4	166.8	190.6	212.1	232.4
进出口差额(出口－进口)	-26.1	-55.6	-85.8	-117.4	-140.7	-161.4	-188.0	-223.3	-279.8	-299.5	-337.3	-403.9
外商实际直接投资（亿美元）	—	2.7	3.5	4.3	5.1	7.7	10.7	13.6	14.9	15.7	18.2	20.1
地方财政收支差额（亿元）	—	-38.9	-64.7	-112.7	-145.0	-203.5	-236.9	-278.0	-355.3	-384.9	-456.9	-613.8
地方财政收入	—	108.5	161.4	221.6	274.2	330.4	383.7	428.5	473.9	535.4	574.0	627.7
地方财政支出	—	147.4	226.1	334.3	419.2	533.9	620.6	706.5	829.2	920.3	1 030.9	1 241.5
城镇登记失业率(%)(季度)	—	—	2.1	—	—	2.1	—	—	2.2	—	—	2.3
同比累计增长率（%）												
地区生产总值	—	—	4.7	—	—	7.6	—	—	8.2	—	—	7.8
第一产业	—	—	4.8	—	—	4.9	—	—	5.1	—	—	5.3
第二产业	—	—	5.3	—	—	6.4	—	—	6.6	—	—	6.5
第三产业	—	—	4.3	—	—	9.3	—	—	10.1	—	—	9.6
工业增加值	—	1.8	3.0	4.2	4.0	3.4	3.1	3.2	3.9	4.2	4.5	5.1
固定资产投资	—	2.0	-3.3	0.1	3.9	3.8	7.3	7.8	9.2	10.2	11.0	10.4
房地产开发投资	—	1.7	4.5	9.1	20.6	20.7	24.5	23.2	25.9	24.4	23.4	19
社会消费品零售总额	—	10.8	8.5	8.3	8.2	8.3	8.2	8.2	8.0	7.9	8.0	8.2
外贸进出口总额	-46.2	-32.6	-20.9	-16.8	-17.6	-17.7	-18.8	-20.6	-17.2	-18.1	-16.4	-10.8
进口	-54.0	-37.4	-25.8	-18.8	-18.3	-20.8	-21.8	-22.4	-17.9	-19.1	-16.8	-9.5
出口	-11.8	-15.5	-4.6	-11.2	-15.6	-9.3	-10.7	-15.6	-15.0	-15.4	-15.6	-14.4
外商实际直接投资	—	-33.2	-37.7	-39.7	-38.8	-16.4	1.1	3.0	1.9	-1.8	5.0	6.2
地方财政收入	—	6.4	5.3	7.0	6.7	7.9	7.4	7.2	8.5	9.8	9.3	8.7
地方财政支出	—	5.0	1.2	14.5	14.6	5.5	7.6	4.9	5.3	6.4	8.6	10.6

注：地方财政收入指地方财政一般预算收入，地方财政支出指地方财政一般预算支出。

数据来源：《中国经济景气月报》、海南省统计局。

2015年重庆市金融运行报告

中国人民银行重庆营业管理部货币政策分析小组

[内容摘要] 2015年，在经济结构调整和转型升级积聚的增长动力支撑下，重庆经济保持较快增长。消费结构持续升级，拉动作用增强；投资结构更趋均衡，支柱产业创新和新兴产业培育加快，过剩产能有序化解；渝新欧铁路大通道等内陆开放平台建设深化，一般贸易与对外投资增长较快；民营经济贡献度提升，经济运行的稳定性、协调性和可持续性进一步增强。

金融业主动适应经济"新常态"和金融改革要求，银行业、证券业、保险业发展稳中有好，金融支持稳增长、调结构、惠民生力度加大。信贷增速与经济增速相匹配，融资渠道更加多元化；存贷款定价分层有序，融资成本有效降低，金融风险防范力度加大，金融生态环境进一步改善。

2016年，重庆将着力加强供给侧结构性改革，加快培育发展新动力，积极推进中新（重庆）互联互通项目和"双创"，促进经济持续健康发展。金融业将认真落实稳健的货币政策，保持信贷适度增长，继续优化信贷结构，扩大直接融资，加快推进各项改革创新试点，为经济社会发展营造适宜的货币金融环境。

一、金融运行情况

2015年，重庆市金融业主动适应经济"新常态"，深化改革创新，加强风险防范，服务实体经济的效能进一步提升。

（一）银行业稳健运行，信贷增速匹配经济增长

2015年，重庆银行业认真落实稳健的货币政策，信贷增速匹配经济增长，投向结构持续优化，贷款利率保持下行，存款定价水平提升，改革创新继续深化。

1. 规模持续扩张，组织体系更为完备。2015年，重庆市银行业资产总额同比增长12%，较上年提高3.1个百分点，其中，债券、股权投资等非信贷资产增长较快。受资产收益水平下滑、减值计提增多等因素的影响，银行业利润较上年有所下降。法人机构资本充足率、流动性比率、拨备覆盖率均处于适度范围。全年新增1家股份制银行分行、2家外资银行分行和2家村镇银行（见表1），全市首家消费金融公司开业。

表1　2015年重庆市银行业金融机构情况

机构类别	营业网点			法人机构（个）
	机构个数（个）	从业人数（人）	资产总额（亿元）	
一、大型商业银行	1 361	27 689	11 611	0
二、国家开发银行和政策性银行	39	1 147	3 707	0
三、股份制商业银行	269	9 202	7 918	0
四、城市商业银行	236	7 819	5 277	2
五、城市信用社	0	0	0	0
六、小型农村金融机构	1 769	16 767	7 028	1
七、财务公司	0	103	233	4
八、信托公司	0	374	312	2
九、邮政储蓄银行	772	4 421	2 150	0
十、外资银行	31	794	245	0
十一、新型农村金融机构	57	2 050	264	35
十二、其他	0	421	630	4
合　计	4 534	70 787	39 376	48

注：营业网点不包括国家开发银行和政策性银行、大型商业银行、股份制银行等金融机构总部数据；大型商业银行包括中国工商银行、中国农业银行、中国银行、中国建设银行和交通银行；小型农村金融机构包括农村商业银行、农村合作银行、农村信用社；新型农村金融机构包括村镇银行、贷款公司和农村资金互助社；"其他"包含金融租赁公司、汽车金融公司、货币经纪公司、消费金融公司等。

数据来源：重庆银监局、中国人民银行重庆营业管理部。

2. 存款增速回升，结构变化明显。上半年，全市本外币存款增长延续上年以来的放缓态势。7月以来，随着资本市场调整和地方政府债券发行资金到位，住户和政府存款同比多增，带动各项

存款增速企稳走高，年末达12.6%，较上年提高3.9个百分点[①]（见图1、图3、图4）。从结构看，受盈利水平和货款回笼下降影响，企业存款同比少增超过两成。个人和企业利率敏感性提高，收益较高的结构性存款和协定存款增量占比上升。外汇存款同比负增长，主要受外汇存款利率走低和贸易融资下降导致派生存款减少的影响。

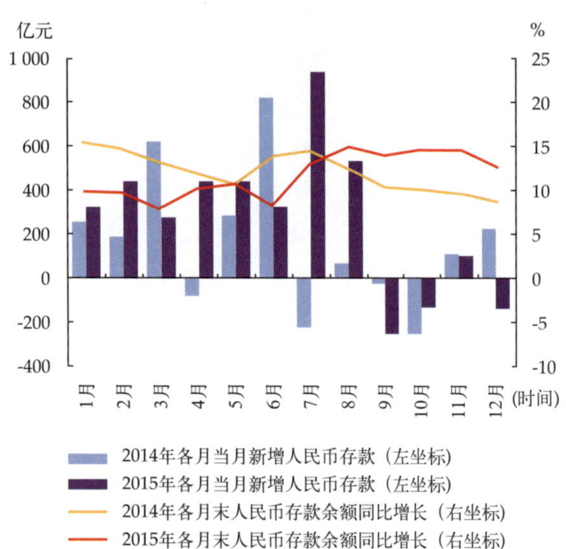

数据来源：中国人民银行重庆营业管理部。

图1 2014～2015年重庆市金融机构人民币存款增长变化

3. 贷款增速回落，投向结构优化。随着实体经济融资渠道不断丰富，贷款增速逐步向常态回归，年末全市本外币贷款增速为11.2%，较上年低3.2个百分点（见图3），与全市经济增速基本匹配。人民币贷款增速总体平稳，外币贷款增速受进出口企业贸易融资需求下降、境内外利差汇差变化等的影响，呈现前高后低走势。

信贷投向有力支持“稳增长、调结构、惠民生”。固定资产贷款、个人住房贷款和票据融资增量占到近八成，较好地满足了全市基建和工业投资、居民消费以及企业流动资金周转需求。“两高一剩”行业贷款余额同比下降。在各类结构性货币政策工具引导下，涉农贷款在全市贷款余额中占比上升，小微企业贷款增速高于全市5.1个百分点。棚户区改造贷款突破百亿元。小额担保贷款发放额同比增长近30%。渝东南、渝东北两大生态发展区和18个重点贫困区县贷款增速均高于全市平均水平。

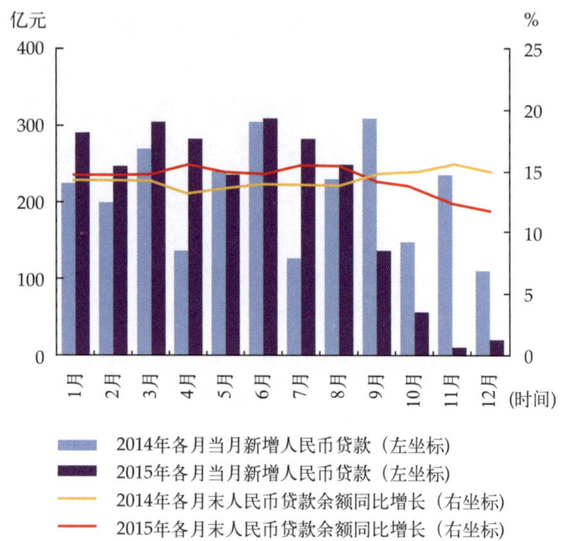

数据来源：中国人民银行重庆营业管理部。

图2 2014～2015年重庆市金融机构人民币贷款增长变化

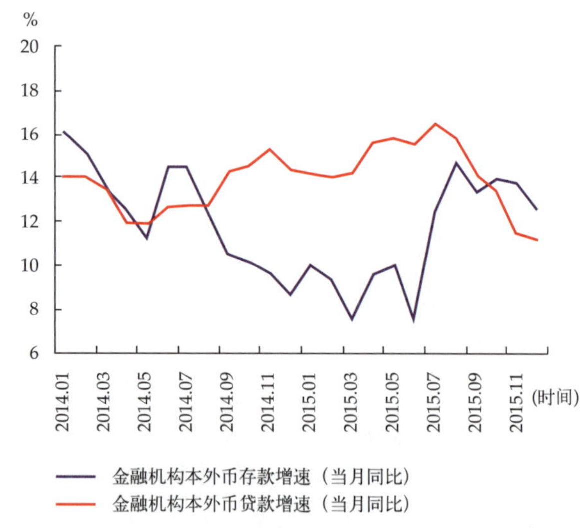

数据来源：中国人民银行重庆营业管理部。

图3 2014～2015年重庆市金融机构本外币存、贷款增速变化

① 从2015年1月起，人民银行调整了各项存、贷款口径，报告对2014年数据相应进行了调整。

4. 理财业务快速增长，投资业务发展加快。2015年，全市银行理财产品余额同比增长56.6%。受降息因素带动，法人银行发行理财产品加权平均预期收益率同比下降0.36个百分点。银行积极丰富盈利模式，信托、资管计划等投资业务快速发展，全市银行股权投资余额同比增长超五成。

5. 利率定价秩序平稳，定价水平有效提升。受基准利率五次下调引导，全市贷款利率持续下行，12月，全市人民币贷款加权平均利率降至2011年以来的最低水平。利率定价基础不断夯实，重庆市场利率定价自律机制全国首批创建发布重庆市最优贷款利率，平均报价高于同期贷款基础利率（LPR）100个基点，充分体现基准利率的区域差别。从存款利率看，在利率上限打开后，利率上浮幅度合理适度，形成与金融机构规模相匹配的分层有序的定价模式。

6. 银行业改革创新加快，金融服务提质增效。银行机构市场化经营能力持续提升，负债端多渠道组织资金，同业存单、大额存单等主动负债产品发行落地。资产端信贷、债券和股权融资相结合的综合金融服务能力增强。多家银行探索金融扶贫新模式成效初显。重庆三峡银行运用央行再贷款资金创新小微企业信贷产品。重庆农商行成为微众银行西部首家合作银行，创新合作服务小微企业和个人融资模式。

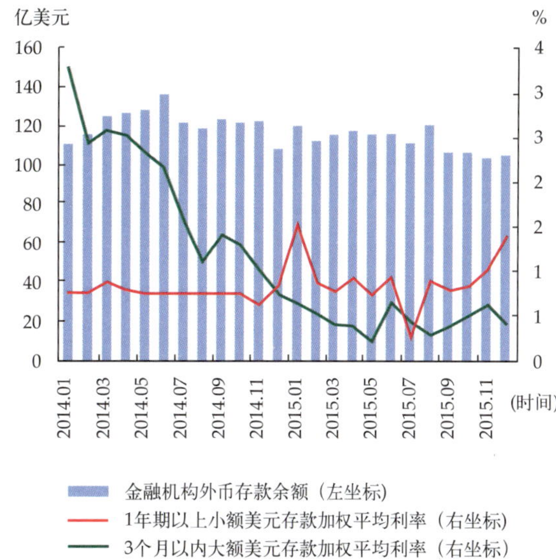

数据来源：中国人民银行重庆营业管理部。

图4　2014～2015年重庆市金融机构外币存款余额及外币存款利率

表2　2015年重庆市金融机构人民币贷款各利率区间占比

单位：%

月份		1月	2月	3月	4月	5月	6月
	合计	100.0	100.0	100.0	100.0	100.0	100.0
	下浮	6.1	6.2	9.0	6.4	6.8	11.2
	基准	19.3	22.0	23.5	18.5	18.7	18.5
上浮	小计	74.6	71.8	67.5	75.1	74.6	70.3
	(1.0, 1.1]	21.8	20.7	22.2	20.8	22.4	23.5
	(1.1, 1.3]	26.6	24.4	19.2	20.6	21.9	20.0
	(1.3, 1.5]	18.6	17.5	16.4	21.4	18.0	13.9
	(1.5, 2.0]	4.7	6.3	6.9	8.9	9.3	9.4
	2.0以上	2.9	2.9	2.9	3.3	3.1	3.5
月份		7月	8月	9月	10月	11月	12月
	合计	100.0	100.0	100.0	100.0	100.0	100.0
	下浮	5.8	5.8	5.2	8.9	11.9	12.7
	基准	24.0	16.3	25.2	19.9	19.4	19.4
上浮	小计	70.2	77.9	69.5	71.2	68.7	67.9
	(1.0, 1.1]	17.4	18.5	20.1	17.2	18.2	17.1
	(1.1, 1.3]	21.3	21.3	18.7	20.0	16.7	22.3
	(1.3, 1.5]	16.5	20.6	15.4	17.5	15.9	11.2
	(1.5, 2.0]	11.7	13.2	11.7	11.7	13.6	13.0
	2.0以上	3.4	4.3	3.6	4.8	4.3	4.4

数据来源：中国人民银行重庆营业管理部。

7. 信贷资产质量下降，风险防控力度加大。2015年年末，全市银行业不良贷款率为0.9%，较年初上升0.45个百分点，仍处于全国较低水平。银行业严格授信权限管理、强化贷后管理和风险排查，加快计提风险拨备，加大不良资产核销处置，风险防控力度加大。

8. 跨境人民币结算量快速增长。全年跨境人民币实际收付结算额同比增长23.8%，结算量居中西部首位。人民币跨境收支占本外币跨境收支比例为28.2%，人民币已成为辖区第二大支付货币。服务企业数量同比增长三成，跨境双向人民币资金池、对外项目人民币贷款等业务实现突破。

（二）证券业平稳发展，市场交易波动加大

2015年，重庆证券市场交易活跃，但波动性加大。市场参与主体稳步增加，融资总量进一步扩大。证券机构平稳发展，服务水平持续优化。

1. 证券市场交易活跃，但波动性加大。受A股市场波动影响，投资者参与交易热情前高后低，全年代理证券和期货交易额增速分别较上年提高140.6个和48.5个百分点，但月度增速的波峰值和波谷值之差分别达到277.2%和123.7%。上市公司市价总值冲高回落，全年增长45.8%。

2. 市场参与主体增加，融资总量快速增长。全市境内上市公司数量达43家，全年新增3家；在“新三板”挂牌企业增至59家。全年证券市场直接融资额同比增长1.9倍。其中，沪深股票市场IPO及再融资同比增长30%；公司债和“新三板”融资量分别增长7.1倍和8.6倍；区域OTC市场累计融资额接近百亿元。

3. 证券机构综合服务能力持续提升。2015年年末，全市证券业分支机构达226家，比年初新增13家（见表3）。证券公司定向资产管理、融资融券等创新业务发展平稳，净利润大幅增长。期货公司在投资咨询业务、服务产品标准化等方面取得进展。重庆股份转让中心新设中小企业股权报价系统（孵化板），全年孵化板企业挂牌26家，助推8家挂牌企业在“新三板”挂牌、1家挂牌企业在主板上市。

表3　2015年重庆市证券业基本情况

项目	数量
总部设在辖内的证券公司数（家）	1
总部设在辖内的基金公司数（家）	1
总部设在辖内的期货公司数（家）	4
年末国内上市公司数（家）	43
当年国内股票（A股）筹资（亿元）	127.0
当年发行H股筹资（亿元）	27.0
当年国内债券筹资（亿元）	1 674.3
其中：短期融资券筹资额（亿元）	178.5
中期票据筹资额（亿元）	346.7

注：当年国内股票（A股）筹资额是指非金融企业境内股票融资。
数据来源：重庆证监局、中国人民银行重庆营业管理部。

（三）保险业运行稳中向好，改革发展取得突破

2015年，全市保险业规模稳步扩大，保障能力持续提高，改革发展取得新突破，服务经济社会发展的作用不断增强。

1. 市场主体不断壮大，保费收入增速再创新高。2015年，全市市级保险分公司增至44家，保险业从业人员突破10万人。保费收入增速较上年提高13个百分点，创五年来的新高。健康险、寿险和意外伤害险保费收入分别增长1.2倍、两成和一成，财产险保费收入同比增长12.3%。保险密度同比提高25.3%，保险深度高于上年0.4个百分点。

2. 保障服务能力增强，保险业态进一步完善。2015年，全市保险赔付支出同比增长45.4%。法人机构偿付能力充足。普惠保险加快发展，大病保险实现市级统筹全覆盖，城镇职工大额医保惠及逾500万人，失独家庭保险覆盖全市60%的区县，农村小额扶贫人身保险普及全部建卡贫困人口。全国首家非政策性专业信用保证保险公司筹建获批。

3. 保险业改革转型持续推进。商业车险条款费率管理制度改革启动，车均保费同比下降，七成续保客户保费降低。人身险费率改革政策红利持续释放。保险公司业务结构进一步优化，产险公司非车险业务占比同比提升4.1个百分点，寿险公司分红型业务占比同比下降15.9个百分点。

表4　2015年重庆市保险业基本情况

项目	数量
总部设在辖内的保险公司数（家）	3
其中：财产险经营主体（家）	2
人身险经营主体（家）	1
保险公司分支机构（家）	44
其中：财产险公司分支机构（家）	22
人身险公司分支机构（家）	22
保费收入（中外资，亿元）	515
其中：财产险保费收入（中外资，亿元）	156
人身险保费收入（中外资，亿元）	359
各类赔款给付（中外资，亿元）	220
保险密度（元/人）	1 706
保险深度（%）	3

数据来源：重庆保监局。

（四）融资结构持续优化，金融市场平稳发展

2015年，重庆市直接融资比重明显提升，新型融资渠道快速发展，金融市场发展势头良好，长江上游金融中心建设深入推进。

1. 社会融资规模同比少增，资金供给渠道更加多元。2015年，全市社会融资规模增量为2 969亿元。融资主体降杠杆进程加快，高成本表外融资全面回落，带动社会融资规模同比少增。银行间市场债务融资首次突破千亿元，推动直接融资在社会融资规模中的占比提高17.2个百分点（见图5）。银行投资投行业务、专项金融债、产业投资基金、PPP项目融资等新型融资渠道快速发展，对全市融资总量的贡献度显著上升。

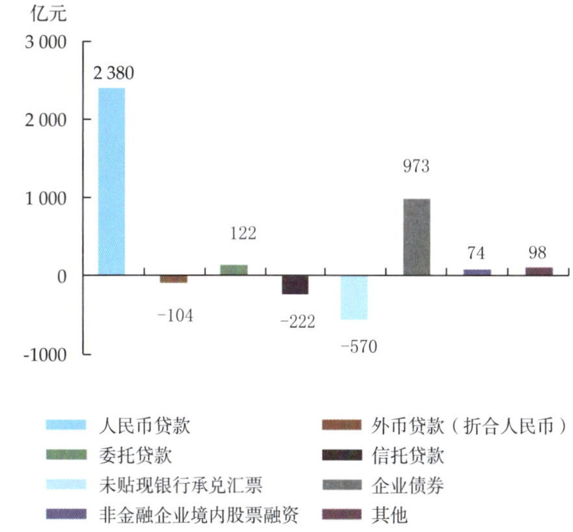

数据来源：中国人民银行重庆营业管理部。

图5　2015年重庆市社会融资规模分布结构

专栏1　重庆市推进PPP和产业基金的探索与实践

2015年，重庆市将PPP投融资模式改革、设立产业基金列入全市25项重点改革专项工作，创新财政支出由“补”改“投”，大力撬动金融资金和民间资本，有力地支持了全市经济结构调整和产业升级。

一是抓好制度建设，形成较为完善的政策框架体系。在PPP投融资领域，先后出台涵盖交通、市政、社会事业、土地整治等多个领域的指导意见或试点方案。产业基金方面，制定了投资基金管理暂行办法、出资资金管理办法等制度规范，以及基金管理人遴选办法、托管银行选择管理办法等配套制度。

二是明确发展原则，确保规范有序发展。PPP改革坚持“风险共担、收益共享、交易公平、诚信守约、防止暴利”五大原则，充分体现PPP改革中公私部门利益、风险的均衡以及双方权益的保障。产业基金发展坚持“八个不准”原则。在专项基金募集上，坚持不准以公开方式向公众集资、不准以高息揽储方式非法集资、不准以债权转股权向商业银行贷款募资、不准借助信托向非合格投资者融资；在专项基金投向上，坚持不准炒房、不准炒汇、不准进入二级市场炒股、不准放高利贷。

三是突出支持重点，提高资金运用导向效果。根据PPP项目盈利水平和经营特点，划分市场定价类、价格调整类、购买服务类、资源配置类和收益约束类五个项目领域，分类推进改革试点。产业基金资金投向围绕三次产业谋划布局，重点投向工业、农业、现代服务业、科技、文化、旅游六大行业，以及十大战略性新兴产业。投资对象上，聚焦储备上市企业，OTC挂牌交易企业，有并购需求的企业，符合产业政策、成长性好、有增资扩股需求的企业，以及处于孵化阶段或孵化后加速发展阶段的科研成果。

四是坚持市场化运作，实现收益共享和风险共担。所有PPP项目均与投资人按合约分享项目的合理收益，既充分调动社会资本参与的积极性，又防止不合理让利或利益输送。政府与投资人均承担相应的项目建设和运营风险，明确政府不承担项目建设运营的兜底责任。产业基金采用“部门协调机制+引导基金公司”运作模式，政府在引导基金中只负责“两端”，即在前端负责审定引导基金的总体投资方案，

在后端把握各子基金的投资方向。各子基金的所有权、管理权、托管权分离，“募、投、管、退”等环节均实行市场化运作。收益上，基金和社会资本实行“同股同权同回报”。同时，探索建立基金投资止损制度和投资保险制度；设立退出机制，子基金总存续期限不得超过7年。

五是充分发挥金融机构作用，为项目建设提供全方位金融支持。鼓励和支持金融机构为PPP示范项目提供融资、保险等全方位的金融服务。如国开行重庆市分行立足开发性金融特点，与发展改革委共同制订支持PPP改革金融方案；中信银行重庆分行围绕PPP项目的设立、融资、运营、移交全流程，提供综合性金融解决方案。产业基金方面，既强调和发展托管银行的作用，又注重吸引银行资金支持。如民生银行重庆分行为重庆战略性新兴产业股权投资基金募集投资100亿元。

通过以上措施，重庆市较好地发挥了财政资金的结构调整引导作用，调动了社会资本的投资积极性，拓宽了项目融资渠道。截至2015年年末，共签约PPP项目39个、总投资2 600亿元，实施14个、总投资1 046亿元。重庆市产业引导股权投资基金已与社会资本合作设立21只专项子基金，金额196亿元，其中，引导基金认缴50亿元，撬动社会资金比例超过1：3，向34个项目投资了30亿元。战略性新兴产业股权投资基金投资超100亿元，已带动项目投资204亿元。

2. 货币市场交易活跃，市场利率低位运行。2015年，全市银行间市场成员交易活跃，全年同业拆借累计成交额同比增长1.3倍，债券质押式回购和买断式回购成交额分别是上年的2.9倍和11倍。在流动性总体充裕环境下，市场利率处于低位，12月全市同业拆借、债券质押式回购和买断式回购加权平均利率分别较上年下降1.57个、1.38个和3.26个百分点。

3. 票据承贴走势分化，贴现利率整体下行。受银行风险控制增强、监管趋严和物价水平走低影响，全市票据承兑余额同比减少8.2%。银行低风险资产配置需求上升，票据贴现余额大幅增长60.6%，转贴现拉动作用明显。票据贴现利率逐季度下降，12月全市票据直贴和转贴现利率分别较上年同期回落2.22个和2.31个百分点。

4. 银行结售汇大幅增长，黄金交易略有下降。受人民币汇率贬值预期增强影响，第四季度以来全市银行结售汇快速上升，带动全年结售汇总额同比增长1.1倍，逆差增加。外汇交易保持平稳，美元交易量占比超过九成。由于上海期货交易所黄金远期交易业务分流，全市黄金成交额同比减少7.1%。

5. 长江上游金融中心建设深入推进，金融服务创新加快。2015年，重庆市金融业增加值增长15.4%，在地区生产总值中的比重提高至9%。全市外汇业务银行增至46家，结售汇网点近1 300个。离岸结算首次突破1 000亿元。跨境电商结算增长2.3倍。全国保险资产交易平台落户重庆，通过国家验收的要素交易市场达到11家。传统金融“触网”升级，重庆银行成立互联网金融业务

表5　2015年重庆市金融机构票据业务量统计

单位：亿元

季度	银行承兑汇票承兑		贴现			
			银行承兑汇票		商业承兑汇票	
	余额	累计发生额	余额	累计发生额	余额	累计发生额
1	3 393.3	1 648.1	670.1	14 478.8	73.3	551.0
2	3 530.2	3 485.6	837.8	32 452.9	37.9	1 952.3
3	3 374.2	4 949.2	1 045.4	46 790.4	103.3	2 950.5
4	3 153.0	6 717.5	829.1	59 822.2	58.8	4 629.0

数据来源：中国人民银行重庆营业管理部。

表6　2015年重庆市金融机构票据贴现、转贴现利率

单位：%

季度	贴现		转贴现	
	银行承兑汇票	商业承兑汇票	票据买断	票据回购
1	5.41	6.54	5.22	5.12
2	4.20	5.90	4.41	3.51
3	3.87	5.69	3.74	3.43
4	3.40	5.58	3.19	3.05

数据来源：中国人民银行重庆营业管理部。

部，金融服务创新提速。

（五）防风险、惠民生，金融生态环境建设进一步完善

2015年，重庆市地方金融监管进一步强化，监管职责和风险处置责任的体制机制构建落实。P2P网络借贷管理政策在全国率先出台。全国首个农村支付服务环境建设综合试点获批。第二代支付系统在西部率先上线。金融IC多领域应用取得新进展，首次推出中超联赛金融IC卡实名制电子票。中小企业和农村信用体系建设试验区县扩大至11个，个人信用报告自助查询点实现主城区全覆盖。金融消费权益保护进一步加强，多个区县将人民币知识纳入当地中小学教育体系。

二、经济运行情况

2015年，重庆经济结构调整与转型升级深入推进，经济继续稳中向好，地区生产总值增长11%（见图6），人均生产总值突破8 000美元。需求与供给结构更趋协调，物价走势平稳，就业保持稳定，生态环境稳步改善。

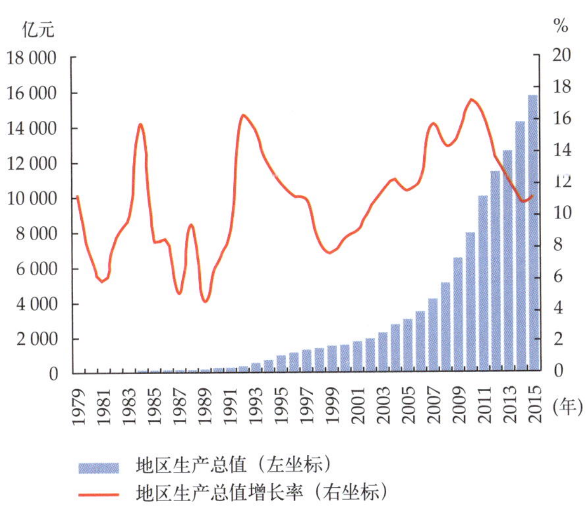

数据来源：重庆市统计局。

图6　1979～2015年重庆市地区生产总值及其增长率

（一）需求总体保持稳定，发展动力有序转换

2015年，重庆市投资增速总体平稳，对稳定经济增长的作用凸显；消费市场增势良好，外贸结构不断优化，三大需求更趋协调。

1. 投资增长总体平稳，投资结构趋于协调。2015年，重庆市固定资产投资同比增长17.0%（见图7）。铁路、高速公路、城市轨道等基建项目投资加快，对稳定投资发挥了积极作用。在汽车、电子信息产业和十大战略性新兴产业推动下，工业投资增速高于上年1.8个百分点。PPP项目陆续实施，带动民间投资占比上升，对全市投资贡献率超过五成。

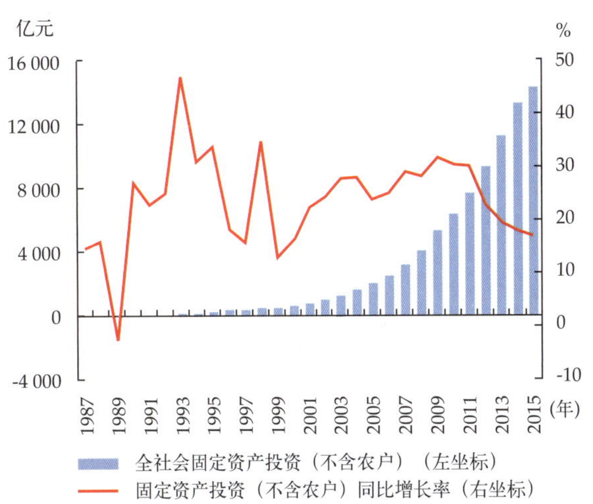

数据来源：重庆市统计局。

图7　1987～2015年重庆市固定资产投资（不含农户）及其增长率

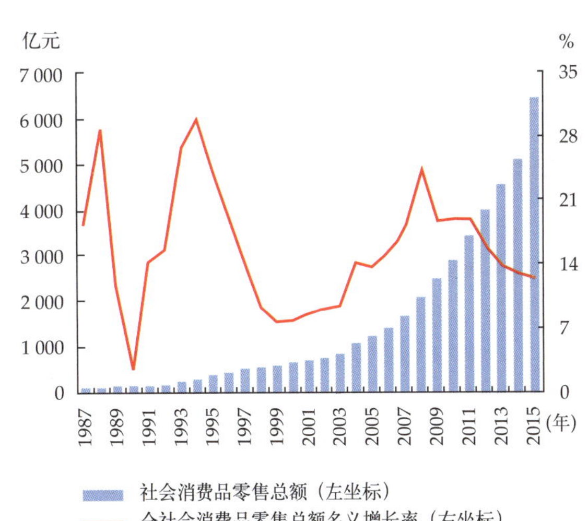

数据来源：重庆市统计局。

图8　1987～2015年重庆市社会消费品零售总额及其增长率

2. 消费稳中向好，新兴热点不断涌现。2015年，重庆持续改善消费环境、积极培育新兴消费热点，个性化消费发展加快，带动全市社会消费品零售总额同比增长12.5%（见图8），高于全国1.8个百分点。居民最终消费率突破40%。衣、食、住、行等基本消费平稳增长，汽车、智能家电、通讯、文化旅游等消费需求有效释放。会展活动拉动消费800亿元以上，网络零售额增长40.2%。

3. 进出口总值有所下降，一般贸易快速发展。2015年，随着外需减弱，全市加工贸易出现下滑，进出口总值同比下降20.8%（见图9）。但随着企业自主研发创新能力提升，以及“渝新欧”铁路大通道不断完善，全市进出口产品种类更加丰富，一般贸易快速增长，在进出口总值中的占比较上年提高17.7个百分点。实际利用外资连续五年突破100亿美元。中新（重庆）战略性互联互通示范项目落地，金融服务、航空、交通物流、信息通信技术四大领域创新加快。单轨、天然气化工等对外合作项目深入推进，实际对外投资增长27.9%。企业资金运作和风险管理能力增强，对汇率浮动的适应性提高。

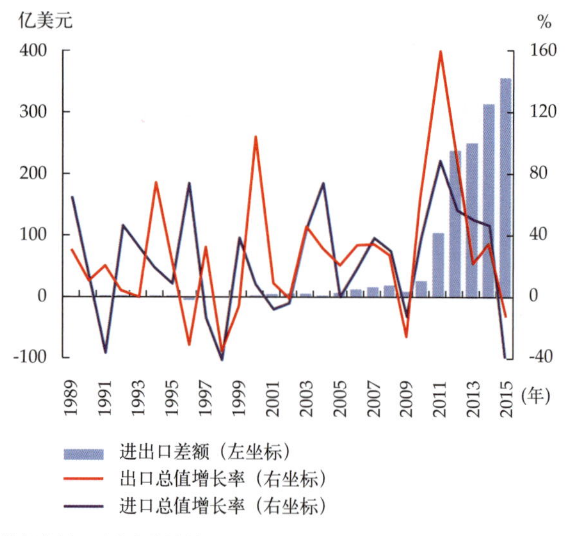

数据来源：重庆市统计局。

图9 1989～2015年重庆市外贸进出口变动情况

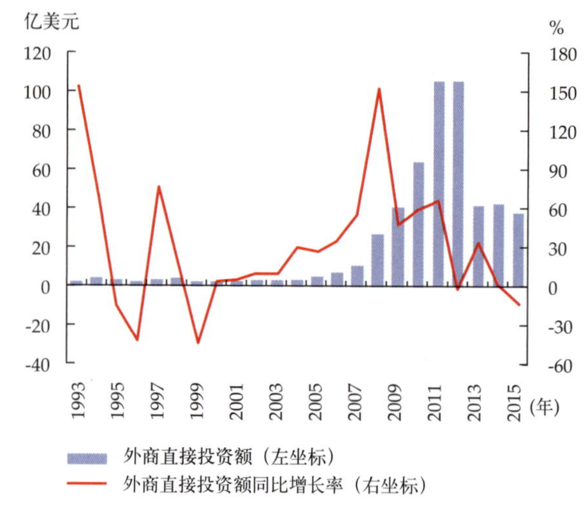

数据来源：重庆市统计局。

图10 1993～2015年重庆市外商直接投资额及其增长率

专栏2 汇率形成机制改革以来重庆企业经营行为变化分析

2015年8月11日，中国人民银行完善人民币兑美元汇率中间价报价机制，提高了中间价形成的市场化程度，人民币汇率双向浮动弹性明显增强。对全市86家重点进出口企业的调研发现，企业着力强化资产负债币种匹配，深入运用外汇便利化政策和金融衍生产品，资金运作与风险防范能力增强，经营活动总体保持平稳。

一是企业对涉外经营活动运行环境的预期变化，持有外汇资产的意愿总体增强。一方面，以结汇/外币收入衡量的结汇意愿下降，8～12月均值为48.3%，较1～7月下降23.1个百分点；另一方面，以售汇/外币支出衡量的购汇率上升，8～12月均值为90.9%，较1～7月上升31.7个百分点。

二是在汇率波动放大币种错配风险、本币利率下行增强其融资吸引力等因素作用下，企业对外债务杠杆率有序降低。一方面，外汇贷款需求下降。12月末，非金融企业外汇贷款余额为84.7亿美元，较8月末下降33.3%。其中，外币贸易融资余额为80.8亿美元，较8月末下降30.7%。另一方面，企业间的贸易信用也出现减少。12月末，全市企业出口预收款余额为3 672万美元、进口延付款余额为36.3亿美元，分别较8月末下降40.6%、23.6%。

三是运用跨境人民币结算、跨国公司资金集中运营等金融外汇便利化政策，以相同币种实现涉外收支，规避汇率波动风险。2015年，全市共1 030家企业办理跨境人民币收付1 983亿元，同比增长23.8%，占全市跨境收支总额的比重达28.2%，较上年提升3.6个百分点；全市跨国公司累计资金集中结算184.3亿美元，同比增长1.9倍。

四是使用远期结售汇、人民币与外币掉期、人民币对外汇期权等各类金融衍生产品，通过提前锁定结售汇汇率实现套期保值。2015年，全市企业在金融机构办理各类衍生产品签约1 326亿元，同比增长31.9%；其中，远期结售汇签约1 028亿元，同比增长22.8%；掉期签约233亿元，同比增长62.2%；期权签约65亿元，同比增长165.3%。掉期、期权合计占比提升5.7个百分点。

在综合利用各类金融政策工具，积极进行资金运作的支持下，企业生产经营活动总体保持了稳健。82%和81%的出口和进口企业订单未受影响，53%的进口企业预计进口成本基本稳定。有引资和对外投资计划的企业基本将按照原计划进行，“引进来”、“走出去”提升跨境经营能力的趋势不变。从中长期看，更加市场化、更趋灵活的汇率形成机制将为企业提供更大的自主决策空间，有助于提升企业综合经营能力，支持实体经济结构调整和转型升级。

（二）产业结构持续优化，转型升级成效明显

2015年，重庆市三次产业增加值占比为7.3∶45∶47.7，第三产业增加值占比较上年提升0.9个百分点，产业结构进一步优化。

1. 农业生产平稳增长，新型经营主体加快发展。2015年，全市农业增加值同比增长4.7%，高于上年0.3个百分点。新型农村经营主体发展加快，家庭农场数量同比增长20.8%，农民参合率同比提高7个百分点，全市规模经营集中度达32.9%。农村集体资产量化确权完成，实现以农民工为主体转户429万人，地票交易17.3万亩农产品销售渠道不断拓宽，涉农电商主体超过1.4万户。

2. 工业经济稳中向好，质量效益持续提升。2015年，全市规模以上工业增加值增长10.8%（见图11），高于全国4.7个百分点。得益于传统产业去产能有序推进、支柱产业转型升级加快，全年规模以上企业利润增长16.5%。

结构调整稳步推进。钢铁等过剩产能行业严控新增，水泥、焦炭等落后产能加快淘汰，工业经济运行负担有效缓解。汽车制造业依托新产品开发，产销两旺，单车价值和利润不断提升。在全球笔记本电脑销量大幅下滑的情况下，电子信息企业依靠高质量的产业工人队伍，迅速转型到手机等智能终端产品生产，产值突破5 000亿元。全年汽车和电子信息产业产值贡献率超过40%。

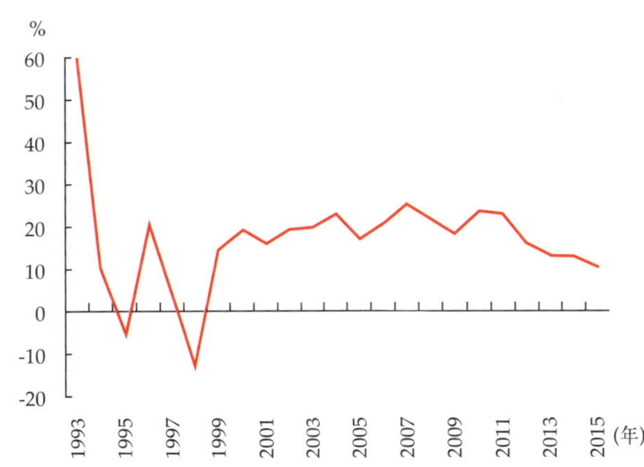

数据来源：重庆市统计局。

图11　1993～2015年重庆市规模以上工业增加值同比增长率

3. 现代服务业加快增长。2015年，全市服务业增加值同比增长11.5%，较上年提高1.5个百分点。会展经济持续活跃，自主品牌展会占80%以上。全市电子商务市场主体达14万户，本土电商“猪八戒网”成为全国最大的创意服务交易平台。中西部首个贸易功能保税区通过国家验收。快递企业渠道下沉，为工业品下乡、农产品进城构建新路径。“渝新欧”国际班列开行翻番。

（三）物价指数低位运行，居民收入较快增长

1. 居民消费价格温和上涨。全市居民消费价格指数（CPI）同比上涨1.3%，较上年低0.5个百分点。烟酒、交通和通信类价格同比下降。受房地产市场销售回暖带动，居住类价格同比上涨。食品价格温和上升，对CPI的拉动力弱于上年。

2. 生产价格低位运行。受经济调整压力加大、去产能尚未完成和大宗商品价格低位徘徊影响，工业生产者出厂价格指数和购进价格指数逐季度下行，全年分别下跌2.8%和2.9%。

3. 就业保持稳定，居民收入较快增长。城镇新增就业人员71.8万人，城镇登记失业率保持平稳。商贸服务、居民服务、物流仓储等行业吸纳就业能力增强。“大众创业、万众创新”氛围浓厚，高校毕业生新创办鼓励类微企同比增长3倍。农村常住居民人均可支配收入突破万元大关，城镇和农村人均工资性收入分别增长6.1%和12.1%。

（四）财政收入平稳增长，地方债发行和置换有序推进

1. 财政收入增长平稳，财政支出对惠民生支持有力。2015年，全市一般公共预算收入增长12.1%（见图13），税收占比提升。得益于工业稳定运行和企业效益提升，增值税、企业所得税较快增长。服务业及金融业发展较好，带动营业税增速提高。教育、社保就业、医疗卫生、交通运输和一般公共服务支出占比保持五成以上。扶贫资金超过300亿元，占总支出比重接近10%。

2. 地方债发行和置换有序推进。2015年，重庆市分三期累计发行政府债券823亿元，其中，置换债券发行662亿元，新增债券发行161亿元。新增债券资金主要用于公益性项目资本支出，优先保障在建项目后续融资，支持棚户区改造、铁路、普通公路等重点项目建设。

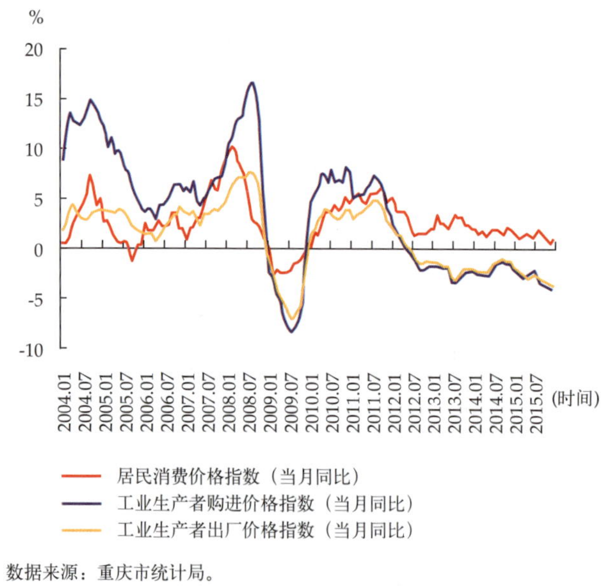

数据来源：重庆市统计局。

图12　2004～2015年重庆市居民消费价格和生产者价格变动趋势

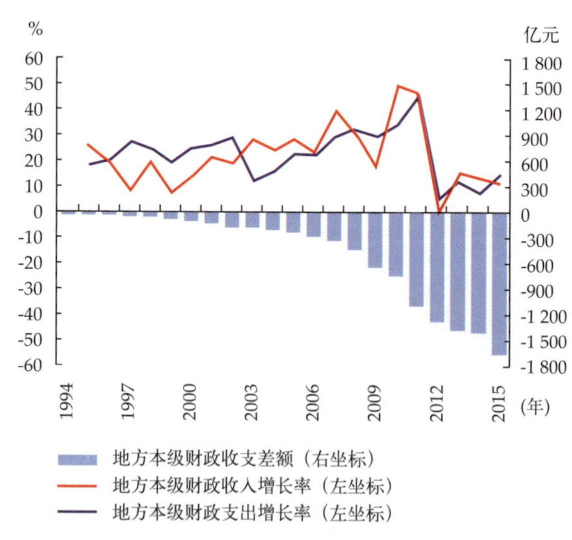

数据来源：重庆市统计局。

图13　1994～2015年重庆市财政收支状况

（五）生态环境不断改善，金融支持环保提质增效

2015年，全市规模以上工业企业综合能源消费量增速较上年回落2.1个百分点，六大高耗能行业能源消费量同比下降0.4%。主城区空气质量优良天数增加46天。长江、嘉陵江、乌江干流水质总体保持II类。全市森林覆盖率、建成区绿化覆盖率分别达45%和42%。排污权有偿使用和交易改革有序开展，完成交易额1.2亿元。绿色信贷累计发放额达163.4亿元。

（六）主要行业分析

1. 房地产市场平稳运行，住房金融服务继续改善。2015年，重庆商品房销售缓中趋稳，全年销售面积同比增长5.5%；成交均价自第二季度起缓慢上升，销售额同比增速逐步回暖。

房地产开发投资持续回落。在“去库存”大背景下，开发商合理控制房屋供给节奏，缓解库存压力，全年房地产开发投资增速仅为3.3%，商品房新开工面积同比回落7.1%，施工面积增速放缓，其中，住宅新开工、施工面积均为负增长（见图14）。公租房建设进入完工阶段，棚户区改造建设明显加快。

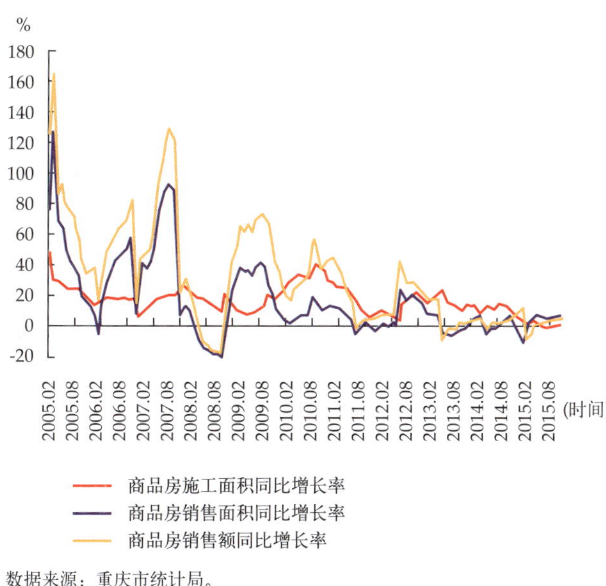

数据来源：重庆市统计局。

图14　2005~2015年重庆市商品房施工和销售变动趋势

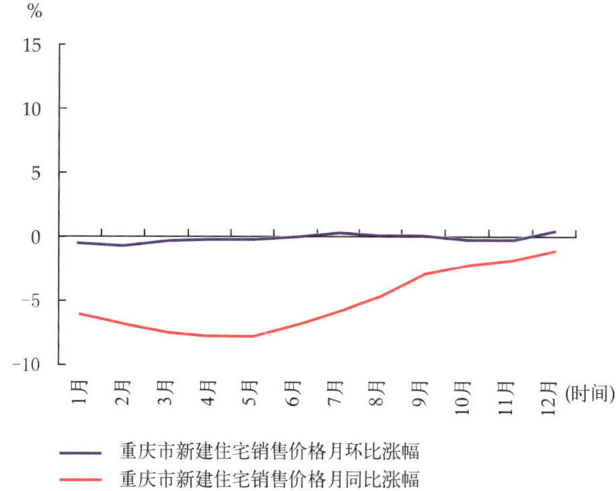

数据来源：重庆市统计局。

图15　2015年重庆市新建住宅销售价格变动趋势

住房信贷政策获得有效贯彻，政策效应逐渐显现。受土地储备贷款放量增长和棚户区改造专项贷款投放力度较大的影响，房地产开发贷款同比增长29.6%，但商品住房开发贷款因供给放缓增速大幅下滑。个人住房贷款投放力度加大，贷款增速持续领先全市贷款平均水平。差别化住房信贷政策有效执行，个人首套及改善性住房贷款占比高达97.7%，房贷利率折扣力度普遍加大。

2. 战略性新兴产业规模扩大，金融服务优化提升。2015年，重庆十大战略性新兴产业①实现产值1 664亿元，对全市工业产值增长贡献率达30%。

产业发展取得积极进展。国家级车联网产业示范基地成立。西部首家国际大型机器人制造企业落户重庆。全球首批石墨烯手机实现量产。新能源汽车及智能汽车产业体系实现客车、轿车、微车等车型全面覆盖，35款车型进入《节能与新能源汽车示范推广应用工程推荐车型目录》。页岩气累计产量占全国八成以上。电子核心部件、

① 包含电子核心基础部件、物联网、机器人及智能装备、新材料、高端交通装备、新能源汽车及智能汽车、MDI及化工新材料、页岩气、生物医药和环保产业。

机器人、页岩气等产业集聚区初步成型。

金融支持战略性新兴产业针对性提高、力度加大。一是800亿元战略性新兴产业股权投资基金创立运行，推动重大项目引进、重大科技成果转化及企业并购重组。二是打造“订单贷”、“应收账款质押贷”等专属产品支持电子核心部件、机器人及智能装备等轻资产企业发展。三是借用电商和互联网平台优势，为生物医药核心企业及其上下游企业客户提供线上供应链金融服务。四是推出设备融资、存货及项目融资产品支持园区集聚产业抱团发展。五是以并购贷款支持环保产业集群企业对外开展并购业务。六是推出“内保外贷”、“出口商票融资”、“跨境投标保函”等产品，支持产业开放发展。2015年年末，全市战略性新兴产业贷款同比增长34.5%，高于全市贷款增速23.3个百分点。

三、预测与展望

随着全国供给侧改革的深入推进，新旧产业和发展动能转换接续将进入关键时期，稳增长和调结构都面临着更大的机遇和挑战。从重庆经济运行看，尽管存在工业产能过剩与有效供给不足并存等问题，但由于经济结构转型起步早、推进快，作为国家西部开发开放的重要支撑，在新一轮经济调整中，有望迎来新的发展机遇。

在投资方面，重大基础设施项目建设和工业投资持续释放有利于投资的稳定，但也面临房地产市场持续走弱，政府性财税和投融资体制改革等不确定因素。在消费方面，随着供给侧结构性改革的推进，以信息消费、绿色消费等为代表的新兴消费将扩大，农村消费环境将持续优化，但经济下行压力下，居民收入增速放缓将一定程度制约消费增长。在外贸进出口方面，服务贸易与跨境电子商务有望加快发展，对全市进出口形成有力支撑，但错综复杂的国际经济金融形势将为外贸发展带来一定的不确定性。

预计物价涨幅将总体保持低位。服务、食品价格仍存在一定上涨空间，但受社会总需求偏弱及国际大宗商品价格和短期内工业生产者价格下行压力影响，预计全年物价将缓慢波动上行。

2016年，重庆市金融业将继续贯彻落实稳健的货币政策，广义信贷保持合理适度增长，对“三去一降一补”、“大众创业、万众创新”、战略性新兴产业和服务业、内陆开放、扶贫开发等重点领域和薄弱环节的支持力度将进一步加大。依托中新（重庆）战略性互联互通示范项目，更多改革创新试点有望落地，带动功能性金融中心建设提速。区域债券市场、黄金市场发展将步入新阶段，直接融资规模有望继续扩大。随着重庆金融生态环境的持续改善、经济金融融合度的不断提高，金融业在服务区域经济转型升级过程中的作用和地位将进一步提升。

中国人民银行重庆营业管理部货币政策分析小组

总　纂：白鹤祥　宋　军

统　稿：古　旻　王　红

执　笔：吴恒宇　李　响　董晓亮　刘　炼　王　睿　纪宝林　汪会敏　李高亮　韩鑫韬　廖　旭　谭　朋

提供材料的还有：罗　杰　岑　露　蒲于滨　韩淑媛　卜醉瑶

附录

（一）2015年重庆市经济金融大事记

4月，中西部唯一的贸易功能区——重庆两路寸滩保税港区贸易功能区通过国务院联合验收组验收，6月正式投入运营。

5月，重庆市政府与四川省政府共同签署《关于加强两省市合作共筑成渝城市群工作备忘录》，推动加快成渝经济区一体化，着力打造新的区域增长极。

6月，重庆市场利率定价自律机制成立，设立4个专门委员会，创设重庆市最优贷款利率。

8月，《中共重庆市委 重庆市人民政府关于精准扶贫精准脱贫的实施意见》出台，确定2017年年底前实现全市18个扶贫开发重点区县全部摘帽，165.9万名农村人口绝大部分越过扶贫标准线，基本完成扶贫攻坚任务。12月，重庆市扶贫开发领导小组印发《重庆市金融业贯彻落实“精准扶贫、精准脱贫”行动方案》，形成人民银行主导、多方参与的金融扶贫长效工作机制。

11月，中国和新加坡两国第三个政府间合作项目——中新（重庆）战略性互联互通示范项目正式启动，金融服务、航空、交通物流和信息通信技术成为重点合作领域。

2015年，重庆市非金融企业在银行间市场发行债务融资工具142只，融资额首次突破千亿元，达到1 100亿元，同比增长40.6%。

2015年，重庆市跨境人民币结算量1 983亿元，同比增长23.8%，结算量保持中西部首位。

2015年，重庆市13个区县获批全国“两权”抵押贷款试点资格，试点区县数量居全国前列。

（二）2015年重庆市主要经济金融指标

表1　2015年重庆市主要存贷款指标

		1月	2月	3月	4月	5月	6月	7月	8月	9月	10月	11月	12月
本外币	金融机构各项存款余额（亿元）	25 879.6	26 275.3	26 564.1	27 015.8	27 441.4	27 768.4	28 678.6	29 301.6	28 957.5	28 817.1	28 914.7	28 778.8
	其中：住户存款	11 096.8	12 016.5	11 952.5	11 748.2	11 693.6	11 879.5	11 884.4	11 984.7	12 103.7	12 009.3	12 028.8	12 255.2
	非金融企业存款	10 010.0	9 555.9	9 796.4	10 206.2	10 432.6	10 618.4	10 566.7	10 749.4	10 505.8	10 419.8	10 600.2	10 629.1
	各项存款余额比上月增加（亿元）	395.7	395.7	288.8	451.8	425.6	327.0	910.2	623.0	-344.1	-140.4	97.6	-135.9
	金融机构各项存款同比增长（%）	13.7	9.4	7.5	9.7	10.1	7.6	12.5	14.7	13.4	14.0	13.8	12.6
	金融机构各项贷款余额（亿元）	20 959.9	21 207.4	21 588.0	21 965.8	22 215.0	22 534.6	22 824.3	23 003.7	23 043.8	23 029.6	22 934.3	22 955.2
	其中：短期	5 921.1	5 987.7	6 087.5	6 200.5	6 251.9	6 338.0	6 315.6	6 229.7	6 114.4	5 999.9	5 941.0	5 960.6
	中长期	13 958.0	14 132.5	14 298.1	14 431.7	14 606.8	14 833.7	14 921.0	15 065.9	15 274.2	15 299.4	15 414.9	15 523.6
	票据融资	604.1	446.3	701.9	832.1	843.5	840.3	1 057.0	1178.5	1 127.4	1 202.7	1 047.7	852.8
	各项贷款余额比上月增加（亿元）	319.7	246.6	380.6	377.8	249.1	319.6	289.7	179.4	40.1	-14.2	-95.3	20.9
	其中：短期	32.6	66.5	99.8	113.0	51.5	86.1	-22.4	-86.0	-115.2	-114.6	-58.8	19.5
	中长期	208.0	173.7	165.6	133.6	175.2	226.9	87.4	144.9	208.3	25.2	115.5	108.7
	票据融资	72.1	-2.6	93.6	130.2	11.4	-3.2	216.7	121.6	-51.1	75.3	-155.1	-194.8
	金融机构各项贷款同比增长（%）	14.2	14.1	14.2	15.7	15.8	15.6	16.4	15.8	14.2	13.5	11.5	11.2
	其中：短期	9.1	8.0	7.1	9.3	10.4	8.1	9.4	7.1	3.0	2.3	0.1	0.8
	中长期	13.2	13.6	13.6	14.1	14.4	15.9	15.6	15.5	15.7	14.9	14.0	13.1
	票据融资	150.9	146.5	166.7	176.8	133.8	91.5	103.8	100.3	80.9	83.0	61.1	60.3
	建筑业贷款余额（亿元）	1 215.1	1 232.6	1 218.5	1 233.4	1 211.0	1 250.0	1 242.3	1 248.8	1 264.5	1 250.0	1 234.4	1 226.3
	房地产业贷款余额（亿元）	1 651.2	1 688.5	1 737.1	1 767.9	1 802.7	1 817.4	1 835.6	1 827.0	1 847.2	1 862.7	1 862.6	1 880.3
	建筑业贷款同比增长（%）	6.2	5.9	3.9	6.2	3.6	7.1	7.3	7.7	7.1	6.2	2.1	1.6
	房地产业贷款同比增长（%）	15.5	16.9	17.5	19.4	21.4	22.2	19.2	17.8	16.0	16.0	16.2	16.1
人民币	金融机构各项存款余额（亿元）	25 143.2	25 583.2	25 856.3	26 296.5	26 737.9	27 063.8	27 999.0	28 531.3	28 279.0	28 145.2	28 248.2	28 094.4
	其中：住户存款	11 066.2	11 984.2	11 919.0	11 714.5	11 660.7	11 846.2	11 848.4	11 943.7	12 061.8	11 967.6	11 985.3	12 207.3
	非金融企业存款	9 333.3	8 925.5	9 145.9	9 541.8	9 774.9	9 962.0	9 937.6	10 041.9	9 889.7	9 809.0	9 990.9	9 999.2
	各项存款余额比上月增加（亿元）	319.8	440.0	273.1	440.2	441.5	325.8	935.2	532.3	-252.3	-133.8	103.0	-153.8
	其中：住户存款	81.6	918.0	-65.2	-204.5	-53.8	185.5	2.2	95.2	118.1	-94.2	17.7	222.0
	非金融企业存款	-24.1	-407.7	220.4	395.9	233.1	187.1	-24.4	104.2	-152.2	-80.7	181.9	8.3
	各项存款同比增长（%）	10.0	9.7	8.0	10.2	10.7	8.4	13.1	15.0	14.0	14.7	14.6	12.9
	其中：住户存款	5.5	13.9	10.6	11.2	9.9	7.2	9.6	10.5	10.1	10.6	10.5	10.4
	非金融企业存款	13.2	7.4	3.9	6.9	7.2	3.0	5.2	5.9	5.3	6.6	7.7	6.4
	金融机构各项贷款余额（亿元）	20 313.5	20 562.7	20 868.8	21 151.7	21 336.1	21 647.2	21 930.6	22 179.7	22 318.8	22 374.3	22 385.6	22 393.9
	其中：个人消费贷款	5 153.8	5 202.3	5 248.5	5 318.9	5 382.9	5 469.8	5 526.6	5 581.9	5 664.0	5 692.1	5 768.5	5 827.9
	票据融资	604.1	608.3	701.9	832.1	843.5	840.3	1 057.0	1 178.5	1 127.4	1 202.7	1 047.7	852.8
	各项贷款余额比上月增加（亿元）	292.5	248.3	306.1	282.9	184.4	311.1	283.4	249.1	139.1	55.5	11.3	8.4
	其中：个人消费贷款	93.8	48.1	46.2	70.4	64.0	86.9	56.8	55.3	82.1	28.1	76.4	59.5
	票据融资	72.1	4.2	93.6	130.2	11.4	-3.2	216.7	121.6	-51.1	75.3	-155.1	-194.8
	金融机构各项贷款同比增长（%）	14.8	14.9	14.9	15.6	15.1	14.8	15.6	15.5	14.4	13.8	12.5	11.9
	其中：个人消费贷款	24.0	24.1	23.2	22.4	21.3	20.0	19.2	18.2	17.9	16.9	16.1	15.2
	票据融资	150.9	146.5	166.7	176.8	133.8	91.5	103.8	100.3	80.9	83.0	61.1	60.3
外币	金融机构外币存款余额（亿美元）	120.0	112.6	115.2	117.7	115.0	115.3	111.1	120.6	106.7	105.8	104.2	105.4
	金融机构外币存款同比增长（%）	9.6	-1.9	-6.7	-5.4	-8.9	-14.4	-8.0	2.8	-12.7	-12.2	-14.1	-2.3
	金融机构外币贷款余额（亿美元）	105.3	104.9	117.1	133.2	143.6	145.2	146.1	129.0	114.0	103.2	85.8	86.4
	金融机构外币贷款同比增长（%）	-2.1	-7.8	-2.0	19.5	39.8	38.9	44.1	22.0	6.1	0.2	-20.0	-14.6

数据来源：中国人民银行重庆营业管理部。

表2　2001～2015年重庆市各类价格指数

单位：%

年/月	居民消费价格指数		农业生产资料价格指数		工业生产者购进价格指数		工业生产者出厂价格指数	
	当月同比	累计同比	当月同比	累计同比	当月同比	累计同比	当月同比	累计同比
2001	—	1.7	—	—	—	—	—	-1.9
2002	—	-0.4	—	—	—	-0.9	—	-2.4
2003	—	0.6	—	—	—	4.9	—	0.6
2004	—	3.7	—	—	—	12.9	—	3.9
2005	—	0.8	—	—	—	8.2	—	3.0
2006	—	2.4	—	—	—	4.8	—	2.2
2007	—	4.7	—	—	—	6.2	—	3.5
2008	—	5.6	—	—	—	12.2	—	5.8
2009	—	-1.6	—	—	—	-5.0	—	-4.5
2010	—	3.2	—	—	—	6.9	—	3.1
2011	—	5.3	—	—	—	5.7	—	3.8
2012	—	2.6	—	—	—	-0.5	—	-0.1
2013	—	2.7	—	—	—	-2.4	—	-2.0
2014	—	1.8	—	—	—	-1.9	—	-1.7
2015	1.3	1.3	—	—	-2.9	-2.9	-2.8	-2.8
2014　1	1.9	1.9	—	—	-2.3	-2.3	-2.2	-2.2
2	1.5	1.7	—	—	-2.4	-2.3	-2.3	-2.3
3	1.8	1.7	—	—	-2.6	-2.4	-2.3	-2.3
4	1.2	1.6	—	—	-2.5	-2.4	-2.3	-2.3
5	1.8	1.6	—	—	-2.6	-2.5	-2.1	-2.3
6	2.0	1.7	—	—	-1.8	-2.3	-1.5	-2.1
7	1.9	1.7		—	-1.4	-2.2	-1.2	-2.0
8	1.7	1.7	—	—	-1.3	-2.1	-1.0	-1.9
9	1.6	1.7	—	—	-1.2	-2.0	-1.1	-1.8
10	2.2	1.7	—	—	-1.4	-1.9	-1.2	-1.7
11	1.9	1.7	—	—	-1.6	-1.9	-1.4	-1.7
12	1.8	1.8	—	—	-1.9	-1.9	-1.7	-1.7
2015　1	—	—	—	—	—	—	—	—
2	1.2	1.1	—	—	-2.4	-2.3	-2.2	-2.1
3	1.4	1.2	—	—	-2.7	-2.5	-2.4	-2.2
4	1.5	1.3	—	—	-2.6	-2.5	-2.6	-2.3
5	1.4	1.3	—	—	-2.6	-2.5	-2.8	-2.4
6	1.3	1.3	—	—	-2.5	-2.5	-2.6	-2.4
7	1.6	1.3	—	—	-2.7	-2.5	-2.7	-2.5
8	1.8	1.4	—	—	-3.2	-2.6	-3.0	-2.5
9	1.3	1.4	—	—	-3.3	-2.7	-3.2	-2.6
10	1.0	1.3	—	—	-3.5	-2.8	-3.4	-2.7
11	0.8	1.3	—	—	-3.7	-2.8	-3.6	-2.8
12	1.0	1.3	—	—	-3.8	-2.9	-3.7	2.8

数据来源：重庆市统计局。

表3　2015年重庆市主要经济指标

	1月	2月	3月	4月	5月	6月	7月	8月	9月	10月	11月	12月
绝对值（自年初累计）												
地区生产总值（亿元）	—	—	3 306.7	—	—	7 237.9	—	—	11 252.7	—	—	15 719.7
第一产业	—	—	118.8	—	—	318.8	—	—	756.3	—	—	1 150.2
第二产业	—	—	1 522.3	—	—	3 325.4	—	—	5 018.7	—	—	7 071.8
第三产业	—	—	1 665.5	—	—	3 593.7	—	—	5 477.7	—	—	7 497.8
工业增加值（亿元）	—	—	—	—	—	—	—	—	—	—	—	—
固定资产投资（亿元）	—	1 135.7	2 355.5	3 447.2	4 778.3	6 298.9	7 594.2	8 952.9	10 574.8	12 111.9	13 764.2	14 208.2
房地产开发投资	—	435.1	761.9	1 006.8	1 344.3	1 715.8	2 012.2	2 340.1	2 713.2	2 989.4	3 358.1	3 751.3
社会消费品零售总额（亿元）	—	1 070.0	1 561.9	2 024.9	2 567.8	3 105.4	3 616.1	4 137.0	4 661.9	5 245.1	5 831.4	6 424.0
外贸进出口总额（亿元）	528.6	1 022.0	1 404.6	1 858.0	2 243.0	2 616.6	3 039.0	3 337.9	3 654.8	3 993.0	4 312.0	4 643.7
进口	106.7	183.5	287.3	389.2	473.1	647.7	752.6	839.8	908.2	996.8	1 110.2	1 217.9
出口	421.9	838.5	1 117.3	1 468.8	1 769.9	1 968.8	2 286.4	2 498.1	2 746.6	2 996.3	3 201.8	3 425.8
进出口差额(出口－进口)	315.1	655.0	829.9	1 079.6	1 296.8	1 321.1	1 533.9	1 658.2	1 838.4	1 999.5	2 091.6	2 208.0
外商实际直接投资（亿美元）	—	8.3	8.9	9.1	10.7	19.1	20.0	20.0	26.2	29.7	34.1	37.7
地方财政收支差额（亿元）	—	-53.4	-159.2	-166.1	-344.4	-543.0	-594.4	-753.4	-1 063.9	-1 153.4	-1 310.7	-1 638.7
地方财政收入	—	323.1	472.6	703.2	872.9	1 124.8	1 288.7	1 410.7	1 556.1	1 740.2	1 900.0	2 155.1
地方财政支出	—	376.5	631.8	869.3	1 217.3	1 667.8	1 883.2	2 164.1	2 620.0	2 893.6	3 210.7	3 793.8
城镇登记失业率 (%)(季度)	—	—		—	—	3.7	—	—	3.7	—	—	3.6
同比累计增长率（%）												
地区生产总值	—	—	10.7	—	—	11.0	—	—	11.0	—	—	11.0
第一产业	—	—	3.7	—	—	4.2	—	—	4.3	—	—	4.7
第二产业	—	—	11.2	—	—	11.5	—	—	11.4	—	—	11.3
第三产业	—	—	10.6	—	—	11.0	—	—	11.2	—	—	11.5
工业增加值	—	11.0	10.8	11.0	11.0	11.1	10.9	10.9	10.9	10.8	10.8	10.8
固定资产投资	—	17.6	17.6	17.6	17.5	17.5	17.4	17.4	17.3	17.4	17.3	17.0
房地产开发投资	—	17.9	10.7	7.8	9.8	10.5	9.5	8.8	6.6	6.0	3.3	3.3
社会消费品零售总额	—	12.0	12.0	11.3	11.3	11.8	12.0	12.1	12.3	12.3	12.4	12.5
外贸进出口总额	21.1	36.6	6.6	5.6	3.4	-2.1	-10.0	-15.9	-19.0	-20.0	-19.8	-20.8
进口	-34.8	-39.6	-43.8	-39.7	-42.0	-35.6	-38.0	-39.8	-43.0	-41.9	-39.1	-38.1
出口	54.6	88.6	38.5	31.8	30.8	18.1	5.6	-2.9	-5.9	-8.6	-9.9	-12.0
外商实际直接投资	—	20.1	13.9	9.0	8.1	26.9	15.3	13.7	24.1	37.7	4.3	-10.9
地方财政收入	—	16.1	23.5	14.4	11.9	15.8	13.2	10.9	12.0	11.0	10.0	12.1
地方财政支出	—	38.5	22.7	23.4	14.1	19.6	11.6	10.1	15.7	18.9	19.2	14.8

数据来源：重庆市统计局。

2015年四川省金融运行报告

中国人民银行成都分行货币政策分析小组

[内容摘要] 2015年，面对复杂的内外部经济形势，四川省牢牢把握“稳中求进”工作总基调，主动适应经济发展“新常态”，深入实施“三大发展战略”①，积极采取一系列“稳增长、促发展、调结构、惠民生”的政策措施，全年经济运行总体平稳，转型升级和结构优化步伐加快，服务业和消费增长较快，民生持续改善，就业形势总体稳定，物价水平低位运行，“十二五”规划目标全面完成。

2015年，四川省金融业认真落实稳健货币政策，为实体经济持续发展提供了适宜的金融环境。金融业整体运行稳健，货币信贷增长平稳适度，信贷结构持续优化，利率市场化改革稳步推进，在定向政策和降息引导下，贷款利率水平显著下行，跨境人民币业务快速增长，银行间市场直接债务融资取得新突破。证券业和保险业健康发展，整体质量进一步提高。区域金融生态环境和金融基础设施建设持续推进。

2016年，随着供给侧结构性改革加快和全面创新改革试验有力推进，四川着力提升产业层次，推动先进制造业、战略性新兴产业加快发展，充分发掘新型城镇化和服务业发展空间，经济仍将在合理区间平稳运行。四川金融业将继续贯彻稳健的货币政策，落实“稳、准、活、实、托底”的总体要求，在推动结构性改革中积极培育有效需求，着力强化融资保障，切实维护金融稳定，促进经济提质增效转型发展。

一、金融运行情况

2015年，四川省金融业运行总体稳健，货币信贷和社会融资规模平稳适度增长，信贷结构进一步优化，各项改革深入推进，多层次资本市场稳步发展，金融生态环境建设扎实推进，金融支持实体经济力度不断加大。

（一）银行业稳健运行，货币信贷平稳增长

四川银行业金融机构认真贯彻落实稳健货币政策，较好地满足了实体经济发展的合理需求，金融机构改革成效进一步显现。

1. 银行业规模持续增长，但运营压力有所加大。2015年年末，四川省银行业金融机构资产总额7.6万亿元，同比增长9.8%，增速同比回落2.8个百分点。中小法人银行业机构资产保持增长，资产占比同比上升0.3个百分点（见表1）。全年全省银行业金融机构利润有所下降；平均净息差3.6%，同比下降0.3个百分点；平均资产利润率

表1　2015年四川省银行业金融机构情况

机构类别	营业网点			法人机构（个）
	机构个数（个）	从业人数（人）	资产总额（亿元）	
一、大型商业银行	3 353	93 374	28 003.0	0
二、国家开发银行和政策性银行	111	3 948	6 309.6	0
三、股份制商业银行	500	11 441	8 857.6	0
四、城市商业银行	814	18 207	10 885.8	13
五、城市信用社	0	0	0	0
六、小型农村金融机构	5 851	67 437	16 031.8	112
七、财务公司	6	222	604.7	4
八、信托公司	2	931	145.4	2
九、邮政储蓄银行	3 130	25 831	4 180.8	0
十、外资银行	29	984	294.0	0
十一、新型农村金融机构	218	3 548	590.6	53
十二、其他	1	361	16.4	1
合　计	14 015	226 284	75 919.6	185

注：营业网点不包括国家开发银行和政策性银行、大型商业银行、股份制银行等金融机构总部数据；大型商业银行包括中国工商银行、中国农业银行、中国银行、中国建设银行和交通银行；小型农村金融机构包括农村商业银行、农村合作银行和农村信用社；新型农村机构包括村镇银行、贷款公司和农村资金互助社；“其他”包含金融租赁公司、汽车金融公司、货币经纪公司、消费金融公司等。
数据来源：四川银监局。

①四川“三大发展战略”：多点多极支撑发展战略；“两化”互动、统筹城乡发展战略；创新驱动发展战略。

0.9%，同比下降0.4个百分点。

2. 各项存款平稳增长，波动幅度减小。2015年年末，四川省金融机构本外币各项存款余额为6.0万亿元，比年初增加5 795亿元，同比少增136亿元；余额同比增长10.5%，增速同比下降1.6个百分点。随着存款偏离度监管政策效应显现和取消存贷比考核，季度末存款冲高现象有所缓解，12月各项存款新增148.7亿元，同比少增345亿元。由于股市调整后资金回流，6月以来各项存款增速显著回升。受利率市场化等因素的影响，存款的活期化趋势明显，企业和住户活期存款合计比年初增加1 829.3亿元，同比多增1 793.8亿元，而定期存款比年初增加1 996.9亿元，同比少增1 499亿元。非银行业金融机构存款继续保持大幅增长，存款余额同比增长45.5%。

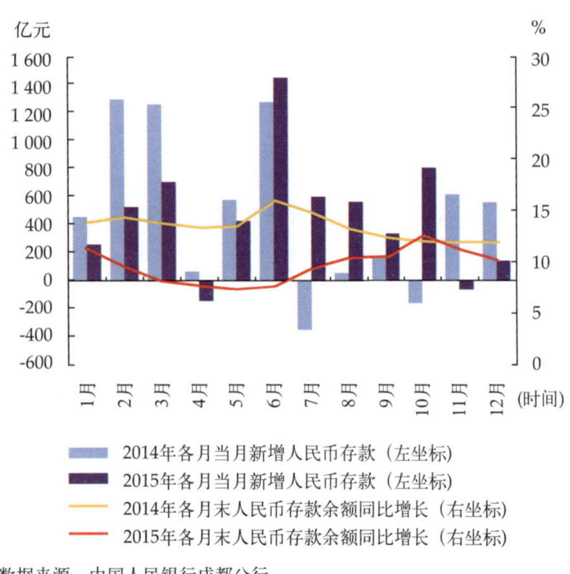

数据来源：中国人民银行成都分行。

图1　2014～2015年四川省金融机构人民币存款增长变化

3. 各项贷款平稳适度增长，结构进一步优化。2015年年末，四川省金融机构本外币各项贷款余额为3.9万亿元，比年初增加3 927亿元，余额同比增长11.3%，增速同比回落3.4个百分点，但仍高出地区生产总值和居民消费价格指数之和1.9个百分点，为经济稳增长提供了有力支撑（见图2）。符合国家战略的重点项目融资保障进一步增强，全省500项重点项目新增融资1 152亿元，617户重点战略性新兴产业项目新增融资28.5亿元，349家重点文化企业新增融资30.5亿元。“小微企业金融服务提升工程”和“万家千亿”[①]培育计划成效显著，小微企业本外币贷款余额同比增长22.4%，高于各项贷款增速11.0个百分点。金融扶贫惠农工程深入推进，涉农贷款余额同比增长11.6%，高于各项贷款增速0.3个百分点；全省累计发放土地流转收益保证贷款8.0亿元；全省金融机构与2 467户新型农业经营主体建立了金融服务主办行制度，贷款余额为194.1亿元。67个贫困县各项贷款增速高于全省平均增速3.2个百分点，新增贷款占比同比提高1.8个百分点。另一方面，受产能过剩的影响，工业贷款呈现收缩趋势，全省工业贷款比年初下降41.6亿元，其中，制造业贷款比年初下降317.5亿元。

中国人民银行积极运用差别准备金动态调整、定向降准、信贷政策支持再贷款等措施，引导优化信贷投放结构。2015年，人民银行成都分行向金融机构发放支农再贷款160.7亿元、支小再贷款

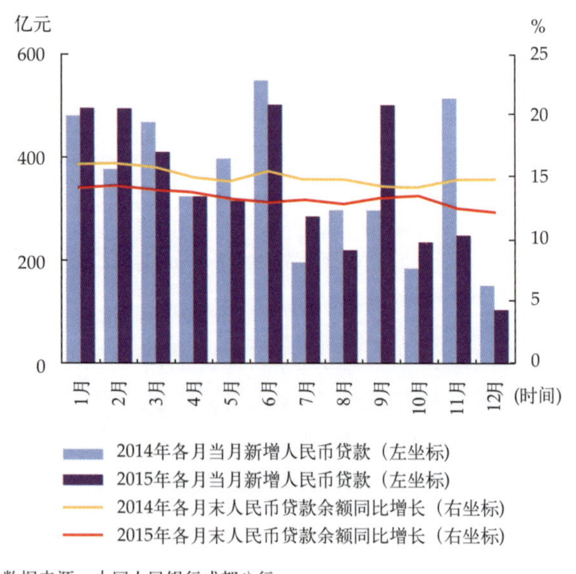

数据来源：中国人民银行成都分行。

图2　2014～2015年四川省金融机构人民币贷款增长变化

①万家千亿项目：力争从2013年开始的三年内，在全省范围内重点培育1万家以上小微企业，发放贷款不少于1 000亿元，大力拓展首次贷款小微企业客户。

56亿元，办理再贴现145.1亿元。推进支农再贷款"基地化"运用，建成粮食、扶贫、现代农业等示范基地204个。实行支小再贷款"名单制"管理，在全省重点培育的1.4万户"万家千亿"诚信小微企业中，有1.2万户成功获得信贷支持。金融机构借用支农和支小再贷款发放贷款的加权平均利率，分别比运用其他资金发放涉农和小微贷款的利率低2.9个和3.5个百分点，"三农"和小微企业"融资难、融资贵"有所缓解，政策效应显著。

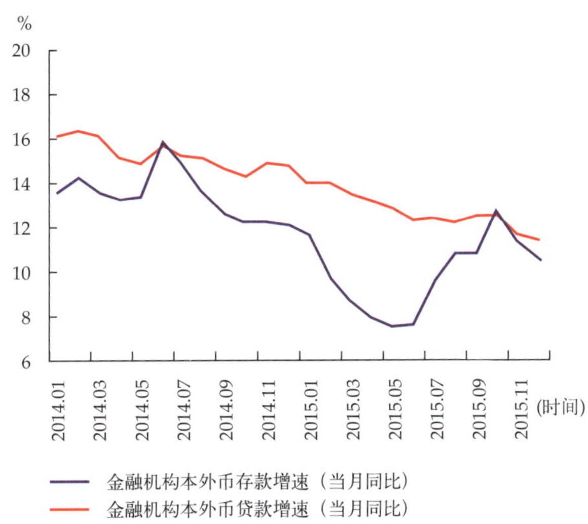

数据来源：中国人民银行成都分行。

图3　2014～2015年四川省金融机构本外币存、贷款增速变化

4. 理财产品规模持续快速增长。2015年年末，四川省银行业理财产品存续资金规模5 661.3亿元，同比增长95%，是同期各项存款增速的9.1倍。受2015年以来存款基准利率下调的影响，理财产品预期收益率明显回落，12月新发行理财产品平均预期收益率为3.87%，同比下降80个基点；年末存续理财产品平均预期收益率4.28%，同比下降64个基点。

5. 金融机构自主定价能力增强，存贷款利率稳中趋降。2015年中国人民银行五次下调存贷款基准利率，并实施定向政策引导利率下行，融资成本显著下降。2015年12月，四川人民币一般贷款加权平均利率为6.12%，比年初下降158个基点。存款利率管制基本放开后，在市场利率定价自律机制约束下，全省初步形成分层有序、差异化竞争的格局。2015年12月，一般贷款中执行下浮、上浮利率的贷款占比分别为9.6%和71.3%，比年初分别上升6.2个和下降8.1个百分点。各金融机构人民币存款挂牌利率总体上浮比例均未超过基准利率的30%。地方法人金融机构定价机制建设取得积极进展，22家地方法人机构取得同业存单发行资格，全年发行1 070.6亿元；11家地方法人机构取得大额存单发行资格，全年发行23.1亿元。2015年，各季度民间融资监测利率依次为14.86%、17.62%、16.19%和17.21%，与2014年相比总体呈下降趋势。

6. 金融改革成效进一步显现。国家开发银行大力支持棚户区改造、城镇化建设等重点领域和薄弱环节，2015年为四川棚户区改造发放贷款347亿元。进出口银行进一步落实与四川省政府签署的合作协议框架，加大对支持"一带一路"等战略的实施。农业发展银行坚持以政策性业务为主体，支持农村基础设施和水利工程等项目的

表2　2015年四川省金融机构人民币贷款各利率区间占比

单位：%

月份		1月	2月	3月	4月	5月	6月
合计		100.0	100.0	100.0	100.0	100.0	100.0
下浮		3.4	6.8	5.3	4.5	8.7	8.3
基准		17.2	15.2	15.2	16.4	13.3	11.6
上浮	小计	79.4	78.0	79.4	79.1	78.0	80.2
	(1.0，1.1]	12.8	13.1	13.7	14.1	12.7	14.6
	(1.1，1.3]	26.6	22.4	20.7	22.7	18.7	19.0
	(1.3，1.5]	15.2	15.6	17.3	17.4	20.3	19.4
	(1.5，2.0]	19.1	21.5	20.5	19.4	21.0	20.8
	2.0以上	5.7	5.4	7.2	5.5	5.3	6.3
月份		7月	8月	9月	10月	11月	12月
合计		100.0	100.0	100.0	100.0	100.0	100.0
下浮		6.6	11.4	12.9	8.5	8.8	9.6
基准		14.0	12.2	12.4	15.3	15.5	19.1
上浮	小计	79.4	76.3	74.7	76.2	75.7	71.3
	(1.0，1.1]	14.2	11.6	16.9	11.6	12.3	12.8
	(1.1，1.3]	18.6	15.8	14.8	19.3	14.6	13.6
	(1.3，1.5]	18.3	18.8	17.0	16.3	19.8	17.5
	(1.5，2.0]	22.2	23.2	19.2	21.2	20.9	19.1
	2.0以上	6.0	6.9	6.8	7.8	8.1	8.2

数据来源：中国人民银行成都分行。

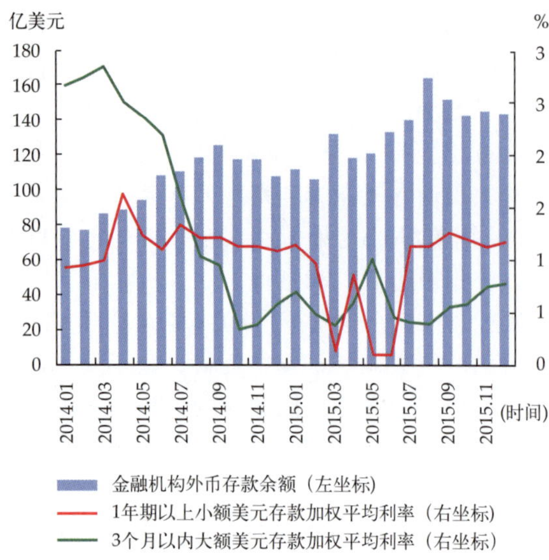

数据来源：中国人民银行成都分行。

图4　2014～2015年四川省金融机构外币存款余额及外币存款利率

实施。农业银行“三农金融事业部”改革稳步推进，支农效应进一步显现。交通银行、邮政储蓄银行扎实推进深化改革各项工作，成效逐步显现。城市商业银行、农村信用社等法人治理进一步完善，经营取得积极成效。2015年成都银行等4家银行业金融机构在银行间市场发行二级资本债券、小微专项金融债券累计106亿元。创新推进农村产权融资改革，四川申报的10个农村承包土地的经营权抵押贷款试点和3个农民住房财产权抵押贷款试点均获得全国人大授权。人民银行成都分行对4家地方法人金融机构发放常备借贷便利，提供短期流动性支持，稳定了市场预期。

7. 信贷资产质量下降，风险防范、化解和处置工作深入开展。2015年年末，四川省不良贷款余额为952.1亿元，比年初增加347.6亿元，为2014年新增不良的2.5倍；不良贷款率为2.5%，比年初上升0.7个百分点。关注类贷款余额为1 955亿元，同比增长31.1%，资产质量下迁压力较大。人民银行成都分行推动建立由各级地方政府牵头的风险处置机制，推动成立四川省再担保公司，积极化解农业产业化龙头企业风险，并积极配合地方政府打击非法集资和防范化解民间融资风险。

8. 跨境人民币业务保持较快发展。2015年四川跨境人民币结算金额为1 658.1亿元，同比增长35.5%。人民币跨境收支在全省本外币国际收支中的比重达30%。业务结构明显改善，经常项下结算额占比达74.6%；资本项下业务取得新进展，四川对外人民币直接投资结算额同比大幅增长8.5倍，跨境双向人民币资金池总数增至11个。交易对手涉及的境外国家和地区增加到129个，同比增加21个。

（二）证券业较快发展，多层次市场稳步发展

2015年，四川多层次资本市场稳步发展，直接融资市场规模显著提升，上市公司并购重组活跃。

1. 多层次资本市场稳步发展。2015年年末，四川共有A股上市公司103家，同比增加11家。“新三板”挂牌企业达137家，全年新增106家；成都（川藏）股权交易中心挂牌企业385家，区域性资本要素市场体系逐步健全；全省在中国证券基金业协会登记的私募投资基金管理人457家，管理基金201只，管理基金认缴规模约628.9亿元。

2. 直接融资规模显著提升。2015年，四川资本市场累计实现融资782.4亿元，同比增长98.6%。其中，实现首发融资13家、融资金额58.4亿元；14家上市公司通过增发、发行股票等方式再融资323.2亿元；非金融企业在证券交易所实现债券融资268.4亿元；3家证券公司在证券交易所实现债券融资120亿元；“新三板”挂牌企业累计融资62家次，共计12.5亿元。

表3　2015年四川省证券业基本情况

项目	数量
总部设在辖内的证券公司数（家）	4
总部设在辖内的基金公司数（家）	0
总部设在辖内的期货公司数（家）	3
年末国内上市公司数（家）	103
当年国内股票（A股）筹资（亿元）	396
当年发行H股筹资（亿元）	—
当年国内债券筹资（亿元）	1 589
其中：短期融资券筹资额（亿元）	721
中期票据筹资额（亿元）	544

注：当年国内股票（A股）筹资额是指非金融企业境内股票融资。
数据来源：四川证监局、中国人民银行成都分行。

3. 上市公司并购重组活跃。截至2015年年末，四川共有13家上市公司正在推进重大资产重组或收购，4家公司控制权发生变更，8家公司因筹划重大事项停牌。

（三）保险业稳步增长，服务民生功能进一步发挥

2015年，四川省保险业持续稳定健康发展。承保业务增长较快，险种结构稳步改善，保险服务民生功能进一步发挥。

1. 市场主体不断完善。截至2015年年末，四川已开业保险公司83家，其中，财产险公司37家、人身险公司41家、养老险公司3家、健康险公司2家。

2. 保费收入较快增长。2015年，四川保险密度为1 397.2元/人，保险深度为4.2%，同比增长0.5个百分点。全年实现原保险保费收入1 267.3亿元，同比增长19.5%；赔付支出为454.1亿元，同比增长21.4%。

3. 保险服务民生功能进一步发挥。四川成为全国巨灾保险试点省份，城乡居民住房地震保险试点正式落地。截至2015年年末，已为16.3万户城乡居民提供地震保险风险保障44.8亿元，实现保费收入693.8万元。2015年，全省农业保险保费收入为29.5亿元，同比增长6.6%，共提供2 175.1亿元风险保障，向284.7万受灾农户支付赔款17.0亿元，同比增长18.8%。

表4　2015年四川省保险业基本情况

项目	数量
总部设在辖内的保险公司数（家）	3
其中：财产险经营主体（家）	2
人身险经营主体（家）	1
保险公司分支机构（家）	80
其中：财产险公司分支机构（家）	35
人身险公司分支机构（家）	40
保费收入（中外资，亿元）	1 267.3
其中：财产险保费收入（中外资，亿元）	421
人身险保费收入（中外资，亿元）	846
各类赔款给付（中外资，亿元）	454.1
保险密度（元/人）	1 397.2
保险深度（%）	4.2

数据来源：四川保监局。

（四）金融市场运行平稳，直接债务融资快速发展

2015年，四川金融市场运行平稳，交易活跃，银行间市场债务融资快速发展。

1. 社会融资规模平稳增长，表外融资占比下降。2015年，四川省社会融资规模新增5 812.0亿元，同比少增1 281.6亿元。考虑资产证券化、不良贷款处置和地方政府债务发行影响，实际新增融资量上升约30%。从结构看，各项贷款增量占比上升5.9个百分点至66.8%。受同业监管政策调整的影响，委托和信托贷款等表外间接融资新增量占比下降9.1个百分点至8.3%。直接融资占社会融资规模比重的12.9%，较上年上升0.9个百分点。

2. 在银行间债券市场带动下直接债务融资规模显著扩大。2015年，四川非金融企业在银行间市场直接债务融资发行规模达1 265.3亿元，同比增长41.9%；存续余额突破2 000亿元，达2 230.2亿元，同比增长30.2%。银行间债券市场助力实体经济发展作用明显，四川城建、交通、电力等重点企业在银行间市场融资701.4亿元，华西集团等企业成功发行永续票据等创新型产品。四川企业发债加权平均利率为4.6%，与贷款加权平均利率

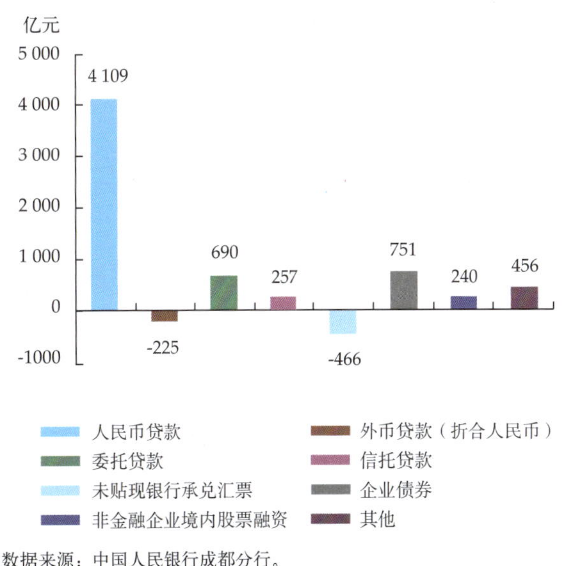

数据来源：中国人民银行成都分行。

图5　2015年四川省社会融资规模分布结构

的利差约为1.5个百分点，每年大约节约财务成本30亿元。

3. 货币市场运行平稳，债券回购交易活跃。2015年，四川辖内市场成员在货币市场累计成交33.5万亿元，同比增长109%。其中，同业拆借市场累计成交6 892.9亿元，同比增长58.7%；银行间市场债券回购累计成交32.8万亿元，同比增长110.3%。现券交易7.1万亿元，同比增长272.5%。2015年，四川货币市场融入金额为21.4万亿元，融出金额为12.1万亿元，净融入资金9.2万亿元，同比增长388.8%。货币市场利率呈现前高后低态势，如同业拆借加权平均利率为3.25%，较上年下降38个基点。

4. 票据业务平稳发展，市场利率总体下行。2015年，银行承兑汇票累计签发6 649亿元，同比减少432.5亿元；签发商业承兑汇票184.4亿元，同比增加71.5亿元；办理银行承兑汇票贴现17 449.9亿元，同比增加5 971.8亿元；办理商业承兑汇票贴现869.2亿元，同比增加141.1亿元。由于市场流动性较充裕，票据贴现利率持续下行。12月，四川金融机构贴现加权平均利率为3.52%，同比下降270个基点；转贴现加权平均利率为3.21%，同比下降267个基点。

表5　2015年四川省金融机构票据业务量统计

单位：亿元

季度	银行承兑汇票承兑		贴现			
			银行承兑汇票		商业承兑汇票	
	余额	累计发生额	余额	累计发生额	余额	累计发生额
1	3 219	1 471	677	3 767	44	368
2	5 930	5 947	836	8 469	45	582
3	3 367	6 362	860	12 187	46	735
4	3 330	6 649	979	17 450	64	869

数据来源：中国人民银行成都分行。

表6　2015年四川省金融机构票据贴现、转贴现利率

单位：%

季度	贴现		转贴现	
	银行承兑汇票	商业承兑汇票	票据买断	票据回购
1	5.53	7.54	5.35	5.42
2	5	5.58	4.14	4.16
3	4.06	6.16	3.79	3.70
4	3.54	5.52	3.30	3.25

数据来源：中国人民银行成都分行。

5. 外汇交易量有所下降，黄金业务较快增长。2015年，四川省银行间外汇市场累计成交15.3亿美元，同比下降21.5%。2015年，全省金融机构黄金业务仍然保持较快增长态势，其中，上海黄金交易所代理交易业务交易量同比增长27.9%，实物黄金交易量同比增长188.9%。

（五）金融生态环境建设扎实推进，金融基础设施不断完善

1. 信用体系建设不断深化。人民银行成都分行与省发展改革委共同牵头推进四川社会信用体系建设。小微企业和农村信用体系建设不断深化，与依法治旅、打击假冒侵权和税务诚信等行业信用建设紧密结合。持续开展对全省178个参评县(区、市)的县域金融生态环境评价，大力推动中征应收账款融资服务平台运用，金融信用信息基础数据库为全省 114.7万户企业和5 930万位个人建立了信用档案，全年向银行和社会公众提供个人信用报告查询825.4万次，企业信用报告查询119.3万次。

2. 支付体系更加健全。2015年年末，四川省拥有第二代支付系统直接参与者15家，间接参与者5 030家。四川支付结算综合服务系统全年共发生业务372.7万笔业务，金额达10 123.7亿元，支付系统稳定运行。非现金支付环境持续改善，开展四川省打击银行卡网上非法买卖专项行动，四川多地开展电子商业汇票再贴现试点工作，全年办理再贴现业务520笔，金额达19.7亿元。通过创建“支付惠农示范工程”、修订四川省助农取款服务点管理办法、扩大参与主体的范围、实施财政金融互动政策，深入推进农村支付环境改善。

3. 金融消费权益保护工作积极推进。2015年，人民银行成都分行严格落实“12363”咨询投诉电话管理制度，全年共受理处理金融消费者咨询5 259件，受理处理投诉1 473件，办结1 466件，办结率99.5%。四川省人民银行各分支机构和金融机构积极开展“金融消费者权益日”和“金融知识普及月”活动，构建金融消费者宣传教育长效机制。

二、经济运行情况

2015年，四川省经济运行总体平稳，部分指标延续回落态势，但结构调整出现积极变化，投资增速放缓，消费增长平稳，物价低位运行。全年实现地区生产总值3.0万亿元，同比增长7.9%，增速比上年回落0.6个百分点。

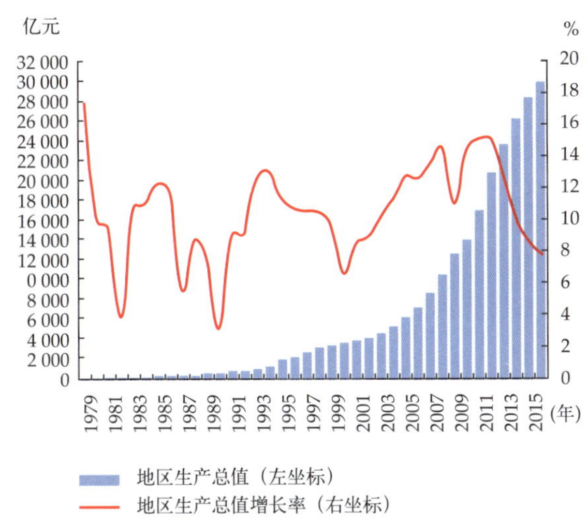

数据来源：四川省统计局。

图6　1979～2015年四川省地区生产总值及其增长率

（一）社会总需求规模持续增长，增速有所放缓

1. 投资规模扩张但增速放缓。2015年，四川完成全社会固定资产投资2.6万亿元，同比增长10.2%。在经济下行的背景下，基建投资继续形成支撑，但支撑作用有所减弱；房地产开发投资增长有所放缓，民生及社会事业投资回落，产业投资略有回升。政府和社会资本合作模式推广初见成效，累计签约44个项目总投资近1 600亿元。

2. 消费品市场总体平稳，新型业态消费快速增长。2015年四川实现消费品零售总额1.4万亿元，同比增长12%，增幅回落0.7个百分点。乡村消费市场发展好于城镇。电子商务等新型商业消费业态快速发展，“互联网+”消费高位增长。受经济下行的影响，汽车类消费需求显著缩减，全年累计增长6.3%，较上年同期下降9.7个百分点；石油及制品类消费增长-3.6%，较上年同期下降9.4

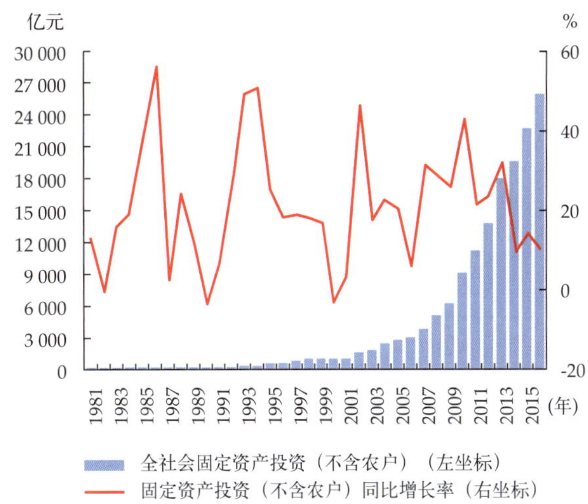

数据来源：四川省统计局。

图7　1981～2015年四川省固定资产投资（不含农户）及其增长率

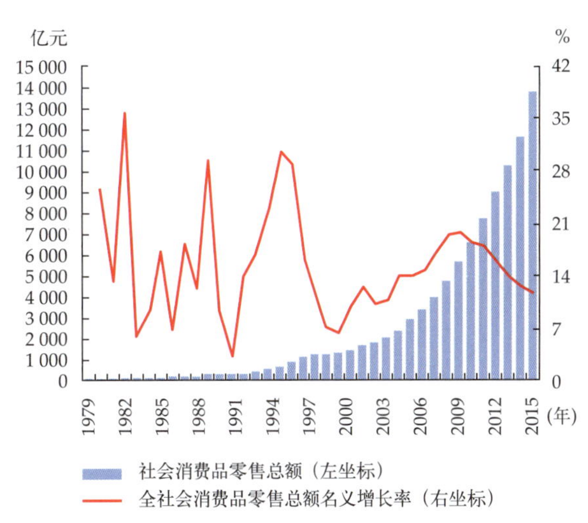

数据来源：四川省统计局。

图8　1979～2015年四川省社会消费品零售总额及其增长率

个百分点。

3. 外贸进出口同比下降，外商投资保持较高水平。2015年，四川进出口总额为515.9亿美元，同比下降26.6%，亚洲市场合计占全省外贸总值的48.3%，外商投资企业进出口267.4亿美元，占四川全省的51.8%。外商投资结构优化，全年实际到位资金100.7亿美元。2015年，全省新增境外投资项目145个，中方投资总额27.7亿美元，同比增长1.4倍。

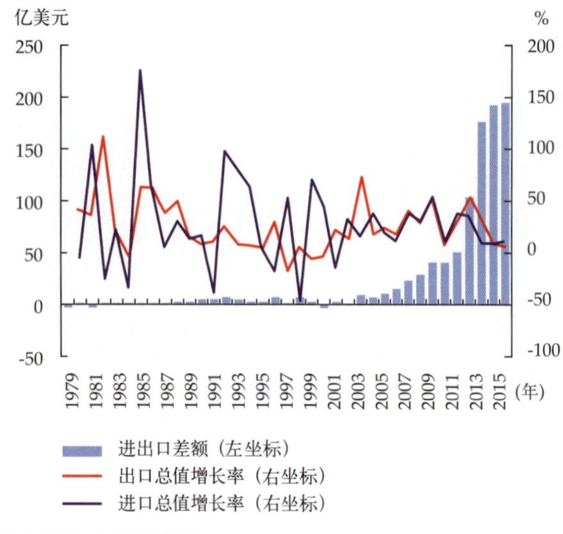

数据来源：四川省统计局。

图9 1979～2015年四川省外贸进出口变动情况

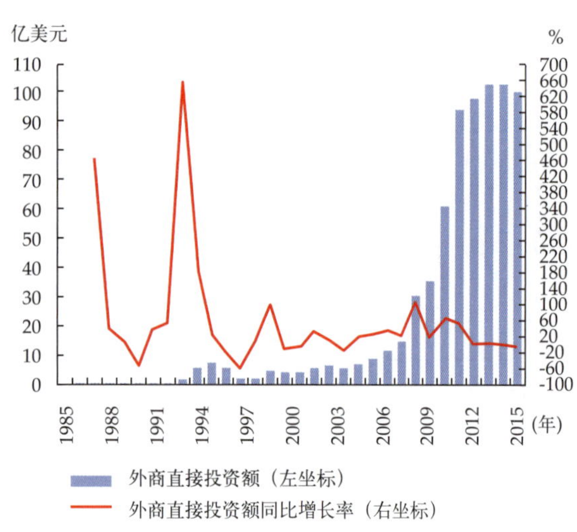

数据来源：四川省统计局。

图10 1985～2015年四川省外商直接投资额及其增长率

（二）三次产业稳定发展，产业结构进一步优化

2015年，四川产业结构更加优化，三次产业结构从12.4：50.9：36.7调整为12.2：47.5：40.3，对经济增长的贡献率分别为5%、53.9%和41.1%。

1. 农业生产稳定。2015年，四川第一产业完成增加值3 677.3亿元，增长3.7%。全年粮食产量增长2%；油料产量增长2.2%。主要畜产品产量保持增长，出栏生猪减少2.8%；牛羊禽出栏保持较快增长，牛出栏增长6%，羊出栏增长4%。建成高标准基本农田45万公顷，全省承包土地流转面积占承包地总面积的27.7%，培育各类新型农业经营主体20.1万个。

2. 工业增速放缓。2015 年，四川规模以上工业增加值同比增长7.6%，同比下降2个百分点，自2011年达到峰值后呈阶梯式下滑，但全年走势总体较为平稳。全省高新技术产业总产值超过1.3万亿元，同比增长10.4%。企业经济效益显著下滑，在四十一个行业大类中，50%的行业利润负增长。2015年，四川省13 338户规模以上企业累计亏损304.7亿元，同比增长7%。规模以上工业企业亏损面达12.2%，同比增加2.2个百分点；规模以上工业企业利润总额同比下降7.7%。

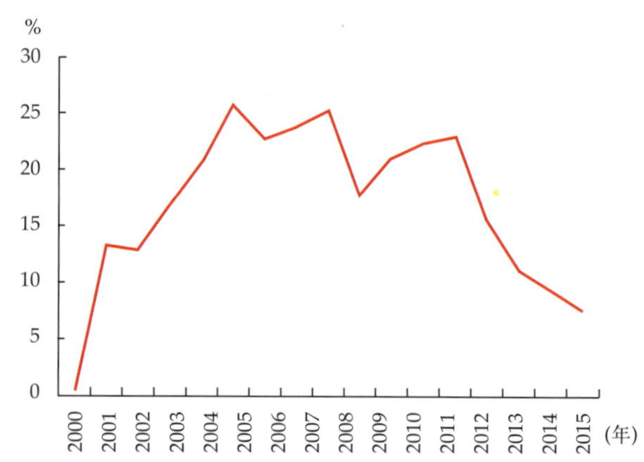

数据来源：四川省统计局。

图11 2000～2015年四川省规模以上工业增加值同比增长率

3. 服务业健康发展。2015年，第三产业实现增加值12 132.6亿元，同比增长9.4%，提高0.6个百分点。四川五大高端成长型产业和五大新兴先导型服务业成果丰硕，新增省级以上企业研发机构141家、科技型中小微企业1.3万家，工商新登记各类市场主体64.4万户，增长20.7%。在“大众创业、万众创新”的激励下，大批科技人才、大学生、海外人才迈入创新主战场，四川启动“四川青年创业促进计划”，建成大学生创业园区（孵化基地）184个，大学科技园11家，积极支持高校毕业生、下岗失业人员等群体创业就业，带动服务业较快发展。

（三）物价水平低位运行，就业市场总体稳定

2015年，居民消费价格指数低位运行，受猪肉价格拉动，第二、第三季度物价小幅回升；生产价格指数继续下行。

1. 居民消费价格低位运行。2015 年，四川居民消费价格指数同比上涨1.5%，涨幅同比下降0.1个百分点。八大类商品及服务项目价格维持“七涨一跌”。全年涨幅最高的为食品价格，同比上涨2.9%，其中，猪肉价格上涨11.5%；烟酒类价格企稳，同比增长0.1%；交通和通信类价格下跌，同比下降0.7%。

2. 生产价格持续负增长。在工业品市场需求持续低迷的情况下，生产价格持续走低，四川工业生产者出厂价格指数已经连续44个月为负。2015 年，工业生产者出厂价格指数、工业生产者购进价格指数同比分别下降3.6%、3.3%，较上年同期分别回落1.7个、1.1个百分点。

3. 就业形势总体稳定。2015年，四川城镇新增就业101.9万人，城镇登记失业率为4.15%，同比下降0.04个百分点。全省居民可支配收入为17 221元，同比增长9.3%，比全国平均水平高0.4个百分点。

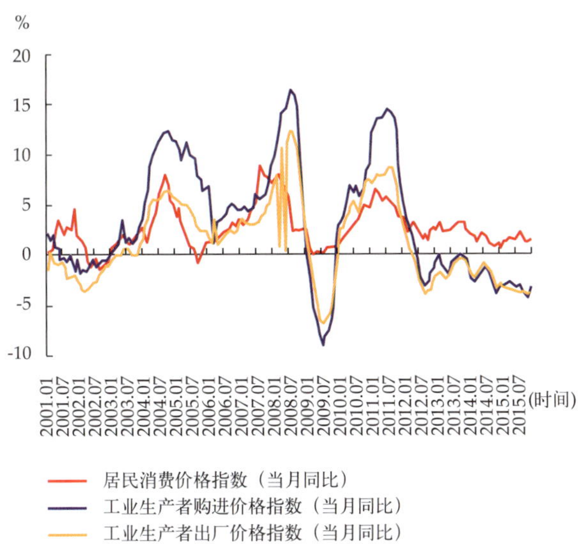

数据来源：四川省统计局。

图12　2001～2015年四川省居民消费价格和生产者价格变动趋势

（四）财政收入稳定增长，支出结构继续优化

1. 财政收入增长稳中趋缓。四川积极应对宏观经济下行、结构性减税、减免行政事业性收费等因素的影响，地方一般公共预算收入实现3 329.1亿元，完成预算的100.7%，同比增长7.9%。

2. 财政支出结构继续优化。面对较大的增支压力，四川各级加大资金统筹力度，盘活存量资金，优化支出结构。全省一般公共预算支出实现7 511.7亿元，完成预算的93.9%，同比增长10.5%。全省民生支出4 882.6亿元，占一般公共预算支出的比重为65%，与上年持平；支持发展方面支出1 464.8亿元，占比19.5%，同比提高0.2个百分点；保运转方面支出1164.3亿元，占比15.5%，同比下降0.2个百分点。

3. 地方债务结构继续优化。2015年，四川共发行1 790亿元地方政府债，完全覆盖当年全省到期的1 448亿元政府债务，降低利息负担约百亿元，减轻了地方政府偿债压力。其中，置换债券1 467亿元，新增地方债券规模323亿元，置换重点为重大基础设施项目、城镇化项目、公益性事业项目等，以保障在建公益性项目后续融资等。

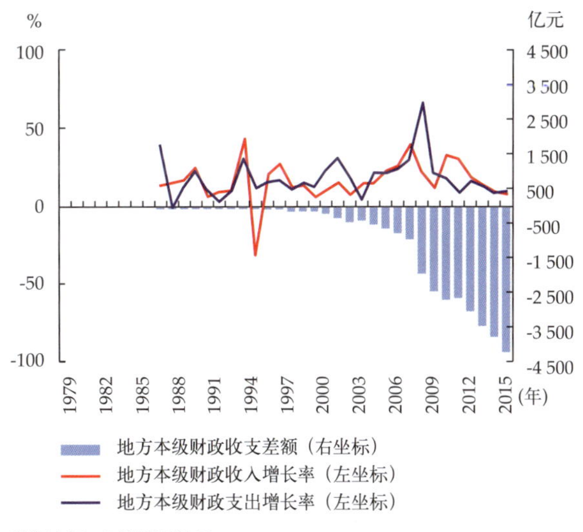

数据来源：四川省统计局。

图13　1979～2015年四川省财政收支状况

（五）节能降耗成效明显，生态保护工作持续推进

2015年，四川安排环保专项资金8.7亿元，完成工业企业治理项目444个，推进盆地雾霾污染联防联控，可吸入颗粒物平均浓度比考核基准年（2013年）降低10%，全年单位地区生产总值能耗下降7%；出台差别化排污收费政策；率先通过国家农村生活用水治理验收；出台生态补偿等20项改革措施，启动生态保护红线划定工作，年末全省自然保护区169个，面积8.4万平方公里，占全省土地面积的17.35%。

专栏1　四川产业发展阶段和转型升级路径

根据国际实践常用指标（三次产业结构占比）和钱纳里指标，结合中国特殊的历史体制背景和四川自身的经济发展状况，可将四川和全国的经济发展和产业结构划分为初级产品生产阶段、工业化初期阶段、工业化中期阶段和工业化后期阶段。相较于全国已进入工业化后期，四川经济正由工业化中期向工业化后期过渡。

1978年改革开放至今，四川经济结构发展主要经历了四个阶段：初级产品生产阶段（1978~1990年）、工业化初期阶段（1991~2004年）、工业化中期阶段（2005~2011年）、由工业化中期向工业化后期过渡阶段（2012年至今）。

四川经济正由工业化中期向工业化后期过渡。在此阶段中，四川基本奠定了传统优势产业和高新技术产业的基本产业结构格局，工业地位进一步巩固，同时第三产业的优化升级步伐在持续加快，产业结构正由“二、三、一”向“三、二、一”的方向优化调整。相较于全国十四年的工业化中期阶段，四川此阶段仅经历了七年便开始向后期阶段过渡，进入过渡阶段时滞后于全国的时间大幅缩短至五年，表明四川进入工业化阶段的时间虽远晚于全国平均水平，但工业化进程快于全国平均水平。

同时也要看到，处于工业化中期向工业化后期过渡的四川经济，虽工业化进程快于全国，但第三产业发展长期较大程度滞后于全国，第三产业占比超越第二产业难度还相当大。因此，预计四川此过渡阶段要明显长于全国六年的平均水平，四川第二产业占比高于第三产业占比的状况仍会维持较长时间，工业仍将是未来近十年带动四川经济发展的最主要因素；第三产业则将在此过渡期中逐渐成长为重要的新经济增长源。

历史经验表明，服务业比重的不断提升和伴随工业经济内部升级优化的工业经济占比下降，是过渡阶段经济发展的趋势性规律。在全国经济大环境已经发生变化，全国重工业已面临全面过剩和阶段性转型的背景下，作为后发地区的四川要实现此阶段的顺利过渡，必须要清醒认识该阶段经济发展规律，重点兼顾推动工业产业优化升级和提升服务业地位两个方面，而不是再重复全国重工业化道路，从而避免将“后发优势”强化为“后发劣势”，最终实现弯道超车。一是要充分利用后发优势迈过重工业化阶段，向更高层次的经济结构转变。二是要加快新型工业化步伐，推动实现工业内部产业优化升级，通过质的提升弥补量的下降。三是要重点发展先导和高端服务业，不断提升第三产业在产业结构中的比重。

（六）房地产市场总体平稳，现代服务业快速发展

1．房地产市场销售回暖，住房金融服务加强。随着住房金融政策的调整和存贷款基准利率的下调，四川房地产市场景气指数在第一季度之后回升，但房地产开发投资增速持续低速增长。

房地产开发投资低速增长。2015年，四川省房地产开发完成投资4 813.0亿元，同比增长9.9%，涨幅比全国水平高8.9个百分点。

商品房供给减少。2015年，四川省房屋新开工面积为9 587.2万平方米，同比下降15.4%，降幅比全国水平低 1.4个百分点。

商品房销售逐步活跃。2015年，四川省商品房销售面积为7 671.2万平方米，同比增长7.4%，涨幅比全国水平高0.9个百分点。其中，新建商品住宅销售面积为6 495.4万平方米，同比增长5.2%，涨幅比全国水平低1.7个百分点（见图14）。

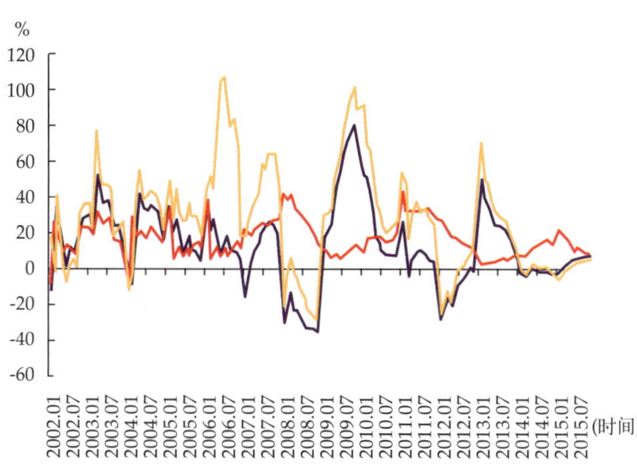

数据来源：《中国经济景气月报》。

图14　2002~2015年四川省商品房施工和销售变动趋势

重点城市商品房销售价格出现分化。2015年，四川省新建商品住宅销售价格同比增速出现分化。其中，3个列入国家重点监控的70个大中城市的新建商品住宅价格指数同比出现分化，成都市、泸州市、南充市同比分别增长0.6%、下降1.5%和3.7%（见图15）。

房地产贷款增速保持高位。2015年年末，四川省房地产贷款余额同比增长20.0%，高于各项贷款余额同比增速8.7个百分点。房地产开发贷款余额同比增长29.6%。其中，棚户区改造带动保障性住房开发贷款同比增长80.1%。个人住房贷款余额同比增速16.1%，比年初增加869.2 亿元。个人住房贷款利率水平整体下行，执行基准及以下利率的贷款占比同比大幅提高56.5个百分点，12月，全省个人住房贷款加权平均利率较年内高点下降1.73个百分点。

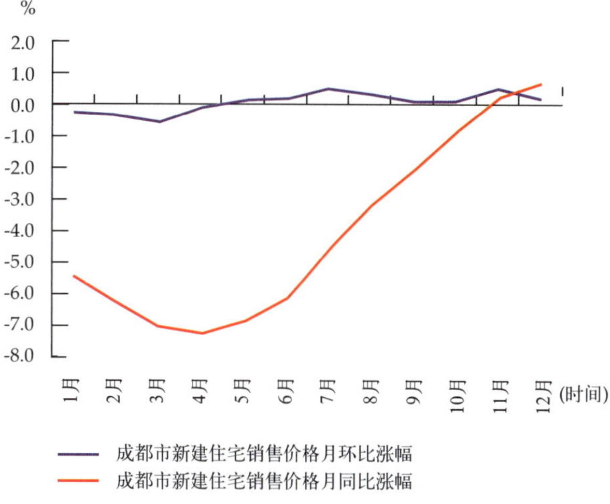

数据来源：《中国经济景气月报》、中国人民银行工作人员计算。

图15　2015年成都市新建住宅销售价格变动趋势

2. 现代服务业快速发展，产业结构持续优化。近年来，四川重点推动五大新兴先导型服务业发展，服务业发展持续提速。2015年，四川省服务业增加值同比增长9.4%，增速分别高于地区生产总值增速和第二产业增速1.5个和1.6个百分点，占地区生产总值的比重达40.3%，比上年提高1.6个百分点。全省新建20个省级现代服务业集聚区，启动实施5个城市的中心城区转型发展工程。旅游业加快发展，2015年旅游总收入为6 210亿元，增长27%；电子商务业快速发展，预计到2017年全省电子商务交易规模将突破2万亿元；现代物流业水平不断提升，预计到2017年，物流业增加值年均增长10%以上；软件与信息服务业优化升级，2015年全省软件与信息服务业营业收入达2 848.2亿元，同比增长14.5%。截至2015年年末，四川省现代服务业贷款余额为11 514.6亿元，同比增长15.6%，占全部贷款余额的38.7%。但目前四川现代服务业发展仍然存在不少问题和困难。一是交通运输、仓储和邮政业发展滞后，行业发展水平低于全国平均。二是部分现代生活性服务业发展落后，市场化程度较低。三是部分代表先进生产力的服务业发展缓慢。

三、预测与展望

2016年，四川省经济发展仍然具备有利条件和积极因素。一是随着供给侧结构性改革加快，全面创新改革试验有力推进，四川先进制造业、军民融合产业、战略性新兴产业、高端成长型产业、现代服务业等有望加快发展，将形成新的竞争优势。二是工业化和新型城镇化加速推进，城镇化质量和水平进一步提高，农村人口市民化加快，将释放巨大的消费和投资需求。三是在四川省“项目年”的引领下，成都新机场、京东方8.5代线等一批重大项目开工建设，有利于增强需求拉动力。四是四川多点多极发展战略深入推进，天府新区、成都国家自主创新示范区、绵阳科技城等示范、支撑引领作用持续增强；实施精准扶贫提高贫困群众收入水平，有利于形成新的经济增长点。

同时，四川经济仍要面对宏观经济下行挑战，以及自身长期积累的结构性矛盾。一是实体经济困难增大，产能过剩问题依然突出，工业品价格处于近年最低点，企业杠杆率攀升，经营成本持续上升挤压利润。二是市场有效需求依然不足，投资增长乏力，科技成果转化率较低，新的增长动力尚处于培育阶段。三是房地产、金融业等领域存在风险隐患，给实体经济平稳运行带来挑战。

2016年，面对机遇与挑战并存的复杂局面，四川经济仍有望平稳较快发展。四川金融业将继续贯彻稳健的货币政策，坚持稳增长、调结构、惠民生、防风险，落实金融支持实体经济系列措施，着力强化融资保障，切实维护金融稳定，促进经济提质增效转型发展。

中国人民银行成都分行货币政策分析小组
总　纂：周晓强　李　铀
统　稿：刘本定　肖　丹　熊万良
执　笔：王鲁滨　郑敏闽　卿山岭　高　琦　王大波　陈　倩
提供材料的还有：曾　好　龙阅新　王越子　石　慧　胡荣兴　李华伟　罗来东　刘　敏　杨华强　朱丹卉　张宏宇

附录

（一）2015年四川省经济金融大事记

1月23日，国务院正式批复同意建设成都新机场，成都将成为国内第三个拥有双机场的城市。

4月3日，四川省市场利率定价自律机制成立并召开第一次工作会议。

4月9日，德阳银行成功办理四川省首笔常备借贷便利业务。

6月1日，《四川省农村扶贫开发条例（草案）》正式实施，标志着四川扶贫开发正式驶入规范化、制度化、法治化轨道。

7月22日，中国人民银行等三部委印发《成都市农村金融服务综合改革试点方案》，成都市成为全国首个农村金融服务综合改革试点地区。

9月，四川省推荐10个农村承包土地经营权抵押贷款试点县和3个农民住房财产权抵押贷款试点县获得全国人大授权。

9月7日，中共中央办公厅、国务院办公厅印发《关于在部分区域系统推进全面创新改革试验的总体方案》，四川被确定为8个试点地区之一，将依托成都、德阳、绵阳开展先行先试。

10月，四川省政府办公厅印发《财政金融互动政策和鼓励直接融资财政政策相关通知》，突出对小微企业、创新创业等重点领域发展的支持。

12月26日，成渝高铁建成通车，四川高速公路、铁路通车里程分别达6 000公里、4 600公里。

12月，乐山市商业银行成功办理四川省首笔信贷资产质押再贷款。

（二）2015年四川省主要经济金融指标

表1　2015年四川省主要存贷款指标

		1月	2月	3月	4月	5月	6月	7月	8月	9月	10月	11月	12月
本外币	金融机构各项存款余额（亿元）	54 605.6	55 088.1	55 935.7	55 700.8	56 133.4	57 647.7	58 283.6	59 027.3	59 271.1	60 015.8	59 969.0	60 117.7
	其中：住户存款	25 981.0	27 904.4	28 070.6	27 578.9	27 374.5	27 840.3	27 916.3	28 102.8	28 513.5	28 267.7	28 291.9	28 708.2
	非金融企业存款	14 981.9	14 055.3	14 199.0	14 318.0	14 511.8	14 855.2	15 049.0	15 274.3	15 342.4	15 245.0	15 523.2	16 288.9
	各项存款余额比上月增加（亿元）	309.0	482.4	847.6	-234.9	432.6	1 514.3	635.9	743.7	243.9	744.7	-46.8	148.7
	金融机构各项存款同比增长（%）	11.6	9.7	8.5	7.9	7.5	7.6	9.5	10.7	10.7	12.6	11.2	10.5
	金融机构各项贷款余额（亿元）	35 222.8	35 703.4	36 111.6	36 398.9	36 723.7	37 202.0	37 474.2	37 715.8	38 158.8	38 380.7	38 623.1	38 704.0
	其中：短期	10 997.8	11 095.9	11 113.7	11 159.2	11 215.9	11 326.7	11 278.8	11 236.9	11 183.7	11 123.6	11 043.9	10 909.9
	中长期	23 358.9	23 683.0	23 973.4	24 134.7	24 348.9	24 656.1	24 915.4	25 162.7	25 604.7	25 795.8	26 015.9	26 274.1
	票据融资	682.2	704.2	797.4	859.3	898.3	976.5	1 012.5	1 036.7	1 106.9	1 184.6	1 291.9	1 302.9
	各项贷款余额比上月增加（亿元）	445.8	480.6	408.1	287.4	324.8	478.2	272.2	241.6	442.9	222.0	242.4	80.8
	其中：短期	-17.6	98.1	17.9	45.5	56.7	110.8	-48.0	-41.8	-53.2	-60.1	-79.7	-134.0
	中长期	400.1	324.1	290.5	161.3	214.2	307.2	259.4	247.3	442.0	191.0	220.1	258.3
	票据融资	56.8	21.9	93.2	62.0	39.0	78.1	36.0	24.2	70.1	77.7	107.2	11.1
	金融机构各项贷款同比增长（%）	13.9	14.0	13.5	13.2	12.8	12.2	12.4	12.1	12.4	12.5	11.5	11.3
	其中：短期	6.2	5.8	3.9	3.9	4.2	2.5	2.7	4.3	2.9	2.1	0.8	-0.6
	中长期	22.1	16.4	16.1	15.3	14.5	14.4	14.2	13.3	14.4	14.6	14.0	14.2
	票据融资	66.9	84.9	106.6	123.1	115.0	122.3	145.8	108.7	99.4	104.6	88.5	108.3
	建筑业贷款余额（亿元）	1 379.1	1 405.6	1 404.6	1 436.1	1 446.2	1 451.3	1 438.4	1 454.8	1 445.4	1 434.7	1 423.1	1 415.2
	房地产业贷款余额（亿元）	1 752.2	1 923.8	1 941.6	1 973.7	2 031.6	2 070.3	2 112.4	2 152.5	2 234.0	2 258.8	2 240.9	2 268.1
	建筑业贷款同比增长（%）	8.86	9.52	7.00	7.67	5.62	3.82	2.96	4.19	2.89	1.83	0.61	2.64
	房地产业贷款同比增长（%）	17.67	26.44	25.41	24.40	26.44	27.25	28.98	30.44	33.70	35.33	33.34	33.32
人民币	金融机构各项存款余额（亿元）	53 920.0	54 434.9	55 128.0	54 974.4	55 397.3	56 834.7	57 428.3	57 977.4	58 306.3	59 110.6	59 043.3	59 184.8
	其中：住户存款	25 900.4	27 818.5	27 980.8	27 488.5	27 285.7	27 750.6	27 817.0	27 988.4	28 396.3	28 150.6	28 170.5	28 575.9
	非金融企业存款	14 395.3	13 501.8	13 508.4	13 696.3	13 879.4	14 147.6	14 309.8	14 380.3	14 535.2	14 497.6	14 762.2	15 524.5
	各项存款余额比上月增加（亿元）	286.6	514.9	693.1	-153.7	423.0	1 437.3	593.6	549.0	329.0	804.3	-67.2	141.5
	其中：住户存款	190.0	1 918.1	162.4	-492.3	-202.9	465.0	66.4	171.4	407.9	-245.7	19.8	405.4
	非金融企业存款	-411.2	-893.5	6.6	187.8	183.1	268.2	162.2	70.5	154.9	-37.6	264.6	762.2
	各项存款同比增长（%）		9.4	8.1	7.6	7.3	7.4	9.3	10.2	10.5	12.4	11.0	10.1
	其中：住户存款		12.6	11.7	12.0	10.9	10.2	11.2	11.5	11.4	11.6	10.8	10.8
	非金融企业存款		-1.8	-5.8	-5.5	-5.8	-6.9	-4.2	-2.9	1.1	3.8	3.2	4.1
	金融机构各项贷款余额（亿元）	34 398.9	34 889.5	35 296.0	35 616.8	35 934.9	36 435.0	36 716.3	36 933.8	37 433.0	37 664.9	37 909.5	38 011.8
	其中：个人消费贷款	6 833.0	6 989.1	6 990.0	7 069.5	7 152.5	7 255.0	7 325.3	7 395.0	7 506.6	7 547.3	7 640.0	7 701.8
	票据融资	682.2	704.2	797.4	859.3	898.3	976.5	1 012.5	1 036.7	1 106.9	1 184.6	1 291.9	1 302.9
	各项贷款余额比上月增加（亿元）	493.0	490.6	406.5	320.8	318.1	500.1	281.4	217.4	499.2	231.9	244.6	102.4
	其中：个人消费贷款	143.5	156.1	0.9	79.5	83.0	102.6	70.2	69.7	111.6	40.7	92.6	61.8
	票据融资	56.8	21.9	93.2	62.0	39.0	78.1	36.0	24.2	70.1	77.7	107.2	11.1
	金融机构各项贷款同比增长（%）	13.9	14.3	13.9	13.7	13.3	12.9	13.1	12.8	13.3	13.4	12.4	12.2
	其中：个人消费贷款		18.3	17.7	16.8	16.8	16.3	15.6	14.9	15.3	14.9	14.9	15.1
	票据融资		84.9	106.6	123.1	115.0	122.3	145.8	108.7	99.4	104.6	88.5	108.3
外币	金融机构外币存款余额（亿美元）	111.7	106.2	131.5	118.8	120.3	133.0	139.8	164.3	151.7	142.6	144.7	143.7
	金融机构外币存款同比增长（%）	43.3	37.1	52.4	33.9	27.2	23.2	27.1	37.8	20.5	22.2	23.56	33.49
	金融机构外币贷款余额（亿美元）	134.4	132.4	132.8	127.9	128.9	125.5	123.9	122.4	114.1	112.7	111.6	106.6
	金融机构外币贷款同比增长（%）	6.3	2.6	-1.0	-5.9	-5.4	-13.0	-13.7	-15.7	-21.8	-23.4	-23.41	-25.21

数据来源：中国人民银行成都分行。

表2　2001～2015年四川省各类价格指数

单位：%

年/月	居民消费价格指数		农业生产资料价格指数		工业生产者购进价格指数		工业生产者出厂价格指数	
	当月同比	累计同比	当月同比	累计同比	当月同比	累计同比	当月同比	累计同比
2001	—	2.1	—	-2.2	—	—	—	-1.5
2002	—	-0.3	—	4.1	—	-0.8	—	-2.3
2003	—	1.7	—	0.8	—	1.8	—	0.4
2004	—	4.9	—	10.9	—	10.3	—	5.4
2005	—	1.7	—	7.2	—	9.3	—	4
2006	—	2.3	—	3.3	—	4.5	—	1.9
2007	—	5.9	—	9.0	—	5.7	—	3.9
2008	—	5.1	—	16.6	—	12.4	—	9.3
2009	—	0.8	—	1.2	—	-4.7	—	-3.5
2010	—	3.2	—	3.6	—	6.1	—	5.0
2011	—	5.3	—	12.4	—	12.6	—	7.3
2012	—	2.5	—	4.7	—	0.0	—	-1.4
2013	—	2.8	—	1.5	—	-0.8	—	-1.4
2014	—	1.6	—	-0.9	—	-2.2	—	-1.9
2015	—	1.5	—	1.5	—	-3.3	—	-3.6
2014　1	2.5	2.5	-0.1	-0.1	-1.7	-1.7	-1.6	-1.6
2	1.9	2.2	-0.6	-0.3	-2.1	-1.9	-2.0	-1.8
3	2.0	2.1	-1.2	-0.6	-2.5	-2.1	-2.3	-2.0
4	1.2	1.9	-1.2	-0.8	-2.3	-2.2	-2.0	-2.0
5	1.8	1.9	-1.0	-0.8	-1.8	-2.1	-1.4	-1.9
6	2.1	1.9	-1.1	-0.9	-1.5	-2.0	-1.1	-1.8
7	1.9	1.9	-1.0	-0.9	-1.1	-1.9	-0.9	-1.6
8	1.5	1.9	-0.8	-0.9	-1.4	-1.8	-1.2	1.6
9	1.1	1.8	-0.6	-0.8	-1.9	-1.8	-1.8	-1.6
10	1.0	1.7	-0.7	-0.8	-2.5	-1.9	-2.2	-1.7
11	0.9	1.6	-0.9	-0.8	-3.2	-2.0	-2.7	-1.8
12	1.1	1.6	-1.1	-0.9	-4.0	-2.2	-3.3	-1.9
2015　1	0.6	0.6	-2.5	-2.5	-3.0	-3.0	-3.0	-3.0
2	1.3	1.0	-2.0	-2.2	-3.3	-3.0	-3.2	-3.2
3	1.3	1.1	-0.2	-1.6	-3.0	-2.7	-3.1	-3.4
4	1.7	1.2	1.2	-0.9	-2.7	-2.8	-3.0	-3.4
5	1.5	1.3	1.9	-0.3	-2.8	-2.9	-3.0	-3.7
6	1.5	1.3	2.4	0.1	-2.9	-3.3	-3.0	-3.6
7	1.7	1.4	2.9	0.5	-3.3	-3.1	-3.0	-3.8
8	2.2	1.5	3.5	0.9	-3.1	-3.6	-3.1	-3.9
9	1.8	1.5	2.7	1.1	-3.6	-3.7	-3.2	-3.8
10	1.4	1.5	3.0	1.3	-3.7	-4.2	-3.3	-3.9
11	1.2	1.5	2.8	1.4	-4.2	-3.3	-3.9	-3.5
12	1.2	1.5	2.78	1.54	-4.2	-3.3	-4	-3.6

数据来源：四川省统计局。

表3 2015年四川省主要经济指标

	1月	2月	3月	4月	5月	6月	7月	8月	9月	10月	11月	12月
绝对值（自年初累计）												
地区生产总值（亿元）	—	—	6 234.5	—	—	13 300	—	—	22 120	—	—	30 103.1
第一产业	—	—	526.25	—	—	1 338.7	—	—	2 845.8	—	—	3 677.3
第二产业	—	—	3 491.4	—	—	6 904.6	—	—	10 543	—	—	14 293.2
第三产业	—	—	2 216.9	—	—	5 056.7	—	—	8 731.3	—	—	12 132.6
工业增加值（亿元）	—	—	3 048.9	—	—	5 894.7	—	—	9 079.4	—	—	12 084.9
固定资产投资（亿元）	—	2 769.3	5 395.9	7 260.1	9 674.6	12 413	14 470	16 589	18 979	2 1792.3	23 975	25 973.7
房地产开发投资	—	535.15	1 021.6	1 384.6	1 838.6	2 370.1	2 770.5	3 218.7	3 666	4 058.56	4 481.2	4 813.03
社会消费品零售总额（亿元）	1 066.4	2 091.8	3 180.6	4 264.1	5 424.5	6 553.8	7 694.4	8 815	9 961.4	11 257.7	12 527	13877.7
外贸进出口总额（亿元）	424.6	720.8	974.6	1 205.8	1 452.8	1 690.8	1 953.6	2 214.8	2 462.7	2 693.4	2 952.3	3 190.3
进口	94.1	171.3	260.9	343.4	426.6	515.1	627	721.9	831.7	924.6	1 027.3	1 133.8
出口	330.5	549.5	713.7	862.4	1 026.2	1 175.7	1 326.6	1 492.9	1631	1 768.8	1925	2 056.5
进出口差额(出口 – 进口)	236.4	378.2	452.8	519	599.6	660.6	699.6	771	799.3	844.2	897.7	922.7
外商实际直接投资（亿美元）	—	13.68	27.55	34.23	41.76	55.2	60.54	63.83	76.07	85.3	91.9	100.66
地方财政收支差额（亿元）	—	-223.6	-531	-789.6	-1 176	—	-2 035	-2 342	-2 790	—	-3 453.26	-4 182.6
地方财政收入	—	475.77	887.49	1 092.5	1 357.5	—	1 966.2	2 130.3	2 376.9	—	2 888.3	3 329.1
地方财政支出	—	699.35	1 418.52	1 882.2	2 533.3	—	4 001	4 472.4	5 166.6	—	6 341.53	7 511.7
城镇登记失业率 (%)(季度)	—	—	—	—	—	—	—	—	—	—	—	4.12
同比累计增长率（%）												
地区生产总值	—	—	7.3509	—	—	8	—	—	8	—	—	7.9
第一产业	—	—	2.8688	—	—	2.9	—	—	3.4	—	—	3.7
第二产业	—	—	7.9283	—	—	8.2	—	—	8	—	—	7.8
第三产业	—	—	7.3455	—	—	9.1	—	—	9.5	—	—	9.4
工业增加值	—	—	7.7	—	—	7.9	—	—	7.8	—	—	7.6
固定资产投资	—	15.4	12.6	10.7	12.1	12.3	11.7	11.9	11.7	10.6	10.6	10.2
房地产开发投资	—	13.7	14.9	14.3	13.5	12.5	11.9	13.2	12.5	12.3	11.7	9.9
社会消费品零售总额	15.935	11.8	11.8	11.7	11.7	11.8	11.9	11.9	12	11.9	11.9	12
外贸进出口总额	-7.6	-1.3	-7.4	-11.8	-15.6	-18.1	-22.1	-22.8	-23.2	-24.7	-25.1	-26
进口	-23.8	-19.9	-22.4	-25.3	-27.6	-28.6	-28.6	-28.7	-27.4	-28.2	-27.2	-27.2
出口	-1.6	6.4	-0.4	-4.9	-9.4	-12.4	-18.6	-19.5	-20.9	-22.8	-23.9	-25.3
外商实际直接投资	—	1.2	2	1.4	2.4	0.4	1.4	0.5	0.6	0.5	0.6	-2.8
地方财政收入	—	-6.6	2.6	2.72	5.2	—	6.3	6	6.8	—	7.3	7.9
地方财政支出	—	10.5	9.8	12.29	9.5	—	14.7	16.7	14.7	—	8.9	10.5

数据来源：四川省统计局。

2015年贵州省金融运行报告

中国人民银行贵阳中心支行货币政策分析小组

[内容摘要] 2015年，贵州省经济社会发展稳中有进、稳中向新、稳中向好，综合经济实力跃上新台阶，农业增产丰收，工业经济运行平稳，服务业加速发展，新兴产业加快成长，固定资产投资保持快速增长，消费市场稳步发展，对外贸易增长较快，物价保持总体稳定，居民收入持续增加。

金融业保持快速增长，是服务业中增长最快的行业。稳健货币政策有效落实，信贷结构持续优化，银行业机构改革稳步推进。证券市场平稳运行，多层次资本市场稳步发展。保险行业发展提速，业务结构不断优化。社会融资规模持续扩大，地方法人机构的金融市场参与度大幅提升。金融生态环境建设工作持续推进，金融基础设施服务能力进一步增强。

2016年，贵州省经济将继续保持平稳增长。金融机构将继续贯彻落实好稳健的货币政策，积极做好重点领域和薄弱环节的金融服务工作，扎实推进金融精准扶贫工作，大力支持供给侧结构性改革，进一步优化信贷结构和融资结构，努力助推贵州经济实现“十三五”良好开局。

一、金融运行情况

2015年，贵州省金融业保持快速发展态势，继续成为服务业中增长最快的行业。稳健货币政策有效落实，融资总量不断扩大，多层次资本市场稳步发展，保险行业发展提速，金融市场运行平稳，金融生态环境建设持续推进。

（一）银行业组织体系不断完善，业务保持较快发展

银行业机构逐渐增多，存款增速大幅提高，贷款保持稳定增长，信贷结构持续优化，贷款利率水平大幅回落，机构改革稳步推进，跨境人民币业务平稳发展，但银行业经营压力加大。

1. 银行业金融机构保持较快发展。银行业组织体系进一步完善，机构个数和从业人员稳步增加，新增法人金融机构均为村镇银行。银行业金融机构资产规模突破2.5万亿元（见表1），经营总体稳健。

表1　2015年贵州省银行业金融机构情况

机构类别	营业网点			法人机构（个）
	机构个数（个）	从业人数（人）	资产总额（亿元）	
一、大型商业银行	1 086	24 017	7 845.5	0
二、国家开发银行和政策性银行	69	1 337	3 669.8	0
三、股份制商业银行	95	2 191	1 853.4	0
四、城市商业银行	403	8 288	4 202.8	2
五、小型农村金融机构	2 309	26 963	5 764.0	85
六、财务公司	5	86	462.3	3
七、信托公司	1	322	104.5	1
八、邮政储蓄银行	954	2 434	886.3	0
九、外资银行	1	34	2.6	0
十、新型农村金融机构	139	2 309	256.57	48
合计	5 062	67 981	25 047.8	139

注：大型商业银行包括中国工商银行、中国农业银行、中国银行、中国建设银行和交通银行；小型农村金融机构包括农村商业银行、农村合作银行和农村信用社；新型农村金融机构包括村镇银行、贷款公司、农村资金互助社。

数据来源：贵州银监局、中国人民银行贵阳中心支行。

2. 存款增速大幅提高。受地方债发行、各类资产管理计划等因素的影响，人民币存款增速大幅上升（见图1）。2015年年末，贵州省金融机构人民币各项存款余额同比增长26.9%，增速高于上年同期12个百分点。非金融企业存款和广义政府存款增长较快，同比分别增长32.5%、40.8%。受理财产品分流等因素的影响，住户存款余额同比仅增长9.2%。

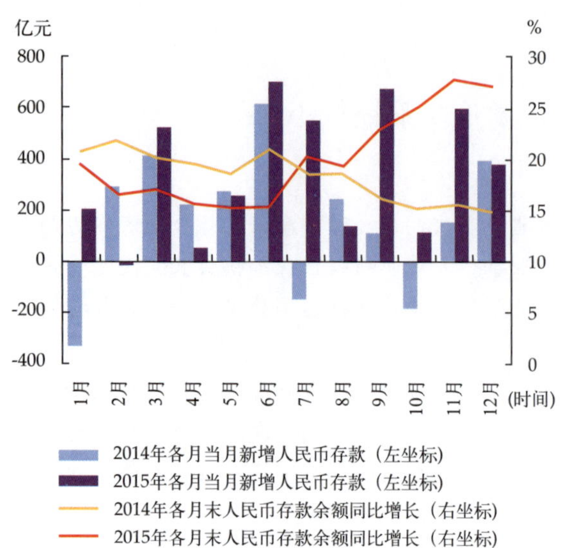

数据来源：中国人民银行贵阳中心支行。

图1 2014～2015年贵州省金融机构人民币存款增长变化

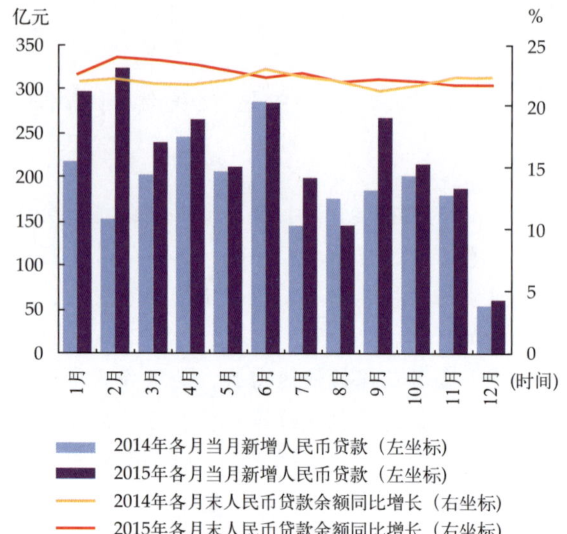

数据来源：中国人民银行贵阳中心支行。

图2 2014～2015年贵州省金融机构人民币贷款增长变化

3. 贷款保持稳定增长。金融机构人民币、本外币各项贷款保持稳定增长（见图2、图3）。“定向降准”政策有效落实，再贷款杠杆化运作模式全面推广，再贷款、再贴现业务办理量较快增长。“三农”、小微、扶贫开发和保障性住房开发等民生领域的贷款保持较快增长，公共管理、商务服务、水利环境和交通运输等符合产业结构调整方向的行业贷款余额同比增速高于25%，“5个100工程”①、重大工程、重点项目等重点领域的信贷支持力度继续加大。

4. 地方金融机构理财业务活跃。2015年，贵州省地方法人金融机构累计发行封闭式银行理财产品829期，同比增加262期；累计募集资金683亿元，同比增长70.7%。

5. 利率定价市场化程度加深。存款利率上限放开后，金融机构定价行为较为理性，逐步呈现分层定价、差异化竞争格局。绝大多数地方法人金融机构存款利率上浮不超过基准利率的1.35倍，部分村镇银行上浮1.5倍。2家城市商业银行、11家农村商业银行成为市场利率定价自律机制基础成员，其中，4家发行同业存单446.9亿元。基准利率引导作用进一步发挥，金融机构贷款利率上浮占比整体下降（见表2）。民间借贷利率有所回落。

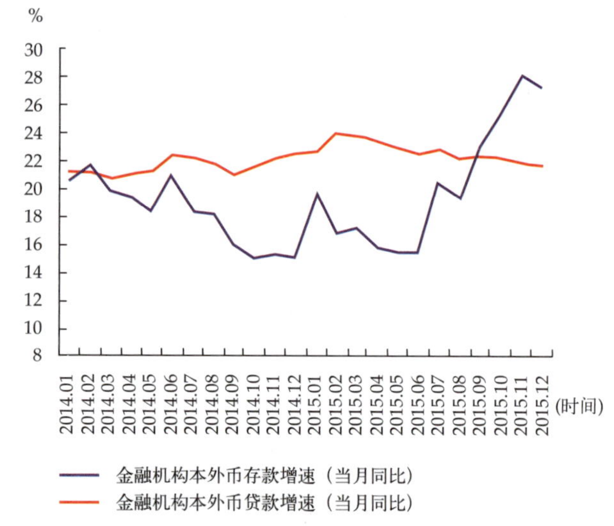

数据来源：中国人民银行贵阳中心支行。

图3 2014～2015年贵州省金融机构本外币存、贷款增速变化

① “5个100工程”是指贵州省重点打造的100个产业园区、100个高效农业示范园区、100个旅游景区、100个示范小城镇、100个城市综合体。

表2　2015年贵州省金融机构人民币贷款各利率区间占比

单位：%

月份		1月	2月	3月	4月	5月	6月
	合计	100.0	100.0	100.0	100.0	100.0	100.0
	下浮	3.6	7.6	6.1	6.5	7.3	4.5
	基准	8.8	16.8	16.9	12.1	11.1	13.4
上浮	小计	87.6	75.6	77.0	81.3	81.5	82.1
	(1.0，1.1]	14.6	19.5	17.8	23.7	19.0	23.0
	(1.1，1.3]	12.1	17.6	17.1	16.1	17.5	15.3
	(1.3，1.5]	23.5	12.0	9.2	10.7	10.7	10.2
	(1.5，2.0]	14.1	21.9	26.2	23.4	24.5	22.9
	2.0以上	23.3	4.5	6.8	7.5	9.8	10.7
月份		7月	8月	9月	10月	11月	12月
	合计	100.0	100.0	100.0	100.0	100.0	100.0
	下浮	3.5	4.8	13.8	26.9	11.7	8.3
	基准	14.5	13.5	10.8	10.9	17.1	13.7
上浮	小计	82.0	81.6	75.4	62.1	71.2	78.1
	(1.0，1.1]	16.4	13.8	16.3	10.7	12.3	11.8
	(1.1，1.3]	18.0	19.5	20.6	17.5	14.2	19.1
	(1.3，1.5]	8.8	11.2	7.2	5.6	6.6	9.9
	(1.5，2.0]	25.9	21.4	17.9	14.7	19.8	18.3
	2.0以上	12.8	15.8	13.3	13.7	18.3	18.9

数据来源：中国人民银行贵阳中心支行。

6. 银行业机构改革稳步推进。华夏银行贵阳分行获准筹建。贵阳银行上市首发申请获得通过，即将实现公开上市。以“互联网+大健康医药”为总体定位的民营银行发起设立相关工作正在进行中。全年改制农村商业银行9家，组建村镇银行10家，国有银行、股份制银行、城商行、农村中小金融机构设立分行6家、支行282家，小额贷款公司达289家。实现行政村基础金融服务全覆盖。

7. 银行业机构经营压力有所加大。不良贷款率比年初上升0.35个百分点，不良贷款余额比年初增加87.9亿元，主要集中在批发零售业、煤炭业、房地产业和有色金属行业。银行信用风险、流动性风险、市场风险、社会金融输入性风险等持续加大，盈利水平明显降低。地方金融机构资本充足率和拨备覆盖率均有所下降。

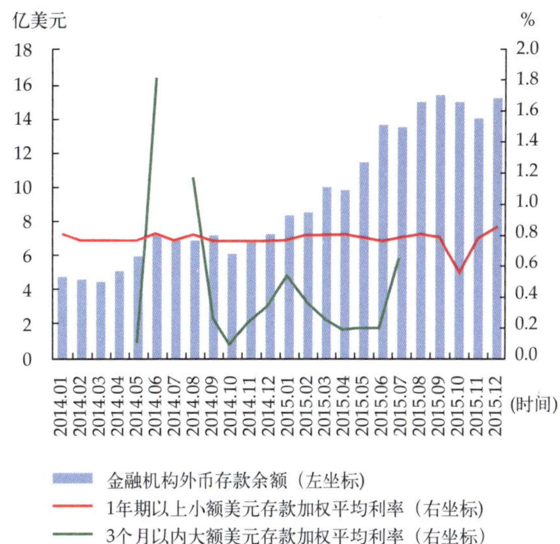

数据来源：中国人民银行贵阳中心支行。

图4　2014～2015年贵州省金融机构外币存款余额及外币存款利率

8. 跨境人民币结算突破千亿元大关。2015年，贵州省跨境人民币实际收付金额359.9亿元，继续保持涉外结算第一大币种地位。其中，货物贸易出口结算、服务贸易出口结算以及跨境信贷融资收入是主要增长点；对新兴产业的支撑作用明显，大数据企业办理跨境人民币结算12.4亿元，是上年同期的54倍；市场的深度和广度不断拓宽，首次有企业完成跨境双向人民币资金池业务备案。自2011年8月开办业务以来，累计结算额突破1 000亿元大关，达1 156.5亿元。

专栏1　贵州积极探索“四精准一平衡”模式助力精准扶贫

2015年，中国人民银行贵阳中心支行结合贵州扶贫开发的实际，初步建立了扶贫对象精准、金融机构功能定位精准、金融产品和服务精准、扶贫信贷风险补偿与分担精准、运行机制平衡的“四精准一平衡”模式，推动贵州金融扶贫工作取得初步成效。

一、精准识别扶持对象，回答好金融扶贫“扶持谁”的问题

一是明确金融帮扶对象。用好农村信用工程建设成果，为金融机构农户信用档案和贫困

农户信息管理系统牵线搭桥。通过比对，贵州省205万建档立卡贫困农户中，除因超龄、长期外出、五保户等未能参加建档评级的农户外，在金融机构建立信用档案的农户达146万户，覆盖了全省623万贫困人口中的465万人，覆盖率达75%。二是定向监测金融需求。将比对出的贫困农户和国家级、省级扶贫龙头企业作为金融精准帮扶的对象，通过中国人民银行统计监测系统向全省金融机构发布，并创新构建《贵州省金融精准扶贫统计框架》，有效识别和跟踪金融需求及变化情况。

二、精准定位金融机构功能，回答好“谁来扶”的问题

引导金融机构实行差异化职责定位，配合省政府积极打造合格扶贫融资主体。其中，中国农业发展银行贵州省分行率先制订易地扶贫搬迁金融支持方案，专项设立600亿元信贷计划，帮扶130万贫困人口易地搬迁，2015年8月启动工作以来，已累计发放160亿元，支持68个项目提速建设。中国农业银行贵州省分行计划投入650亿元，重点支持贫困村基础设施建设打通“最后一公里”。贵州省农村信用社（含农村商业银行）拟投入600亿元，重点满足贫困农户5万元以下、3年期以内的小额信贷需求。据统计，“十三五”期间，贵州省金融机构将向扶贫领域投放至少3 900亿元信贷资金。

三、精准设计金融产品和服务方式，回答好“怎么扶”的问题

一是实施产业扶贫引领。首创支农再贷款杠杆化运作模式，引导金融机构主动对接当地扶贫和农业管理部门，建立产业发展融资项目库，精准对接贫困农户和扶贫龙头企业融资需求，列出支持清单，定向跟进管理，详细记录支农再贷款和扶贫信贷资金走向，确保支农再贷款优惠利率惠及贫困农户。截至2015年年末，贵州省68个贫困县通过该模式累计发放贷款21.1万笔，累计发放金额152.1亿元，扶持农业企业、农民专业合作社、种养殖大户4.3万个，带动20.3万户农户就业。二是发挥能人带动作用。主动对接贵州省委组织部，组织推动中国邮政储蓄银行贵州省分行单列80亿元专项信贷计划，为9 000个贫困村“第一书记”提供专属金融服务方案，通过充分发挥“第一书记”在扶贫工作中的组织优势，建立起金融资源与贫困村之间的绿色通道。三是创新小额贷款助推。按照“政银企合作”模式，根据贫困农户就业、创业、就学及特色优势农业产业发展情况，推出致富通、美丽乡村贷、助保贷、创业贷、“第一书记”贷等30余种金融产品，精准对接贫困地区信贷需求。

四、精准建立扶贫信贷风险补偿和分担机制，回答好金融扶贫“可持续”的问题

一是建立扶贫信贷风险补偿基金。推动贵州省出台统一标准，督促县级政府每年从本级财政预算收入中抽出10%建立扶贫信贷风险补偿专项资金，为建档立卡贫困农户提供贷款风险补偿。二是协调银监部门提高信贷风险容忍度，允许金融机构扶贫类贷款不良率高出各项贷款不良率2个百分点。三是配合财政部门整合支农资金15亿元，为贫困地区农业担保机构进行增信和风险分担。

五、平衡完善工作机制，做好金融精准扶贫统筹协调

主动沟通省政府及相关部门，推动18家省级部门和金融机构建立了金融扶贫联席会议制度，明确了贵州金融精准扶贫工作内容、工作机制、配套措施和考核办法。使金融扶贫从以往局限在少部门参与扩展到“金融+财政+扶贫+产业+改革+能人”等多部门、多主体共同参与的平衡状态，推动形成金融扶贫的工作合力。

（二）证券行业快速发展，多层次资本市场建设成效明显

证券市场平稳运行，多层次资本市场成效明显，直接融资功能进一步发挥，证券期货基金经营机构数量稳步增长。

1. 证券期货基金经营机构业务快速增长。受上半年股票市场趋势向上的影响，证券业各项经营指标大幅增长。全年证券经营机构实现营业收入14亿元，同比增长239%；证券交易额为11 740亿元，同比增长252%；净利润为8亿元，同比增长395%。期货经营机构营业收入为2 016万元，同比增长25%；期货成交额为9 086亿元，同比增长60%；净利润为195万元，同比增长237%。已登记私募基金管理人52家，新增29家；管理私募基金45只，新增18只；认缴规模65亿元，同比增长62%。

2. 多层次资本市场融资功能有效发挥。2015年，贵州省20家上市公司有7家申请通过增发、配股等方式融资，拟募集资金289亿元；37家“新三板”挂牌公司有11家通过增发融资，募集资金6亿元；区域性股权市场挂牌企业融资128亿元；28家公司制法人通过交易所债券市场融资300亿元。贵州省证券经营机构通过资产管理计划、股权质押、发行企业债券等方式为企业实现融资金额800亿元。

（三）保险行业发展提速，业务结构不断优化

2015年，贵州省保险业保持较快发展，保险机构及从业人员规模稳步增长，保险业务结构不断优化，服务能力进一步增强。

1. 保险业机构平稳发展。2015年，贵州省省级保险分公司增加2家，其中，财产险、人身险公司分别增加1家。首家法人保险公司——华贵人寿正在积极申筹。

2. 保险业务发展提速。2015年，财产险公司共实现保费收入140.3亿元，同比增长19.6%，增速高于全国7.9个百分点；主要监管指标表现较好，业务及管理费用率、手续费用率和综合赔付率均好于全国平均水平。人身险公司扭转增长乏力局面，2015年，共实现保费收入117.5亿元，同比增长22.8%，增速较上年大幅提升14.2个百分点；完成29.9亿元的给付金支付工作，同比增长22.0%，平稳度过满期给付高峰；全年退保金总额26.5亿元，同比增长20.4%，退保率5.5%，低于全国水平0.5个百分点，退保风险总体可控。保险密度同比增长20.3%，保险深度较上年提高0.2个百分点。

3. 保险业务结构不断优化。2015年，财产险公司非车险业务占比不断提升，非车险全年业务比重达到21.4%，实现保费收入30.0亿元，同比增长23.0%，增速高出车险增速4.4个百分点，同时，人身险公司期交业务占比不断提高。全年新单期交实现保费收入23.1亿元，同比增长46.5%，占新单业务的比重为36.3%。其中，人身险业务新单期交占比为41.6%，高于上年同期0.5个百分

表3　2015年贵州省证券业基本情况

项目	数量
总部设在辖内的证券公司数（家）	1
总部设在辖内的基金公司数（家）	0
总部设在辖内的期货公司数（家）	0
年末国内上市公司数（家）	20
当年国内股票（A股）筹资（亿元）	30
当年发行H股筹资（亿元）	0
当年国内债券筹资（亿元）	875.6
其中：短期融资券筹资额（亿元）	99.5
中期票据筹资额（亿元）	114.0

注：当年国内股票（A股）筹资额是指非金融企业境内股票融资。

数据来源：中国人民银行贵阳中心支行、贵州证监局、贵州省发展改革委。

表4　2015年贵州省保险业基本情况

项目	数量
总部设在辖内的保险公司数（家）	0
其中：财产险经营主体（家）	0
人身险经营主体（家）	0
保险公司分支机构（家）	27
其中：财产险公司分支机构（家）	16
人身险公司分支机构（家）	11
保费收入（中外资，亿元）	257.8
其中：财产险保费收入（中外资，亿元）	134.0
人身险保费收入（中外资，亿元）	123.9
各类赔款给付（中外资，亿元）	107.0
保险密度（元/人）	730.4
保险深度（%）	2.5

数据来源：贵州保监局。

点，高于全国14.5个百分点，业务发展的可持续性进一步增强。

（四）直接融资保持较快发展，金融市场平稳运行

直接融资实现同比多增，但占社会融资规模比重有所下降。金融机构货币市场交易量大幅增长，票据市场融资功能进一步发挥。

1. 直接融资占比小幅下降。2015年，贵州省社会融资规模同比多增514.1亿元。其中，信贷融资（含人民币贷款、外币贷款）占比较上年提高2.08个百分点，表外业务（含委托贷款、信托贷款、未贴现银行承兑汇票）和直接融资（含企业债券、非金融企业境内股票融资）占比较上年分别减少1.2个和0.52个百分点。全年非金融企业债务融资工具发行413.5亿元，同比增长31.4%。其中，遵义市的企业成功发行30亿元5年期定向工具，专项用于该市棚户区项目改造。各市州风险缓释基金建立进展缓慢，创新型非金融企业债务融资工具仍然较少。

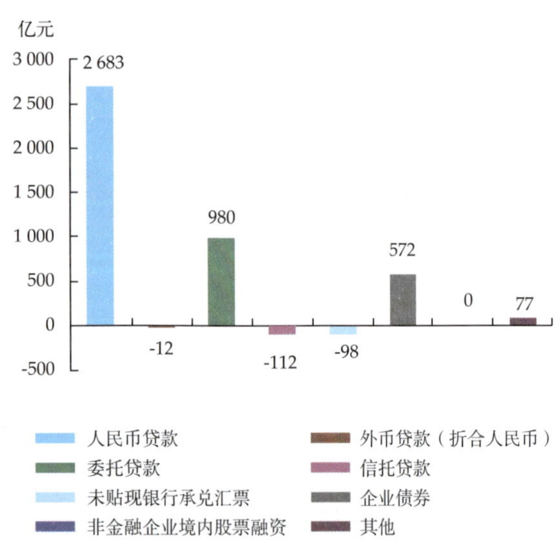

数据来源：中国人民银行贵阳中心支行、贵州省发展改革委、贵州证监局、贵州保监局。

图5 2015年贵州省社会融资规模分布结构

2. 金融机构在货币市场的交易量大幅增长。2015年，贵州省银行间市场成员债券回购累计成交5.35万亿元，同比增长311.5%，资金净融入4 811.7亿元，交易产品以隔夜为主；现券交易4 425.5亿元，同比增长371.2%，非金融企业信用类债券占比达74.6%。全年信用拆借规模743.0亿元，是上年同期的22.4倍。其中，隔夜拆借规模占比高达84.7%。

3. 票据市场融资功能明显。2015年，贵州省银行承兑汇票累计签发量2 895.6亿元（见表5），同比下降1.1%。贴现累计发生额1 573.6亿元（见表6），同比增长31.6%。再贴现年累计发生额105.6亿元，同比增长73.6%。票据市场票据贴现利率、转贴现利率自年初以来逐季度回落（见表6）。电子商业票据业务快速发展，2014～2015年电子商业汇票系统业务量达1.2万笔，金额523.3亿元，2015年的业务金额是上年的1.8倍。

表5 2015年贵州省金融机构票据业务量统计

单位：亿元

季度	银行承兑汇票承兑		贴现			
			银行承兑汇票		商业承兑汇票	
	余额	累计发生额	余额	累计发生额	余额	累计发生额
1	1 741.7	732.7	86.8	204.3	5.7	92.9
2	1 546.4	1 534.5	90.7	702.5	5.1	130.8
3	1 513.0	2 243.1	120.2	1 184.8	6.1	263.8
4	1 336.3	2 895.6	132.4	1 231.5	5.0	342.1

数据来源：中国人民银行贵阳中心支行。

表6 2015年贵州省金融机构票据贴现、转贴现利率

单位：%

季度	贴现		转贴现	
	银行承兑汇票	商业承兑汇票	票据买断	票据回购
1	5.8513	6.1008	5.3423	5.6118
2	3.9352	5.0821	4.0713	4.0550
3	3.7969	4.6843	3.7878	3.6185
4	3.3685	4.6211	3.3177	3.3649

数据来源：中国人民银行贵阳中心支行。

（五）金融生态环境建设工作持续推进，金融基础设施进一步完善

《贵州省社会信用体系建设规划纲要（2014～2020年）任务分工》、《关于加强贵州省社会信用代码和公共信用信息记录建设的实施意见（试行）》、《贵州省金融生态环境建设（2015～2017年）三年行动实施方案》出台，金

融生态环境测评工作有序开展，各涉农金融机构不断深入推进信用农户、信用村组和信用乡镇建设，小微企业信用体系建设持续推进，第三方信用评级业务不断规范，《征信业管理条例》得到有效落实，2015年，共有2家法人企业征信机构与1家企业征信机构分支机构备案。金融信用信息基础数据库进一步完善，数据库覆盖面进一步扩大，2015年年末该数据库已收录贵州省11.23万户企业组织和2 080万位自然人的信用信息。通过大小额支付系统的清算业务量稳步增长。助农取款服务点功能不断拓展，新增办理现金汇款、转账汇款、代理缴费业务等。金融消费权益保护信息管理系统全面上线运行，2015年，贵州省人民银行各分支机构共受理与处理金融消费者投诉159件、咨询1 176件，开展金融消费权益保护专项检查与评估，编写了《农村金融知识普及读本》与《普惠金融知识读本》，“金融消费者权益日”与“金融知识普及月”宣传活动有序开展。

二、经济运行情况

2015年，贵州省综合经济实力跃上新台阶，地区生产总值突破万亿元大关，达到1.05万亿元，较上年增长10.7%（见图6）。新兴产业、新型业态、新商业模式加快成长，结构布局持续优化，发展方式加快转变，全面深化改革工作稳步推进。

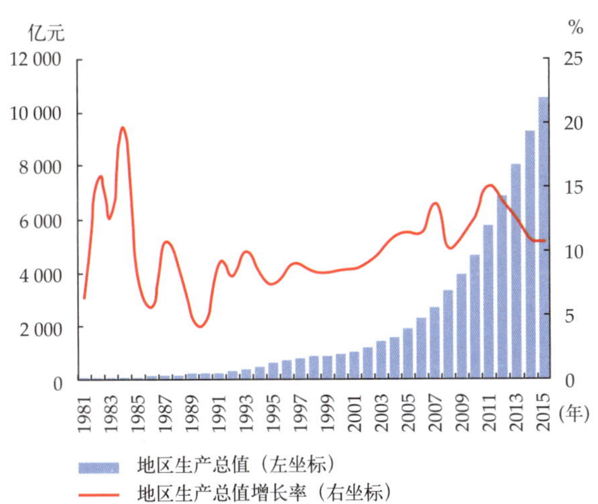

数据来源：《中国经济景气月报》、贵州省统计局。

图6　1981～2015年贵州省地区生产总值及其增长率

（一）投资、对外贸易较快增长，消费市场平稳发展

投资、消费、对外贸易增速较上年同期均不同程度回落，但仍保持在较高水平，三大需求实现协同拉动。

1. 固定资产投资较快增长。2015年，贵州省固定资产投资实现10 676.7亿元，比上年增长21.6%（见图7）。本年新开工项目占全部施工项目的比重达77%。以交通运输、水利环境为重点的基础设施建设和房地产开发仍是拉动固定资产投资增长的主要力量，信息传输、软件和信息技术服务业、科学研究和技术服务业、水利、环境和公共设施管理业、教育、卫生等行业的固定资产投资高速增长。投资资金来源中，国家预算资金和贷款占比提高，自筹部分占比出现下降，跨区投资项目占比继续降低。随着政府和社会资本合作模式的推广，民间投资较快增长，2015年贵州省民间投资4 823.8亿元，比上年增长16.4%。

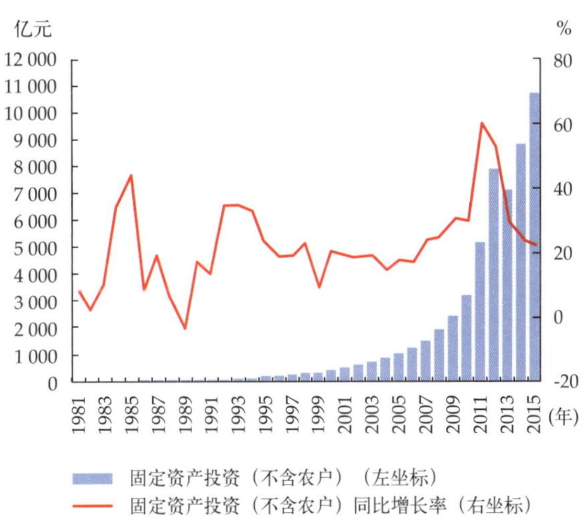

注：因2013年统计口径发生变化，只统计计划总投资500万元及以上的固定资产项目投资和房地产开发项目投资，因此与2012年数据不具有可比性。
数据来源：《中国经济景气月报》、贵州省统计局。

图7　1981～2015年贵州省固定资产投资（不含农户）及其增长率

2. 社会消费品市场增长平稳但增速继续回落。2015年，贵州省实现社会消费品零售总额3 283.0亿元，较上年增长11.8%（见图8），增速比上年

回落1.1个百分点。城乡居民收入较快增长，消费支出继续增加，农村居民人均可支配收入、人均消费支出增速分别高出城镇居民1.7个、0.4个百分点，城乡收入差距和消费差距均呈缩小趋势。大众消费由数量型向质量型、享受型转变，汽车消费成为推动市场消费的主打商品，2015年限额以上汽车类商品零售额562.9亿元，占限额以上商品零售额的比重为32.4%。网络消费迅猛发展，2015年贵州省限额以上企业单位通过互联网实现商品销售额476.7亿元，比上年增长94.4%。

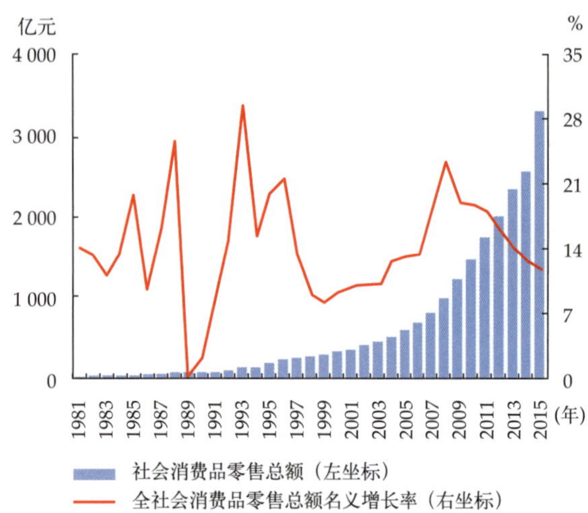

数据来源：《中国经济景气月报》、贵州省统计局。

图8　1981～2015年贵州省社会消费品零售总额及其增长率

3. 对外贸易和实际利用外资增长明显。2015年，贵州省进出口总额为123亿美元，较上年增长13.8%，其中，进口额、出口额分别增长65.3%、6.7%（见图9）。货物贸易资金流动主要集中在机电产品、高新技术产品等行业，贸易方式仍以一般贸易为主。2015年，贵州省外商直接投资持续增长，总额达25.2亿美元，较上年增长22.2%（见图10）。

（二）经济运行稳中向好，产业结构持续优化

贵州省三次产业结构为15.6：39.5：44.9，第一、第二产业较“十一五”期末比重均有所提升，产业结构调整取得明显成效。

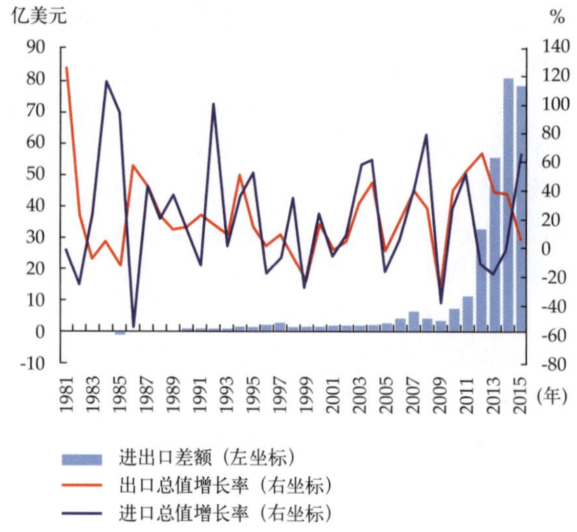

数据来源：《中国经济景气月报》、贵州省统计局。

图9　1981～2015年贵州省外贸进出口变动情况

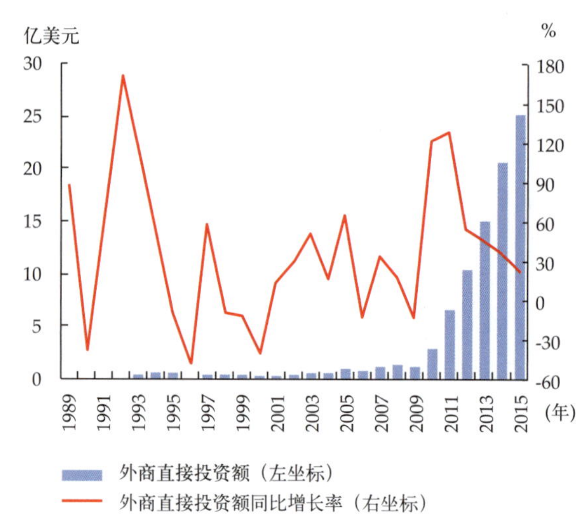

数据来源：《中国经济景气月报》、贵州省统计局。

图10　1989～2015年贵州省外商直接投资额及其增长率

1. 农业生产实现增产丰收。2015年，贵州省大力发展现代山地特色高效农业，粮食总产量创历史最高水平，主要经济作物种植面积较快增长。建成326个农业产业示范园区，农业园区发展风生水起，实现总产值1 770.1亿元。基础设施建设取得历史性突破，实现县县通高速、乡乡通油路、村村通公路。作为全国扶贫开发攻坚示范

区，制定实施“33668”脱贫攻坚行动计划①，金融精准扶贫稳步推进，71个贫困县贷款余额同比增长23.1%，高于同期贵州省各项贷款余额增速1.4个百分点。

2. 工业经济平稳较快发展。2015年，贵州省规模以上工业增加值较上年增长9.9%（见图11）。工业企业快速增多，工业产品覆盖面进一步拓宽。结构调整初见成效，轻重工业呈协调发展之势。新兴产业蓬勃发展，引领产业转型升级，以大数据为重点的计算机、通信和其他电子设备制造业增加值较上年增长102.0%，以大健康为目的的医药制造业增加值较上年增长6.9%。

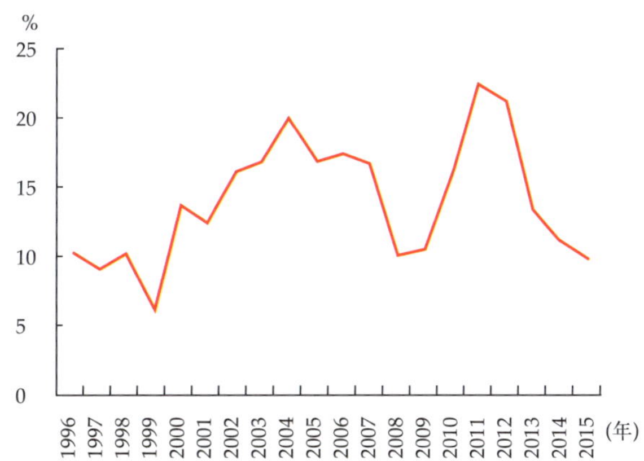

注：2013年以后的数据口径为规模以上工业统计口径为全部年主营业务收入2 000万元及以上的工业企业，之前年度为500万元及以上口径。
数据来源：《中国经济景气月报》、贵州省统计局。

图11　1996～2015年贵州省规模以上工业增加值及其增长率

3. 服务业加快发展。2015年第三产业增加值较上年增长11.1%。以100个旅游景区为重点，以首届国际山地旅游大会、酒博会等为契机，旅游人次和总收入分别增长17.1%和21.3%。成为西部地区第一个县县通高速公路的省份，实现9个市州通航机场全覆盖，带动商贸、交通运输业持续较快发展。以金融业为代表的现代服务业成为推动服务业发展的重要力量，金融业增加值占地区生产总值的比重提高到5.8%。

（三）价格总水平保持稳定，工业价格指数持续负增长

2015年全年物价水平保持稳定，全年居民消费价格指数同比增长1.8%，工业生产价格持续负增长，农业生产价格大幅回升。

1. 居民消费价格保持总体稳定。全年各月居民消费价格同比涨幅在1.4%～2.4%平稳波动，全年总体较上年上涨1.8%，涨幅较上年回落0.6个百分点（见图12）。其中，消费品价格指数、服务项目价格指数分别较上年同期上涨1.4%、3%。

2. 工业生产价格持续负增长。工业生产者购进价格指数全年各月保持在0.7%～4.1%的负增长，全年总体较上年下降2.5%，降幅较上年增加1.1个百分点。工业生产者出厂价格指数全年各月保持在1.4%～6.2%的负增长，全年总体较上年下降3.9%，降幅较上年增加2.2个百分点（见图12）。农业生产价格大幅回升，农业生产资料价格指数从1月同比下降2.4%大幅回升至12月同比上涨7.8%，全年总体较上年上涨3.1%，涨幅较上年提高4.1个百分点。

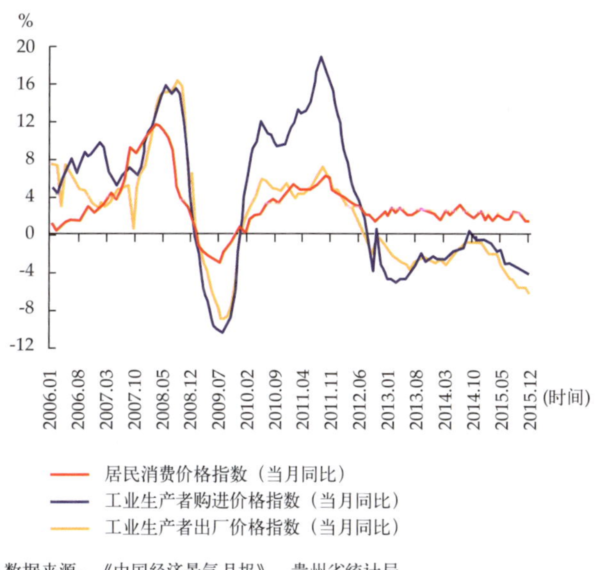

数据来源：《中国经济景气月报》、贵州省统计局。

图12　2006～2015年贵州省居民消费价格和生产者价格变动趋势

① “33668”脱贫攻坚行动计划是指在三年时间内减少贫困人口300万人以上，实施结对帮扶、产业发展、教育培训、危房改造、生态移民、社会保障精准扶贫“六个到村到户”，完成“小康路、小康水、小康房、小康电、小康讯、小康寨”基础设施“六个小康建设任务”，使贫困县农村居民人均可支配收入达到8 000元以上。

3. 劳动力成本有所上升。贵州省再次上调最低工资标准，增调幅度最高达40%。城乡低保、基本医疗、基本养老等标准不断提高，城市低保月平均保障标准、农村低保年均保障标准分别增长16.6%和26.8%。大力实施农民工返乡创业就业行动计划，全年实现城镇新增就业72.7万人，农村劳动力转移就业73万人。

4. 资源性产品价格改革稳步推进。贵州省纳入全国输配电价改革试点省份，国家发展改革委、国家能源局批复同意贵州省电力体制综合改革试点方案。全面实现工商用电同价，为大工业企业减轻负担2亿元以上。

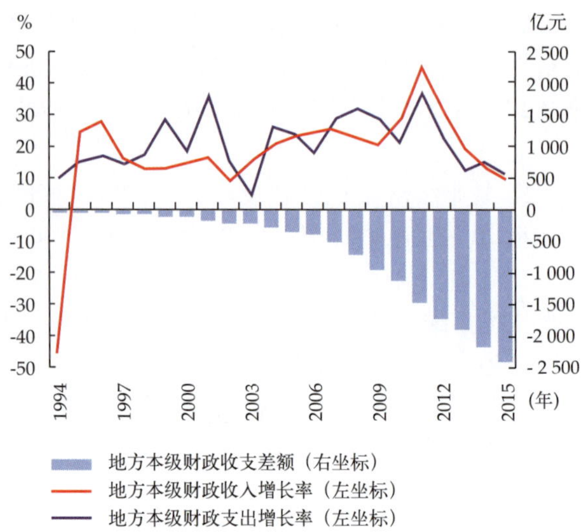

数据来源：《中国经济景气月报》、贵州省统计局。

图13　1994～2015年贵州省财政收支状况

（四）财政收入增速回落，财政支出力度加大且结构持续优化

2015年，贵州省财政收入增速继续回落，财政总收入比上年增长7.7%，增速较上年回落3.5个百分点，与地区生产总值、投资、消费之间的变动趋势基本一致。其中，一般公共财政预算收入增长10%，增速较上年回落3.3个百分点（见图13）。一般公共预算支出较上年增长10.9%，增速较上年回落4个百分点（见图13）。科学技术、教育、农林水等领域的支出增长较快，增速分别高达31.2%、21.0%、19.5%。地方政府债务置换工作稳步推进，全年发行政府债券2 350亿元。

（五）生态文明建设法制化、市场化保障机制不断健全，经济发展方式加快转变

2015年，贵州省坚守发展和生态两条底线，生态建设成效明显。推进清水江流域生态补偿机制、环境保护河长制等生态文明制度改革，在6个县开展自然资源资产责任审计试点工作，实行企事业单位污染物排放总量控制制度，扩大环境污染第三方治理试点，推广排污权交易，全年完成17宗排污权交易的电子竞拍。全年完成造林面积420万亩，治理石漠化面积1 083平方公里，年末森林覆盖率达50%，比上年提高1个百分点。淘汰落后产能3 080万吨，单位生产总值能耗下降19%。9个市州中心城市空气质量优良指数达95.8%。金融支持生态文明建设的力度持续加大，贵州省共有736个节能环保项目获得信贷支持，支持范围涵盖绿色农业林业开发、绿色建筑、绿色交通、工业节能节水环保、再生能源及清洁能源项目等。

专栏2　贵州多措并举助推实体经济融资成本大幅下降

2015年，中国人民银行贵阳中心支行通过积极运用多种货币政策工具、努力拓宽实体经济融资渠道等方式，推动实体经济融资成本大幅下降。据监测，2015年12月贵州省一般贷款加权平均利率为6.9097%，较上年同期大幅下降104.6个基点。

一、充分运用好多种货币政策工具组合，推动贷款加权平均利率水平下降

一是切实落实好降息措施。中国人民银行贵阳中心支行及时指导金融机构落实好总行下调存贷款基准利率的政策，切实发挥好自律机制对金融机构利率定价的自律和协调作用，认

真落实降息措施，切实引导贷款加权平均利率水平大幅下降。

二是落实好“定向降准”等优惠存款准备金率政策。对在新增存款主要用于当地发放贷款考核中合格且未享受优惠存款准备金率的县域法人金融机构下调1个百分点的存款准备金率，落实人民银行总行下调存款准备金率的政策以及部分地方法人金融机构的“定向降准”政策，要求金融机构将“定向降准”释放的资金全部用于支持实体经济发展。2015年以来，存款准备金率的下调为贵州省地方法人金融机构增加可用资金260亿元左右。

三是创新开展再贷款杠杆化运作模式。推广“人民银行再贷款+金融机构自有信贷资金+地方政府配套政策+优惠利率”的再贷款杠杆化运作模式，要求金融机构运用再贷款资金发放的“三农”、小微企业贷款利率必须满足中国人民银行总行的政策要求，金融机构使用匹配资金发放的贷款利率要在同期同档次贷款利率基础上下浮，其中，对贫困地区的支农再贷款利率执行较非贫困地区更加优惠的政策。以2015年第四季度为例，金融机构借用支农再贷款发放涉农贷款的加权平均利率为5.3%，低于同期其他资金发放涉农贷款的加权平均利率4.3个百分点，低于贵州省贷款加权平均利率约1.6个百分点；使用支小再贷款资金发放小微企业贷款的加权平均利率为6.25%，比其他小微企业贷款利率低3.47个百分点，低于贵州省贷款加权平均利率约0.7个百分点。

四是大力推进再贴现业务。对于申请办理再贴现业务的金融机构，要求其票据必须满足贴现利率低于其同期同档次贴现加权平均利率的政策要求。

五是认真落实好民贸民品优惠利率政策。加大民贸民品优惠利率政策宣传，推动更多民贸民品企业受益于该项政策。截至2015年年末，贵州省民贸民品优惠利率贷款余额91.6亿元，同比增长8.6%；全年共为492户企业办理优惠利率贷款贴息2.8亿元，受惠企业和贴息金额分别同比增长49.5%和82.7%。

二、积极推动实体经济融资渠道拓宽，引导企业运用较低成本的融资工具

一是积极支持符合条件的企业发行非金融企业债务融资工具。通过银行间非金融企业债务融资工具培训会和债务融资推进会、创新企业债券融资培育模式等具体措施，推动企业直接融资工作。截至2015年年末，贵州省共有39家企业，累计发行123只非金融企业债务融资工具，募集资金1 029.2亿元，余额712.5亿元；2015年发行46只非金融企业债务融资工具，募集资金413.5亿元，同比增长31.4%。以贵州省AA级企业为例，1年期短期融资券发行利率约为3.7%～5.7%，较相同期限企业贷款加权平均利率低约0.5～2.5个百分点。综合考虑发行利率、承销、评级及发行相关费用，全年贵州省企业发行债务工具融资可节约利息费用支出约3亿元。

二是积极支持符合条件的企业通过跨境人民币融资业务为企业融入境外低成本人民币资金。持续跨境人民币业务的宣传，加强对重点涉外企业的指导，支持符合条件的企业从境外融入人民币资金。自开展跨境人民币业务以来，贵州省金融机构通过跨境人民币融资业务为20余家企业融入境外资金294亿元，为企业节约利息支出约3亿元。

（六）房地产投资增速大幅回落但销售有所回暖，大数据产业引领产业升级

1. 房地产投资增长乏力但销售情况好转。2015年，贵州省房地产市场供给进一步收紧，在多项政策带动下，商品住宅销售回暖，房地产贷款保持稳定增长。城镇保障性安居工程货币化安置、政府购买服务等创新模式取得积极进展。

房地产开发投资意愿明显减弱。2015年，贵州省房地产开发投资额较上年仅增长0.8%，涨

幅较上年下降11.8个百分点。全年房地产开发投资实际到位资金合计2 248.3亿元，较上年下降3.8%。其中，国内贷款、自筹资金分别下降9.2%和6.9%，其他资金较上年增长0.3%。贵州省土地购置面积、土地成交价款分别较上年下降35.8%和24.6%，房屋新开工面积、住宅新开工面积、住宅竣工面积也均较上年同期下滑。

城镇保障房建设稳步开展。全年新开工城镇保障性安居工程50.2万套，基本建成22.6万套，完成率132.6%。棚改货币化安置积极推进，全年货币化安置10余万户，消化存量商品房3万余套，超过300万平方米。

商品住宅销售小幅回升。2015年前三个月贵州省商品住宅销售增速在5%以下，随着国家稳定房地产市场的政策实施，下半年销售情况逐步回暖，年末商品住宅销售面积、销售额分别较上年增长12.0%和14.7%，整体涨幅较上年有所回升（见图14）。

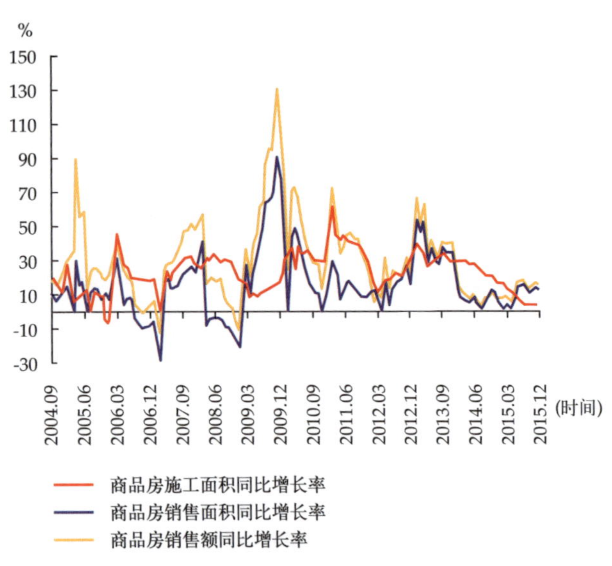

数据来源：《中国经济景气月报》、贵州省统计局。

图14　2004～2015年贵州省商品房施工和销售变动趋势

房价下降幅度逐步收窄。2015年以来，贵阳市、遵义市新建住宅同比价格均处于下降区间，上半年价格逐月走低，5月分别达到当年最大降幅5.7%和5.8%，下半年，在公积金、房贷利率、户籍制度改革等政策推动下，两地房地产市场回暖，房价降幅逐渐收窄（见图15）。二手住宅与新建住宅价格走势相同，上半年降幅逐月扩大，下半年降幅收窄，年末止跌为涨。

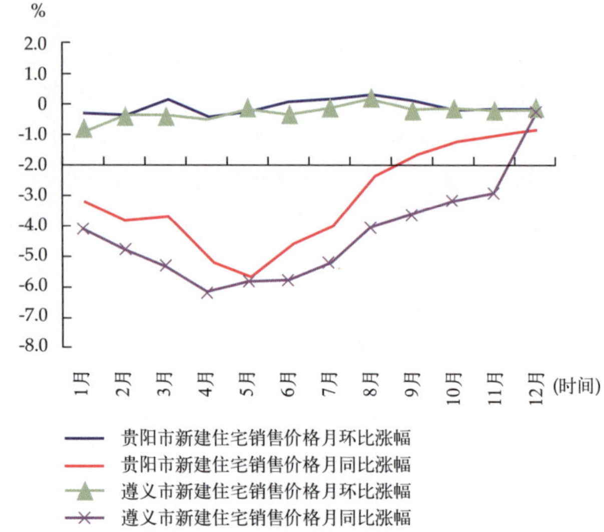

数据来源：《中国经济景气月报》、贵州省统计局。

图15　2015年贵州省主要城市新建住宅销售价格变动趋势

房地产贷款增长平稳，保障性住房建设融资保持较快增长。2015年，在土地储备机构贷款大幅增长下，贵州省房地产贷款余额同比增长31.7%。其中，个人住房贷款涨幅逐月回落，年末小幅回升。国家开发银行贵州省分行等金融机构继续加大对棚户区改造项目的支持力度，年末保障性住房开发贷款余额同比增长66.7%。其中，部分改造项目创新采用政府购买服务模式，获银行授信承诺，并实现贷款发放。

2. 大数据产业引领产业升级。2015年，贵州省大数据产业从2014年的政策、平台引领过渡到项目配套跟进的发展新阶段，大数据基础平台建设项目加快实施，全国首家大数据交易所——贵阳大数据交易所于2015年4月正式挂牌运营并完成首批大数据交易，大数据企业快速孵化和发展壮大。阿里巴巴、IBM、英特尔等企业与贵州开展合作，中国电信、中国移动、中国联通的数据中心落户贵州，京东电商产业园、华为西南物流园等重大项目与贵州签约。2015年，贵州省大数据信息企业达1 700多家，计算机、通信和其他电子设备制造业增加值较上年增长102.0%，贵州省以大数据为引领的电子信息产业增加值234亿元，占地区生产总值的比重为2.2%。金融机构积极支持大数据产业的培育和发展，计算机、通信和其他电子设备制造业，软件和信息技术服务业中长期贷款余额同比分别增长24.1%、238.3%。

三、预测与展望

2016年是实施“十三五”规划、全面建成小康社会决胜阶段的开局之年，是推进结构性改革的攻坚之年。贵州省正处于工业化、城镇化加速发展期，正进入弯道取直、后发赶超的最关键时期，脱贫攻坚、同步小康的决战决胜时期。

贵州省2016年经济发展的主要预期目标是：地区生产总值较上年增长10%；固定资产投资较上年增长18%；减少农村贫困人口100万人。受2015年贷款余额基数较大、地方债置换等因素影响，预计2016年贷款余额增速较2015年将有所下降。

2016年，贵州金融业将充分发挥金融对资源的配置作用，严格贯彻落实好稳健的货币政策，推动货币信贷合理增长，优化信贷结构和融资结构，扎实推进金融精准扶贫，积极支持供给侧结构性改革，持续提高对贵州省重点领域和薄弱环节的金融服务水平，积极为实体经济发展营造良好的货币金融环境。

中国人民银行贵阳中心支行货币政策分析小组
总　纂：戴季宁　肖　杰　谭　林
统　稿：王凯明　李家鸽　封明川
执　笔：李晶彦　杨　丽　刘　爽　孔艳彦　颜　寅　叶　茜　苏　抒
提供材料的还有：陈红宇　邓　飞　路　音　孙学栋　王乾飞　李雪华　薛　飞　李　茜
冀源溪　孙　怡　易莞姣　娄　燚　赵　鑫

附录

（一）2015年贵州省经济金融大事记

5月26日至29日，以“互联网+时代的数据安全与发展”为主题的2015贵阳国际大数据产业博览会暨全球大数据时代贵阳峰会成功举办。

6月26日，生态文明贵阳国际论坛2015年年会活动之一的绿色金融与绿色经济发展专题高峰会议召开，来自国内外的专家就绿色金融的有关话题开展研讨，为绿色金融体系的构建建言献策。

10月16日，国家发展改革委同意设立贵州山地特色新型城镇化示范区。

10月16日，贵州省印发支持扶贫开发的“1+10”文件，即《关于坚决打赢扶贫攻坚战确保同步全面建成小康社会的决定》以及配套出台的《关于全面做好金融服务推进精准扶贫的实施意见》等10个方面的扶贫工作政策举措。

10月23日至26日，2015世界众筹大会在贵阳召开，开展众筹创客大赛，研讨众筹和众筹金融创新发展之路。

10月28日，《贵州省金融业发展六项行动实施方案》印发，针对金融机构发展、互联网金融、贵阳国际金融中心建设、贵安绿色金融港开发建设、金融支持重大项目和重点领域建设、贵州省金融生态环境建设等方面，提出了2015～2017年的发展目标。

11月11日至13日，中共贵州省委十一届六次全会确立了大扶贫战略行动和大数据战略行动。

12月31日，贵州高速公路通车里程超过5 100公里，实现全省88个县(市、区、特区)通高速公路，形成15个出省通道，成为西部地区第一个实现县县通高速公路的省份。

12月31日，贵州省地区生产总值突破万亿元大关，达到1.05万亿元。

12月31日，贵州省全年减少贫困人口130万人，易地扶贫搬迁20万人。

（二）2015年贵州省主要经济金融指标

表1　2015年贵州省主要存贷款指标

		1月	2月	3月	4月	5月	6月	7月	8月	9月	10月	11月	12月
本外币	金融机构各项存款余额（亿元）	15 554.242	15 530.72	16 060.093	16 108.48	16 374.304	17 093.167	17 641.064	17 788.18	18 460.058	18 565.289	19 156.157	19 537.121
	其中：住户存款	6 734.7	7 352.2	7 357.8	7 209.6	7 144.9	7 246.9	7 238.4	7 268.0	7 359.3	7 240.8	7 227.6	7 410.9
	非金融企业存款	5 281.2	4 901.0	5 054.7	5 236.9	5 362.9	5 656.9	5 646.1	5 805.8	5 986.6	6 178.1	6 297.9	6 876.1
	各项存款余额比上月增加（亿元）	199.6	-23.5	529.4	48.4	265.8	718.9	547.9	147.1	671.9	105.2	590.9	381.0
	金融机构各项存款同比增长（%）	19.5	16.7	17.2	15.7	15.4	15.4	20.4	19.4	23.1	25.4	28.0	27.2
	金融机构各项贷款余额（亿元）	12 734.46	13 050.077	13 289.026	13 550.59	13 755.552	14 051.042	14 247.051	14 397.807	14 661.045	14 873.047	15 058.155	15 120.993
	其中：短期	2 866.8	2 941.4	3 003.7	3 032.2	3 048.6	3 101.4	3 137.5	3 147.4	3 199.2	3 151.9	3 209.9	3 162.8
	中长期	9 628.6	9 867.1	10 080.3	10 311.9	10 504.6	10 733.7	10 871.7	11 002.8	11 194.9	11 432.1	11 542.9	11 680.5
	票据融资	166.9	165.5	130.8	130.0	118.7	121.5	140.2	149.6	171.7	183.7	205.4	196.3
	各项贷款余额比上月增加（亿元）	296.2	315.6	238.9	261.6	205.0	295.5	196.0	150.8	263.2	212.0	185.1	62.8
	其中：短期	32.4	74.6	62.2	28.5	16.4	52.8	36.1	9.9	51.8	-47.3	58.0	-47.1
	中长期	224.5	238.5	213.2	231.5	192.7	229.2	138.0	131.1	192.1	237.2	110.9	137.6
	票据融资	32.2	-1.4	-34.7	-0.8	-11.3	2.9	18.6	9.4	22.1	12.1	21.7	-9.1
	金融机构各项贷款同比增长（%）	22.5	23.8	23.7	23.3	22.9	22.4	22.6	22.1	22.4	22.1	21.8	21.6
	其中：短期	21.1	22.3	22.7	20.7	21.0	20.3	21.2	19.9	19.4	15.6	15.8	11.6
	中长期	21.6	23.1	23.3	23.3	22.9	22.4	22.2	22.1	22.4	23.7	23.3	24.2
	票据融资	102.6	83.8	48.6	55.5	32.6	26.2	56.1	36.4	59.9	12.0	12.1	45.8
	建筑业贷款余额（亿元）	605.5	622.6	615.4	628.7	646.0	668.6	661.1	661.5	686.4	710.5	715.9	745.3
	房地产业贷款余额（亿元）	587.8	628.2	649.8	677.7	682.0	724.1	742.0	744.5	745.3	742.3	741.7	732.7
	建筑业贷款同比增长（%）	24.0	25.4	22.5	22.6	21.6	25.4	21.8	19.5	19.4	21.6	20.6	26.3
	房地产业贷款同比增长（%）	25.6	32.1	34.1	36.5	36.1	39.6	43.5	44.6	41.7	40.6	39.9	33.0
人民币	金融机构各项存款余额（亿元）	15 503.5	15 478.5	15 999.0	16 048.2	16 304.6	17 010.2	17 559.0	17 693.3	18 362.9	1 8470.5	19 066.6	19 438.6
	其中：住户存款	6 723.0	7 340.0	7 345.1	7 196.6	7 132.4	7 234.0	7 225.1	7 253.6	7 344.8	7 226.5	7 212.5	7 394.9
	非金融企业存款	5 242.9	4 861.8	5 007.1	5 190.4	5 306.9	5 588.0	5 578.1	5 726.3	5 904.9	6 098.3	6 224.4	6 795.7
	各项存款余额比上月增加（亿元）	193.0	-24.9	520.5	49.2	256.3	705.7	548.7	134.4	669.6	107.6	596.1	372.1
	其中：住户存款	-40.1	617.0	5.1	-148.5	-64.2	101.6	-8.9	28.5	91.1	-118.3	-14.0	182.3
	非金融企业存款	117.3	-381.2	145.3	183.3	116.5	281.1	-9.9	148.2	178.6	193.5	126.1	571.3
	各项存款同比增长（%）	19.3	16.6	17.0	15.6	15.2	15.2	20.2	19.1	22.8	25.1	27.7	26.9
	其中：住户存款	5.3	14.7	13.2	11.7	11.0	9.1	10.8	11.6	10.6	10.4	9.8	9.2
	非金融企业存款	39.6	24.1	21.2	19.9	20.4	17.7	19.3	19.5	24.2	30.3	30.1	32.5
	金融机构各项贷款余额（亿元）	12 665.1	12 986.8	13 225.1	13 487.8	13 698.4	13 979.9	14 177.6	14 323.0	14 589.1	14 804.4	14 990.6	15 051.9
	其中：个人消费贷款	2 176.4	2 199.2	2 226.4	2 261.9	2 293.7	2 332.2	2 356.6	2 384.1	2 418.2	2 437.2	2 484.5	2 514.1
	票据融资	166.9	165.5	130.8	130.0	118.7	121.5	140.2	149.6	171.7	183.7	205.4	196.3
	各项贷款余额比上月增加（亿元）	296.6	321.7	238.2	262.7	210.7	281.5	197.7	145.4	266.0	215.3	186.3	61.3
	其中：个人消费贷款	42.7	22.8	27.2	35.5	31.8	38.5	24.4	27.5	34.1	18.9	47.3	29.7
	票据融资	32.2	-1.4	-34.7	-0.8	-11.3	2.9	18.6	9.4	22.1	12.1	21.7	-9.1
	金融机构各项贷款同比增长（%）	22.5	23.8	23.6	23.3	22.9	22.3	22.5	21.9	22.2	22.0	21.7	21.7
	其中：个人消费贷款	21.0	21.2	19.8	19.0	18.4	18.0	17.3	16.9	16.7	16.3	16.6	17.8
	票据融资	102.6	83.8	48.6	55.5	32.6	26.2	56.1	36.4	59.9	12.0	12.1	45.8
外币	金融机构外币存款余额（亿美元）	8.3	8.5	9.9	9.9	11.4	13.6	13.4	14.8	15.3	14.9	14.0	15.2
	金融机构外币存款同比增长（%）	72.9	86.4	121.5	90.6	91.5	87.7	95.0	116.3	114.0	146.8	113.4	109.8
	金融机构外币贷款余额（亿美元）	11.3	10.3	10.4	10.3	9.3	11.6	11.3	11.7	11.3	10.8	10.6	10.6
	金融机构外币贷款同比增长（%）	29.6	27.3	43.8	28.9	29.5	60.2	74.9	78.0	64.5	48.2	36.9	-6.7

数据来源：中国人民银行贵阳中心支行。

表2　2001～2015年贵州省各类价格指数

单位：%

年/月		居民消费价格指数		农业生产资料价格指数		工业生产者购进价格指数		工业生产者出厂价格指数	
		当月同比	累计同比	当月同比	累计同比	当月同比	累计同比	当月同比	累计同比
2001		—	1.8	—	-0.6	—	0.2	—	2.2
2002		—	-1.0	—	0.6	—	-2.4	—	-1.1
2003		—	1.2	—	4.1	—	6.0	—	3.4
2004		—	4.0	—	9.0	—	12.0	—	8.0
2005		—	1.0	—	10.2	—	7.4	—	7.2
2006		—	1.7	—	5.4	—	7.3	—	4.3
2007		—	6.4	—	5.1	—	7.5	—	5.0
2008		—	7.6	—	13.4	—	12.5	—	12.4
2009		—	-1.3	—	-3.8	—	-6.5	—	-4.9
2010		—	2.9	—	1.1	—	9.8	—	4.7
2011		—	5.1	—	11.1	—	15.0	—	5.4
2012		—	2.7	—	0.7	—	2.3	—	1.0
2013		—	2.5	—	-1.0	—	-3.6	—	-2.6
2014		—	2.4	—	-1.0	—	-1.4	—	-1.7
2015		—	1.8	—	3.1	—	-2.5	—	-3.9
2014	1	2.3	2.3	0.6	0.6	-2.4	-2.4	-2.9	-2.9
	2	1.8	2.1	-0.1	0.2	-2.8	-2.6	-2.8	-2.9
	3	2.5	2.2	-0.2	0.1	-2.6	-2.6	-2.9	-2.9
	4	2.1	2.2	-0.6	-0.1	-2.1	-2.5	-2.5	-2.8
	5	2.6	2.3	-0.6	-0.2	-1.9	-2.4	-2.1	-2.7
	6	3.1	2.4	-0.4	-0.2	-1.5	-2.2	-1.4	-2.5
	7	3.2	2.5	-1.3	-0.4	-1.4	-2.1	-1.2	-2.3
	8	2.4	2.5	-1.2	-0.5	-1.1	-2.0	-0.9	-2.1
	9	2.2	2.5	-1.9	-0.6	0.2	-1.7	-0.7	-2.0
	10	2.0	2.4	-1.9	-0.8	-0.2	-1.6	-0.8	-1.8
	11	2.4	2.4	-1.9	-0.9	-0.4	-1.5	-0.8	-1.7
	12	2.6	2.4	-2.2	-1.0	-0.7	-1.4	-0.7	-1.7
2015	1	1.7	1.7	-2.4	-2.4	-0.7	-0.7	-1.4	-1.4
	2	2.0	1.9	-2.3	-2.4	-0.9	-0.8	-2.1	-1.7
	3	1.6	1.8	-1.8	-2.2	-1.2	-0.9	-2.0	-1.8
	4	1.8	1.8	-0.3	-1.7	-1.7	-1.1	-2.0	-1.9
	5	1.8	1.8	2.3	-0.9	-1.8	-1.2	-3.1	-2.1
	6	1.6	1.8	3.7	-0.1	-2.9	-1.5	-3.8	-2.4
	7	1.6	1.7	4.7	0.5	-2.9	-1.7	-4.5	-2.7
	8	2.4	1.8	6.4	1.3	-3.2	-1.9	-4.9	-3.0
	9	2.3	1.9	6.3	1.8	-3.5	-2.1	-5.6	-3.3
	10	2.1	1.9	6.5	2.3	-3.6	-2.2	-5.5	-3.5
	11	1.5	1.9	7.3	2.7	-3.9	-2.4	-5.6	-3.7
	12	1.4	1.8	7.8	3.1	-4.1	-2.5	-6.2	-3.9

数据来源：《中国经济景气月报》、贵州省统计局。

表3 2015年贵州省主要经济指标

	1月	2月	3月	4月	5月	6月	7月	8月	9月	10月	11月	12月
绝对值（自年初累计）												
地区生产总值（亿元）	—	—	1 659.4	—	—	4 351.1	—	—	7 195.6	—	—	10 502.6
第一产业	—	—	207.0	—	—	557.6	—	—	1 171.5	—	—	1 640.6
第二产业	—	—	897.2	—	—	1 944.1	—	—	2 882.6	—	—	4 146.9
第三产业	—	—	555.2	—	—	1 849.4	—	—	3 141.4	—	—	4 715.0
工业增加值（亿元）	—	522.6	811.0	1 094.2	1395.3	1 719.9	2 008.1	2 298.9	2 621.6	2 918.4	3 250.1	3 550.1
固定资产投资（亿元）	—	774.3	1 510.6	2 166.3	2743.2	3 886.2	4 703.8	5 389.0	6 505.5	7 486.4	8 688.3	10 676.7
房地产开发投资	—	247.9	462.6	613.8	806.6	1 072.4	1 248.7	1 427.5	1 621.4	1 805.0	2 033.7	2 205.1
社会消费品零售总额（亿元）	—	—	753.7	—	—	1 503.1	—	—	2 315.8	—	—	3 283.0
外贸进出口总额（亿元）	26.7	45.0	71.2	96.1	202.6	372.1	377.6	413.2	473.3	581.3	666.6	761.2
进口	6.5	12.4	17.6	23.5	29.1	43.0	47.1	52.3	65.3	75.2	96.8	142.7
出口	20.2	32.7	53.7	72.6	173.5	329.2	330.5	360.8	408.0	506.1	569.8	618.6
进出口差额(出口－进口)	13.7	20.3	36.1	49.1	144.4	286.2	283.4	308.5	342.7	430.9	473.0	475.9
外商实际直接投资（亿美元）	2.5	4.1	6.1	8.3	9.9	12.5	14.0	15.4	18.1	20.5	23.6	25.2
地方财政收支差额（亿元）	-79.3	-243.1	-399.0	-527.5	-671.1	-1 038.4	-1 307.8	-1 463.2	-1 677.6	-1 754.6	-1 996.3	-2 426.8
地方财政收入	114.6	192.6	382.5	467.8	565.9	768.1	844.1	921.6	1 061.1	1 187.1	1 346.6	1 503.4
地方财政支出	193.9	435.7	781.5	995.3	1 237.0	1 806.5	2 151.9	2 384.8	2 738.7	2 941.7	3 342.9	3 930.2
城镇登记失业率(%)(季度)	—	—	3.2	—	—	3.2	—	—	3.2	—	—	3.3
同比累计增长率（%）												
地区生产总值	—	—	10.4	—	—	10.7	—	—	10.8	—	—	10.7
第一产业	—	—	5.6	—	—	6.1	—	—	6.4	—	—	6.5
第二产业	—	—	10.7	—	—	11.3	—	—	11.3	—	—	11.4
第三产业	—	—	11.1	—	—	11.1	—	—	11.4	—		11.1
工业增加值	—	9.9	9.8	9.7	9.8	10.0	10.0	10.0	10.0	9.9	9.9	9.9
固定资产投资	—	23.5	23.5	23.2	23.0	22.8	22.8	22.6	22.4	22.3	22.0	21.6
房地产开发投资	—	13.2	6.5	0.8	-1.2	1.4	1.4	1.0	-1.3	-1.9	-1.2	0.8
社会消费品零售总额	—	—	11.5	—	—	11.5	—	—	11.5	—	—	11.8
外贸进出口总额	16.6	1.0	-15.0	-23.2	26.6	59.6	34.7	26.6	3.9	0.3	4.3	14.9
进口	4.9	-5.6	-5.2	-4.0	-11.6	9.0	4.4	1.7	8.2	6.7	21.5	69.0
出口	21.0	3.7	-17.8	-27.9	36.5	69.9	40.5	31.2	3.3	-0.9	1.9	7.0
外商实际直接投资	10.4	32.5	24.0	24.3	20.1	24.8	23.1	18.8	22.5	21.0	25.6	22.2
地方财政收入	-5.9	2.8	6.2	5.8	4.4	5.3	5.0	4.9	7.5	7.7	9.1	10.0
地方财政支出	-20.3	12.1	6.5	9.4	1.1	15.9	12.9	11.0	13.1	8.9	11.4	10.9

数据来源：《中国经济景气月报》、贵州省统计局。

2015年云南省金融运行报告

中国人民银行昆明中心支行货币政策分析小组

[内容摘要] 2015年，面对复杂多变的经济环境和经济下行压力加大的困难，云南省深化改革、扩大开放，积极应对各种挑战，采取一系列有效措施，全力以赴“稳增长、调结构、促改革、惠民生”。全省经济平稳增长，增速保持合理区间，发展方式进一步转变，结构调整取得积极进展，改革开放步伐明显加快，就业形势保持整体稳定，人民生活水平不断改善，生态文明建设取得新进展。

全省金融部门认真贯彻落实稳健货币政策，金融运行总体稳健、效率有所提高，货币信贷和社会融资规模合理适度，融资结构和信贷结构进一步改善，金融风险总体可控但潜在风险不容忽视，金融支持实体经济发展、结构调整和转型升级的力度不断增强。

2016年，云南省发展面临的机遇大于挑战，经济健康稳定发展的可能性依然很大。金融部门将坚持稳中求进工作总基调，贯彻落实好稳健的货币政策和各项信贷政策，深化金融改革，扩大对外开放，改善金融服务，为经济结构调整和转型升级营造适宜的金融环境。

一、金融运行情况

2015年，云南省金融业运行平稳，金融创新稳步发展，金融改革有序推进，金融生态环境不断优化，金融服务水平继续提升，为经济稳增长、调结构、惠民生营造了良好的金融环境。

（一）银行业稳健发展，货币信贷合理增长

2015年，云南省银行业金融机构认真贯彻落实稳健货币政策和各项信贷政策，信贷总量超过2万亿元，信贷结构优化调整，贷款利率总体下行。

1. 综合实力稳步增强，服务体系日趋完善。2015年年末，云南省银行业金融机构资产总额同比增长12.1%，资产利润率2%，比上年年末下降0.4个百分点。金融服务覆盖面稳步扩大，机构个数、从业人数分别比上年年末增加179个、1 113人。年内分别新设农村商业银行、村镇银行、财务公司法人1家、8家和2家。农村合作金融机构、村镇银行、财务公司资产增长较快，同比分别增长19.1%、30.5%和31.4%（见表1）。

表1　2015年云南省银行业金融机构情况

机构类别	营业网点			法人机构（个）
	机构个数（个）	从业人数（人）	资产总额（亿元）	
一、大型商业银行	1 600	35 798	11 603	0
二、国家开发银行和政策性银行	88	2 001	4 343	0
三、股份制商业银行	422	7 938	5 001	0
四、城市商业银行	202	4 419	2 104	3
五、小型农村金融机构	2 376	21 499	8 548	133
六、财务公司	5	114	141	4
七、信托公司	1	216	22	1
八、邮政储蓄银行	876	2 924	860	0
九、外资银行	6	124	79	0
十、新型农村金融机构	83	1 644	237	49
十一、其他	1	69	396	1
合　计	5 660	76 746	33 334	191

注：营业网点不包括国家开发银行和政策性银行、大型商业银行、股份制银行金融机构总部数据；大型商业银行包括中国工商银行、中国农业银行、中国银行、中国建设银行和交通银行；小型农村金融机构包括农村商业银行、农村合作银行和农村信用社；新型农村金融机构仅有村镇银行；“其他”仅有金融租赁公司。

数据来源：云南银监局。

2. 各项存款增速改善，活期化特征明显。2015年年末，云南省银行业金融机构本外币存款余额2.5万亿元，比年初增加2 610.5亿元，同比多增872.0亿元。下半年，受地方政府发行债券、财政存款支出加快等因素的影响，本外币存款增速有所回升，年末余额同比增长11.3%，比6月末和上年年末分别提高4.8个、3.1个百分点（见图1、

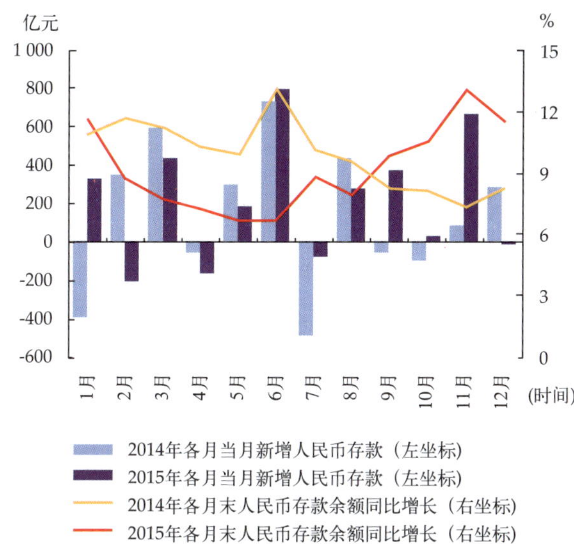

数据来源：中国人民银行昆明中心支行。

图1 2014～2015年云南省金融机构人民币存款增长变化

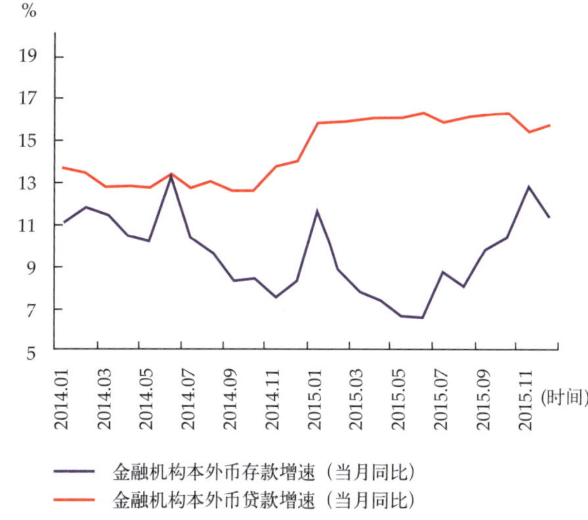

数据来源：中国人民银行昆明中心支行。

图3 2014～2015年云南省金融机构本外币存、贷款增速变化

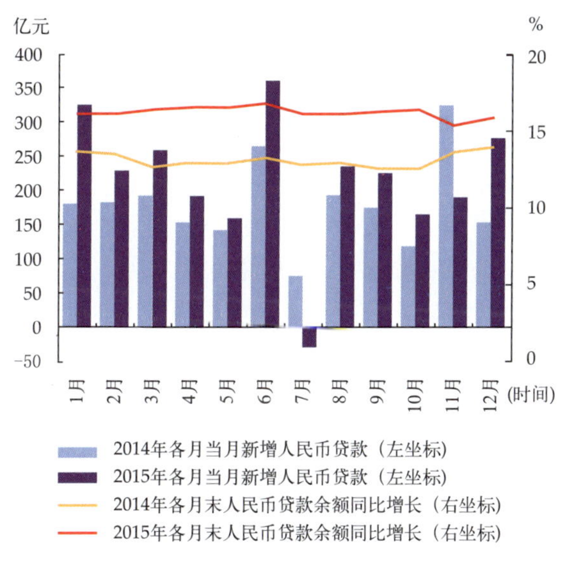

数据来源：中国人民银行昆明中心支行。

图2 2014～2015年云南省金融机构人民币贷款增长变化

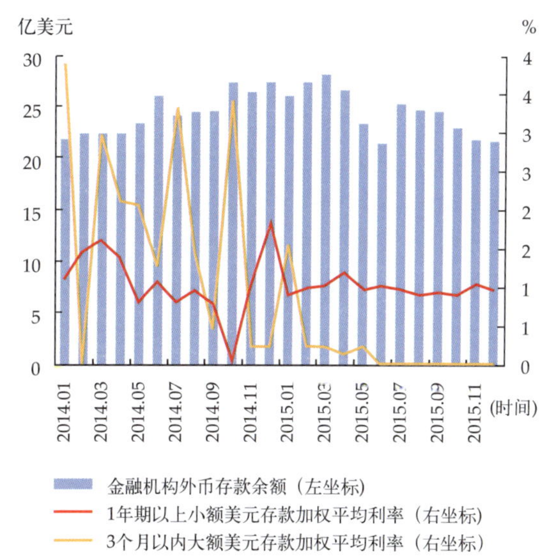

数据来源：中国人民银行昆明中心支行。

图4 2014～2015年云南省金融机构外币存款余额及外币存款利率

图3）。随着利率市场化改革深入推进和金融创新产品的不断推出，定期存款增速放缓，存款活期化特征明显，全年住户、非金融企业本外币活期存款增量占全省本外币存款增量的44.1%。由于下半年股票市场波动，非银行业金融机构存款增速回落，但仍明显快于住户和非金融企业存款。年末外币存款余额同比下降21.7%，比上年年末下降59.2个百分点（见图4）。

3. 各项贷款较快增长，信贷支持重点突出。2015年年末，云南省银行业金融机构本外币贷款余额为2.1万亿元，同比增长15.7%，比上年年末提高1.8个百分点，比年初增加2 598.4亿元，同比多增400.2亿元（见图2、图3）。云南省银行业金融机构坚持重点领域和薄弱环节并重，盘活存量、优化增量，不断提升金融服务水平和效率。年末，中长期固定资产贷款比年初增加945.4亿元，新增额是上年全年的1.6倍，有力地支持了全省“四个一百”重点项目[①]的投资建设；服务业贷款余额同比增长18.6%，占三次产业贷款余额比重比上年年末提高1.8个百分点；支农、支小金融服务水平明显改善，涉农贷款、小微企业贷款增速分别比上年年末提高3.0个和8.7个百分点；民生领域贷款增长较快，贫困地区贷款增速比同期全省贷款平均增速高0.5个百分点，全年全省累计发放创业促就业小额担保贷款74.4亿元。中国人民银行昆明中心支行加强信贷政策支持再贷款、再贴现工具的运用，合理引导信贷资金投向，降低融资成本。全年全省累计发放信贷政策支持再贷款74.3亿元，累计办理再贴现239.5亿元，为实体经济节约融资成本共约3亿元。

专栏1　积极改进金融服务　提升金融扶贫精准度

云南省是全国扶贫攻坚的主战场之一。2014年年末，全省贫困人口574万人，居全国第二位。解决贫困问题是云南省实现与全国同步全面建成小康社会目标的重中之重。2015年，全省银行业金融机构紧紧围绕脱贫攻坚重点任务，精准对接金融需求、精准完善支持措施，推动金融服务到村到户，增强贫困人口自我发展能力，为实现脱贫攻坚提供有力支撑。

金融扶贫支持保障机制不断完善。一是建立工作机制，做好精准扶贫设计。建立了云南省扶贫开发金融服务工作协调机制、滇西边境片区扶贫开发金融服务联动协调机制，制定了《滇西边境片区扶贫开发金融服务联动协调机制工作方案》等文件，推动金融机构细化金融扶贫工作措施，积极参与扶贫开发。二是以精准对接为核心，创新运用货币政策工具。探索推出支农再贷款“四位一体”扶贫模式[②]。年内，支农再贷款“四位一体”扶贫模式下投放涉农贷款18.0亿元，为实体经济节约融资成本约8 838万元（含财政贴息）。全年全省93个贫困县（市）区人民银行累计发放支农再贷款47.9亿元，占同期全省支农再贷款累放金额的69.1%。三是发挥财政资金的撬动作用，引导信贷资源向贫困地区倾斜。以43个贫困县为试点，云南省财政共安排风险补偿金2.15亿元，调动农村合作金融机构向建档立卡贫困农户发放小额贷款的积极性。继续发挥扶贫贴息贷款政策的作用，全年全省累计发放扶贫贴息贷款131.6亿元，贴息资金5.5亿元，较上年增加2亿元。四是搭建平台，精准对接。搭建政银企合作平台，增强信息透明度，提升金融服务与贫困地区基础设施建设、特色产业发展等领域的对接精准度。

金融扶贫效果逐步显现。一是金融组织体系日趋完善。年末，全省贫困地区共有县级银行业金融机构507家、服务网点3 322个，分别比年初增加10家、47个，保险机构和小额贷款公司分别达822家和328家，均比年初增加13家，基本形成政策性金融、商业性金融、合作性金融、助农取款点协调配合、共同参与的金融扶贫开发新格局。二是信贷投放较快增长。2015年年末，全省93个贫困县（市）区各项贷款余额5 898.1亿元，同比增长16.2%，比同期全省各项贷款平均增速高0.5个百分点，贷款增量占同期全省各项贷款增量的33.0%，占比较上年提高0.9个百分点。政策性银行作用得到了较好的发挥，中国农业发展银行云南省分行累计向98个项目发放异地扶贫搬迁贷款218

① “四个一百”重点项目，即100个竣工投产项目、100个在建项目、100个新开工项目、100个重点前期工作项目。

②支农再贷款“四位一体”扶贫模式，即支农再贷款+农村信用社配套资金贷款+优惠利率+地方财政利差补贴，农村信用社根据借用的支农再贷款金额，按1：1比例匹配资金，向借款人发放优惠利率贷款，地方财政对农村信用社配套资金发放的贷款进行利差补贴。

亿元，解决建档立卡贫困农户住房建设资金问题。三是金融产品创新力度不断加大。结合贫困地区发展特色优势产业、贫困农户就业创业就学的融资需求特点，推出经济林果所有权抵押贷款、阳光富民贷款、红色信贷、财政扶贫风险补偿基金贷款等一批“量身定做”的金融产品，实现“扶持一户、带动一片”的效果。四是金融服务便捷性提高。新型支付工具及业务推广取得积极进展，2015年年末全省贫困地区建成集小额取款、转账、查询、缴费及消费功能于一体的助农服务网点13 477个，比年初增加1 013个，布放自助设备118 993台，比年初增加19 487台。

在扶贫开发各项政策措施的共同作用下，2015年云南省实现103万人脱贫。2016年2月，云南省扶贫开发工作领导小组《云南省金融支持脱贫攻坚实施方案》已印发实施。下一步，全省金融部门将按照精准扶贫、精准脱贫要求，加强与地方政府部门的政策互动、工作联动和信息共享，提升金融扶贫水平，为云南省打赢脱贫攻坚战、实现与全国同步全面建成小康社会提供金融支持。

表2　2015年云南省金融机构人民币贷款各利率区间占比

单位：%

月份		1月	2月	3月	4月	5月	6月
合计		100.0	100.0	100.0	100.0	100.0	100.0
下浮		7.6	9.8	12.1	7.0	8.7	11.7
基准		12.6	10.4	13.5	15.4	13.3	9.4
上浮	小计	79.8	79.8	74.4	77.6	78.0	78.9
	(1.0，1.1]	19.8	16.0	17.0	12.8	12.2	17.7
	(1.1，1.3]	24.1	22.0	19.6	23.4	23.6	21.6
	(1.3，1.5]	18.4	18.9	18.5	18.9	21.0	20.7
	(1.5，2.0]	16.0	21.2	17.6	20.0	18.4	15.7
	2.0以上	1.5	1.7	1.7	2.5	2.8	3.2
月份		7月	8月	9月	10月	11月	12月
合计		100.0	100.0	100.0	100.0	100.0	100.0
下浮		6.2	6.3	8.6	25.4	18.3	11.6
基准		12.6	10.9	15.7	14.2	14.0	20.9
上浮	小计	81.2	82.8	75.7	60.4	67.7	67.5
	(1.0，1.1]	12.4	18.9	14.0	12.4	12.0	13.2
	(1.1，1.3]	22.1	23.9	19.5	12.6	15.8	18.3
	(1.3，1.5]	20.2	16.7	16.8	14.5	14.8	14.5
	(1.5，2.0]	21.8	19.4	20.7	16.6	19.8	16.6
	2.0以上	4.7	3.9	4.7	4.3	5.3	4.9

数据来源：中国人民银行昆明中心支行。

4. 存款定价分层有序，贷款利率总体回落。2015年，云南省银行业金融机构积极应对利率市场化改革带来的挑战和机遇，着力增强自主合理定价能力，分层有序的存款定价格局基本形成。地方法人金融机构不断完善定价机制建设，11家机构成为全国市场利率定价自律机制成员，累计发行同业存单152.5亿元、大额存单28.1亿元，主动负债能力和市场化定价水平提高。良好的存款定价秩序为降低贷款利率营造了适宜的环境。加之年内五次降息的政策效应、央行低成本资金的引导，全省贷款利率总体下行，执行下浮和基准利率的贷款占比提高（见表2）。

5. 金融改革有序推进，服务实体能力有效提升。沿边金融综合改革试验区建设扎实推进，经常项下个人跨境人民币结算试点、跨境人民币双向贷款业务试点、跨境双向人民币资金池业务快速发展，云南锡业股份有限公司和云南云天化联合商务有限公司获得跨国公司外汇资金集中运营试点资格，全国首家中缅货币兑换中心挂牌成立，金融支持涉外经济发展能力明显增强。开发性政策性金融机构改革稳步推进，支持重点领域、扶贫开发成效显著。中国农业银行云南省分行“三农金融事业部”改革继续深化，“三农”金融服务水平有所提升。地方法人金融机构改革步伐加快，资本实力不断增强，内控机制进一步完善，农村信用社产权制度改革实现零的突破。农村承包土地的经营权和农民住房财产权抵押贷款试点工作扎实开展，试点地区分别为6个和3个。

6. 不良贷款持续“双升”，风险总体可控。2015年年末，云南省银行业金融机构不良贷款余额、不良贷款率分别比上年年末增加241.9亿元、提高1个百分点。银行业金融机构采取有效措施防控和化解不良风险，年末贷款拨备率同比提高0.7个百分点，拨备覆盖率同比回落73.4个百分点，但处于156.2%的较高水平。地方法人金融机构资本充足率稳步提高。

7. 跨境人民币业务平稳发展，辐射面持续扩大。2015年，云南省银行业金融机构共办理跨境人民币结算752.3亿元，同比下降3.6%，在同期本外币跨境收支中的比重为39.0%，比上年提高5个百分点。其中，跨境货物贸易人民币结算547.6亿元，同比增长14.0%，占全省外贸总额的36.0%，比上年提高10个百分点；跨境直接投资人民币结算77.4亿元，同比增长41.3%。自试点以来全省跨境人民币累计结算额达2 774.5亿元。跨境业务辐射面进一步扩大，参与跨境人民币结算的银行分支机构419家，涉及企业1 849家，境外地域覆盖面扩大至70个国家和地区。

（二）证券业改革创新步伐加快，融资功能有效发挥

2015年，云南省证券期货业稳健发展，经营机构实力不断提升，上市公司数量继续增加，多层次资本市场建设取得积极进展。

1. 机构实力继续提升，服务功能进一步完善。2015年，云南省新增证券分公司4家、证券营业部11家、期货营业部3家。证券市场交易活跃，经营机构实力不断提升。全年全省证券市场累计总成交金额同比增长1.7倍；年末两家法人证券公司总资产同比增长1倍，资产利润率比上年提高0.3个百分点。期货市场平稳发展，新增锡、镍等上市品种。年末，两家法人期货经营机构总资产同比下降2.5%。

2. 证券市场融资功能有效发挥，为实体经济提供积极支持。2015年，云南省继续发挥“中小、非公企业上市培育专项扶持资金”的作用，鼓励和支持企业上市融资。年内1家企业成功首发上市，境内上市企业数量增至30家。全年境内股票募集资金110.5亿元（见表3），同比增长57%，首次公开募股（IPO）融资3.6亿元。

3. 多层次资本市场建设取得积极进展，“新三板”挂牌企业明显增多。2015年，云南省新增41家企业在“新三板”挂牌，挂牌企业数量增至55家。全年21家挂牌企业累计融资10.6亿元，融资方式日趋多样，股票融资、公司债融资、股权质押融资占比分别为37.2%、10.3%和52.4%。企业“新三板”挂牌积极性提升，结构更趋合理，民营企业占比92.4%。

表3　2015年云南省证券业基本情况

项目	数量
总部设在辖内的证券公司数（家）	2
总部设在辖内的基金公司数（家）	0
总部设在辖内的期货公司数（家）	2
年末国内上市公司数（家）	30
当年国内股票（A股）筹资（亿元）	110.5
当年发行H股筹资（亿元）	6
当年国内债券筹资（亿元）	1 213
其中：短期融资券筹资额（亿元）	584
中期票据筹资额（亿元）	361

数据来源：中国人民银行昆明中心支行、云南证监局。

（三）保险业发展水平全面提升，保障服务功能不断增强

2015年，云南省保险业较快发展，服务覆盖面持续扩大，产品品种不断丰富，风险补偿功能有效发挥。

1. 保险市场体系不断健全，行业实力稳步提升。年末，云南省省级分公司以上保险公司35家（见表4）、比上年增加2家，保险中支及以下机

表4　2015年云南省保险业基本情况

项目	数量
总部设在辖内的保险公司数（家）	1
其中：财产险经营主体（家）	1
人身险经营主体（家）	0
保险公司分支机构（家）	35
其中：财产险公司分支机构（家）	23
人身险公司分支机构（家）	12
保费收入（中外资，亿元）	435
其中：财产险保费收入（中外资，亿元）	201
人身险保费收入（中外资，亿元）	233
各类赔款给付（中外资，亿元）	173
保险密度（元/人）	917
保险深度（%）	3

数据来源：云南保监局。

构2 766家，比上年增加96家；专业中介、兼业代理机构分别为63家和6 284家，多元化的市场主体格局基本建立。保险市场延续良好发展态势，全年实现保费总收入434.6亿元，同比增长15.6%；年末保险公司资产总额661.4亿元，同比增长15.7%。

2. 保险功能有效发挥，银保合作取得积极进展。2015年，云南省保险密度916.5元/人，同比增长14.9%，保险深度3.2%，比上年提高0.2个百分点。全年保险赔付支出金额同比增长14.8%，增速比保费收入低0.8个百分点，与财产险保费支出增速低于其收入等因素有关。大力发展小额贷款保证保险，年末全省累计成功出单项目53个，贷款金额为1.3亿元。

3. 产品结构趋于均衡，产品品种不断丰富。2015年，云南省人身险保费收入增速比财产险高3.4个百分点，速差较上年收窄10.7个百分点。涉保范围稳步扩大，产品品种不断丰富。农业保险范围扩大至畜牧、果蔬、茶叶等20类。探索开展大理州农房地震保险项目，为全州82.4万户农房提供保险保障，2015年10月昌宁县地震赔付753.8万元。城乡居民大病保险项目覆盖人群3 121.7万人，占全省参加城乡基本医保总人数的79%。人口较少民族保险保障项目积极推进。

（四）融资结构变化明显，金融市场交易大幅增长

2015年，云南省社会融资规模总体适度，人民币贷款、直接融资占比提高，货币市场交易活跃，票据融资增长较快，市场利率整体回落。

1. 融资规模总体适度，融资结构变化明显。2015年，云南省实现社会融资规模2 833.8亿元，比上年减少258.2亿元。人民币贷款占比较上年提高21.4个百分点，主要与部分表外融资转移表内、受汇率影响企业倾向于人民币贷款等因素有关。外币贷款减少29.2亿元；表外融资减少579.5亿元，其中，信托贷款、未贴现银行承兑汇票分别减少284.4亿元和628.0亿元。直接融资稳步发展，非金融企业境内债券和股票合计融资742.9亿元，占比较上年提高2.5个百分点（见图5）。企业发行债券的品种更加丰富，年内发行资产支持票据20亿元。全年全省发行地方政府债务置换债券1 295亿元，如果还原该因素，金融对实体经济的实际支持力度更大。

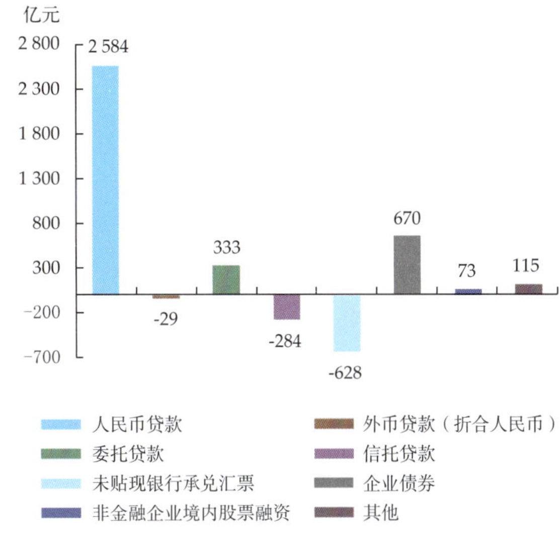

数据来源：中国人民银行昆明中心支行。

图5　2015年云南省社会融资规模分布结构

2. 货币市场交易活跃，利率水平低位回落。2015年，云南省法人金融机构参与货币市场交易活跃，全年拆借、回购、现券买卖累计成交金额同比增长1倍。降准政策效应逐步显现，下半年流动性相对充裕，资金由上半年的净融入转为净融出。市场利率低位回落，全年债券回购加权平均利率1.97%，比上年低1.0个百分点。

3. 票据融资增长较快，利率水平总体下降。2015年年末，全省银行承兑汇票余额同比下降17.6%，延续放缓态势，中小企业签发的银行承兑汇票占比70.7%。票据融资余额同比增长1.0倍，占各项贷款的比重由上年年末的2.2%提高至3.9%（见表5）。在人民银行再贴现工具引导以及货币市场利率和票据市场供求变化等因素共同作用下，票据市场利率总体回落（见表6）。12月，票据直贴、买断式转贴现加权平均利率分别比上年12月下降2.6个和2.1个百分点。

（五）金融基础设施建设稳步推进，生态环境持续改善

1. 社会信用环境进一步优化。年内印发

《云南省社会信用体系建设三年重点工作任务（2014～2016年）》。农村信用体系试点建设工作扎实推进，已为全省759万户农户建立了信用档案。小微企业信用体系建设成效明显，全年全省应收账款融资服务平台促成融资737.5亿元。征信知识及诚信文化宣传教育深入开展，在省内五所高校开设征信选修课。

2. 支付系统建设取得重大突破。农村支付环境建设深入推进，有支付需求的行政村实现惠农支付点全覆盖并逐步向自然村延伸。沿边金融改革综合试验区基础设施进一步完善，年内边境地区新设15个跨境金融便民服务点，成为全国首个NRA账户放开存取款功能试点省份。加强支付结算监管，开展整治银行卡网上非法买卖行动，支付服务市场秩序进一步规范。

表5　2015年云南省金融机构票据业务量统计

单位：亿元

季度	银行承兑汇票承兑		贴现			
			银行承兑汇票		商业承兑汇票	
	余额	累计发生额	余额	累计发生额	余额	累计发生额
1	1 361.4	491.0	412.8	1 704.7	20.6	132.8
2	1 132.3	1 107.4	539.1	3 593.3	31.0	314.8
3	1 186.3	1 606.8	665.1	5 318.6	38.5	392.0
4	1 089.6	1 987.9	765.2	8 193.3	55.5	503.9

数据来源：中国人民银行昆明中心支行。

表6　2015年云南省金融机构票据贴现、转贴现利率

单位：%

季度	贴现		转贴现	
	银行承兑汇票	商业承兑汇票	票据买断	票据回购
1	5.3503	6.2536	5.5054	5.3024
2	4.1930	5.5232	3.8902	3.6308
3	3.8617	5.3501	3.0921	3.2995
4	3.3675	4.3236	3.1718	2.9700

数据来源：中国人民银行昆明中心支行。

3. 消费者权益保护成效明显。利用“3·15”、“9月金融知识普及月”等平台，强化金融知识普及，提高群众金融素养。完善“12363”电话受理机制，畅通金融咨询投诉渠道，全年受理投诉505起、咨询2 178起。探索开展金融环境评估试点。在边境地区和重点口岸建立外籍人员金融消费权益保护机制。

专栏2　云南省开启跨境人民币反假新模式

云南地处我国西南边陲，与缅甸、越南和老挝接壤，边境线长达4 060公里。近年来，随着云南省与周边国家和地区的边境贸易持续快速发展，经贸金融合作日益紧密，人民币对周边地区国际影响力不断增强，云南省沿边地区人民币假币犯罪有上升势头和向境外扩散的趋势。为遏制人民币假币跨境犯罪，改善人民币在周边国家的流通环境，维护人民币国际信誉，云南省在跨境金融合作交流机制总框架下，针对假币犯罪势头上升和向境外扩散的趋势，集中发力、主动出击，开展了跨境人民币反假的系列活动。

在云南省反假货币联席会议的安排下，从2015年8月中旬开始，云南省沿边八个州（市）政府、当地人民银行以及相关部门采取联合行动，分别在中缅边境西双版纳州勐海县打洛口岸、中越边境红河州河口口岸和中老边境西双版纳磨憨口岸启动了跨境人民币反假宣传活动。活动取得明显成效。

加强合作，建立机制。在云南省反假联席会议的统一部署下，各职能部门主动加强与外方的沟通协调，推进金融合作机制建设，积极探索跨境人民币反假的新模式。在中老边境，中国磨憨、老挝磨丁双方管委会就加强跨境经济合作区反假币宣传、打击假币犯罪、净化货币流通环境达成共识，并就此次反假活动开展作了具体部署。在中缅边境，中国人民银行西双版纳州中心支行与缅甸第四特区金融机构协调配合，探讨搭建跨境人民币反假合作长效机制的可行性，并举办了双方共同参与的反假活动启动仪式。

出境培训，巩固基础。根据活动总体安排，主动走出国门为外方金融机构、警察、商业机构人员进行人民币反假知识的培训，共培训外方人员235人。在中缅、中老边境宣传活动中，中方派出专业人员共37人次赴境外，为缅甸勐拉市警察局警员、益丰银行员工、老挝磨丁商场及酒店收银员和货币兑换公司职员进行人民币反假知识培训。在中越边境口岸河口宣传活动中，中方7家银行业金融机构、越方8家银行业金融机构、1户特许货币兑换点、10户外贸企业参加了培训和座谈。双方专业人员分别对人民币、越南盾和美元的反假知识进行了培训。

集中宣传，保证效果。在人流量大的车站、出入境大厅、集市贸易区等共组织跨境反假宣传活动10余场。由专业人员向边民和跨境往来人员讲解人民币反假知识，现场发放中越、中缅、中老双语宣传资料35 000余份、宣传品5 045份。河口县每月一次在河口口岸出入境大厅开展反假宣传，形成人民币知识跨境宣传的长效机制。

残钞兑换，提升形象。跨境反假活动启动以来，多次在边境地区举办残损币兑换活动，为周边国家和沿边口岸的商人居民兑换残钞，积极回收境外滞留的残损人民币，有效维护了人民币形象，净化了人民币跨境流通环境，提高了境外流通人民币的整洁度。活动期间，共兑换残损人民币97 025张，金额6 795 033元。

云南省跨境反假人民币宣传活动的开展，开启中国与越南、老挝、缅甸在跨境反假国际合作的新篇章，为中方与毗领国家探索打击制贩假币犯罪国际合作，有效维护人民币信誉，维护持有者利益，共同营造一个良好发展、合作的环境奠定了基础。

二、经济运行情况

2015年，为应对经济下行压力，破解结构矛盾，云南省出台一系列“稳增长、调结构、促改革、惠民生、防风险”措施，经济保持平稳增长，结构调整出现积极变化。全年全省地区生产总值13 717.9亿元，同比增长8.7%（见图6），人均生产总值29 015元。

（一）内需增速稳步回升，外需下滑态势明显

2015年，云南省投资增速持续回升，消费增速稳中有升，进出口降幅持续扩大，内需对经济的拉动作用显著。

1. 投资增速持续回升，投资结构进一步优化。2015年，云南省打响“五网”①基础设施建设五年大会战，加快推进重大工程项目建设，全年固定资产投资（不含农户）完成13 069.4亿元，同比增长18.0%，比上年提高2.9个百分点（见图7）。投资结构进一步优化，第三产业投资比重

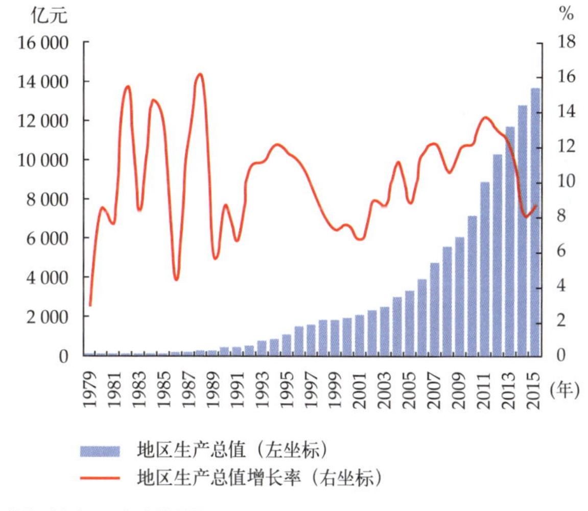

数据来源：云南省统计局。

图6 1979～2015年云南省地区生产总值及其增长率

① “五网”，即路网、航空网、能源保障网、水网、互联网。

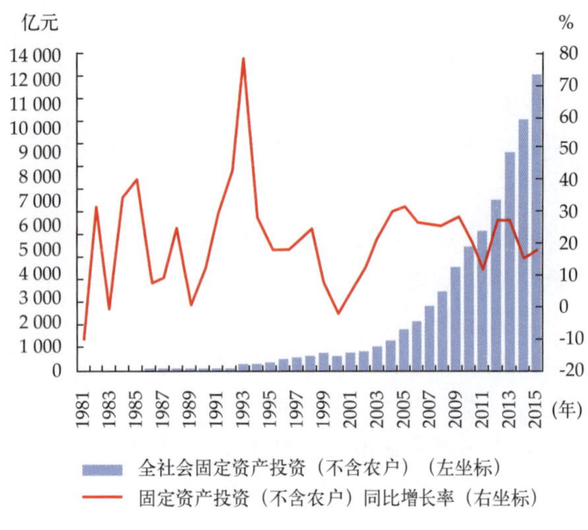

数据来源：云南省统计局。

图7　1981～2015年云南省固定资产投资（不含农户）及其增长率

72.1%，超过第二产业48个百分点。投资到位资金情况良好，同比增长15.3%，比上年回升7.7个百分点。民间投资增速回升，但占比较上年下降3.8个百分点，民间投资活跃度依然不高。

2. 居民收入稳定增长，消费增速总体平稳。2015年，云南省城乡居民人均可支配收入增长10.5%，比地区生产总值增速高1.8个百分点。农村居民、城镇居民人均可支配收入分别增长10.5%、8.5%，收入差距进一步缩小。全年全省社会消费品零售总额为5 103.2亿元，同比增长10.2%（见图8）。消费结构有所优化，乡村市场消费增速较城镇市场高1.9个百分点，消费升级类商品销售较好，汽车和石油类商品销售低迷。

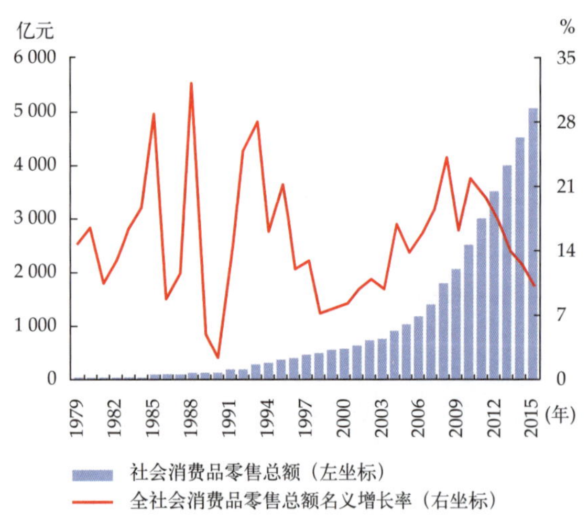

数据来源：云南省统计局。

图8　1979～2015年云南省社会消费品零售总额及其增长率

3. 对外贸易降幅扩大，利用外资力度加大。2015年，受大宗商品价格低位震荡下行、主要原材料购进价格持续回落及缅北战事的影响，全省进出口增速逐季度下滑，出口下滑态势明显。全年实现外贸进出口总额245.3亿美元，同比下降17.2%，出口下降11.5%，进口下降30.4%，进出口差额87.3亿美元（见图9）。出口商品以农产品、机电产品、化工产品为主，占比分别为18.3%、15.3%和14.5%。

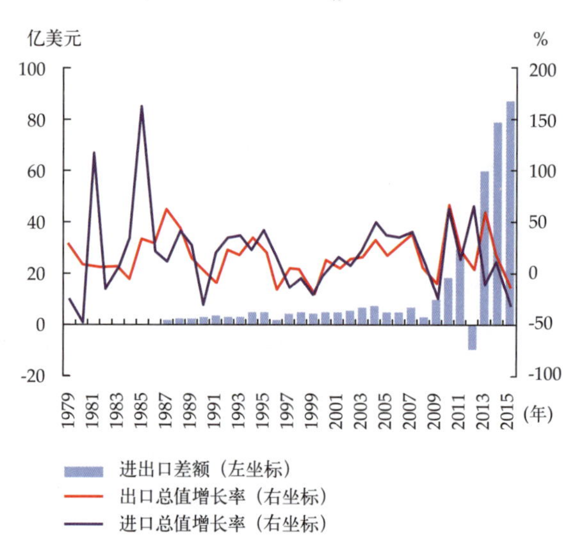

数据来源：云南省统计局、云南省商务厅。

图9　1979～2015年云南省外贸进出口变动情况

2015年，云南省实际利用外商直接投资29.9亿美元，同比增长10.6%，比上年提高3.0个百分点（见图10）。企业“走出去”步伐加快，年内新设境外企业103家，对外直接投资13.4亿美元，同比增长30.4%。市场开拓能力提高，对外投资国家增至45个。

（二）生产形势稳中有进，结构调整步伐加快

2015年，云南省三次产业结构为15.0：40.0：45.0，

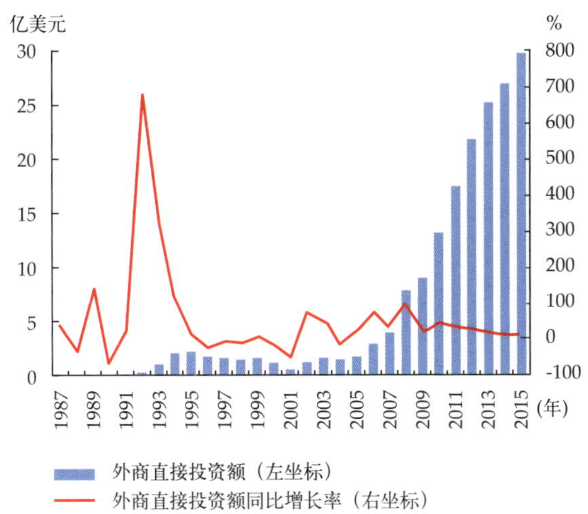

数据来源：云南省统计局、云南省商务厅。

图10　1987～2015年云南省外商直接投资额及其增长率

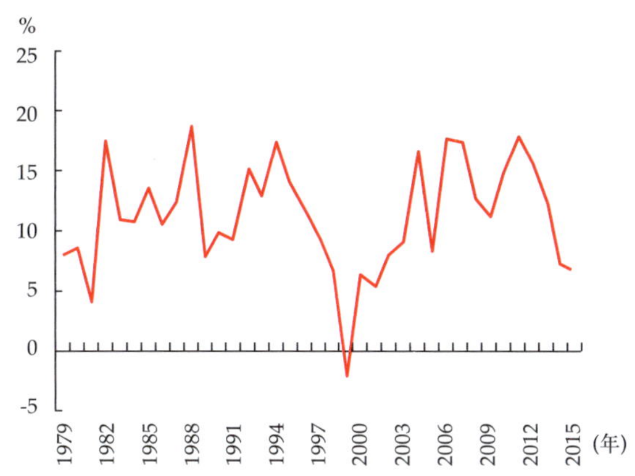

数据来源：云南省统计局。

图11　1979～2015年云南省规模以上工业增加值同比增长率

第三产业比重较上年提升1.7个百分点，产业结构调整出现积极变化。

1. 高原特色农业势头强劲，农村新型经营主体加快发展。全年全省实现农业总产值3 383.1亿元，增长6.0%。粮食生产连续十三年增长，综合平均单产提高。高原特色农业发展势头强劲，咖啡、橡胶、鲜花、核桃产量均居全国首位，茶叶产量位居全国第2。农产品出口额为40.6亿美元，同比增长40.2%。农民组织化程度不断提高，省级以上重点龙头企业、登记注册农民合作社、家庭农场、省级精品农业庄园分别达705户、33 588个、8 008个、102个。全年全省农业龙头企业销售额同比增长12%。

2. 工业经济小幅回升，企业经营依然困难。2015年，云南省规模以上工业增加值为3 623.1亿元，同比增长6.7%（见图11），增速比第一季度提高1.5个百分点。战略性新兴产业初具规模，累计完成增加值355.1亿元，同比增长5%。其中，高端装备制造业增加值同比增长10%，新能源产业增加值同比增长25.3%，增速均快于规模以上工业。云南省工业转型升级相对滞后，结构不合理问题突出，产能过剩压力较大。受市场需求不足、国际大宗商品价格持续下滑等因素的影响，企业经营效益不佳，亏损面扩大。年末，规模以上工业企业利润总额同比下降9.5%，亏损面33.1%。

3. 服务业加快发展，但也存在明显不足。2015年，云南省加大传统服务业提质改造，大力发展电子商务、信息消费等新兴服务业，推动服务业加快发展。全年全省第三产业完成增加值6 169.4亿元，同比增长9.6%。服务业结构逐步优化，但也存在明显不足。交通运输、仓储和邮政业等传统生产性服务业占比偏高；新兴服务业发展迅速，但规模尚小，没有形成品牌效应；生活性服务业有效供给不足，产业化程度较低。

（三）居民消费价格温和上涨，就业形势保持稳定

1. 居民消费价格温和上涨，吃用类价格上涨较快。2015年上半年，云南省居民消费价格低位运行；随着烟草消费税上调及猪肉价格上涨，下半年居民消费价格涨幅回升。全年全省居民消费价格累计上涨1.9%（见图12），涨幅较上半年回升0.2个百分点，比上年累计涨幅回落0.5个百分点。八大类商品及服务项目价格“七涨一跌”，其中，烟酒及用品类、食品类价格分别上涨3.9%和3.4%，上涨较快；交通和通信类价格下降1.7%。

2. 工业生产价格低迷，农产品价格止跌回升。2015年，云南省工业生产者出厂价格和购进价格累计分别下降5.1%、3.1%，降幅较上年分别扩大2.9个、2.1个百分点。工业生产者出厂价格降幅连续20个月大于工业生产者购进价格降幅。下

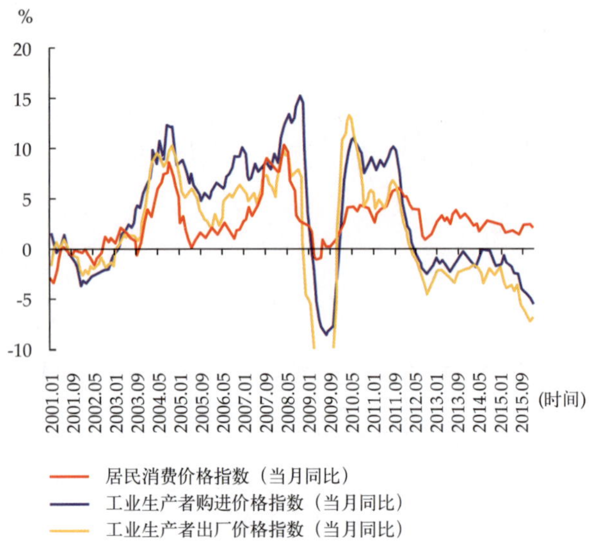

数据来源：国家统计局云南调查总队。

图12　2001～2015年云南省居民消费价格和工业生产者价格变动趋势

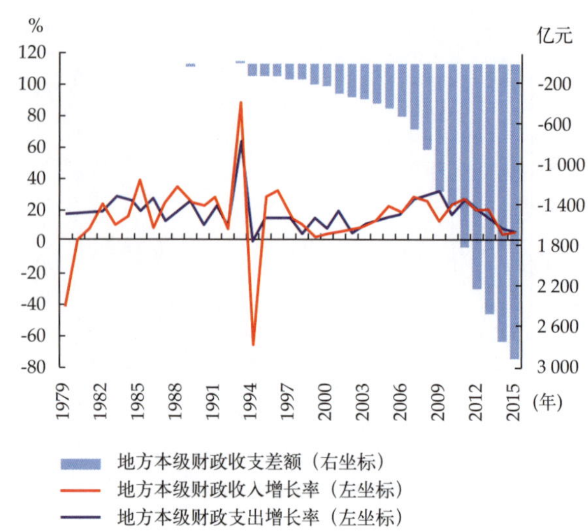

数据来源：云南省统计局、云南省财政厅。

图13　1979～2015年云南省财政收支状况

半年，受生猪等价格上涨影响，全省农产品生产者价格止跌回升，全年累计上涨1.3%，涨幅比农业生产资料价格涨幅高0.2个百分点，有利于农民持续增收。

3. 劳动力成本上升，就业形势保持稳定。2015年，云南省本地务工农民工月均收入同比增长7.7%，增速高于全国平均水平。积极的就业政策、措施扎实有效，新登记企业数量增速居全国首位，大众创业气氛浓厚。全年全省城镇新增就业40.9万人，同比增长12%，城镇登记失业率为4.0%。

4. 资源性产品价格改革积极推进。2015年，云南省大力推进电力市场化交易，减少工业企业电费支出36.2亿元。电力体制改革成为国家第一批改革试点，输配电价改革成为国家第二批专项改革试点。

（四）财政收入增速低位回升，公共财政职能不断强化

2015年，云南省地方公共财政预算收入同比增长6.5%（见图13），比上年提高1.1个百分点。其中，税收收入同比下降1.8%，非税收收入同比增长28.6%。全省地方公共财政预算支出同比增长6.2%。支出结构进一步优化，民生领域保障有力。其中，教育支出、医疗卫生与计划生育支出、社会保障和就业支出同比分别增长13.7%、20.0%和11.0%。

（五）环境质量有效改善，生态云南建设深入推进

2015年，云南省坚持绿色发展理念，加强重化工行业引导，推动节能降耗技术改造。全省单位生产总值能耗降低7.8%左右，规模以上工业综合能源消耗量下降7.0%。扎实推进低碳试点省建设，昆明呈贡新区成为国家8个低碳城镇试点之一。扎实抓好普洱市国家绿色经济试验示范区建设，迪庆州、大理州洱源县、西双版纳州勐海县、文山州广南县被国家列入全国生态保护与建设示范区，滇池、洱海、抚仙湖等高原湖泊保护与治理取得积极进展。

（六）房地产库存压力较大，旅游业发展态势良好

1.房地产市场继续调整，房地产金融平稳发展。2015年，受商品房库存高企、市场观望气氛浓厚等因素的影响，云南省房地产市场延续调整态势。房地产金融运行平稳，差别化住房信贷政策执行较好，对住房消费和保障性住房建设的支持力度较大。

（1）开发企业资金趋紧，投资增速持续为负。2015年，云南省房地产开发企业本年资金来源同比下降2.3%，自筹资金、定金及预收款增速回落较快。房地产开发投资总体疲弱，全年全省房地产开发投资完成2 669.0亿元，同比下降6.2%，连续9个月负增长。土地购置面积同比下降32.1%，未来投资增长压力依然较大。

（2）商品房供应放缓，保障性住房建设目标超额完成。2015年，云南省商品房新开工面积、施工面积同比分别下降29.6%、增长3.4%。保障性住房建设扎实推进，全年建成城镇保障性安居工程28.69万套，超额完成国家下达计划数，完成农村危房改造和抗震安居工程51.43万户。

（3）商品房销售下降，待售面积大幅增长。2015年，云南省商品房销售面积同比下降1.5%，销售额同比增长4.4%，比上年回落2.9个百分点（见图14）。由于销售不景气，全省商品房库存消化周期有所延长。年末全省商品房待售面积同比增长36.6%。

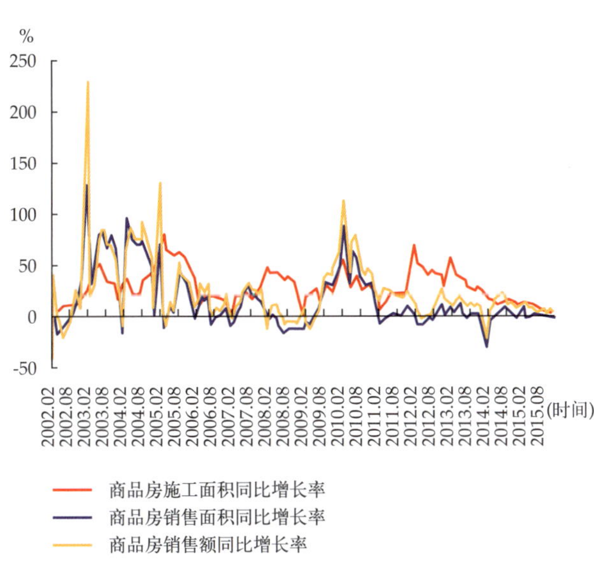

数据来源：云南省统计局。

图14　2002～2015年云南省商品房施工和销售变动趋势

（4）重点城市房价降幅收窄，总体趋稳。随着差别化住房信贷政策效应的发挥，2015年下半年，云南省重点城市房价降幅逐步收窄，总体趋稳。12月，昆明市、大理市新建住宅销售价格同比降幅分别比6月收窄3.4个、2.9个百分点，环比波幅明显减少（见图15）。

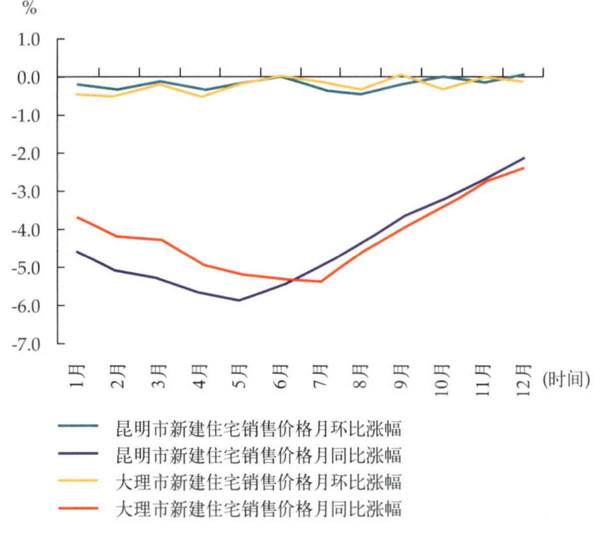

数据来源：《中国经济景气月报》。

图15　2015年云南省主要城市新建住宅销售价格变动趋势

（5）房地产贷款平稳增长，支持保障房建设力度加大。2015年年末，全省房地产贷款余额同比增长20.6%，比上年年末回落2.9个百分点。保障性住房开发贷款余额同比增长83.6%，比房产开发贷款增速高51.5个百分点。个人住房贷款平稳增长，增量占房地产贷款增量的44.7%。

2．旅游业市场不断扩大，发展态势良好。2015年，云南省继续推进旅游业结构调整和转型升级，提高服务质量，旅游业发展态势良好。全年分别接待海外入境游客、国内游客1 075.3万人次、32 344.0万人次，同比分别增长7.8%、15.0%，传统、热点、新兴旅游地区接待游客人次均保持快速增长。游客停留时间进一步延长，平均停留2.4天，同比增长5.2%。旅游业对经济发展的带动作用进一步增强，全年旅游业总收入3 281.8亿元，同比增长23.1%，综合增加值占地区生产总值的13.5%左右。金融支持旅游业发展力度稳定，年末全省旅游业贷款余额同比增长4.4%，公园和游览景区管理业、旅游饭店业、旅行社及相关服务业贷款余额比重分别为48.4%、42.4%和9.2%。

三、预测与展望

2016年，云南省经济发展面临的形势依然复杂，结构性矛盾进一步凸显，低成本要素优势逐步减弱，资源环境约束趋紧，加之基础设施薄弱、新兴产业发展滞后等瓶颈制约，经济运行潜在风险不断增多。但得益于自然禀赋优势和简政放权等改革政策效应逐渐显现，经济长期向好的基本面没有变，经济增长仍具备较多有力支撑因素。一是国家"一带一路"、长江经济带等重大发展战略和一系列重大政策的实施，云南省将逐步从内陆边缘地区向中国面向南亚东南亚辐射中心发展，有利于经济发展潜力释放；二是国家加大扶贫开发、脱贫攻坚力度，对于云南省这样一个贫困面广、贫困程度深的省份来说，有利于争取国家政策和资金的倾斜支持；三是一批具有重大牵引作用的项目开工建设，有利于扩大总需求、优化总供给，已建成的重要基础设施的运营，有利于减少经济运行交易成本；四是随着供给侧结构性改革的推进，有利于产业结构的优化，提高资源配置效率和经济活力；五是健康养老、文化旅游等服务业发展潜力很大。

2016年是"十三五"开局之年。云南省金融机构将坚持稳中求进工作总基调，主动适应经济发展"新常态"，贯彻落实好稳健的货币政策和各项信贷政策，盘活存量、优化增量，改善金融服务，大力发展直接融资，降低社会融资成本，扩大对外开放，加强风险防控和化解，将更多的金融资源配置到国民经济发展重点领域和"三农"、小微企业、贫困地区等薄弱环节、民生领域，提高金融服务实体经济的能力，支持经济发展新动能形成，为经济结构调整和转型升级营造适宜的金融环境。

中国人民银行昆明中心支行货币政策分析小组
总　纂：杨小平　王建东
统　稿：雷一忠　杨　杰　金艳昭
执　笔：金艳昭　杨　杰
提供材料的还有：字　军　王　勤　张　屿　胡维金　自　松　段一群　成　瑾　黄连慧　汪　洋　摆　晔　张　蕾　毛　颖

附录

（一）2015年云南省经济金融大事记

3月13日，全国首个中缅货币兑换中心在云南省德宏州挂牌成立。

4月15日，云南省市场利率定价自律机制正式成立。

5月16日，云南省首家农村商业银行——瑞丽南屏农村商业银行股份有限公司正式开业。

7月8日，中国人民银行昆明中心支行、中国银监会云南监管局、中国证监会云南监管局、中国保监会云南监管局、国家外汇管理局云南省分局联合签署《关于加强金融风险监测与重要风险信息共享协作备忘录》。

8月8日，云南首家混合所有制金融集团——昭通金融控股集团有限公司成立。

9月15日，经李克强总理签批，国务院印发《关于同意设立云南滇中新区的批复》。

12月22日，昆明市人民政府发布通报，判明昆明泛亚有色金属交易所在经营活动中涉嫌违法犯罪问题，公安机关已依法立案调查。

12月27日，经全国人大常委会表决通过，云南省开远市、砚山县、剑川县、鲁甸县、景谷县、富民县6个地区为全国农村承包土地经营权抵押贷款试点，大理市、邱北县、武定县3个地区为全国农民住房财产权抵押贷款试点。

（二）2015年云南省主要经济金融指标

表1 2015年云南省主要存贷款指标

		1月	2月	3月	4月	5月	6月	7月	8月	9月	10月	11月	12月
本外币	金融机构各项存款余额（亿元）	22 911.6	22 721.6	23 164.4	22 992.7	23 159.9	23 942.4	23 892.9	24 176.2	24 549.3	24 562.0	25 218.0	25 204.6
	其中：住户存款	9 805.7	10 194.9	10 290.8	10 166.7	10 114.2	10 341.7	10 253.4	10 281.9	10 570.3	10 412.4	10 440.4	10 787.6
	非金融企业存款	6 630.7	6 184.4	6 280.3	6 268.2	6 338.5	6 619.3	6 530.7	6 663.0	6 587.7	6 709.4	6 924.5	6 962.5
	各项存款余额比上月增加（亿元）	317.7	-190.0	442.8	-171.7	167.2	783.0	-49.5	283.3	373.0	12.8	655.9	-13.4
	金融机构各项存款同比增长（%）	11.6	8.8	7.8	7.3	6.6	6.5	8.7	7.9	9.8	10.3	12.8	11.3
	金融机构各项贷款余额（亿元）	18 958.4	19 192.1	19 436.2	19 636.4	19 791.9	20 158.0	20 134.6	20 390.1	20 630.0	20 791.7	20 977.3	21 243.2
	其中：短期	5 851.4	5 929.3	6 019.0	6 107.0	6 104.6	6 148.5	6 153.0	6 159.3	6 204.6	6 157.3	6 184.1	6 226.0
	中长期	12 136.9	12 251.7	12 362.5	12 431.1	12 554.9	12 769.4	12 708.5	12 873.3	13 020.8	13 252.7	13 341.6	13 485.7
	票据融资	416.4	422.2	433.3	456.3	472.4	570.1	605.8	664.9	703.6	675.9	729.9	820.8
	各项贷款余额比上月增加（亿元）	313.6	233.7	244.1	200.2	155.4	370.7	-23.4	255.5	239.9	161.7	185.6	265.8
	其中：短期	88.5	77.9	89.7	88.0	-2.4	44.9	4.5	6.3	45.3	-47.3	26.8	41.9
	中长期	200.2	114.9	110.8	68.6	123.8	217.7	-60.9	164.8	147.5	231.9	88.9	144.1
	票据融资	12.2	5.8	11.1	22.9	16.1	97.7	35.7	59.1	38.7	-27.7	54.0	90.8
	金融机构各项贷款同比增长（%）	15.8	15.8	15.9	16.1	16.1	16.3	15.8	16.0	16.2	16.3	15.3	15.7
	其中：短期	13.9	13.1	13.3	13.7	13.4	12.0	13.3	12.7	11.8	9.6	8.3	8.0
	中长期	13.0	13.1	12.8	12.9	12.9	13.1	11.9	12.3	12.8	14.3	13.2	13.0
	票据融资	49.7	57.7	62.3	55.1	50.0	80.8	71.3	65.1	75.6	64.3	66.2	103.0
	建筑业贷款余额（亿元）	891.7	912.0	907.0	909.5	906.1	918.3	912.4	906.7	922.9	904.8	881.3	871.5
	房地产业贷款余额（亿元）	862.6	896.4	920.7	932.4	960.1	992.6	984.3	1 005.4	1 030.3	1 013.6	1 009.2	1 028.3
	建筑业贷款同比增长（%）	5.4	6.9	6.0	10.1	7.9	10.8	12.8	9.1	6.2	2.9	-1.9	-1.4
	房地产业贷款同比增长（%）	20.1	21.9	20.0	22.9	21.2	21.3	20.8	22.9	21.4	19.7	17.4	17.5
人民币	金融机构各项存款余额（亿元）	22 751.6	22 552.7	22 990.8	22 830.1	23 016.0	23 810.8	23 738.6	24 017.0	24 393.4	24 416.1	25 078.0	25 064.2
	其中：住户存款	9 769.4	10 156.9	10 251.6	10 127.2	10 075.6	10 302.7	10 212.9	10 237.6	10 525.5	10 368.1	10 394.4	10 737.6
	非金融企业存款	6 526.5	6073.0	6 166.3	6 165.2	6 253.4	6 545.9	6 436.5	6 559.3	6 487.3	6 619.8	6 842.3	6 888.9
	各项存款余额比上月增加（亿元）	326.6	-198.9	438.1	-160.7	185.9	794.8	-72.2	278.5	376.3	22.8	661.9	-13.8
	其中：住户存款	-103.6	387.5	94.8	-124.4	-51.7	227.1	-89.8	24.7	287.9	-157.4	26.3	343.2
	非金融企业存款	271.3	-453.4	93.2	-1.0	88.2	292.5	-109.5	122.8	-71.9	132.5	222.4	46.6
	各项存款同比增长（%）	11.6	8.7	7.7	7.3	6.7	6.7	8.8	7.9	9.9	10.5	13.0	11.5
	其中：住户存款	5.0	8.7	6.7	7.1	6.3	5.3	7.0	7.3	7.3	7.3	7.7	8.2
	非金融企业存款	10.0	1.7	-2.4	-2.6	-5.1	-5.6	-2.4	-1.9	1.3	4.9	7.8	8.0
	金融机构各项贷款余额（亿元）	18 611.0	18 840.8	19 100.1	19 294.2	19 454.2	19 813.8	19 785.9	20 021.2	20 247.1	20 411.8	20 602.5	20 879.1
	其中：个人消费贷款	2 817.3	2 837.0	2 866.9	2 906.1	2 936.1	2 978.6	3 009.0	3 042.8	3 075.0	3 088.3	3 133.9	3 186.0
	票据融资	416.4	422.2	433.3	456.3	472.4	570.1	605.8	664.9	703.6	675.9	729.9	820.8
	各项贷款余额比上月增加（亿元）	323.7	229.8	259.2	194.1	160.0	359.6	-28.0	235.3	225.9	164.7	190.7	276.6
	其中：个人消费贷款	47.8	19.8	29.9	39.2	30.0	42.6	30.3	33.8	32.2	13.3	45.6	52.1
	票据融资	12.2	5.8	11.1	22.9	16.1	97.7	35.7	59.1	38.7	-27.7	54.0	90.8
	金融机构各项贷款同比增长（%）	16.1	16.2	16.4	16.5	16.5	16.8	16.1	16.2	16.3	16.4	15.4	15.9
	其中：个人消费贷款	17.1	17.2	16.5	16.4	16.4	15.9	15.8	15.6	15.3	14.8	14.6	15.0
	票据融资	49.7	57.7	62.3	55.1	50.0	80.8	71.3	65.1	75.6	64.3	66.2	103.0
外币	金融机构外币存款余额（亿美元）	26.1	27.5	28.3	26.6	23.5	21.5	25.2	24.9	24.5	23.0	21.9	21.6
	金融机构外币存款同比增长（%）	14.8	17.8	21.2	13.7	-3.9	-21.3	-0.2	-2.5	-3.9	-18.9	-20.0	-21.7
	金融机构外币贷款余额（亿美元）	56.6	57.1	54.7	56.0	55.2	56.3	57.0	57.7	60.2	59.8	58.6	56.1
	金融机构外币贷款同比增长（%）	2.9	-0.1	-7.0	-2.9	-2.3	-7.2	2.0	4.9	9.9	5.3	4.2	-4.0

数据来源：中国人民银行昆明中心支行。

表2 2001～2015年云南省各类价格指数

单位：%

年/月		居民消费价格指数		农业生产资料价格指数		工业生产者购进价格指数		工业生产者出厂价格指数	
		当月同比	累计同比	当月同比	累计同比	当月同比	累计同比	当月同比	累计同比
2001		—	-0.9	—	-3.4	—	-0.6	—	-0.1
2002		—	-0.2	—	0.4	—	-2.4	—	-1.8
2003		—	1.2	—	1.9	—	2.7	—	1.4
2004		—	6	—	6.3	—	9.6	—	8.8
2005		—	1.4	—	5.9	—	6.5	—	4.5
2006		—	1.9	—	2.8	—	7.6	—	4.6
2007		—	5.9	—	7.0	—	8.2	—	5.7
2008		—	5.7	—	16.6	—	11.6	—	5.8
2009		—	0.4	—	-0.7	—	-5.0	—	-8.5
2010		—	3.7	—	1.4	—	9.0	—	8.8
2011		—	4.9	—	8.3	—	8.0	—	4.7
2012		—	2.7	—	4.6	—	-0.7	—	-2.1
2013		—	3.1	—	0.1	—	-1.2	—	-2.5
2014		—	2.4	—	-1.6	—	-1.0	—	-2.2
2015		—	—	—	—	—	—	—	—
2014	1	2.8	2.8	-0.6	-0.6	-1.3	-1.3	-1.8	-1.8
	2	2.2	2.5	-1.3	-1.0	-1.5	-1.4	-1.7	-1.7
	3	2.3	2.4	-1.8	-1.2	-1.9	-1.5	-1.9	-1.8
	4	1.7	2.2	-2.0	-1.4	-1.0	-1.4	-2.0	-1.8
	5	2.0	2.2	-2.0	-1.6	-0.1	-1.2	-2.7	-2.0
	6	2.6	2.3	-1.9	-1.6	-0.2	-1	-3.3	-2.2
	7	2.8	2.3	-1.8	-1.6	-0.3	-0.9	-2.3	-2.2
	8	2.6	2.4	-1.7	-1.6	0	-0.8	-2.1	-2.2
	9	2.6	2.4	-1.7	-1.7	-0.8	-0.8	-2.6	-2.2
	10	2.3	2.4	-1.6	-1.6	-1.5	-0.9	-2.8	-2.3
	11	2.3	2.4	-1.5	-1.6	-1.6	-0.9	-1.9	-2.3
	12	2.3	2.4	-1.3	-1.6	-1.6	-1	-1.9	-2.2
2015	1	1.6	1.6	-1.2	-1.2	-0.7	-0.7	-3.4	-3.4
	2	1.7	1.7	-0.5	-0.8	-1.5	-1.1	-4.0	-3.7
	3	1.6	1.6	-0.1	-0.6	-1.7	-1.3	-4.0	-3.8
	4	1.8	1.7	0.3	-0.4	-2.0	-1.5	-3.7	-3.8
	5	1.8	1.7	0.9	-0.1	-2.4	-1.7	-4.3	-3.9
	6	1.5	1.7	1.5	0.1	-2.5	-1.8	-3.8	-3.9
	7	1.3	1.6	1.7	0.4	-2.8	-1.9	-5.1	-4.1
	8	2.3	1.7	1.7	0.5	-4.4	-2.2	-6	-4.3
	9	2.4	1.8	2.2	0.7	-4.3	-2.5	-6.2	-4.5
	10	2.4	1.8	2.3	0.9	-4.6	-2.7	-6.6	-4.7
	11	2.3	1.9	2.1	1	-5	-2.9	-7.4	-4.9
	12	2	1.9	2	1.1	-5.5	-3.1	-7	-5.1

数据来源：国家统计局云南调查总队。

表3 2015年云南省主要经济指标

	1月	2月	3月	4月	5月	6月	7月	8月	9月	10月	11月	12月
绝对值（自年初累计）												
地区生产总值（亿元）	—	—	2 613.7	—	—	5 417.5	—	—	8 897.4	—	—	13 717.9
第一产业	—	—	219.3	—	—	526.3	—	—	1 118.5	—	—	2 055.7
第二产业	—	—	1 233.7	—	—	2 396.6	—	—	3 656.8	—	—	5 492.8
第三产业	—	—	1 160.7	—	—	2 494.7	—	—	4 122.1	—	—	6 169.4
工业增加值（亿元）	—	569.4	854.8	1 132.6	1 432.0	1 729.7	2 023.5	2 310.8	2 640.6	2 962.8	3 316.5	3 623.1
固定资产投资（亿元）	—	892.2	1 947.3	2 916.2	4 010.2	5 422.5	6 562.8	7 620.4	8 935.9	10 412.4	11 794.3	13 069.4
房地产开发投资	—	239.5	478.0	666.8	868.0	1 227.5	1 420.2	1 641.5	1 890.0	2 105.7	2 428.6	2 669.0
社会消费品零售总额（亿元）	—	759.6	1 160.7	1 554.5	1 951.7	2 379.3	2 807.0	3 241.2	3 682.0	4 152.6	4 626.6	5 103.2
外贸进出口总额（亿元）	117.0	275.6	362.2	448.2	554.7	639.9	726.0	905.1	1 046.3	1 162.3	1 275.2	1 522.3
进口	25.8	54.8	81.5	117.7	150.0	187.4	217.6	248.9	284.9	317.2	354.9	491.6
出口	91.2	220.8	280.7	330.5	404.7	452.5	508.4	656.2	761.4	845.1	920.3	1 030.7
进出口差额(出口－进口)	65.4	166.0	199.3	212.8	254.8	265.1	290.8	407.3	476.6	527.8	565.4	539.0
外商实际直接投资（亿美元）	2.5	2.5	4.2	7.3	9.1	11.8	12.5	13.7	16.1	20.1	25.4	29.9
地方财政收支差额（亿元）	-38.4	-183.0	-477.4	-606.5	-827.9	-1 310.2	-1 445.7	-1 600.7	-2 087.8	-2 217.0	-2 463.9	-2 904.8
地方财政收入	139.1	238.4	388.4	524.8	629.7	835.6	960.6	1 062.9	1 190.7	1 356.8	1 516.8	1 808.1
地方财政支出	177.5	421.4	865.8	1 131.3	1 457.6	2 145.8	2 406.3	2 663.6	3 278.5	3 573.8	3 980.7	4 712.9
城镇登记失业率(%)(季度)	—	—	4.0	—	—	4.0	—	—	4.0	—	—	4.0
同比累计增长率（%）												
地区生产总值	—	—	7.2	—	—	8.0	—	—	8.3	—	—	8.7
第一产业	—	—	5.0	—	—	5.6	—	—	5.7	—	—	5.9
第二产业	—	—	7.2	—	—	7.8	—	—	7.8	—	—	8.6
第三产业	—	—	7.6	—	—	8.8	—	—	9.6	—	—	9.6
工业增加值	—	6.3	5.2	5.3	5.5	6.1	6.0	5.7	5.9	6.1	6.2	6.7
固定资产投资	—	0.7	9.4	8.8	9.7	12.5	13.3	14.5	15.8	16.5	17.6	18.0
房地产开发投资	—	7.0	1.5	-4.2	-8.8	-4.0	-6.5	-4.8	-5.6	-7.8	-5.6	-6.2
社会消费品零售总额	—	7.4	7.4	7.7	7.8	8.3	8.5	8.8	9.2	9.6	9.8	10.2
外贸进出口总额	-8.2	20.9	1.1	-7.3	-11.4	-18.1	-20.2	-17.5	-17.0	-18.1	-19.5	-16.3
进口	-52.8	-48.8	-52.5	-49.1	-49.7	-48.6	-48.1	-48.2	-45.8	-44.3	-42.4	-26.0
出口	25.4	82.6	50.5	31.0	23.4	8.7	3.6	6.4	3.7	-0.6	-4.9	-10.7
外商实际直接投资	4.0	-14.9	5.5	6.4	5.2	1.5	-3.4	-0.3	4.5	18.4	2.3	10.5
地方财政收入	-14.6	-8.6	2.9	5.6	0.4	2.0	3.0	3.2	3.7	4.1	7.3	6.5
地方财政支出	-32.0	4.3	11.1	12.1	-4.3	11.8	11.6	10.9	16.1	16.0	15.7	6.2

数据来源：云南省统计局、云南省商务厅。

2015年西藏自治区金融运行报告

中国人民银行拉萨中心支行货币政策分析小组

[内容摘要] 2015年，西藏自治区经济运行总体平稳，主要经济指标增幅保持在合理区间和预期目标之内，全年实现地区生产总值1 026亿元，同比增长11%。金融运行平稳，社会融资规模和信贷投放合理适度增长，信贷结构持续优化，金融服务实体经济的能力进一步提升。

2016年，世界经济仍将延续疲弱复苏态势，国内外经济金融形势仍错综复杂，但中国经济发展基本面是好的，经济金融运行总体平稳，稳中有进、稳中有好。中央第六次西藏工作座谈会、金融支持西藏经济社会发展座谈会的召开，出台了大量的含金量很高的政策措施，西藏经济有望保持平稳向好态势。西藏自治区金融业将继续坚持稳中求进的总基调，以加快推动转变经济发展方式为主线，继续贯彻实施稳健的货币政策，有效防范系统性金融风险，提升金融服务和管理水平，处理好经济增长、调整结构、防范风险之间的关系，促进经济持续健康发展。

一、金融运行情况

2015年，西藏金融运行平稳，融资结构持续改善，各项改革深入推进。存贷款快速增长，证券业、保险业稳步发展，金融体系日趋完善，金融生态环境继续优化，为全区经济平稳较快发展创造了良好的金融环境。

（一）银行业稳健运行，信贷资源配置进一步优化

2015年，西藏银行业金融机构积极贯彻落实稳健货币政策，各项贷款平稳增长，信贷结构持续优化，信贷总量创历史新高，金融对实体经济的支持作用进一步增强。

1. 银行业规模继续扩大，经营效益稳步提升。2015年，西藏银行业金融机构总资产为4 050.4亿元，比年初增加739.2亿元，总负债为3 919.7亿元，比年初增加705.7亿元。全年实现利润同比增加23.7亿元。年末不良贷款余额为7.8亿元，比年初增加0.84亿元，不良贷款率为0.37%，比年初下降0.06个百分点，经营效益稳步提高。银行业金融机构营业网点合计667个，从业人员为8 305人（见表1）。

表1　2015年西藏自治区银行业金融机构情况

机构类别	营业网点			法人机构（个）
	机构个数（个）	从业人数（人）	资产总额（亿元）	
一、大型商业银行	572	7 228	3 138.9	0
二、国家开发银行和政策性银行	2	96	230.8	0
三、股份制商业银行	4	239	124.6	0
四、城市商业银行	8	328	366.6	1
五、城市信用社	0	0	0.0	0
六、小型农村金融机构	0	0	0.0	0
七、财务公司	0	0	0.0	0
八、信托公司	1	57	21.9	1
九、邮政储蓄银行	78	249	84.6	0
十、外资银行	0	0	0.0	0
十一、新型农村金融机构	1	37	5.1	1
十二、其他	1	71	77.9	1
合　计	667	8 305	4 050.4	4

注：营业网点不包括国家开发银行和政策性银行、大型商业银行、股份制银行等金融机构总部数据；大型商业银行包括中国工商银行、中国农业银行、中国银行、中国建设银行和交通银行；小型农村金融机构包括农村商业银行、农村合作银行和农村信用社；新型农村金融机构包括村镇银行、贷款公司和农村资金互助社；“其他”包含金融租赁公司、汽车金融公司、货币经纪公司、消费金融公司等。

数据来源：西藏银监局。

2. 各项存款稳步增长，企业存款增长迅速。2015年，西藏金融机构本外币各项存款余额为3 671.2亿元，同比增长18.8%，高于全国增速6.4个百分点（见图3）。其中，企业存款余额为636.1亿元，同比增加132.2亿元，增长26.2%。受降息的影响，定期存款收益与理财产品等其他金融产品收益逐渐拉大，西藏自治区存款活期化趋势较为明显，截至2015年年末，住户及企业活期存款余额为787.9亿元，同比增加156.2亿元，增长

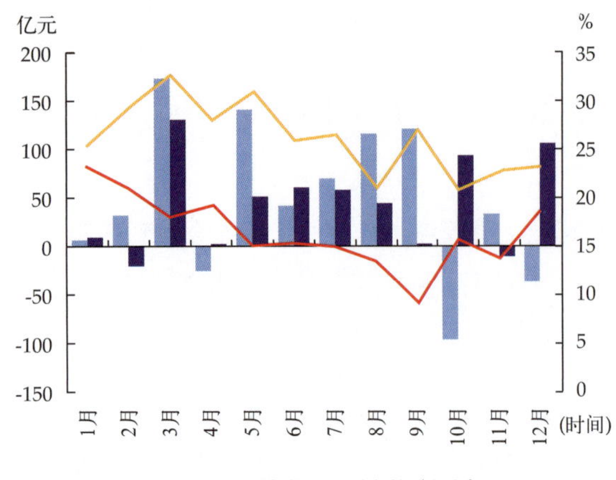

2014年各月当月新增人民币存款（左坐标）
2015年各月当月新增人民币存款（左坐标）
2014年各月末人民币存款余额同比增长（右坐标）
2015年各月末人民币存款余额同比增长（右坐标）

数据来源：中国人民银行拉萨中心支行《西藏自治区金融统计月报》。

图1　2014～2015年西藏自治区金融机构人民币存款增长变化

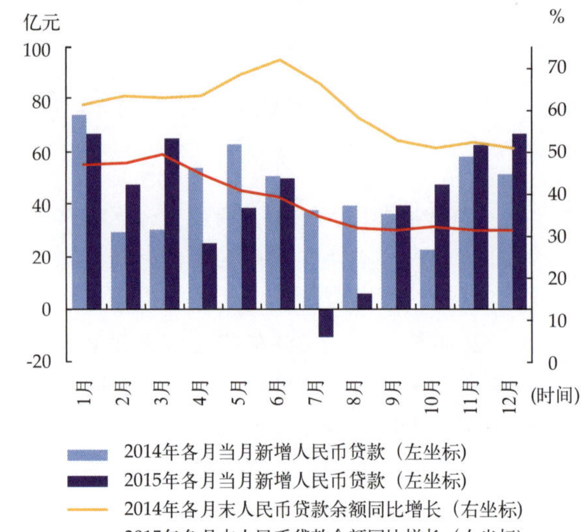

2014年各月当月新增人民币贷款（左坐标）
2015年各月当月新增人民币贷款（左坐标）
2014年各月末人民币贷款余额同比增长（右坐标）
2015年各月末人民币贷款余额同比增长（右坐标）

数据来源：中国人民银行拉萨中心支行《西藏自治区金融统计月报》。

图2　2014～2015年西藏自治区金融机构人民币贷款增长变化

24.7%，活期存款增速较上年同期提高16.5个百分点，较同期定期存款增速高出9.1个百分点。

3. 各项贷款高速增长，结构进一步优化。截至2015年年末，西藏金融机构本外币各项贷款余额为2 124.5亿元，比年初增长31.2%，高于全国增速17.8个百分点（见图3）。其中，中长期贷款强势增长，余额为1 619.9亿元，比年初增长34.8%。票据融资增速放缓，余额为128.5亿元，比年初增长7.1%。信贷投向重点突出，信贷结构进一步优化，支持实体经济发展的能力进一步增强。小微企业贷款余额为323亿元，较年初增长30.9%，涉农贷款余额为413亿元，增长38.9%。

4. 表外业务快速发展，融资总量较快增长。2015年，西藏委托贷款、信托贷款、未贴现银行承兑汇票合计增加250.6亿元，占社会融资规模比重为31.6%，同比多增86.3亿元，同比提高9.4个百分点，表外业务的快速增长在支持实体经济发展、提升金融服务效率等方面发挥了积极作用。

5. 继续执行贷款优惠利率政策，利率水平保持相对平稳。2015年，西藏金融机构继续执行中央赋予西藏的特殊优惠货币政策。西藏金融机构贷款利率仍实行上限管制，以西藏优惠贷款利率为上限。存款利率政策与全国保持同步，实现了人民币存款利率市场化。在个人住房贷款方面，

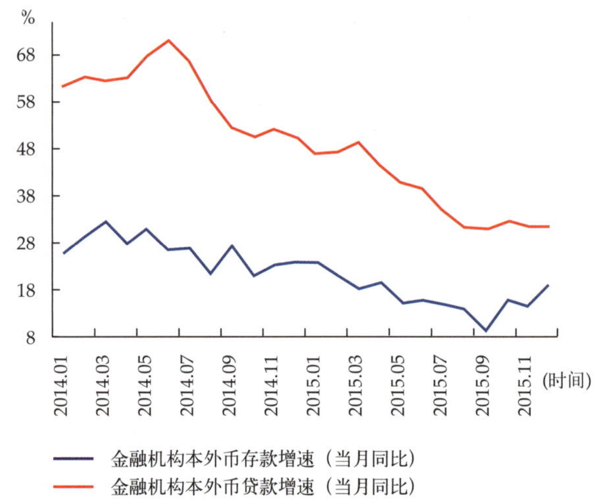

数据来源：中国人民银行拉萨中心支行《西藏自治区金融统计月报》。

图3　2014～2015年西藏自治区金融机构本外币存、贷款增速变化

对有2套以上住房并已结清相应购房贷款的家庭，又申请贷款购买住房的，辖区部分商业银行的贷款利率下限为西藏优惠贷款利率的1.1倍。

2015年，西藏民间借贷利率波动幅度较小，处于9%～11%区间，加权平均利率为10.02%，较上年度上升0.3个百分点，利率走势平稳。

6. 银行业机构体系不断完善，金融服务覆盖面不断拓展。2015年，西藏金融体制改革不断推

表2　2015年西藏自治区金融机构人民币贷款各利率区间占比

单位：%

月份		1月	2月	3月	4月	5月	6月
合计		100.00	100.0	100.0	100.0	100.0	100.0
下浮		0.0	0.0	0.0	0.0	0.0	0.0
基准		100.0	100.00	100.0	100.00	100.0	100.0
上浮	小计	0.0	0.0	0.0	0.0	0.0	0.0
	(1.0，1.1]	0.0	0.0	0.0	0.0	0.0	0.0
	(1.1，1.3]	0.0	0.0	0.0	0.0	0.0	0.0
	(1.3，1.5]	0.0	0.0	0.0	0.0	0.0	0.0
	(1.5，2.0]	0.0	0.0	0.0	0.0	0.0	0.0
	2.0以上	0.0	0.0	0.0	0.0	0.0	0.0
月份		7月	8月	9月	10月	11月	12月
合计		100.0	100.0	100.0	100.0	100.0	100.0
下浮		0.0	0.0	0.0	0.0	0.0	0.0
基准		100.0	100.0	100.0	100.0	100.0	100.0
上浮	小计	0.0	0.0	0.0	0.0	0.0	0.0
	(1.0，1.1]	0.0	0.0	0.0	0.0	0.0	0.0
	(1.1，1.3]	0.0	0.0	0.0	0.0	0.0	0.0
	(1.3，1.5]	0.0	0.0	0.0	0.0	0.0	0.0
	(1.5，2.0]	0.0	0.0	0.0	0.0	0.0	0.0
	2.0以上	0.0	0.0	0.0	0.0	0.0	0.0

数据来源：中国人民银行拉萨中心支行。

进，银行业机构体系日趋完善，金融服务覆盖面不断拓展。2015年，中信银行拉萨分行和西藏金融租赁公司相继挂牌成立，浦发银行在拉萨设立分行也已获批，各分支机构网点建设有序推进，基本形成与全国“框架一致、体制衔接”的银行业机构体系格局。

7. 不良贷款率继续下降，资产质量稳步提升。2015年，西藏银行业金融机构不良贷款余额为7.8亿元，比年初增加0.8亿元，不良贷款率为0.37%，比年初下降0.06个百分点。

8. 跨境人民币业务稳步发展。中国银行西藏分行于2015年4月中旬开展了尼泊尔卢比现钞兑换业务，成为国内首家开办此项业务的银行。8月4日，在临时金融服务点举行了人民币兑尼泊尔卢比现钞汇率挂牌仪式，实现小币种柜台挂牌突破。批准中国银行办理了调运尼币现钞出境和调运美元现钞进境事项，正式建通尼币现钞向尼泊尔跨境调运渠道。

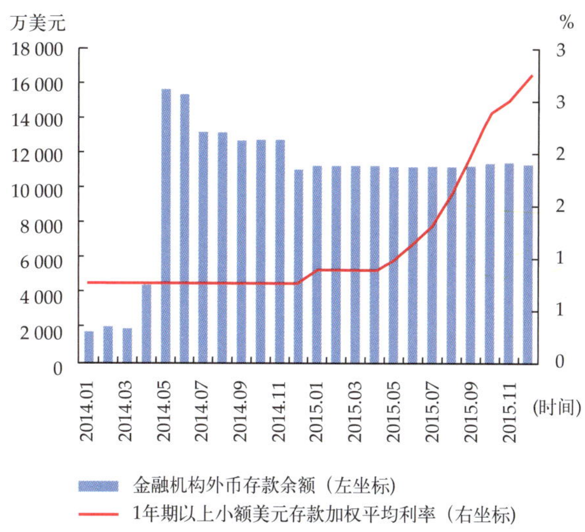

数据来源：中国人民银行拉萨中心支行。

图4　2014～2015年西藏自治区金融机构外币存款余额及外币存款利率

（二）证券业健康发展，融资功能不断提升

1. 机构主体继续增加，业务发展势头良好。2015年，西藏辖区成立了第一家公募基金管理公司即泓德基金管理股份有限公司，华林证券有限责任公司注册地迁入西藏。截至2015年年末，西藏辖区现有法人证券公司2家，证券公司分公司2家，证券公司营业部14家，期货营业部1家和公募基金管理机构1家。

2. 上市公司融资增加。2015年西藏辖区资本市场总体运营情况稳中有升，市值增长较快。截至2015年年末，西藏辖区有11家A股上市公司，1家H股上市公司，1家“新三板”挂牌公司。A股上市公司总市值为1 407.6亿元，同比增长168.5%。西藏辖区拟挂牌上市公司及后备企业29家，其中，拟上市公司5家，“新三板”拟挂牌公司7家，后备企业17家。拟上市公司中，1家IPO申请获批，2家企业进入IPO审核程序，2家企业进入IPO辅导阶段。

3. 证券业改革平稳进行。2015年，西藏自治区政府支持并拨付专项经费，西藏证监局、西藏自治区证券业协会联合上海证券交易所、上证所信息网络有限公司，倾力打造的国内首家区域性多层次资本市场信息交换平台正式开通并进入试

表3　2015年西藏自治区证券业基本情况

项目	数量
总部设在辖内的证券公司数（家）	2
总部设在辖内的基金公司数（家）	1
总部设在辖内的期货公司数（家）	0
年末国内上市公司数（家）	12
当年国内股票（A股）筹资（亿元）	48.8
当年发行H股筹资（亿元）	0
当年国内债券筹资（亿元）	39
其中：短期融资券筹资额（亿元）	0
中期票据筹资额（亿元）	0

数据来源：西藏证监局。

运行阶段。该平台的开通有效减少了企业与相关机构间的搜寻和交易成本，对推动西藏多层次资本市场建设，更好地服务西藏地方实体经济发展起到重要作用。2015年4月，西藏金凯新能源股份有限公司在京举行了全国中小企业股份转让系统（“新三板”）挂牌仪式，实现了西藏地区“新三板”零的突破，对西藏资本市场的发展具有特殊的重大意义，将激励、带动一批西藏中小微企业在“新三板”挂牌，使更多西藏企业实现通过多层次资本市场融资。

（三）保险市场运行平稳，保障水平不断提升

1. 保险业经营机构稳定发展。截至2015年年末，西藏辖区共有各级保险机构56家，较上年新增8家。省级分公司7家，其中，财产险公司5家，人身险公司2家；各级保险分支机构49家，其中，较上年新增营销服务部8家。2015年8月，西藏第一家保险法人机构珠峰财产保险股份有限公司获得批准筹建，另有一家寿险法人机构正在积极筹建中。截至2015年年末，西藏保险业从业人员3 049人，同比增长34.02%。

2. 保险市场平稳运行。截至2015年年末，全区保险业总资产10.5亿元，较年初增长60.7%。西藏保险市场共实现原保险保费收入17.4亿元，同比增长36.1%，增速排名居全国第一位。其中，财产险业务累计实现保费收入11.1亿元，同比增长23.6%；寿险业务3.5亿元，同比增长220.6%；健康险业务1.25亿元，同比增长5.54%；意外险业务

表4　2015年西藏自治区保险业基本情况

项目	数量
总部设在辖内的保险公司数（家）	2
其中：财产险经营主体（家）	2
人身险经营主体（家）	2
保险公司分支机构（家）	7
其中：财产险公司分支机构（家）	5
人身险公司分支机构（家）	2
保费收入（中外资，亿元）	17.4
其中：财产险保费收入（中外资，亿元）	11.1
人身险保费收入（中外资，亿元）	6.2
各类赔款给付（中外资，亿元）	8.1
保险密度（元/人）	535.8
保险深度（%）	1.7

数据来源：西藏保监局。

1.47亿元，同比下降0.08%。截至2015年年末，西藏辖区累计赔付支出8.1亿元，同比增长32.8%。其中，财产险业务赔款支出5.8亿元，同比增长41.9%；人身险业务赔付支出2.2亿元，同比增长13.7%。

（四）社会融资规模继续扩大，金融市场运行较为平稳

2015年，西藏金融市场稳步发展，社会融资规模快速增长，市场融资结构仍以间接融资为主。

1. 贷款高速增长。2015年西藏社会融资规模为793.9亿元，创历史同期最高水平，较上年增加54.65亿元，增长7.39%。分项目看，人民币贷款新增501.6亿元，占比为63.2%；委托贷款新增21.8亿元，占比为2.75%；信托贷款新增232.2亿元，占比为29.3%；企业债券融资新增12亿元，占比为1.51%；非金融企业境内股票新增融资17.3亿元，占比为2.18%（见图5）。

2. 票据市场交易大幅增长。2015年，西藏票据融资余额为128.5亿元，比2013年增加13.5亿元，以票据转贴现业务为主。

（五）金融基础建设逐步完善，生态环境不断优化

2015年，西藏金融生态环境建设稳步推进，金融市场发展环境进一步优化。

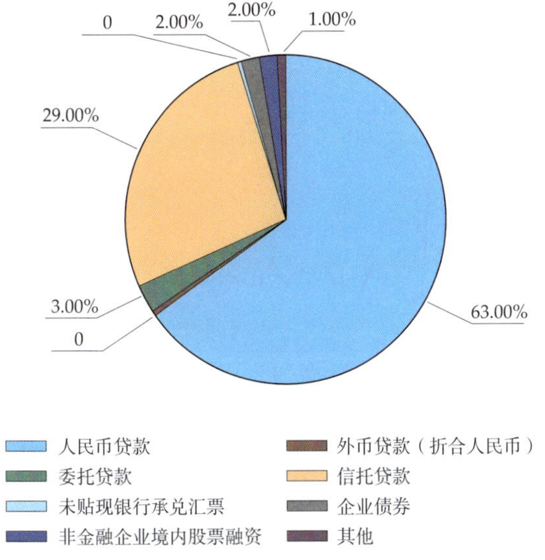

数据来源：中国人民银行拉萨中心支行。

图5　2015年西藏自治区社会融资规模分布结构

表5　2015年西藏自治区金融机构票据业务量统计

单位：亿元

季度	银行承兑汇票承兑		贴现			
			银行承兑汇票		商业承兑汇票	
	余额	累计发生额	余额	累计发生额	余额	累计发生额
1	3.49	1.33	2.74	0.31	0	0
2	1.99	2.92	0.5	0.31	0	0
3	6.75	8.97	0	0.31	0	0
4	9.34	12.91	0.05	0.36	0	0

数据来源：中国人民银行拉萨中心支行。

表6　2015年西藏自治区金融机构票据贴现、转贴现利率

单位：%

季度	贴现		转贴现	
	银行承兑汇票	商业承兑汇票	票据买断	票据回购
1	0	8.0	6.3	6.5
2	0	5.5	5.5	4.7
3	0	5.1	4.7	4.4
4	0	7.2	4.7	4.7

数据来源：中国人民银行拉萨中心支行。

一是金融维权环境不断改善。2015年西藏辖区“12363”金融消费权益保护咨询投诉藏汉双语平台共受理咨询投诉143起，投诉办结率99.0%，通过回访，办结满意99起，办结满意率98.0%。二是反洗钱履职水平继续提升。辖区反洗钱风险防控能力进一步增强。2015年，辖区中国人民银行分支机构积极配合纪检监察、公安等职能部门开展洗钱等案件协查139笔，案件涉及贪污腐败、非法集资、网络赌博、地下钱庄等多种违法犯罪类型，发挥了金融维稳资金监测工作的特殊作用，预防和打击了涉稳涉恐融资等违法犯罪活动，保障了辖区经济社会的和谐稳定。三是农牧区支付服务环境显著改善。以银行卡助农取款工作为抓手，组织辖内各银行业金融机构积极开展银行卡助农取款服务点建设，推动财政惠农补贴直接入户，有效扩大金融服务网络在农牧区的覆盖面。截至2015年年末，西藏全区累计设立助农取款服务点3 857个，填补金融服务空白行政村2 394个，已完成2013年统计的符合填补条件（通电、通讯号）的行政村的全部覆盖，其中，拉萨、阿里已实现县、乡、行政村三级全覆盖。

二、经济运行情况

2015年，西藏立足“三期叠加”的经济背景，审时度势，紧紧围绕重点工作，加强结构调整，突出投资拉动，巩固消费带动，注重民生改善，保持了全区经济持续快速健康发展的良好态

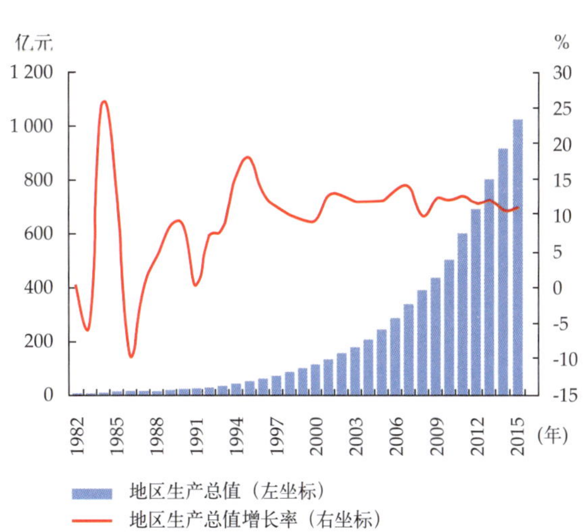

数据来源：西藏自治区统计局。

图6　1982～2015年西藏自治区地区生产总值及其增长率

势，预计全年地区生产总值达到1 026.4亿元，增长11%，增速位居全国首位。

（一）总需求持续扩大，投资消费平稳增长

2015年，西藏加大基础设施建设力度，投资规模实现较快增长，消费市场活跃，需求平稳增长，经济实现了又好又快发展。

1. 投资规模增长较快，基础设施建设取得新进展。2015年，西藏不断优化投资环境，努力拓宽投资渠道，累计完成固定资产投资1 342.2亿元，同比增长19.9%，增速比上年下降2个百分点。从投资主体看，政府投资比例有所上升，全年完成1 022.4亿元，同比增长26.1%，占投资总额的76.2%，同比上升3.7个百分点。

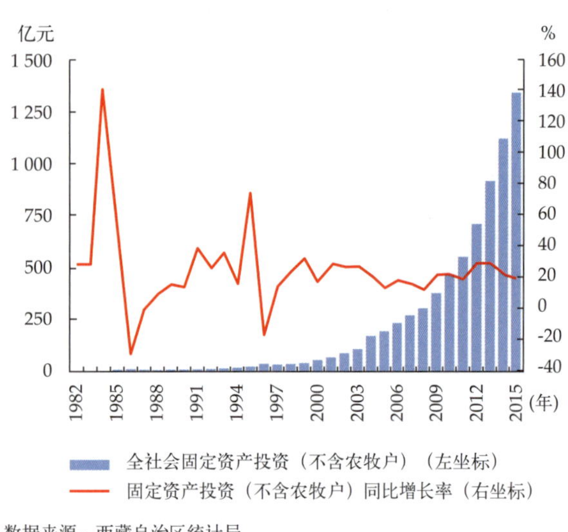

数据来源：西藏自治区统计局。

图7　1982～2015年西藏自治区固定资产投资（不含农牧户）及其增长率

2. 城乡居民稳步增收，消费需求平稳增长。2015年，西藏城镇居民人均可支配收入为25 457元，同比增长15.6%；农牧民人均可支配收入为8 244元，同比增长12.0%，连续多年保持两位数增速。全年消费市场活跃，2015年全区社会消费品零售总额达到408亿元，同比增长12.0%。其中，城镇和乡村社会商品零售总额分别达到349亿元、59亿元，同比增长10.7%、20.1%，城镇市场增速落后于乡村市场9.4个百分点。

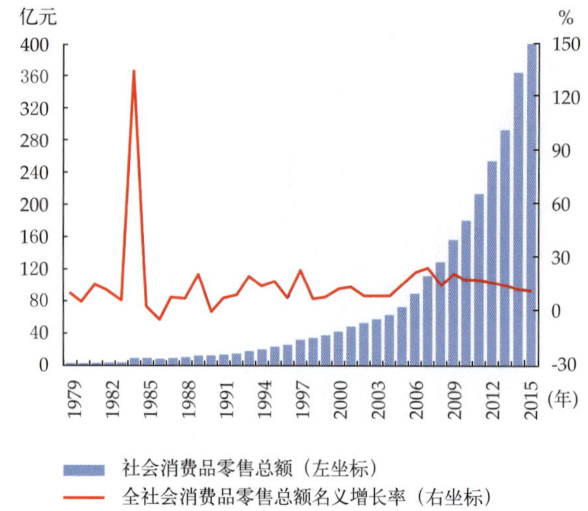

数据来源：西藏自治区统计局。

图8　1979～2015年西藏自治区社会消费品零售总额及其增长率

3. 外贸总量小幅回落，贸易顺差小幅收缩。2015年，受樟木地震的影响，外贸总量大幅回落，贸易顺差大幅收缩。2015年，西藏外贸进出口总额达56.6亿元，同比下降59.2%。其中，贸易出口和贸易顺差分别为36.2亿元和15.9亿元，同比分别下降71.9%和86.7%。

4. 招商引资不断加强，主要涉及旅游服务业、特色产品加工、新能源、矿产开发、水电

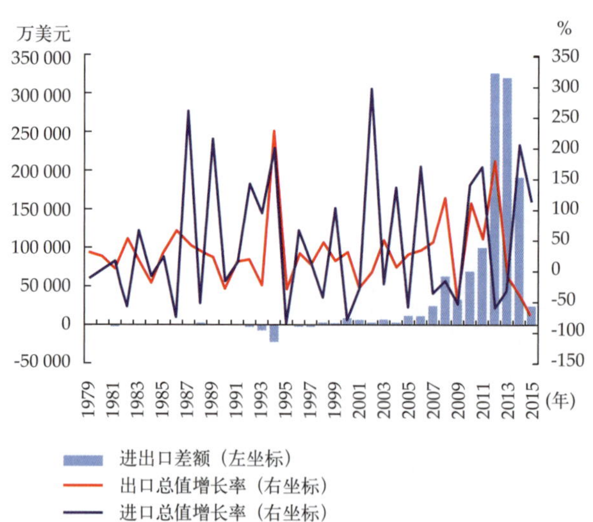

数据来源：西藏自治区统计局。

图9　1979～2015年西藏自治区外贸进出口变动情况

开发、商贸物流等领域。据商务部门数据显示，2015年，辖区合同利用外资额为1.7亿美元，实际外资利用额为0.7亿美元。

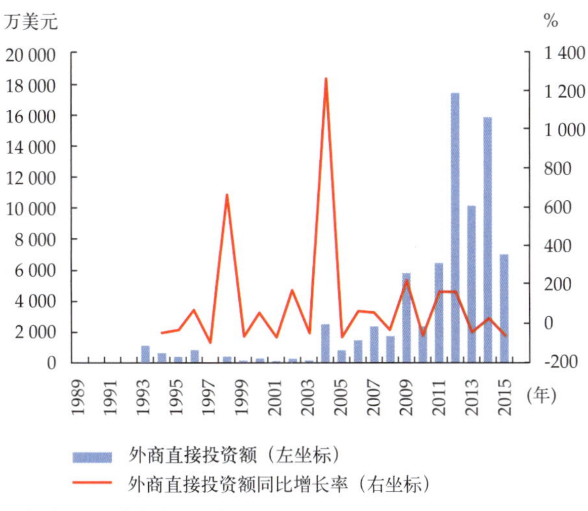

数据来源：西藏自治区统计局。

图10　1989～2015年西藏自治区外商直接投资情况

（二）三大产业继续稳步发展，产业结构进一步优化

2015年，西藏三次产业稳步发展，生产总值分别为96.9亿元、376.2亿元、553.3亿元，同比分别增长3.9%、15.7%和8.9%。与上年相比，第一产业比重下降0.5个百分点，第二产业与上年同期持平，第三产业上升0.4个百分点，产业结构进一步优化。

1. 农牧业形势持续向好，农业基础设施建设取得新进展。财政支农资金累计投入787.2亿元，农牧业基础建设显著加强。建成高标准农田137万亩，新增高寒牧区牲畜棚圈15.2万座，乡镇农牧综合服务中心353个。粮食产量突破100万吨，创历史新高。农牧民专业合作经济组织达到4 624个、比“十一五”末增长11倍。自治区级农牧业产业化龙头企业总产值增长43.7%，农牧业产业化经营率达到40%。“八到农家”工程深入推进，完成4 898个行政村人居环境建设和综合整治，基本解决了农牧区安全饮水、无电地区用电问题，乡镇通光缆率、通邮率和行政村通电话率均达到100%，农村综合信息服务站覆盖所有行政村。乡镇、行政村公路通达率分别达到99.7%和99.2%。累计投入扶贫资金91.9亿元，减少贫困人口58万人。连续八年累计投入278亿元，全面完成农牧民安居工程，46万户、230万名农牧民住上安全适用的房屋，生产生活条件得到历史性改善。

2. 工业生产稳步增长。2015年，规模以上工业增加值完成56亿元，同比增长14.6%。主要工业品产销两旺，全年工业累计销售产值128亿元，同比增长10.9%，销售率96.2%。

数据来源：西藏自治区统计局。

图11　2000～2015年西藏自治区规模以上工业增加值同比增长率

3. 以旅游业为龙头的服务业加快发展。全区旅游产业规模逐步壮大，经济效益再创新高。布达拉宫、大昭寺晋升AAAAA级景区，札达土林——古格成为国家级风景名胜区，实景剧《文成公主》实现常态化商业演出，全年共接待国内外游客达2 018万人次，同比增长29.9%，其中，接待国内游客1 988万人次，同比增长30.1%，接待入境旅游者29万人次，同比增长19.7%。实现旅游总收入282亿元，同比增长38.2%，旅游总收入增幅高于接待人数增幅8.3个百分点。2015年，旅游总收入占全区地区生产总值的27.5%，旅游业日益成为西藏国民经济的重要支柱产业，为“做强三产”战略目标的顺利实现提供了有力支撑。

（三）物价总水平保持稳定，居民消费价格高于全国平均水平

2015年，西藏物价总水平保持理性增长，受

输入性因素影响，居民消费价格高于全国平均水平。

1. 居民消费价格高于全国平均水平。2015年，西藏居民消费价格指数同比上升2.0个百分点。居民消费八大类商品价格除交通和通讯外同比全部上涨，烟酒是推动CPI上涨的主要因素，全年上涨3.6%，其次是食品，全年上涨3.1%。2015年，西藏服务项目价格上涨1.4%；商品零售价格上涨1.4%，基本与上年持平。

2. 生产价格水平有所下降，总体低位运行。2015年，西藏生产价格水平有所下降，总体低位运行，全区工业生产资料价格下降8.6%，工业生产者出厂价格下降6.8%。

3. 劳动力报酬继续提高。2015年，西藏城镇居民人均工资性收入为20 561元，同比增长18.1%；农村居民人均工资性收入为1 873元，同比增长19.2%，增速高于城镇居民增速1.1个百分点。

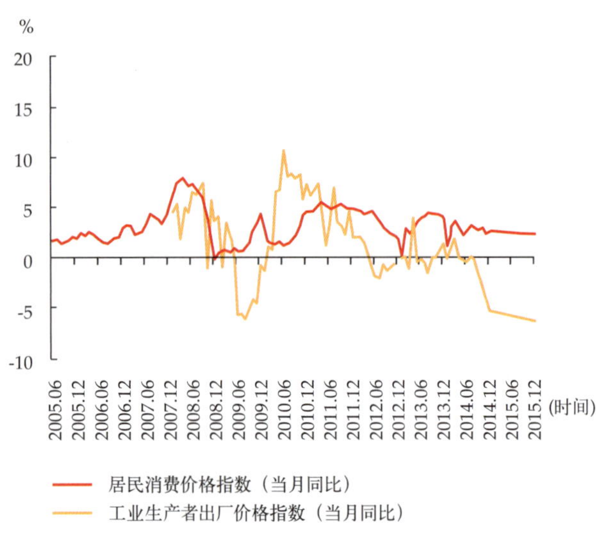

数据来源：西藏自治区统计局。

图12 2005~2015年西藏自治区居民消费价格和生产者价格变动趋势

（四）财政收支规模扩大，民生领域支出不断增加

1. 财政收入总量扩大。2015年，西藏自治区财政总收入为176亿元，同比增长7.8%。其中，公共财政预算收入为137亿元，同比增长10.4%。

2. 财政民生支出增加。财政支出主要用于改善民生，重点向农牧民、向基层、向弱势群体倾斜，坚持把70%以上的财力投向民生领域，着力办好民生“十件实事”，连续五年提标扩面。率先实现15年免费教育，率先实现五保集中供养和孤儿集中收养，率先实现城乡居民基本养老保险均等化。城镇新增就业16.9万人。农牧民转移就业467万人次。社会保险制度实现全覆盖，参保人数达到278万人次。新建改造城镇保障性安居住房21.5万套。实现医疗救助城乡一体化全覆盖，城乡生活困难群众临时救助制度全面实施。7.2万重度残疾人纳入生活困难补助范围。狠抓中小学校舍安全等九大工程，新建改扩建校舍394.5万平方米。学前儿童入园率达到61.5%。

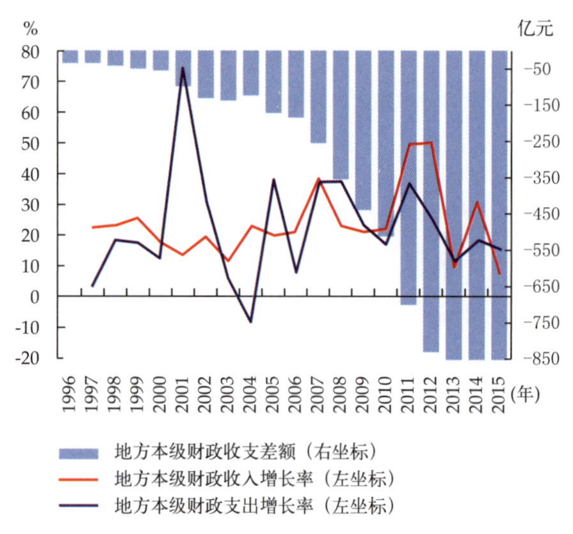

数据来源：西藏自治区统计局。

图13 1996~2015年西藏自治区财政收支状况

（五）环境保护力度不断加大，生态文明建设加快推进

2015年，西藏生态环境保护与建设取得新进展。全面实施西藏生态安全屏障保护与建设规划，投入71亿元，“十大工程”扎实推进。加强资源开发和生态环境保护监督管理，严格实行矿产资源勘查开发自治区政府“一支笔”审批和环境保护“一票否决”制，严把准入关，实现“三高”企业和项目零审批、零引进。环境执法监管

能力明显提高。建立环境保护与财政转移支付挂钩的奖惩机制。累计兑现草原生态保护补助奖励、森林和湿地生态效益补偿资金147亿元。在全国率先建设江河原生态功能保护区。纳木错和羊卓雍错纳入国家良好湖泊保护试点。拉萨市成为国家环境保护模范城市，山南、林芝列入国家首批生态文明先行示范区。公益林、自然保护区管护体制改革初见成效。“两江四河”流域造林绿化工程全面推进，植树造林516.6万亩，林业带动群众增收42.8亿元。全区水、大气、土壤质量优良。

专栏1　关于西藏银担合作情况的调查与思考

银行与融资性担保机构的合作（以下简称“银担合作”）既有利于银行机构控制业务风险又有效缓解中小企业贷款难、担保难问题。然而，由于西藏担保公司起步较晚，尚处在发展初期，银担合作的开展受到制约。

一、加强银担合作是西藏特殊区情的需要

“十五”以来，西藏中小企业得到了快速发展，然而，由于西藏企业发展起步较晚，绝大部分企业均为中小微企业，企业资产与经营规模较小、技术设备落后，自身资本积累明显不足、内源融资匮乏，而且大部分企业经营实力和市场竞争力都较弱，难以满足中国资本市场准入条件，向银行贷款成为西藏中小企业外部融资的主要渠道。然而，西藏大多数小微企业因信用级别较低，达不到银行信贷准入门槛，难以从银行获得信贷资金支持。因此，加强银担合作，缓解西藏企业贷款难、担保难问题，对于促进西藏经济社会发展具有重要的意义。通过担保机构的“信用增级”作用，可在一定程度上解决中小企业信用缺乏和抵质押问题，支持企业做大做强，而且能确保银行机构在中小企业贷款不能清偿时取得资金补偿，减少银行机构的信贷风险。

二、银担合作的基本情况及存在的问题

近年来，西藏融资性担保公司发展较快。截至2015年年底，全区取得经营许可证的融资性担保公司已达11家。截至2015年6月末，已有6家担保公司与在藏银行机构开展了融资性担保业务合作，全区融资性担保机构共办理融资性担保业务166笔，累计担保贷款10.36亿元，在保余额7.10亿元。随着融资性担保行业的快速发展，为中小微企业融资起到了积极作用，但是，担保规模小、资金使用分散、放大倍数不明显，没有真正将担保优势充分发挥出来。

一是银行机构设定的合作门槛较高。为降低经营风险，银行机构对合作担保公司在注册资本、保证金缴纳以及代偿比例等方面都有较高的要求。二是担保公司经营管理不规范。部分担保公司内部管理机制不健全，大部分担保机构尚未建立完善的现代企业制度，而且由于业务量少、经营效益不高等原因，部分担保公司仅设置必需的部门，“一人多岗”现象较为突出。三是担保能力不足，经营风险较大。根据《融资性担保公司管理暂行办法》规定：“融资性担保公司对单个被担保人提供的融资性担保责任余额不得超过净资产的10%。”目前西藏仅有一家担保公司能开展单笔2 000万元的担保业务，四家担保公司能开展单笔1 000万元的担保业务，担保能力较弱，无法满足银行机构对大额资金的合作业务需求。四是银担合作机制不健全，信息渠道不畅通。由于申请担保的企业相关信息，如现金流量、贷款存量、信用评级以及资产抵质押等情况，在银行、担保机构、登记部门之间不能共享，担保公司对客户风险难以把握。而且当发生代偿时，大部分合作银行并未对担保公司的追偿活动提供必要的协助，这无疑加大了担保公司的经营风险。

三、加强银担合作的政策措施

一是建立长效合作机制，拓展银担合作领域。银行机构要适度放宽与担保公司的合作门槛，完善合作机制，构建两者有效的合作平台。在注册资本注入额度、保证金缴纳、代偿比例等方面建立专门针对西藏担保公司的信贷管理制度，降低注册资本准入门槛和保证金缴纳比例。同时，不断丰富银担合作的业务品种，拓展银担合作领域。

二是建立健全内部管理机制，增强担保公司实力。担保公司要加强内部管理，建立完善各类管理制度，提升公司的整体实力。根据业务经营和风险防范的要求，科学设置内部机构和岗位，合理配备工作人员，尽量避免一人多岗现象，防范发生操作风险。严格审贷、验资等风险控制流程，加强贷前审查；跟踪监测被担保企业的生产经营、信贷资金运用等情况，加强贷后管理；建立风险转移机制，通过反担保、再担保等方式转移和分散风险。同时，加强员工职业技能培训，增强人员素质，并引进经济金融、法律等专业人才，提高公司的专业水平。

三是完善监管机制，加强担保体系建设。为促进担保公司健康发展，奠定银担合作基础。要制定具体的监管措施，规范担保公司的经营行为，防范和化解系统性风险。授权行业协会定期公布担保公司主营业务、平均收费标准、行业风险指引等行业信息，进一步规范担保公司的经营行为；制订科学合理的人才培养、储备和使用规划，提高从业人员的职业道德和专业素质。通过推动担保公司进行资信评级，加强社会监督力度，促使担保公司不断完善内部管理机制、提高担保实力，从而提高银行机构对担保公司的认可度，促进双方更广泛地开展业务合作。

四是建立完善各类扶持政策，加大政府支持力度。建立健全专门针对担保公司的风险补偿基金或资金补偿机制。在发生因客户违约引起的损失或代偿等事件时，给予担保公司一定比例的补偿，增强其风险抵御能力，以保障其不因运营资金减少而影响正常经营。同时，对按照西藏产业发展需求，积极为“涉农”、中小微企业提供服务的担保机构给予风险补偿或奖励，提高担保机构开展业务的积极性，支持“涉农”、中小企业的发展。

（六）房地产市场运行平稳

2015年，西藏房地产投资规模和销售面积增长较快，房地产销售价格同比上升，市场规模依然较小。

1. 房地产开发投资规模逐年增长，住宅投资占全区房地产开发比重较大。2015年，全区房地产开发投资累计完成额204.9亿元，同比增长2.9倍。其中，住宅投资完成143.4亿元，占房地产开发投资的70%，同比增加59.7亿元，同比增长71.3%；商业营业用房投资完成61亿元，占房地产开发投资的30%，同比增加50亿元，同比增长4.5倍。

2. 房屋新开工面积有所放缓。2015年，全区房屋新开工面积为175万平方米，同比减少98万平方米，同比降低36.0%。

3. 新建商品房销售面积大幅上涨，销售价格有所下降。2015年，全区新建商品房销售面积达329.6万平方米，同比增加257.2万平方米，同比增长3.6倍。新建商品房销售额为168.0亿元，市场规模依然较小。2015年新建商品房销售均价为4 056元/平方米，同比减少1 215元/平方米，同比降低23.0%。

房地产贷款总量增速较快，房地产开发贷款下降较多，个人住房贷款发放出现拐点，略有增加。2015年，全区房地产贷款余额为100.9亿元，同比增加35.1亿元，增长61.8%%。分类别看，房地产开发贷款为49.4亿元，较2014年增加35.7亿元，增长260.6%。

三、预测与展望

2016年是“十三五”开局之年，是西藏与全国一道全面建成小康社会决胜阶段的第一年，是西藏加快发展的重要战略机遇期。西藏经济社会发展将坚持稳中求进的总基调，坚持以提高经济社会发展质量和效益为中心，主动适应经济发展的新常态，保持经济运行在合理区间，强化内需拉动、强化改革开放、强化产业支撑、强化扶贫攻坚，促进经济持续快速健康发展、社会大局持续和谐稳定、生态环境持续良好、各族群众生活水平持续提高，全力推进全面建成小康社会进程。

2016年，西藏金融机构将用足用好中央赋予西藏的特殊优惠金融政策，引导更多金融资本、社会资本投向基础设施、“三农”和实体经济。健全多元化的金融业态，多渠道扩大金融资源投入。加强信用体系、普惠金融和多层次资本市场建设，加大辖区信贷投放力度，确保金融有效供给。

中国人民银行拉萨中心支行货币政策分析小组
总　纂：郭振海　洛桑占堆
统　稿：何俊斌　贾蜀苇　牟宗君
执　笔：牟宗君　刘　帅
提供材料的还有：邓丽姬　泽仁央宗　申　霞　达瓦萨珍　成　辉　唐光明　李恒烨

附录

（一）2015年西藏自治区经济金融大事记

2月3日，西藏农牧业工作会议在拉萨召开。

3月16日，中国证监会在北京召开支持西藏资本市场发展座谈会，研究进一步加大支持力度的具体措施。

5月28日，西藏金融租赁有限公司开业，成为西藏自治区第一家金融租赁公司。

8月6日，中信银行拉萨分行正式对外营业。

8月24日至25日，中央第六次西藏工作座谈会在北京召开。会议明确了当前和今后一个时期西藏工作的指导思想、目标要求、重大举措，对进一步推进西藏经济社会发展和长治久安工作作了战略部署。

11月13日，浦发银行拉萨分行获准筹建。

12月15日，中国银行那曲地区支行获准筹建。

12月18日，西藏银行昌都分行获准开业。

12月21日，中国人民银行林芝市中心支行向林芝民生村镇银行发放首笔流动性再贷款1 000万元。

12月23日，中国人民银行、西藏自治区党委政府在北京举行“金融支持西藏经济社会发展座谈会”，安排部署进一步推进金融支持西藏经济社会发展各项工作。

（二）2015年西藏自治区主要经济金融指标

表1　2015年西藏自治区主要存贷款指标

		1月	2月	3月	4月	5月	6月	7月	8月	9月	10月	11月	12月
本外币	金融机构各项存款余额（亿元）	3 098.6	3 078.1	3 210.3	3 212.4	3 263.3	3 324.9	3 384.1	3 478.4	3 480.4	3 576.0	3 564.0	3 671.2
	其中：住户存款	565.7	557.6	560.4	563.7	556.1	579.4	599.1	603.8	629.4	619.8	624.9	654.2
	非金融企业存款	527.6	486.4	481.3	513.9	481.7	512.5	468.5	501.5	504.5	563.5	625.6	636.1
	各项存款余额比上月增加（亿元）	8.6	-20.5	132.2	2.1	50.9	61.6	59.3	46.1	2.1	95.5	-12.0	107.2
	金融机构各项存款同比增长（%）	23.5	21.1	18.2	19.4	15.0	15.4	14.7	13.4	9.1	15.6	13.9	18.8
	金融机构各项贷款余额（亿元）	1 686.2	1 733.8	1 798.8	1 823.2	1 862.5	1 911.9	1 902.0	1 908.1	1 947.4	1 996.0	2 058.0	2 124.5
	其中：短期	298.0	312.7	327.8	327.1	339.2	352.6	344.3	316.9	306.4	329.8	324.7	333.3
	中长期	1 251.7	1 305.93	1 343.6	1 356.2	1 392.7	1 424.1	1 439.3	1 469.2	1 501.6	1 541.5	1 585.5	1 619.7
	票据融资	135.5	114.8	127.4	140.0	129.6	135.2	118.4	122.0	110.2	95.5	109.8	128.5
	各项贷款余额比上月增加（亿元）	66.7	47.6	65.0	24.4	39.2	49.5	-9.9	6.1	39.3	48.6	61.9	66.5
	其中：短期	0.1	14.7	15.1	-0.7	12.1	13.5	-8.4	-27.4	-10.5	23.5	-5.2	8.7
	中长期	50.1	54.3	37.7	12.6	36.6	31.4	15.2	29.9	32.4	39.9	44.0	34.5
	票据融资	15.5	-20.7	12.7	12.6	-10.4	5.5	-16.8	3.6	-11.8	-14.7	14.3	18.7
	金融机构各项贷款同比增长（%）	46.6	47.0	48.8	44.5	40.6	39.1	34.7	31.4	30.9	32.2	31.3	31.2
	其中：短期	5.9	8.6	12.0	6.5	9.1	10.6	12.9	-1.5	-1.0	11.2	12.7	11.9
	中长期	54.0	55.6	51.3	47.3	45.1	44.1	39.1	40.0	38.4	38.3	34.2	34.8
	票据融资	141.1	121.3	358.3	307.2	142.6	102.1	63.2	51.5	18.3	-3.4	11.9	7.1
	建筑业贷款余额（亿元）	359.8	376.6	386.6	386.6	386.6	403.0	415.9	425.1	454.5	471.3	491.8	492.6
	房地产业贷款余额（亿元）	65.9	68.0	69.3	75.4	75.4	80.3	81.8	83.7	86.5	93.1	98.6	100.9
	建筑业贷款同比增长（%）	63.2	65.6	48.4	43.6	35.6	37.4	33.7	32.0	40.7	42.1	47.3	45.8
	房地产业贷款同比增长（%）	43.6	40.1	45.3	55.7	56.3	64.0	49.8	49.1	49.3	59.3	71.3	53.2
人民币	金融机构各项存款余额（亿元）	3 091.7	3 071.1	3 203.4	3 205.5	3 256.4	3 318.0	3 377.2	3 471.2	3 473.3	3 568.7	3 556.7	3 663.9
	其中：住户存款	565.3	557.1	559.9	563.3	555.6	578.9	598.6	603.2	628.9	619.3	624.4	653.6
	非金融企业存款	521.3	480.1	475.0	507.6	475.5	506.3	462.3	495.0	498.0	556.8	618.9	629.4
	各项存款余额比上月增加（亿元）	8.6	-20.5	132.2	2.1	50.9	61.6	59.2	45.8	2.1	95.4	-12.0	107.2
	其中：住户存款	3.6	-8.2	2.8	3.4	-7.6	23.3	19.7	3.3	25.7	-9.6	5.1	29.3
	非金融企业存款	23.8	-41.2	-5.1	32.6	-32.2	30.8	-44.0	18.0	3.1	58.8	62.1	10.4
	各项存款同比增长（%）	23.3	20.9	18.0	19.3	15.1	15.6	14.8	13.4	9.1	15.6	14.0	18.9
	其中：住户存款	6.3	9.1	9.8	8.9	9.7	10.2	11.3	7.3	5.1	11.2	12.7	16.4
	非金融企业存款	12.5	13.1	10.5	9.4	8.6	10.8	12.5	15.3	18.1	20.7	22.6	26.5
	金融机构各项贷款余额（亿元）	1 685.3	1 732.9	1 797.9	1 822.3	1 861.0	1 910.4	1 899.6	1 905.3	1 944.6	1 992.1	2 053.9	2 120.3
	其中：个人消费贷款	103.6	104.9	106.4	109.4	109.4	115.4	119.4	121.0	122.3	122.2	125.3	126.8
	票据融资	135.5	114.8	127.4	140.0	129.6	135.2	118.4	122.0	110.2	95.5	109.8	128.5
	各项贷款余额比上月增加（亿元）	66.5	47.6	65.0	24.4	38.7	49.5	-10.8	5.7	39.3	47.5	61.8	66.5
	其中：个人消费贷款	2.4	1.2	1.6	3.0	3.0	4.2	4.0	1.6	1.3	0.0	3.0	1.5
	票据融资	15.5	-20.7	12.7	12.6	-10.4	5.5	-16.8	3.6	-11.8	-14.7	14.3	18.7
	金融机构各项贷款同比增长（%）	46.5	47.0	48.8	44.4	40.6	39.0	34.5	31.3	30.8	32.0	31.0	31.0
	其中：个人消费贷款	-5.4	-7.5	-6.2	-9.4	2.3	20.0	19.6	23.1	22.0	23.6	24.6	25.3
	票据融资	141.1	121.3	358.3	307.2	142.6	102.1	63.2	51.5	18.3	-3.4	11.9	7.1
外币	金融机构外币存款余额（亿美元）	1.13	1.14	1.13	1.14	1.13	1.13	1.13	1.13	1.12	1.15	1.15	1.14
	金融机构外币存款同比增长（%）	534.8	450.7	482.5	150.0	-27.8	-27.0	-14.7	-14.7	-11.7	-10.0	-10.4	2.6
	金融机构外币贷款余额（亿美元）	0.15	0.15	0.15	0.15	0.24	0.24	0.39	0.44	0.44	0.61	0.64	0.64
	金融机构外币贷款同比增长（%）	240.9	233.3	240.9	248.8	458.1	458.1	807.0	923.3	947.6	1352.4	1388.4	433.3

数据来源：中国人民银行拉萨中心支行。

表2 2001～2015年西藏自治区各类价格指数

单位：%

年/月	居民消费价格指数		农业生产资料价格指数		工业生产者购进价格指数		工业生产者出厂价格指数	
	当月同比	累计同比	当月同比	累计同比	当月同比	累计同比	当月同比	累计同比
2001	—	0.2	—	—	—	—	—	—
2002	—	0.4	—	—	—	—	—	—
2003	—	0.9	—	2.8	—	—	—	—
2004	—	2.7	—	1.3	—	—	—	—
2005	—	1.5	—	1	—	—	—	—
2006	—	2.0	—	0.4	—	—	—	—
2007	—	3.4	—	1.1	—	—	—	—
2008	—	5.7	—	3.2	—	—	—	5.6
2009	—	1.4	—	-0.9	—	—	—	-1.8
2010	—	2.2	—	0.6	—	—	—	5.8
2011	—	5.0	—	2.6	—	—	—	4.3
2012	—	3.5	—	1.6	—	—	—	-0.3
2013	—	3.6	—	1.8	—	—	—	-0.2
2014	—	—	—	—	—	—	—	—
2015	—	—	—	—	—	—	—	—
2014 1	—	—	—	—	—	—	—	—
2	3.1	3.4	2.1	2.2	—	—	1.4	1.4
3	3.6	3.5	2.1	2.2	—	—	1.8	1.5
4	2.9	3.3	1.5	2.0	—	—	0.0	1.1
5	2.2	3.1	0.9	1.8	—	—	-0.2	0.9
6	2.5	3.0	0.7	1.6	—	—	-0.6	0.6
7	3.1	3.0	0.6	1.4	—	—	—	—
8	3.0	3.0	0.5	1.3	—	—	-0.3	0.3
9	2.7	3.0	0.3	1.2	—	—	-1.7	0.1
10	2.9	3.0	0.1	1.1	—	—	-2.8	-0.2
11	2.4	2.9	-0.1	1.0	—	—	-4.2	-0.6
12	2.6	2.9	-0.3	0.9	—	—	-5.3	-1.0
2015 1	—	—	—	—	—	—	—	—
2	2.3	2.4	-0.3	-0.3	—	—	-6.5	-6.1
3	1.6	1.9	-0.2	-0.3	—	—	-7.8	-6.7
4	1.6	1.9	-1.2	-0.3	—	—	-7.3	-6.8
5	2.0	1.9	-0.2	-0.2	—	—	-6.2	-6.7
6	1.9	1.9	-0.1	-0.2	—	—	-5.9	-6.6
7	1.8	1.9	-0.1	-0.2	—	—	-7.0	-6.6
8	2.1	1.9	-0.2	-0.2	—	—	-7.4	-6.7
9	2.1	1.9	-0.2	-0.2	—	—	-7.4	-6.8
10	2.0	1.9	-0.4	-0.2	—	—	-6.9	-6.8
11	2.4	2.0	-0.5	-0.2	—	—	-7.3	-6.9
12	2.3	2.0	-0.3	-0.3	—	—	-6.3	-6.8

数据来源：西藏自治区统计局。

表3 2015年西藏自治区主要经济指标

	1月	2月	3月	4月	5月	6月	7月	8月	9月	10月	11月	12月
绝对值（自年初累计）												
地区生产总值（亿元）	—	—	200.13	—	—	418.98	—	—	742.26	—	—	1 026.4
第一产业	—	—	13.17	—	—	36.13	—	—	66.75	—	—	96.9
第二产业	—	—	23.83	—	—	121.14	—	—	247.9	—	—	376.2
第三产业	—	—	163.13	—	—	261.71	—	—	427.61	—	—	553.3
工业增加值（亿元）	—	—	9.06	—	—	26.73	—	—	42.46	—	—	56
固定资产投资（亿元）	—	9.14	66.41	154.45	265.8	454.33	634.58	799.28	995.26	1 156.39	1 288.97	1 342.2
房地产开发投资	—	0.01	0.76	4.84	8.11	14.46	20.33	28.82	39.1	43.58	49.3	50
社会消费品零售总额（亿元）	—	65.13	91.97	120.42	153.75	187.18	223.05	260.99	298.03	338.77	371.51	408
外贸进出口总额（万美元）	—	25 068	36 729	46 764	52 503	54 697	62 676	62 604	66 128	76 778	77 843	91 000
进口	—	2 473	5 584	7 213	12 795	13 805	15 759	16 809	18 455	27 845	28 892	33 000
出口	—	22 595	31 145	39 551	39 708	40 892	46 917	45 795	47 673	48 933	48 951	58 000
进出口差额(出口－进口)	—	20 122	25 561	32 338	26 913	27 087	31 158	28 986	29 218	21 088	20 059	25 000
外商实际直接投资（万美元）	—	—	—	—	—	—	—	—	—	—	—	6 997
地方财政收支差额（亿元）	—	-59.55	-195.33	-252.66	-312.92	-416.93	-469.93	-528.49	-791.78	-987.58	-1 129.3	-1251.4
地方财政收入	—	22.12	29.34	37.91	51.44	65.19	77.34	85.17	101.26	119.23	136.55	176
地方财政支出	—	81.67	224.67	290.57	364.36	482.12	547.27	613.66	893.04	1 106.81	1 265.85	1 427.4
城镇登记失业率 (%)(季度)	—	—	—	—	—	—	—	—	—	—	—	2.5
同比累计增长率（%）												
地区生产总值	—	—	10	—	—	9.1	—	—	11	—	—	11
第一产业	—	—	2.5	—	—	2.5	—	—	3.8	—	—	3.9
第二产业	—	—	14.5	—	—	14.5	—	—	14.1	—	—	15.7
第三产业	—	—	9.9	—	—	7.3	—		10.3	—	—	8.9
工业增加值	—	—	14.4	—	—	13.6	—	—	11	—	—	14.6
固定资产投资	—	6.8	20	20.1	21.5	18.5	19.9	21.7	22.2	22.3	19.4	19.9
房地产开发投资	—	-16.7	540	190	100.4	40.6	54	18	13	-5	-4.3	-5.5
社会消费品零售总额	—	12.2	12.7	12.3	12.4	12.4	12.7	13.1	12.7	12.5	12.5	12
外贸进出口总额	—	5.8	21.7	-6.2	-22.8	-35.1	-36.9	-41.7	-49.2	-50.2	-57.4	-59.2
进口	—	190	430	390	530	470	460	380	320	290	230	114.4
出口	—	-1.1	6.9	-18.2	-39.8	-50.1	-51.4	-56	-62.1	-66.7	-71.9	-71.9
外商实际直接投资	—	—	—	—	—	—	—	—	—	—	—	-55.9
地方财政收入	—	35.9	40.7	16.7	24.5	23	10.6	-11.3	-7.1	-6	-5.7	7.8
地方财政支出	—	-43.6	-4.1	2.1	2.3	-2.8	-5.7	-12.6	11.2	28.8	22.3	15.3

数据来源：西藏自治区统计局。

2015年陕西省金融运行报告

中国人民银行西安分行货币政策分析小组

[内容摘要] 2015年，面对严峻复杂的国内外环境，陕西省立足“追赶超越”定位，积极适应经济发展“新常态”，着力在“三稳两优”①上下工夫，经济增速稳步提升，结构调整成效明显，发展活力显著增强，对外开放不断扩大，生态环境持续改善，民生保障得到加强，全省发展呈现“稳中有进、稳中向好”的良好态势。

陕西省金融业认真贯彻落实稳健的货币政策，积极开展“新常态下金融创新提升行动”②，货币信贷和社会融资规模平稳适度增长，信贷结构进一步优化，直接融资功能持续提升，保险服务经济社会能力逐步增强，为地方经济发展创造了适宜的货币金融环境。

2016年，陕西省经济发展面临的机遇大于挑战，“一带一路”建设大格局拓展了对外开放和发展的空间，连续多年经济高速增长的积累和基础设施的日臻完善，更为经济继续保持稳步增长提供了源源不断的动力。陕西省金融业将以加快全面建成小康社会进程为目标，坚持稳中求进工作总基调，围绕“去产能、去库存、去杠杆、降成本、补短板”五大任务，贯彻落实稳健的货币政策，紧扣“四强一促”③工作主线，深入推进金融改革创新，有效防范金融风险，努力提升金融服务水平，推动全省经济实现中高速增长，向中高端水平迈进。

一、金融运行情况

2015年，陕西省金融业运行稳健，银行业规模稳步增长，机构体系更加健全。证券业健康发展，盈利能力显著增强。保险业不断创新，服务领域不断拓宽。支付体系运转顺畅，金融生态建设成效显著。

（一）银行业稳健运行，信贷结构持续优化

2015年，陕西省银行业金融机构认真落实稳健的货币政策，贷款增长平稳适度，信贷资源配置更趋合理；银行业金融机构定价能力不断增强，服务实体经济能力和水平不断提高。

1. 银行资产规模持续扩大，运行总体稳健。截至年末，陕西省银行业金融机构资产总额为4.1万亿元，同比增长12.9%（见表1），增速较上年提高3.4个百分点；累计实现利润430.4亿元，同比下降13.2%；净息差同比下降0.5个百分点；净利息收入同比下降1.2个百分点；中间业务收入同比提高1.3个百分点；不良贷款率较年初提高0.7个百分点，贷款质量下迁趋势明显。年内，由比亚迪股份有限公司和西安银行合资设立的陕西省首家汽车金融公司正式成立。

2. 存款增速先抑后扬，活期化趋势明显。上半年，陕西省金融机构人民币各项存款增速持续下滑，下半年，企稳回升，自9月以来连续4个月保持两位数的增速；存款较年初增加3 997.0亿元，同比多增1 171.4亿元（见图1、图3）。其中，陕西省住户和非金融企业活期存款合计新增1 604.11亿元，占比较上年大幅提高了32.3 个百分点，存款活期化趋势明显。一是金融市场利率进入下行通道，客户更倾向于将资金投资于收益较高的金融产品，投资多元化和资产多样化成为必

① “三稳两优”：稳工业增长、稳投资拉动、稳金融支撑，着力优化产业结构、优化发展环境。

② “新常态下金融创新提升行动”：创新定向调控手段，提升货币政策工具效能；创新政策传导机制，提升信贷资源配置效率；创新市场培育方式，提升债务工具运用水平；创新民生支撑体系，提升普惠金融发展层次；创新监测分析框架，提升区域风险防范能力。

③ “四强一促”：强化审慎管理、强化金融支撑、强化金融扶贫、强化改革创新，促推陕西追赶超越。

然趋势，这对定期存款分流显著；二是资本市场震荡引致部分资金回流银行体系；三是金融机构对结构调整和转型升级的支持力度增强，企业派生存款增加较快。

3. 各项贷款稳定增长，信贷支持重点突出。截至年末，陕西省金融机构人民币各项贷款余额为21 760.6亿元，同比增长15.5%，各项贷款较年初新增2 913.2亿元，同比多增326.0亿元（见图2、图3）。受降准降息、降低二套房贷款首付比例等一系列货币信贷调控政策对房地产业的积极

表1　2015年陕西省银行业金融机构情况

机构类别	营业网点			法人机构（个）
	机构个数（个）	从业人数（人）	资产总额（亿元）	
一、大型商业银行	1 917	43 744	14 708.3	0
二、国家开发银行和政策性银行	82	2 136	4 107.5	0
三、股份制商业银行	392	9 020	7 212	0
四、城市商业银行	435	8 950	5 275.5	2
五、城市信用社	—	—	—	—
六、小型农村金融机构	2 938	23 099	6 581.7	103
七、财务公司	6	271	579.5	3
八、信托公司	3	1 066	276.1	3
九、邮政储蓄银行	1 272	9 459	2 134.9	0
十、外资银行	12	357	167.3	0
十一、新型农村金融机构	39	796	57.3	21
十二、其他	1	107	12.2	1
合　计	7 097	99 005	41 112.3	133

注：营业网点不包括国家开发银行和政策性银行、大型商业银行、股份制银行等金融机构总部数据；大型商业银行包括中国工商银行、中国农业银行、中国银行、中国建设银行和交通银行；小型农村金融机构包括农村商业银行、农村合作银行和农村信用社；新型农村金融机构仅包括村镇银行；"其他"目前仅有比亚迪汽车金融公司。
数据来源：陕西银监局。

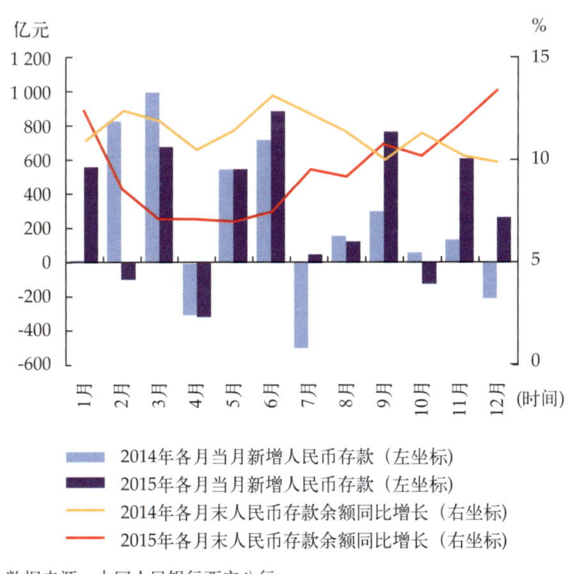

数据来源：中国人民银行西安分行。

图1　2014～2015年陕西省金融机构人民币存款增长变化

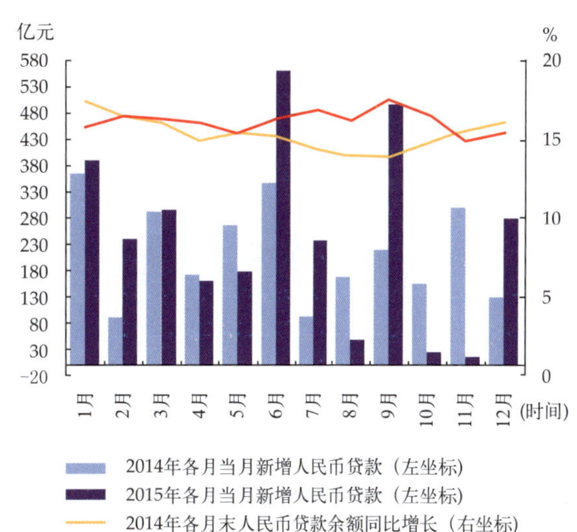

数据来源：中国人民银行西安分行。

图2　2014～2015年陕西省金融机构人民币贷款增长变化

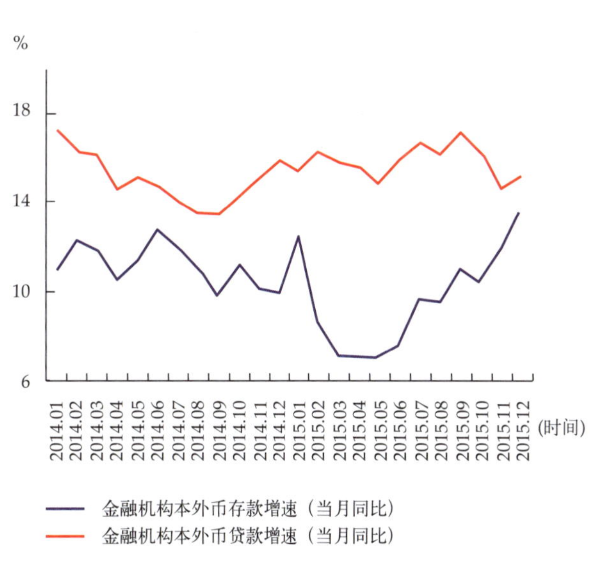

数据来源：中国人民银行西安分行。

图3　2014～2015年陕西省金融机构本外币存、贷款增速变化

影响，全年住户中长期消费贷款新增370.6亿元，占全年住户新增贷款的80.8%，较上年上升10.8个百分点；在“稳增长”背景下，大型项目贷款成为“托底”的重点，非金融企业及机关团体中长期贷款全年新增1 780.7亿元，同比多增289.8亿元。

信贷集中投放重点领域，金融“稳增长”成效显著。五大行业新增贷款占比为78.6%，高于上年9.0个百分点，主要分布于基础建设、安居工程、主导产业等“稳增长”重点领域。小微企业、涉农贷款增长势头不减。全年新增小微企业贷款593.1亿元，同比多增187.6亿元；新增涉农贷款655.1亿元，同比多增157.6亿元。部分新兴产业贷款增长较快，科学研究技术服务业、租赁商务服务业和房地产业贷款增速分别为40.9%、36.8%和35.8%。

4. 贷款利率稳步下降，定价差异化趋势明显。2015年，人民币贷款（含直贴不含转贴）加权平均利率为6.56%，较上年下降1.02个百分点，贷款利率呈稳步下降趋势，实体经济融资成本高

表2　2015年陕西省金融机构人民币贷款各利率区间占比

单位：%

月份		1月	2月	3月	4月	5月	6月
合计		100.0	100.0	100.0	100.0	100.0	100.0
下浮		13.4	14.2	8.4	12.1	13.7	25.0
基准		22.1	25.8	22.3	19.3	18.6	14.6
上浮	小计	64.5	60.0	69.3	68.6	67.7	60.4
	(1.0，1.1]	21.1	13.0	25.9	19.1	17.6	19.2
	(1.1，1.3]	16.7	17.3	15.3	15.0	16.9	15.8
	(1.3，1.5]	7.6	8.9	8.1	9.0	8.1	7.8
	(1.5，2.0]	9.7	11.6	10.2	12.2	13.5	10.3
	2.0以上	9.4	9.2	9.8	13.4	11.6	7.3

月份		7月	8月	9月	10月	11月	12月
合计		100.0	100.0	100.0	100.0	100.0	100.0
下浮		13.7	9.4	20.5	20.3	21.0	26.6
基准		22.3	20.4	19.1	12.9	14.6	18.2
上浮	小计	64.0	70.2	60.4	66.8	64.4	55.2
	(1.0，1.1]	15.7	18.9	16.5	15.0	21.5	12.7
	(1.1，1.3]	15.1	17.8	15.0	13.4	12.9	16.3
	(1.3，1.5]	9.1	8.2	7.1	10.5	6.8	7.0
	(1.5，2.0]	13.8	13.5	11.9	12.8	10.9	9.5
	2.0以上	10.4	11.8	9.9	15.1	12.2	9.8

数据来源：中国人民银行西安分行。

等问题得到一定缓解（见表2）。存款定价上限放开后，金融机构对资金成本和收益的精细化核算程度逐步提升，存款利率基本能够反映不同机构的经营成本和风险，存款定价出现差异化趋势。陕西省市场利率定价自律机制及时传导中央银行利率政策，充分发挥同业之间监督和约束作用，有效维护了金融市场竞争秩序。同业存单、大额存单等涉及市场基础利率的金融产品发行较为活跃，2015年陕西省地方法人金融机构同业存单累计发行709.1亿元，大额存单累计发行9.3亿元，金融机构主动负债管理意识进一步加强。2015年，美元存款利率总体波幅趋缓（见图4）。

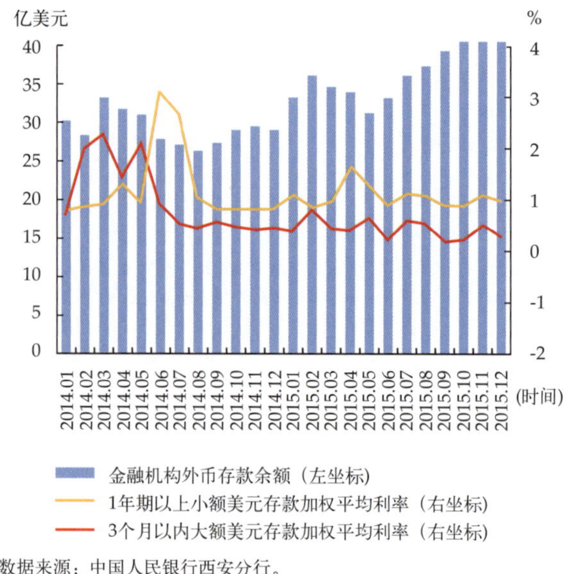

数据来源：中国人民银行西安分行。

图4　2014～2015年陕西省金融机构外币存款余额及外币存款利率

5. 金融机构改革持续推进，法人机构经营能力不断增强。农信社深化改革工作深入推进。全年共有12家农商行开业，8家获批筹建。西安市6家城区农村信用社，在合并重组的基础上，增资扩股组建为全国第五大农村商业银行——陕西秦农农村商业银行。农商行跨省经营实现零的突破，由陕西定边农商行控股发起设立的宁夏盐池汇发村镇银行正式开业。新型农村金融机构和准金融机构快速发展。全年新增村镇银行8家、小额贷款公司33家。

6. 跨境人民币规模小幅回落，业务结构更趋合理。2015年，陕西省跨境人民币业务结算额为414.1亿元，受外贸形势下滑的影响，同比下降15.9%。全省跨境人民币实际收入为252.1亿元，实际支出为162.0亿元，收支总顺差为90.1亿元。跨境人民币业务结构分布更趋合理，全省共有1 334家企业办理跨境人民币结算业务，同比增长22.2%，境外人民币业务参加行扩大至559家，较上年增加121家。25家省级商业银行的170家分支机构开办跨境人民币业务，较上年增加13家。

（二）证券业健康发展，融资功能稳步提升

2015年，陕西省证券经营机构资产规模大幅增长，盈利能力不断增强，期货经营机构主动增资扩股，辖内上市企业资产重组步伐明显加快，上市公司总体规模持续扩大。

1. 证券机构发展态势良好，盈利能力显著提高。2015年年末，陕西省共有地方法人证券公司、期货公司各3家，证券营业部192家（含筹建6家），同比增加7.3%（见表3）。3家地方法人证券公司资产总额为642.7亿元，同比增长83.7%；分别实现营业收入、净利润67.3亿元、24.3亿元，同比增长169.8%和187.2%。3家法人期货公司总资产79.5亿元，同比增长141.8%。

2. 上市公司市值增幅明显，为实体经济提供了有力支持。2015年年末，陕西省共有上市公司43家，上市公司总股本为465.2亿股，总市值为6 946.3亿元，同比增长43.3%。全年IPO公司1家，7家企业进入辅导备案程序。上市公司通过资本市场直接融资251.9亿元，同比增长6.3%。

表3　2015年陕西省证券业基本情况

项目	数量
总部设在辖内的证券公司数（家）	3
总部设在辖内的基金公司数（家）	0
总部设在辖内的期货公司数（家）	3
年末国内上市公司数（家）	43
当年国内股票（A股）筹资（亿元）	252
当年发行H股筹资（亿元）	0
当年国内债券筹资（亿元）	1 379
其中：短期融资券筹资额（亿元）	196.5
中期票据筹资额（亿元）	257

注：当年国内股票（A股）筹资额是指非金融企业境内股票融资。

数据来源：陕西证监局、中国人民银行西安分行、陕西省发展改革委。

（三）保险业加快转型，服务能力有所增强

2015年，陕西省保险业在经济下行压力仍然较大的情况下，开拓进取，加快转型，整体业务呈现稳中有进的发展态势，服务领域不断拓宽，结构调整持续优化，行业风险基本可控。

1. 保险市场规模持续扩大，机构实力有所增强。2015年年末，陕西省共有保险公司总公司1家，省级分公司52家，其中，财产险公司（含政策性出口信用保险公司）25家，人身险公司 27家（见表4）。保险专业中介机构 244家，其中，保险代理机构189家，保险经纪机构43家，保险公估机构12家。全省保险业资产总额为1 288.7亿元，同比增加194.7亿元，行业服务经济社会和抵御风险的实力进一步提高。

2. 保险产品不断创新，业务平稳增长。2015年，陕西省顺利实施商业车险费率改革，启动了生猪价格指数和蔬菜价格指数保险试点。全省保险业保费收入同比增长20.1%。其中，财产险保费收入同比增长10.5%；人身险保费收入同比增长24.9%。保险深度同比上升0.5个百分点，保险密度同比增加246.4元/人。保险业各类赔付支出同比

表4　2015年陕西省保险业基本情况

项目	数量
总部设在辖内的保险公司数（家）	1
其中：财产险经营主体（家）	1
人身险经营主体（家）	0
保险公司分支机构（家）	52
其中：财产险公司分支机构（家）	25
人身险公司分支机构（家）	27
保费收入（中外资，亿元）	572.5
其中：财产险保费收入（中外资，亿元）	176.8
人身险保费收入（中外资，亿元）	395.7
各类赔款给付（中外资，亿元）	194.0
保险密度（元/人）	1 509.4
保险深度（%）	3.2

数据来源：陕西保监局。

增长7.9%（见表4）。

（四）金融市场运行平稳，融资结构更趋合理

2015年，陕西省金融市场整体运行较为平稳，同业拆借交易量持续增长，债券回购交易同比增速迅猛，现券交易量稳步扩大。2015年，陕西省社会融资规模为4 538.7亿元（见图5），融资结构持续优化，非金融企业运用直接融资工具注册发行大幅增长，公司债实现零突破。

1.融资结构持续优化。2015年，陕西省直接融资取得快速发展，非金融企业通过直接融资工具共募集资金1 698.8亿元，同比增长11.9%。其中，通过债务融资工具累计发行1 376.5亿元，同比增长23.3%；超短期融资券累计融资595.0亿元，是上年的2.2倍。上市企业累计发行公司债25.4亿元。全省表外融资新增924.8亿元，受监管加强及口径调整的影响，委托贷款同比少增383.9亿元。在经济下行压力较大，票据业务风险渐显背景下，金融机构签发银行承兑汇票更趋谨慎。全年未贴现银行承兑汇票净减少254.4亿元。由于水利、环境和公共设施管理、建筑以及房地产等行业融资需求旺盛，信托贷款新增984.7亿元，同比增长40.8%。在股票融资方面，再融资明显增加，全省上市公司通过再融资募集资金248.9亿元，同比增长32.9%。

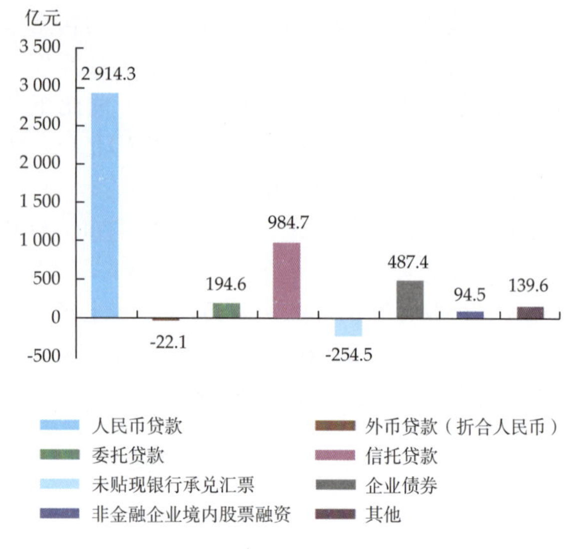

数据来源：中国人民银行西安分行。

图5　2015年陕西省社会融资规模分布结构

专栏1　积极实施“双推双增”融资工程　有效提高全省直接融资比重

2011年以来，中国人民银行西安分行联合陕西省金融办、发展改革委、工信厅、财政厅、国资委、中小企业局、陕西证监局7家成员单位，在全省范围组织实施了“推介金融产品，增强直接融资能力；推进融资方式创新，增大社会融资规模”工程（以下简称“双推双增”融资工程）。五年来，在“双推双增”融资工程领导小组各成员单位的积极参与和密切配合下，“双推双增”融资工程按照全面推进、机制先行、重点突破的思路，以提高全省直接融资比重为目标，以引进和推介新型融资工具为抓手，以建立科学有效的融资考评机制为重点，取得了显著成绩。为缓解陕西“十二五”时期经济社会发展资金供需矛盾，支持陕西“十二五”时期经济持续较快发展和转型升级，实现从经济欠发达省份向中等发达省份的跨越作出了重要贡献。

五年来，为持续推动全省“双推双增”融资工程深入开展，中国人民银行西安分行牵头、联合相关部门开展了一系列卓有成效的活动。2011年7月18日，陕西省政府办公厅批转了省金融办、中国人民银行西安分行牵头起草的《关于在陕西省开展“双推双增”融资工程的实施意见》；2011年9月，陕西省金融办、中国人民银行西安分行等相关部门联合举办“双推双增融资工程实务操作高级培训班”，并编撰出版发行《新编企业直接融资200问》；2012年6月，中国银行间市场交易商协会与陕西省政府（授权省金融办）、中国人民银行西安分行成功签署《借助银行间市场助推陕西省实施“双推双增”融资工程合作备忘录》，合作备忘录明确提出三方将在各自职责

范围内，加强各方沟通、密切工作协作、规范市场发展、服务实体经济；2012年8月，陕西省政府召开“关于全省金融改革发展有关问题的会议”，确定由省财政厅落实5亿元专项资金，并以财政借款形式支持各市区政府建立1亿元的风险缓释基金，为陕西全面引入区域集优债务融资模式创造了条件；2015年6月，陕西省金融办、中国人民银行西安分行共同策划实施“让融资更智慧——直接融资金融专家陕西行”活动，累计培训企业1 500余户，培训人次超过4 000人，推动全省直接融资扩面增量，助推了陕西“追赶超越”发展。

“双推双增”融资工程的开展有效提高了全省直接融资比重，扩大了陕西社会融资规模，降低了企业融资成本。“十二五”时期，全省企业直接融资累计增量2 832.4亿元，较“十一五”增长1.4倍，其中，通过债券市场融资2 537亿元，增长2.6倍；股票市场融资295.4亿元；截至2015年，陕西省社会融资规模新增4 538.7亿元，较“十一五”末（2010年）扩大1 733.9亿元，增长61.8%。据测算，“十二五”时期，陕西企业债券发行利率比同期限实际银行贷款利率约低2个百分点，按“十二五”时期债券净融资额2 537亿元、债券期限均按1年期计算，约可为企业节约融资成本50.7亿元。非金融企业债务融资一枝独秀，发债品种日益丰富，融资规模成倍扩大，从“十一五”初期（2006年）的短期融资券单一品种发展至2015年年末的短期融资券、超短期融资券、中期票据、中小企业集合票据、非公开定向融资工具、中小企业私募债6种债务融资工具；“十二五”时期，全省非金融企业债务融资(累计发行) 4 776.1亿元，较“十一五”增长3.3倍，其中，全省129家企业累计通过银行间债券市场融资3 852.1亿元，涵盖了交通、能源、水利、电力等基础设施领域，以及电子、新材料、文化、现代农业等新兴产业，银行间债券市场已逐步成为扩大全省直接融资规模的主战场和有力抓手。

2. 货币市场交易量稳步增长。2015年，陕西省金融机构通过全国银行间同业拆借市场累计成交1 035.2亿元，同比增长36.3%；同业拆借净融入603.6亿元。从利率走势看，全省同业拆借市场交易利率自年初以来不断走低，第四季度有所回升，全年同业拆借利率为2.6547%。债券回购累计成交41 161笔，成交金额为87 244.1亿元，同比增长43.8%，12月末，债券回购加权利率为2.0087%。

表5　2015年陕西省金融机构票据业务量统计

单位：亿元

季度	银行承兑汇票承兑		贴现			
			银行承兑汇票		商业承兑汇票	
	余额	累计发生额	余额	累计发生额	余额	累计发生额
1	1 483.3	747.3	899.7	4 888.7	37.6	27.5
2	1 581.6	1 566.1	925.7	10 708.4	52.6	619.0
3	1 666.5	2 433.2	1 284.9	16 633.5	52.2	721.6
4	1 633.2	3 310.7	1 139.4	21 925.3	55.9	914.9

数据来源：中国人民银行西安分行。

表6　2015年陕西省金融机构票据贴现、转贴现利率

单位：%

季度	贴现		转贴现	
	银行承兑汇票	商业承兑汇票	票据买断	票据回购
1	5.3814	6.6024	5.0002	5.3571
2	3.8910	4.9241	3.9704	4.2826
3	3.9023	5.0737	3.8723	3.9921
4	3.9320	4.5984	3.3448	3.6562

数据来源：中国人民银行西安分行。

3. 票据市场交易呈现量增价降。2015年，陕西省金融机构票据业务发生额较上年增长51.5%（见表5），其中，承兑发生额较上年增长超过60%。受市场流动性整体较为宽裕、国债收益率和企业债券加权平均利率大幅下降等因素的影响，转贴现较上年多发生7 681.5亿元，加权平均利率下降1.06个百分点（见表6）。

（五）支付体系稳健运行，金融生态环境建设深入推进

2015年年末，省内所有银行机构均成功切换至第二代支付系统报文标准，圆满完成了第二代支付系统推广任务。全省支付系统参与者达5 482家，支付清算系统覆盖率达93%，支付清算效率进一步提升。

2015年，陕西省从经济环境、信用环境、法治环境等六个方面，对10个地市的金融生态环境进行全面评价。各部门联动配合建立健全了信用记录和信用信息系统，并加强政务信息公开。大力培育和规范征信市场，完成省内4家企业征信机构的审查备案。试点设立“服务地方、服务小微、服务‘三农’”的专业化征信机构，推进小微企业和农村信用体系建设，探索可持续的信用体系建设模式。年内，陕西金融消费纠纷调解中心正式挂牌成立，实现了中心成员银证保金融机构全覆盖。

二、经济运行情况

2015年，陕西省经济增长逐季度回升，全年实现生产总值增长8.0%，高于全国1.1个百分点（见图6）。产业结构进一步优化，第三产业对经济的贡献度不断提升，城乡居民收入分别增长8.4%和9.5%。

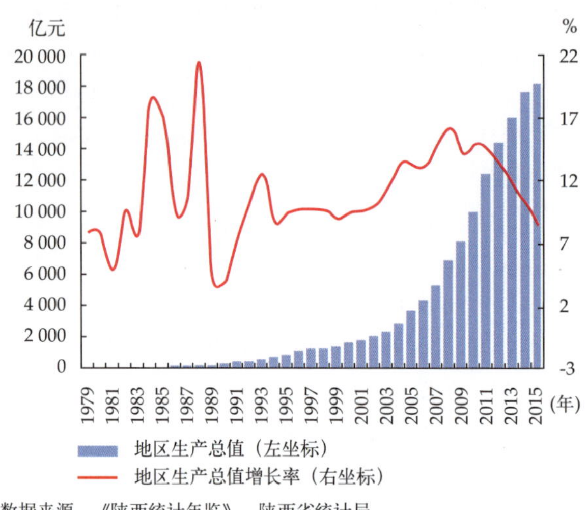

数据来源：《陕西统计年鉴》、陕西省统计局。

图6 1979～2015年陕西省地区生产总值及其增长率

专栏2 “大众创业、万众创新”为陕西经济注入新活力

“大众创业、万众创新”是经济发展的动力之源，也是富民之道、公平之计、强国之策。2015年，陕西省“大众创业、万众创新”政策措施稳步推进，创业投资机构发展良好，“大众创业、万众创新”对培育全省新兴产业、扩大就业、提高居民收入发挥了积极作用。

简政放权给市场主体创业创新留出了更大空间。创业孵化平台是培育和孵化创新型中、小、微企业的摇篮。宝鸡市在西部地区率先建成市、县（区）、镇（街道）、村（社区）四级创业就业服务平台，建成各类创业基地106个，形成了大学生创业孵化园、互联网产业园、科技创新孵化器等各具特色的创客发展平台。

全省各地政府也根据需要，统筹安排各类支持小微企业和创业创新资金，加大对创业创新的扶持力度。西安市每年新增安排不少于3亿元、整合安排不少于5亿元专项资金，支持创业创新，并对处于初创期的科技企业的投资损失，给予创业风险投资机构单户企业初始投资损失额的30%、最高100万元的补偿，给予单个机构最高300万元补偿。榆林市不断完善落实创业担保贷款政策，2015年共发放创业贷款2.5亿元，扶持3 048人创业，带动就业1.4万余人。安康市计划每年在财政预算中安排500万元配套资金，设立就业创业基金。

金融部门在“大众创业、万众创新”政策实施过程中发挥了积极的推动作用。中国人民银行西安分行与省人社厅、财政厅建立了小额担保贷款季度通报制度，与人社厅、财政厅联合将创业担保贷款对象拓宽至经认定的创业孵化示范基地，并取消相关创业实体申请创业担保贷款的户籍限制。联合共青团陕西省委、陕西省人社厅、陕西省科技资源统筹中心以及全省金融机构共同开展了“首届陕西省大学生”‘创业新星’实践大赛”，52所高校的

271组在校创业团队以及28组毕业未满三年的大学生创业团队参加了大赛。该项赛事已成为汇聚陕西省各方力量，为全省大学生搭建起来的创业展示平台、投融资对接平台、孵化培育平台。此外，民间资本也积极响应国家“双创”号召。例如，以西北大学发起的“陕众筹”，年内完成了广誉远康成君健国药堂股权众筹项目。

2015年，在陕西省各地政府的积极推动，社会各界的广泛参与下，全省上下呈现出了一个充满勃勃生机的支持创业、鼓励创新的良好氛围，创新潜能和创造活力不断释放。

（一）投资增速有所放缓，需求结构更趋合理

2015年，面对经济下行压力，陕西省精准施策，追赶超越，经济增速逐季度回升，新兴产业投资加速，结构调整纵深发展。消费市场保持平稳，城乡消费差距逐步缩小，吃穿类商品消费增长较快，新的消费热点开始显现。

1. 固定资产投资放缓，结构调整深入推进。2015年，全省固定资产投资（不含农户）增速仅为8.0%，较上年下降9.8个百分点（见图7）。分产业看，第一、第二、第三产业分别增长49.9%、8.0%和5.6%。分行业看，基础设施、七大战略性新兴产业和文化产业投资则高速增长，增速分别达25.2%、20.9%和23.2%。民间投资同比增长7.5%，较上年下降13.6个百分点，占固定资产投资的45.7%。

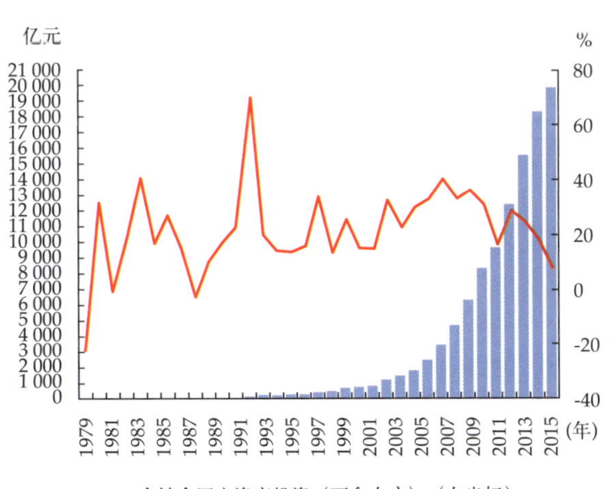

数据来源：《陕西统计年鉴》、陕西省统计局。

图7 1979～2015年陕西省固定资产投资（不含农户）及其增长率

2. 消费市场保持平稳，城乡消费差距不断缩小。2015年，全省社会消费品零售总额同比增长11.1%（见图8）。乡村零售额增长14.3%，高于城镇3.6个百分点。全省限上企业商品零售额同比增长7.7%。具体呈现三个特点：一是吃类商品和穿类商品消费增长较快。2015年，吃类、穿类零售额同比分别增长16.8%和9.7%，均高于同期限上商品零售额增速。二是大宗商品销售增速缓慢。三是新的消费热点开始显现。各大电商进驻陕西省，网上消费已成为全省广大消费者的重要选择。

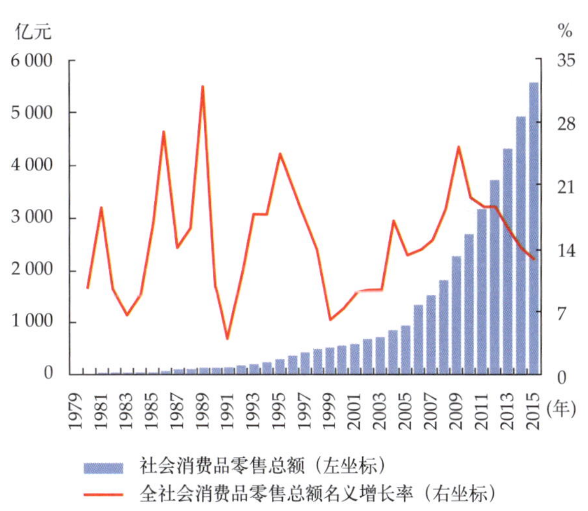

数据来源：《陕西统计年鉴》、陕西省统计局。

图8 1979～2015年陕西省社会消费品零售总额及其增长率

3. 对外贸易规模稳步扩大，实际利用外资增速迅猛。2015年，全省进出口总值同比增长12.8%（见图9），进出口逆差为58.6亿元人民币，2014年为顺差27.9亿元人民币。美光半导体等企业加工贸易成为拉动全省进出口增长的主力。实际利用外资同比增长10.6%（见图10）。第三产业同比

增长63.4%，是拉动外资增长的主要因素。外商投资主要来自中国香港和韩国，占比分别为55.9%和31.8%。全省实际对外投资6.7亿美元，同比增长47%，主要分布在中国香港、美国等国家和地区。

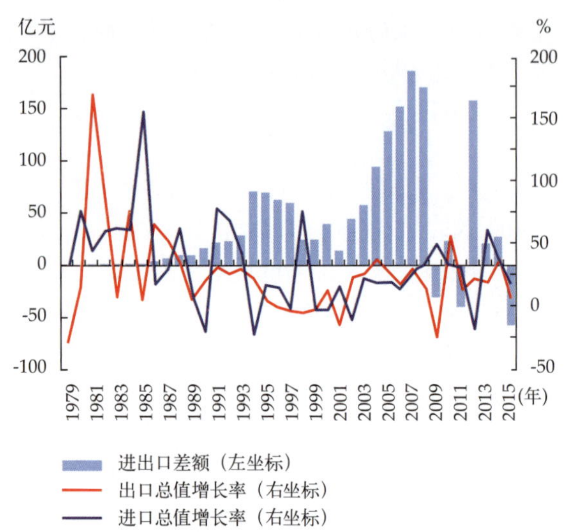

数据来源：《陕西统计年鉴》、陕西省统计局。

图9　1979～2015年陕西省外贸进出口变动情况

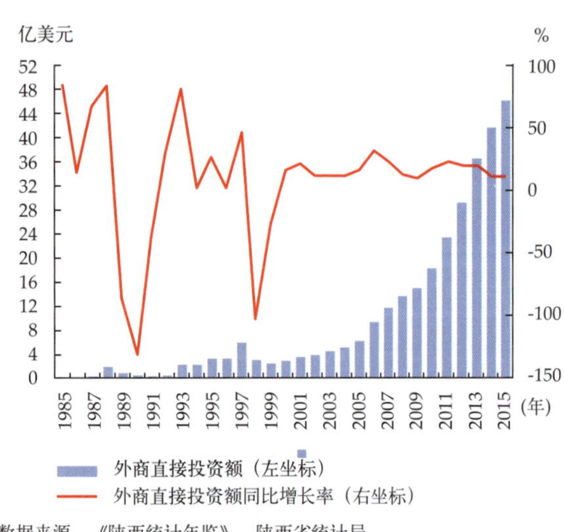

数据来源：《陕西统计年鉴》、陕西省统计局。

图10　1985～2015年陕西省外商直接投资额及其增长率

（二）产业结构持续调整，工业增长面临压力

2015年，陕西省着力推进产业结构转型升级，积极促进第三产业加快发展。2015年，陕西省三次产业增速分别为5.1%、7.3%和9.6%，第三产业增速较上年提高0.7个百分点。三次产业的比重为8.8：51.5：39.7，第三产业占比较上年提高3.3个百分点。

1. 农业生产稳步增长，规模效益加快提升。2015年，陕西省积极采取措施抵御自然灾害，实现了主要农产品产量的持续增加。粮食产量保持稳步提高，同比增长2.4%。农业规模经营和效益加快提升。现代农业园区增加到2 350个，苹果产量稳居全国第一。

2. 工业生产企稳回升，重化工业增长乏力。2015年，陕西省规模以上工业增加值同比增长7.0%，呈现缓慢回升态势（见图11）。非能源工业增长较快，全省规模以上非能源工业增加值同比增长13.0%。全省重工业增加值占全省工业增加值的比重超过80%，但仅增长5.8%，低于轻工业增加值增速7.7个百分点。

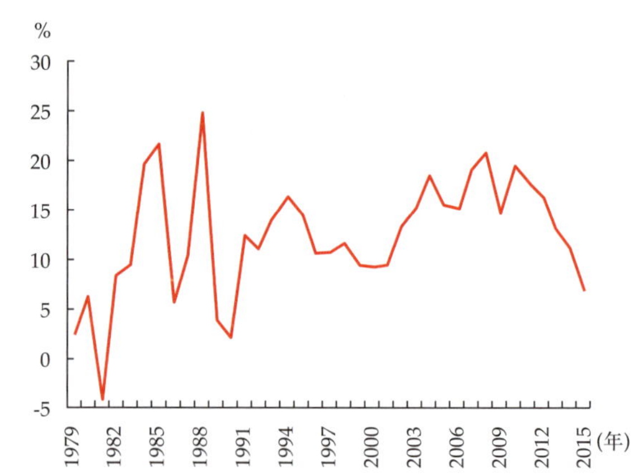

数据来源：《陕西统计年鉴》、陕西省统计局。

图11　1979～2015年陕西省规模以上工业增加值同比增长率

3. 服务业发展较快，第三产业加快发展。2015年，全省第三产业呈现加快发展势头，全年第三产业增加值7 213.9亿元，同比增长9.6%，占GDP的比重为39.7%，较上年提高3.3个百分点。从构成看，以金融业为代表的现代服务业发展迅速，批发零售、房地产等传统服务业发展缓慢。2015年，全省金融业实现增加值1 115.5亿元，同

比增长17.7%，批发零售业、交通运输仓储邮政业和房地产业实现增加值分别为1 504.7亿元、686.5亿元和602.1亿元，同比分别增长6.7%、2.4%和3.1%，均低于第三产业增加值平均增速。

专栏3 “十二五”时期陕西省文化产业实现跨越式发展

“十二五”时期，陕西省文化产业实现跨越式发展，产业规模不断扩大，占GDP比重明显提高，吸纳社会就业的能力进一步增强，经济效益显著提升。文化产业年均增长速度在30%以上，高于同期GDP增速16.7个百分点；截至2015年年末，陕西省文化产业增加值超过900亿元，在全省生产总值占比达到5%。

产业政策体系不断完善。“十二五”时期，陕西省出台了一系列助推文化产业发展政策，为文化产业快速发展提供了重要保障和助力支持。2011年，陕西省提出实施建设文化强省“八大工程”；2012年，陕西省制定了《关于支持文化大发展大繁荣若干财税政策的意见》，在财政投入、金融信贷、税收优惠、支持民营、市场准入、奖励激励等方面出台了大量新的扶持政策；2013年，陕西省召开文化产业发展会议，进一步加大扶持优惠力度，并设立文化产业投资基金；2015年，陕西省组建动漫创意产业、数字出版产业、印刷包装产业发展基金。

产业发展格局逐步形成。陕西省加快现代文化产业体系构建，逐步形成以大企业带动、大项目引领、大园区承载的文化产业发展新格局。“十二五”时期，陕西省组建了以省文化产业投资控股集团等九大集团为代表的一批大型文化企业和企业集团。截至2015年年末，全省有曲江国家级文化产业示范园区、12家国家级文化产业示范基地、8家国家动漫认定企业和113家省级文化产业示范基地（单位）；30个重大文化项目已有2/3制订了建设规划，一半以上已经开工建设。

民营文化企业快速发展。陕西省鼓励社会资本通过独资、合资、合作、合营等多种途径，组建各种类型的文化投资公司，积极引导资金投向文化产业。截至2015年年末，陕西90%的文化企业或关联企业由民营企业投资，民营文化企业总产值占全省文化企业总产值的70%，文化产业增加值增速保持在30%左右。大唐西市、超人雕塑研究院、关中民俗艺术博物院等一批民营文化企业已成为陕西文化产业的主力军。

文化旅游融合更加深入。陕西省深入发掘旅游资源历史文化内涵，积极打造文化旅游品牌，构建文化旅游融合发展新格局。“十二五”时期，陕西省接待境内外游客14.2亿人次，旅游业总收入1.1万亿元。陕西省将构建文化旅游名镇作为推动城镇化、带动农村居民增收的重要途径，重点建设了31个文化旅游名镇，累计实现旅游人数2 678.4万人次、旅游收入达113.1亿元。

（三）物价走势稳中有降，社保水平显著提高

2015年，陕西省价格总体低位运行并呈现持续下降态势。食品、居住等价格下降，拉低居民消费价格水平。受国际商品价格下跌、国内相关行业产能过剩等因素的影响，生产价格持续走低。社保支出增加，重点群体就业稳定。资源性产品价格改革继续稳步推进。

1. 居民消费价格低位运行，食品类价格降幅较大。2015年，陕西省居民消费价格总水平比上年上涨1.0%（见图12）。分类别看，全年居民消费八大类商品及服务价格呈“三升五降”的特点，其中，烟酒、衣着、娱乐教育文化用品及服务类价格同比分别上涨3.6%、1.2%和0.8%；食品、家庭设备及服务、居住、医疗保健及个人用品、交通和通信类价格同比分别下降1.9%、1.2%、1.0%、0.6%和0.3%。

2. 生产价格持续下降，经济下行压力仍存。

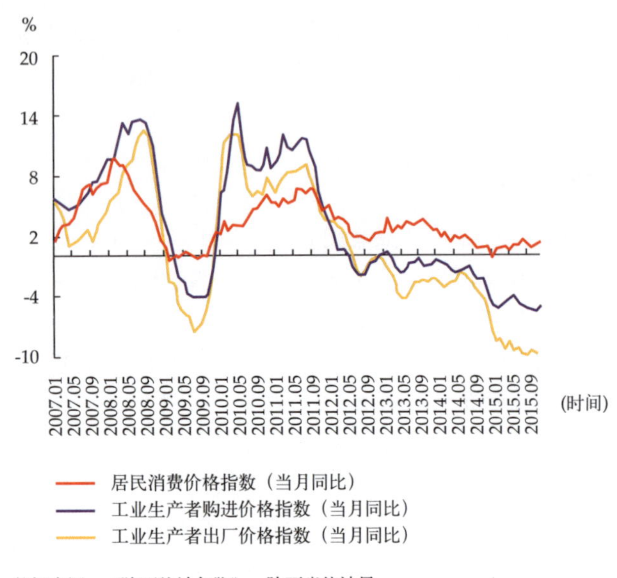

数据来源：《陕西统计年鉴》、陕西省统计局。

图12　2007～2015年陕西省居民消费价格和生产者价格变动趋势

2015年，受国际大宗商品价格下跌，钢铁、能化行业产能过剩、需求低迷等因素的持续影响，全省生产价格特别是出厂价格大幅下跌。全年工业生产者出厂价格同比下降9.2%。

3. 社会保障能力增强，重点群体就业稳定。2015年，陕西省城乡居民基本养老保险政府最高补助额达到200元，城乡低保标准分别达到月460元和年2 500元，城镇居民医保和新农合人均财政补助分别高出国家标准20元，居民医疗救助和临时救助水平分别达到人均2 344元和户均1 407元。全省新增城镇就业44.37万人，农村劳动力转移就业693.8万人，高校毕业生初次就业率达到88.5%。

（四）财政收入平稳增长，重点支出保障有力

2015年，陕西省地方公共财政预算收入同比增长12.1%，增速较上年回落1.5个百分点（见图13）。其中，地方税收收入同比下降3.4%，这主要是受煤炭、石油等产品需求放缓、价格大幅下跌，房地产市场低迷，以及落实“营改增”、降低小微企业税负等结构性减税政策的影响。

全省公共财政预算支出同比增长10.4%，增速较上年提高2.3个百分点（见图13）。其中，社保就业、医疗卫生、节能环保、城乡社区、农林水事务等民生支出增长较快，分别同比增长16.4%、17.5%、36.9%、22.7%、16.6%。

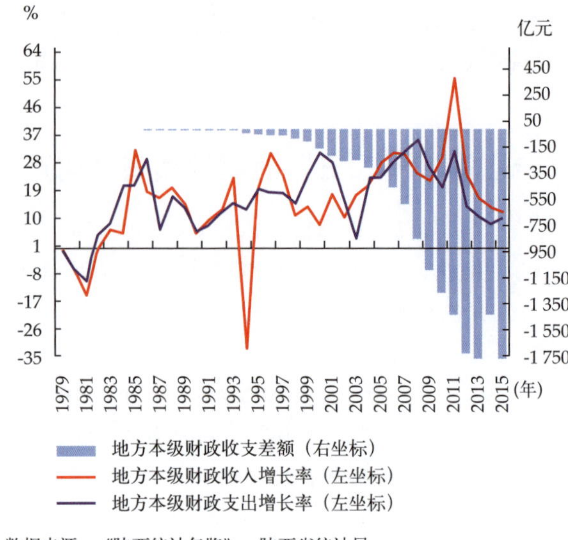

数据来源：《陕西统计年鉴》、陕西省统计局。

图13　1979～2015年陕西省财政收支状况

（五）环境治理成效显著，生态文明稳步推进

“十二五”期间，陕西省环境质量明显改善，总量减排成效显著，环保服务支撑了绿色发展，环境监管能力有所提升，法制和科技对污染治理的贡献度增加，新建两个森林类型自然保护区，新晋升国家级自然保护区8个。2015年，陕西省开展山水林田湖一体化治理，实施“治污降霾•保卫蓝天”行动计划，空气优良天数不断增加，全面启动新一轮渭河综合治理，渭河出境断面优于国考标准。强化秦岭保护和汉丹江综合治理，确保南水北调中线水质安全。统筹推进退耕还林还草、天然林保护、湿地恢复保护、小流域综合治理，造林绿化490.7万亩，建成“百万亩湿地”和“百万亩森林”。不断推进节能减排，健全高污染、高排放企业退出机制，加强污水处理厂及配套管网建设，城镇污水处理率达83.2%，垃圾无害化处理率达85.4%，单位GDP能耗下降3.3%，四项主要污染物减排任务超额完成。全省生态环境质量保持稳定。生态创建全面加强。

（六）房地产市场保持平稳，煤炭行业深度调整

1. 房地产市场发展缓中趋稳，去库存压力仍然较大。2015年，陕西省房地产开发企业完成投资增长2.8%，房屋施工面积同比下降2.7%。房屋新开工面积同比增长0.5%，土地购置面积同比下降8.2%，商品房销售面积同比下降3.7%，商品房销售额与上年同期持平，商品房待售面积同比增长27.5%（见图14）。

西安是房地产二线城市，刚性需求和改善性需求占到市场的绝对比例，2015年，随着国家多部委调控政策联合发力，刚性和改善性需求逐步释放，市场价格逐步企稳，尤其是4月以后住房价格指数、二手房价格指数降幅不断收窄、明显企稳。2015年12月，西安住宅价格指数为100.2，环比上升0.2，同比与上年持平（见图15）。

全省房地产贷款保持平稳，对于稳定房地产市场起到了积极作用。截至年末，全省房地产贷款余额同比增长21.2%，增速较上年下降2.1个百分点。购房贷款余额同比增长14.9%，其中，个人住房贷款同比增长15.1%。

2. 煤炭行业深度调整，金融支持更重效率。

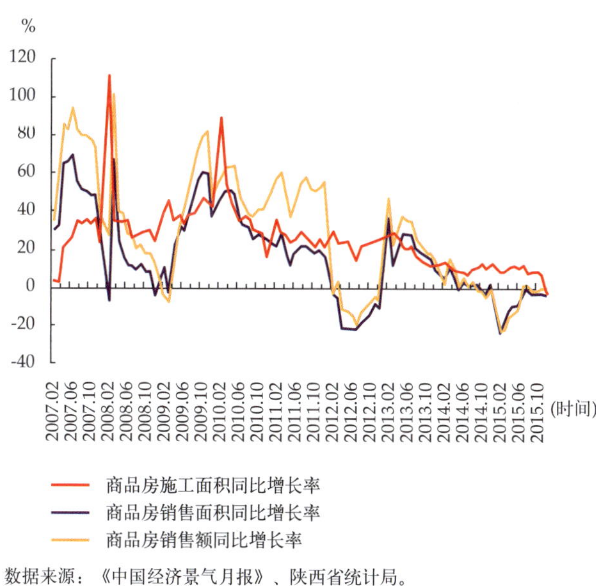

数据来源：《中国经济景气月报》、陕西省统计局。

图14　2007～2015年陕西省商品房施工和销售变动趋势

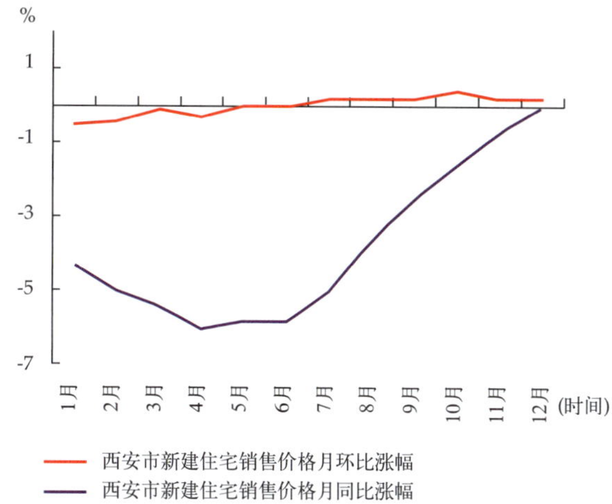

数据来源：《中国经济景气月报》、陕西省统计局。

图15　2015年西安市新建住宅销售价格变动趋势

从2012年开始，陕西省煤炭价格一路走低，截至2015年已下跌50%左右。2015年，陕西省煤炭产量增速在近年来首次出现负增长，同比下降超过2%。同时，煤炭行业结构调整逐步加快。全省煤炭平均单井产量已达百万吨以上，采煤机械化程度超过80%，大、中型煤炭和优质煤炭资源量进一步提升，占全省总产量已达93%。

在此背景下，金融业对煤炭行业的支持更加注重结构调整和效率提升，总体呈“有进有退、有保有压”的特点，煤炭行业发展也出现分化趋势。2015年，陕西省煤炭行业中长期贷款余额同比增长22.3%，较上年下降4.2个百分点，但仍高于当年各项贷款增速7.1个百分点；全年新增160.2亿元，同比多增3.3亿元。

在经济金融风险压力增大的情况下，金融机构“贷大”、“贷多”、“贷长”的营销策略更加突出，信贷资金更多流向大型煤炭企业或部分经营良好、致力于技术升级改造的中小型企业，从而淘汰落后产能，优化产业结构。同时，大型集团企业融资渠道趋于多元化，如依托快速发展的资本市场进行直接融资，深入推进产融结合的发展模式等。煤炭行业分化发展的趋势已经显现，这将有利于全省煤炭行业的兼并重组和去产能化发展。

三、预测与展望

2016年是我国“十三五”规划起步之年，是全面建成小康社会决胜阶段的开局之年，也是推进结构性改革的攻坚之年。陕西经济发展面临的机遇大于挑战，国家赋予西安打造内陆型改革开放新高地、国家创新改革试验区的重要使命，“一带一路”建设大格局拓展了陕西对外开放和发展的空间；电子信息、新能源汽车、航空航天、现代服务业等新支柱产业快速成长并在应对经济下行中发挥了重要作用，能源化工产业高端化持续推进，轻工、纺织、建材等传统产业转型升级，陕西现代化产业体系加速构建；连续多年经济高速增长的积累和基础设施的日臻完善，为陕西更好、更快地发展提供了有力的支撑。2016年陕西经济将保持稳步增长动力，实现“十三五”开好头、起好步。预计陕西地区生产总值增长8%左右。

在投资层面，陕西将进一步提高投资的有效性和精准性，按照补短板要求强化重大基础设施建设。统筹规划建设大西安轨道交通和关中城际铁路，加快开展新一轮水利项目建设，打造“宽带陕西”，精心谋划后续重大项目和滚动投资计划，保持固定资产投资稳定增长，预计增长10%左右。

在消费层面，陕西将深入发掘历史人文资源，系统打造红色文化、历史文化和大遗址保护、自然山水、丝路文化等文化品牌，培育发展文化休闲、体育健身、医养结合等新型消费业态，引导服务主体围绕消费新需求，主动增加有效供给，促进大众消费由数量型向质量型、享受型、健康环保型转变。预计社会消费品零售总额增长10%左右。

在对外贸易层面，主动参与“一带一路”建设，积极推进对外经济合作。积极复制上海自贸区经验，建立准入前国民待遇加负面清单外资管理模式，争取获批陕西自由贸易试验区。支持能源化工、装备制造、现代农业等领域优势企业开展国际产能合作，统筹布局建设境外陕西产业园区和投资贸易促进中心，带动产品、技术、标准、服务出口，拓展“海外陕西”发展空间。预计全年进出口总额350亿美元。

物价方面，稳健的货币政策和积极的财政政策协调配合，将有助于保持物价平稳运行。同时，能源、农产品以及铁矿石等国际大宗商品价格的有望复苏将会缓解国内价格的下行压力，尤其将减小 PPI 的降幅，并进一步通过价格间的传导效应推动 CPI 同比涨幅的回升。预计陕西全年消费价格水平控制在3%左右。

2016年，陕西省金融业将以加快全面建成小康社会进程为目标，以“创新、协调、绿色、开放、共享”五大发展理念为引领，坚持稳中求进工作总基调，围绕“去产能、去库存、去杠杆、降成本、补短板”五大任务，贯彻落实稳健的货币政策，紧扣“四强一促”工作主线，深入推进金融改革创新，有效防范金融风险，努力提升金融服务水平，推动辖区经济实现中高速增长，向中高端水平迈进。

中国人民银行西安分行货币政策分析小组
总　纂：白鹤祥　袁庆春　王晓红
统　稿：刘　迪　师树松　刘　崴
执　笔：刘　崴　陈　涛　潘亚柳　郝俊香　刘社芳　连太平　冯　伟　骆昭东　孙　姣
提供材料的还有：王汉君　王　莹　邱念坤　张德进　刘佳珍　张富祥　温秋鹏　马　悦　常博闻

附录

（一）2015年陕西省经济金融大事记

2月13日至16日，中共中央总书记、国家主席、中央军委主席习近平来陕考察慰问，作出“陕西正处在追赶超越阶段”的重要论断，提出“五个扎实”的工作要求。

5月22日至26日，第十九届中国东西部合作与投资贸易洽谈会暨丝绸之路国际博览会在西安召开。本届西洽会暨丝博会的主题是：共建丝路合作平台，推进区域开放发展。

5月28日，陕西秦农农村商业银行股份有限公司开业揭牌。秦农银行注册资本80亿元，资本规模居西北金融机构之首，排全国农村商业银行第5位。

8月28日，陕西“西咸新区大数据交易所”正式挂牌，标志着国内首个围绕“一带一路”经济带的大数据交易平台成立。

9月8日，国务院批复西安高新技术产业开发区建设国家自主创新示范区，西安高新区成为第9个国家自主创新示范区。

9月24日至26日，2015欧亚经济论坛在西安召开。本届论坛以“创新合作模式，共享丝路繁荣”为主题，全球53个国家和地区的代表参加各项活动，达成了一系列重要共识。

10月22日，我国目前最大的汽车动力电池生产基地——三星环新动力电池项目一期工程在西安高新区竣工投产。

2015年，陕西省发行1 260亿元地方政府债券，有效降低政府融资成本。

2015年，陕西省政府分别与苏宁集团、京东集团、阿里巴巴集团、腾讯公司、国家开发银行、中国工商银行、中国银行、中国建设银行签署战略合作协议。

2015年，陕西省政府出台《关于扎实推动经济持续健康发展的意见》（陕政发〔2015〕17号）、《关于加快发展多层次资本市场服务实体经济转型升级的实施意见》（陕政发〔2015〕57号）、《关于促进互联网金融产业健康发展的意见》（陕政办发〔2015〕108号）和《关于进一步稳金融支撑促经济发展的意见》（陕政办发〔2015〕51号）。

（二）2015年陕西省主要经济金融指标

表1 2015年陕西省主要存贷款指标

		1月	2月	3月	4月	5月	6月	7月	8月	9月	10月	11月	12月
本外币	金融机构各项存款余额（亿元）	29 176.7	29 106.6	29 783.9	29 467.4	30 006.6	30 908.1	30 976.7	31 114.9	31 896.9	31 802.6	32 416.4	32 685.3
	其中：住户存款	14 217.6	14 830.2	15 050.1	14 742.0	14 650.1	15 030.8	14 882.0	14 964.6	15 298.9	15 057.3	15 102.1	15 496.8
	非金融企业存款	8 615.6	8 270.8	8 510.4	8 455.8	8 775.7	8 963.4	8 869.5	9 130.5	9 168.4	9 206.4	9 591.2	9 890.0
	各项存款余额比上月增加（亿元）	574.0	-70.1	677.3	-316.5	539.2	901.5	68.6	138.2	782.0	-94.3	613.8	268.9
	金融机构各项存款同比增长（%）	12.5	8.8	7.2	7.2	7.0	7.6	9.7	9.6	11.1	10.4	12.0	13.7
	金融机构各项贷款余额（亿元）	19 580.1	19 813.7	20 119.0	20 273.1	20 438.0	21 011.5	21 249.1	21 329.4	21 793.1	21 813.7	21 831.6	22 096.8
	其中：短期	5 163.6	5 211.3	5 334.1	5 319.4	5 286.4	5 398.3	5 380.6	5 392.8	5 521.6	5 512.4	5 475.2	5 481.1
	中长期	13 478.3	13 711.4	13 873.7	13 945.6	14 117.7	14 464.8	14 592.2	14 574.4	14 881.3	14 967.3	15 054.2	15 355.0
	票据融资	906.9	858.1	873.7	966.0	990.1	1 108.2	1 236.4	1 320.0	1 348.0	1 289.9	1 259.0	1 218.2
	各项贷款余额比上月增加（亿元）	395.8	233.6	305.4	154.1	164.9	573.6	237.6	80.3	463.8	20.6	17.8	265.3
	其中：短期	-8.3	47.7	122.8	-14.7	-33.0	111.9	-17.7	12.2	128.8	-9.2	-37.2	7.4
	中长期	306.4	233.1	162.3	71.9	172.2	347.0	127.4	-17.8	306.9	86.0	86.9	301.0
	票据融资	96.8	-48.8	15.5	92.3	24.1	118.1	128.3	83.5	28.0	-58.0	-30.9	-40.8
	金融机构各项贷款同比增长（%）	15.5	16.2	15.9	15.7	14.8	15.9	16.7	16.2	17.3	16.4	14.7	15.2
	其中：短期	5.0	4.8	5.3	5.6	4.1	3.9	4.8	5.6	7.0	7.4	7.1	6.1
	中长期	17.6	18.7	18.0	17.0	16.9	17.8	18.0	16.7	17.8	17.1	15.9	16.6
	票据融资	64.7	72.7	68.0	76.5	60.2	76.4	82.1	77.6	77.1	61.4	37.3	50.4
	建筑业贷款余额（亿元）	626.6	647.6	665.8	669.3	700.9	694.2	712.7	721.8	722.0	725.9	720.1	690.6
	房地产业贷款余额（亿元）	993.6	1 036.5	1 065.9	1 077.6	1 115.3	1 210.4	1 243.4	1 248.1	1 298.2	1 294.9	1 250.4	1 304.0
	建筑业贷款同比增长（%）	28.1	30.2	25.2	22.0	23.6	17.4	18.8	18.4	16.8	18.2	17.5	14.8
	房地产业贷款同比增长（%）	33.2	38.4	35.8	35.0	32.9	36.9	40.4	38.9	42.4	40.2	33.2	35.8
人民币	金融机构各项存款余额（亿元）	28 973.9	28 884.6	29 570.9	29 259.9	29 815.2	30 705.7	30 755.6	30 875.2	31 646.7	31 529.9	32 145.1	32 415.2
	其中：住户存款	14 156.9	14 766.5	14 984.2	14 675.5	14 584.8	14 964.7	14 812.9	14 889.2	15 222.6	14 981.3	15 023.8	15 412.3
	非金融企业存款	8 495.9	8 132.0	8 383.2	8 337.9	8 671.7	8 851.5	8 742.2	8 991.9	9 019.1	9 036.0	9 429.2	9 737.4
	各项存款余额比上月增加（亿元）	555.6	-89.3	686.3	-311.0	555.3	890.5	49.9	119.6	771.5	-116.8	615.2	270.1
	其中：住户存款	193.1	609.6	217.7	-308.8	-90.7	379.9	-151.8	76.3	333.4	-241.3	42.6	388.5
	非金融企业存款	175.8	-363.9	251.2	-45.3	333.7	179.8	-109.3	249.7	27.2	16.9	393.3	308.2
	各项存款同比增长（%）	12.5	8.8	7.2	7.2	7.1	7.5	9.6	9.4	10.9	10.2	11.8	13.5
	其中：住户存款	6.3	10.1	9.2	9.2	8.3	7.1	8.0	8.5	9.2	8.5	8.8	9.6
	非金融企业存款	17.3	8.3	4.4	6.1	5.5	2.0	6.0	7.7	8.4	7.8	11.6	16.4
	金融机构各项贷款余额（亿元）	19 236.2	19 477.2	19 771.5	19 929.4	20 107.9	20 665.9	20 903.4	20 952.1	21 448.1	21 471.4	21 484.2	21 760.6
	其中：个人消费贷款	2 987.6	3 010.4	3 033.8	3 067.7	3 102.9	3 148.6	3 173.1	3 198.5	3 241.0	3 258.3	3 310.9	3 344.7
	票据融资	906.9	858.1	873.7	966.0	990.1	1 108.2	1 236.4	1 320.0	1 348.0	1 289.9	1 259.0	1 218.2
	各项贷款余额比上月增加（亿元）	388.9	241.0	294.3	157.9	178.5	558.0	237.5	48.7	496.0	23.2	12.8	276.4
	其中：个人消费贷款	47.5	22.8	23.5	33.9	35.2	45.7	24.5	25.4	42.5	17.3	52.7	33.7
	票据融资	96.8	-48.8	15.5	92.3	24.1	118.1	128.2	83.6	28.0	-58.0	-30.9	-40.8
	金融机构各项贷款同比增长（%）	15.7	16.2	16.3	16.0	15.3	16.2	16.9	16.1	17.4	16.6	14.8	15.5
	其中：个人消费贷款	14.5	14.8	14.1	14.0	14.0	13.8	13.7	13.5	13.9	13.7	13.6	13.8
	票据融资	64.7	72.7	68.0	76.5	60.2	76.4	82.1	77.6	77.1	61.4	37.3	50.4
外币	金融机构外币存款余额（亿美元）	33.0	36.1	34.7	33.9	31.3	33.1	36.2	37.5	39.3	42.9	42.4	41.6
	金融机构外币存款同比增长（%）	7.1	24.9	2.0	4.8	-1.5	17.1	30.5	40.9	44.0	44.7	40.2	38.1
	金融机构外币贷款余额（亿美元）	56.0	54.7	56.6	56.2	53.9	56.5	56.5	59.0	54.2	53.9	54.3	51.8
	金融机构外币贷款同比增长（%）	3.5	0.7	-2.6	-1.1	-6.6	2.2	7.0	14.4	4.0	0.3	1.5	-5.9

数据来源：中国人民银行西安分行。

表2　2001～2015年陕西省各类价格指数

单位：%

年/月	居民消费价格指数		农业生产资料价格指数		工业生产者购进价格指数		工业生产者出厂价格指数	
	当月同比	累计同比	当月同比	累计同比	当月同比	累计同比	当月同比	累计同比
2001	—	1.0	—	1.9	—	0.5	—	0.4
2002	—	-1.1	—	0.8	—	-1.2	—	0.7
2003	—	1.7	—	2.3	—	4.8	—	5.7
2004	—	3.1	—	11.6	—	10.4	—	7.3
2005	—	1.2	—	7.2	—	7.5	—	10.4
2006	—	1.5	—	0.7	—	6.7	—	9.6
2007	—	5.1	—	8.3	—	6.3	—	2.9
2008	—	6.4	—	22.0	—	11.2	—	8.4
2009	—	0.5	—	-4.2	—	-1.6	—	-3.9
2010	—	4.0	—	5.3	—	9.7	—	8.7
2011	—	5.7	—	10.3	—	9.6	—	7.2
2012	—	2.8	—	5.4	—	0.0	—	0.7
2013	—	3.0	—	2.6	—	-0.7	—	-2.7
2014	—	1.6	—	0.9	—	-1.5	—	-2.9
2015	—	1.0	—	0.6	—	-4.8	—	-9.2
2014　1	2.7	2.7	1.0	1.0	-0.4	-0.4	-2.2	-2.2
2	2.0	2.3	0.4	0.7	-0.6	-0.5	-2.9	-2.5
3	2.4	2.3	0.1	0.5	-0.8	-0.6	-3.1	-2.7
4	1.4	2.1	0.6	0.5	-1.2	-0.7	-2.7	-2.7
5	2.0	2.1	1.0	0.6	-1.6	-0.7	-1.9	-2.6
6	1.8	2.0	0.7	0.6	-1.5	-1.0	-1.7	-2.4
7	2.0	2.0	0.8	0.7	-1.4	-1.1	-1.9	-2.3
8	1.8	2.0	1.5	0.8	-0.9	-1.0	-2.3	-2.3
9	1.2	1.9	1.7	0.9	-1.7	-1.1	-3.1	-2.4
10	0.9	1.8	1.6	1.0	-2.2	-1.2	-3.6	-2.5
11	0.7	1.7	1.0	1.0	-2.1	-1.3	-4.2	-2.7
12	1.0	1.6	0.3	0.9	-3.3	-1.5	-4.9	-2.9
2015　1	-0.1	-0.1	-0.2	-0.2	-4.7	-4.7	-7.5	-7.5
2	0.7	0.3	-0.4	-0.3	-5.2	-4.9	-8.5	-8.0
3	0.7	0.4	0.1	-0.2	-5.1	-5.0	-8.2	-8.1
4	1.0	0.6	0.8	0.1	-4.6	-4.9	-9.2	-8.4
5	0.6	0.6	0.5	0.2	-4.3	-4.8	-8.5	-8.4
6	1.2	0.7	1.2	0.3	-4.1	-4.6	-9.4	-8.6
7	1.2	0.8	1.4	0.5	-4.6	-4.6	-9.2	-8.6
8	1.7	0.9	1.2	0.6	-5.0	-4.7	-9.9	-8.8
9	1.1	0.9	0.7	0.6	-5.1	-4.7	-9.9	-8.9
10	0.8	0.9	0.5	0.6	-5.3	-4.8	-9.4	-9.0
11	1.2	0.9	0.6	0.6	-5.5	-4.8	-9.6	-9.0
12	1.4	1.0	0.1	0.6	-4.9	-4.8	-11.1	-9.2

数据来源：《中国经济景气月报》、陕西省物价局、国家统计局陕西调查总队。

表3　2015年陕西省主要经济指标

	1月	2月	3月	4月	5月	6月	7月	8月	9月	10月	11月	12月
绝对值（自年初累计）												
地区生产总值(亿元)	—	—	3 471.9	—	—	7 898.4	—	—	12 334.7	—	—	18 171.9
第一产业	—	—	138.5	—	—	416.6	—	—	779.1	—	—	1 597.6
第二产业	—	—	1 829.2	—	—	4 057.7	—	—	6 310.0	—	—	9 360.3
第三产业	—	—	1 504.2	—	—	3 424.1	—	—	5 245.5	—	—	7 213.9
固定资产投资(亿元)	—	813.1	2 109.0	3 558.9	5 529.0	8 071.8	9 984.9	11 716.1	13 866.5	15 802.9	17 871.0	19 826.7
房地产开发投资	—	180.6	328.6	523.4	763.6	1 093.7	1 311.7	1 537.0	1 785.4	2 029.7	2 272.7	2 494.3
社会消费品零售总额(亿元)	—	—	1 574.6	—	—	3 079.4	—	—	4 670.5	—	—	6 578.1
外贸进出口总额(亿元)	—	284.2	430.5	570.4	707.6	847.9	1 020.7	1 217.8	1 409.6	1 582.0	1 733.1	1 895.7
进口	—	133.6	215.3	284.2	351.1	424.2	531.5	635.3	744.4	830.5	904.0	977.1
出口	—	150.6	215.2	286.3	356.4	423.6	489.3	582.5	665.2	751.5	829.1	918.5
进出口差额(出口−进口)	—	17.0	-0.1	2.1	5.3	-0.6	-42.2	-52.8	-79.3	-79.0	-74.9	-58.6
外商实际直接投资(亿美元)	—	3.8	12.3	13.4	13.7	23.1	23.6	23.8	24.2	24.9	35.8	46.2
地方财政收支差额(亿元)	—	-125.5	-338.7	-496.2	-651.5	-1 028.2	-1 115.8	-1 322.3	-1 618.2	-1 703.0	-1 885.7	-2 315.7
地方财政收入	—	288.8	483.9	631.8	791.9	1 034.7	1 175.2	1 285.6	1 433.3	1 611.2	1 762.0	2 059.9
地方财政支出	—	414.3	822.6	1 128.0	1 443.4	2 062.9	2 290.9	2 607.8	3 051.4	3 314.3	3 647.7	4 375.5
城镇登记失业率(%)（季度）	—	—	3.4	—	—	3.4	—	—	3.4	—	—	3.4
同比累计增长率（%）												
地区生产总值	—	—	6.9	—	—	7.3	—	—	7.6	—	—	8.0
第一产业	—	—	5.0	—	—	5.3	—	—	5.3	—	—	5.1
第二产业	—	—	6.0	—	—	6.6	—	—	6.9	—	—	7.3
第三产业	—	—	8.2	—	—	8.5	—	—	8.9	—	—	9.6
工业增加值	—	7.0	5.6	5.6	5.7	6.3	6.4	6.7	6.6	6.8	6.9	7.0
固定资产投资	—	11.4	6.7	5.5	5.7	6.0	6.1	7.4	8.1	8.2	8.2	8.0
房地产开发投资	—	-1.2	-5.2	0.6	4.3	3.9	6.1	4.2	2.6	3.5	2.6	2.8
社会消费品零售总额	—	—	11.2	—	—	10.8	—	—	10.7	—	—	11.1
外贸进出口总额	—	-12.9	-4.1	-2.1	-2.8	0.6	5.7	12.1	14.9	16.6	15.9	12.8
进口	—	-36.6	-21.4	-16.1	-11.7	-7.4	4.2	12.5	17.9	19.8	19.7	17.0
出口	—	29.4	22.3	17.2	8.3	10.0	7.4	11.7	11.3	12.3	10.8	7.4
外商实际直接投资	—	31.5	5.0	-0.6	-2.7	12.9	2.4	-2.4	-14.5	-24.5	-3.0	10.6
地方财政收入	—	10.1	12.1	10.1	10.1	12.1	11.3	11.3	11.2	11.7	11.5	12.1
地方财政支出	—	5.0	8.2	8.4	8.0	8.5	8.5	10.1	10.5	11.5	11.7	10.4

数据来源：陕西省统计局《经济要情》、陕西省商务厅。

2015年甘肃省金融运行报告

中国人民银行兰州中心支行货币政策分析小组

[内容摘要] 2015年，甘肃省牢牢把握稳中求进工作总基调，努力克服外部需求收缩、经济下行压力加大、原材料工业企业生产经营困难等不利影响，加大稳增长、调结构、转方式工作力度，全省经济总体运行平稳，增长质量和效益稳步提高。全省金融机构认真贯彻落实稳健的货币政策，信贷总量平稳较快增长，社会融资规模合理适度，金融市场交易活跃，利率水平稳中有降，金融生态不断改善，金融业改革稳步推进，为经济结构调整和发展方式转变提供了有力的金融支撑。

2016年，甘肃省坚持以提高经济发展质量和效益为中心，引领经济发展"新常态"，突出供给侧结构性改革，深入实施创新驱动发展战略，积极推动丝绸之路经济带甘肃段建设，全力打好精准脱贫攻坚战，保持经济平稳增长。全省金融机构将继续认真贯彻落实稳健的货币政策，保持社会融资规模合理适度增长，着力优化信贷结构，不断完善金融服务，切实防范金融风险，为促进供给侧结构性改革、助推脱贫攻坚、服务创业创新、发展现代农业提供更有效的金融支持。

一、金融运行情况

2015年，甘肃省金融业保持良好发展态势，银行业经营稳健，证券市场较快发展，保险业保障功能日益增强，融资结构进一步优化，金融改革步伐明显加快，金融生态和金融基础设施建设持续推进。

（一）银行业实力不断增强，货币信贷适度增长

1．银行业规模稳步扩大。全省银行业金融机构数量、从业人员稳步增加，资产规模进一步扩大。2015年年末，全省银行业金融机构营业网点个数达到4 812个，从业人数为64 136人，资产总额达22 340亿元。

2．存款稳定增长。2015年年末，全省金融机构本外币各项存款余额为16 299.5亿元，同比增长16.6%，较上年提高0.9个百分点，全年新增2 329.7亿元，较上年多增442.4亿元。受资本市场波动影响，城乡居民风险偏好降低，个人投资性资金有所回流，储蓄存款增加较多。全年新增储蓄存款907.3亿元，较上年多增112.1亿元，占全部存款增量的39%。

表1　2015年甘肃省银行业金融机构情况

机构类别	营业网点			法人机构（个）
	机构个数（个）	从业人数（人）	资产总额（亿元）	
一、大型商业银行	1 387	29 634	7 088	0
二、国家开发银行和政策性银行	60	1 548	3 097	0
三、股份制商业银行	84	2 770	2 159	0
四、城市商业银行	303	7 350	4 163	2
五、城市信用社	0	0	0	0
六、小型农村金融机构	2 300	18 748	4 401	84
七、财务公司	2	68	120	2
八、信托公司	1	227	46	1
九、邮政储蓄银行	605	2 738	685	0
十、外资银行	0	0	0	0
十一、新型农村金融机构	69	943	116	22
十二、其他	1	110	464	1
合　计	4 812	64 136	22 340	112

注：营业网点不包括国家开发银行和政策性银行、大型商业银行、股份制银行等金融机构总部数据；大型商业银行包括中国工商银行、中国农业银行、中国银行、中国建设银行和交通银行；小型农村金融机构包括农村商业银行、农村合作银行和农村信用社；新型农村金融机构包括村镇银行、贷款公司和农村资金互助社；"其他"包含金融租赁公司、汽车金融公司、货币经纪公司、消费金融公司等。

数据来源：甘肃银监局。

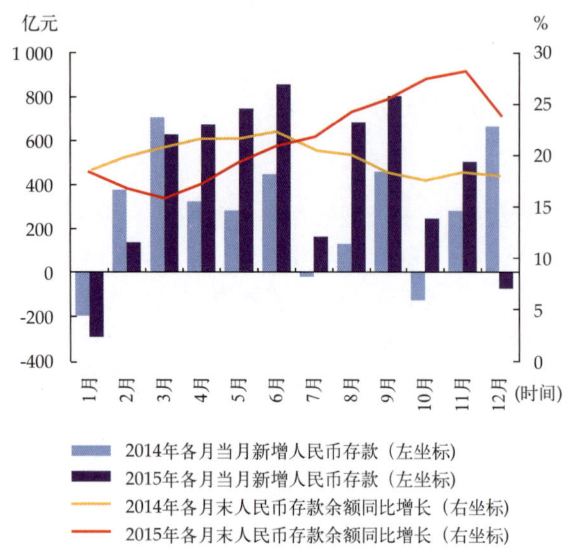

数据来源：中国人民银行兰州中心支行。

图1　2014～2015年甘肃省金融机构人民币存款增长变化

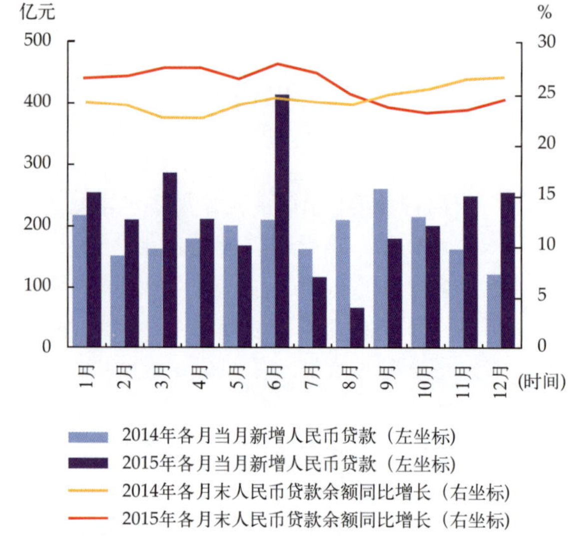

数据来源：中国人民银行兰州中心支行。

图2　2014～2015年甘肃省金融机构人民币贷款增长变化

3. 贷款投向结构进一步优化。2015年年末，全省金融机构本外币各项贷款余额为13 728.9亿元，同比增长23.9%，全年新增2 651.1亿元，较上年多增418.6亿元。围绕“稳增长、调结构、转方式”各项政策措施，金融机构加大对基础设施建设、战略性新兴产业、保障性住房以及扶贫、涉农、小微企业等重点领域及薄弱环节的支持力度。全省战略性新兴产业贷款、涉农贷款、贫困县贷款分别增长44.2%、27.4%、28.1%。

4. 表外融资业务有所趋缓。金融机构加快业务创新步伐，积极开展代理、理财等表外业务。但受宏观经济下行影响，市场融资需求减弱，金融机构表外融资业务有所减少。2015年，甘肃省银行业金融机构表外融资466.7亿元，同比减少15.6亿元。

5. 利率呈下降态势。2015年，随着利率政策调整和利率市场化改革的加快推进，甘肃省金融机构定价更加理性，存款利率上浮幅度逐渐回落。受流动性充裕及经济下行影响，金融机构贷款利率呈下降态势，全年新发放非金融企业及其他部门贷款加权平均利率为6.77%，较上年下降0.96个百分点，企业融资成本明显下降。6家辖内

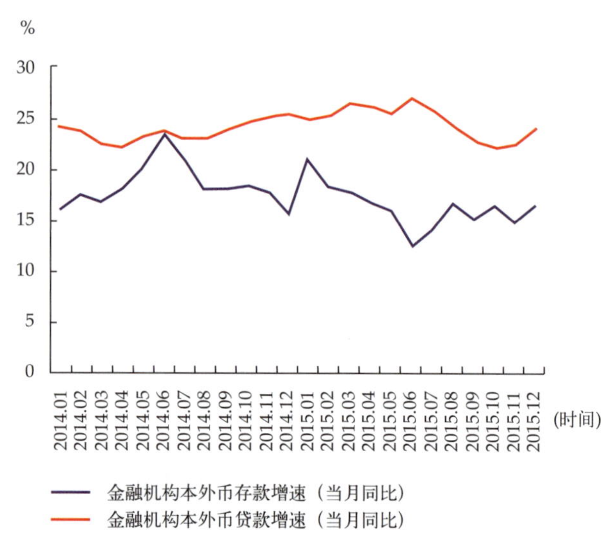

数据来源：中国人民银行兰州中心支行。

图3　2014～2015年甘肃省金融机构本外币存、贷款增速变化

法人金融机构成功加入市场利率定价自律机制成为基础成员，1家成为观察成员，兰州银行通过年检保留基础成员资格。全年发行同业存单126.9亿元，大额存单发行余额为2 382万元。

表2 2015年甘肃省金融机构人民币贷款各利率区间占比

单位：%

	月份	1月	2月	3月	4月	5月	6月
	合计	100.0	100.0	100.0	100 .0	100 .0	100 .0
	下浮	3.4	7.4	11.6	15.2	15.5	16.4
	基准	19.7	22.0	24.6	20.5	13.6	13.1
上浮	小计	76.9	70.6	63.8	64.3	70.9	70.5
	(1.0，1.1]	12.6	8.5	5.9	6.7	7.7	5.7
	(1.1，1.3]	13.0	12.5	11.2	12.7	9.8	12.6
	(1.3，1.5]	19.1	19.8	15.0	18.0	18.8	14.1
	(1.5，2.0]	31.0	27.2	29.8	25.1	32.8	34.3
	2.0以上	1.2	2.6	1.9	1.8	1.8	3.8

	月份	7月	8月	9月	10月	11月	12月
	合计	100.0	100.0	100.0	100.0	100.0	100.0
	下浮	10.2	21.2	18.3	16.8	20.5	19.6
	基准	19.5	11.4	16.2	25.3	15.6	21.0
上浮	小计	70.3	67.4	65.5	57.9	63.9	59.4
	(1.0，1.1]	5.6	6.5	8.1	9.5	7.0	10.2
	(1.1，1.3]	12.5	9.1	7.6	6.4	7.4	10.1
	(1.3，1.5]	14.1	18.0	12.5	10.3	8.5	8.0
	(1.5，2.0]	34.3	28.2	29.6	23.4	25.0	21.9
	2.0以上	3.8	5.6	7.7	8.3	16.0	9.2

数据来源：中国人民银行兰州中心支行。

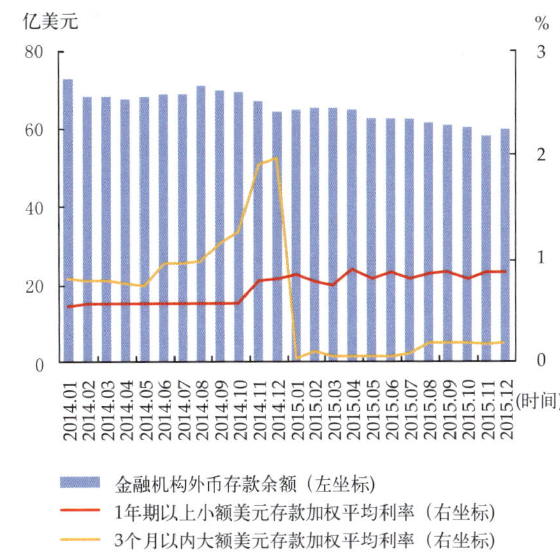

数据来源：中国人民银行兰州中心支行。

图4 2014～2015年甘肃省金融机构外币存款余额及外币存款利率

6. 银行业改革持续推进。农业银行甘肃省分行“三农金融事业部”改革扎实推进，“三农”金融服务持续改善。邮储银行甘肃省分行“二类支行”改制顺利推进，管理体制和工作机制进一步优化。通过农村信用社、农村合作银行改制或新设合并的方式共组建成立16家农村商业银行，年末全省农村商业银行达到22家。

7. 信贷风险总体可控。2015年年末，全省银行业金融机构不良贷款余额为244.6亿元，不良贷款率为1.8%，同比提高0.3个百分点。政府融资平台、房地产、“两高一剩”行业等重点领域贷款质量较好，风险可控。全省银行业平均拨备覆盖率为166.3%，法人银行业金融机构资本充足率为14%，风险抵御能力较强。

8. 跨境人民币业务保持较快发展。2015年，甘肃省跨境人民币业务保持较快发展，实现收付393.8亿元，同比增长26.1%，占全省本外币跨境收支的比例达到44.6%，同比提高13.4个百分点，人民币成为全省第一大对外支付货币和第二大涉外收入货币。从业务类型看，跨境贸易人民币结算额为365.5亿元，同比增长31.9%，占全部跨境人民币业务的92.8%。资本项下人民币结算额为28.31亿元，同比下降19.6%，占全部跨境人民币业务的7.2%。

专栏1 甘肃省金融机构利率定价行为特征分析

随着利率市场化改革的稳步推进，甘肃省金融机构不断加强利率定价机制建设，完善利率定价策略，基本形成了差异化的利率定价格局，但在自主定价能力、利率风险管理以及利率定价人才培育等方面仍需改进。目前，甘肃省金融机构利率定价特征主要表现在以下几个方面。

一是利率定价管理组织架构基本确立。甘肃省金融机构普遍成立了资产负债管理委员会、利率定价委员会或利率管理领导小组等利率管理决策机构，负责审定利率管理政策、利率定价目标、利率定价策略和利率执行方面的重大事项，并根据政策规定授权执行部门行使相关职能。但金融机构尤其是地方法人金融机构这些内部决策机构所发挥的作用基本停留在表面上，利率定价方式仍然较为简单粗放。

二是利率定价策略进一步完善。在存款定价方面，金融机构按照客户属性、历史贡献、价格敏感度等要素，同时参考同业的利率竞争及客户对利率的敏感程度进行综合定价。在贷款定价方面，各金融机构在不同贷款产品基础定价之上，综合考虑客户的风险等级、贷款期限、担保、抵质押条件以及其他业务贡献等因素进行定价。当前，不同类型金融机构之间定价水平仍参差不齐，城商行建立了内部资金转移定价系统，但尚未运用到成本核算和效益考核；农村合作金融机构仅建立了定价模型和简单的定价系统，在定价技术和系统支撑方面较为薄弱。

三是差异化的定价格局基本形成。从存款定价情况看，各金融机构存款定价分化趋势明显，精细化程度进一步提高。全国性银行在甘肃省分支机构的挂牌利率浮动倍数普遍在1.17～1.33倍，地方法人金融机构挂牌利率浮动倍数主要在1.3～1.4倍。从贷款定价情况看，金融机构普遍建立了额度授权管理体系和针对客户的内部评级体系，能够针对不同客户分层定价。但地方法人金融机构科学定价能力和定价水平依然比较薄弱，定价机制建设较为滞后。

四是市场利率定价自律机制作用初显。甘肃省市场利率定价自律机制有效促进了银行业金融机构在利率定价方面的自律和协调，对促进金融机构完善公司治理、强化财务硬约束、提高自主定价能力发挥了积极作用，也为促进产品创新、培育和完善市场基准利率创造了有利条件。

下一步，金融机构应加强定价机制建设，着力建设和完善利率定价系统、利率定价模型、利率风险管理，进一步加快利率定价人才的培养，切实提升自主定价能力。市场利率定价自律机制应充分发挥自律协调作用，引导金融机构科学合理定价，维护公平有序的利率市场秩序。

（二）证券业加快发展，市场融资功能进一步增强

1. 证券业资产规模不断扩大。2015年年末，甘肃省有1家证券公司，12家证券分公司，87家证券营业部；有1家法人期货公司，8家期货营业部，1家境外期货持证企业。法人证券公司华龙证券总资产280.2亿元，同比增长93.6%；法人期货公司华龙期货总资产9亿元，同比增长114.7%。

2. 证券机构经营业绩大幅增长。受上半年证券交易量快速增长的带动，全省证券期货机构经营效益显著增加。2015年，全省证券经营机构证券交易额同比增长200.2%，营业收入同比增长161.5%，净利润同比增长189%。全省期货经营机构期货交易额同比增长73.3%，营业收入同比增长61.1%，净利润同比增长117.3%。

3. 股票融资较快增长。2015年年末，甘肃省共有上市公司27家，较上年增加1家。其中，主板上市公司21家，中小板4家，创业板2家。全年全省A股上市公司通过股票市场累计募集资金108.7

表3　2015年甘肃省证券业基本情况

项目	数量
总部设在辖内的证券公司数（家）	1
总部设在辖内的基金公司数（家）	0
总部设在辖内的期货公司数（家）	1
年末国内上市公司数（家）	27
当年国内股票（A股）筹资（亿元）	108.7
当年发行H股筹资（亿元）	0
当年国内债券筹资（亿元）	418
其中：短期融资券筹资额（亿元）	58
中期票据筹资额（亿元）	167

注：当年国内股票（A股）筹资额是指非金融企业境内股票融资。
数据来源：甘肃证监局。

亿元，同比增加66.9亿元。全省拟上市公司共10家，其中，1家首发申请获核准，3家已上报申请材料，6家处于辅导期。

（三）保险业综合实力稳步提升，保障功能显著增强

1. 保险业服务体系进一步完善。2015年，全省共有24家保险市场主体，其中，财险公司12家，人身险公司12家，保险专业中介机构33家，保险兼业代理机构4 172家。受益于保险代理人准入制度改革，全省保险业从业人员大幅增加，年末达到9.1万人，较年初新增2.4万人。

2. 业务平稳较快发展。2015年，全省保险业实现原保险保费收入256.9亿元，增长23.2%，同比提高7.5个百分点，创五年来的新高。其中，受大病保险带动，全省健康险业务发展迅速，保费收入同比增长65.8%。全年累计发生赔付支出92.8亿元，同比增长9.9%。其中，产险公司赔付支出额同比增长26.8%。

3. 服务领域显著拓宽。2015年，全省保险业不断拓宽服务保障领域，为地方经济发展、企业经营和居民生活提供的风险保障水平不断提升，全年共承担各类风险保障10.8万亿元，同比增长30.8%。城乡居民大病保险在全省推开，参保人员达到2 229万人，覆盖全省86.3%的人口，全年为13.9万名群众支付补偿金额4.4亿元。农业保险“扩面、提标、增品”取得成效，全年农业保险累计实现保费收入7.7亿元，同比增长13.7%，累计向51.4万名受灾农户支付5.2亿元赔款，同比增长34.7%。责任保险有效推进，校方责任险实现中小学全覆盖，医疗责任险二级以上公立医院覆盖率达80%，部分企业强制投保环境污染责任险，责任险在财产险中的占比较全国平均水平高0.4个百分点。

表4　2015年甘肃省保险业基本情况

项目	数量
总部设在辖内的保险公司数（家）	0
其中：财产险经营主体（家）	0
人身险经营主体（家）	0
保险公司分支机构（家）	24
其中：财产险公司分支机构（家）	12
人身险公司分支机构（家）	12
保费收入（中外资，亿元）	256.9
其中：财产险保费收入（中外资，亿元）	97.3
人身险保费收入（中外资，亿元）	159.6
各类赔款给付（中外资，亿元）	92.8
保险密度（元/人）	988.2
保险深度（%）	3.8

数据来源：甘肃保监局。

（四）金融市场运行平稳，融资规模稳步扩大

1. 社会融资规模保持较快增长。2015年，甘肃省社会融资总量达到3 441.5亿元，同比增加302.9亿元，其中，贷款占比为75.8%。全省非金融类企业通过交易商协会注册在银行间市场累计发行各类债券386亿元，甘肃银行成功发行32亿元二级资本债。超短期融资券和二级资本债券实现首次发行，全省债券发行品种更加丰富。

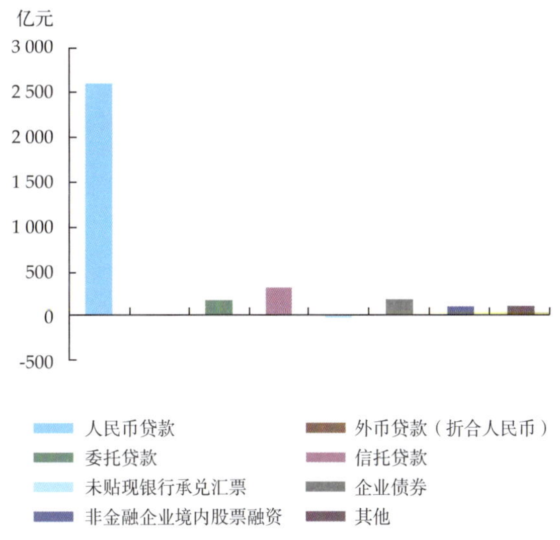

数据来源：中国人民银行兰州中心支行。

图5　2015年甘肃省社会融资规模分布结构

2. 货币市场交易活跃。甘肃省银行间债券市场成员债券交易呈现前高后低走势，全年成交额为98 331亿元，增长90%，其中回购交易占比为74.6%。同业拆借市场交易稳定增长，拆借利率明显下降，甘肃辖内同业拆借市场成员全年成交金额为143.3亿元，同比增长6.5%，全年各品种加权

平均利率为3.1%，同比下降0.7个百分点。

3. 票据业务快速增长。2015年，甘肃省辖内银行业金融机构累计签发银行承兑汇票2 452.5亿元，增长53.6%。票据贴现累计发生2470.7亿元，增长24.1 %。贴现利率呈下行态势，全年银行承兑汇票贴现加权平均利率为4.1%，同比下降1.2个百分点。

表5　2015年甘肃省金融机构票据业务量统计

单位：亿元

季度	银行承兑汇票承兑		贴现			
			银行承兑汇票		商业承兑汇票	
	余额	累计发生额	余额	累计发生额	余额	累计发生额
1	878.8	481.3	357.5	690.4	0.8	1.7
2	1 034.3	1 358.8	508.3	1 448.0	11.3	13.3
3	949.5	1 849.9	369.8	1 953.8	34.0	132.0
4	930.6	2 452.6	395.5	2 470.8	62.7	281.5

数据来源：中国人民银行兰州中心支行。

表6　2015年甘肃省金融机构票据贴现、转贴现利率

单位：%

季度	贴现		转贴现	
	银行承兑汇票	商业承兑汇票	票据买断	票据回购
1	5.3	0.0	5.4	5.7
2	4.1	5.0	4.3	3.7
3	3.8	4.4	3.6	3.4
4	3.4	5.0	3.4	3.6

数据来源：中国人民银行兰州中心支行。

（五）金融基础设施建设稳步推进，金融生态环境持续改善

1. 信用体系进一步完善。2015年，“甘肃省社会信用信息平台”和“信用甘肃”网站成功上线运行，金融信用信息基础数据库信息采集和应用范围进一步扩大。制定出台《关于全面推进中小企业和农村信用体系建设的实施意见》，累计补充完善6.3万户小微企业信用信息，为427.5万位农户建立了信用档案，评定信用农户362万位，有效改善了中小企业和农村信用环境。

2. 支付服务环境持续改善。2015年，甘肃省第二代支付系统安全平稳运行，全年共处理业务5 192.6万笔，金额为33.9万亿元，同比分别增长100.8%和26.2%。银行卡助农取款服务、偏远农村地区特色支付结算业务不断拓展，截至2015年年末，全省农村地区共设立助农取款服务点24 868个，布放ATM8 521台、POS机133 803台。

3. 金融消费权益保护工作体系不断完善。2015年，中国人民银行兰州中心支行继续推进“12363”金融消费权益保护咨询投诉电话规范运行，全年共受理金融消费者咨询1 171余件，受理投诉180件，办结率达100%。甘肃省银行业金融机构全面上线运行金融消费权益保护信息管理系统，实现了金融消费者咨询投诉受理、处理的电子化和规范化。

二、经济运行情况

2015年，全省经济运行总体平稳，地区生产总值达到6 790.3亿元，增长8.1%，同比回落0.8个百分点，经济增长由高速向中高速转变的趋势明显。

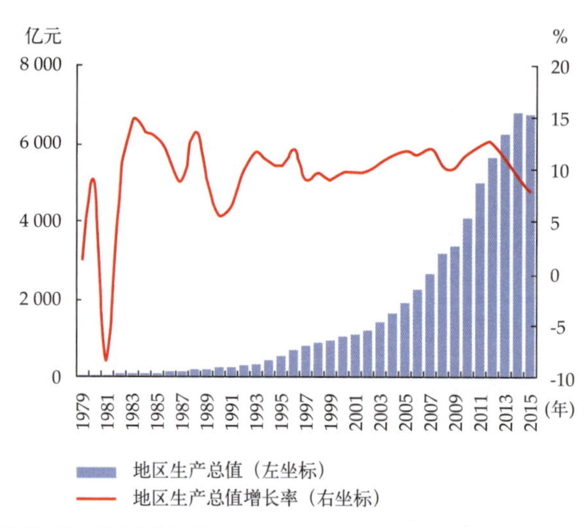

数据来源：甘肃省统计局。

图6　1979～2015年甘肃省地区生产总值及其增长率

（一）内需稳定增长，对外贸易开创新局面

1. 投资增速前低后高。2015年，在“6873”交通突破行动和“6363”水利保障行动的推动

下，全省固定资产投资增速逐步企稳回升，增速由上半年的5.6%，回升至全年的11.2%。从结构上看，第一产业投资增长30.8%、第二产业投资下降2.7%、第三产业投资增长21.9%。

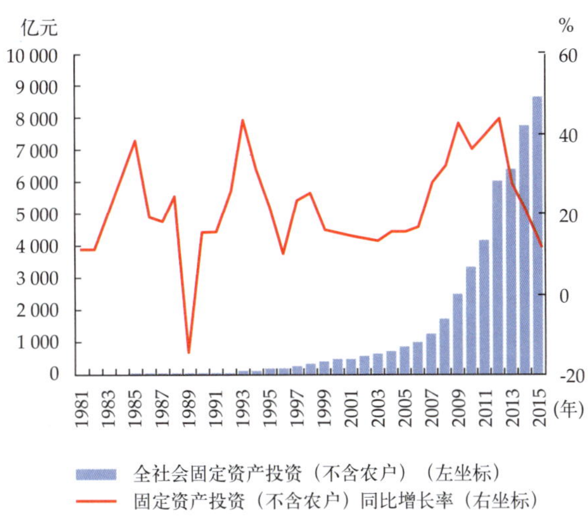

数据来源：甘肃省统计局。

图7　1981～2015年甘肃省固定资产投资（不含农户）及其增长率

2. 消费需求增长平稳。2015年，全省实现社会消费品零售总额2 907.2亿元，增长9%，年内消费增速保持平稳。其中，城镇消费品零售额增长8.1%，乡村消费品零售额增长12.3%。

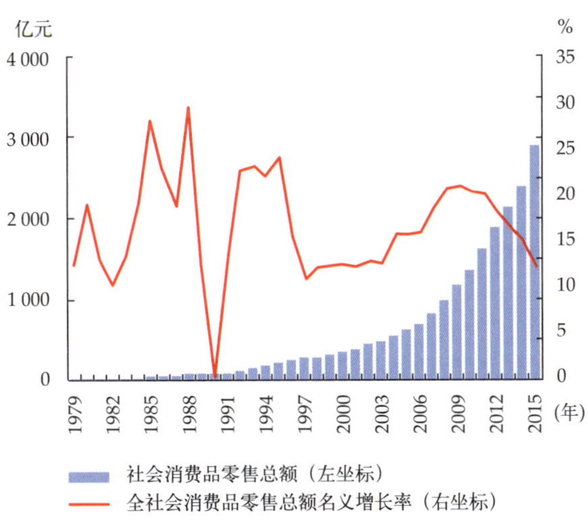

数据来源：甘肃省统计局。

图8　1979～2015年甘肃省社会消费品零售总额及其增长率

3. 出口和外商直接投资保持较快增长。在丝绸之路经济带甘肃段建设战略的驱动下，甘肃对外开放全面推进，与33个国家建立51对国际友好城市，兰州新区综合保税区、武威保税物流中心封关运行，兰州、敦煌航空口岸对外开放，新增15条国际及地区航线，开通2条国际货运班列，开创了外向型经济发展新局面。2015年，全省实现外贸进出口总额497.7亿元，下降5.4%，其中，出

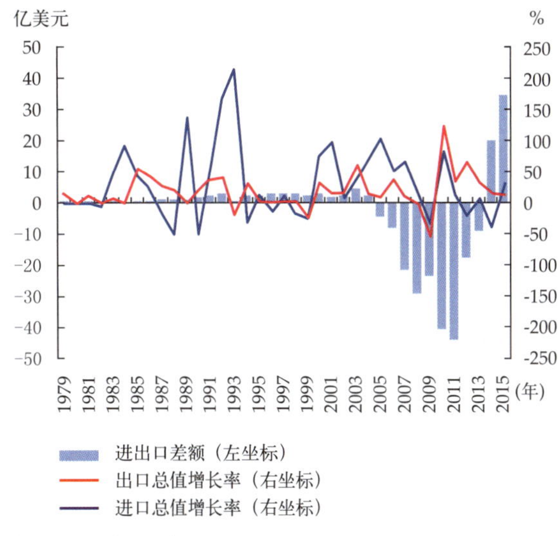

数据来源：甘肃省统计局。

图9　1979～2015年甘肃省外贸进出口变动情况

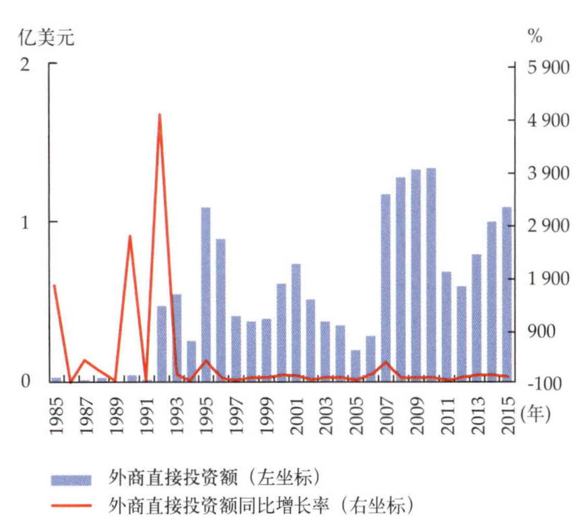

数据来源：甘肃省统计局。

图10　1985～2015年甘肃省外商直接投资额及其增长率

口总额362.1亿元，增长11.2%；进口总额135.6亿元，下降32.3%。随着招商引资力度加大，外商投资额保持快速增长，全年实际利用外商直接投资1.1亿元，增长10%。

（二）三次产业稳步发展，产业结构进一步优化

2015年，甘肃省产业结构更加优化，三次产业增加值比例为14.1∶36.7∶49.2，第三产业对经济的贡献度大幅提高。

1. 现代农业发展步伐加快。现代农业综合配套改革加快推进，累计设立县级农村土地流转服务中心85个，乡镇农村土地流转服务站1 086个，村级农村土地流转服务点11 817个，土地流转面积970.7万亩。粮食总产量为1 171.1万吨，增长1.1%，连续十二年实现丰收。蔬菜、中药材、水果等特色优势农业发展较快，产量分别增长6.9%、8.9%、8.6%。

2. 工业经济增速放缓。受需求不足、产能过剩、工业品价格持续走低等因素影响，自5月起，全省规模以上工业增加值累计增速呈现连续回落态势。全年全省规模以上工业企业实现工业增加值同比增长6.8%，增速较上年回落1.9个百分点。能源型、资源型产品价格大幅度下降，以原材料为主的传统支柱产业受到较大冲击，全年电力、煤炭、冶金行业工业增加值分别下降3.8%、6.2%和8.9%。

3. 第三产业加快发展。2015年，全省第三产业增加值增长9.7%，较全省经济增速高1.6个百分点；占生产总值比重接近50%，较上年提高5.2个百分点。

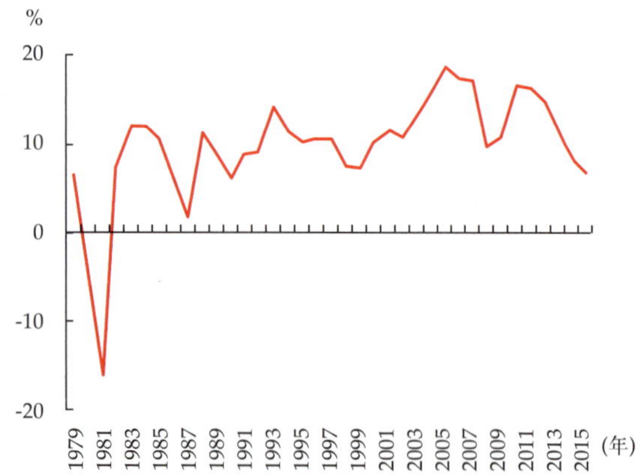

数据来源：甘肃省统计局。

图11　1979～2015年甘肃省规模以上工业增加值同比增长率

（三）价格指数低位运行，劳动力成本上涨

1. 物价水平保持稳定。2015年，甘肃居民消费价格指数进入“1时代”，CPI上涨1.6%，涨幅同比回落0.5个百分点，比全国高0.2个百分点。八大类商品和服务价格“七升一降”，衣着和烟酒类价格上涨较多，均上涨3.1%，交通和通信价格下降1.4%。

2. 生产价格持续下行。2015年，受主要工业产品价格持续走低等因素的影响，全省工业生产者出厂价格指数和工业生产者购进价格指数同比均下降13%。农业生产资料价格指数同比下降1.4%，农业生产经营成本有所降低。

3. 劳动力成本不断走高。2015年，劳动力价格持续上涨，城镇、农村居民工资性收入分别增长8.5%、12.5%，城市、农村低保标准分别提高10%、11%。全省就业保持稳定，城镇新增就业43.7万人，比上年增加0.2万人。

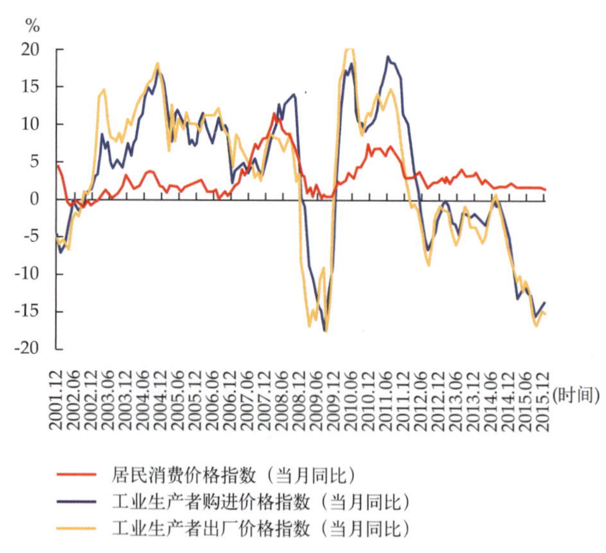

数据来源：甘肃省统计局。

图12　2001～2015年甘肃省居民消费价格和生产者价格变动趋势

（四）财政收入稳步增长，民生类支出力度进一步加大

2015年，全省财政收入保持平稳增长，一般公共预算收入为743.9亿元，增长10.6%。受经济下行、企业效益下滑影响，税收收入增幅放缓，同比增长8.1%。全省财政支出快速增长，一般公共预算支出为2 964.6亿元，同比增长16.7%，增幅同比提高6.7个百分点。财政支出进一步向民生领域倾斜，支出结构不断优化，农业、教育、文化、医疗卫生等十六类民生支出为2 309亿元，增长19.7%，占总支出的比重达到77.9%。

（五）节能环保工作积极推进，生态环境持续改善

依托国家生态安全屏障综合试验区建设平台，甘肃省加快生态文明建设步伐，生态环境进一步改善。加快发展清洁能源，积极开发生物质能、地热等清洁能源，光电、风电装机达到600万和1 260万千瓦，分别居全国第1位和第2位。着力推动碳排放权交易体系建设，强化排污许可管理，完成38家国家重点监控企业排污许可证核发工作，重点推进兰州、平凉排污权交易试点和天水节能量交易试点。2015年，甘肃国家循环经济示范区基本建成，绿色发展取得实效，超额完成“十二五”节能降耗目标任务。

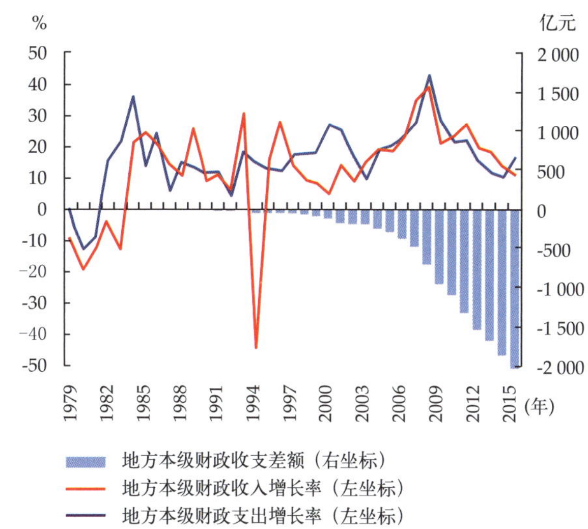

数据来源：甘肃省统计局。

图13　1979～2015年甘肃省财政收支状况

专栏2　强化政策支持　推进服务创新　全面深入推进金融精准扶贫工作

近年来，中国人民银行兰州中心支行确定了“信贷投向精准、金融服务精准、政策工具精准、信用培育精准”的金融扶贫工作目标，着力构建“机制建设、政策扶持、工具引导、产品创新、服务保障”五位一体的金融精准扶贫体系，取得良好成效。

甘肃省金融助推精准扶贫工作经验。一是创新金融扶贫工作机制。联合扶贫、财政等部门，实施“金融精准扶贫攻坚行动”，筹资20多亿元在每个贫困县建立了政策性融资担保机构，整合各类扶贫资金300多亿元，用于扩大贷款贴息和风险补偿机制建设。推动国家开发银行、甘肃银行等金融机构与贫困县区建立对口帮扶与合作机制。二是加大金融扶贫政策支持。将“定向降准”、差别存款准备金、支农再贷款等多种货币政策工具向贫困地区倾斜，全省支农再贷款限额60%投向贫困地区。创建支农再贷款示范区，严格支农再贷款资金利率和投向要求，引导扩大贫困地区农户、企业贷款投放，推动贷款成本下降。三是提升金融扶贫精准度。全面推进金融扶贫主办行制度，110多家贫困县区金融机构与3 200多个新型农业经营主体签订合作协议。研究推出总规模400亿元的精准扶贫专项贷款，协调省市县三级政府建立10亿元风险补偿基金。四是推进农村金融产品创新。全省金融机构创新推出“金薯宝”、“惠陇通”、“药材盈”等80多个特色鲜明、贴近“三农”需求的信贷创新产品，受益农户达290多万户。积极探索农村土地承包经营权、农民住房财产权、林权以及日光温室、养殖圈舍、农机具等抵质押贷款模式，有效拓宽了担保物范围和融资渠道。五是提升扶

贫金融服务水平。支持金融机构在贫困地区增设服务网点，有序布放自助终端设备，设立村级金融便民服务点1.1万个，将金融服务延伸至2/3以上的行政村。积极培育贫困地区农村信用环境，创建了庆阳、定西、武威等农村信用体系试验区，累计为贫困地区310多万户农户建立信用档案。

甘肃省金融扶贫工作存在的主要问题。一是贫困地区普遍缺乏具有一定规模、技术、市场优势的涉农大企业、大基地，对贫困农户脱贫致富的辐射、带动作用不强，对金融资源的吸纳能力不足。二是贫困地区自然环境艰苦，基础设施建设严重滞后，通讯网络建设水平制约着电商扶贫、网上银行、村级助农取款服务站点的发展和建设。三是贫困县区金融服务体系不完善，大部分乡镇仅有1家农村合作金融机构网点，机构网点少、人员缺乏、业务素质低、主动服务意识差等问题较为普遍。四是部分贫困地区信用环境欠佳，贫困户信用意识淡薄，一些贫困户因有不良记录，难以继续获得银行贷款支持。

下一阶段，中国人民银行兰州中心支行将按照精准扶贫、精准脱贫工作的总体部署，综合运用信贷政策支持再贷款等货币政策工具，引导督促全省金融机构深度融合联动，协同推进脱贫攻坚工作。

（六）房地产市场逐渐回暖，现代服务业加快发展

1. 房地产开发、房屋销售、房地产贷款等指标平稳增长。2015年，房贷首付比例下调、降息、放宽二手房交易征税门槛等多重利好政策先后出台，棚户区改造项目等保障性安居工程建设的大力推进，甘肃省房地产市场表现出明显的回暖走势，各项房地产贷款均保持较高增速。

随着房地产政策效果逐步显现，市场预期发生扭转，购房者信心有所恢复，甘肃省房地产市场运行良好。全省房地产投资达768.1亿元，同比增长6.5%，较全国平均水平高5.5个百分点。全省新建商品住房销售面积和销售额分别增长7.8%和17.5%，增速在西北五省中均位列第1。重点城市房价有所下降，但降幅逐渐收窄，兰州新建商品住宅价格降幅由1月的3.5%缩小至12月的1.6%。

受房地产市场回升的影响，商品住房开发贷款和个人住房贷款快速增长。2015年年末，全省房产开发贷款余额为585.3亿元，同比增长68%。其中，各类保障性安居工程贷款余额为345.2亿元，同比增长87.7%。全省个人住房贷款余额为722亿元，同比增长29.2%。个贷业务执行基准利率和下浮的比重上升，购房者利息成本有所降低。

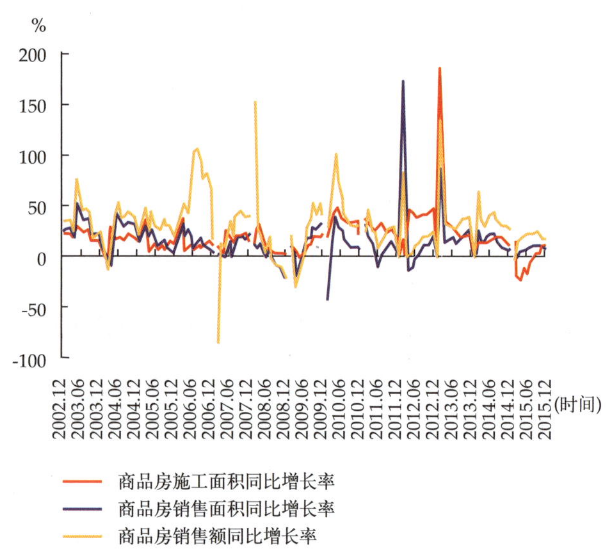

数据来源：甘肃省统计局。

图14　2002～2015年甘肃省商品房施工和销售变动趋势

2. 现代服务业发展形势良好。现代服务业发展状况与区域经济发展水平、经济活力、发展潜力和竞争力关系密切，发展现代服务业是推动甘肃经济稳定增长和结构调整的重要力量，是扩大就业，增加居民收入的重要支撑。近年来，甘肃省在对交通运输、邮政等传统服务业进行提质改造的同时，大力发展信息技术、现代物流、文化

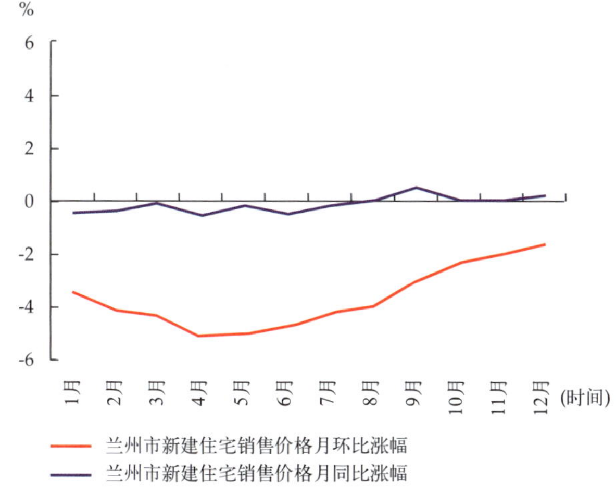

数据来源：甘肃省统计局。

图15 2015年兰州市新建住宅销售价格变动趋势

旅游等新兴服务业，制定出台了加快生产性服务业发展、支持文化产业发展、促进旅游业改革发展、甘肃省丝绸之路经济带建设大景区总体规划纲要等一系列政策措施，全省现代服务业保持快速发展。2015年，全省软件和信息技术服务收入同比增长51%，文化产业增加值同比增长18.2%，全省旅游综合收入同比增长25%。

结合甘肃现代服务业发展重点和布局规划，金融机构将现代服务业发展作为信贷政策支持的重点，从信贷管理、金融服务、市场融资、信用体系建设等多方面改善对现代物流业、信息服务业、科技服务业、文化旅游业等行业的金融服务，加大对现代服务业的信贷支持力度。截至2015年年末，全省以文化旅游为龙头的服务业贷款余额为5 286.2亿元，同比增长34.9%，占各项贷款余额的38.5%。

三、预测与展望

2016年，甘肃省经济金融形势依然严峻复杂，但随着供给侧结构性改革、“一带一路”、脱贫攻坚战略的深入实施，全省经济社会发展仍处于政策机遇、市场机遇和平台机遇多重叠加的战略机遇期，在基础设施、产业、科技、生态、民生等领域还有大量项目亟须建设，在社会创业创造、民营资本投资、新兴产业培育、城镇化带动等方面还大有潜力可挖，这些决定了甘肃省经济仍将保持平稳增长。预计2016年全省经济增速将保持在7.5%左右。从物价形势看，由于大宗商品价格持续低位运行，经济下行压力依然较大，预计全省物价水平将保持稳定。

2016年，甘肃省金融业仍将保持平稳较快发展态势。全省金融机构将牢固树立和贯彻落实创新、协调、绿色、开放、共享的发展理念，主动适应经济发展“新常态”，坚持稳中求进工作总基调，认真贯彻落实稳健的货币政策，优化增量，保持灵活适度，大力推动金融改革开放，切实防范化解金融风险，提升金融服务和管理水平，促进全省经济金融更高质量、更有效率、更加公平、更可持续发展。

中国人民银行兰州中心支行货币政策分析小组
总　纂：姜再勇　李文瑞
统　稿：李兴坚　刘　刚
执　笔：杨召举　常　晔　王　昊　王文婷
提供材料的还有：聂　蕾　张　颖　李　静　弓　晶　谢晓娜　陈　涛　田震坤　任墨香　王　博
于加鹏　贾修斌　陈之鑫　王　峰　孙雪峰　厚　冰　史林东　李　栋

附录

（一）2015年甘肃省经济金融大事记

2月，甘肃省决定实施兰白科技创新改革试验区建设“3510”行动。

2月26日，全省金融工作会议在兰州召开。

4月，甘肃省决定实施“6873”交通突破行动，即从2015年起用6年时间，完成投资8 000亿元以上，建成公路、铁路70 000公里以上，实现全省对内公路畅通、铁路畅通、航路畅通3大突破。

6月，甘肃省出台《关于扎实推进精准扶贫工作的意见》，制定“1+17”精准扶贫工作方案，实施总规模400亿元“精准扶贫专项贷款工程”。

6月17日，甘肃省市场利率定价自律机制成立。

7月6日，第二十一届中国兰州投资贸易洽谈会开幕，活动共签约合同项目1 292个，签约总额6 973.2亿元。

8月21日，兰州新区综合保税区通过国家十部委验收，正式挂牌。

11月29日，兰州农村商业银行揭牌开业。

12月，甘肃省出台《甘肃省参与丝绸之路经济带和21世纪海上丝绸之路建设的实施方案》，提出实施“13658”战略。

12月，全国人民代表大会常务委员会授权甘肃省西和县、金川区、凉州区、陇西县、临夏县和金塔县开展农村“两权”抵押贷款试点。

（二）2015年甘肃省主要经济金融指标

表1　2015年甘肃省主要存贷款指标

		1月	2月	3月	4月	5月	6月	7月	8月	9月	10月	11月	12月
本外币	金融机构各项存款余额（亿元）	14 512.5	14 519.1	15 016.2	14 942.5	15 261.9	15 577.4	15 678.2	16 031.3	16 096.7	16 256.1	16 155.9	16 299.5
	其中：住户存款	6 973.0	7 245.0	7 360.3	7 280.1	7 256.0	7 424.1	7 428.9	7 474.5	7 604.5	7 571.5	7 616.7	7 804.5
	非金融企业存款	4 617.5	4 443.6	4 643.7	4 618.5	4 806.4	4 897.2	4 866.5	4 989.8	4 986.8	5 151.9	5 115.6	5 288.9
	各项存款余额比上月增加（亿元）	539.5	6.6	497.1	-73.7	319.4	315.5	100.8	353.1	65.4	159.3	-100.2	143.6
	金融机构各项存款同比增长（%）	21.0	18.3	17.8	16.8	16.0	12.4	14.0	16.7	15.0	16.6	15.0	16.6
	金融机构各项贷款余额（亿元）	11 331.7	11 541.1	11 836.7	12 049.3	12 231.2	12 644.8	12 752.0	12 836.3	13 025.2	13 220.0	13 428.0	13 728.9
	其中：短期	3 969.5	4 038.5	4 150.1	4 216.5	4 296.9	4 441.3	4 459.6	4 500.9	4 528.2	4 561.5	4 585.6	4 662.3
	中长期	6 623.4	6 761.3	6 893.8	7 004.2	7 086.8	7 203.2	7 296.5	7 406.7	7 550.7	7 718.1	7 860.9	8 066.6
	票据融资	300.7	300.9	358.3	386.2	400.2	519.6	504.9	416.2	403.8	390.7	430.4	458.2
	各项贷款余额比上月增加（亿元）	253.9	209.4	295.6	212.6	181.9	413.7	107.2	84.4	188.9	194.8	208.0	300.9
	其中：短期	56.0	69.0	111.7	66.3	80.4	144.5	18.3	41.2	27.3	33.3	24.0	76.8
	中长期	168.9	138.0	132.4	110.4	82.6	116.4	93.3	110.2	144.0	167.4	142.8	205.8
	票据融资	25.4	0.2	57.4	27.9	14.0	119.5	-14.7	-88.7	-12.4	-13.1	39.7	27.8
	金融机构各项贷款同比增长（%）	24.9	25.2	26.4	26.3	25.5	27.0	26.1	24.3	23.1	22.3	22.5	23.9
	其中：短期	18.0	18.0	19.8	20.7	20.4	20.9	21.3	21.2	19.0	17.8	18.1	19.1
	中长期	26.6	27.1	26.7	25.9	25.0	25.0	24.1	24.0	23.7	24.3	24.5	25.0
	票据融资	115.8	99.4	184.7	153.6	143.2	224.8	163.2	74.8	59.2	26.5	28.2	66.4
	建筑业贷款余额（亿元）	380.4	397.4	410.4	421.6	408.1	417.9	418.6	420.3	419.4	419.9	422.2	426.3
	房地产业贷款余额（亿元）	371.3	378.5	401.1	409.5	436.6	475.9	489.1	496.3	529.7	550.9	565.2	587.4
	建筑业贷款同比增长（%）	27.0	30.0	31.0	43.1	24.4	21.8	20.3	16.8	13.2	13.7	13.7	13.1
	房地产业贷款同比增长（%）	41.1	40.8	42.0	28.7	40.9	47.0	49.8	50.2	54.7	59.7	60.8	64.5
人民币	金融机构各项存款余额（亿元）	14 455.5	14 460.4	14 953.2	14 897.6	15 209.7	15 514.5	15 582.0	15 932.2	16 001.3	16 162.2	16 062.4	16 141.2
	其中：住户存款	6 950.9	7 221.9	7 336.5	7 255.8	7 232.9	7 400.2	7 404.3	7 448.7	7 578.9	7 547.0	7 590.3	7 776.8
	非金融企业存款	4 586.2	4 411.3	4 607.8	4 601.6	4 781.0	4 862.8	4 799.6	4 921.2	4 921.4	5 087.1	5 052.3	5 163.1
	各项存款余额比上月增加（亿元）	-292.9	138.3	626.2	671.4	748.8	853.7	163.2	682.9	799.5	247.3	502.2	-75.0
	其中：住户存款	85.8	271.0	114.6	-80.6	-22.9	167.3	4.1	44.5	130.2	-31.9	43.4	186.5
	非金融企业存款	271.6	-174.9	196.6	-6.3	179.4	81.8	-63.3	121.6	0.3	165.7	-34.8	110.7
	各项存款同比增长（%）	18.4	16.8	15.7	17.3	19.4	21.0	21.9	24.4	25.5	27.4	28.1	23.9
	其中：住户存款	11.9	16.2	14.9	15.7	15.2	14.1	14.7	15.5	14.6	15.2	14.7	13.1
	非金融企业存款	39.0	26.1	22.2	18.1	18.4	9.0	8.1	12.3	10.1	12.8	11.6	19.5
	金融机构各项贷款余额（亿元）	10 937.6	11 145.6	11 432.7	11 645.8	11 813.1	12 227.5	12 344.6	12 406.8	12 586.7	12 786.6	13 034.6	13 292.2
	其中：个人消费贷款	912.7	915.7	935.7	952.9	965.3	991.6	1 008.1	1 026.1	1 047.6	1 057.6	1 081.2	1 106.4
	票据融资	300.7	300.9	358.3	386.2	400.2	519.6	504.9	416.2	403.8	390.7	430.4	458.2
	各项贷款余额比上月增加（亿元）	254.0	208.0	287.0	207.7	167.3	414.4	117.2	62.2	179.9	199.9	248.0	257.6
	其中：个人消费贷款	11.8	3.0	19.9	17.2	12.4	26.4	16.5	18.0	21.5	10.0	23.7	25.2
	票据融资	25.4	0.2	57.4	27.9	14.0	119.5	-14.7	-88.7	-12.4	-13.1	39.7	27.8
	金融机构各项贷款同比增长（%）	26.4	26.7	27.6	27.4	26.4	28.0	27.1	25.0	23.6	23.0	23.4	24.4
	其中：个人消费贷款	27.8	26.9	24.7	24.6	22.4	22.2	23.2	22.8	22.5	21.9	21.3	22.8
	票据融资	115.8	99.4	184.7	153.6	143.2	224.8	163.2	74.8	59.2	26.5	28.2	66.4
外币	金融机构外币存款余额（亿美元）	9.6	9.6	10.3	7.3	8.5	10.3	15.7	15.5	15.0	14.8	14.6	24.4
	金融机构外币存款同比增长（%）	22.8	27.8	62.7	-1.1	11.7	49.3	138.2	86.6	103.0	85.1	113.0	307.7
	金融机构外币贷款余额（亿美元）	64.2	64.3	65.8	66.0	68.3	68.3	66.6	67.2	68.9	68.3	61.5	67.3
	金融机构外币贷款同比增长（%）	-6.6	-6.8	0.2	0.8	5.0	3.2	2.7	2.1	6.0	1.2	-5.7	4.4

数据来源：中国人民银行兰州中心支行。

表2　2001～2015年甘肃省各类价格指数

单位：%

年/月	居民消费价格指数		农业生产资料价格指数		工业生产者购进价格指数		工业生产者出厂价格指数	
	当月同比	累计同比	当月同比	累计同比	当月同比	累计同比	当月同比	累计同比
2001	—	4.0	—	-1.4	—	1.4	—	-1.5
2002	—	0.0	—	0.4	—	-1.6	—	-2.1
2003	—	1.1	—	1.8	—	5.6	—	10.0
2004	—	2.3	—	7.4	—	12.5	—	14.3
2005	—	1.7	—	9.0	—	9.9	—	9.6
2006	—	1.3	—	4.4	—	8.8	—	9.5
2007	—	5.5	—	7.1	—	4.3	—	5.5
2008	—	8.2	—	14.7	—	10.2	—	4.9
2009	—	1.3	—	-1.0	—	-8.9	—	-9.0
2010	—	4.1	—	1.7	—	14.4	—	15.0
2011	—	5.9	—	7.6	—	15.1	—	11.0
2012	—	2.7	—	5.2	—	-1.3	—	-3.2
2013	—	3.3	—	2.4	—	-2.0	—	-3.0
2014	—	2.1	—	2.5	—	2.4	—	3.3
2015	—	1.6	—	-1.4	—	-13.0	—	-13.0
2014　1	—	—	—	—	—	—	—	—
2	2.4	2.5	0.7	0.8	-3.1	-2.8	-5.5	-4.7
3	2.7	2.6	-0.1	0.5	-3.2	-3.0	-5.7	-5.0
4	1.9	2.4	-1.1	0.1	-2.9	-2.9	-3.6	-4.7
5	1.9	2.3	-1.0	-0.1	-2.1	-2.8	-1.0	-4.0
6	1.8	2.2	-1.6	-0.4	0.0	-2.3	0.2	-3.3
7	1.8	2.2	-1.5	-0.5	-0.6	-2.1	0.7	-2.7
8	2	2.1	-1.5	-0.6	-0.2	-1.8	-0.7	-2.5
9	2.1	2.1	-1.7	-0.8	-1.5	-1.8	-2.9	-2.5
10	2	2.1	-1.4	-0.8	-3.1	-1.9	-4.4	-2.7
11	2.1	2.1	-1.7	-0.9	-3.8	-2.1	-5.9	-3.0
12	2.4	2.1	-2.2	-1	-5.8	-2.4	-7.1	-3.3
2015　1	—	—	—	—	—	—	—	—
2	1.7	1.5	-2.7	-2.6	-12.9	-11.2	-10.9	-10.4
3	1.5	1.5	-2.1	-2.5	-12.7	-11.7	-10.1	-10.3
4	1.5	1.5	-1.7	-2.3	-11.5	-11.7	-12.0	-10.7
5	1.5	1.5	-1.3	-2.1	-11.7	-11.7	-10.9	-10.7
6	1.6	1.5	-0.5	-1.8	-12.6	-11.8	-11.7	-10.9
7	1.6	1.6	-0.8	-1.7	-12.5	-11.9	-13.3	-11.2
8	1.8	1.6	-1.1	-1.6	-15.1	-12.3	-15.8	-11.8
9	1.6	1.6	-1.2	-1.5	-15.2	-12.6	-16.6	-12.3
10	1.5	1.6	-1.3	-1.5	-14.7	-12.8	-15.3	-12.6
11	1.5	1.6	-0.9	-1.5	-14.4	-13.0	-14.8	-12.8
12	1.3	1.6	-0.7	-1.4	-13.6	-13.0	-15.2	-13.0

数据来源：甘肃省统计局。

表3　2015年甘肃省主要经济指标

	1月	2月	3月	4月	5月	6月	7月	8月	9月	10月	11月	12月
绝对值（自年初累计）												
地区生产总值（亿元）	—	—	1 129.7	—	—	2 612.9	—	—	4 630.5	—	—	6 790.3
第一产业	—	—	85.9	—	—	186.7	—	—	719.9	—	—	954.5
第二产业	—	—	517.2	—	—	1 112.0	—	—	1 898.4	—	—	2 494.8
第三产业	—	—	526.6	—	—	1 314.2	—	—	2 012.1	—	—	3 341.0
规模以上工业增加值（亿元）	—	249.2	381.5	505.4	618.4	798.6	944.9	1 083.7	1 240.6	1 373.3	1 519.1	1 662.0
固定资产投资（亿元）	—	158.2	650.9	1 400.9	2 389.6	3 897.8	4 763.6	5 688.1	6 704.2	7 572.9	8 080.6	8 626.6
房地产开发投资	—	15.5	52.9	104.0	187.6	296.2	378.3	462.9	563.8	654.5	721.1	768.1
社会消费品零售总额（亿元）	—	459.1	675.5	896.9	1 138.4	1 375.3	1 614.8	1 857.1	2 107.0	2 368.7	2 639.3	2 907.2
外贸进出口总额（亿元）	—	142.2	166.2	191.2	250.3	276.5	298.3	316.6	347.8	376.4	432.5	497.7
进口	—	23.1	35.2	48.6	60.5	72.1	85.5	94.2	106.8	117.1	125.9	135.6
出口	—	119.1	131.0	142.6	189.8	204.4	212.8	222.4	241.0	259.3	306.6	362.1
进出口差额(出口－进口)	—	96.0	95.8	94.0	129.3	132.3	127.3	128.2	134.2	142.2	180.7	226.5
外商实际直接投资（亿美元）	—	0.04	0.1	0.2	0.4	0.6	0.6	0.6	0.7	1.0	1.1	1.1
地方财政收支差额（亿元）	—	-160.8	-372.9	-525.3	-720.8	-999.1	-1 128.5	-1 299.8	-1 558.8	-1 683.5	-1 859.2	-2 220.7
地方财政收入	—	121.3	173.4	233.1	300.5	377.2	435.2	478.8	528.4	595.3	659.4	743.9
地方财政支出	—	282.0	546.3	758.3	1 021.3	1 376.3	1 563.7	1 778.7	2 087.2	2 278.8	2 518.6	2 964.6
城镇登记失业率 (%)(季度)	—	—	—	—	—	—	—	—	—	—	—	2.1
同比累计增长率（%）												
地区生产总值	—	—	7.8	—	—	8.0	—	—	8.0	—	—	8.1
第一产业	—	—	4.7	—	—	5.0	—	—	5.5	—	—	5.4
第二产业	—	—	8.1	—	—	8.1	—	—	7.8	—	—	7.4
第三产业	—	—	7.7	—	—	8.2	—	—	9.0	—	—	9.7
规模以上工业增加值	—	7.8	7.6	7.9	8.2	7.6	7.4	7.3	7.2	7.1	6.9	6.8
固定资产投资	—	15.5	10.9	6.1	5.3	5.6	8.5	9.7	9.8	9.6	10.3	11.2
房地产开发投资	—	13.6	9.2	0.3	0.9	2.2	3.1	3.5	2.7	3.9	4.5	6.5
社会消费品零售总额	—	10.5	9.4	9.3	9.1	8.6	8.6	8.5	8.7	8.7	8.9	9.0
外贸进出口总额	—	-25.9	-28.6	-25.6	-11.8	-8.7	-7.4	-12.3	-17.2	-19.3	-13.6	-5.4
进口	—	-36.7	-41.6	-34.7	-33.5	-27.8	-22.6	-26.0	-31.3	-30.8	-32.1	32.3
出口	—	-23.4	-24.1	-21.9	-1.5	0.7	0.6	-4.8	-9.0	-12.8	-2.6	11.2
外商实际直接投资	—	14.0	22.0	9.0	2.0	9.0	3.0	-18.0	-10.0	16.0	9.8	10.0
地方财政收入	—	12.3	12.3	9.5	10.0	9.0	9.4	9.3	9.1	9.5	9.6	10.6
地方财政支出	—	13.6	11.6	20.9	10.0	13.8	14.8	15.7	13.9	15.8	16.9	16.7

数据来源：甘肃省统计局。

2015年青海省金融运行报告

中国人民银行西宁中心支行货币政策分析小组

[内容摘要] 2015年，青海省积极应对持续加大的经济下行压力，认真贯彻落实党中央、国务院的决策部署，主动适应经济发展“新常态”，聚焦提质增效，推动产业创新升级，着力解决经济运行中出现的新问题、新矛盾，全省经济社会发展稳中有进、稳中向好。金融业认真贯彻落实稳健货币政策的要求，着力推动金融改革创新，加大对实体经济和薄弱环节的信贷支持，推动产业转型和精准化扶贫，银行、证券、保险业务稳步增长，货币信贷与社会融资规模保持合理增长。

2016年，青海省将全面贯彻落实党的十八大、十八届三中、四中、五中全会和中央经济工作会议精神，围绕“四个全面”战略布局，牢固树立五大发展理念，坚持稳中求进工作总基调，坚持生态保护优先理念协调推进经济社会发展，坚持稳增长调结构促改革惠民生，在继续扩大有效需求的同时，着力加强供给侧结构性改革，切实增强发展动能，确保社会和谐稳定，努力实现“十三五”经济社会发展的良好开局。

一、金融运行情况

2015年，青海省金融业认真贯彻落实稳健货币政策，优化金融资源配置，盘活存量、用好增量，增加对关键领域和薄弱环节的信贷支持，社会融资规模和货币信贷总量平稳适度增长，有力支持了地区经济平稳增长和产业转型升级。

（一）银行业经营稳健，信贷投放平稳适度

1. 银行业金融机构平稳发展，资产规模持续扩容。2015年年末，青海省银行业金融机构资产总额为7 732.9亿元，同比增长17.9%，增速比上年上升10.9个百分点。全省银行业金融机构个数和从业人数稳步增加，全年新增2家新型农村金融机构，新设湟中三江村镇银行和乐都三江村镇银行。

表1　2015年青海省银行业金融机构情况

机构类别	营业网点			法人机构（个）
	机构个数（个）	从业人数（人）	资产总额（亿元）	
一、大型商业银行	432	9 631	2 936	0
二、国家开发银行和政策性银行	27	571	2 096	0
三、股份制商业银行	28	771	551	0
四、城市商业银行	78	1 676	704	1
五、城市信用社	0	0	0	0
六、小型农村金融机构	345	3 985	951	31
七、财务公司	1	27	75	1
八、信托公司	1	343	62	1
九、邮政储蓄银行	181	900	272	0
十、外资银行	0	0	0	0
十一、新型农村金融机构	3	105	14	5
十二、其他	0	0	0	0
合　计	1 096	18 009	7 661	39

注：营业网点不包括国家开发银行和政策性银行、大型商业银行、股份制银行等金融机构总部数据；大型商业银行包括中国工商银行、中国农业银行、中国银行、中国建设银行和交通银行；小型农村金融机构包括农村商业银行、农村合作银行和农村信用社；新型农村金融机构包括村镇银行、贷款公司和农村资金互助社；“其他”包含金融租赁公司、汽车金融公司、货币经纪公司、消费金融公司等。

数据来源：青海银监局。

2. 存款增速有所回升，结构性变化明显。2015年年末，青海省金融机构本外币存款余额同比增长14.8%，增速较上年年末提高4.3个百分点。从存款结构来看，住户存款占各项存款的比重为34.9%，较上年年末下降2.4个百分点；非金融企业存款占比为31.4%，较上年年末上升3.7个百分点。尤其是非金融企业活期存款较上年年末同比多增446.5亿元，同比增长47.1%。

3. 贷款继续保持较快增长，资金供给整体稳定。2015年年末，青海省金融机构本外币贷款余额比上年年末增长19.1%。其中，三次产业贷款较上年分别增长53.1%、1.3%和32.4%，涉农贷款余

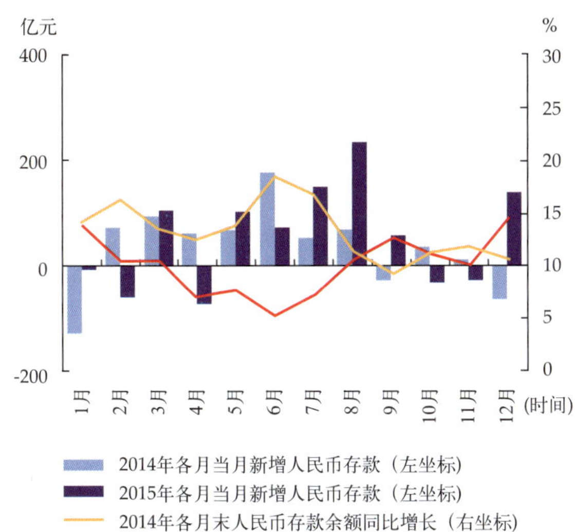

数据来源：中国人民银行西宁中心支行。

图1　2014～2015年青海省金融机构人民币存款增长变化

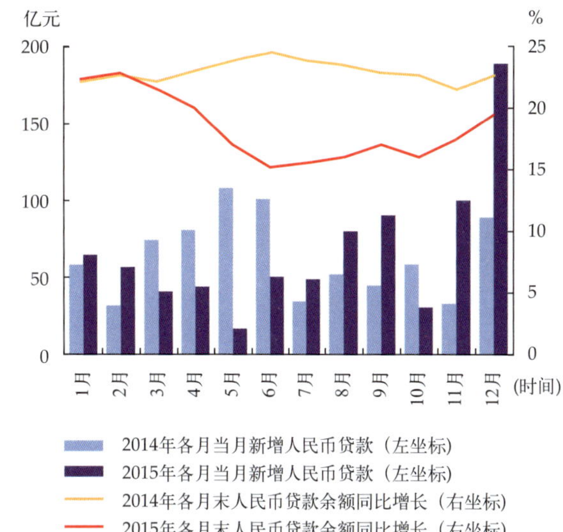

数据来源：中国人民银行西宁中心支行。

图2　2014～2015年青海省金融机构人民币贷款增长变化

额占全省各项贷款余额的36%，扶贫贴息贷款、小型企业贷款、下岗失业人员小额担保贷款同比分别增长31.4%、14.6%、40%。

在货币政策执行上，综合运用多种货币政策工具，引导金融机构增加对关键领域和薄弱环节的信贷支持。2015年累计发放再贷款200亿元，累计办理再贴现46.3亿元，年末再贷款及再贴现余额106.5亿元，比上年增长13.3%。

4. 表外业务快速增长，理财产品增加较多。2015年年末，青海省金融机构理财产品余额为491.6亿元，较年初增加258.2亿元，同比增长110.6%。

5. 贷款利率稳中有降，金融机构贷款差异化定价趋势明显。经监测，青海省金融机构全年各期限一般贷款加权平均利率水平比上年下降1.1个百分点。分机构看，国有商业银行各期限一般贷款加权平均利率比上年下降1.1个百分点，较全省平均利率水平低0.2个百分点；政策性金融机构各期限一般贷款加权平均利率比上年下降1.3个百分点，较全省平均利率水平低0.5个百分点；地方法人金融机构各期限一般贷款加权平均利率比上年下降1个百分点，较全省平均利率水平高0.9个百分点；区域股份制商业银行各期限一般贷款加权平均利率比上年下降1.1个百分点，较全省平均利率水平低0.2个百分点。贷款定价总体上呈现“大行低、小行高”的格局。从企业看，大型企业贷款中基准利率、下浮利率贷款占比达72.5%，中小微型企业贷款中上浮利率贷款占比在60%以上。

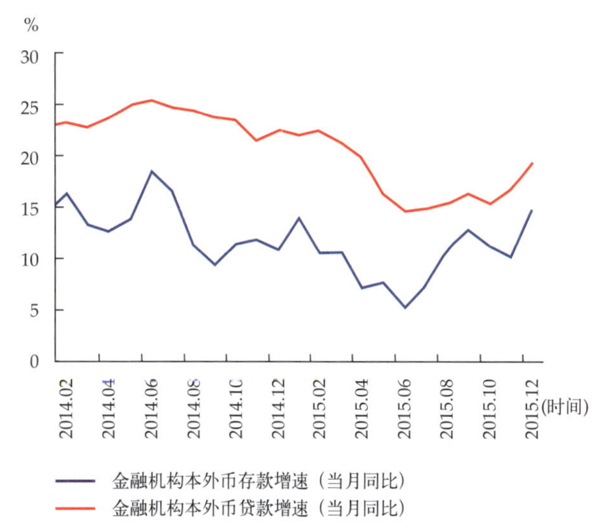

数据来源：中国人民银行西宁中心支行。

图3　2014～2015年青海省金融机构本外币存、贷款增速变化

6. 金融机构改革稳步推进，组织体系进一步完善。2015年，农业银行青海省分行积极推进“三农金融事业部”改革试点工作。青海银行增资扩股11.9亿元，并延伸机构新设乐都区、贵德

表2　2015年青海省金融机构人民币贷款各利率区间占比

单位：%

月份		1月	2月	3月	4月	5月	6月
	合计	100.0	100.0	100.0	100.0	100.0	100.0
	下浮	8.2	9.1	3.2	14.1	23.6	18.2
	基准	40.8	47.5	47.2	24.3	31.3	20.3
上浮	小计	51.1	43.4	49.6	61.5	45.1	61.5
上浮	(1.0，1.1]	19.0	14.3	19.2	30.1	12.6	21.4
上浮	(1.1，1.3]	19.8	19.3	17.9	17.4	17.2	26.6
上浮	(1.3，1.5]	11.0	7.8	10.1	10.0	13.0	9.3
上浮	(1.5，2.0]	0.8	1.8	1.7	3.2	1.7	3.6
上浮	2.0以上	0.4	0.3	0.6	0.7	0.6	0.5
月份		7月	8月	9月	10月	11月	12月
	合计	100.0	100.0	100.0	100.0	100.0	100.0
	下浮	9.8	36.2	12.1	18.3	19.8	10.1
	基准	37.1	20.5	37.0	31.5	30.1	50.3
上浮	小计	53.0	43.3	51.0	50.2	50.0	39.6
上浮	(1.0，1.1]	12.5	8.1	14.8	22.6	16.7	11.9
上浮	(1.1，1.3]	24.8	18.3	17.6	15.1	17.6	15.7
上浮	(1.3，1.5]	10.9	12.1	13.6	6.5	8.4	7.8
上浮	(1.5，2.0]	4.1	4.3	4.4	5.0	6.7	3.8
上浮	2.0以上	0.7	0.5	0.5	1.0	0.7	0.4

数据来源：中国人民银行西宁中心支行。

县、互助县、湟中县等6个营业网点和2家社区银行。农村信用社改制转型继续推动，顺利完成共和农村合作银行改制工作，全省已组建7家农村商业银行；由西宁农村商业银行发起成立的湟中三江村镇银行、乐都三江村镇银行挂牌营业，全省村镇银行数量达到3家。民生银行西宁分行已完成选址等相关工作，正在筹备开业事宜；光大银行西宁分行筹建已获得中国银监会批复。随着机构的不断增加，青海省金融组织体系和服务体系逐步完善。

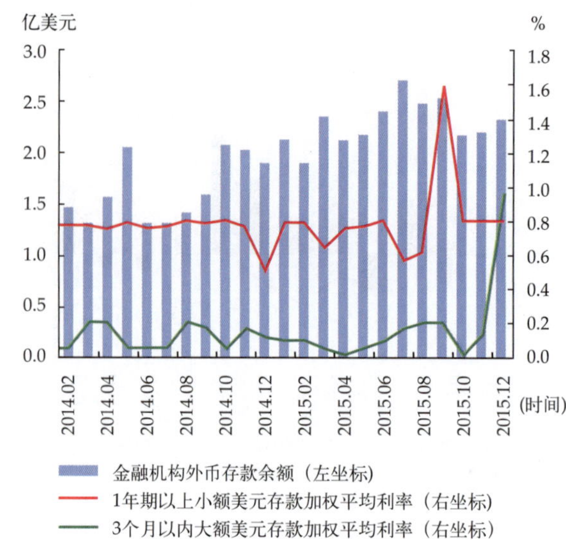

数据来源：中国人民银行西宁中心支行。

图4　2014～2015年青海省金融机构外币存款余额及外币存款利率

7. 银行业金融机构资产质量下行压力较大。2015年年末，青海省不良贷款指标呈现“双升”态势，不良贷款余额为71.2亿元，比年初增加23.7亿元；不良贷款率为1.4%，比年初上升0.3个百分点。

8. 跨境人民币业务稳步推进。2015年，人民银行西宁中心支行联合省商务厅、省财政厅等部门出台一系列促进外贸企业发展的实施意见，积极鼓励支持跨境人民币结算业务。成功办理首笔出口订单人民币融资业务，人民币对外直接投资业务取得突破。2015年年末，全省金融机构累计办理跨境人民币结算业务85亿元，同比下降25.5%，占同期国际收支总额的43.5%。

专栏1　银行间市场助力青海发展成效显著

近年来，在青海省委、省政府的高度重视下，多方联动着力推进银行间市场债务融资工作，积极构建“双轮驱动”融资格局取得实效。

一、银行间市场债务融资工具成为青海省企业直接融资的主渠道

青海省通过银行间市场实现的融资增长迅猛，2015年全省7家企业通过银行间市场发行债务融资工具25只，融资255亿元，比上年增长27.7%，占地区新增社会融资规模的23%，占企业债券融资的100%，与股票融资的比例为3.8：1，银行间债券市场债务融资工具发行在全省直接融资中居绝对主体地位。

二、债务融资工具部分指标排名居全国前列

2015年年末，全省非金融企业累计发行债务融资工具876.48亿元；存续规模619.2亿元，均创历史新高，债务融资工具余额占贷款余额比重为12.4%，占GDP的比重为25.6%，全国排名第二位，相对于青海经济金融总量，债务融资工作走在了前列。

三、融资品种不断丰富

2015年，随着超短期融资券及永续票据的成功发行，融资品种取得新突破。目前全省非金融企业债务融资工具发行品种为5类，基本涵盖了债务融资工具的主要品种，为不同类型、不同规模、不同行业的企业提供了不同层次的融资渠道。

四、融资成本明显下降

通过发行债务融资工具，银行间债券市场有效降低了企业尤其是高信用等级企业的融资成本。以2015年12月盐湖集团发行的短期融资券为例，其票面利率仅为2.97%，大大低于同期贷款基准利率，为企业节约了财务成本。

五、支持了关系国计民生的行业发展

目前，债务融资工具的支持范围涵盖了青海省重点产业、区域发展主要行业以及公共事业、交通运输、能源化工、保障房建设等多个领域，为青海省支柱行业发展和民生项目的建设提供了不同程度的资金支持，发挥了重要的驱动作用。

六、银行间市场参与主体多样化

人民银行西宁中心支行积极推动青海省符合条件的地方法人金融机构加入银行间市场，2015年有4家金融机构加入市场，全省地方法人金融机构参与银行间市场交易量共计4 991.8亿元，同比增长54.7%。2015年青海银行申请在银行间市场发行不超过30亿元的专项用于小微企业的金融债券，已获得人民银行核准。

（二）证券业健康发展，多层次资本市场建设扎实推进

1. 证券经营机构业务持续增长。2015年年末，青海省法人证券公司1家，全年营业收入为6亿元，比上年增长335.1%。营业范围由单一的证券经纪业务向证券资产管理、证券承销与保荐、融资融券、代销金融产品等多元化、综合性业务转变。

2. 上市公司资产重组取得成效。青海省10家上市公司定向增发和资产重组活跃，全年再融资规模为237.5亿元。贤成矿业风险处置和资产重组工作完成，于2015年6月更名为“青海春天”。

3. 期货业稳步发展。法人公司“财富期货”完成股权变更，成为中金证券的全资子公司，更名为“中金期货”。2015年，中金期货累计代理交易额为5 436.1亿元，比上年增长82.2%；客户保证金余额为38.7亿元，增长60.7%。全年净利润0.2亿元，增长101.2%。

4. 资本市场体系建设扎实推进。2015年青海1家民营企业借壳上市获得证监会有条件通过，1家企业通过IPO审核；“新三板”挂牌公司新增2家。青海省股权交易中心挂牌企业达到251家，全年发行债券1.7亿元，交易中心内部首单资产证券化项目成功完成，金额为17亿元。

表3　2015年青海省证券业基本情况

项目	数量
总部设在辖内的证券公司数（家）	1
总部设在辖内的基金公司数（家）	0
总部设在辖内的期货公司数（家）	1
年末国内上市公司数（家）	10
当年国内股票（A股）筹资（亿元）	67
当年发行H股筹资（亿元）	0
当年国内债券筹资（亿元）	260
其中：短期融资券筹资额（亿元）	134
中期票据筹资额（亿元）	121

注：当年国内股票（A股）筹资额是指非金融企业境内股票融资。
数据来源：青海证监局。

（三）保险业稳步发展，保障功能进一步增强

1. 保险业效益显著提升。2015年年末，青海省共有保险公司分支机构16家，其中，财产险公

司8家，人身险公司8家，较上年增加1家。全年实现原保险保费收入56.3亿元，比上年增长22.1%；全省保险赔付支出20.3亿元，增长12.4%。

2. 农业保险提质扩面。2015年，青海省农业保险在原有险种的基础上，新增藏香猪保险、蔬菜价格指数保险；大田作物保险新增旱灾和病虫草鼠害保险责任。大田作物全省承保面积240.9万亩，比上年增长18.9%，冷水鱼承保水域33.1万立方米，比上年增长13倍；藏系羊、牦牛保险地域范围进一步拓展。

表4　2015年青海省保险业基本情况

项目	数量
总部设在辖内的保险公司数（家）	0
其中：财产险经营主体（家）	0
人身险经营主体（家）	0
保险公司分支机构（家）	16
其中：财产险公司分支机构（家）	8
人身险公司分支机构（家）	8
保费收入（中外资，亿元）	56
其中：财产险保费收入（中外资，亿元）	26
人身险保费收入（中外资，亿元）	23
各类赔款给付（中外资，亿元）	20
保险密度（元/人）	957
保险深度（%）	2

数据来源：青海保监局。

（四）社会融资规模增长放缓，金融市场交易活跃

1. 融资总量同比下降。2015年，青海省社会融资规模为1 111.8亿元，比上年下降21.3%。分结构看，本外币各项贷款、直接融资和表外业务分别占社会融资规模的59.4%、23.1%和17.5%。信托贷款、未贴现的银行承兑汇票比上年分别少增276.9亿元和94.2亿元；非金融企业境内股票融资较上年新增66.6亿元。

2. 货币市场交易活跃。2015年年末，青海省地方法人金融机构货币市场成交量共计4 991.8亿元，比上年增长54.7%。其中，同业拆借191.9亿元，增长262%；质押式回购3 881.5亿元，增长40.4%；银行间市场现券交易累计成交598.0亿元，增长46.2%。同业拆借加权平均利率及质押式

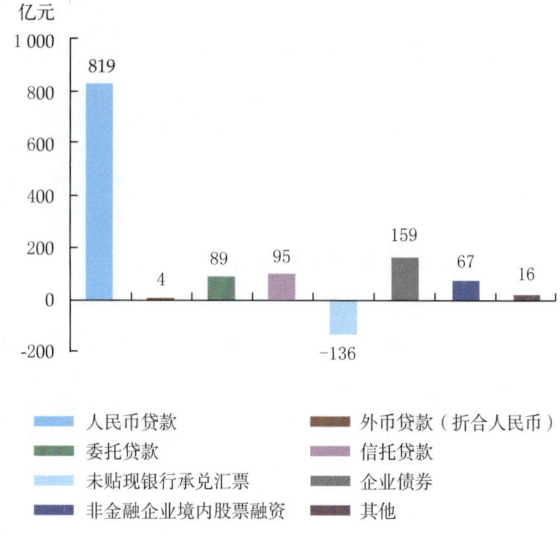

数据来源：中国人民银行西宁中心支行。

图5　2015年青海省社会融资规模分布结构

表5　2015年青海省金融机构票据业务量统计

单位：亿元

季度	银行承兑汇票承兑		贴现			
			银行承兑汇票		商业承兑汇票	
	余额	累计发生额	余额	累计发生额	余额	累计发生额
1	113.9	49.6	244.9	32.3	0	0
2	116.8	112.3	306.3	95.3	0	0
3	130.4	174.6	361.0	140.0	0	0
4	124.3	229.5	402.2	178.5	0	0

数据来源：中国人民银行西宁中心支行。

表6　2015年青海省金融机构票据贴现、转贴现利率

单位：%

季度	贴现		转贴现	
	银行承兑汇票	商业承兑汇票	票据买断	票据回购
1	5.1407	0	5.2564	5.6512
2	4.7163	4.5897	3.8030	4.7348
3	3.6382	0	3.4891	3.5106
4	3.3711	4.1861	3.2589	3.4707

数据来源：中国人民银行西宁中心支行。

回购加权平均利率比上年均有所下降，银行间市场流动性充裕。

3. 票据融资快速发展。2015年年末，青海省票据融资余额为402.2亿元，比上年增长64.7%，票据融资占人民币各项贷款余额的19.2%，比上年上升

7个百分点。地方法人金融机构是开展票据融资的主力，转贴现是青海省票据融资的主要方式。

（五）信用体系建设深入推进，金融生态环境持续优化

信用体系建设持续深化。制订出台了《青海省社会信用体系建设规划（2014～2020年）》及多项配套制度。累计为全省2.4万户企业、383.9万位自然人建立信用档案；建立农户信用档案61.9万份,占辖区农户总数的71%；评定信用县4个、信用乡（镇）130个，信用村1 611个、信用户33.8万户，深入开展精准扶贫。

农牧区支付服务进一步优化。2015年年末，全省累计设立惠农金融服务点4 121个，较2014年年末增加709个，覆盖153个乡镇和2 478个行政村，惠农金融服务乡镇覆盖率和村级覆盖率分别达到100%和60%。

金融消费者权益保护工作扎实推进。2015年，青海省人民银行18家分支机构共受理金融消费者投诉136件，投诉均得到了妥善解决，办结率为100%。

二、经济运行情况

2015年青海省坚持稳中求进总基调，坚持以生态文明理念统领经济社会发展，坚持以提高质量和效益为中心，主动适应“新常态”，积极推进供给侧结构性改革，创新驱动能力进一步增强，民生得到持续改善，全省经济稳步增长。

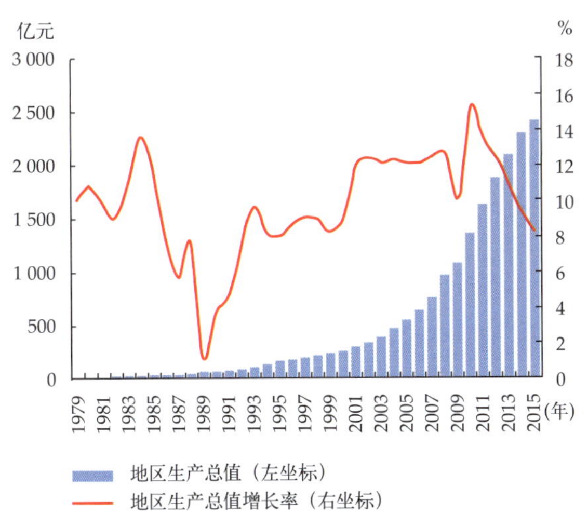

数据来源：青海省统计局。

图6　1979～2015年青海省地区生产总值及其增长率

（一）内需扩大外贸回暖

1. 固定资产投资结构明显改善。2015年年末，青海省完成全社会固定资产投资3 266.6亿元，比上年增长12.3%。其中，第一产业完成投资157.9亿元，比上年增长13.2%；第二产业完成投资1 467.5亿元，增长14.3%；第三产业完成投资1 641.3亿元，增长10.5%。

2015年年末，全省完成基础设施投资1 169.7亿元，比上年增长14.5%，占全社会固定资产投资的35.8%；全年完成惠民生投资1 291.1亿元，比上年增长14.7%；现代服务业投资中，信息传输、软件信息技术服务业、金融业、科学研究和技术服务业投资分别增长520%、83.1%和69.9%；在工业优势产业投资中，新能源业增长18.7%、新材料业增长60.3%、装备制造业增长24.5%、盐湖化工业增长25.3%。

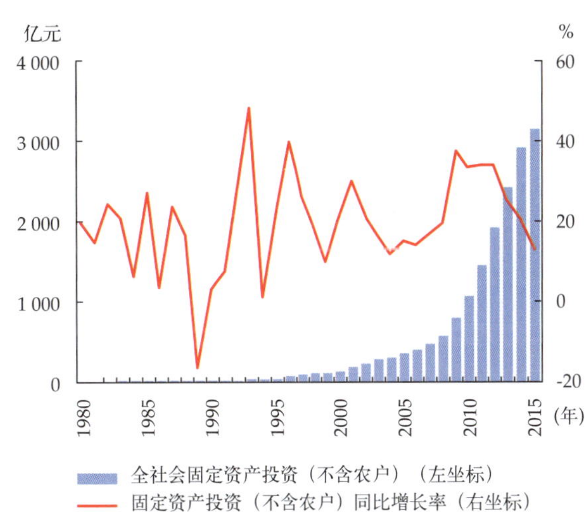

数据来源：青海省统计局。

图7　1980～2015年青海省固定资产投资（不含农户）及其增长率

2. 城乡居民收支和消费品市场呈现“双增”。2015年，全年全体居民人均可支配收入为15 812.7元，比上年增长10.0%。全体居民人均生活消费支出为13 611.3元，比上年增长8.0%。全省实现社会消费品零售总额691亿元，比上年增长11.3%。

2015年，全省限额以上企业通过公共网络实现商品销售额为42.9亿元，比上年增长22.7%；实现客房收入1 622.4万元，比上年增长1.6倍；实现餐饮收入238万元，比上年增长14.4%。

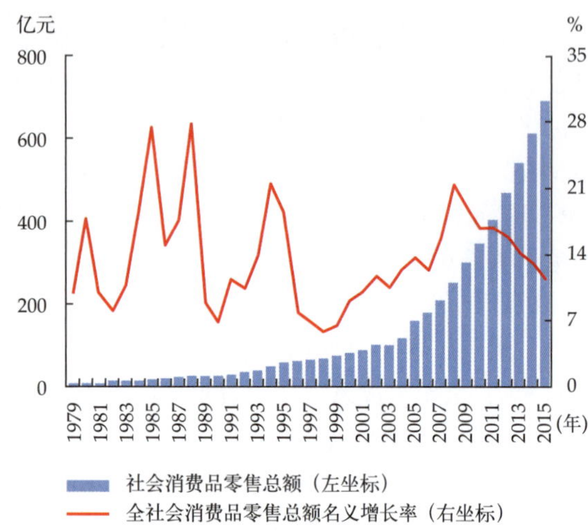

数据来源：青海省统计局。

图8　1979～2015年青海省社会消费品零售总额及其增长率

3. 出口总值增长较快。全年全省进出口总值为119.9亿元，比上年增长13.6%，其中，进口总值为18.1亿元，下降50.0%；出口总值为101.8亿元，增长46.8%。

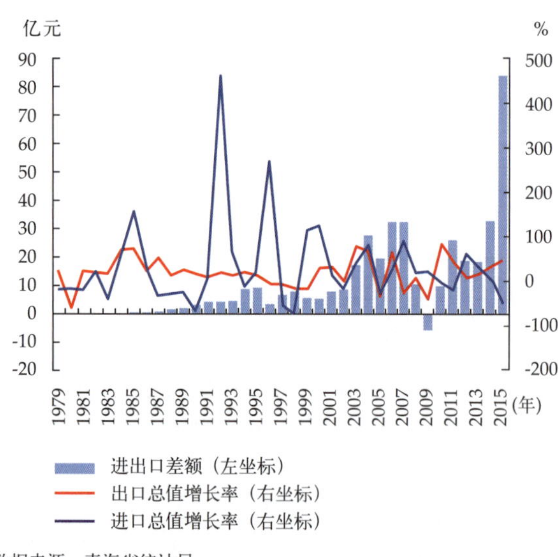

数据来源：青海省统计局。

图9　1979～2015年青海省外贸进出口变动情况

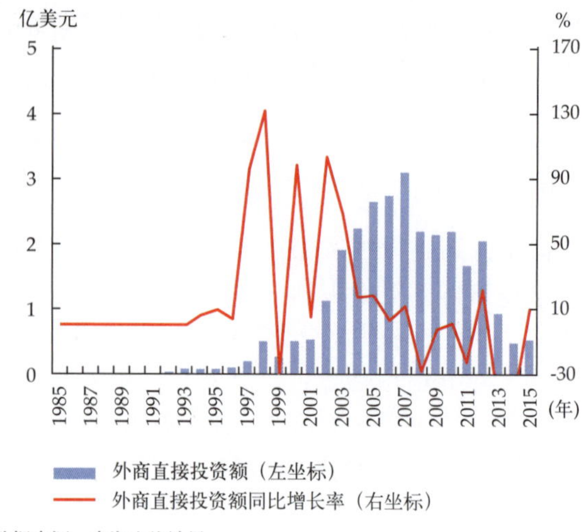

数据来源：青海省统计局。

图10　1985～2015年青海省外商直接投资额及其增长率

2015年，青海省实际利用外资额0.6亿美元，比上年增长9.8%。

（二）产业转型升级步伐加快

2015年，青海省供给侧结构性改革取得实效，呈现第一产业稳、第二产业优、第三产业增的新态势。全年全省实现地区生产总值2 417.1亿元，比上年增长8.2%。其中，第一产业增加值分别为208.9亿元、1 207.3亿元和1 000.8亿元，比上年分别增长5.1%、8.4%和8.6%。

1. 农牧业综合生产能力进一步提高。2015年青海省农作物总播种面积558.4千公顷，比上年增加4.7千公顷，粮食产量稳定在百万吨。高原现代生态农牧业加快发展，十大特色农牧业产业带基本形成，河湟流域特色农牧业百里长廊形成规模，特色作物种植比重达到85.0%，全膜覆盖等新技术广泛运用，“菜篮子”工程成效显著，蔬菜生产自给率提高到73.5%，牧区畜棚入户覆盖率达到51.3%。

2. 轻、重工业实现同步增长。全年全省规模以上工业增加值增长7.6%。按轻、重工业分，轻工业增长18.0%、重工业增长6.3%。工业优势产业增加值与上年相比，新材料增长34.2%、新能源增长29.7%、装备制造增长22.0%、生物产业增长21.9%、有色金属增长11.8%、轻工纺织增长

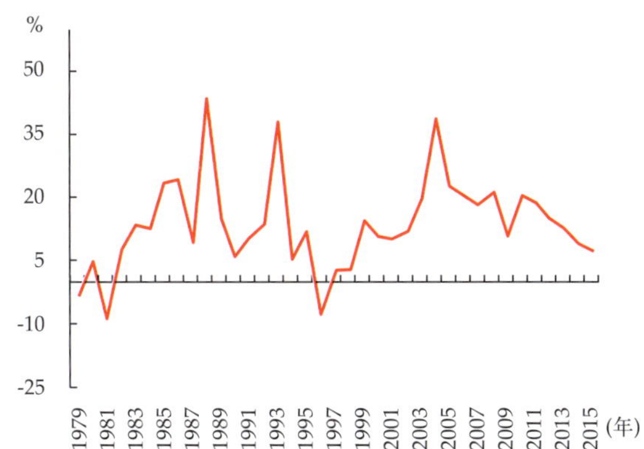

数据来源：青海省统计局。

图11　1979～2015年青海省规模以上工业增加值同比增长率

4.2%、盐湖化工增长2.7%、油气化工增长4.2%。

3. 服务业发展水平稳步提高。在“大众创业、万众创新”以及简政放权等改革措施的推动下，全省服务业加快发展。2015年，青海省旅游人数和总收入累计分别达到9 095万人次、824.5亿元。金融业增加值占生产总值比重达到9.0%。城乡市场体系不断完善，青藏高原农副产品集散中心建成运营，新型商业模式和交易手段快速兴起，健康养老、信息消费发展迅速，新的增长动能加快形成。

（三）价格在合理区间内波动

1. 居民消费价格小幅上涨。2015年，青海省居民消费价格同比上涨2.6%，涨幅较上年下降0.2个百分点。八大类商品和服务价格呈现不同程度上涨。其中，食品类上涨2.5%，衣着类上涨5.1%，娱乐教育文化用品及服务类上涨3.1%，居住类上涨3.2%，医疗保健和个人用品类上涨2.3%，交通和通信类上涨0.4%；家庭设备用品及维修服务类上涨1.4%，烟酒类上涨1.4%。

2. 工业生产者价格持续下降。2015年，青海省工业生产者出厂价格和购进价格同比分别下降6.9%和2.3%。农业生产资料价格比上年上涨0.8%。

3. 最低生活保障提升。社保体系不断健全，

数据来源：青海省统计局。

图12　2001～2015年青海省居民消费价格和生产者价格变动趋势

五大保险参保率均达98%以上，在全国率先实现城乡居民养老保险制度统一和全覆盖。企业退休人员养老金连续十一年增长，人均达2 910元，城乡居民基础养老金、医保筹资标准分别提高到125元和550元。全省每1 000名老年人拥有养老床位数提高到30张。

（四）财政用于民生支出稳步增加

2015年，青海省完成公共财政预算收入381.1亿元，比上年下降1.1%。其中，地方公共财政预算收入267.1亿元，增长6.1%；上划中央“四税”收入114亿元，下降14.6%。从主要税种看，消费税增长57.5%，营业税增长15.1%，增值税下降32.9%，个人所得税下降9.2%，企业所得税下降4.9%，资源税下降5.3%。

2015年，青海省完成公共财政预算支出1 505.5亿元，比上年增长11.7%，增幅提高2.0个百分点。其中，节能环保支出增长54.2%；城乡社区支出增长37.4%；社会保障和就业支出增长27.9%；医疗卫生和计划生育支出增长24.0%；农林水支出增长7.7%；教育支出增长5.1%；一般公共服务支出增长17.8%。

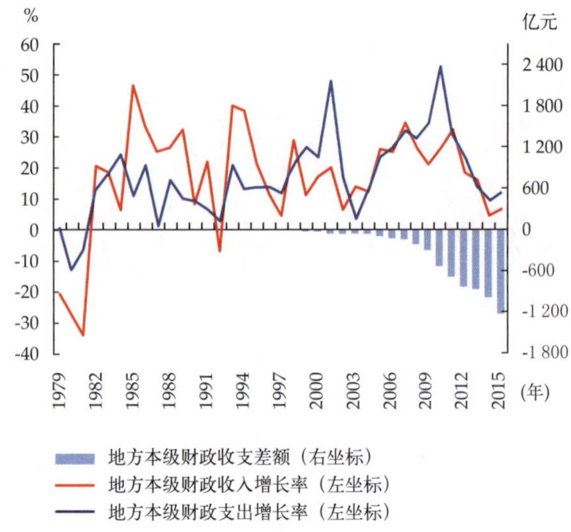

数据来源：青海省统计局。

图13　1979～2015年青海省财政收支状况

（五）环境治理与保护取得成效

2015年，青海省规模以上工业企业综合能源消费量为2 073.6万吨标准煤，比上年增长1.7%。单位GDP能源消耗与上年相比降低5.5%，规模以上工业单位增加值能耗较上年降低5.5%，六个行业综合能源消费量同比呈“两升四降”。石油和天然气开采业、黑色金属冶炼和压延业、有色金属冶炼压延业、非金属矿物制品业分别下降1.8%、2.3%、2.1%和0.3%，化学原料和化学制品制造业和电力、热力生产和供应业分别增长8.2%和0.3%。全省规模以上工业主要能源品种消费量同比均呈下降趋势，原煤、焦炭、电力、天然气与上年相比分别下降8.2%、4.2%、6.9%和9.9%。

截至2015年年底，青海省共建成城镇污水处理厂52座，设计处理规模70.1万吨/日。其中，已建成投运26座，处理规模54.4万吨/日；试运行20座，处理规模10.6万吨/日；正在建设6座，处理规模5.2万吨/日。

青海省生态文明先行区建设全面推进，经中央全面深化改革领导小组批准，中国三江源国家公园体制试点启动；三江源一期工程圆满完成、二期工程全面实施；祁连山生态保护、三北防护林等重点生态工程有序推进；青海湖水域面积为十五年来最大，全省森林覆盖率提高1.1个百分点，湿地面积跃居全国首位。

专栏2　攻坚克难　全力推进精准扶贫

2015年青海省委、省政府将扶贫开发摆在战略和全局的高度安排部署，全力推进精准扶贫，全年减少贫困人口20.1万人，全省贫困地区农牧民人均纯收入由2010年的3 464元增加到2015年的6 861元，年均增长14.7 %，高于全省平均增长水平。

一、高度重视，顶层部署。在扶贫政策上国家加大了对青海倾斜力度，国务院扶贫办将青海省纳入全国6个旅游扶贫试点省份、6个光伏扶贫试点省份、全国电商扶贫“双百示范行动”试点省份；实施国家旅游扶贫试点项目53个；在8个县建设分布式光伏扶贫电站150兆瓦，带动8 333户贫困户增收。青海省委、省政府强化组织领导，高层谋划部署，省委书记、省长直接担任省扶贫开发工作领导小组组长，开展了全方位、宽领域、深层次的扶贫攻坚“蹲点大调研”。

二、优势互补，全力推进。青海省相关部门明确扶贫攻坚责任，省委组织部、省人社厅、省交通运输厅、省农牧厅等部门发挥各自优势，抱团发力，积极协调推进行业和部门扶贫政策的制定和落实；省发展改革委、省旅游局、省交通运输厅、省教育厅等部门结合自身职能参与实施旅游扶贫、光伏扶贫、易地扶贫等，在全省范围内全力推进扶贫工作。

三、责任细化，分工到人。青海省积极细化落实扶贫开发责任，建立领导干部联县联乡联村机制，深化推进精准帮扶、扎实开展驻村帮扶，把“治穷、治弱、治乱”作为扶贫工作总体目标，在全省范围内按照选派“能人”、“强人”、实干人要求，选出第一书记和扶贫工作队7 865名，全省39名省级领导分别联系

39个贫困县，276名市州领导分别联系221个乡镇，1 123名县处级干部分别联系1 050个贫困村。在此基础上深化精准识别机制，开展建档立卡“回头看”，在全国率先实现低保和扶贫标准“两线合一”，完成全省贫困人口精准识别工作，对全省1 622个贫困村进行再审核，列出重点贫困村970个、一般贫困村652个，识别贫困对象16万户、52万人。

四、金融创新，精准助推。全省金融部门创新金融扶贫机制，强化政银合作，人民银行西宁中心支行与省扶贫局、省财政厅等部门共同启动“金融支持精准扶贫青海行动”，在全国率先建立扶贫开发金融服务主办银行制度。人民银行西宁中心支行牵头在全省创建以贫困户为点、贫困村为面、贫困县为片的“点、面、片”相结合的三级联动机制，对贫困区域进行细化，将责任落实到人，在1 366个村开展精准扶贫金融服务工作。建立扶贫贷款贴息和风险防控机制，对建档立卡贫困户提供5万元以下、3年期以内的贷款，并按基准利率给予全额贴息；对新型农业经营主体和特色优势企业吸纳贫困户的，分别按基准利率50%和30%给予贴息贷款。2015年，青海省落实金融扶贫资金24亿元，同比增长179%，占各类扶贫资金的44%，其中，扶贫开发金融服务主办银行发放精准扶贫贷款11.4亿元。

五、营造气氛，提气鼓劲。青海省加大扶贫舆论宣传工作，通过组织媒体记者团深入贫困地区开展专题采访等方式，推介“扶贫开发青海模式”和营造脱贫攻坚浓厚氛围。2015年，在中央和省级各类媒体刊稿605条，其中，中央媒体101条、省级媒体225条、各类网络媒体279条。

（六）房地产市场稳步发展，科技创新推动经济发展

1. 房地产业平稳运行。随着房地产市场的深入调整和金融新政的陆续出台，青海省房地产市场下行趋势有所放缓。

（1）房地产投资稳定增长。2015年，全省房地产开发投资336亿元，比上年增长9.0%，其中，住宅投资201.4亿元，增长5.6%。

（2）新开工房屋面积企稳回升。2015年，全省新开工房屋面积为785.5万平方米，比上年增长13.6%，增速较上年提高32.8个百分点，保障性住房新开工面积为600.1万平方米。其中，廉租住房与公共租赁住房共计2.1万套，新开工面积为82万平方米；各类棚户区改造住房新开工6.5万套，新开工面积为518.1万平方米。

（3）房屋待售呈现上升趋势。2015年，全省商品房销售面积为393万平方米，比上年下降5.5%；商品房销售额为206亿元，比上年下降2.5%。全省房屋待售面积为264.3万平方米，比上年增长28.0%，其中，住宅待售面积为189.4万平方米，比上年增长17.8%。

数据来源：青海省统计局。

图14　2002～2015年青海省商品房施工和销售变动趋势

（4）商品房销售价格呈现一升一降。西宁市新建住房销售均价为4 712元/平方米，同比下降5.0%。2015年12月末，西宁市二手房交易均价为3 295元/平方米，同比增长4.6%，新建住房与二手房价差收窄。

（5）房地产贷款增长放缓。2015年，青海省房地产贷款余额为649亿元，比上年增长31.8%，增速较上年下降30.1%。其中，房地产开发贷款为441.8亿元，比上年增长37.2%；个人住房贷款为155.9亿元，比上年增长20.5%，增速较上年下降13.1%；土地储备贷款为90.4亿元，比上年增长0.7%；保障性住房贷款为253.8亿元，比上年增长73.5%。

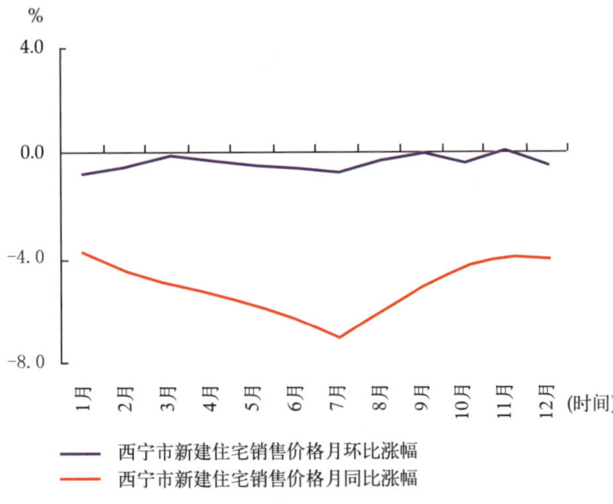

数据来源：青海省统计局。

图15　2015年西宁市新建住宅销售价格变动趋势

2. 科技实施创新驱动发展战略。2015年，青海省组织实施各类科技计划项目301项，总经费为62.3亿元，科技投入20亿元。实施完成(验收)各类科技计划项目207项，新增产值31.4亿元。登记各类科技成果445项，比上年增长10.7%；申请专利2 590件，增长68.8%，授权专利达到1 217件，增长96.6%；专利实现质押融资3.5亿元，是上年度的9.8倍。设立了青海科技创新投资、青海国科创业投资和青海华控科技创业投资3只科技型中小企业投资基金总规模达5亿元，到位资金3.1亿元。

2015年，青海省重点推动食品质量安全溯源和电子商务相结合，电子商务平台入驻企业近60家、98个品牌、1 800款产品，实现农产品电子商务交易2 000万元。主动推送平台已覆盖17个县区，1 651个行政村，17.6万户农牧民，380多万亩耕地，并为1 029个涉农协会、企业等经营主体建立信息服务站。

2015年，青海省高新技术企业达109家，比上年增长27%，实现工业总产值315亿元，比上年增长31.8%，高新技术企业工业增加值66.2亿元。高新技术企业、科技型企业、创新型企业不断提升自主创新能力，拉动青海省经济持续增长。

（七）“四区两带一线”战略深入实施

青海省东部城市群加速崛起，“一核一带一圈”空间布局加快形成，成为兰西经济区的重要增长极和引领全省发展的先导区。西宁城市现代化进程加快，百公里绕城高速环线建成并免费通行，“外环内网”交通格局基本形成，辐射带动作用持续增强。海东核心片区建设全面推进，产业园区发展取得明显突破。柴达木循环经济试验区建设初具规模，资源综合开发、产业耦合发展步伐加快。环湖地区生态旅游、现代生态畜牧业成效显著，青南地区生态保护与发展和谐共进。城乡统筹加快推进，海东撤地建市，玉树撤县设市，城市建设进入布局优化、多点支撑的新阶段。推进户籍制度改革，五年新增城镇户籍人口超百万人，城镇化率达到50.3%。启动实施“美丽城镇”和“美丽乡村”建设，全省32个城镇、近1 500个村庄面貌焕然一新。一批重大基础设施、公共服务项目相继建成。支持果洛加快发展，实施青甘川交界地区平安与振兴工程，玉树灾后重建目标全面实现，成为全国藏区的标志性新城。

三、预测与展望

2016年，青海省经济社会发展主要预期目标是：在优化结构、提高质量效益的基础上，生产总值增长7.5%左右，新增城镇就业6万人，农牧民转移就业105万人次，城乡居民人均可支配收入增长9%左右，居民消费价格控制在3%左右，主要城市空气质量优良率保持在75%以上，湟水河出境断面水质达标率达到83%以上，节能减排目标控制在国家规定目标以内。优化投资结构，强化基础支撑，确保全社会固定资产投资增长10%左右。大力发展特色、高效、有机和品牌农牧业，形成结构更加合理、保障更加有力的农畜产品供给体系，确保第一产业增长5%左右。挖掘消费潜力，扩大消费需求。提升传统消费，发展新型和中高端消费，确保社会消费品零售总额增长11%左右。启动实施“出口自主品牌培育计划”和“千万美元潜力企业培育计划”，力争进出口总额增长10%左右。深度融入“一带一路”，力争在基础设施互联互通、商品贸易、人文交流、合作平台打造等方面取得突破性进展。推行精准招商、以商招商、中介招商、集群招商，吸引更多高端制造业和先进服务业项目落地青海省，力争招商引资到位资金增长10%以上。

2016年，青海金融业将继续贯彻稳健货币政策，加快供给侧结构性改革以营造适宜的货币金融环境。重点做好去产能、去库存、去杠杆、降成本、补短板等供给侧结构性改革的金融服务工作，加大金融支持精准扶贫力度，深入推动发展“普惠金融、绿色金融、移动金融”，继续为全省经济社会发展提供优质的金融服务。

中国人民银行西宁中心支行货币政策分析小组

总　纂：林建华

统　稿：贡伟宏　贾丽均

执　笔：邵　辉　马启军　邸小宁　尹进鹏　陈　翔

提供材料的还有：张昆霖　吴金昌　龚剑锋　王小军　李　卿　常洪昌　许　琳　莫　彬　江雯雯　杨　措　张　新　吴俊成　汪金祥　孙小丽　苑　洁　赵咏梅　何　丛　唐娟娟　程　丹

附录

（一）2015年青海省经济金融大事记

3月3日，玉树三江源冬虫夏草科技股份有限公司在“新三板”挂牌。

4月8日，青海省召开全省金融工作会议暨缓解企业融资难、融资贵推进会，人民银行西宁中心支行荣获“青海省金融改革奖”、“青海省培育和发展市场主体贡献奖”。

6月12日，青海省政府召开中国青海“一带一路”金融论坛，就金融支持“一带一路”战略进行了充分讨论。

7月31日，人民银行西宁中心支行举行扶贫开发金融服务主办银行启动仪式，省委常委、副书记王建军，副省长严金海及相关厅局、金融机构等80余人参加了启动仪式。

9月1日，中国金融教育发展基金会、人民银行西宁中心支行联合在青海省黄南州同仁县举办青海省扶贫开发金融服务“金惠工程”试点工作首批教育培训会启动仪式，中国金融教育发展基金会、人民银行西宁中心支行、省金融办、省财政厅签订了《“金惠工程”合作框架协议》。

9月23日，中国银行间市场交易商协会、人民银行西宁中心支行联合召开青海省运用银行间市场债务融资工具座谈会。

10月16日，中央举办了“减贫与发展高层论坛”，在分论坛上，人民银行西宁中心支行就青海开展金融支持精准扶贫工作做了经验交流介绍，是参加介绍的两家分支机构之一。

11月6日，青海小西牛乳业股份公司在“新三板”挂牌。

12月24日，由农村商业银行发起设立的湟中三江村镇银行成立；12月25日，乐都三江村镇银行正式开业运营。

（二）2015年青海省主要经济金融指标

表1 2015年青海省主要存贷款指标

		1月	2月	3月	4月	5月	6月	7月	8月	9月	10月	11月	12月
本外币	金融机构各项存款余额（亿元）	4 546.0	4 484.9	4 592.6	4 518.6	4 622.9	4 699.5	4 852.5	5 087.5	5 146.6	5 112.6	5 087.1	5 228.0
	其中：住户存款	1 704.0	1 735.1	1 717.6	1 681.7	1 681.9	1 699.7	1 714.2	1 720.7	1 766.1	1 743.3	1 767.6	1 823.0
	非金融企业存款	1 157.4	1 077.5	1 137.5	1 131.8	1 208.6	1 268.0	1 240.1	1 372.1	1 336.6	1 374.1	1 424.7	1 640.9
	各项存款余额比上月增加（亿元）	-4.3	-61.1	107.7	-74.0	104.3	76.6	153.0	235.0	59.1	-34.0	-25.6	140.9
	金融机构各项存款同比增长（%）	14.0	10.5	10.6	7.1	7.7	5.3	7.4	10.9	12.8	11.0	10.1	14.8
	金融机构各项贷款余额（亿元）	4 366.1	4 424.2	4 464.0	4 509.8	4 526.3	4 576.2	4 624.1	4 710.8	4 799.4	4 828.1	4 927.6	5 124.1
	其中：短期	895.6	922.5	929.8	924.8	922.0	935.9	928.8	957.4	953.7	945.6	922.5	932.3
	中长期	3 088.7	3 125.9	3 166.9	3 208.3	3 215.8	3 209.3	3 242.6	3 275.8	3 354.4	3 402.9	3 482.7	3 659.0
	票据融资	258.2	252.1	244.9	250.3	262.8	306.3	329.9	347.4	361.0	350.6	395.3	402.2
	各项贷款余额比上月增加（亿元）	62.6	58.2	39.7	45.8	16.5	49.9	48.0	86.7	88.6	28.7	99.4	196.5
	其中：短期	6.2	27.0	7.2	-5.0	-2.8	14.0	-7.2	28.6	-3.7	-8.2	-23.1	9.8
	中长期	47.4	37.1	41.0	41.5	7.5	-6.5	33.4	33.2	78.6	48.5	79.8	176.2
	票据融资	12.9	-6.1	-7.2	5.4	12.5	43.5	23.7	17.5	13.6	-10.4	44.8	6.9
	金融机构各项贷款同比增长（%）	22.0	22.5	21.1	19.6	16.2	14.5	14.8	15.3	16.3	15.3	16.8	19.1
	其中：短期	3.3	6.6	6.0	5.1	7.4	8.3	12.2	14.9	14.4	10.7	7.2	4.7
	中长期	24.9	23.7	22.4	20.7	16.6	13.4	13.2	13.1	15.0	14.8	16.5	20.3
	票据融资	101.4	133.0	116.7	104.9	73.5	77.2	57.8	54.5	46.3	48.5	66.8	64.7
	建筑业贷款余额（亿元）	97.8	95.7	96.0	95.9	96.3	102.8	99.0	98.8	97.8	97.2	96.1	90.2
	房地产业贷款余额（亿元）	176.2	177.9	178.9	181.8	175.3	171.2	171.6	173.6	176.7	172.8	165.6	168.3
	建筑业贷款同比增长（%）	4.4	1.0	-4.4	-11.3	12.8	17.2	10.0	6.3	5.0	4.0	3.9	-5.3
	房地产业贷款同比增长（%）	16.9	15.6	8.8	7.3	0.2	-3.3	-5.8	-3.3	-1.5	-3.3	-9.4	-3.9
人民币	金融机构各项存款余额（亿元）	4 533.0	4 473.4	4 578.2	4 505.7	4 609.6	4 684.8	4 836.0	5 071.7	5 130.6	5 089.8	5 073.0	5 212.8
	其中：住户存款	1 698.9	1 729.6	1 712.0	1 676.0	1 676.6	1 693.9	1 708.2	1 714.8	1 760.4	1 737.9	1 761.4	1 716.8
	非金融企业存款	1 149.7	1 071.6	1 128.9	1 124.8	1 201.4	1 260.1	1 230.5	1 363.1	1 327.2	1 366.5	1 417.7	1 632.8
	各项存款余额比上月增加（亿元）	-5.7	-59.5	104.8	-72.5	103.8	75.3	151.2	235.7	58.8	-31.8	-25.7	139.8
	其中：住户存款	10.0	30.7	-17.7	-36.0	0.6	17.3	14.3	6.6	45.6	-22.5	23.5	55.4
	非金融企业存款	-48.7	-78.1	57.2	-4.1	76.6	58.7	-29.6	132.6	-36.0	39.3	51.2	215.1
	各项存款同比增长（%）	14.0	10.4	10.4	7.1	7.7	5.1	7.2	10.7	12.7	11.0	10.1	14.7
	其中：住户存款	8.5	11.8	9.7	9.5	8.8	6.5	7.9	8.1	8.2	8.0	8.0	7.6
	非金融企业存款	15.6	6.5	7.3	3.3	5.0	5.9	3.3	12.4	15.9	14.6	17.2	29.9
	金融机构各项贷款余额（亿元）	4 237.0	4 294.6	4 335.5	4 379.5	4 397.3	4 448.5	4 497.5	4 577.7	4 668.0	4 699.2	4 798.9	4 988.0
	其中：个人消费贷款	194.8	195.0	198.7	204.6	208.6	213.7	215.7	218.4	222.2	224.3	229.3	233.3
	票据融资	258.2	252.1	244.9	250.3	262.8	306.3	329.9	347.4	361.0	350.6	395.3	402.2
	各项贷款余额比上月增加（亿元）	65.3	57.6	40.9	44.1	17.7	51.2	49.0	80.3	90.3	31.2	99.8	189.1
	其中：个人消费贷款	2.6	0.2	3.7	5.9	4.0	5.1	2.0	2.7	3.9	2.1	5.0	4.0
	票据融资	12.9	-6.1	-7.2	5.4	12.5	43.5	23.7	17.5	13.6	-10.4	44.8	6.9
	金融机构各项贷款同比增长（%）	22.4	22.9	21.5	20.0	17.0	15.3	15.5	16.0	17.0	16.0	17.6	19.6
	其中：个人消费贷款	31.9	33.2	28.4	27.8	25.4	23.1	23.1	21.7	21.2	21.5	22.1	21.3
	票据融资	101.4	133.0	116.7	104.9	73.5	77.2	57.8	54.5	46.3	48.5	66.8	64.7
外币	金融机构外币存款余额（亿美元）	2.1	1.9	2.3	2.1	2.2	2.4	2.7	2.5	2.5	2.2	2.2	2.3
	金融机构外币存款同比增长（%）	46.2	29.0	80.0	37.0	6.9	86.1	109.3	74.5	57.5	5.3	8.4	23.9
	金融机构外币贷款余额（亿美元）	21.0	21.1	20.9	21.3	21.1	20.9	20.7	20.8	20.7	20.3	20.1	21.0
	金融机构外币贷款同比增长（%）	9.8	10.1	9.2	8.6	-4.4	-5.1	-4.7	-6.9	-5.4	-8.6	-8.7	-2.6

数据来源：中国人民银行西宁中心支行。

表2 2001～2015年青海省各类价格指数

单位：%

年/月	居民消费价格指数		农业生产资料价格指数		工业生产者购进价格指数		工业生产者出厂价格指数	
	当月同比	累计同比	当月同比	累计同比	当月同比	累计同比	当月同比	累计同比
2001	—	2.6	—	-0.4	—	-0.9	—	-6.3
2002	—	2.3	—	-0.2	—	2.7	—	-2.4
2003	—	2	—	1.1	—	1.8	—	5.5
2004	—	3.2	—	9.2	—	8.5	—	11.2
2005	—	0.8	—	6.5	—	5.3	—	10.2
2006	—	1.6	—	2.1	—	2.8	—	9.5
2007	—	6.6	—	8.1	—	4.4	—	4.2
2008	—	9.9	—	24.2	—	10.4	—	7.6
2009	—	2.6	—	0.4	—	-0.2	—	-8.7
2010	—	5.4	—	3.5	—	8.6	—	9.4
2011	—	6.1	—	12.4	—	7.0	—	7.4
2012	—	3.1	—	8.7	—	-1.4	—	-3.1
2013	—	3.9	—	4.3	—	-1.2	—	-3.0
2014	—	2.8	—	-0.2	—	-2.4	—	-3.9
2015	1.6	2.6	—	0.8	-5.8	-2.3	-8.9	-6.9
2014 1	3.1	3.1	1.6	1.6	-1.2	-1.2	-4.0	-4.0
2	2.4	2.7	1.3	1.3	-2.2	-1.7	-4.8	-4.4
3	2.3	2.6	-0.3	0.8	-3.8	-2.4	-6.3	-5.0
4	1.6	2.3	-0.6	0.4	-3.3	-2.6	-6.1	-5.3
5	2.3	2.3	-0.2	0.3	-3.4	-2.8	-4.2	-5.1
6	2.0	2.3	0.1	0.3	-3.1	-2.8	-4.4	-5.0
7	2.2	2.3	0.1	0.2	-2.1	-2.7	-3.1	-4.7
8	3.1	2.4	-0.2	0.2	-2.4	-2.7	-2.5	-4.4
9	3.6	2.5	-0.4	0.1	-1.7	-2.6	-1.8	-4.1
10	3.6	2.6	-0.5	0.1	-1.8	-2.5	-2.4	-4.0
11	3.3	2.7	-1.0	0.0	-1.4	-2.4	-2.9	-3.9
12	3.5	2.8	-1.7	-0.2	-1.7	-2.4	-3.6	-3.9
2015 1	2.5	2.5	-1.9	-1.9	-1.8	-1.8	-5.2	-5.2
2	3.2	2.9	-2.0	-2.1	-1.6	-1.7	-6.3	-5.8
3	2.9	2.9	0.7	-1.1	-1.0	-1.5	-5.1	-5.5
4	3.4	3.0	1.5	1.2	-0.9	-1.3	-4.1	-5.2
5	2.8	3.0	1.6	1.1	-0.2	-1.1	-5.5	-5.2
6	2.8	2.9	1.7	0.3	-1.1	-1.1	-5.6	-5.3
7	3.0	2.9	1.6	0.5	-1.7	-1.2	-6.8	-5.5
8	2.9	2.9	0.8	0.5	-2.0	-1.3	-7.8	-5.8
9	2.5	2.9	1.0	0.6	-3.0	-1.5	-8.7	-6.1
10	1.8	2.8	1.3	0.6	-3.6	-1.7	-9.2	-6.4
11	2.0	2.7	1.1	0.7	-4.4	-1.9	-9.3	-6.7
12	1.6	2.6	1.6	2.5	-5.8	-2.3	-8.9	-6.9

数据来源：青海省统计局。

表3　2015年青海省主要经济指标

	1月	2月	3月	4月	5月	6月	7月	8月	9月	10月	11月	12月
绝对值（自年初累计）												
地区生产总值（亿元）	—	—	425.78	—	—	1 011.28	—	—	1 633.66	—	—	2 417.05
第一产业	—	—	15.67	—	—	32.83	—	—	117.39	—	—	208.93
第二产业	—	—	193.09	—	—	550.03	—	—	865.1	—	—	1 207.31
第三产业	—	—	216.12	—	—	428.42	—	—	651.17	—	—	1 000.81
工业增加值（亿元）	—	—	176.95	—	—	409.96	—	—	649.76	—	—	893.87
固定资产投资（亿元）	—	46.93	195.05	445.56	843.84	1 326.65	1 758.41	2 152.22	2 664.87	2 996.15	3 161.21	3 266.64
房地产开发投资	—	2.3	12.67	45.26	82.63	130.56	174.56	211.98	248.15	296.77	335.39	336
社会消费品零售总额（亿元）	—	99.84	148	195.41	252.97	304.85	364.19	425.25	489.95	559.64	619.92	690.98
外贸进出口总额（亿元）	—	12.01	24.4	33.45	36.66	60.4	55.79	83.29	91.15	100.12	116.28	119.89
进口	—	4.57	6.76	8.54	9.62	10.67	11.64	13.38	14.86	16.03	16.66	18.11
出口	—	7.44	17.63	24.91	27.04	49.72	44.14	69.91	76.29	84.09	99.62	101.78
进出口差额(出口－进口)	—	2.87	10.87	16.37	17.42	39.05	32.5	56.53	61.43	68.06	82.96	83.67
外商实际直接投资（亿美元）	—	—	—	—	—	—	—	—	—	—	—	0.55
地方财政收支差额（亿元）	—	-92.4	-171.39	-257.55	-336.04	-454.74	-530.69	-662.56	-789.56	-907.37	-1 017.59	-1 124.41
地方财政收入	—	53.1	81.94	114.36	145.78	183.28	213.59	239.61	273.79	308.06	339.94	381.13
地方财政支出	—	145.5	253.33	371.91	481.82	638.02	744.28	902.17	1 063.35	1 215.43	1 357.53	1 505.54
城镇登记失业率 (%)(季度)	—	—	3.2	—	—	3.2	—	—	3.2	—	—	3.2
同比累计增长率（%）												
地区生产总值	—	—	7.5	—	—	7.9	—	—	8.3	—	—	8.2
第一产业	—	—	4.3	—	—	4.5	—	—	5.1	—	—	5.1
第二产业	—	—	6.8	—	—	7.8	—	—	8.5	—	—	8.4
第三产业	—	—	8.5	—	—	8.3	—	—	8.5	—	—	8.6
工业增加值	—	—	6.2	—	—	7.4	—	—	7.3	—	—	7.4
固定资产投资	—	8.1	11.2	1.6	7.8	10.2	9.7	10.1	11.2	12.1	12.5	12.3
房地产开发投资	—	116.8	-25.7	-8	4.3	8	6.3	6.6	8.2	9	10	9
社会消费品零售总额	—	11.9	12	11.1	11.2	10.7	11.1	11.2	11.6	11.8	11.2	11.3
外贸进出口总额	—	12.3	35.9	32.1	17.7	63	27.8	75.1	42.6	17.7	25.4	13.6
进口	—	-37.4	-46.6	-49.7	-50.4	-51.3	-52.5	-48	-48.4	-50.2	-51.7	-50
出口	—	118.4	233.4	198.4	130.2	228.3	130.9	219.9	117.2	59.2	71.1	46.8
外商实际直接投资	—	—	—	—	—	—	—	—	—	—	—	9.8
地方财政收入	—	-13.9	-9.1	-5.4	-4.4	-5.8	-2.4	-1.4	-1.3	-1.6	-0.8	-1.1
地方财政支出	—	15.6	9.6	10.1	10.3	11.7	13.4	11.9	11.4	11.6	11.3	11.7

数据来源：青海省统计局。

2015年宁夏回族自治区金融运行报告

中国人民银行银川中心支行货币政策分析小组

[内容摘要] 2015年，面对异常复杂经济形势，宁夏坚持稳中求进的工作总基调，精准发力，综合施策，协同推进稳增长、促改革、调结构、惠民生、防风险等各项工作，经济运行企稳回升，结构调整取得实效，发展动力不断增强，民生保障水平稳步提高。

金融业稳健运行，金融服务实体经济能力进一步增强。货币信贷总量稳步扩大，贷款利率水平持续下行；多层次资本市场体系不断完善，证券市场交易量成倍增长；保险市场平稳运行，保险服务保障水平进一步提高；金融市场规范发展，金融生态环境建设深入推进。

2016年，宁夏将全面落实创新、协调、绿色、开放、共享发展理念，紧扣“三去一降一补”，积极推进供给侧结构性改革，力促产业转型升级，加快丝绸之路经济带战略支点建设，地区经济社会有望持续平稳发展。金融业将主动适应“新常态”，认真落实稳健的货币政策，加大对重点领域和薄弱环节的支持力度，全面提升金融服务水平，为地区经济发展营造适宜的货币金融环境。

一、金融运行情况

2015年，宁夏金融业资产规模稳步扩大，贷款平稳增长，利率水平持续下降，多层次资本市场体系加快发展，保险保障能力进一步提升，金融服务经济发展和转型升级的水平和质量不断提高。

（一）银行业稳健发展，信贷总量平稳增长

2015年，宁夏银行业金融机构认真落实稳健货币政策，存贷款利率持续回落，信贷投放总量平稳、结构优化，基本满足了地区实体经济发展的需要。

1. 资产规模稳步扩大，组织体系不断完善。2015年，宁夏银行业资产规模7 679亿元，同比增长14.3%。银行业经营网点继续下沉，小微支行、社区支行加快发展。新增6家股份制银行分支行、26家城市商业银行分支行和3家村镇银行，市场主体进一步增加。

2. 存款较快增长，活期存款占比提升。2015年末，宁夏银行业金融机构本外币存款余额为4 823亿元。其中，人民币存款余额为4 805亿元，同比增长14.1%，较上年提高5.7个百分点。全年新增人民币存款602亿元，同比多增273亿元。

表1　2015年宁夏回族自治区银行业金融机构情况

机构类别	营业网点			法人机构（个）
	机构个数（个）	从业人数（人）	资产总额（亿元）	
一、大型商业银行	504	10 769	2 495	0
二、国家开发银行和政策性银行	16	526	1 429	0
三、股份制商业银行	20	759	393	0
四、城市商业银行	115	3 139	1 589	2
五、小型农村金融机构	386	5 752	1 361	20
六、邮政储蓄银行	202	1 084	205	0
七、新型农村金融机构	220	2 796	207	12
合　计	1 463	24 825	7 679	34

数据来源：中国人民银行银川中心支行、宁夏银监局。

从存款部门分布看，住户存款低位增长，同比增长8.2%，增速同比回落7.6个百分点；非金融企业存款增速大幅提高，同比增长21.6%，增速同比提高22.8个百分点。从期限结构看，活期存款增加较多，新增住户存款和非金融企业存款中，活期存款占比达到48.1%，同比提高36个百分点。

3. 贷款平稳增长，信贷投向重点突出。2015年，宁夏银行业金融机构结合区域经济发展重点，合理把握信贷投放节奏，信贷投放总量适

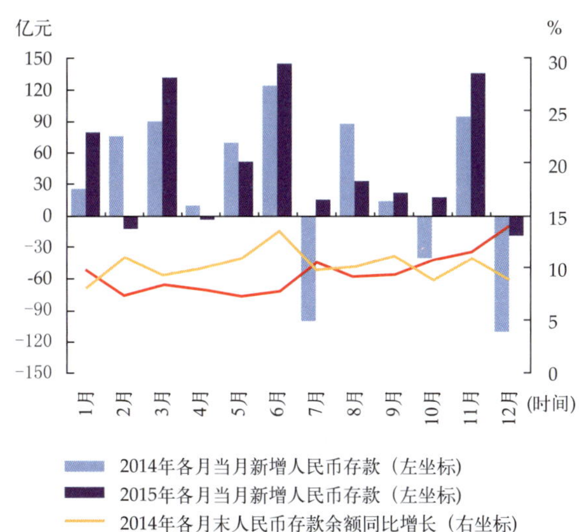

数据来源：中国人民银行银川中心支行。

图1 2014～2015年宁夏回族自治区金融机构人民币存款增长变化

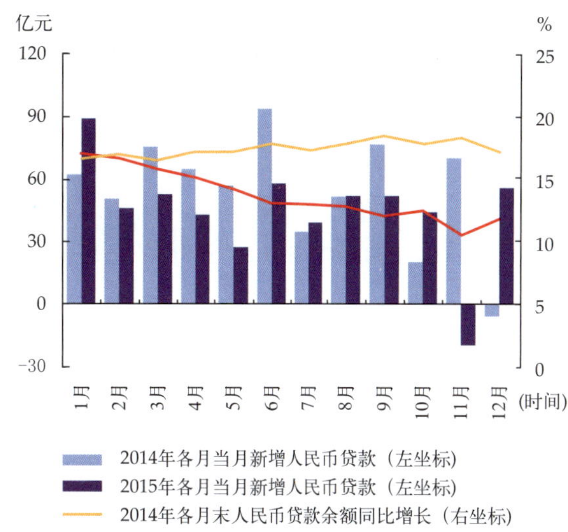

数据来源：中国人民银行银川中心支行。

图2 2014～2015年宁夏回族自治区金融机构人民币贷款增长变化

度，支持重点突出。2015年年末，宁夏银行业金融机构本外币各项贷款余额为5 150亿元。其中，人民币贷款余额为5 118亿元，同比增长11.8%。全年新增人民币贷款542亿元，同比少增103亿元。信贷投放节奏和进度基本适应区域经济发展需要。

信贷重点支持产业转型升级和民生领域。金融机构不断加大对“两高一剩”行业中的潜在风险大、工艺落后项目退出力度，将腾出的信贷资源重新投入到符合产业政策的重点领域。2015年年末，宁夏保障性住房、交通运输、租赁和商务服务业、信息传输、公共管理和消费等领域贷款余额增速均超过20%；小微企业贷款余额同比增长16.2%；集中连片特困地区贷款余额同比增长14.7%，高于全部贷款增速2.9个百分点；创业小额担保贷款余额同比增长13.5%。全年新增贷款的38.7%投向保障性住房，42.5%投向电力、采矿业、交通运输等行业。

4. 落实定向调控政策，货币政策工具引导作用有效发挥。落实“定向+普调”存款准备金率政策，累计为符合条件的地方法人金融机构释放可用资金70亿元。发挥再贷款、再贴现工具降低融资成本的导向作用，运用支农再贷款发放的涉农贷款利率较同类贷款利率低2.4个百分点，运用再

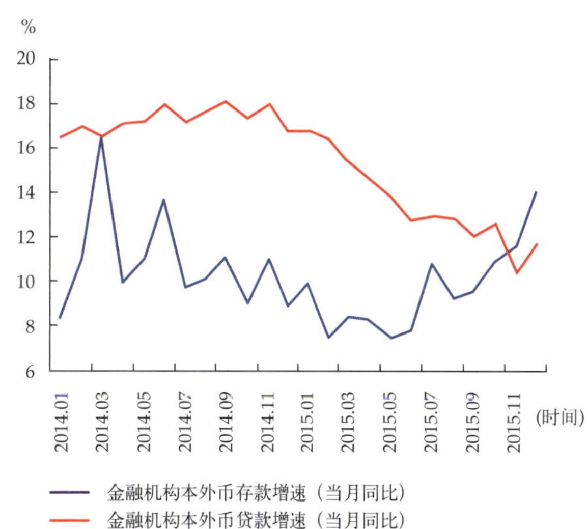

数据来源：中国人民银行银川中心支行。

图3 2014～2015年宁夏回族自治区金融机构本外币存、贷款增速变化

贴现资金办理涉农和小微企业票据贴现利率分别较同类贴现利率低0.4个、0.5个百分点。对新增存款一定比例用于当地贷款考核达标的18家涉农金融机构继续实施存款准备金率优惠政策。对农业银行在全区14家纳入县级“三农金融事业部”改革的支行，自2015年7月27日起执行比农业银行低2个百分点的存款准备金率。

专栏1　多措并举共同发力　宁夏社会融资成本持续下行

2015年，社会融资成本继续受到社会各界的关注。中国人民银行5次下调存贷款基准利率，充分运用价格工具引导融资成本下行。中国人民银行银川中心支行坚持问题导向和目标导向，研究出台《关于完善利率定价机制着力降低实体经济融资成本的意见》（宁银发〔2015〕104号），更多地从金融供给侧，采取支持金融机构降低筹资成本、发挥货币政策工具定向引导作用、完善金融机构利率定价机制、强化与财政政策对接等措施，促进宁夏社会融资成本持续下降。2015年12月，宁夏银行业金融机构一般贷款加权平均利率为5.97%，同比下降1.89个百分点，为2008年以来月度贷款利率最低值。

一、支持金融机构增强主动负债能力。为拓宽金融机构资金来源渠道，增强金融机构主动负债能力，中国人民银行银川中心支行引导宁夏地方法人金融机构通过完善法人治理、强化财务约束、提高自主定价能力，积极加入全国市场利率定价自律机制，获得发行同业存单、大额存单等资格。目前，宁夏地方法人金融机构有4家成为全国市场利率定价自律机制基础成员，6家成为全国市场利率定价自律机制观察成员。2015年，宁夏3家主要地方法人银行发行大额存单11亿元，发行同业存单241亿元。

二、发挥货币政策工具定向引导作用。中国人民银行银川中心支行通过完善支农再贷款与涉农贷款投放倍增机制、对使用支农支小再贷款资金发放涉农贷款和小微企业贷款利率加强指导等措施，发挥支农再贷款和支小再贷款引导贷款利率下行激励约束功能，推动金融机构加大对"三农"和小微企业信贷支持，主动降低"三农"和小微企业贷款利率水平；发挥再贴现政策引导资金流向和促进融资成本下降的作用，优先对涉农票据、小微企业票据、小面额票据办理再贴现，并督促办理再贴现票据的利率低于同期同档次贴现加权平均利率，引导金融机构切实加大对涉农、小微领域票据融资支持，促进降低融资成本。

三、完善金融机构利率定价机制。优化金融资源配置不仅需要金融机构筹集资金，也需要金融机构提高科学合理的定价能力和维护良好的定价秩序。2015年，存款利率上限放开对金融机构的存款定价能力提出了更高的要求。中国人民银行银川中心支行积极推广《中小金融机构存款利率定价模板》，督导辖区各地方法人金融机构制定并完善自身《存款利率定价管理办法》，提升存款定价能力。目前宁夏金融机构逐步建立形成了分层有序、差异化竞争的存款定价格局。主要地方法人金融机构加大对利率定价系统建设投入，相继上线运行资产负债管理系统、内部资金转移定价系统、成本分摊系统、客户关系定价系统、经济资本配置体系等系统和模块。同时，建立了宁夏市场利率定价自律机制，有效发挥传导利率市场化改革政策和相关货币信贷政策、规范金融产品定价、自觉维护区域市场利率稳定的重要作用。

四、对接财政资金缓释较高风险溢价。风险溢价上升是融资成本上升的重要原因。解决较高风险溢价问题，需要发挥财政资金的风险缓释作用。一方面，积极对接创业担保贷款、新型农业经营主体贷款等财政贴息政策。另一方面，强化与自治区民委、财政部门的协调沟通，认真落实民贸民品优惠利率贷款贴息政策，并在全国率先实现贴息审核电子化，让更多民族企业方便快捷地享受政策红利。2015年，宁夏共有192家民贸民品企业获得财政贴息5亿元，极大地降低了民贸民品企业的融资成本，有力地支持了民族特色优势产业加快发展。

5. 贷款利率水平持续下行，利率定价机制建设稳步推进。2015年12月，宁夏金融机构非金融企业及其他部门贷款加权平均利率为5.64%，同比下降1.84个百分点。金融机构利率定价机制不断完善，差异化定价格局逐步形成，市场化参与程度稳步加深。宁夏市场利率定价自律机制成立运行，对引导金融机构科学合理定价、维护公平有序的竞争秩序发挥了积极作用。

表2 2015年宁夏回族自治区金融机构人民币贷款各利率区间占比

单位：%

月份		1月	2月	3月	4月	5月	6月
	合计	100.0	100.0	100.0	100.0	100.0	100.0
	下浮	8.0	6.0	16.8	7.9	9.8	22.3
	基准	21.7	22.4	18.1	20.6	17.2	19.2
上浮	小计	70.3	71.6	65.1	71.5	73.0	58.5
	(1.0，1.1]	10.4	4.5	6.4	8.0	6.2	6.4
	(1.1，1.3]	17.6	17.0	13.1	13.3	14.6	12.2
	(1.3，1.5]	16.0	10.5	15.0	19.6	16.7	12.7
	(1.5，2.0]	19.9	33.2	23.1	23.2	25.6	19.9
	2.0以上	6.4	6.4	7.5	7.4	9.9	7.3
月份		7月	8月	9月	10月	11月	12月
	合计	100.0	100.0	100.0	100.0	100.0	100.0
	下浮	7.2	14.0	6.3	8.8	17.0	15.6
	基准	15.2	15.0	25.1	21.6	16.8	26.1
上浮	小计	77.6	71.0	68.6	69.6	66.2	58.3
	(1.0，1.1]	6.0	9.7	6.9	9.7	4.9	7.4
	(1.1，1.3]	14.1	11.2	13.2	10.8	14.3	12.4
	(1.3，1.5]	20.0	15.1	13.8	13.0	12.1	11.8
	(1.5，2.0]	27.8	23.9	25.1	23.4	24.0	16.2
	2.0以上	9.7	11.1	9.6	12.7	10.9	10.5

数据来源：中国人民银行银川中心支行。

6. 地方法人金融机构改革步伐加快，农村金融组织体系进一步完善。宁夏黄河农村商业银行稳步实施对全区农村信用社和农村商业银行控股战略，农村信用社改革步伐加快。新型农村金融机构和组织稳步发展，村镇银行和小额贷款公司分别达到13家和160家。

7. 银行不良贷款额继续增加，不良贷款率持续上升。受经济下行、产能过剩、企业生产经营困难增多等的影响，企业信贷违约增多，银行信用风险防控压力加大。2015年，全区银行业不良贷款余额增加27亿元，年末不良贷款率为1.5%，比年初提高0.4个百分点。

8. 跨境人民币结算突破百亿元，实现首笔对阿拉伯国家贸易融资。2015年，宁夏银行业金融机构累计办理跨境人民币结算业务112亿元，同比增长94.9%，占本外币跨境收支的31.1%，高于全国平均水平2.5个百分点。全区有实际贸易进出口企业总数的70%办理跨境人民币业务，业务覆盖的国家（地区）增至47个。首笔对阿拉伯国家人民币跨境贸易融资成功办理，为企业从境外融资4 800万元人民币。

（二）多层次资本市场加快发展，证券市场交易大幅增长

1. 多层次资本市场建设步伐加快，区域股权交易中心成功设立。企业上市梯次建设取得积极进展，1家企业IPO申请已获证监会受理，为宁夏十二年来首次申报主板IPO，5家企业进入上市辅导备案程序。36家企业在“新三板”挂牌，73家企业在天津、上海及深圳前海区域股权交易市场挂牌交易。宁夏股权托管交易中心成功设立，填补了区域股权交易市场空白。

2. 证券市场交易大幅增长，证券业经营效益进一步提高。2015年，资本市场交易活跃，投资者入市意愿增强，累计开设证券账户同比增长36.4%。证券市场交易量明显放大，36家证券营业部累计交易8 937亿元，同比增长2.8倍，实现营业

表3 2015年宁夏回族自治区证券业基本情况

项目	数量
总部设在辖内的证券公司数（家）	0
总部设在辖内的基金公司数（家）	0
总部设在辖内的期货公司数（家）	0
年末国内上市公司数（家）	12
当年国内股票（A股）筹资（亿元）	6
当年发行H股筹资（亿元）	0
当年国内债券筹资（亿元）	97
其中：短期融资券筹资额（亿元）	48
中期票据筹资额（亿元）	24

数据来源：宁夏证监局。

收入、净利润分别同比增长1.6倍、2倍。

（三）保险保障功能持续增强，服务体系日趋健全

1. 保险业务稳步发展，保险功能作用充分发挥。2015年，宁夏保险业保费收入103亿元，同比增长23.1%，高于全国平均增速3.1个百分点。全区各级保险公司分支机构有448家，年内新增23家。全年累计赔付支出34亿元，同比增长16.7%。

2. 农业保险增量扩面，小额贷款保证保险稳步推进。积极扩大农业保险覆盖面，蔬菜价格保险、淡水鱼养殖保险等试点已覆盖12个市、县（区）。全年涉农保费支出2亿元，受益农户11万户。小额贷款保证保险稳步推进，多家产险公司加强与金融机构的合作，开办个人信用贷款保证保险和“政银保”贷款保证保险，为2 051名客户和5家小微企业分别提供了2亿元和960万元贷款担保。

表4　2015年宁夏回族自治区保险业基本情况

项目	数量
总部设在辖内的保险公司数（家）	0
其中：财产险经营主体（家）	0
人身险经营主体（家）	0
保险公司分支机构（家）	19
其中：财产险公司分支机构（家）	8
人身险公司分支机构（家）	11
保费收入（中外资，亿元）	103
其中：财产险保费收入（中外资，亿元）	41
人身险保费收入（中外资，亿元）	62
各类赔款给付（中外资，亿元）	34
保险密度（元/人）	—
保险深度（%）	4

数据来源：宁夏保监局。

（四）金融市场规范发展，融资结构以贷款为主

1. 社会融资规模增量有所下降，贷款占比重回高位。由于表外融资下降，2015年，宁夏社会融资规模增量有所下降。同时，分结构看，人民币贷款占社会融资规模的107.4%，同比提高29.7个百分点；非金融企业发行债券97亿元，涵盖短期融资券、中期票据、非公开定向债务融资工具、项目收益债券。

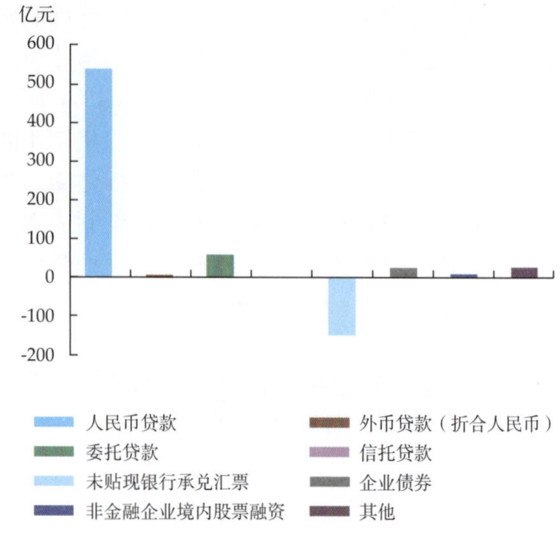

数据来源：中国人民银行银川中心支行。

图4　2015年宁夏回族自治区社会融资规模分布情况

2. 货币市场交易活跃，市场利率维持低位。2015年，宁夏金融机构参与银行间市场同业拆借和债券回购累计成交量同比增长80.8%。资金净融入趋势进一步增强，全年净融入资金同比增长1.1倍。货币市场利率保持低位运行态势，同业拆借和质押式回购加权平均利率分别同比下降105个和88个基点。

3. 票据业务平稳发展，贴现利率呈下降趋势。2015年，银行承兑汇票累计签发量同比下降1.2%，贴现票据同比下降16.1%。在中国人民银行再贴现利率引导以及货币市场利率和票据市场供求变化等因素的共同作用下，票据市场利率维持低位运行，直贴年加权平均利率同比下降151个基点，转贴现年加权平均利率同比下降192个基点。

4. 外汇业务大幅减少，黄金交易产品增减互现。2015年，宁夏金融机构参与银行间外汇市场以美元为主要交易币种，交易量同比下降48.5%。商业银行黄金交易量出现分化。受美国加息预期的影响，黄金价格预期跌势比较明显，商业银行实物金交易量同比下降15.8%。投资属性更强的以人民币计价的“纸黄金”交易量同比增长23.7%。

表5　2015年宁夏回族自治区金融机构票据业务量统计

单位：亿元

季度	银行承兑汇票承兑		贴现			
			银行承兑汇票		商业承兑汇票	
	余额	累计发生额	余额	累计发生额	余额	累计发生额
1	407.57	181.86	223.69	363.25	0.00	1.00
2	397.86	374.25	202.13	1 123.33	1.02	2.02
3	397.55	569.88	268	1 815.65	1.24	3.63
4	377.58	759.03	305.21	2 316.72	0.30	5.65

数据来源：中国人民银行银川中心支行。

表6　2015年宁夏回族自治区金融机构票据贴现、转贴现利率

单位：%

季度	贴现		转贴现	
	银行承兑汇票	商业承兑汇票	票据买断	票据回购
1	5.6819	6.9871	5.1757	5.1077
2	4.6961	6.6987	4.3747	3.6782
3	4.1409	6.6617	3.1610	3.7130
4	3.6128	4.9554	2.9084	3.2430

数据来源：中国人民银行银川中心支行。

（五）金融生态环境继续优化，金融基础设施建设持续完善

1. 存款保险制度平稳实施。顺利完成全区投保机构2015年度保费交纳工作，全区存款保险制度实施取得阶段性成果，有效加强和完善了金融安全网。强化存款保险制度实施后的分析与研判，探索建立存款保险评估预警机制，实现对投保机构的早期纠正职能。

2. 信用体系建设深入推进。出台《宁夏社会信用体系建设规划》、《宁夏公共信用信息管理办法》等文件，扩大信用信息共享应用范围，有序推进守信联合激励与失信联合惩戒。持续推进小微企业和农村信用体系试验区建设，搭建信用信息服务平台。试点开展小额贷款公司接入金融信用信息基础数据库，积极推广应收账款融资服务平台应用，拓宽中小企业融资渠道。扎实推进征信惠民工程，增设个人信用报告自助查询网点，妥善处理征信异议和投诉。征信系统累计收录3.6万户经济组织和362万人的信息，全年分别累计查询13.5万次和180万次。

3. 支付体系建设取得明显成效。2015年，宁夏人民银行支付系统共处理各类业务2 772万笔，金额为13.6万亿元，分别同比增长37.6%、42.5%。银行卡助农取款服务点覆盖99.8%的行政村，实现了农户取现汇款不离村的目标。农村电子支付业务发展迅速，网上银行、电话银行、手机银行业务客户237万人。财税库银横向联网（TIPS）覆盖面稳步扩大。全区通过TIPS办理的预算收入业务量占比达82.1%，同比提高7.1个百分点。

4. 金融消费权益保护工作体系不断完善。积极探索开展环境评估试点和投诉统计分类标准试点，上线运行金融消费权益保护信息管理系统，及时、妥善处理投诉及咨询219件。

5. 金融知识特色宣传效果较好。以“金融惠民·服务发展”为主题，采取“现场巡展+进点宣讲”方式，在全区范围内深入开展了“金融知识宣传塞上行”活动，受到了社会各界的广泛欢迎和好评。

二、经济运行情况

2015年，宁夏牢牢把握稳中求进工作总基调，主动适应引领经济“新常态”，立足于转型升级和培育新动能，着力稳增长、促改革、调结构、惠民生、防风险，全区经济运行总体呈现稳中向好的态

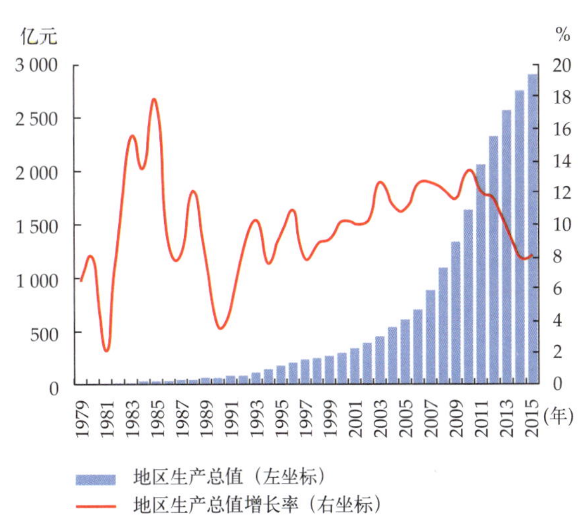

数据来源：《宁夏统计年鉴》、宁夏回族自治区统计局。

图5　1979～2015年宁夏回族自治区地区生产总值及其增长率

势。初步核算，全年地区生产总值为2 912亿元，同比增长8%。

（一）内需增势趋缓，外需萎缩明显

1. 投资增速趋缓，结构有所调整。2015年，宁夏完成全社会固定资产投资同比增长10.4%，为2003年以来最低增速。政府出台一系列措施稳增长，宁东至浙江输电、神华宁煤400万吨煤制油等超百亿元项目加快推进，中南部城乡饮水安全主体工程基本完工，银西高铁、宁夏石嘴山至固原城际铁路开工建设。投资结构向农业倾斜，三次产业投资结构由2014年的4.0：45.0：51.0调整为2015年的4.7：47.1：48.2。

2. 居民收入不断提高，消费市场运行平稳。2015年，宁夏城镇常住居民人均可支配收入实际增长6.9%，农村常住居民人均可支配收入实际增长7.2%。城乡居民收入比与2014年持平。实现社会消费品零售总额同比增长7.1%。城镇消费品零售额同比增长6.6%，乡村消费品零售额同比增长13.7%。

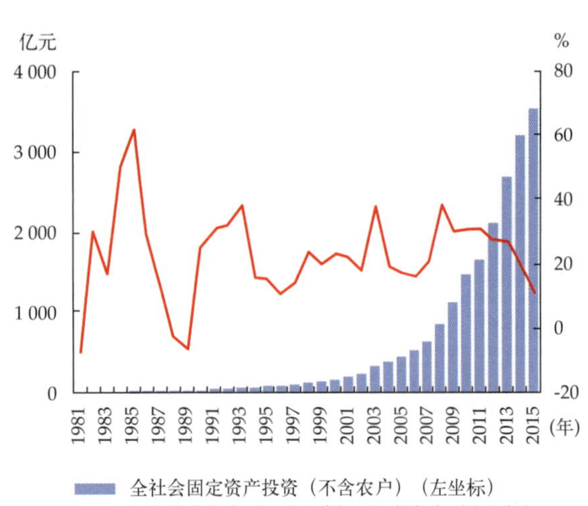

数据来源：《宁夏统计年鉴》、宁夏回族自治区统计局。

图6　1981～2015年宁夏回族自治区固定资产投资（不含农户）及其增长率

3. 对外贸易下降明显，利用外资大幅增长。2015年，宁夏对外贸易总体回落，全年进出口总额同比下降30.3%。其中，出口30亿美元，同比下降30.8%；进口8亿美元，同比下降28.1%。利用外

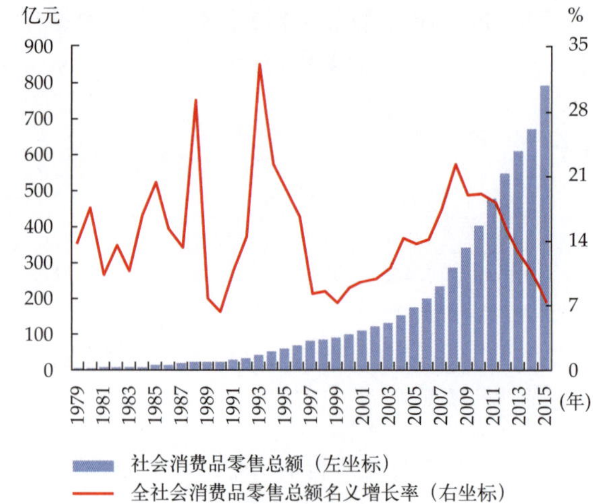

数据来源：《宁夏统计年鉴》、宁夏回族自治区统计局。

图7　1979～2015年宁夏回族自治区社会消费品零售总额及其增长率

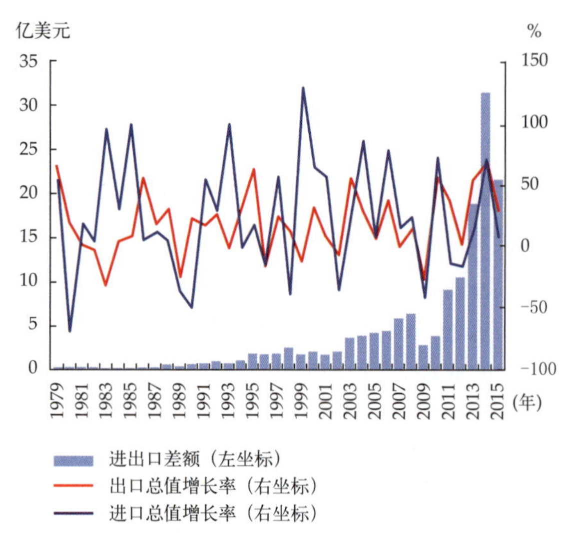

数据来源：《宁夏统计年鉴》、宁夏回族自治区统计局。

图8　1979～2015年宁夏回族自治区外贸进出口变动情况

资形势良好，批准项目37个，全年新签外商投资合同金额同比增长1.6倍，实际利用外资2亿美元，同比增长1倍。

（二）三次产业协调发展，第三产业占比提高

2015年，宁夏第一、第二、第三产业分别增长4.5%、8.6%、7.5%，三次产业结构由2014年的

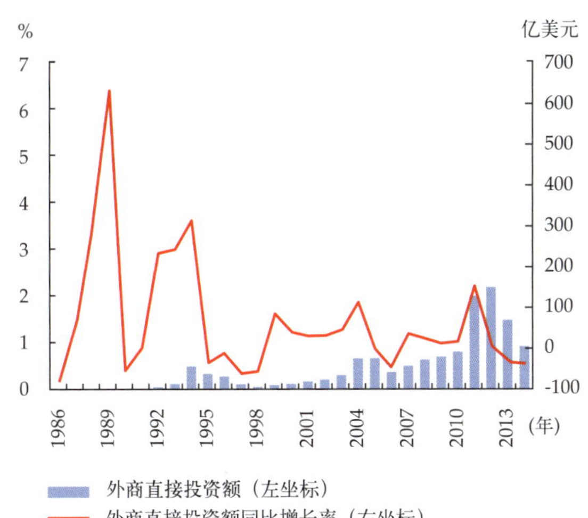

数据来源：《宁夏统计年鉴》、宁夏回族自治区统计局。

图9　1986～2015年宁夏回族自治区外商直接投资情况

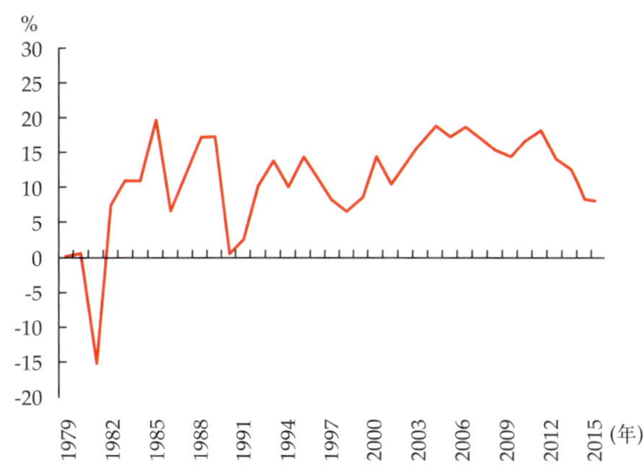

数据来源：《宁夏统计年鉴》、宁夏回族自治区统计局。

图10　1979～2015年宁夏回族自治区规模以上工业增加值及其同比增长率

7.9∶48.7∶43.4调整为8.2∶47.4∶44.4，第三产业占GDP比重较上年同期提高1个百分点。

1. 特色农业发展加快，规模不断扩大。2015年，宁夏出台促进现代农业发展20条措施，加大农业投入，粮食生产喜获“十二连丰”。特色优势农业比重达86.3%，葡萄、枸杞等优势农作物量效齐增。建成规模养殖场237家、永久性蔬菜基地10万亩，新建枸杞基地5万亩，新增和改造提升葡萄种植7万亩、新建酒庄14家；完善加工仓储、冷链物流等设施，培育农民合作社365家，新增销售过亿元的龙头企业15家，农产品加工转化率达60%。

2. 工业生产总体平稳，轻工业占比上升。2015年，宁夏规模以上工业实现增加值同比增长7.8%，比全国高1.7个百分点。轻工业占规模以上工业增加值的比重为17.9%，比上年同期提高2.9个百分点。宁夏建成全球最大单晶硅棒加工项目、西部最大工业蓝宝石生产基地，新增风电405万千瓦、光伏91万千瓦，新能源占到电力总装机的36%，成为全国新能源外送基地。现代纺织、清真食品等发展强劲，轻工业增加值同比增长17%，比重工业快11.8个百分点，与16个国家和地区的20家机构实现清真标准互认。

3. 服务业稳步发展，结构进一步优化。2015年，宁夏启动全域旅游试点，组建宁夏旅游集团，新增5A景区1家、4A景区2家，开通“丝路驿站—宁夏号”等4对旅游品牌列车，接待游客1 860万人次，旅游收入同比增长15%。搭建物流信息服务网络，围绕交通节点的各类物流园建设继续推进。实施“互联网＋”行动计划，“一网一库一平台”加快建设，银川IBI育成中心跻身中国产业园创新力百强，网上交易额突破4 000亿元。坚持创新驱动，科技对经济增长的贡献率达49%。

（三）物价指数震荡走低，劳动力成本上升

1. 居民消费价格低位运行，环比震荡走低。2015年，宁夏居民消费价格同比上涨1.1%，涨幅比上年同期回落0.8个百分点，比全国低0.3个百分点。全年居民消费价格涨幅起伏波动、震荡走低。八大类商品呈现“七涨一降”的态势。娱乐教育文化用品及服务类价格涨幅最高，同比上涨5.7%；食品类价格涨幅在七类上涨项目中排位最末，同比上涨0.4%；衣着类、烟酒类、家庭设备用品及维修服务类、医疗保健和个人用品类与居住类价格分别同比上涨2.8%、2.6%、1.4%、1.0%、0.3%；交通和通信同比下降1.4%。

2. 工业生产者价格持续走低，降幅大于全国平均水平。2015年，宁夏工业生产者出厂价格同比下降6.3%，连续46个月下降。宁夏工业经济下行压力仍然较大，超六成工业行业价格下降。其

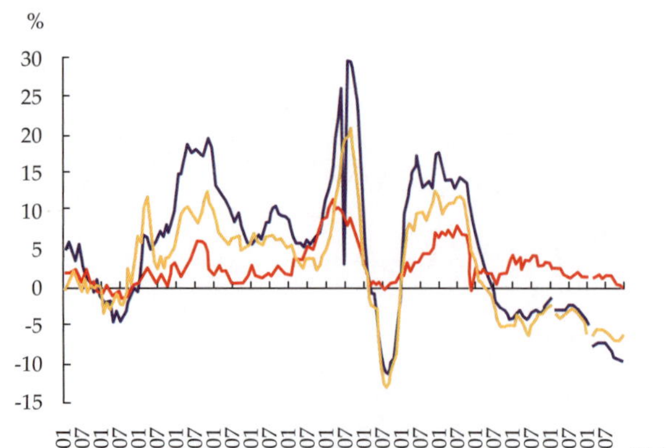

数据来源：《宁夏统计年鉴》、宁夏回族自治区统计局。

图11　2001～2015年宁夏回族自治区居民消费价格和生产者价格变动趋势

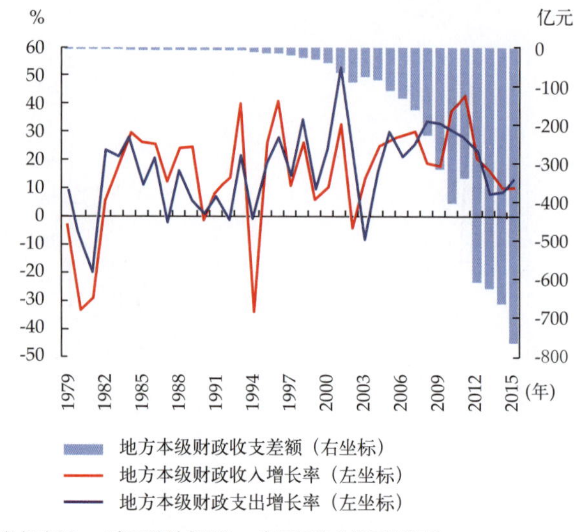

数据来源：《宁夏统计年鉴》、宁夏回族自治区统计局。

图12　1979～2015年宁夏回族自治区财政收支状况

中，煤炭、石油加工、化学原料及化学制品、非金属矿物制品、黑色、有色金属压延加工业6个行业产品出厂价格下降影响出厂价格总水平下降5.3个百分点，对PPI的影响程度达87%。

3. 就业岗位增多，劳动力成本上升。2015年，宁夏城镇新增就业7.7万人，农村劳动力转移就业71万人。自治区政府将最低月工资标准一、二、三类地区分别提高到每人每月1 480元、1 390元、1 320元。受最低工资标准和居民社会保障水平提高等政策因素的影响，宁夏城镇在岗职工年人均工资和农民工年人均工资性收入保持较高增长。

（四）财政收入稳中有升，民生支出持续增长

2015年，宁夏完成公共财政预算总收入610亿元，同比增长8%。其中，地方公共财政预算收入373亿元，同比增长9.9%，居西北五省区第二位。完成各项税收收入489亿元，同比增长4.1%。公共财政预算支出为1 186亿元，同比增长17.3%。其中，教育、社会保障和就业、医疗卫生等行业支出占比较大。

（五）工业能耗继续下降，生态环境不断改善

2015年，宁夏淘汰落后产能140万吨，高耗能工业比重下降1.9个百分点，新能源占工业发电量的比重从上年同期的8.1%提高到10.2%。建设市民休闲森林公园26个，植树造林121万亩，治理荒漠化50万亩，移民迁出区生态修复88万亩。持续开展主干道路大绿化大整治，重拳治理入黄排污，关闭取缔非法采矿点103处，关停燃煤茶浴炉861台，淘汰黄标车4万辆。

专栏2　借力多维信用增信机制　积极探索畅通货币政策传导机制

市场的不确定性和经济下行压力加大，容易形成银行和贷款者之间的“梗阻”，引发经济主体贷款难和银行难贷款双重矛盾。如何降低风险损失，实现金融精准服务渠道有效畅通，实践表明，涵盖信用风险缓释和操作层面风险缓释的机制必不可少。宁夏结合实际积极探索，整合涉农、扶贫等多领域财政扶持资金，加大财政金融对接力度，建立了层级明

确、覆盖广泛，集风险分担、风险补偿为一体的连通信贷供给与实体需求的信用增信机制。

一、风险分担：支持建立各有侧重、保障充分的分级风险分担机制

宁夏综合运用资本注入、风险补偿和奖励补助等方式，提高融资性担保行业融资服务能力和风险防控能力。持续注资担保机构，力争2017年年底前，各市、县（区）拥有至少1家资本金不低于1亿元的融资性担保机构，全区政府参（控）股的融资担保机构达30家以上，注册资本达80亿元；对符合条件的融资性担保机构免征三年营业税，同时给予担保机构业务、保费等费用补贴；从2016年起连续三年，每年安排3 000万元，建立区、市、县三级担保风险补偿基金，对融资性担保机构承担的小微企业、“三农”融资担保贷款损失进行适当补偿；按照《宁夏中小企业融资性担保补助资金管理暂行办法》，对符合条件的担保机构给予奖励支持。宁夏还对区外担保机构在宁夏设立分支机构，或参股、控股等，给予招商引资政策优惠。

二、风险补偿：健全完善普惠金融服务多领域、多层级风险补偿机制

宁夏分类设计形成集“三农”、弱势群体、小微企业等普惠金融服务领域风险补偿机制。一是完善涉农信贷补偿机制。建立区、市、县（区）涉农信贷补偿基金，川区县（市、区）按1：1配套，山区县（区）按7：3配套，对于基础建设、设备购置、市场销售等环节，因不可抗力给农业经营主体造成的贷款损失，贷款逾期一定期限后，通过财政风险补偿基金进行代偿。二是建立金融扶贫风险补偿机制。支持各市、县（区）从自治区切块下达的各类扶贫资金（含社会、企业、帮扶单位捐赠）中设置金融扶贫风险补偿金，计划全区风险补偿基金总规模达到10亿元。三是设立创业担保类贷款担保基金。2008年，宁夏开始实践全民创业担保贷款模式。截至2015年年末，累计撬动银行贷款84亿元，担保基金余额4亿元。2011年，启动妇女创业担保贷款模式，累计注入担保基金4亿元，撬动银行贷款54亿元，扶持11万人（次）农村妇女创业，位居全国前列。四是设立小微企业“助保贷”基金。建立宁夏小微企业“助保贷”平台，建设银行宁夏分行按风险补偿资金规模放大10倍发放贷款。自治区本级风险补偿资金规模2 300万元，189家企业核准入池，58家企业获贷2亿元。五是设立“工字号”创业资金池。自2009年起每年投入帮扶资金近2 000万元，设立“工字号”创业资金池。中信银行银川分行开发专项小额贷款业务，支持下岗职工再就业、大学生创业及小微企业等。累计投放贷款205万元，21家小微企业、个体工商户获得融资支持。六是设立工业企业发展风险补偿基金。2015年，建立4亿元工业企业发展风险补偿基金，对短期内资金周转困难或有新增贷款需求的重点工业企业贷款损失，给予一定比例的补偿。

三、金融精准服务成效显著

借力多维信用增信机制，中国人民银行银川中心支行积极践行普惠金融服务理念，把市场决定作用与政府引导作用结合起来，加大金融创新力度，推动财政金融对接。指导银行业金融机构减少对传统抵押品的依赖，积极创新信贷产品，精准对接涉农、小微、弱势群体等融资需求，推出了妇女创业贷款“宁夏经验”、金融扶贫“盐池模式”，首创金融精准扶贫小额信贷管理系统等。下一步，宁夏将进一步加大财政金融对接力度，精心搭建风险分担层级，推动成熟普惠金融产品扩面增量。

（六）房地产市场继续调整，装备制造业较快发展

1. 房地产市场进入深度调整期。2015年，受市场预期变化、供大于需、前期基数高等多重因素影响，商品房销售面积、销售价格双双回落，住房价格不断走低，个人住房贷款增速持续回落。开发投资、新开工面积大幅回落，库存、施工面积不断上升，保障性住房建设快速推进。

（1）商品房销售大幅回落，住宅销售量价齐跌。2015年，宁夏新建商品房销售面积下降25.7%，同比回落33.4个百分点；销售额下降20.4%，同比回落25.2个百分点。分项目看，住宅、办公楼、商业营业用房销售面积增速分别为-24.6%、47.8%和-22.8%，销售额增速分别为-19.3%、58.9%和-21.1%。全年销售价格持续回落，银川市仅9月、11月环比微幅上涨，其余月份均不同程度环比下降（见图14）。

（2）商品房开发大幅回落，保障性安居工程投资大幅增加。2015年，宁夏房地产开发投资完成额下降3.2%，同比回落20.3个百分点。其中，住宅开发投资下降3.6%。房屋新开工面积下降32.3%，同比回落27.2个百分点。其中，住宅、办公楼、商业营业用房增速分别为-38.1%、7.5%

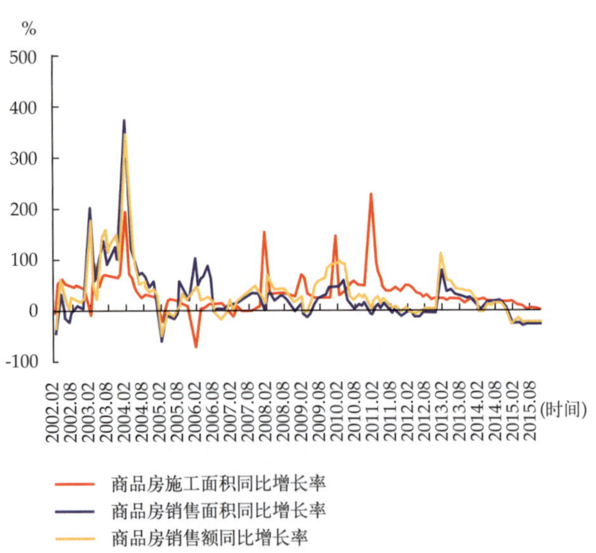

数据来源：《宁夏统计年鉴》、宁夏回族自治区统计局。

图13　2002～2015年宁夏回族自治区商品房施工和销售变动趋势

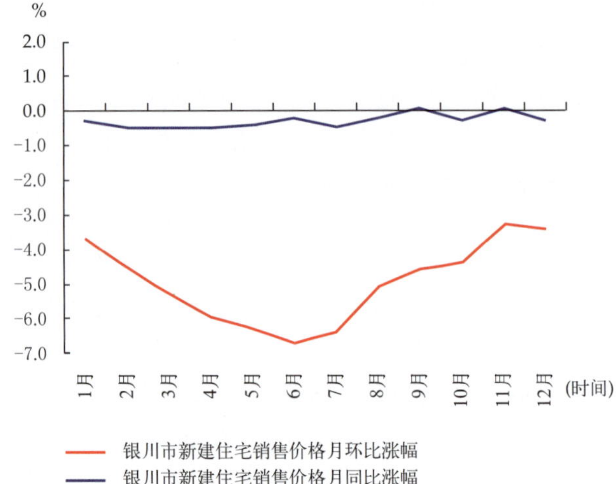

数据来源：银川市统计调查总队。

图14　2015年银川市新建住宅销售价格指数变动趋势

和-19.5%。房屋竣工面积下降2.9%，同比回落11.9个百分点。其中，住宅、办公楼、商业营业用房增速分别为-8.8%、-6.4%和7.5%。开发企业购置土地面积下降30.7%，同比回落6.6个百分点。全年新开工建设各类保障性安居工程8.8万套，开工率为103%，基本建成9万套。

（3）施工面积高位运行，待售面积大幅增加。2015年，宁夏房屋施工面积为7 046万平方米，为历年最高水平。空置面积为1 207万平方米，增长24.8%，增速同比提高15个百分点。

（4）房地产贷款增长高位回落，保障性安居工程金融支持力度明显加大。2015年年末，宁夏房地产贷款余额为953亿元，同比增长28.1%，增速同比回落5.2个百分点。分类别看，开发贷款、购房贷款增速分别为47.7%和14.1%，开发贷款中保障性安居工程贷款增长1.3倍。

（5）个人住房贷款增长持续回落，差别化信贷政策效应明显。2015年年末，宁夏个人住房贷款余额为416亿元，同比增长15.6%，增速同比回落4.5个百分点。全年发放个人商业住房贷款中首套住房贷款笔数占比95.9%。3月30日政策调整后，改善型住房贷款平均首付比例显著下降。9月30日政策调整后，居民首次购买普通住房商业性个人贷款最低首付款比例按25%执行。

2. 装备制造业较快发展。宁夏装备制造业依靠“三线建设”时的企业，奠定了较为坚实的基础，机床、轴承、铸造、仪表等企业都有较高的建设起点，产业地位突出。近年来，宁夏把加快发展装备制造业作为工业经济结构调整的重点领域，大力支持装备制造业培育创新平台、提升创新能力，支持成果转化和高新技术产业化，提升企业竞争力。一是行业经济保持较快增长。2015年，宁夏装备制造业完成增加值59亿元，同比增长23.6%，高于全国平均水平18.1个百分点，高于全区工业增速15.8个百分点，占全区工业比重提升1.6个百分点。二是智能装备制造初见成效。宁夏小巨人机床数字化工厂为世界领先水平，宁夏共享铸钢建成数字化车间成为全国智能制造试点示范，吴忠仪表智能化仪表被列为国家技术创新示范企业，宁夏巨能机械人被确定为全国汽车零部件制造“智慧工厂”。三是行业对标升级稳步推进。全年新增5家企业获得国家铸造行业准入公告，2个智能制造示范试点项目获得国家批复。目前，宁夏获得国家铸造行业准入公告企业达16家，位居西北地区第二。

为满足宁夏装备制造业企业多元融资需求，金融机构通过创新“保证+抵押”、“保证+抵押+质押”、“抵押+质押”等多种融资方式，重点支持仪器仪表、滚动轴承、铸造、电工、电器等高新技术设备行业发展，促使一批项目产品由中低端向高端迈进。

三、预测与展望

2016年，宁夏将认真落实创新、协调、绿色、开放、共享发展理念，坚持稳中求进的工作总基调，紧扣“三去一降一补”，以抓好工业供给侧结构性改革为重点，进一步提升经济发展的内生动力。继续实施重大项目带动战略，扩大有效投资，加快银西高铁等基础设施建设；突出集聚创新，推动新型工业加快发展；围绕“一特三高”，推动农业提质增效；挖掘服务业发展新优势，着力实现新的增长；统筹城乡发展，深入推进新型城镇化建设，大力实施脱贫攻坚工程；积极融入“一带一路”，加快内陆开放型经济试验区建设。预计宁夏经济平稳较快发展，地区生产总值增长7.5%～8%。其中，工业增加值同比增长8%以上，固定资产投资同比增长10%以上，社会消费品零售总额同比增长8%，地方一般预算公共收入同比增长7.5%以上，城镇居民和农村居民人均可支配收入分别同比增长8.5%和9.5%左右。

2016年，宁夏金融业将主动适应“新常态”，继续认真落实稳健的货币政策，完善宏观审慎管理，围绕区域经济发展战略重点和供给侧改革，大力支持现代农业提质增效、工业转型升级、现代服务业加快发展，加大对重点项目、特色优势产业、新型城镇化建设、民生等领域的信贷投入，继续改善融资结构，降低社会融资成本，促进地区经济结构调整和转型升级。按照精准扶贫、精准脱贫要求，全面做好扶贫开发金融服务。稳步推进“两权”抵押贷款试点工作。完善金融风险排查和处置机制，切实防范和化解金融风险，维护区域金融稳定。

中国人民银行银川中心支行货币政策分析小组

总　纂：高　波　束　华

统　稿：马建斌　王　龙　梁非哲

执　笔：常军卫　何敬杰　马明霞　马俊鹏　王银昆　李　鹏　祁永忠　周金东　付　静

提供材料的还有：王立军　李海洋　王　谦　陈　飞　张　冀　行　颖　刘晋宁　孙世全　葛军红
白晓云　姚景超　王进会　马　康　刘　力　庄淑霞　王永舵　杜小红　张丽华

附录

（一）2015年宁夏回族自治区经济金融大事记

4月18日，中国民生投资有限公司国家新能源综合示范区开工奠基仪式在宁夏盐池县举行，计划建成全球最大的单体光伏电站。

6月19日，宁夏召开金融工作会议，宁夏股权托管交易中心正式挂牌开业。

7月27日，宁夏出台《关于融入"一带一路"加快开放宁夏建设的意见》，加快实施开放带动战略，构建内陆开放型经济新体制。

9月8日，宁夏顺亿资产管理有限公司正式揭牌，成为西北地区第一家地方资产管理公司（AMC）。

9月10日至13日，2015中国—阿拉伯国家博览会在宁夏银川举办，对推进中阿和世界其他地区国家的交流合作，提高务实合作关系水平具有重要意义。

10月12日，吴忠至中卫铁路正式开工建设，标志着宁夏首条城际铁路项目正式动工。

11月13日，银川滨河黄河大桥20亿元项目收益债券获国家发展改革委核准批复，成为宁夏第一只项目收益债。

11月17日，宁夏出台《关于改善金融发展环境支持金融业健康发展的若干意见》，支持鼓励各金融机构积极推动引领创新发展，加快培育经济新动力和新兴业态。

12月25日，自治区党委十一届七次全会通过了《关于制定国民经济和社会发展第十三个五年规划的建议》，全面启动宁夏"十三五"规划编制工作。

12月27日，经全国人大常委会授权，宁夏平罗县、中卫市沙坡头区、同心县、永宁县和贺兰县被纳入全国农村承包土地的经营权抵押贷款试点资格名单，宁夏平罗县被纳入全国农民住房财产权抵押贷款试点资格名单。

（二）2015年宁夏回族自治区主要经济金融指标

表1　2015年宁夏回族自治区主要存贷款指标

		1月	2月	3月	4月	5月	6月	7月	8月	9月	10月	11月	12月
本外币	金融机构各项存款余额（亿元）	4 304.2	4 291.9	4 423.4	4 422.1	4 471.5	4 617.1	4 632.6	4 666.9	4 691.4	4 707.5	4 840.5	4 823.0
	其中：住户存款	2 188.8	2 261.8	2 259.9	2 220.8	2 184.6	2 223.0	2 235.9	2 239.2	2 294.9	2 274.2	2 286.1	2 366.5
	非金融企业存款	1 051.4	1 003.0	1 056.4	1 068.4	1 097.8	1 140.5	1 126.8	1 157.6	1 120.0	1 177.8	1 174.5	1 252.2
	各项存款余额比上月增加（亿元）	81.6	-12.3	131.4	-1.3	49.4	145.6	15.5	34.3	24.4	16.2	133.0	-17.5
	金融机构各项存款同比增长（%）	9.9	7.5	8.5	8.2	7.5	7.8	10.8	9.3	9.6	11.0	11.6	14.0
	金融机构各项贷款余额（亿元）	4 697.3	4 742.9	4 793.2	4 836.8	4 862.0	4 925.0	4 963.3	5 017.1	5 068.0	5 112.5	5 092.9	5 150.3
	其中：短期	1 689.9	1 698.9	1 716.8	1 720.9	1 728.8	1 786.0	1 771.6	1 769.8	1 797.8	1 808.2	1 775.1	1 801.1
	中长期	2 783.9	2 809.5	2 831.5	2 870.8	2 898.9	2 914.5	2 916.8	2 953.1	2 978.5	2 981.5	2 986.8	3 025.2
	票据融资	203.1	213.6	223.8	223.6	212.1	202.2	252.1	270.6	268.1	297.4	310.7	305.3
	各项贷款余额比上月增加（亿元）	89.0	45.6	50.3	43.6	25.2	63.0	38.4	53.8	50.9	44.5	-19.7	57.5
	其中：短期	17.5	9.0	17.9	-4.1	7.9	57.3	-14.5	-1.8	27.9	10.4	-33.1	26.1
	中长期	52.3	25.5	22.0	39.3	28.1	15.6	2.3	36.2	25.4	3.0	5.3	38.5
	票据融资	19.1	10.5	10.2	-0.2	-11.5	-9.9	49.9	18.5	-2.5	29.3	13.3	-5.4
	金融机构各项贷款同比增长（%）	16.8	16.4	15.5	14.7	13.8	12.7	13.0	12.8	12.0	12.6	10.4	11.8
	其中：短期	10.9	10.7	9.5	8.5	8.0	9.4	9.3	8.2	7.8	8.6	5.4	7.7
	中长期	18.3	17.9	16.7	16.6	15.9	13.5	12.4	12.4	11.8	10.6	9.5	10.8
	票据融资	64.7	61.3	70.3	55.4	45.0	45.0	57.7	66.2	57.7	83.2	71.4	65.9
	建筑业贷款余额（亿元）	90.5	92.2	91.7	85.5	88.8	90.8	90.7	88.1	88.4	89.4	87.4	87.5
	房地产业贷款余额（亿元）	767.1	778.9	813.1	822.5	838.2	878.9	886.2	912.7	921.3	930.5	934.7	952.7
	建筑业贷款同比增长（%）	23.1	24.7	17.7	10.3	13.6	11.1	11.8	4.3	1.9	3.3	-0.2	-0.6
	房地产业贷款同比增长（%）	33.0	31.9	34.3	36.3	35.0	30.6	28.9	30.4	29.7	27.0	26.3	28.1
人民币	金融机构各项存款余额（亿元）	4 282.7	4 271.3	4 402.9	4 400.5	4 451.9	4 597.5	4 614.0	4 647.1	4 669.8	4 687.4	4 823.1	4 805.2
	其中：住户存款	2 182.1	2 254.8	2 252.7	2 213.4	2 177.5	2 215.8	2 228.4	2 231.2	2 287.0	2 266.5	2 278.0	2 357.7
	非金融企业存款	1 038.0	990.9	1 044.6	1 055.8	1 086.6	1 129.3	1 117.2	1 147.6	1 107.5	1 166.5	1 166.0	1 244.6
	各项存款余额比上月增加（亿元）	79.8	-11.3	131.5	-2.4	51.4	145.6	16.5	33.1	22.7	17.6	135.6	-17.9
	其中：住户存款	10.4	72.8	-2.2	-39.2	-36.0	38.3	12.7	2.8	55.7	-20.5	11.5	79.7
	非金融企业存款	7.2	-47.1	53.7	11.3	30.8	42.7	-12.1	30.4	-40.1	59.0	-0.4	78.6
	各项存款同比增长（%）	9.7	7.3	8.4	8.0	7.4	7.7	10.7	9.2	9.4	10.8	11.6	14.1
	其中：住户存款	7.2	11.3	9.8	9.0	7.4	7.1	7.7	7.5	6.7	6.8	7.0	8.2
	非金融企业存款	8.9	-0.9	-0.2	-3.4	-2.4	-2.7	4.2	7.2	7.5	11.7	6.9	21.6
	金融机构各项贷款余额（亿元）	4 667.6	4 713.8	4 766.8	4 810.2	4 837.0	4 894.6	4 933.7	4 985.5	5 037.4	5 081.9	5 062.0	5 117.8
	其中：个人消费贷款	505.4	506.7	514.0	523.6	530.2	539.3	543.7	551.2	557.0	561.5	574.1	575.6
	票据融资	203.0	213.5	223.7	223.5	212.0	202.1	252.0	270.5	268.0	297.4	310.6	305.2
	各项贷款余额比上月增加（亿元）	89.1	46.2	52.9	43.4	26.8	57.6	39.0	51.8	51.9	44.4	-19.8	55.8
	其中：个人消费贷款	9.1	1.3	7.3	9.6	6.6	9.1	8.6	7.5	5.9	4.4	12.7	1.5
	票据融资	19.1	10.5	10.2	-0.2	-11.5	-9.9	49.9	18.5	-2.5	29.4	13.3	-5.4
	金融机构各项贷款同比增长（%）	17.1	16.7	15.9	15.1	14.2	13.1	13.0	12.9	12.1	12.6	10.4	11.8
	其中：个人消费贷款	21.6	21.2	19.9	19.8	19.0	18.6	18.2	17.8	17.3	16.7	16.7	16.0
	票据融资	64.7	61.3	70.4	55.5	45.3	45.4	58.0	66.4	57.9	83.3	71.5	66.0
外币	金融机构外币存款余额（亿美元）	3.5	3.4	3.3	3.5	3.2	3.2	3.0	3.1	3.4	3.2	2.7	2.7
	金融机构外币存款同比增长（%）	51.8	55.5	45.6	61.3	43.0	39.6	42.0	43.9	48.5	41.9	4.8	-15.2
	金融机构外币贷款余额（亿美元）	4.8	4.7	4.3	4.4	4.1	5.0	4.8	5.0	4.8	4.8	4.8	5.0
	金融机构外币贷款同比增长（%）	-18.2	-18.0	-29.6	-31.8	-34.6	-20.9	2.5	5.4	2.9	6.7	-1.7	2.8

数据来源：中国人民银行银川中心支行。

表2 2001～2015年宁夏回族自治区各类价格指数

单位：%

年/月	居民消费价格指数		农业生产资料价格指数		工业生产者购进价格指数		工业生产者出厂价格指数	
	当月同比	累计同比	当月同比	累计同比	当月同比	累计同比	当月同比	累计同比
2001	—	1.6	—	2	—	2.5	—	0.3
2002	—	-0.6	—	3.5	—	-2.2	—	-0.3
2003	—	1.7	—	-0.6	—	6.8	—	5.6
2004	—	3.7	—	13.5	—	17.3	—	10.0
2005	—	1.5	—	9.3	—	9.7	—	6.2
2006	—	1.9	—	0.8	—	8.5	—	6.2
2007	—	5.4	—	12.2	—	7.1	—	3.7
2008	—	8.5	—	26.2	—	21.8	—	12.9
2009	—	0.7	—	-3.7	—	-5.3	—	-6.1
2010	—	4.1	—	4.4	—	14.1	—	9.1
2011	—	6.3	—	14.0	—	12.8	—	9.5
2012	—	2.0	—	7.6	—	-0.5	—	-2.6
2013	—	3.4	—	1.6	—	-3.0	—	-4.0
2014	—	1.9	—	-3.1	—	-3.0	—	-3.7
2015	0.1	1.1	0.7	-1.3	-9.6	-7.9	-6.1	-6.3
2014　1	—	—	—	—	—	—	—	—
2	2.5	2.5	-2.1	-1.9	-2.9	-2.4	-3.6	-3.3
3	2.6	2.6	-3.6	-2.4	-3.0	-2.6	-4.3	-3.7
4	1.6	2.3	-1.7	-2.3	-2.9	-2.7	-3.8	-3.7
5	1.5	2.2	-0.6	-1.9	-2.8	-2.7	-3.0	-3.6
6	1.4	2.0	-3.8	-3.3	-2.4	-2.7	-3.1	-3.5
7	1.6	2.0	-4.6	-3.6	-2.2	-2.6	-2.7	-3.4
8	2.1	2.0	-3.5	-3.0	-2.5	-2.6	-3.1	-3.4
9	1.9	2.0	-3.2	-3.1	-3.0	-2.6	-3.4	-3.4
10	1.5	1.9	-2.4	-3.0	-3.1	-2.7	-4.0	-3.4
11	1.5	1.9	-2.7	-3.0	-4.2	-3.8	-4.6	-3.5
12	1.7	1.9	-4.6	-3.1	-5.3	-3	-5.9	-3.7
2015　1	—	—	—	—	—	—	—	—
2	1.4	1.3	-4.0	-3.6	-7.4	-7.1	-6.2	-6.4
3	1.2	1.3	-3.4	-3.5	-7.4	-7.2	-5.7	-6.2
4	1.7	1.4	-3.4	-3.5	-7.2	-7.2	-5.7	-6.0
5	1.4	1.4	-2.7	-3.4	-7.1	-7.2	-5.6	-6.0
6	1.7	1.4	-1.8	-3.1	-7.1	-7.2	-5.8	-5.9
7	1.5	1.5	-0.6	-2.7	-7.5	-7.2	-6.0	-5.9
8	1.7	1.5	0.9	-2.3	-8.2	-7.3	-6.4	-6.0
9	1.1	1.4	0.9	-1.9	-9.2	-8.4	-6.9	-6.1
10	0.4	1.3	1.1	-1.6	-9.2	-7.6	-6.8	-6.2
11	0.3	1.2	0.5	-1.5	-9.5	-7.8	-7.0	-6.3
12	0.1	1.1	0.7	-1.3	-9.6	-7.9	-6.1	-6.3

数据来源：《中国经济景气月报》、《宁夏主要经济指标》。

表3　2015年宁夏回族自治区主要经济指标

	1月	2月	3月	4月	5月	6月	7月	8月	9月	10月	11月	12月
绝对值（自年初累计）												
地区生产总值（亿元）	—	—	460.6	—	—	1 128.0	—	—	1 987.3	—	—	2 911.8
第一产业	—	—	24.3	—	—	36.5	—	—	152.3	—	—	238.5
第二产业	—	—	232.9	—	—	586.7	—	—	985.9	—	—	1 379.0
第三产业	—	—	203.4	—	—	504.9	—	—	849.1	—	—	1 294.3
工业增加值（亿元）	—	125.0	202.1	274.7	350.3	437.8	519.3	603.3	694.0	786.1	879.5	972.2
固定资产投资（亿元）	—	55.7	241.2	480.3	803.8	1 267.1	1 609.3	2 009.6	2 446.7	2 813.8	3 115.0	3 532.9
房地产开发投资	—	3.6	39.0	87.5	141.8	211.3	288.7	360.3	423.1	493.7	574.5	663.6
社会消费品零售总额（亿元）	—	—	189.1	—	—	364.9	—	—	572.2	—	—	789.6
外贸进出口总额（亿元）	—	37.8	51.8	61.2	75.2	93.8	132.9	165.0	186.1	200.3	222.7	246.2
进口	—	7.0	11.1	13.4	16.7	20.0	23.3	27.9	31.4	35.2	44.4	52.9
出口	—	30.7	40.7	47.8	58.4	73.7	109.6	137.1	154.7	165.1	178.3	193.3
进出口差额(出口－进口)	—	23.7	29.7	34.4	41.7	53.7	86.3	109.2	123.3	129.9	133.9	140.4
外商实际直接投资（亿美元）	—	1.3	1.3	1.3	1.4	1.6	1.7	1.7	1.7	1.7	1.8	1.9
地方财政收支差额（亿元）	—	0.2	-24.4	-90.9	-102.0	-206.7	-220.8	-284.3	-410.9	-413.9	-456.7	-527.7
地方财政收入	—	104.0	148.7	200.0	246.1	301.0	354.9	396.8	443.7	498.8	544.2	610.5
地方财政支出	—	103.8	173.1	290.9	348.1	507.8	575.7	681.1	854.7	912.7	1 000.8	1 138.2
城镇登记失业率(%)(季度)	—	—	4.0	—	—	4.0	—	—	4.0	—	—	4.0
同比累计增长率（%）												
地区生产总值	—	—	7.0	—	—	7.4	—	—	7.6	—	—	8.0
第一产业	—	—	4.1	—	—	4.6	—	—	5.0	—	—	4.6
第二产业	—	—	7.2	—	—	7.9	—	—	8.6	—	—	8.5
第三产业	—	—	6.9	—	—	6.8	—	—	6.5	—	—	7.9
工业增加值	—	6.1	6.5	5.7	6.6	7.0	7.2	7.1	7.5	7.6	7.7	7.8
固定资产投资	—	14.8	15.8	11.4	12.1	12.8	10.8	9.1	8.0	8.6	10.9	10.4
房地产开发投资	—	27.6	17.4	4.4	-2.2	-7.2	-5.3	-7.1	-11.8	-10.9	-7.2	-3.2
社会消费品零售总额	—	—	7.6	—	—	6.5	—	—	6.7	—	—	7.1
外贸进出口总额	—	-46.8	-41.2	-45.7	-45.3	-41.7	-26.6	-25.0	-25.2	-28.6	-30.7	-30.3
进口	—	28.3	5.4	-7.2	-0.6	1.2	-0.4	-19.2	-32.2	-36.2	-33.1	-28.1
出口	—	-53.1	-47.5	-51.4	-51.5	-47.7	-30.5	-26.1	-23.6	-26.7	-30.0	-30.8
外商实际直接投资	—	221 300	221 300	17 300	7 700	6 100	4 600	3 800	3 100	3 100	1 600	100
地方财政收入	—	7.1	6.7	4.4	3.3	5.1	5.0	5.1	6.3	6.5	6.7	12.0
地方财政支出	—	35.6	7.8	21.7	7.1	21.7	12.8	11.9	18.7	17.6	19.2	13.8

数据来源：宁夏统计局、宁夏人力资源和社会保障厅。

2015年新疆维吾尔自治区金融运行报告

中国人民银行乌鲁木齐中心支行货币政策分析小组

[内容摘要] 2015年，在中央、自治区各项稳增长政策作用下，新疆经济运行健康平稳。就业形势稳定；基础设施和民生等重点领域投资较快增长，消费需求稳中趋旺，外贸进出口持续放缓；农业现代化水平持续提升，工业结构调整进入“深水区”，旅游业呈现井喷式增长，经济发展的质量和效益进一步提升。

新疆金融运行总体平稳。重点领域信贷投放持续加强，普惠金融加快推进，融资渠道不断拓宽，直接融资快速增长；保险业经营稳健，保险保障功能增强；证券业稳健发展，融资功能有效发挥；金融基础设施不断完善，金融生态持续改善，服务水平不断提升。

2016年，面对国内外复杂的经济形势，新疆经济下行和结构调整压力依然较大，但随着中央支持新疆经济社会发展政策效应持续显现、丝绸之路经济带核心区建设的加快推进以及各项改革的深入，新疆经济有望保持稳步增长态势。金融业将着力优化信贷结构，拓宽融资渠道，防范金融风险，不断提升对实体经济的支持。

一、金融运行情况

2015年，面对新疆经济社会发展两个“三期叠加”的形势，新疆金融业认真执行稳健的货币政策，加强银证保联动，优化融资结构和信贷结构，降低社会融资成本，深化金融改革，完善金融基础设施建设，为经济结构调整和转型升级营造了良好的金融环境。

（一）银行业稳健运行，重点领域信贷投放加强

1. 银行业资产规模稳步增长。2015年，新疆银行业金融机构资产规模为23 893亿元，较上年增长8.7%。其中，新型农村金融机构、信托公司总资产增速均超过25%。银行业利润增长5.8%，同比下降0.7个百分点。银行业金融机构共有网点3 656个，法人金融机构114个。北京银行乌鲁木齐分行入驻新疆；重庆三峡银行、福建南安农商行疆内机构加快筹建。

2. 存款增速低位有所回升。年末，新疆本外币各项存款余额为17 822.1亿元，增长11%，较上年同期提高2.2个百分点。3月、6月、9月存款新

表1　2015年新疆维吾尔自治区银行业金融机构情况

机构类别	营业网点			法人机构（个）
	机构个数（个）	从业人数（人）	资产总额（亿元）	
一、大型商业银行	1 315	30 858	9 112	
二、国家开发银行和政策性银行	96	2 298	3 573	
三、股份制商业银行	116	2 745	1 904	
四、城市商业银行	233	5 302	4 255	5
五、城市信用社				
六、小型农村金融机构	1 128	12 932	3 475	84
七、财务公司	1	16	11	
八、信托公司		355	75	2
九、邮政储蓄银行	664	3 416	802	
十、外资银行	3	46	18	
十一、新型农村金融机构	100	1 604	235	22
十二、其他		97	435	1
合　计	3 656	59 669	23 893	114

注：营业网点不包括国家开发银行和政策性银行、大型商业银行、股份制银行等金融机构总部数据；大型商业银行包括中国工商银行、中国农业银行、中国银行、中国建设银行和交通银行；小型农村金融机构包括农村商业银行、农村合作银行和农村信用社；新型农村金融机构包括村镇银行、贷款公司、农村资金互助社；“其他”包含金融租赁公司、汽车金融公司、货币经纪公司、消费金融公司等。

数据来源：新疆银监局。

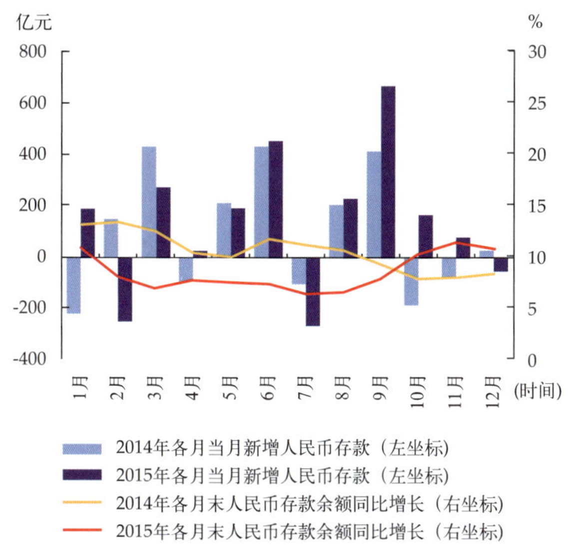

数据来源：中国人民银行乌鲁木齐中心支行。

图1　2014～2015年新疆维吾尔自治区金融机构人民币存款增长变化

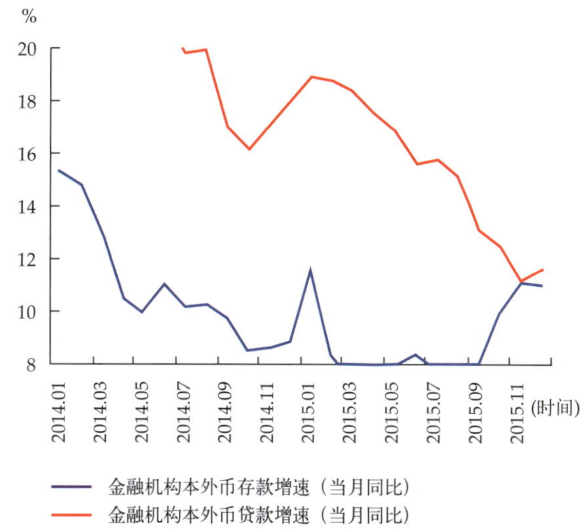

数据来源：中国人民银行乌鲁木齐中心支行。

图2　2014～2015年新疆维吾尔自治区金融机构本外币存、贷款增速变化

增较多，季度末“冲时点”现象仍存在。其中，住户存款增长平稳；企业存款增速明显回升，达15.2%，高出上年同期18.3个百分点；随着新疆重点项目建设加快，各项拨款和补贴陆续到位，政府存款保持较高增速。

3. 贷款增速明显放缓，信贷结构不断优化。年末，新疆本外币各项贷款余额为13 651亿元，同比增长11.5%，较上年同期下降6.5个百分点。其中，中长期贷款增势较为平稳，短期贷款下滑较多，仅增长5.5%，低于上年同期9.6个百分点，票据融资大幅增长，增幅达76.2%。

信贷投向结构持续优化，保重点、惠民生作用显现。进一步优化资源配置，着力加大基础设施等重点领域信贷投入，六成新增企业贷款投向电力、交通、公共管理领域；煤炭、钢铁、有色等高耗能行业中长期贷款净减少。民生领域贷款快速增长。保障性住房开发贷款、劳动密集型小企业贴息贷款分别增长108.4%、64.5%；纺织服装产业贷款增长53%，高于全疆贷款增速41.8个百分点；“两权”抵押贷款余额达54亿元，居全国前列；南疆四地州贷款增量达176.5亿元，增长14.1%，高于全疆2.6个百分点。

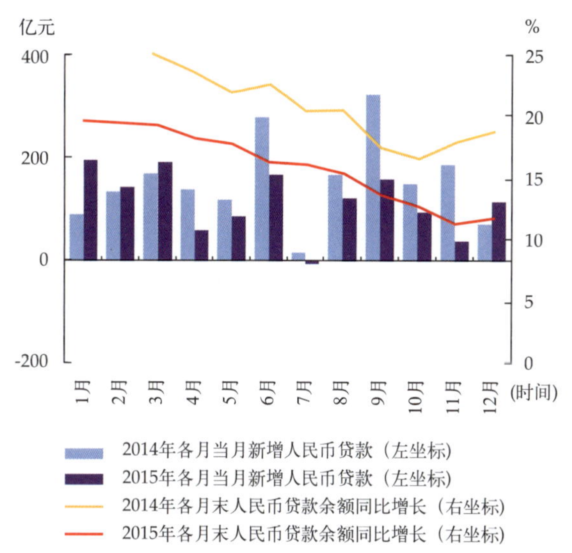

数据来源：中国人民银行乌鲁木齐中心支行。

图3　2014～2015年新疆维吾尔自治区金融机构人民币贷款增长变化

专栏1 新疆金融扶贫工作成效显著

新疆是我国扶贫开发的重点地区。近年来，新疆不断探索和完善金融扶贫工作机制，贫困地区金融总量持续较快增长，金融体系不断丰富和完善，金融服务功能不断增强，南疆四地州金融扶贫取得重点突破。

一是完善金融扶贫工作机制。积极争取“一行三会”出台《关于金融支持南疆四地州经济发展和社会稳定的意见》（银发〔2015〕15号）。结合南疆实际，制订了《关于进一步做好南疆四地州金融服务工作的意见》、《新疆南疆四地州连片特困地区金融扶贫工作实施方案》。牵头建立了南疆连片特困地区扶贫开发金融服务联动协调机制，建立了主办银行制度，确定国家开发银行、中国进出口银行和农村信用社为金融扶贫主办银行。开展金融扶贫示范县创建活动，先后确定在吉木乃、麦盖提、英吉沙、阿克陶、墨玉和乌什等县开展示范县创建活动。2015年，南疆四地州贷款余额为1 434.9亿元，贷款增量、增幅均高于上年。成功注册发行债务融资工具累计18亿元。

二是加大货币政策工具运用，撬动更多的信贷资金支持扶贫开发。2015年年末，重点贫困县的31家法人机构支农再贷款余额为61.9亿元，全部享受1.75%的优惠利率，为贫困地区法人机构节省利息支出5 000多万元。31家法人机构全部享受到下浮存款准备金率1个点的优惠政策，全年释放资金约6亿元。

三是加强金融基础设施建设，健全完善普惠金融服务体系。年末，32个国定贫困县共有县级银行业金融机构215家，银行机构服务网点703个，其中，乡镇网点383个。布放自助设备31 406台，设立银行卡助农取款服务点630个，建立农户信用档案120.2万户，评定信用农户93.3万户。

四是创新金融扶贫模式，加大信贷支持力度。银行业金融机构积极开展扶贫金融产品创新，形成了阿勒泰吉木乃模式、麦盖提“1+2+X”模式、伊宁火种计划、进出口银行“扶贫龙头企业+贫困户+扶贫贴息”等近十种行之有效的金融扶贫工作模式。

五是搭建金融支持“访惠聚”平台，助推金融精准扶贫工作。把“访惠聚”活动作为推进金融工作进一步贴近基层、服务基层的有效平台。自2015年7月启动以来，通过与“访惠聚”住村工作组对接后，银行业机构发放支持“访惠聚”工作贷款6 092万元，其中，南疆四地州1 042万元，贷款投放对象均为村民或村级“惠民生”项目。

4. 银行理财业务略有增长。2015年，新疆各金融机构积极拓展理财业务深度，业务规模略有增长。全年理财产品累计发行额5 351.7亿元，同比增长1.6%。其中，机构理财同比增长17.6%。国有银行依然是销售主力，股份制银行、地方法人机构理财业务发展较快。

5. 存贷款利率持续下行，利率定价机制建设加快推进。2015年，随着人民银行基准利率五次下调，新疆金融机构存贷款利率中枢整体下移。全年人民币一般贷款加权平均利率为6.3489%，较上年下降0.8个百分点。12月定期存款加权平均利率为1.9011%，较6月下降0.8个百分点。新疆市场利率定价自律机制的自律协调作用逐步发挥，全区存款市场竞争秩序平稳，机构定价呈现差异化格局。

新疆法人金融机构市场化定价能力不断提高，制定完善存款定价管理办法，城市商业银行内部资金转移定价等系统建设加快推进。3家法人金融机构成为新疆首批全国市场利率定价自律机制基础成员，并成功发行同业存单13亿元；22家法人机构获得同业存单发行资格。

6. 银行业改革有序推进。政策性银行明确功能定位，主动服务国家战略，国开行、进出口银行喀什分行正式开业，农发行积极开拓重大水利工程和易地扶贫开发等支农新领域；农行、兵团农行“三农金融事业部”管理体制不断健全，两

表2　2015年新疆维吾尔自治区金融机构人民币贷款各利率区间占比

单位：%

月份		1月	2月	3月	4月	5月	6月
合计		100.0	100.0	100.0	100.0	100.0	100.0
下浮		5.0	8.0	4.1	9.7	1.6	9.2
基准		27.6	23.8	30.9	25.1	35.7	29.5
上浮	小计	67.4	68.2	65.0	65.2	62.6	61.4
	(1.0，1.1]	27.9	22.4	18.4	19.9	22.4	22.1
	(1.1，1.3]	12.2	12.7	12.0	12.2	15.0	12.6
	(1.3，1.5]	12.2	11.2	12.4	11.6	9.8	10.8
	(1.5，2.0]	13.5	19.3	18.5	18.3	12.6	13.0
	2.0以上	1.5	2.6	3.7	3.2	2.8	2.8
月份		7月	8月	9月	10月	11月	12月
合计		100.0	100.0	100.0	100.0	100.0	100.0
下浮		5.3	6.1	4.5	7.8	11.6	17.7
基准		31.1	32.2	36.6	45.1	32.7	24.6
上浮	小计	63.6	61.6	58.8	47.1	55.6	57.7
	(1.0，1.1]	22.8	22.2	22.2	14.1	14.2	12.6
	(1.1，1.3]	12.2	13.0	12.5	7.7	8.6	8.9
	(1.3，1.5]	9.1	9.0	6.8	5.8	5.9	5.7
	(1.5，2.0]	15.5	12.9	10.9	10.9	12.1	13.5
	2.0以上	4.0	4.5	6.5	8.7	14.8	17.0

数据来源：中国人民银行乌鲁木齐中心支行。

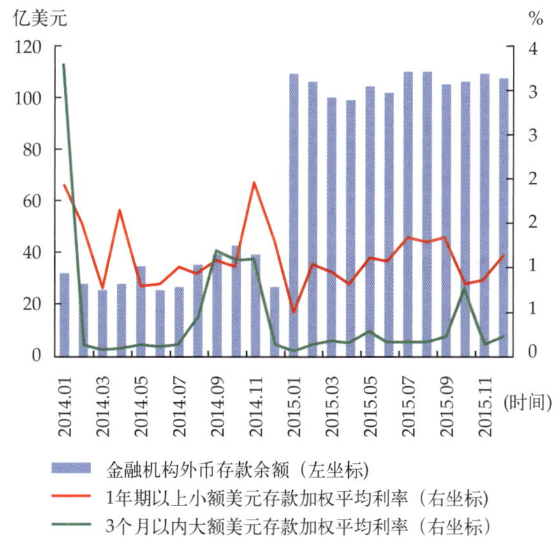

数据来源：中国人民银行乌鲁木齐中心支行。

图4　2014～2015年新疆维吾尔自治区金融机构外币存款余额及外币存款利率

家行112个县域支行实现“三农金融事业部”挂牌，服务“三农”能力和水平明显提升；全国性中小银行改革稳步推进，社区支行、小微支行建设步伐加快；乌鲁木齐市商业银行更名为乌鲁木齐银行，实现从地方性城市商业银行向跨区域经营的现代商业银行转变。

农村金融机构改制重组步伐加快。全疆新增村镇银行3家。3家信用社改制为农商行，4家信用社进入实质性改革程序。新疆农合机构支农贷款余额居全疆金融机构之首，支农主力军作用不断增强。

7. 银行业运营稳健，金融监管合作机制逐步完善。2015年，全疆不良贷款余额和不良贷款率有所上升，较上年分别增加23.1亿元和0.03个百分点，资产质量保持合理水平。自治区政府印发《新疆银行业金融机构不良贷款防范协调机制工作方案》，首次召开“一行三局”金融监管协调联席会议，金融监管合作步入常态化，体制机制逐步完善。

8. 跨境人民币业务持续快速发展。全年新疆跨境人民币收付结算额为397.2亿元，同比增长7.0%。自2010年新疆跨境人民币业务试点以来，新疆已与美国、哈萨克斯坦等83个国家和地区开展了跨境人民币收付业务，业务实现地州全覆盖。年内促成全国首笔人民币对坚戈及卢布远期结售汇业务；与周边国家货币挂牌兑换取得新突破，人民币与巴基斯坦卢比、塔吉克斯坦索莫尼正式挂牌。中哈霍尔果斯国际边境合作中心人民币创新业务全面开展。

（二）证券业稳健发展，融资功能有效发挥

1. 证券业资本实力和盈利能力显著增强。年末，新疆证券机构28家，证券营业部68个，期货机构6家。证券业务和经营效益大幅增长，全年证券交易量较上年增长1.87倍，实现利润51.6亿元，较上年增长72%。期货交易达11 913亿元，同比增长32.6%，实现利润889万元，同比增长1.23倍。

2. 资本市场融资功能充分发挥，上市融资创历史新高。年末，新疆A股上市公司达到43家，其中，创业板上市公司3家；总市值达6 141.01亿

表3　2015年新疆维吾尔自治区证券业基本情况

项目	数量
总部设在辖内的证券公司数（家）	0
总部设在辖内的基金公司数（家）	0
总部设在辖内的期货公司数（家）	2
年末国内上市公司数（家）	43
当年国内股票（A股）筹资（亿元）	236
当年发行H股筹资（亿元）	0
当年国内债券筹资（亿元）	579
其中：短期融资券筹资额（亿元）	335
中期票据筹资额（亿元）	244

注：当年国内股票（A股）筹资额是指非金融企业境内股票融资。

数据来源：新疆证监局。

元，同比增长39%。全年上市公司累计从股票市场募集资金235.7亿元，其中，首发筹集8.6亿元。西部黄金、雪峰科技成功上市，ST新亿从贵州迁至新疆。年内新增“新三板”企业46家，新疆挂牌企业达63家，实现融资9.59亿元。

（三）保险业经营稳健，保险保障功能增强

1. 保险机构人员稳步增加，服务能力逐年提升。年末，新疆共有保险主体30家，从业人员10.3万人，同比增长3.2万人，保险业资产总额743亿元，同比增长15.8%，持续保持高位增长。保险密度和保险深度稳步增长，较上年分别增加176元/人、1个百分点。

表4　2015年新疆维吾尔自治区保险业基本情况

项目	数量
总部设在辖内的保险公司数（家）	0
其中：财产险经营主体（家）	0
人身险经营主体（家）	0
保险公司分支机构（家）	30
其中：财产险公司分支机构（家）	17
人身险公司分支机构（家）	13
保费收入（中外资，亿元）	367
其中：财产险保费收入（中外资，亿元）	143
人身险保费收入（中外资，亿元）	224
各类赔款给付（中外资，亿元）	137
保险密度（元/人）	1 557
保险深度（%）	4

数据来源：新疆保监局。

2. 保险保障功能增强，服务民生成效明显。2015年，新疆实现保费收入367.4亿元，同比增长15.8%。其中，财产险、人身险保费收入分别增长8.6%和20.8%。全区累计发生赔款与给付支出136.85亿元，同比增长12.9%，为地方和兵团经济社会发展提供了有效风险保障。

农业保险改革力度加大。自治区政府出台《自治区农业保险改革试点方案》，推进农险改革。2015年，新疆建立“三农”保险基层服务机构822家、服务站及网点2 094个。农业保险实现保费收入35.1亿元，同比增长10.1%，保费规模居全国首位。农险品种数量达40多个，基本覆盖粮油、蔬菜、瓜果、禽畜、林木等主要农业生产品种。创新推出全国首单棉花低温气象指数保险，为新疆棉花稳产、高产提供多重保障。

（四）金融市场交易平稳，融资结构继续优化

1. 社会融资规模大幅减少，直接融资占比提高。2015年，新疆社会融资规模为1 836.7亿元，同比少增909.5亿元，其中，银行信贷、表外融资和直接融资分别少增490.8亿元、319.7亿元和70.4亿元。直接融资占比为28.6%，较上年提高6.9个百分点，融资结构进一步优化。

2. 货币市场成交量较快增长。全年新疆银行间市场债券交易额为5.5万亿元，同比增长57.7%。其中，质押式债券回购交易量增长38.4%，资金呈净流入态势，融入资金14 220.7亿元；同业拆借交易量为3 106.3亿元，同比下降11%，资金以拆入为主，拆入2 641.6亿元，同比下降9%。

3. 票据市场业务快速增长。随着经济下行压力加大，企业信用风险提升，银行倾向于运用票据业务替代流动资金贷款，新疆票据签发及贴现量大幅增长。年末，未贴现商业汇票增长26.5%，票据融资余额为874.6亿元，增长54.6%，同比提高11.3个百分点。

2015年，全国银行间市场流动性合理充裕，货币市场利率中枢下移，新疆贴现利率5月以后持续在4%的低位徘徊，转贴现利率也呈波动下行走

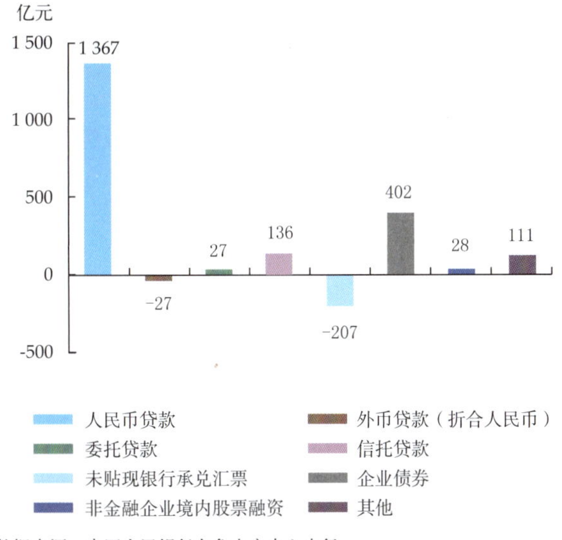

数据来源：中国人民银行乌鲁木齐中心支行。

图5　2015年新疆维吾尔自治区社会融资规模分布结构

表5　2015年新疆维吾尔自治区金融机构票据业务量统计

单位：亿元

季度	银行承兑汇票承兑		贴现			
			银行承兑汇票		商业承兑汇票	
	余额	累计发生额	余额	累计发生额	余额	累计发生额
1	722.3	364.7	563.4	1 065.2	54.2	57.4
2	804.4	829.1	674.3	2 666.1	58.5	149.1
3	890.5	1 279.3	656.2	4 682.7	91.7	276.4
4	899.1	1 752.9	826.4	6 240.5	48.2	416.3

数据来源：中国人民银行乌鲁木齐中心支行。

表6　2015年新疆维吾尔自治区金融机构票据贴现、转贴现利率

单位：%

季度	贴现		转贴现	
	银行承兑汇票	商业承兑汇票	票据买断	票据回购
1	5.5420	5.9068	5.3216	5.2372
2	4.3456	5.5535	3.8754	4.0599
3	3.9451	4.8363	3.4886	3.6269
4	3.5299	4.7464	3.2897	2.9032

数据来源：中国人民银行乌鲁木齐中心支行。

势，贴现和转贴现加权平均利率11月双双处于历史低点，分别为3.6903%和3.0235%。

4. 黄金交易稳中有升。由于股市震荡、黄金价格上扬，居民避险情绪增强，投资黄金意愿回升，全年新疆黄金累计交易量同比上升6%。

（五）金融基础设施不断完善，生态环境建设持续改善

社会信用体系建设逐步深入。非银行信息采集取得新进展，小贷公司、融资担保公司接入征信系统，中国电信新疆分公司个人话费欠费信息纳入征信系统。全疆累计纳入中小企业信用档案3.1万户，评定信用农户268.7万户，确定5个自治区社会信用体系建设综合试验区。金融信用信息数据库已为17万户企业和1 145万名个人建立信用档案。2015年，金融机构累计查询企业信息41万次和个人信息474万次，借助自助设备和互联网信用报告查询平台查询11万余次。

加强支付系统建设。圆满完成第二代支付系统、跨境人民币支付系统（CIPS）、中央银行会计核算数据集中系统信息管理子系统（AMIS）、支付系统同城应急灾备中心的推广建设。支付系统网络不断向农村地区延伸，县级以下银行网点支付系统接入率达到97.9%。推进南疆四地州农村支付环境建设，助农取款服务点建设实现全疆各地、州、市全覆盖。在全国率先完成法人银行机构存款保险投保办理。

金融消费保护信息管理系统在全疆成功上线，畅通“12363”投诉咨询受理渠道，全力保障金融消费者利益。

二、经济运行情况

2015年，在中央、地方各项稳增长政策作用下，新疆经济运行健康平稳，结构调整初显成效。全年完成生产总值9 324.8亿元，增长8.8%。其中，第三产业增加值增长12.7%，成为拉动经济增长的主动力。但当前新疆经济结构性问题较为突出，下行压力依然较大。

（一）内需有所放缓，外需持续萎缩

1.投资增速大幅回落，结构不断优化。全年全社会固定资产投资增长10.1%，同比下降15.1个百分点。其中，第三产业投资增长13.0%，高于第二产业6.3个百分点，占比达48.3%。投资到位资金同比增长8.8%。

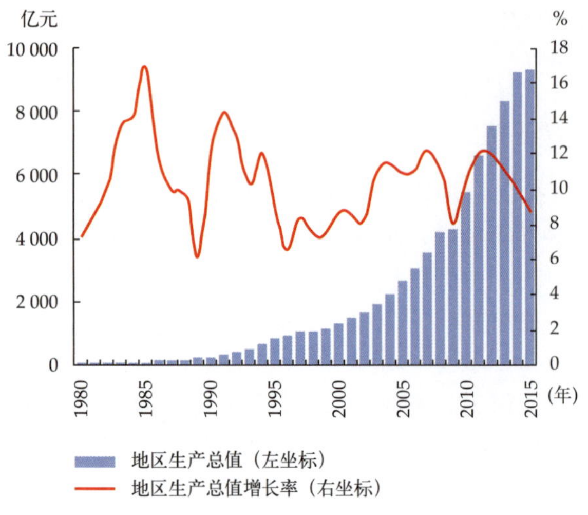

数据来源：新疆维吾尔自治区统计局。

图6　1980～2015年新疆维吾尔自治区地区生产总值及其增长率

分投向看，水利、交通、能源等重点项目投资持续较快增长，二十五类100项重点民生工程如期完成，制造业投资增势明显分化，纺织、装备制造等行业投资高速增长，产能过剩和高耗能行业投资明显回落。

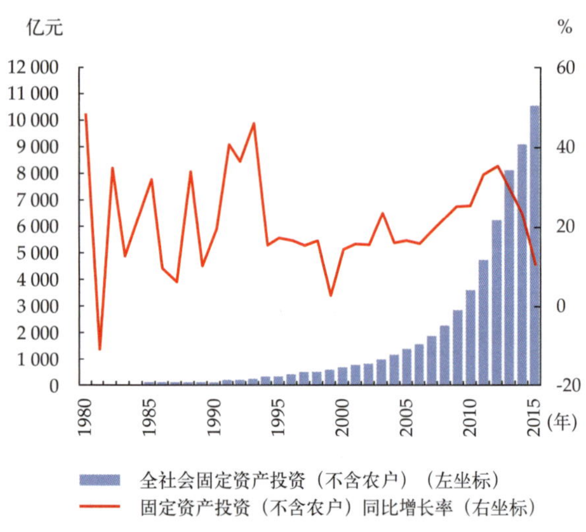

数据来源：新疆维吾尔自治区统计局。

图7　1980～2015年新疆维吾尔自治区固定资产投资（不含农户）及其增长率

2. 居民收入快速增长，消费市场稳中趋旺。居民人均可支配收入增长11.7%，连续四年居全国前列，其中，城镇居民人均可支配收入增长13.2%，高于农村居民人均可支配收入增速5.2个百分点。

社会消费品零售总额增长7.0%。其中，乡村消费品零售额增速高于城镇0.7个百分点。家具、通讯器材等商品销售增长较快；新型消费业态加快成长，全年疆内企业通过网购实现零售额增长20.3%。

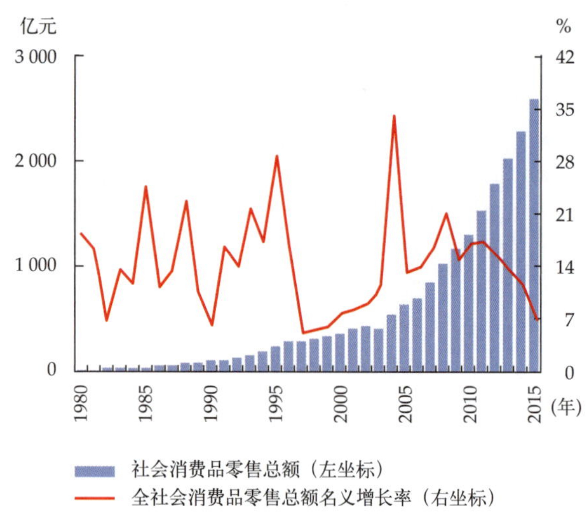

数据来源：新疆维吾尔自治区统计局。

图8　1980～2015年新疆维吾尔自治区社会消费品零售总额及其增长率

3. 进出口降幅扩大，利用外资由降转升。受美元走强、国际大宗商品价格下跌、周边国家经济下行和国内有效需求不足等多重因素的影响，新疆进出口降幅进一步扩大。全年外贸进出口同比下降28.9%。

从贸易方式看，边贸、一般贸易、加工贸易同比分别下降32.4%、23.9%和41.7%，一般贸易占外贸总值的42.6%，较上年提高2.8个百分点。哈萨克斯坦、俄罗斯等主要贸易伙伴进出口下滑。灯具、钢材、陶瓷等产品出口保持增长；原油、铁矿砂等资源性产品进口骤减。

全年实际利用外资同比增长8.5%，其中，制造业利用外资占比为60%；中国香港、开曼群岛、百慕大、英属维尔京群岛和荷兰等地外资占比达75.6%。在“一带一路”战略助推下，新疆对外直接投资额增长41.8%，投资地由周边国家向中国香港、美国和格鲁吉亚等地区辐射，主要投向

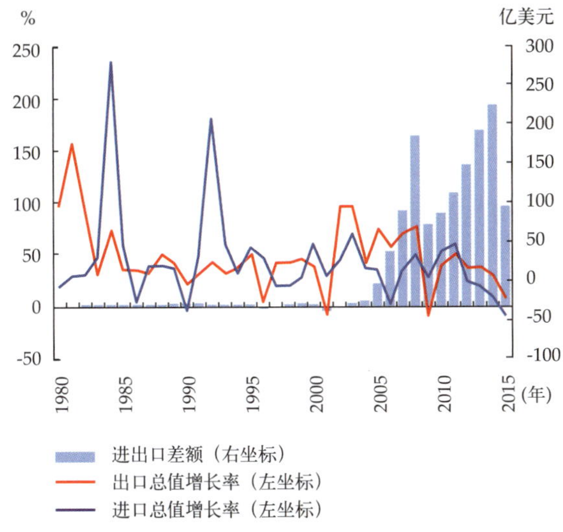

数据来源：新疆维吾尔自治区统计局。

图9　1980～2015年新疆维吾尔自治区外贸进出口变动情况

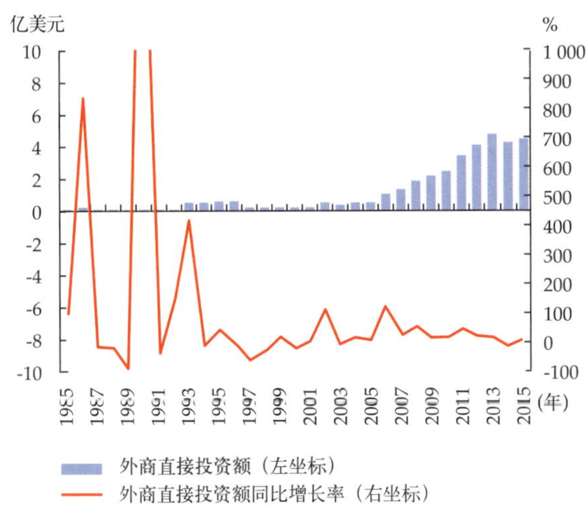

数据来源：新疆维吾尔自治区统计局。

图10　1985～2015年新疆维吾尔自治区外商直接投资额及其增长率

能源开采业和互联网业。

（二）三次产业融合发展，结构不断优化

三次产业对地区生产总值的贡献率分别为10.8%、38.1%和51.1%，第三产业贡献率较上年提高15.2个百分点。三次产业结构调整为16.7∶38.2∶45.1。

1. 农业现代化加快发展，供给侧改革成效初显。粮食产量实现“八连增”，棉花种植面积适当缩减，现代畜牧业加快发展，特色林果产业、设施农业、区域特色农业质量和效益不断提升。农产品加工业总产值增长92%。部分县市开展农村土地承包经营权确权登记颁证试点。新型农业经营主体加快发展，农民专业合作社1.7万家。一批大中型水利骨干工程、灌区配套工程建成，节水农业发展实现重大突破。

2. 工业生产低速增长，结构转型初显端倪。规模以上工业增加值增长5.2%，较上年回落4.8个百分点。受产品价格下跌、成本上升等因素的影响，企业盈利能力下降，规模以上工业企业利润总额同比下降50.1%，每百元主营业务收入中成本增长2.6%。

分结构看，非公有制经济增速快于公有制经济4.9个百分点；非石油工业增长9.0%，占规模以上工业增加值的比重达到64.9%。石油工业呈疲弱态势。钢铁、建材等产能过剩行业持续负增长。新型装备制造、电子信息等新兴产业增长较快，但规模小，带动作用不明显。

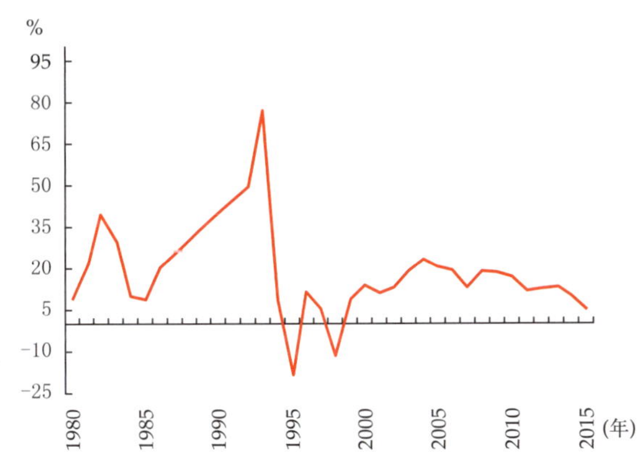

数据来源：新疆维吾尔自治区统计局。

图11　1980～2015年新疆维吾尔自治区规模以上工业增加值同比增长率

3. 服务业加快发展，旅游业大幅增长。服务业增长12.7%，占GDP的比重自2003年以来首次超过第二产业达到45.1%。旅游业呈爆发式增长，71家AAAA级以上景区接待游客比上年增长25.0%，营业收入增长57.8%。物流、金融等行业保持较快增长，住宿餐饮业持续向好。

（三）物价低位运行

1. 居民消费价格涨幅持续回落。全年居民消费价格比上年同期上涨0.6%，同比回落1.5个百分点，为六年来的最低水平。其中，食品价格由涨转降，较上年下降0.8%，非食品价格、服务项目价格上涨、其余各类商品价格稳定。

2. 工业生产者价格降幅扩大。全年工业生产者出厂价格下降17.6%，同比扩大13.8个百分点，自2012年5月以来连续44个月下降。其中，轻、重工业分别下降1.3%、20.3%。工业生产者购进价格下降15.7%，同比扩大13.2个百分点。

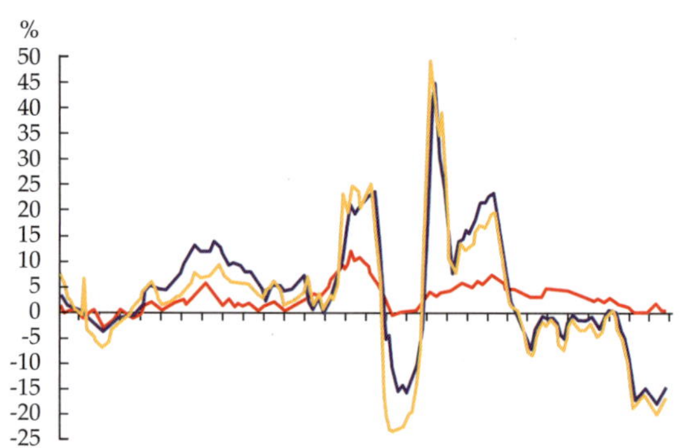

数据来源：新疆维吾尔自治区统计局。

图12　2001～2015年新疆维吾尔自治区居民消费价格和生产者价格变动趋势

3. 就业形势稳定，劳动力成本持续上升。全年城镇新增就业46万人，城镇登记失业率在4%以内。由于人才外流、劳动力短缺、维稳压力较大等原因，新疆自2015年7月起调高最低工资标准，一、二、三、四类地区月最低工资标准比上年分别增长9.9%、11.4%、12.1%和12.9%。

4. 资源性产品价格改革稳步推进。博州、昌吉、哈密、吐鲁番、巴州5个地州推行“立体式”水价综合改革，对超定额用水实行累进加价制度。全面下调工商业用电价格，扩大季节性生产用电价格范围，全面落实纺织服装企业及环保领域优惠电价。棉花目标价格改革试点有序推进。

（四）财政增收压力加大，民生支出持续增加

2015年，新疆一般公共预算收入增长3.8%，较上年回落9.9个百分点。受原油价格持续走低、经济增长放缓、企业效益不景气等因素的影响，税收收入下降2.9%，财政持续增收压力加大。

新疆一般公共预算支出增长14.7%，比上年提高6.4个百分点。其中，用于城乡社区事务、教育、卫生、医疗等民生领域刚性支出持续增加。

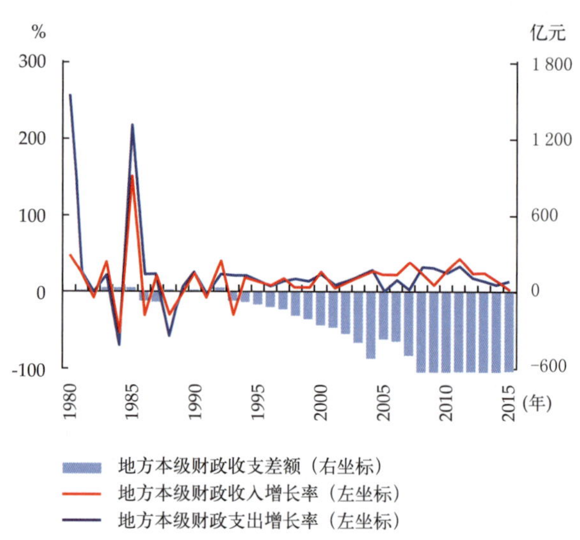

数据来源：新疆维吾尔自治区统计局。

图13　1980～2015年新疆维吾尔自治区财政收支状况

（五）生态文明建设稳步推进，环境质量持续改善

大力推进生态文明建设，加大力度整治违法排污企业，推进排污权有偿使用和交易工作。完成了9个煤田火区治理任务。单位生产总值能耗完成年度节能降耗下降2.1%的目标任务，规模以上工业单位增加值能耗同比下降3.0%，单位生产总值电耗比上年增长2.8%，均创新疆“十二五”以来节能降耗指标完成情况的最好水平。

乌鲁木齐、奎—独—乌区域、克拉玛依、石河子和库尔勒等城市大气污染联防联控以及和田、喀什等城市沙尘污染综合治理持续推进。绿色金融加快发展，国内首单中资企业境外绿色债券成功发行。

专栏2　发挥优势　重点突破　新疆加快推进丝绸之路经济带核心区建设

按照国家《丝绸之路经济带和21世纪海上丝绸之路建设战略规划》部署，新疆先后出台了《推进新疆丝绸之路经济带核心区建设的实施意见》和《推进新疆丝绸之路经济带核心区建设的行动计划（2014～2020年）》，明确提出以“三通道”为主线，“三基地”①为支撑，“五大中心”②为重点，“十大进出口产业集聚区”③为载体的总体思路和发展目标，勾画出新疆核心区建设的宏伟蓝图。

一是立足设施连通，着力推进交通、能源、信息三大通道建设。2015年，新疆加快覆盖新疆全境的北中南三大通道建设，重点推进中吉乌铁路、中哈公路、中塔公路、乌鲁木齐门户枢纽机场、中国—中亚天然气管道D线、中塔跨境光缆等通道建设。自2004年3月，新疆丝绸之路西行国际货运班列开行以来，累计开行135列，规模达到全国领先水平。

二是立足贸易畅通，推进物流体系和口岸建设。中哈霍尔果斯国际边境合作中心综合保税区、整车进口和粮食进口口岸相继落成，喀什综合保税区封关运营，乌鲁木齐综合保税区积极推进；乌鲁木齐、喀什、霍尔果斯国家级商贸物流产业园区加快建设；服务贸易和跨境电子商务成为新的经济增长点。7月，霍尔果斯口岸开启落地签证业务，成为西北地区首个实现落地签证的口岸。

三是立足资金融通，有力推动人民币国际化进程。加速推进丝绸之路经济带融资、清算、金融市场、外汇交易等金融平台建设；推动以喀什、霍尔果斯经济开发区为重点的沿边区域金融创新先行先试；加快新疆银行组建步伐，启动国际石油交易中心建设前期工作。开启跨国企业集团外汇及跨境人民币双向资金池业务，实现人民币对哈萨克斯坦坚戈、巴基斯坦卢比、塔吉克斯坦索莫尼挂牌交易5 997.6万元人民币，与哈萨克斯坦、美国等83个国家和地区开展了跨境人民币收付业务，结算量达1 975.9亿元。中哈霍尔果斯边境合作中心人民币创新业务全面开展，传统、创新和离岸业务实行“分账核算”模式，人民币现钞调运正式实施。

四是立足民心相通，加强双边、多边交流合作。成功举办中国新疆国际民族舞蹈节、亚欧丝绸之路服装节、亚欧博览会、新疆丝绸之路文化创意产业博览会等。新疆中亚文化交流中心、丝绸之路印象城、丝绸之路经济带旅游集散中心破土动工，文化旅游国际化步伐加快推进。

（六）主要行业分析

1. 房地产市场运行平稳，去库存压力依然较大。

（1）房地产开发投资波动下行。新疆房地产市场上半年有所回暖，但空置面积持续上升，下半年投资增速逐月回落。全年完成房地产开发投资下降1.6%，增速为2013年以来的最低水平。

（2）房地产市场供给充足，商品房销售有所回升。全年房屋施工、销售面积同比分别增长1.6%和0.5%。乌鲁木齐市空置面积增长6.6%。保障房建设力度加大，基本建成27.5万套。

（3）房价总体下降，土地出让收入减少。2015年年末，乌鲁木齐市新建住宅销售价格同比下降2%；二手住宅销售价格同比上升2.9%，全年土地成交价款同比下降26.4%。

---

① “三基地”指大型油气生产加工和储备基地、大型煤炭煤电煤化工基地、大型风电和光伏发电基地。

② “五大中心”指交通枢纽中心、商贸物流中心、金融中心、文化科技中心和医疗服务中心。

③ “十大进出口产业集聚区”指机械装备出口、轻工产品出口加工、纺织服装产品出口加工、建材产品出口加工、化工产品出口加工、金属制品出口加工、信息服务业出口、进口油气资源加工、进口矿产品加工、进口农林牧产品加工等产业集聚区。

（4）房地产贷款增速明显下滑，保障性住房贷款快速增长。年末，房地产贷款余额同比增长9.6%，较上年同期下降25.8个百分点。其中，房地产开发贷款自10月以来持续负增长。个人购房贷款增长较为稳定。保障性住房贷款增长64.3%，城市棚户区改造项目成为重中之重。

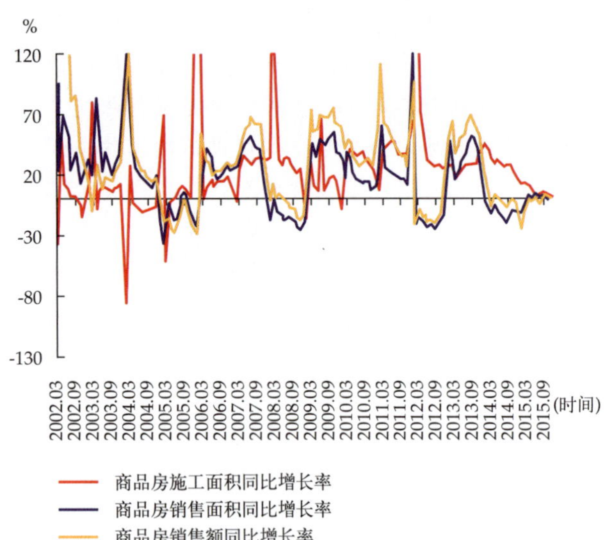

数据来源：中国人民银行乌鲁木齐中心支行。

图14　2002～2015年新疆维吾尔自治区商品房施工和销售变动趋势

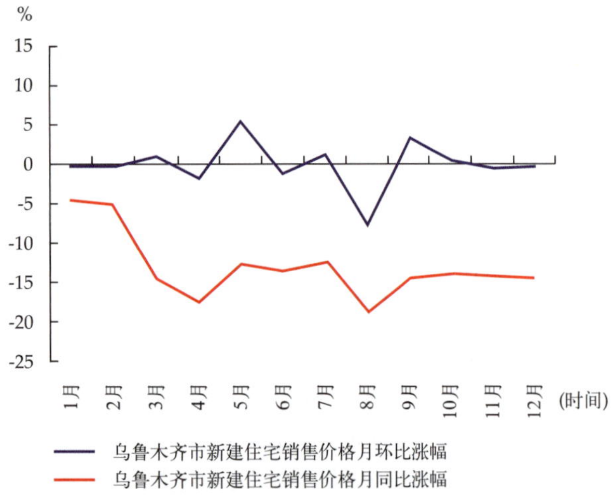

数据来源：新疆维吾尔自治区统计局。

图15　2015年乌鲁木齐市新建住宅销售价格变动趋势

2. 纺织服装业快速发展。新疆是全国最大的优质棉生产基地，纺织服装业则是新疆优势资源转换的传统产业，更是重要的民生产业，第二次中央新疆工作座谈会把新疆发展纺织服装业上升为国家战略。

在中央、自治区一系列政策支持下，新疆纺织服装业发展步入快车道，产业集聚效应不断显现。一是纺织服装产业初具规模。2015年，纺织类工业投资317.9亿元，增长2.3倍，新增就业增长1.4倍，新增纺织规模400万锭，总规模超过1 000万锭。二是产业体系不断完善。随着疆外企业向新疆转移，全疆初步形成了以棉纺和粘胶纤维为主导，集服装、印染、化纤业等为一体的纺织服装产业体系。三是园区承载力显著提升。90%以上纺织服装企业落户“三城七园一中心”①，如意、华孚、富丽达、红豆等优势品牌企业、产业链龙头企业入驻带动配套企业跟进，产业集群发展格局显现。四是企业“走出去”步伐加快。吉尔吉斯斯坦、哈萨克斯坦成为新疆纺织业主要出口市场，棉花产业基地、棉纺加工生产项目等在中亚国家加快布局。五是金融支持力度不断加大。多家银行总行给予新疆纺织行业差别化信贷政策。年末，新疆纺织服装业贷款余额同比增长70.8%，高于全疆贷款增速59个百分点；新疆首单纺织服装企业债务融资工具成功注册。

当前，新疆纺织服装业发展也存在初级产品比重大、产业链条短、综合成本上升、出口压力大等困难和问题。下一步，新疆将充分把握丝绸之路经济带核心区建设机遇，不断增强企业内生发展动力，完善和延伸产业链，加快亚欧市场拓展，努力将新疆建成国家重要的纺织服装产业基地。

三、预测与展望

2016年，面对国内外复杂的经济形势，新疆经济增速下行和结构调整压力依然较大，但随着中央支持新疆经济社会发展政策效应持续显现，丝绸之路经济带核心区建设的加快推进以及各项

① “三城”即阿克苏、石河子、库尔勒；七园为哈密、巴楚、阿拉尔、沙雅、玛纳斯、奎屯、霍尔果斯；一中心是乌鲁木齐纺织品国际商贸中心。

改革的深入，新疆经济有望保持稳步增长态势。预计全年地区生产总值增长7%左右。

从需求看，新疆交通、水利、能源、生态治理等基础设施和民生领域投资力度将持续加大，新兴产业、现代物流等项目加快推进，工业改造升级，仍有较大投资空间。就业形势稳定向好，居民收入增加，旅游、文化、体育、健康等消费升级领域需求增大。随着丝绸之路经济带互联互通建设推进，扩大进出口、推动与沿线国家贸易往来有巨大潜力。从供给看，新型城镇化、现代服务业等加快推进，农副产品加工、纺织服装、装备制造等具备比较优势产业不断向价值链高端延伸，精准扶贫全力推进，房地产去库存、企业降成本全面落实，将带动工业增加值稳步增长，将进一步推动三次产业融合发展。

从物价走势看，国际油价，大宗商品等价格连续大幅下跌，钢铁、水泥等部分传统行业产能过剩，有效需求依然不足。预计2016年新疆PPI持续下行，整体物价涨幅在3%以下。

新疆金融业将继续认真执行稳健的货币政策，以稳增长、调结构为主线，把转方式、补短板、促改革作为着力点，优化增量、盘活存量，保持社会融资规模合理适度增长，进一步改善融资结构，持续降低融资成本，防范金融风险，为经济社会发展提供有力的金融支撑。

中国人民银行乌鲁木齐中心支行货币政策分析小组
总　纂：郭建伟　李寿龙
统　稿：程　刚　张志超
执　笔：谢　鹍　赵　燕
提供材料的还有：马　杰　江武杰　吴　凡　张馨月　匡亚斌　高　兴　郭燕芸　王彦飞　韩　莹　买金星　郭　海　杨长伟　唐小玉　张　硕　李　宁　张　雯　马　红　孔　婷　王　璐　李爱华

附录

（一）2015年新疆维吾尔自治区经济金融大事记

1月，“一行三会”发布《关于金融支持南疆四地州经济发展和社会稳定的意见》（银发〔2015〕15号）。

3月，国家发展改革委、外交部、商务部联合发布《推动共建丝绸之路经济带和21世纪海上丝绸之路的远景与行动》，将新疆定位为丝绸之路经济带核心区。

4月，新疆维吾尔自治区党委、人民政府制定《关于应对经济下行压力做好当前经济工作的意见》，出台20个方面50条措施促经济稳增长。

6月，国务院办公厅发布《关于支持新疆纺织服装产业发展促进就业的指导意见》（国办发〔2015〕2号）。

7月，中石油克拉玛依石化有限责任公司、中石化新疆新春石油开发有限责任公司相继挂牌运营，两家企业均由央企和新疆国企合作合资，驻疆央企属地注册取得重大进展。

7月，新疆金风科技股份有限公司在境外成功发行3亿美元绿色债券，成为我国中资企业境外发行的首只绿色债券。

8月，中国人民银行在乌鲁木齐举行“新疆维吾尔自治区成立六十周年金银纪念币”发行仪式。

9月，人民币与巴基斯坦卢比银行间现钞汇率挂牌交易启动仪式在喀什举行。12月，人民币实现对塔吉克斯坦货币索莫尼汇率挂牌。

9月，中国保监会与新疆维吾尔自治区党委、人民政府联合召开保险业支持新疆经济社会发展座谈会并签署战略合作协议。

12月，中国人民银行乌鲁木齐中心支行出台《新疆喀什霍尔果斯经济开发区跨境人民币借款业务试点管理暂行办法》，为开发区内企业利用境外市场融资提供了制度保障。

（二）2015年新疆维吾尔自治区主要经济金融指标

表1　2015年新疆维吾尔自治区主要存贷款指标

		1月	2月	3月	4月	5月	6月	7月	8月	9月	10月	11月	12月
本外币	金融机构各项存款余额（亿元）	16 272.3	16 002.3	16 243.5	16 257.1	16 486.8	16 922.5	16 702.3	16 962.9	17 603.6	17 774.4	17 881.0	17 822.1
	其中：住户存款	6 336.5	6 486.6	6 501.8	6 335.0	6 288.7	6 331.0	6 330.8	6 352.7	6 484.6	6 502.3	6 579.9	6 822.8
	非金融企业存款	4 608.9	4 334.2	4 455.2	4 534.7	4 733.7	4 869.5	4 733.9	4 822.5	4 843.5	5 034.9	5 185.2	5 365.8
	各项存款余额比上月增加（亿元）	231.0	-270.0	241.2	13.6	229.7	435.6	-220.2	260.6	640.7	170.8	106.7	-58.9
	金融机构各项存款同比增长（%）	11.4	8.3	7.0	7.9	7.9	8.3	7.6	7.2	7.9	9.9	11.1	11.0
	金融机构各项贷款余额（亿元）	12 423.6	12 577.3	12 752.0	12 810.4	12 898.4	13 097.2	13 113.8	13 261.4	13 389.4	13 469.0	13 507.4	13 651.0
	其中：短期	3 994.0	4 075.0	4 183.5	4 234.6	4 218.7	4 235.3	4 193.0	4 178.5	4 231.7	4 214.7	4 077.7	4 090.0
	中长期	6 991.0	7 062.7	7 120.6	7 141.8	7 183.8	7 307.6	7 298.4	7 352.5	7 419.1	7 502.0	7 572.0	7 653.7
	票据融资	594.2	581.7	579.5	575.1	624.5	671.9	731.1	797.4	807.7	826.5	915.5	1 000.7
	各项贷款余额比上月增加（亿元）	178.1	153.7	174.7	58.4	88.0	198.8	16.6	147.5	128.1	79.6	38.4	143.6
	其中：短期	74.3	81.0	108.5	51.1	-15.9	16.6	-42.3	-14.5	53.2	-16.9	-137.0	12.2
	中长期	101.8	71.7	57.9	21.2	42.0	123.8	-9.2	54.2	66.6	82.8	70.1	81.7
	票据融资	26.4	-12.5	-2.2	-4.4	49.3	47.4	59.2	66.3	10.2	18.8	89.0	85.2
	金融机构各项贷款同比增长（%）	18.9	18.8	18.4	17.5	16.9	15.6	15.7	15.1	13.0	12.4	11.2	11.5
	其中：短期	17.7	16.7	17.0	17.2	15.2	11.1	11.2	9.0	5.6	3.7	1.1	4.3
	中长期	18.6	18.9	17.4	16.2	14.9	16.0	14.2	13.4	12.9	13.0	11.8	11.1
	票据融资	43.3	42.4	54.3	52.8	81.4	61.5	97.5	98.1	80.7	80.7	78.1	76.2
	建筑业贷款余额（亿元）	291.0	305.4	308.9	316.5	326.6	334.3	336.9	336.8	338.1	345.5	353.4	352.2
	房地产业贷款余额（亿元）	249.0	251.3	247.6	242.2	244.9	242.5	239.3	245.2	245.2	242.6	255.9	280.4
	建筑业贷款同比增长（%）	13.2	19.1	15.5	20.8	19.0	18.8	20.6	19.0	13.8	18.7	23.3	23.3
	房地产业贷款同比增长（%）	12.8	11.9	8.5	-1.2	1.0	1.3	0.5	-0.5	-3.7	-3.9	2.2	12.9
人民币	金融机构各项存款余额（亿元）	15 601.8	15 347.0	15 624.0	15 653.2	15 845.6	16 298.1	16 027.3	16 259.6	16 932.0	17 097.9	17 180.3	17 123.9
	其中：住户存款	6 312.5	6 461.6	6 475.9	6 309.1	6 263.6	6 305.3	6 304.1	6 324.3	6 455.6	6 474.1	6 550.4	6 791.6
	非金融企业存款	4 514.0	4 224.9	4 376.2	4 462.2	4 651.8	4 783.5	4 625.1	4 711.5	4 768.0	4 973.1	5 128.4	5 316.8
	各项存款余额比上月增加（亿元）	186.5	-254.8	277.0	29.2	192.3	452.5	-270.8	232.4	672.4	165.9	82.4	-56.3
	其中：住户存款	-3.5	149.1	14.3	-166.9	-45.5	41.7	-1.1	20.1	131.3	18.6	76.3	241.2
	非金融企业存款	-57.0	-289.2	151.4	85.9	189.6	131.8	-158.5	86.5	56.5	205.1	155.3	188.4
	各项存款同比增长（%）	11.1	8.1	6.9	7.7	7.5	7.4	6.4	6.5	7.9	10.3	11.4	10.9
	其中：住户存款	3.1	6.2	5.8	5.8	6.1	4.5	6.5	7.3	6.8	7.4	7.2	7.3
	非金融企业存款	5.7	-2.0	-3.7	-2.6	3.0	4.0	1.9	0.2	-1.9	5.5	10.5	15.2
	金融机构各项贷款余额（亿元）	11 871.7	12 012.2	12 200.3	12 259.2	12 347.1	12 513.4	1 2512.5	12 635.1	12 791.5	12 887.3	12 925.7	13 041.0
	其中：个人消费贷款	1 390.9	1 402.9	1 412.4	1 429.8	1 443.9	1 467.2	1 484.0	1 502.9	1 516.4	1 528.7	1 548.0	1 559.5
	票据融资	594.2	581.7	579.5	575.1	624.5	671.9	731.1	797.4	807.7	826.5	915.5	1 000.7
	各项贷款余额比上月增加（亿元）	192.7	140.5	188.1	58.9	87.9	166.3	-0.9	122.5	156.5	95.7	38.5	115.3
	其中：个人消费贷款	26.8	12.1	9.5	17.4	14.1	23.2	16.8	18.9	13.5	12.3	19.3	11.5
	票据融资	26.4	-12.5	-2.2	-4.4	49.3	47.4	59.2	66.3	10.2	18.8	89.0	85.2
	金融机构各项贷款同比增长（%）	19.5	19.3	19.2	18.2	17.7	16.2	16.0	15.4	13.5	12.8	11.3	11.7
	其中：个人消费贷款	24.8	24.3	22.2	20.9	19.4	18.2	17.2	16.4	15.1	14.9	14.7	14.3
	票据融资	43.3	42.4	54.3	52.8	81.4	61.5	97.5	98.1	80.7	80.7	78.1	76.2
外币	金融机构外币存款余额（亿美元）	109.3	106.6	100.9	98.8	104.8	102.1	110.4	110.1	105.6	106.5	109.6	107.5
	金融机构外币存款同比增长（%）	19.2	13.0	11.6	14.1	20.6	38.7	50.4	22.9	4.5	-3.0	-1.5	5.9
	金融机构外币贷款余额（亿美元）	89.9	91.9	89.8	90.2	90.1	95.5	98.3	98.0	94.0	91.6	90.9	93.9
	金融机构外币贷款同比增长（%）	6.0	7.8	2.1	4.3	1.6	4.7	10.4	6.1	1.1	0.2	3.7	1.5

数据来源：中国人民银行乌鲁木齐中心支行。

表2 2001～2015年新疆维吾尔自治区各类价格指数

单位：%

年/月	居民消费价格指数		农业生产资料价格指数		工业生产者购进价格指数		工业生产者出厂价格指数	
	当月同比	累计同比	当月同比	累计同比	当月同比	累计同比	当月同比	累计同比
2001	—	4.0	—	3.0	—	0.0	—	-3.7
2002	—	-0.6	—	-0.4	—	-1.6	—	-2.7
2003	—	0.4	—	1.1	—	5.1	—	15.1
2004	—	2.7	—	7.3	—	12.1	—	16.4
2005	—	0.7	—	5.3	—	8.1	—	16.6
2006	—	1.3	—	2.5	—	5.1	—	14.4
2007	—	5.5	—	6.2	—	3.8	—	6.3
2008	—	8.1	—	12.3	—	17.7	—	16.4
2009	—	0.7	—	-0.5	—	-9.4	—	-14.5
2010	—	4.3	—	3.1	—	23.9	—	25.3
2011	—	5.9	—	6.6	—	18.0	—	14.8
2012	—	3.8	—	6.2	—	-2.1	—	-3.1
2013	—	3.9	—	2.6	—	-2.2	—	-3.5
2014	—	2.1	—	-2.3	—	-2.5	—	-3.8
2015	—	0.6	—	-1.4	—	-15.7	—	-17.6
2014 1	2.6	2.6	1.0	1.0	-1.0	-1.0	-2.2	-2.2
2	2.3	2.5	1.2	1.1	-1.5	-1.3	-3.8	-3.0
3	2.7	2.5	0.6	0.9	-2.6	-1.7	-4.8	-3.6
4	2.1	2.4	-1.3	0.4	-2.7	-1.9	-3.9	-3.7
5	2.4	2.4	-3.3	-0.4	-1.3	-1.8	-1.8	-3.3
6	2.6	2.5	-3.4	-0.9	0.2	-1.5	-0.6	-2.9
7	2.5	2.5	-3.3	-1.2	0.2	-1.2	0.3	-2.4
8	2.3	2.4	-3.6	-1.5	-0.1	-1.1	-1.2	-2.3
9	1.9	2.4	-4.1	-1.8	-1.7	-1.2	-3.7	-2.4
10	1.5	2.3	-3.9	-2.0	-4.2	-1.5	-5.7	-2.7
11	1.0	2.2	-3.7	-2.2	-6.5	-1.9	-7.6	-3.2
12	1.2	2.1	-4.1	-2.3	-8.6	-2.5	-10.2	-3.8
2015 1	0.5	0.5	-3.9	-3.9	-11.7	-11.7	-14.8	-14.8
2	0.4	0.5	-4.4	-4.2	-15.8	-13.7	-19.1	-17.0
3	0.1	0.3	-3.9	-4.1	-17.0	-14.8	-17.8	-17.2
4	0.2	0.3	-2.3	-3.6	-15.9	-15.1	-17.3	-17.3
5	0.0	0.2	-0.6	-3.0	-15.2	-15.1	-16.1	-17.0
6	0.1	0.2	-0.5	-2.6	-15.3	-15.1	-15.3	-16.7
7	0.6	0.3	-0.1	-2.2	-15.1	-15.1	-17.3	-16.8
8	1.4	0.4	0.0	-2.0	-16.8	-15.4	-19.3	-17.1
9	1.4	0.5	-0.1	-1.8	-17.7	-15.6	-20.2	-17.5
10	0.9	0.6	-0.3	-1.6	-17.4	-15.8	-19.3	-17.6
11	0.6	0.6	-0.3	-1.5	-15.9	-15.8	-17.7	-17.6
12	0.7	0.6	-0.3	-1.4	-14.5	-15.7	-17.0	-17.6

数据来源：新疆维吾尔自治区统计局。

表3 2015年新疆维吾尔自治区主要经济指标

	1月	2月	3月	4月	5月	6月	7月	8月	9月	10月	11月	12月
	绝对值（自年初累计）											
地区生产总值（亿元）	—	—	1 208.8	—	—	3 649.5	—	—	6 411.4	—	—	9 324.8
第一产业	—	—	103.0	—	—	314.9	—	—	1 061.2	—	—	1 559.1
第二产业	—	—	598.9	—	—	1 465.8	—	—	2 468.6	—	—	3 565.0
第三产业	—	—	507.8	—	—	1 868.9	—	—	2 881.6	—	—	4 200.7
工业增加值（亿元）	193.9	348.3	551.5	744.1	945.3	1 170.1	1 378.6	1 600.8	1 828.0	2 049.1	2 286.5	2 500.1
固定资产投资（亿元）	—	112.9	457.3	1 082.3	1 992.6	3 383.6	4 612.4	5 873.0	7 380.1	8 499.0	9 455.8	10 729.3
房地产开发投资	—	8.1	27.6	93.0	198.5	335.6	10.3	601.1	756.6	899.1	970.4	998.9
社会消费品零售总额（亿元）	—	—	595.2	—	—	1 197.3	—	—	1 838.9	—	—	2 606.0
外贸进出口总额（亿元）	11.5	21.4	29.4	44.3	57.3	70.4	90.0	109.5	144.3	164.2	183.6	196.8
进口	1.5	2.6	4.0	6.0	8.2	10.2	12.8	14.9	16.5	18.0	19.7	21.7
出口	10.1	18.7	25.3	38.4	49.4	60.3	77.2	94.5	127.8	146.2	163.9	175.1
进出口差额(出口－进口)	8.6	16.1	21.3	32.4	41.2	50.1	64.4	79.6	111.3	128.2	144.3	153.4
外商实际直接投资（亿美元）	0.6	0.6	0.9	1.3	2.2	3.0	3.1	3.7	3.7	3.8	—	4.5
地方财政收支差额（亿元）	0.4	180.6	387.8	730.5	1 073.1	1 241.3	1 316.6	1 645.1	1 657.8	1 998.2	2 160.4	2 474.1
地方财政收入	108.4	165.8	226.0	322.7	402.1	504.4	734.4	679.5	976.5	956.4	1 106.7	1 330.9
地方财政支出	108.8	346.4	613.8	1 053.2	1 475.2	1 745.7	2 051.0	2 324.6	2 634.3	2 954.7	3 267.1	3 805.0
城镇登记失业率(%)(季度)	—	—	—	—	—	—	—	—	—	—	—	—
	同比累计增长率（%）											
地区生产总值	—	—	6.9	—	—	8.2	—	—	8.4	—	—	8.8
第一产业	—	—	4.9	—	—	5.5	—	—	4.7	—	—	5.8
第二产业	—	—	5.9	—	—	6.0	—	—	6.7	—	—	6.9
第三产业	—	—	8.6			11.1	—	—	11.9	—	—	12.7
工业增加值	—	4.8	5.3	5.2	4.9	5.1	5.2	5.3	5.2	5.1	5.2	5.2
固定资产投资	—	3.5	14.9	16.7	10.2	10.3	10.3	10.7	12.5	11.8	10.2	10.1
房地产开发投资	—	11.2	9.2	6.5	11.5	8.7	3.7	1.9	2.7	3.9	-0.3	-1.6
社会消费品零售总额	—	—	6.1	—	—	6.3	—	—	6.7	—	—	7.0
外贸进出口总额	-53.0	-36.3	-38.3	-33.4	-30.4	-28.9	-24.9	-26.8	-24.1	-27.2	-27.2	-28.9
进口	-30.6	-26.6	-26.9	-19.7	-11.3	-12.1	-10.2	-27.4	-30.3	-38.9	-45.5	-48.2
出口	-55.0	-37.5	-39.9	-35.1	-32.9	-31.1	-26.9	-26.7	-23.2	-25.4	-24.2	-25.4
外商直接投资	7.7	7.3	-44.2	-44.7	19.2	-5.9	-2.8	6.6	3.3	0.5	—	8.5
地方财政收入	-2.9	-8.1	-5.9	-10.4	-10.6	-6.3	-14.9	-7.9	-3.4	2.1	2.8	3.8
地方财政支出	-25.6	40.2	-14.3	9.2	22.7	19.5	11.8	10.4	11.4	15.0	14.8	14.7

数据来源：新疆维吾尔自治区统计局。